macOS

Der umfassende Ratgeber

von
Jürgen Wolf

Vierfarben

Liebe Leserin, lieber Leser,

egal, ob Sie ganz neu in die Apple-Welt einsteigen oder bereits ein alter Hase sind: Mit diesem umfassenden Ratgeber sind Sie bestens für die Einrichtung und den täglichen Umgang mit Ihrem Mac gerüstet. Der erfahrene Autor Jürgen Wolf führt Sie systematisch durch die Installation oder den Umzug von einem anderen System und gibt Ihnen viele nützliche Tipps und Tricks an die Hand. In bebilderten Schritt-für-Schritt-Anleitungen lernen Sie alles Wichtige zum Umgang mit Dateien und Ordnern, richten einen Internetzugang ein, schreiben E-Mails und verwenden iCloud und Siri. Das große Kapitel zum Office-Alltag auf dem Mac wird ergänzt durch eine umfangreiche Einführung in Pages, Numbers und Keynote.

Aber auch fortgeschrittene Anwender und Umsteiger von älteren Versionen kommen auf ihre Kosten: Sie erfahren, wie Sie das Betriebssystem genau Ihren Bedürfnissen anpassen können, die Sicherheit erhöhen und Probleme lösen. Der übersichtliche und thematische Aufbau und ein umfangreiches Stichwortverzeichnis helfen Ihnen dabei, schnell und sicher ans Ziel zu kommen. Der Ratgeber wurde zur neuen Version macOS 10.14 (Mojave) grundlegend aktualisiert und erweitert. Er wird Ihnen aber auch bei zukünftigen Updates des Betriebssystems ein wichtiger und zuverlässiger Begleiter sein.

Dieses Buch wurde mit größter Sorgfalt geschrieben und hergestellt. Sollten Sie dennoch einmal Fehler finden oder inhaltliche Anregungen haben, freue ich mich, wenn Sie mir schreiben. Ich wünsche Ihnen viel Spaß beim Lesen und einen gelungenen Start mit macOS.

Ihr Erik Lipperts
Lektorat Vierfarben

erik.lipperts@rheinwerk-verlag.de

Auf einen Blick

Wir hoffen, dass Sie Freude an diesem Buch haben und sich Ihre Erwartungen erfüllen. Ihre Anregungen und Kommentare sind uns jederzeit willkommen. Bitte bewerten Sie doch das Buch auf unserer Website unter **www.rheinwerk-verlag.de/feedback**.

An diesem Buch haben viele mitgewirkt, insbesondere:

Lektorat Erik Lipperts
Korrektorat Marita Böhm, München
Herstellung Melanie Zinsler, Janina Brönner
Einbandgestaltung Nadine Kohl
Titelbild Shutterstock: 755254474 © Peshkova; iStock: 486951700 © ExperienceInteriors, 650175888 © AlexWang AU, 942815752 © fad1986
Typografie und Layout Vera Brauner
Satz III-Satz, Husby
Druck C.H.Beck, Nördlingen

Dieses Buch wurde gesetzt aus der ITC Charter (10,25 pt/14 pt) in FrameMaker.
Gedruckt wurde es auf chlorfrei gebleichtem Offsetpapier (90 g/m²).
Hergestellt in Deutschland.

Bibliografische Information der Deutschen Nationalbibliothek:
Die Deutsche Nationalbibliothek verzeichnet diese Publikation in der Deutschen Nationalbibliografie; detaillierte bibliografische Daten sind im Internet über *http://dnb.d-nb.de* abrufbar.

ISBN 978-3-8421-0631-4

2., aktualisierte und erweiterte Auflage 2018

Vierfarben ist eine Marke des Rheinwerk Verlags. Der Name Vierfarben spielt an auf den Vierfarbdruck, eine Technik zur Erstellung farbiger Bücher. Der Name steht für die Kunst, die Dinge einfach zu machen, um aus dem Einfachen das Ganze lebendig zur Anschauung zu bringen.

Informationen zu unserem Verlag und Kontaktmöglichkeiten finden Sie auf unserer Verlagswebsite **www.rheinwerk-verlag.de**. Dort können Sie sich auch umfassend über unser aktuelles Programm informieren und unsere Bücher und E-Books bestellen.

Inhalt

TEIL II Das tägliche Leben mit dem Mac

TEIL VII Multimedia am Mac

Vorwort

Apple bietet jährlich eine neue Version des beliebten Betriebssystems an, und ich habe versucht, so viel wie möglich in dieses Buch unterzubringen, damit Sie Ihren Mac ordentlich bedienen und damit arbeiten können. Mein anfängliches Ziel, auf alles, was macOS zu bieten hat, einzugehen, musste ich bald wieder verwerfen. Der Umfang des Systems und der mitgelieferten Software ist mittlerweile einfach gewaltig. Und da ich einzelne Themen in einem Buch auch gerne etwas ausführlicher beschreiben will, habe ich mir Gedanken darüber gemacht, was für Sie als Leser für den alltäglichen Gebrauch nützlich und hilfreich sein könnte. Ich wollte auf keinen Fall ein komplexes Buch für Administratoren mit zu vielen technischen Details schreiben. Die Zielgruppe richtet sich ganz klar an den Ein- und Umsteiger, der in diesem Buch alles Nützliche für die (all-)täglichen Arbeiten des Betriebssystems findet. Ich hoffe daher, Sie finden meine Auswahl der Themen für dieses Mac-Buch gelungen und dass es ein unverzichtbares Hilfsmittel für Sie wird.

Überblick über die Neuerungen

Das Buch wurde auf der Grundlage von macOS Mojave erstellt, und gegenüber der Vorgängerversion macOS High Sierra hat sich nicht allzu viel geändert. Trotzdem sind einige wirklich spannende Neuerungen hinzugekommen, die einem das alltägliche Leben am Mac vereinfachen können. Im Folgenden gebe ich Ihnen einen kurzen Überblick über die wichtigsten Neuerungen von macOS Mojave:

Dunkelmodus

Der Dunkelmodus ist ein neues Kleid für die Arbeitsoberfläche und steht jetzt neben dem herkömmlichen hellen Oberflächendesign als Alternative zur Verfügung. In diesem Modus fällt es einem leichter, sich auf das Wesentliche beim Arbeiten zu konzentrieren, weil durch die dunklen Farben die Inhalte mehr in den Mittelpunkt rücken. Der Modus wurde auch in vielen Apps von Apple integriert, aber auch Apps anderer Anbieter können ihn übernehmen.

Dynamischer Hintergrund

Der dynamische Schreibtischhintergrund passt sich an die Tageszeit abhängig von Ihrem Standort an. Wenn es draußen noch dunkel ist, ist dies auch beim Schreibtischhintergrund der Fall. Wenn der Tag beginnt, wird auch der Schreibtischhintergrund entsprechend verändert. Der dynamische Hintergrund passt sich also an Ihren Tagesablauf an.

Stapel auf dem Schreibtisch

Wer seinen Schreibtisch gerne und häufig als Zwischenablage für unterschiedliche Dateien verwendet, kann diesen jetzt mithilfe von Stapeln aufräumen. Hierbei können Sie auswählen, ob Sie die zusammengehörenden Dateien zum Beispiel nach der Art der Datei, dem Erstellungsdatum oder Tags sortieren wollen.

Mehr Funktionen für den Finder

Auch am Finder wurde gefeilt. Die altbackene und ziemlich nutzlose Cover-Flow-Ansicht wurde für eine neue Galerieansicht geopfert. Bei dieser Ansicht werden in der Standardeinstellung sofort alle Metadaten einer Datei und eine große Vorschau angezeigt. Das ist hilfreich bei der visuellen Suche nach einer Datei. Ebenfalls sehr nützlich sind die neuen Schnellaktionen, die Sie jetzt im Vorschaubereich des Finders und an vielen anderen Stellen aufrufen können. Mit diesen Schnellaktionen können Sie Dateien wie Bilder, Videos oder Dokumente direkt im Finder bearbeiten, ohne eine weitere App starten zu müssen. Genau genommen handelt es sich hierbei zum Teil um die mächtigen Dienste, die bisher leider nur ein Schattendasein fristeten und jetzt etwas entstaubt und besser platziert zu neuen Ehren kommen. Wem die angebotenen Schnellaktionen nicht reichen, der kann auch selbst mit dem Automator eigene Schnellaktionen erstellen.

Schnellübersicht

Stark verzahnt mit dem überarbeiteten Finder ist auch die Funktion für eine Übersicht, die Sie erhalten, wenn Sie bei einer Datei die Leertaste drücken. Auch hier bekommen Sie sofort eine Übersicht über die Datei, ohne eine weitere App starten zu müssen. Abhängig von der Datei können Sie diese dann auch gleich im Übersichtsfenster bearbeiten. PDFs und Bilder können Sie kommentieren, ein Bild drehen und zuschneiden und Audio- und Videodateien trimmen.

Bildschirmfotos

Auch die Bildschirmfoto-Funktion wurde entstaubt und mit neuen Funktionen versehen. Es gibt jetzt ein einfaches Menü mit verschiedenen Werkzeugen, um den Bildschirm aufzunehmen. Bei der Erstellung erscheint in der Ecke ein Miniaturbild. Klicken Sie es an, können Sie die Aufnahme gleich bearbeiten, wenn Sie wollen, ehe es nach einer kurzen Zeit automatisch am ausgewählten Ort gesichert wird.

Kamera-Übergabe

Wenn Sie ein iPhone oder ein iPad haben, können Sie mit der neuen Kamera-Übergabe direkt ein Bild in den Mac fotografieren oder ein Dokument scannen. Sie können etwas auf dem Schreibtisch fotografieren oder direkt in Pages einfügen. Auch das Scannen von Rechnungen als begradigtes PDF ist hiermit möglich. Die Kamera-Übergabe funktioniert mit vielen Apps wie Mail, Notizen, Pages, Numbers.

Neue Apps

Neu hinzugekommen ist die Home-App, mit der Sie HomeKit-kompatibles Zubehör vom Mac aus steuern können. Auch eine neue App zur Aufzeichnung von Sprachmemos wurde hinzugefügt sowie eine Aktien-App. Ebenfalls neu ist eine News-App, die zur Drucklegung allerdings im deutschsprachigen Raum noch nicht verfügbar war.

Weitere Neuerungen

Eine weitere Neuerung finden Sie in FaceTime, wo Sie jetzt Anrufe mit bis zu 32 Personen tätigen können. Der App Store wurde überarbeitet und hat einen neuen Look. Auch die Inhalte werden schöner aufbereitet. Der Datenschutz und die Sicherheit wurden verbessert. Dazu gehören beispielsweise ein verbesserter Trackingschutz und Abfragen, ob eine App auf Kamera, Mikrofon oder persönliche Daten zugreifen darf.

In eigener Sache

macOS ist ein sehr anwenderfreundliches System, und genau das soll das Buch auch vermitteln. Sollten Sie dennoch einzelne Themen vermissen oder bestimmte Kapitel im Buch nicht so gut finden oder Verbesserungsvorschläge haben, lassen Sie es mich wissen, damit ich das Buch für künftige Auflagen verbessern kann. Mein wichtigstes Anliegen ist es immer, Sie als Leser zufriedenzustellen. Natürlich ist mir auch klar, dass ich nicht jeden zufriedenstellen kann und dass es das perfekte Buch auch nie geben wird. Dennoch bin ich als Autor immer daran interessiert, Ihnen als Leser das bestmögliche Produkt mit den nötigen Informationen zu liefern, die Ihnen beim täglichen Umgang mit Ihrem Mac weiterhelfen. Daher ist mein Appell, mir oder dem Verlag ein Feedback zum Buch zu schreiben, nicht einfach nur so hingeschrieben.

Bleibt mir nur noch, Ihnen, liebe Leserin und lieber Leser, viel Spaß mit diesem Buch und mit Ihrem Mac zu wünschen. Möge das Buch Ihnen in vielen Bereichen ein hilfreicher Ratgeber sein.

Jürgen Wolf

TEIL I

Die ersten Schritte am Mac

1 Den Mac zum ersten Mal starten

Für all diejenigen, die mit älteren macOS-Versionen bereits vertraut sind, bietet dieses erste Kapitel zum Einrichten des Systems beim ersten Start keine großen Überraschungen mehr, und Sie dürften in diesem Fall vermutlich ohne das Kapitel auskommen. Sollten Sie allerdings Daten von einem älteren Mac, einem Time-Machine-Backup oder einem Windows-PC übertragen wollen, lohnt es sich vielleicht doch, einen genaueren Blick in dieses Kapitel zu werfen.

Vielleicht haben Sie noch gar keinen Mac oder überlegen, sich neben dem vorhandenen Mac-Notebook einen neuen Mac-Desktop oder umgekehrt zuzulegen. Hierfür finden Sie am Anfang des Kapitels einen kurzen Überblick über die zur Drucklegung aktuell erhältlichen Macs von Apple. Wenn Sie einen älteren Mac besitzen, erfahren Sie, ob Sie diesen überhaupt mit dem aktuellen Mac-Betriebssystem betreiben können. Den Großteil des ersten Kapitels macht dann der Assistent für das Einrichten des Systems beim ersten Start Ihres Macs aus. Ebenso erfahren Sie hier, wie Sie mit dem Migrationsassistenten Daten von einem alten Mac, einem Time-Machine-Backup oder einem Windows-PC auf den neuen Mac übertragen können.

1.1 Die Mac-Welt im Überblick

Sollten Sie noch keinen Mac gekauft haben oder einen weiteren neuen Mac kaufen wollen, finden Sie hier einen kurzen Überblick über die zur Drucklegung vorhandenen Modelle. Auf die technischen Details der einzelnen Modelle wird hier allerdings nicht näher eingegangen. Hierzu finden Sie einen umfassenderen und aktuelleren Überblick auf der Website von *www.apple.de*.

Trotzdem sollen an dieser Stelle ein paar Worte zur internen bzw. verbauten Hardware aktueller Macs geschrieben werden:

- Mittlerweile verfügt kein aktueller Mac-Computer mehr über ein optisches CD-/DVD-Laufwerk. Wenn Sie also Silberscheiben abspielen wollen, müssen Sie sich ein externes Laufwerk dazukaufen.
- Abgesehen vom MacBook Air und einer günstigeren Variante des 21,5-Zoll-iMac verfügen alle Macs über ein Retina-Display. Hierbei ist die Auflösung fast doppelt so

hoch wie bei gewöhnlichen Displays, sodass die einzelnen Pixel kaum mehr zu erkennen sind.

- Bei den portablen Macs werden nur noch superschnelle SSD-Festplatten (SSD = *Solid State Disk*) eingebaut. Diese Platten sind wesentlich schneller und deutlich unempfindlicher als drehende Magnetscheiben. Allerdings sind diese Festplatten auch deutlich teurer, weshalb in den Standardversionen der portablen Macs recht kleine Platten verbaut sind.
- Ganz wichtig könnten am Mac die (nicht) vorhandenen Anschlüsse sein. Gerade bei den portablen Macs sollten Sie darauf achten, weil der Trend hier eher in die Richtung geht, auf traditionelle USB-Anschlüsse zu verzichten. Zwar gibt es nach wie vor USB, aber vom Typ C, und diese erfordern Adapter. Aber vielleicht ist dies (nicht) das, wonach Sie suchen. Informieren Sie sich daher bitte vorher, welche Anschlüsse Sie benötigen und ob Sie gewillt sind, eventuell einen Adapter zu verwenden oder nicht.

Ein Tipp noch für den Fall, dass Sie Ihren Mac online bestellen wollen. Gehen Sie wenigstens in einen Apple Store oder einen Elektro-Discounter, um sich ein Bild von Ihrem Mac zu machen. Probieren Sie ihn aus, überlegen Sie, ob Ihnen die Anschlüsse ausreichen, und stellen Sie bei Bedarf ein paar Fragen zum Gerät.

1.1.1 MacBook (Air/Pro) – die Portablen

Für mobile Nutzer bietet Apple derzeit drei Modelle an: den leichten Dauerläufer MacBook Air, das schnellere und leistungsstärkere MacBook Pro und dann noch das MacBook ohne einen Zusatz im Namen, das als kompaktes und leistungsstarkes Gerät zwischen dem MacBook Air und dem MacBook Pro anzusiedeln ist. Alle tragbaren Geräte von Apple haben mittlerweile mindestens 8 GB Arbeitsspeicher und verwenden eine schnelle SSD-Festplatte.

- **MacBook Air:** Der Zusatz *Air* soll darauf aufmerksam machen, dass es sich hier um das Leichtgewicht unter den mobilen Geräten handelt. Das superdünne Notebook ist zudem sehr ausdauernd und überzeugt mit der längsten Laufzeit ohne Strom. Trotzdem verfügt das Gerät über eine ordentliche Leistung und lässt sich auch für anspruchsvollere Aufgaben, wie beispielsweise Videoschnitt, verwenden. Das MacBook Air ist zur Drucklegung noch das einzige Modell, das ohne Retina-Display ausgeliefert wird. Das Notebook gibt es derzeit nur mit 13,3-Zoll-Bildschirmen. Preislich gesehen ist das MacBook Air die günstigste Variante, sich ein Notebook von Apple zu kaufen.

- **MacBook Pro:** Der Zusatz *Pro* deutet an, dass es sich um die professionelle Variante der Notebooks von Apple handelt. Und in der Tat ist das MacBook Pro am leistungsstärksten, sowohl was den Prozessor als auch was den Bildschirm betrifft. Neben 13 Zoll gibt es diese Version auch mit einem 15-Zoll-Bildschirm. Das Gerät taugt durchaus als Desktop-Ersatz, wenn Sie sich keinen zusätzlichen Rechner kaufen wollen. Die Pro-Version wird auch mit einer Touch Bar, einer Multi-Touch-Leiste, aus Glas angeboten. Diese Touch Bar ist in die Tastatur integriert und ermöglicht Ihnen einen direkten Zugriff auf viele Werkzeuge. Zur Touch Bar gehört auch eine Touch ID, womit Sie sich beispielsweise per Fingerabdruck anmelden können. Natürlich hat diese Leistung ihren Preis und ist somit die teuerste tragbare Variante, die es von Apple zu kaufen gibt.

Abbildung 1.1 Das neue MacBook Pro ist das leistungsstärkste Notebook von Apple. (Foto: © Apple)

- **MacBook:** Das MacBook ohne einen weiteren Namenszusatz ist irgendwo zwischen dem *Air* und dem *Pro* angesiedelt. Vom Gewicht her ist es leichter als das *Air*, aber der Bildschirm kommt mit kleineren 12 Zoll daher. Dafür haben Sie ein Retina-Display. Anschlüsse suchen Sie hier vergebens. Lediglich ein USB-C-Anschluss ist vorhanden, der gleichzeitig als Stromanschluss fungiert. Zum Anschluss weiterer Geräte kommen Sie um einen Adapter nicht herum, wenn Ihnen dies wichtig sein sollte. Von den tragbaren Geräten ist diese Variante wohl die kompakteste Form von Apple mit einer ordentlichen Leistung. Auch preislich liegt diese Version zwischen dem MacBook Air und dem MacBook Pro.

1.1.2 Mac mini, iMac und Mac Pro – die Desktop-Rechner

Neben den Notebooks bietet Apple vier zum Teil sehr unterschiedliche Varianten für den Schreibtisch an: den platzsparenden Mac mini, den All-in-one-Computer iMac und Leistung pur mit iMac Pro und Mac Pro.

Abbildung 1.2 Der All-in-one-Computer von Apple: der iMac (Foto: © Apple)

- **Mac mini:** Der Mac mini ist ein günstiger und extrem platzsparender Einstieg in die Mac-Welt. Das kleine viereckige Kästchen mit weniger als 20 cm Seitenlänge findet fast überall seinen Platz. Es gibt den Mac mini mit unterschiedlicher Ausstattung. Welche Sie wählen sollten, hängt davon ab, was Sie damit machen. Ich empfehle Ihnen, mindestens 8 GB Arbeitsspeicher mit einem ordentlichen Prozessor zu wählen. Bedenken Sie, dass zum anfänglich günstigen Preis des Geräts noch die Kosten für einen Monitor, eine Maus und eine Tastatur dazukommen.
- **iMac:** Der iMac ist das All-in-one-Gerät von Apple, bei dem alles hinter dem 21,5- oder 27-Zoll-Bildschirm verbaut ist. Auch hier können Sie aus unterschiedlichen Prozessoren wählen. Als Arbeitsspeicher kommen mindestens 8 GB zum Einsatz. Der Preis hängt von der Bildschirmgröße und der gewählten Variante ab, und es ist für jeden Geldbeutel etwas dabei. Das Gerät eignet sich bestens für denjenigen, der einen schnellen und schönen Mac zu Hause haben will.

- **Mac Pro:** Der Mac Pro ist ebenfalls ein Rechner für den festen Arbeitsplatz wie der iMac und der Mac mini, spielt aber in einer ganz anderen Liga. Leistung und Design lassen hier keine Wünsche offen. Da arbeitet je nach Auswahl ein 6- oder 8-Core-Intel-Xeon-Prozessor mit 16 GB Arbeitsspeicher und einer monstermäßigen Dual-AMD-FirePro-Grafikkarte im Inneren. Die Ausstattung allein sollte deutlich machen, dass es sich hier um ein absolutes Profigerät handelt, das sich eher an Anwender richtet, die sich intensiv mit 3D-Animationen oder professionellen Videoproduktionen in Spielfilmlänge befassen, wo es eben auf Rechenleistung ankommt. Der Preis ab 3.400 € für das Einsteigermodell spricht für sich. Es kann sein, dass dieses Modell beim Lesen dieses Textes bereits durch ein neueres ersetzt wurde.
- **iMac Pro:** Der iMac Pro ist die neueste Variante von Apple und wird als Workstation-Gerät im typischen iMac-all-in-one-Design beworben. Den Bildschirm gibt es mit 27 Zoll und 5K (5.120 x 2.880 Pixel). Abhängig von der gewählten Konfiguration können Sie hier zwischen einem Prozessor mit 8, 10 oder gar 18 Kernen wählen. Die Standardvariante hat 32 GB Arbeitsspeicher und ist optional mit 64 GB oder 128 GB erhältlich. Eingebaut ist mindestens eine 1-TB-SSD-Platte, und als Grafikkarte werkelt hier eine Vega GPU mit 8 GB RAM. Sowohl Festplatte als auch Grafikkarte gibt es auch in einer noch höheren Version. Die beeindruckenden technischen Daten lassen hier keine Zweifel offen, dass Apple mit dieser Maschine ganz klar Profis anspricht, die den Mac für Videoschnitt, 3D-Animationen, Musik oder Softwareentwicklung einsetzen wollen. Wohl unnötig zu erwähnen, dass bei einer solchen Maschine der Preis keine Rolle mehr spielen sollte.

1.2 Voraussetzung für macOS auf dem Mac

Bevor Sie loslegen können, ist die Voraussetzung für das Buch, dass Sie mindestens macOS 10.14 (Mojave) auf Ihrem Mac installiert haben. Die einfachste Konstellation ist in der Regel gegeben, wenn Sie einen neuen Rechner gekauft haben. Dann ist die neueste macOS-Version bereits vorinstalliert. In dem Fall können Sie gleich mit dem Assistenten zum Einrichten des Systems fortfahren.

1.2.1 Updaten auf macOS Mojave

Ein Update auf eine höhere macOS-Version lässt sich problemlos durchführen, wenn die Systemvoraussetzungen gegeben sind und Ihr Mac nicht zu alt ist. Die Systemvoraussetzung finden Sie für gewöhnlich schon in der Beschreibung im App Store, von wo Sie die neueste Version vom Mac-Betriebssystem laden können. Alternativ lohnt sich auch ein

Blick auf die offizielle Website von Apple. Im Beispiel des Buches wird ein Update von macOS 10.13 (High Sierra) auf macOS 10.14 (Mojave) durchgeführt.

Bei einem Update auf macOS ab Version 10.14 (Mojave) hat Apple die Hardware-Voraussetzungen drastischer angehoben, als dies sonst üblich war. Vorgesetzt werden hierbei jetzt Macs, die Mitte 2012 oder später eingeführt wurden, oder Macs mit einer Metal-fähigen Grafikkarte. *Metal* ist eine Grafik-Schnittstelle auf dem macOS-System. Auf folgenden Geräten können Sie (zur Drucklegung) macOS ab 10.14 ohne Probleme installieren:

- MacBook (Anfang 2015 oder neuer)
- MacBook Pro (Mitte 2012 oder neuer)
- MacBook Air (Mitte 2012 oder neuer)
- Mac mini (Ende 2012 oder neuer)
- iMac (Ende 2012 oder neuer)
- iMac Pro
- Mac Pro (ab 2010 mit Metal-fähigen Grafikkarten)

Sie finden diese Angaben bei Ihrem Mac, wenn Sie auf das -Logo links oben klicken und im Menü **Über diesen Mac** anklicken. Gleich der erste Eintrag im sich öffnenden Fenster gibt Ihnen Auskunft darüber (hier ist es ein MacBook Air von Anfang 2017). Hier finden Sie auch gleich, welche Mac-Version auf Ihrem Rechner läuft (hier macOS High Sierra, Version 10.13.3).

Abbildung 1.3 Hier erhalten Sie Auskunft über Serie und Version Ihres Macs.

Um einen älteren Mac bzw. eine ältere Mac-Version auf macOS Mojave upzudaten, können Sie entweder den App Store verwenden oder eine komplette Neuinstallation durchführen. Update-fähig sind derzeit die Systeme Lion (ab 10.7.5), Mountain Lion (10.8), Maverick (10.9), Yosemite (10.10), El Capitan (10.11), Sierra (10.12) und High Sierra (10.13).

ACHTUNG

Backup vor dem Update auf Mojave

Es wurde bereits im Vorwort darauf hingewiesen, dass Sie vor dem Update auf eine neue macOS-Version unbedingt ein Backup des bisherigen Systems und Ihrer Daten mit Apples *Time Machine* erstellen sollten. Gerade in Anbetracht dessen, dass ab der Version 10.13 mit *APFS* auch ein neues Dateisystem eingeführt wird, das *HFS+* ablöst. Auch wenn Updates in der Regel problemlos ablaufen, ist es immer sinnvoll, ein Backup zu haben. Mehr dazu finden Sie in Abschnitt 30.4, »Benutzer in Gruppen verwalten«.

Die Aktualisierung ist einfach. Starten Sie den App Store, und suchen Sie nach dem neuen Mac-Betriebssystem (im Beispiel: »macOS Mojave«), wenn es Ihnen nicht schon auf der Titelseite des App Stores angeboten wird. Klicken Sie auf **Laden**, und folgen Sie dann den Anweisungen auf dem Bildschirm. Akzeptieren Sie die Lizenzbedingungen, und wählen Sie als Datenträger die interne Festplatte *Macintosh HD* aus. In der Regel ist hier das richtige Volume bereits ausgewählt. Am Ende wird das System neu gestartet und das neue Mac-Betriebssystem installiert. Hierbei bleiben alle Daten erhalten, und es wird lediglich das Betriebssystem erneuert. Nach dem Update wird das System neu gestartet, und ein Assistent hilft Ihnen bei den letzten Schritten, wie der Anmeldung mit der Apple-ID oder der Konfiguration des iCloud-Schlüsselbundes, bevor Sie mit dem neuen Mac-Betriebssystem arbeiten können.

HINWEIS

Download vom Mac-Betriebssystem

Die Installationsdatei vom neuesten macOS finden Sie im *Programme*-Verzeichnis wieder. Sollte die Datei bereits geladen sein und sich im eben genannten Verzeichnis befinden, heißt die Schaltfläche **Öffnen** anstelle von **Laden**, womit Sie die Installationsdatei öffnen und ausführen können.

Abbildung 1.4 Einfach macOS Mojave vom App Store herunterladen und das bestehende System updaten

ACHTUNG

Inkompatible Software

Wenn Sie ein macOS-Upgrade vornehmen oder bereits bestehende Inhalte auf einen neuen Mac übertragen, wird die Software identifiziert, die mit der neuen macOS-Version nicht kompatibel ist und nicht mehr ausgeführt werden kann. Die Programme werden in einen Ordner mit dem Namen *Inkompatible Software* auf die oberste Ebene des Startvolumes verschoben. Um die Software wieder verwenden zu können, müssen Sie eine aktualisierte Version installieren, die mit der neuen macOS-Version kompatibel ist.

1.2.2 Ende der 32-Bit-Apps

Apple hatte es bereits mit der Version 10.13 (High Sierra) angekündigt, dass dies das letzte Mac-Betriebssystem sein wird, welches 32-Bit-Apps unterstützen wird. Wenn Sie High Sierra verwendet haben, dürften Sie auch eine entsprechende Warnung erhalten haben, wenn Sie ein 32-Bit-App ausgeführt haben. Mit der Version 10.14 (Mojave) werden 32-Bit-Apps nicht mehr (offiziell) funktionieren. Darunter fallen Anwendungen wie Adobe Illustrator CS5, Adobe InDesign CS5 oder die Microsoft-Office-Produkte von 2011. Nach dem Ende der 32-Bit-Unterstützung 2017 für iOS-Apps ist es nun auch das macOS-Betriebssystem ab der Version 10.14, wo nur noch 64-Bit-Apps ausgeführt werden können. Hierbei bleibt Ihnen nur als mögliche Lösung, eben nicht auf die Version ab 10.14 upzugraden. Alternativ könnten Sie hierbei auch ein Upgrade der App auf eine neuere Version durchführen oder den App-Entwickler kontaktieren, ob dieser eine 64-Bit-Version seiner App herausbringt. Alternativ gäbe es noch die Möglichkeit, ein älteres macOS vor 10.14 neben einem aktuellen macOS ab 10.14 zu verwenden und so zwischen den Versionen zu wechseln.

Wollen Sie überprüfen, ob Sie 32-Bit-Apps auf dem System haben, klicken Sie links oben auf das -Logo und wählen im Menü **Über diesen Mac** aus. Klicken Sie hier im Reiter **Übersicht** auf die Schaltfläche **Systembericht**. Im sich öffnenden Fenster wählen Sie in der Kategorie **Software** auf der linken Seite **Programme** aus. Hier finden Sie jetzt alle installierten Apps auf dem System. Steht in der Spalte **64-Bit (Intel)** ein **Ja**, dann ist die App für das macOS-System ab 10.14 gerüstet, und bei einem **Nein** handelt es sich um eine 32-Bit-App, die ab 10.14 wohl nicht mehr funktionieren wird.

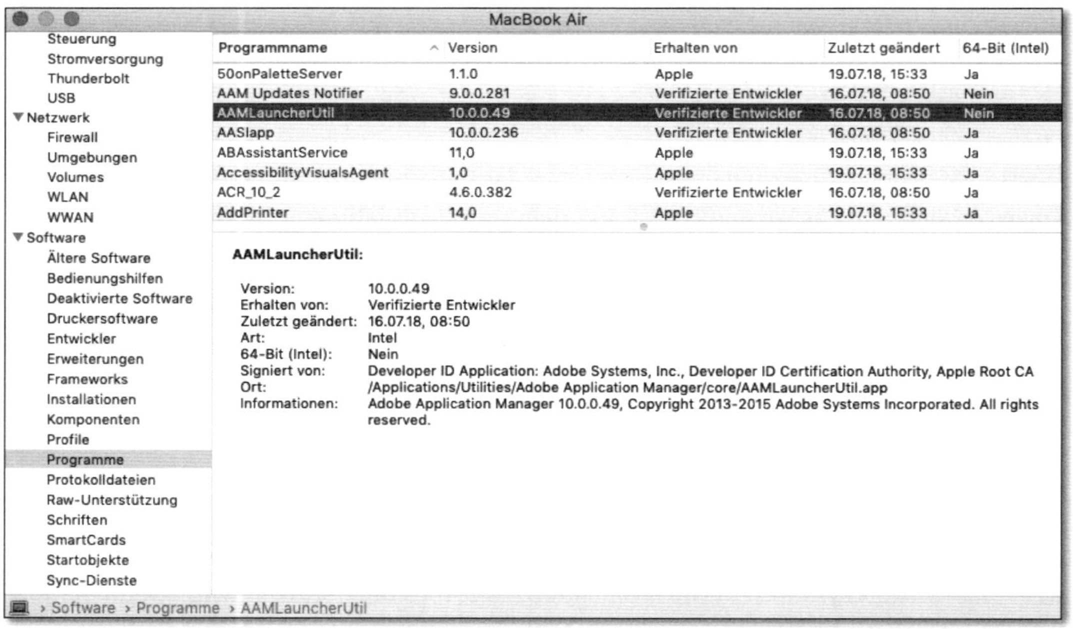

Abbildung 1.5 Hier können Sie ermitteln, ob eine App eine 64-Bit-App ist oder nicht.

1.2.3 Neuinstallation mit dem Wiederherstellungssystem

Auch eine vollständige Neuinstallation des Betriebssystems ist möglich, wenn Sie zum Beispiel einen gebrauchten Rechner erworben haben und diesen komplett neu aufsetzen wollen. Die Neuinstallation können Sie über das Wiederherstellungssystem durchführen, das Sie beim Starten des Systems mit `cmd` + `R` bzw. der `Alt`-Taste und dem Auswählen des Datenträgers ausführen.

HINWEIS

Beschreibung der Neuinstallation

Mehr zur Neuinstallation vom Mac-Betriebssystem finden Sie in Abschnitt 38.5, »Der Single-User-Modus«. In Abschnitt 38.1, »Apple Hardware Test bzw. Apple Diagnostics ausführen«, finden Sie eine Beschreibung, wie Sie einen Datenträger aus der Installationsdatei von einem Mac-Betriebssystem vom App Store erstellen können.

1.3 Der Assistent für den ersten Start

Wenn Sie einen neuen Rechner erworben oder das Betriebssystem neu installiert haben, geht es für Sie an dieser Stelle im Buch weiter, und ein Assistent führt Sie durch die Einrichtung. Haben Sie hingegen ein Update Ihres Macs über den App Store durchgeführt, können Sie diese Seiten überfliegen.

Wenn Sie sich bei einigen Konfigurationen während der Einrichtung des Systems nicht ganz sicher sind, ob oder was Sie da tun, können Sie diese Punkte zunächst noch deaktivieren und überspringen, wenn es in der Beschreibung erwähnt wird. Viele dieser Einstellungen können Sie nachträglich noch einrichten bzw. anpassen (oder wieder deaktivieren).

HINWEIS

Touch ID einrichten

Nicht aufgenommen wurde hier das Einrichten des Fingerabdrucks für die Touch ID, die im neueren MacBook Pro (2016) verbaut ist und ebenfalls beim ersten Start zur Einrichtung angeboten wird. Das Einrichten der Touch ID wird gesondert in Abschnitt 2.5.8, »Touch ID einrichten«, behandelt.

1.3.1 Schritt 1: Land bzw. Region auswählen

Im ersten Schritt erscheint der Begrüßungsbildschirm, der Sie zunächst nach der Sprache und dann nach dem Land bzw. Ihrer Region fragt. Standardmäßig ist hier **Deutschland** ausgewählt. Sie können hier auch eine andere Region wie **Schweiz**, **Luxemburg** oder **Österreich** auswählen, wenn Sie dort leben. Haben Sie das gewünschte Land ausgewählt, klicken Sie auf **Fortfahren**.

Abbildung 1.6 Wählen Sie das Land aus, in dem Sie leben.

1.3.2 Schritt 2: Tastaturbelegung auswählen

Im nächsten Fenster werden Sie nach Ihrer Tastaturbelegung gefragt. Standardmäßig ist hier die Einstellung für das zuvor ausgewählte Land aktiviert. Haben Sie hingegen eine Tastatur mit einem anderen Tastenlayout, wählen Sie eine entsprechende aus. Über das Häkchen **Alle einblenden** können Sie hierbei alle vorhandenen Tastaturbelegungen zur Auswahl anzeigen. Haben Sie Ihre Tastaturbelegung ausgewählt, klicken Sie auf **Fortfahren**.

HINWEIS

Bluetooth-Maus und -Tastatur

Bei iMacs mit einer Bluetooth-Maus oder -Tastatur müssen Sie diese Geräte vorher noch einschalten.

Abbildung 1.7 Hier wählen Sie die Tastaturbelegung für Ihren Mac aus.

1.3.3 Schritt 3: Internetverbindung einrichten

Im nächsten Schritt richten Sie Ihre WLAN-Verbindung ein. Wenn Sie ein WLAN-Netzwerk haben, werden alle verfügbaren Drahtlosnetzwerke eingeblendet. Haben Sie in der Liste Ihre Verbindung gefunden, klicken Sie diese an, geben in das Textfeld **Passwort** das WLAN-Passwort für das Drahtlosnetzwerk ein und klicken auf **Fortfahren**.

Abbildung 1.8 Verbindung mit dem Internet herstellen

Ist der Computer hingegen mit dem Ethernet-Kabel verbunden, können Sie **Andere Netzwerkoptionen** auswählen, dann **Lokales Netzwerk (Ethernet)** aktivieren und auf **Fortfahren** klicken. Haben Sie kein Internet, können Sie die Option **Mein Computer ist nicht mit dem Internet verbunden** auswählen und mit der Einrichtung fortfahren.

1.3.4 Schritt 4: Informationen zum Datenschutz

Im nächsten Dialog werden Informationen zum Thema Daten und Datenschutz eingeblendet, wo Sie über **Weitere Informationen** mehr zum Thema Daten und Datenschutz zu den mitgelieferten Apps erfahren können. Klicken Sie auf **Fortfahren**.

Abbildung 1.9 Informationen zu Daten und Datenschutz von Apple

1.3.5 Schritt 5: Der Migrationsassistent

Der nächste Schritt ist der Migrationsassistent, mit dem Sie Daten auf Ihren Mac übertragen können. Hierbei können Sie Daten von einem Mac, einem Time-Machine-Backup oder einem anderen Datenträger übertragen. Auch Daten von einem Windows-PC können Sie hiermit transferieren. An dieser Stelle soll nichts migriert werden, weshalb hier **Jetzt keine Informationen übertragen** ausgewählt wurde. Den Migrationsassistenten können Sie jederzeit später ausführen. Wollen Sie den Migrationsassistenten trotzdem gleich ausführen, blättern Sie zu Abschnitt 1.4, »Der Migrationsassistent«. Klicken Sie auf **Fortfahren**.

Abbildung 1.10 Hier können Sie Daten von einem anderen Mac, einem Time-Machine-Backup oder einem Windows-PC auf den Mac übertragen.

HINWEIS

Schritte bei einer Migration

Wenn Sie die Migration von einem Benutzer an dieser Stelle durchführen, verläuft der weitere Vorgang des Einrichtens des Systems etwas anders, da Sie hiermit praktisch die Benutzer-Accounts und Daten vom anderen Mac übertragen und gleich verwenden können. Es wird alles so übernommen, wie es beim alten Mac eingerichtet war. Sie können quasi an der Stelle auf dem neuen Mac weiterarbeiten, an der Sie beim alten Mac aufgehört haben. Genau genommen sind Sie nach dem Migrationsassistenten fertig mit dem Einrichten des Systems. Dies gilt allerdings nur dann, wenn Sie einen bzw. Ihren Administrator-Account vom anderen Mac übertragen. In dem Fall wird das System neu gestartet, gefolgt von einer Aktualisierung eventuell inkompatibler Software, und dann können Sie sich wie beim alten Mac über das Login mitsamt dem dort verwendeten Passwort auf dem System anmelden. Ebenso können Sie alle anderen Benutzer-Accounts übertragen.

1.3.6 Schritt 6: Die Apple-ID eingeben/einrichten

Im nächsten Schritt tragen Sie Ihre Apple-ID und das entsprechende Passwort in die beiden Textfelder ein. Wenn Sie bereits eine Apple-ID für mobile iOS-Geräte wie ein iPad oder iPhone oder für einen anderen Mac verwenden, empfehle ich Ihnen, hier dieselbe Apple-ID zu verwenden. Die Apple-ID benötigen Sie für den Einkauf von Programmen im App Store oder Musik bei iTunes. Aber auch der Dienst iCloud und viele weitere Funktionen machen Gebrauch von der Apple-ID.

Wenn Sie noch keine Apple-ID haben, legen Sie sich eine über **Neue Apple-ID erstellen** an. Ein Assistent hilft Ihnen dabei. Die Apple-ID ist kostenlos. Wollen Sie (vorerst) keine Apple-ID haben, können Sie **Später einrichten** auswählen. Es ist hier jederzeit möglich, später noch eine Apple-ID anzulegen. Klicken Sie auf **Fortfahren**. Haben Sie bereits auf einem anderen Gerät eine Zwei-Faktor-Authentifizierung eingerichtet, so wird vorher noch eine Nummer an das andere Gerät gesendet, die Sie hier zur Bestätigung noch eingeben müssen.

Abbildung 1.11 Die Apple-ID ist kostenlos und zu empfehlen.

Wenn Sie eine neue Apple-ID erstellen möchten, erscheint ein Fenster, in dem Sie das Geburtsdatum eingeben müssen. Das Geburtsdatum hat Auswirkungen auf verfügbare Titel im App Store oder bei iTunes, wo es Titel gibt, die eine Altersbeschränkung haben. Klicken Sie auf **Fortfahren**.

appleid.apple.com

Hans-Heinrich Monke

Deine Apple-ID lautet: hh.monke@icloud.com

Abmelden

Account

APPLE-ID
hh.monke@icloud.com

GEBURTSDATUM
20.01.1939

SPRACHE
Deutsch - Deutsch

LAND/REGION
Deutschland

ERREICHBAR UNTER
hh.monke@icloud.com
+49 160 93171301
hh.monke@t-online.de

Bearbeiten

Sicherheit

PASSWORT
Passwort ändern ...

ZWEI-FAKTOR-AUTHENTIFIZIERUNG
Ein

VERTRAUENSWÜRDIGE TELEFONNUMMERN
+49 160 93171301

ANWENDUNGSSPEZIFISCHE PASSWÖRTER
Passwort erstellen ...

Bearbeiten

Geräte

Du bist auf den nachfolgenden Geräten angemeldet. Weitere Informationen ›

H-H.M. iPhon...
iPhone XS

MacBook Pro ...
MacBook Pro 15"

Zahlung und Versand

ZAHLUNGSMETHODE
MasterCard •••• 2646

LIEFERADRESSE
Hans-Heinrich Monke
Wenkenstrasse 48
32105 Bad Salzuflen Deutschland

Bearbeiten

Nachrichten von Apple

ABONNEMENTS
Wähle die E-Mails aus, die du von Apple erhalten möchtest.

- [x] Ankündigungen
  Erhalte Ankündigungen, Empfehlungen und Updates zu Produkten, Diensten und Software von Apple
- [ ] Apps, Musik, TV-Sendungen und mehr
  Erhalte Neuerscheinungen, exklusive Inhalte, Sonderangebote und Empfehlungen für Apps, Musik, Filme, TV, Bücher, Podcasts, Apple Pay und mehr

Daten und Datenschutz

Erfahre, wie Apple sich verpflichtet, deine Privatsphäre zu schützen.
Besuche unsere Datenschutz-Website ›

Bearbeiten

Du hast die Kontrolle über deine Apple-ID und kannst deine Daten verwalten oder deinen Account jederzeit löschen.
„Daten und Datenschutz" verwalten ›

„Daten und Datenschutz" verwalten ›

FREIGABEEINSTELLUNGEN
iCloud-Analyse: Aus
Freigabeeinstellungen verwalten ...
Unterstütze Apple bei der Verbesserung von Produkten und Diensten, indem du anonymisierte Analysedaten deiner Geräte und deines iCloud-Accounts teilst.

Abbildung 1.12 Geben Sie Ihr Geburtsdatum zum Einrichten der Apple-ID ein.

Anschließend geben Sie Ihre persönlichen Daten wie Vorname, Nachname, eine bestehende **E-Mail-Adresse** ein. Haben Sie noch keine E-Mail-Adresse, klicken Sie auf **Kostenlose E-Mail-Adresse bei iCloud erhalten**, und es wird ein kostenloses Postfach mit der Endung *@icloud.com* für Sie angelegt. Dann geben Sie ein (gutes) Passwort zweimal ein. Hierbei müssen Sie mindestens acht Zeichen verwenden, und es müssen eine Zahl, ein Großbuchstabe und ein Kleinbuchstabe enthalten sein. Klicken Sie auf **Fortfahren**.

Abbildung 1.13 Name, E-Mail und Passwort für die Apple-ID festlegen

Es folgt die Eingabe einer **Telefonnummer**, die zur Identitätsprüfung mittels SMS oder Telefonanruf verwendet wird. Im Beispiel gebe ich meine Mobilnummer ein und lasse mir die Bestätigung per **Textnachricht** senden. Wenn Sie auf **Fortfahren** klicken, wird ein Bestätigungscode an die angegebene Nummer gesendet, die Sie im nächsten Fenster eingeben müssen.

Abbildung 1.14 Telefonnummer zur Bestätigung eingeben …

Abbildung 1.15 … und dann den erhaltenen Bestätigungscode

1.3.7 Schritt 7: Softwarelizenzvertrag akzeptieren

Im nächsten Bildschirm wird die Lizenzbedingung für das Betriebssystem eingeblendet, der Sie zustimmen müssen, wenn Sie mit der Einrichtung fortfahren wollen.

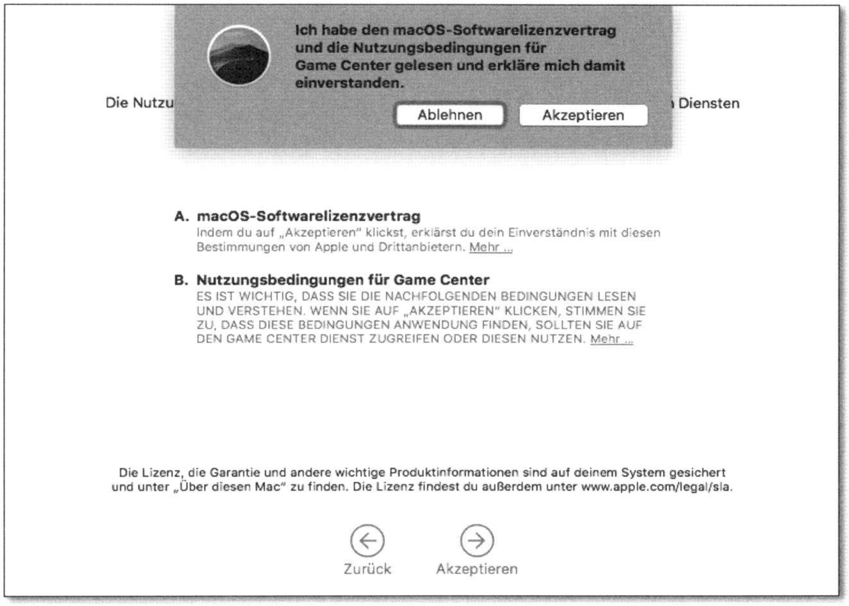

Abbildung 1.16 Um weitermachen zu können, müssen Sie auf »Akzeptieren« klicken.

1.3.8 Schritt 8: Einen Benutzer anlegen

Im nächsten Schritt müssen Sie sich einen Benutzer-Account für Ihren Mac einrichten. Geben Sie zunächst Ihren vollständigen Namen und dann den **Accountname** ein. Sie können auch ein Symbol für den Benutzer verwenden, indem Sie auf das entsprechende Bild klicken und ein anderes Symbol auswählen. Anschließend müssen Sie noch ein **Passwort** für den Benutzer-Account festlegen. Dieses Passwort wird künftig beim Systemstart und vor der Installation von neuen Programmen abgefragt. Klicken Sie auf **Fortfahren**, um den Benutzer anzulegen.

ACHTUNG

Administrator-Account

Der erste Benutzer, den Sie einrichten, ist ein Administrator, womit Sie vollen Zugriff auf alle Funktionen haben und Änderungen am System und den Programmen durchführen können. Achten Sie darauf, welchen Accountnamen Sie hierfür verwenden, weil sich dieser nachträglich nicht mehr so einfach ändern lässt. Alle anderen Angaben wie **Vollständiger Name**, das **Passwort** oder das Symbol können Sie jederzeit nachträglich ändern. Auf die Benutzerverwaltung wird später im Buch noch umfassender eingegangen.

Abbildung 1.17 Der erste Benutzer, den Sie anlegen, ist der Administrator.

1.3.9 Schritt 9: iCloud-Schlüsselbund

Wenn Sie eine neue Apple-ID angelegt haben, können Sie im nächsten Schritt den **iCloud-Schlüsselbund** einrichten. Der Schüsselbund ist, wie man vielleicht am Namen schon vermuten kann, eine zentrale Anlaufstelle, wo Sie alle Passwörter von Websites, E-Mails, WLAN, Kreditkartennummern usw. ablegen können. Sobald Sie bei einem künftigen Login diese Daten benötigen, stehen diese dank des Schlüsselbundes automatisch zur Verfügung. Den Schlüsselbund können Sie nachträglich bearbeiten bzw. hier überspringen und später einrichten. Auf den Schlüsselbund wird im Buch noch gesondert eingegangen. Klicken Sie auf **Fortfahren**.

Abbildung 1.18 Der Schlüsselbund wird in der iCloud angelegt.

Wenn Sie den Schlüsselbund allerdings jetzt einrichten wollen und über ein iPhone oder iPad verfügen, auf dem Sie dieselbe Apple-ID wie auf dem Mac verwenden, wählen Sie im nächsten Bildschirm **Über ein anderes Gerät bestätigen**, und Sie erhalten eine direkte Passwort-Eingabe am iPhone oder iPad. Danach ist der Schlüsselbund auf dem Mac verfügbar. Haben Sie kein weiteres Apple-Gerät, können Sie **iCloud-Sicherheitscode verwenden** wählen, und es wird ein Bestätigungscode an die Mobiltelefonnummer gesendet, die Sie beim Anlegen der Apple-ID hinterlegt haben. Bestätigen Sie den Sicherheitscode im nächsten Fenster.

1.3.10 Schritt 10: Expresseinstellungen wie Ortungsdienst, Diagnose und Siri

Zum Schluss folgt noch ein Bildschirm mit einigen Expresskonfigurationen, die automatisch für Sie konfiguriert werden, wenn Sie auf **Fortfahren** klicken. Alternativ können Sie diese Konfigurationen über die Schaltfläche **Einstellungen anpassen** selbst ändern. Bei den Einstellungen handelt es sich um Siri, den Ortungsdienst und die zu sendenden Analysedaten.

Ausgehend davon, dass Sie nicht auf **Fortfahren** geklickt haben, sondern auf die Schaltfläche **Einstellungen anpassen**, erscheint als erste Expresseinstellung der Ortungsdienst. Apple nutzt bei einigen Programmen den Ortungsdienst, um beispielsweise die Uhrzeiteinstellung des Computers anzupassen oder die Wettervorhersage für Ihren Standort anzuzeigen. Über die Option **Ortungsdienste auf diesem Mac aktivieren** können Sie diesen Dienst (de-)aktivieren. Die Einstellung können Sie später jederzeit über **Systemeinstellungen ▸ Sicherheit** ändern.

Abbildung 1.19 Zum Schluss noch einige Expresseinstellungen

Abbildung 1.20 Den Ortungsdienst zur Erfassung des aktuellen Standardortes (de-)aktivieren

Klicken Sie bei den Ortungsdiensten auf **Fortfahren**, wird eventuell noch ein Fenster eingeblendet, um die Zeitzone auszuwählen, in der Sie sich befinden, wenn Sie die Ortungsdienste nicht aktiviert haben sollten.

Als Nächstes finden Sie ein Fenster, in dem Sie gefragt werden, ob Sie Diagnose- und Nutzerdaten an Apple für die Weiterentwicklung des Systems senden wollen. Anschließend müssen Sie sich noch entscheiden, ob der Sprachassistent Siri aktiviert werden soll.

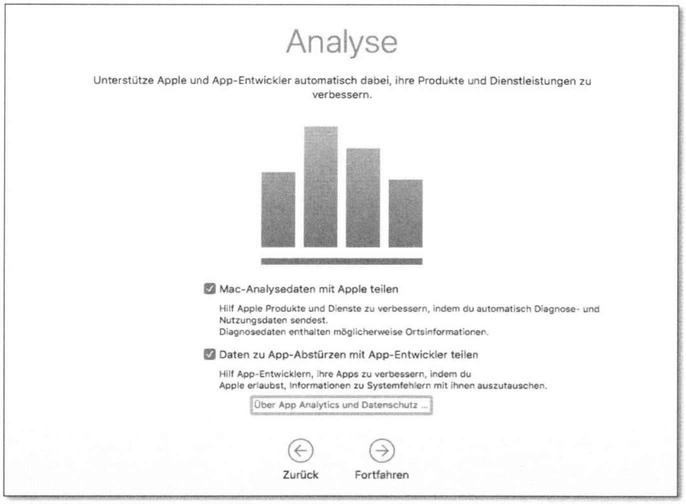

Abbildung 1.21 Entscheiden Sie selbst, ob Sie Apple- und App-Entwickler unterstützen wollen.

Abbildung 1.22 Hier können Sie den Sprachassistenten Siri auf dem Mac aktivieren.

1.3.11 Schritt 11: iCloud-Drive-Einstellungen

Das letzte Fenster bietet Ihnen an, die Dateien aus den Ordnern *Schreibtisch* und *Dokumente* automatisch nach *iCloud Drive* hochzuladen.

Diese Funktion ist praktisch, weil Ihnen diese Dateien dann auch auf jedem anderen Mac, iPhone oder iPad zur Verfügung stehen, auf dem Sie dieselbe Apple-ID verwenden. Sind Sie sich nicht sicher, können Sie diese Option deaktivieren und später noch nachträglich einrichten bzw. anpassen.

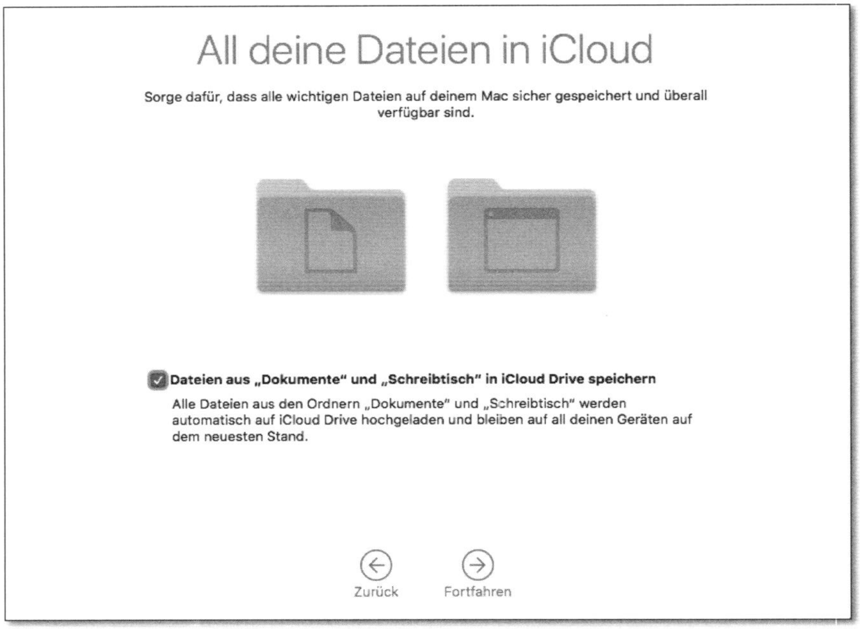

Abbildung 1.23 Auf Wunsch können Sie alle Dateien aus den Verzeichnissen »Schreibtisch« und »Dokumente« gleich in die iCloud hochladen.

1.3.12 Schritt 12: FileFault-Volumeverschlüsselung

Als Nächstes können Sie mit *FileVault* den Inhalt Ihrer kompletten Festplatte verschlüsseln lassen. Auch die Verschlüsselung der Festplatte kann zu einem späteren Zeitpunkt durchgeführt werden, wenn Sie sich hier noch nicht sicher sind.

In dem Fall entfernen Sie das Häkchen vor **Aktivieren der FileVault-Volumeverschlüsselung**. Auch auf die Verschlüsselung wird noch gesondert im Buch eingegangen. Klicken Sie auf **Fortfahren**.

Abbildung 1.24 Hier können Sie die Festplatte verschlüsseln.

1.3.13 Schritt 13: Aussehen auswählen

Als letzten Schritt können Sie den Darstellungsmodus auswählen. Zur Auswahl stehen ein helles und ein dunkles Erscheinungsbild.

Abbildung 1.25 Hier können Sie sich zwischen einem hellen oder dunklen Erscheinungsbild entscheiden.

Entsprechend der Auswahl werden auch Bedienelemente wie das Dock, die Menüs, Tasten und Fenster angepasst. Diese Einstellung können Sie später jederzeit über **Systemeinstellungen ▶ Allgemein** wieder ändern.

Nach letzten Konfigurationen des Systems dauert es nicht mehr lange, bis Sie den Schreibtisch von macOS Mojave zu Gesicht bekommen und loslegen können.

Abbildung 1.26 Der Schreibtisch von macOS Mojave ist der Startpunkt für alle weiteren Arbeiten auf dem Computer.

1.4 Der Migrationsassistent

Der Migrationsassistent hilft Ihnen beim Übertragen von Benutzerdaten des alten Computers, um beim neuen Mac dort weiterzumachen, wo Sie beim alten Computer aufgehört haben. Der Migrationsassistent steht neben dem Mac auch für Windows zur Verfügung. Diesen können Sie entweder während des Einrichtens beim ersten Start des Macs verwenden oder nachträglich im Ordner *Dienstprogramme* (im Finder ⇧ + cmd + U drücken), den Sie im Ordner *Programme* finden, indem Sie das entsprechende Icon mit dem Migrationsassistenten anklicken.

Abbildung 1.27 Das Icon des Migrationsassistenten im Ordner »Dienstprogramme«

Eine Voraussetzung für die Migration von Daten in den folgenden Beispielen ist, dass sich beide Rechner im selben Netzwerk befinden. In den meisten Fällen ist dies gegeben, wenn beide Rechner mit demselben (WLAN-)Router verbunden sind. Sind die Rechner alle im selben Netzwerk, ist es egal, ob Sie die Migration via WLAN oder per Ethernet (-Kabel) durchführen. In der Regel ist allerdings die Verbindung über WLAN langsamer als über das Ethernet-Kabel.

1.4.1 Daten von einem anderen Mac übertragen

Im ersten Szenario wird davon ausgegangen, dass Sie Daten von einem anderen Mac übertragen wollen. Um die Übersicht zu behalten, ist hierbei die Rede von einem Quellrechner, auf dem sich die Daten zur Übertragung befinden, und dem Zielrechner, auf den Sie die Daten übertragen wollen. Beachten Sie bei dieser Anleitung bitte auch, dass es davon abhängt, ob Sie den Migrationsassistenten beim ersten Start während des Einrichtens des neuen Systems oder nachträglich von der macOS-Oberfläche über die Dienstprogramme aufrufen. Daher können einzelne Schritte hier leicht von der Beschreibung abweichen.

1. Starten Sie den Migrationsassistenten auf dem Zielrechner wie auf dem Quellrechner. Wenn Sie den Migrationsassistenten während des Einrichtens eines neuen Systems verwenden, wie es in Abschnitt 1.3, »Der Assistent für den ersten Start«, beschrieben wurde, entfällt logischerweise der Start des Migrationsassistenten auf dem Zielrechner, weil Sie sich hier bereits mitten in der Migration befinden.

2. Nach dem Start des Migrationsassistenten sehen Sie ein Fenster mit einer Erklärung, dass alle laufenden Anwendungen beendet werden und der aktuelle Benutzer abge-

meldet wird. Klicken Sie auf **Fortfahren**, um den Migrationsassistenten weiter auszuführen. Um hierbei fortzufahren, müssen Sie das Administrator-Passwort eingeben.

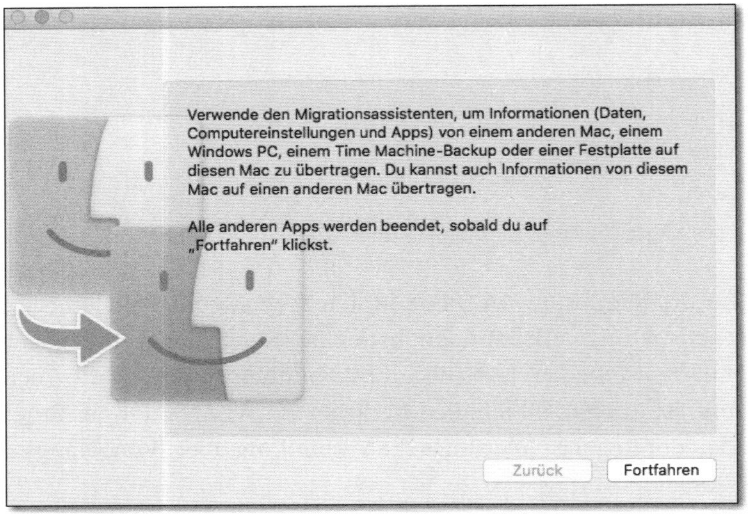

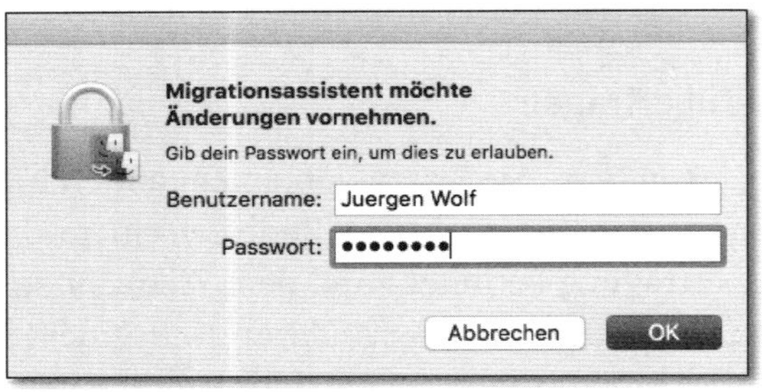

3 Auf dem Quellrechner mit den Daten wählen Sie die Option **Auf einen anderen Mac** aus und klicken auf **Fortfahren**. Sollten auf dem Quellrechner neben dem aktuellen Benutzer, der den Migrationsassistenten ausführt, weitere Benutzer am System angemeldet sein, müssen sich diese vorher noch abmelden, um mit der Migration fortzufahren. In dem Fall erhalten Sie einen Hinweis vom Migrationsassistenten, welche Benutzer angemeldet sind.

4 Auf dem Zielrechner, auf den Sie die Daten transferieren wollen, wählen Sie hingegen **Von einem Mac, Time Machine-Backup oder Startvolume** aus und klicken dort ebenfalls auf **Fortfahren**.

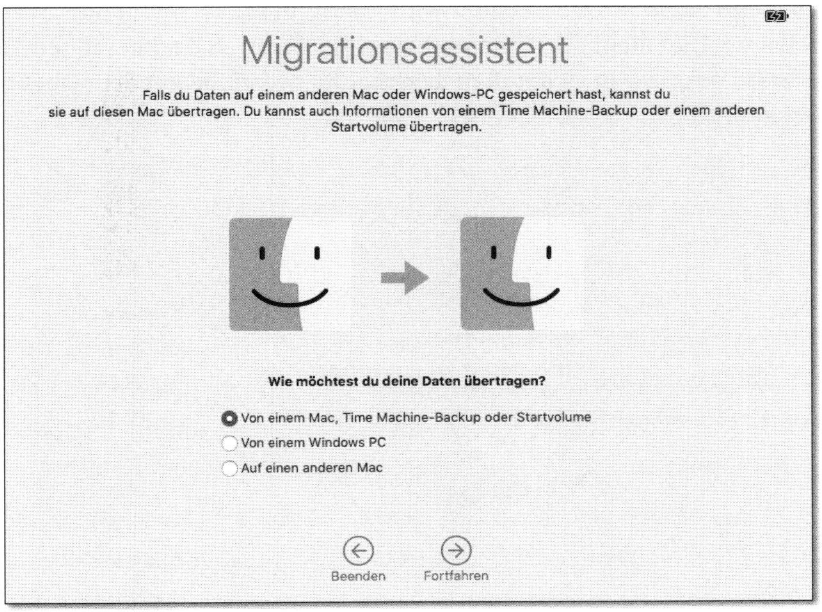

5 Auf dem Zielrechner müsste der Name des Quellrechners eingeblendet werden. Klicken Sie den Quellrechner an und dann auf **Fortfahren**.

6 Auf dem Ziel- und auf dem Quellrechner wird jeweils ein Code mit identischen Ziffern eingeblendet. Dies dient der Sicherheit, dass die richtigen Rechner miteinander kommunizieren. Weiter geht es mit der Übertragung, wenn Sie auf dem Quellrechner auf **Fortfahren** klicken.

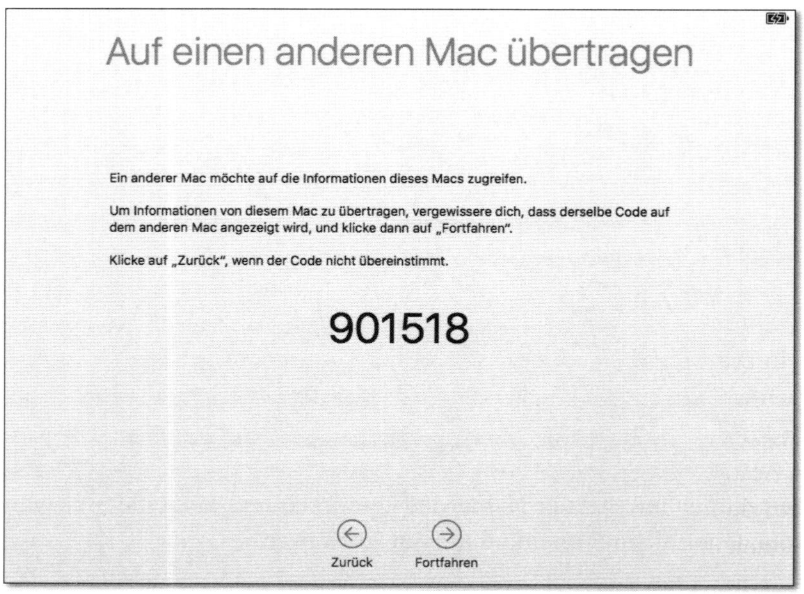

7 Der Quellrechner wird analysiert, und alle verfügbaren Informationen werden auf dem Zielrechner angezeigt. Der Vorgang, bis alle Informationen gesammelt wurden, kann etwas Zeit in Anspruch nehmen. Sie können entsprechende Benutzer aktivieren oder deaktivieren, die Sie auf den Mac übertragen wollen. Klicken Sie auf die Dreiecke zum Aufklappen von Ordnern der einzelnen Benutzer, Programme und Einstellungsinformationen, um gezielt über die Häkchen auszuwählen, was Sie alles übertragen wollen und was nicht. In der Regel werden Sie wohl kaum den *Downloads*- oder *Papierkorb*-Ordner übertragen wollen. Klicken Sie auf **Fortfahren**, wenn Sie Ihre Auswahl getroffen haben.

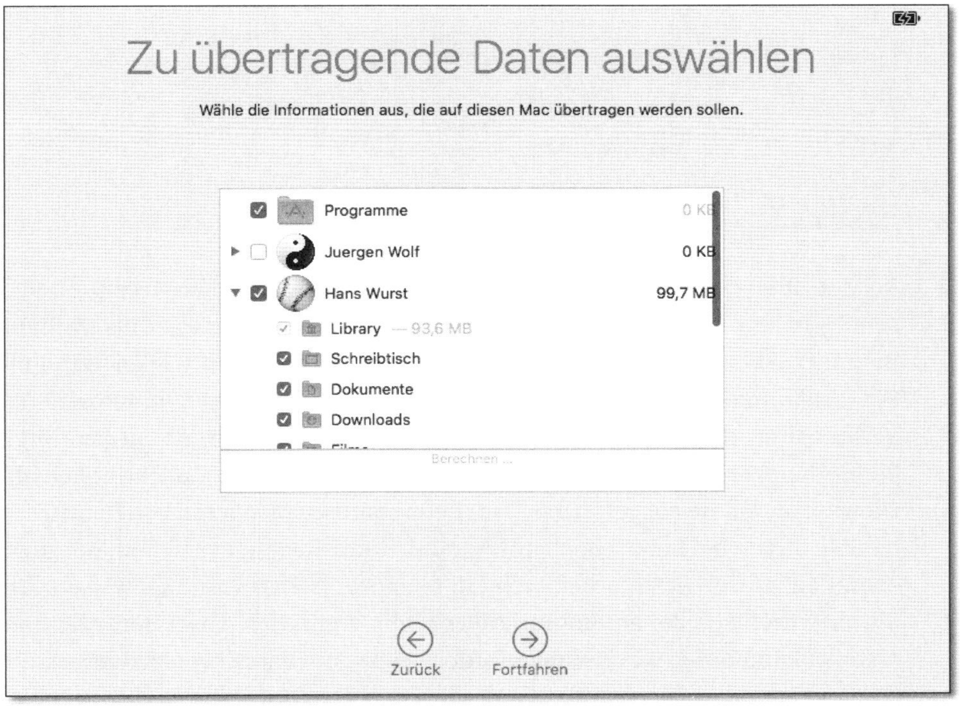

8 Wenn es während der Übertragung von Benutzerdaten zu Konflikten kommt, erscheint ein Dialog zusammen mit dem Hinweis und einer Lösung, wie der Konflikt behoben werden kann. Folgen Sie hierbei den Anweisungen. So entsteht zum Beispiel ein Konflikt, wenn auf dem Zielrechner bereits ein Benutzer-Account mit demselben Accountnamen vorhanden ist. Hierbei haben Sie die Möglichkeit, den Benutzer auf dem Zielrechner durch den gleichnamigen Benutzer des Quellrechners zu ersetzen und bei Bedarf eine Kopie vom überschriebenen Benutzer im Ord-

ner *Gelöschte Benutzer* im Benutzerverzeichnis zu sichern. Oder Sie behalten beide Accounts und vergeben auf dem Zielrechner einen anderen Accountnamen für die zu übertragenden Dateien des Quellrechners.

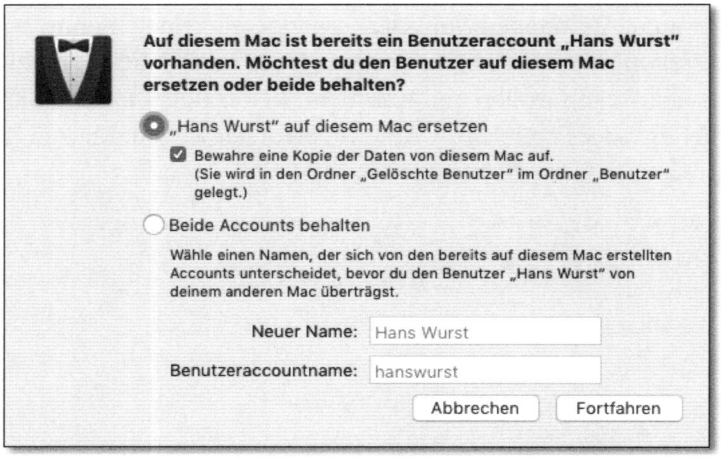

9 Bei der Übertragung wird auch zwischen einem gewöhnlichen Account und einem Administrator-Account unterschieden. Wenn Sie zum Beispiel als vorhandener Benutzer einen weiteren Benutzer dem System hinzufügen wollen, dann müssen Sie (als Administrator) das auch vorher noch mit einem Passwort autorisieren. Das Verhalten an dieser Stelle hängt natürlich auch davon ab, ob Sie die Migration bereits beim ersten Einrichten des Mac-Betriebssystems oder nachträglich über die Dienstprogramme ausgeführt haben. Beim späteren Migrieren von Benutzern können Sie diesen bei Bedarf auch mit Administrator-Rechten versehen. Bei gewöhnlichen Benutzern wird hierbei auch ein temporäres Passwort zugewiesen, welches Sie aufschreiben oder abfotografieren sollten. Wenn sich dieser Benutzer dann das erste Mal anmeldet, wird er aufgefordert, selbst ein Passwort festzulegen.

10 Die Übertragung kann, je nach Verbindung und der Menge der Daten, die übertragen werden sollen, ein wenig Zeit in Anspruch nehmen. Schließlich zeigt eine Statusmeldung an, dass die Daten erfolgreich übertragen wurden und dass Sie den Migrationsassistenten auf beiden Rechnern beenden können.

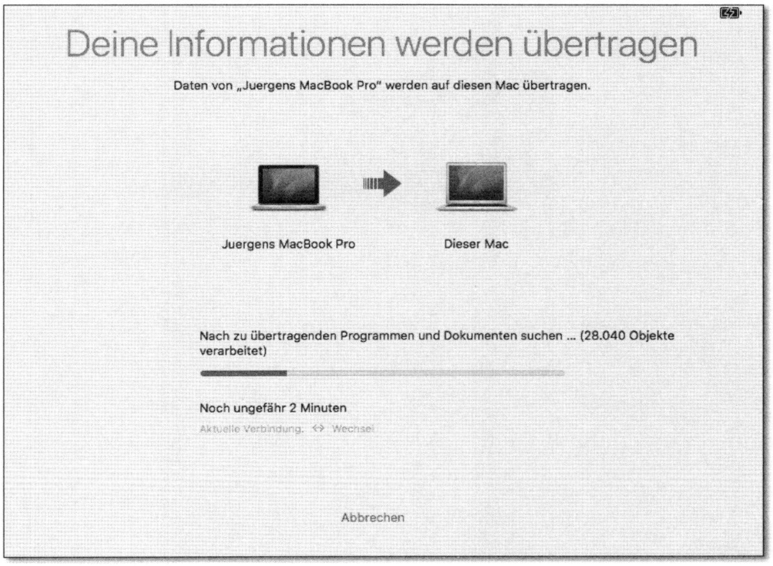

Wenn Sie hierbei neue Benutzer übertragen haben, stehen diese dem System mitsamt den übertragenen und ausgewählten Daten und demselben Passwort (!) wie auf dem Quellrechner zur Verfügung. Ein normaler Benutzer, den Sie als bereits vorhandenen Benutzer (Administrator) auf das System migriert haben, muss gewöhnlich bei der ersten Anmeldung ein neues Passwort eingeben.

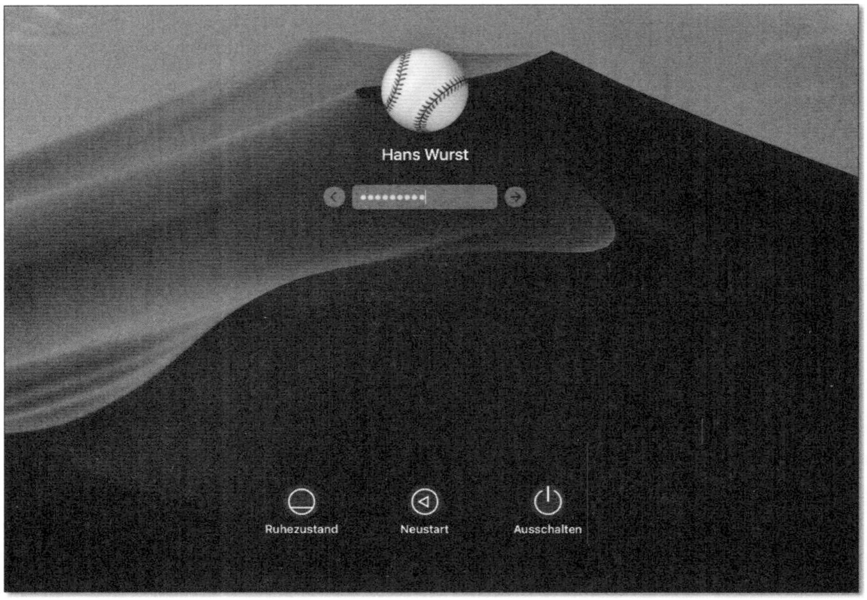

Abbildung 1.28 Der übertragene Benutzer kann sich an dem neuen System mit demselben Passwort wie auf dem alten Mac anmelden.

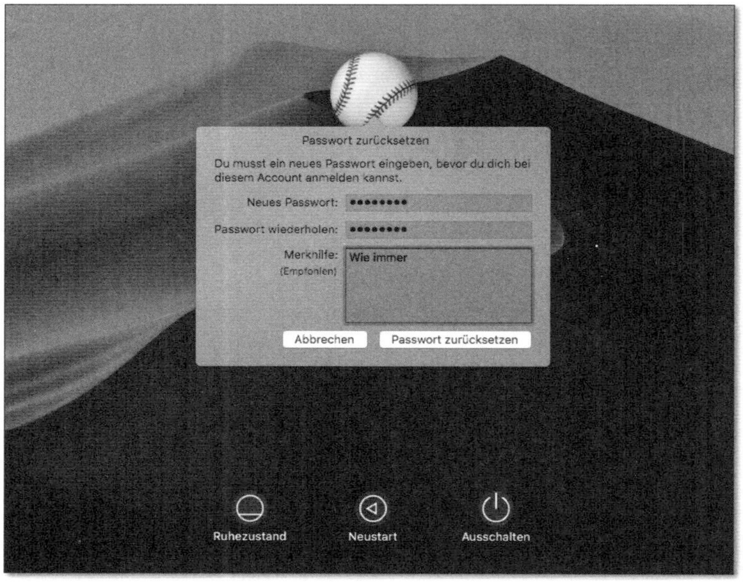

Abbildung 1.29 Andere nachträglich migrierte (gewöhnliche) Benutzer dürfen bei der ersten Anmeldung ein neues Passwort erstellen.

1.4.2 Daten von einem Windows-Rechner übertragen

Den Migrationsassistenten für den Windows-PC können Sie sich unter *https://support.apple.com/kb/DL1557?viewlocale=de_DE&locale=en_US* herunterladen. Für die Installation folgen Sie den Anweisungen auf dem Bildschirm. Weitere Informationen für das Übertragen von Daten vom Windows-PC auf den Mac finden Sie auf der Support-Seite von Apple unter *https://support.apple.com/de-de/HT204087*. Wenn Sie den Migrationsassistenten auf Windows installiert haben, funktioniert die Datenübertragung des Benutzers recht ähnlich, wie dies bereits für die Übertragung von Daten von einem Mac beschrieben wurde:

1. Starten Sie den Migrationsassistenten auf Windows, und klicken Sie auf den ersten beiden Fenstern mit entsprechenden Informationen auf **Fortfahren**. Ein Hinweisbalken wartet nun auf die Verbindungsherstellung mit dem Mac.

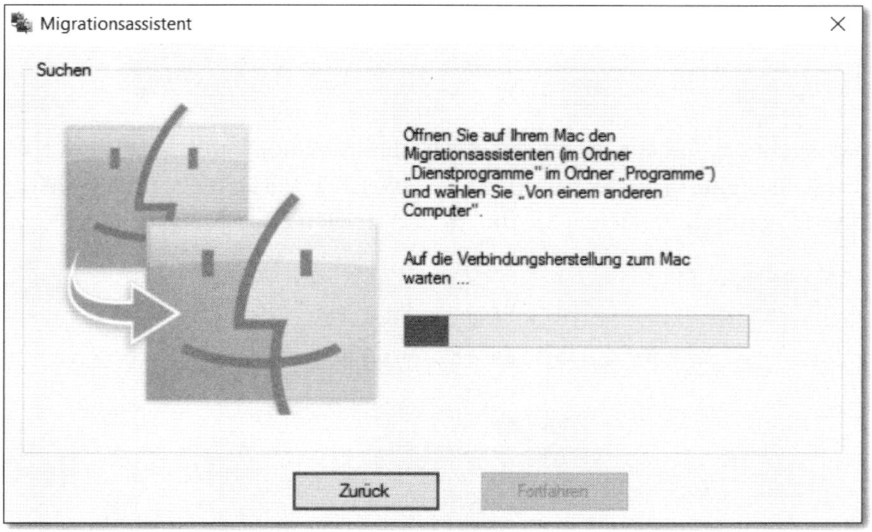

2. Starten Sie den Migrationsassistenten auf dem Mac im *Dienstprogramme*-Ordner, und klicken Sie dort ebenfalls auf **Fortfahren**. Auch hier gilt, dass Sie bei einer laufenden Einrichtung eines Macs den Migrationsassistenten nicht mehr extra starten müssen, weil dieser bereits mitten in der Ausführung ist. Klicken Sie auf **Fortfahren**, und geben Sie das Administrator-Passwort ein.

3. Wählen Sie auf dem Mac die Option **Von einem Windows PC** aus, und klicken Sie auf **Fortfahren**.

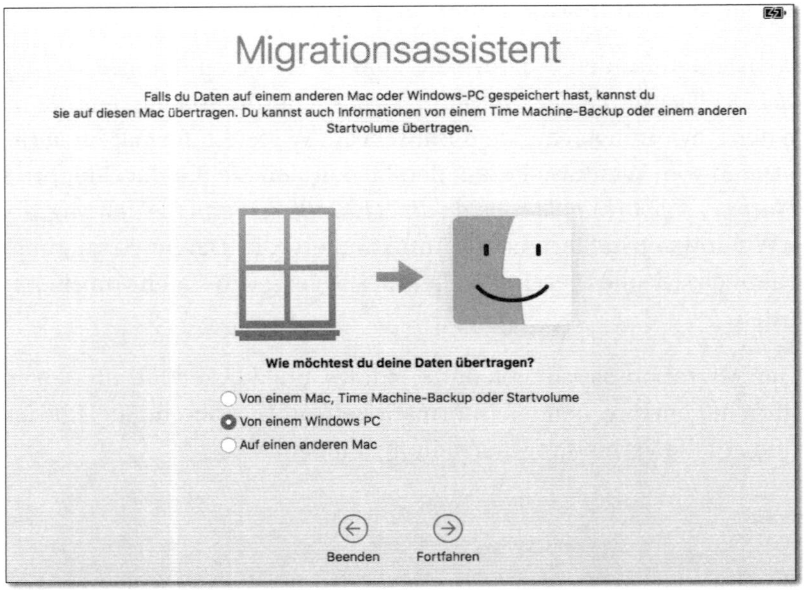

4 Der Mac sucht im lokalen Netzwerk nach einem Windows-PC, auf dem Sie den Migrationsassistenten ausführen (der in Schritt 1 gestartet wurde). Wird der Windows-PC gefunden, klicken Sie ihn an und wählen dann **Fortfahren**.

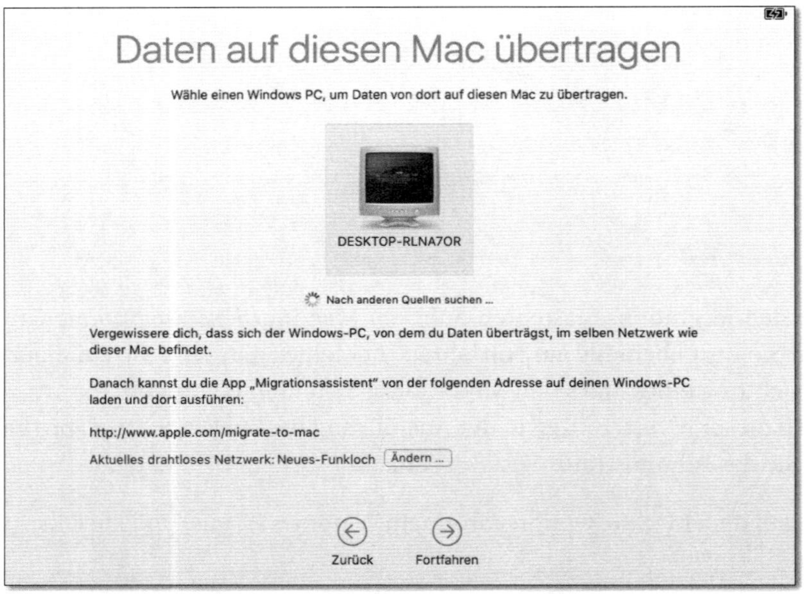

5 Nun sehen Sie auf dem Mac und auf dem Windows-PC denselben Code eingeblendet. Damit können Sie sichergehen, dass die richtigen Rechner miteinander kommunizieren. Auf dem Windows-PC muss der Code mit **Fortfahren** bestätigt werden.

6 Auf dem Mac werden die Benutzer und Laufwerke eingeblendet, die Sie über das Dreieck aufklappen. Wählen Sie die gewünschten Daten für den Import auf den Mac aus, indem Sie ein Häkchen davorsetzen bzw. es entfernen. Hierbei funktioniert alles genauso wie beim Übertragen von Daten von einem Mac. Das Übertragen von Programmen ist allerdings mit Windows auf dem Mac logischerweise nicht möglich. Sind Sie mit der Auswahl fertig, klicken Sie auf **Fortfahren**, um die ausgewählten Daten vom Windows-PC auf den Mac zu übertragen.

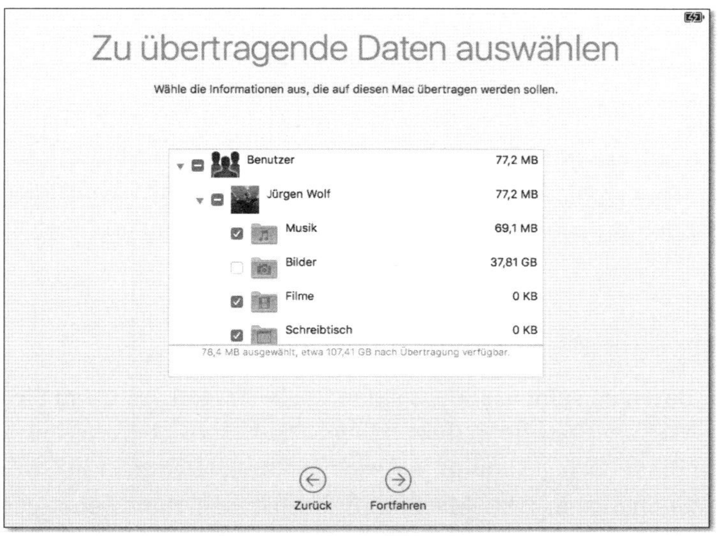

7 Ist die Datenübertragung beendet, melden sowohl der Windows-Rechner wie auch der Mac, dass die Migration abgeschlossen wurde. Klicken Sie beim Mac auf **Beenden**, finden Sie auf dem Anmeldebildschirm den neu migrierten Benutzer-Account vom Windows-PC. Wenn Sie diesen Account auswählen, müssen Sie beim ersten Anmelden das Kennwort zurücksetzen. Hierzu erscheint der entsprechende Dialog, der Ihnen bei der Vergabe eines neuen Passwortes hilft.

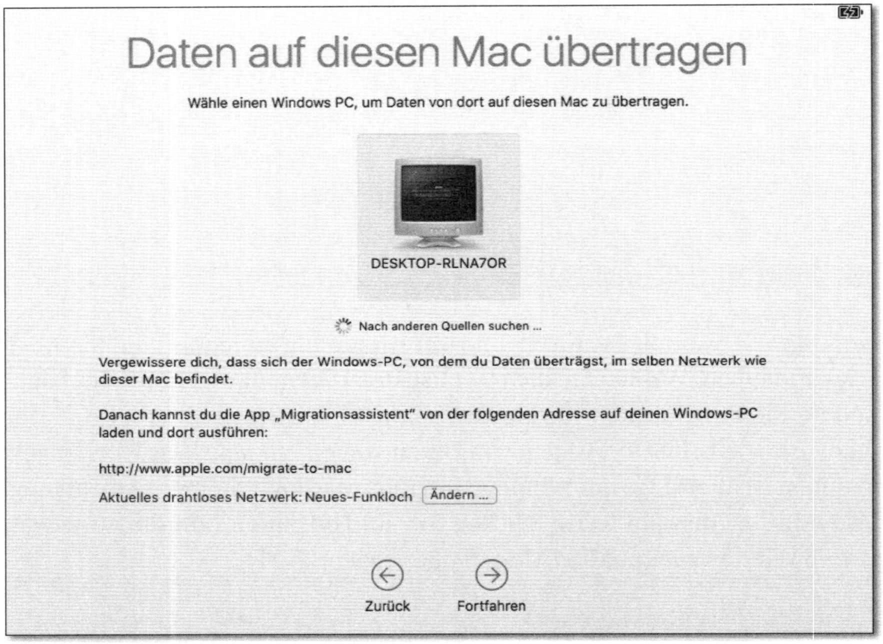

Wenn Sie sich mit dem von Windows importierten Benutzer-Account zum ersten Mal anmelden, erscheinen noch ein paar Einrichtungsdialoge für den Account, wie beispielsweise die Eingabe einer Apple-ID, die Einrichtung der iCloud etc. – verschiedene Dialoge, die Sie vom ersten Start beim Einrichten vom Mac her kennen.

1.4.3 Daten von einem Time-Machine-Backup übertragen

Eine dritte Möglichkeit, Daten von einem anderen Mac zu übertragen, ist, wenn Sie vom Quellrechner ein Time-Machine-Backup erstellt haben. Die Datensicherung mit Time Machine wird in diesem Buch noch gesondert in Abschnitt 30.4, »Benutzer in Gruppen verwalten«, behandelt. Wenn Sie ein Time-Machine-Backup haben, dann benötigen Sie nur den Datenträger mit dem Backup für die Migration. Das ist praktisch, wenn Sie zum Beispiel kein lokales Netzwerk zur Verfügung bzw. den anderen Mac bereits verkauft haben oder dieser nicht mehr funktioniert. Hier ist kein Quellrechner mehr nötig.

1 Verbinden Sie den Datenträger mit dem Time-Machine-Backup mit Ihrem Zielrechner, und starten Sie den Migrationsassistenten im *Dienstprogramme*-Verzeichnis. Auch hier gilt: Wenn Sie den Migrationsassistenten während des Einrichtens eines neuen Systems beim ersten Start ausführen, müssen Sie ihn nicht erst für die Datenübertragung starten, weil dieser bereits ausgeführt wird. Klicken Sie beim ersten Hinweisdialog auf **Fortfahren**, und geben Sie auf Anfrage das Administrator-Passwort ein.

2 Wählen Sie beim Migrationsassistenten die Option **Von einem Mac, Time Machine-Backup oder Startvolume** aus, und klicken Sie auf **Fortfahren**.

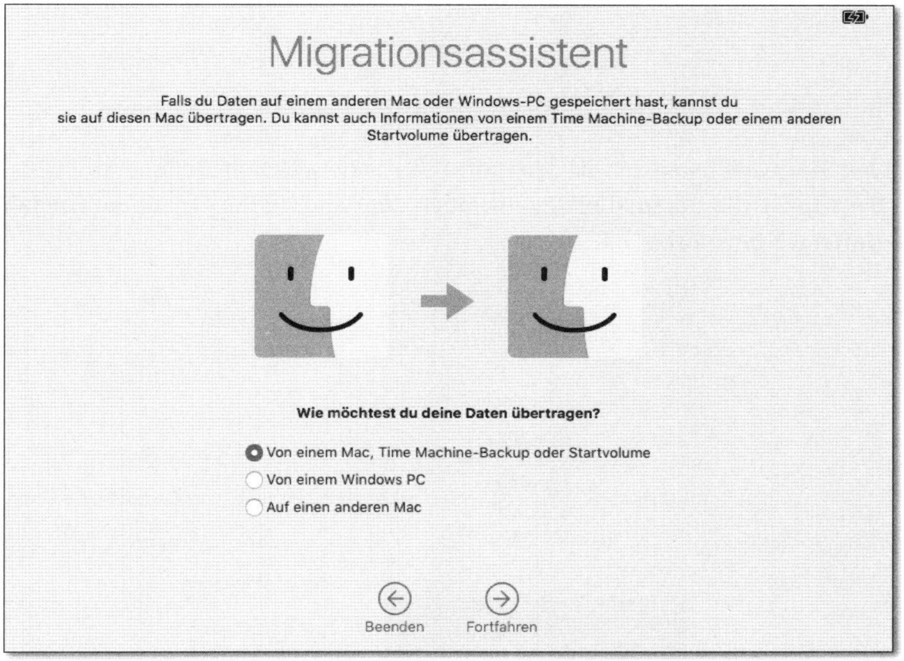

3 Bei der Suche nach Daten sollte die Backup-Festplatte eingeblendet werden. Wählen Sie diese aus, und klicken Sie auf **Fortfahren**.

4 Wählen Sie im nächsten Schritt den Eintrag aus, von welchem Rechner mit dem letzten Backup Sie die Daten übertragen wollen, und klicken Sie erneut auf **Fortfahren**. Die Daten werden vorbereitet.

5 Nun erscheint ein Dialog, in dem Sie durch Setzen und Entfernen von Häkchen auswählen können, welche Daten vom Time-Machine-Backup Sie auf den neuen Mac übertragen wollen. Auch hier können Sie zwischen Benutzerdaten, Programmen und allgemeinen Einstellungen wählen. Klicken Sie auf **Fortfahren**, um die ausgewählten Daten auf den Mac zu übertragen. Bei Konflikten mit einem bereits verwendeten Benutzernamen meldet sich der Assistent und bietet Ihnen Lösungsvorschläge an.

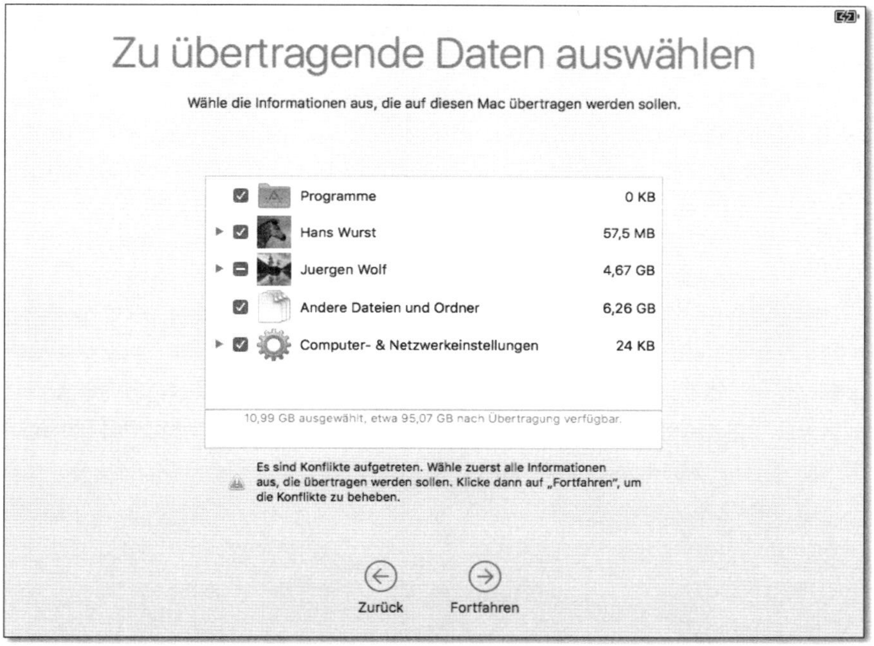

Der Migrationsassistent ist eine tolle Sache, wenn Sie bereits mit einem Mac gearbeitet haben. Die Übertragung eines kompletten Benutzer-Accounts mitsamt Daten, Programmen und Einstellungen funktioniert gerade von Mac zu Mac fast immer perfekt. Einfacher geht es nicht und erspart zudem eine Menge Zeit. Sie können quasi mithilfe der Migration auf dem neuen Mac da weiterarbeiten, wo Sie beim alten Mac aufgehört haben.

Auch die Übertragung von Benutzer-Accounts von Windows-PCs funktioniert sehr gut. Es werden hierbei die Eigenschaften der Benutzerordner und aller enthaltenen Unterordner übertragen und ordentlich in das System von macOS integriert. So bleiben der *Dokumente*-, der *Musik*-, der *Filme*- oder der *Bilder*-Ordner auf dem Mac mit der entsprechenden Bedeutung erhalten und werden dort auch gleich als entsprechende Benutzerordner verwendet.

HINWEIS

Migration im Target-Disk-Modus

Alternativ zu einem anderen Mac im selben Netzwerk können Sie auch direkt auf einen Mac als Quellrechner zugreifen, den Sie mit Thunderbolt verbunden haben. Voraussetzung, um via Thunderbolt einen Benutzer-Account von einem Mac zu migrieren, ist, dass der Quellrechner im *Target-Disk-Modus* (auch *FireWire-Modus* genannt) gestartet wurde. Wie Sie einen Mac im Target-Disk-Modus starten können, wird in Abschnitt 37.4, »Festplatte mit dem Festplattendienstprogramm prüfen«, beschrieben. Der weitere Vorgang funktioniert dann genauso, wie dies eben für die Übertragung von Daten eines Time-Machine-Backups beschrieben wurde.

TEIL II

Das tägliche Leben mit dem Mac

2 Den Mac steuern

In diesem Kapitel erfahren Sie, wie Sie Ihren Mac mit Tastatur, Trackpad und Maus steuern können. Da in neueren MacBook Pros eine Touch Bar verbaut ist, soll hier kurz auf die grundlegende Steuerung damit eingegangen werden.

Die primären Eingabegeräte zum Steuern des Macs sind und bleiben die Tastatur, die Maus bzw. das Trackpad. Beim MacBook Pro finden Sie eine neuere Variante mit einer *Touch Bar* oberhalb der Tastatur, die die herkömmlichen Funktionstasten ersetzt. Apple bietet für diese Eingabegeräte viele tolle und hilfreiche Funktionen an, die hier beschrieben werden sollen. Zuerst soll allerdings noch erläutert werden, wie Sie Ihren Mac ein- und ausschalten können.

2.1 Den Mac ein- und ausschalten

Zugegeben, es ist an dieser Stelle recht unpassend, den Mac nach dem ersten Start gleich wieder auszuschalten, und Sie müssen es jetzt auch nicht tun. Trotzdem sollten Sie wissen, wie und wo Sie den Ausschaltvorgang durchführen können. Ausschalten können Sie Ihren Mac über das -Menü links oben. Klicken Sie das -Menü an, finden Sie unter anderem die Befehle **Ruhezustand**, **Neustart** und **Ausschalten**.

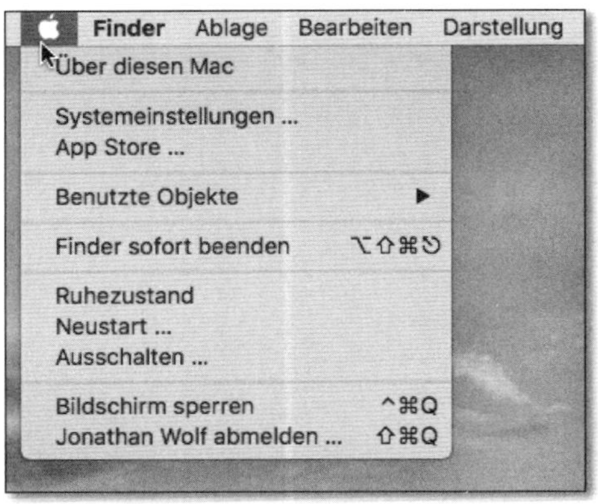

Abbildung 2.1 Ruhezustand, Neustart oder Ausschalten?

2.1.1 Ruhezustand

Mit dem **Ruhezustand** bringen Sie Ihren Mac in einen Energiesparmodus, in dem Festplatte, Monitor und Prozessor schlafen gelegt werden. In diesem Zustand benötigt der Rechner extrem wenig Strom. Bei stationären Rechnern ist der Ruhezustand praktisch bei Pausen. Wenn Sie über einen tragbaren Mac verfügen, können Sie diesen in den Ruhezustand versetzen, indem Sie ihn zuklappen. Der Vorteil, den Computer in den Ruhezustand zu versetzen, ist der, dass der komplette Startvorgang des Rechners entfällt und er Ihnen sofort wieder dort zum Arbeiten zur Verfügung steht, wo Sie aufgehört haben.

Den Mac wecken Sie aus dem Ruhezustand auf, indem Sie eine beliebige Taste drücken. Haben Sie hingegen einen tragbaren Mac durch Zuklappen in den Ruhezustand versetzt, wecken Sie ihn auf, sobald Sie ihn aufklappen.

Bei einem MacBook vor 2016 können Sie außerdem den Ein-/Ausschaltknopf kurz drücken, um diesen in den Ruhezustand zu versetzen. Mit einem beliebigen Tastendruck können Sie ihn dann wieder aufwecken.

2.1.2 Neustart

Wählen Sie einen **Neustart**, wird der Mac heruntergefahren und neu gestartet. Dies kann beispielsweise nötig sein, wenn Sie eine neue Software installiert haben. Meistens haben allerdings Programme automatisch einen Neustart-Befehl integriert, wodurch Sie selten auf den Befehl **Neustart** direkt zugreifen müssen.

Beim Anwählen eines Neustarts wird dieser allerdings nicht sofort ausgeführt, und es erscheint eine Meldung, die Ihnen noch 60 Sekunden gewährt, um den Neustart über die entsprechende Schaltfläche abzubrechen oder sofort mit **Neu starten** auszuführen.

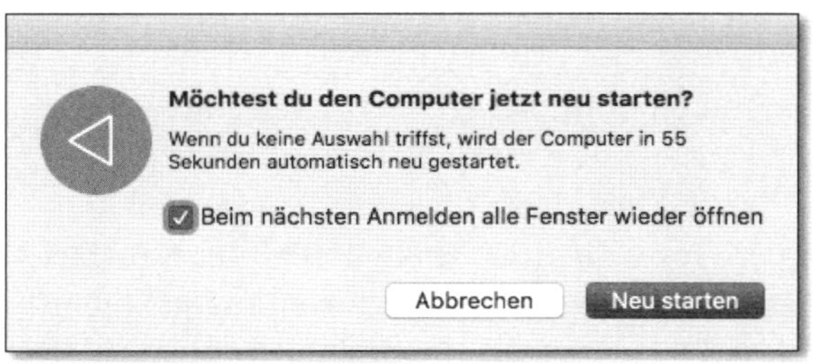

Abbildung 2.2 60 Sekunden Zeit, die Entscheidung zu ändern

2.1.3 Ausschalten

Wenn Sie Ihre Arbeit am Mac beendet haben, empfiehlt es sich, diesen mit **Ausschalten** komplett herunterzufahren, um nicht unnötig Leistung zu verbrauchen. Auch beim Ausschalten des Macs erscheint derselbe Dialog wie beim Neustart, der Ihnen 60 Sekunden Zeit gibt, Ihre Entscheidung zu überdenken oder das Herunterfahren gleich mit der Schaltfläche **Ausschalten** vorzunehmen.

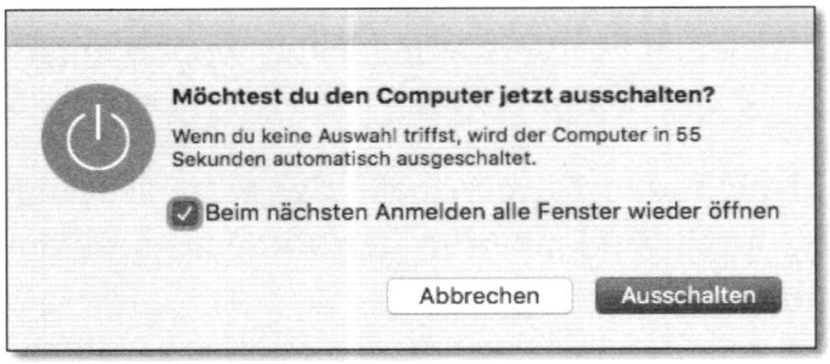

Abbildung 2.3 Auch beim Ausschalten haben Sie 60 Sekunden Zeit, um die Entscheidung zu überdenken.

2.1.4 Resume beim Neustart und Ausschalten

Wie Sie eben beim Neustart und beim Ausschalten erfahren haben, erscheint bei der Auswahl dieser Befehle noch ein Dialog mit einem Countdown und der Option **Beim nächsten Anmelden alle Fenster wieder öffnen**. Wenn Sie das Häkchen vor dieser Option gesetzt lassen, versucht macOS, alle geöffneten Programme und Dateien beim Einschalten oder Neustarten des Rechners so wiederherzustellen, wie sie waren, als Sie zuletzt auf dem Gerät gearbeitet haben. Diese Funktion ist sehr praktisch und verhält sich ähnlich wie der Ruhezustand, bei dem Sie nach dem Aufwecken alles wieder so vor sich haben wie in dem Moment, in dem Sie den Rechner in den Ruhezustand versetzt haben.

TIPP

Neustarten und Ausschalten ohne Rückfrage-Dialog

Wollen Sie den Mac ohne einen Dialog mit einer Rückfrage direkt neu starten oder ausschalten, dann halten Sie die [Alt]-Taste gedrückt und wählen damit die Befehle **Neustart** oder **Ausschalten** über das -Menü links oben aus. Sie werden hierbei feststellen, dass mit gedrückter [Alt]-Taste die drei Pünktchen hinter **Neustart** und **Ausschalten** entfernt wurden. Diese drei Pünktchen finden Sie an vielen Stellen in Menübefehlen wieder. Sie haben häufig die Bedeutung, dass beim Auswählen des Befehls noch ein weiteres Fenster erscheinen wird. Die Verwendung der [Alt]-Taste, um alternative Funktionen einzublenden, ist ein häufig verwendetes Konzept bei macOS, und Sie werden es noch häufig in diesem Buch verwenden.

2.1.5 Neu starten, Ruhezustand oder Ausschalten (MacBooks vor 2016)

Halten Sie bei MacBooks vor 2016 den Ein-/Ausschaltknopf etwas länger gedrückt, erscheint ein erweiterter Dialog, in dem Sie neben der Option **Beim nächsten Anmelden alle Fenster wieder öffnen** auswählen können, ob Sie das MacBook **Neu starten**, in den **Ruhezustand** versetzen oder **Ausschalten** wollen. Beim neueren MacBook Pro mit Touch Bar und Touch ID wird dieser Dialog nicht mehr angezeigt.

Abbildung 2.4 Halten Sie bei einem Mac-Notebook vor 2016 den Ein-/Ausschaltknopf länger gedrückt, bekommen Sie diesen Dialog zu sehen.

2.2 Die besonderen Tasten am Mac

Beim allgemeinen Tastaturlayout finden Sie in der oberen Reihe die Funktionstasten zum Steuern des Macs. Abhängig davon, welchen Mac Sie besitzen, kann sich die Anordnung und Reihenfolge der Tasten leicht unterscheiden. Trotzdem ist das Funktionsprinzip dasselbe. In der unteren Reihe hingegen finden Sie die Mac-typischen Tasten [Ctrl] ❼, [Alt] bzw. ([⌥]) ❽ und [cmd] bzw. ([⌘]) ❾ rechts und links neben der Leertaste.

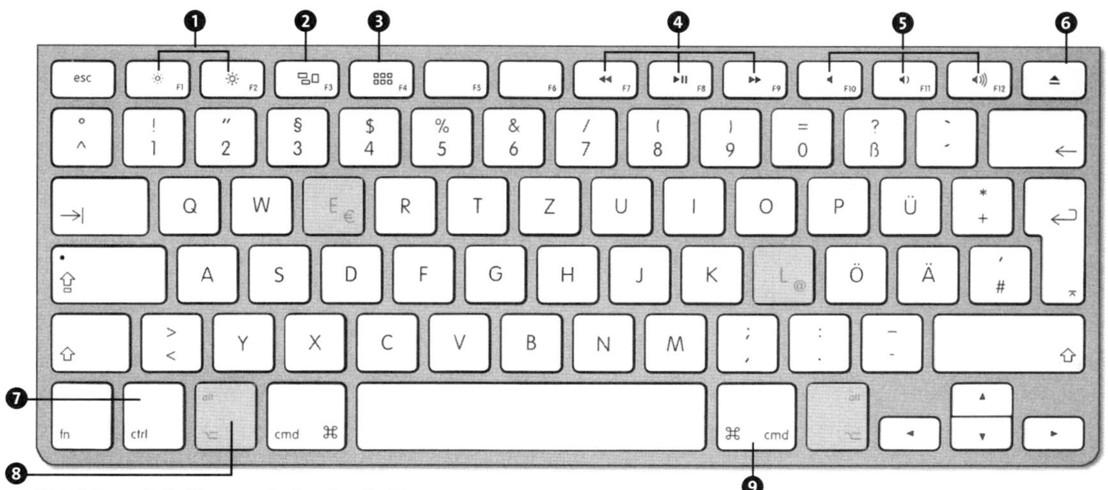

Abbildung 2.5 Eine typische Apple-Tastatur

Die Funktionalität der gleichnamigen Tasten ist auf beiden Seiten gleich. Es gibt hierbei neuere Tastaturen, auf denen [Ctrl] mit [control], [Alt] mit [⌥] und [cmd] mit [⌘] ausgeschrieben ist. Um Platz zu sparen, wurde im Buch die kürzere Schreibweise verwendet.

❶ Hiermit können Sie die Helligkeit des Bildschirms regeln. Mit [F1] wird der Bildschirm schrittweise abgedunkelt und mit [F2] schrittweise aufgehellt.

❷ Damit rufen Sie die Funktion *Mission Control* auf, womit alle geöffneten Programme ordentlich nebeneinander angezeigt und mit der Maus ausgewählt werden können.

❸ Hiermit wird das Launchpad zum Schnellstart aller Programme angezeigt. Bei älteren Tastaturen ist diese Taste mit dem Dashboard für die Anzeige von Widgets als Funktion belegt.

❹ Die Tasten [F7] bis [F9] sind für das Abspielen von Musik mit iTunes gedacht.

❺ Mit den Tasten [F10] bis [F12] können Sie die Lautstärke der Lautsprecher einstellen. Mit [F10] schalten Sie den Ton aus, mit [F11] reduzieren und mit [F12] erhöhen Sie die Lautstärke.

❻ Wenn der Mac ein optisches CD-/DVD-Laufwerk enthält, können Sie mit dieser Taste die CD oder DVD im Laufwerk auswerfen. Bei MacBooks ohne ein solches Laufwerk befindet sich hier ein Ein-/Ausschaltknopf.

HINWEIS

Hilfe für Systemumsteiger

Beim Thema Tastaturkürzel müssen Systemumsteiger etwas umlernen. Das, was bei anderen Systemen mit der [Strg]-Taste gemacht wird, wird beim Mac mit der [cmd]-Taste ausgeführt. Um zum Beispiel alles auszuwählen, drücken Sie statt [Strg] + [A] wie bei Windows- oder Linux-PCs üblich beim Mac die Tastenkombination [cmd] + [A].

Die [Ctrl]-Taste ❼ wird beim Mac zur Arbeit von vielen Tastenkombinationen verwendet. Ebenso kann diese Taste verwendet werden, um einen rechten Mausklick zu simulieren, indem Sie die [Ctrl]-Taste gedrückt gehalten und einen linken Mausklick ausführen. Bei den Tastenkombinationen des Macs in den Menübefehlen wird die [Ctrl]-Taste mit dem ^-Zeichen angezeigt.

Auch die [Alt]-Taste ❽ wird für das eine oder andere Tastaturkürzel verwendet. Ganz wichtig ist diese Taste, um alternative Symbole auf der Tastatur zu verwenden. So geben Sie beispielsweise mit [Alt] + [L] das @-Symbol aus. Das €-Zeichen hingegen können Sie mit [Alt] + [E] erzeugen. Die [Alt]-Taste wird bei den Tastenkombinationen in Menübefehlen mit dem [⌥]-Zeichen angezeigt.

Am häufigsten wird die [cmd]-Taste ❾ für alle Arten von Tastaturkürzeln auf dem Mac verwendet. Diese Taste wird häufig Befehlstaste genannt. Auf den Tastaturkürzeln von Menübefehlen wird diese Taste mit dem [⌘]-Symbol angezeigt.

Tasten	Häufige Bezeichnung
[Ctrl] oder [control]	^, ctrl, control, Kontrolltaste
[Alt] oder [⌥]	[⌥], alt, option key, Optionstaste, Wahltaste, alternate, alternative Taste
[cmd] oder [⌘]	[⌘], Befehlstaste, Command-Taste, Apfel-Taste, cmd, command

Tabelle 2.1 Die wohl drei wichtigsten Tasten auf dem Mac

TIPP

Tastaturkürzel beherrschen

Die Beherrschung der Steuerung des Macs mit der Tastatur hat den Vorteil, dass man schneller arbeiten kann. Anstatt den Mauscursor hoch zum Menübefehl zu ziehen und dort den entsprechenden Menübefehl auszuwählen, geht dies mit einem Tastaturkürzel häufig wesentlich schneller von der Hand. Trotzdem heißt dies nicht, dass Sie die Tastaturkürzel beherrschen müssen. Auch mit der Maus oder dem Trackpad kommen Sie zum gewünschten Befehl, um den Mac zu steuern. Sie werden im Verlauf des Buches noch viele Tastaturkürzel kennenlernen.

2.3 Klicken mit Maus und Trackpad

Die Steuerung des Macs ist sowohl mit einer Apple-Maus wie Magic Mouse als auch mit einer herkömmlichen PC-Maus ohne Probleme möglich. Wer allerdings ein MacBook mit einem Trackpad oder das Magic Trackpad für den iMac besitzt, dem empfehle ich, das Trackpad (auch Touchpad genannt) stattdessen zu benutzen, weil es noch weitaus mehr Möglichkeiten zur Steuerung als die Maus besitzt. Letztendlich bleibt es aber Ihnen überlassen, ob Sie den Mac lieber mit einer Maus und/oder dem Trackpad steuern wollen.

2.3.1 Einfacher Klick

Mit einem einfachen linken Mausklick bzw. indem Sie mit einem Finger irgendwo auf dem Trackpad klicken (nicht tippen), können Sie Dateien oder Ordner auswählen und markieren. Auch das Starten und Öffnen von Programmen aus dem Dock sowie zur Bestätigung von Eingabefeldern, das Anklicken von Schaltflächen, Befehlen im Menü oder anderen Elementen der grafischen Oberfläche wird mit einem einfachen Klick realisiert.

2.3.2 Doppelter Klick

Mit einem schnellen doppelten linken Mausklick bzw. wenn Sie mit dem Finger zweimal auf dem Trackpad klicken, starten Sie beispielsweise Programme im Ordner *Programme*. Auch das Öffnen von Dateien oder Ordnern im Finder führen Sie mit einem Doppelklick aus. In einer Textverarbeitung oder im Webbrowser bewirkt ein Doppelklick üblicherweise, dass ein komplettes Wort markiert wird.

2.3.3 Dreifacher Klick

Eher etwas seltener wird der dreifache linke Mausklick bzw. das dreimalige Klicken mit dem Finger auf dem Trackpad verwendet. Praktisch ist dieser dreifache Klick bei der Textverarbeitung oder im Webbrowser, womit der komplette Absatz bis zur nächsten Zeile ausgewählt wird.

2.3.4 Rechter Mausklick

Mit dem rechten Mausklick rufen Sie bei vielen Anwendungen und auch auf dem Schreibtisch ein Kontextmenü mit weiteren Funktionen auf. Die Funktionen in diesem Kontextmenü wiederum wählen Sie mit einem einfachen Klick mit der linken Maustaste bzw. dem Trackpad aus. Auf dem Trackpad führen Sie den rechten Mausklick durch das Klicken mit zwei Fingern gleichzeitig an einer beliebigen Stelle des Pads aus. Alternativ können Sie einen rechten Mausklick simulieren, indem Sie die `Ctrl`-Taste gedrückt halten und die linke Maustaste bzw. das Trackpad einmal anklicken. Apple nennt diesen rechten Mausklick den *Sekundärklick*.

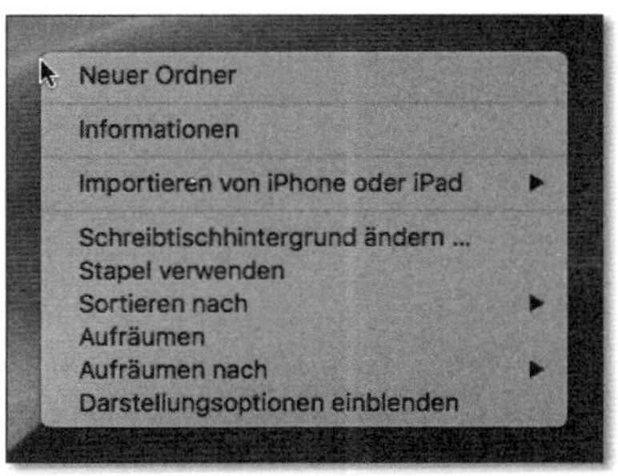

Abbildung 2.6 Das Kontextmenü vom Schreibtisch wird mit einem rechten Mausklick aufgerufen.

2.3.5 Einstellungen für das Trackpad: Klicken oder Tippen?

Wenn Ihnen das Klicken mit dem Trackpad zu umständlich ist oder Sie die ständigen Klickgeräusche in der Öffentlichkeit vermeiden wollen (was durchaus nervig für andere Personen sein kann), dann können Sie dies mit ein paar Handgriffen in den **Systemeinstellungen** durch ein Tippen ersetzen. Wie dies geht, erfahren Sie in der folgenden Schritt-für-Schritt-Anleitung:

1 Klicken Sie das Zahnradsymbol im Dock an, um die **Systemeinstellungen** zu öffnen.

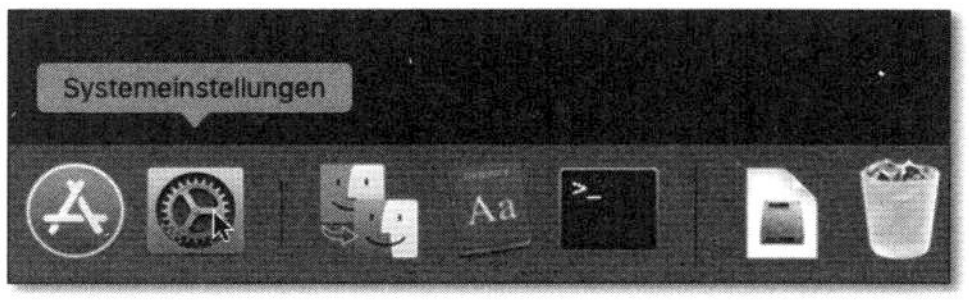

2 Klicken Sie dann in den **Systemeinstellungen** den Eintrag **Trackpad** an.

3 Wenn der Reiter **Zeigen und Klicken** nicht ausgewählt ist, klicken Sie diesen an. Setzen Sie hier einen Haken vor die Option **Klick durch Tippen**, wird der linke Mausklick auf dem Trackpad durch ein Tippen statt durch Klicken ausgelöst. Dies gilt auch für den doppelten und dreifachen linken Mausklick, für den Sie entsprechend doppelt oder dreifach irgendwo auf dem Trackpad mit einem Finger tippen (anstatt zu klicken). Auch der Sekundärklick kann auf dem Trackpad mit gehaltener `Ctrl`-Taste und einem Tippen auf dem Trackpad realisiert werden. Automatisch haben Sie hiermit veranlasst, dass der rechte Mausklick durch Tippen statt Klicken mit zwei Fingern auf dem Trackpad ausgeführt wird.

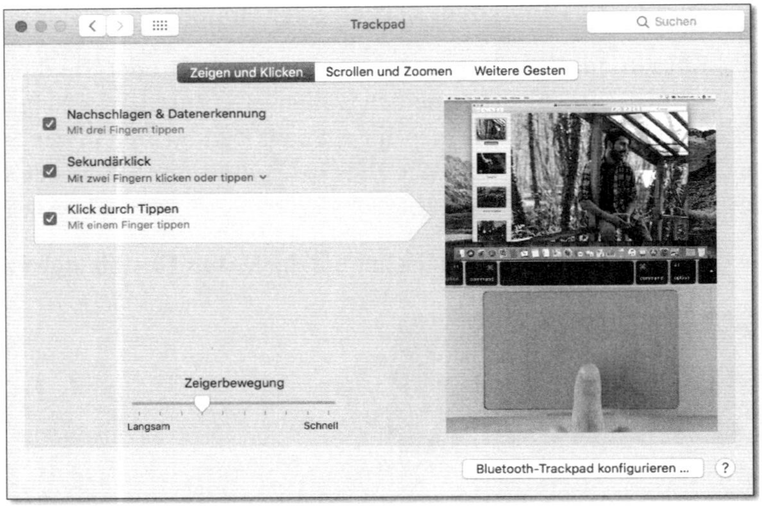

4 Auch den **Sekundärklick** können Sie hier anpassen, indem Sie auf das kleine Dreieck klicken. Die Standardeinstellung lautet hier **Mit zwei Fingern klicken oder tippen**. Hierbei können Sie auch **Rechts unten klicken** auswählen, womit Sie, wie dies häufig bei Windows-Notebooks der Fall ist, einen rechten Mausklick auslösen, indem Sie rechts unten im Trackpad klicken. Die Option gibt es ebenso für die andere Seite mit **Links unten klicken**.

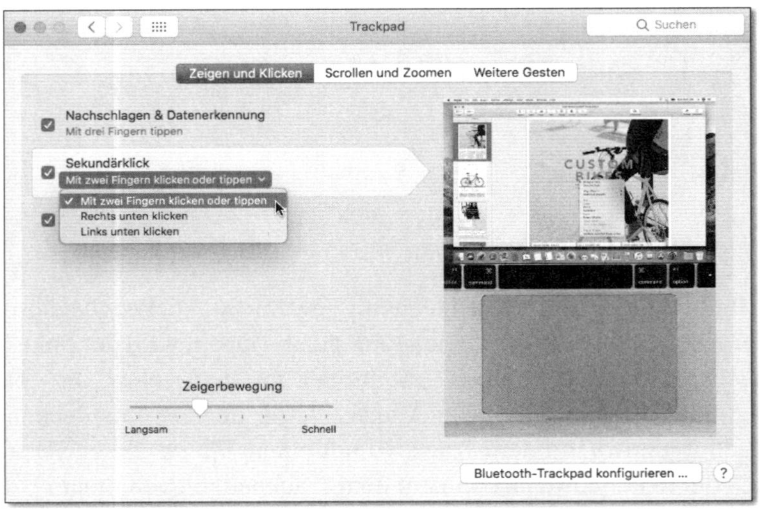

5 Die Änderungen in den **Systemeinstellungen** werden automatisch übernommen.

2.4 Spezielle Trackpad-Funktionen

Neben der Steuerung des Mauszeigers auf dem Bildschirm und der Ausführung des linken und rechten Mausklicks finden Sie mit dem Trackpad noch viele weitere komfortable Funktionen, die weit über den Funktionsumfang einer gewöhnlichen Maus hinausgehen. Das Trackpad ist in allen MacBooks verbaut und auch als separates Gerät für iMac unter dem Namen *Magic Trackpad* erhältlich.

2.4.1 Scrollen, Zoomen und Blättern

Wenn Sie mit zwei Fingern auf dem Trackpad nach oben oder nach unten streichen, können Sie durch längere Bildschirminhalte, wie beispielsweise längere Webseiten, nach oben oder unten scrollen. Sollte Ihnen die voreingestellte Scrollrichtung nicht zusagen, können Sie diese in den **Systemeinstellungen** von **Trackpad** im Reiter **Scrollen und Zoomen** mit **Scrollrichtung: Natürlich** ändern, indem Sie das Häkchen davor entfernen. Wie Sie die **Systemeinstellungen** von **Trackpad** öffnen und ändern können, haben Sie in Abschnitt 2.3.5, »Einstellungen für das Trackpad: Klicken oder Tippen?«, erfahren.

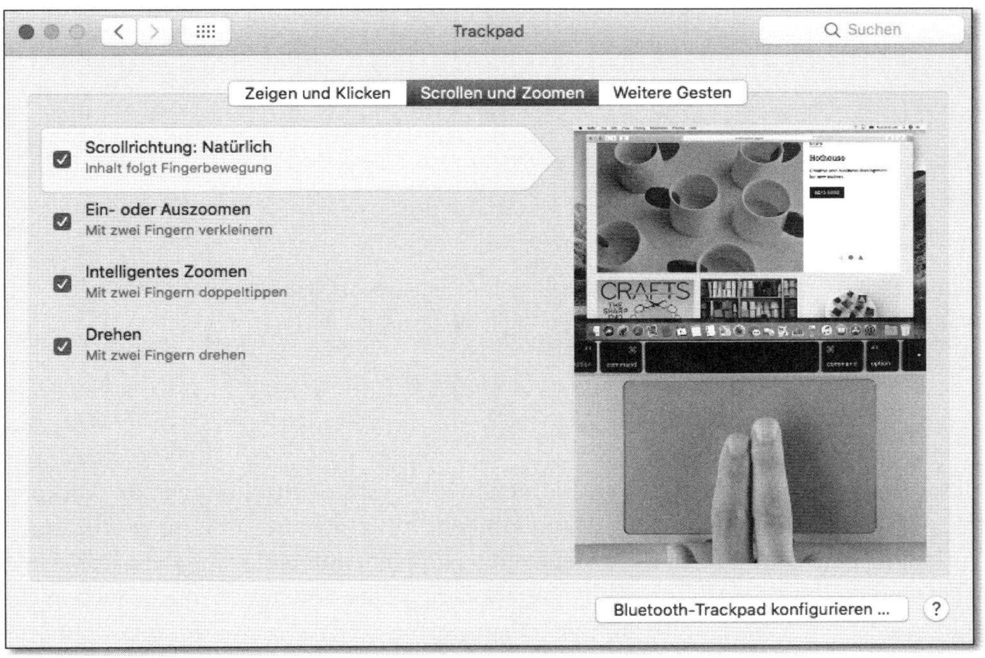

Abbildung 2.7 Hier können Sie die Scrollrichtung für das Trackpad ändern.

Auch das Ein- und Auszoomen von Bildern in Fotos oder der Vorschau können Sie mit zwei Fingern realisieren. Ziehen Sie die Finger auseinander, wird hineingezoomt, und beim Zusammenziehen zoomen Sie wieder heraus. Das Ganze funktioniert auch in anderen Anwendungen. So können Sie beispielsweise im Safari-Browser tiefer in die Webseiten zoomen, wie Sie es vielleicht von Ihrem iPad her gewohnt sind. Ebenfalls mit zwei Fingern wird das Drehen von Bildern in Fotos oder Vorschauen ermöglicht.

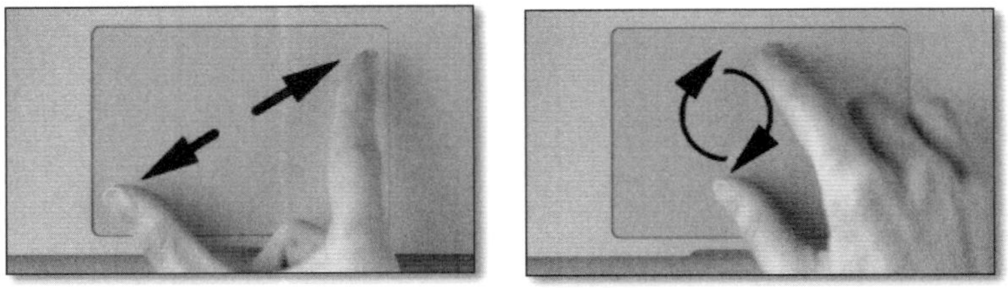

Abbildung 2.8 Weitere hilfreiche Gesten sind hier das Zoomen oder Drehen von Inhalten, das von einigen Programmen unterstützt wird.

Wenn Sie mit zwei Fingern horizontal über das Trackpad streichen, können Sie bei Anwendungen durch einzelne Seiten blättern. Bei Webseiten können Sie hierbei den Verlauf zurück (nach links) oder wieder vorwärts (nach rechts) durchlaufen. In PDF-Dokumenten können Sie eine Seite vor- oder zurückblättern.

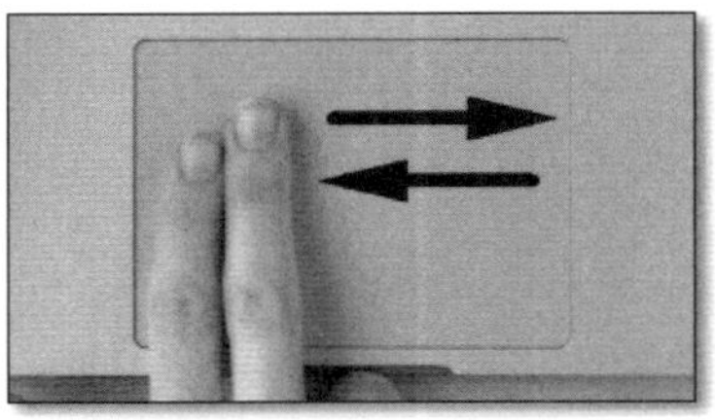

Abbildung 2.9 Wischen Sie mit zwei Fingern nach links oder rechts, können Sie in Dokumenten oder dem Verlauf von Webseiten blättern bzw. navigieren.

2.4.2 Weitere Gesten

Es gibt noch viele weitere Gesten, die Sie sich in den **Systemeinstellungen** von **Trackpad** über eine Vorschau demonstrieren lassen können. Auf einige dieser Gesten wird noch im Verlauf des Buches an passender Stelle eingegangen. Finden Sie einige dieser Gesten eher störend, können Sie diese deaktivieren, indem Sie das entsprechende Häkchen vor der Geste entfernen. Andere Gesten wiederum bieten über ein kleines aufklappbares Menü unterhalb Optionen an, diese Geste mit einer anderen Fingergeste zu belegen.

Abbildung 2.10 In den »Systemeinstellungen« von »Trackpad« können Sie sich die Gesten demonstrieren lassen, sie ändern oder deaktivieren.

HINWEIS

Force Touch

Neuere MacBook-Modelle verfügen über eine sogenannte *Force Touch*-Funktion. Halten Sie beispielsweise den Mauszeiger über dem Link einer Webseite oder einem Dokument etwas kräftiger gedrückt, wird eine Vorschau der Webseite oder der Datei eingeblendet.

2.4.3 Spezielle Funktionen für die Magic Mouse

Die Apple Magic Mouse hat gegenüber einer herkömmlichen Computermaus noch einige Funktionen mehr, die ein wenig an das Trackpad erinnern. Wenn Sie beispielsweise über die Magic Mouse vertikal hoch- oder herunterstreichen, können Sie in längeren Dokumenten oder Internetseiten scrollen. Das Gleiche funktioniert auch horizontal, womit Sie in PDF-Dokumenten oder Internetseiten zurück- oder vorblättern können.

2.5 Touch Bar und Touch ID

Bei neueren MacBook-Pro-Modellen finden Sie anstelle der herkömmlichen Funktionstasten eine Multifunktionsleiste oberhalb der Tastatur, welche von Apple als *Touch Bar* bezeichnet wird. Neben den herkömmlichen Funktionstasten und den erweiterten Systembefehlen, die Sie von den Funktionstasten einer echten Tastatur her kennen, bietet diese Touch Bar auch integrierte Kurzbefehle von Programmen, die auf dem Mac installiert sind.

2.5.1 System- und Funktionstasten

Wenn Sie das MacBook Pro gestartet haben, finden Sie einen sogenannten *Control Strip* ❷ (auf Deutsch: Kontrollleiste) auf der rechten Seite der Touch Bar mit einigen bekannten Tasten wie Displayhelligkeit, Lautstärkeregelung, Stummschaltung und Siri. Die Esc-Taste wird auf der linken Seite ❶ der Touch Bar angezeigt. Egal, welche Anwendung Sie hierbei ausführen, der Control Strip steht Ihnen immer in der Touch Bar zur Verfügung.

Abbildung 2.11 So sieht die Touch Bar aus, wenn Sie den Mac gestartet haben und nur der Schreibtisch zu sehen ist.

Wenn Sie im Control Strip auf das Pfeilsymbol ❸ tippen, werden die Systembefehle für die Anpassungen der Helligkeit, Mission Control, das Launchpad, die Tastaturbeleuchtung, die Medienwiedergabe, die Kontrolle der Lautstärke und Siri eingeblendet. Wenn Sie Ihre Anpassungen durchgeführt haben, tippen Sie auf das **x**-Symbol ❹, um den Control Strip wieder verkleinert auf der rechten Seite der Touch Bar anzuzeigen. Auch die Esc-Taste ist dann wieder verfügbar.

Abbildung 2.12 Die Touch Bar mit den Systembefehlen

Wenn Sie hingegen die Funktionstasten von F1 bis F12 verwenden wollen, halten Sie die Fn-Taste unten links auf der echten Tastatur gedrückt. Dann werden die Funktionstasten in der Touch Bar angezeigt.

Abbildung 2.13 Die Funktionstasten werden mit der (Fn)-Taste eingeblendet.

2.5.2 Die Steuerelemente auf der Touch Bar

Die Steuerelemente der Touch Bar aktivieren Sie, wenn Sie eine Funktion antippen. Bei einigen Elementen handelt es sich lediglich um Schaltflächen. Hinter anderen wiederum verbergen sich Schieberegler, die Sie durch Streichen nach links oder rechts auf dem Regler regulieren können. Um einen Schieberegler zu schließen, finden Sie gewöhnlich ein **x**-Symbol daneben. Alternativ reicht es aus, wenn Sie etwas warten und die Touch Bar ein paar Sekunden nicht mehr berühren.

Abbildung 2.14 Steuerelemente wie Schieberegler lassen sich durch Streichen mit dem Finger anpassen.

2.5.3 Verwendung der Touch Bar mit Programmen

Natürlich ist die Touch Bar nicht nur darauf beschränkt, die Systemtasten und Funktionstasten einer echten Tastatur zu visualisieren, sondern es sind für viele integrierte Programme auf dem Mac spezielle Befehle auf der Touch Bar vorhanden. Damit wird die Funktionalität der Touch Bar enorm erweitert. Die Funktionen der Touch Bar werden abhängig vom ausgewählten Programm automatisch angezeigt. Wechseln Sie beispielsweise in den Finder, werden spezielle Befehle für den Finder in der Touch Bar angezeigt. Wechseln Sie zum E-Mail-Programm, werden entsprechende Befehle für das E-Mail-Programm in der Touch Bar eingeblendet. Welche Befehle hier angezeigt werden, ist abhängig vom aktiven Programm. Nichtsdestotrotz steht Ihnen immer der Control Strip zur Verfügung, über den Sie die Systemfunktionen jederzeit einblenden können. Ebenso können Sie mit gedrückter [Fn]-Taste die Funktionstasten einblenden.

Abbildung 2.15 Befehle in der Touch Bar, wenn der Finder …

Abbildung 2.16 … und wenn das E-Mail-Programm ausgeführt wird

Befehle für die Touch Bar sind in allen wichtigen Programmen von Apple integriert. Aber auch die Nutzung der Touch Bar mit Programmen von Drittanbietern ist möglich. Unterstützt ein Programm nicht die Touch Bar, dann bleibt der mittlere Bereich leer, und es werden keine Funktionen angezeigt. In diesem Buch kann hier nicht auf die einzelnen Funktionen der verschiedenen Programme eingegangen werden. Dies wäre wohl zu viel des Guten. Dennoch werde ich Ihnen kurz anhand vom Finder demonstrieren, wie Sie die Touch Bar in der Praxis mit Programmen verwenden können. Wenn Sie noch neu auf dem Mac sind und mit dem Finder und seinen Funktionen nicht vertraut sind, ist es an dieser Stelle noch nicht so wichtig, die einzelnen Funktionen zu verstehen. Auf den Finder wird noch gesondert und umfassend in Kapitel 5, »Das Finder-Fenster, die Zentrale für (fast) alles«, eingegangen. An dieser Stelle steht nur die allgemeine Bedienung der Touch Bar im Vordergrund.

1 Starten Sie den Finder, indem Sie das entsprechende Symbol im Dock anklicken.

2 Wählen Sie in der Seitenleiste ein Verzeichnis mit Dateien aus. Hier habe ich mich für **Dokumente** entschieden. Wollen Sie die Darstellung ändern, klicken Sie auf das Darstellungssymbol ❶ in der Touch Bar.

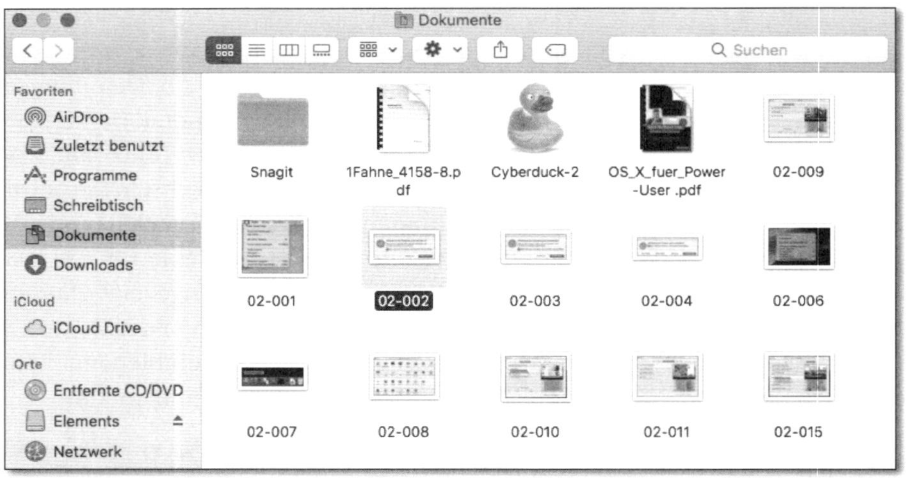

3 Jetzt haben Sie die Darstellungsoptionen ❷ über die Touch Bar zugänglich gemacht und können hier zwischen den Darstellungsvarianten Symbol, Liste, Spalte und Cover Flow auswählen. Auch die Sortierkriterien ❸ sind hier in der Touch Bar zu sehen. Bei **Sortiert nach** können Sie nach links wischen, um weitere Sortieroptionen anzuzeigen. Auswählen können Sie eine Darstellungs- bzw. Sortieroption durch Antippen. Die aktive Option ist hellgrau hinterlegt. Sind Sie mit den Darstellungs- und Sortieroptionen fertig, tippen Sie auf das **x**-Symbol ❹ links außen, und Sie befinden sich wieder im ursprünglichen Finder-Zustand der Touch Bar.

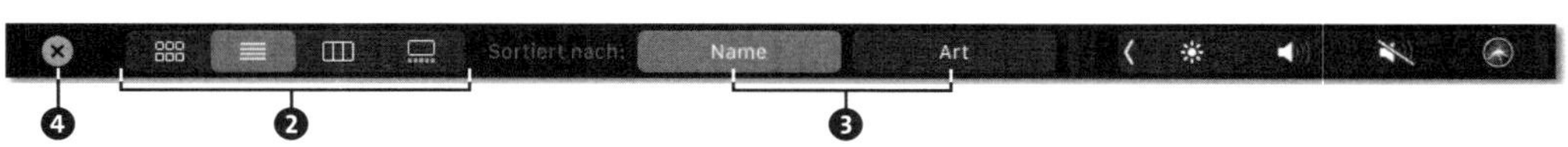

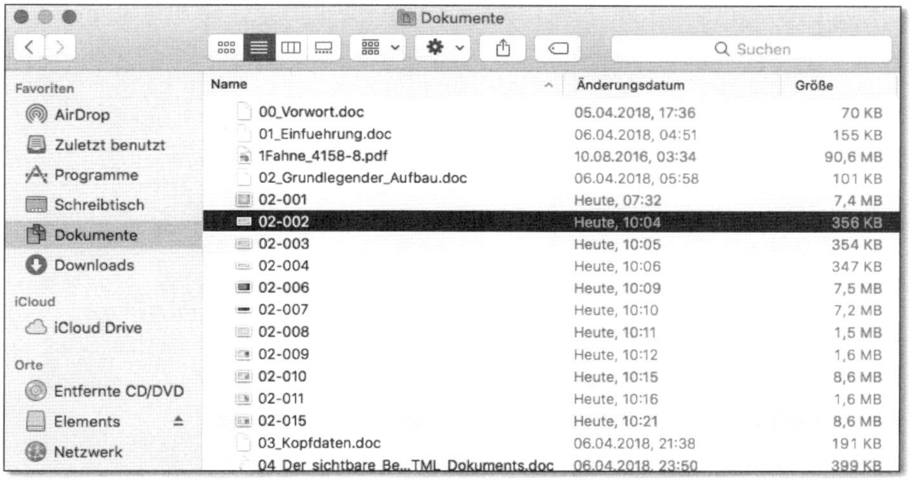

4 Andere Funktionen in der Touch Bar werden erst aktiv, wenn etwas ausgewählt wurde ❺. Im Beispiel des Finders müssen Sie mindestens eine Datei oder einen Ordner aktivieren, damit andere Befehle wie Übersicht, Teilen oder das Tag-Icon zum Antippen auswählbar sind. Wählen Sie beispielsweise eine Datei aus, können Sie mit **Übersicht** ❻ einblenden lassen, was sich hinter der Datei verbirgt.

5 Mit **Teilen** ❼ werden die verfügbaren Optionen angezeigt, die zur Weitergabe des ausgewählten Objekts vorhanden sind. Auch hierbei können Sie auf der Touch Bar nach links wischen, um weitere Optionen anzuzeigen. Zurück zum ursprünglichen Finder-Zustand gelangen Sie wieder, wenn Sie auf das **x**-Symbol klicken.

6 Mit dem Tags-Symbol ❽ in der Touch Bar lassen Sie sich Tags anzeigen, die Sie den Objekten zuweisen können. Auch hier schließen Sie die Tags in der Touch Bar wieder mit dem **x**-Symbol, um zur Ausgangsstellung des Finder-Zustandes der Touch Bar zurückzukehren.

Auch wenn noch nicht jeder mit der ersten Generation vom MacBook Pro mit der Touch Bar zufrieden ist, so finde ich, dass es jetzt schon möglich wird, einzelne Aktionen noch einfacher und schneller auszuführen, sofern man die Steuerung verinnerlicht hat. Damit steht Ihnen, neben der Tastatur und der Maus bzw. dem Trackpad, mit der Touch Bar eine dritte Steuerungsmöglichkeit zur täglichen Arbeit mit dem Mac zur Verfügung.

Man darf vermutlich davon ausgehen, dass Apple diese Touch Bar mitsamt Touch ID auch in anderen Macs oder dem externen Magic Keyboard integrieren wird.

Natürlich hängt der Nutzen der Touch Bar vom persönlichen Anwendungszweck ab. Wenn Sie den Mac mit der Touch Bar mit einem externen Bildschirm oder einer externen Tastatur verwenden, dann nützt die Touch Bar nicht viel, weil diese hierbei zu weit entfernt liegt. Des Weiteren muss man natürlich anmerken, dass die Touch Bar nichts bietet, was Sie nicht auch über die Steuerelemente eines Programms über das Menü oder eine Schaltfläche erledigen könnten. Der wirkliche Nutzen der Touch Bar hängt davon ab, wie man bisher mit der Tastatur und der Maus bzw. dem Trackpad gearbeitet hat und ob man sich auf den Workflow der Touch Bar einlassen will.

2.5.4 Alternative Steuerung der Touch Bar

In der Standardeinstellung besteht die Touch Bar aus drei Bereichen. Links finden Sie die [Esc]-Taste, in der Mitte gewöhnlich die Programmsteuerung und rechts den Control Strip. Ich finde diese Aufteilung sehr gelungen, aber nicht jedem sagt diese Einstellung zu. Praktischerweise kann auch die Aufteilung der Touch Bar angepasst werden:

1 Starten Sie die **Systemeinstellungen**, indem Sie das Zahnradsymbol unten im Dock anklicken, und wählen Sie die **Tastatur** aus.

2 Im Reiter **Tastatur** können Sie über **Touch Bar zeigt** aus drei verschiedenen Alternativen auswählen:

- **App-Steuerungen**: Das ist die Standardeinstellung, die Sie bisher verwendet haben, wo die angezeigten Befehle in der Touch Bar abhängig von der aktiven App sind. Zusätzlich steht Ihnen hier noch die Option **Control Strip einblenden** rechts daneben zur Verfügung, womit Sie diesen (de-)aktivieren können.
- **Erweiterter Control Strip**: Damit werden lediglich die Systemfunktionen inklusive [Esc]-Taste angezeigt.
- **Tasten F1, F2 usw.**: Damit werden nur die Funktionstasten [F1] bis [F12] angezeigt.
- **Automator-Arbeitsabläufe**: Hier können Sie Automator-Arbeitsabläufe in der Touch Bar anzeigen lassen. Was es damit auf sich hat, erfahren Sie in Kapitel 34, »Automatisierung mit dem Automator«. Zusätzlich steht Ihnen auch hier die Option **Control Strip einblenden** rechts daneben zur Verfügung, um diese ein- oder auszublenden.

3 Je nachdem, welche Option Sie über **Touch Bar zeigt** ausgewählt haben, können Sie dahinter noch bei **Beim Drücken der Taste »Fn«** auswählen, was beim Drücken der [Fn]-Taste angezeigt werden soll.

Die Anpassungen, die Sie in den **Systemeinstellungen** vorgenommen haben, müssen nicht bestätigt oder gespeichert werden, sie werden automatisch übernommen.

2.5.5 Touch Bar anpassen

Ebenfalls in den **Systemeinstellungen** von **Tastatur** finden Sie eine interessante Möglichkeit, den Control Strip der Touch Bar den persönlichen Bedürfnissen anzupassen:

1 Starten Sie die **Systemeinstellungen** über das Zahnradsymbol im Dock, und wählen Sie dort **Tastatur** aus. Im Reiter **Tastatur** klicken Sie auf die Schaltfläche **Touch Bar anpassen**.

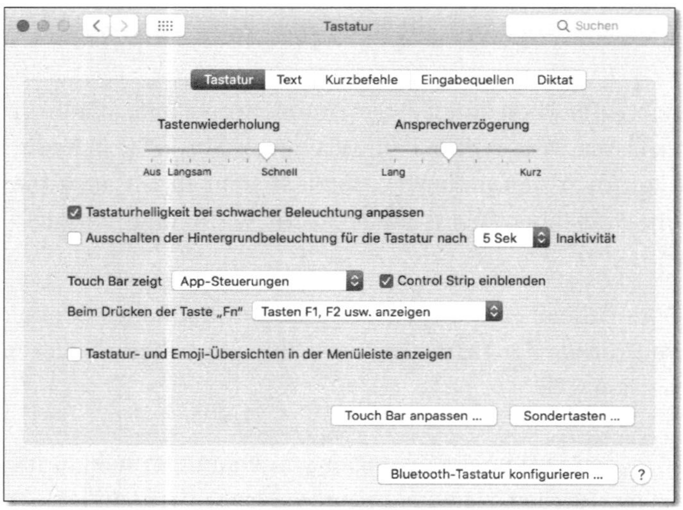

2 In der Standardeinstellung stehen Ihnen vier Schaltflächen zur Verfügung, die im Control Strip angezeigt werden können. Wollen Sie zum Beispiel Siri vom Control Strip entfernen, ziehen Sie das Symbol nach links in den Papierkorb und lassen es dort fallen.

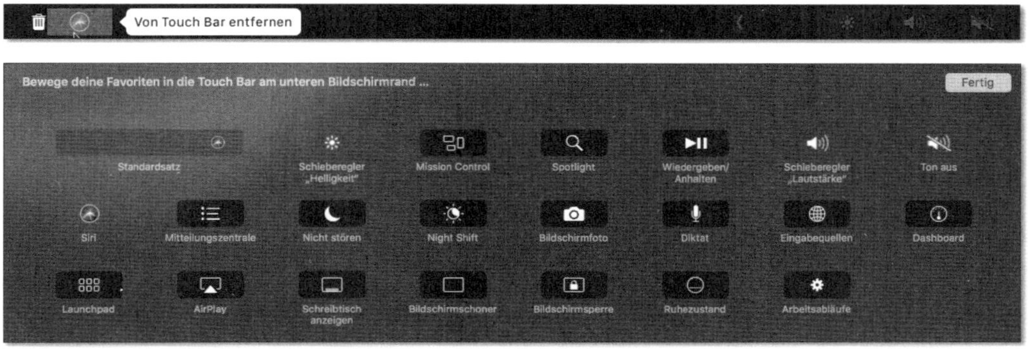

3 Um zum Beispiel die **Bildschirmsperre** dem Control Strip hinzuzufügen, ziehen Sie das Symbol mit gedrückt gehaltener Maustaste an den unteren Bildschirmrand ❶, und schon wurde es der Touch Bar hinzugefügt. In der Touch Bar können Sie die Reihenfolge der Symbole ebenfalls per Drag & Drop umsortieren. Wollen Sie den Ursprungszustand wiederherstellen, ziehen Sie den **Standardsatz** ❷ nach unten. Klicken Sie auf **Fertig** ❸, wenn Sie die Bearbeitung des Control Strips beendet haben.

2.5.6 Touch Bar von Programmen ändern

Zwar werden bereits fast alle Apple-eigenen Programme von der Touch Bar unterstützt, aber bei einigen Programmen wurden die Funktionen nicht immer sinnvoll verpackt, da man einzelne Funktionen ohne Touch Bar schneller erreicht. An dieser Stelle können Sie selbst Hand anlegen und die Touch Bar für viele Programme den eigenen Bedürfnissen anpassen. Das Prinzip ist dasselbe, wie es eben beim Anpassen des Control Strips gezeigt wurde. Hierzu finden Sie in vielen Programmen im Menü **Darstellung** den Befehl **Touch Bar anpassen** vor.

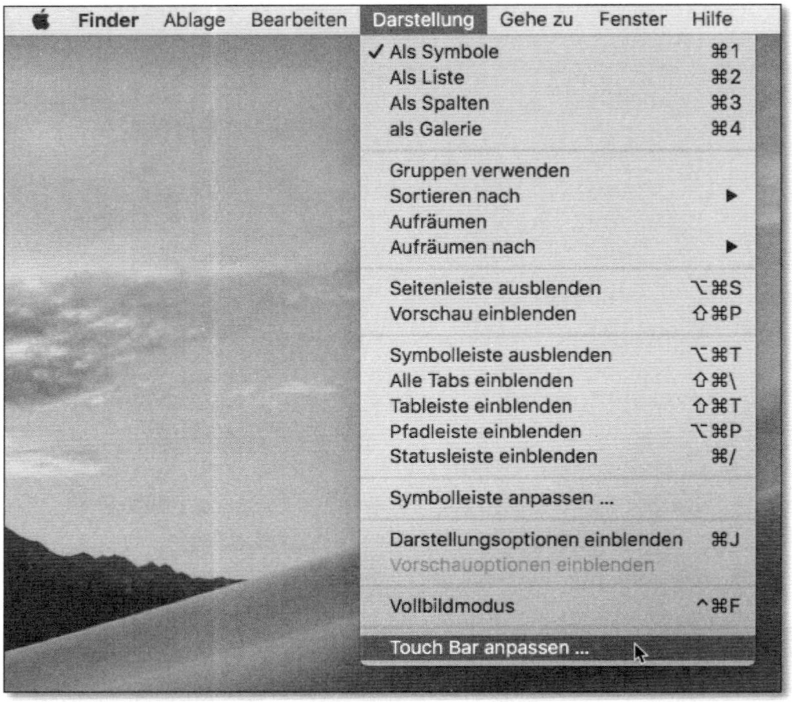

Abbildung 2.17 Viele Programme, wie hier der Finder, bieten im Menü »Darstellung« einen Befehl, um die Touch Bar an die persönlichen Bedürfnisse anzupassen.

Daraufhin wird wieder das Fenster angezeigt, in dem Sie die gewünschten Elemente mit gedrückter Maustaste an den unteren Bildschirmrand ziehen und so der Touch Bar hinzufügen können. Auch innerhalb der Touch Bar können Sie die Elemente umsortieren oder ganz nach links ziehen und entfernen.

Klicken Sie auf **Fertig**, wenn Sie die Anpassungen abgeschlossen haben. Wollen Sie die ursprüngliche Einstellung der Touch-Bar-Funktionen für das Programm wiederherstellen, ziehen Sie den **Standardsatz** ❶ an den unteren Bildschirmrand.

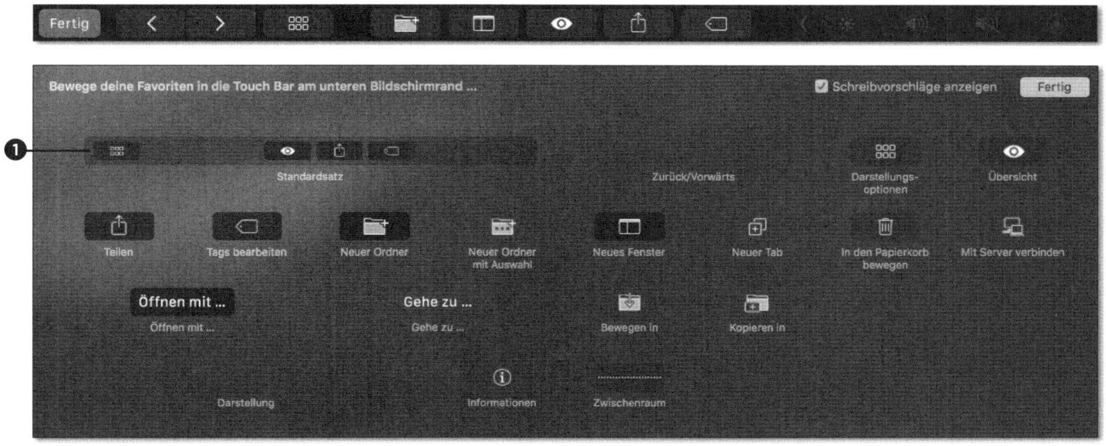

Abbildung 2.18 Hier werden die Touch-Bar-Funktionen vom Finder angepasst.

2.5.7 Touch ID mit dem MacBook Pro verwenden

Der Ein-/Ausschalter rechts in der Touch Bar fungiert gleichzeitig als Touch-ID-Sensor. Dieser Touch-ID-Sensor kann als Alternative zur Passworteingabe dienen. Wer ein aktuelles iPhone oder iPad besitzt, dürfte mit dieser Art der Authentifizierung vielleicht vertraut sein. Damit können Sie sich künftig beim System anmelden, ohne ein Passwort einzugeben. Ein registrierter Finger auf dem Touch-ID-Sensor genügt. Auch für Dinge wie das Installieren von Apps oder Einkäufe im App Store, iTunes Store oder Book Store können Sie den Fingerabdruck mit dem Touch-ID-Sensor verwenden, anstatt Passwörter einzutippen.

2.5.8 Touch ID einrichten

Gewöhnlich wurden Sie bereits beim ersten Start Ihres Macs beim Einrichten gebeten, einen Fingerabdruck per Touch ID anzulegen. Aber wie bei fast allen Einstellungen können Sie die Fingerabdrücke jederzeit nachträglich einrichten. Gehen Sie wie folgt vor, um einen Fingerabdruck einzurichten:

1. Wählen Sie die **Systemeinstellungen**, indem Sie im Dock das Zahnradsymbol anklicken. Wenn Sie eine Touch Bar haben, finden Sie bei den Einstellungen den Eintrag **Touch ID**. Wählen Sie diesen aus.

2 Klicken Sie auf das Pluszeichen **Fingerabdruck hinzufügen**, um einen Fingerabdruck hinzuzufügen. Hierbei werden Sie nach dem Passwort gefragt.

3 Über die Häkchen vor **Deinen Mac entsperren**, **Apple Pay** und **iTunes & App Store** wählen Sie aus, wofür Sie die Touch-ID-Funktion verwenden wollen.

4 Legen Sie nach Aufforderung den Finger auf den Touch-ID-Sensor rechts neben der Touch Bar, ohne zu drücken. Halten Sie den Finger dort, bis ein Hinweis erfolgt, diesen wieder wegzunehmen. Heben Sie dann den Finger leicht an, und legen Sie ihn in einer leicht veränderten Position wieder auf den Sensor. Folgen Sie den Anweisungen auf dem Bildschirm, bis der Fingerabdruck vollständig ausgefüllt ist und Sie auf die Schaltfläche **Fertig** klicken können.

Auf diese Weise können Sie weitere Fingerabdrücke von einem anderen Finger hinzufügen. Um einen Fingerabdruck zu benennen, klicken Sie auf den Namen darunter, und der Text ist editierbar. Geben Sie den Namen für den Fingerabdruck ein (beispielsweise »rechter Zeigefinger«).

Auch das Löschen eines Fingerabdrucks ist jederzeit möglich, indem Sie den Zeiger über den Fingerabdruck bewegen und ein **x** zum Löschen angezeigt wird. Klicken Sie auf das **x**, und geben Sie anschließend das Passwort ein, um den Fingerabdruck zu entfernen.

2.5.9 Touch ID verwenden

Einmal eingerichtet, erkennt der Sensor die Fingerabdrücke äußerst zuverlässig. Gerade beim Anmelden des Benutzerkontos auf dem Mac und den sonst anfallenden Passworteingaben für die **Systemeinstellungen** werden Sie diese Funktion nicht mehr missen wollen. Aber auch bei der Autorisierung von Einkäufen im App Store oder bei iTunes oder von Apple-Pay-Einkäufen im Webshop von Safari macht sich der Sensor bezahlt. Neben einer Authentifizierung per Fingerabdruck steht Ihnen nach wie vor die Möglichkeit zur Verfügung, das Passwort mit der Tastatur einzugeben.

Derzeit lassen sich insgesamt bis zu fünf verschiedene Fingerabdrücke erfassen. Diese Limitierung gilt für das Gerät und nicht pro Benutzerkonto. Aufteilen können Sie diese fünf Fingerabdrücke auf drei verschiedene Benutzerkonten. Ein weiteres tolles Feature, wenn Sie die Touch ID für einen anderen Benutzer eingerichtet haben, ist, dass mithilfe des Fingerabdrucks eines entsprechenden Benutzers jederzeit in das zum Fingerabdruck gehörende Benutzerkonto gewechselt werden kann. Einen komfortableren und schnelleren Benutzerwechsel als durch Berühren des Sensors gibt es wohl kaum.

2.5.10 Einschalten, Ausschalten und Ruhezustand mit dem Touch-ID-Sensor

Bei einem neueren MacBook Pro (2016) haben sich das Einschalten, Ausschalten und die Verwendung des Ruhezustandes etwas geändert. Wenn das Gerät aufgeklappt und ausgeschaltet ist, können Sie es einschalten, indem Sie den Finger auf den Touch-ID-Sensor legen. Ist das MacBook Pro hingegen zugeklappt und ausgeschaltet, müssen Sie es hochklappen, um das Gerät einzuschalten.

Sollte Ihr Mac einmal nicht mehr reagieren und eingefroren sein, können Sie das Ausschalten erzwingen, indem Sie den Finger 6 Sekunden lang auf den Touch-ID-Sensor legen. Nicht gespeicherte Daten gehen dann allerdings verloren.

3 Der Mac-Bildschirm im Überblick

Wenn Sie noch nie mit einem Apple-Betriebssystem gearbeitet haben, werden Sie auf den nächsten Seiten mit der Benutzeroberfläche und seinen wichtigsten Steuerelementen vertraut gemacht. Wenn Sie bereits Erfahrung mit einem anderen Betriebssystem haben, werden Sie sich hier recht schnell zurechtfinden.

Nachdem Sie den grundlegenden Umgang mit der Steuerung des Macs kennen, wird in diesem Kapitel auf die Benutzeroberfläche des Macs eingegangen, damit Sie mit den einzelnen Steuerelementen vertraut werden. Die Benutzeroberfläche in Abbildung 3.1 bekommen Sie zu sehen, sobald Sie sich als Benutzer eingeloggt haben.

Abbildung 3.1 Die Bedienoberfläche von macOS Mojave nach dem Start

❶ Am oberen Rand des Bildschirms finden Sie die Menüleiste. Ganz links in der Leiste befindet sich das -Menü ❹, über das Sie beispielsweise den Computer herunterfahren, neu starten oder auf die Systemeinstellungen zugreifen können. Rechts neben dem -Menü steht der Name der Anwendung ❺ (hier Finder), mit der Sie gerade aktiv arbeiten. Die entsprechenden Menübefehle für die aktive Anwendung finden Sie rechts daneben ❻. Auf der rechten Seite der Menüleiste finden Sie die sogenannten *Menulets* ❼. Diese kleinen Icons liefern Informationen über bestimmte Zustände oder Dienste des Betriebssystems (zum Beispiel Bluetooth, WLAN, Batteriezustand etc.). Neben einer Uhr finden Sie dort Spotlight ❽ zur Suche und Siri ❾ (wenn aktiviert) wieder. Ganz rechts finden Sie die Mitteilungszentrale ❿.

❷ Im mittleren Teil des Bildschirms finden Sie den Schreibtisch (manchmal Desktop genannt) wieder, der hier mit dem typischen Hintergrundbild von macOS Mojave belegt ist.

❸ Im unteren Bereich finden Sie das Dock. Das Dock verwenden Sie vorwiegend, um Programme zu starten und um die Übersicht über bereits ausgeführte Programme zu behalten.

Nach dem kurzen Überblick über die einzelnen Elemente der Benutzeroberfläche soll auf den folgenden Seiten etwas detaillierter auf die einzelnen Elemente eingegangen werden.

HINWEIS

Menüleiste für Umsteiger

Umsteiger von anderen Systemen sind es gewohnt, dass sich die Menüleiste im Programmfenster befindet. Beim Mac finden Sie die Menüleiste des aktiven Fensters oben am Bildschirm fixiert vor.

3.1 Die Menüleiste und deren Befehle

Je nachdem, welches Programm Sie gerade aktiv verwenden, ändert sich die Menüleiste, abgesehen vom -Menü ganz links. Welches Programm gerade aktiv ist, können Sie rechts neben dem -Logo erkennen. Auch der Programmname in der Menüleiste selbst enthält ein Menü, in dem der letzte Eintrag, abgesehen vom Finder, immer eine Funktion zum Beenden des entsprechenden Programms ist. Die restlichen Einträge in der Menüleiste und den anderen Menüs hängen vom ausgeführten Programm ab. Die Menüs können Sie durch Anklicken der Menübezeichner, wie zum Beispiel **Ablage**, **Fenster** oder **Hilfe** aufklappen. Die Befehle dieser Menüs wiederum werden mit einem linken Mausklick oder einem (falls für einen bestimmten Befehl vorhanden) Tastaturkürzel ausgeführt.

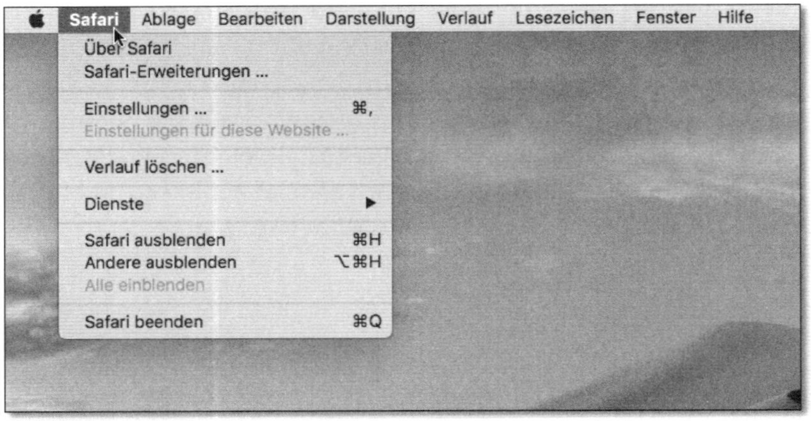

Abbildung 3.2 Jedes Programm hat seine Menübefehle.

TIPP

Tastaturkürzel bzw. Tastenkombinationen

Neben den Befehlen bzw. Funktionsnamen der einzelnen Menüeinträge finden Sie rechts daneben häufig Tastaturkürzel. Tastaturkürzel sind in der Regel wesentlich schneller in der Ausführung, weil Sie sich hier den Umweg über das Menü ersparen. So können Sie, abgesehen vom Finder, jedes aktive Programm beenden, indem Sie gleichzeitig die Tasten [cmd] und [Q] drücken. Im Buch werden solche Tastenkombinationen in Form von [cmd] + [Q] abgedruckt.

3.1.1 Erscheinungsbild anpassen

Mit Version 10.14 von macOS Mojave hat Apple einen Dunkelmodus (auch *Dark Mode*) eingeführt. Hiermit steht Ihnen neben dem hellen Oberflächendesign jetzt auch ein dunkles Erscheinungsbild zur Verfügung. Dies hört sich zunächst vielleicht lediglich nach einer Kosmetikänderung an, ist aber in der Praxis vor allem für Vielschreiber ein sehr nützliches Feature. Gerade Anwender wie Entwickler oder Buchautoren finden es häufig angenehmer, hellen Text auf dunklem Hintergrund zu sehen. Wenn Sie den ganzen Tag schreiben, schont der Dunkelmodus die Augen. Auch die Ablenkung ist geringer, weil dank dem Dunkelmodus der Inhalt mehr in den Mittelpunkt rückt, während Symbolleisten und Menüs in den Hintergrund treten. Der Dunkelmodus ist in den mitgelieferten Apps auf dem Mac integriert und auch andere Anbieter von Apps können oder haben diesen bereits übernommen. Und sollte Ihnen dieser Modus nicht zusagen, können Sie mit ein paar Klicks ohne Neustart wieder in den hellen Modus wechseln.

HINWEIS

Bildschirmfotos in diesem Buch

Als Autor selbst bin ich sehr von diesem Dunkelmodus angetan, und es ist in der Tat sehr komfortabel, damit zu arbeiten. In einem Buch lassen sich allerdings die feineren Details von Bildschirmfotos im hellen Modus besser erkennen als von Bildschirmfotos im Dunkelmodus. Daher wurden für dieses Buch die Bildschirmfotos vorwiegend im hellen Modus aufgenommen.

3.1.2 Dunkelmodus auswählen

Wenn Sie nicht schon bei der Ersteinrichtung den Dunkelmodus ausgewählt haben, können Sie diesen über die **Systemeinstellungen** beim Eintrag **Allgemein** aktivieren, indem Sie bei **Erscheinungsbild** die Option **Dunkel** auswählen. Nach dem Klick auf **Dunkel** werden alle Bedienelemente sofort abgedunkelt. Neben den Bedienelementen werden aber auch die mitgelieferten Apps vom Mac in den Dunkelmodus geschaltet. Auch viele Anbieter anderer Apps haben bereits reagiert und bieten ihre Anwendungen im (hellen und) dunklen Gewand an.

Natürlich mag die helle Schrift auf dunklem Hintergrund nicht jedem gefallen, und wenn eine Anwendung nicht an den Dunkelmodus angepasst wurde, sieht das oft auch nicht sehr schön aus. Auch bei Apps wie Mail zum Beispiel können die Firmenlogos oder bunten Schriftzüge mit dem schwarzen Hintergrund auf einmal recht unansehnlich wirken. Wenn Ihnen der Dunkelmodus nicht zusagt, können Sie jederzeit wieder den hellen Modus aktivieren, indem Sie bei **Erscheinungsbild** die Option **Hell** auswählen.

Auf Wunsch können Sie zusätzlich die **Akzentfarbe** für aktivierbare bzw. aktivierte Bedienelemente ändern.

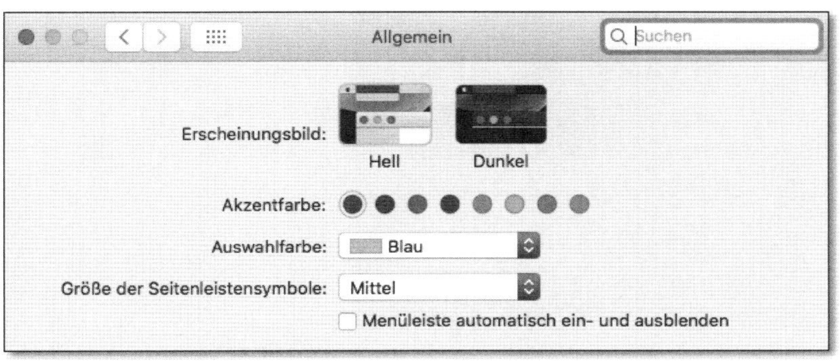

Abbildung 3.3 Hier wurde das helle Erscheinungsbild …

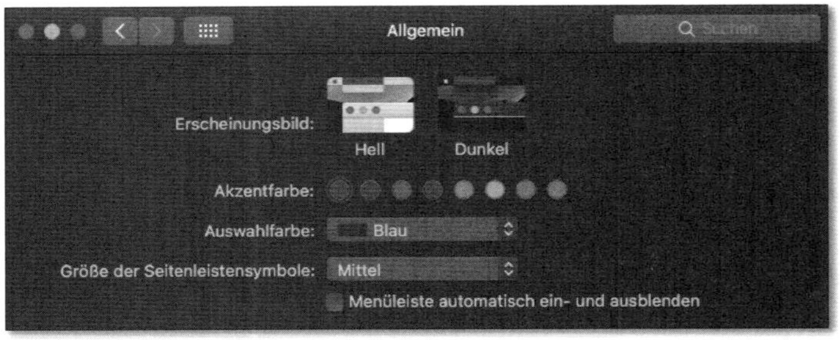

Abbildung 3.4 … und hier das dunkle Erscheinungsbild ausgewählt, das sofort ohne Neustart oder Sonstiges angewendet wird.

Abbildung 3.5 Der Finder im hellen Modus …

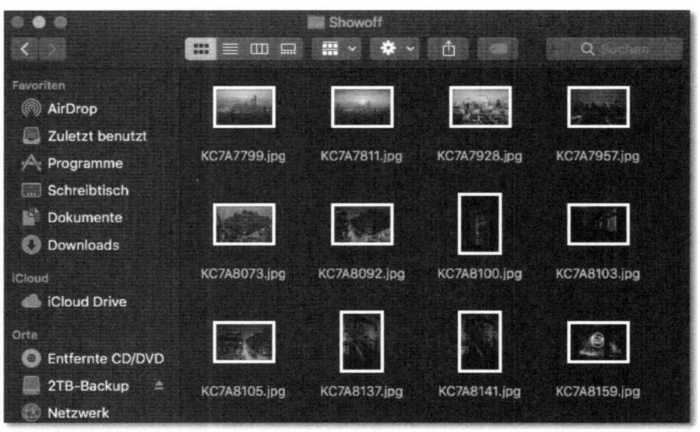

Abbildung 3.6 … und hier zum Vergleich im Dunkelmodus

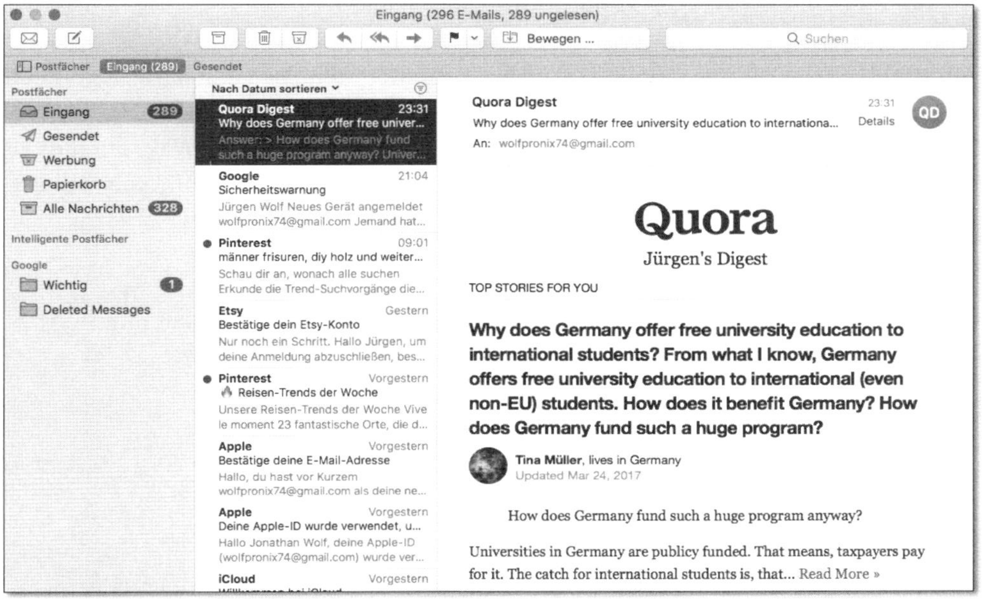

Abbildung 3.7 Auch die mitgelieferten Apps auf dem Mac werden entsprechend dem Erscheinungsbild angepasst, hier zum Beispiel Mail im hellen Modus …

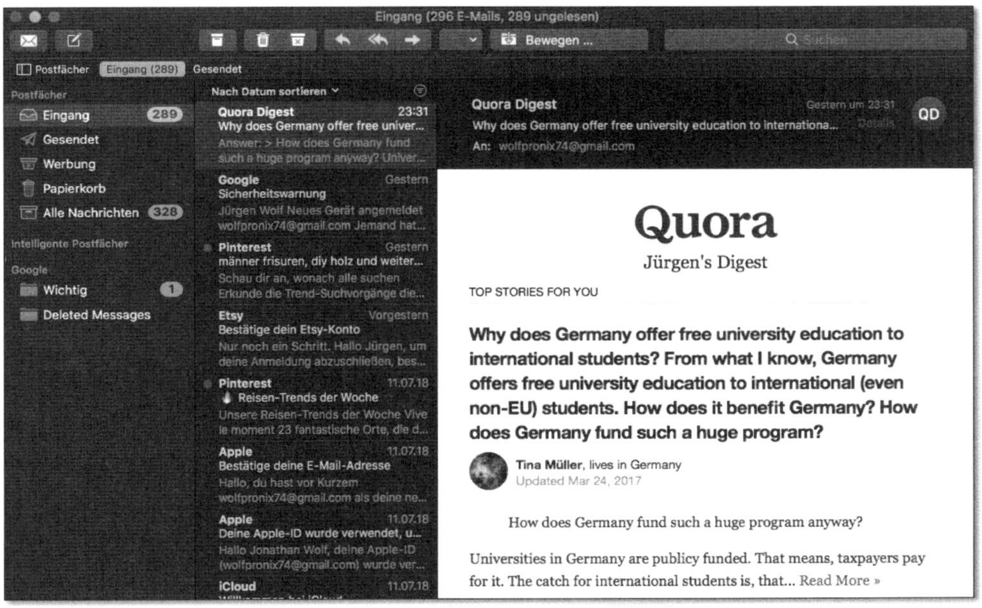

Abbildung 3.8 … und hier im Dunkelmodus.

3.2 Der Schreibtisch des Macs

Den größten Teil der Bildschirmoberfläche nimmt der Schreibtisch ein, der gelegentlich als Desktop bezeichnet wird. Traditionell verwendet Apple für jede neue Version ein spezielles Hintergrundbild, das aber auch geändert werden kann. Ein Weg, um dies zu tun, ist über das -Menü, in dem Sie **Systemeinstellungen** auswählen und im sich öffnenden Fenster den Eintrag **Schreibtisch & Bildschirmschoner** anklicken.

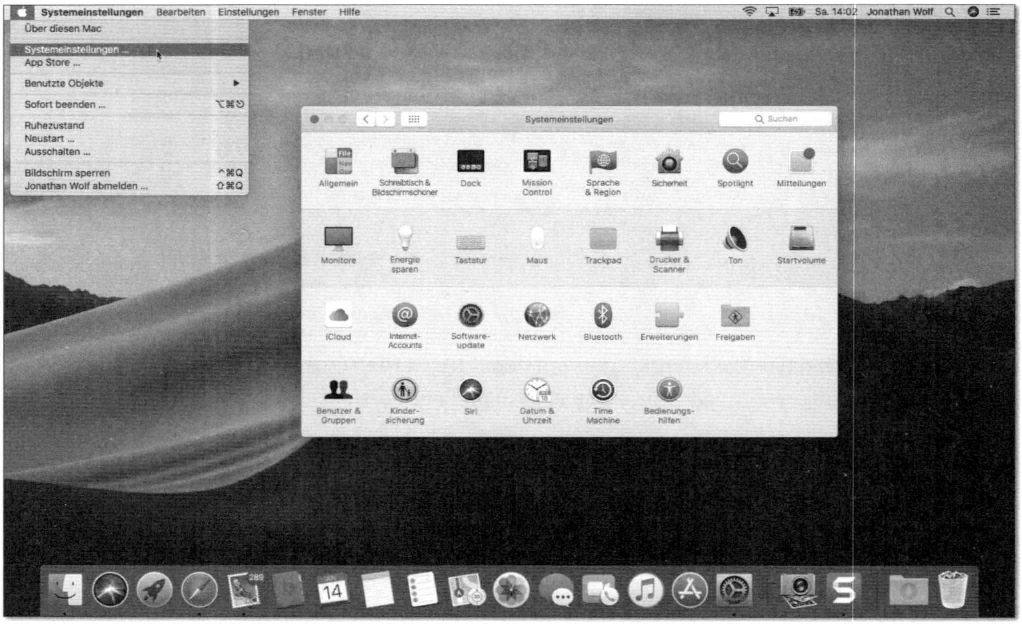

Abbildung 3.9 Das Hintergrundbild des Schreibtisches ist nicht jedermanns Geschmack.

TIPP

Kontextmenü des Schreibtisches

Wenn Sie mit der rechten Maustaste auf den Schreibtisch klicken, öffnet sich ein Kontextmenü, in dem Sie mit dem Befehl **Schreibtischhintergrund ändern** direkt zu den **Systemeinstellungen** von **Schreibtisch & Bildschirmschoner** gelangen.

Im Fenster von **Schreibtisch & Bildschirmschoner** sehen Sie links oben eine Vorschau des aktuellen Schreibtischhintergrundbildes. Ein anderes Bild auswählen können Sie hier links in den Einträgen von **Apple**, wo Sie in **Hintergrundbilder** verschiedene Motive finden. Wer kein Hintergrundbild haben möchte, findet bei **Einfarbig** einen einfachen farbigen Hintergrund. Über **Ordner** können Sie eigene Hintergrundbilder aus der Fotos-Mediathek (wenn bereits verwendet) oder dem *Bilder*-Ordner des

Benutzerverzeichnisses auswählen. Über das Plussymbol können Sie über einen Dateiauswahldialog **Ordner** weitere Ordner mit Bildern hinzufügen. Die zur Auswahl stehenden Hintergrundbilder oder einfarbigen Hintergründe werden rechts daneben als kleine Vorschauen angezeigt. Unterhalb der Bilderauswahl können Sie noch über ein Häkchen vor **Bild ändern** und eine Zeitauswahl daneben einstellen, ob die Bilder eines Ordners in einem bestimmten Zeitintervall wechseln sollen. Und mit **Zufällige Reihenfolge** können Sie die Reihenfolge des Wechsels dem Zufall überlassen.

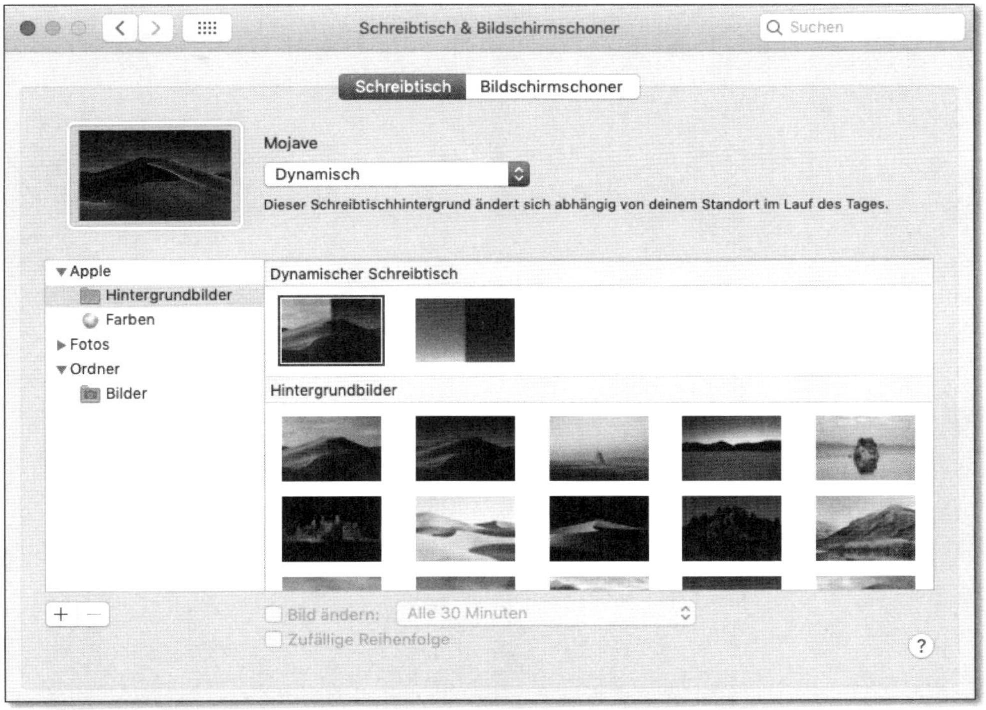

Abbildung 3.10 Hier können Sie den Hintergrund des Schreibtisches anpassen.

Seit macOS Mojave (Version 10.14) finden Sie auch dynamische Hintergründe im Bereich **Dynamischer Schreibtisch** zur Auswahl vor. Hierbei passt sich der Schreibtischhintergrund dynamisch an die Tageszeit an. Für diesen Zweck müssen Sie **Ortungsdienste** bei **Systemeinstellungen ▸ Sicherheit ▸ Datenschutz** aktiviert haben. Über die Dropdown-Liste, die bei der Auswahl von einem dynamischen Hintergrund eingeblendet wird, finden Sie noch weitere Möglichkeiten, ob auch das Erscheinungsbild anstelle von dynamisch (abhängig von der Tageszeit) lediglich statisch hell oder dunkel bleiben soll.

Abbildung 3.11 Hier wurde ein dynamischer Bildschirmhintergrund verwendet. In diesem Beispiel ist es 7:45 Uhr am Morgen.

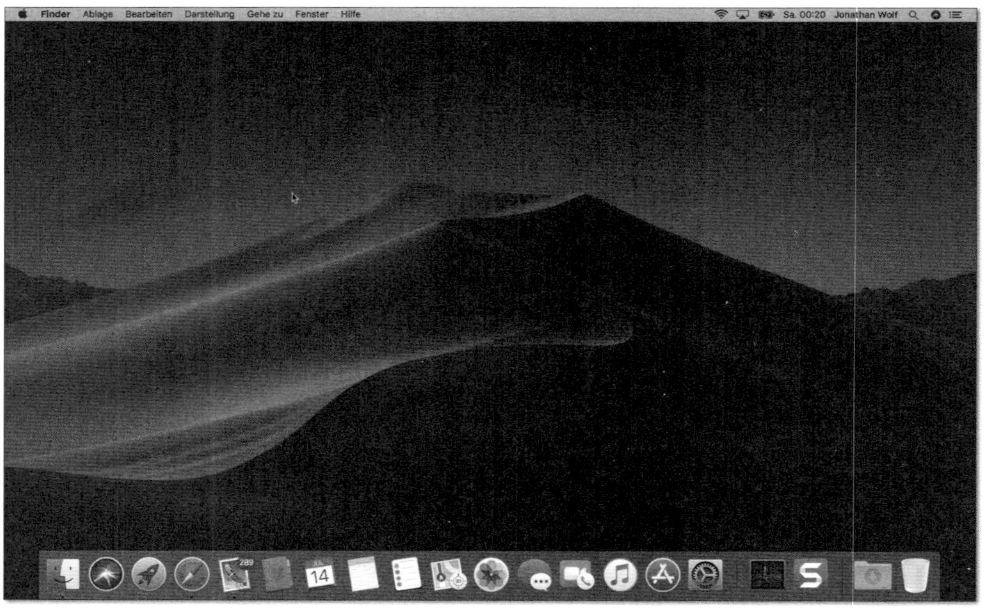

Abbildung 3.12 Hier derselbe Hintergrund, nur um 0:20 Uhr in der Nacht, wo der Hintergrund dank des dynamischen Hintergrunds der Tageszeit entspricht.

Das HEIC-Datenformat

Die dynamischen Hintergründe werden nicht etwa mit mehreren JPEG-Bildern realisiert, die abhängig von der Tageszeit gewechselt werden, sondern, mit einem Blick in das Verzeichnis */Library/Desktop Pictures*, mit dem neuen HEIC-Format. HEIC ist ein anderer Name für HEIF und die Bildversion für HEVC, den Video-Codec. HEIC wurde dazu entwickelt, irgendwann mal das JPEG-Format abzulösen. Die Dateigröße eines Bildes im HEIC-Format ist halb so groß wie im JPEG-Format. Außerdem können mehrere Fotos in einer Datei gespeichert werden (wie Sie es von Live-Fotos oder Burst-Aufnahmen auf dem iPhone oder iPad her kennen). Bildbearbeitungsschritte können gespeichert und wieder rückgängig gemacht werden. Um zurück zum Thema, dem dynamischen Mojave-Hintergrundbild, zu kommen: Von dem Motiv wurden 16 Bilder zu unterschiedlichen Tageszeiten gemacht, und diese Aufnahmen wurden in eine HEIC-Datei gepackt.

Auf dem Schreibtisch können Sie Dateien laden oder erstellen. Auch Ordner können Sie dort anlegen, um die Dateien zu organisieren. Neben Dateien und Ordnern sind auf dem Schreibtisch auch andere Objekte eingeblendet, wie externe Festplatten oder angeschlossene CD-/DVD-Laufwerke. Es ist auch möglich, Verknüpfungen von Programmen auf dem Schreibtisch abzulegen.

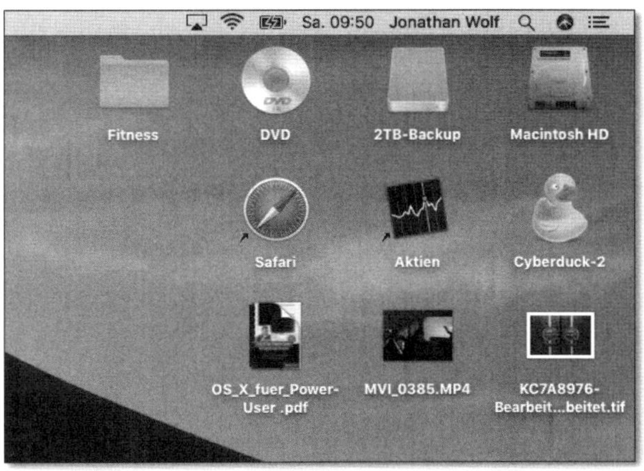

Abbildung 3.13 Auf dem Schreibtisch können auch Objekte abgelegt werden.

Um einzustellen, welche Objekte auf dem Schreibtisch angezeigt werden sollen, müssen Sie den Finder starten und dort den Menübefehl **Finder ▸ Einstellungen** aufrufen. Über die vier Checkboxen unterhalb von **Diese Objekte auf dem Schreibtisch anzeigen** im

Register **Allgemein** legen Sie über das Setzen bzw. Entfernen von Häkchen fest, was Sie hier anzeigen lassen wollen. Mit **Festplatten** sind die internen Festplatten gemeint. Die anderen Optionen sprechen für sich selbst.

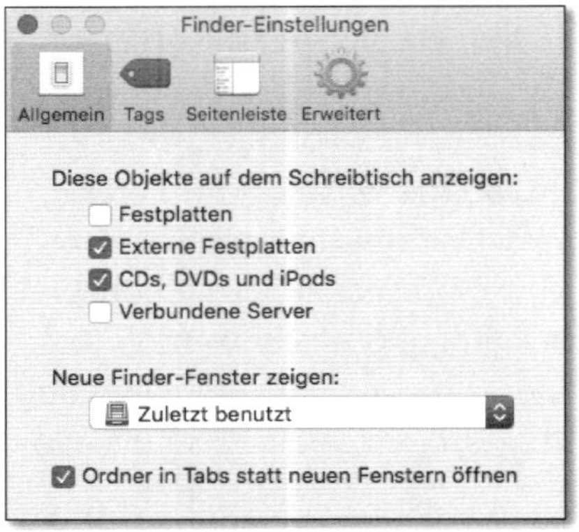

Abbildung 3.14 Hier können Sie einstellen, was auf dem Schreibtisch angezeigt werden soll.

Sie können auch die Größe der Symbole und die Anordnung der Objekte auf dem Schreibtisch anpassen. Klicken Sie hierzu mit der rechten Maustaste auf eine freie Stelle des Schreibtisches, und wählen Sie im Kontextmenü den Befehl **Darstellungsoptionen einblenden** aus. Im sich öffnenden Dialog können Sie ganz oben mit **Stapeln** auswählen, ob und nach welchen Kriterien Sie einen unaufgeräumten Schreibtisch in Stapeln aufräumen wollen (dazu erfahren Sie mehr in Abschnitt 3.3, »Stapel auf dem Schreibtisch«). Auch eine Sortierung der Objekte bzw. Stapel auf dem Schreibtisch ist hier mit **Sortiert nach** möglich. Dahinter können Sie die **Symbolgröße** und den **Gitterabstand** über einen Schieberegler anpassen. Die Änderungen werden sofort auf die sichtbaren Objekte des Schreibtisches angewendet. Hierbei können Sie auch die **Textgröße**, Textposition oder weitere Objektinfos wie Bildgröße, Plattenplatz etc. einblenden lassen.

Abbildung 3.15 Hier können Sie die Darstellung der Objekte auf dem Schreibtisch anpassen.

3.3 Stapel auf dem Schreibtisch

Der Schreibtisch ist ein guter Ort für eine Art Zwischenablage für Dateien. Viele Anwendungen speichern hier auch standardmäßig Dateien. Auch wenn Sie ein Bildschirmfoto beispielsweise mit dem Tastenkürzel ⇧ + cmd + 3 erstellen, wird diese Datei, sofern der Pfad nicht geändert wurde, automatisch auf dem Schreibtisch gespeichert. Der Schreibtisch hat eben auch den Vorteil, dass Sie hier schnell Zugriff auf die Dateien haben, ohne einen Ordner durchsuchen oder öffnen zu müssen. Allerdings entsteht dabei schnell das Problem, dass der Schreibtisch mit unzähligen Icons überladen wird und die Übersicht dann auf der Strecke bleibt.

Abbildung 3.16 Wenn der Schreibtisch so aussieht, geht die Übersicht verloren.

Um für Ordnung auf einem unaufgeräumten Schreibtisch zu sorgen, können Sie Dateien in Stapeln gruppieren. Um Stapel zu verwenden, muss der Schreibtisch aktiv sein, sodass auch das Finder-Menü angezeigt wird. Dort aktivieren Sie die Stapel über den Menübefehl **Darstellung ▸ Stapel verwenden**. Schneller geht es mit einem rechten Mausklick auf den Schreibtisch und dem Befehl **Stapel verwenden**.

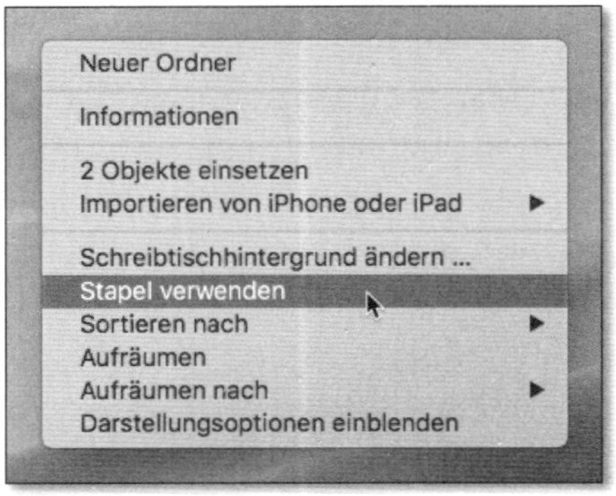

Abbildung 3.17 Mit einem rechten Mausklick auf den Schreibtisch können Sie über das Kontextmenü die Stapel auf dem Schreibtisch mit dem Befehl »Stapel verwenden« aktivieren.

Wenn Sie **Stapel verwenden** aktiviert haben, wird der Schreibtisch nach zusammengehörenden Dateien automatisch in Gruppen sortiert. Standardmäßig wird nach der Art der Datei wie Bilder, Dokumente, Tabelle, PDF und mehr gruppiert.

Abbildung 3.18 Hier wurde der Schreibtisch mit Stapeln aufgeräumt.

Wollen Sie das ursprüngliche Durcheinander wiederherstellen, rufen Sie entweder über den Menübefehl **Darstellung** oder einen rechten Mausklick auf das Bild via Kontextmenü den Befehl **Stapel verwenden** erneut auf und entfernen das Häkchen vor diesem Befehl.

3.3.1 Stapel öffnen und schließen

Klicken Sie einen Stapel an, wird dieser geöffnet, und es werden alle darin enthaltenen Dateien angezeigt. Wollen Sie eine Datei mit der Standardanwendung öffnen, müssen Sie nur darauf doppelklicken. Klicken Sie eine Datei mit der rechten Maustaste an, können Sie auch über den Befehl **Öffnen mit** die Anwendung auswählen, mit der diese geöffnet werden soll. Mit der Leertaste können Sie auch die Schnellvorschau für die ausgewählte Datei verwenden. Der Stapel bleibt so lange geöffnet, bis Sie ihn explizit über das ausgeklappte Stapelsymbol ❶ wieder schließen.

Abbildung 3.19 Hier wurde ein Stapel mit Bildern auf dem Schreibtisch aufgeklappt.

3.3.2 Stapel durchlaufen, ohne aufzuklappen

Ebenso können Sie den Inhalt eines Stapels durchlaufen, ohne diesen zu öffnen. Gehen Sie hierzu mit dem Mauszeiger über den Stapel, und wischen Sie dann mit zwei Fingern auf dem Trackpad nach links oder rechts, um die einzelnen Dateien im Stapel zu durchlaufen. Bei der Magic Mouse funktioniert dies mit einem Finger. Hierbei wird dann der Dateiname der ausgewählten Datei anstelle des Stapelnamens darunter angezeigt. Auch hierbei können Sie die Datei per Doppelklick öffnen, mit der Leertaste die Schnellvorschau verwenden oder per rechten Mausklick über den Befehl **Öffnen mit** selbst eine Anwendung auswählen, mit der Sie die gerade ausgewählte Datei öffnen wollen.

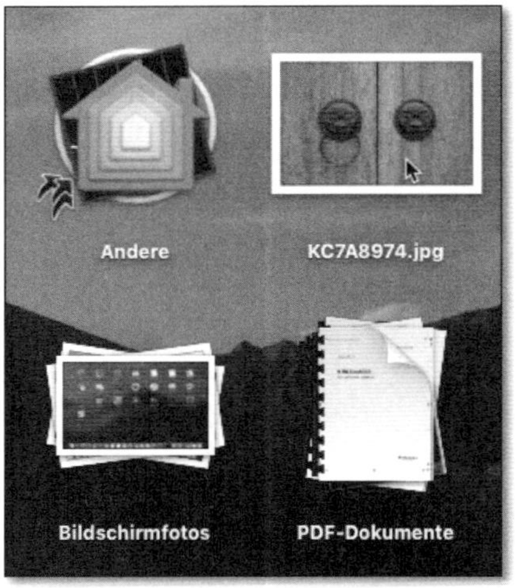

Abbildung 3.20 Der Stapelinhalt kann auch mit Wischen von zwei Fingern auf dem Track nach rechts oder links durchforstet werden. Im Beispiel wird gerade der Stapel mit Bildern durchlaufen, und die ausgewählte Datei wäre somit »KC7A874.jpg«.

3.3.3 Die Gruppierung von Stapeln ändern

Nicht immer ist die Standardeinstellung, die Stapel nach der Dateiart zu sortieren, sinnvoll. Wollen Sie hier eine andere Sortierung der Stapel haben, finden Sie über das Finder-Menü bei **Darstellung ▸ Stapel gruppieren** neben der Datei (**Art**) mit **Zuletzt geöffnet**, **Hinzugefügt am**, **Änderungsdatum**, **Erstellungsdatum** und **Tags** weitere Möglichkeiten, die Stapel zu gruppieren. Auch hier gelangen Sie schneller zum Untermenü von **Stapel gruppieren nach** mit einem rechten Mausklick auf den Schreibtisch.

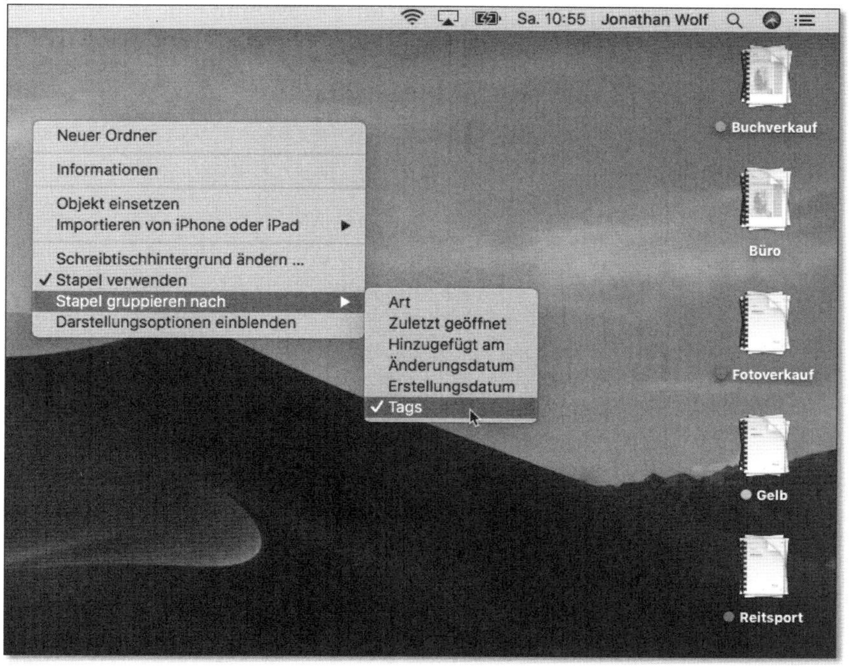

Abbildung 3.21 Hier wurden die Stapel nach (vorher vergebenen) Tags sortiert.

3.4 Die Menulets in der Menüleiste

Auf der rechten Seite der Menüleiste finden Sie die sogenannten *Menulets*. Hier sind nützliche Funktionen für den Schnellzugriff auf diverse Einstellungen enthalten. Menulets sind einer Taskbar ähnlich, wie Sie es vielleicht von PCs mit Windows oder Linux her kennen. Wenn Sie ein solches Menulet anklicken, öffnet sich ein Extramenü, in dem Sie weitere Einstellungen vornehmen können. Welche Einstellungen das sind, hängt vom ausgewählten Menulet ab.

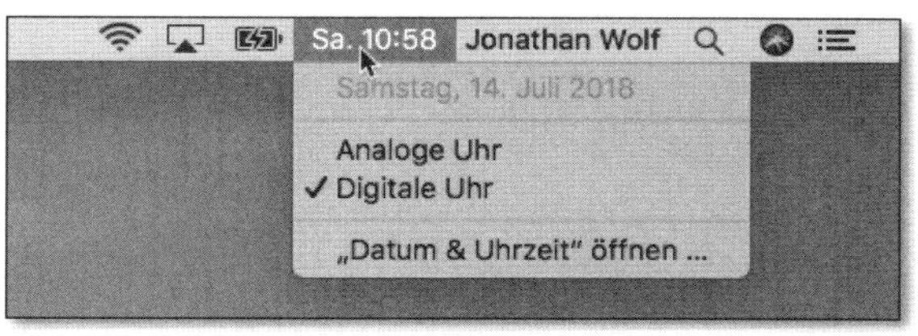

Abbildung 3.22 Die kleinen Symbole in der rechten oberen Menüleiste werden Menulets genannt.

Klicken Sie beispielsweise das WLAN-Icon an, wird eine Liste mit den verfügbaren WLAN-Hotspots zur Auswahl aufgelistet. Des Weiteren können Sie hier zum Beispiel die WLAN-Funktion aus- und einschalten.

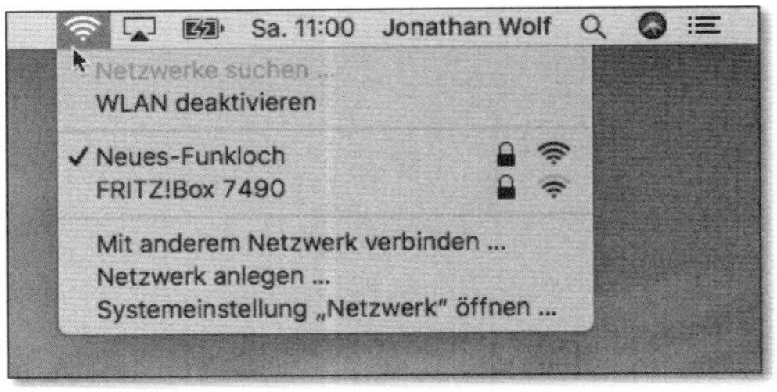

Abbildung 3.23 Das WLAN-Menulet mit einer Liste von verfügbaren WLAN-Netzwerken

Klicken Sie hingegen mit gehaltener `Alt`-Taste auf ein Menulet, werden, abhängig vom Menulet, alternative Funktionen aufgelistet. Insbesondere das WLAN-Menulet enthält eine Reihe von Informationen, die im Zusammenhang mit einer Drahtlosverbindung von Interesse sind. Auch eine Diagnose können Sie hier für eine Drahtlosverbindung durchführen lassen.

Abbildung 3.24 Halten Sie die `Alt`-Taste beim Anklicken gedrückt, bieten einige Menulets alternative Befehle und Funktionen an.

Neben den hier kurz vorgestellten Menulets gibt es noch eine Reihe weiterer Menulets, die von Apple zur Verfügung gestellt werden, von denen in Tabelle 3.1 die gängigsten mit einer kurzen Beschreibung aufgelistet sind.

Menulet	Beschreibung
Bluetooth	Wird zur Verbindung und Verwaltung von drahtlosen Bluetooth-Verbindungen wie Tastaturen, Mäusen, Headsets, Smartphones usw. verwendet.
WLAN	Hiermit werden die drahtlosen WLAN-Verbindungen zum Internet verwaltet und überprüft.
Lautsprecher	Damit können Sie die Lautstärke des Macs regeln.
Batterie	Bei einem tragbaren Mac zeigt dieses Icon den Akkuzustand des Rechners an.
Bildschirm	Wird für die Bildschirmauflösung des Monitors verwendet. Auch Einstellungen wie das Spiegeln sind hier enthalten.
Datum	Hier können Sie die angezeigte Uhrzeit anpassen und ändern.
Benutzer	Hier steht der aktuell eingeloggte Benutzer(-name).
Lupen-Icon	Bei diesem Lupen-Icon handelt es sich um die Spotlight-Suchfunktion, mit der Sie nach Dateien suchen können.
Siri	Mit diesem Icon starten Sie den Sprachassistenten Siri.
Mitteilungszentrale	In der Ecke finden Sie das Icon für die Mitteilungszentrale, in der Informationen von verschiedenen Programmen eingeblendet werden (können).

Tabelle 3.1 Übersicht über verschiedene Menulets von Apple

3.4.1 Menulets aktivieren

Standardmäßig sind viele Menulets beim Betriebssystem dabei. Ebenso gibt es eine Reihe weiterer Programme, die eigene Menulets anbieten und installieren. Wie Sie vermutlich bereits festgestellt haben, sind nicht alle Menulets des Betriebssystems aktiviert. Viele dieser Menulets lassen sich an verschiedenen Stellen im System bzw. in den **Systemeinstellungen** aktivieren. Wollen Sie beispielsweise Bluetooth als Menulet anzeigen oder ausblenden, finden Sie in den **Systemeinstellungen** im Bereich **Bluetooth** eine entsprechende Checkbox mit dem Text **Bluetooth in der Menüleiste anzeigen**. Wenn Sie ein Häkchen davorsetzen, wird das Menulet angezeigt.

Abbildung 3.25 Viele Menulets lassen sich über die Systemeinstellungen (de-)aktivieren. Hier wurde das Menulet für Bluetooth aktiviert und der Menüleiste hinzugefügt.

TIPP

Menulets für Fortgeschrittene

Die Menulets vom Betriebssystem werden im Verzeichnis *Macintosh HD/System/Library/CoreServices/Menu Extras* mit der Endung *.menu* gespeichert und können theoretisch aus diesem Verzeichnis gestartet werden. Klicken Sie dort beispielsweise ein Menulet mit der rechten Maustaste an (zum Beispiel *Eject.menu*), und wählen Sie dann **Öffnen mit ▸ SystemUIServer (Standard)**, haben Sie das Menulet aktiviert, und es wird angezeigt. Das Eject-Menulet ist praktisch, wenn Sie ein optisches CD-/DVD-Laufwerk besitzen oder eines angeschlossen ist und Sie das Medium auswerfen wollen.

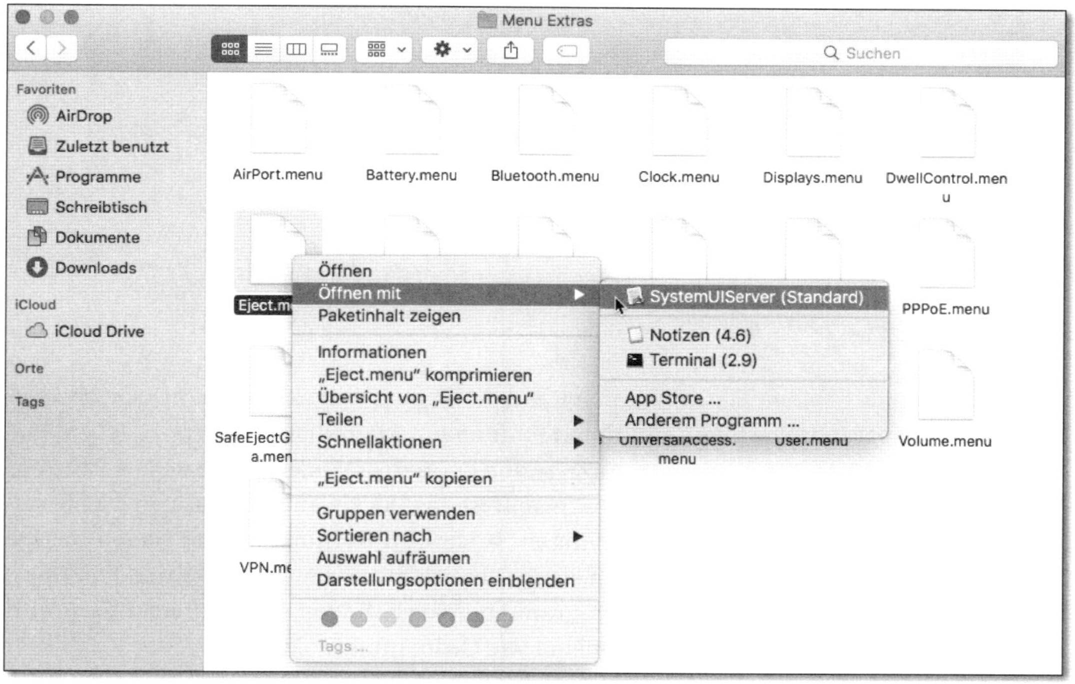

Abbildung 3.26 Die Menulets sind in »Macintosh HD/System/Library/CoreServices/Menu Extras« gespeichert und können manuell gestartet werden.

3.4.2 Menulets sortieren und entfernen

Auch das Sortieren der Reihenfolge der sichtbaren Menulets lässt sich realisieren, indem Sie das entsprechende Icon mit gehaltener cmd-Taste und gedrückter Maustaste an die gewünschte Position in der Menüleiste ziehen und die Maustaste dort loslassen.

Entfernen können Sie ein Menulet hingegen entweder über die entsprechende Option bei den **Systemeinstellungen**, indem Sie das Häkchen von **[xyz] in der Menüleiste anzeigen** deaktivieren, sofern ein entsprechendes Menulet eben dort vorhanden ist. Noch schneller können Sie ein Menulet entfernen, wenn Sie das Icon mit gedrückter cmd-Taste und gedrückt gehaltener Maustaste aus der Menüleiste herausziehen, bis ein **x** im Symbol zu sehen ist. Lassen Sie dann die Maustaste los, ist das Menulet aus der Menüleiste verschwunden.

Abbildung 3.27 Ziehen Sie mit gedrückter cmd-Taste ein Menulet aus der Menüleiste, wird dieses von dort entfernt.

3.5 Das Dock

Standardmäßig finden Sie am unteren Rand der Benutzeroberfläche das Dock, das perfekt geeignet ist, um schnell Programme mit einem Mausklick zu starten. Neben Programmen wird das Dock auch zur Anzeige von Ordnern, Dateien, minimierten Fenstern und anderen Shortcuts verwendet. Aufgeteilt ist das Dock standardmäßig in drei Bereiche, jeweils getrennt durch einen dünnen Strich: Auf der linken Seite finden Sie die Icons für die Programme, gefolgt von einem Bereich mit den zuletzt verwendeten Apps, die sich nicht als Schnellzugriff im Programmbereich befinden, und die rechte Seite enthält den Papierkorb und andere Elemente wie Ordner und Dokumente.

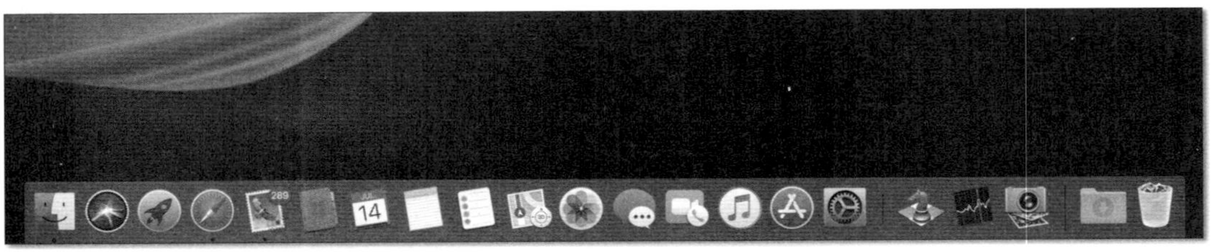

Abbildung 3.28 Das Dock ist perfekt dazu geeignet, schnell Programme zu starten oder über Shortcuts auf Ordner und Dateien zuzugreifen.

Beim ersten Start des Systems finden Sie ein von Apple vorkonfiguriertes Dock mit vielen Icons von häufig verwendeten Programmen wie dem Finder, Safari, Mail, iTunes oder den Systemeinstellungen vor. Jedes dieser Programme können Sie mit einem einfachen linken Mausklick starten. Nicht jedem sagt diese vorbelegte Anordnung von Icons im Dock zu, und manch einer hätte gerne noch zusätzliche Programme für den Schnellzugriff platziert. Es ist möglich, dem Dock jederzeit Icons per Drag & Drop hinzuzufügen oder diese zu entfernen. Das Dock wird noch in Kapitel 16, »Programme im Dock«, behandelt.

Wollen Sie die Größe oder Position des Docks anpassen, klicken Sie mit der rechten Maustaste auf den Trennungsstrich zwischen der rechten und linken Seite des Docks. Im sich öffnenden Kontextmenü können Sie die Position des Docks links, rechts oder unten auf dem Schreibtisch anordnen. Auch Effekte wie eine Vergrößerung, wenn Sie mit dem Mauscursor über das Dock fahren, können Sie hier (de-)aktivieren. Wenn Sie **Dock ausblenden** wählen, wird das Dock nur dann angezeigt, wenn Sie mit dem Mauscursor in den Bereich des Docks fahren.

Abbildung 3.29 Über das Kontextmenü im Dock können Sie verschiedene Einstellungen vornehmen.

Sie können das Dock insgesamt vergrößern oder verkleinern, wenn Sie mit dem Mauscursor direkt auf die Trennlinie gehen und mit gedrückt gehaltener Maustaste die Größe des Docks durch Ziehen nach oben oder unten anpassen. Alle diese Einstellungen finden Sie auch in den **Systemeinstellungen** unter **Dock**.

Abbildung 3.30 Gehen Sie mit dem Mauszeiger genau auf den Trennstrich im Dock, ändert sich dieser visuell, und Sie können mit gedrückter Maustaste nach oben oder unten ziehen, um die Größe des Docks anzupassen.

3.6 Die Mitteilungszentrale

Die Mitteilungszentrale finden Sie rechts oben in den Menulets, sie lässt sich durch Anklicken des entsprechenden Icons ❶ einblenden. Alternativ können Sie die Mitteilungszentrale einblenden, wenn Sie mit mindestens zwei Fingern auf dem Trackpad von rechts außerhalb nach innen wischen. Ausblenden können Sie die Mitteilungszentrale auf umgekehrtem Weg, indem Sie erneut auf das Icon klicken, mit dem Trackpad und zwei Fingern nach außen wischen oder auf dem Bildschirm außerhalb der Mitteilungszentrale klicken.

In der Mitteilungszentrale werden verschiedene Mitteilungen und Informationen von vordefinierten und ausgewählten Programmen angezeigt. Welche Programme hier was ausgeben dürfen, können Sie selbst festlegen. Aufgeteilt ist dieser Bereich der Mitteilungszentrale in **Heute** und **Mitteilungen**. Im Bereich **Heute** finden Sie standardmäßig verschiedene Informationen über den heutigen Tag, wie zum Beispiel das aktuelle Wetter, Erinnerungen, Termine oder Aktienstände. Die Reihenfolge der Einträge können Sie ändern, andere Einträge hinzufügen oder vorhandene entfernen.

Abbildung 3.31 In der Mitteilungszentrale finden Sie unterschiedliche Informationen und Mitteilungen in einer Übersicht.

Wollen Sie beispielsweise das Wetter über dem Kalender anordnen, ziehen Sie die Kategorie **Wetter** mit gedrückt gehaltener Maustaste auf die Position vor dem **Kalender** und lassen sie dort fallen.

Weitere Kategorien können Sie dem Bereich **Heute** hinzufügen, wenn Sie unten auf **Bearbeiten** klicken. Auf der rechten Seite wird eine weitere Spalte mit Kategorien eingeblendet, die Sie der Mitteilungszentrale von **Heute** jeweils über das grüne Plussymbol hinzufügen können. Hier wurde beispielsweise der **Rechner** hinzugefügt. Mit den roten Minussymbolen auf der linken Seite können Sie einzelne Kategorien entfernen.

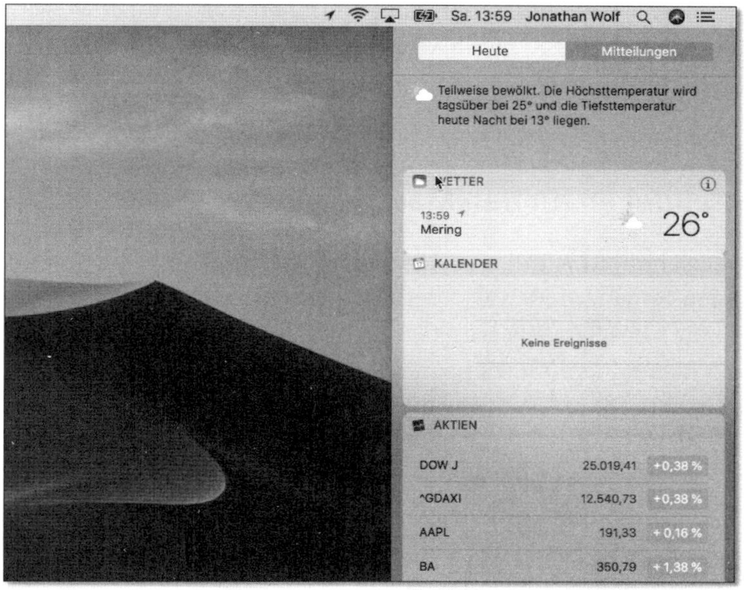

Abbildung 3.32 Einträge im Bereich »Heute« lassen sich jederzeit per Drag & Drop umsortieren.

Abbildung 3.33 Dem Bereich »Heute« lassen sich weitere nützliche Kategorien hinzufügen.

Auch die **Mitteilungen** von verschiedenen Programmen können Sie selbst festlegen. Aber darauf wird noch in Abschnitt 18.8, »Einblick in die Paketinhalte von Programmen«, eingegangen, wenn Programme das Thema des Kapitels sind.

3.7 Die Systemeinstellungen für den Mac

In den vorangegangenen Abschnitten wurden und in den noch folgenden Kapiteln werden die **Systemeinstellungen** immer wieder als Dreh- und Angelpunkt verwendet, um unterschiedliche Eigenschaften des Systems anzupassen. Das Fenster für die Systemeinstellungen können Sie über das -Menü links oben und den Eintrag **Systemeinstellungen** oder über das Zahnradsymbol ❶ im Dock aufrufen. Wenn Sie die Systemeinstellungen aufgerufen haben, erscheint ein Fenster mit einer Reihe von weiteren Symbolen, in dem Sie dann entsprechende Einstellungen für spezifische Dinge vornehmen können. Klicken Sie beispielsweise auf **Dock**, erscheinen alle vorhandenen Einstellungen, die Sie für das Dock vornehmen können. Zurück zur Übersicht über alle **Systemeinstellungen** gelangen Sie über die entsprechende Schaltfläche ❷.

Abbildung 3.34 Die Systemeinstellungen sind oft der Dreh- und Angelpunkt, wenn es um Einstellungen rund um das Betriebssystem geht.

Noch schneller können Sie direkt die einzelnen Bereiche der Systemeinstellungen anspringen, indem Sie mit der rechten Maustaste auf das Zahnrad-Icon im Dock klicken. Dann werden alle Systemeinstellungen aufgelistet, und Sie können sie mit einem linken Mausklick auswählen.

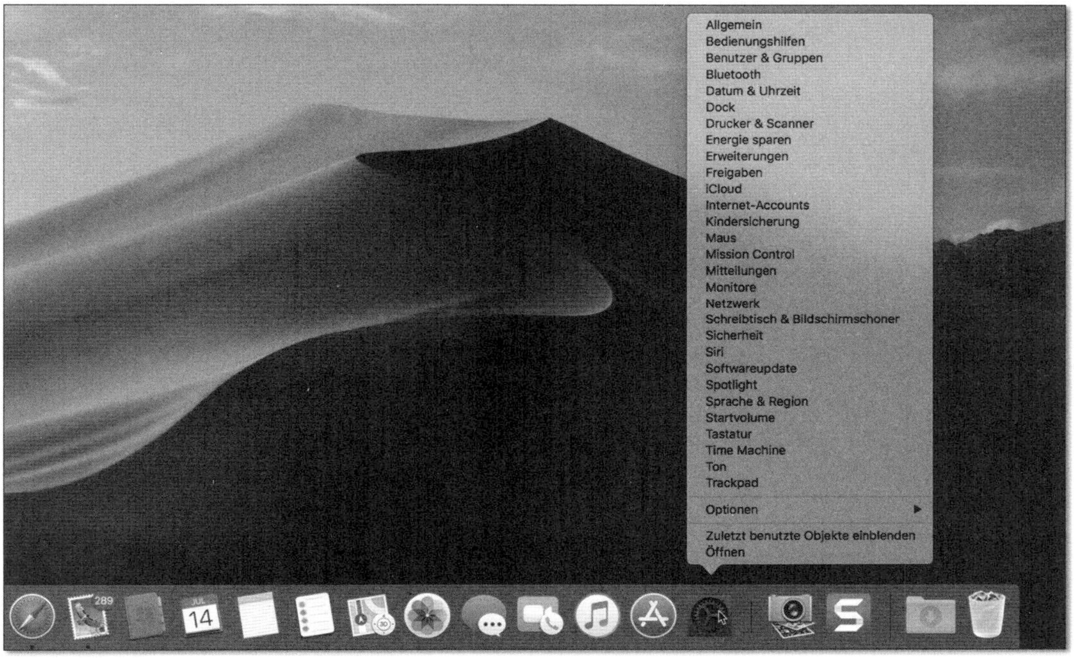

Abbildung 3.35 Mit einem rechten Mausklick auf das Zahnrad-Icon im Dock haben Sie direkten Zugriff auf die einzelnen Bereiche der Systemeinstellungen.

Die Sortierung der Systemeinstellungen erfolgt übrigens nicht willkürlich und ist durchaus nach einem Schema geordnet. So finden Sie in der ersten Zeile den Bereich für persönliche Einstellungen, in dem Sie Ihre Arbeitsumgebung und die Art und Weise, wie Sie den Mac benutzen, anpassen können. In der zweiten Zeile finden Sie die Einstellungen zu allen Bereichen, die mit der Hardware rund um Ihren Mac zu tun haben. Die dritte Zeile enthält Einstellungen, die vorwiegend die Konnektivität und die Kommunikation betreffen, wie beispielsweise Netzwerkzugänge und Dateifreigaben. In der vierten Zeile finden Sie viele grundlegende Einstellungen des Systems vor.

Abbildung 3.36 Die Aufteilung der Systemeinstellungen ist nicht willkürlich.

HINWEIS

Sonstige Einstellungen

Es gibt noch eine optionale fünfte Zeile in den Systemeinstellungen, in die nach und nach Einstellungen für Programme oder Geräte hinzugefügt werden, die Sie im Laufe der Zeit installieren oder einsetzen. Die fünfte Zeile ist allerdings erst dann sichtbar, wenn ein entsprechendes Programm oder Gerät vorhanden ist, das hier einen Eintrag hinzufügt.

4 Allgemeine Fensterbedienung

Wie bei Betriebssystemen mit einer grafischen Oberfläche üblich, werden fast alle Anwendungen mit einem Fenster angezeigt, um dort die dazugehörenden Funktionen des entsprechenden Programms auszuführen. Bevor Sie allerdings die einzelnen Programme und deren Funktionen kennenlernen, gibt es hier eine kurze Einführung in die allgemeine Fensterbedienung mit Mac.

Um den Umgang mit einem Fenster zu lernen, öffnen Sie ein Finder-Fenster, indem Sie das entsprechende Programm-Icon im Dock anklicken. Im linken oberen Fensterrahmen finden Sie drei Punkte ❶ in roter, gelber und grüner Farbe. Es handelt sich hierbei um zentrale Steuerelemente, die für alle Fenster am Mac gleich sind.

Abbildung 4.1 Das Programm-Icon vom Finder

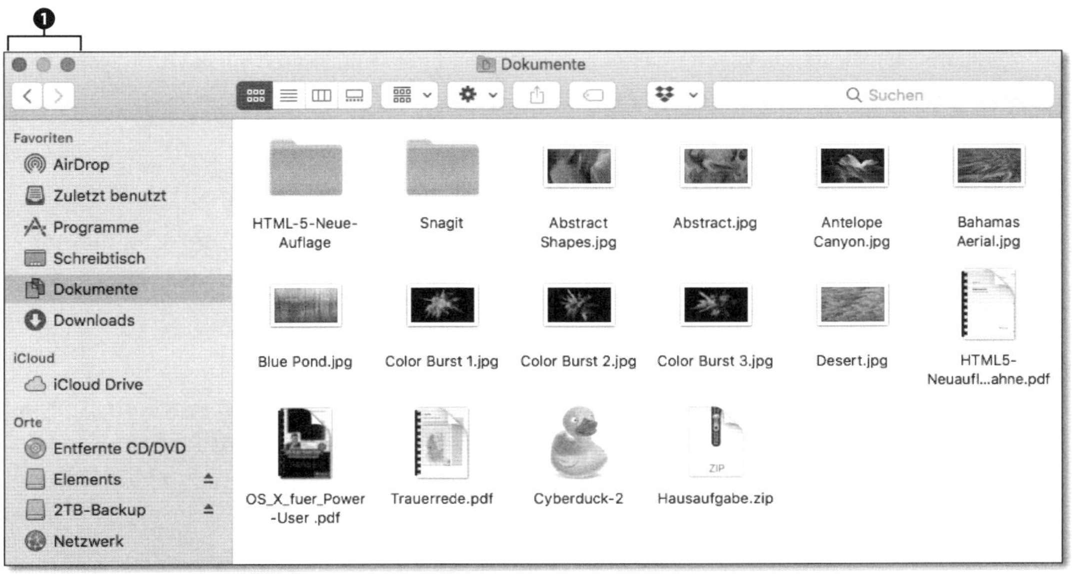

Abbildung 4.2 Der Finder bei der Ausführung

4.1 Das Fenster verkleinern und vergrößern

Ein Fenster können Sie an jeweils allen vier Seiten oder Ecken »anpacken«. Der Mauscursor wird dabei zu einem Doppelpfeil ❷ und Sie können eine Größenveränderung in die entsprechende Richtung mit gedrückt gehaltener Maustaste vornehmen. Lassen Sie die Maustaste los, wenn Sie mit der Größe des Fensters zufrieden sind. Das Anpassen der Größe von Fenstern ist beispielsweise hilfreich, wenn Sie zwei Fenster auf den Bildschirm nebeneinanderstellen wollen.

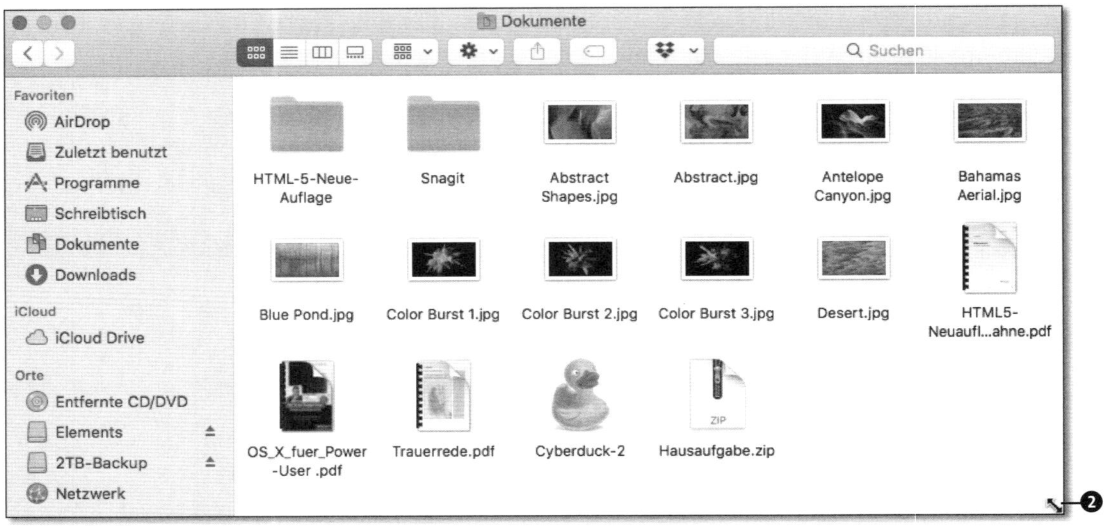

Abbildung 4.3 Die meisten Fenster können über alle vier Ecken und Kanten mit gedrückt gehaltener Maustaste vergrößert oder verkleinert werden.

TIPP

Proportional skalieren

Wollen Sie ein Fenster proportional vergrößern oder verkleinern, müssen Sie nur eine der vier Ecken ansteuern und mit gedrückt gehaltener ⇧-Taste die Größe ändern.

Fenster, die kein grünes Steuersymbol bei den drei Punkten enthalten (wie zum Beispiel die **Systemeinstellungen**), mit dem Sie ein Fenster in den Vollbildmodus schalten können, lassen sich nicht vergrößern oder verkleinern. Hierbei handelt es sich um Dialogfenster.

Abbildung 4.4 Dialogfenster, wie hier die »Systemeinstellungen«, lassen sich nicht in der Größe ändern. Daher finden Sie hier links oben keinen grünen Button.

4.2 Ein Fenster auf dem Bildschirm verschieben

Wenn Sie Fenster skalieren und nebeneinander auf dem Bildschirm anordnen, werden Sie diese auf dem Schreibtisch entsprechend platzieren wollen. Bewegen Sie hierzu den Mauscursor auf den grauen Rahmen oberhalb des Fensters rechts oder links neben dem Fenstertitel. Halten Sie jetzt die Maustaste gedrückt, und verschieben Sie das Fenster an die gewünschte Position. Lassen Sie die Maustaste los, bleibt das Fenster an dieser Stelle.

HINWEIS

Fenster sind nicht fixiert

Beim Verschieben können Sie die schwebenden Fenster rechts, links und nach unten beliebig über den sichtbaren Bildschirmbereich hinaus verschieben. Nur nach oben geht es sinnvollerweise maximal bis zur Rahmenkante unterhalb der Menüleiste.

Abbildung 4.5 Mit gedrückt gehaltener Maustaste am oberen Fensterrand können Sie das Fenster auf dem Bildschirm verschieben.

4.3 Ein Fenster im Dock ablegen

Mit einem Klick auf das gelbe Symbol wird das Fenster verkleinert und im Dock auf der rechten Seite als Miniatur abgelegt. Viele Fenster lassen sich mit der Tastenkombination [cmd] + [M] minimieren. Wenn Sie das Miniatursymbol im Dock wieder anklicken, erscheint es exakt an der Stelle, von wo aus Sie es minimiert haben.

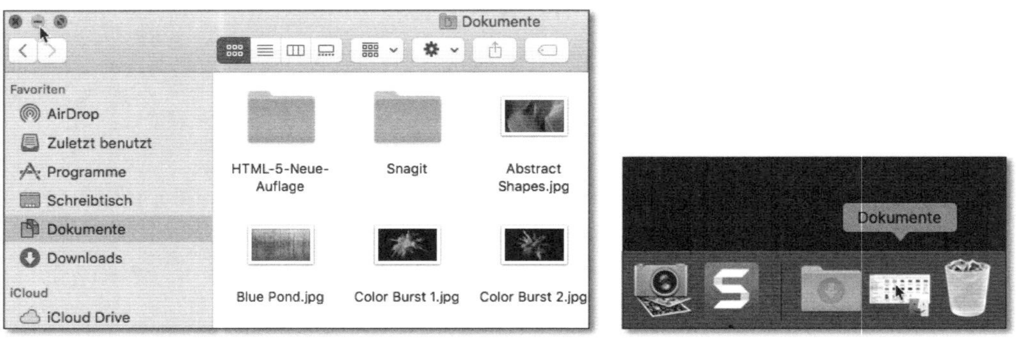

Abbildung 4.6 Klicken Sie auf den gelben Button (links), wird das Fenster minimiert im Dock angezeigt (rechts), von wo Sie es durch Anklicken wieder hervorholen können.

Den Effekt beim Ablegen im Dock können Sie anpassen, indem Sie mit der rechten Maustaste auf die Trennungslinie im Dock klicken und im Kontextmenü unter **Effekt beim Ablegen** entweder **Trichter** oder **Linear** auswählen.

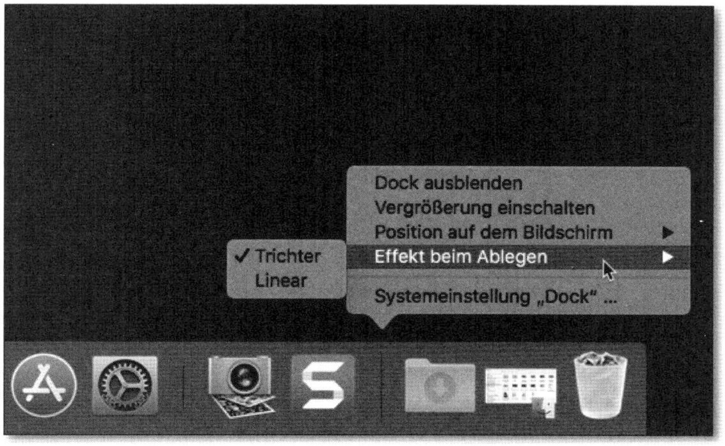

Abbildung 4.7 Hier können Sie den Effekt beim Ablegen eines Fensters im Dock anpassen.

TIPP

Kleine Spielerei

Wenn Sie beim Minimieren eines Fensters die ⇧-Taste gedrückt halten, während Sie auf das gelbe Symbol klicken, wird das Fenster in Zeitlupe im Dock abgelegt. Umgekehrt funktioniert das auch, wenn Sie ein im Dock minimiertes Fenster mit gehaltener ⇧-Taste anklicken.

4.4 Ein Fenster ausblenden

Wollen Sie hingegen ein Fenster ausblenden, sodass es nicht im Dock auf der rechten Seite abgelegt wird, können Sie dies entweder über das Menü des Programmnamens (hier **Finder**) mit dem Befehl **Finder ausblenden** bzw. über die Tastenkombination cmd + H tun.

Wollen Sie das Programm wieder einblenden, müssen Sie das Symbol des Programms im Dock anklicken.

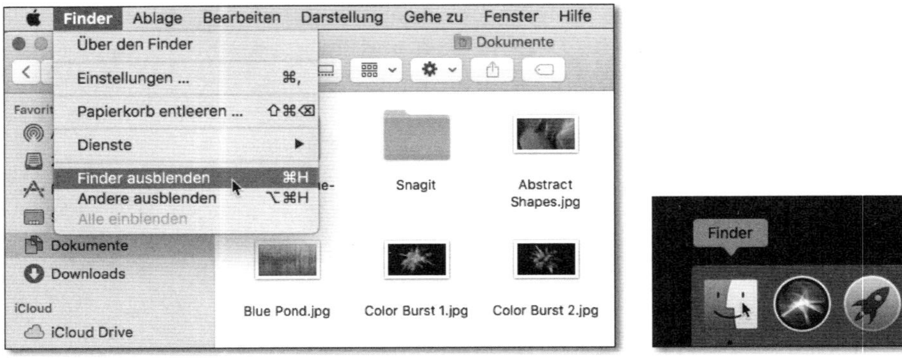

Abbildung 4.8 Wenn Sie ein Fenster ausblenden, wird es nicht minimiert in das Dock gelegt, sondern Sie können es über das Programmsymbol im Dock wieder hervorholen.

4.5 Ein Fenster im Vollbildmodus verwenden

Wenn Sie viele Fenster gleichzeitig verwenden, kann es schon mal etwas unübersichtlich werden. Um bei der Arbeit nicht von störenden Elementen auf dem Bildschirm abgelenkt zu werden, können Sie den Vollbildmodus verwenden. In den Vollbildmodus schalten Sie ein Fenster, indem Sie den grünen kleinen Button ❶ links oben anklicken.

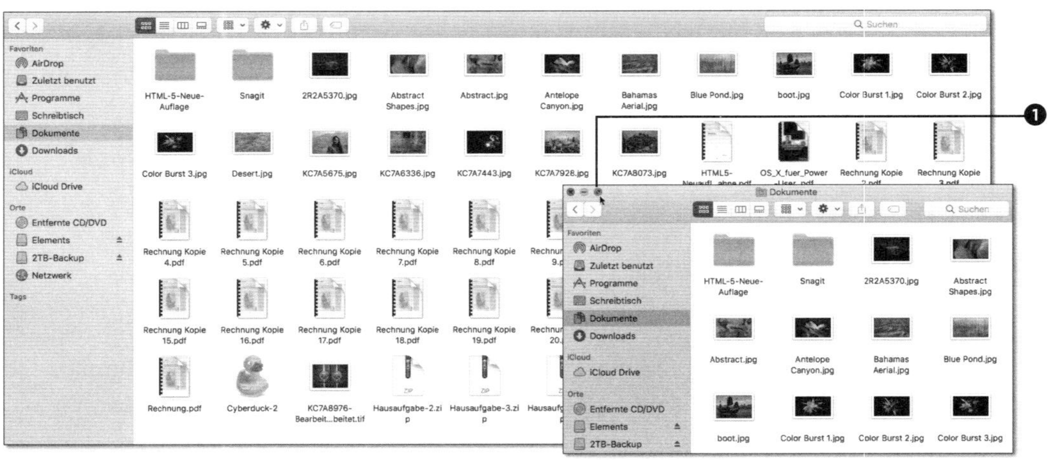

Abbildung 4.9 Klicken Sie auf den kleinen grünen Button links oben, nimmt das Fenster den kompletten Bildschirm ein.

Daraufhin verschwinden alle anderen Fenster und Elemente wie die Menüleiste und das Dock vom Bildschirm, und dieser Platz wird vom Fenster im Vollbildmodus komplett ausgenutzt. Die Menüleiste bzw. das Dock werden allerdings sofort eingeblendet, wenn Sie mit dem Mauscursor nach oben oder unten an den Bildschirmrand fahren.

Die Vollbildansicht können Sie mit dem Tastendruck auf [Esc] verlassen. Alternativ können Sie auch mit dem Mauscursor an den oberen Bildrand fahren, um die Menüleiste und den Fensterrahmen mit dem grünen Button anzuzeigen. Klicken Sie hier erneut auf den grünen Button, wird die Vollbildansicht verlassen.

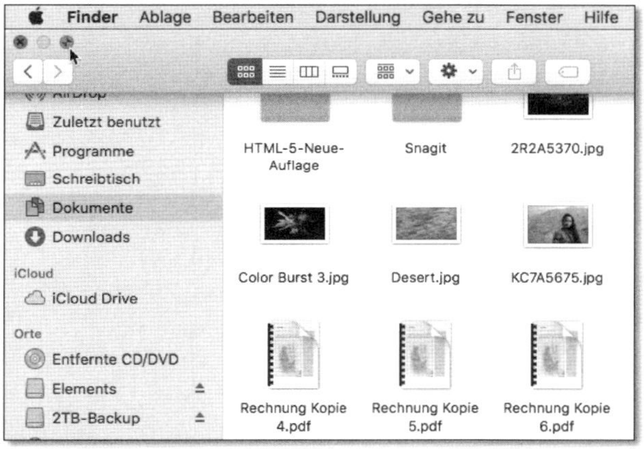

Abbildung 4.10 Fahren Sie in der Vollbildansicht den Mauszeiger nach oben, werden die Menüleiste und der Fensterrahmen eingeblendet. Über den grünen Button oder die [Esc]-Taste können Sie den Vollbildmodus verlassen.

4.6 Die Fenstergröße optimieren und der Rollbalken

Wenn Sie ein Fenster geöffnet haben und nicht alle Inhalte sichtbar sind, sodass Sie sowohl vertikal als auch horizontal scrollen müssen, können Sie versuchen, die Fenstergröße passend zum Inhalt zu optimieren. Dies funktioniert über den grünen Button links oben im Fenster, indem Sie diesen mit gehaltener [Alt]-Taste anklicken. Aus den beiden Pfeilen nach außen im Button wird ein Plussymbol ❶. Jetzt wird das Fenster in der Größe optimiert, sodass Sie so wenig wie möglich scrollen müssen. Klicken Sie erneut mit gehaltener [Alt]-Taste auf den grünen Button, wechselt das Fenster zurück zur vorherigen Größe. Dieselbe Funktion erreichen Sie auch über das Menü mit **Fenster ▸ Zoomen**.

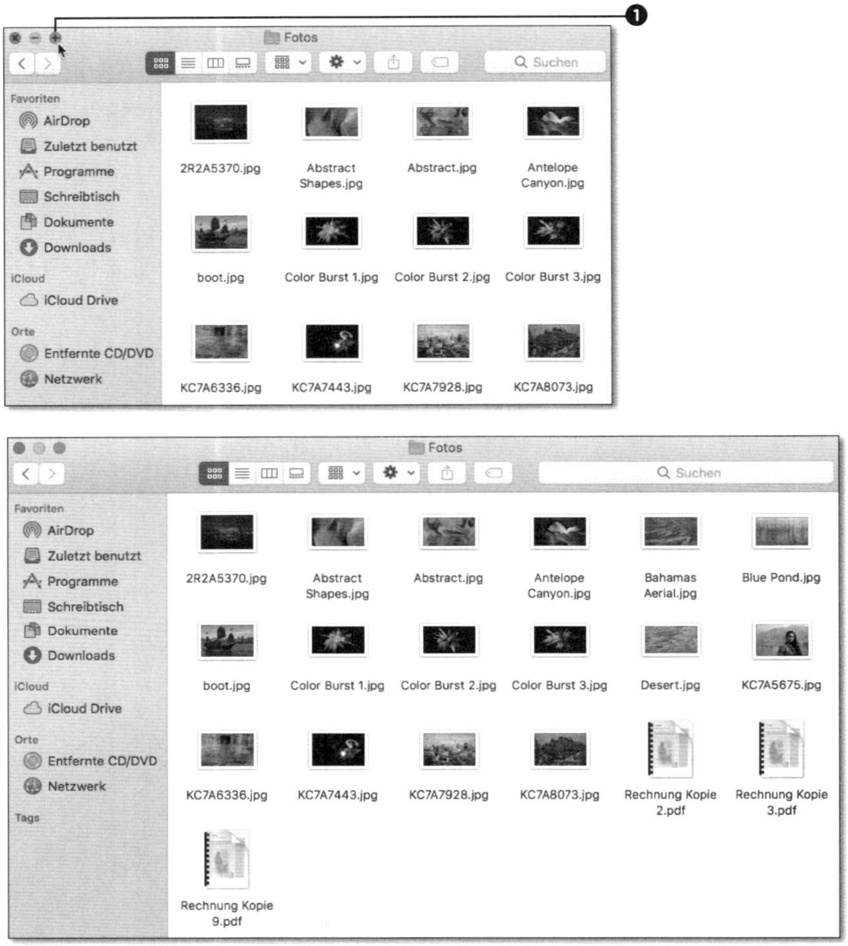

Abbildung 4.11 Die Fenstergröße wurde hier optimiert, indem mit gehaltener Alt-Taste auf den grünen Button links oben geklickt wurde.

Auch wenn Sie die Fenstergröße optimiert oder in den Vollbildmodus geschaltet haben, kann es sein, dass nicht der komplette Inhalt sichtbar ist und Sie über einen senkrechten und/oder waagerechten Rollbalken im Fenster scrollen müssen. Diese Rollbalken werden standardmäßig erst dann angezeigt, wenn Sie tatsächlich am Mausrad zum Scrollen drehen bzw. zwei Finger auf das Trackpad legen und in die gewünschte Scrollrichtung wischen. Wollen Sie das Verhalten ändern, damit immer ein Rollbalken eingeblendet wird, wenn der Inhalt eines Fensters nicht komplett angezeigt werden kann, können Sie in den **Systemeinstellungen** von **Allgemein** die Option für **Rollbalken einblenden** auf **Immer** stellen.

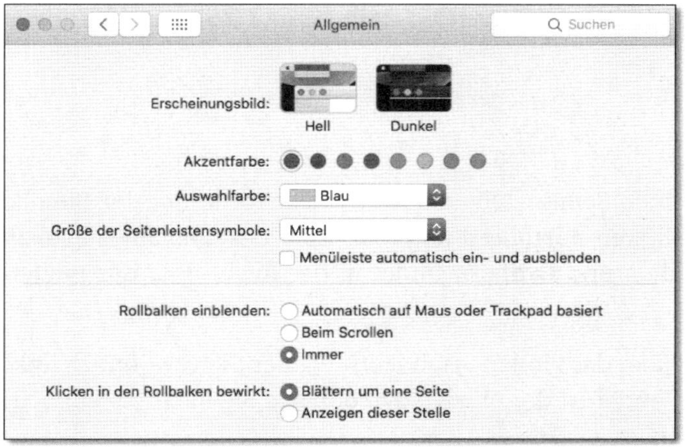

Abbildung 4.12 Stellen Sie die Option »Rollbalken einblenden« auf »Immer«, werden immer Rollbalken angezeigt, wenn der Inhalt des Fensters nicht komplett angezeigt werden kann.

4.7 Ein Fenster schließen

Die Fenster schließen können Sie wiederum, indem Sie auf den roten kleinen Button links oben klicken. Noch schneller können Sie die Funktion zum Schließen eines Fensters mit der Tastenkombination `cmd` + `W` ausführen.

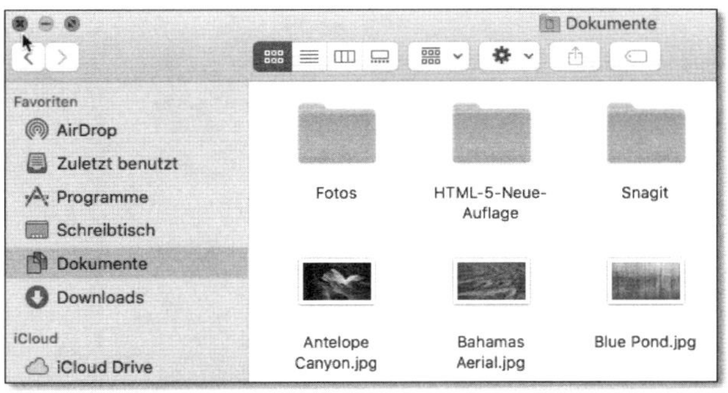

Abbildung 4.13 Über den roten Button können Sie ein Fenster schließen.

5 Das Finder-Fenster, die Zentrale für (fast) alles

Das Finder-Fenster ist die zentrale Schnittstelle am Mac schlechthin, mit der Sie alle Anwendungen und Funktionalitäten ausführen können. Auch der Umgang mit dem Dateisystem, mit Dateien, Medien und Ordnern findet in der Regel über das Finder-Fenster statt.

Das Finder-Fenster können Sie über das Finder-Symbol öffnen, das Sie gewöhnlich links unten im Dock vorfinden. Der Finder ist das einzige Symbol, das Sie nicht (so einfach) aus dem Dock entfernen können.

Abbildung 5.1 Das Symbol des Finder-Fensters ist fest im Dock verankert.

Bevor hier umfassend auf den Finder eingegangen wird, finden Sie hier erst noch einen Überblick über die einzelnen Bereiche der Finder-Oberfläche.

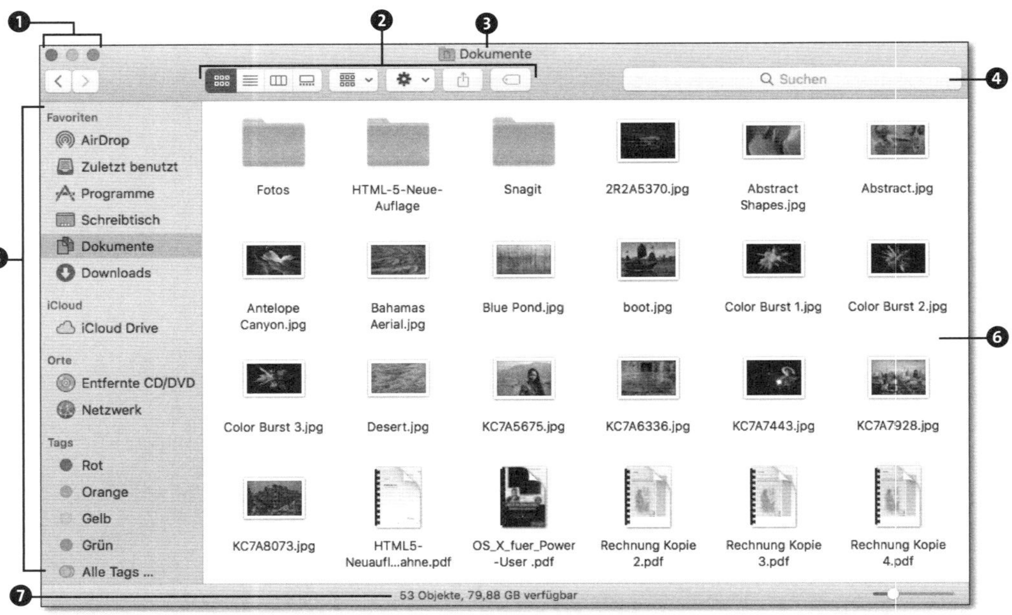

Abbildung 5.2 Das Finder-Fenster und die einzelnen Bereiche

❶ Hier finden Sie die Buttons in Ampelfarben zum Schließen, Minimieren und Umschalten in den Vollbildmodus bzw. Optimieren des Finder-Fensters vor.

❷ In der anpassbaren Symbolleiste finden Sie nützliche Funktionen zum Anklicken.

❸ In der Titelleiste zeigt der Finder gewöhnlich den Namen des Verzeichnisses an, dessen Inhalt gerade in der Mitte des Finder-Fensters angezeigt wird.

❹ Bei der Suchleiste handelt es sich um die Spotlight-Suche, mit der Sie nach und in Dateien und Ordnern systemweit suchen können.

❺ In der anpassbaren Seitenleiste des Finder-Fensters finden Sie Verknüpfungen zu häufig genutzten Ordnern, Geräten, Festplatten und anderen Elementen. Wie im Dock lassen sich die Elemente der Seitenleiste mit einem einfachen Klick öffnen.

❻ In der Mitte finden Sie den eigentlichen Inhalt des ausgewählten Ordners.

❼ Am unteren Rand finden Sie die Statusleiste mit Informationen zum in der Mitte eingeblendeten Inhalt. Hier werden Informationen über den Speicherplatzverbrauch und im jeweiligen Ordner enthaltene oder markierte Objekte angezeigt. Die Statusleiste wird über das Menü **Darstellung ▸ Statusleiste einblenden** angezeigt.

5.1 Das heimische Benutzerverzeichnis

Wie es sich für ein Mehrbenutzersystem gehört, gibt es beim Mac ein eigenes Benutzerverzeichnis, das als Stammverzeichnis für die persönlichen Daten und Einstellungen des eingeloggten Benutzers verwendet wird. Jeder eingerichtete Benutzer hat ein eigenes Benutzerverzeichnis zur Trennung der Daten zwischen den verschiedenen Benutzern und als Schutzmechanismus zur Trennung von Benutzer- und Systemdaten.

5.1.1 Standardordner

Zum Benutzerverzeichnis gelangen Sie über das Menü des Finders mit **Gehe zu ▸ Benutzerordner** bzw. [⇧] + [cmd] + [H]. Bezogen auf das Dateisystem finden Sie das Benutzerverzeichnis unter dem Pfad *Macintosh HD/Benutzer/[Benutzername]* (bzw. */Users/[Benutzername]*, wenn Sie mit unixoiden Systemen vertraut sind). Anstelle von [Benutzername] verwenden Sie hier Ihren Benutzernamen bzw. Accountnamen, mit dem Sie sich angemeldet haben. Den Pfad können Sie unten in der Pfadleiste ❶ sehen, wenn Sie diese Leiste mit [Alt] + [cmd] + [P] eingeblendet haben.

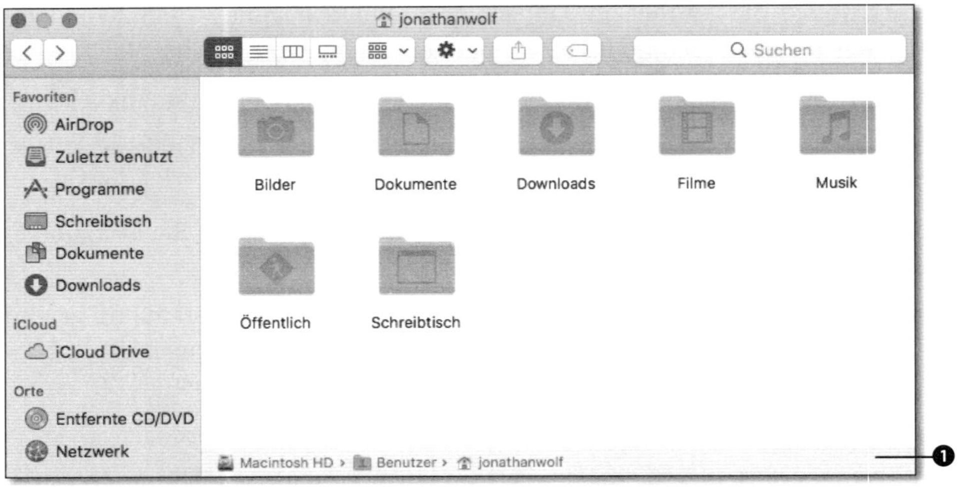

Abbildung 5.3 Die Ordner des persönlichen Benutzerverzeichnisses

Im Benutzerverzeichnis finden Sie standardmäßig die Ordner *Bilder*, *Dokumente*, *Downloads*, *Filme*, *Library* (nicht sichtbar), *Musik*, *Öffentlich* und *Schreibtisch* vor. Natürlich ist es möglich, dass Sie zusätzlich zu diesen von Apple angelegten Ordnern im Benutzerverzeichnis eigene Ordner anlegen können, um Daten darin abzulegen. Hierzu ein kurzer Überblick über die Standardordner im Benutzerverzeichnis:

- **Bilder:** In diesem Verzeichnis legen Anwendungen zur Bildbearbeitung und Bildverwaltung gewöhnlich Bilder ab. Es ist daher sinnvoll, hier allgemein auch Fotos abzulegen.
- **Dokumente:** Dies ist der Standardordner für viele Anwendungen, um Dateien abzuspeichern. Programme wie TextEdit oder Pages schlagen beispielsweise beim Speichern der Dokumente diesen Ordner vor. Es macht also durchaus Sinn, im *Dokumente*-Ordner noch weitere Ordner zu erstellen, um die Dateien übersichtlicher und anwendungsspezifischer zu speichern.
- **Downloads:** Dieses Verzeichnis wird von Anwendungen wie dem Webbrowser Safari verwendet, wenn Sie etwas aus dem Internet herunterladen. Auch die E-Mail-Anhänge werden standardmäßig hier gespeichert.
- **Filme:** Programme, mit denen Sie Videos schneiden, verwalten und betrachten, legen gewöhnlich hier die entsprechenden Filme ab. Daher ist es sinnvoll, im Allgemeinen hier auch Video- und Filmdateien abzulegen.
- **Musik:** Das Verzeichnis wird von Anwendungen wie beispielsweise iTunes verwendet, um Ihre Musikbibliothek zu verwalten.

- **Öffentlich:** Der Ordner wird in einem Netzwerk verwendet und dient dazu, Daten zwischen verschiedenen Benutzern auszutauschen.
- **Schreibtisch:** Dateien, Ordner oder Programme, die Sie in diesem Ordner ablegen, werden auf dem Schreibtisch angezeigt.

5.1.2 Library-Ordner

Der *Library*-Ordner ist etwas zu speziell, um ihn hier nur stichpunktartig zu beschreiben. Zunächst ist dieser Ordner gewöhnlich ausgeblendet, damit ein unerfahrener Anwender hier nichts kaputt machen kann. Der *Library*-Ordner selbst enthält alle wichtigen Einstellungen des Benutzers. Um auf diesen Ordner zuzugreifen, können Sie das Menü **Gehe zu** auswählen und dabei die `Alt`-Taste gedrückt halten, um im Menü den Eintrag **Library** zu sehen.

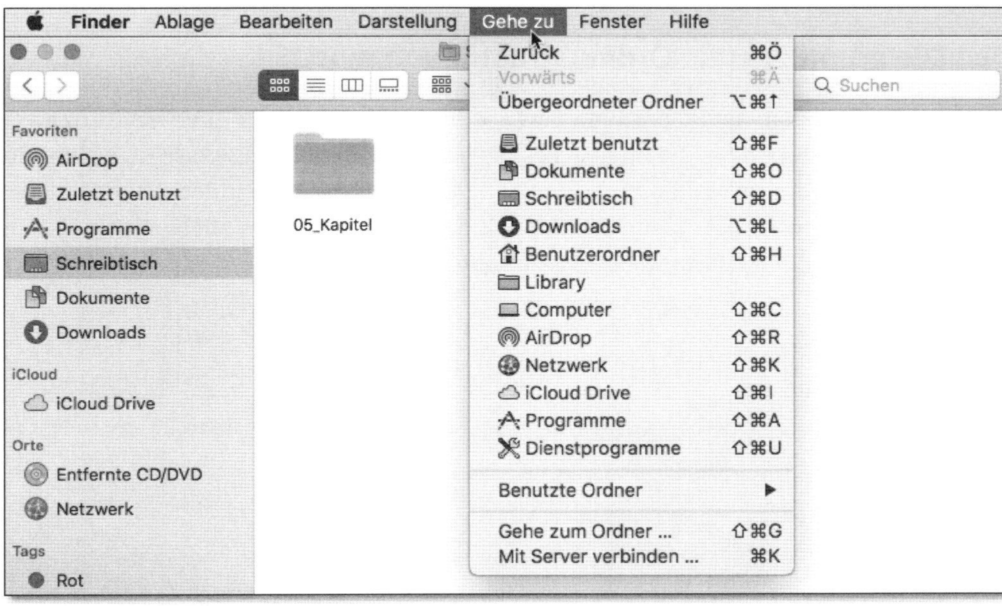

Abbildung 5.4 Halten Sie die `Alt`-Taste gedrückt, können Sie im Menü »Gehe zu« den Eintrag »Library« sehen.

Wollen Sie den *Library*-Ordner für immer einblenden (bzw. ausblenden), müssen Sie im Finder nur `cmd` + `J` drücken, während Sie sich im Benutzerverzeichnis befinden, und ein Häkchen vor **Ordner »Library« anzeigen** setzen.

Abbildung 5.5 Ebenso ist es möglich, den »Library«-Ordner im Benutzerverzeichnis dauerhaft anzuzeigen.

5.2 Die grundlegende Ordnerstruktur von macOS

Auch das Mac-System selbst hat eine gewisse Ordnerstruktur, die hier kurz erläutert wird. Erreichen können Sie die interne Festplatte des Macs beispielsweise über **Gehe zu ▸ Computer** bzw. die Tastenkombination [⇧] + [cmd] + [C]. Hier finden Sie die interne Festplatte (Macintosh HD). Wenn Sie doppelt auf diese Festplatte klicken, bekommen Sie die oberste Ordnerstruktur des Macs zu sehen.

Abbildung 5.6 Mit »Gehe zu ▸ Computer« gelangen Sie direkt zur Auswahl der angeschlossenen Geräte.

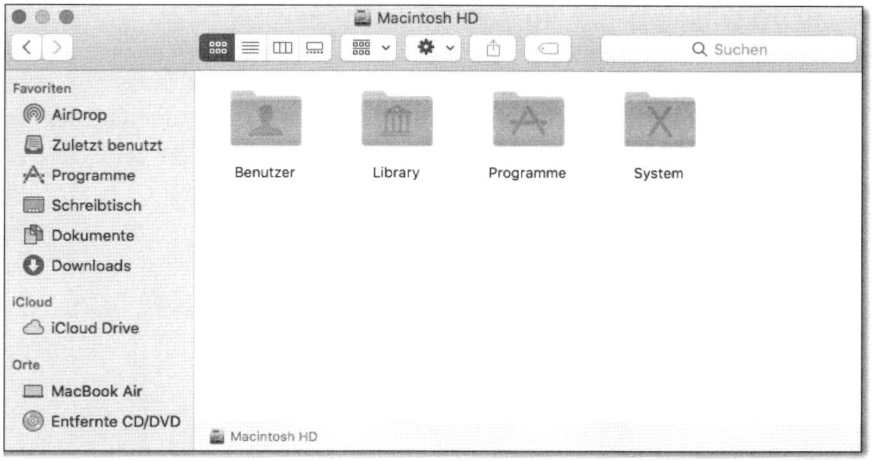

Abbildung 5.7 Wenn Sie in »Macintosh HD« wechseln, bekommen Sie die oberste Ordnerstruktur Ihres Macs zu sehen.

ACHTUNG

Versteckte Dateien und Ordner einblenden

Wenn Sie bereits Erfahrung mit anderen unixoiden Systemen haben, werden Sie sich fragen, wo hier Verzeichnisse wie */usr* oder */bin* sind. Diese sind zwar vorhanden, nur zur Sicherheit versteckt. Im Allgemeinen können Sie versteckte Dateien mit der Tastenkombination ⇧ + cmd + . ein- und ausblenden. Bedenken Sie aber, dass es durchaus einen Sinn hat, dass diese Dateien und Ordner versteckt sind.

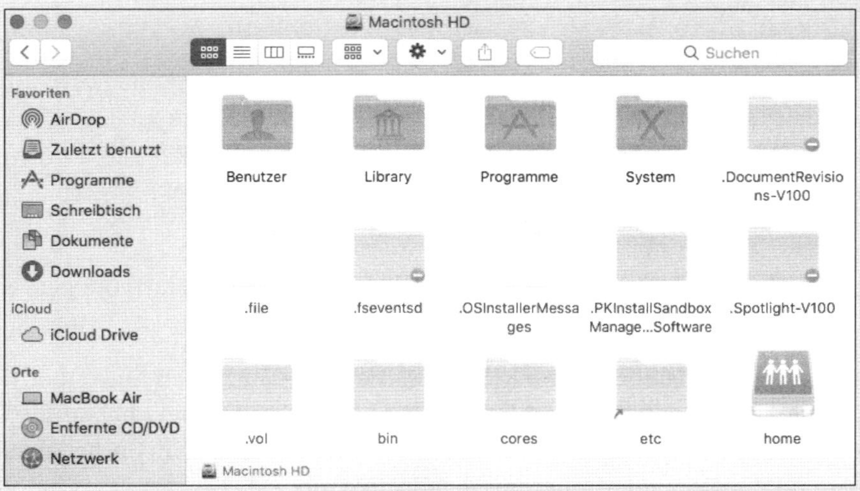

Abbildung 5.8 Nichtsdestotrotz ist macOS ein echtes Unix-System.

Wenn Sie einen Systemordner wie *Benutzer*, *Library*, *Programme* oder *System* auswählen, werden Sie links unten ❶ ein Symbol mit einem durchgestrichenen Stift erkennen (sofern Sie die Statusleiste eingeblendet haben). Das Symbol zeigt an, dass der angezeigte Ordner schreibgeschützt ist. Des Weiteren werden einige Dateien und Ordner von vornherein ausgeblendet, damit sie nicht aus Versehen geändert oder gar gelöscht werden, denn die Folge wäre ein instabiles System.

Abbildung 5.9 Die Systemordner sollen nicht geändert werden, was ein Schreibschutzsymbol links unten deutlich macht.

HINWEIS

Developer-Ordner

Zwar ist der *Developer*-Ordner standardmäßig nicht in der obersten Ordnerstruktur vorhanden, aber wenn Sie die Entwicklungsumgebung Xcode von Apple über den App Store installieren, wird dieser Ordner dort angelegt und enthält alle nötigen Anwendungen zur Entwicklung von Programmen für macOS und iOS.

Hier ein kurzer Überblick über die oberste Ordnerstruktur des Startvolumes von macOS:

- **Benutzer:** Der Ordner *Benutzer* enthält die privaten Ordner für jeden Anwender, der auf dem System ein Benutzerkonto hat. Den Inhalt dieses Ordners haben Sie im Abschnitt zuvor über das Benutzerverzeichnis bereits kennengelernt. Sie haben hier nur Zugriff auf den Benutzerordner mit dem Haussymbol, den in der Regel nur der Benutzer zu sehen bekommt, der auf dem System angemeldet ist.

- **Library:** Wie schon im Benutzerverzeichnis gibt es hier einen weiteren *Library*-Ordner des Systems, in dem wichtige Einstellungen und Informationen enthalten oder Treiber oder Software installiert sind, die für das System von Bedeutung sind. Da dieser Ordner schreibgeschützt ist, können Sie hier nur als Administrator Änderungen vornehmen und neue Komponenten hinzufügen bzw. entfernen.
- **Programme:** Im Ordner *Programme* finden Sie gewöhnlich die installierten Programme wieder. Auch dieser Ordner hat einen Schreibschutz, und daher kann hier nur ein Anwender mit administrativen Rechten Programme installieren, updaten oder entfernen. Anwender ohne administrative Rechte können die Programme in diesem Ordner ausführen.
- **System:** Hier ist alles Wichtige für das Betriebssystem enthalten und daher schreibgeschützt für den normalen Benutzer. Aber auch als Administrator gibt es kaum einen Grund, in diesem Ordner etwas zu ändern oder gar zu löschen. Unbedachte Änderungen in diesem Ordner können in der Tat dazu führen, dass sich das System nicht mehr starten lässt.

5.3 Durch die Ordner navigieren

Ein guter Start, um mit dem Finder gezielt Ordner auf dem Computer oder im Netzwerk anzusteuern und durch diese zu navigieren, ist entweder das Menü **Gehe zu** oder die Seitenleiste ❶. Für die meisten Einträge im Menü **Gehe zu** finden Sie auch Tastaturkürzel. So gelangen Sie mit ⇧ + cmd + O ganz schnell ins *Dokumente*-Verzeichnis, das Sie allerdings auch in der konfigurierbaren Seitenleiste unter den Favoriten finden.

HINWEIS

Ordnerübersicht »Gehe zu«

Die Ordner **Dokumente**, **Schreibtisch**, **Downloads** und **Benutzerordner** sind Ordner, in denen der normale Anwender vollen Zugriff hat und eigene Dateien erstellen kann. Mit **Computer** gelangen Sie zur höchsten Ebene auf dem System und sehen alle Datenträger, die mit dem Computer derzeit verbunden sind. **AirDrop**, **Netzwerk** und **iCloud Drive** sind hingegen Ziele, die sich in einem Netzwerk befinden. Der Ordner **Programme** ist das zentrale System für die installierten Programme. **Dienstprogramme** ist ein Unterordner von **Programme** und enthält nützliche Werkzeuge. **Zuletzt benutzt** ist kein direkter Ablageort, sondern eine übersichtliche Sammlung, genauer, ein intelligenter Ordner Ihrer Daten, die Sie auf der Festplatte zuletzt verwendet haben.

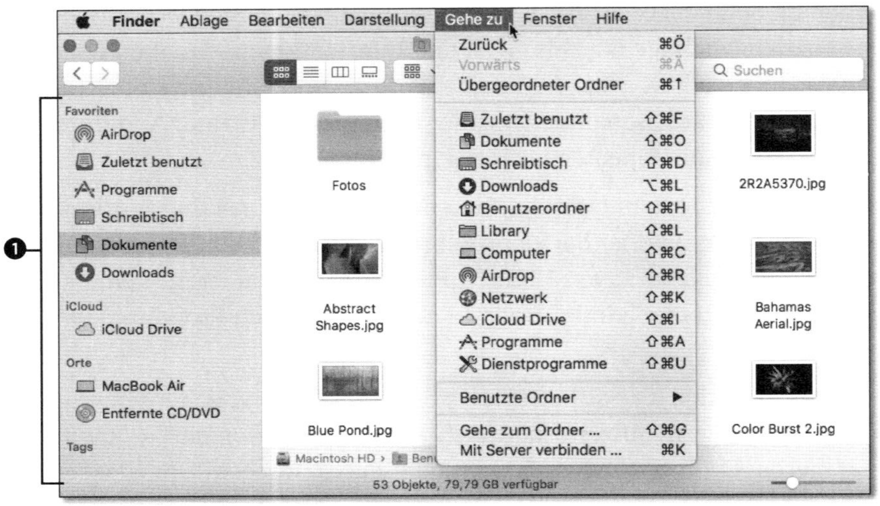

Abbildung 5.10 Das Menü »Gehe zu« und die Tastaturkürzel darin sind eine gute Anlaufstelle, um schnell zum gewünschten Ziel zu gelangen.

In einen Ordner können Sie jederzeit mit einem Doppelklick wechseln. Dabei wird gleich die Zurück-Schaltfläche ❷ im Finder-Fenster aktiv, mit der Sie zum vorherigen Verzeichnis zurückwechseln können. Hierfür wird ein Protokoll angelegt, mit dem Sie im Finder der Reihe nach in die besuchten Ordner vor- und zurückblättern können. Alternativ finden Sie diese Befehle im Menü **Gehe zu** mit **Zurück** bzw. **Vorwärts** bzw. der Tastenkombination [cmd] + [Ö] für zurück bzw. [cmd] + [Ä] für vorwärts.

Halten Sie hingegen die Maustaste auf der Zurück-Schaltfläche gedrückt, wird der Verlauf der zuletzt besuchten Ordner aufgelistet, über den Sie durch Auswählen und Anklicken ebenfalls schnell in das entsprechende Verzeichnis wechseln können. Dasselbe funktioniert auch mit der Vorwärts-Schaltfläche.

Abbildung 5.11 Auch die Schaltflächen »Zurück« und »Vorwärts« helfen Ihnen dabei, schnell in einen zuvor besuchten Ordner zu gelangen.

Neben der Möglichkeit, durch den Verlauf der besuchten Ordner mit **Zurück** und **Vorwärts** zu navigieren, können Sie mit dem Befehl **Gehe zu ▸ Übergeordneter Ordner** zu dem in der Hierarchie übergeordneten Ordner der Ordnerstruktur nach oben wechseln. So können Sie so lange nach oben wandern, bis Sie bei Ihrer Festplatte *Macintosh HD* angelangt sind. Auch hierfür finden Sie mit [cmd] + [↑] ein Tastaturkürzel.

Ein weiterer Weg, direkt in einen Ordner zu wechseln, ist, **Gehe zu ▸ Gehe zum Ordner** bzw. [⇧] + [cmd] + [G] zu verwenden. Hierbei öffnet sich ein Dialog, in dem Sie direkt in das Textfeld den gewünschten Ordner eingeben können, in den Sie wechseln wollen. Voraussetzung dafür ist, dass Sie den kompletten Pfad dazu angeben (und kennen). Dies ist praktisch, weil Sie so auch in versteckte Ordner wechseln können.

Abbildung 5.12 Wer mit der Ordnerstruktur des Macs vertraut ist, kann direkt den Pfadnamen zum Wechseln eingeben.

5.4 So behalten Sie die Übersicht

Wenn Sie sich durch die Verzeichnisse des Systems hangeln und wissen wollen, wo in der Ordnerhierarchie Sie sich gerade befinden, stehen Ihnen zwei Möglichkeiten zur Verfügung, dies zu ermitteln.

Eine Möglichkeit ist es, mit gehaltener [cmd]-Taste auf das Proxy-Icon oben im Titel des Fensters zu klicken. Es öffnet sich eine Liste, in der Sie die Ordnerstruktur erkennen können. Über diese Liste können Sie auch gleich in einen übergeordneten Ordner wechseln, indem Sie einen entsprechenden Eintrag in der Auflistung anklicken.

Abbildung 5.13 Wollen Sie wissen, wo Sie sich gerade befinden, klicken Sie mit gehaltener `cmd`-Taste auf das Proxy-Icon, oder blenden Sie die Pfadleiste unten ein.

Die zweite Möglichkeit besteht darin, die Pfadleiste einzublenden, mit der Ihnen immer am unteren Rand des Finders angezeigt wird, wo in der Ordnerhierarchie Sie sich gerade befinden. Die Pfadleiste aktivieren Sie über das Menü **Darstellung ▸ Pfadleiste einblenden** bzw. das Tastaturkürzel `Alt` + `cmd` + `P`. Innerhalb dieser Pfadleiste können Sie ebenfalls in einen übergeordneten Ordner wechseln, indem Sie das entsprechende Verzeichnis anklicken.

5.5 Die Seitenleiste für den Schnellzugriff

Sehr praktisch für den schnellen Zugriff auf häufig verwendete Ordner oder Geräte ist die anpassbare Seitenleiste. Standardmäßig finden Sie hier im Bereich **Favoriten** mehrere Direktlinks zu verschiedenen Orten auf dem Computer und in den Netzwerken. Wie es sich für Favoriten gehört, können Sie hier jederzeit weitere Links hinzufügen und andere entfernen.

Im Bereich **iCloud** wird die mit dem Mac verbundene iCloud Drive aufgelistet. Unter **Orte** finden Sie verschiedene Speicherorte wie die Laufwerke oder das Netzwerk aufgelistet, die am Mac angeschlossen bzw. damit verbunden sind. Am Ende finden Sie noch mit **Tags** eine farbliche Markierung für Dateien und Ordner.

Über die Schaltfläche **Ausblenden** jeweils neben **Favoriten**, **iCloud**, **Orte** oder **Tags** können Sie den Inhalt mit den Direktlinks von diesem Bereich ausblenden. Ausgeblendete Bereiche können Sie über dieselbe Schaltfläche, die dann logischerweise **Einblenden** heißt, wieder einblenden.

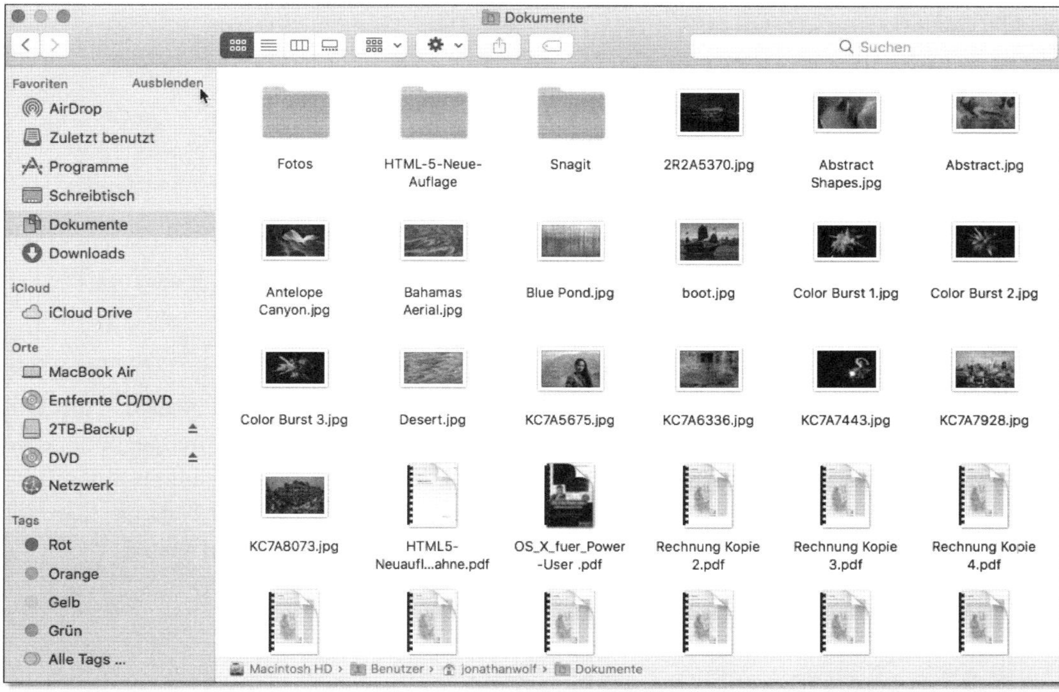

Abbildung 5.14 Die Seitenleiste eignet sich perfekt für den Schnellzugriff auf wichtige Ordner, Geräte und vorhandene Netzwerke.

HINWEIS

Seitenleiste ausgeblendet

Haben Sie die Seitenleiste aus Versehen ausgeblendet, können Sie diese über das Menü **Darstellung ▸ Seitenleiste einblenden** bzw. die Tastenkombination [Alt] + [cmd] + [S] wieder einblenden (bzw. umgekehrt darüber ausblenden).

Die Seitenleiste ist hilfreich für den schnellen Zugriff auf häufig verwendete Favoriten und Geräte. Hierbei werden viele von Apple voreingestellte Schnellverweise aufgelistet, die im Großen und Ganzen sinnvoll sind. Wenn Sie allerdings sagen, Sie benötigen zum Beispiel den **Schreibtisch** hier nicht, dann können Sie diesen Schnellverweis mit gedrückt gehaltener Maustaste herausziehen, bis das Icon mit einem **x**-Symbol zu sehen ist. Dann lassen Sie die Maustaste los, und der Link ist verschwunden.

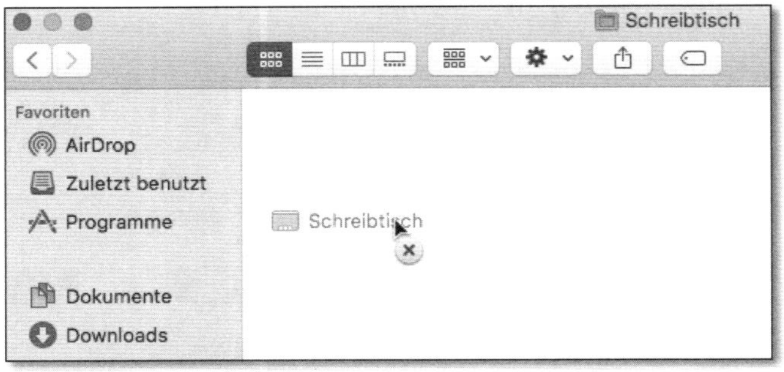

Abbildung 5.15 Elemente lassen sich per Drag & Drop aus der Seitenleiste entfernen.

Ein- oder ausblenden können Sie die von Apple vorbelegten Schnellverweise in der Seitenleiste auch über das Menü **Finder ▸ Einstellungen** im Register **Seitenleiste**, in dem Sie die einzelnen Objekte aus der Seitenleiste über das Entfernen oder Setzen eines Häkchens (de-)aktivieren können. Wollen Sie hierbei beispielsweise die **Tags** nicht in der Seitenleiste haben, müssen Sie nur das Häkchen vor **Benutzte Tags** entfernen.

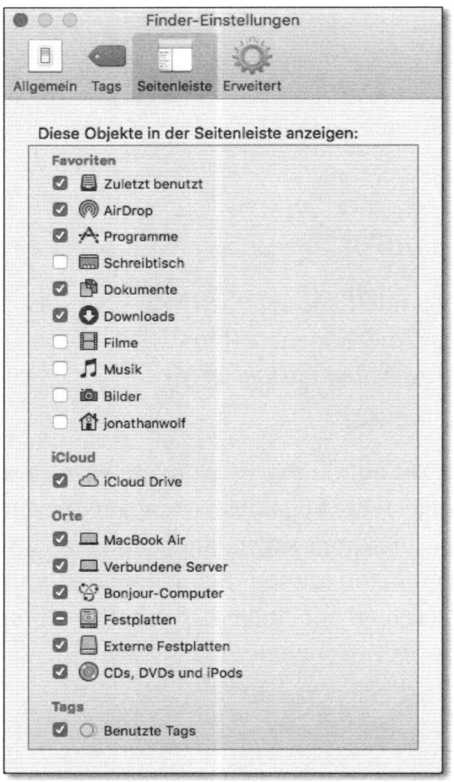

Abbildung 5.16 In den Einstellungen des Finders können Sie ebenfalls entscheiden, was in der Seitenleiste angezeigt werden soll und was nicht.

Wollen Sie hingegen einen benutzerdefinierten Ordner den **Favoriten** hinzufügen, so können Sie jederzeit einen Ordner mit gedrückt gehaltener Maustaste vom Inhalt (in der Mitte) zu den **Favoriten** ziehen. Eine blaue Linie zeigt Ihnen dabei an, wo dieser Ordner hinzugefügt wird, wenn Sie die Maustaste loslassen. Hiermit können Sie einen schnellen Zugriff auf häufig verwendete Verzeichnisse einrichten.

Abbildung 5.17 Auch das Hinzufügen eigener Ordner zu den »Favoriten« lässt sich per Drag & Drop realisieren.

5.6 Ein neues Finder-Fenster oder einen neuen Finder-Tab verwenden

Wollen Sie neben dem vorhandenen Finder-Fenster ein weiteres Fenster öffnen, können Sie dies mit [cmd] + [N] bzw. **Ablage ▶ Neues Fenster** machen. Dies kann beispielsweise hilfreich sein, wenn Sie zwei Fenster nebeneinander platzieren wollen, um Dateien mit gedrückt gehaltener Maustaste von einem Fenster (Ordner) in das andere zu verschieben oder zu kopieren.

Bei zu vielen Finder-Fenstern verliert man allerdings eher die Übersicht, weshalb Sie stattdessen einen neuen Tab (oder auch Reiter) mit der Tastenkombination [cmd] + [T] bzw. **Ablage ▶ Neuer Tab** innerhalb des aktuellen Finder-Fensters öffnen können. Wenn mindestens zwei Tabs geöffnet sind, können Sie über das Plussymbol am Ende ❶ einen weiteren neuen Tab öffnen. Alternativ können Sie diese Tableiste dauerhaft mit **Darstellung ▶ Tableiste einblenden** bzw. [⇧] + [cmd] + [T] ein- bzw. ausblenden. Sie können die einzelnen Tabs durch Anklicken aktivieren und sie entfernen, indem Sie auf das **x**-Symbol ❷ des jeweiligen Tabs klicken.

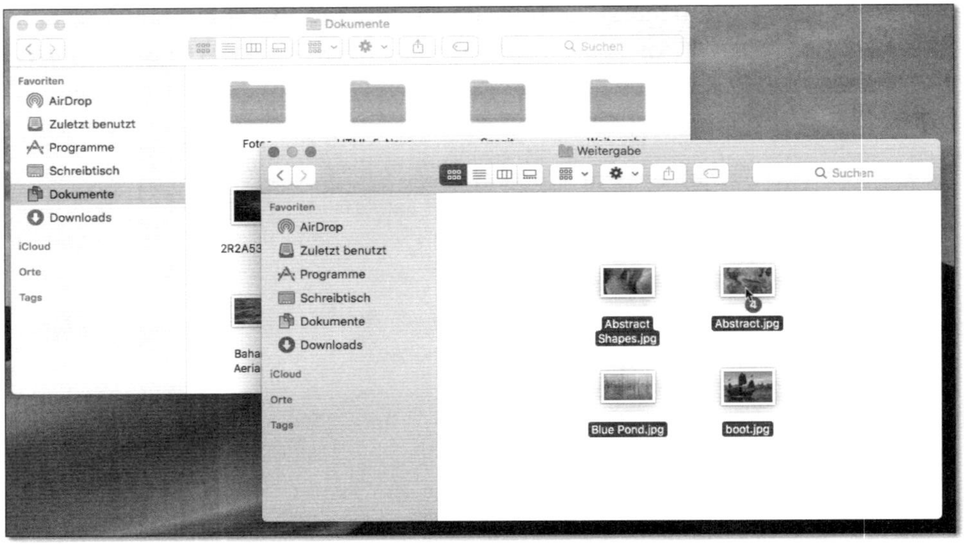

Abbildung 5.18 Ein zweites Finder-Fenster kann hilfreich sein, wenn Sie Dateien per Drag & Drop von einem Ordner in einen anderen verschieben oder kopieren wollen.

Abbildung 5.19 Die Verwendung von Tabs (oder auch Reitern) ist üblicherweise etwas übersichtlicher, als viele einzelne Finder-Fenster zu öffnen.

Haben Sie viele Tabs gleichzeitig geöffnet und wollen sich einen Überblick verschaffen, können Sie sich alle geöffneten Tabs mit **Darstellung ▸ Alle Tabs einblenden** eine Miniaturvorschau aller Tabs anzeigen lassen. Hierbei können Sie entweder in eines der Tabs durch Anklicken wechseln, einen Tab über das **x**-Symbol, wenn Sie mit der Maus über einer Vorschau stehen, schließen oder über das große Plussymbol am Ende einen neuen Tab hinzufügen und auch gleich in diesen wechseln. Die Funktion wird beendet über das

Menü **Darstellung ▸ Tabübersicht beenden** oder dadurch, dass Sie einen Tab zur Auswahl anklicken. Für diese Funktion war zur Drucklegung die Tastenkombination ⇧ + cmd + \ belegt, was auf einem deutschen Tastenlayout recht umständlich mit ⇧ + cmd + Alt + / ausgeführt werden muss.

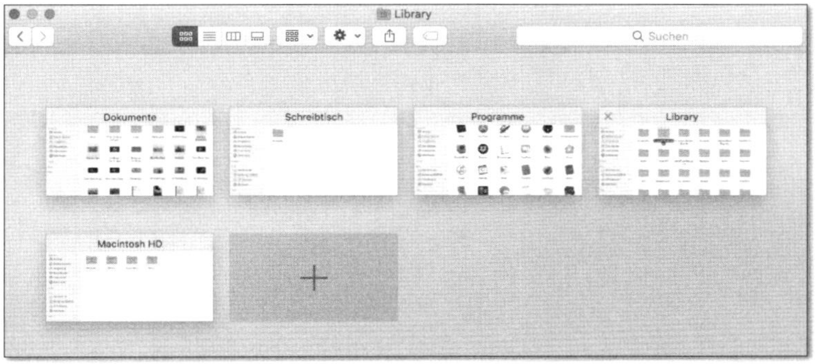

Abbildung 5.20 Die Tabs verwalten und auswählen können Sie mit einer Tabübersicht.

TIPP

Kontextmenü im Tab

Klicken Sie einen Tab mit der rechten Maustaste an, öffnet sich ein Kontextmenü, in dem Sie weitere Befehle vorfinden, wie das Schließen des aktuellen Tabs, das Schließen aller anderen Tabs außer dem aktuellen, das Bewegen eines Tabs in ein neues Finder-Fenster und eine Übersicht über alle Tabs.

Abbildung 5.21 Weitere Tab-Befehle erreichen Sie mit einem rechten Mausklick auf dem Tab.

Wollen Sie einen Ordner in einem neuen Finder-Fenster oder einem Tab öffnen, können Sie dies über das Finder-Menü **Finder ▸ Einstellungen** im Register **Allgemein** einstellen. Wenn hier ein Häkchen vor **Ordner in Tabs statt neuen Fenstern öffnen** gesetzt ist, wird beim Doppelklicken eines Ordners im Finder mit gleichzeitig gehaltener cmd-Taste der Inhalt des Ordners in einem Tab geöffnet. Deaktivieren Sie dieses Häkchen hingegen, wird beim Doppelklick mit gehaltener cmd-Taste ein neues Finder-Fenster mit dem Inhalt des Ordners geöffnet. Über die Dropdown-Liste **Neue Finder-Fenster zeigen** können Sie außerdem festlegen, welche Inhalte angezeigt werden sollen, wenn Sie ein neues Finder-Fenster oder einen neuen Tab mit cmd + N bzw. cmd + T öffnen.

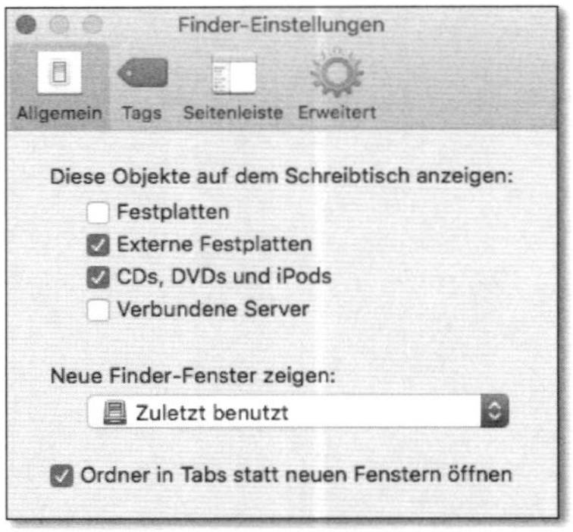

Abbildung 5.22 Hier stellen Sie ein, ob mit gehaltener cmd-Taste ein neuer Tab oder ein neues Fenster geöffnet werden soll.

5.7 Die Ansichtsoptionen im Finder

Standardmäßig wird der Finder in der Symbolansicht dargestellt. Zusätzlich stehen Ihnen noch eine Listenansicht, eine Spaltenansicht und eine Galerie-Ansicht zur Verfügung. Auf den folgenden Seiten soll auf die vier Ansichtsoptionen genauer eingegangen werden.

5.7.1 Die Symbolansicht

Die Symbolansicht können Sie mit einem Klick auf die entsprechende Schaltfläche ❶ in der Symbolleiste aktivieren. Alternativ finden Sie den Befehl im Menü **Darstellung ▸ Als Symbole** bzw. mit dem Tastaturkürzel cmd + 1. Wie der Name schon sagt, werden bei dieser Ansicht alle Elemente im Finder-Fenster als Symbole angezeigt. Die Größe der Symboldarstellung können Sie über den Schieberegler ganz rechts unten in der Statusleiste ändern. Wird die Statusleiste nicht eingeblendet, können Sie dies mit dem Menübefehl **Darstellung ▸ Statusleiste einblenden** tun.

Wie Sie in Abbildung 5.23 sehen können, ist der Vorteil der Symbolansicht, dass Sie oft schon den Inhalt der Datei auf den ersten Blick erkennen, ohne die Datei extra aufrufen zu müssen.

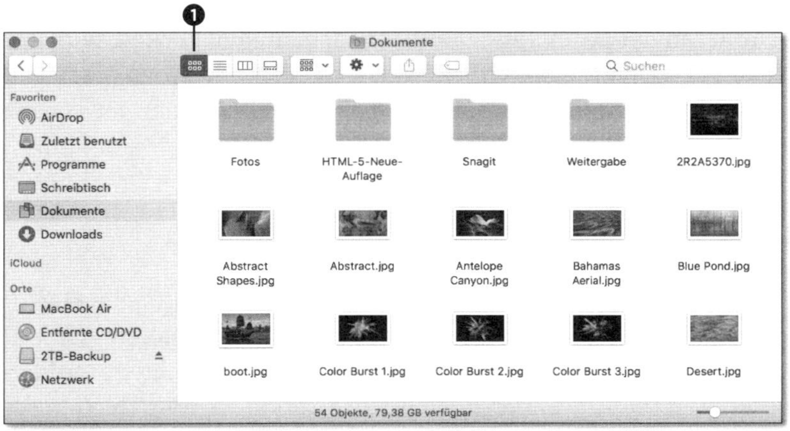

Abbildung 5.23 Die Symbolansicht des Finders

5.7.2 Die Listenansicht

Die Listenansicht aktivieren Sie mit einem Klick auf die nächste Schaltfläche ❷ in der Symbolleiste. Auch hier können Sie die Ansicht alternativ über das Menü **Darstellung ▸ Als Liste** bzw. [cmd] + [2] aktivieren. Hiermit werden alle Elemente im Finder-Fenster in Listenform angezeigt.

Bei der Listendarstellung dürfte die Sortierfunktion vom größten Interesse sein. Mit einem Klick auf den Titel einer Spalte wie hier **Name**, **Änderungsdatum**, **Größe** oder **Art** werden alle Listeneinträge entsprechend auf- oder absteigend sortiert. Die einzelnen Spalten lassen sich auch per Drag & Drop verschieben, und weitere Spalten mit anderen Kriterien lassen sich über die Darstellungsoptionen jederzeit hinzufügen bzw. entfernen.

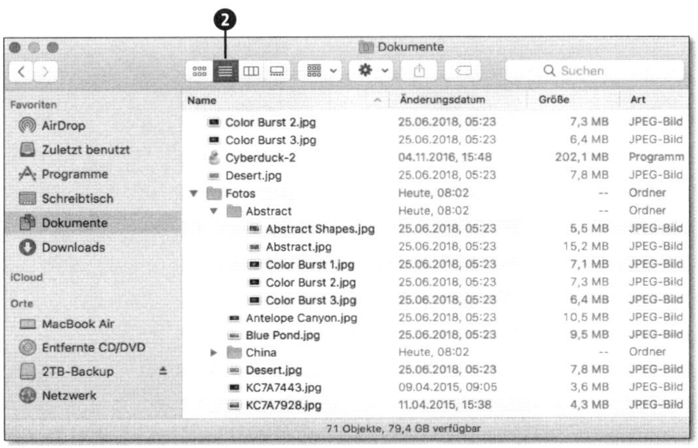

Abbildung 5.24 Die Listenansicht des Finders

Wenn Sie bei einem Ordner in der Listenansicht auf den kleinen Pfeil klicken, wird der Inhalt des Ordners aus- bzw. nach erneutem Klick wieder eingeklappt. Wenn Sie hingegen einen Doppelklick auf dem Ordner ausführen, wird in diesen Ordner gewechselt und sein Inhalt in Listenform angezeigt.

5.7.3 Die Spaltenansicht

In die Spaltenansicht können Sie wechseln, indem Sie die nächste Schaltfläche ❸ aktivieren. Gleiches erreichen Sie auch über das Menü **Darstellung ▶ Als Spalten** bzw. mit `cmd` + `3`. Die Spaltenansicht eignet sich gut dafür, durch tief verschachtelte Ordnerstrukturen zu navigieren. Gerade Anwender in einer Netzwerkumgebung dürften für diese Ansicht dankbar sein, wenn es darum geht, Dateien in den dort sehr tiefen Ordnerstrukturen ausfindig zu machen, weil sie bei der Spaltenansicht schnell die Suche in einem höher liegenden Verzeichnis wieder anfangen können. Je nach Breite des Fensters haben Sie so die Tiefe der Ordnerstruktur immer im Blick. Ein größerer Bildschirm ist hierbei von Vorteil. Wenn Sie eine Datei am Ende der Spaltenansicht ausgewählt haben, wird diese in einer Vorschau mit weiteren Informationen angezeigt.

Neben der Maus oder dem Trackpad können Sie auch mit den Pfeiltasten komfortabel durch die Spaltenansicht navigieren.

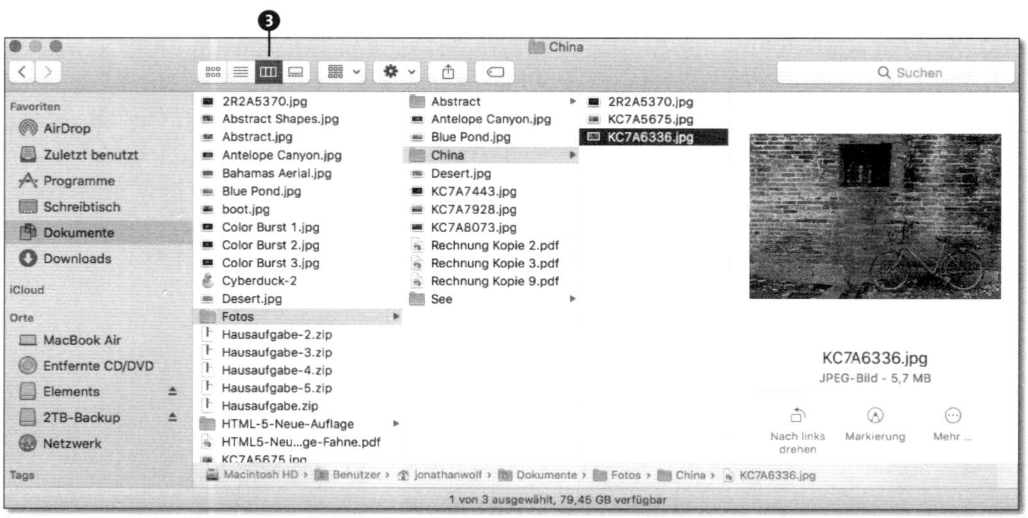

Abbildung 5.25 Die Spaltenansicht im Finder

TIPP

Spaltenbreite anpassen

In den Trennstrichen zwischen den Spalten können Sie die Breite mit gedrückt gehaltener Maustaste anpassen. Halten Sie dabei die [Alt]-Taste gedrückt, werden alle Spalten mit derselben Spaltenbreite geändert. Mit einem Doppelklick bringen Sie die Spalte auf die optimale Größe.

5.7.4 Die Galerie-Ansicht

Mit macOS Mojave (Version 10.14) wurde die recht selten verwendete Cover-Flow-Ansicht durch die Galerie-Ansicht getauscht. Die Galerie-Ansicht aktivieren Sie mit der vierten Schaltfläche ❹ bzw. über das Menü **Darstellung ▸ Als Galerie** oder mit [cmd] + [4]. Bei der Galeriedarstellung können Sie sich durch große Vorschauen scrollen, was Ihnen helfen wird, Dateien bei der visuellen Suche einfacher zu finden. Hierbei können Sie mit dem Trackpad auf den Miniaturvorschauen nach links oder rechts wischen und eine Datei auswählen oder einfach mit den Pfeiltasten durch die einzelnen Elemente eines Ordners blättern. Auf der rechten Seite ❺ finden Sie zur groß eingeblendeten Datei sämtliche Metadaten. Sollte der rechte Bereich bei Ihnen ausgeblendet sein, können Sie ihn über **Darstellung ▸ Vorschau einblenden** aktivieren. Entsprechend zur angezeigten Datei finden Sie darunter passende Schnellaktionen, wie das Drehen oder Markieren von Bildern oder das Kürzen von Videos. Auf die Schnellaktionen wird in Abschnitt 5.11, »Schnellaktionen verwenden«, eingegangen.

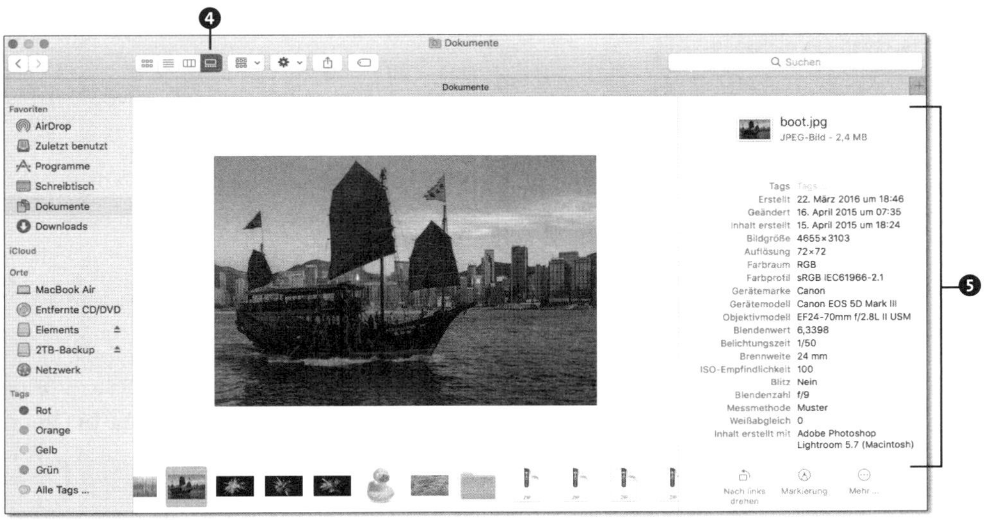

Abbildung 5.26 Die Galerie-Ansicht im Finder

5.8 Die Darstellungsoptionen anpassen

Die vier Darstellungen nach Symbol, Liste, Spalte und Galerie bieten jeweils noch weitere Möglichkeiten an, wie die Elemente angezeigt werden können. Diese Darstellungsoptionen können Sie in der entsprechenden Ansicht mit **Darstellung ▸ Darstellungsoptionen einblenden** bzw. `cmd` + `J` aufrufen.

Immer als Darstellungsoption bei allen vier Ansichten vorhanden sind allerdings folgende Einstellungen:

❶ **Immer in ...darstellung öffnen:** Setzen Sie ein Häkchen davor, sorgen Sie dafür, dass der geöffnete Ordner immer in der entsprechenden Darstellung geöffnet wird.

❷ **In ...darstellung blättern:** Wollen Sie, dass alle Unterordner des ausgewählten Ordners in derselben Darstellung geöffnet werden, setzen Sie ein Häkchen vor dieser Option. Diese Option gilt dann für alle Unterordner, sofern dort nicht eine andere Einstellung von **Immer in ...darstellung öffnen** eingestellt wurde.

❸ **Gruppieren nach:** Mit dieser Option können Sie den Inhalt des Finder-Fensters nach bestimmten Kriterien, wie beispielsweise **Art** (der Datei), **Name** oder **Zuletzt geöffnet**, sortieren.

❹ **Sortiert nach:** Hiermit können Sie den angezeigten Inhalt nach **Größe**, **Datum**, **Hinzugefügt am**, **Name** usw. sortieren. Wenn Sie bei **Gruppieren nach** den Inhalt in bestimmte Gruppen aufgeteilt haben, werden die Inhalte dieser Gruppen nun nach der Einstellung unter **Sortiert nach** sortiert.

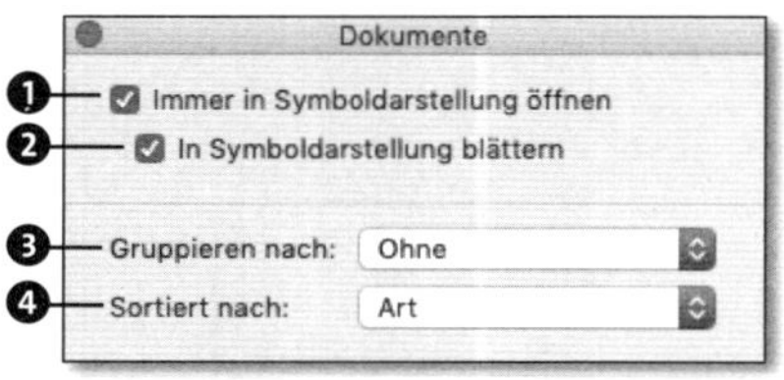

Abbildung 5.27 Diese vier Darstellungsoptionen sind bei allen Ansichten im Finder vorhanden.

5.8.1 Darstellungsoptionen für Symboldarstellung

Bei den Darstellungsoptionen der Symbolansicht finden Sie noch einige visuelle Optionen. So können Sie mit **Symbolgröße** die Größe der Icons von minimal 16 × 16 bis hoch zu 512 × 512 Pixel anpassen. Mit dem **Gitterabstand** regeln Sie die Abstände der einzelnen Icons zueinander. Die **Textgröße** gilt für den Datei- bzw. Ordnernamen unter dem Symbol. Darunter können Sie noch einstellen, ob der Text unterhalb oder neben dem Symbol stehen soll. Setzen Sie ein Häkchen vor **Objektinfo einblenden**, zeigt der Finder, wenn möglich, Informationen zur Datei an, wie beispielsweise die Auflösung bei Bildern, die Dateigröße oder die Anzahl der Objekte in einem Ordner. Die Option **Symbolvorschau einblenden** sorgt dafür, dass, wenn möglich, eine Dateivorschau für das Symbol verwendet wird. Diese Option ist rechenintensiver, sollte den heutigen Macs aber nicht mehr viel abverlangen. Am Ende steht Ihnen noch eine Option zur Verfügung, den **Hintergrund** der Symbolansicht zu verändern. Zur Auswahl stehen Ihnen hierfür **Weiß**, eine benutzerdefinierte **Farbe** oder ein Bild nach Wahl. Allerdings ist diese Option nur verfügbar, wenn Sie **Ausrichten nach** mit **Name** oder **Ohne** eingestellt haben.

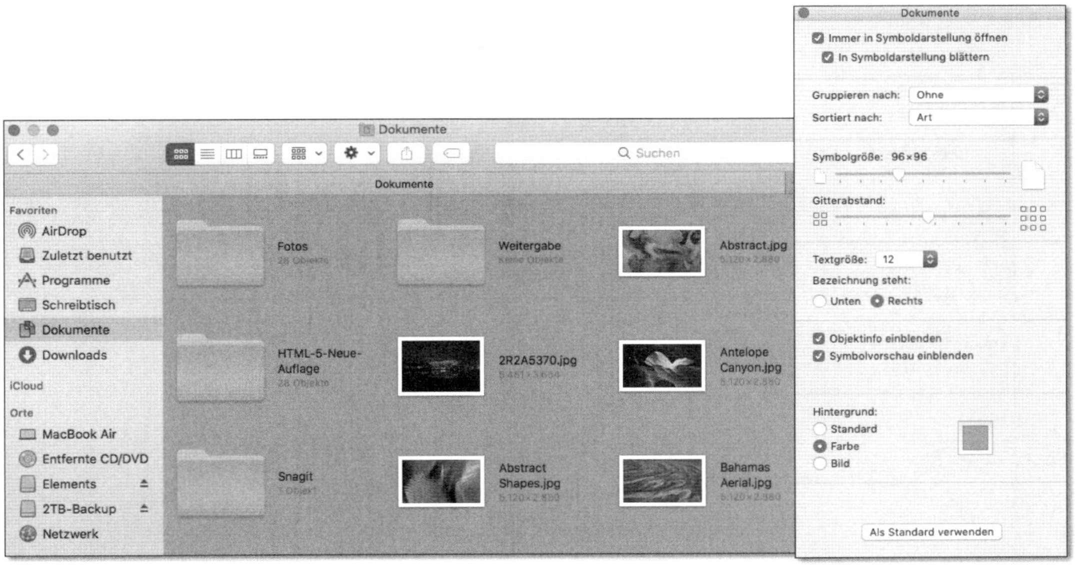

Abbildung 5.28 Die Darstellungsoptionen für die Symbolansicht anpassen

5.8.2 Darstellungsoptionen für Listendarstellung

Die Darstellungsoptionen für die Listendarstellung sind die gleichen. Die **Symbolgröße** und **Textgröße** für ein Listenelement sprechen für sich. Dahinter können Sie Häkchen setzen, welche Informationen Sie in den Spalten der einzelnen Listenelemente anzeigen wollen. Mit **Relatives Datum verwenden** blendet der Finder für den aktuellen und vorangegangenen Tag **Heute** und **Gestern** ein. Sonst wird das normale Datum angezeigt. Wollen Sie bei den Ordnern die Größe anzeigen lassen, müssen Sie ein Häkchen vor **Alle Größen berechnen** setzen. Die Option **Symbolvorschau einblenden** zeigt eine kleine Vorschau der Datei als Symbol an, wenn Sie die größere Option für **Symbolgröße** ausgewählt haben.

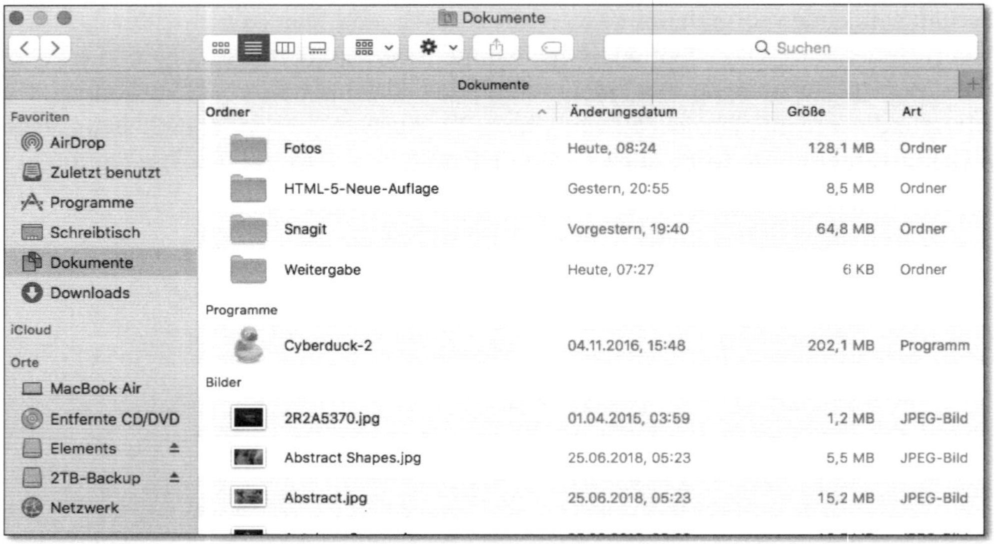

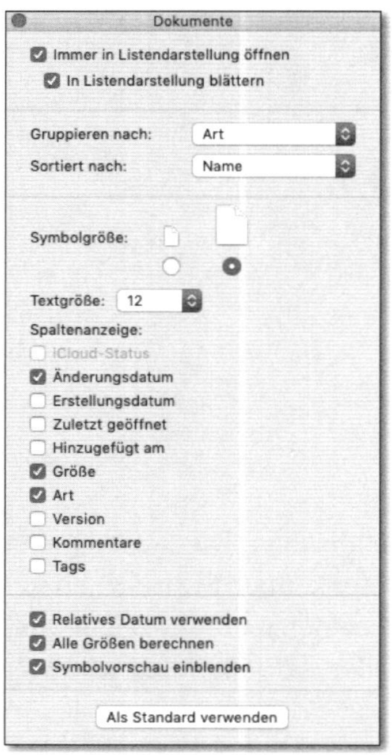

Abbildung 5.29 Die Darstellungsoptionen für die Listenansicht anpassen

5.8.3 Darstellungsoptionen für Spaltendarstellung

Die wenigsten Darstellungsoptionen gibt es für die Spaltendarstellung. Hier können Sie lediglich die **Textgröße** anpassen. Deaktivieren Sie **Symbole einblenden**, können Sie die kleinen Symbole vor dem Text ausblenden, und es wird nur noch der Dateiname angezeigt. **Symbolvorschau einblenden** wurde bereits bei den anderen Ansichten beschrieben, und mit **Vorschau einblenden** wird rechts im Finder-Fenster eine Dateivorschau der ausgewählten Datei angezeigt.

Abbildung 5.30 Die Darstellungsoptionen für die Spaltenansicht anpassen

5.8.4 Darstellungsoptionen für Galeriedarstellung

Für die Darstellungsoptionen der Galeriedarstellung finden Sie mit **Größe des Piktogramms** noch eine Option, um die Größe der Miniaturvorschau unterhalb der großen Vorschau anzupassen. Ebenfalls speziell für die Galeriedarstellung ist die Option **Dateinamen anzeigen**, um unterhalb der Miniaturen eben Entsprechendes auszugeben. Alle anderen Optionen wurden bereits in den vorausgehenden Abschnitten zu den Darstellungsoptionen beschrieben.

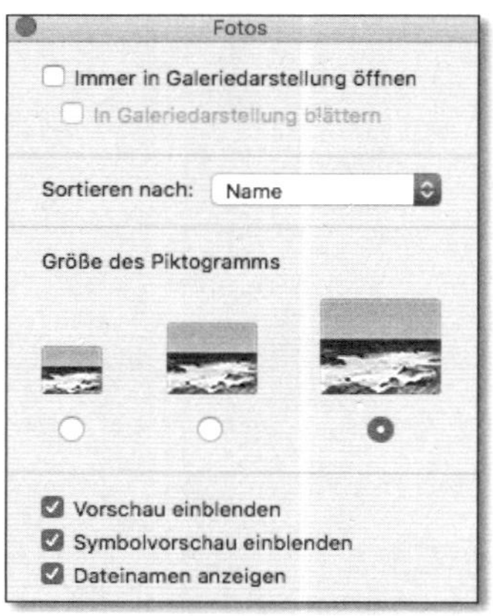

Abbildung 5.31 Die Darstellungsoptionen für die Galerie-Ansicht anpassen

5.8.5 Als Standard verwenden

Bei allen Darstellungsoptionen (abgesehen von der Spaltendarstellung) finden Sie am Ende noch die Schaltfläche **Als Standard verwenden**. Diese können Sie anklicken, wenn Sie die gemachten Einstellungen zur Darstellung für alle anderen Ordner auch verwenden wollen, für die Sie noch keine Einstellungen vorgenommen haben. Wollen Sie hierbei die Darstellungsoptionen zurücksetzen, halten Sie die [Alt]-Taste gedrückt, und die Schaltfläche **Als Standard verwenden** wird zur Schaltfläche **Standard wiederherstellen**.

Abbildung 5.32 Eingestellte Darstellungsoptionen können als Standardeinstellung verwendet oder mit gehaltener [Alt]-Taste wiederhergestellt werden.

5.9 Die Symbolleiste konfigurieren

Bei vielen Programmen, wie auch dem Finder, können Sie die Symbolleiste anpassen und wählen, welche Icons oder Funktionen Sie dort haben wollen. Die Standardsymbolleiste des Finders ist schon sehr gut gelöst. Trotzdem will ich Ihnen nicht vorenthalten, wie Sie diesen Bereich des Finder-Fensters an Ihre Bedürfnisse anpassen können. Die Symbolleiste können Sie über **Darstellung ▸ Symbolleiste anpassen** konfigurieren oder indem Sie mit der rechten Maustaste auf die Symbolleiste klicken und dann **Symbolleiste anpassen** wählen.

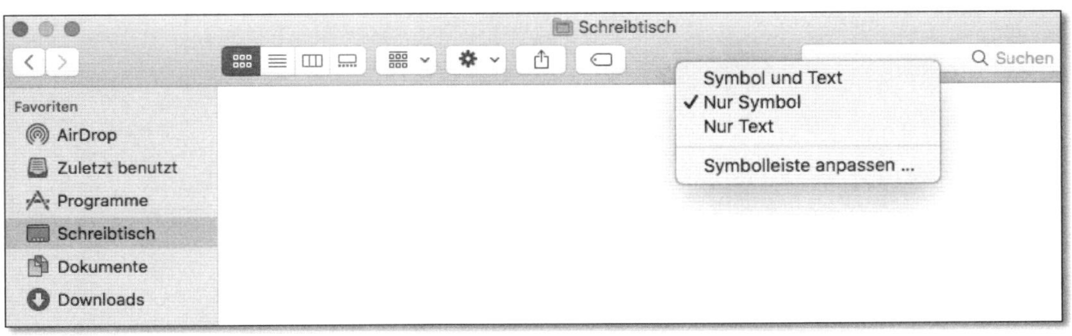

Abbildung 5.33 Die Symbolleiste anpassen

Im sich öffnenden Dialogfenster finden Sie alle verfügbaren Elemente, die Sie mit gedrückt gehaltener Maustaste an einer der freien Stellen oben in der Symbolleiste fallen lassen und hinzufügen können. Auch (flexible) Zwischenräume lassen sich hierbei einfügen. Im Beispiel habe ich das Icon **Übersicht** ❶ in einem freien Raum ❷ hinzugefügt. Den ursprünglichen Zustand können Sie wiederherstellen, indem Sie den Standardsatz ❸ oben in die Symbolleiste hochziehen. Ganz unten können Sie außerdem noch angeben, ob Sie die Anzeige der einzelnen Symbole in der Symbolleiste nur als Symbol, Text oder Symbol und Text sehen wollen. Ebenso können Sie einzelne Symbole aus der Symbolleiste entfernen, indem Sie das entsprechende Symbol mit gedrückt gehaltener Maustaste aus der Symbolleiste ziehen und im Dialogfenster fallen lassen. Wenn Sie auf **Fertig** klicken, werden die Änderungen übernommen.

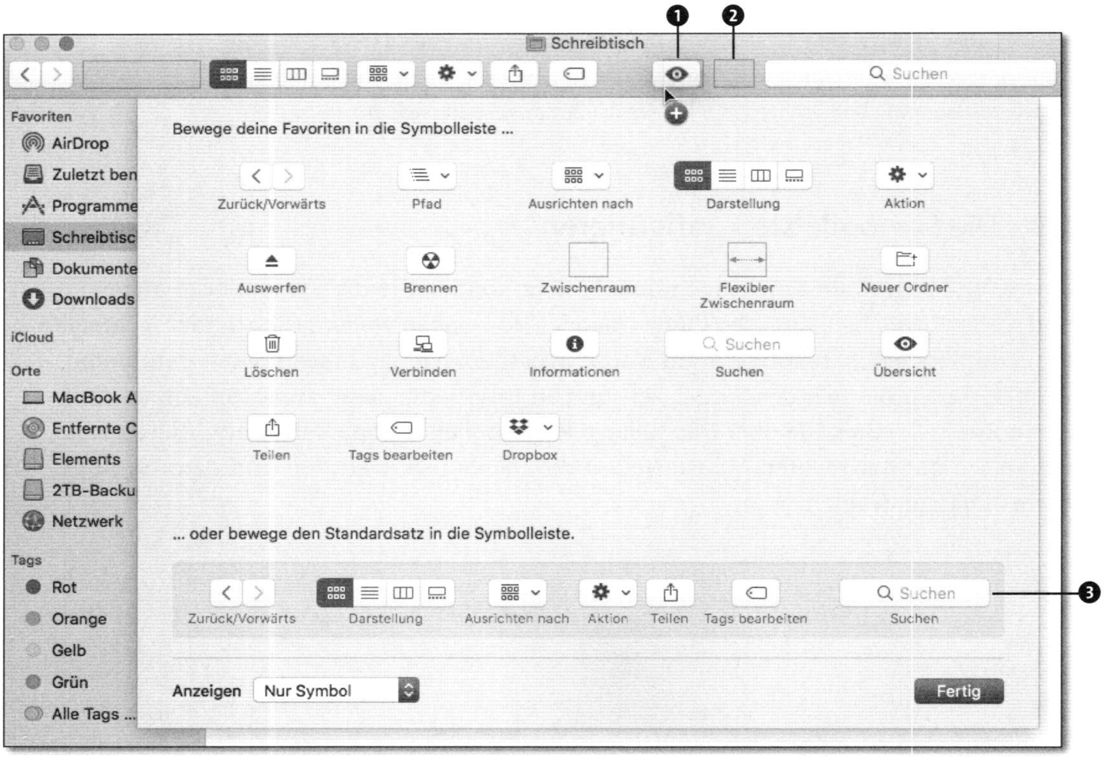

Abbildung 5.34 Weitere Funktionen der Symbolleiste hinzufügen

HINWEIS

Zahnrad-Icon in der Symbolleiste

An dieser Stelle möchte ich das Zahnrad-Icon in der Symbolleiste noch kurz erwähnen. Das Icon entspricht dem Kontextmenü eines rechten Mausklicks über einem Element Ihrer Wahl im Finder-Fenster mit vielen nützlichen Befehlen.

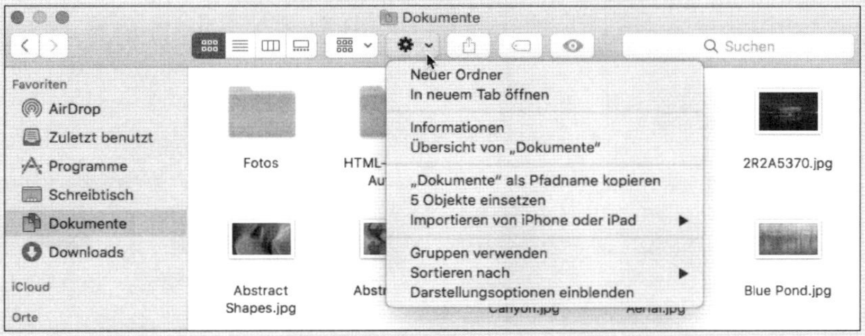

Abbildung 5.35 Das Zahnrad-Icon ist eine Alternative zu einem rechten Mausklick.

Ein weiteres tolles Feature ist, Shortcuts in Form von kleinen Icons der Symbolleiste hinzuzufügen. Hierzu können Sie mit gehaltener [cmd]-Taste Icons von Programmen, Ordnern oder Dateien mit gehaltener Maustaste auf die Symbolleiste ziehen und dort fallen lassen. Auf diese Weise können Sie den Finder um Schnellzugriffe auf Programme, Ordner oder Dateien erweitern.

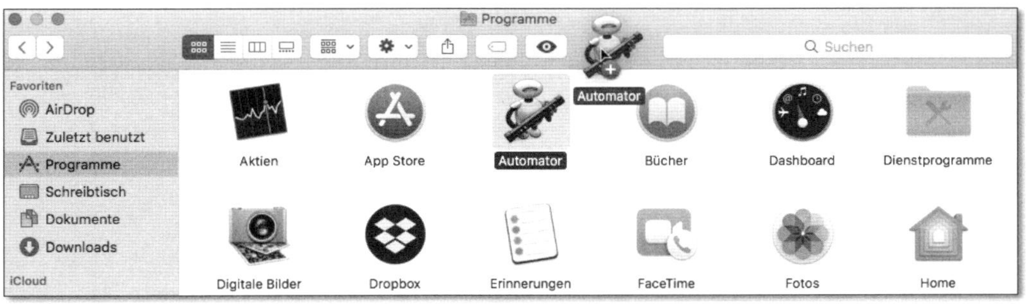

Abbildung 5.36 Auch Programme, Ordner oder Dateien können der Symbolleiste hinzugefügt werden.

Die so hinzugefügten Icons in der Symbolleiste können Sie mit gehaltener [cmd]-Taste per Drag & Drop umsortieren oder entfernen, indem Sie das Icon aus dem Bereich herausziehen.

5.10 So verwenden Sie die Vorschauen

Viele Elemente im Finder-Fenster werden mit einem Symbol dargestellt, das aus dem Inhalt der Datei generiert wurde. Gerade bei Bildern oder anderen Textdokumenten ist das hilfreich, weil man so gleich einen Überblick hat, um was es sich bei der Datei handelt. Aber auch bei einer Musikdatei wird versucht, ein passendes Cover anzuzeigen oder bei einer Filmdatei ein Bild aus dem Film. Gerade bei der Suche in Verzeichnissen mit vielen ähnlichen Dateien ist es so wesentlich einfacher, mehrere ähnliche Dateien zu unterscheiden.

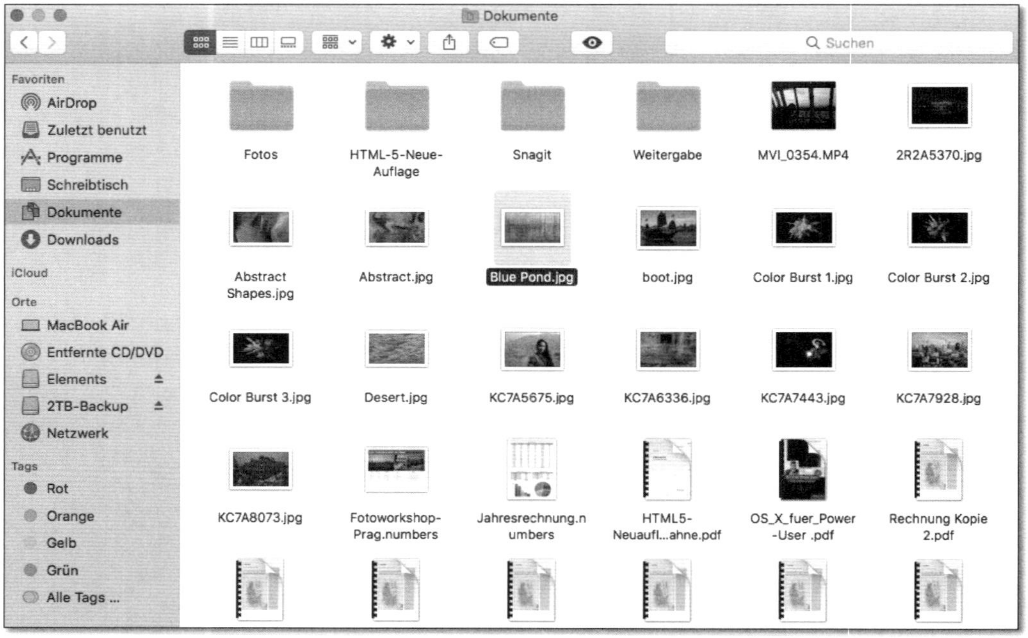

Abbildung 5.37 Dank der Miniaturvorschauen der Symbole ist es einfach, den Überblick zu behalten, wenn viele ähnliche Dateien in einem Verzeichnis vorhanden sind.

HINWEIS

Keine Vorschau vorhanden

Eine Vorschau für Dateien gibt es nur dann, wenn das System etwas mit dem Dateiformat anfangen kann. Für Dateiformate, die dem System nicht bekannt sind, wird ein einfaches generisches Symbol angezeigt.

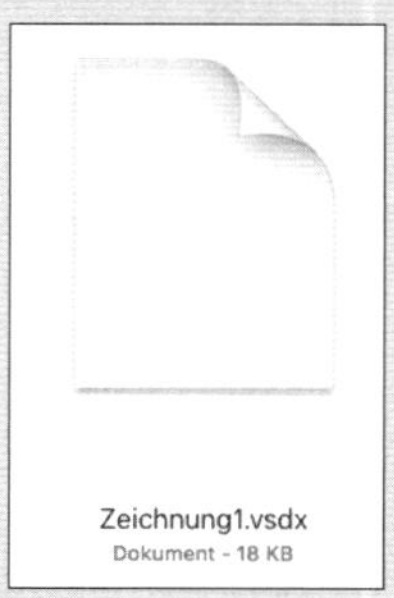

Abbildung 5.38 Kann das System nichts mit dem Dateiformat anfangen, wird statt einer Vorschau ein generisches Symbol angezeigt.

Bei der Spalten- und Galerie-Ansicht wird eine größere Vorschau in der rechten äußeren Spalte angezeigt. Diese Vorschauspalte können Sie auch für alle anderen Darstellungsarten verwenden, indem Sie diese Funktion über **Darstellung ▸ Vorschau einblenden** bzw. [⇧] + [cmd] + [P] aktivieren. Wenn Sie jetzt eine Datei auswählen, wird der Inhalt auf der rechten Seite in der Vorschauspalte angezeigt. In PDF- oder Office-Dokumenten können Sie damit auch gleich durch die Seiten blättern. Auch Audio- und Videodateien lassen sich direkt darin abspielen.

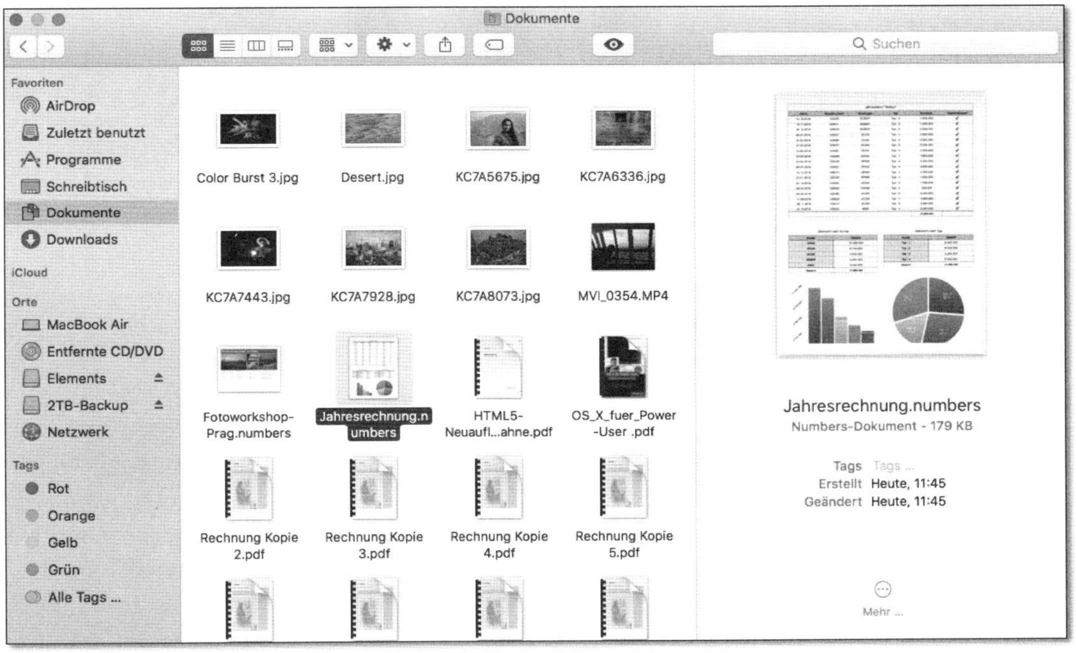

Abbildung 5.39 Standardmäßig nur in der Spaltenansicht aktiv, können Sie eine Spalte mit einer Vorschau auch in allen anderen Darstellungsarten aktivieren.

5.10.1 Metadaten

Besonders interessant, gerade bei Fotos, aber auch für andere Dateiarten, sind die vollständigen Metadaten einer Datei, welche in der Vorschau angezeigt werden können. Werden bei Ihnen nicht alle Metadaten angezeigt, müssen Sie den Text **Mehr anzeigen** in der Vorschau auf der rechten Seite anklicken. Gibt es hier keinen solchen Text, dann besitzt diese Datei nicht mehr Metainformationen.

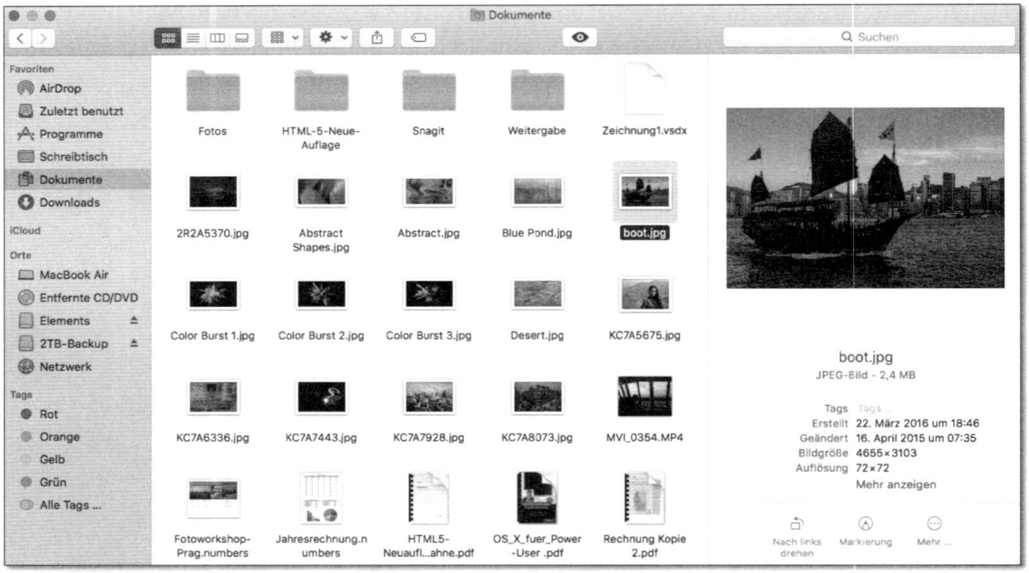

Abbildung 5.40 Das ausgewählte Bild enthält noch mehr Metainformationen, die Sie über »Mehr anzeigen« einblenden lassen können.

Was für Metadaten angezeigt werden, hängt immer von der ausgewählten Datei ab. Bei Bildern finden Sie viele weitere Informationen wie zum Beispiel über Kameramodell, Objektiv, Blendenzahl oder Belichtungszeit. Das Ganze können Sie auch reduzieren, wenn Sie an den vielen Metadaten nicht interessiert sein sollten, indem Sie auf **Weniger anzeigen** klicken, wodurch Sie wieder nur die nötigsten Informationen in der Vorschau vorfinden.

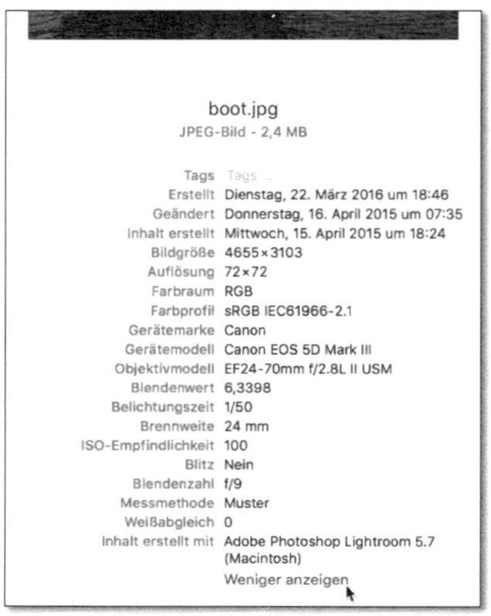

Abbildung 5.41 Wollen Sie nicht alle Metainformationen einer Datei in der Vorschau an der Seite eingeblendet haben, können Sie diese mit »Weniger anzeigen« wieder auf das Nötigste reduzieren.

5.10.2 Übersicht-Fenster (Quick Look)

Wenn Ihnen die Symbole im Finder oder die Vorschau in der Seitenleiste nicht ausreichen, können Sie sich eine noch größere Vorschau der ausgewählten Dateiinhalte mit gehaltener Leertaste anzeigen und wieder ausblenden lassen. Alternativ können Sie die Übersicht als Icon der Symbolleiste hinzufügen, wie es in Abschnitt 5.9, »Die Symbolleiste konfigurieren«, beschrieben wurde. Bei neueren MacBooks mit Trackpad können Sie den Force Touch verwenden, um das Übersicht-Fenster einer Datei einzublenden. Mit der größeren Vorschau des Übersicht-Fensters können Sie die Datei gleich direkt im Übersicht-Fenster in einer passenden Anwendung öffnen oder über die Teilen-Schaltfläche weitergeben.

Abbildung 5.42 Das Übersicht-Fenster bei der Ausführung. Hier wurde eine Videodatei im Finder ausgewählt, die auch gleich abgespielt wird.

TIPP

Übersicht-Fenster eingeblendet lassen

Sie müssen das Übersicht-Fenster übrigens nicht schließen, sondern können es geöffnet lassen. Sobald Sie eine andere Datei anklicken oder mit den Pfeiltasten durch die Dateien im Finder navigieren, wird das Übersicht-Fenster für diese Datei aktualisiert und deren Inhalt angezeigt. Abhängig von der ausgewählten Datei finden Sie hier auch einige Schnellaktionen, mit denen Sie die Datei direkt im Finder ohne den Umweg zu anderen Apps bearbeiten können. Auf die Schnellaktionen wird im nächsten Abschnitt eingegangen.

Der Umfang der Dateiformate für die Vorschauen ist beachtlich. Es werden die gängigen Office-Dateien von Apples iWork oder Microsoft Office unterstützt. Auch einfache Textdateien wie HTML-Dateien werden sofort in der Vorschau angezeigt. Durch mehrseitige PDF-Dokumente kann direkt in der Vorschau geblättert werden. Viele gängige Bilddateien wie JPEG, GIF oder PNG werden in einer Miniaturansicht angezeigt. Auch gängige Sound- und Videodateien lassen sich in der Vorschau abspielen. Wohlgemerkt, dies gilt für die Symbolvorschau, die Vorschauspalte sowie das Übersicht-Fenster.

5.11 Schnellaktionen verwenden

Mit macOS Mojave (Version 10.14) hat Apple dem Finder neue Schnellaktionen hinzugefügt, mit denen es möglich wird, Dateien zu bearbeiten, ohne eine andere App öffnen zu müssen. Die Schnellaktionen finden Sie an mehreren Stellen auf dem System. Zum Beispiel über die Vorschau im Finder-Fenster. Sollte sie bei Ihnen ausgeblendet sein, können Sie sie über **Darstellung ▸ Vorschau einblenden** bzw. ⇧ + cmd + P aktivieren. Abhängig von der Art der ausgewählten Datei finden Sie rechts unten die Schnellaktionen ❶, die Sie auf diese Datei ausführen können.

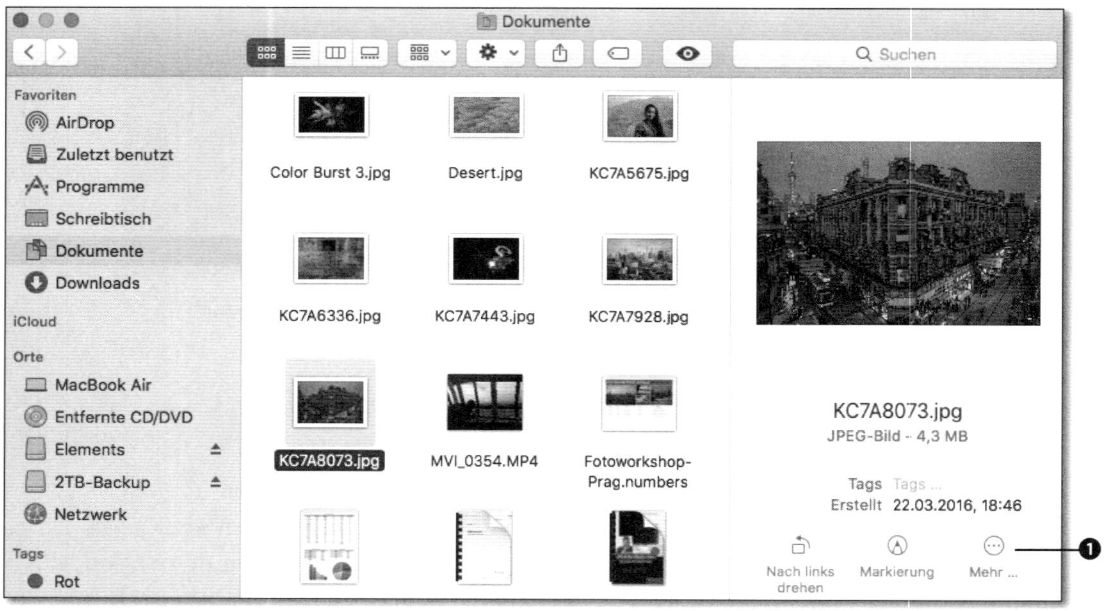

Abbildung 5.43 Über die Schnellaktionen können Sie direkt die ausgewählte(n) Datei(en) bearbeiten, ohne eine weitere App öffnen zu müssen.

Ebenso können Sie Schnellaktionen direkt in der Schnellvorschau des Übersicht-Fensters (*Quick Look*) über die Schaltflächen rechts oben ❷ ausführen. Das Übersicht-Fenster können Sie aufrufen, wenn Sie eine Datei im Finder auswählen und die Leertaste drücken. Welche Aktionen das sind, hängt auch hier natürlich wieder von der ausgewählten Datei ab.

Abbildung 5.44 Auch im Übersicht-Fenster (Quick Look) finden Sie die Schnellaktionen. Ein Bild können Sie zum Beispiel drehen oder mit Markierungen bearbeiten.

Und eine weitere Möglichkeit, eine Schnellaktion auf eine Datei auszuführen, führt über einen rechten Mausklick über einer Datei, wodurch Sie im Kontextmenü ein Untermenü **Schnellaktionen** vorfinden.

Standardaktionen für Bilder sind zum Beispiel das Drehen nach links (oder rechts, wenn Sie `Alt` gedrückt halten) oder das Anbringen von Markierungen, sodass Sie das Bild unter anderem auch zuschneiden können. Markieren Sie mehrere Bilder mit gehaltener `cmd`-Taste im Finder, können Sie daraus eine PDF-Datei erstellen.

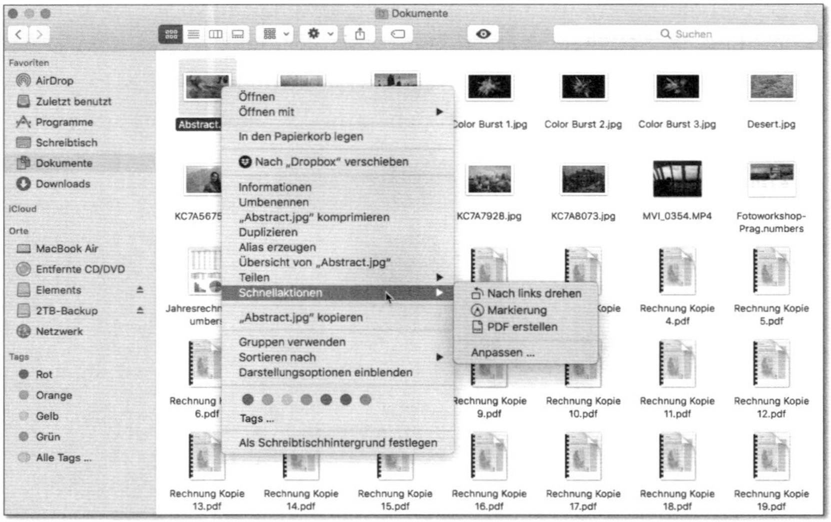

Abbildung 5.45 Auch bei einem rechten Mausklick auf einer Datei finden Sie entsprechend der Datei einige Schnellaktionen.

Bei einer QuickTime-kompatiblen Video- oder Audiodatei können Sie die Aufnahme mit der Kürzen-Schnellaktion mithilfe einer Bearbeitungsleiste ❸ kürzen. Wenn Sie eine Aufnahme kürzen und auf die Schaltfläche **Fertig** klicken, werden Sie gefragt, ob Sie die gekürzte Fassung als neue Videodatei speichern oder die aktuelle Datei überschreiben wollen.

❸

Abbildung 5.46 Eine Videodatei über die Schnellaktion kürzen

Wenn Sie neben den Standard-Schnellaktionen im Vorschaubereich auf **Mehr** klicken und dann **Anpassen** wählen, öffnet sich ein Bereich der Systemeinstellungen, in dem Sie dem **Finder** weitere Schnellaktionen hinzufügen können. In den **Systemeinstellungen** finden Sie diese Schnellaktionen im Bereich **Erweiterungen**.

Welche Schnellaktionen Sie hier vorfinden, hängt davon ab, welche Apps Sie installiert haben und welche Apple-Skripte auf dem Mac vorhanden sind. Hierbei können Sie auch selbst aktiv werden und mithilfe der Automator-App eigene Aktionen erstellen und hier hinzufügen. Auf den Automator wird gesondert in diesem Buch eingegangen; speziell das Erstellen und Hinzufügen von Schnellaktionen wird in Abschnitt 34.5.2, »Eigene Schnellaktionen erstellen«, beschrieben.

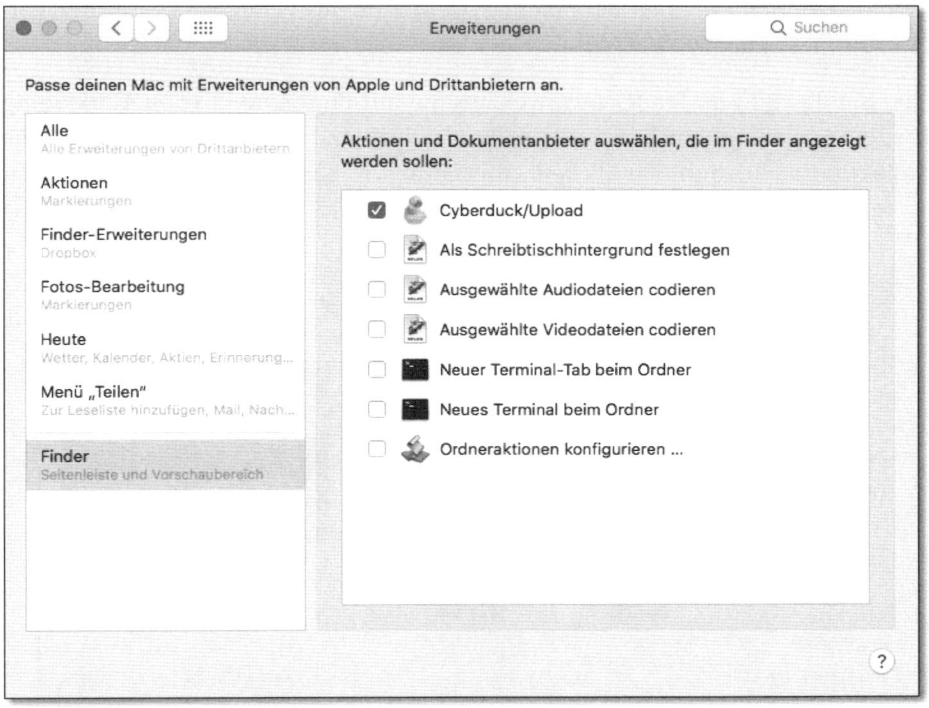

Abbildung 5.47 Weitere Schnellaktionen hinzufügen. Hier wurde eine Upload-Funktion mit der Cyberduck-App hinzugefügt.

Die hinzugefügte Schnellaktion finden Sie dann im eben erwähnten Bereich **Mehr** oder mit einem rechten Mausklick über einer Datei im Untermenü von **Schnellaktionen**.

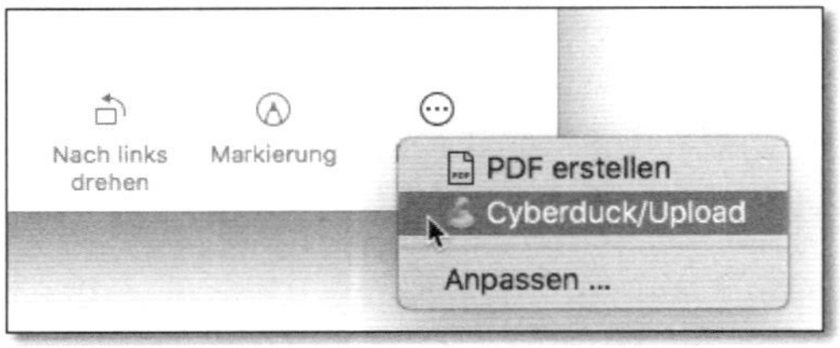

Abbildung 5.48 Die hinzugefügte Schnellaktion kann jetzt verwendet werden.

Da die Schnellaktion **Markierung** recht umfangreich ist und gerade in Verbindung mit Bildern gerne mal auf verschiedene Arten verwendet wird, soll hier auf einige Funktionen dieser Schnellaktion eingegangen werden. Die meisten Funktionen der Schnellaktion **Markierung** finden Sie auch bei einem PDF-Dokument, wenn Sie es mit der Vorschau-App geöffnet haben.

1 Wählen Sie das Bild im Finder aus, welches Sie mit der Schnellaktion **Markierung** bearbeiten wollen. Wenn Sie die Vorschau eingeblendet haben, können Sie die Schnellaktion rechts unten anklicken. Alternativ erreichen Sie die Aktion auch mit einem rechten Mausklick über den Kontextmenübefehl **Schnellaktionen**.

2 Jetzt wird das Foto in einem Übersicht-Fenster angezeigt, und am oberen Rand finden Sie verschiedene Symbole mit Bearbeitungsoptionen. Ganz links haben Sie mit der Schaltfläche **Skizze** ❶ praktisch einen Stift für die Freihandzeichnung auf dem Bild. Das Werkzeug ist durchaus intelligent und bietet Ihnen, wenn Sie beispielsweise einen Kreis zeichnen, eine Auswahl an, einen korrekt runden Kreis zu verwenden oder den manuell gezeichneten Kreis beizubehalten. Die Strichstärke, die Farbe und gegebenenfalls die Füllung können Sie über die drei entsprechenden Schaltflächen ❷ festlegen. Mit der Schaltfläche **Letzte Version** setzen Sie das Bild wieder in den Ursprungszustand zurück.

3 Kreise, Rechtecke, Pfeile usw. können Sie mit der nächsten Schaltfläche **Formen** ❸ dem Bild hinzufügen. Auch hier können Sie die Strichstärke, Farben und gegebenenfalls eine Füllung der Formen mit den drei oben genannten Schaltflächen einstellen. Interessant ist die Lupenfunktion ❹, mit der Sie eine Lupe an einer bestimmten Stelle im Bild anbringen und mit dem blauen Punkt den Durchmesser und dem grünen Punkt die Zoomstärke nachträglich anpassen können.

4 Mit der nächsten Schaltfläche **Text** ❺ fügen Sie dem Bild einen Text hinzu. Den Text können Sie mit der Dropdown-Liste am Ende der Symbolleiste ❻ formatieren. Mit der Schaltfläche **Unterschreiben** ❼ können Sie eine Signatur mit dem Trackpad oder der Kamera erstellen und dem Bild hinzufügen.

5 Einzelne hinzugefügte Elemente im Bild lassen sich jederzeit verschieben oder nachträglich über die Griffpunkte in der Größe anpassen.

6 Auch die Funktion zum Drehen des Bildes nach rechts oder links ist hier vorhanden. Nützlicher dürfte aber die Funktion zum Zuschneiden ❽ des Bildes sein. Hierzu müssen Sie einfach nur den Zuschnittsrahmen im Bild an den Ecken und Seiten nach Ihren Wünschen anpassen und dann auf die Schaltfläche **Beschneiden** klicken.

7 Klicken Sie auf **Fertig**, wenn Sie die Bearbeitung des Bildes abgeschlossen haben und die Änderung auf das Bild anwenden wollen.

5.12 Einfachere Wiedererkennung dank Icons

Auf den vorhergehenden Seiten haben Sie bereits eine Menge Icons innerhalb des Finder-Fensters gesehen, ohne dass bisher näher auf sie eingegangen worden wäre. Diese Icons sind in der Regel hilfreich, denn daran erkennen Sie gleich, worum es sich bei einer Datei handelt. Viele Dateien haben beispielsweise ein Eselsohr rechts oben im Icon. Andere Dateien, zum Beispiel Bilder, werden mit einem weißen Rahmen angezeigt. Bei einigen Dateien wird nur der Dateityp und bei anderen wiederum lediglich ein generisches Icon angezeigt. Nur generische Icons werden angezeigt, wenn Sie bei den Darstellungsoptionen **Symbolvorschau einblenden** explizit deaktiviert haben.

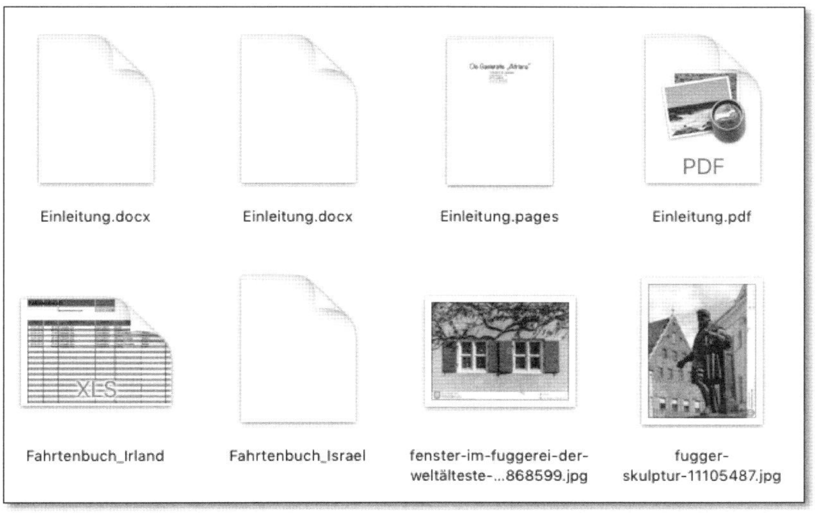

Abbildung 5.49 Dank der Icons können Sie relativ schnell erkennen, worum es sich bei einer Datei handelt.

Auch die Ordner haben eindeutige Icons, die ein wenig an ein Hängeregister erinnern. Spezielle Ordner des Systems oder im Heimatverzeichnis des Benutzers enthalten zusätzliche Piktogramme, an denen man schneller erkennen kann, um was für eine Art von Ordner es sich handelt. Auch intelligente Ordner haben ein spezielles Aussehen. Die meisten Ordner sind normale Ordner und ebenfalls eindeutig zu erkennen.

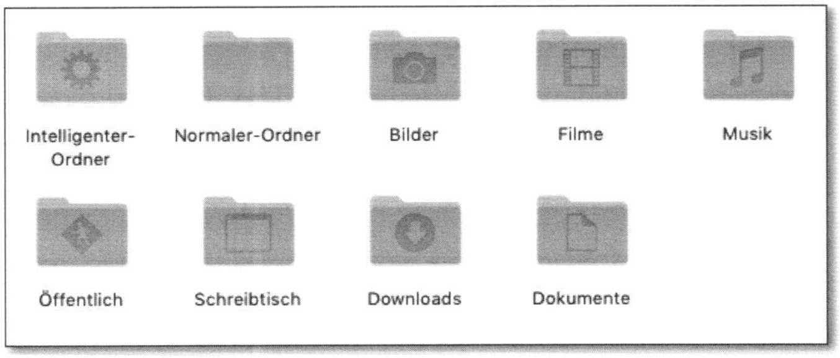

Abbildung 5.50 Auch bei Ordnern gibt es unterschiedliche Icons.

Abhängig von den Entwicklern der Programme gibt es noch die Programm-Icons. Deren Darstellung ist nicht vorgeschrieben und hängt von der Kreativität der Entwickler ab.

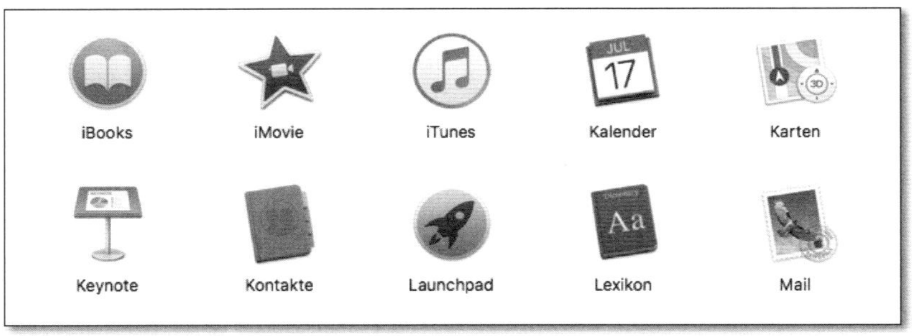

Abbildung 5.51 Icons von Programmen hingegen werden von den Entwicklern erstellt.

Icons von Laufwerken und Hardwaregeräten lassen sich im Grunde relativ eindeutig durch eine visuelle Entsprechung der Geräte identifizieren. Eine Festplatte oder ein optisches Laufwerk wird beispielsweise durch ein entsprechendes Icon repräsentiert.

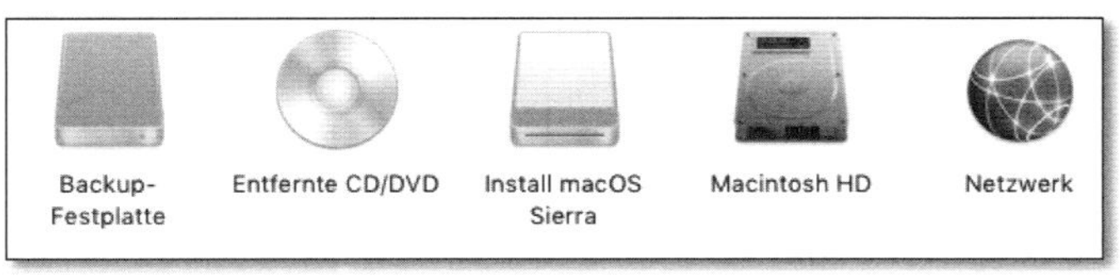

Abbildung 5.52 Auch angeschlossene Geräte lassen sich recht eindeutig an einem Icon identifizieren.

5.13 Die Sortiermöglichkeiten im Finder

Wollen Sie den Inhalt des Finder-Fensters für eine bessere Orientierung sortieren, bietet sich die Schaltfläche **Objektausrichtung ändern** in der Symbolleiste an. Aus den dort angebotenen Sortiermöglichkeiten können Sie sich die für Sie im Augenblick am besten geeignete aussuchen. Wie immer hängt die Auswahl von der Situation und der persönlichen Arbeitsweise ab. Denselben Befehl erreichen Sie auch mit einem rechten Mausklick im Finder-Fenster über das Kontextmenü **Gruppen verwenden**.

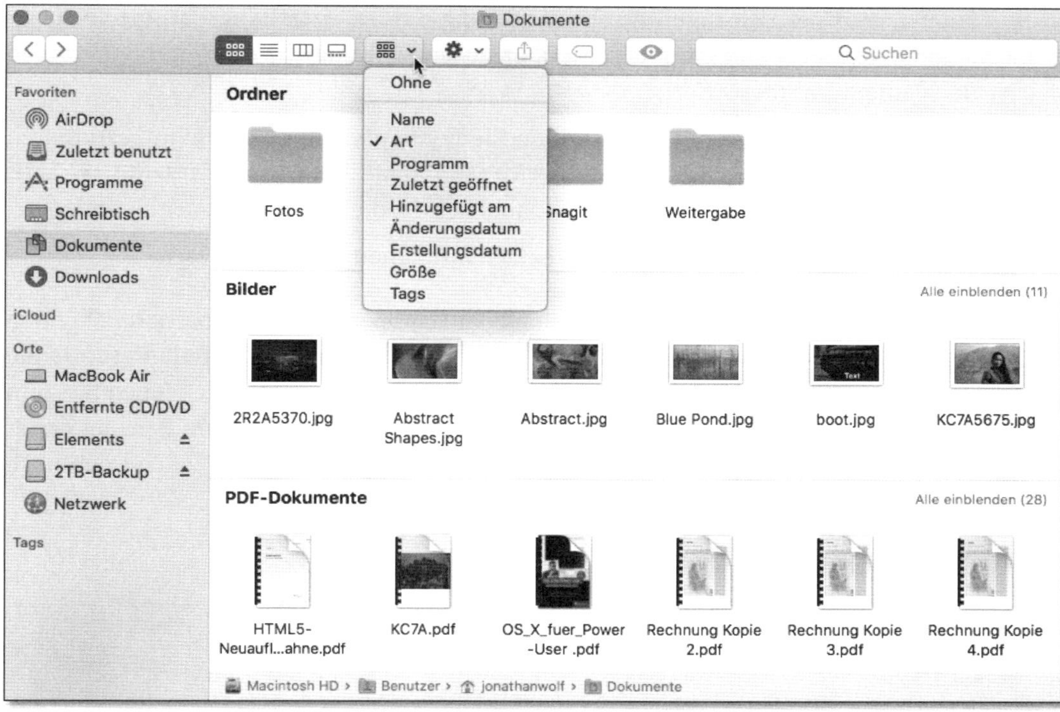

Abbildung 5.53 Um bei vielen Dateien den Überblick zu behalten, bietet der Finder verschiedene Sortiermöglichkeiten an.

TIPP

Dauerhaft für einen Ordner einstellen

Die Schaltfläche **Objektausrichtung ändern** entspricht der Option **Gruppieren nach** von **Darstellung ▶ Darstellungsoptionen einblenden** bzw. cmd + J, wo Sie diese Sortierung dauerhaft für einen Ordner einstellen können.

Nun stelle ich Ihnen kurz die einzelnen Objektausrichtungen vor:

- **Name**: Die einzelnen Elemente werden nach dem Alphabet sortiert.
- **Art**: Mit dieser Option werden die Elemente nach deren Art, wie beispielsweise Ordner, Bilder, Dokumente, Musik, Filme, Tabellen usw., sortiert.
- **Programm**: Die Dokumente werden nach Programmen sortiert, mit denen diese voreingestellt geöffnet werden können. Bilder werden beispielsweise in der Gruppe **Vorschau** gruppiert.
- **Zuletzt geöffnet**, **Hinzugefügt am**, **Änderungsdatum**, **Erstellungsdatum**: Je nachdem, welche der vier Optionen Sie hier ausgewählt haben, werden die Elemente nach einem Datum sortiert.
- **Größe**: Damit werden die dargestellten Elemente nach ihrer Größe in bestimmten Bereichen, 100 KB bis 1 MB, 1 MB bis 10 MB, 10 MB bis 100 MB, 100 MB bis 1 GB usw., gruppiert. Das kann schon mal dabei helfen, die Speicherfresser zu finden.
- **Tags**: Damit können Sie die Elemente nach farblichen Tags gruppieren.

Wollen Sie die einzelnen Elemente innerhalb der Gruppen auch noch sortieren, können Sie dies bei den meisten Objektausrichtungen über **Darstellung ▸ Darstellungsoptionen einblenden** bzw. `cmd` + `J` über die Option **Sortiert nach** realisieren. Haben Sie zum Beispiel als Objektausrichtung **Art** gewählt, können Sie, wenn Sie zum Beispiel **Änderungsdatum** auswählen, die Reihenfolge in den einzelnen Dateiarten auch noch nach dem Änderungsdatum sortieren und auflisten lassen.

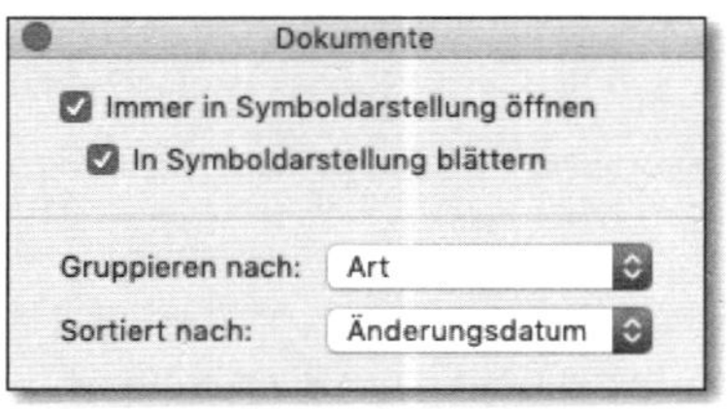

Abbildung 5.54 Reicht die Sortierung nach Objektausrichtung noch nicht aus, kann auch noch innerhalb dieser Objektausrichtung weiter sortiert werden.

Auch wenn in den vorangegangenen Abbildungen die Symbolansicht verwendet wurde, funktionieren diese Objektausrichtungen auch in der Listenansicht und Spaltenansicht. In der Galerie-Ansicht hingegen müssen Sie auf das Zusammenfassen von Gruppen verzichten, aber die Möglichkeit von **Sortiert nach** gibt es natürlich auch hier.

TIPP

Die Ansicht für die Sortierung

Wie bereits ein paar Abschnitte vorher erwähnt, ist die Listenansicht im Finder die ideale Wahl schlechthin, um Inhalte zu sortieren. Hierzu müssen Sie nur auf den entsprechenden Spaltennamen klicken, um den Inhalt nach **Name**, **Datum**, **Größe** oder **Art** auf- bzw. absteigend zu sortieren. Mit einem rechten Mausklick in eine der Spalten können Sie weitere Spalten hinzufügen oder aktive Spalten entfernen.

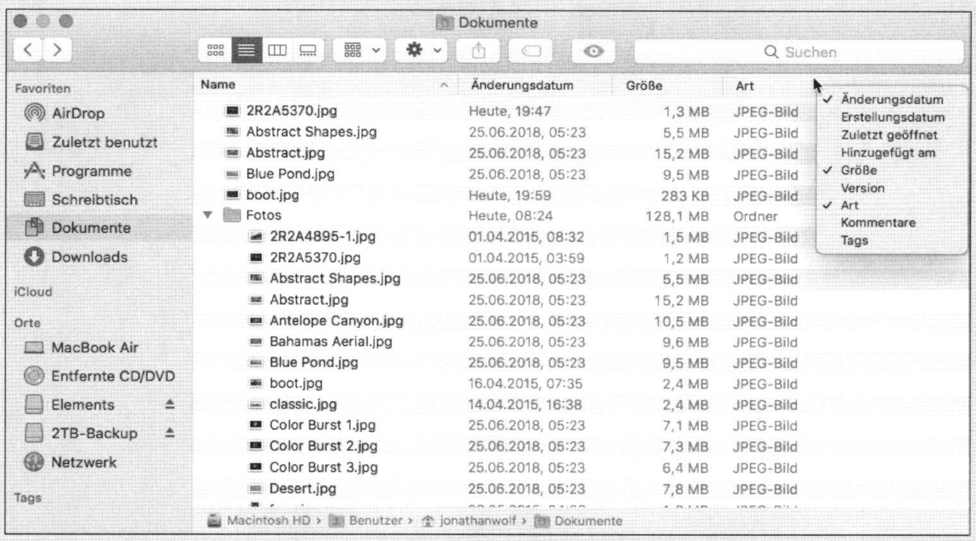

Abbildung 5.55 Die Listenansicht eignet sich perfekt zum Sortieren von Inhalten.

5.14 Übersicht verschaffen mit Aufräumen

Wenn Sie mehrere neue Ordner angelegt oder Dateien verschoben haben, kann es schon mal etwas unübersichtlich werden. Wollen Sie die Symbole am Raster ausrichten, können Sie dies über das Zahnrad-Icon ❶ oder via rechten Mausklick im Kontextmenü mit **Aufräumen** machen. Hierbei werden allerdings nicht eventuell vorhandene Lücken gefüllt. Diese können Sie entsprechend füllen, wenn Sie im Kontextmenü **Aufräumen nach** und dann das entsprechende Kriterium auswählen, nach dem die Elemente sortiert werden sollen.

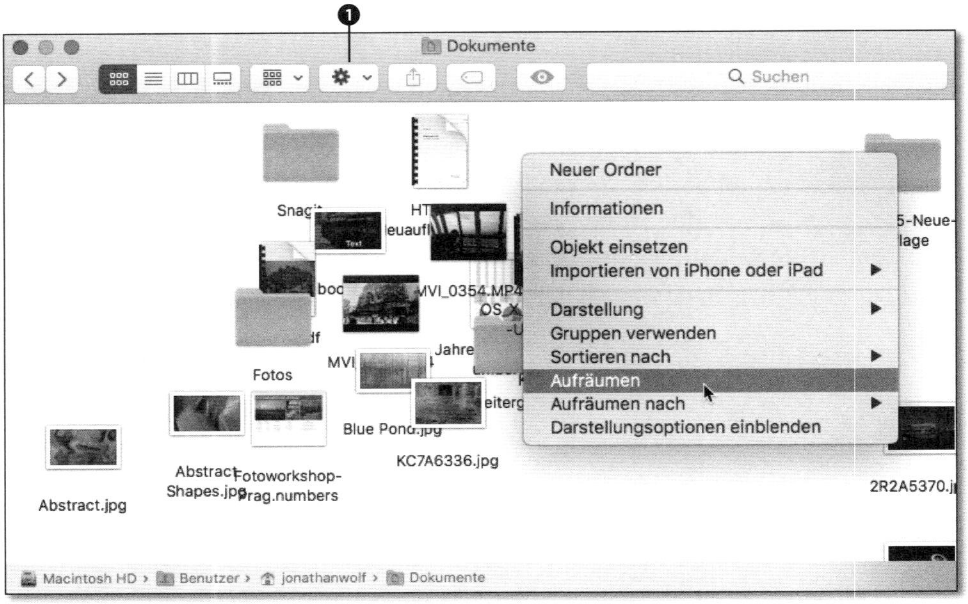

Abbildung 5.56 Diesem Chaos können Sie mit »Aufräumen« bzw. »Aufräumen nach« beikommen.

6 Der Umgang mit Dateien und Ordnern

In diesem Kapitel lernen Sie den grundlegenden Umgang mit Dateien und Ordnern kennen. Sie erfahren beispielsweise, wie Sie Ordner erstellen. Auch das Verschieben und Kopieren von Dateien (und Ordnern) ist ein wichtiges Thema. Weitere Themen sind das Erstellen von Duplikaten, von Verknüpfungen, das Löschen von Elementen, die Verwendung von Tags, das Ermitteln von Informationen, das Archivieren und das Brennen von Daten auf CD/DVD.

Zugegeben, dieses Kapitel hätte man auch direkt dem vorigen Kapitel über den Finder hinzufügen können. Aber damit wäre das Kapitel zu umfangreich geworden. Dafür fügt sich dieses Kapitel inhaltlich nahtlos an das letzte an.

6.1 Was sind Dateien und Ordner?

Ohne hier gleich mit Bits und Bytes anzufangen, ist eine Datei nichts anderes als ein Verbund von inhaltlich zusammengehörigen Daten, die auf einem Speichermedium gespeichert sind. Eine Datei ist somit nichts anderes als das Ergebnis einer Arbeit, die in einem Programm durchgeführt wurde. Somit bekommt eine Datei erst einen Sinn, wenn diese mit einem entsprechenden Programm interpretiert wird. Dazu bedarf es logischerweise eines Programms, das in der Lage ist, dieses Dateiformat zu interpretieren. Neben einem Programm kann es auch das Betriebssystem selbst sein, das eine Datei interpretieren kann. Genau genommen ist auch ein Programm nichts anderes als eine ausführbare Datei, die vom Betriebssystem interpretiert wird. An dieser Stelle soll nicht mehr tiefer in diesen etwas theoretischen Teil der Informatik vorgedrungen werden. Wichtig für Sie ist zunächst nur, zu wissen, dass Sie mit dem Finder ein Dateimanagementprogramm zur Verfügung haben, mit dem Sie die Dateien verwalten können.

Bei den Ordnern (auch Verzeichnisse genannt) fällt die Erklärung wesentlich kürzer aus. Ohne solche Ordner würden Sie Dateien ziellos auf der Festplatte speichern und so irgendwann den Überblick verlieren. Mithilfe von Ordnern können Sie eine Struktur aufbauen, über die Sie Ihre Arbeiten wesentlich leichter wiederfinden. Ordner sind dazu da, um darin die Dateien für eine bessere Übersicht zu speichern. Sie können beliebig viele neue Ordner anlegen, die wiederum weitere (Unter-)Ordner enthalten dürfen. Beim Anlegen und Verwalten von Ordnern hilft Ihnen der Finder weiter.

6.2 Dateien über den Finder öffnen

Eine Datei wurde von einem Programm in einem bestimmten Dateiformat erstellt und gespeichert. Wollen Sie weiter damit arbeiten, können Sie diese Datei in diesem Programm auch wieder öffnen. Hierbei steht gewöhnlich der Menüeintrag **Datei ▸ Öffnen** bzw. das Tastaturkürzel `cmd` + `O` im entsprechenden Programm zur Verfügung. Darauf wird an dieser Stelle allerdings nicht eingegangen. Vielmehr soll gezeigt werden, wie Sie eine Datei aus dem Finder-Fenster öffnen können. Wenn Sie im Finder eine Datei öffnen wollen, können Sie diese auswählen und mit **Ablage ▸ Öffnen**, `cmd` + `O` oder einem Doppelklick darauf öffnen. Daraufhin wird die Datei von dem Programm geöffnet, mit dem Sie diese erstellt haben, oder einem Programm, das mit diesem Dateiformat umgehen kann und als Standardprogramm für das Dateiformat zugewiesen ist. Hinter dieser Funktion sind die *Launch Services* von macOS verborgen.

TIPP

Nach Programm ausrichten

Einen schnellen Überblick, mit welchem Programm eine Datei standardmäßig geöffnet würde, bekommen Sie, wenn Sie **Darstellung ▸ Gruppen verwenden** aktivieren und die Elemente im Finder mit **Darstellung ▸ Gruppieren nach ▸ Programm** gruppieren. Selbiges erreichen Sie auch über das Symbol zur Objektausrichtung ❶ in der Symbolleiste.

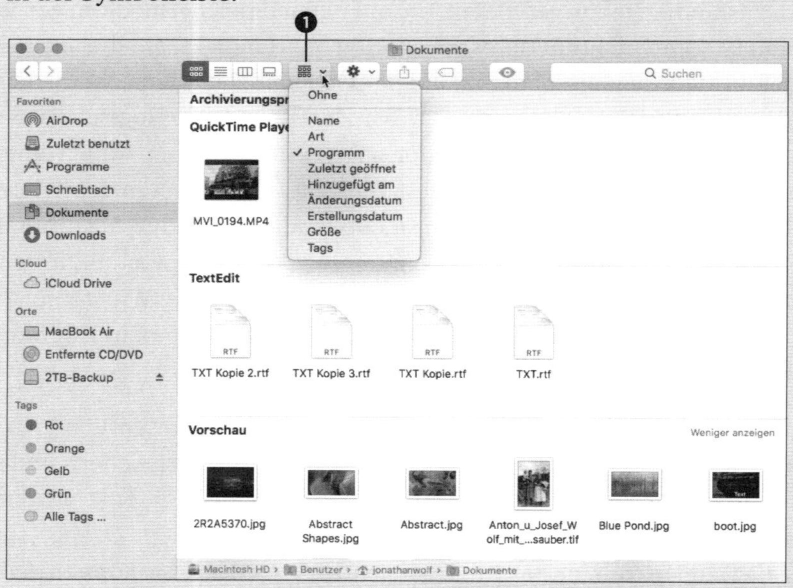

Abbildung 6.1 Richten Sie die Dateien nach Programm aus, erhalten Sie einen schnellen Überblick, mit welchem Programm eine Datei standardmäßig ausgeführt wird.

Wollen Sie hingegen nicht die Datei mit dem Programm öffnen, womit dieses standardmäßig zugewiesen ist oder erzeugt wurde, können Sie die Datei markieren und über das Menü **Ablage ▶ Öffnen mit** oder einem rechten Mausklick und im Kontextmenü **Öffnen mit** ein entsprechendes Programm aus der Liste auswählen, womit Sie diese Datei öffnen wollen. Hierbei werden nur Programme aufgelistet, die mit dem Dateiformat umgehen können. Beide Befehle **Öffnen** und **Öffnen mit** finden Sie auch im Zahnrad-Icon ❷ in der Symbolleiste.

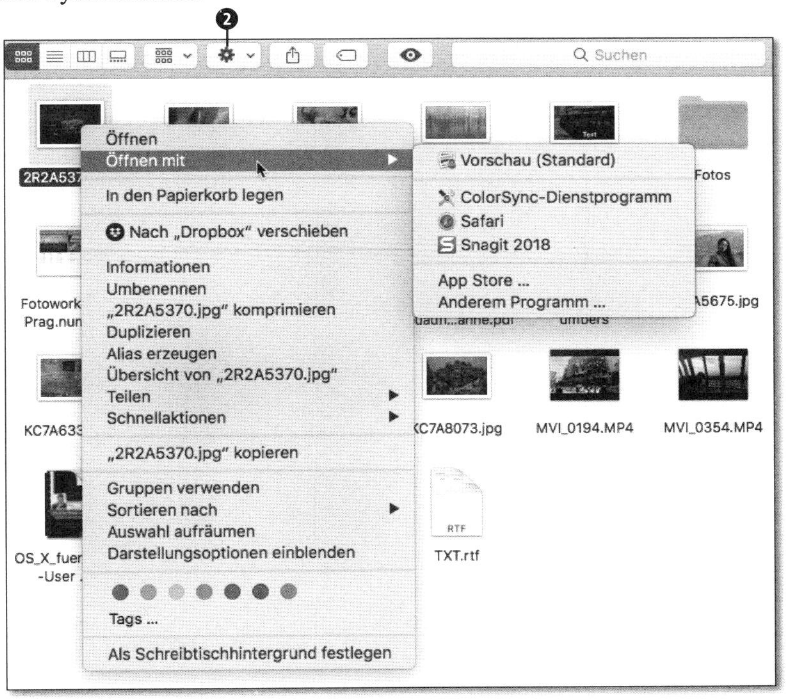

Abbildung 6.2 Über »Öffnen mit« können Sie auch selbst entscheiden, mit welchem Programm Sie eine Datei öffnen wollen.

Wenn Sie mit der Zuordnung des Standardprogramms nicht einverstanden sind und diese Einstellungen ändern wollen, markieren Sie die Datei und wählen im Zahnradmenü oder mit einem rechten Mausklick im Kontextmenü den Befehl **Informationen** aus. Alternativ finden Sie diesen Befehl auch im Menü **Ablage ▶ Informationen**, noch schneller geht es mit der Tastenkombination [cmd] + [I].

Im Info-Fenster finden Sie alle Informationen zur Datei. Darunter enthalten ist auch ein Abschnitt **Öffnen mit**, in dem Sie über das Dropdown-Menü das gewünschte Programm auswählen können, mit dem diese Datei künftig geöffnet werden soll. Damit diese Einstellung nicht nur für diese eine Datei gilt, müssen Sie mit einem Klick auf die Schaltfläche **Alle ändern** ❸ dafür sorgen, dass künftig alle Dateiformate dieses Typs mit dem im Dropdown-Menü von **Öffnen mit** ausgewählten Programm geöffnet werden. Wenn Sie auf **Alle ändern** klicken, werden Sie nochmals gefragt, ob Sie dies wirklich tun wollen. Sie können den Vorgang mit der Schaltfläche **Fortfahren** bestätigen oder mit **Abbrechen** vorzeitig quittieren.

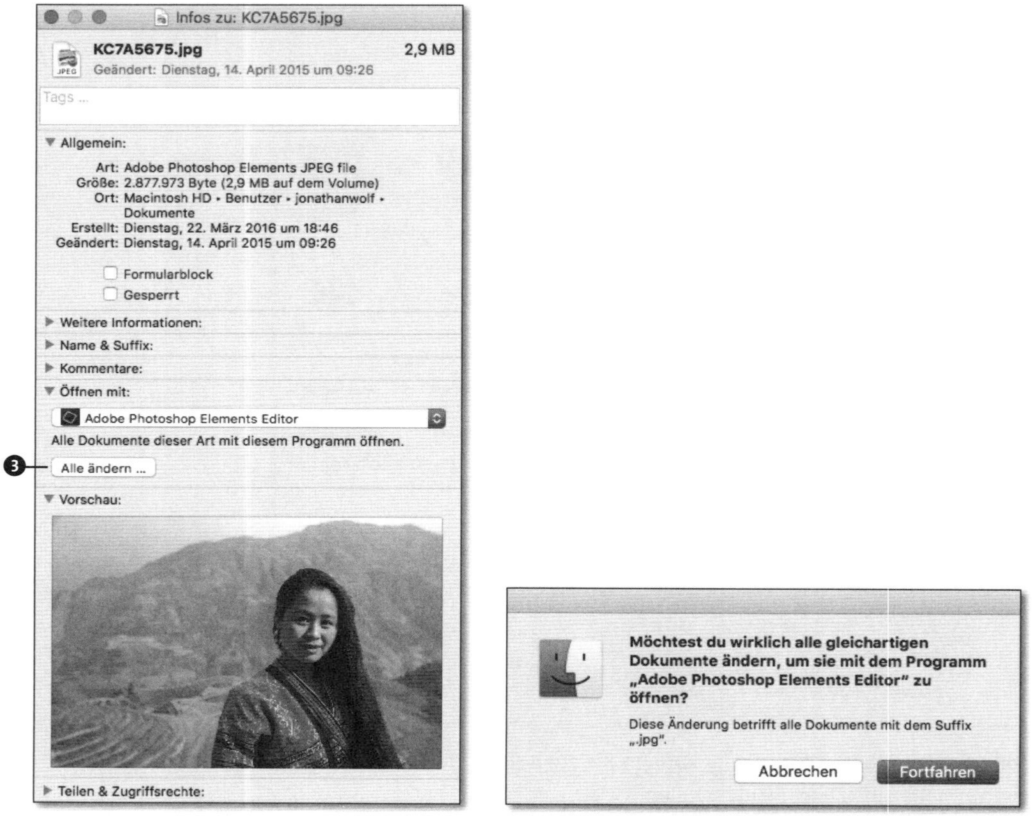

Abbildung 6.3 Die Zuordnung des Standardprogramms, mit dem eine bestimmte Datei beispielsweise bei einem Doppelklick geöffnet wird, lässt sich jederzeit ändern.

TIPP

Dateierweiterung bzw. -suffix anzeigen/ausblenden

Wollen Sie den Namenszusatz einer Datei im Finder anzeigen lassen, müssen Sie im Finder-Menü über **Finder ▸ Einstellungen** im Register **Erweitert** ein Häkchen vor **Alle Dateinamensuffixe einblenden** setzen. Es ist hilfreich, wenn die Dateiendung angezeigt wird, da man so recht schnell erkennen kann, um was für eine Datei es sich handelt. Dies ist dieselbe Technologie, die dafür sorgt, dass eine Datei mit einem entsprechenden Programm geöffnet wird, das hierfür als Standard eingerichtet wurde, wenn Sie auf eine Datei doppelklicken. So werden Dateien mit der Endung *.txt* oder *.rtf* standardmäßig mit TextEdit geöffnet und Dateien mit der Endung *.jpg* oder *.png* mit Vorschau. Das Betriebssystem weiß erst durch den Namenszusatz, welches Programm geöffnet werden muss.

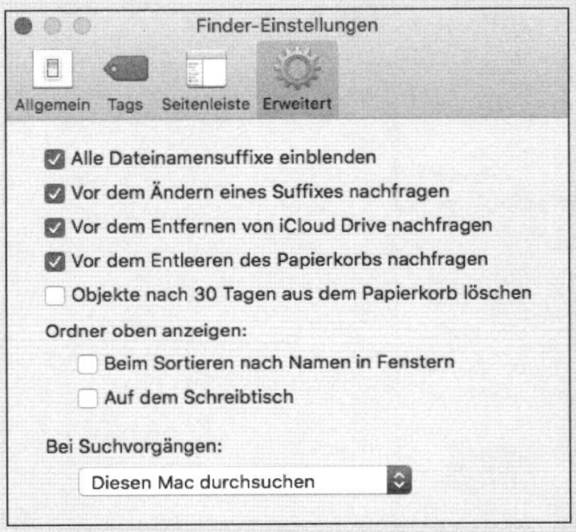

Abbildung 6.4 Es kann hilfreich sein, sich die Dateiendung einblenden zu lassen.

Es ist auch möglich, die Zuordnung von einem Programm für nur eine Datei zu ändern. Wenn Sie die entsprechende Datei mit der rechten Maustaste anklicken und die `Alt`-Taste drücken, wird im Kontextmenü aus **Öffnen mit** der Befehl **Immer öffnen mit**, womit Sie jetzt immer mit dem ausgewählten Programm diese Datei öffnen können.

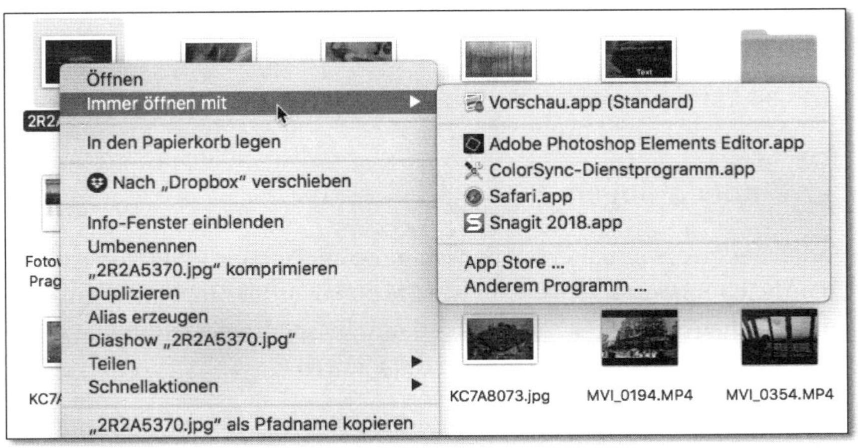

Abbildung 6.5 Mit gehaltener `Alt`-Taste wird aus »Öffnen mit« der Befehl »Immer öffnen mit«.

Wenn Sie Dateien mit einer für das System unbekannten Dateierweiterung öffnen, meldet sich ein Dialog, in dem Sie entweder selbst ein Programm über die Schaltfläche **Programm auswählen** vorgeben können, wenn Sie sicher sind, dass es mit diesem Dateiformat umgehen kann. Oder Sie klicken auf die Schaltfläche **App Store durchsuchen**, und es wird eine Suchanfrage an den App Store übertragen, um Programme aufzulisten, die diese Datei verarbeiten könnten. Dieselben Funktionen können Sie auch mit einem rechten Mausklick auf die Datei über das Kontextmenü ausführen.

Abbildung 6.6 Ist kein Programm zum Öffnen einer Datei festgelegt, können Sie selbst ein Programm auswählen oder im App Store danach suchen lassen.

6.3 Ordner im Finder anlegen

Da auf den folgenden Seiten etwas näher auf den Umgang mit Dateien und Ordnern eingegangen wird, werde ich Ihnen zuerst zeigen, wie Sie einen Ordner im Finder anlegen können. In einem solchen Ordner können Sie dann beispielsweise Dateien eines bestimmten Projekts oder einer Arbeit vereinen und speichern.

1. Navigieren Sie zunächst in den Ordner, in dem Sie ein neues Verzeichnis anlegen wollen. Im Beispiel wird hier in den Ordner *Dokumente* gewechselt.

2 Einen neuen Ordner anlegen können Sie beispielsweise über das Zahnrad-Icon in der Symbolleiste mit dem Befehl **Neuer Ordner**. Alternativ erreichen Sie diesen Befehl auch im Menü **Ablage**, im Kontextmenü über einen rechten Mausklick und mit der Tastenkombination [⇧] + [cmd] + [N].

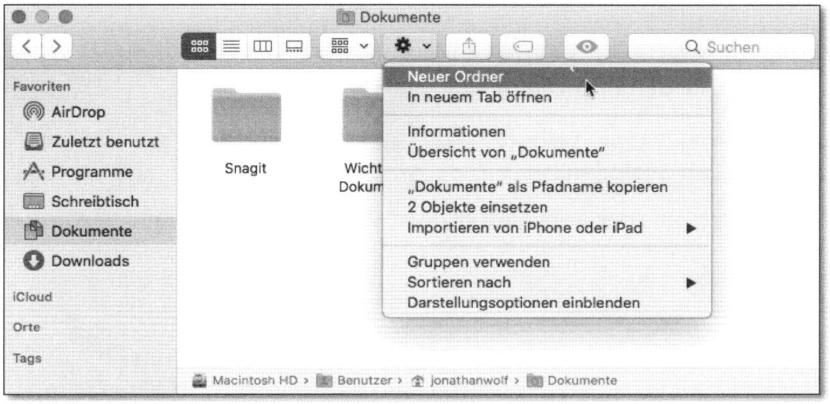

3 Der Text unter dem neu angelegten Ordner ist gewöhnlich zum Verändern markiert, sodass Sie hier gleich einen passenden Ordnernamen eintippen und mit [↵] bestätigen können.

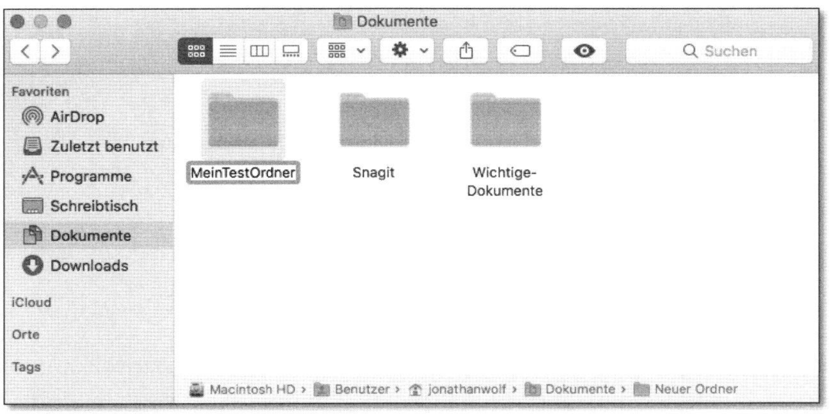

TIPP

Ordnernamen ändern

Einen Ordnernamen können Sie nachträglich ändern, wenn Sie diesen markieren und [↵] betätigen. Jetzt ist der Text editierbar. Geben Sie nun den neuen Namen für den Ordner ein, und bestätigen Sie die Eingabe mit [↵].

Sie können einem Ordner auch ein spezielles Icon zuweisen, um ihn gesondert hervorzuheben. Ein individuelles Icon kann einen wichtigen Ordner visuell hervorheben und wird so eventuell schneller wiedergefunden. Apple selbst bietet keine alternativen Icons an, hier müssen Sie im Internet selber nach Icons suchen. Im Beispiel habe ich mir einen Satz von Icons für macOS von der Website *www.deviantart.com* heruntergeladen.

1. Markieren Sie die Grafik mit dem Quell-Icon (!), die Sie einem Ordner zuweisen wollen, und rufen Sie den Info-Dialog mit [cmd] + [I] auf.

2. Markieren Sie hier das Symbol ❶ links oben, und kopieren Sie es mit [cmd] + [C] in die Zwischenablage. Ist in der linken oberen Ecke nur ein generisches Icon zu sehen, ziehen Sie die Grafik aus der Vorschau ❷ dorthin und lassen sie hier fallen.

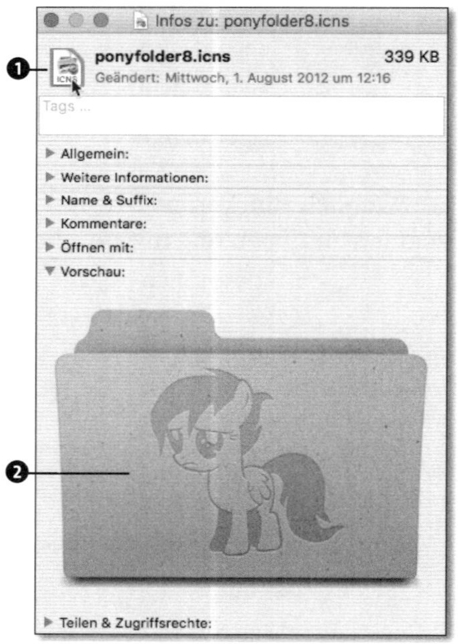

3. Navigieren Sie zum gewünschten Zielordner, dem Sie das Icon zuweisen wollen. Markieren Sie den Zielordner, und rufen Sie auch hier mit [cmd] + [I] den Info-Dialog auf.

4. Markieren Sie hier ebenfalls links oben das Ordnersymbol ❸, und fügen Sie mit [cmd] + [V] das zuvor in die Zwischenablage kopierte Icon ein. Jetzt können Sie den Info-Dialog schließen und haben so dem Ordner ein individuelles Icon ❹ zugewiesen.

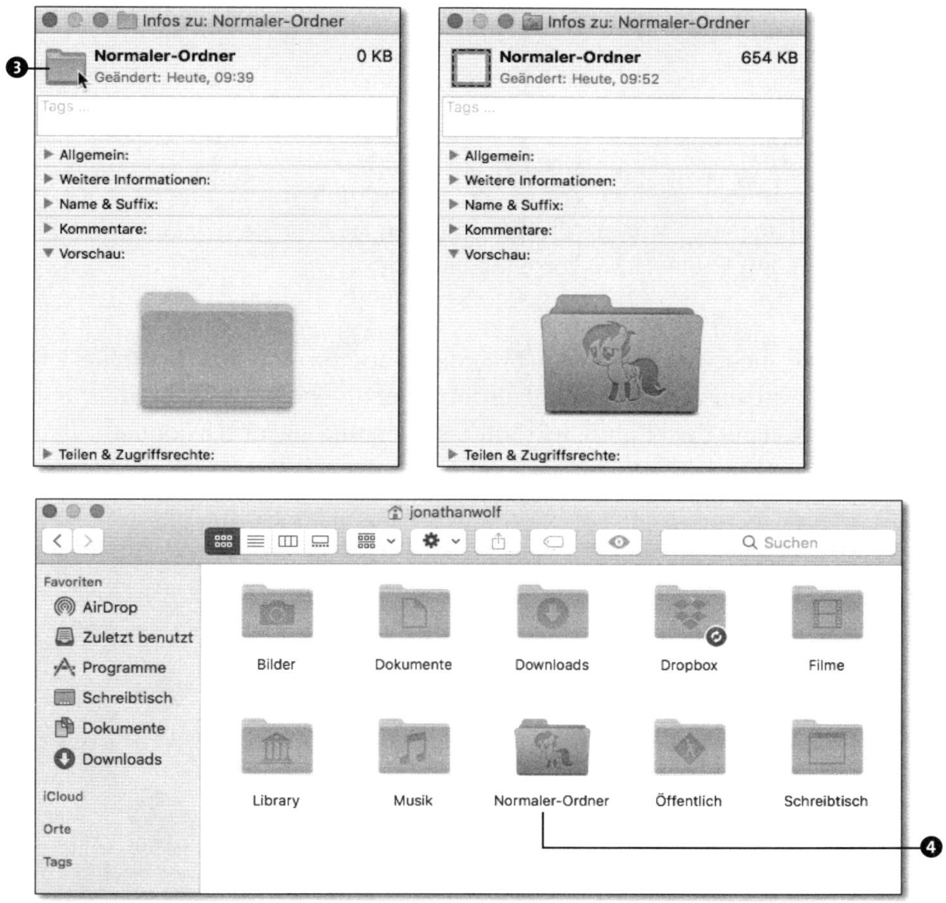

TIPP

Programme für Icons

Im App Store finden Sie auch bequemere Möglichkeiten, Ordner zu gestalten. Erwähnenswert sind hier die kommerziellen Apps *Folder Designer* und *Folder Factory*.

6.4 Dateien und Ordner kopieren und verschieben

Wenn Sie Dateien an einem Ort gespeichert haben, müssen diese nicht für immer dort bleiben, und Sie können sie jederzeit an einen anderen Ort kopieren oder verschieben.

Den Unterschied zwischen Verschieben und Kopieren werden Sie anschließend noch kennenlernen.

HINWEIS

Ordner verschieben und kopieren

In den folgenden Beispielen werden zwar Dateien verschoben und kopiert, doch dasselbe Prinzip gilt auch für Ordner. Allerdings sollten Sie beachten, dass bei Ordnern auch der Inhalt mit kopiert bzw. verschoben wird.

Damit Sie zur Übung nicht mit wichtigen Dateien hantieren müssen, empfehle ich Ihnen, sich ein paar Dateien zum Testen anzulegen. Hierzu eine kurze Anleitung, wie Sie einfache Textdateien mit dem Editor TextEdit erstellen und speichern können:

1 Navigieren Sie in den *Programme*-Ordner, und starten Sie das Programm **TextEdit**, indem Sie auf das Icon doppelklicken. Wählen Sie dann **Neues Dokument**.

2 Tippen Sie ein wenig Text im Editor TextEdit ein, und speichern Sie die Textdatei über **Ablage ▸ Sichern** bzw. cmd + S in ein Verzeichnis Ihrer Wahl. Ich verwende hier das persönliche Benutzerverzeichnis ❶ und vergebe noch einen Dateinamen. Anschließend können Sie TextEdit beenden.

3 Jetzt finden Sie in Ihrem Benutzerverzeichnis die zuvor gespeicherte Datei. Im Beispiel habe ich noch zwei weitere Dateien auf dieselbe Weise angelegt.

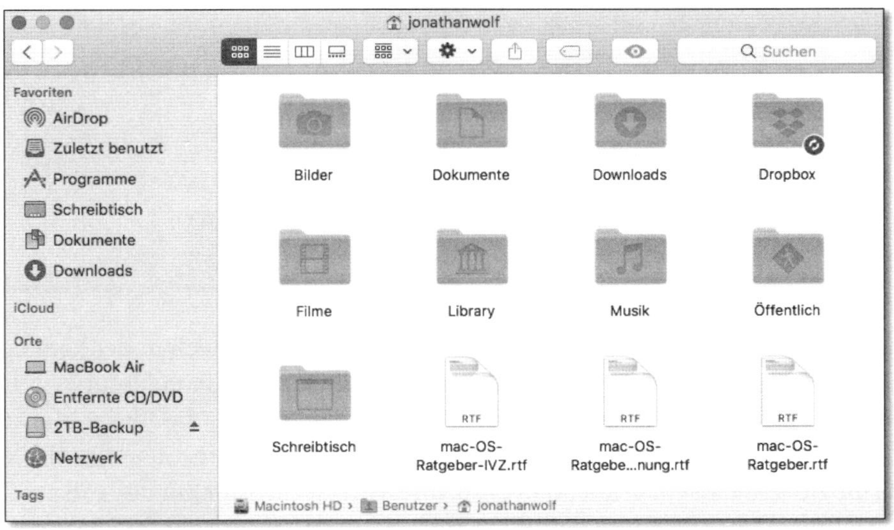

6.4.1 Dateien und Ordner über zwei Fenster verschieben

Im folgenden Beispiel erfahren Sie, wie Sie Dateien auf demselben Laufwerk von einem Ort zu einem anderen verschieben können. An dieser Stelle muss erwähnt werden, dass es viele weitere Möglichkeiten gibt, Dateien von einem Ort zum anderen zu verschieben. Im vorliegenden Beispiel sollen die eben mit TextEdit erstellten Textdateien vom

Benutzerverzeichnis in einen neuen Ordner verschoben werden, den Sie innerhalb vom *Dokumente*-Ordner anlegen werden.

1 Öffnen Sie den Ursprungsordner, in dem sich die Dateien befinden, die Sie verschieben wollen. Im Beispiel ist es das persönliche Benutzerverzeichnis, das Sie auch mit **Gehe zu ▶ Benutzerordner** erreichen.

2 Öffnen Sie ein zweites Finder-Fenster mit [cmd] + [N], und navigieren Sie in das *Dokumente*-Verzeichnis. Erstellen Sie mit [⇧] + [cmd] + [N] einen neuen Ordner, und vergeben Sie einen Namen (hier einfach: *MeinTestOrdner*). Wechseln Sie in diesen Ordner.

3 Ordnen Sie die Fenster nebeneinander an, sodass diese sich nicht überlappen. Hierfür werden Sie gewöhnlich die Fenstergröße beider Fenster über die rechte untere Ecke anpassen müssen.

Alternativ zum manuellen Anordnen der beiden Fenster nebeneinander können Sie die sogenannte *Split View* verwenden. Gehen Sie dafür mit dem Mauscursor auf das grüne Symbol für den Vollbildmodus ❶, und halten Sie die linke Maustaste gedrückt. Jetzt können Sie das Fenster auf die linke oder rechte Seite des Bildschirms ziehen. Lassen Sie die Maustaste los, wird das Fenster auf der entsprechenden Hälfte im Vollbild angezeigt. Klicken Sie dann das zweite Finder-Fenster in der Auswahl für die zweite Fensterhälfte an, und dieses Fenster übernimmt die andere Hälfte des Bildschirms im Vollbildmodus. Schon haben Sie beide Finder-Fenster ordentlich nebeneinander in der Split View platziert.

4 Markieren Sie mit gedrückt gehaltener Maustaste die Dateien, die Sie vom Quellverzeichnis ins Zielverzeichnis verschieben wollen. Nicht zusammenliegende Dateien können Sie mit gehaltener [cmd]-Taste auswählen.

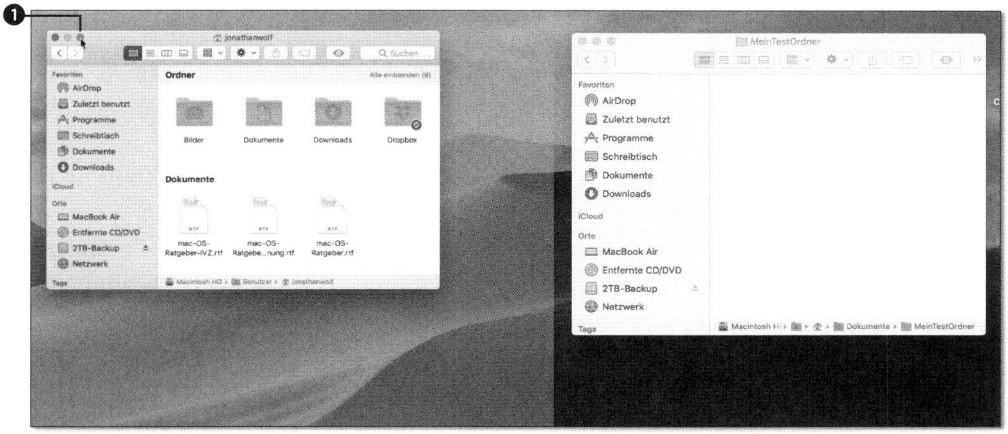

5 Mit gedrückt gehaltener Maustaste können Sie die markierten Dateien vom Quellverzeichnis ins Zielverzeichnis des anderen Fensters verschieben. Eine rote Zahl zeigt an, wie viele Dateien verschoben werden, wenn Sie die Maustaste loslassen.

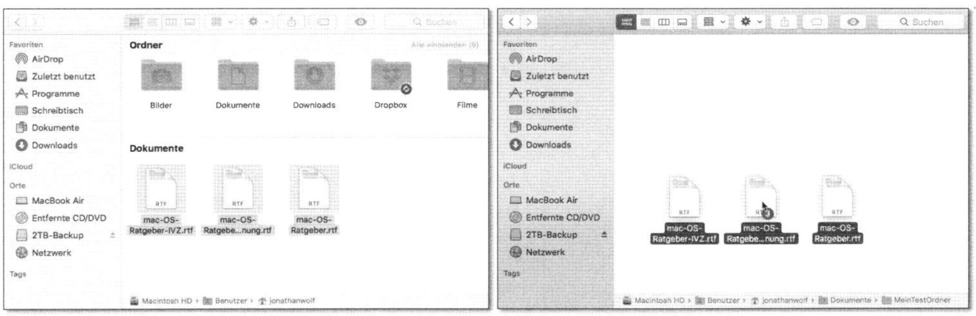

6 Nach dem Verschieben sind die Dateien im Quellverzeichnis verschwunden und befinden sich jetzt im gewünschten Zielverzeichnis. Die Split View im Vollbildmodus lösen Sie mit `Esc` auf. Um auch das zweite Fenster im Vollbildmodus mit `Esc` aufzulösen, müssen Sie mit `Ctrl` + `→` zum noch geöffneten zweiten Vollbildfenster wechseln.

TIPP

Rückgängig machen

Haben Sie aus Versehen die Dateien in einen falschen Ordner oder gar falsche Dateien verschoben, können Sie den Vorgang über das Menü **Bearbeiten ▶ Bewegen von [x] Objekten widerrufen** bzw. mit dem Tastaturkürzel `cmd` + `Z` rückgängig machen.

6.4.2 Dateien und Ordner über ein Fenster verschieben

Sie müssen nicht zwangsläufig ein zweites Fenster zum Bewegen von Dateien und Ordnern verwenden, sondern können den Vorgang auch mit einem Finder-Fenster durchführen. Der Vorteil bei der Verwendung von zwei Fenstern liegt darin, dass es so einfacher ist, beim Markieren und Auswählen von Dateien die Übersicht zu behalten. In der folgenden Anleitung zeige ich Ihnen, wie Sie die Dateien mit nur einem Fenster vom Quellverzeichnis zum Zielverzeichnis verschieben können. Im Beispiel sollen nochmals die zuvor in TextEdit erstellten Textdateien vom Benutzerverzeichnis in einen neu im *Dokumente*-Verzeichnis erstellten Ordner mit dem Namen *MeinTestOrdner* kopiert werden. Haben Sie die Anleitung mit den beiden Finder-Fenstern zuvor ausgeführt, machen Sie den Vorgang mit [cmd] + [Z] wieder rückgängig.

1 Markieren Sie die gewünschten Dateien, die Sie verschieben wollen.

2 Ziehen Sie mit gedrückt gehaltener Maustaste die zu verschiebenden Dateien auf den *Dokumente*-Ordner der Seitenleiste ❶ oder (in unserem Beispiel auch möglich) auf den *Dokumente*-Ordner des Inhalts. Lassen Sie die Maustaste nicht (!) los. Auch hier zeigt ein roter Kreis die Anzahl der zu verschiebenden Dateien an.

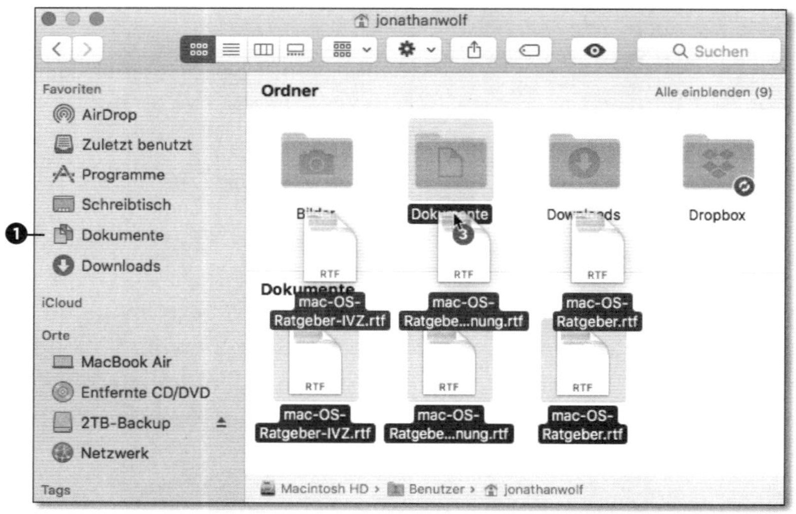

3 Nach einer kurzen Zeit wechseln Sie so automatisch mitsamt den ausgewählten Dateien in das *Dokumente*-Verzeichnis, in dem Sie die Maustaste noch nicht (!) loslassen sollten.

4 Bewegen Sie nun im *Dokumente*-Verzeichnis mit nach wie vor gedrückt gehaltener Maustaste die Dateien auf den Ordner *MeinTestOrdner*.

5 Auch hier wechselt die Ansicht automatisch nach kurzer Zeit, und Sie befinden sich nun mit immer noch gedrückt gehaltener Maustaste und den markierten Dateien im gewünschten Zielverzeichnis, wo Sie die Maustaste loslassen können und die Dateien jetzt in das Verzeichnis verschoben werden. Auf diese Weise können Sie mit markierten Dateien und gedrückt gehaltener Maustaste ganze Ordnerstrukturen durchlaufen und Dateien verschieben.

Ich persönlich finde diese aufspringenden Ordner, wenn man mit Dateien oder Ordnern auf einem Ordner mit gedrückt gehaltener Maustaste stehen bleibt, praktisch, weil man Dateien so recht komfortabel in einer Ordnerhierarchie unterbringen kann, ohne mehrere Finder-Fenster öffnen zu müssen. Aber es gibt auch Anwender, die sich überhaupt nicht damit anfreunden können und es eher als störend empfinden. Dieses Aufspringen können Sie über die **Systemeinstellungen** bei den **Bedienungshilfen** mit **Maus & Trackpad** anpassen. Hier müssen Sie nur das Häkchen vor **Verzögerung für Aufspringen** deaktivieren. Ebenso können Sie hier über den Schieberegler daneben einstellen, wie lange Sie mit den Objekten über einem Ordner oder Laufwerk stehen bleiben müssen, bis diese aufspringen.

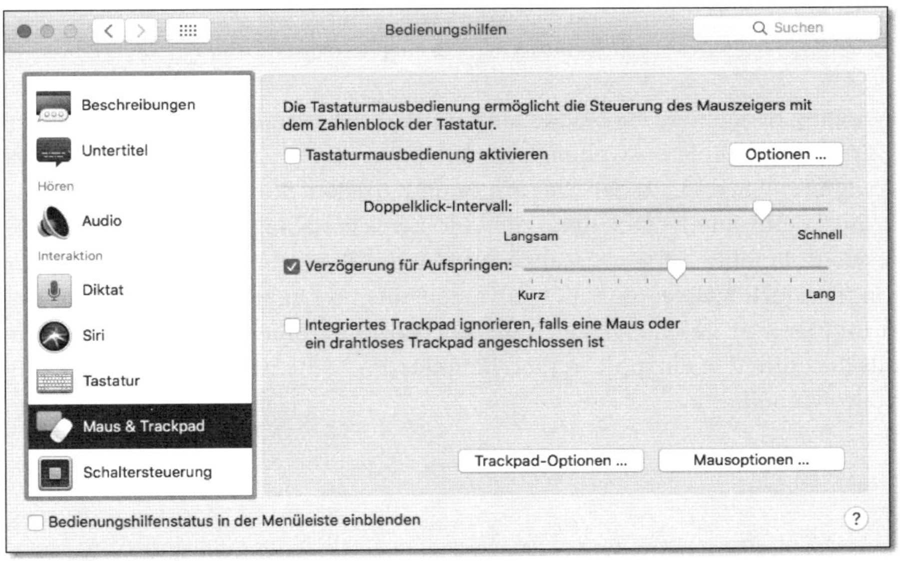

Abbildung 6.7 Das Aufspringen von Ordnern kann auch deaktiviert oder zeitlich angepasst werden.

6.4.3 Dateien und Ordner kopieren

Wenn Sie die Dateien nicht vom Quellverzeichnis ins Zielverzeichnis verschieben, sondern kopieren wollen, gehen Sie genauso vor, wie dies eben beim Verschieben beschrieben wurde, nur halten Sie hierbei die Alt-Taste gedrückt. Jetzt erscheint im Mauszeiger zusätzlich ein grünes Pluszeichen, das anzeigt, dass die Dateien vom Quellverzeichnis ins Zielverzeichnis kopiert werden. Nach dem Kopieren finden Sie die Dateien sowohl im Quell- als auch im Zielverzeichnis vor.

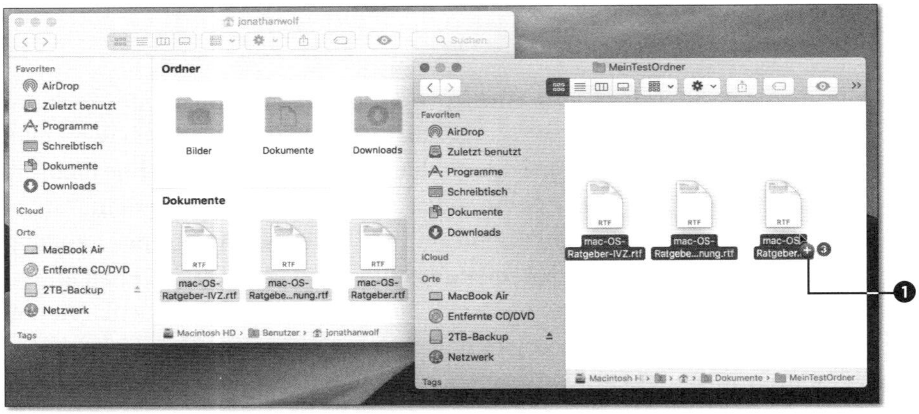

Abbildung 6.8 Halten Sie beim Verschieben die Alt-Taste gedrückt, werden die Objekte kopiert anstatt verschoben, was ein grünes Plussymbol ❶ auch visualisiert.

Den Kopiervorgang können Sie auch ohne Maus durchführen, indem Sie die markierten Dateien im Quellverzeichnis auswählen und mit cmd + C in die Zwischenablage kopieren. Navigieren Sie dann in den Zielordner und drücken dort cmd + V, werden die Dateien aus dem Quellverzeichnis von der Zwischenablage ins Zielverzeichnis kopiert. Dieselben Befehle finden Sie auch im Menü mit **Bearbeiten ▸ Kopieren** zum Kopieren von markierten Objekten im Quellverzeichnis und **Bearbeiten ▸ Objekte einsetzen** zum Einfügen in das Zielverzeichnis. Ebenso funktioniert es auch mit einem rechten Mausklick und den entsprechenden Befehlen im Kontextmenü oder dem Zahnrad-Icon in der Symbolleiste.

HINWEIS

Wo ist Ausschneiden?

Umsteiger von Windows werden an dieser Stelle vermutlich die Funktion zum Ausschneiden vermissen. Bei macOS wird eine solche Funktion im Zusammenhang mit Dateien und Ordnern nicht öffentlich dokumentiert. Sie können diese Funktion trotzdem ausführen, indem Sie wie gehabt die Dateien oder Ordner im Quellverzeichnis mit cmd + C kopieren und im Zielverzeichnis cmd + Alt + V drücken. Jetzt werden die Elemente vom Quellverzeichnis entfernt und ins Zielverzeichnis eingefügt.

6.4.4 Informationsdialoge

Ein Dialog informiert Sie gewöhnlich über den Vorgang der Dateibewegung und zeigt an, wie viele Objekte gerade kopiert oder verschoben werden, wie groß die Datenmenge ist und wie lange der Vorgang ungefähr dafür benötigt. Hierbei können Sie jederzeit den Vorgang mit dem **x**-Symbol am Ende abbrechen. Gerade bei einer umfangreicheren Datenbewegung sind diese Informationen nützlich. Bei wenigen Daten werden Sie diesen Dialog vermutlich nicht zu sehen bekommen, weil es zu schnell geht.

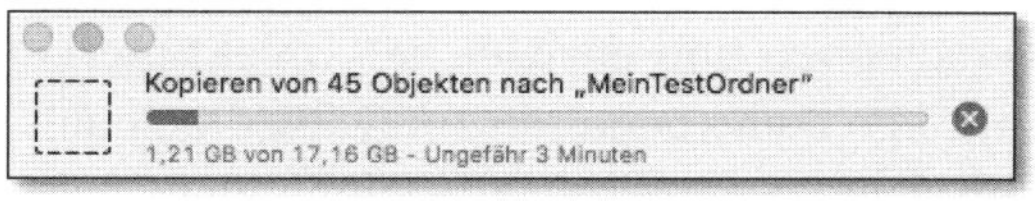

Abbildung 6.9 Der Fortschrittsbalken informiert Sie über den Vorgang, wenn gerade eine größere Menge Daten kopiert oder verschoben wird.

HINWEIS

Mehrere Dateibewegungen auf einmal

Für macOS ist es kein leistungstechnisches Problem, wenn Sie mehrere Dateibewegungen auf einmal ausführen.

Wenn Sie eine größere Menge Daten kopieren bzw. verschieben, können Sie je nach eingestellter Darstellung im Ordner oder der Datei selbst an einem Fortschrittsbalken erkennen, wie weit der Vorgang bereits fortgeschritten ist.

Abbildung 6.10 Wenn Sie größere Ordner verschieben oder kopieren, informiert Sie auch hier je nach Darstellung ein Fortschrittsbalken oder ein Tortendiagramm darüber.

Wenn eine Datei in einem Zielverzeichnis bereits existiert, erscheint ein Dialog, der nachfragt, was Sie tun wollen. Hierbei können Sie den Vorgang mit der Schaltfläche **Stopp** beenden, mit der Schaltfläche **Ersetzen** die vorherige Datei durch die aktuelle überschreiben. Mit der Schaltfläche **Beide behalten** hingegen hängt das System eine fortlaufende Ziffer ans Ende der aktuellen Datei, und es bleiben beide Dateien im Zielverzeichnis erhalten.

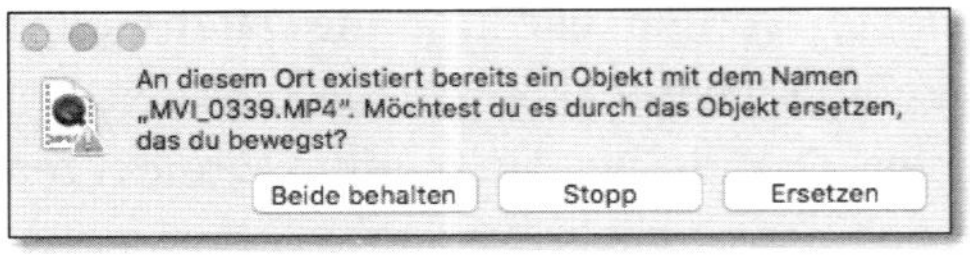

Abbildung 6.11 Was soll mit bereits vorhandenen Dateien passieren?

Wenn Sie mehrere Dateien kopieren oder verschieben und ein gleiches Objekt hierbei bereits existiert, erscheint anstelle der Schaltfläche **Beide behalten** zunächst die Schaltfläche **Überspringen**, womit Sie das existierende Objekt im Zielverzeichnis nicht überschreiben und praktisch nichts tun, während der Vorgang mit den nächsten Dateien fortfährt. Dieser Dialog erscheint für jede bereits existierende Datei im Zielverzeichnis. Wenn Sie hier auch die Funktion **Beide behalten** verwenden wollen, müssen Sie die `Alt`-Taste gedrückt halten, und aus der Schaltfläche **Überspringen** wird **Beide behalten**. Wollen Sie diese Entscheidung anschließend nicht für jede bereits existierende Datei einzeln treffen, müssen Sie ein Häkchen vor **Für alle** setzen, und der gewählte Vorgang gilt für alle Dateien in diesem Kopier- oder Verschiebevorgang.

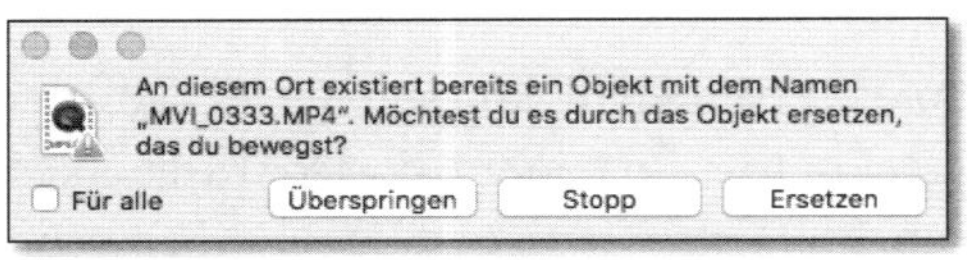

Abbildung 6.12 Bei mehreren Dateien haben Sie zusätzlich noch die Option, eine Datei zu überspringen. Halten Sie die `Alt`-Taste gedrückt, wird daraus »Beide behalten«.

Kopieren oder verschieben Sie hingegen einen ganzen Ordner mitsamt Inhalt und existiert im Zielverzeichnis bereits ein Ordner mit diesem Namen, haben Sie nur die Möglichkeit, den Ordner mit der Schaltfläche **Ersetzen** mitsamt Inhalt zu überschreiben oder den Vorgang mit **Stopp** abzubrechen. Selbst wenn der Ordner, den Sie kopieren oder verschieben, keinen Inhalt hat und der gleichnamige Ordner im Zielverzeichnis mehrere Dateien enthält, wird der Ordner im Zielverzeichnis überschrieben und hat dann ebenfalls keinen Inhalt mehr.

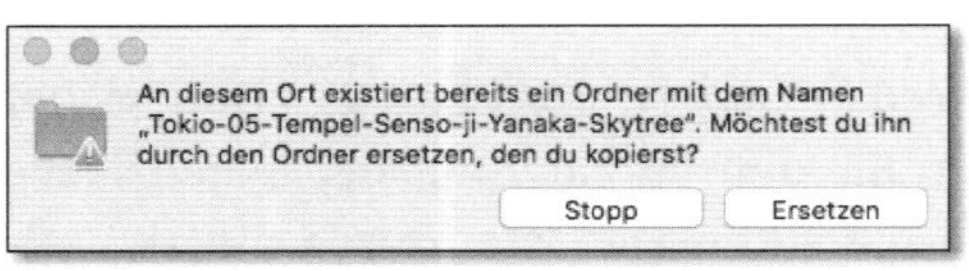

Abbildung 6.13 Existiert ein Ordner im Zielverzeichnis, können Sie diesen ersetzen oder den Vorgang mit »Stopp« abbrechen.

Verschieben oder kopieren Sie hingegen einen Ordner und befindet sich im Zielverzeichnis ein Ordner mit dem gleichen Namen, aber unterschiedlichen Inhalten, dann bietet Ihnen der Dialog neben den Schaltflächen **Stopp** und **Ersetzen** noch die Schaltfläche **Zusammenführen** an, womit die Inhalte von beiden Ordnern miteinander kombiniert werden. Alle neueren Objekte vom Quellverzeichnis werden im Zielverzeichnis beibehalten.

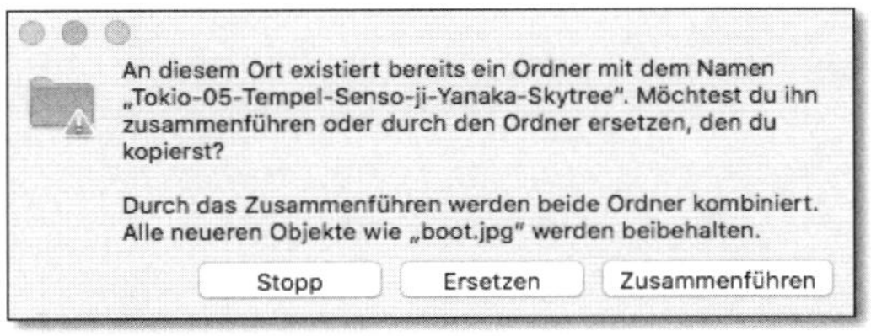

Abbildung 6.14 Existiert im Zielverzeichnis bereits ein Ordner mit unterschiedlichen Inhalten, bietet sich eine Zusammenführung der Daten an.

6.5 Externe Laufwerke (Volumes) mit dem Mac verbinden

Vermutlich werden Sie das Kopieren und Verschieben auch mit externen Laufwerken durchführen wollen, um beispielsweise Ihre Daten auf den Mac zu übertragen oder umgekehrt vom Mac auf ein externes Laufwerk zu sichern. Bevor Sie sehen, wie Sie dazu vorgehen können, erfahren Sie zunächst, was es in Bezug auf Laufwerke (auch Volumes genannt) zu beachten gibt. Die externen Laufwerke werden in der Seitenleiste unter **Orte** gruppiert.

Abbildung 6.15 Die angeschlossenen Geräte am Mac

Wenn Sie externe Geräte wie eine Festplatte oder einen USB-Stick anschließen, finden Sie diese in der Seitenleiste wieder. Einen schnellen Überblick über alle Geräte können Sie sich ebenfalls über **Gehe zu ▸ Computer** bzw. ⇧ + cmd + C verschaffen.

Externe Geräte werden gewöhnlich auf dem Schreibtisch angezeigt. Sollte dies bei Ihnen nicht der Fall sein, können Sie dies über das Finder-Menü **Finder ▸ Einstellungen** im Register **Allgemein** aktivieren, indem Sie die entsprechenden Häkchen bei **Diese Objekte auf dem Schreibtisch anzeigen** setzen.

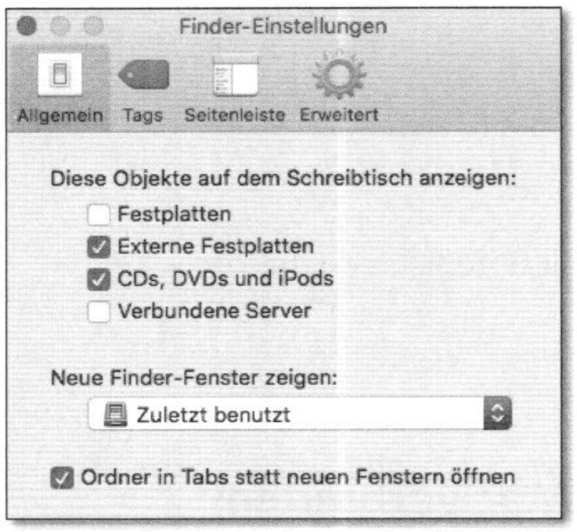

Abbildung 6.16 Hier stellen Sie ein, welche Geräte auf dem Schreibtisch angezeigt werden sollen.

Um den Inhalt eines Geräts im Finder anzeigen zu lassen, müssen Sie das Gerät nur in der Seitenleiste anklicken oder auf dem Schreibtisch darauf doppelklicken. Jetzt können Sie Daten auf dem Gerät speichern oder Daten vom Gerät auf den Mac übertragen.

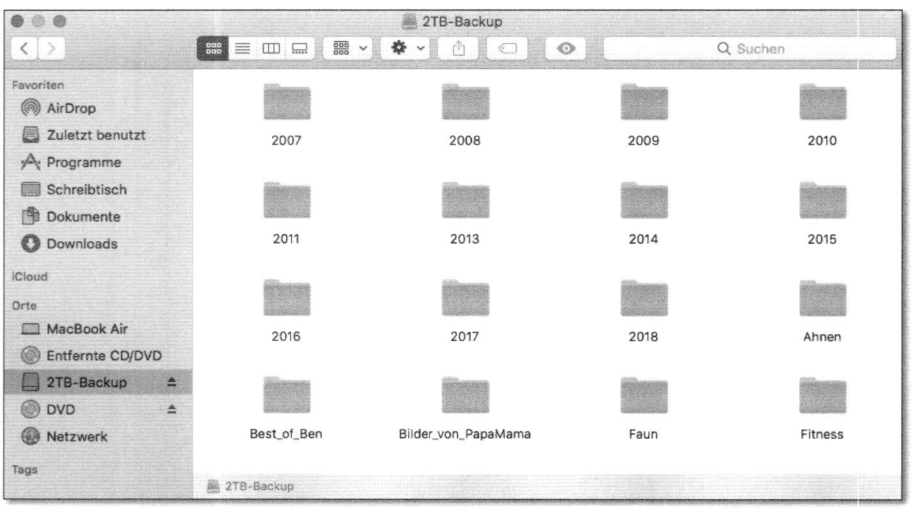

Abbildung 6.17 Der Inhalt der angeschlossenen Festplatte

HINWEIS

Externes Laufwerk wird nicht angezeigt

Wird ein angeschlossenes externes Laufwerk nicht angezeigt, dann kann dies daran liegen, dass die Festplatte falsch formatiert ist. Wie Sie eine Festplatte mit dem Festplattendienstprogramm von Apple formatieren können, erfahren Sie in Abschnitt 31.4.2, »Die Datensicherung vorbereiten«. Gelegentlich kommt es auch vor, dass ein externes Laufwerk nicht angezeigt wird, obwohl es im richtigen Format vorliegt, wenn es zum Beispiel nicht ordentlich ausgeworfen und dann gleich wieder eingesteckt wurde. Hier können Sie probieren, ob Sie die Festplatte über das **Festplattendienstprogramm** im *Dienstprogramme*-Verzeichnis über die Schaltfläche **Aktivieren** wieder einhängen können.

Bei langsameren Festplatten, die in einem (lesbaren FAT-)Windows-Format vorliegen, kann es häufig auch ein wenig länger dauern, bis diese bei **Orte** aufgelistet werden. Ansonsten, wenn der Mac stur bleibt und die Festplatte einfach nicht angezeigt wird, obwohl eigentlich alle Voraussetzungen erfüllt sind, hat ein Neustarten des Systems schon des Öfteren das Problem behoben.

Wenn Sie mit den Arbeiten an einem externen Gerät fertig sind und es vom Mac entfernen wollen, sollten Sie nicht einfach den Stecker herausziehen. Da ein angeschlossenes Gerät eine abgeschlossene logische Einheit mit einem Dateisystem ist, müssen Sie es vor der Trennung explizit auswerfen. Auf diese Weise wird sichergestellt, dass noch nicht übertragene Daten vom oder auf das Gerät übertragen werden und somit kein Datenverlust entsteht. Wenn Sie einfach den Stecker ziehen, wird sich das System bei Ihnen mit einem Warnhinweis melden.

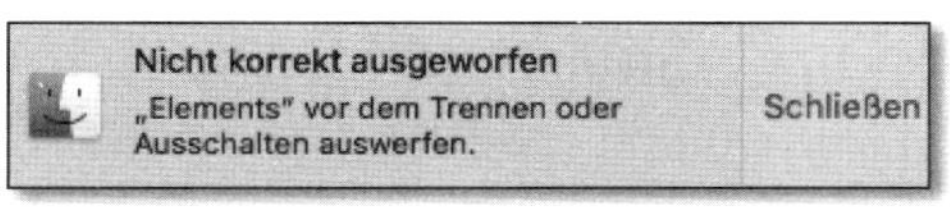

Abbildung 6.18 Um Datenverlust zu vermeiden, sollte man nicht einfach den Stecker ziehen. Ein Warnhinweis erinnert Sie daran.

Das Auswerfen von Geräten können Sie in der Seitenleiste über das Auswerfen-Symbol ❶ durchführen. Alternativ können Sie das Gerät auch mit der rechten Maustaste anklicken und im Kontextmenü **[xxx] auswerfen** wählen.

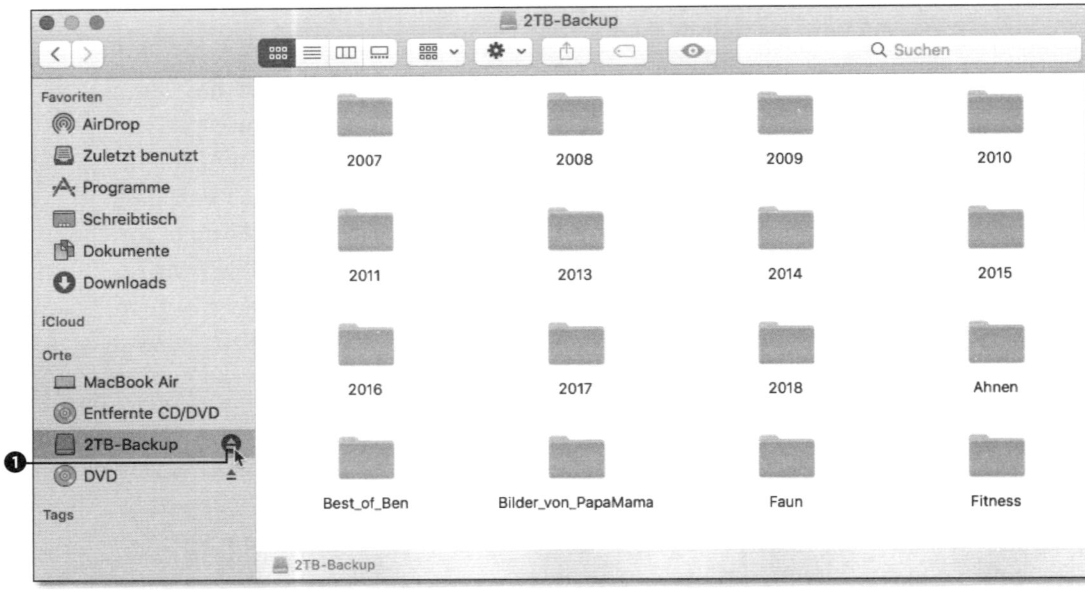

Abbildung 6.19 Über das Auswerfen-Symbol in der Seitenleiste können Sie das Gerät ordentlich vom System entfernen.

Ebenso ist ein Auswurf möglich, wenn Sie das Gerät mit gedrückt gehaltener Maustaste in Richtung des Papierkorbes ziehen, wobei das Papierkorbsymbol zum Auswerfen-Symbol wird, und es dort zum Auswerfen fallen lassen.

Abbildung 6.20 Das Auswerfen kann auch per Drag & Drop auf dem Schreibtisch durchgeführt werden.

Wenn das Gerät nicht ausgeworfen werden konnte, liegt es gewöhnlich daran, dass eine Datei auf dem externen Gerät noch von einer anderen Anwendung verwendet wird. In der Regel wird bei einem Hinweis der Programmname dazu mit eingeblendet. Wechseln Sie dann zum angezeigten Programm, und schließen Sie die darin geöffneten Dateien.

Wenn es damit auch nicht klappen sollte, kann es sein, dass Sie das Programm ebenfalls beenden müssen. So wird ein eventueller Datenverlust von nicht übertragenen oder geänderten Dateien sichergestellt.

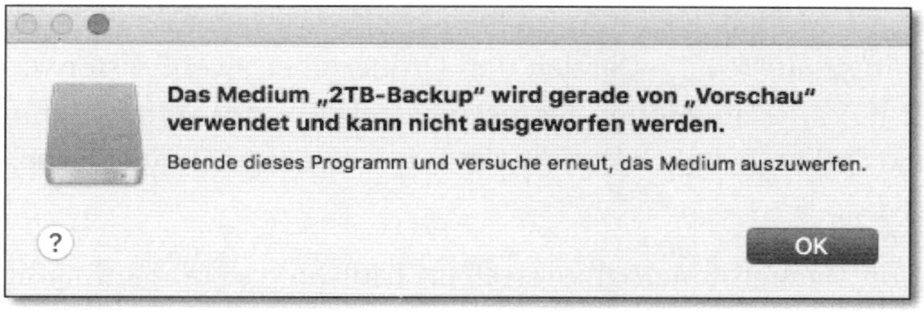

Abbildung 6.21 Werden noch Dateien auf dem auszuwerfenden Gerät verwendet, müssen diese zuvor geschlossen werden, damit der Auswurfvorgang durchgeführt werden kann.

Wenn Sie im Finder bei **Gehe zu ▸ Computer** die Objektausrichtung der Geräte auf **Art** stellen, werden Sie feststellen, dass hier zwischen verschiedenen Arten von Volumes unterschieden wird. Hierzu ein Überblick über die verschiedenen Arten von Volumes:

- **Startvolume:** Das Startvolume verfügt über ein Dateisystem, auf dem sich die Betriebssystemdateien befinden. Auch wenn es technisch nicht zwingend ist, handelt es sich dabei meistens um die eingebaute Festplatte, die als Startvolume dient. Theoretisch kann auch ein externes Volume oder ein Servervolume als Startvolume dienen.
- **Lokale Volumes:** Bei lokalen Volumes handelt es sich um Geräte, die intern verbaut sind. Wenn die Festplatte beispielsweise in mehrere Teile partitioniert wurde, ist jede Partition ein eigenes Volume für macOS. Ein lokales Volume muss allerdings auch hier nicht unbedingt eine Festplatte sein.
- **Externe Volumes/Entfernbare Volumes:** Diese Volumes sind nicht dauerhaft im Computer verbaut und nicht mit einem Netzwerk verbunden. Hierbei handelt es sich um physische Speicher, die vorübergehend mit dem Mac verbunden sind. Typische Geräte dieser Art sind USB-Sticks, externe Festplatten, SD-Karten, CD, DVD, Kameras usw.
- **Entfernte Volumes:** Diese Volumes sind nicht physisch mit dem Mac verbunden, sondern über ein Netzwerk. Um sich mit einem solchen Volume zu verbinden, muss der Mac das passende Netzwerkprotokoll und den Ort der Freigabe kennen.

6.6 Dateien und Ordner von und an externe Laufwerke übertragen

Nachdem Sie zumindest die Grundlagen von externen Geräten kennen, soll hier noch auf die Besonderheiten beim Übertragen von Dateien und Ordnern an oder von externen Laufwerken eingegangen werden. Hier müssen Sie wissen, dass beim Verschieben von Daten, wie Sie es in Abschnitt 6.4.1, »Dateien und Ordner über zwei Fenster verschieben«, und Abschnitt 6.4.2, »Dateien und Ordner über ein Fenster verschieben«, getan haben, die Daten und Ordner lediglich kopiert werden, wenn nicht (!) auf demselben Laufwerk gearbeitet wird.

Dass beim Verschieben von Dateien innerhalb desselben Laufwerkes standardmäßig nicht kopiert wird, erscheint irgendwie nur logisch, weil das System dann davon ausgeht, dass Sie auf dem System lediglich für Ordnung sorgen und dabei so wenig doppelte Dateien wie möglich auf demselben Laufwerk haben wollen.

Bei diesem Vorgang können Sie das grüne Plussymbol sehen, an dem Sie schnell erkennen, dass die Daten lediglich von einem Laufwerk in ein anderes Laufwerk kopiert werden. Dies gilt übrigens auch für lokale partitionierte Laufwerke, wo ebenfalls kopiert anstatt verschoben wird. Sobald ein anderes Volume verwendet wird, wird standardmäßig kopiert.

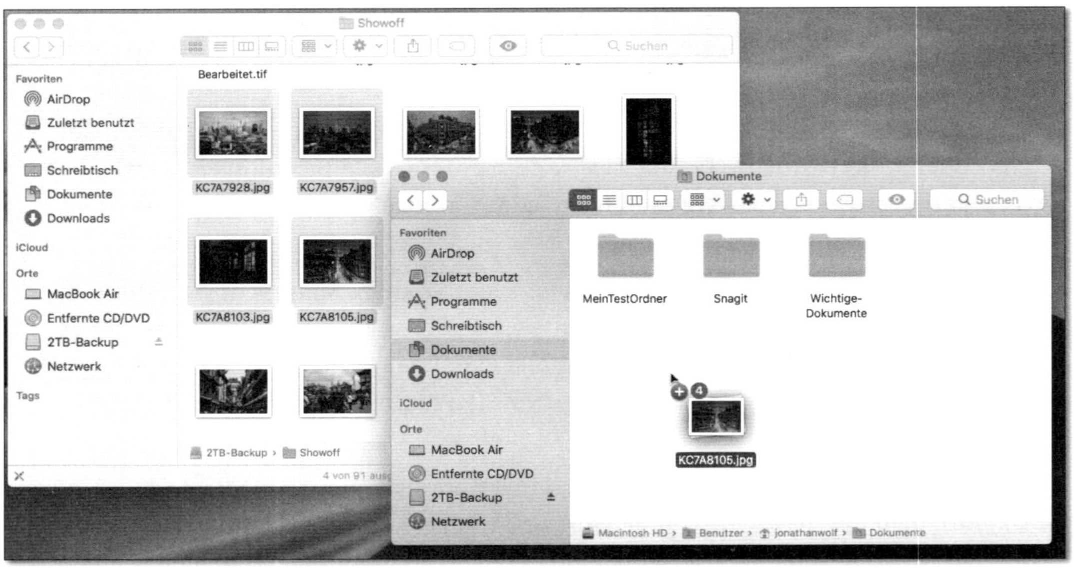

Abbildung 6.22 Am grünen Plussymbol erkennen Sie sofort, dass Daten kopiert werden.

ACHTUNG

NTFS-Laufwerke

Wenn Sie einen externen Datenträger haben, der in der Windows-Umgebung mit dem Dateiformat NTFS formatiert wurde, können Sie keine Daten auf diesen Datenträger übertragen. Auf das NTFS-Format können Sie mit dem Apple-Betriebssystem nur lesend, nicht aber schreibend zugreifen. Wenn Sie trotzdem unbedingt den vollen NTFS-Zugriff am Mac benötigen, bietet *www.paragon-software.com/de* eine Erweiterung als zehntägige Testversion an, die danach gekauft werden kann. Ebenfalls erwähnen sollte man die Software von Tuxera, die von *www.tuxera.com/products/tuxera-ntfs-for-mac* bezogen werden kann.

Auch zwischen unterschiedlichen Laufwerken gibt es eine Möglichkeit, das Verschieben zu erzwingen, wenn Sie die Dateien und Ordner mit gedrückt gehaltener Maustaste vom Quellverzeichnis eines Laufwerkes in das Zielverzeichnis eines anderen Laufwerkes ziehen. Gehen Sie hierbei vor wie bisher, und ziehen Sie mit gedrückt gehaltener Maustaste die Dateien und Ordner in das Verzeichnis des anderen Laufwerkes. Bevor Sie hier die Maustaste loslassen, halten Sie die cmd-Taste gedrückt und bewegen dabei den Mauscursor im Zielverzeichnis leicht. Jetzt verschwindet das grüne Plussymbol, und die Daten und Ordner werden verschoben und nicht mehr kopiert. Natürlich funktioniert auch hier das Verschieben über die Laufwerksgrenzen hinweg mit der Tastenkombination, mit der Sie die Ordner bzw. Dateien in ein Verzeichnis des Quelllaufwerkes kopieren (cmd + C) und in ein Verzeichnis des Ziellaufwerkes einfügen (cmd + Alt + V). Ebenso können Sie Dateien und Ordner mit dem Kontextmenü (über Laufwerksgrenzen) verschieben, indem Sie die Dateien mit der rechten Maustaste anklicken und **[Name] kopieren** wählen. Klicken Sie im Ziellaufwerk ebenfalls rechts und halten dabei die Alt-Taste gedrückt, wird der Befehl **Objekt einsetzen** zum Befehl **Objekt hierher bewegen**.

Mit dem Wissen, wie Sie Dateien oder Ordner auf unterschiedliche Laufwerke (Volumes) bewegen und dass die Dateien hierbei standardmäßig kopiert werden, können Sie anfangen, Dateien von einem externen Laufwerk auf Ihren Mac zu übertragen, so wie Sie es bereits in Abschnitt 6.4, »Dateien und Ordner kopieren und verschieben«, getan haben. Des Weiteren wissen Sie auch, wie Sie bei Bedarf dennoch die Daten verschieben können.

TIPP

Schnelle Sicherung oder Weitergabe

Für eine schnelle Sicherung oder Weitergabe meiner Daten verschiebe ich die entsprechenden Ordner und Dateien vom Finder-Fenster auf das Schreibtisch-Icon des externen Laufwerkes bzw. USB-Sticks und lasse die Daten dort fallen.

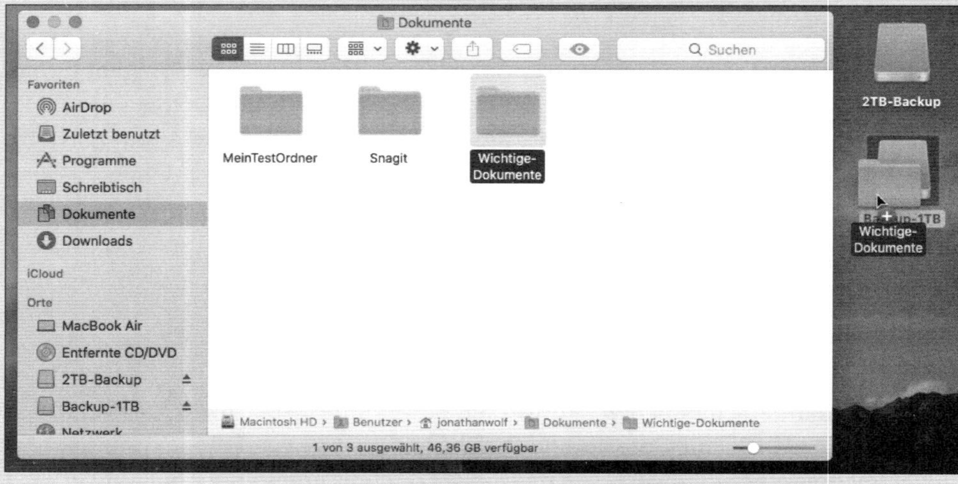

Abbildung 6.23 Dateien und Ordner können Sie schnell weitergeben, indem Sie diese per Drag & Drop auf das Laufwerksymbol des Schreibtisches fallen lassen.

Wenn Sie den Speicherpfad als Text benötigen, klicken Sie die Datei oder einen Ordner mit der rechten Maustaste an und drücken die `Alt`-Taste. Dann wird aus dem Befehl **[Name] kopieren** der Befehl **[Name] als Pfadname kopieren**, womit der Pfadname als Text in die Zwischenablage kopiert wurde, den Sie jederzeit in einem Texteditor mit `cmd` + `V` einfügen können.

6.7 So erstellen Sie schnell Duplikate

Wollen Sie eine Datei kopieren, aber nicht an einem anderen Speicherort, sondern demselben Verzeichnis hinzufügen, können Sie ein Duplikat erstellen. Dies ist in der Praxis hilfreich, wenn es sich bei einem Dokument um einen ersten Entwurf eines Projekts handelt und Sie das Konzept überarbeiten wollen.

Um ein solches Duplikat von einer Datei zu erstellen, müssen Sie diese selektieren und über das Zahnradsymbol in der Symbolleiste bzw. einen rechten Mausklick im Kontextmenü den Befehl **Duplizieren** auswählen. Noch schneller geht es mit der Tastenkombination `cmd` + `D`. Die neu erstellte Datei erhält den Namenszusatz *Kopie*. Den Namen der Datei können Sie jederzeit nachträglich ändern. Auf diese Weise haben Sie eine 1 : 1-Kopie des Originals erstellt.

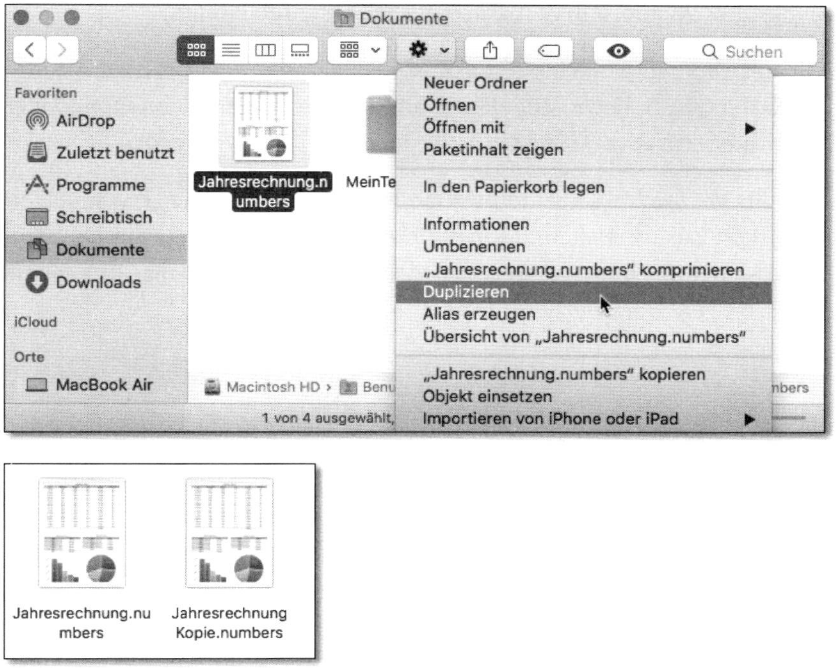

Abbildung 6.24 Ein Duplikat einer Datei ist im Handumdrehen erstellt.

6

ACHTUNG

Ordner duplizieren

Wenn Sie einen Ordner auf diese Weise duplizieren, werden auch die Inhalte des Ordners dupliziert. Der Ordnername erhält hierbei den Namenszusatz *Kopie*. Der Inhalt der Dateien im kopierten Ordner hingegen wird nicht anders benannt.

6.8 Ein Alias anlegen bzw. Verknüpfungen am Mac

Ein Alias ist eine Verknüpfung zur Originaldatei oder zum Originalordner. In der Praxis sind solche Verweise auf die Originaldaten beispielsweise in tief verschachtelten Ordnerstrukturen hilfreich, wenn Sie zu häufig verwendeten Verzeichnissen beispielsweise eine Verknüpfung auf dem Schreibtisch anlegen. Auch in Netzwerken sind solche Verbindungen zum Original hilfreich. Im folgenden Workshop soll ein solches Alias von einem Ordner auf dem Schreibtisch angelegt werden.

1 Markieren Sie das Verzeichnis, von dem Sie ein Alias erstellen wollen.

2 Klicken Sie mit der rechten Maustaste auf das Verzeichnis, oder wählen Sie das Zahnradsymbol in der Symbolleiste und den Befehl **Alias erzeugen**. Schneller geht es auch hier mit dem Tastaturkürzel cmd + L.

3 Jetzt finden Sie ein Verzeichnis mit demselben Namen wie das ausgewählte Verzeichnis, nur mit dem Zusatz *Alias* und einem Pfeilsymbol links unten im Icon vor. Dabei handelt es sich um einen Verweis auf das Originalverzeichnis. Der Name hierzu kann jederzeit geändert werden.

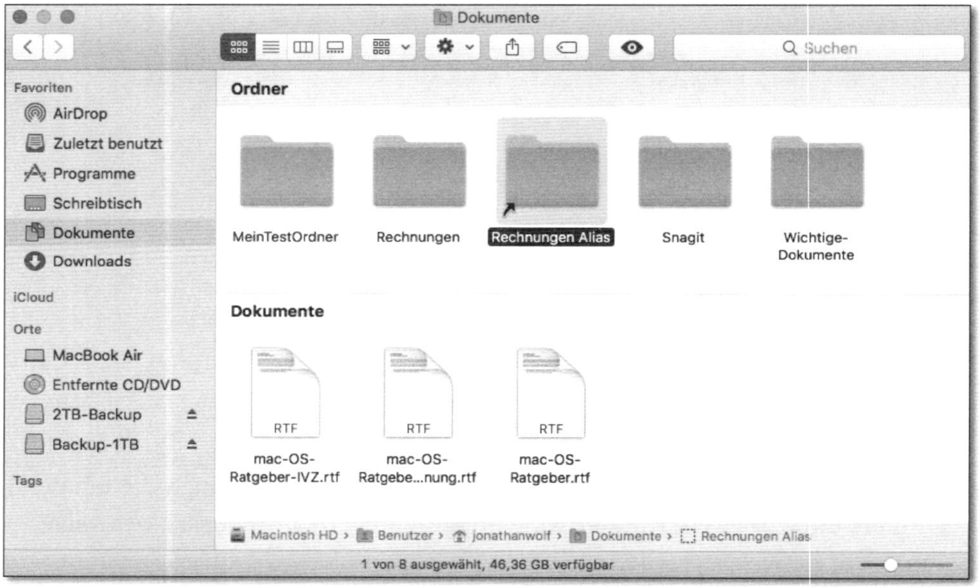

4 Verschieben Sie das Alias an den Speicherort, an dem Sie es künftig verwenden wollen. Ich verschiebe das Alias mit gedrückt gehaltener Maustaste auf den Schreibtisch und lasse es dort fallen.

5 Jetzt können Sie das Alias-Verzeichnis auf dem Schreibtisch wie das Originalverzeichnis verwenden und beispielsweise Dateien per Drag & Drop darauf fallen lassen. Die Dateien werden hierbei dem mit dem Alias verknüpften Verzeichnis hinzugefügt. Ebenso haben Sie auf diese Weise einen schnellen Zugriff auf das entsprechende Verzeichnis direkt auf dem Schreibtisch. Ein Doppelklick darauf öffnet den Pfad zum Originalverzeichnis.

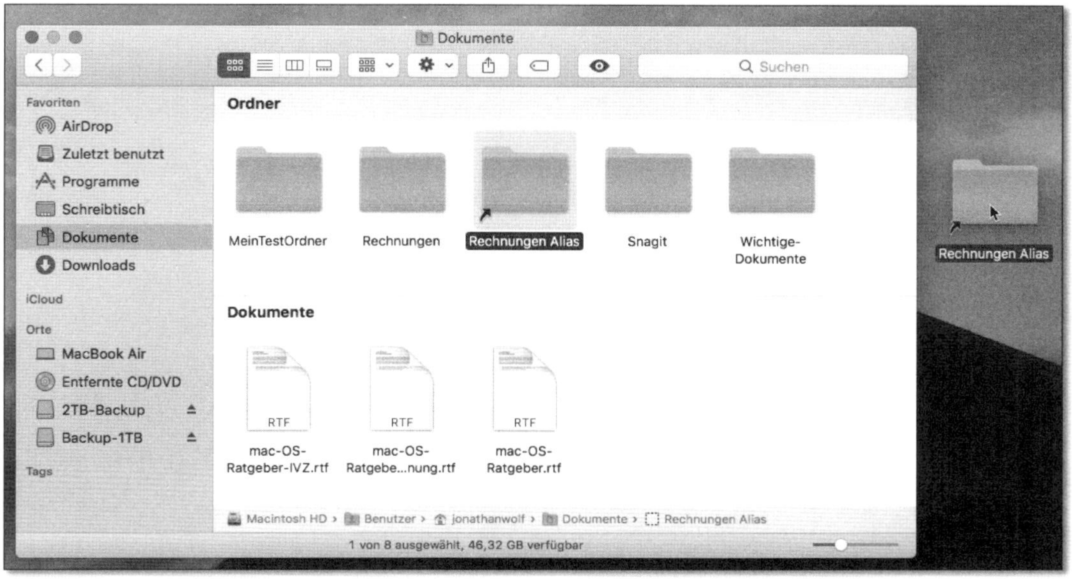

Wenn Sie ein erstelltes Alias über unterschiedliche Volumes per Drag & Drop verschieben, gilt auch hier dasselbe wie bei gewöhnlichen Verzeichnissen und Dateien, und das Alias wird lediglich kopiert, sodass Sie praktisch ein weiteres Alias auf die Originaldatei erstellt hätten. Es ist kein Problem, wenn Sie mehrere Aliasse für ein Verzeichnis verwenden, was gerade in Netzwerken mit verschiedenen Computern häufig der Fall ist. Wollen Sie keine Kopie von einem Alias über die Laufwerksgrenzen per Drag & Drop erstellen, können Sie auch hier wie gehabt die cmd-Taste drücken, dann wird das Alias verschoben und nicht kopiert. Aber auch für das Anlegen eines Alias über die Laufwerksgrenzen hinweg bietet macOS etwas Besseres an, was übrigens auch mit lokalen Laufwerken funktioniert:

1. Markieren Sie das Verzeichnis, von dem Sie ein Alias erstellen wollen.
2. Ziehen Sie das Verzeichnis an die Stelle auf dem System oder Laufwerk, an der Sie das Alias anlegen wollen, und halten Sie die beiden Tasten cmd + Alt gedrückt. Am Symbol ❶ beim Ziehen erkennen Sie bereits das Alias.
3. Lassen Sie die Maustaste los, haben Sie per Drag & Drop ein Alias angelegt, was sowohl mit den internen Laufwerken als auch über Laufwerksgrenzen hinaus funktioniert.

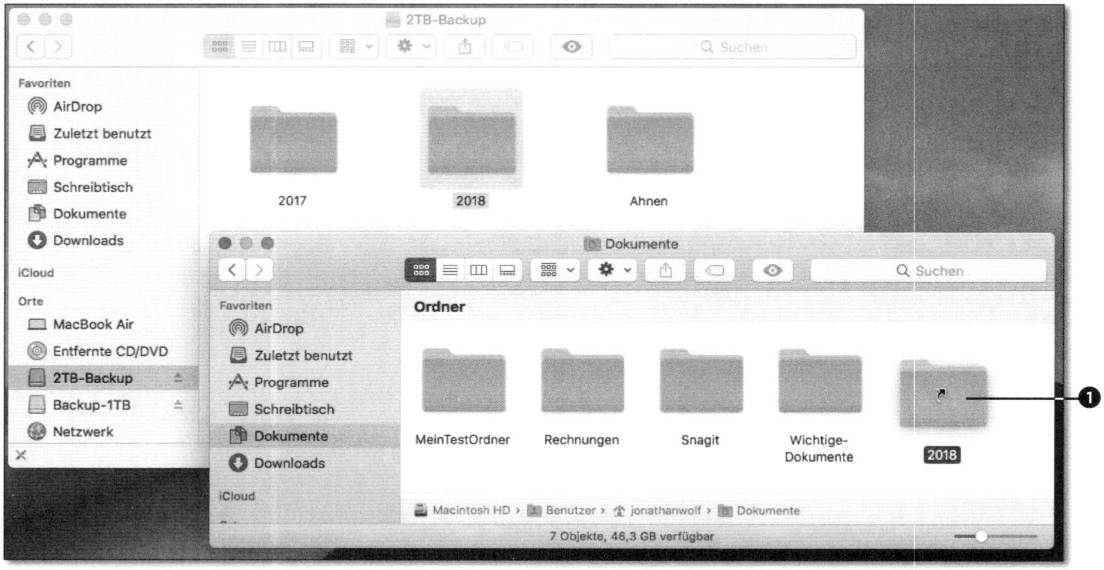

Die Funktion eines Alias ist es, sein Original zu repräsentieren. Wenn Sie somit ein Alias öffnen, wird das damit verknüpfte Verzeichnis oder die Datei geöffnet. Wollen Sie wissen, wo sich das Original für das Alias befindet, müssen Sie das Verzeichnis oder die Datei markieren und über das Zahnradsymbol bzw. einen rechten Mausklick den Befehl **Original anzeigen** auswählen, und im Finder-Fenster wird das Originalverzeichnis oder die Originaldatei angezeigt. Ein Alias funktioniert übrigens auch noch, wenn Sie das damit verknüpfte Verzeichnis oder die Datei woandershin verschoben oder umbenannt haben. Wenn Sie das Original gelöscht haben und es sich noch im Papierkorb befindet, wird es auch dann noch aufgelistet, wenn Sie das Alias auswählen und cmd + R betätigen. Kann das Alias allerdings nicht mehr zugeordnet werden, erscheint ein Dialog, in dem Sie entweder das Alias mit der Schaltfläche **Alias löschen** entfernen oder mit der Schaltfläche **Alias zuweisen** neu zuweisen können.

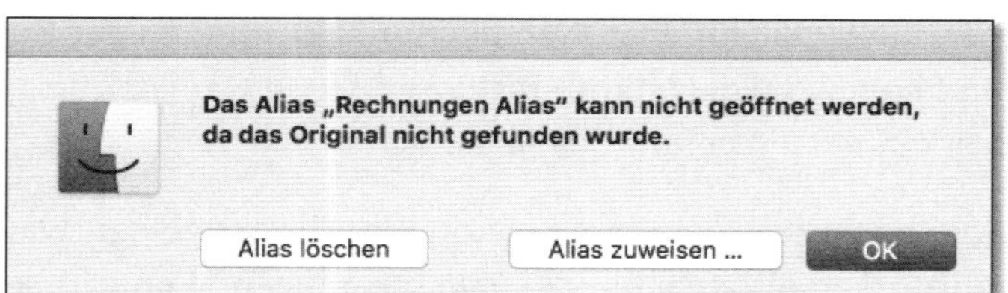

Abbildung 6.25 Die Meldung erscheint, wenn das Original zu einem Alias gelöscht wurde.

Wollen Sie den Speicherort des Originals ermitteln, klicken Sie das Alias mit der rechten Maustaste an, oder wählen Sie das Zahnrad-Icon in der Symbolleiste, und klicken Sie auf **Informationen**. Schneller geht es mit der Tastenkombination [cmd] + [I]. Im Info-Dialog können Sie im Bereich **Allgemein** den Speicherort des Originals ❷ ermitteln und bei Bedarf auch über die Schaltfläche **Original neu zuweisen** neu verknüpfen.

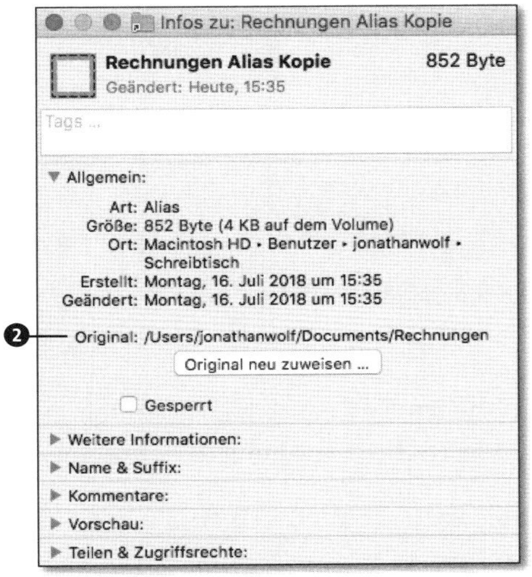

Abbildung 6.26 Auch der Informationen-Dialog erweist sich als nützlich, wenn Sie zum Beispiel den Pfad für das Alias neu zuweisen wollen.

HINWEIS

Alias löschen

Wenn Sie ein Alias löschen, wird nur die Verknüpfung, nicht aber das Original gelöscht.

6.9 Dateien und Ordner umbenennen

Dateien und Ordner umbenennen können Sie ganz einfach, indem Sie das entsprechende Element markieren und [↵] betätigen. Hierdurch wird der Text des Datei- bzw. Ordnernamens markiert und kann über die Tastatur verändert werden. Drücken Sie dann erneut [↵] oder klicken mit der Maus in einen anderen Bereich, ist der Ordner oder die Datei umbenannt.

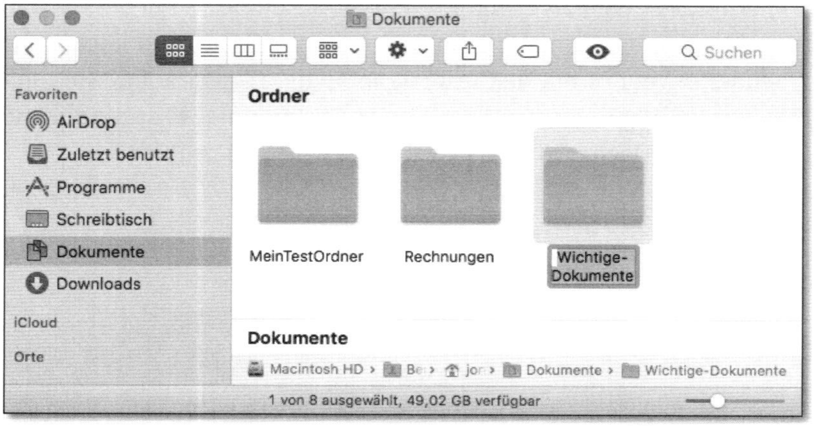

Abbildung 6.27 Eine Datei oder einen Ordner benennen Sie um, indem Sie diesen markieren und die [↵]-Taste drücken.

Es ist auch möglich, mehrere Dateien auf einmal ohne großen Aufwand umzubenennen. Wie dies funktioniert, erfahren Sie in der folgenden Schritt-für-Schritt-Anleitung:

1 Markieren Sie die entsprechenden Dateien, die Sie umbenennen wollen.

2 Klicken Sie rechts oder auf das Zahnradmenü, und wählen Sie dort den Befehl **[xx] Objekte umbenennen** aus.

3 Es erscheint ein Einblendmenü, in dem Sie in der Dropdown-Liste wählen, ob Sie den bestehenden Dateinamen ersetzen ❶, erweitern oder ein neues Format anlegen wollen. Geben Sie im linken Textfeld ❷ den zu suchenden Text im Dateinamen an, der durch den Text im rechten Textfeld ❸ ersetzt werden soll. Ein Beispiel unterhalb zeigt an, wie das Ergebnis aussehen würde.

Mit der Auswahl **Text hinzufügen** hingegen wird der eingegebene Text im Textfeld entsprechend der Auswahl im letzten Dropdown-Menü vor oder hinter dem Namen hinzufügt.

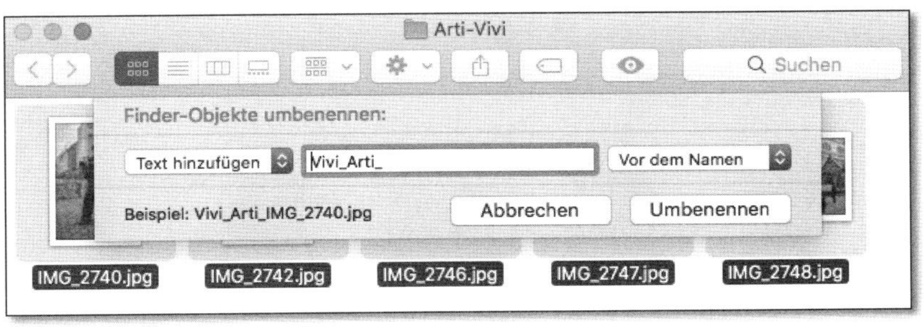

Und mit **Format** können Sie ein komplett neues Format des Dateinamens mit Index, Zähler oder Datum erstellen.

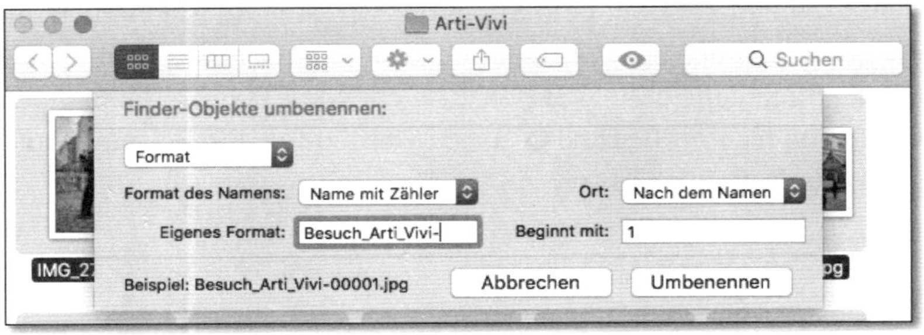

4 Klicken Sie auf **Umbenennen**, werden die Dateien entsprechend der gewählten Einstellung und der gemachten Angaben umbenannt.

Auch wenn Sie **Alle Dateinamensuffixe einblenden** im Finder über **Finder ▸ Einstellungen** im Register **Erweitert** aktiviert haben, wird diese Dateiendung beim Umbenennen von Dateien nicht berücksichtigt. Trotzdem ist es möglich, die Dateiendung zu editieren, was Sie in der Regel allerdings nicht machen sollten, weil durch die Zuordnung einer anderen Namenserweiterung die Datei eventuell nicht mehr geöffnet werden kann. Daher ist es hier sinnvoll, die Option **Vor dem Ändern eines Suffixes nachfragen** aktiviert zu lassen, wodurch ein Hinweisdialog erscheint, wenn Sie trotzdem aus Versehen das Suffix einer Datei mit geändert haben.

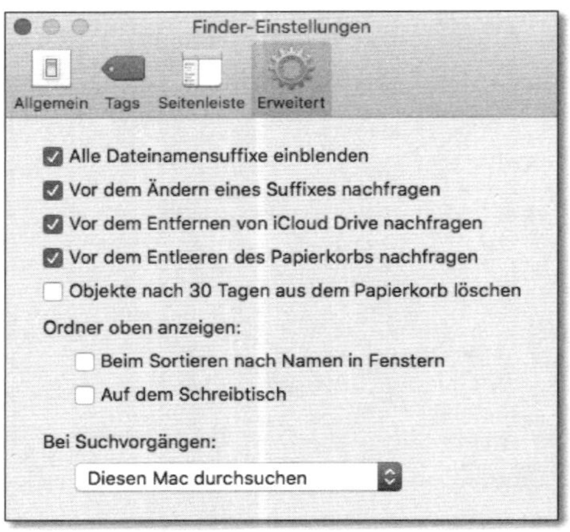

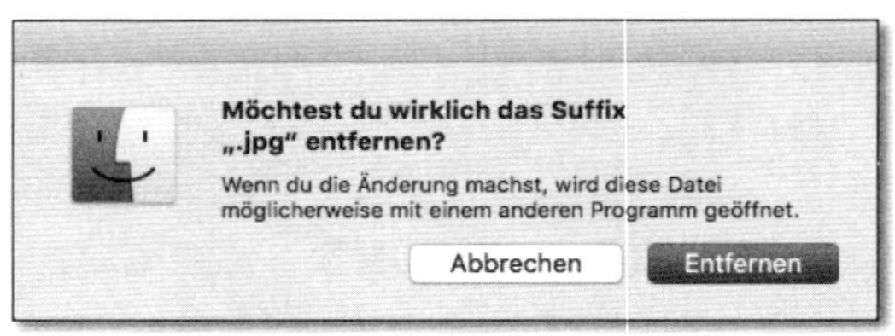

Abbildung 6.28 Theoretisch können Sie ein Dateinamensuffix manuell ändern. In der Praxis sollten Sie dies nicht tun und die entsprechende Warnung aktiviert lassen.

Wenn wirklich mal das Dateisuffix geändert wurde, sich eine Datei nicht öffnen lässt oder Sie sich nicht auf die Dateiendung verlassen wollen, können Sie über das Terminal herausfinden, welche Daten in der Datei enthalten sind. Das Terminal starten Sie über **Programme ▸ Dienstprogramme ▸ Terminal**. Wechseln Sie im Terminal mit dem Befehl `cd` in das Verzeichnis, in dem sich die Datei befindet, und geben Sie `file Dateiname` ein. Der Befehl `file` beachtet nicht die Dateiendung, sondern sucht in einer Datenbank im Verzeichnis */usr/share/file*, ob der Inhalt der Datei mit einem bekannten Muster übereinstimmt.

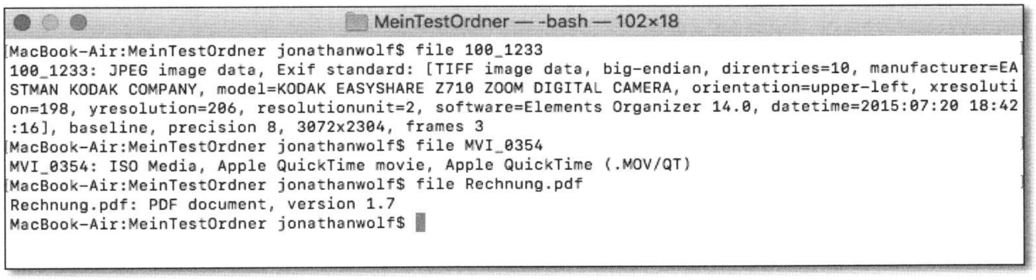

Abbildung 6.29 Mit dem Befehl »file« im Terminal können Sie sich mehr Informationen zu einer Datei ermitteln lassen.

6.10 So können Sie Dateien und Ordner schützen

Eine Datei können Sie vor Änderungen schützen, indem Sie diese markieren und das Zahnradsymbol auswählen oder rechts klicken und dann im Kontextmenü **Informationen** auswählen. Schneller geht es wie immer mit `cmd` + `I`. Setzen Sie im Info-Dialog ein Häkchen vor **Gesperrt** im Bereich **Allgemein**, wird die Datei mit einem Schlosssymbol angezeigt. Dasselbe funktioniert auch mit Ordnern.

Abbildung 6.30 Mit »Gesperrt« im Informationen-Dialog wird eine Datei oder ein Ordner vor Änderungen geschützt.

Sie können diese Datei zwar jederzeit noch öffnen, aber nicht mehr ändern oder umbenennen. Auch bei dem Versuch, diese Datei zu löschen, erscheint ein Hinweisdialog, ob Sie die geschützte Datei wirklich löschen wollen. Selbst wenn Sie eine bereits geschützte Datei in den Papierkorb geschoben haben, wird beim Entleeren des Papierkorbes noch ein Dialog eingeblendet, der nochmals abfragt, was Sie mit dem geschützten Objekt tun wollen.

Wollen Sie eine Datei hingegen als Vorlage für weitere Versionen verwenden, müssen Sie nur ein Häkchen vor **Formularblock** im Info-Dialog setzen. Jetzt wird die Datei zu einer Vorlagendatei. Wenn Sie die Datei öffnen, wird automatisch eine Kopie davon angelegt und damit gearbeitet. Das Original wird nicht angerührt. Das ist praktisch, wenn Sie immer recht ähnliche Briefvorlagen oder Rechnungen verwenden.

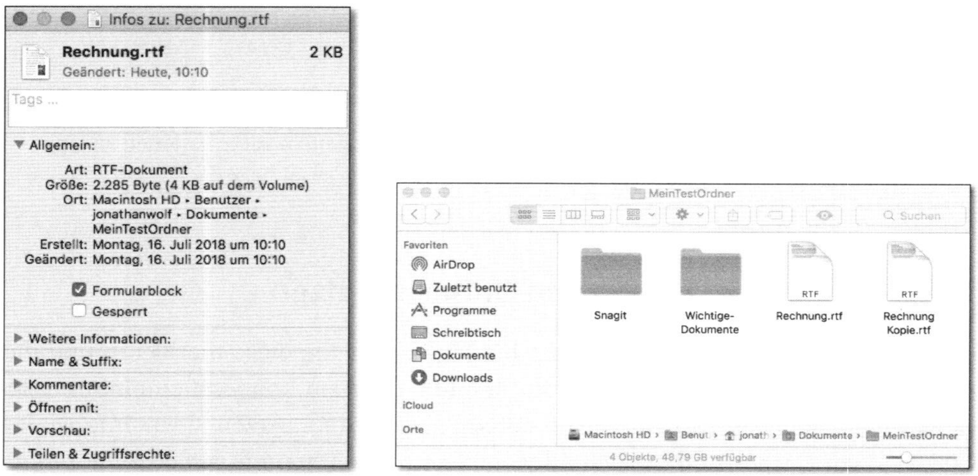

Abbildung 6.31 Mit »Formularblock« erstellen Sie eine Dokumentvorlage, von der automatisch eine Kopie erzeugt wird, wenn Sie diese öffnen.

6.11 Dateien und Ordner löschen und der Papierkorb

Überflüssige Dateien und Ordner, die Sie nicht mehr benötigen, können Sie jederzeit löschen. Dafür ist der Papierkorb da. Hierbei gibt es mehrere Möglichkeiten. Der schnellste Weg dürfte es sein, die Elemente mit gedrückter Maustaste auf das Papierkorbsymbol im Dock zu ziehen und dort fallen zu lassen. Auch die Tastenkombination [cmd] + [←] verschiebt alle markierten Dateien und Ordner sofort in den Papierkorb. Ansonsten wären da noch die Möglichkeiten, über das Zahnradsymbol oder einen rechten Mausklick die markierten Objekte mit dem entsprechenden Befehl in den Papierkorb zu legen.

TIPP

Löschen ohne Umweg in den Papierkorb

Wollen Sie eine Datei oder einen Ordner ohne den Umweg in den Papierkorb löschen, verwenden Sie die Tastenkombination [cmd] + [Alt] + [←].

6.11.1 Datei(en) wiederherstellen

Haben Sie aus Versehen einzelne Dateien oder Ordner gelöscht, so ist es kein Problem, diese an den früheren Ablageort zurückzulegen. Hierzu müssen Sie den Inhalt des Papierkorbes im Finder anzeigen lassen, indem Sie diesen über das Papierkorbsymbol ❶ im Dock anklicken. Jetzt müssen Sie die entsprechende Datei(en) oder Ordner markieren und entweder einen rechten Mausklick ausführen oder das Zahnradsymbol anklicken und den Befehl **Zurücklegen** auswählen. Anschließend finden Sie die Dateien bzw. Ordner am ursprünglichen Ort wieder, also dort, bevor Sie diese in den Papierkorb gelegt haben.

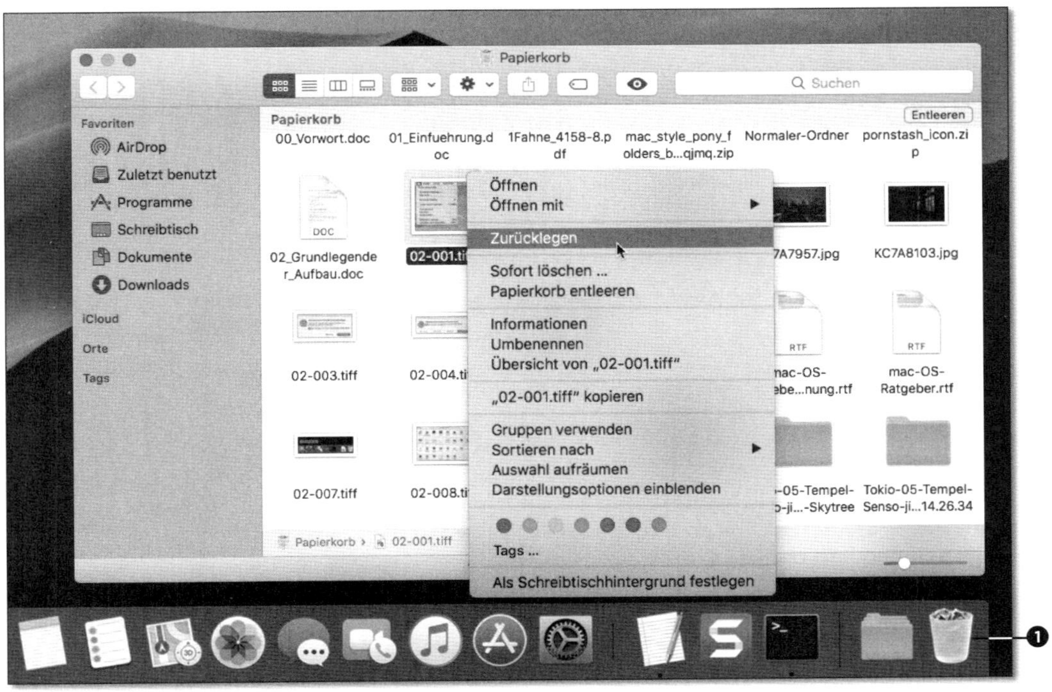

Abbildung 6.32 Dateien aus dem Papierkorb wiederherstellen

TIPP

Drag & Drop aus dem Papierkorb

Das Wiederherstellen von Dateien und Ordnern funktioniert auch per Drag & Drop. Hierbei können Sie die Dateien herausziehen und an einem beliebigen anderen Ort ablegen.

6.11.2 Papierkorb leeren

Zum Entleeren des Papierkorbes, damit die Dateien endgültig von der Festplatte gelöscht werden, gibt es mehrere Möglichkeiten. So können Sie jederzeit über das Finder-Menü **Finder ▸ Papierkorb leeren** oder ⇧ + cmd + ← den Papierkorb entleeren.

Ebenso können Sie den Papierkorb über das Symbol im Finder öffnen und unterhalb der Symbolleiste die Schaltfläche **Entleeren** ❷ anklicken. Gleiches erreichen Sie, wenn der Papierkorb im Finder geöffnet ist, auch via rechten Mausklick bzw. das Zahnradsymbol mit dem Befehl **Papierkorb entleeren**.

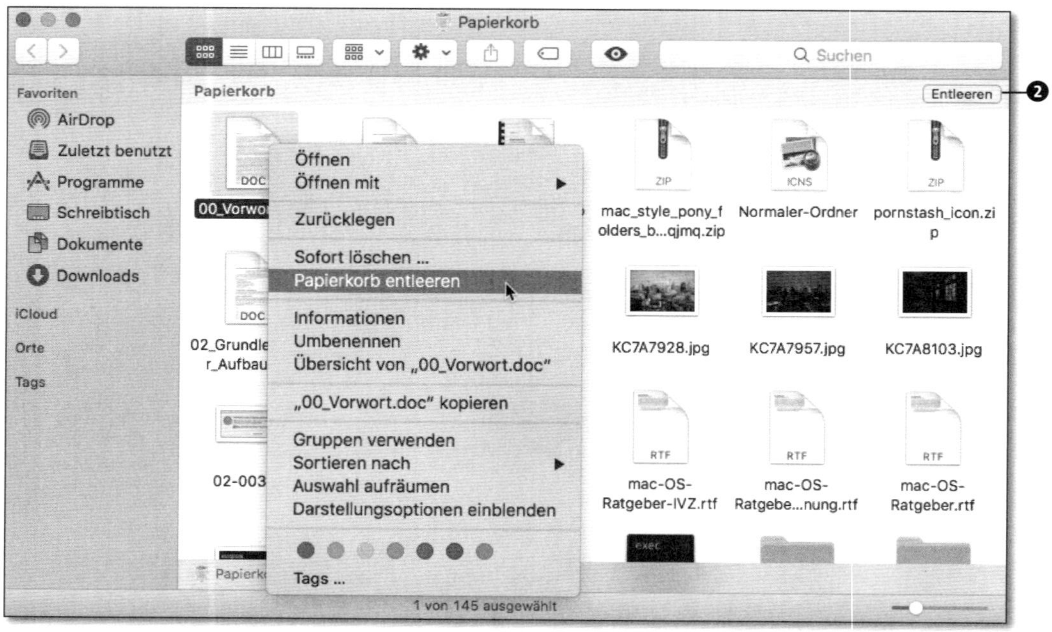

Abbildung 6.33 Dateien endgültig aus dem Papierkorb und somit auch vom System löschen

Wenn Sie einzelne Dateien oder Ordner aus dem Papierkorb löschen wollen, müssen Sie diese markieren und dann per Rechtsklick oder über das Zahnradsymbol den Befehl **Sofort löschen** auswählen. Natürlich bietet hier auch das Papierkorbsymbol im Dock einen entsprechenden Befehl an, wenn Sie es mit der rechten Maustaste anklicken.

Wenn Sie den Papierkorb entleeren, erscheint eine Nachfrage, ob Sie dies wirklich tun wollen. Ist Ihnen diese Nachfragerei lästig, können Sie diese Option über das Finder-Menü **Finder ▸ Einstellungen** im Register **Erweitert** deaktivieren, indem Sie das Häkchen vor **Vor dem Entleeren des Papierkorbs nachfragen** entfernen. Darunter finden Sie noch die Option **Objekte nach 30 Tagen aus dem Papierkorb löschen**, womit eben genau dies dann ohne Rückfragen alle 30 Tagen getan wird. Wollen Sie hingegen die Finder-Einstellung nicht ändern und ohne Rückfrage den Papierkorb entleeren, können Sie dies mit gehaltener `Alt`-Taste machen, wenn Sie das Symbol im Dock mit rechts anklicken und **Papierkorb entleeren** auswählen.

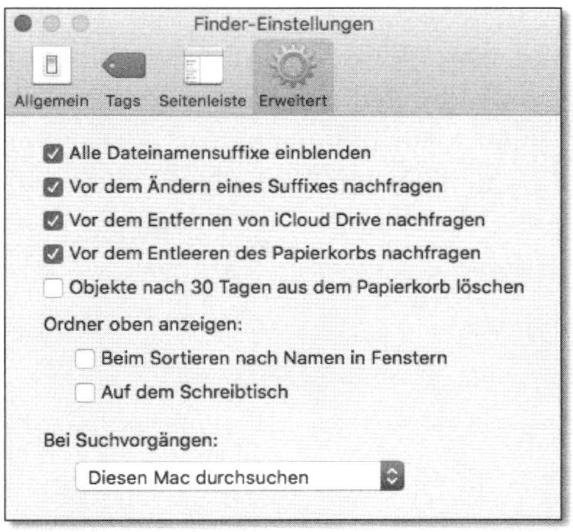

Abbildung 6.34 Einstellungen für den Papierkorb vornehmen

TIPP

Inhalt der Datei im Papierkorb betrachten

Innerhalb des Papierkorbes ist es nicht mehr möglich, die Datei per Doppelklick mit dem standardmäßig zugewiesenen Programm zu öffnen. Allerdings können Sie die Datei auswählen und mit der Leertaste die Schnellansicht-Funktion zu Hilfe nehmen, um den Inhalt der Datei zu betrachten.

6.12 Dateien und Ordner mit Tags auszeichnen

Neben der Möglichkeit, Dateien und Verzeichnisse mit einem sinnvollen Namen auszuzeichnen und die Dateien thematisch in verschiedenen Ordnern abzulegen, haben Sie mit den Tags noch eine weitere Möglichkeit, für Ordnung und Struktur zu sorgen. Mit solchen Tags können Sie Dateien und Ordner mit frei wählbaren Namen und Farben markieren. Jede Datei bzw. jeder Ordner darf durchaus mehrere Tags enthalten. Der Vorteil solcher Tags liegt darin, dass Sie mit diesen Zusatzinformationen die Dateien und Ordner leichter organisieren können und so einen schnellen Zugriff auf diese Objekte haben.

6.12.1 Tags für die eigenen Bedürfnisse bearbeiten

In der folgenden Anleitung erfahren Sie, wie Sie Tags Dateien und Ordnern zuweisen und sie Ihren persönlichen Bedürfnissen anpassen können:

1 Kaum jemand dürfte mit den Tag-Namen Rot, Orange, Gelb, Grün usw. arbeiten wollen, daher sollen diese zunächst den persönlichen Bedürfnissen angepasst werden. Klicken Sie hierzu im Finder-Menü auf **Finder ▸ Einstellungen**, bzw. verwenden Sie die Tastenkombination [cmd] + [,], und wählen Sie den Reiter **Tags**.

2 Wählen Sie hier den Namen eines Tags aus, den Sie ändern wollen, und drücken Sie [↵]. Geben Sie den neuen Namen für das Tag ein, und betätigen Sie erneut [↵]. Fahren Sie mit den anderen Tags fort.

3 Wollen Sie die Farbe eines Tags ändern, können Sie dies am Rand über die kleine Dropdown-Liste tun. Gleiche Farben dürfen auch mehrmals verwendet werden.

4 Neue Tags fügen Sie über das Plussymbol am unteren linken Fensterrand hinzu, und markierte Tags können Sie mit dem Minussymbol wieder entfernen. Per Drag & Drop können Sie die Tags in der Liste sortieren. Wollen Sie ein Tag nicht in der Seitenleiste des Finders anzeigen, müssen Sie das Häkchen am Ende des Tag-Eintrags deaktivieren.

5 Die bevorzugten Tags, die im Finder-Menü oder bei einem rechten Mausklick angezeigt werden, können Sie ebenfalls per Drag & Drop von der Liste an der entsprechenden Stelle unterhalb des Dialogs fallen lassen. Maximal lassen sich hier sieben Tags unterbringen. Leider lassen sich hierbei aber auch nicht weniger als sieben Tags verwenden. Sind Sie mit der benutzerdefinierten Einstellung der Tags fertig, können Sie den Dialog für die Finder-Einstellungen schließen.

Auch im Kontextmenü der Seitenleiste, die angezeigt wird, wenn Sie einen Eintrag mit der rechten Maustaste anklicken, finden Sie weitere Funktionen, um die Tags anzupassen.

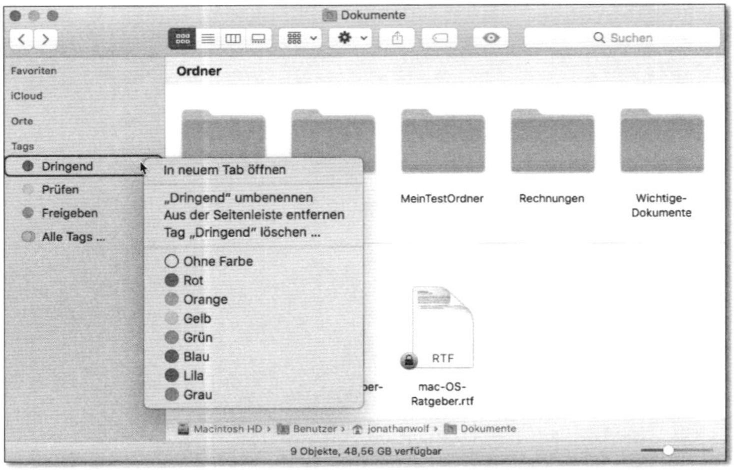

Abbildung 6.35 Die Änderungen der Tags werden auch gleich in der Seitenleiste übernommen.

6.12.2 Tag einer Datei oder einem Ordner hinzufügen bzw. entfernen

Die Zuordnung der Tags und das Entfernen ist an mehreren Stellen möglich. Bei bereits bestehenden Dateien stehen Ihnen folgende Möglichkeiten zur Verfügung:

1. Wählen Sie die Dateien bzw. Ordner aus, ziehen Sie diese mit gedrückt gehaltener Maustaste im Finder-Fenster auf den gewünschten Tag-Eintrag ❶ in der Seitenleiste, und lassen Sie die Maustaste los, um den Objekten ein Tag zuzuweisen.

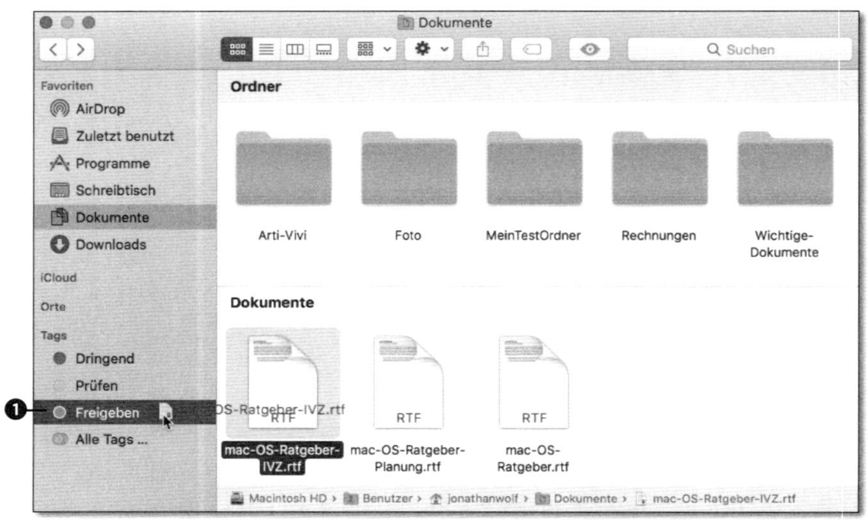

2 Wählen Sie die Datei(en) oder Ordner aus und klicken Sie auf das Zahnrad-Icon ❷ in der Symbolleiste, oder führen Sie einen rechten Mausklick aus und wählen Sie das gewünschte Tag ❸ aus, das zugewiesen werden soll. Bereits zugewiesene Tags werden mit einem Häkchen ❹ angezeigt. Klicken Sie hingegen auf ein Tag, dem hier bereits ein Häkchen zugewiesen wurde, wird das Tag wieder entfernt. Sie können durchaus mehrere Tags für eine Datei oder einen Ordner verwenden.

Hierbei werden allerdings gegebenenfalls nicht alle vorhandenen Tags, sondern nur die sieben Favoriten zur Auswahl angeboten, die Sie bei den Finder-Einstellungen ausgewählt haben bzw. jederzeit ändern können.

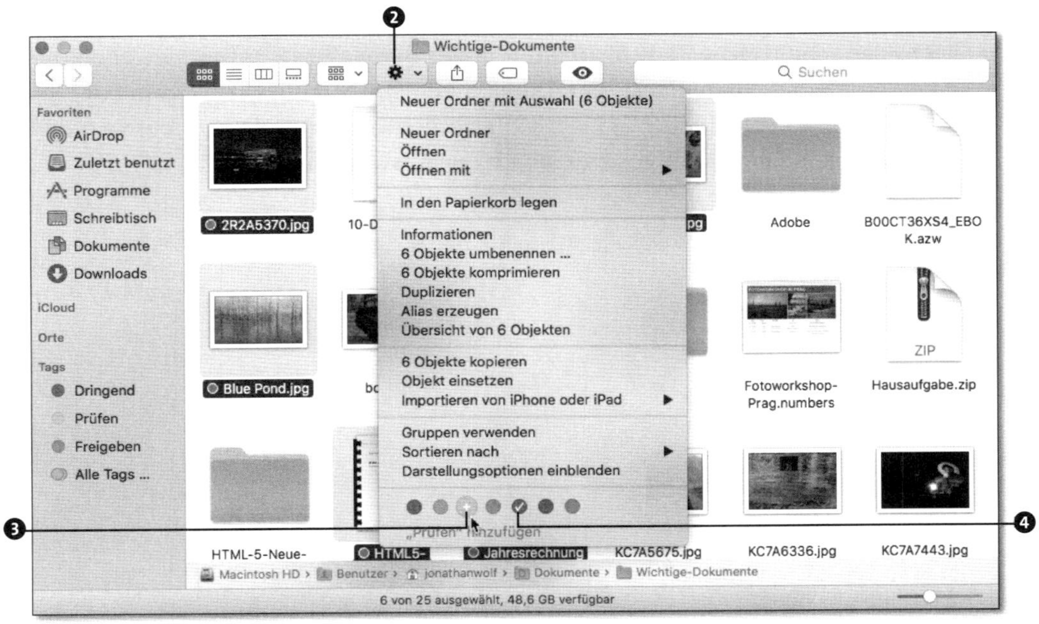

3 Wählen Sie die Datei(en) oder Ordner aus, und rufen Sie das Informationsfenster über [cmd] + [I] auf. Im Eingabefeld ❺ können Sie die entsprechenden Tags zum Zuweisen auswählen. Mit der [←]-Taste können Sie einzelne Tags auch löschen. Über **Alle anzeigen** werden auch die nicht angezeigten Tags zur Auswahl eingeblendet.

Sie müssen nicht zwingend ein vorhandenes Tag verwenden, sondern können auch einen neuen Eintrag hinzufügen. Dazu tippen Sie einen Text ein und betätigen [↵]. So haben Sie dem ausgewählten Objekt ein neues Tag hinzugefügt.

4 Über die Schaltfläche **Tags bearbeiten** in der Symbolleiste öffnen Sie ebenfalls ein Menü, in dem Sie den markierten Dateien und Ordnern Tags zuweisen oder bereits zugewiesene Tags mit der ← -Taste entfernen können. Auch hierbei werden über **Alle anzeigen** die nicht angezeigten Tags zur Auswahl angezeigt.

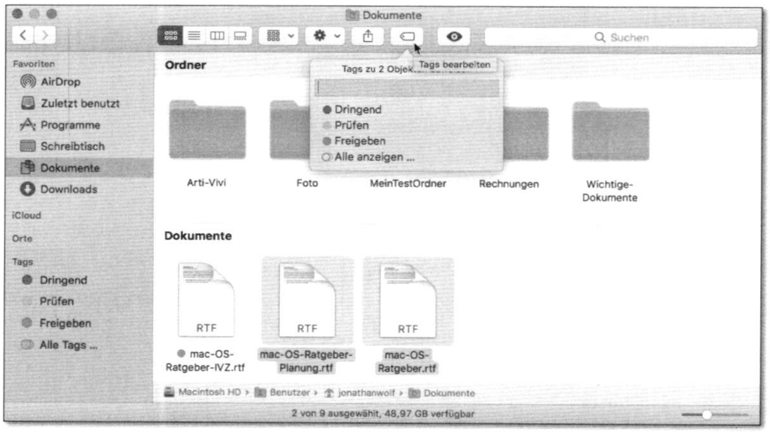

HINWEIS

Tags umbenennen

Einzelne Tags können Sie in der Seitenleiste jederzeit umbenennen, indem Sie diese mit der rechten Maustaste anklicken, mit **»Tagname« umbenennen** zum Editieren bereitmachen und einen neuen Namen dafür eingeben. Wenn Sie ein Tag für Dateien oder Ordner bereits vergeben haben und diesen Tag-Namen nachträglich ändern, dann gilt diese Änderung auch für die mit diesem Tag versehenen Dateien und Ordner. Gleiches gilt auch, wenn Sie Tags in den Finder-Einstellungen ändern, in denen Sie auch die Farbe für ein Tag ändern können. Auch hier gilt die Änderung der Farbe dann auch gleich für die damit bereits zugewiesenen Dateien und Ordner.

Neben den verschiedenen Möglichkeiten, Tags bereits vorhandenen Dateien oder Ordnern hinzuzufügen, bieten viele Programme bereits beim Speichern der Daten im Speichern-Dialog mit dem Feld **Tags** eine Option an, einzelne Tags zu vergeben. Sie können Sie ein neues Tag auch anlegen, indem Sie in diesem Feld anfangen zu tippen – dadurch erscheint darunter **Neues Tag »abc« erstellen**. Ein so erstelltes Tag können Sie künftig dann auch für andere Dateien und Ordner verwenden.

Abbildung 6.36 Tags können auch direkt beim Speichern einer Datei vergeben werden.

6.12.3 Tags im Finder nutzen

Wenn Sie Dateien oder Ordner reichlich und sinnvoll mit Tags versehen haben, können Sie komfortabel die zum Tag gehörenden Dateien auflisten lassen. Dazu müssen Sie nur den entsprechenden Tag-Eintrag in der Seitenleiste anklicken, und schon werden alle dazugehörenden Elemente gesucht und eingeblendet. Alternativ können Sie auch auf **Alle Tags** in der Seitenleiste klicken und dann entsprechende Tags anklicken, die nicht in der Seitenleiste aufgelistet werden.

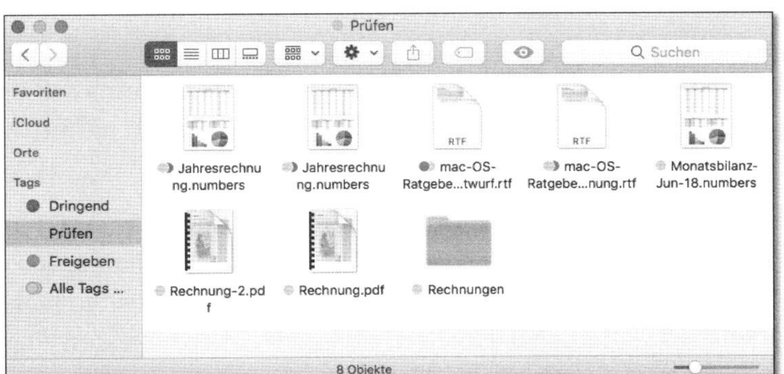

Abbildung 6.37 Dank der Tags ist es einfach, schnell entsprechende Objekte auflisten zu lassen.

Sehr praktisch ist hierbei auch die Möglichkeit, die Dateien und Ordner im Finder nach Tags auszurichten, was Sie über **Darstellung ▸ Gruppieren nach ▸ Tags** erreichen können. Vorausgesetzt, das Gruppieren wurde mit **Darstellung ▸ Gruppen verwenden** aktiviert. Selbiges erreichen Sie auch über das Symbol zur Objektausrichtung in der Symbolleiste.

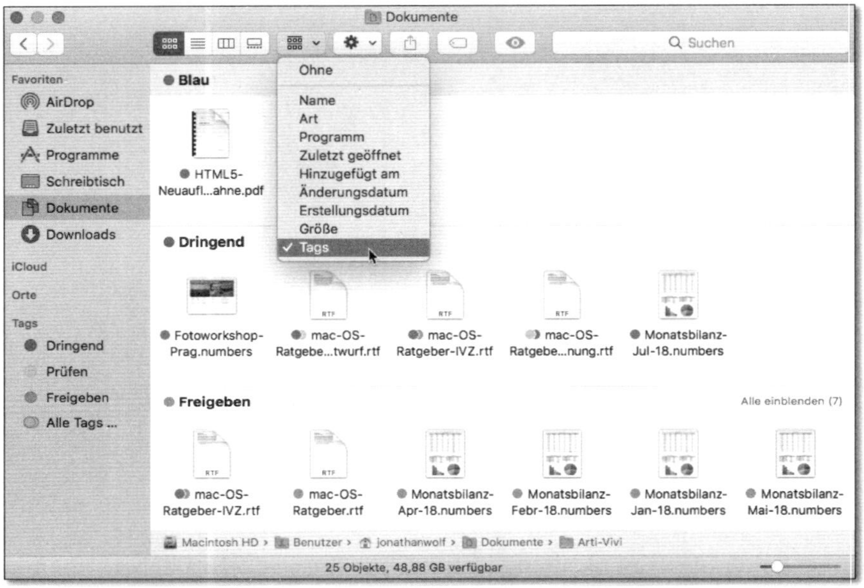

Abbildung 6.38 Die Objekte lassen sich auch nach Tags sortiert auflisten.

6.13 Das Info-Fenster

Das Informationen-Fenster haben Sie bereits häufiger verwendet, um Informationen über eine Datei oder einen Ordner zu erhalten. Um dieses Fenster anzuzeigen, müssen Sie die Datei oder den Ordner markieren und können dann den Befehl **Informationen** über einen rechten Mausklick, das Zahnradsymbol oder das Menü **Ablage** und natürlich über das Tastaturkürzel `cmd` + `I` aufrufen.

Wenn Sie allerdings mehrere Dateien oder Ordner im Finder markiert haben und den Befehl **Informationen** aufrufen, wird für jede markierte Datei oder Ordner ein eigenes Informationen-Fenster angezeigt. Dies ist vielleicht nicht unbedingt das, was Sie hiermit erreichen wollten. Wollen Sie stattdessen bei mehreren ausgewählten Objekten eine zusammengefasste Information haben, dann erreichen Sie dies ebenfalls mit einem rechten Mausklick, dem Zahnradsymbol oder dem Menü **Ablage**, nur müssen Sie zusätzlich noch die [Alt]-Taste gedrückt halten. Hierdurch wird der Befehl **Informationen** zum Befehl **Info-Fenster**, über den Sie die Informationen zu mehreren Objekten in einem Info-Fenster zusammenfassen können. Diese Info-Fenster können Sie auch mit der Tastenkombination [cmd] + [Alt] + [I] aufrufen. Optisch unterscheiden sich das Informationen- und Info-Fenster kaum voneinander.

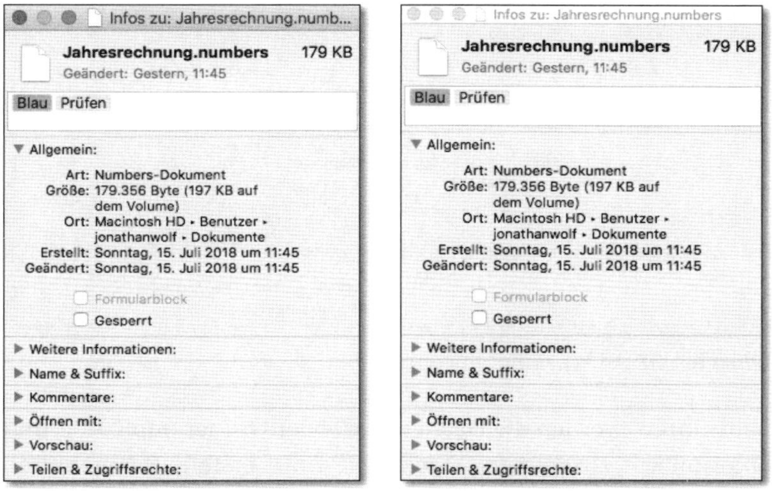

Abbildung 6.39 Links das Informationen- und rechts das Info-Fenster

TIPP

Info-Fenster aktualisiert seinen Inhalt

Sehr interessant ist dieses Info-Fenster auch als eine Art dauerhafte Vorschau für Dateien und Ordner, weil sich der Inhalt des Info-Fensters jederzeit dynamisch aktualisiert und immer die Informationen des ausgewählten Objekts im Finder anzeigt. Das Informationen-Fenster ohne die [Alt]-Taste ist hingegen ein statisches Fenster.

6.14 Dateien und Ordner komprimieren/archivieren

Wollen Sie Dateien oder ein ganzes Verzeichnis als E-Mail versenden, etwas aufräumen oder nur Platz auf der Festplatte schaffen, bietet es sich an, diese Dateien und Ordner als eine ZIP-Datei zu archivieren. Hierzu müssen Sie lediglich die Ordner oder Dateien im Finder auswählen, aus denen Sie eine ZIP-Datei machen wollen, und dann den Befehl **... komprimieren** im Menü **Ablage**, über das Kontextmenü per rechten Mausklick oder das Zahnradsymbol auswählen.

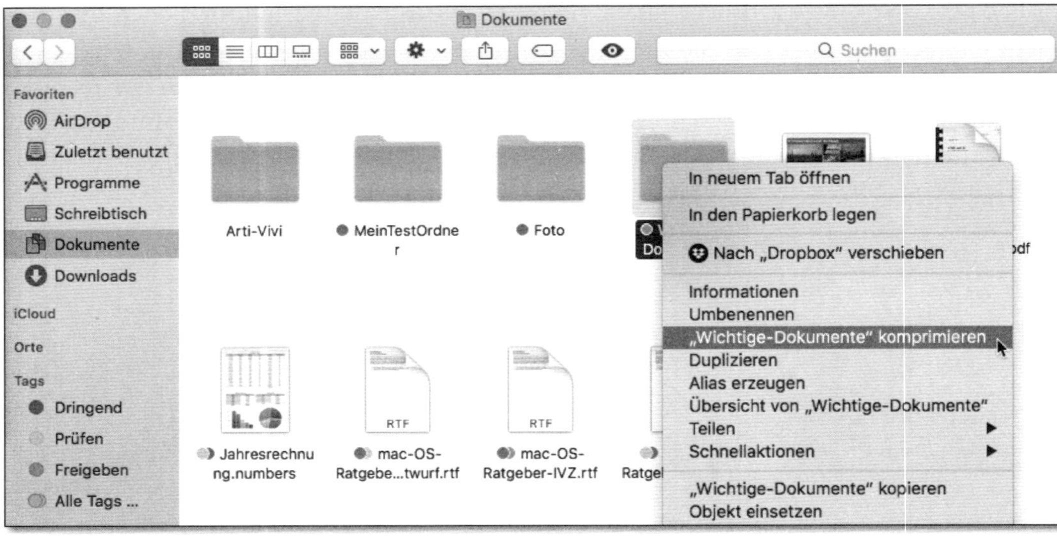

Abbildung 6.40 Einen Ordner als ZIP-Archiv komprimieren

Sobald Sie den Befehl ausführen, werden die Dateien und/oder Ordner dupliziert, und es wird daraus eine komprimierte, zusammengepackte ZIP-Datei erstellt. Bei mehreren Dateien und Ordnern wird der Name *Archiv.zip* verwendet und bei einem Ordner *[Ordnername].zip*. Natürlich können Sie diesen Namen jederzeit nachträglich ändern.

Abbildung 6.41 Ein ZIP-Archiv wurde erstellt.

Ein solches gepacktes ZIP-Archiv können Sie beispielsweise als E-Mail-Anhang weitergeben. Hierbei ist es auch hilfreich, dass die Ordnerstruktur erhalten bleibt. Ebenso eignen sich solche ZIP-Dateien, um Platz auf der Festplatte zu schaffen und die Dateien als ZIP-Archiv auf einer externen Festplatte zu archivieren.

Auch das Entpacken von ZIP-Dateien ist problemlos im Finder möglich. Es reicht es, die ZIP-Datei doppelt anzuklicken, schon wird das Archivierungsprogramm im Verzeichnis */System/Library/Core Services/Applications* ausgeführt. Diese Anwendung können Sie übrigens auch direkt starten und über das Menü **Archivierungsprogramm ▸ Einstellungen** anpassen. Ich verwende bei **Nach dem Entpacken** die Option **Archiv in den Papierkorb bewegen**, weil ich nach dem Entpacken des Archivs die ZIP-Datei nicht mehr brauche. Wenn Sie die ZIP-Datei nach dem Entpacken trotzdem benötigen, können Sie diese immer noch über den Papierkorb wiederherstellen.

6

Abbildung 6.42 Auch im Archivierungsprogramm können diverse Einstellungen vorgenommen werden.

6.15 So brennen Sie Dateien auf CD/DVD

Mit macOS können Sie Dateien auch auf CDs und DVDs brennen, um die Daten zu archivieren oder weiterzugeben. Auch wenn in aktuellen Macs kein optisches Laufwerk mehr vorhanden ist und die Tage dieses Mediums wohl gezählt sind, spielen sie auch heute noch eine Rolle bei der Weitergabe digitaler Daten in Form von Musik-CDs, Video-DVDs oder Bildern. Entscheidend, um eine CD oder DVD zu brennen, ist daher, dass Sie ein entsprechendes optisches Laufwerk an Ihren Mac angeschlossen haben. Folgende Anleitung demonstriert, wie Sie Daten über den Finder auf eine CD oder DVD brennen:

1. Klicken Sie auf den Schreibtisch, wenn Sie dort einen Brennordner haben wollen, oder öffnen Sie das Finder-Fenster, und wechseln Sie in den Ordner, in dem Sie den Brennordner anlegen wollen. Legen Sie den neuen Brennordner über das Menü

Ablage ▶ Neuer Brennordner an, und vergeben Sie einen Namen dafür. Ich belasse den Namen bei »Brennordner«. Der Befehl **Neuer Brennordner** steht nur zur Verfügung, wenn Sie ein optisches Laufwerk angeschlossen haben.

2 Ziehen Sie die gewünschten Dateien oder Ordner, die Sie brennen wollen, in den Brennordner. Keine Sorge, hierbei werden die Dateien und Ordner nicht verschoben oder kopiert, sondern lediglich zunächst als Alias hinzugefügt.

3 Wechseln Sie in den Brennordner, finden Sie alle Dateien und Ordner, die Sie in Schritt 2 hinzugefügt haben, als Alias wieder. Wenn Sie den Brennvorgang starten, werden natürlich die Originale anstelle der Aliasse als Vorlage verwendet. Am unteren Rand ❶ der Statusleiste finden Sie einen Überblick über die Größe der Dateien, wenn Sie die Statusleiste über das Menü **Darstellung** eingeblendet haben. Klicken Sie auf **Aktualisierung**, wenn Sie Daten aus dem Brennordner herausnehmen oder neue hinzugefügt haben. Wenn Sie alle gewünschten Daten hinzugefügt haben, klicken Sie auf **Brennen**. Jetzt werden Sie aufgefordert, eine leere CD/DVD einzulegen, die mindestens über die im Dialog angegebene Kapazität verfügt.

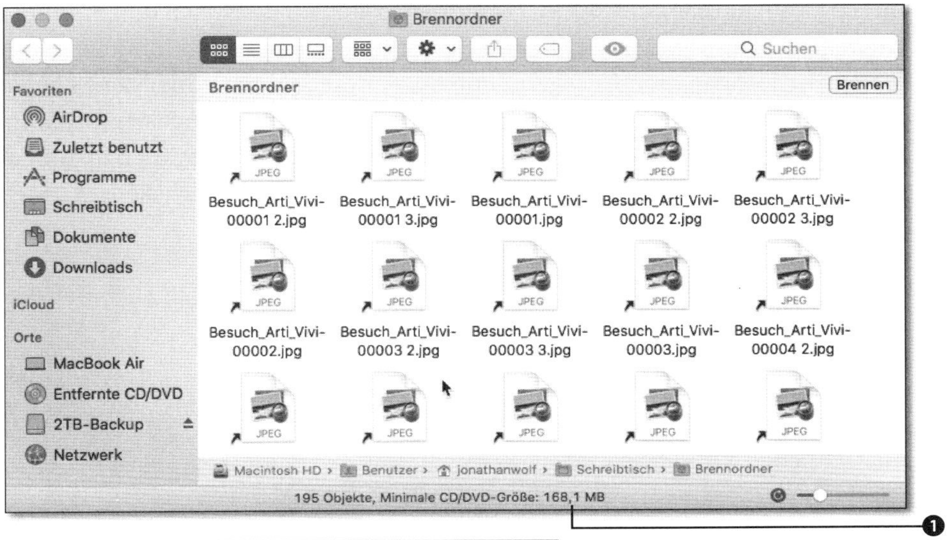

4 Haben Sie den Rohling eingelegt, können Sie im nächsten Dialog die Brenngeschwindigkeit festlegen und einen Namen für die CD/DVD vergeben. Klicken Sie hier ebenfalls auf **Brennen**, informiert Sie ein Fortschrittsbalken darüber, wie weit der Vorgang aktuell vorangeschritten ist.

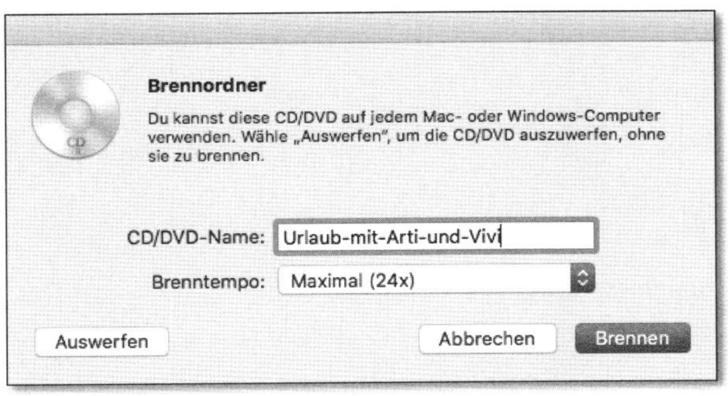

5 Nach dem Brennen finden Sie die CD/DVD mit dem zuvor vergebenen CD/DVD-Namen bei den Geräten in der Seitenleiste wieder, wo Sie das Medium auch jederzeit auswerfen können.

Brennen Sie häufiger CDs oder DVDs, kann es auch sinnvoll sein, sich den Brennordner in die Seitenleiste des Finders zu ziehen. Dann haben Sie jederzeit einen schnellen Zugriff, um hier Dateien hinzuzufügen, indem Sie diese in den Ordner der Seitenleiste ziehen. Außerdem wird hierbei auch gleich ein Brennsymbol ❷ angezeigt. Den Inhalt des alten Brennvorgangs innerhalb des Brennordners löschen Sie zuvor noch, indem Sie alle Dateien markieren und die Tastenkombination cmd + ← drücken.

Abbildung 6.43 Ein solcher Brennordner ist auch praktisch als Verknüpfung in der Seitenleiste.

Automatisch wird ein solcher Brennordner in der Seitenleiste angelegt, wenn Sie einen CD/DVD-Rohling einlegen und im folgenden Dialog bei **Aktion** die Option **Finder öffnen** wählen. Es wird gleich ein Brennordner **Ohne Titel** auf der Seitenleiste und gegebenenfalls auf dem Schreibtisch angelegt.

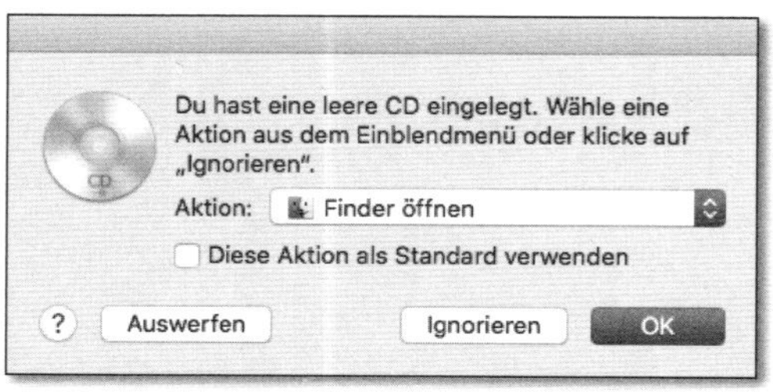

Abbildung 6.44 Öffnen Sie eine leere eingelegte CD gleich mit dem Finder, wird automatisch ein Brennordner angelegt.

Alternativ können Sie, wenn Sie ein optisches Laufwerk angeschlossen haben, auch jederzeit einen rechten Mausklick über einem Ordner ausführen oder das Zahnradsymbol anklicken und den Befehl **»Name« auf CD/DVD brennen** auswählen, um direkt einen Brennauftrag zu starten.

6.16 Das Teilen-Menü

Auf das Teilen-Icon (oder auch Bereitstellen- bzw. Freigabe-Icon) in der Symbolleiste wurde noch nicht eingegangen. Sie finden dieses Icon auch in vielen anderen Anwendungen. Und wenn Sie Nutzer eines iPhones oder eines iPads sind, dürfte Ihnen dieses Icon ohnehin bekannt vorkommen.

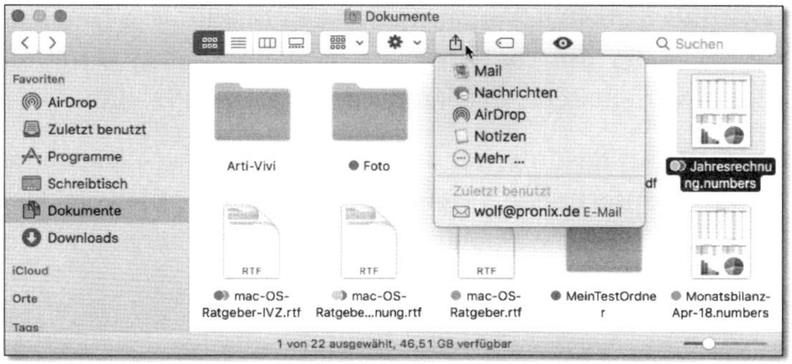

Abbildung 6.45 Die Teilen-Schaltfläche zur Weitergabe markierter Dateien finden Sie nicht nur im Finder, sondern auch in vielen anderen Programmen.

Der Sinn dieser Funktion ist die Weitergabe von im Finder markierten Dateien per E-Mail, AirDrop, Nachrichten, soziale Medien, andere Macs oder iOS-Geräte und noch mehr. Wenn Sie auf den Eintrag **Mehr** klicken, öffnet sich ein Dialog, in dem Sie festlegen können, welche Einträge in diesem Teilen-Menü aufgelistet werden sollen.

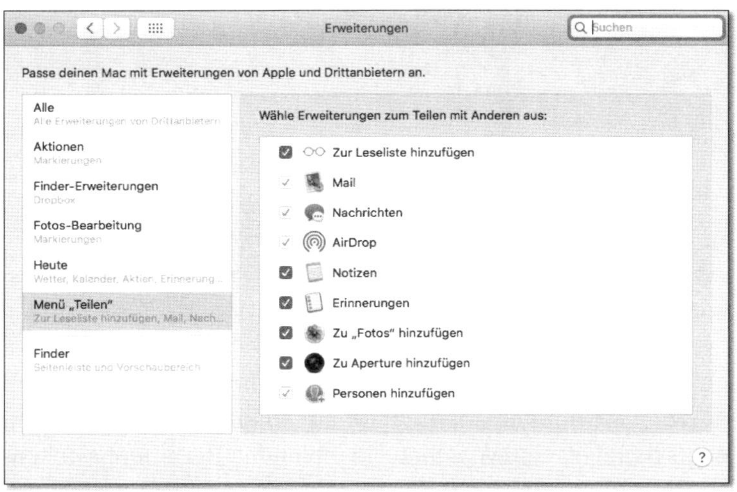

Abbildung 6.46 Hier können Sie einstellen, was alles in der Teilen-Schaltfläche aufgelistet werden soll.

7 Suchen und Finden mit Spotlight

Spotlight ist eine in das System integrierte und effiziente Suchfunktion, mit der Sie nicht nur nach Dateien und Ordnern suchen, sondern auch die Inhalte von Dateien, E-Mails, Lesezeichen, Verlauf, Kalender usw. durchsuchen können. Ebenso wird von Spotlight die gezielte Suche nach verfügbaren Metadaten von Dateien unterstützt.

Die Suche mit Spotlight kann auch auf das Internet oder die verbundenen Netzwerke ausgeweitet werden, sofern eine entsprechende Verbindung besteht. Spotlight ist fest mit dem Betriebssystem verwurzelt, und Sie werden diese Suchfunktion noch in vielen anderen Programmen wiederfinden.

7.1 Erste Spotlight-Suche in der Menüleiste

Immer verfügbar ist Spotlight über das Lupensymbol in der Menüleiste rechts oben ❶ auf der Bildschirmoberfläche. Das Spotlight-Suchfeld ❷ wird durch Anklicken der Lupe oder mit der Tastenkombination `cmd` + Leertaste eingeblendet.

Abbildung 7.1 Das Spotlight-Suchfeld auf dem Schreibtisch

Geben Sie hier einen Suchbegriff ein, sortiert Spotlight die Suche übersichtlich nach verschiedenen Kategorien. Wenn Sie mit dem Mauscursor auf einen der Einträge gehen und ihn anklicken, wird rechts daneben eine Vorschau eingeblendet. Bei einer bestehenden Internetverbindung wird auch im Internet bei Wikipedia, im App Store, bei iTunes usw. gesucht, und entsprechende Ergebnisse werden mit aufgelistet. Diese Suche im

Internet können Sie in den Einstellungen anpassen. Im Finder-Fenster hingegen werden solche Zusatzinformationen von Suchergebnissen wie Wikipedia, App Store usw. nicht mehr angezeigt. Den Pfad, der zeigt, wo genau sich eine gefundene Datei auf dem Rechner befindet, können Sie rechts unten einblenden lassen, wenn Sie [cmd] drücken. Doppelklicken Sie auf einen ausgewählten Eintrag oder drücken [↵], wird das Finder-Fenster des Ordners geöffnet, in dem sich der Eintrag befindet. Bei anderen Daten wiederum wird eine Webseite oder entsprechende Anwendung (beispielsweise App Store, iTunes etc.) geöffnet, die mit diesem Dateiformat sonst auch geöffnet wird.

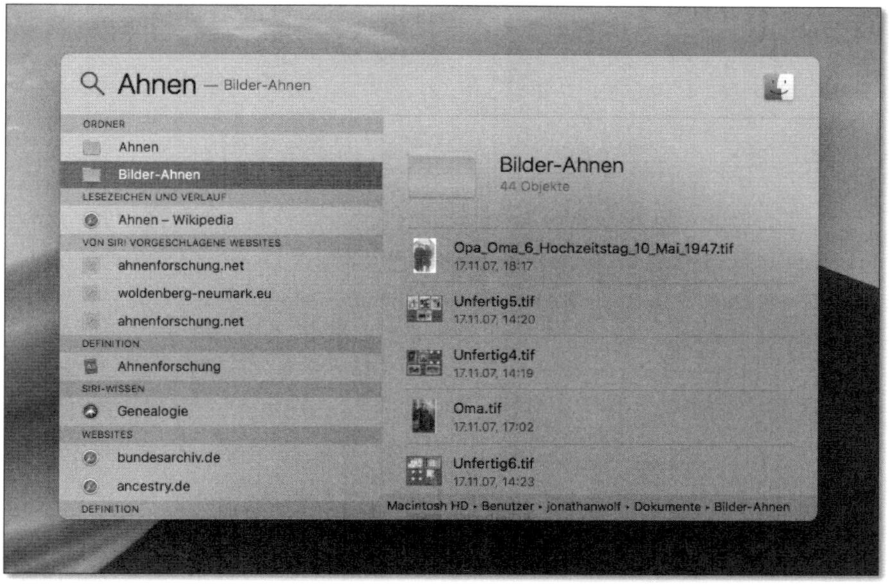

Abbildung 7.2 Bei Eingabe eines Suchbegriffs wird Spotlight aktiv.

Ebenso können Sie per Drag & Drop einzelne Elemente aus der Liste der Suchergebnisse herausziehen und beispielsweise als E-Mail-Anhang verwenden, indem Sie die Datei auf eine E-Mail fallen lassen.

Mit der Spotlight-Suche in der Menüleiste können Sie auch den *Taschenrechner* vom System verwenden, indem Sie beispielsweise eine Berechnung in das Suchfeld eingeben, und schon wird das Ergebnis eingeblendet. Auch einfache Umrechnungen von Währungen oder anderen Maßeinheiten können Sie hier ausführen. Geben Sie zum Beispiel »100 kg« in das Suchfeld ein, wird das Gewicht umgerechnet in Pfund, Tonnen, Unzen usw. Oder sind Sie beispielsweise im Urlaub in Tschechien und wollen einen Betrag in Euro umrechnen, geben Sie beispielsweise »100 czk« ein, und schon wird die Umrechnung angezeigt.

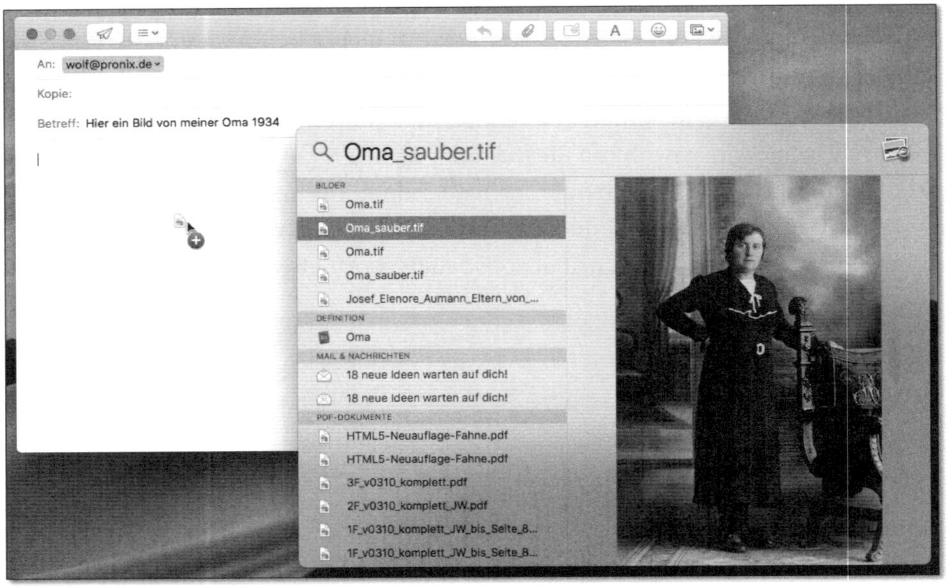

Abbildung 7.3 Gefundene Dateien können mit Spotlight per Drag & Drop an eine andere Anwendung übergeben werden.

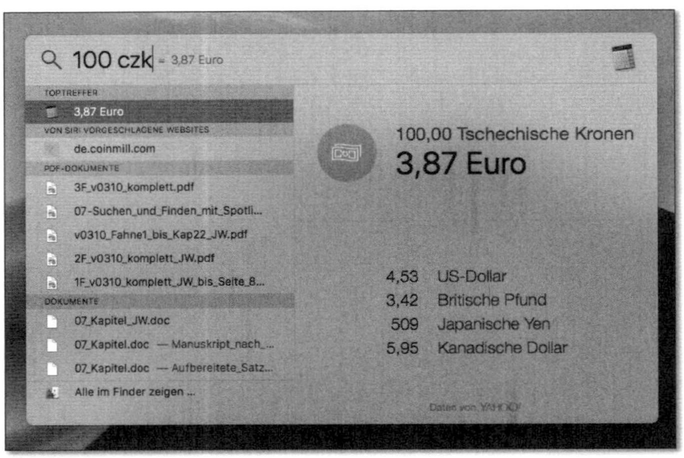

Abbildung 7.4 Das Umrechnen einer Währung wird zum Kinderspiel.

Wenn eine Internetverbindung vorhanden ist, können Sie nach Dingen wie dem Wetter (beispielsweise »Wetter in Berlin«), dem Aktienstand (»Siemens Aktie«), nach Nachrichten, Sportergebnissen (»Bayern München«) oder einem Restaurant suchen (»Pizza Augsburg«).

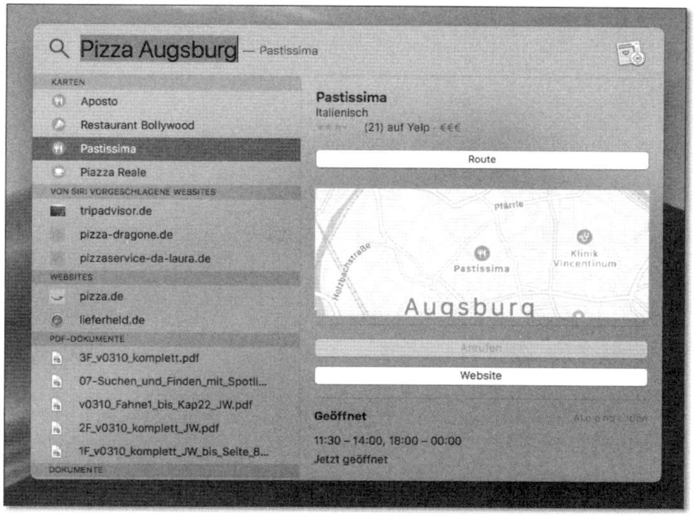

Abbildung 7.5 Lust auf Pizza?

Die Spotlight-Suche auf dem Schreibtisch zeigt allerdings nicht immer alle gefundenen Ergebnisse an. Wenn Sie ganz nach unten scrollen, finden Sie am Ende den Eintrag **Alle im Finder anzeigen** ❶. Klicken Sie doppelt darauf, erscheint das Finder-Fenster, in dem unten in der Statusleiste ❷ die Anzahl der gefundenen Elemente eingeblendet wird. Für eine bessere Übersicht bietet es sich hier häufig an, die Objektausrichtung auf **Art** zu stellen.

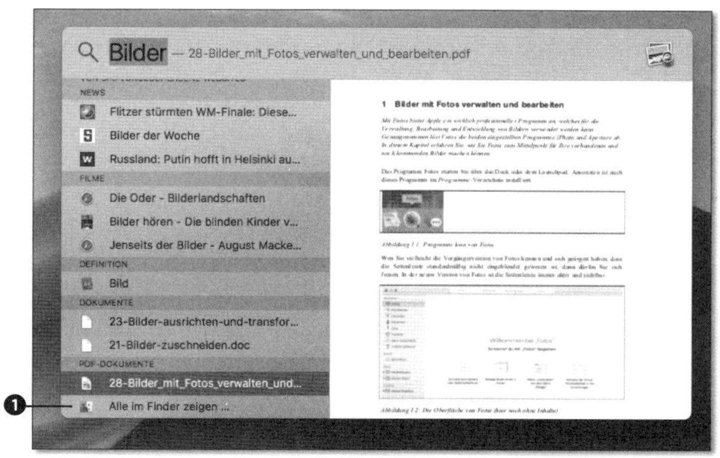

Abbildung 7.6 Selten werden alle gefundenen Dateien und Ordner in der Spotlight-Suche auf dem Schreibtisch angezeigt. Klicken Sie auf ❶ …

Abbildung 7.7 ... werden im Finder-Fenster alle gefundenen Dateien und Ordner aufgelistet, nach denen Sie gesucht haben.

Das Spotlight-Fenster können Sie auf dem Schreibtisch verschieben, indem Sie es am oberen Rand mit gedrückt gehaltener Maustaste auf dem Bildschirm an die gewünschte Position setzen. Ebenfalls lässt sich das Fenster auf dem Schreibtisch in der Höhe am oberen oder unteren Rand vergrößern oder verkleinern, wenn der Mauscursor dort zu einem Doppelpfeil wird und Sie mit gedrückter Maustaste das Fenster skalieren.

7.2 Das Suchfeld im Finder

Wenn Sie die Spotlight-Suche im Finder ausführen, beschränkt sich die Suche mehr auf Informationen, die sich auf dem Rechner befinden. Gezielt können Sie damit nach Dateinamen, Ordnernamen, Dateiinhalten und Metadaten suchen.

Datei- und Ordnernamen sprechen für sich. Bei Dateiinhalten werden nur die Dateiformate durchsucht, die das System kennt. Und das sind wirklich eine Menge gängiger Dateiformate wie Textdateien, PDF-Dateien, Mail, Kalender, Microsoft Office, Pages, Keynote, Numbers, Fotos, Kontakte, HTML-Dateien, iTunes usw. Reicht Ihnen das nicht aus, können Sie nach Spotlight-Plug-ins im Internet suchen und in den Systemordner

Library ▶ **Spotlight** nachinstallieren, um bei Bedarf noch weitere Dateiformate bei der Spotlight-Suche verwenden zu können.

7.2.1 Metadaten einblenden

Wenn Sie nicht wissen, welche Metadaten vorhanden sind, blenden Sie im Finder die Vorschau mit [⇧] + [cmd] + [P] ein. Rechts in der Vorschau finden Sie dann die verschiedenen Informationen zu einer ausgewählten Datei vor. Gerade bei Bildern sind dies ziemlich viele Metainformationen. Ebendiese Informationen sind es, die ebenfalls bei der Suche in Spotlight berücksichtigt werden.

Abbildung 7.8 Die Metadaten im Finder in der Vorschau anzeigen lassen

Die Metadaten finden Sie auch über das Informationen-Fenster, wenn Sie eine Datei auswählen und [cmd] + [I] drücken. Bei **Weitere Informationen** ❶ finden Sie verschiedene Informationen zur Bilddatei. Das sind die Metadaten, die bei der Spotlight-Suche berücksichtigt werden können. Auch Kommentare ❷ gehören zu den Metadaten. Natürlich gilt dies nicht nur für Bilddateien. Andere Dateiformate haben wiederum andere Arten von Metadaten.

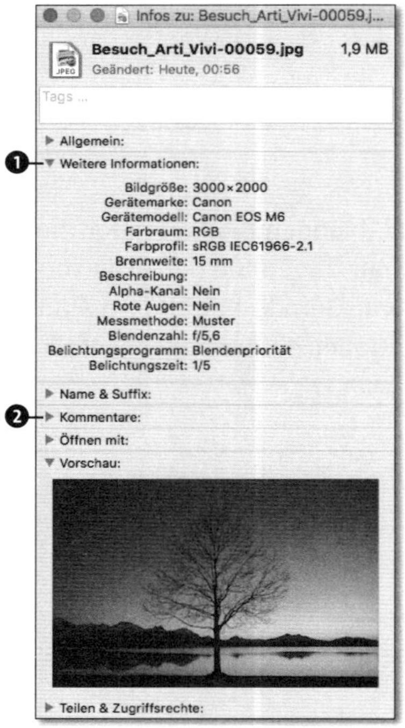

Abbildung 7.9 Die Metadaten eines Fotos

7.2.2 Suche im Finder-Fenster durchführen

Das Spotlight-Suchfeld finden Sie rechts oben im Finder-Fenster. Wenn Sie hier den Suchbegriff eingeben, erhalten Sie dasselbe Ergebnis wie zuvor bei der Eingabe im Suchfeld in der Menüleiste auf dem Schreibtisch. Allerdings ist die Suche damit vorwiegend auf Informationen von Daten beschränkt, die sich auf Ihrem Rechner oder anderen angeschlossenen Laufwerken (auch Netzwerkvolumes) befinden. Um ein Gefühl für die Spotlight-Suche im Finder zu bekommen und um zu sehen, wie mächtig die Suche damit wirklich ist, werden in der folgenden Anleitung einige gängige Möglichkeiten demonstriert:

1. Öffnen Sie ein Finder-Fenster, und geben Sie in das Suchfeld einen Begriff ein. Direkt in das Suchfeld springen Sie mit cmd + F. Mein Suchbegriff lautet »Tokyo«.
2. Wählen Sie in der eingeblendeten Suchleiste ❸, ob Sie **Diesen Mac**, den aktuellen Ordner (hier **Dokumente**) oder (falls vorhanden) die **Freigaben**, was die Netzwerkvolumes meint, durchsuchen wollen. Ich will meinen kompletten Mac (über **Diesen Mac**) durchsuchen lassen.

3 Die gefundenen Ergebnisse sind im Beispiel mit 405 Objekten immer noch relativ viele. Über die Objektausrichtung in der Symbolleiste ❹ können Sie die gefundenen Dateien nach einem bestimmten Kriterium sortieren. Im Beispiel habe ich nach dem **Erstellungsdatum** sortiert.

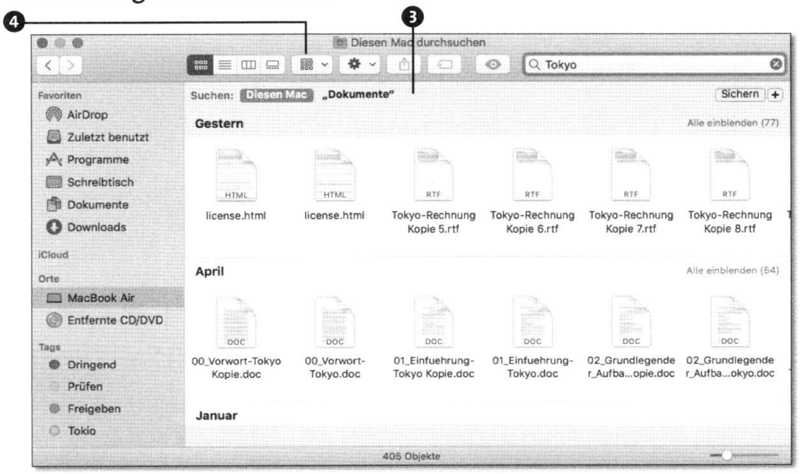

4 Weiter eingrenzen können Sie die Suche, wenn Sie auf das Plussymbol klicken und so weitere Suchkriterien hinzufügen. Im Beispiel wurden noch **Art** ist **Bild** und **Alle** als Bildformat verwendet. Dies können Sie noch weiter eingrenzen, indem Sie erneut auf das Plussymbol klicken wie im Beispiel, wo **Name beginnt mit Tokyo** hinzugefügt wurde. Diese Parameter werden alle miteinander kombiniert und fließen in das Suchergebnis mit ein. Auf diese Weise können Sie Ihre Suchkriterien ziemlich verfeinern. Mit dem Minussymbol neben dem Plussymbol können Sie ein Suchkriterium entfernen. Alle Kriterien auf einmal, bis auf die Sucheingabe im Suchfeld, können Sie bei Bedarf mit dem obersten Minussymbol ❺ entfernen.

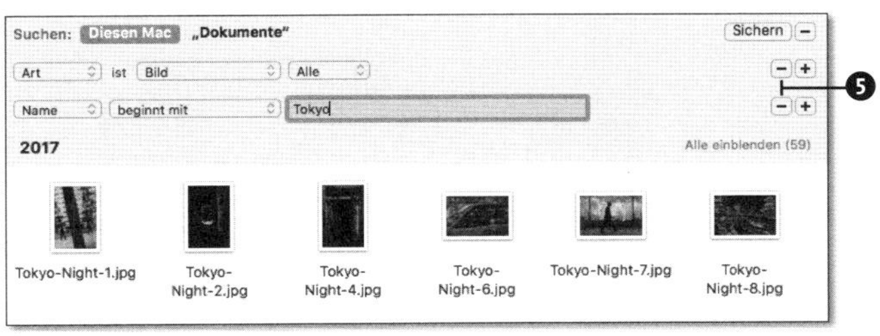

5 Wollen Sie hingegen ein Ausschlusskriterium hinzufügen, müssen Sie die `Alt`-Taste gedrückt halten, und das Plussymbol wird zu einem Symbol mit drei Punkten ❻. Klicken Sie eine Schaltfläche mit drei Punkten an, werden zwei Suchparameter hinzugefügt ❼. Mit der ersten Zeile setzen Sie die Bedingung für die nächste Zeile. Hierbei können Sie wählen, ob **Eine**, **Jede** oder **Keine** der folgenden Aussagen zutrifft. Die Aussage formulieren Sie dann in der zweiten Zeile. Im Beispiel wurden hier in Kombination mit der Auswahl **Keine** TIF-Bilddateien von der Suche ausgeschlossen.

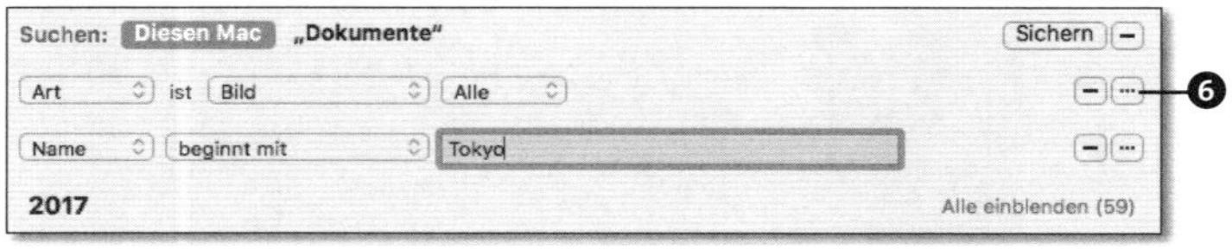

Diese Anleitung demonstriert eindrucksvoll, wie Sie durch das Kombinieren und Ausschließen unterschiedlicher Parameter eine komplexe Suche zusammenstellen können.

Nicht erwähnt wurde in Schritt 4 der Anleitung, dass Sie noch viele weitere Suchkriterien zur Auswahl vorfinden, wenn Sie im ersten Dropdown-Menü bei der Eingrenzung der Suche auf **Andere** klicken. Hierbei müssen Sie nur ein Häkchen bei dem gewünschten Attribut setzen bzw. es entfernen, und es wird zur Auswahl im Dropdown-Menü bei den Suchkriterien dauerhaft hinzugefügt bzw. entfernt. Eine Suchfunktion hilft Ihnen, nach einem gewünschten Suchkriterium zu suchen.

Abbildung 7.10 Reichen Ihnen die Suchkriterien nicht aus, klicken Sie auf »Andere«, und Sie erhalten eine Auswahl weiterer Kriterien.

7.3 Weitere Kniffe für die Spotlight-Suche

Die Spotlight-Suche bietet noch weitaus mehr interessante Möglichkeiten an, eine Suchanfrage zu formulieren. In diesem Abschnitt werden einige bekannte und vielleicht weniger bekannte Kniffe dazu zusammengefasst.

7.3.1 Suche einschränken mit mehreren Begriffen

Wenn Sie einen gängigen Suchbegriff in die Spotlight-Suche eingeben, werden Sie häufig mit einer enormen Fülle an Ergebnissen überhäuft. Wenn Sie allerdings ohnehin wissen, wonach Sie suchen, können Sie mehrere Suchbegriffe im Eingabefeld kombinieren. Im Beispiel habe ich die Suche »Canon jpg« deutlich auf JPEG-Bilder von Canon reduziert im Gegensatz zur alleinigen Suche nach »Canon«, wo mir noch XMP-Dateien, RAW-Dateien oder Ordner mit aufgelistet wurden. Das Beispiel habe ich dann nochmals um »Canon jpg Tokyo« erweitert und bekomme nun alle JPEG-Bilder von »Canon« zurück, in deren Dateinamen »Tokyo« enthalten ist. In meinem Beispiel habe ich so die Suchergebnisse von 35.000 für »Canon« allein über 15.000 für »Canon jpg« auf bis zu 220 Objekte für »Canon jpg Tokyo« reduziert.

Abbildung 7.11 Kombinieren Sie mehrere Suchbegriffe, um ein besseres Suchergebnis zurückzubekommen.

Wenn Sie zwei Begriffe miteinander kombinieren, werden Ihnen die Ergebnisse aufgelistet, die den beiden Kriterien entsprechen. Bei einer Suche nach »Canon jpg« werden Ihnen alle Suchtreffer zurückgegeben, bei denen »Canon« UND »jpg« enthalten ist – also beide Bedingungen erfüllt sind. Eine solche logische Verknüpfung können Sie auch mit dem Parameter AND realisieren. Somit entspricht der Suchausdruck »Canon jpg« dem Ausdruck »Canon AND jpg«, bzw. der Ausdruck »Canon jpg Tokyo« entspricht »Canon AND jpg AND Tokyo«.

Abbildung 7.12 Die logische UND-Verknüpfung wird standardmäßig ohnehin verwendet und muss in diesem Beispiel nicht explizit angegeben werden.

Wenn Sie allerdings auf der Suche nach allen Dateien sind, in denen »Tokyo« oder »Tokio« im Dateinamen, den Metadaten oder dem Format enthalten sind, dann können Sie eine logische ODER-Verknüpfung mit dem Parameter OR definieren. Geben Sie hierbei »Canon jpg Tokyo OR Tokio« in die Suchleiste ein, werden alle Ergebnisse »Canon« und »jpg« zurückgeliefert, welche die Schreibweise »Tokyo« oder »Tokio« enthalten. In diesem Beispiel bedeutet dies allerdings dann auch, dass Sie unter Umständen auch mehr Suchergebnisse zurückbekommen werden.

Abbildung 7.13 Mit einer ODER-Verknüpfung hingegen erweitern Sie die Suche auf zwei Begriffe gleichzeitig.

Wollen Sie hingegen nach Dateien mit »Canon« suchen, die nicht »jpg« enthalten, dann steht Ihnen dafür die NICHT-Verknüpfung mit dem Parameter NOT zur Verfügung. Notieren Sie daher in der Suchleiste »Canon NOT jpg«, werden alle Treffer aufgelistet, die »Canon« enthalten, nicht aber »jpg«.

7.3.2 Suche auf den Dateinamen reduzieren

Bei der Spotlight-Suche werden Suchtreffer nach Namen, Inhalt und Metadaten zurückgeliefert. Wollen Sie diese Suche lediglich auf den Datei- und Ordnernamen reduzieren und die Inhalte von Dateien oder Metadaten ignorieren, wird während der Eingabe des Suchbegriffs in der Suchleiste immer eine Dropdown-Liste eingeblendet mit **Name stimmt überein mit: [Suchbegriff]**. Wenn Sie diese Eigenschaft auswählen, wird nur noch nach Datei- bzw. Ordnernamen gesucht. Die Suche können Sie nachträglich über die kleine Dropdown-Liste links neben dem Suchbegriff wieder auf **Alles** umändern, womit wieder neben Datei- und Ordnernamen auch die Inhalte und Metadaten berücksichtigt werden.

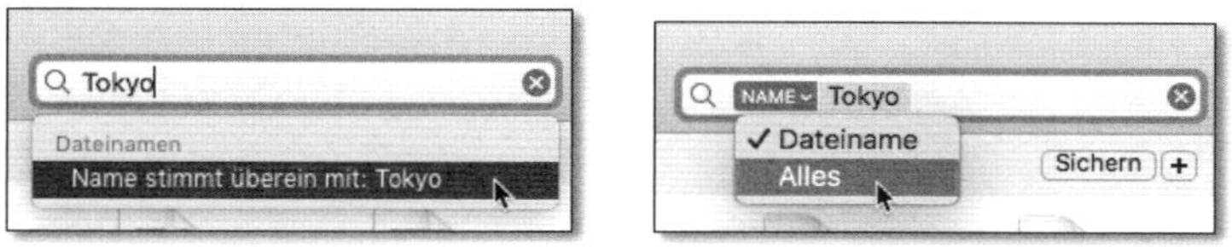

Abbildung 7.14 Die Suche können Sie jederzeit nur auf den Dateinamen reduzieren.

7.3.3 Suche nach Dateiarten

Dass bei der Suche eines Begriffs gewöhnlich alle bekannten Dateiarten berücksichtigt werden, ist nicht immer hilfreich. Wenn Sie beispielsweise auf der Suche nach einer bestimmten Dateiart sind, können Sie in der Suchleiste die Dateiarten mit dem Parameter »art:« gefolgt von einer Bezeichnung der Dateiart einschränken. Eine Suche wie »art:dokumente Tokyo« liefert Ihnen alle Dokumente mit dem Wort »Tokyo« zurück. Gleiches funktioniert auch mit Bildern über beispielsweise »art:bild prag«, womit alle Bilddateien mit dem Wort »prag« zurückgegeben werden.

Abbildung 7.15 Auch eine gezielte Suche nach einer Dateiart lässt sich durchführen.

Weitere Beispiele von Kategorien bzw. Dateiarten, die Sie bei der Suche mit »art:« einschränken können, sind unter anderem:

- E-Mail: art:mail
- Filme: art:film
- Kontakt: art:kontakt
- Aufgaben: art:aufgabe
- Termine: art:ereignis
- Lesezeichen: art:lesezeichen
- Ordner: art:ordner
- PDF-Dokumente: art:pdf
- Programm: art:programm
- Schriften: art:schrift
- Systemeinstellungen: art:systemeinstellung
- Präsentationen: art:präsentation

Abhängig von den installierten Programmen gibt es häufig noch weitere Parameter, die Sie für »art:« verwenden können.

7.3.4 Suche nach aktuellen Flügen

Sehr praktisch für Reisende ist auch die Auskunft über einen Flug, nach dem Sie suchen. Befinden Sie sich beispielsweise am Flughafen oder noch im Hotel, kurz bevor Sie zum Flughafen fahren, reicht es aus, wenn Sie die Flugnummer in Spotlight eingeben. Daraufhin erhalten Sie eine umfassende Auskunft über die aktuellen Flugdaten wie den Abflug, eine eventuelle Verspätung, Terminal, Gate – und das Ganze sogar mit Karte.

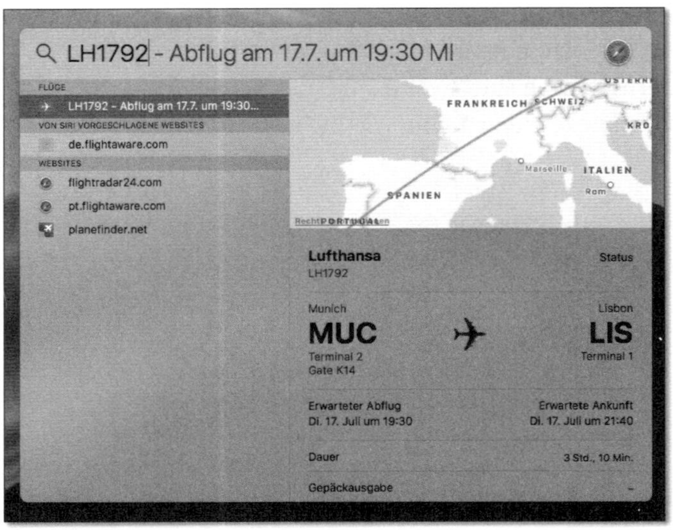

Abbildung 7.16 Sehr praktisch und hilfreich ist auch die Auskunft über einen Flug.

7.4 Die Suche in einem intelligenten Ordner speichern

Sie können eine spezielle Spotlight-Suche auch häufiger verwenden oder speichern. Eine solche gespeicherte Suche wird zu einem *intelligenten Ordner*. Der Vorteil eines intelligenten Ordners ist es, dass sich der Inhalt immer auf dem aktuellsten Stand befindet. Wenn Sie beispielsweise passend zu den Suchkriterien des intelligenten Ordners neue Dateien hinzugefügt oder entfernt haben, dann wirkt sich dies auch auf den Inhalt des intelligenten Ordners aus. Somit ist der Inhalt von intelligenten Ordnern nicht nach jedem Öffnen derselbe. Einfachstes Beispiel: Sie haben einen intelligenten Ordner, der immer nur die Dateien und Ordner von gestern auflistet, so wird der Inhalt am nächsten Tag ein anderer sein.

HINWEIS

Zuletzt benutzt

Sie kennen bereits einen intelligenten Ordner namens **Zuletzt benutzt** aus der Seitenleiste unter den Favoriten. Der Ordner zeigt alle Dateien an, die Sie zuletzt verwendet haben.

Um aus einer Spotlight-Suche im Finder-Fenster einen intelligenten Ordner zu machen, gehen Sie wie folgt vor:

1 Führen Sie eine Spotlight-Suche im Finder durch. Im Beispiel suche ich nach allen JPEG-Bildern, die in diesem Jahr aufgenommen wurden. Achten Sie dabei auch darauf, wo Sie danach suchen wollen. Hier wähle ich **Diesen Mac**. Klicken Sie dann auf die Schaltfläche **Sichern** ❶.

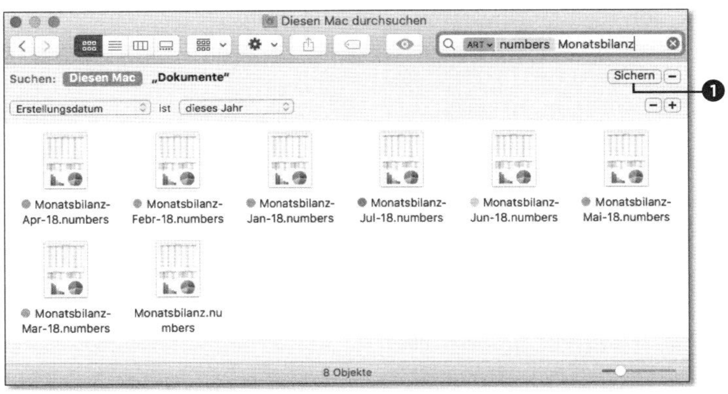

2 Im folgenden Sichern-Dialog geben Sie einen Namen für die Suche bzw. den intelligenten Ordner an und wählen einen Speicherort dafür aus. Sofern Sie den standardmäßigen Speicherort für den intelligenten Ordner nicht ändern, finden Sie die von Ihnen erstellten intelligenten Ordner in Ihrem Benutzerverzeichnis in *Library/Gesicherte Suchabfragen* wieder. Wenn Sie ein Häkchen vor **Zur Seitenleiste hinzufügen** setzen, wird der intelligente Ordner den Favoriten in der Seitenleiste hinzugefügt. Klicken Sie auf **Sichern**.

3 Der intelligente Ordner wird hier als Zahnrad-Icon ❷ der Seitenleiste hinzugefügt. Die Position können Sie jederzeit per Drag & Drop ändern. Wenn Sie diesen Ordner auswählen, entspricht der Inhalt den Suchkriterien, die Sie in Schritt 1 festgelegt haben. Wollen Sie die Suchkriterien ändern, müssen Sie den intelligenten Ordner mit der rechten Maustaste anklicken und im Kontextmenü **Suchkriterien einblenden** auswählen. Im Finder-Fenster werden wieder die zuvor in Schritt 1 erstellten Suchkriterien eingeblendet, die Sie nachbearbeiten und speichern können. Ebenfalls über das Kontextmenü des intelligenten Ordners können Sie diesen mit Wahl von **Zum Dock hinzufügen** auch für das Dock verfügbar machen.

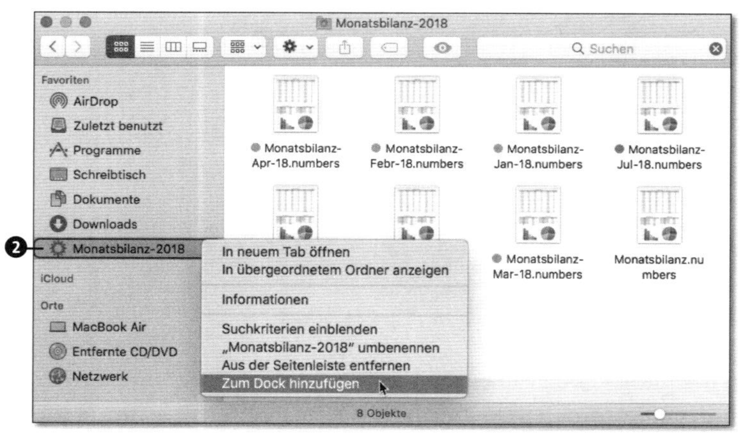

Mithilfe von intelligenten Ordnern haben Sie die Möglichkeit, sich ein persönliches und cleveres Ablagesystem zu schaffen, in dem Sie die benötigten und wichtigen Dateien schnell wiederfinden und den Überblick über Ihren Datenbestand behalten. Der Umweg über eine manuelle Spotlight-Suche entfällt dabei.

HINWEIS

Inhalte der intelligenten Ordner werden nicht verschoben

Es sollte noch erwähnt werden, dass bei solchen intelligenten Ordnern keinerlei Daten verschoben oder kopiert werden, wie dies beispielsweise bei echten Ordnern der Fall ist. Bei intelligenten Ordnern bleiben die Dateien und Ordner an ihrem ursprünglichen Ort bestehen. Im intelligenten Ordner befinden sich nur Dateiverweise.

7.5 Einstellungen für Spotlight

Auch für Spotlight finden Sie einen entsprechenden Eintrag in den **Systemeinstellungen**. Wenn Sie diese Systemeinstellungen von Spotlight aufgerufen haben, können Sie im Register **Suchergebnisse** durch das Setzen bzw. Entfernen von Häkchen festlegen, ob bei einem Fund diese Dateiart angezeigt werden soll. Wollen Sie beispielsweise nicht Ihre Lesezeichen oder den Browserverlauf durchsuchen und bei den Ergebnissen auflisten lassen, dann müssen Sie nur das Häkchen vor **Lesezeichen & Verlauf** deaktivieren.

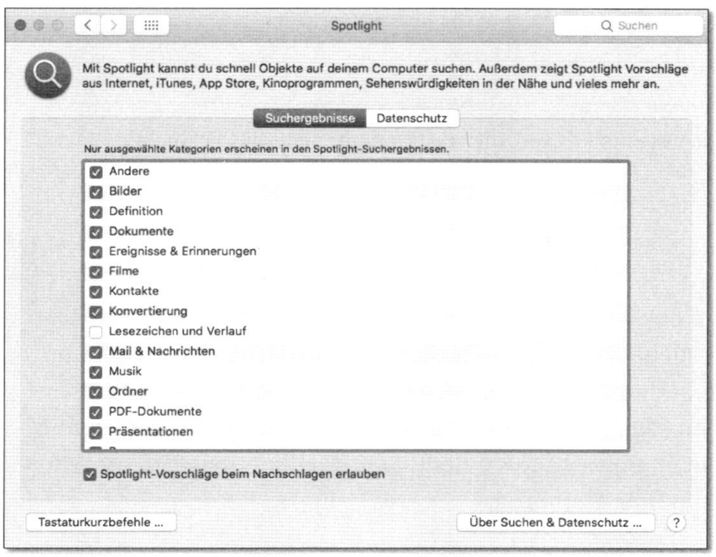

Abbildung 7.17 Diese Einstellungen haben Auswirkungen auf die Suchergebnisse.

Auch die ortsabhängigen Vorschläge wie Sehenswürdigkeiten, Restaurants etc., die Spotlight bei der Suche in der Menüleiste oft anbietet, können Sie mit der Option **Spotlight-Vorschläge beim Nachschlagen erlauben** deaktivieren, wenn Sie das Häkchen entfernen.

Gewöhnlich werden für eine Suche alle Daten auf dem Computer erfasst. Wollen Sie vermeiden, dass private oder sicherheitsrelevante Daten von der Suche erfasst werden, können Sie im Register **Privatsphäre** über das Plussymbol einzelne Ordner oder ein Volume hinzufügen, das von der Suche ausgenommen werden soll. Der Liste können Sie auch externe Datenträger wie USB-Sticks hinzufügen, damit sich Spotlight nicht sofort an die Arbeit macht, deren Inhalt in die Datenbank aufzunehmen.

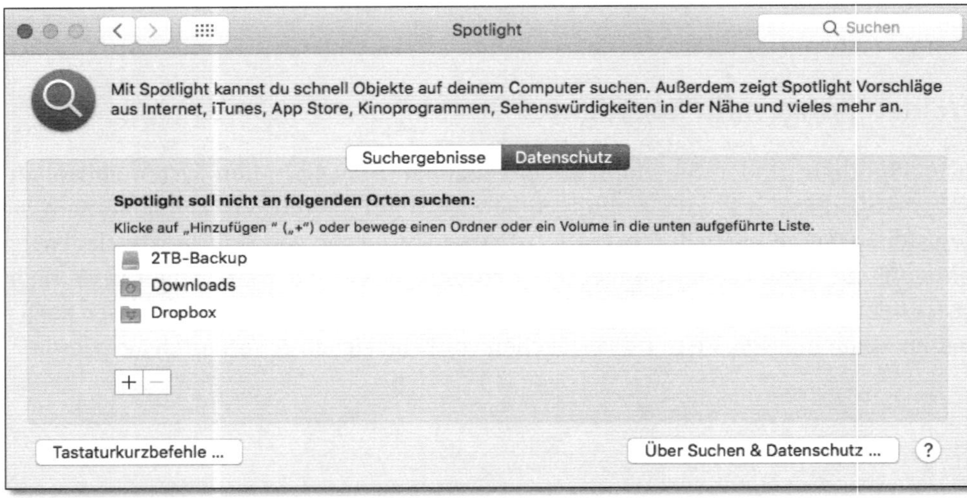

Abbildung 7.18 Hier können Sie Orte hinzufügen, die von Spotlight nicht für die Suche verwendet werden sollen.

HINWEIS

Benutzerverzeichnis anderer Benutzer

Wenn mehrere Benutzer denselben Rechner verwenden, bekommt ein Benutzer nur die Dateien bei der Suche aufgelistet, die sich in seinem Benutzerverzeichnis befinden. Loggt sich ein anderer Benutzer auf dem Rechner ein, bekommt dieser wiederum nur die Dateien seines Benutzerverzeichnisses bei einer Suche aufgelistet und nicht etwa die Daten eines anderen Benutzers. Die Spotlight-Suche achtet genau darauf, wem welche Daten gehören.

7.5.1 Den Mac neu indizieren

Wenn Sie das Gefühl haben oder wissen, dass bestimmte Dateien nicht mehr gefunden werden, dann können Sie den Spotlight-Index komplett neu generieren lassen. Hierfür müssen Sie lediglich das komplette Laufwerk, auf dem sich Ihr Betriebssystem befindet, in den **Systemeinstellungen** von **Spotlight** über den Reiter **Privatsphäre** mit dem Plussymbol hinzufügen. Nach einer Sicherheitsrückfrage, die Sie mit **OK** übernehmen, haben Sie quasi die komplette Spotlight-Suche für das Startvolume deaktiviert, und es wird nichts mehr gefunden.

Abbildung 7.19 Dieser Hinweis erscheint, wenn Sie die komplette Festplatte mit dem Betriebssystem von der Spotlight-Suche ausschließen wollen.

Wählen Sie erneut den Reiter **Privatsphäre** in den **Systemeinstellungen** von **Spotlight** aus, und entfernen Sie den Eintrag mit dem kompletten Volume wieder, auf dem das Betriebssystem installiert ist. Jetzt macht sich Spotlight wieder an die Arbeit, einen komplett neuen Index zu erstellen, was abhängig von der Größe der Festplatte und dem Umfang an Daten einige Zeit beanspruchen könnte.

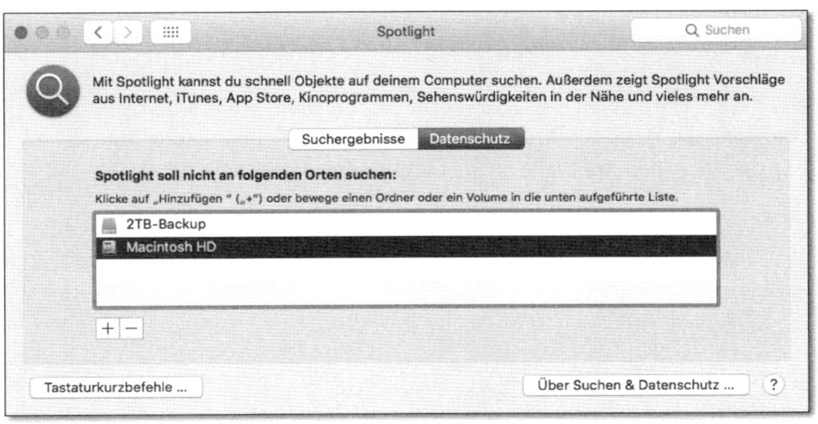

Abbildung 7.20 Entfernen Sie die Festplatte »Macintosh HD« aus dieser Liste, wird die Festplatte komplett neu indiziert.

7.5.2 Aktuellen Ordner durchsuchen

Wenn Sie im Finder-Fenster eine Suche ausführen, ist bei der Suche standardmäßig **Diesen Mac** zum Durchsuchen aktiv und nicht der aktuelle Ordner, von dem aus Sie die Suche starten. Den Eintrag für den aktuellen Ordner müssen Sie nachträglich auswählen. Diese Standardeinstellung können Sie bei den Finder-Einstellungen über **Finder ▸ Einstellungen** im Register **Erweitert** ganz unten mit **Bei Suchvorgängen** in der Dropdown-Liste ändern. Hier finden Sie neben der Standardeinstellung **Diesen Mac durchsuchen** auch den Eintrag **Aktuellen Ordner durchsuchen** vor. Alternativ können Sie hier auch die Option **Letzten Suchbereich verwenden** aktivieren.

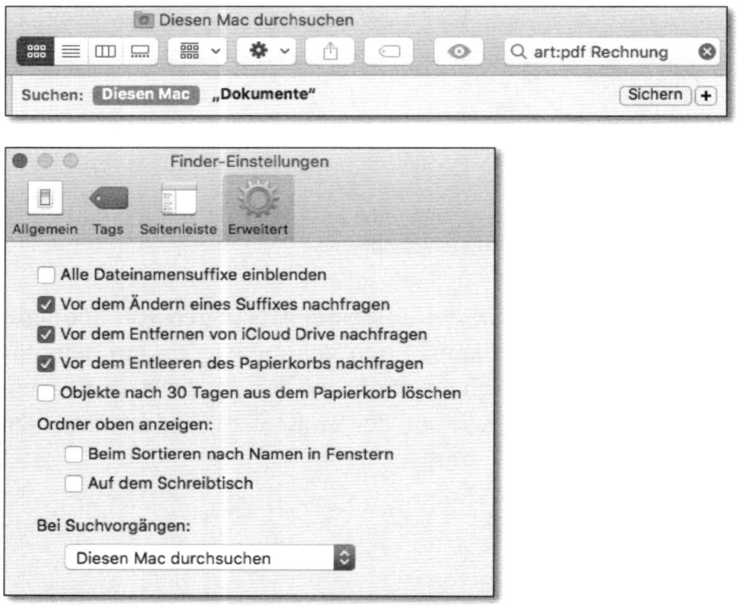

Abbildung 7.21 Es ist möglich, die Standardeinstellung anzupassen, ob der komplette Mac oder nur der aktuelle Ordner bei einer Spotlight-Suche durchsucht werden soll.

TEIL III
Mit dem Mac ins Internet

8 Mit dem Internet verbinden

Erst richtig los geht es mit einem Apple-Rechner, wenn Sie ihn mit dem Internet verbinden. Viele Arbeiten über das Internet werden im Hintergrund ausgeführt, ohne dass Sie davon Notiz nehmen. So werden beispielsweise Systemaktualisierungen heruntergeladen, E-Mails abgeholt, Wetter und News aktualisiert und noch einiges mehr. Sind Sie mit dem Internet verbunden, können Sie mit Safari surfen, E-Mails empfangen und viele andere Dinge erledigen, etwa Nachrichten schreiben, Videotelefonie betreiben und Daten austauschen.

Mit macOS ist der Zugang zum Internet recht schnell eingerichtet, wie Sie gleich erfahren werden. Hierbei ist es übrigens egal, ob Sie sich mit einem stationären oder einem mobilen Mac mit dem Internet verbinden wollen. Das Prinzip einer Internetverbindung ist immer gleich. Sie als Internetnutzer mit dem Computer nutzen gewöhnlich einen Internetserviceanbieter (beispielsweise Telekom, Vodafone, 1&1 usw.), um sich mit dem Internet zu verbinden. Für die Verbindung zwischen Ihrem Mac und dem Internetserviceanbieter (der Sie mit dem Internet verbindet) stehen Ihnen mehrere Verbindungsmöglichkeiten zur Verfügung. Für die Einrichtung der Verbindung auf dem Mac selbst ist in der Regel nichts Spezielles mehr nötig, weil sich alles Nötige bereits an Bord befindet. Sie müssen gewöhnlich nur noch die Zugangsdaten und das Passwort eingeben. Auf einige gängige Verbindungsmöglichkeiten wird hier eingegangen. Dies wären die Verbindungen über:

- drahtlose Verbindung über DSL-Modem oder Kabelmodem mit WLAN-Router
- DSL-Modem oder Kabelmodem
- mobile Geräte (wie beispielsweise iPhone, iPad etc.) als Hotspot
- mobile WiFi-Hotspots und Surfsticks

HINWEIS

Verschiedene Anbieter

An dieser Stelle muss noch hinzugefügt werden, dass Sie hier nur allgemeine Hinweise finden und nicht auf die unterschiedlichen Internetserviceanbieter und deren Konfigurationen eingegangen werden kann. Für die Einrichtung Ihres Modems bzw. Routers und die Zugangskonfigurationen finden Sie von Ihrem Anbieter gewöhnlich kleinere Anleitungen auf den Anbieter-Websites oder manchmal sogar in gedruckter Form beiliegend.

8.1 Drahtlose Verbindung ins Internet herstellen

Die wohl gängigste und einfachste Art, mit dem Mac ins Internet zu gehen, dürfte die drahtlose Verbindung sein. Hierbei verbinden Sie sich mit dem Mac und mit einem WLAN-Router oder einer AirPort-Basisstation. Sie müssen das Gerät vorher entsprechend konfigurieren, damit es über eine Internetverbindung verfügt, und Sie müssen auch den Mac einrichten, damit Sie mit ihm drahtlos mit dem Gerät kommunizieren können. Die Konfiguration des Geräts wird hier nur oberflächlich behandelt, weil es zu viele verschiedene Hersteller mit eigenen Konfigurationswegen gibt. Das Einrichten der drahtlosen Verbindung auf dem Mac hingegen ist immer gleich und wird ausführlicher beschrieben.

8.1.1 Den WLAN-Router konfigurieren (allgemeine Beschreibung)

Das Thema geht an dieser Stelle über den Mac und ein Mac-Buch hinaus, trotzdem sollen hier ein paar Hinweise gegeben werden. Wie Sie den Router konfigurieren können, hängt davon ab, ob Sie ihn vom Internetanbieter mitgeliefert bekommen oder selbst gekauft haben. Einen Router vom Internetanbieter müssen Sie gewöhnlich nur noch anschließen und der beigelegten Anleitung des Anbieters folgen.

HINWEIS

WLAN-Router mit internem Modem

Wenn die Rede von einem WLAN-Router ist, bezogen auf die Hardware, handelt es sich heutzutage meistens um einen WLAN-Router mit internem Modem. Sicherlich gibt es auch WLAN-Router ohne ein internes DSL-Modem, wozu beispielsweise die AirPort-Stationen von Apple gehören. Ein Modem wird dazu verwendet, um digitale Signale zwischen zwei Endgeräten zu übertragen, wie in diesem Beispiel zwischen dem Internetserviceanbieter und dem Mac. Ein (WLAN-)Router ist ein Netzwerkgerät, über das Daten zwischen mehreren Rechnern weitergeleitet werden können.

Die Konfiguration eines selbst gekauften Routers ist kein Hexenwerk, und häufig gibt es Anleitungen oder integrierte Assistenten, die Ihnen bei der Einrichtung helfen. Hier die grundlegenden Schritte dazu, die natürlich abhängig vom Router sind. In den Abbildungsbeispielen wird ein Fritz!Box-Router verwendet.

1 Nachdem Sie den Router mit der Telefonsteckdose oder dem Kabelanschluss verbunden und eingeschaltet haben, verbinden Sie zunächst den Mac mit dem Router via Ethernet-Kabel. Wenn Ihr Mac keinen Ethernet-Anschluss hat, benötigen Sie einen extra USB- oder Thunderbolt-Ethernet-Adapter.

2 Öffnen Sie den Safari-Browser über das Icon, und geben Sie in die Adressleiste die Adresse zu Ihrem Router ein. Die genaue Adresse finden Sie im Handbuch des Routers. Bei einer Fritz!Box lautet die IP-Adresse beispielsweise *http://192.168.178.1* oder als Name *http://fritz.box*. Bestätigen Sie mit [↵], und es erscheint gewöhnlich eine Bedienungsoberfläche des Routers, in der Sie aufgefordert werden, das Passwort einzugeben oder eines einzurichten. Auch dieses Passwort finden Sie im Handbuch, das Sie allerdings ändern sollten.

3 Jetzt werden Sie entweder durch verschiedene Menüs geleitet, in denen Sie die Einstellungen der Verbindungsdaten vornehmen können, die Sie von Ihrem Internetserviceprovider erhalten haben. Hierbei handelt es sich zunächst um die Einrichtung des integrierten Modems des Routers, um eine Verbindung zum Internet herzustellen. Am Ende finden Sie eine Übersicht über die gemachten Einstellungen, und der Router wird eventuell neu gestartet, damit die Einstellungen wirksam werden.

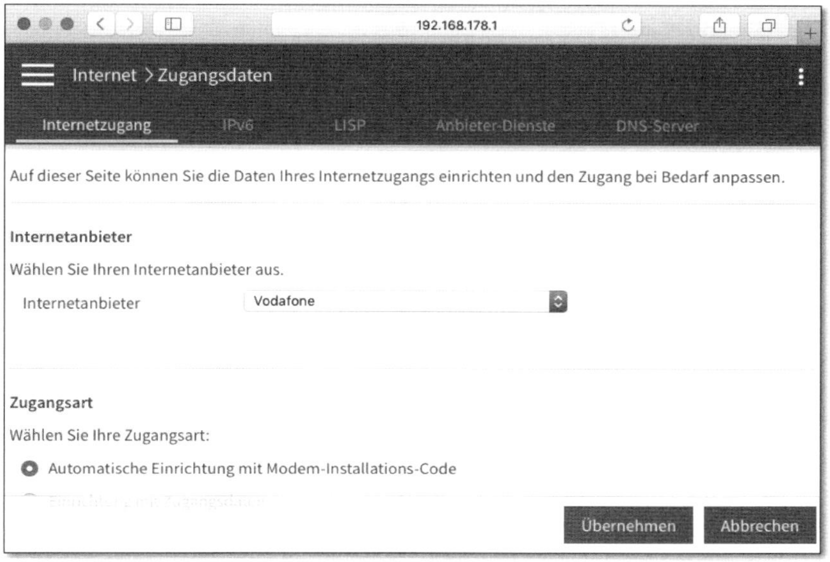

4 Wenn Sie schon in der Bedienungsoberfläche des Routers sind, sollten Sie gleich zu den WLAN-Einstellungen wechseln, um hier eine Verschlüsselungsart und (ganz wichtig) ein Passwort für Ihre künftigen WLAN-Verbindungen einzurichten. Das Passwort benötigen Sie künftig für alle Geräte, mit denen Sie drahtlos über den Router ins Internet gehen wollen.

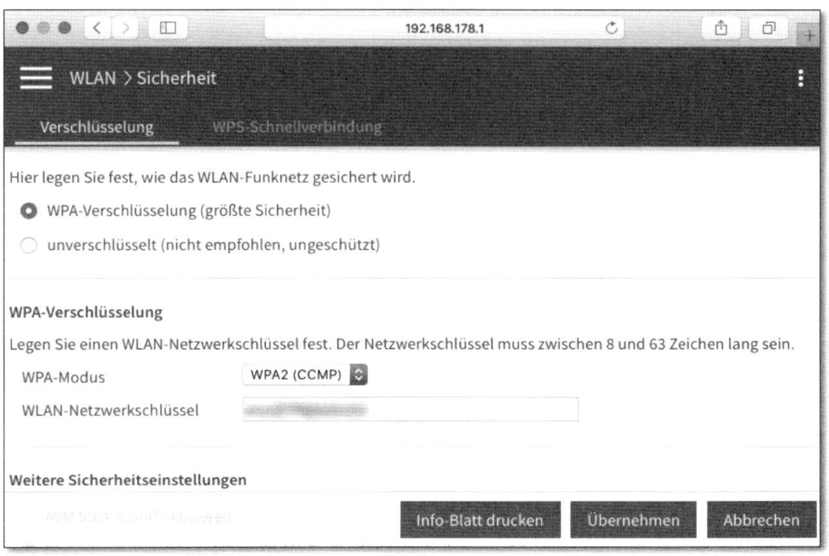

ACHTUNG

Kennwort für das WLAN-Netz

Es wird empfohlen, immer ein Kennwort für das WLAN-Netz zu vergeben, weil ohne Passwort jederzeit andere Personen über Ihren WLAN-Router einen Zugang zum Internet haben und damit allerlei Unfug treiben können, wofür Sie zur Rechenschaft gezogen werden (können).

8.1.2 Über das Netzwerkkabel mit dem Router ins Internet

Wenn Sie den (WLAN-)Router eingerichtet haben, können Sie Ihren Mac auch mit einem Ethernet-Kabel mit dem Router verbinden, um ins Internet zu gelangen. Ist der Router bereits mit dem Internet verbunden, müssen Sie in der Regel nicht mehr tun, als den Router mit dem Mac via Ethernet-Kabel zu verbinden, vorausgesetzt, Ihr Mac verfügt (noch) über einen Ethernet-Anschluss. Wenn nicht, benötigen Sie entweder einen USB- oder Thunderbolt-Ethernet-Adapter, oder Sie stellen eine drahtlose Verbindung ins Internet her. Wenn es mit dem Ethernet-Kabel nicht funktionieren sollte, hilft ein Blick in die **Systemeinstellungen** in **Netzwerk**, wo Sie links ❶ die Ethernet-Schnittstelle auswählen und im Dropdown-Menü **IPv4 konfigurieren** ❷ die Option **DHCP** auswählen sollten. Damit legen Sie fest, dass Ethernet über DHCP die IP-Adresse beziehen soll, genauer: Der Router weist Ihrem Mac eine IP-Adresse im lokalen Netzwerk zu.

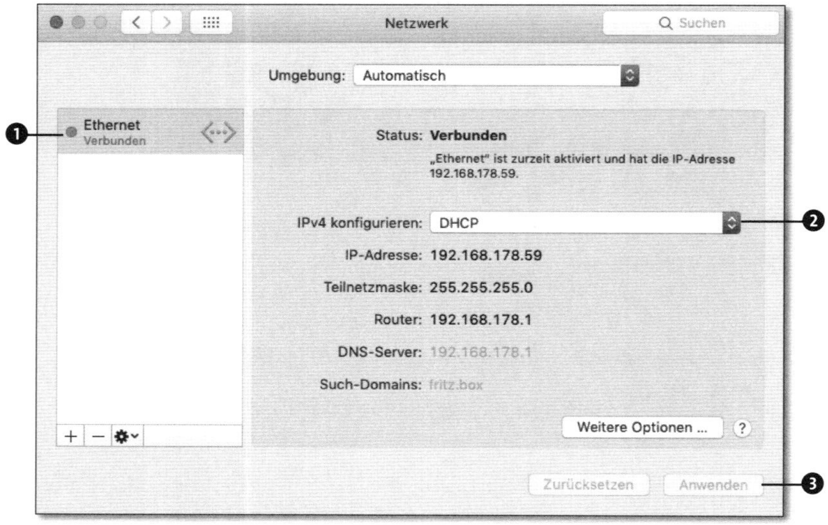

Abbildung 8.1 Eine Ethernet-Verbindung mit einem Router, der mit dem Internet verbunden ist, benötigt in der Regel keine speziellen Konfigurationen.

Eine solche IP-Adresse ist nötig, damit Anfragen des Computers aus dem lokalen Netzwerk ins Internet weitergeleitet werden, und andersherum, um die Antworten aus dem Internet wieder dem richtigen Computer im lokalen Netzwerk zuzuordnen. Nachdem Sie auf **Anwenden** ❸ geklickt haben, sollte eine Verbindung (grüner Punkt) ins Internet über das Netzwerkkabel erfolgt sein.

8.1.3 Drahtlose Verbindung ins Internet einrichten

Eine drahtlose Verbindung über den WLAN-Router ins Internet können Sie entweder direkt über das Menulet in der Menüleiste einrichten, oder Sie gehen den Weg über die **Systemeinstellungen**.

Abbildung 8.2 Über das Menulet können Sie in der Regel am schnellsten eine Drahtlosverbindung einrichten.

Da nicht davon ausgegangen werden kann, dass dieses Menulet in der Menüleiste vorhanden ist, soll hier der Weg über die Systemeinstellungen gezeigt werden. Den Weg über das Menulet in der Menüleiste zeige ich Ihnen im nächsten Abschnitt, wenn es darum geht, mobile Geräte als Hotspot zu verwenden. Hier zunächst der Weg über die Systemeinstellungen:

1. Öffnen Sie die **Systemeinstellungen** über das -Logo in der Menüleiste oder das Zahnrad-Icon im Dock, und wählen Sie **Netzwerk** aus.

2. Klicken Sie auf der linken Seite bei den verfügbaren Schnittstellen auf **WLAN**. Klicken Sie dann gegebenenfalls auf die Schaltfläche **WLAN aktivieren**. Bei aktiviertem WLAN steht hier dann entsprechend **WLAN deaktivieren**. Mit **WLAN-Status in der Menüleiste anzeigen** sorgen Sie dafür, dass Sie WLAN jederzeit über die Menüleiste (de-)aktivieren sowie andere Netzwerke für eine drahtlose Verbindung auswählen können.

3 Wählen Sie im Dropdown-Menü bei **Netzwerkname** das gewünschte Netzwerk (den Namen des WLAN-Routers) aus, mit dem Sie den Mac verbinden wollen. Hierbei kann es sein, dass viele weitere Netzwerke in Ihrer näheren Umgebung aufgelistet werden.

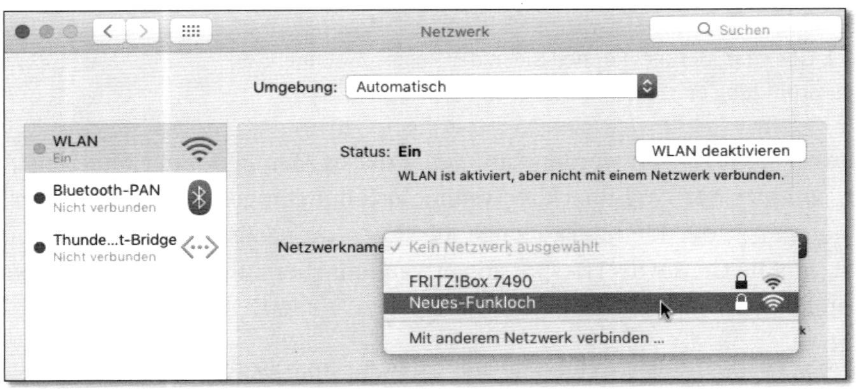

4 Geben Sie in den sich öffnenden Dialog das Passwort für das ausgewählte Netzwerk ein. Bei (unsicheren) Netzwerken ohne ein Passwort entfällt dieser Schritt. Klicken Sie auf **Verbinden**. Ihr Mac sollte nun drahtlos mit dem lokalen Netzwerk und dem Internet verbunden sein.

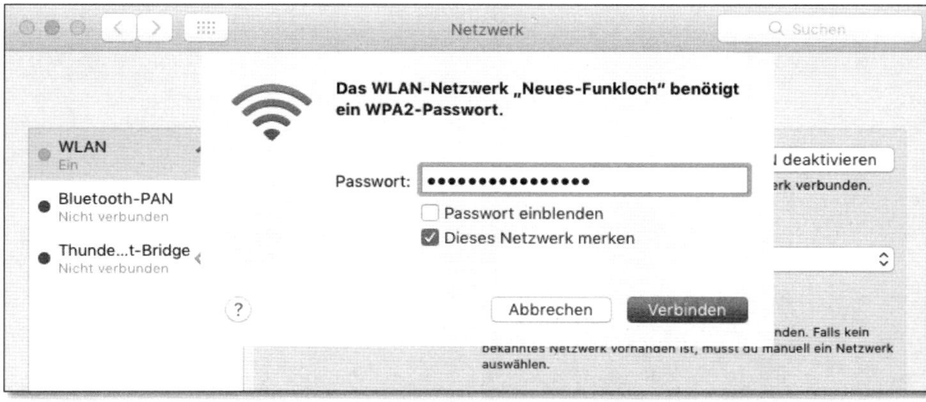

8.1.4 Verbindung (de-)aktivieren

Wenn Sie zuvor in Schritt 2 die Option **WLAN-Status in der Menüleiste anzeigen** aktiviert haben, können Sie über das WLAN-Icon in der Menüleiste das WLAN jederzeit (de-)aktivieren, um eine Verbindung zu trennen bzw. wiederherzustellen.

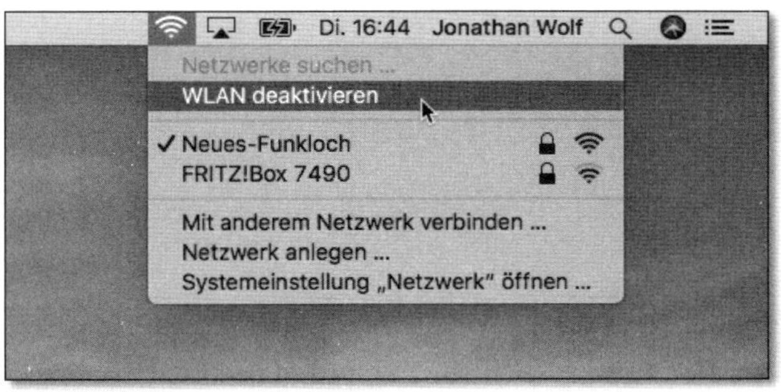

Abbildung 8.3 Über das WLAN-Icon können Sie andere Drahtlosnetzwerke auswählen oder WLAN komplett deaktivieren.

TIPP

Mehr Informationen

Wenn Sie das WLAN-Icon in der Statusleiste mit gehaltener `Alt`-Taste anklicken, erhalten Sie noch weitere Details zur aktuellen Netzwerkverbindung.

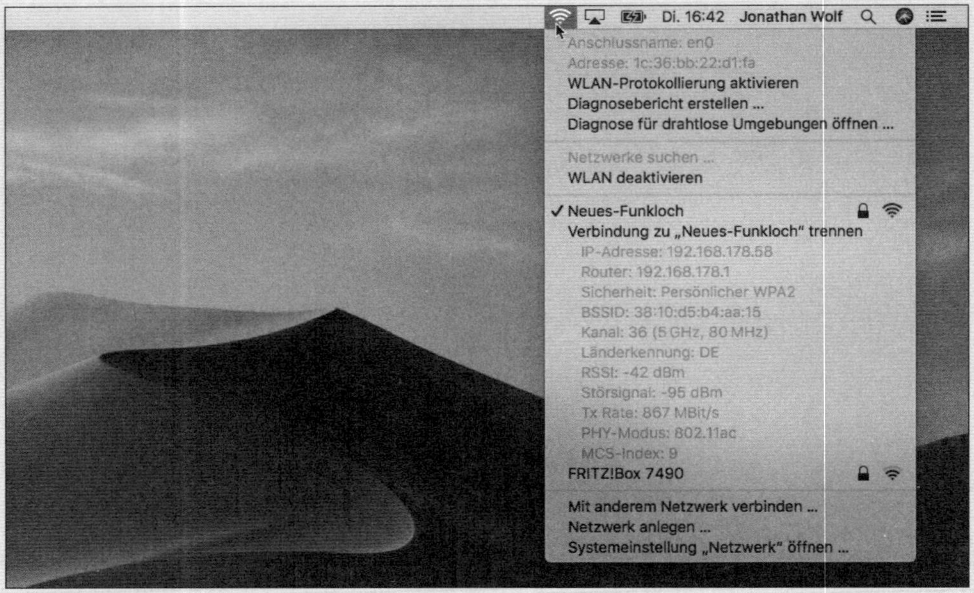

Abbildung 8.4 Diese Informationen erhalten Sie, wenn Sie die `Alt`-Taste gedrückt halten.

8.2 Verbindung über ein DSL- oder Kabel-Modem

Wenn Sie Ihren Computer direkt über ein DSL- oder Kabelmodem mit PPPoE mit dem Internet verbinden, finden Sie hier den entsprechenden Abschnitt dazu. PPPoE steht für *Point-to-Point Protocol over Ethernet* und bedeutet, dass Sie hiermit eine Punkt-zu-Punkt-Verbindung Ihres Macs mit dem Internet aufbauen. Prüfen Sie an dieser Stelle allerdings zunächst, ob Ihr Mac überhaupt über einen Ethernet-Anschluss verfügt. Viele neuere Macs verfügen nämlich gar nicht mehr über einen solchen Anschluss. In dem Fall müssen Sie sich einen Thunderbolt-auf-Gigabit-Ethernet-Adapter besorgen.

HINWEIS

(WLAN-)Router mit DSL- bzw. Kabelmodem

Beachten Sie allerdings, dass es hierbei auch DSL- oder Kabelmodems gibt, die als Router funktionieren und die PPPoE-Einstellungen selbst vornehmen. In dem Fall sollten Sie stattdessen die Anleitung befolgen, die Sie eventuell von Ihrem Internetserviceanbieter erhalten haben. Am besten schauen Sie dort nach, ob Sie PPPoE direkt auf dem Computer oder dem Router einrichten müssen.

8.2.1 Verbindung ins Internet mit DSL- oder Kabelmodem einrichten

An dieser Stelle wird davon ausgegangen, dass das DSL- oder Kabelmodem eingeschaltet und mit dem Internet verbunden ist. Genauer bedeutet dies, dass Sie den (WAN-)Anschluss des Modems mit der Telefonbuchse bzw. dem Kabelanschluss verbunden haben. Ebenso sollte das DSL- oder Kabelmodem bereits mit dem Mac über das Ethernet-Kabel verbunden sein. Obligatorisch benötigen Sie für administrative Arbeiten eine entsprechende Berechtigung auf dem Rechner und sollten als Administrator eingeloggt sein.

1 Wählen Sie über das -Menü die Option **Systemeinstellungen**, oder klicken Sie das Zahnradsymbol im Dock an. Wählen Sie bei der Übersicht über die Systemeinstellungen das Icon **Netzwerk** aus.

2 Klicken Sie auf das Plussymbol ❶ in der linken unteren Ecke, um eine neue Verbindung hinzuzufügen. Wählen Sie im sich öffnenden Dialog **PPPoE** als **Anschluss** und **Ethernet** bei **Ethernet**. Vergeben Sie hier gleich einen für Sie persönlich sinnvollen Namen bei **Dienstname**, bevor Sie auf **Erstellen** klicken.

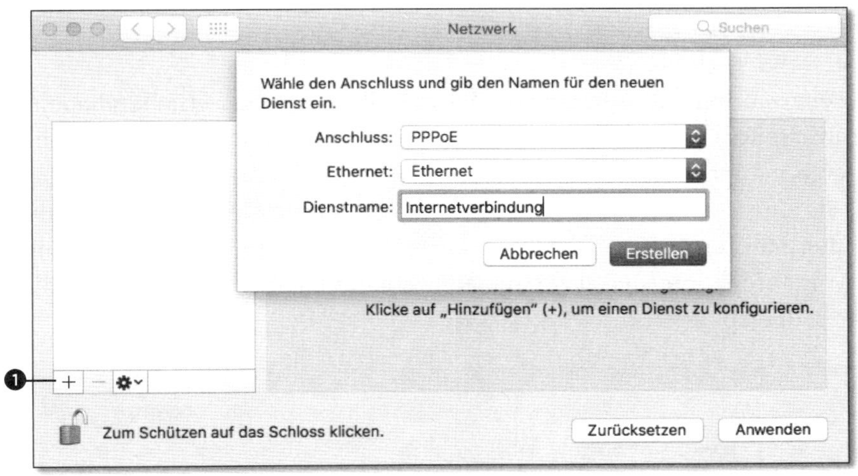

3 Wählen Sie links ❷ die neue Verbindung aus, und geben Sie den Benutzernamen in das Feld **Accountname** und das **Passwort** in das entsprechende Texteingabefeld ein. Diese Daten haben Sie von Ihrem Internetserviceanbieter erhalten. Sollen gleich alle Benutzer die gleiche Verbindungsmethode verwenden, können Sie die Option **Dieses Passwort merken** aktivieren. Außerdem empfiehlt es sich, ein Häkchen vor **PPPoE-Status in der Menüleiste** zu setzen, weil Sie dann über ein Menulet in der Menüleiste einen schnellen Zugriff erhalten, um eine Verbindung aufzubauen oder zu trennen. **PPPoE-Dienstname** müssen Sie nur verwenden, wenn Ihr Internetserviceanbieter diesen explizit vorgibt.

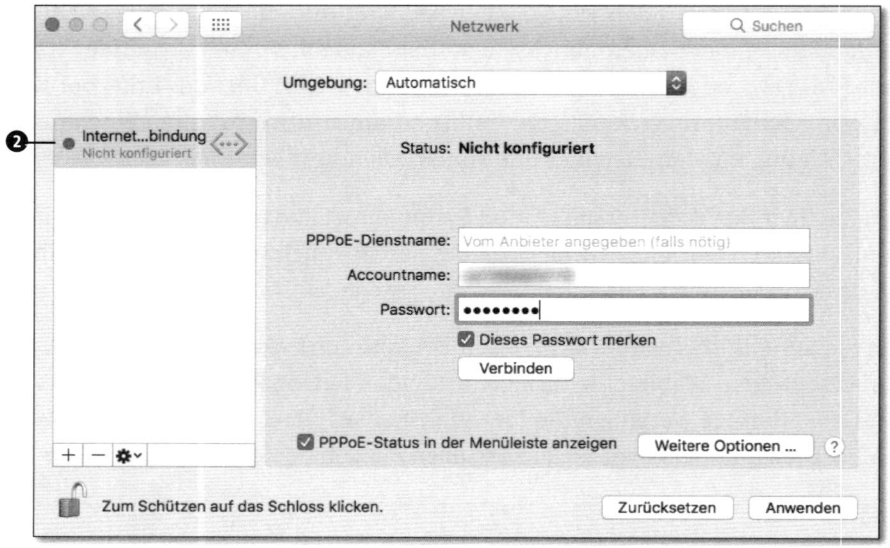

4 Wenn Sie eine statische IP-Adresse von Ihrem Internetanbieter erhalten haben, klicken Sie auf **Weitere Optionen**, wählen im Register **TCP/IP** im Dropdown-Menü **IPv4 konfigurieren** manuell aus und geben Ihre IP-Adresse ein. Das Gleiche gilt für den Fall, dass Sie eine Ipv6-Adresse erhalten haben, mit den entsprechenden Eingabefeldern. In den meisten Fällen allerdings dürften Sie ohnehin eine dynamische IP-Adresse von Ihrem Internetserviceanbieter erhalten haben und können diesen Schritt wohl überspringen.

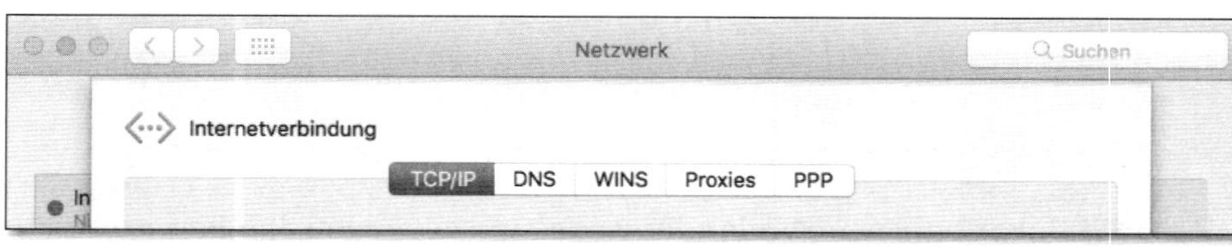

5 Ebenfalls abhängig davon, ob die DNS-Server automatisch zugewiesen werden, wenn eine PPPoE-Verbindung hergestellt wird, können Sie auf den Reiter **DNS** wechseln und über das Plussymbol die Adresse(n) des DNS-Servers eingeben, die Sie von Ihrem Internetanbieter erhalten haben. Allerdings dürfte dieser Schritt ebenfalls in den meisten Fällen übersprungen werden, da die DNS-Server gewöhnlich vom Internetanbieter automatisch zugewiesen werden.

6 An dieser Stelle würde es sich empfehlen, im Register **PPP** noch die Option **Bei Bedarf automatisch verbinden** zu setzen, womit Sie veranlassen, dass bei Bedarf, wenn ein Programm eine Internetfunktion benötigt, eine Verbindung aufgebaut wird. Beenden Sie den Dialog mit **OK**.

7 Klicken Sie auf **Anwenden** und dann auf die Schaltfläche **Verbinden**, und es sollte ein grüner Punkt links in der Schnittstelle ❸ zu sehen sein. Öffnen Sie ein Internetprogramm, wie beispielsweise den Webbrowser Safari, um die Verbindung zu testen.

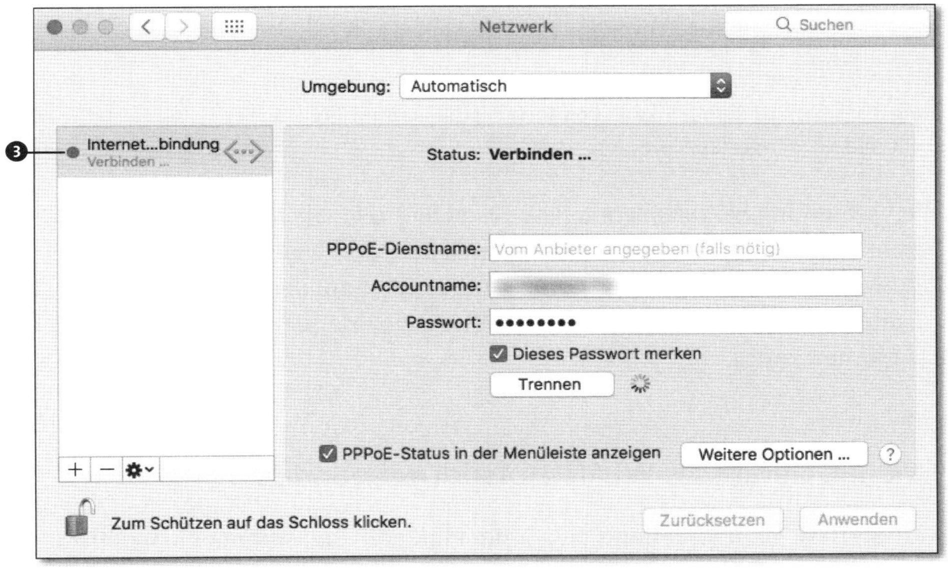

HINWEIS

Grüner, orangefarbener oder roter Punkt

Bei den eingerichteten Schnittstellen zu einem Netzwerk sehen Sie auf der linken Seite entweder einen grünen, orangefarbenen oder roten Punkt. Ein grüner Punkt bedeutet, dass die Schnittstelle mit dem Netzwerk verbunden ist und, in diesem Fall, die Internetverbindung funktioniert. Ein orangefarbener Punkt bedeutet, dass zwar eine Verbindung besteht, diese aber nicht aktiv ist. Im konkreten Beispiel ist der Punkt beispielsweise orange, wenn das DSL-Modem mit dem Mac über das Ethernet-Kabel verbunden ist, aber kein Datenstrom fließt. Und ein roter Punkt bedeutet, dass diese Schnittstelle komplett inaktiv ist und nicht mal eine physische Verbindung besteht.

8.2.2 Verbindung herstellen und trennen

Wenn Sie in Schritt 3 der vorigen Schritt-für-Schritt-Anleitung die Option **PPPoE-Status in der Menüleiste anzeigen** aktiviert haben, können Sie über das Ethernet-Icon in der Menüleiste die Verbindung herstellen und wieder trennen.

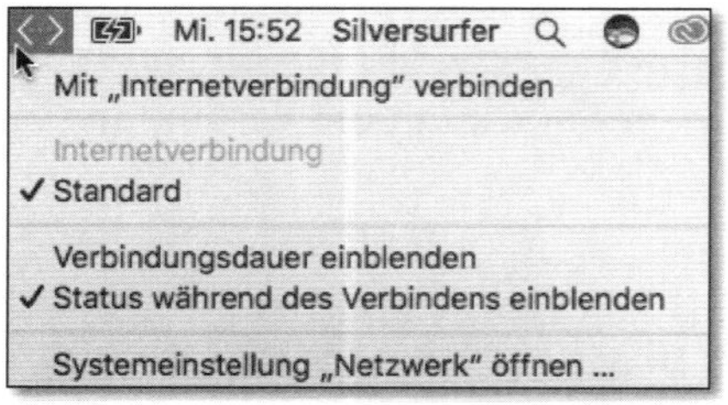

Abbildung 8.5 Über das Menulet kann komfortabel die Verbindung hergestellt und wieder getrennt werden.

Um eine Verbindung herzustellen, müssen Sie nur auf dieses Icon klicken und im Menü **Mit [Verbindungsname] verbinden** auswählen. Nach dem Verbindungsaufbau wird die Verbindungsdauer angezeigt. Das Trennen funktioniert auf demselben Weg wie das Verbinden, nur dass bei einer aktiven Verbindung der Menüeintrag **Mit [Verbindungsnamen] trennen** lautet.

8.3 Mobile Geräte als WLAN-Hotspot verwenden

Wenn Sie als Besitzer eines iPhones, iPads oder anderen Smartphones bzw. Tablets über ein Internetdatenpaket mit einem bestimmten Datenvolumen verfügen, können Sie diese Geräte als *mobile Hotspots* verwenden und quasi mit Ihrem Mac von überall ins Internet gehen. Sinnvoll ist dieser mobile Hotspot, wenn Sie einen mobilen Mac besitzen.

1 Aktivieren Sie die Funktion **Persönlicher Hotspot** auf dem iPhone oder iPad in den **Einstellungen**. Bei anderen mobilen Geräten müssen Sie die entsprechende Option woanders aktivieren. Bei Samsung heißt diese Einstellung beispielsweise **Mobile Hotspot und Tethering**.

2 Hierbei finden Sie gleich ein von Apple vorgegebenes WLAN-Passwort vor, das Sie dann anschließend für den Zugriff auf den Hotspot auf dem Mac benötigen. Das Passwort kann durch Antippen jederzeit geändert werden.

3 Nachdem Sie den Hotspot auf dem mobilen Gerät eingeschaltet haben, klicken Sie in der Menüleiste des Macs auf das WLAN-Icon, und es sollte Ihr iPhone (bzw. das mobile Gerät) aufgelistet werden. Klicken Sie das entsprechende Gerät an, und geben Sie das **Passwort** ein. Mit der Schaltfläche **Verbinden** sollten Sie über Ihr mobiles Gerät mit dem Mac und dem Internet verbunden sein. Ist das mobile Gerät ein iPhone und bereits mit derselben Apple-ID auf dem Mac bestätigt, entfällt die Eingabe des Passwortes. Bei dem iPhone erkennen Sie eine aktive Internetverbindung über den persönlichen Hotspot am blauen oberen Rand des Bildschirms.

8

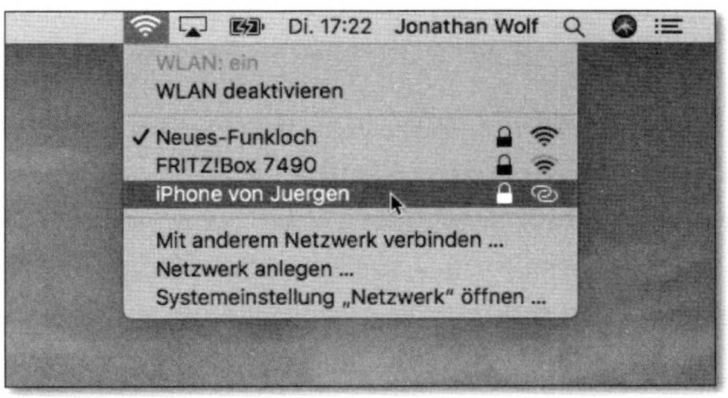

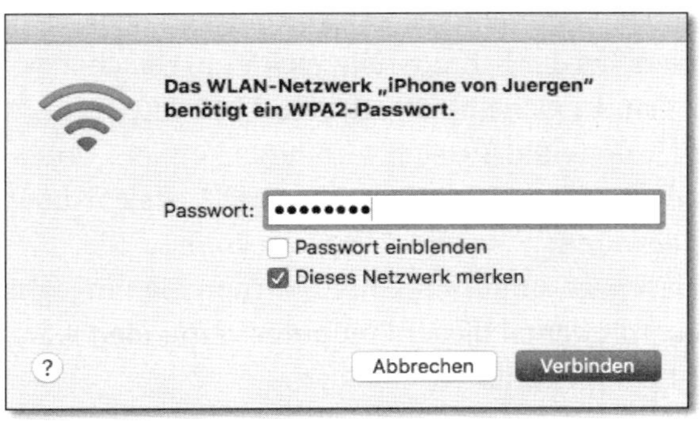

Um die Verbindung zu beenden, können Sie entweder den persönlichen Hotspot auf dem iPhone deaktivieren, oder Sie deaktivieren das WLAN über das Menulet in der Menüleiste Ihres Macs.

HINWEIS

Verbindung via Bluetooth oder USB-Kabel

Es ist mit dem iPhone auch möglich, die Verbindung mit Bluetooth oder via USB-Kabel herzustellen. Bei einer Bluetooth-Verbindung müssen Sie das iPhone mit dem Mac vorher koppeln, via USB-Kabel müssen Sie das iPhone lediglich mit dem Mac verbinden.

8.4 WiFi-Hotspots und andere mobile Hotspots

Es gibt noch weitere Möglichkeiten, unterwegs eine Internetverbindung herzustellen. So bieten viele Cafés, Restaurants, Hotels, Buchläden, Bahnhöfe, Flughäfen und andere Geschäfte kostenlosen Internetzugang per WLAN an. Vom Prinzip her können Sie sich hierbei genauso drahtlos verbinden, wie Sie dies bereits vom WLAN-Router oder dem iPhone bzw. einem mobilen Gerät her kennen. Bei einigen öffentlichen Hotspots wird eine zusätzliche Authentifizierung notwendig, um den Internetdienst zu nutzen.

Interessant ist auch die Möglichkeit, einen mobilen WiFi-Router zu verwenden, wofür Sie sich lediglich eine SIM-Karte kaufen müssen, mit der Sie über ein bestimmtes Datenvolumen verfügen. Ich verwende einen solchen portablen WiFi-Router gerne im Ausland, indem ich mir eine entsprechende SIM-Karte eines ansässigen Anbieters kaufe und in das Gerät einlege. Auch mit solchen Geräten können Sie sich wie mit jeder anderen drahtlosen Möglichkeit verbinden.

Wenn Sie viel unterwegs sind und Hotspots verwenden, kann es hilfreich sein, wenn Sie in den **Systemeinstellungen** in **Netzwerk** bei der Schnittstelle **WLAN** ein Häkchen vor **Auf neue Netzwerke hinweisen** setzen. Dann erscheint sofort eine Liste mit verfügbaren WLAN-Hotspots auf dem Bildschirm, mit denen Sie sich verbinden können. Unter **Weitere Optionen** finden Sie im Register **WLAN** außerdem noch eine Übersicht über alle Hotspots, mit denen Sie verbunden waren. Einzelne Hotspots können Sie mit dem Minussymbol entfernen, um die Liste etwas aufzuräumen. Entfernen Sie hingegen das Häkchen vor **Alle Netzwerke merken, mit denen dieser Computer verbunden war**, werden keine Netzwerke mehr in die Liste aufgenommen.

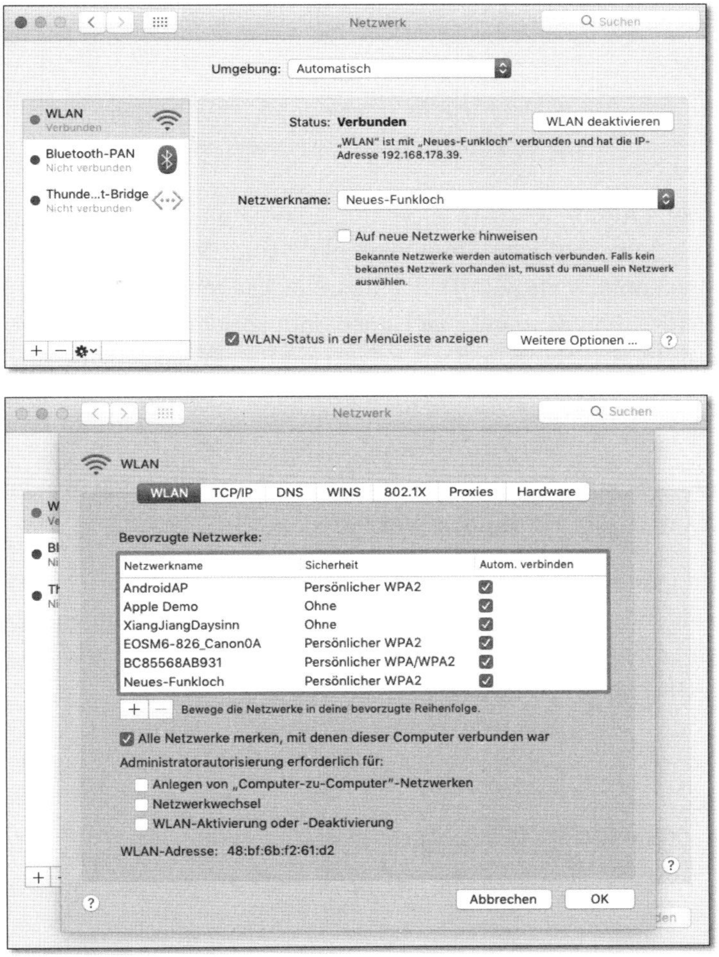

Abbildung 8.6 Hinweis zu und Übersicht über Drahtlosnetzwerke

8.5 Umgebung für das Internet konfigurieren

Sicherlich ist Ihnen in den **Systemeinstellungen** von **Netzwerk** das Dropdown-Feld **Umgebung** aufgefallen. Dieses Menü erlaubt es Ihnen, mehrere Internetkonfigurationen zu sichern und zwischen diesen zu wechseln. Standardmäßig verwenden Sie die Umgebung **Automatisch**. Bei dieser Umgebung sind alle Netzwerkanschlüsse aktiv. Es wird damit praktisch für alle Netzwerkanschlüsse wie Ethernet (sofern vorhanden), WLAN, Bluetooth oder andere Geräte eine Internetverbindung gesucht.

Abbildung 8.7 Es lassen sich unterschiedliche Umgebungen für das Netzwerk einrichten.

Anstatt lediglich die Umgebung **Automatisch** zu verwenden, können Sie weitere Umgebungen erstellen, in denen unterschiedliche Anschlüsse aktiv sind. Sind Sie beispielsweise mit einem Notebook viel unterwegs, würde sich hier eine Umgebung »Mobil« nur für WLAN eignen. Wenn Sie dann im Büro oder zu Hause sind, können Sie eine Umgebung »Büro« oder »Schreibtisch« einrichten, in der Sie dann nur den Ethernet-Anschluss und vielleicht noch WLAN aktivieren. Folgendermaßen können Sie vorgehen, um eine eigene Umgebung zu erstellen:

1. Wählen Sie im -Menü die Option **Systemeinstellungen**, oder klicken Sie auf das Zahnradsymbol im Dock und dort auf das Icon **Netzwerk**.

2. Wählen Sie im Menü **Umgebung** die Option **Umgebung bearbeiten** aus. Im sich öffnenden Dialog finden Sie eine Übersicht über die vorhandenen Umgebungen. Klicken Sie auf das Plussymbol, um eine neue Umgebung hinzuzufügen, und geben Sie einen Namen dafür ein (hier »Mobil«). Klicken Sie auf **Fertig**.

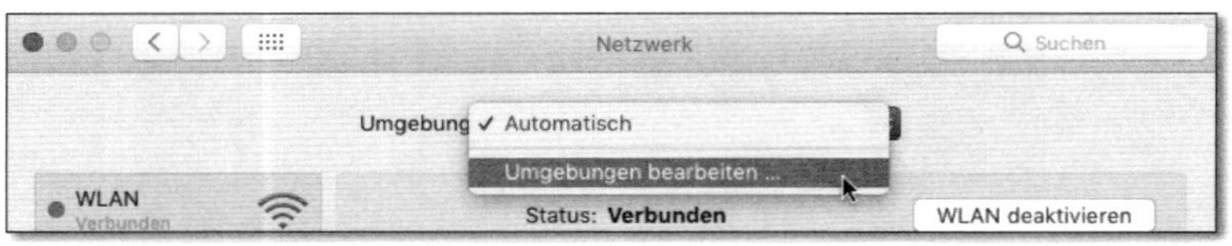

3. Die neue **Umgebung** wird im **Netzwerk**-Dialog oben angezeigt. Alle Änderungen in dieser Umgebung beziehen sich jetzt nur auf die Umgebung **Mobil**. Die Umgebung **Automatisch** bleibt unberührt. Um bestimmte Dienste zu deaktivieren, können Sie

auf das Zahnradsymbol klicken und den ausgewählten Dienst auf der linken Seite abschalten. Bis auf WLAN wurden hier im Beispiel alle Dienste deaktiviert. Klicken Sie auf **Anwenden**.

4 Jetzt können Sie wie gewohnt die Anschlüsse auswählen und den Dienst dafür einrichten, im Beispiel eben den Zugriff auf einen WLAN-Router oder andere Hotspots. Sind Sie mit den Einstellungen fertig, klicken Sie auf **Anwenden**.

Zwischen den Umgebungen können Sie künftig über das -Menü im Untermenü **Umgebung** wechseln.

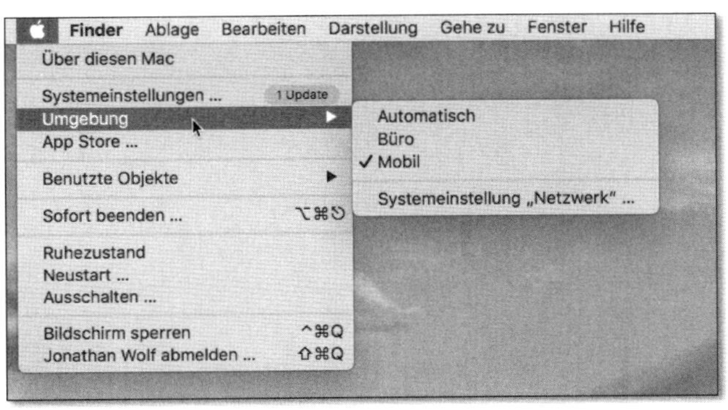

Abbildung 8.8 Je nach Standort Ihres Macs können Sie die Umgebung wechseln.

9 Mit Safari im Internet unterwegs

Wenn Sie den Internetzugang eingerichtet haben, dürfte ein erster Schritt sein, mit dem Webbrowser im World Wide Web zu surfen. Apple bietet hierfür den vorinstallierten Webbrowser Safari an, dessen Umgang in diesem Kapitel umfassender beschrieben werden soll.

In der Standardeinstellung finden Sie Safari im Dock von macOS, von wo Sie das Programm mit einem Klick auf das Icon starten können.

Abbildung 9.1 Starten Sie Safari mit einem einfachen Mausklick auf das Icon im Dock.

Alternativ starte ich persönlich meine Programme gerne mit dem Tastendruck [cmd] + Leertaste über die Spotlight-Suche, wo ich gewöhnlich nur »Sa« eingebe, und schon wird **Safari** vorgeschlagen, das ich dann gleich mit [↵] starten kann.

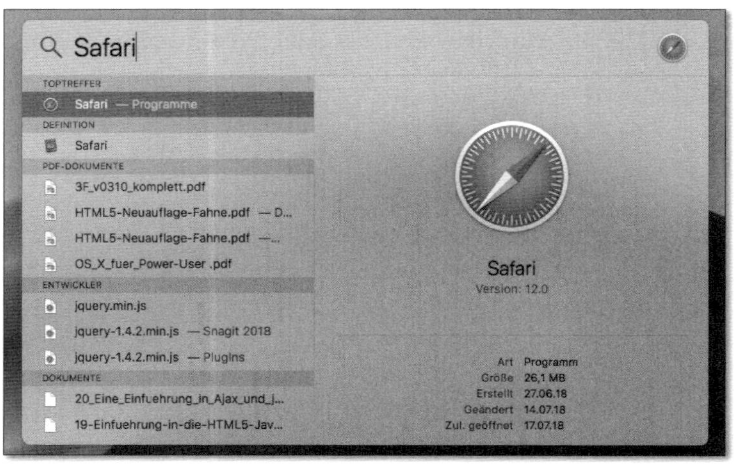

Abbildung 9.2 Alternativ lässt sich Safari, wie jede andere Anwendung auch, über Spotlight starten.

9.1 Grundlegender Umgang mit Safari

Um eine Website aufzurufen, klicken Sie die Adressleiste ❶ an, oder drücken Sie [cmd] + [L] und geben die gewünschte Internetadresse ein. Bei der Eingabe können Sie auf die Angaben von *http://*, *https://* oder *ftp://* als Internetprotokoll verzichten. Auch die Angabe des Dienstes wie *www.* muss nicht unbedingt verwendet werden. Safari ergänzt das Protokoll und den Dienst von selbst. Geben Sie beispielsweise *rheinwerk-verlag.de* in die Adressleiste ein und drücken [↵], wird die Adresse automatisch zu *https://www.rheinwerk-verlag.de*. Allerdings wird dies in der Adressleiste von Safari standardmäßig nicht eingeblendet, nur wenn Sie die Adressleiste anklicken, können Sie die vollständige Adresse dort sehen. Das Protokoll bleibt nach wie vor ausgeblendet. Über das kleine Icon mit dem gebogenen Pfeil ❷ am rechten Rand der Adressleiste können Sie den Inhalt der angezeigten Webseite aktualisieren bzw. neu laden. Gleiches erreichen Sie auch mit [cmd] + [R].

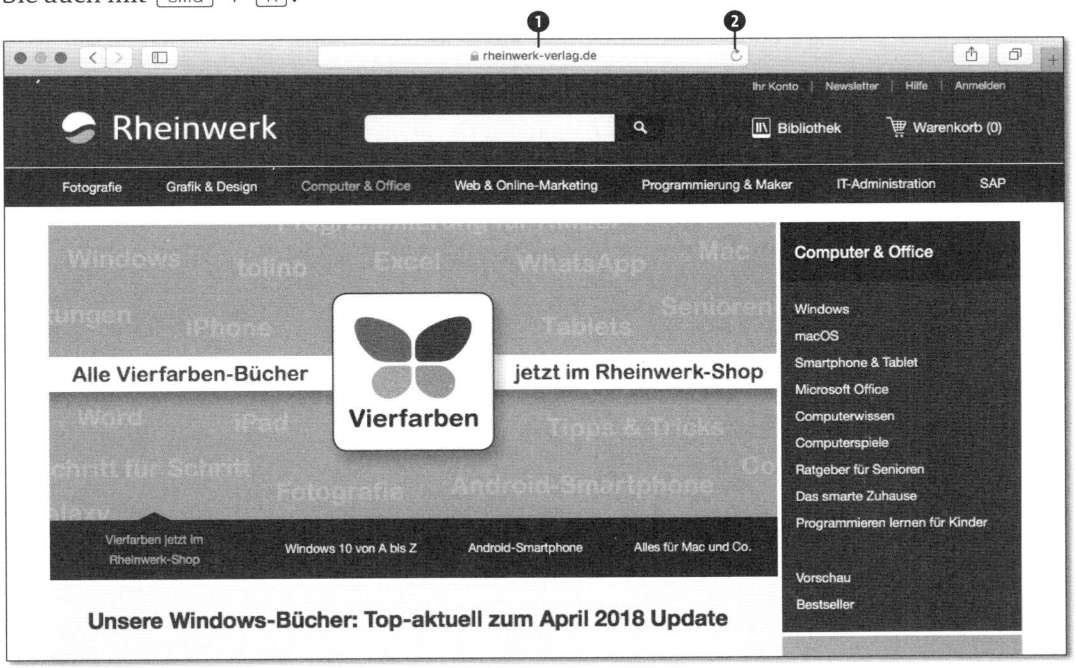

Abbildung 9.3 Die Darstellung einer Webseite im Webbrowser Safari

Wollen Sie, dass immer die vollständige Internetadresse in der Adressleiste angezeigt wird, rufen Sie das Menü **Safari ▸ Einstellungen** auf und setzen im Register **Erweitert** ein Häkchen vor **Vollständige Adresse der Webseite anzeigen**.

Abbildung 9.4 Mit der aktivierten Option wird immer die vollständige Adresse in der Adressleiste angezeigt.

Mit den Navigationspfeilen ❸ links neben der Adressleiste können Sie durch die bereits besuchten Webseiten rückwärts und vorwärts navigieren. Halten Sie hierbei die linke Maustaste länger gedrückt, wird der Verlauf eingeblendet, über den Sie gleich gezielt eine bereits besuchte Webseite im Verlauf ansteuern können.

Bei einem Trackpad oder einer Magic Mouse können Sie mithilfe von Fingergesten durch das Wischen mit zwei Fingern nach links oder rechts rückwärts oder vorwärts navigieren.

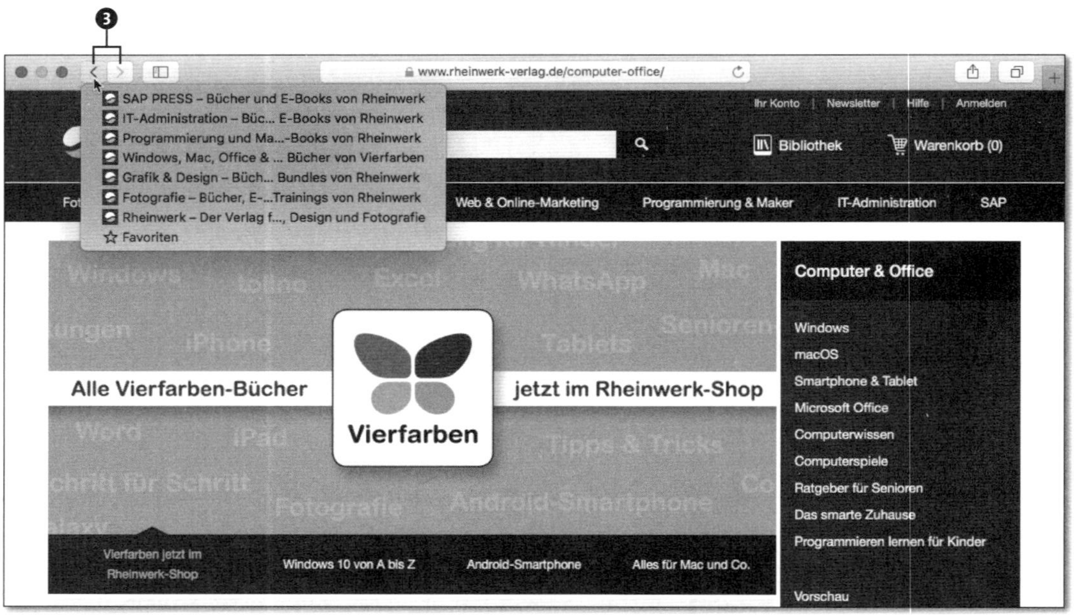

Abbildung 9.5 Die Navigationspfeile sind praktisch für ein Zurück- und Vorwärtsblättern durch die bereits besuchten Webseiten.

TIPP

Statusleiste einblenden

Wollen Sie die Statusleiste einblenden, finden Sie den entsprechenden Befehl mit **Darstellung ▸ Statusleiste einblenden**. Ich verwende die Statusleiste gerne, um zu sehen, wohin ein Link mich verweist, wenn ich mit dem Mauszeiger darüberstehe, bevor ich darauf klicke. Über denselben Befehl können Sie die Statusleiste wieder ausblenden.

Abbildung 9.6 Bei Weblinks erweist sich die Statusleiste als sehr hilfreich.

9.1.1 Darstellungsgröße anpassen

Bei einigen Webseiten kann die Darstellung von Text oder Bildern schon mal etwas klein ausfallen, um diese ordentlich lesen zu können. Hier bietet sich die Tastenkombination cmd + + an, um die Darstellung zu vergrößern. Verkleinern können Sie die Darstellung wieder mit cmd + -. Schnell auf die Originalgröße setzen Sie die Darstellung mit cmd + 0. Alle Befehle finden Sie auch im Menü **Darstellung**. Mit einem Trackpad können Sie auch mit zwei Fingern zoomen, indem Sie diese auf dem Trackpad auseinander- bzw. zusammenziehen, wie Sie es vielleicht von einem Tablet oder Smartphone her kennen. Schnell an den Anfang oder das Ende der Webseite gelangen Sie mit cmd + ↑ bzw. cmd + ↓.

HINWEIS

Vollbildmodus

Und wie bereits im Finder-Fenster beschrieben, können Sie auch hier den Vollbildmodus im Safari-Browser mit der grünen Schaltfläche links oben in der Ecke verwenden und mit Esc verlassen.

9.2 Besser lesen mit der Reader-Funktion

Viele Webseiten sind häufig mit zu vielen Informationen vollgestopft, sodass es nicht einfach ist, sich auf einen bestimmten Artikel zum Lesen zu konzentrieren. Für solche Zwecke bietet sich die Reader-Funktion von Safari an. Diese Funktion formatiert den Artikel lesefreundlich in einem übersichtlichen Fenster und entfernt alle anderen unnötigen und störenden Inhalte. Hierzu eine Anleitung, wie Sie die Reader-Funktion von Safari verwenden können:

1 Rufen Sie den Artikel einer Website auf, den Sie ungestört lesen wollen. Kann dieser Artikel mit der Reader-Funktion formatiert werden, wird links neben der Adressleiste das Icon für die Reader-Darstellung ❶ angezeigt.

2 Wenn Sie auf das Icon zur Reader-Darstellung klicken oder ⇧ + cmd + R drücken, formatiert Safari den Artikel lesefreundlicher und ohne den unnötigen Ballast, sodass es ohne die vielen Ablenkungen mehr Spaß macht, ihn zu lesen.

3 Um die Lesbarkeit des Artikels anzupassen, finden Sie im Reader-Modus auf der rechten Seite der Adressleiste eine Möglichkeit, die Schriftgröße, die Farbe von Schrift und Hintergrund und die Schriftart Ihren persönlichen Bedürfnissen anzupassen.

sueddeutsche.de
Im Freihandel liegt die Zukunft
17. Juli 2018, 09:48 Uhr
Es hat viele Jahre gedauert, bis Europa und Japan zu dem Vertrag zusammenfanden. Die EU setzte zunächst auf das globale Handelsabkommen Doha, das heute unrealistischer wirkt als je zuvor. Im Bild: der Hamburger Hafen.

sueddeutsche.de
A
A
Im Freihandel liegt die Zuku
17. Juli 2018, 09:48 Uhr
Athelas
Charter
Georgia
Iowan
Palatino
San Francisco
✓ Seravek
Times New Roman
Es hat viele Jahre gedauert, bis Europa und Japan zu dem Vertrag zusammenfanden. Die EU setzte zunächst auf das globale Handelsabkommen Doha, das heute unrealistischer wirkt als je zuvor. Im Bild: der Hamburger Hafen.

4 Klicken Sie erneut auf das Reader-Icon oder drücken [⇧] + [cmd] + [R], wird der Reader-Modus beendet und zur gewohnten Ansicht von Safari zurückgekehrt.

9.2.1 Reader automatisch für Artikel einer bestimmten Website verwenden

Dank der Reader-Funktion von Safari ist es angenehm, einzelne Artikel zu lesen, ohne sich von störenden Elementen ablenken zu lassen. Wenn Sie ohnehin Artikel einer Website immer im Reader-Modus betrachten, können Sie auch eine Einstellung vornehmen, damit künftig alle Artikel von dieser Website im Reader-Modus angezeigt werden.

1 Geben Sie die Webadresse der Website in die Adressleiste von Safari ein. Im Beispiel verwende ich *www.faz.net*.

2 Wählen Sie den Menübefehl **Safari ▸ Einstellungen für diese Website**, und es erscheint ein Schwebefenster unterhalb der Adressleiste. Setzen Sie ein Häkchen vor **Reader verwenden wenn verfügbar**.

3 Wenn Sie auf der Startseite künftig einen Artikel zum Lesen anklicken, wird er gleich im Reader-Modus geöffnet. Wenn Sie auf die Zurück-Schaltfläche klicken, gelangen Sie wieder zur Startseite mit der Artikelauswahl.

Diese Möglichkeit, einen Artikel gleich im Reader-Modus zu betrachten, funktioniert erstaunlich gut. Die Startseite wird hierbei häufig noch wie üblich angezeigt, die einzelnen Artikel dagegen im Reader-Modus. Allerdings klappt dies nicht bei allen Websites. Wenn beispielsweise die Startseite einer Website im Reader-Modus geöffnet wird, dann nützt das nicht viel, weil Sie so keine Navigation mehr vorfinden und auch keine Artikel auswählen können. In dem Fall drücken Sie bei der Startseite schnell die Tastenkombination [⇧] + [cmd] + [R] und wählen einen Artikel zum Lesen aus, der dann auch gleich wieder im Reader-Modus geöffnet wird, weil die Option **Reader verwenden, wenn verfügbar** für die komplette Website gültig ist.

9.3 Ihre Lieblings-Website personalisieren

Im Abschnitt zuvor haben Sie mit dem Reader-Modus eine Möglichkeit kennengelernt, bestimmte Websites Ihren Bedürfnissen anzupassen, wenn Sie diese im Webbrowser aufrufen. Safari bietet noch mehr solcher benutzerdefinierter Einstellungen an, die Sie für einzelne Websites speichern können.

9.3.1 Allgemeine Einstellungen für alle Websites festlegen

Safari verhindert standardmäßig, dass unerwartete und unerwünschte Videos mit Audio auf Webseiten automatisch abgespielt werden. Damit gibt es keine »überraschenden« Momente mehr, in denen irgendwo auf der Webseite ein Video mit Audio abgespielt wird, obwohl man das gar nicht wollte. Wenn Sie auf einer Ihrer Lieblingsseiten trotzdem wollen, dass automatisch Videos mit Ton abgespielt werden dürfen, dann können Sie dies über eine Einstellung der entsprechenden Website explizit erlauben.

Neben den erwähnten Möglichkeiten, Artikel von einer Website im Reader-Modus zu öffnen oder das Autoplay bei Videos zu blockieren, finden Sie in Safari noch weitere wichtige Einstellungen, die Sie für jede Website individuell anpassen können. Vielleicht wäre es an dieser Stelle zunächst besser, zu erwähnen, wo Sie diese Einstellungen finden und wie die Standardeinstellungen hierfür lauten (die Sie jederzeit ändern können). Diese allgemeinen und individuellen Einstellungen finden Sie über das Menü **Safari ▸ Einstellungen** im Register **Websites**.

Auf der linken Seite des Dialogs finden Sie die Einstellungen **Reader**, **Inhaltsblocker**, **Automatische Wiedergabe**, **Seitenzoom**, **Kamera**, **Mikrofon**, **Ort** und **Mitteilungen**. Jede dieser Einstellungen können Sie für einzelne Websites individualisieren. Auf der rechten Seite finden Sie unter **Derzeit geöffnete Websites** die Seiten, die gerade im Webbrowser geöffnet sind, und unter **Konfigurierte Websites** finden Sie Websites, für die Sie bereits persönliche Anpassungen vorgenommen haben. Rechts neben den jeweiligen Adressen der Websites finden Sie den gewählten Wert für diese Einstellung in einem Dropdown-Menü. In Abbildung 9.7 sehen Sie zum Beispiel die Einstellung der Website *faz.net* für den Reader-Modus, die Sie in Abschnitt 9.2.1, »Reader automatisch für Artikel einer bestimmten Website verwenden«, vorgenommen und hinzugefügt haben.

Abbildung 9.7 Allgemeine und individuelle Einstellungen für Websites

Die jeweilige Standardeinstellung für künftig besuchte Websites, die nicht im Bereich **Konfigurierte Websites** aufgelistet sind, finden Sie rechts unten bei **Beim Besuch anderer Websites**. In Abbildung 9.7 steht diese Einstellung auf **Aus**, was bedeutet, dass standardmäßig nicht der Reader-Modus für den Besuch anderer Websites verwendet wird. Über das entsprechende Dropdown-Menü können Sie allerdings jederzeit den Standardwert für den Besuch anderer Websites ändern.

Hierzu noch ein schneller Überblick über die vorhandenen Einstellungen für Websites:

- **Reader:** Hier speichern Sie die Websites, die den Reader-Modus zur Anzeige verwenden, wenn dieser verfügbar ist. In der Standardeinstellung steht der Wert von **Beim Besuch anderer Websites** auf **Aus**.
- **Inhaltsblocker:** Ein Inhaltsblocker (auch *Content-Blocker* genannt) dient der Unterdrückung unerwünschter Inhalte, wozu beispielsweise bildschirmfüllende Banner, Hintergrund-Pop-ups oder Werbefenster mit falschen Schaltflächen gehören. Allerdings darf Apple selbst hier keine Inhalte blocken, sondern Sie müssen sich hierfür eine entsprechende Erweiterung besorgen.
- **Automatische Wiedergabe:** Hier werden Videos mit Autoplay einer Website verhindert. In der Standardeinstellung wird **Beim Besuch anderer Websites** die Option **Für Medien mit Ton anhalten** verwendet, womit unerwünschte automatische Videos mit Audio nicht abgespielt werden. Alternativ können Sie hier noch die Option **Für alle Medien deaktivieren** oder **Für alle Medien erlauben** verwenden.
- **Seitenzoom:** Hier können Sie die Darstellungsgröße für Websites einstellen. Die Standardeinstellung **Beim Besuch anderer Websites** ist hier **100 %**.
- **Kamera:** Wenn eine Website auf Ihre Kamera zugreifen will, können Sie hier eine Einstellung dafür vornehmen. Die Standardeinstellung **Beim Besuch anderer Websites** ist **Fragen**, womit stets eine Rückfrage erscheint, ob die Website Ihre Kamera verwenden darf. Andere für sich selbst sprechende Optionen sind **Nicht erlauben** und eben **Erlauben**.
- **Mikrofon:** Hier gilt dasselbe, was für **Kamera** beschrieben wurde, nur eben für das Mikrofon.
- **Ort:** Hier gilt ebenfalls dasselbe wie für **Kamera** und **Mikron**, nur betrifft es hier den Ortungsdienst, ob also der Standort ermittelt werden darf.
- **Mitteilungen:** Manche Websites fragen um Erlaubnis, ob sie Push-Mitteilungen in der Mitteilungszentrale anzeigen dürfen. Websites, für die Sie die Erlaubnis erteilt haben oder eben gerade nicht, werden hier aufgelistet. Hierbei können Sie jederzeit abgelehnten Websites die Erlaubnis nachträglich erteilen oder erlaubten Websites die Erlaubnis entziehen. Sie finden hier auch eine Option **Websites erlauben, nach**

Berechtigung zum Senden von Push-Benachrichtigungen zu fragen. Wenn Sie dort das Häkchen entfernen, erhalten Sie von den entsprechenden Websites überhaupt keine lästigen Nachfragen mehr. Gehen Sie zum Austesten auf die Website *www.nytimes.com*.

- **Pop-Up-Fenster:** Manche Websites versuchen, ein weiteres Pop-up-Fenster zu öffnen, was Safari standardmäßig mit einer Meldung dazu blockiert. Hier können Sie bei Bedarf einzelnen Websites erlauben, ein Pop-up-Fenster zu öffnen.

9.3.2 Einstellungen für eine Website festlegen

Wollen Sie gesonderte Einstellungen für eine Website erstellen, stehen Ihnen zwei Möglichkeiten zur Verfügung. Eine davon haben Sie in Abschnitt 9.2.1, »Reader automatisch für Artikel einer bestimmten Website verwenden«, bereits kennengelernt, wo Sie für eine Website den Reader-Modus eingerichtet haben. Auf dieselbe Art und Weise können Sie viele andere Einstellungen speziell für eine Website mit dem Menübefehl **Safari ▸ Einstellungen für diese Website** Ihren persönlichen Bedürfnissen anpassen. In Abbildung 9.8 habe ich persönliche Einstellungen für die Website *www.nytimes.com* festgelegt. Demnach will ich die Artikel im Reader-Modus lesen, und den Seitenzoom habe ich auf 115 % gestellt, weil mir die Schrift zu klein gewesen ist. Ansonsten sehe ich keinen Grund, die Website überhaupt auf meine Kamera oder mein Mikrofon zugreifen zu lassen. Diese Einstellungen bleiben dauerhaft gespeichert und werden immer verwendet, wenn Sie die entsprechende Website wieder besuchen.

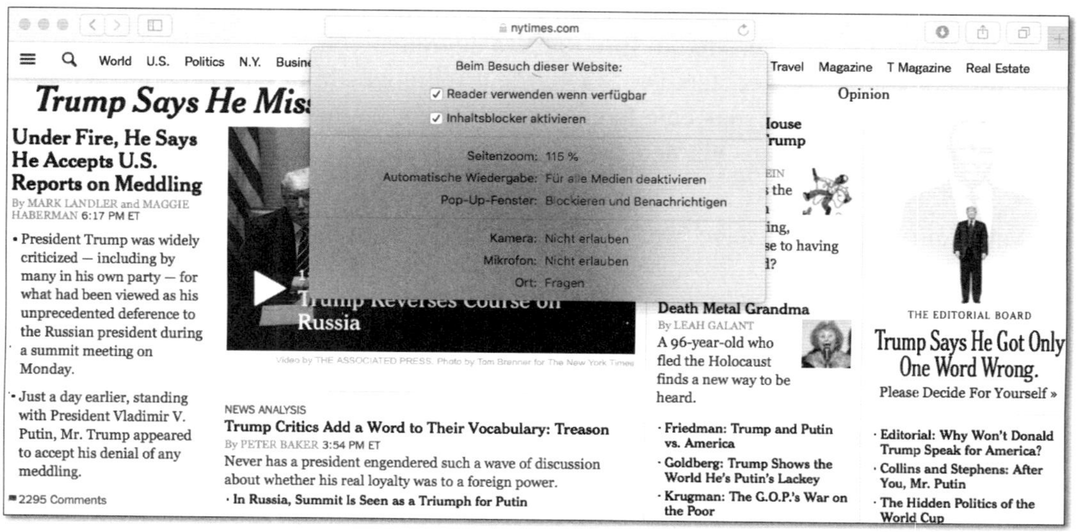

Abbildung 9.8 Persönliche Einstellungen für eine Website

Alternativ können Sie die Einstellungen für eine Website mit einem rechten Mausklick in der Adressleiste öffnen und dort im Kontextmenü den Befehl **Einstellungen für diese Website** auswählen.

Abbildung 9.9 Die »Einstellungen für diese Website« lassen sich auch per rechten Mausklick in der Adressleiste aufrufen.

Wenn Sie einen Blick in die Einstellungen über **Safari ▸ Einstellungen** im Register **Websites** werfen, finden Sie bei allen Einstellungen der linken Seitenleiste, bei denen Sie einen anderen Wert als die Standardeinstellung von **Beim Besuch anderer Websites** verwenden, einen Eintrag unterhalb von **Konfigurierte Websites** vor. So wurde im vorliegenden Beispiel ein Eintrag bei **Konfigurierte Websites** von *www.nytimes.com* in **Seitenzoom** gemacht, weil hier mit **115 %** ein anderer als der Standardwert mit **100 %** verwendet wurde.

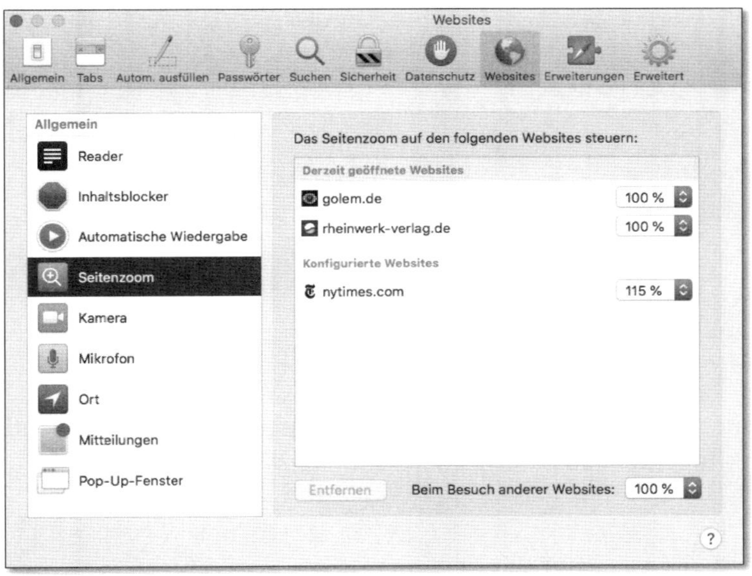

Abbildung 9.10 Der Eintrag für den »Seitenzoom« wurde hier für »www.nytimes.com« hinzugefügt, weil der Wert vom üblichen Standardwert abweicht.

Neben dem Weg über **Safari ▸ Einstellungen für diese Website** können Sie auch direkt über **Safari ▸ Einstellungen** im Register **Websites** die persönlichen Anpassungen im

Bereich **Derzeit geöffnete Websites** für die entsprechende Website über die Dropdown-Liste der gewählten Einstellungen vornehmen.

1 Ausgehend davon, dass Sie die Website, die Sie Ihren Bedürfnissen anpassen wollen, bereits geöffnet haben, wählen Sie bei **Safari ▸ Einstellungen** den Reiter **Websites** aus.

2 Wählen Sie auf der linken Seite eine Einstellung aus, die Sie für diese Website anpassen wollen. Im Beispiel wähle ich **Seitenzoom** und stelle den Wert der entsprechenden Seite (hier *rheinwerk-verlag.de*) bei **Derzeit geöffnete Websites** auf **125 %**. Dann wähle ich noch **Automatische Wiedergabe** und setze dort den Wert auf **Für alle Medien erlauben** für diese Website. Beenden Sie den Einstellungen-Dialog.

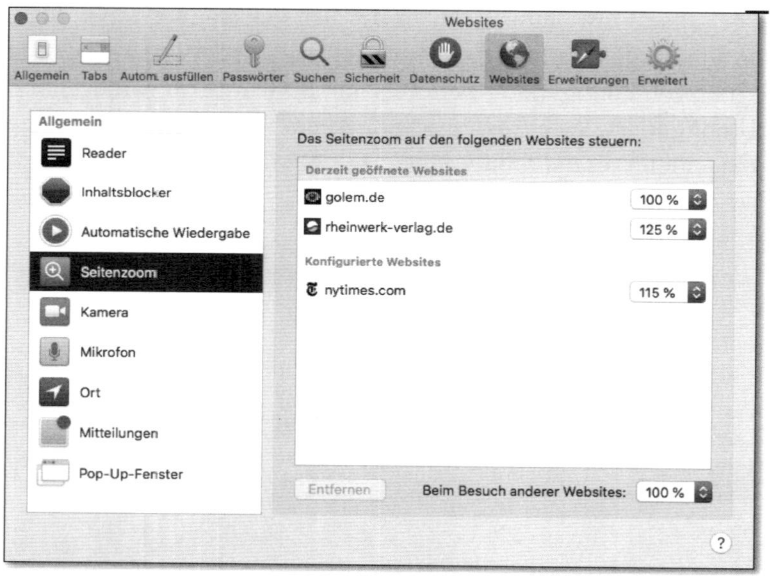

3 Wenn Sie die Website nun verlassen, werden die persönlichen Anpassungen **Konfigurierte Websites** hinzugefügt und künftig immer für diese Website verwendet.

9.3.3 Einstellungen für eine Website ändern oder entfernen

Die gespeicherten Einstellungen für eine Website können Sie jederzeit ändern, indem Sie die Einstellung entweder direkt in der Adressleiste über das Menü **Safari ▸ Einstellungen für diese Website** oder über einen rechten Mausklick in die Adressleiste mit dem Befehl **Einstellungen für diese Website** anzeigen lassen und entsprechende Optionen ändern. Gemachte Änderungen werden automatisch für die Website übernommen und gespeichert.

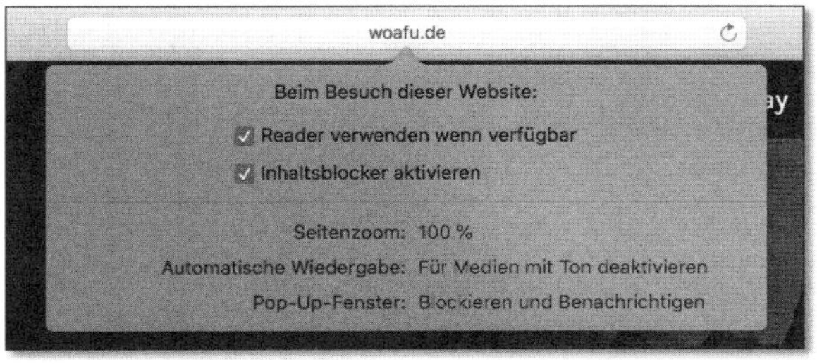

Abbildung 9.11 Hier können Sie jederzeit die Einstellungen für die Website ändern.

Ebenso können Sie Änderungen für eine Website über **Safari ▸ Einstellungen** im Register **Websites** nachträglich ändern, indem Sie bei einer ausgewählten Einstellung den Wert über das Dropdown-Menü bei **Konfigurierte Websites** von einer bestimmten Website ändern. Auf diese Weise müssen Sie nicht mal die Website besuchen, um einen Wert zu ändern. Hierbei können Sie auch gleich Websites aus diesen Einstellungen komplett entfernen, indem Sie diese auswählen und unten links auf die Schaltfläche **Entfernen** klicken. In dem Fall wird für diese Websites bei einem künftigen Besuch der Standardwert von **Beim Besuch anderer Websites** verwendet.

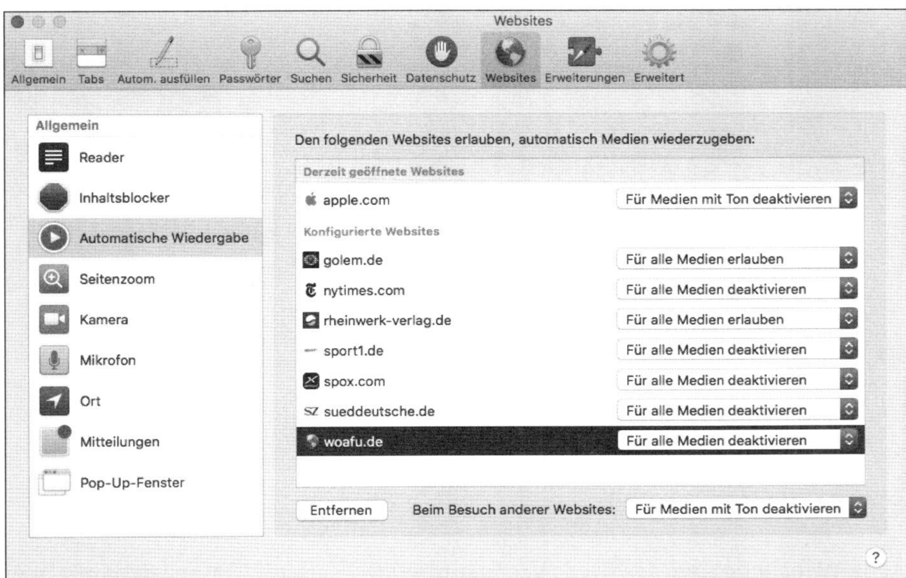

Abbildung 9.12 Ebenso können Sie Einträge über das Register »Websites« ändern und entfernen.

9.4 Suchen innerhalb einer Webseite

Wenn Sie innerhalb der geöffneten Webseite nach einem Text suchen wollen, können Sie über das Menü **Bearbeiten ▸ Suchen ▸ Suchen** bzw. mit der Tastenkombination [cmd] + [F] ein Suchfeld ❶ unter der Adressleiste aufrufen, den Suchbegriff ins Textfeld eingeben und [↵] drücken. Safari springt dabei zum ersten im Suchfeld eingegebenen und übereinstimmenden Text und markiert diesen entsprechend. Die Anzahl der Treffer wird links neben dem Suchfeld angezeigt. Durch die einzelnen Treffer können Sie mit den Pfeiltasten daneben navigieren. Über das kleine Lupensymbol innerhalb des Suchfeldes können Sie die Suchabfrage anpassen, indem entweder die Buchstaben der Suchanfrage irgendwo in einem Wort enthalten sein dürfen oder am Anfang eines Wortes stehen sollen. Mit dem **x**-Symbol in der Suchleiste entfernen Sie den Suchtext. Die Suche beenden Sie mit einem Klick auf die Schaltfläche **Fertig**.

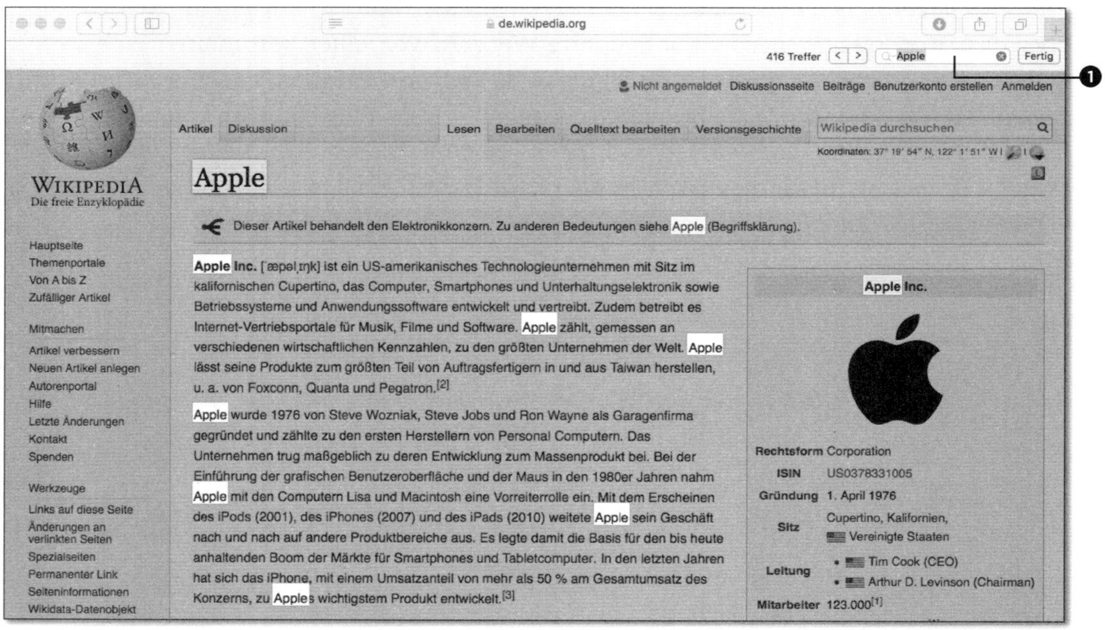

Abbildung 9.13 Die Suchfunktion von Safari bei der Ausführung

9.5 Suchen im Internet

Die klassische Websuche über *www.google.de* können Sie sich mit Safari ersparen, weil diese Suche bereits direkt in der Adressleiste ausgeführt werden kann. Geben Sie in die

Adressleiste den Suchbegriff ein oder eine Wortfolge, wird Google sofort aktiv und präsentiert erste Ergebnisse. Ganz oben finden Sie häufig zur Eingabe passend vorgeschlagene Websites, gefolgt von einigen Google-Vorschlägen. Es werden auch Ihre Lesezeichen und der Verlauf berücksichtigt. Ebenso werden mobile Geräte wie iPhone und iPad berücksichtigt, wenn Sie mehrere Apple-Geräte mit derselben Apple-ID verwenden. Wählen Sie entweder einen Suchvorschlag von Google oder der Lesezeichen bzw. des Verlaufs mit der Maus aus oder drücken [↵], werden die passenden Suchergebnisse der Eingabe in der Adressleiste in Google geladen.

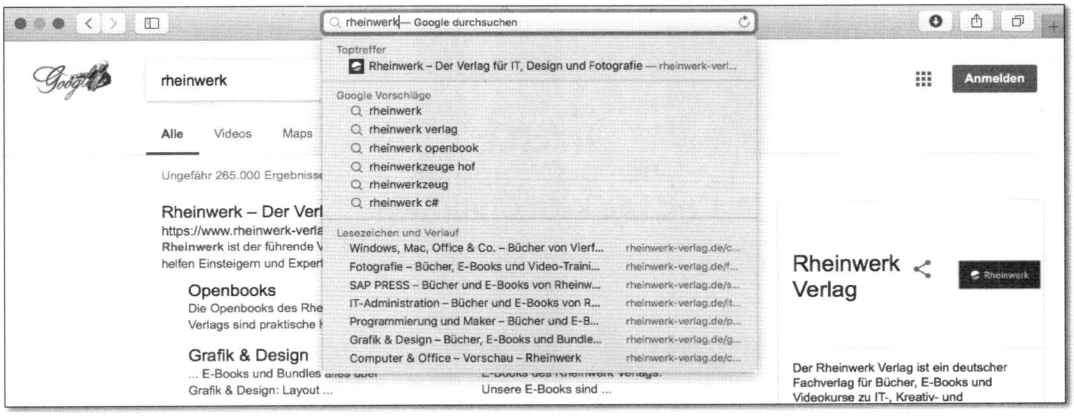

Abbildung 9.14 Die Adressleiste von Safari wird auch für die Google-Suche im Internet verwendet.

TIPP

Suchmaschine ändern

Wollen Sie eine andere Suchmaschine wie beispielsweise Yahoo, Bing oder DuckDuckGo verwenden, können Sie dies über **Safari ▸ Einstellungen** im Register **Suchen** bei **Suchmaschine** ändern.

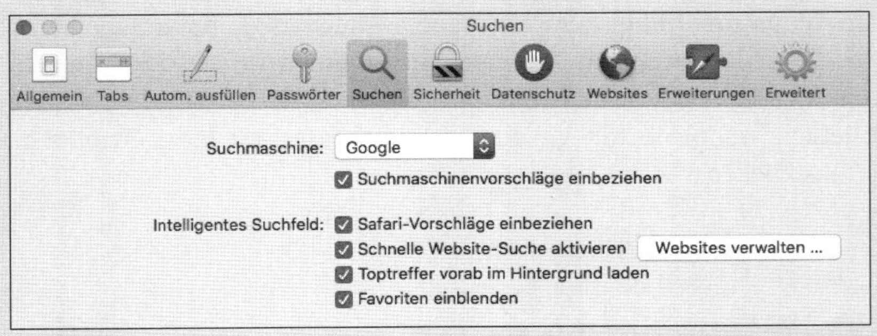

Abbildung 9.15 Sie sind nicht gezwungen, Google für die Suche zu verwenden.

9.6 Der Umgang mit Tabs in Safari

Das Öffnen eines neuen Tabs funktioniert in Safari genauso, wie Sie es vom Finder-Fenster her kennen. Mit `cmd` + `T` öffnen Sie einen neuen Tab, in dem Sie gleich die Internetadresse in die Adressleiste eingeben können. Ebenfalls einen neuen leeren Tab können Sie mit dem Plussymbol ❶ auf der rechten Seite öffnen. Wollen Sie hingegen einen Link zu einer anderen Webseite in einem neuen Tab öffnen, müssen Sie nur diesen Link mit gehaltener `cmd`-Taste anklicken. Zwischen den einzelnen Tabs können Sie durch das Anklicken eines Tabs wechseln.

Abbildung 9.16 Der Umgang mit Tabs ist essenziell bei der Verwendung von Safari.

Einen Tab schließen Sie über das kleine **x**-Symbol eines jeden Tabs, das sichtbar wird, wenn Sie mit dem Mauscursor über dem Tab stehen. Alternativ können Sie einen Tab auch mit `cmd` + `W` schließen. Wenn Sie versehentlich einen Tab geschlossen haben, machen Sie dies mit `cmd` + `Z` rückgängig. Alle anderen Tabs außer dem aktuellen können Sie schließen, wenn Sie mit gehaltener `Alt`-Taste auf ein **x**-Symbol zum Schließen eines Tabs klicken.

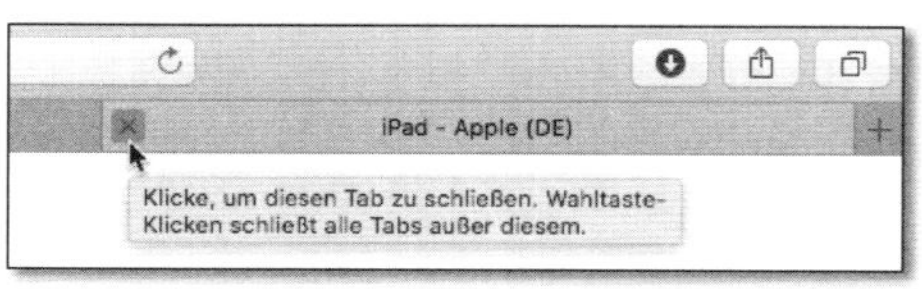

Abbildung 9.17 Ein Tab lässt sich über das x-Symbol jederzeit schließen.

Wenn Sie viele Tabs auf einmal verwenden und sich einen besseren Überblick verschaffen wollen, bietet sich die Schaltfläche **Alle Tabs einblenden** ❷ rechts oben im Safari-Browser an. Damit erhalten Sie eine gekachelte Übersicht über die geöffneten Webseiten im Browser und können eine Webseite auswählen. Ebenfalls alle Tabs einblenden können Sie via Trackpad, wenn Sie zwei Finger so zusammenziehen, als ob Sie etwas verkleinern wollten.

Abbildung 9.18 Ein Überblick über alle geöffneten Tabs

TIPP

Tabs stummschalten

Wenn Sie in einem Tab ein Video oder Musik abspielen und den Ton schnell stummschalten wollen, können Sie dies direkt im Tab machen, indem Sie mit der Maus über den Tab fahren und auf das entsprechende Lautsprecher-Icon klicken. Mit einem erneuten Klick auf das jetzt durchgestrichene Lautsprecher-Icon schalten Sie den Ton wieder an.

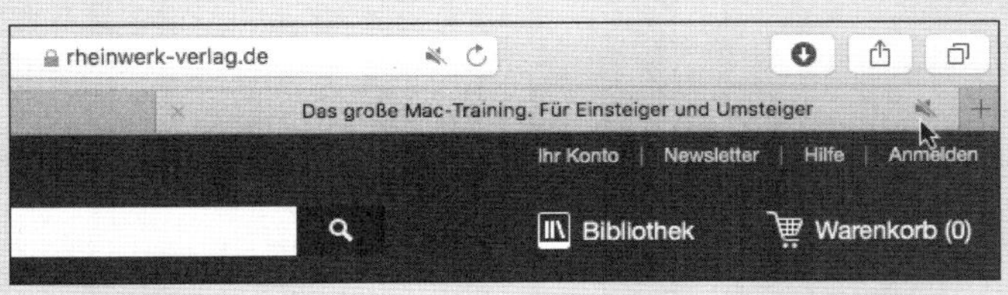

Abbildung 9.19 Wird in einem Tab ein Video oder Musik abgespielt, können Sie den Ton direkt über das entsprechende Icon stummschalten.

Wollen Sie hingegen einen Tab in ein einzelnes Fenster umwandeln, können Sie dies ganz einfach mit Drag & Drop realisieren, indem Sie den Tab aus der Tableiste mit gedrückt gehaltener Maustaste herausziehen und außerhalb des Safari-Fensters fallen lassen.

TIPP

Versehentlich alles geschlossen

Haben Sie versehentlich das komplette Fenster mit allen Tabs beendet, können Sie beim Neustart von Safari im Menü **Verlauf ▸ Zuletzt geschlossenes Fenster erneut öffnen** bzw. über [⇧] + [cmd] + [T] alles wiederherstellen. Unter **Verlauf ▸ Zuletzt geschlossen** finden Sie eine Übersicht, welche Tabs Sie kürzlich geschlossen haben, und können hierüber einzelne Tabs wieder öffnen.

9.6.1 Einen Tab fixieren (Website-Pins)

Wenn Sie bestimmte Websites mehrmals am Tag besuchen, können Sie diese fixieren, damit Sie einen schnellen Zugriff darauf haben. Eine Website fixieren Sie, indem Sie den Tab mit der rechten Maustaste anklicken und im Kontextmenü **Tab fixieren** auswählen. Alternativ finden Sie den Befehl auch über das Menü **Fenster ▸ Tab fixieren**. Auch per Drag & Drop können Sie eine Website fixieren, indem Sie den Tab mit der zu fixierenden Website auf die linke Seite der Tableiste ziehen. Wenn der Tab hierbei verkleinert wird, lassen Sie die Maustaste los, und die Website wurde fixiert. Ein fixierter Tab wird als kleiner Button auf der linken Seite der Tableiste mit einem Symbol oder dem Anfangsbuchstaben ❶ der Website angezeigt.

❶

Abbildung 9.20 Fixierte Tabs sind praktisch für den Schnellzugriff auf häufig besuchte Websites.

Mehrere fixierte Tabs lassen sich jederzeit per Drag & Drop umsortieren. Auch praktisch ist, wenn Sie ein neues Safari-Fenster öffnen oder Safari beenden und erneut starten, dass diese fixierten Tabs ihre Position beibehalten.

Fixierte Tabs können Sie auf dem umgekehrten Weg wieder auflösen, auf dem Sie diese fixiert haben. Entweder gelingt das über einen rechten Mausklick darauf mit dem Befehl **Tab loslösen** im Kontextmenü, denselben Befehl finden Sie auch im Menü **Fenster**. Oder Sie können einen fixierten Tab per Drag & Drop herauslösen, indem Sie ihn in der Tableiste nach rechts ziehen, bis er wieder vergrößert wird.

9.6.2 Favicons in Safari-Tabs

Wenn Sie viele Tabs gleichzeitig in Safari geöffnet haben, finden Sie dort häufig nur die Titel der einzelnen Websites vor. Dies ist nicht immer sehr hilfreich, weil Sie dann davon abhängig sind, dass der Website-Betreiber einen sinnvollen Titel dafür verwendet hat. Wenn Sie dort nur einen Titel wie *Nachrichten* oder *Home* vorfinden, müssen Sie den Tab auswählen, um zu sehen, was für eine Website Sie dort geöffnet haben.

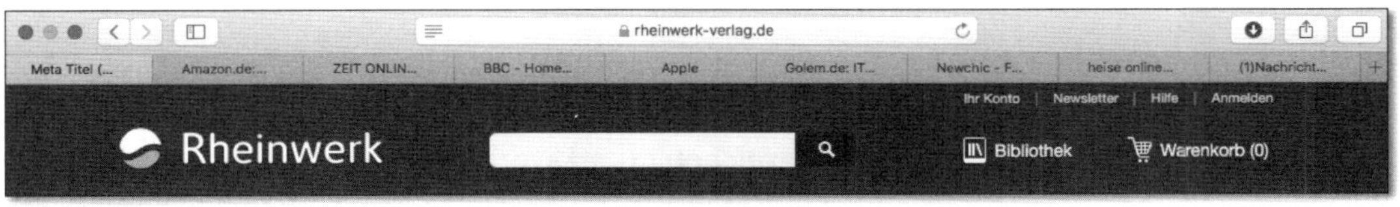

Abbildung 9.21 Standardmäßig werden nur die Titel der einzelnen Websites in den Tabs angezeigt.

Abhilfe schaffen können Sie, indem Sie die Websitesymbole (auch *Favicons* genannt) in den Tabs anzeigen. Rufen Sie **Safari ▸ Einstellungen** auf, und setzen Sie im Reiter **Tabs** ein Häkchen vor **Websitesymbole in Tabs anzeigen**.

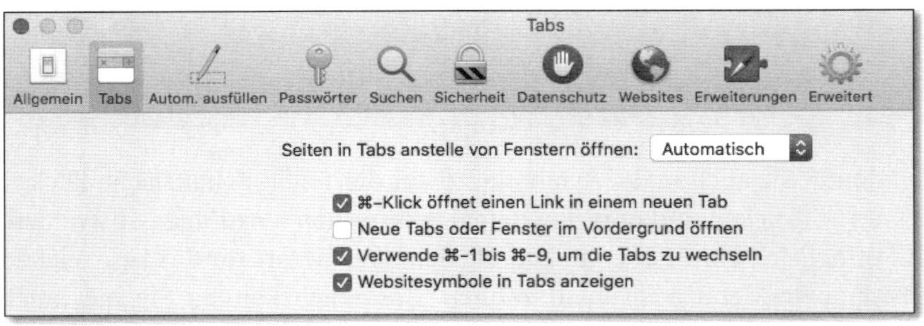

Abbildung 9.22 Mit »Websitesymbole in Tabs anzeigen« können Sie die Favicons in den Tabs einblenden.

Wenn Sie die Favicons aktiviert haben, werden diese neben dem Text in den Tabs angezeigt. Dies verbessert die Übersichtlichkeit ungemein, wenn Sie mehrere Tabs gleichzeitig geöffnet haben.

Abbildung 9.23 Dank der Favicons können Sie wesentlich schneller erkennen, was für Websites sich hinter den einzelnen Tabs befinden.

9.7 Lesezeichen in Safari hinzufügen und verwalten

Beim Surfen im Web werden Sie vielleicht auf Webseiten stoßen, die Sie gerne erneut besuchen oder für eine Recherche in einer Gruppe sammeln wollen. Für solche Zwecke bieten sich Lesezeichen an. In der folgenden Anleitung erfahren Sie, wie Sie eine Seite als Lesezeichen für künftige Besuche sichern können:

1 Ausgehend davon, dass Sie die Website gerade besuchen, die Sie als Lesezeichen hinzufügen wollen, klicken Sie auf das Plussymbol links im Adress- und Suchfeld und wählen aus dem Menü **Lesezeichen** oder **Favoriten** aus. Haben Sie bereits einen Lesezeichen-Ordner angelegt, können Sie ihn an dieser Stelle auch auswählen. Ich wähle hier **Lesezeichen** aus.

Alternativ können Sie auch in der Symbolleiste auf die Teilen-Schaltfläche klicken bzw. [cmd] + [D] drücken und dort den Befehl **Lesezeichen hinzufügen** auswählen. In dem Fall öffnet sich ein Dialog, in dem Sie den Speicherort für das Lesezeichen über ein Dropdown-Menü auswählen können. Zusätzlich können Sie hier auch gleich die Bezeichnung und eine Beschreibung zum Lesezeichen hinzufügen. Das ist sehr hilfreich, weil diese Daten auch bei der Suche nach Lesezeichen berücksichtigt werden.

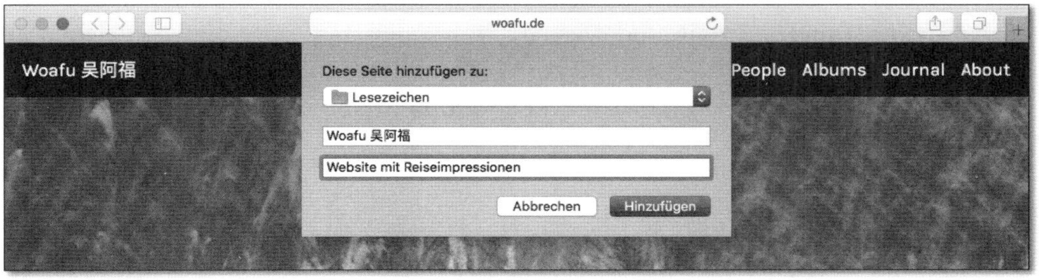

2 Ein gespeichertes Lesezeichen können Sie jederzeit über die Seitenleiste-Schaltfläche in der Symbolleiste ❶ im Register **Lesezeichen** ❷ aufrufen, indem Sie den entsprechenden Eintrag anklicken. Ebenfalls auf gespeicherte Lesezeichen können Sie über das Menü **Lesezeichen** zugreifen.

Wenn Sie die Seitenleiste eingeblendet haben und sich im Register **Lesezeichen** befinden, können Sie auch per Drag & Drop ein Lesezeichen hinzufügen, indem Sie den Text von der Adressleiste in die Lesezeichenübersicht der Seitenleiste ziehen und dort fallen lassen. Eine Linie zeigt an, wo das Lesezeichen abgelegt wird.

Abbildung 9.24 Lesezeichen lassen sich auch per Drag & Drop hinzufügen.

HINWEIS

Lesezeichen mit iCloud synchronisieren

Auch hier gilt, wenn Sie auf einem anderen Mac oder iOS-Gerät mit derselben Apple-ID und Ihrem iCloud-Account eingeloggt sind, dass die Lesezeichen auch dort synchronisiert werden und zur Verfügung stehen. Gleiches gilt andersherum, wenn Sie ein Lesezeichen auf einem anderen Mac oder iOS-Gerät hinzugefügt haben.

9.7.1 Lesezeichen verwalten

Mit der Zeit dürften sich viele Lesezeichen ansammeln, und diese dann nur in **Favoriten** oder **Lesezeichen** zu strukturieren dürfte wohl kein zufriedenstellender Ansatz sein. Die folgende Anleitung zeigt einen möglichen Weg, Ihre Lesezeichen strukturierter zu verwalten:

1 Wählen Sie **Lesezeichen ▶ Lesezeichen bearbeiten**, bzw. drücken Sie `Alt` + `cmd` + `B`, um die Lesezeichen zu bearbeiten.

2 Auf der Übersichtsseite können Sie über die Schaltfläche **Neuer Ordner** einen neuen Ordner anlegen (hier beispielsweise *Nachrichten*) und gleich benennen. Umbenennen können Sie einen Ordner, indem Sie ihn auswählen, `↵` betätigen, den neuen Namen eingeben und wieder mit `↵` bestätigen.

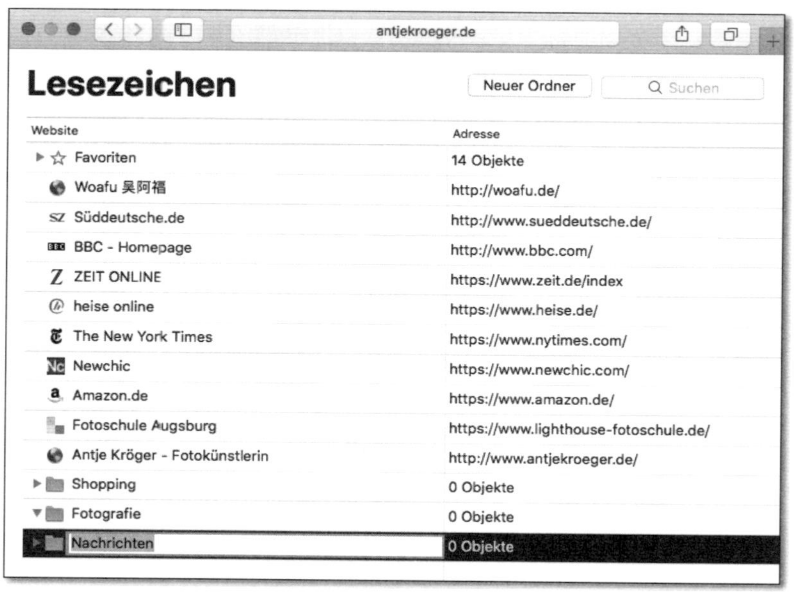

3 Per Drag & Drop können Sie passende Lesezeichen in diesen Ordner ziehen und dort fallen lassen. Auch die aktuell eingeblendete Adresse aus der Adressleiste können Sie hier in einen entsprechenden Ordner ziehen und dort fallen lassen. Mit der Zurück-Schaltfläche ❶ gelangen Sie wieder zur normalen Ansicht des Webbrowsers zurück.

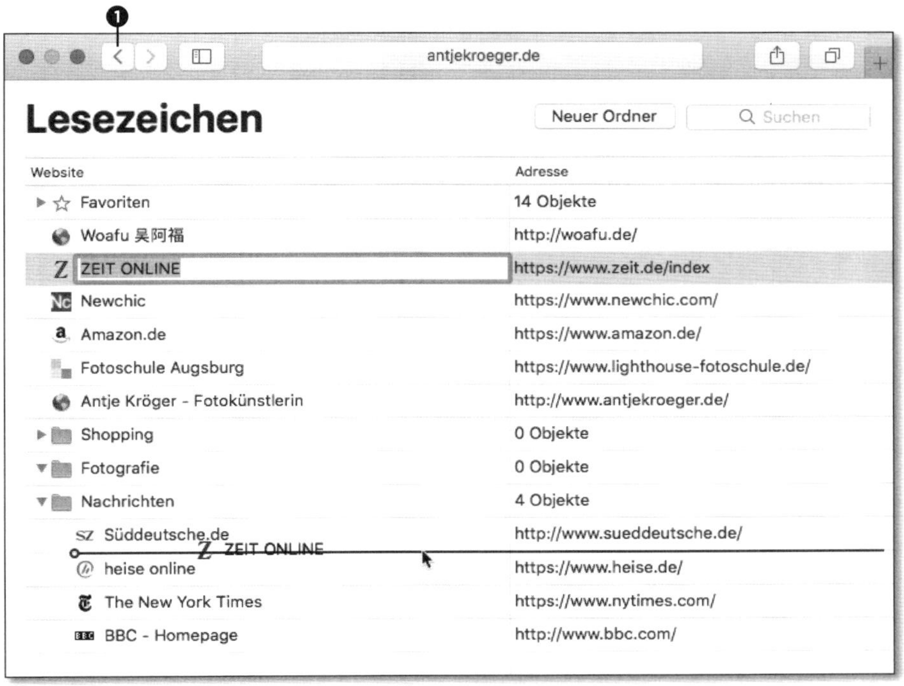

TIPP

Nacharbeiten bzw. Verwalten in der Seitenleiste

Die Lesezeichen und Ordner können Sie jederzeit nachträglich in der Seitenleiste nachbearbeiten, indem Sie ein Lesezeichen oder einen Ordner mit der rechten Maustaste anklicken und im Kontextmenü einen entsprechenden Befehl auswählen (beispielsweise **Umbenennen**, **Adresse bearbeiten**, **Löschen** etc.).

Auch das Sortieren von Lesezeichen per Drag & Drop oder das Hinzufügen neuer Ordner ist direkt in der Seitenleiste möglich.

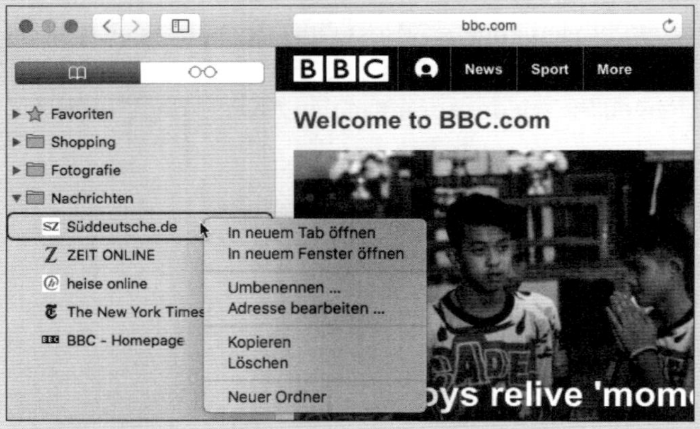

Abbildung 9.25 Lesezeichen können auch über die Seitenleiste verwaltet werden.

9.7.2 Favoritenleiste einrichten und einblenden

Die Favoritenleiste direkt unterhalb der Adressleiste können Sie mit **Darstellung ▸ Favoritenleiste einblenden** anzeigen. Dort werden die Lesezeichen angezeigt, die sich im **Favoriten**-Ordner befinden. Ebenso können Sie Lesezeichen per Drag & Drop von der Adressleiste oder der Seitenleiste hinzufügen. Auch ganze Ordner von der Seitenleiste mit mehreren Lesezeichen können Sie hierhinziehen und fallen lassen, womit Sie den Namen des Ordners als Dropdown-Liste mit den darin enthaltenen Lesezeichen hinzufügen.

Abbildung 9.26 Für den schnellen Zugriff ist auch die Favoritenleiste geeignet.

9.7.3 Lesezeichen importieren

Sie können Lesezeichen über **Ablage ▸ Importieren von** auch von anderen Webbrowsern nach Safari importieren. Haben Sie keinen anderen Webbrowser auf dem Mac installiert, finden Sie hier nur den Befehl **Ablage ▸ Lesezeichen importieren**. Wird der Browser bei **Importieren von** nicht aufgelistet, dann finden Sie gewöhnlich im entsprechenden Webbrowser eine Möglichkeit, Lesezeichen zu exportieren (zum Beispiel über **Ablage ▸ Lesezeichen exportieren**) und als Datei zu speichern. Diese Datei können Sie in Safari über **Ablage ▸ Importieren von ▸ Lesezeichen-HTML-Datei** importieren.

9.8 Eine Leseliste für die kurzfristige Nutzung

Ebenfalls in der Seitenleiste finden Sie den Reiter für die Leseliste ❶. Die Leseliste ist eine Art Lesezeichen, das nur für eine kurze Nutzung gedacht ist. Dort können Sie Seiten hinzufügen, die Sie bald wiederverwenden wollen, für die Sie aber gerade keine Zeit haben. Oder Sie haben gerade unterwegs auf dem iPhone einen interessanten Artikel entdeckt, den Sie später auf dem iPad oder Mac noch genauer lesen wollen.

Abbildung 9.27 Die Leseliste ist praktisch, wenn Sie Artikel später lesen wollen.

Wenn Sie die iCloud mit derselben Apple-ID verwenden, ist das auch hiermit kein Problem. Andersherum funktioniert dies genauso. Hierbei werden die Artikel der Leseliste heruntergeladen und stehen offline zur Verfügung.

Um mit Safari eine Seite der Leseliste hinzuzufügen, können Sie den Befehl **Lesezeichen ▸ Zur Leseliste hinzufügen** auswählen oder die Tastenkombination ⇧ + cmd + D betätigen. Alternativ können Sie auch auf das Plussymbol in der Adressleiste klicken, das eingeblendet wird, wenn Sie mit dem Mauscursor über der Leiste stehen. Auch ein einfaches Drag & Drop der Adresse in die Seitenleiste mit aktiver Leseliste ermöglicht ein schnelles Hinzufügen einer Seite zum späteren Lesen. Wollen Sie hingegen der Leseliste einen Internetlink hinzufügen, müssen Sie ihn mit gehaltener ⇧-Taste anklicken.

Abbildung 9.28 Der Leseliste eine Seite hinzufügen

Interessant ist auch die Funktion, alle Artikel der Leseliste durchscrollen zu können. Klicken Sie beispielsweise einen Artikel in der Liste an und scrollen zum Ende des Artikels, erscheint unten der Hinweis ❷ auf den nächsten Artikel der Leseliste in der Seitenleiste, der dann beim Weiterscrollen auch angezeigt wird. Natürlich können Sie auch beliebige Artikel in der Leseliste nach Belieben anklicken und lesen.

Über das Kontextmenü per rechten Mausklick können Sie einzelne oder alle Artikel aus der Leseliste entfernen. Ungelesene Artikel finden Sie unter dem entsprechenden Reiter ❸. Der Reiter **Alle** enthält hingegen alle kurzfristig gesicherten Artikel.

Abbildung 9.29 Durch die Artikel in der Leseliste können Sie sich nahtlos durchscrollen.

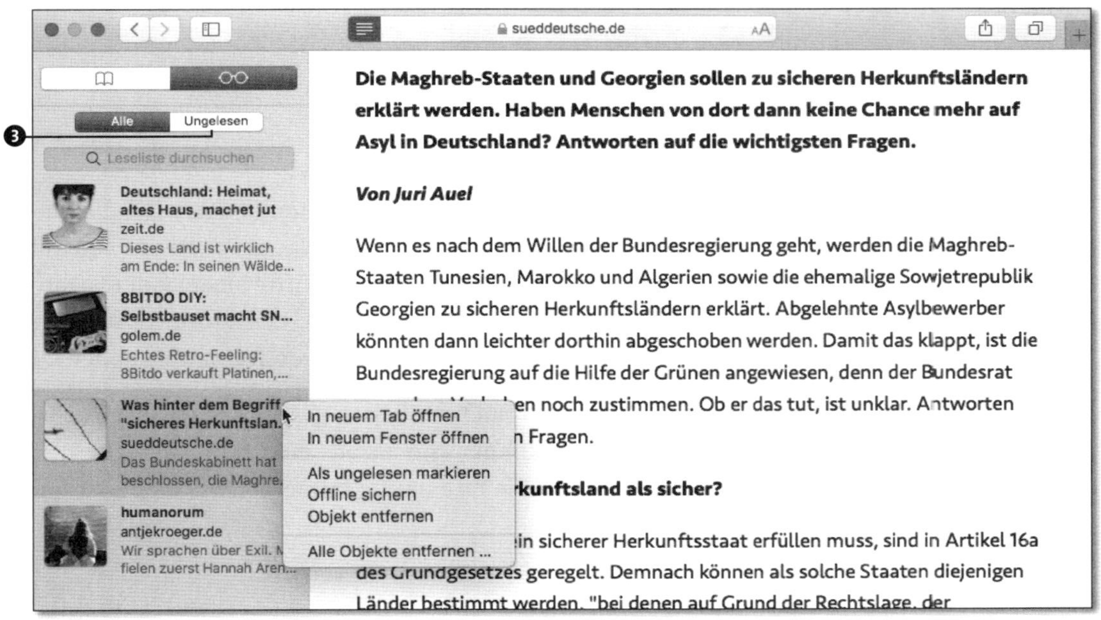

Abbildung 9.30 Über das Kontextmenü können Sie die Artikel in der Leseliste verwalten.

9.9 Die persönliche Startseite mit Topsites einrichten

Wenn Sie die Favoritenleiste über das Menü **Darstellung** oder über ⇧ + cmd + B eingeblendet haben, finden Sie links oben eine Schaltfläche ❶, über die Sie zur *Topsites*-Darstellung gelangen.

Abbildung 9.31 Die Topsites als persönliche Startseite

Erscheinen bei Ihnen beim Anklicken dieses Symbols die Favoriten, müssen Sie die Einstellungen in **Safari ▸ Einstellungen** im Register **Allgemein** von **Neues Fenster öffnen mit** und **Neue Tabs öffnen mit** auf **Topsites** ändern. Jetzt werden künftig anstelle der **Favoriten** die **Topsites** in einem neuen Fenster oder Tab eingeblendet. Über **Topsites-Anzeige** können Sie festlegen, wie viele Topsites (6, 12, oder 24) eingeblendet werden sollen.

Standardmäßig werden hierbei die zuletzt besuchten Seiten grafisch recht anspruchsvoll dargestellt. Mit ein paar Handgriffen können Sie daraus eine sehr nützliche und hilfreiche Startseite für Safari erstellen, der Sie Ihre häufig besuchten Seiten dauerhaft hinzufügen können.

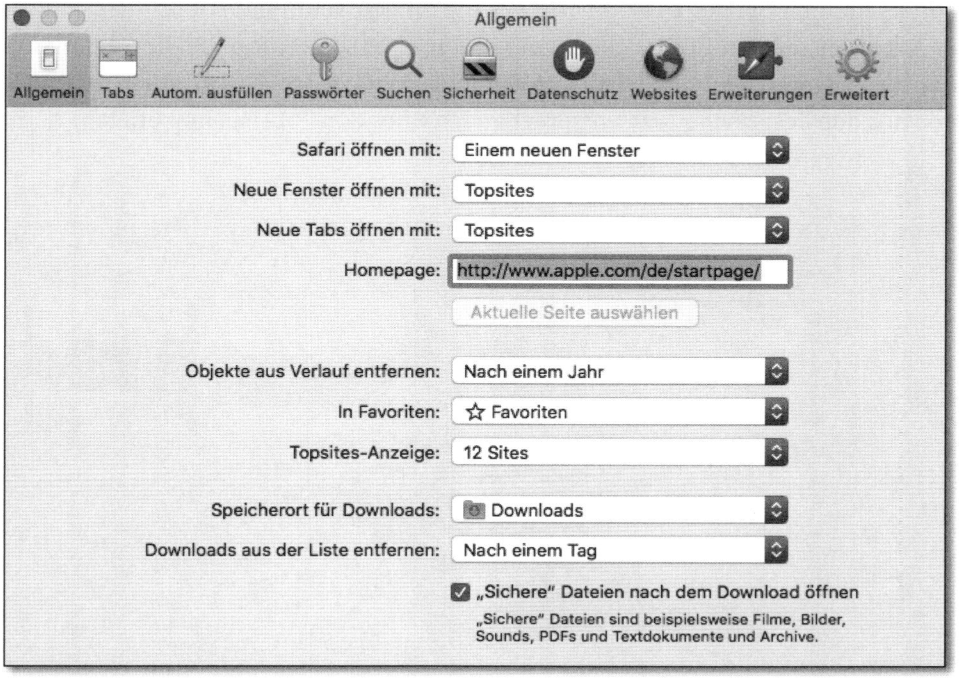

Abbildung 9.32 Werden bei Ihnen Favoriten statt Topsites angezeigt, können Sie dies ändern.

Die folgende Anleitung zeigt Ihnen, wie Sie die Topsites Ihren persönlichen Bedürfnissen anpassen können.

1 Rufen Sie ein neues Fenster oder einen neuen Tab auf, um die Topsites anzuzeigen.

2 Fahren Sie mit dem Mauszeiger auf eine der Topsites, erscheinen zwei Bedienelemente. Mit dem **x**-Symbol in der linken Ecke sorgen Sie dafür, dass dieser Eintrag aus den Topsites entfernt wird. Ein Klick auf die Pinnadel daneben sorgt hingegen dafür, dass dieser Eintrag auf jeden Fall bei den Topsites bleibt.

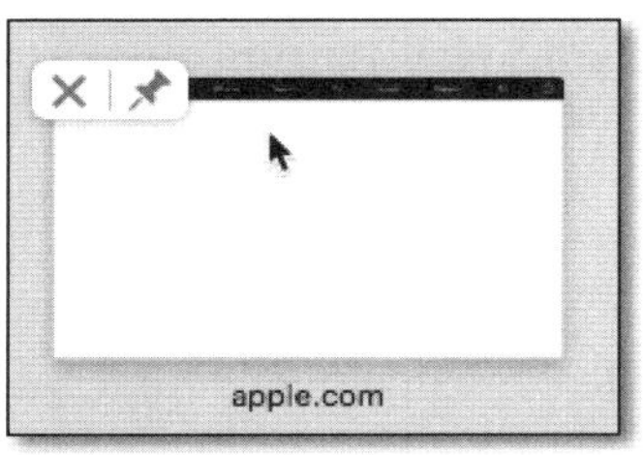

3 Topsites können Sie per Drag & Drop aus einem neu geöffneten Safari-Fenster aus der Adressleiste hinzufügen. Komfortabler dürfte es sein, wenn Sie die Seitenleiste über die entsprechende Schaltfläche ❷ einblenden und von dort aus per Drag & Drop aus den Lesezeichen die entsprechenden Sites den Topsites hinzufügen.

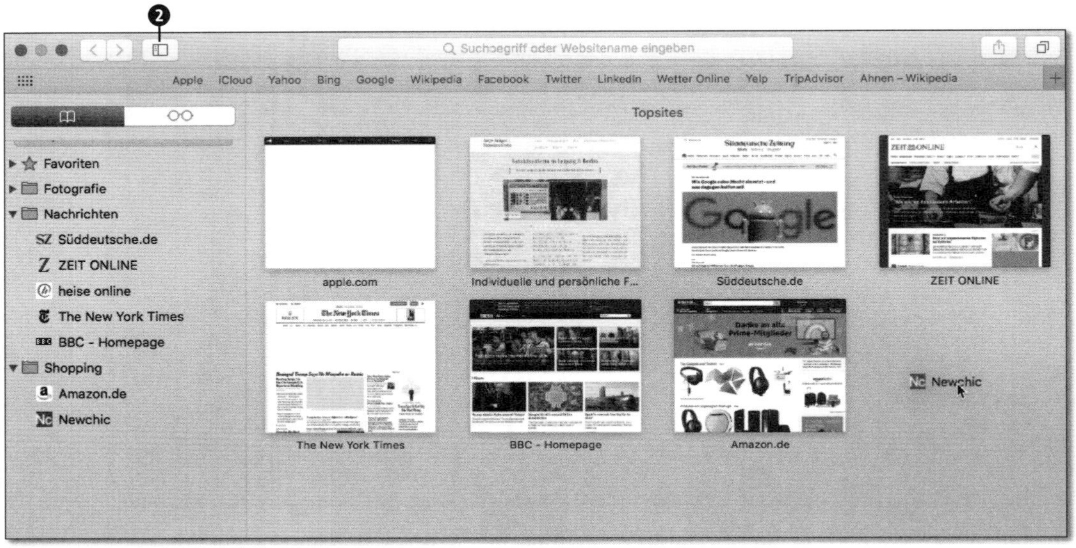

4 Auch die Reihenfolge innerhalb der Topsites können Sie per Drag & Drop jederzeit anpassen und umsortieren.

5 Um eine Seite aus den Topsites zu öffnen, müssen Sie diese nur anklicken.

9.10 Der Verlauf mit den besuchten Webseiten

Safari speichert alle besuchten Seiten in einem Verlauf. Das ist recht praktisch, wenn Sie eine Seite suchen, deren Adresse Sie nicht mehr im Kopf haben. Den Verlauf finden Sie im entsprechenden Menü **Verlauf**. Den kompletten Verlauf, nach Datum sortiert, können Sie sich mit **Verlauf ▸ Verlauf anzeigen** bzw. [cmd] + [Y] anzeigen lassen.

Klappen Sie hier den Inhalt des gewünschten Datums auf, und suchen Sie sich die gesuchte Seite heraus, die Sie per Doppelklick im aktuellen Fenster aufrufen können. Alternativ können Sie die [cmd]-Taste halten, wenn Sie die Seite in einem neuen Tab öffnen und den Verlauf noch weiter durchsuchen wollen.

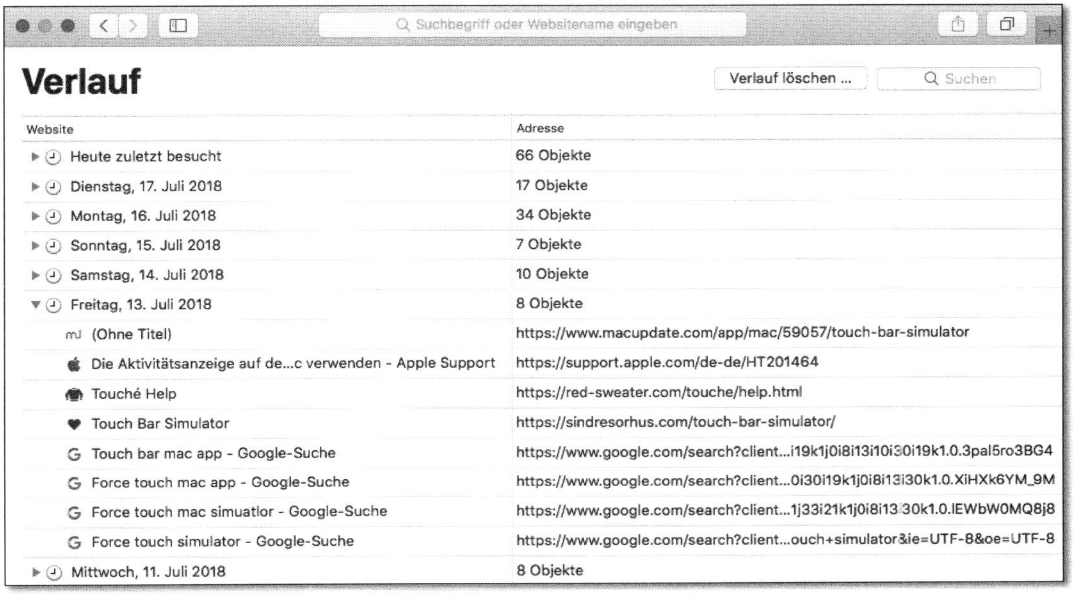

Abbildung 9.33 Der Verlauf besuchter Webseiten

Wenn Sie sich nicht mehr genau erinnern können, wann Sie eine Webseite besucht haben, können Sie oben rechts im Suchfeld des Verlaufs danach suchen. Dort können Sie einen Begriff eingeben, der auf der Seite zu finden war, und Safari liefert im Erfolgsfall gleich das passende Ergebnis dazu.

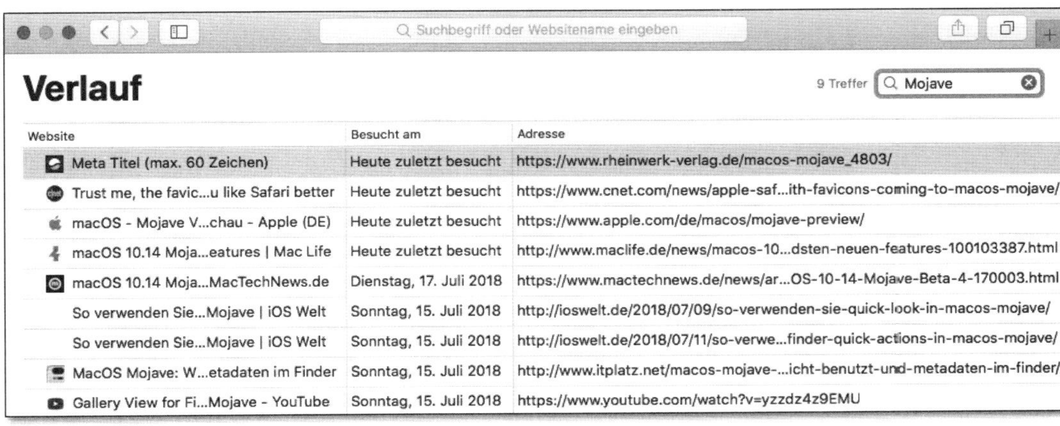

Abbildung 9.34 Auch eine Suche im Verlauf ist möglich.

9.10.1 Verlauf löschen

Einen einzelnen Eintrag oder einen ganzen Tag können Sie aus dem Verlaufsfenster mit einem rechten Mausklick auf den Eintrag und dem Befehl **Löschen** entfernen. Der gesamte Verlauf hingegen lässt sich über **Verlauf ▸ Verlauf löschen** oder **Safari ▸ Verlauf löschen** entfernen.

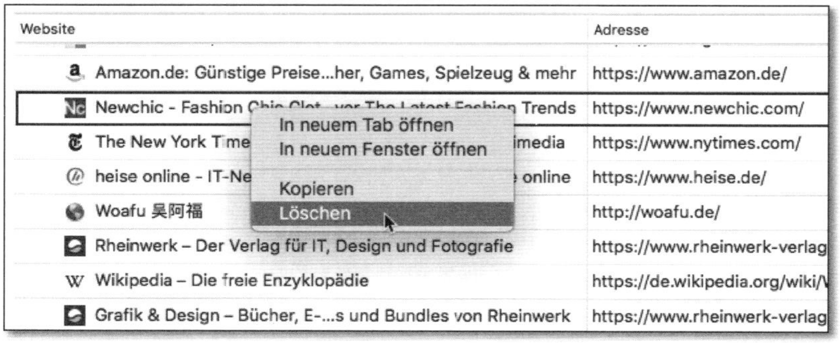

Abbildung 9.35 Einzelnen Eintrag im Verlauf löschen

Wollen Sie festlegen, wie lange die Daten im Verlauf bleiben sollen, können Sie ein Löschintervall einstellen. Wählen Sie hierzu **Safari ▸ Einstellungen** und den Reiter **Allgemein** aus. Über den Eintrag **Objekte aus Verlauf entfernen** können Sie festlegen, in welchem Intervall Sie die Einträge im Verlauf automatisch löschen lassen wollen. Hierbei können Sie von täglich bis hin zu einem Jahr eine Löschung veranlassen. Mit **Manuell** übernehmen Sie die Kontrolle über den Verlauf selbst.

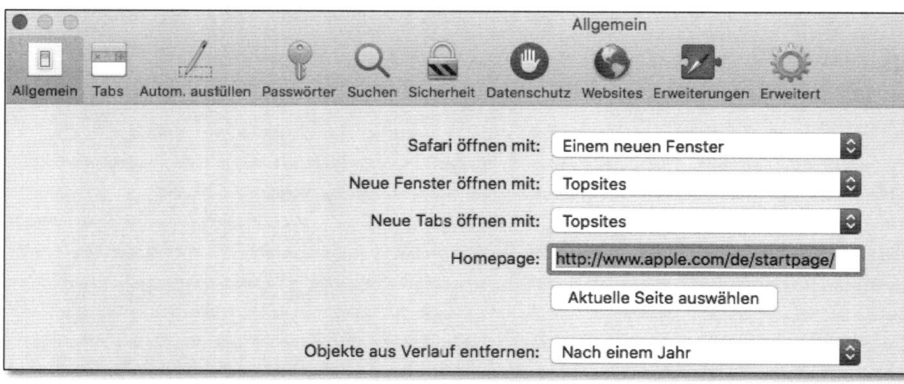

Abbildung 9.36 Entscheiden Sie, wie lange der Verlauf gespeichert werden darf.

9.11 Privates Surfen

Wenn Sie mit dem Safari-Browser surfen, werden je nach Einstellungen eine Menge Informationen gespeichert. So merkt sich Safari zum Beispiel die besuchten Webseiten im Verlauf, die gemachten Suchanfragen in der Adressleiste, und auch Formulare kann Safari mit der Zeit automatisch ausfüllen. Das ist alles recht komfortabel, doch wer gerne mal im Internet surft, ohne dass Daten auf dem Mac gespeichert werden, für den ist das private Surfen gedacht. Ein neues privates Fenster öffnen Sie mit **Ablage ▸ Neues privates Fenster** bzw. [⇧] + [cmd] + [N]. Es fällt gleich auf, dass die Adressleiste dunkel statt weiß ist. Auch neue Tabs, die Sie innerhalb des privaten Fensters öffnen, werden im privaten Modus geöffnet.

Abbildung 9.37 Ein privates Fenster schützt die Privatsphäre auf dem Mac.

Wenn Sie privat surfen, werden keine besuchten Internetseiten, Passwörter, Bilder, Eingaben und kein Verlauf usw. auf dem Mac gespeichert. Wenn Sie nicht wollen, dass andere Personen oder Familienmitglieder nachvollziehen können, welche Seiten Sie besucht haben, dann ist privates Surfen die beste Möglichkeit dazu. Wenn Sie das Browserfenster schließen, kann nichts und niemand mehr auf dem Mac herausfinden, welche Seiten Sie besucht haben.

ACHTUNG

Kein Schutz vor Angriffen

Privates Surfen ist eine tolle Möglichkeit, um die Privatsphäre zu schützen, während Sie mit dem Mac surfen. Dies ist praktisch, wenn mehrere Benutzer den Mac mit demselben Account verwenden oder es sich um einen öffentlichen Computer handelt. Trotzdem schützt dieser Modus nicht vor Angriffen aus dem Internet.

9.12 Intelligenter Tracking-Schutz

Eine Funktion, die Safari standardmäßig aktiviert hat, ist eine Sperre für das sogenannte *Cross-Site-Tracking* bei Werbung. Sicherlich kennen Sie es selbst zur Genüge: Sie haben im Internet nach einem bestimmten Artikel gesucht, und jetzt erscheint dieser Artikel plötzlich überall im Web auf verschiedenen anderen Websites. Sie werden regelrecht verfolgt. Dieses Ad-Tracking wird mit Safari nun verhindert bzw. erschwert. Hierbei handelt es sich allerdings nicht explizit um einen Ad-Blocker. Die Werbung wird nach wie vor ganz normal angezeigt, nur das Cross-Site-Tracking wird hiermit unterbunden. Mit dieser Funktion steigt der Datenschutz für Benutzer, und die Überwachung durch den Werbetreibenden wird reduziert. Die von Apple integrierte *Tracking Prevention* ist eine Funktion, die mithilfe verschiedener Statistiken und von maschinellem Lernen herausfindet, welche Websites den Benutzer tracken, und so die seitenübergreifenden Tracking-Daten, die sie hinterlassen, entfernt. Die entsprechenden Optionen zum **Website-Tracking** finden Sie über das Menü **Safari** ▸ **Einstellungen** im Register **Datenschutz**. Standardmäßig ist die Option aktiviert.

Abbildung 9.38 Die Einstellungen für das Website-Tracking

9.13 Herunterladen von Dateien aus dem Internet

Wenn Sie Dateien von einer Webseite herunterladen, erscheint ein Download-Icon ❶ am rechten oberen Rand des Safari-Fensters. Klicken Sie das Icon an, werden alle Download-Vorgänge angezeigt. Bei aktuellen Downloads sehen Sie einen Ladebalken mit der Verbindungsgeschwindigkeit und der noch geschätzten Dauer des Downloads. Bei abgebrochenen Downloads sehen Sie ein kleines oranges Aktualisierungs-Icon, das Sie anklicken und so den Download fortsetzen können.

Abgeschlossene Downloads bleiben ebenfalls in der Liste stehen mitsamt der Angabe der Größe, die sie auf der Festplatte beanspruchen. Über das kleine Lupensymbol rechts bei den Downloads können Sie den Speicherort des Downloads im Finder öffnen. Wollen Sie die heruntergeladene Datei direkt öffnen, können Sie dies per Doppelklick darauf machen. Was daraufhin passiert, hängt davon ab, um was für eine Datei es sich handelt und mit welchem Programm sie auf dem Mac verknüpft ist.

Abbildung 9.39 Übersicht über die Downloads von Dateien

Heruntergeladene Dateien werden standardmäßig im Ordner *Downloads* des persönlichen Benutzerverzeichnisses gespeichert. Den Ordner finden Sie auch im Dock. Den Ort für den Download von Dateien können Sie über **Safari ▸ Einstellungen** im Register **Allgemein** bei **Speicherort für Downloads** nachträglich ändern.

Da allerdings auch andere Anwendungen, wie beispielsweise Mail, diesen Ordner verwenden, würde ich diesen Speicherort nicht verändern, wenn Sie nicht einen speziellen Grund dafür haben.

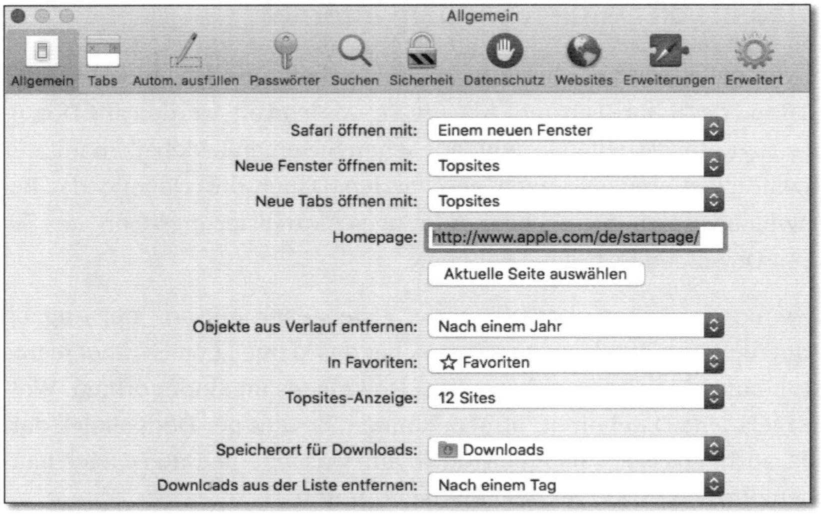

Abbildung 9.40 Den Speicherort für Downloads festlegen

TIPP

Download über Link starten

Sie können einen Download direkt über einen Internetlink starten, indem Sie den Link mit gehaltener `Alt`-Taste anklicken. Je nachdem, was sich hinter diesem Link befindet, wird es heruntergeladen. Dies gilt auch, wenn es sich hierbei um eine Webseite handelt.

9.13.1 Bilder auf der Festplatte speichern

Auch Bilder lassen sich mit Safari auf der Festplatte speichern. Hierzu müssen Sie lediglich das Bild, das Sie herunterladen wollen, mit der rechten Maustaste anklicken und im Kontextmenü einen entsprechenden Befehl auswählen. Mit **Bild sichern in »Downloads«** beispielsweise speichern Sie das Bild im *Downloads*-Ordner. Wollen Sie einen eigenen Speicherort auswählen, können Sie **Bilder sichern unter** auswählen, woraufhin ein Dialog erscheint, in dem Sie das Zielverzeichnis für den Speicherort mit einem Dateiauswahldialog selbst festlegen können.

An dieser Stelle sollte angemerkt werden, dass solche Bilder auch einen Urheber haben und jemand Rechte an dieser Datei hat. Beachten Sie dies bitte, wenn Sie vorhaben sollten, die heruntergeladenen Bilder in der Öffentlichkeit weiterzuverwenden bzw. zu verbreiten.

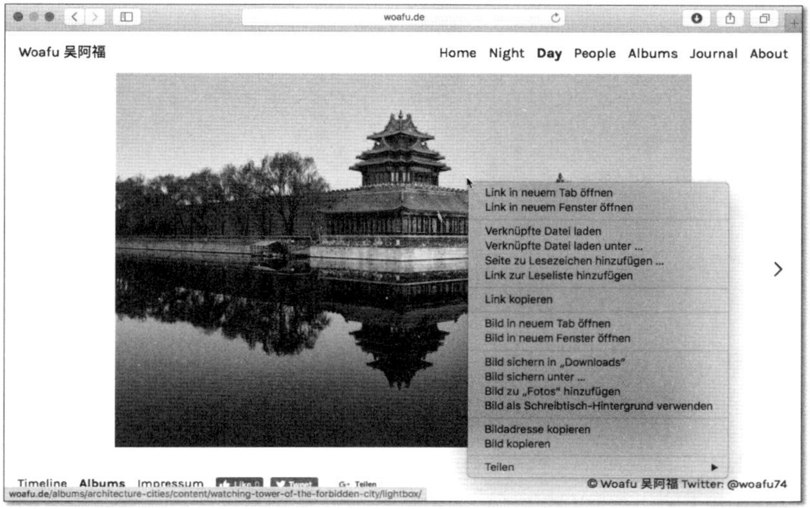

Abbildung 9.41 Bilder speichern mit Safari

9.13.2 Webseiten abspeichern

Wollen Sie Internetseiten für Ihre Recherchen speichern und archivieren, bietet sich der Befehl **Ablage ▸ Sichern unter** an. Damit speichern Sie die aktuell geöffnete Webseite als Webarchiv auf Ihrem Rechner in einem Verzeichnis Ihrer Wahl. Ein solches Webarchiv enthält Text, Bilder und sonstige Inhalte der Seite. Das Webarchiv können Sie jederzeit offline mit einem Doppelklick in Safari öffnen und lesen.

Da ein Webarchiv mit der Dateiendung *.webarchiv* nur mit Safari geöffnet und betrachtet werden kann und Sie vielleicht ein portables Dateiformat haben wollen, können Sie die geöffnete Webseite über **Ablage ▸ Als PDF exportieren** als PDF-Datei sichern. Natürlich bedeutet dies auch, dass webtypische Techniken nicht mit in der PDF gespeichert werden können.

9.14 Webseite mit anderen teilen

Wollen Sie die aktuelle Webseite mit Freunden und Bekannten oder verschiedenen sozialen Medien teilen, können Sie dies über das Teilen-Icon rechts oben in Safari tun. Hier finden Sie gleich noch weitere Optionen, um die aktuelle Seite der Leseliste oder als Lesezeichen hinzuzufügen, was dann via iCloud auch mit anderen Geräten synchronisiert wird, an denen Sie mit derselben Apple-ID angemeldet sind.

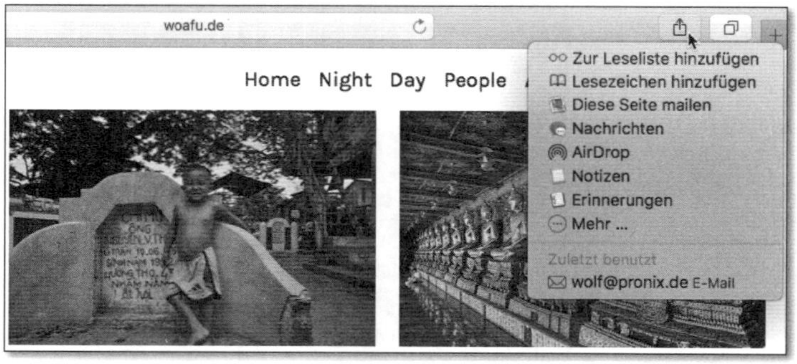

Abbildung 9.42 Für die Weitergabe von Webseiten finden Sie die Teilen-Schaltfläche vor.

Mit **Diese Seite mailen** können Sie eine Webseite an jemanden zum Lesen weitergeben. Ihnen steht über **Webinhalt senden als** in Mail noch zur Auswahl, ob Sie den Webinhalt komplett als Webseite, als PDF-Dokument oder nur als Link weitergeben wollen. Die Weitergabe mit Mail hat mit `cmd` + `I` sogar ein eigenes Tastaturkürzel.

Abbildung 9.43 Per Mail können Sie eine Webseite komplett, als PDF-Dokument oder als Link weitergeben.

Mit **AirDrop** können Sie diese Webseite einem anderen Mac, iPad oder iPhone im Netzwerk übertragen. Praktisch ist auch die Möglichkeit, die aktuelle Seite direkt aus Safari heraus an die Anwendungen **Erinnerungen** und **Notizen** weiterzugeben. Mit **Nachrichten** hingegen senden Sie die Adresse der Webseite direkt mit dem Programm Nachrichten an Bekannte.

Mit **Mehr** öffnet sich ein Fenster der Systemeinstellungen, in denen Sie gegebenenfalls noch weitere Funktionen zum Bereitstellen von Internetadressen für andere aktivieren können. Diese Einstellungen finden Sie auch unter **Systemeinstellungen ▸ Erweiterungen ▸ Menü »Teilen«**.

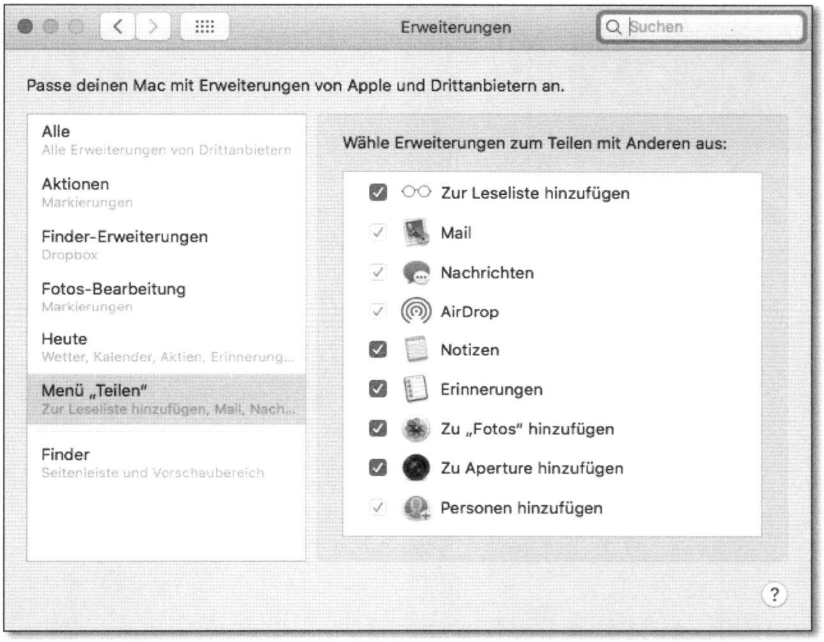

Abbildung 9.44 Wer Bekannte oder Freunde im asiatischen Raum hat, findet hier noch entsprechende Erweiterungen, die der Teilen-Schaltfläche hinzugefügt werden können.

9.15 PDF-Dateien im Browser betrachten

PDF-Dateien lassen sich in Safari nicht nur herunterladen, sondern auch betrachten und weiterverwenden. Wenn Sie beispielsweise einen Link angeklickt haben, der mit einem PDF-Dokument verknüpft gewesen ist, wird die PDF-Datei im Browserfenster angezeigt. Wenn Sie mit dem Mauscursor an das untere Ende des Fensters fahren, finden Sie weitere Optionen. Mit den beiden Lupensymbolen ❶ können Sie die Darstellung verkleinern bzw. vergrößern. Mit der dritten Schaltfläche ❷ wird das PDF-Dokument direkt im Programm Vorschau geöffnet, und mit der letzten Schaltfläche können Sie es im *Downloads*-Ordner sichern. Weitere Funktionen erhalten Sie mit einem rechten Mausklick auf das PDF-Dokument, beispielsweise die Ansicht auf eine Doppelseite umzuschalten, was bei einem größeren Bildschirm durchaus sinnvoll ist.

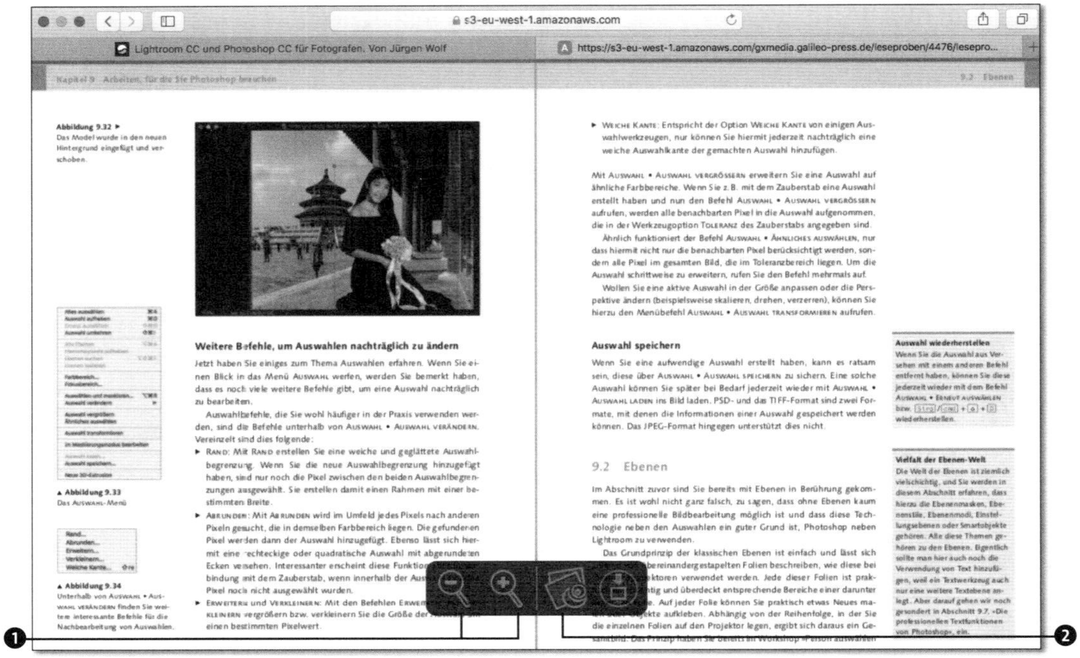

Abbildung 9.45 Auch das Betrachten von PDF-Dokumenten ist innerhalb von Safari möglich.

9.16 Erweiterungen und Plug-ins für Safari

Safari kann jederzeit um Funktionen erweitert werden. Wählen Sie beispielsweise über das Menü **Safari ▸ Safari-Erweiterungen**, werden Sie direkt zum App Store von Apple weitergeleitet, wo Sie Safari um neue Funktionen ergänzen können. (Wie Sie einen Account beim App Store einrichten können, erfahren Sie in Schritt 6 des Abschnitts 1.3, »Der Assistent für den ersten Start«.) Ausgehend davon, dass Sie bereits das gerade aktive Benutzerkonto mit dem App Store eingerichtet haben, zeigt Ihnen die folgende Anleitung, wie Sie Safari erweitern können:

1 Wählen Sie im Menü **Safari ▸ Safari-Erweiterungen**, und suchen Sie sich im App Store eine Erweiterung zum Herunterladen aus. Im Beispiel habe ich mich für die Erweiterung *Bookmarx* entschieden, womit ich eine zufällige Website von meinen Lesezeichen aufrufen kann. Zugegeben, für die meisten wohl recht sinnfrei, aber hier geht es ohnehin nur um das Hinzufügen einer Safari-Erweiterung. Klicken Sie auf **App laden**, und Bookmarx wird als Erweiterung für Safari geladen und installiert.

2 Diese Erweiterung fügt der Symbolleiste gleich ein weiteres Icon hinzu, sodass Sie Bookmarx direkt aufrufen können.

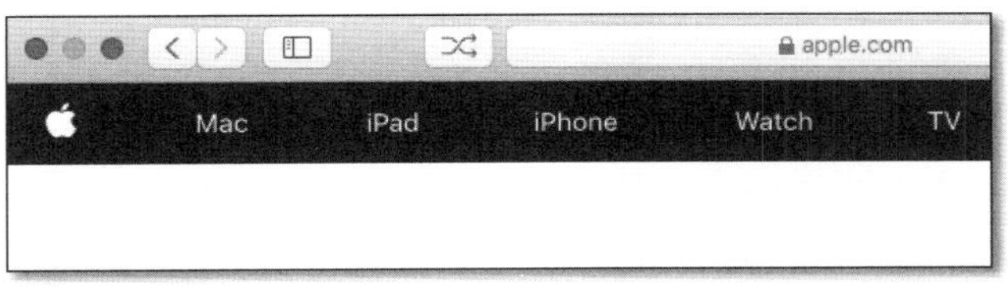

3 Eine Übersicht über die Erweiterungen, über die Sie diese anpassen bzw. deinstallieren können, finden Sie über **Safari ▸ Einstellungen** im Register **Erweiterungen**. Über das Häkchen der einzelnen Erweiterungen auf der linken Seite können Sie eine Erweiterung (de-)aktivieren.

9.16.1 Adobe Flash Player nachinstallieren

Ein Plug-in, das Sie vermutlich noch installieren wollen, dürfte der Flash Player für Flash-Animationen von Adobe sein. Apple selbst unterstützt den Flash Player nicht und bietet ihn auch nicht an, weshalb Sie ihn von Adobe herunterladen und installieren müssen.

1 Geben Sie die entsprechende Adobe-Webseite *https://get.adobe.com/de/flashplayer* in die Adressleiste ein, und klicken Sie dort auf **Jetzt herunterladen**.

2 Der Download des Plug-ins wird in das *Downloads*-Verzeichnis des Heimverzeichnisses heruntergeladen. Wechseln Sie in das Verzeichnis, und führen Sie die Installation per Doppelklick aus. Alternativ finden Sie diese Datei nach einem Klick auf das Downloads-Icon; aus der Liste können Sie sie ebenfalls per Doppelklick starten.

3 Zunächst wird die DMG-Datei entpackt, ehe Sie in einem weiteren Fenster den Flash Player per Doppelkick installieren können. Befolgen Sie die Anweisungen auf dem Bildschirm. Hierbei werden Sie aufgefordert, das Administrator-Passwort einzugeben.

4 Am Ende der Installation starten Sie Safari neu. Standardmäßig ist der Flash Player nach der Installation deaktiviert. Um ihn zu aktivieren, wählen Sie **Safari ▸ Einstellungen**. Im Register **Websites** finden Sie unten den Flash Player von Adobe bei den **Plug-Ins**. Setzen Sie zunächst ein Häkchen ❶ vor **Adobe Flash Player**, um ihn zu aktivieren. Hier können Sie gleich bei **Beim Besuch anderer Websites** eine Standardeinstellung vorgeben, wie Safari reagieren soll, wenn eine Website den Flash Player verwenden will. Standardmäßig steht dieser Wert auf **Aus**, womit der Flash Player nur bei Websites ausgeführt wird, die Sie explizit zu **Konfigurierte Websites** hinzugefügt haben. Alternativ können Sie den Wert auf **Fragen** stellen, womit künftig eine

Nachfrage erscheint, ob Sie der Website erlauben wollen, den Flash Player zu verwenden. Der letzte Wert, **Ein**, würde dafür sorgen, dass der Flash Player ohne Rückfragen verwendet wird, wann immer er von einer Website benötigt wird.

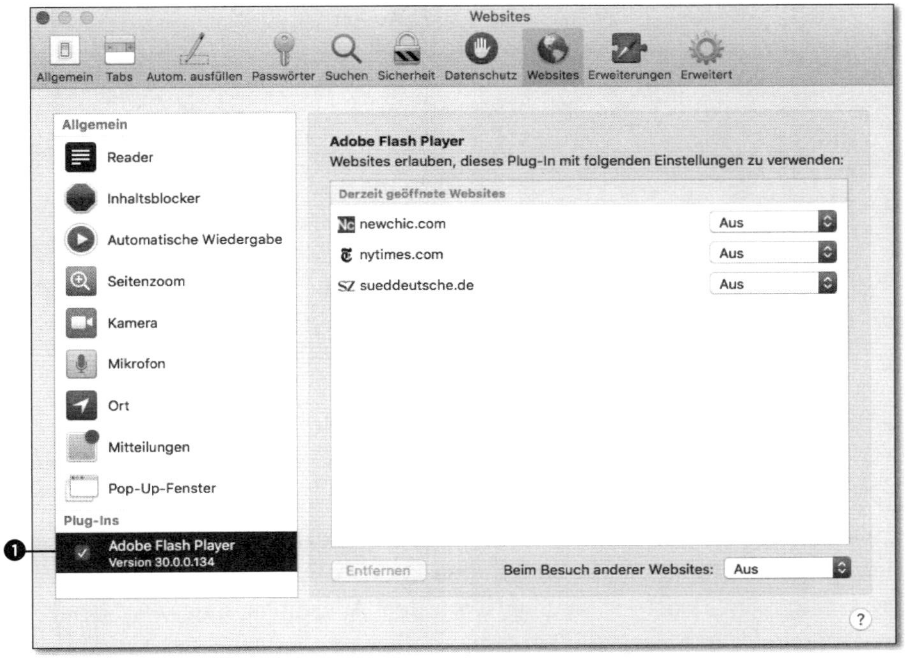

5 Wenn Sie den Flash Player häufiger verwenden sollten, empfehle ich Ihnen, die Standardeinstellung von **Beim Besuch anderer Websites** wenigstens auf **Fragen** zu stellen. Alternativ können Sie wie in Abschnitt 9.3.2, »Einstellungen für eine Website festlegen«, vorgehen und nur für Ihre Lieblingswebsites gesondert unterhalb von **Konfigurierte Websites** die Verwendung des Flash Players immer erlauben und dann den Standardwert **Beim Besuch anderer Websites** auf **Aus** stellen.

6 Haben Sie den Flash Player für eine Website eingerichtet, können Sie diese Einstellung über **Safari ▸ Einstellungen für diese Website** bzw. einen rechten Mausklick in die Adressleiste und denselben Befehl nachträglich ändern.

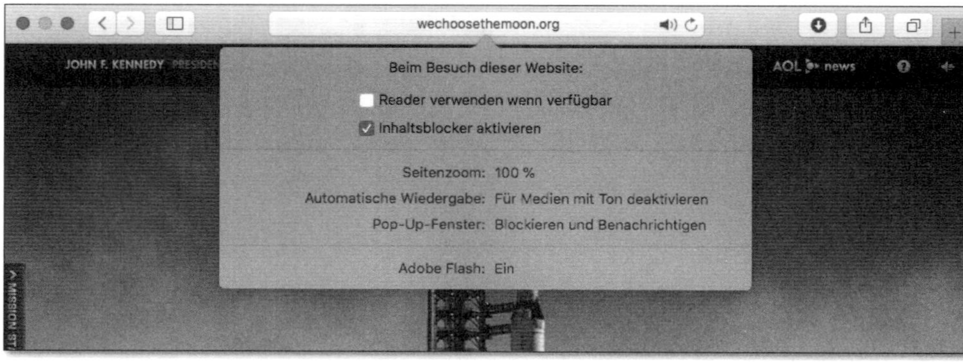

HINWEIS

Flash Player ein Sicherheitsrisiko?

Der Aufwand, den Flash Player in Safari zu installieren und zu aktivieren, ist etwas größer, weshalb Sie sich hier wohl die Frage stellen, ob der Flash Player denn ein Sicherheitsrisiko ist? Es ist in der Tat so, dass in der Vergangenheit häufig kleine Schadprogramme über Flash eingeschleust wurden. Allerdings ist das eher bei fragwürdigen Websites geschehen. Bei vertrauenswürdigen Websites müssen Sie sich darüber weniger Gedanken machen, obgleich es auch hier schon zu Zwischenfällen gekommen ist. Wenn Sie allerdings standardmäßig die Einstellung **Fragen** verwenden, haben Sie einen Überblick und die Kontrolle darüber, welche Websites eigentlich den Flash Player verwenden und welche nicht. Ohnehin hat Adobe den Support für den Flash Player für 2020 aufgekündigt, was wohl dann auch das Ende dieser Technologie bedeuten dürfte.

9.17 Bild-in-Bild-Video verwenden

Interessant ist die Bild-in-Bild-Video-Funktion, mit der Sie Videos in einem kleinen Fenster abspielen lassen und trotzdem am Mac weiterarbeiten können. Um diese Funktion aufzurufen, müssen Sie nur auf eine Webseite mit Video gehen (beispielsweise Vimeo). Auf der Abspielseite des Videos finden Sie in der Abspielleiste unten eine Reihe von Symbolen, von denen Sie das zweite von rechts anklicken ❶.

Abbildung 9.46 Über die Schaltfläche »Bild in Bild aktivieren« …

Damit wird das Videofenster aus der Abspielseite herausgelöst. Das so herausgelöste Video können Sie per Drag & Drop auf dem Bildschirm verschieben und größer oder kleiner skalieren. Auch wenn Sie andere Programme wählen, beispielsweise E-Mails checken oder Nachrichten schreiben, bleibt das Video im Vordergrund. Zurück zur Webseite können Sie das Video über das Symbol ❷ platzieren oder es mit dem **x**-Symbol ❸ komplett schließen.

Abbildung 9.47 … können Sie ein Video aus Safari lösen und es anders platzieren.

Die Bild-in-Bild-Video-Funktion funktioniert nur, wenn ein Video auf einer Webseite mit HTML5 eingebettet wurde. Wenn Sie allerdings den Flash Player als Plug-in (siehe vorherigen Abschnitt) aktiviert haben, können Sie die Bild-in-Bild-Funktion nicht so einfach über das Symbol der Abspielleiste ausführen. Entweder deaktivieren Sie hier das Flash-Player-Plug-in, oder Sie klicken mit der rechten Maustaste auf das Videofenster und wählen dort über das Kontextmenü den Befehl **Bild-in-Bild öffnen**.

ACHTUNG

Bild-in-Bild-Funktion bei YouTube

Bei YouTube wird nicht das Bild-in-Bild-Icon angezeigt, wie dies anhand von Vimeo demonstriert wurde. Mit einem einfachen Trick können Sie aber auch hier das Video Bild-in-Bild abspielen. Klicken Sie das Video mit der rechten Maustaste an. In dem folgenden Kontextmenü erscheint noch nicht der gewünschte Befehl. Erst wenn Sie erneut mit der rechten Maustaste auf das Video klicken, erscheint ein anderes Kontextmenü, in dem Sie nun den Befehl **Bild-in-Bild starten** auswählen können.

9.18 Kennwörter speichern und verwalten

Wenn Sie sich mit Safari auf einer Internetseite mit einem Passwort anmelden, bekommen Sie für gewöhnlich eine Abfrage, ob Safari sich das Passwort für Sie merken soll.

Abbildung 9.48 Bei Websites, auf denen Sie sich mit Benutzernamen und Passwort anmelden …

Abbildung 9.49 … bietet Safari an, diese Daten zu sichern.

Wenn Sie mit **Passwort sichern** ❶ zustimmen, können Sie die Passwörter über **Safari ▸ Einstellungen** im Register **Passwörter** verwalten. Um überhaupt Zugriff auf das Register **Passwörter** zu haben, müssen Sie das Passwort für den Benutzer-Account eingeben.

Hilfreich ist es auch, dass das Passwort eingeblendet wird, wenn Sie einen Eintrag markieren. Dies ist praktisch, wenn Sie ein Passwort vergessen haben. Wollen Sie hier einen Eintrag entfernen, müssen Sie ihn markieren und auf die Schaltfläche **Entfernen** klicken. Wenn Sie dieselben Passwörter auf mehrere Websites verwenden, wird dies mit einem gelben Warndreieck hinter dem Passwort angezeigt.

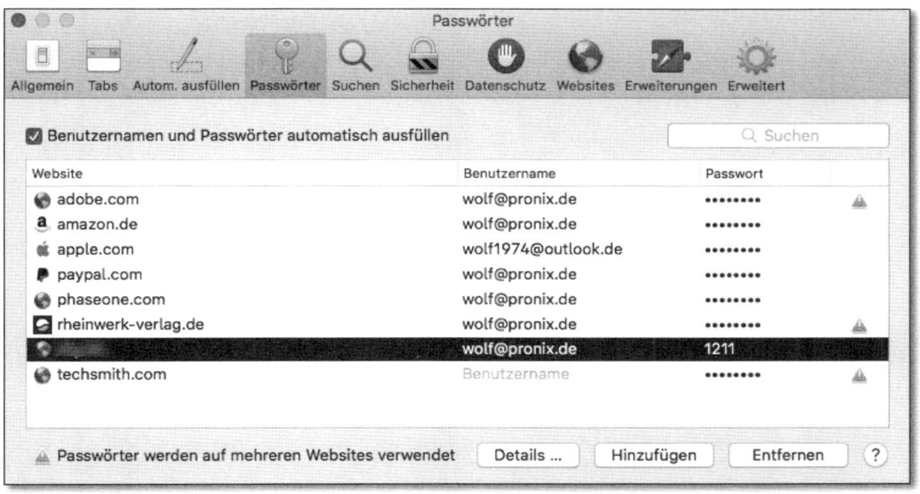

Abbildung 9.50 Die gespeicherten Passwörter in der Übersicht

9.19 Automatisches Ausfüllen von Formularen

Ebenfalls sehr hilfreich, wenn Sie Formulare im Internet ausfüllen, um beispielsweise etwas zu kaufen, ist die Möglichkeit, das Safari übernehmen zu lassen. Hierzu finden

Sie unter **Safari ▸ Einstellungen** im Register **Autom. ausfüllen** entsprechende Optionen, die Sie hier auch bearbeiten können. Hierzu können Sie Daten von Kontakten, Kreditkarten und anderen bereits ausgefüllten Formularen sowie Passwörter verwenden.

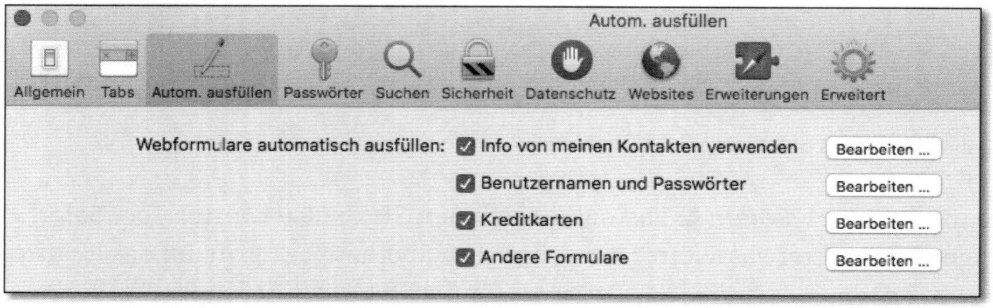

Abbildung 9.51 Was alles automatisch ausgefüllt werden kann, stellen Sie hier ein.

Wenn Sie hier die Einstellungen aktiviert und ausgefüllt haben und künftig wieder mal über ein Formular neue Daten eingeben müssen, finden Sie mit **Bearbeiten ▸ Formular automatisch ausfüllen** bzw. der Tastenkombination ⇧ + cmd + A einen Befehl, dies Safari übernehmen zu lassen. Automatisch ausgefüllte Felder werden gewöhnlich in gelber Hintergrundfarbe angezeigt.

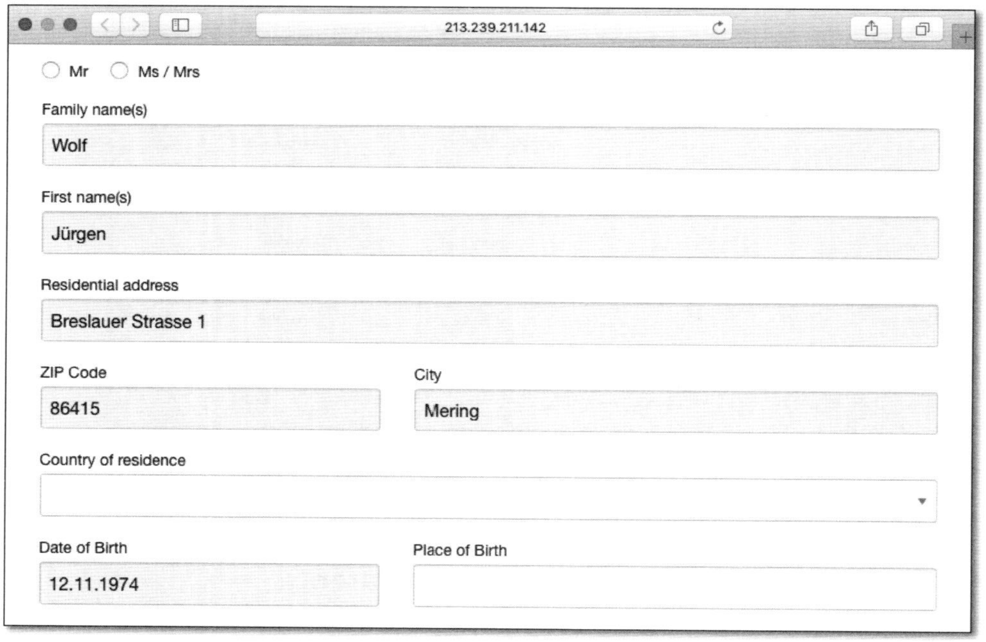

Abbildung 9.52 Die gelb markiewrten Felder wurden automatisch ausgefüllt.

10 Sicher im Internet

Nachdem Sie den grundlegenden Umgang im Internet mit dem Safari-Webbrowser kennengelernt haben und im nächsten Kapitel auf Mail eingegangen wird, wird hier ein kurzer Abschnitt zum Thema Sicherheit im Internet eingeschoben.

An der Stelle muss hinzugefügt werden, dass ein absoluter Schutz nicht möglich ist. Dennoch sollten Sie zumindest alles Mögliche tun, um das System vor unbefugten Zugriffen zu schützen. Und dies ist in der Regel mit ein paar wenigen und unkomplizierten Handgriffen möglich.

10.1 Die Firewall einrichten und verwenden

Sobald Ihr Rechner mit dem Internet verbunden ist, sind Sie selbst Teil davon. Daher ist der Rechner auch Angriffen von außen ausgeliefert. Um sich davor zu schützen, können Sie mithilfe einer Firewall die eingehenden und ausgehenden Datenpakete überwachen. macOS stellt Ihnen hierfür eine Firewall (genauer: *Application Level Firewall*) zur Verfügung, die Sie in den **Systemeinstellungen** unter **Sicherheit** im Register **Firewall** finden. Um überhaupt Zugriff auf die Firewall zu haben, müssen Sie das Schloss ❶ anklicken und das Administrator-Passwort eingeben.

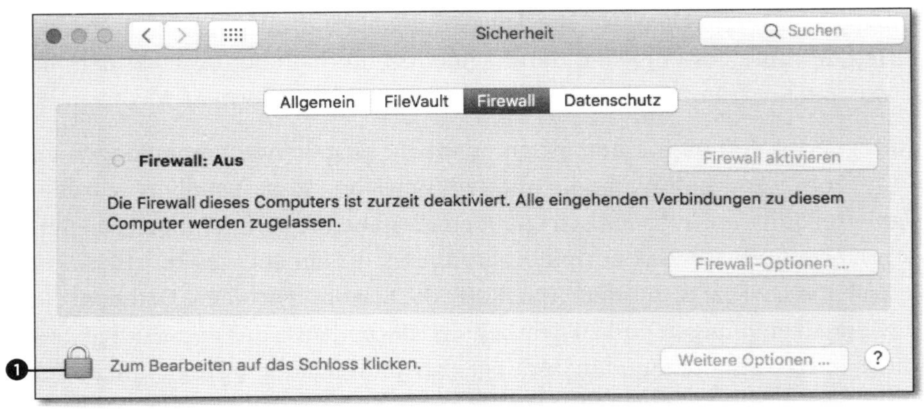

Abbildung 10.1 Für den Zugriff auf die Firewall benötigen Sie Administrator-Rechte.

Über die obere Schaltfläche ❷ können Sie die Firewall (de-)aktivieren. Eine aktive Firewall wird durch einen grünen Punkt und den Text **Firewall: Ein** angezeigt. Über **Firewall-Optionen** hingegen können Sie die Firewall etwas genauer konfigurieren, wenn Sie damit vertraut sind.

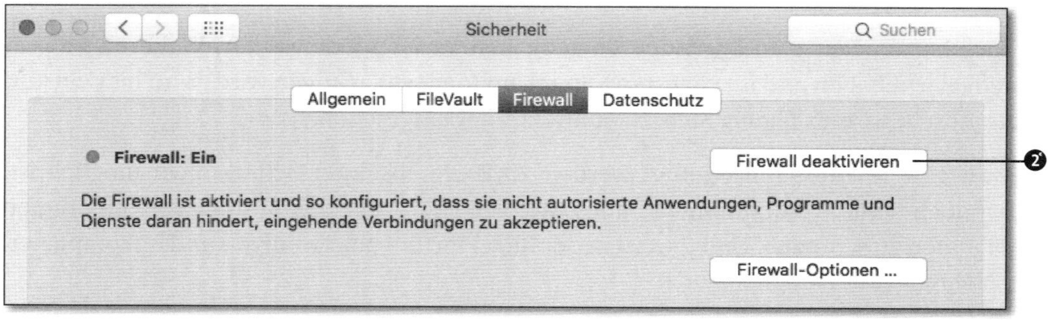

Abbildung 10.2 Fortgeschrittene Anwender können, wenn sie die Firewall aktiviert haben, diese über die »Firewall-Optionen« noch etwas genauer konfigurieren.

Wenn kein Rechner von außen auf den Computer zugreifen können soll, können Sie bei den Firewall-Optionen ein Häkchen vor **Alle eingehenden Verbindungen blockieren** ❸ setzen. Hiermit werden, abgesehen von den Diensten für die Kommunikation des Rechnernamens im Netzwerk, keine Anfragen aus dem Netzwerk mehr beantwortet. Nicht ganz so theoretisch ausgedrückt bedeutet dies dann auch, dass eine Anwendung auf Ihrem Rechner ebenfalls nicht auf diesen Computer zugreifen kann. In diesem Modus wird der Firewall-Indikator mit einem gelben anstelle eines grünen Punktes angezeigt. Daher ist es meistens sinnvoller, das Häkchen deaktiviert zu lassen und im darunterliegenden Bereich gezielt festzulegen, welche Anwendungen auf Ihren Computer (nicht) zugreifen dürfen. Mithilfe des Plus- und Minussymbols unterhalb der Liste können Sie der Liste Dienste und Programme hinzufügen oder sie von dort entfernen.

Die Option **Integrierter Software automatisch erlauben, eingehende Verbindungen zu empfangen** gilt für die Anwendungen, die mit dem Betriebssystem installiert wurden. **Geladener signierter Software automatisch erlauben, eingehende Verbindungen zu empfangen** hingegen bedeutet, dass Sie hiermit Programmen, die ein gültiges Zertifikat von Apple enthalten haben, wie z. B. aus dem App Store, die Erlaubnis erteilen, Datenpakete aus dem Netzwerk zu empfangen und zu bearbeiten. Hierbei muss das notwendige Zertifikat allerdings auch vorhanden und in der Regel heruntergeladen werden, um es der Schlüsselbundverwaltung zu übergeben.

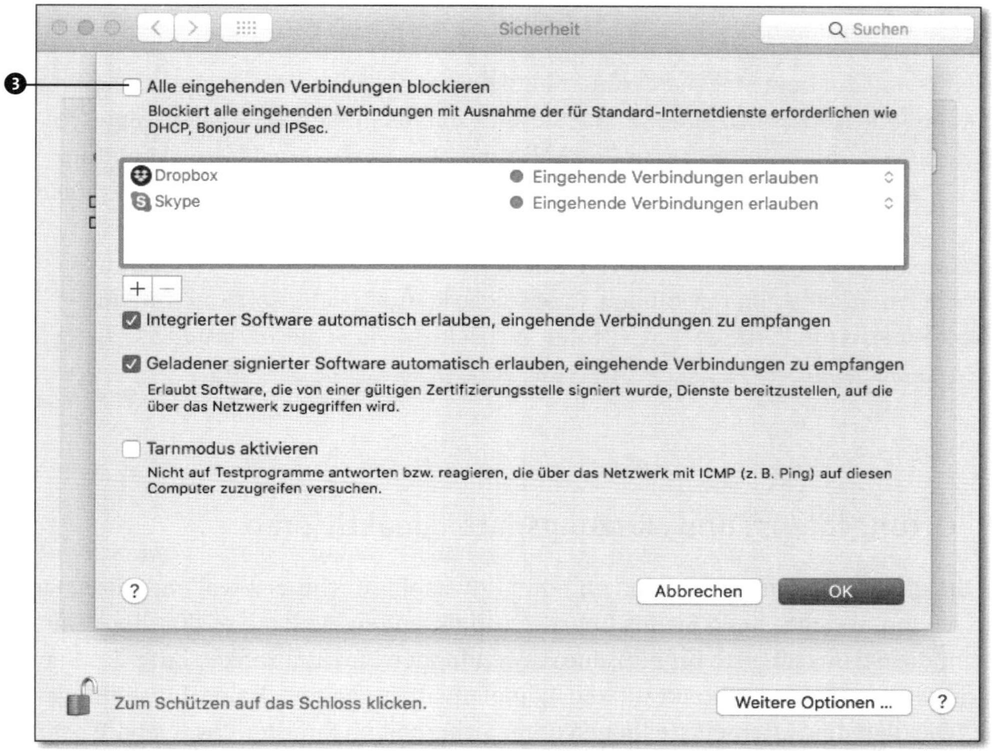

Abbildung 10.3 Hier können Sie noch gezielter Dienste und Programme bezüglich eingehender Verbindungen konfigurieren.

Die beiden Optionen, einer integrierten bzw. von Apple signierten Software zu erlauben, eingehende Verbindungen zu empfangen, haben den Vorteil (wenn man es so sehen will), dass nicht immer eine Rückfrage von diesen Programmen erscheint, die um Erlaubnis fragen, ob Sie eine Netzwerkverbindung akzeptieren wollen.

Die Option **Tarnmodus aktivieren** versteckt den Mac, indem der Computer nicht auf eingehende Anfragen antwortet. Die Anfragen aus dem Netzwerk laufen quasi ins Leere, was durchaus zu Netzwerkproblemen führen kann, weil Sie nicht mehr mit Sicherheit feststellen können, ob es ein Problem mit der Software oder der Hardware gibt. Achten Sie daher im Falle von Netzwerkproblemen darauf, ob diese Option deaktiviert ist. Trotzdem kann diese Funktion recht nützlich sein, wenn Sie in einem freien WLAN unterwegs sind, weil Sie Ihren Rechner damit unsichtbar machen können.

HINWEIS

Weitere Maßnahmen

Eine Firewall auf dem Mac bietet nur Schutz für den Computer selbst und nicht für das komplette Netzwerk. Daher sollten Sie auch das lokale Netzwerk gegen Angriffe aus dem Netz mit einer weiteren Firewall schützen. In der Praxis kann man dies beim Internet-Router mit ein paar Handgriffen erledigen. Dies geht allerdings am Thema des Buches vorbei. Ebenfalls noch interessant dürfte es sein, eine weitere Software auf dem Mac zu installieren, mit der Sie auch ausgehende Verbindungen überwachen und blockieren können. Eine solche kommerzielle Software finden Sie beispielsweise mit *Little Snitch* auf der Webseite *www.obdev.at/products/little-snitch/index.html.*

10.2 Ortungsdienst und Nutzungsdaten deaktivieren

Wenn Sie im Internet unterwegs sind und Ihre Privatsphäre schützen wollen, sollten Sie darauf achten, welche Daten Sie ins Internet zurücksenden. So kann es durchaus sinnvoll sein, die Ortungsdienste für einzelne Anwendungen einzuschränken oder das Senden von Diagnose- und Nutzungsdaten komplett abzuschalten. Beide Einstellungen können Sie über die **Systemeinstellungen** unter **Sicherheit** im Register **Privatsphäre** bearbeiten.

10.2.1 Ortungsdienst abschalten

Wenn die Ortungsdienste bei Ihrem Mac aktiviert sind, senden Programme den aktuellen Standardort des Macs an die Hersteller der Programme. Ich persönliche finde, dass nicht jedes Programm meinen Aufenthaltsort wissen muss, geschweige denn, dass es überhaupt einen Sinn macht. Für diesen Zweck können Sie in den **Systemeinstellungen** unter **Sicherheit** im Register **Privatsphäre** die **Ortungsdienste** anpassen. Zuerst müssen Sie allerdings auf das Schlosssymbol klicken und das Administrator-Passwort eingeben. Hier können Sie für einzelne Programme in der Liste die Ortungsdienste (de-)aktivieren, indem Sie das Häkchen vor dem entsprechenden Programm entfernen bzw. setzen. Auch die Ortungsdienste für **Systemdienste** wie **Ortsbasierte Vorschläge**, **Zeitzone & Systemanpassung**, **Wichtige Orte**, **Ortsabhängige Apple Ads**, **Meinen Mac suchen** und **WLAN-Netzbetrieb** können Sie hier gesondert über die Schaltfläche **Details** bearbeiten. Wollen Sie den Ortungsdienst komplett abschalten, müssen Sie das Häkchen vor **Ortungsdienst aktivieren** entfernen.

Abbildung 10.4 Hier können Sie einzelne oder alle Ortungsdienste (de-)aktivieren.

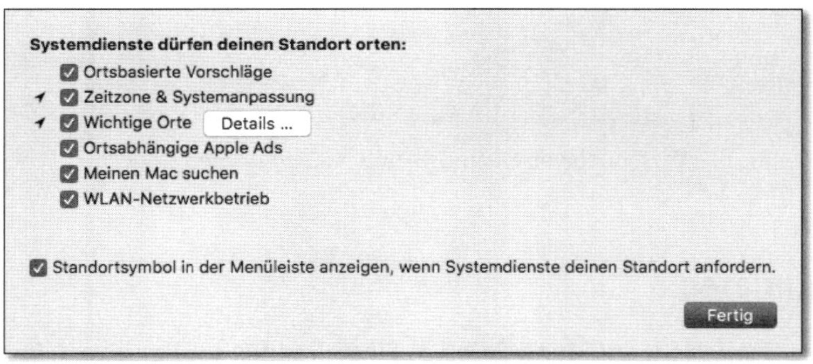

Abbildung 10.5 Auch Systemdienste können von der Ortung ausgenommen werden.

10.2.2 Analysedaten abschalten

Ebenfalls im Register **Privatsphäre** finden Sie einen Eintrag **Analyse**, über den eingestellt wird, ob Sie an Apple Diagnose- und Nutzungsdaten senden, damit Apple sein Produkt verbessern kann. Wenn Sie diesen Dienst für fragwürdig halten, brauchen Sie nur das

10

Häkchen vor **Mac-Analyse teilen** zu entfernen. Diese Sammelwut zeigt sich auch in dem Eintrag **Mit App-Entwicklern teilen**, womit bei einem Crash die Fehler an die Entwickler gesendet werden. Sind Sie mit den Einstellungen fertig, sollten Sie das Schloss links unten zum Schützen wieder anklicken.

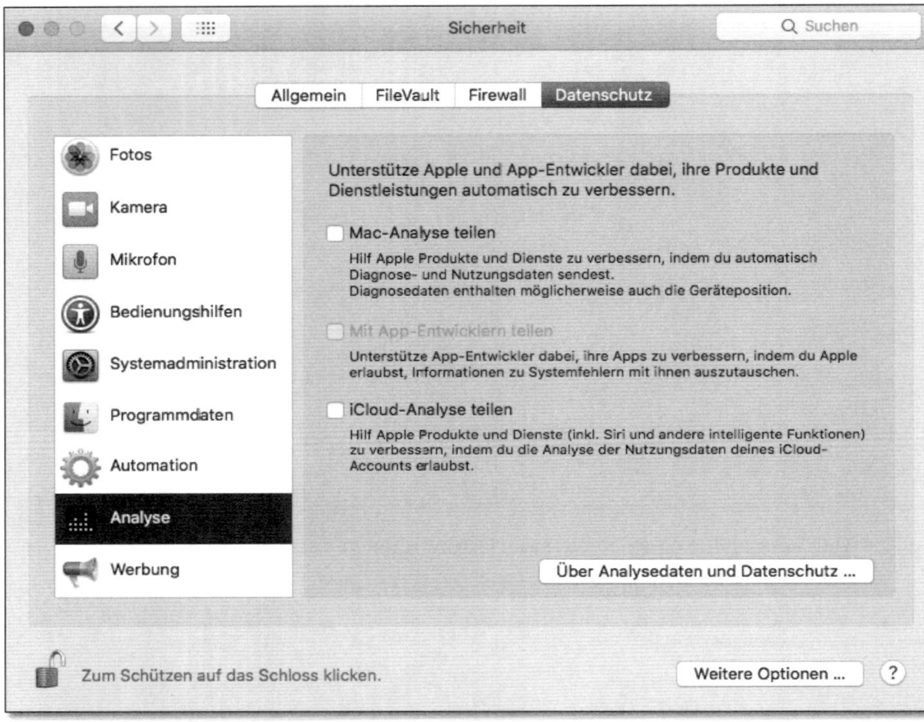

Abbildung 10.6 Hier können Sie das Versenden von Diagnose- und Nutzungsdaten steuern.

10.3 Safari konfigurieren

Beim Safari-Webbrowser finden Sie im Menü **Safari ▸ Einstellungen** im Register **Allgemein** ganz unten mit **»Sichere« Dateien nach dem Download öffnen** eine Option, die Sie vielleicht besser deaktivieren sollten, weil dazu beispielsweise auch heruntergeladene ZIP-Archive gehören, die Safari damit sofort öffnet, was man vielleicht so nicht haben will. Gleiches gilt auch für Filme, die Sie herunterladen. Vielleicht wollen Sie auch hier nicht, dass diese gleich nach einem etwas längeren Download unter Umständen unbeaufsichtigt gestartet werden.

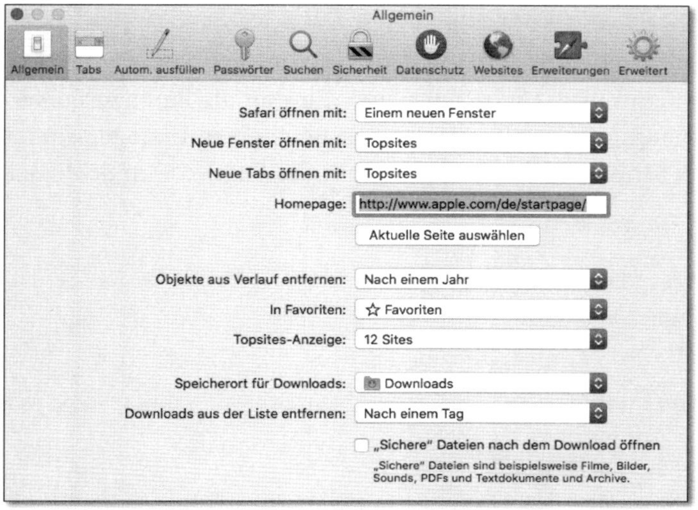

Abbildung 10.7 »Sichere« Dateien nach dem Download öffnen oder nicht?

10

10.4 Passwörter in der Schlüsselbundverwaltung

Die **Schlüsselbundverwaltung** auf dem Mac finden Sie in **Programme ▸ Dienstprogramme**, und wie der Name der Anwendung es erahnen lässt, können Sie damit Kennwörter, Schlüssel und Zertifikate verwalten. Die Schlüsselbundverwaltung ist eine zentrale verschlüsselte Passwortdatenbank.

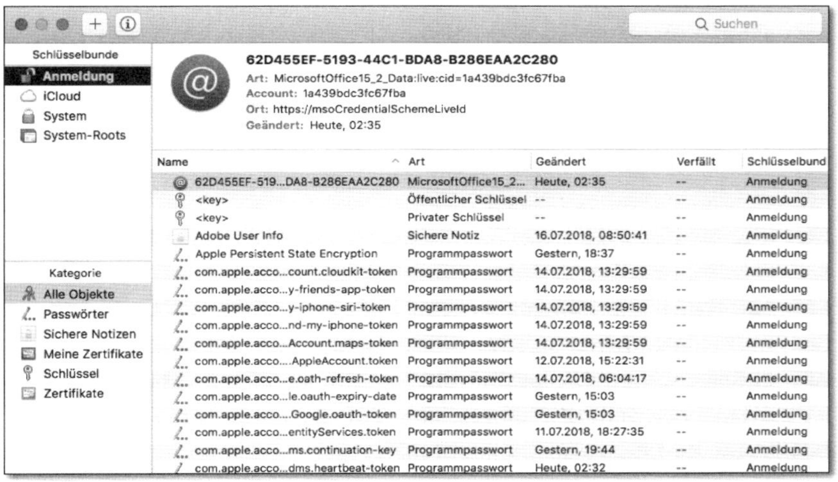

Abbildung 10.8 Die Schlüsselbundverwaltung ist eine zentrale Passwortdatenbank.

10.4.1 Passwörter sichern

Die Schlüsselbundverwaltung ist praktisch, weil man sich so nicht mehr die unterschiedlichen Passwörter merken muss. Um einen neuen Eintrag als Benutzername-/Passwort-Kombination hinzuzufügen, ist nicht viel nötig. Bei einigen Dialogen finden Sie ein Häkchen **Passwort im Schlüsselbund sichern**, womit das Passwort im Schlüsselbund gespeichert wird.

Abbildung 10.9 Viele Dialoge bieten an, das Passwort im Schlüsselbund zu sichern.

Aber auch wenn Sie im Safari-Webbrowser ein Passwort sichern, wird dieses Passwort automatisch der Passwortdatenbank hinzugefügt, wenn Sie es wollen.

Abbildung 10.10 Beim Login eines vorhandenen Benutzerkontos im Web werden Sie gefragt, ob Sie das Passwort der Schlüsselbundverwaltung hinzufügen wollen.

Verwenden Sie beim nächsten Mal den Dienst oder die Website, für die Sie die Login-Daten im Schlüsselbund gesichert haben, werden diese Login-Daten automatisch mithilfe der Schlüsselbundverwaltung ausgefüllt, und Sie müssen sich das Passwort nicht mehr merken. Das Kennwort für den Mac müssen Sie sich allerdings unbedingt merken, weil Sie es für die Schlüsselbundverwaltung benötigen.

Abbildung 10.11 Bei einer Neuanmeldung in einem Webformular können Sie sich ein starkes Passwort generieren lassen und es gleich dem Schlüsselbund hinzufügen.

10.4.2 Vergessenes Passwort mit der Schlüsselbundverwaltung ermitteln

Der Schlüsselbund ist auch praktisch, wenn Sie mal ein Passwort vergessen haben. Gerade bei Konfigurationen wie dem Internet-Router kann das schon mal passieren, weil man hier oft Wochen, Monate oder noch längere Zeit nichts mehr daran getan hat. Natürlich setzt dies auch voraus, dass Sie das Passwort beim Einrichten des Internet-Routers im Schlüsselbund gespeichert haben. Hierzu eine Schritt-für-Schritt-Anleitung, wie Sie ein vergessenes Passwort mit der Schlüsselbundverwaltung ermitteln können.

1. Starten Sie das Dienstprogramm **Schlüsselbundverwaltung** über **Programme ▸ Dienstprogramme**.

2. Wählen Sie die Art des Schlüsselbundes aus. Bei einer Airport-Basisstation ist dies beispielsweise **Anmeldung**. Bei einem Internet-Router mit einer webbasierten Oberfläche ist dies gewöhnlich **Lokale Objekte** bzw. **iCloud**. Auch andere webbasierte Login-Daten finden Sie gewöhnlich bei **Lokale Objekte** bzw. **iCloud** wieder. Einfacher können Sie es sich hier mit der Suche ❶ machen. Markieren Sie dann den gewünschten Schlüsselbund, und klicken Sie auf die **i**-Schaltfläche ganz oben in der Symbolleiste.

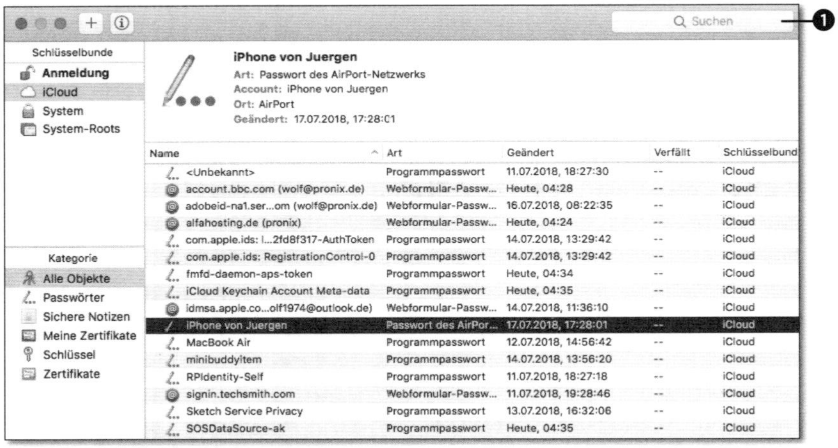

3 Im folgenden Info-Fenster erhalten Sie eine Übersicht über diesen Schlüsselbund und die Einstellungen. Um das Passwort einzublenden, müssen Sie das entsprechende Häkchen bei **Passwort einblenden** setzen.

4 Nach einer Eingabe des Passwortes für den Account wird das vergessene Passwort für den Schlüsselbund im Klartext angezeigt.

Wenn Sie das Passwort im Klartext sehen, können Sie es auch ändern oder mit dem Passwort-Generator ein neues Passwort erstellen lassen. Den Passwort-Generator rufen Sie auf, wenn Sie das Schlüsselsymbol ❷ anklicken. Allerdings können Sie logischerweise nicht das Passwort von Diensten direkt über den Schlüsselbund ändern. Wenn Sie beispielsweise ein neues Passwort für Ihren Facebook-Account verwenden wollen, müssen Sie zuerst das Passwort auf Facebook selbst ändern, ehe Sie es in der Schlüsselbundverwaltung ändern. Aber auch hier kann der Passwortassistent (siehe nächster Abschnitt) sehr hilfreich sein, um sich ein stärkeres Passwort generieren zu lassen.

HINWEIS

Schlüsselbund in der iCloud

Vielleicht fragen Sie sich, warum oben die Rede von einem Bereich **Lokale Objekte** bzw. **iCloud** gewesen ist. Sie können den Schlüsselbund nämlich auch in iCloud nutzen und synchronisieren, wie Sie später noch erfahren werden. Dies hat den Vorteil, dass Sie einen Schlüsselbund auch mit einem anderen Mac, dem iPhone oder dem iPad verwenden können. Sobald der Schlüsselbund in der iCloud freigegeben wird, können alle Geräte, die mit derselben Apple-ID verknüpft sind, auf sämtliche Passwörter zugreifen.

10.5 Passwörter generieren lassen

Mit jeder neuen Anmeldung bei einem Onlineshop oder anderen Internetportalen muss man neben dem Benutzernamen auch ein Passwort verwenden. Schnell wird man hier faul und verwendet ein einfach zu merkendes oder immer dasselbe Passwort dafür. Beides ist nicht unbedingt ratsam. Nachdem Sie mit der Schlüsselbundverwaltung eine komfortable Möglichkeit kennen, die Passwörter zu verwalten, können Sie sich auch ein Passwort generieren lassen.

Dies geht relativ einfach. Gehen Sie mit Safari auf die Internetseite, auf der Sie ein neues Passwort eingeben müssen. Wenn Sie das Passwortfeld anklicken, meldet sich Safari mit einem Hinweis, ob Sie das automatisch generierte Passwort verwenden wollen. Wenn Sie diese Option auswählen, wird das Passwort automatisch dem Schlüsselbund hinzugefügt und künftig verwendet, wenn Sie sich bei dieser Website wieder anmelden. Wenn Sie die Schlüsselbundverwaltung dann noch mit der iCloud synchronisieren, steht Ihnen das Passwort auf allen anderen Geräten zur Verfügung, die mit derselben Apple-ID verbunden sind.

Abbildung 10.12 Lassen Sie sich ein starkes Passwort generieren.

Wollen Sie hingegen nicht das von Apple erstellte Passwort verwenden, können Sie den Passwort-Generator der Schlüsselbundverwaltung verwenden. Hierzu müssen Sie lediglich die **Schlüsselbundverwaltung** aufrufen und dann **Ablage ▶ Neues Passwort** bzw. die Tastenkombination [cmd] + [N] ausführen. Klicken Sie den Link **Sicherheitsstufe des Passworts** oder die Schaltfläche mit dem Schlüssel an, erscheint der Passwort-Generator.

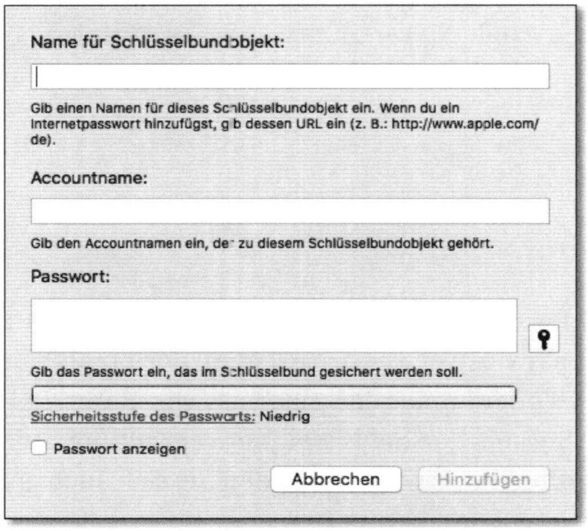

Abbildung 10.13 Der Dialog für ein neues Schlüsselbundobjekt

Bei **Art** wählen Sie, was für eine Art von Passwort Sie generieren lassen wollen, und mit **Länge**, wie lang das Passwort sein soll. In **Vorschlag** finden Sie dann ein entsprechendes Beispiel, das Sie über das Dropdown-Menü durch einen anderen Vorschlag ersetzen oder auch selbst editieren können. Sehr hilfreich ist der Balken mit der **Qualität** des Passwortes. Je voller dieser Balken ist, desto besser ist das Passwort. Dieser Passwortassistent ist auch nützlich, um zu testen, wie gut die Passwörter sind, die man selbst sonst immer verwendet hat.

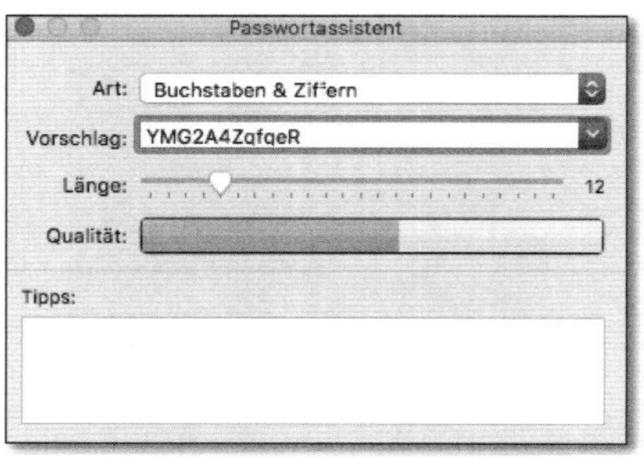

Abbildung 10.14 Der Passwortassistent gibt Ihnen Vorschläge

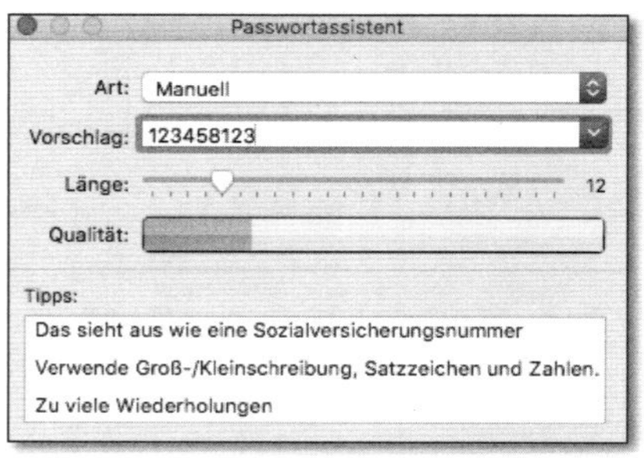

Abbildung 10.15 Ist der Balken nicht im grünen Bereich, erhalten Sie Tipps, wie Sie das Passwort stärker machen können.

11 Das Programm Mail

Die zentrale und funktionsstarke E-Mail-Anwendung zum Empfangen, Schreiben und Lesen von E-Mails für den Mac hat den schlichten Namen »Mail«. Auch wenn der Name recht bescheiden daherkommt, hat dieses E-Mail-Programm alles, was das Herz begehrt, und lässt kaum Wünsche offen.

In diesem Abschnitt wird auf den grundlegenden Umgang mit der E-Mail-Anwendung des Macs eingegangen. Mail können Sie entweder über das entsprechende Icon im Dock starten oder mit cmd + Leertaste und der Eingabe von »Mail« in Spotlight, wenn Sie das Icon aus dem Dock entfernt haben sollten.

Abbildung 11.1 Das Programm-Icon von Mail

11.1 Einen E-Mail-Account einrichten

Es gibt zwei Wege, wie Sie einen E-Mail-Account anlegen können: entweder direkt in Mail in den **Einstellungen** oder über den Pfad **Systemeinstellungen ▸ Internet-Accounts**. Zuerst zeige ich Ihnen den Weg über die Einstellungen von Mail, und anschließend erfahren Sie, wie Sie (nicht nur E-Mail-)Accounts über **Internet-Accounts** hinzufügen können.

HINWEIS

Zugangsdaten für den E-Mail-Account

Bevor Sie einen neuen Account anlegen können, benötigen Sie zunächst die Zugangsdaten, die für einen E-Mail-Account notwendig sind. Hierfür sind neben der E-Mail-Adresse und dem Passwort häufig noch Serverdaten wie die Serveradresse für ausgehende und eingehende E-Mails nötig. Gewöhnlich müssen Sie hier nur bei Ihrem Serviceprovider nachfragen oder auf der entsprechenden Supportseite nachsehen. Einfacher ist es, wenn Sie einen Account für die von Apple gelisteten Provider wie Google, Yahoo, AOL, Exchange oder die iCloud, verwenden, weil Apple die entsprechenden Serverdaten automatisch für Sie einträgt und Sie im Prinzip nur noch den Namen, die E-Mail-Adresse und das Passwort für diesen Account eingeben müssen.

1 Starten Sie Mail, und wählen Sie im Menü **Mail ▸ Einstellungen** den Reiter **Accounts**. Klicken Sie auf das Plussymbol ❶ links unten, wo Sie aus einer Liste von Anbietern für den E-Mail-Account auswählen können. Wenn noch kein E-Mail-Account vorliegt, erscheint der Dialog **Anbieter für Mail-Account auswählen** automatisch, nachdem Sie Mail gestartet haben, und Sie müssen nicht **Mail ▸ Einstellungen** aufrufen. In meinem Beispiel ist hier mein Provider nicht vorhanden, und daher wähle ich **Anderer Mail-Account** und klicke auf **Fortfahren**. Ist Ihr Account dabei, wählen Sie ihn stattdessen aus.

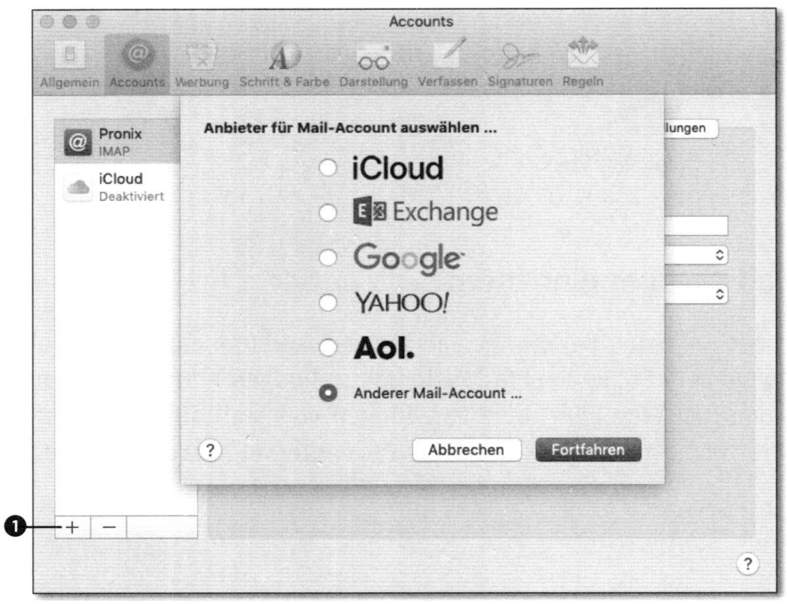

2 Im folgenden Fenster geben Sie **Benutzername**, **E-Mail-Adresse** und **Passwort** ein. Klicken Sie auf **Anmelden**, fragt Mail zunächst den Server der angegebenen E-Mail-Adresse ab und versucht, den Prozess weitgehend zu automatisieren. Dies klappt in der Regel nur mit den gelisteten Providern. Ansonsten müssen Sie den Account, wie hier im Beispiel zu sehen, manuell konfigurieren und den **Accounttyp** (IMAP oder POP3), den **Server für eintreffende E-Mails** und den **Server für ausgehende E-Mails** manuell eintragen und erneut auf **Anmelden** klicken.

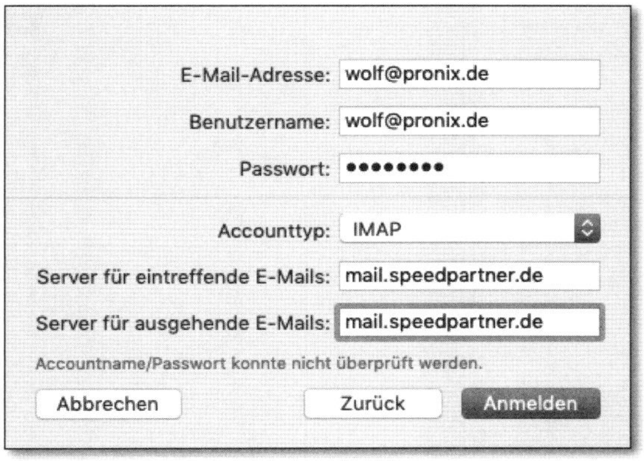

3 Jetzt können Sie noch auswählen, mit welchen Apps Sie diesen Account verwenden wollen, indem Sie jeweils ein Häkchen davorsetzen bzw. entfernen. Diese Einstellungen können Sie allerdings auch später noch anpassen oder jederzeit ändern.

4 Am Ende sollte der E-Mail-Account eingerichtet sein und in der Liste von Accounts bei **Mail ▸ Einstellungen** im Reiter **Accounts** aufgelistet werden. Sie können jederzeit nachträgliche Änderungen im Bereich **Accounts** vornehmen. Die Zugangsdaten finden Sie im Register **Servereinstellungen**.

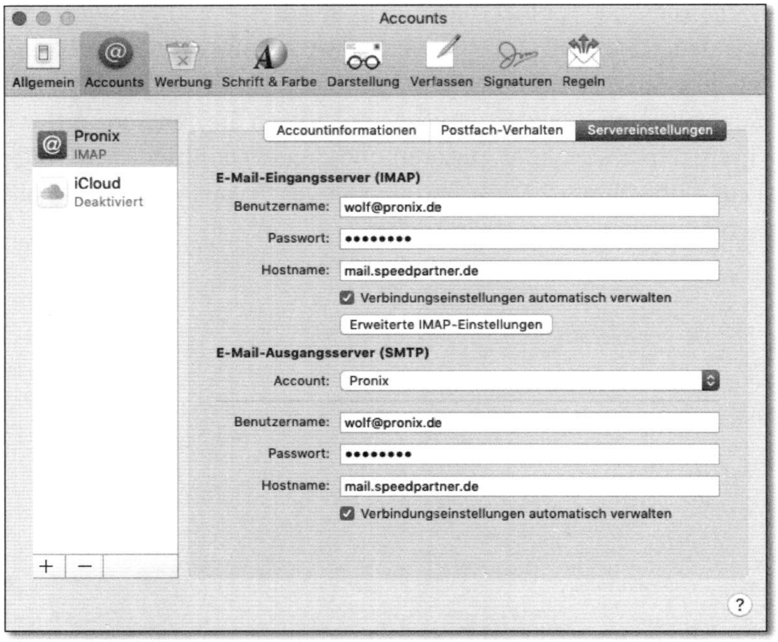

Wollen Sie überprüfen, ob alle E-Mail-Accounts mit den dazugehörenden Mailservern verbunden sind, finden Sie im Menü von Mail unter **Fenster ▸ Verbindung prüfen** einen entsprechenden Dialog dazu.

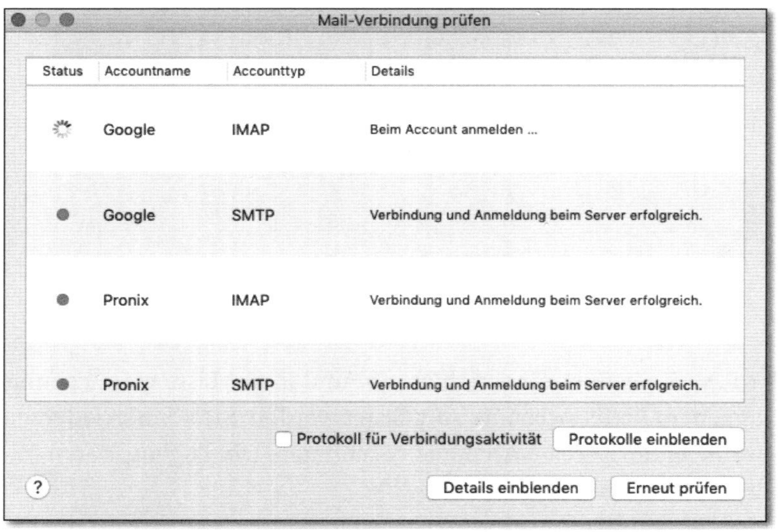

Abbildung 11.2 Die vorhandenen Mailserververbindungen überprüfen

11.1.1 Systemeinstellungen »Internet-Accounts«

Wenn Sie in den **Systemeinstellungen** den Eintrag **Internet-Accounts** öffnen, finden Sie hier den zuvor hinzugefügten E-Mail-Account. Wenn Sie bereits hinzugefügte Internet-Accounts auf der linken Seite auswählen, können Sie auf der rechten Seite nachträglich die Verwendung dieses Accounts mit den Programmen Mail, Kontakte, Kalender, Nachrichten und anderen Apps einrichten. Einen Account löschen Sie, indem Sie ihn auswählen und auf das Minussymbol ❶ klicken. Wollen Sie einen weiteren Account hinzufügen, klicken Sie auf das Plussymbol.

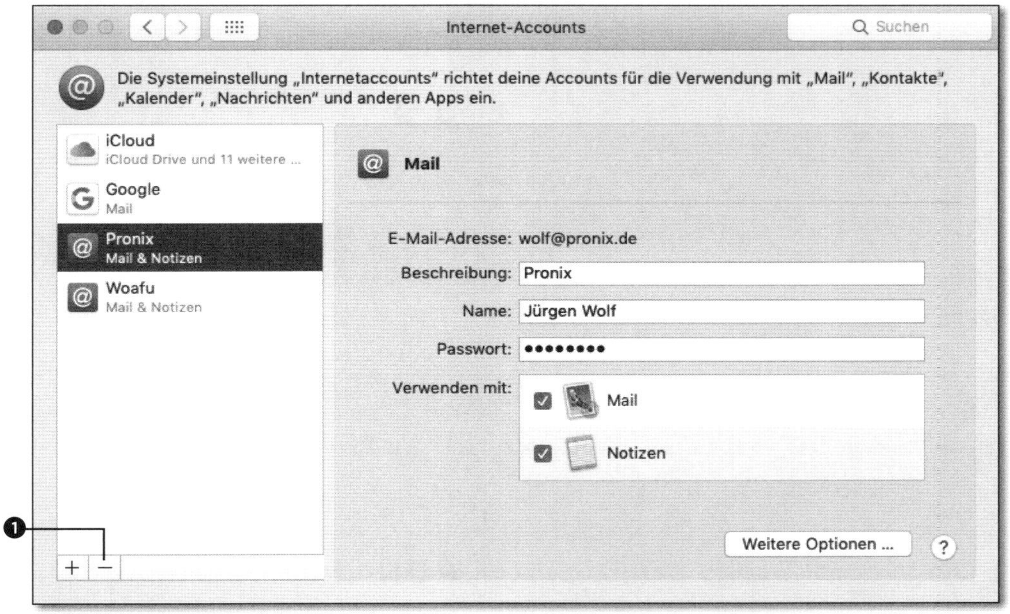

Abbildung 11.3 Die Systemeinstellungen von »Internet-Accounts«

Haben Sie einen anderen Provider, der hier nicht aufgelistet wird, müssen Sie auch hier ganz nach unten scrollen und **Anderen Account hinzufügen** auswählen.

Hier können Sie nicht nur Mail-Accounts hinzufügen, wie dies eben in Abschnitt 11.1, »Einen E-Mail-Account einrichten«, beschrieben wurde, sondern finden noch andere Account-Typen. Ein CalDav-Account ist zum Beispiel ein Protokoll zur Synchronisierung von Kalendern. Was CalDav für Kalender ist, ist der LDAP-Account für Kontakte.

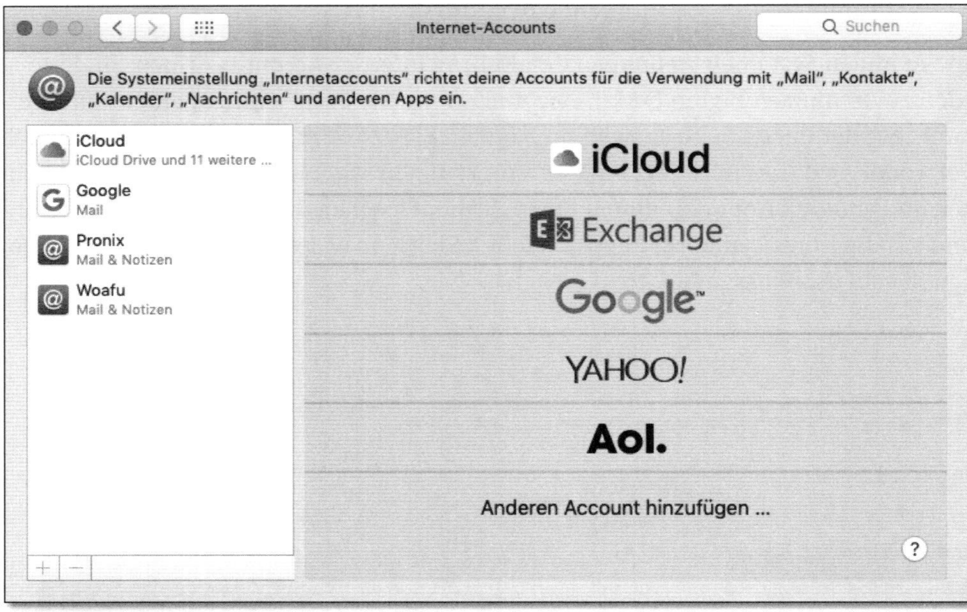

Abbildung 11.4 Vorgefertigte Accounts zur Auswahl

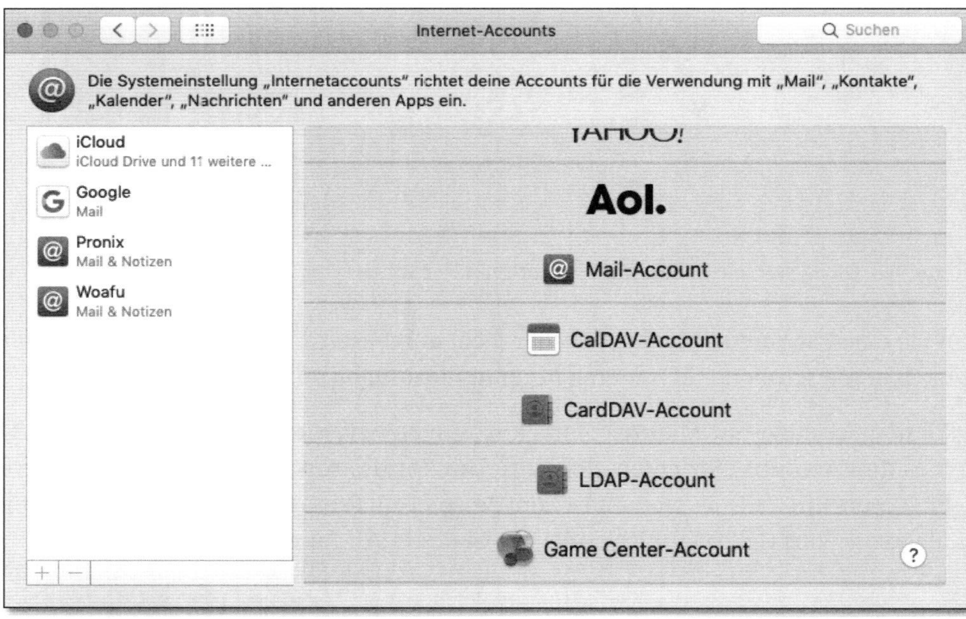

Abbildung 11.5 Darüber hinaus gibt es noch spezielle Account-Typen.

Das Einrichten eines E-Mail-Accounts über **Systemeinstellungen** von **Internet-Accounts** funktioniert ansonsten genauso, wie es beim Einrichten eines Accounts innerhalb von Mail in Abschnitt 11.1 beschrieben wurde.

HINWEIS

Keine sozialen Medien mehr zur Auswahl

Mit macOS 10.14 wurden die mit dem System verknüpfbaren Internet-Accounts wie Facebook, Twitter und Co. entfernt, womit das Teilen von Inhalten ohne den Besuch der jeweiligen Website möglich war. Da sich Apple für den Datenschutz und die Privatsphäre des Benutzers sehr starkmacht, ließ sich das nach den jüngsten Facebook-Skandalen wohl auch nicht mehr mit deren Philosophie vereinbaren. Ob Apple dies jetzt für immer durchzieht oder wieder umschwenkt, bleibt abzuwarten. Das dürfte wohl auch davon abhängen, wie sich (speziell) Facebook in Zukunft in puncto Datenschutz verhält und dass es den Nutzer eben nicht mehr nur als vermarktbare Waren sieht. Wer viel mit den sozialen Netzwerken zu tun hat, für den bleibt der klassische Weg über die Website oder Drittanbieter-Apps.

11.1.2 Postfächer importieren

Haben Sie bereits mit einem anderen E-Mail-Programm auf einem anderen Computer gearbeitet und wollen den E-Mail-Verkehr mit Mail nutzen, müssen Sie zunächst dort Ihre E-Mails exportieren. Als Format für den Export kann Mail natürlich mit Apple Mail, aber auch mit Dateien im MBOX-Format umgehen. Die meisten E-Mail-Programme bieten eine Option für den Export an. Sind Sie sich nicht sicher, sollten Sie im Zweifelsfall das MBOX-Format verwenden, das fast immer von anderen E-Mail-Programmen als Exportformat unterstützt wird.

Um in Mail diesen exportierten E-Mail-Verkehr zu importieren, gehen Sie über **Ablage ▸ Postfächer importieren** und wählen im folgenden Dialog aus, ob Sie die Daten von Apple Mail oder Dateien im MBOX-Format importieren wollen. Wenn Sie hier auf **Fortfahren** klicken, wählen Sie den Speicherort aus, an dem sich die exportierten E-Mails befinden, und folgen den weiteren Anweisungen des Bildschirms. Nach dem Import können Sie die importierten E-Mails per Drag & Drop neu anordnen.

HINWEIS

Postfächer aus Mail exportieren

Natürlich können auch Postfächer aus Mail exportiert werden. Hierfür müssen Sie nur eines oder mehrere Postfächer auswählen und den Befehl **Postfach ▸ Postfächer exportieren** ausführen. Mail exportiert die Postfächer im MBOX-Format.

Abbildung 11.6 Auch das Importieren von Dateien aus anderen Postfächern ist möglich.

11.2 Die Oberfläche von Mail

An dieser Stelle wird davon ausgegangen, dass Sie einen E-Mail-Account eingerichtet haben, das Programm Mail ausgeführt wird und Sie die Benutzeroberfläche vor sich haben. Diese könnte dann wie in Abbildung 11.7 aussehen. Neben der Symbolleiste ❶ finden Sie gewöhnlich zunächst ein zweispaltiges Layout vor, das Sie durch Anklicken von **Postfächer** ❷ bzw. **Darstellung ▸ Postfachliste einblenden** zu einem dreispaltigen Layout (wie in der Abbildung zu sehen) erweitern können. In der linken bzw. mittleren Spalte ❸ finden Sie die E-Mails des ausgewählten Postfaches. Rechts ❹ wird der Inhalt der aktuell ausgewählten E-Mail angezeigt. Als Erweiterung oder Ersatz für die Postfachspalte können Sie hier auch die Favoritenleiste ❺ verwenden.

HINWEIS

Postfächer

In der Seitenleiste, die Sie mit der Schaltfläche **Postfächer** einblenden können, fällt schnell auf, dass alles als Postfach bezeichnet wird, also auch die Ordner, in denen E-Mails gesammelt werden, oder importierte E-Mails. Für Mail sind das alles Postfächer.

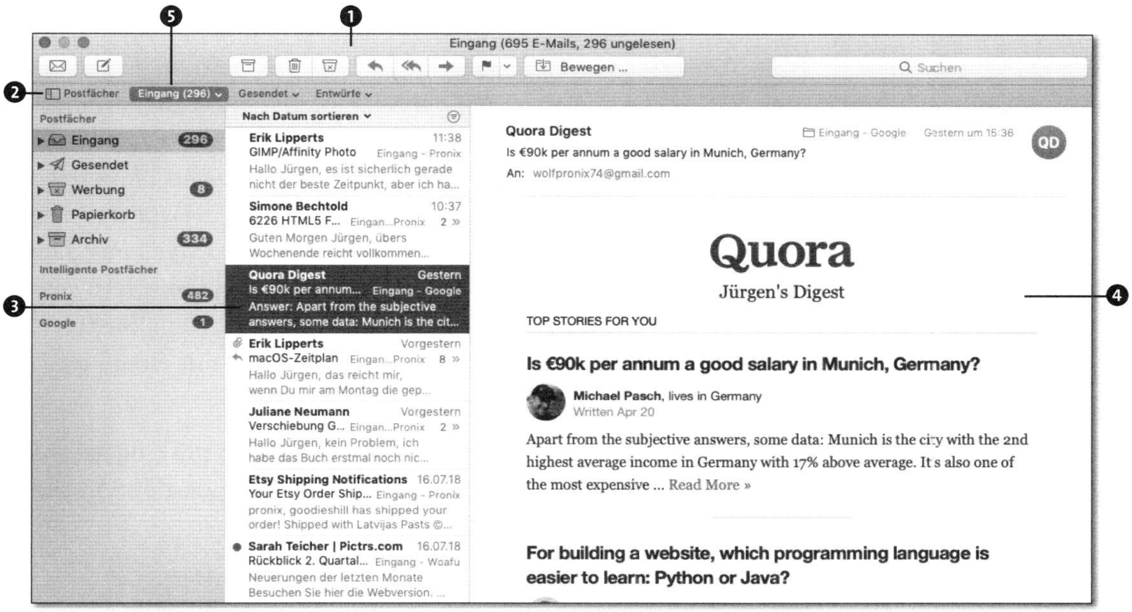

Abbildung 11.7 Die Oberfläche von Mail

11

Die Reihenfolge der aufgelisteten E-Mails in der linken bzw. mittleren Spalte ist gewöhnlich mit **Nach Datum sortiert** eingestellt. Aber klicken Sie hier auf das entsprechende Dropdown-Menü, können Sie die E-Mails dort auch nach anderen Kriterien sortieren.

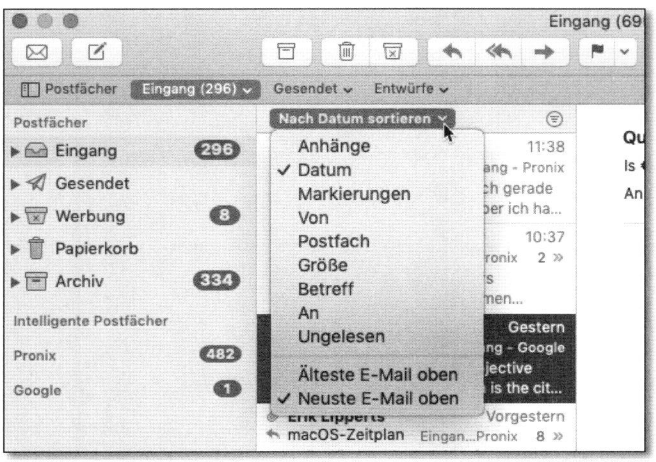

Abbildung 11.8 Die Sortierreihenfolge der E-Mails innerhalb der Postfächer lässt sich nach anderen Kriterien einstellen.

11.3 E-Mails empfangen

Wenn Sie das Programm Mail gestartet haben und der oder die E-Mail-Accounts eingerichtet sind, ist Mail standardmäßig so eingestellt, dass es alle 5 Minuten nach neuen E-Mails schaut. Diesen Zeitabstand können Sie über **Mail ▸ Einstellungen** im Bereich **Allgemein** mit der Dropdown-Liste **Nach neuen E-Mails suchen** anpassen. Dabei können Sie auch die Option **Manuell** auswählen, womit Sie dann selbst die E-Mails aus dem Internet abholen müssen. Hier finden Sie noch andere Einstellungen, wie beispielsweise den Ton, der abgespielt wird, sobald eine neue E-Mail eingegangen ist. Wenn Sie ungelesene E-Mails in Ihrem Posteingang haben, wird die Anzahl im Dock mit einem roten Punkt angezeigt.

Auch dieses Postfach können Sie in den Einstellungen unter **Allgemein** mit **Ungelesene E-Mails im Dock anzeigen** ändern. In der Praxis ist allerdings die Standardoption **Nur Posteingang** die ideale Wahl.

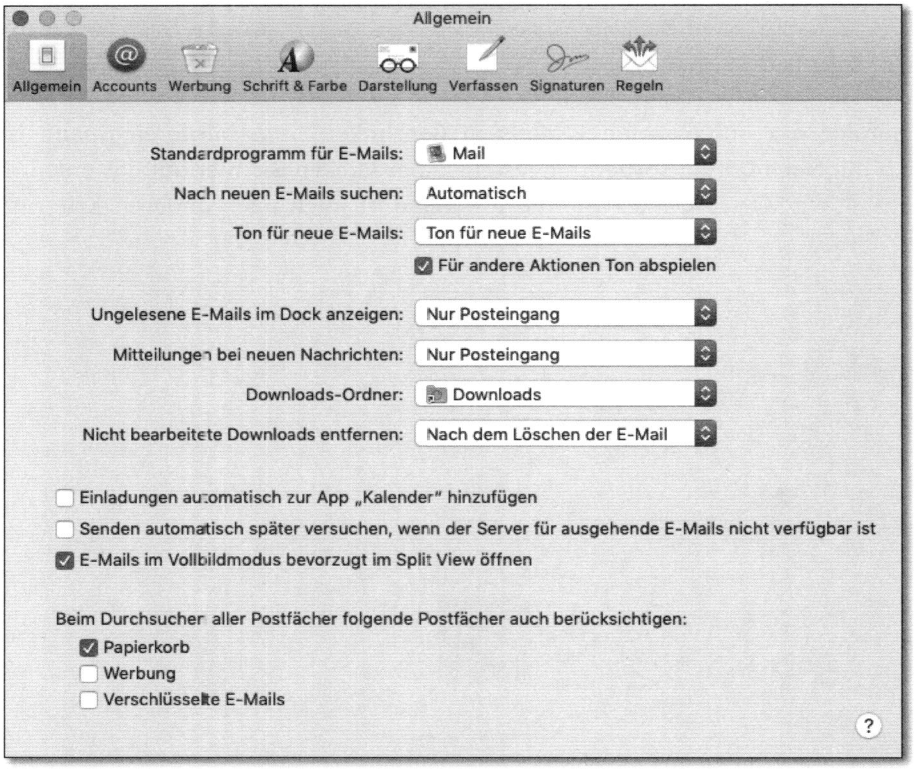

Abbildung 11.9 Hier finden Sie allgemeine Einstellungen von Mail.

Natürlich ist es jederzeit möglich, manuell eine E-Mail abzuholen, indem Sie in der Symbolleiste die entsprechende Schaltfläche ❶ anklicken, die Tastenkombination [⇧] + [cmd] + [N] drücken oder **Postfach ▸ Alle neuen E-Mails empfangen** auswählen. Wenn keine anderen Regeln vorgegeben sind, landen die eingegangenen E-Mails im Eingangspostfach im Ordner **Eingang**.

Haben Sie mehrere E-Mail-Accounts, werden alle E-Mails gemeinsam im Eingang angezeigt. Um nur den Eingang eines bestimmten E-Mail-Accounts zu sehen, klappen Sie den Ordner Eingang über den kleinen Pfeil ❷ auf und markieren in der Liste darunter dann den gewünschten Account.

Abbildung 11.10 Abholen von E-Mails und Einblenden aller Accounts

Haben Sie mehrere E-Mail-Accounts und wollen lediglich die E-Mails von einem bestimmten Account abholen, müssen Sie über **Postfach ▸ Neue E-Mails empfangen** im Untermenü den entsprechenden Account auswählen. Wenn Sie die E-Mail-Postfächer auf verschiedenen Geräten abholen und bei Ihnen nicht alle Postfächer bzw. Ordner angezeigt werden, kann es sinnvoll sein, den Menüpunkt **Postfach ▸ Alle Accounts synchronisieren** auszuführen.

Wollen Sie die Seitenleiste mit den Postfächern, die Sie mit der entsprechenden Schaltfläche ❸ ein- und ausblenden, nicht verwenden, können Sie auch mit einem Klick auf **Eingang** oder **Gesendet** die entsprechenden Postfächer einsehen. Wenn Sie auf den kleinen Pfeil an der jeweiligen Schaltfläche klicken, können Sie sich auch Postfächer einzelner Accounts auflisten lassen.

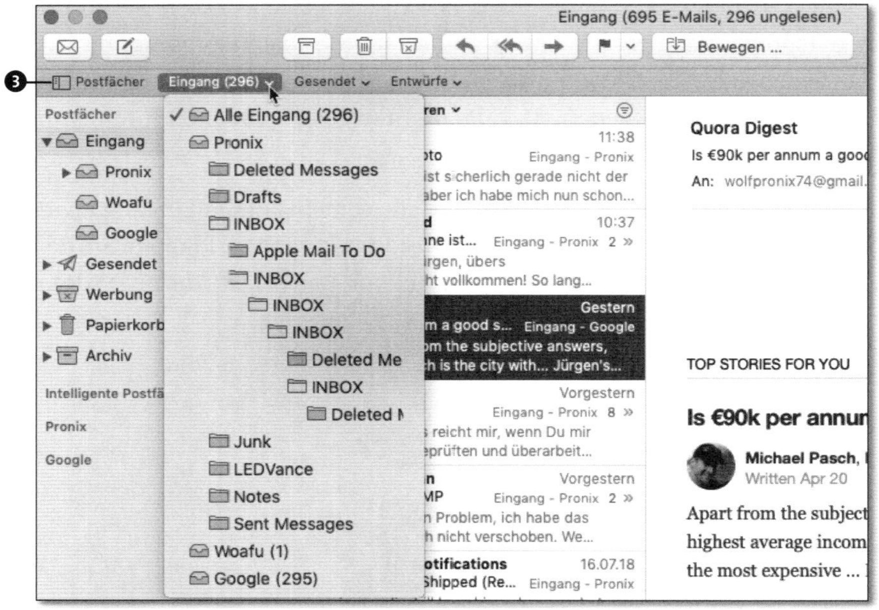

Abbildung 11.11 Sie können mithilfe der Dropdown-Menüs in der Favoritenleiste durch die einzelnen Postfächer navigieren.

Die Anzahl der ungelesenen E-Mails können Sie bereits im Dock im kleinen roten Kreis des Mail-Icons erkennen. In Mail sehen Sie bei den ungelesenen E-Mails einen kleinen blauen Punkt. Bereits gelesene E-Mails haben diesen Punkt nicht mehr.

Abbildung 11.12 In den Postfächern sind 297 ungelesene E-Mails enthalten.

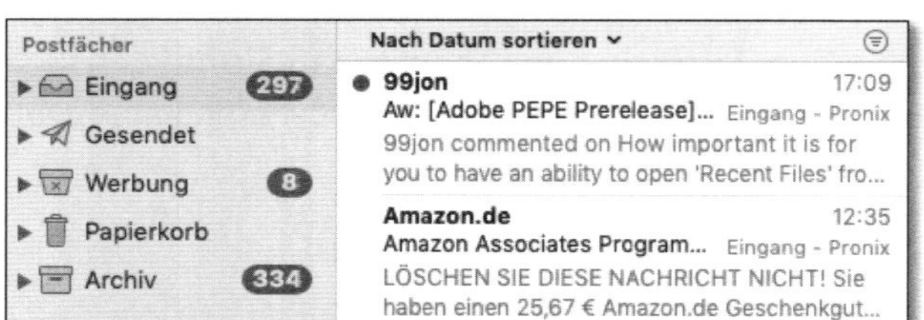

Abbildung 11.13 Ein blauer Punkt zeigt an, dass eine E-Mail noch nicht gelesen wurde.

Eine E-Mail gilt als gelesen, wenn Sie sie auswählen und der Inhalt rechts daneben angezeigt wird. Wollen Sie eine E-Mail nachträglich als ungelesen bzw. gelesen markieren, können Sie diesen Zustand mit [⇧] + [cmd] + [U] oder über einen rechten Mausklick auf die E-Mail und mit dem entsprechenden Befehl im Kontextmenü ändern. Beim Trackpad wischen Sie dazu mit zwei Fingern nach rechts bzw. bei der Magic Mouse mit einem Finger und wählen Entsprechendes aus.

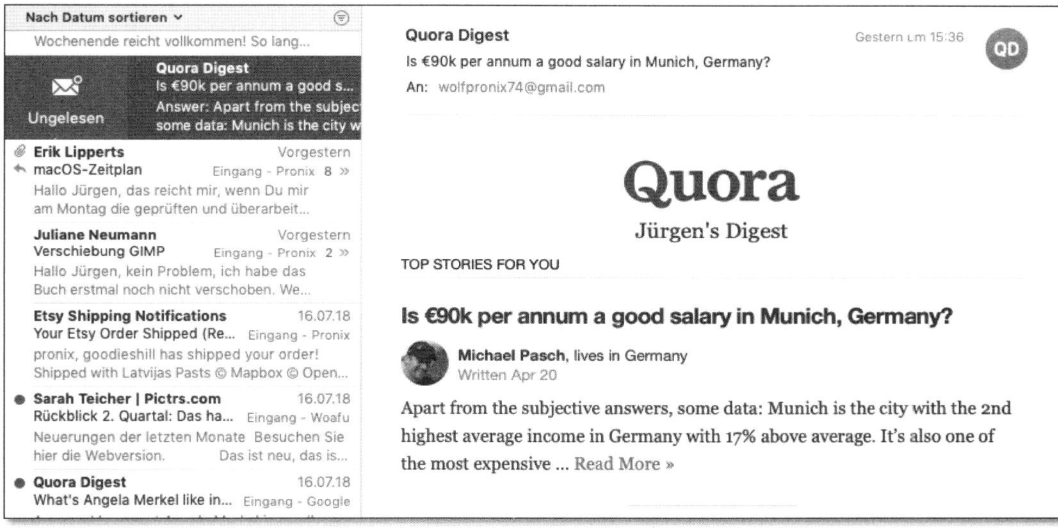

Abbildung 11.14 Die Unterscheidung zwischen gelesenen und ungelesenen E-Mails ist einfach und kann jederzeit nachträglich geändert werden.

11.4 E-Mails verwalten

Wer regelmäßig viele E-Mails verschickt und empfängt, kann schnell die Übersicht verlieren und mit dem manuellen Durchsuchen der Postfächer unnötige Zeit verlieren. Mail bietet hierfür viele Möglichkeiten an, wie Sie Ihre E-Mails und die Postfächer verwalten können, worauf in diesem Abschnitt eingegangen werden soll.

11.4.1 E-Mails mit Dateianhängen

Ob Ihre E-Mail einen Anhang hat, erkennen Sie bei der Auswahl von E-Mails an einer Büroklammer ❶. Wenn Sie diese E-Mail auswählen, finden Sie diese Büroklammer auch oben am Kopf der E-Mail. Bleiben Sie mit dem Mauscursor darüber stehen, blendet sich eine Funktionsleiste ein, die Optionen für den Umgang mit dem Anhang bietet.

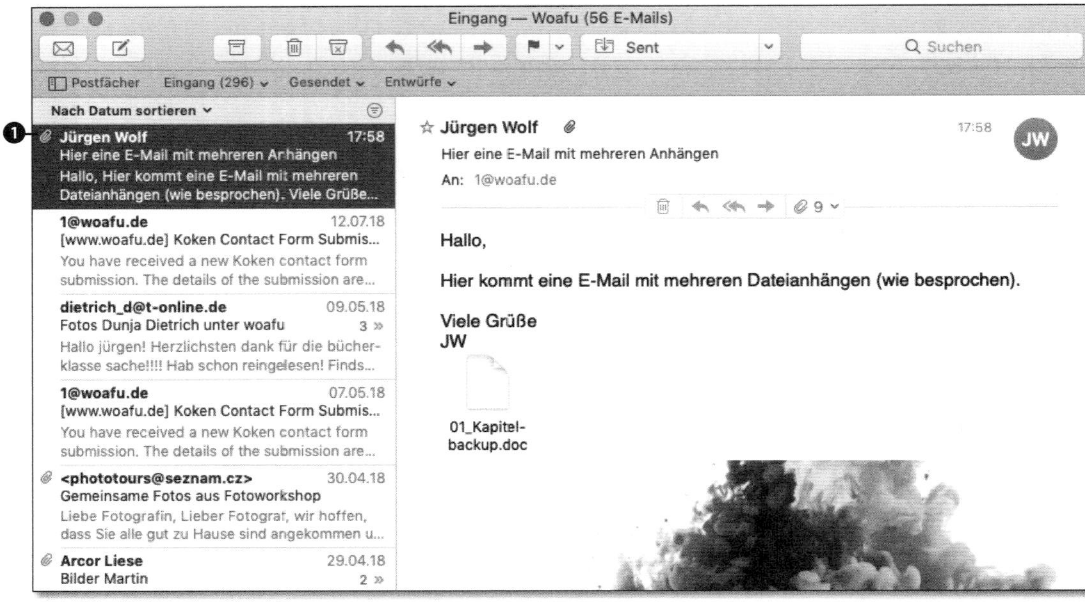

Abbildung 11.15 E-Mail-Anhänge erkennen Sie an der Büroklammer.

Wie viele Dateien angehängt wurden, steht neben der Büroklammer. Klicken Sie die Büroklammer an, erhalten Sie eine Übersicht über den Dateianhang und Befehle, die Sie darauf ausführen können.

Mit **Alles sichern** wird der Dateianhang auf der Festplatte in einem Ordner Ihrer Wahl gespeichert. Klicken Sie bei mehreren Dateien eine einzelne Datei an, erscheint ebenfalls ein Dialog, über den Sie das Verzeichnis auswählen können, in dem die Datei gespeichert werden soll.

Je nach Art einer Datei finden Sie hier noch weitere Befehle, wie beispielsweise bei Bildern **Nach »Fotos exportieren«**, womit die Bilder gleich in die Fotos-App weitergegeben werden. Wollen Sie lediglich eine Vorschau der Datei sehen, klicken Sie auf **Übersicht**, wo Sie den Inhalt der angehängten Datei(en) im Übersicht-Fenster betrachten (sofern der Mac mit der Dateiendung umgehen kann, versteht sich) und diese in einer entsprechenden Anwendung öffnen oder teilen können.

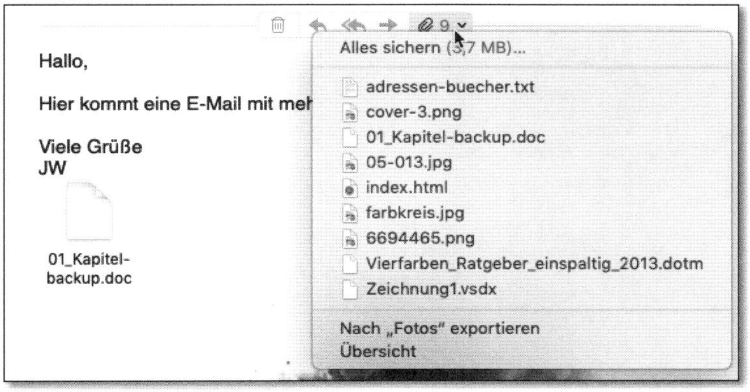

Abbildung 11.16 Eine Übersicht über die E-Mail-Anhänge

Weitere Funktionen, die links neben der Büroklammer angezeigt werden, wenn Sie mit dem Mauscursor über der Büroklammer stehen, betreffen nicht direkt den Anhang, sondern die komplette E-Mail. Hierüber können Sie die E-Mail löschen, darauf antworten, allen antworten (bei mehreren eingetragenen Empfängern) oder sie weiterleiten.

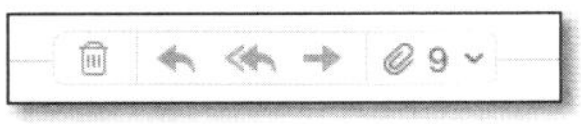

Abbildung 11.17 Die weiteren Befehle neben den E-Mail-Anhängen dienen dem Löschen, (allen) Antworten und Weiterleiten der E-Mail.

11.4.2 E-Mails löschen

Wenn Sie täglich mehrere E-Mails bekommen, macht es wenig Sinn, alle auf Dauer im Posteingang zu behalten. E-Mails, die Sie nicht sortieren oder archivieren wollen, können Sie vom Postfach löschen. In der folgenden Schritt-für-Schritt-Anleitung erfahren Sie, wie Sie nicht mehr benötigte E-Mails löschen können:

1 Markieren Sie die entsprechende E-Mail, und klicken Sie zum Löschen auf das Papierkorbsymbol ❶ in der Symbolleiste oder beim Inhalt im Kopf der E-Mail. Alternativ können Sie auch die [←]-Taste drücken. Mehrere E-Mails auf einmal können Sie mit gehaltener [cmd]-Taste markieren und auf demselben Weg löschen. Bei einer Reihe nachfolgender E-Mails in der Liste können Sie auch die erste E-Mail markieren, die [⇧]-Taste gedrückt halten und dann die letzte E-Mail markieren. Jetzt wurden die erste und die letzte ausgewählte E-Mail und alle E-Mails dazwischen markiert.

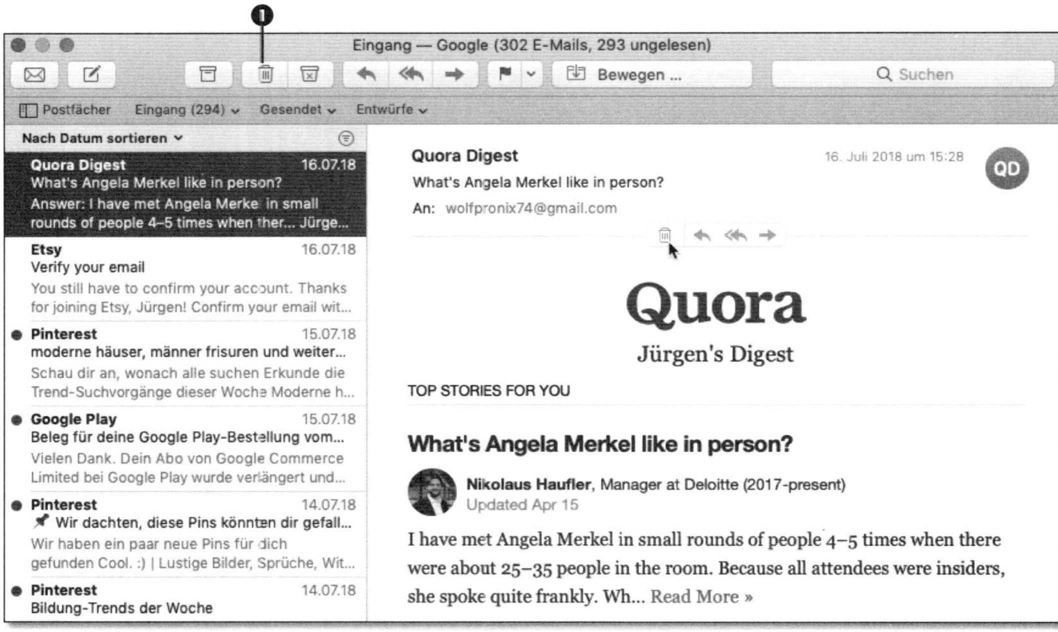

2 Bei einem neuen Account wird in der Seitenleiste ein neuer Eintrag **Papierkorb** hinzugefügt, wohin künftig alle gelöschten E-Mails verschoben werden. Der Papierkorb ist nach wie vor ein gewöhnlicher E-Mail-Ordner bzw. -Postfach. Den Papierkorb können Sie manuell mit einem rechten Mausklick und dem Befehl **Gelöschte Objekte endgültig löschen** entleeren.

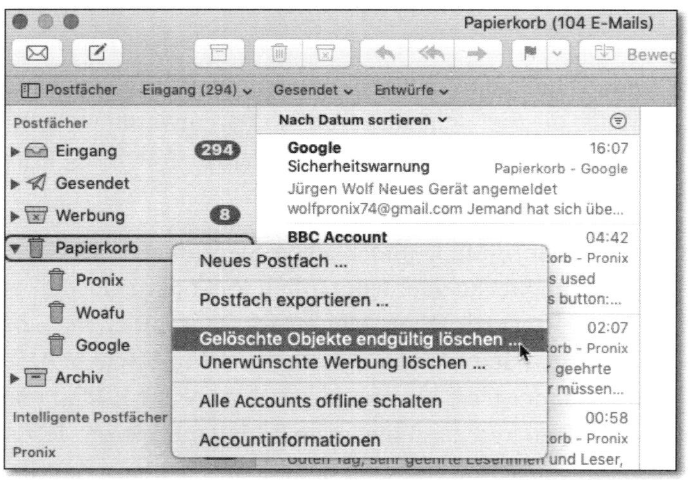

3 Sie können auch über **Mail ▸ Einstellungen** im Register **Accounts** den entsprechenden Account auswählen und im Register **Postfach-Verhalten** in der Dropdown-Liste **E-Mails endgültig löschen** ❷ einstellen, wie lange die gelöschten E-Mails im Papierkorb bleiben sollen, bevor sie automatisch gelöscht werden. Hier können Sie **Nach dem Beenden von Mail**, **Nach einem Tag**, **einer Woche**, **einem Monat** oder **Nie** auswählen.

Haben Sie eine E-Mail versehentlich in den Papierkorb verschoben, können Sie diese mit der rechten Maustaste anklicken und im Kontextmenü über **Bewegen in** wieder in ein anderes Postfach verschieben.

TIPP

Löschen mit Wischgeste

Mit einem Trackpad oder der Magic Mouse können Sie E-Mails mit einer Wischgeste löschen, indem Sie mit zwei Fingern (Trackpad) oder einem Finger (Magic Mouse) nach links wischen. Aber auch ein gewöhnliches Drag & Drop von markierten E-Mails in das Papierkorbsymbol funktioniert zum Löschen von E-Mails.

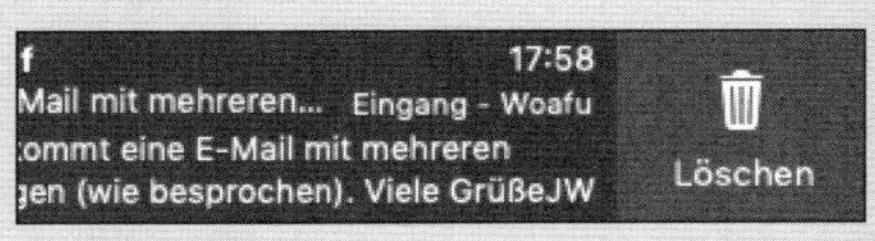

Abbildung 11.18 Löschen via Wischgeste wie auf den mobilen Geräten funktioniert auch mit dem Mac.

11.4.3 Spamfilter aktivieren

Leider ist es häufig unvermeidlich, dass Sie Werbemails erhalten, die Sie gar nicht lesen bzw. haben wollen. Mail bietet hierfür einen Werbemail-Filter an, der Sie vor der Flut von unerwünschten E-Mails etwas schützen kann.

Die Einstellungen dazu finden Sie in **Mail ▸ Einstellungen** im Register **Werbung**. Den Filter für Werbung können Sie aktivieren, wenn Sie ein Häkchen vor **Filter für unerwünschte Werbung aktivieren** setzen.

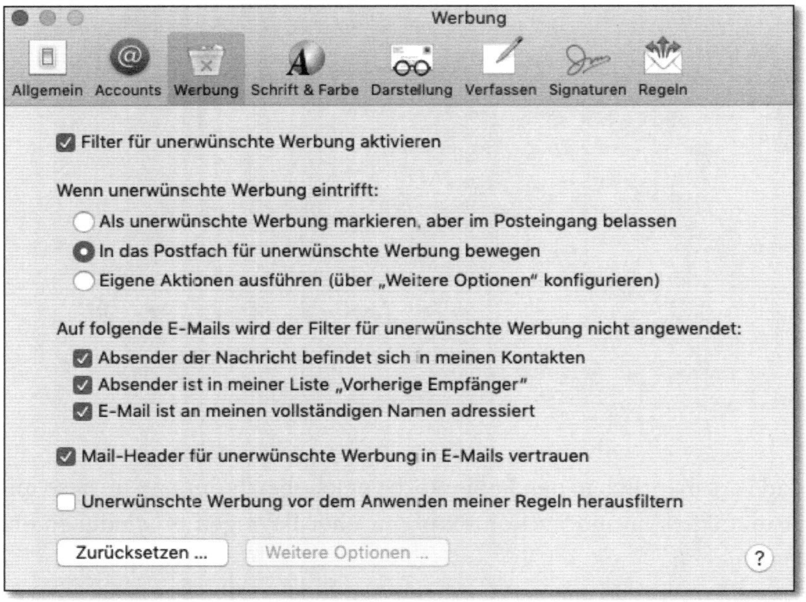

Abbildung 11.19 Unerwünschte Werbung ist ein leidiges Thema, aber selten vermeidbar.

Hier sollten Sie über **Wenn unerwünschte Werbung eintrifft** einstellen, wie Mail damit verfahren soll. Trauen Sie der Sache noch nicht ganz, können Sie mit der ersten Option die E-Mail als unerwünschte Werbung markieren lassen und selbst entscheiden, was Sie dann mit ihr machen wollen.

Ich empfehle, die zweite Option **In das Postfach für unerwünschte Werbung bewegen** zu verwenden. Werbemails werden dann automatisch in den Ordner **Werbung** gelegt.

Abbildung 11.20 Richtig eingerichtet, wird die Werbung in den Ordner »Werbung« verschoben.

Erfahrungsgemäß ist die Erkennung von Werbemails sehr gut und kann noch verbessert werden, indem Sie selbst unerwünschte E-Mails mit einem Klick auf das entsprechende Icon in der Symbolleiste ❶ als Werbung markieren und damit in den Ordner **Werbung** verschieben.

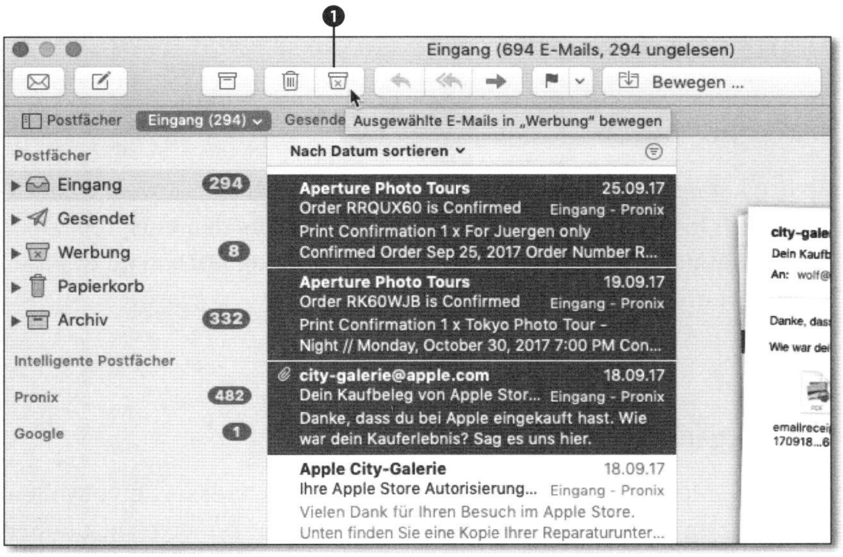

Abbildung 11.21 Sie können selbst E-Mails als Werbemails kennzeichnen.

Es kann nicht schaden, zwischendurch im Ordner **Werbung** nachzusehen, ob hier nicht versehentlich erwünschte E-Mails gelandet sind. Mit einem Klick auf die Schaltfläche

In Eingang bewegen können Sie diese E-Mail zurück in den Posteingang verschieben. Künftig wird dieser Absender nicht mehr als Werbung angesehen.

Abbildung 11.22 Ein gelegentlicher Blick in den Ordner »Werbung« schadet nicht, um nachzusehen, ob dort nicht eventuell erwünschte E-Mails gelandet sind.

HINWEIS

Werbemails automatisch löschen

Wie den Papierkorb können Sie auch den Ordner mit Werbemails mit **Mail ▸ Einstellungen** automatisch löschen, wenn Sie im Register **Accounts** den entsprechenden Account auswählen und die Option **Unerwünschte Werbung löschen** im Register **Postfach-Verhalten** entsprechend einstellen.

11.4.4 Postfächer anlegen

Es gibt sicherlich einige E-Mails, die Sie gerne dauerhaft behalten oder sortieren wollen. Wenn Sie solche E-Mails im Posteingang beließen, würde es auf Dauer recht unübersichtlich werden. Hierfür bietet es sich an, die E-Mails in Postfächer zu sortieren. In der folgenden Anleitung erfahren Sie, wie Sie solche Postfächer anlegen:

1 Ein neues Postfach legen Sie über **Postfach ▸ Neues Postfach** oder das Plussymbol an, das eingeblendet wird, sobald Sie mit dem Mauscursor über dem Text **Postfächer** stehen.

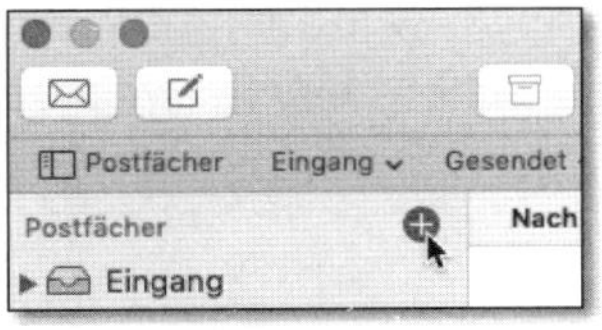

2 Im folgenden Dialog wählen Sie den Speicherort für das Postfach aus, was neben den E-Mail-Accounts auch auf dem lokalen Mac sein kann. Darunter tippen Sie einen neuen Namen für das Postfach ein. Klicken Sie auf **OK**.

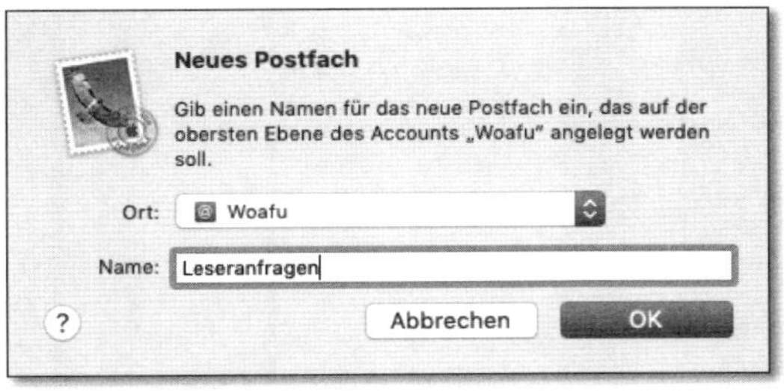

3 Jetzt finden Sie das neue Postfach an der angegebenen Stelle und können gleich anfangen, beispielsweise per Drag & Drop entsprechende E-Mails vom Posteingang in das neue Postfach zu sortieren.

Ebenfalls sortieren können Sie ausgewählte E-Mails über die **Bewegen**-Schaltfläche ganz rechts in der Symbolleiste. Wählen Sie hier ein Postfach aus, werden die ausgewählten E-Mails dorthin verschoben. Dies ist sehr hilfreich, wenn man die Seitenleiste nicht geöffnet hat oder man dort eben auch schon eine etwas tiefere Verzeichnisstruktur von Postfächern angelegt hat.

Postfächer lassen sich auch verschachteln. Dies können Sie entweder gleich beim Anlegen eines neuen Postfaches machen, indem Sie das neue Postfach unterhalb eines anderen Postfaches anlegen, oder Sie sortieren nachträglich per Drag & Drop die Postfächer in der Seitenleiste, indem Sie ein Postfach auf ein anderes Postfach fallen lassen.

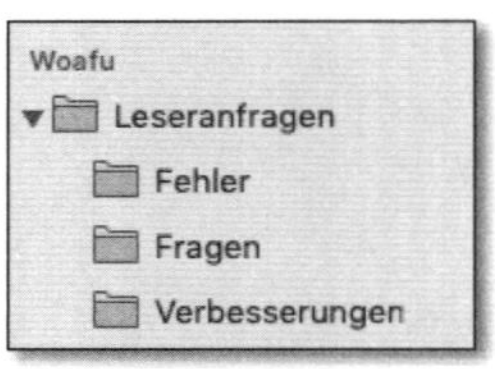

Abbildung 11.23 Natürlich können Sie die Postfächer auch verschachteln.

TIPP

E-Mail duplizieren

Wenn Sie eine E-Mail in zwei Postfächern haben wollen, können Sie sie mit gedrückt gehaltener Alt-Taste per Drag & Drop in ein anderes Postfach verschieben und dort fallen lassen. In dem Fall erstellen Sie ein Duplikat der E-Mail, was Sie am Plussymbol beim Verschieben der E-Mail erkennen können.

Wenn Sie die Schaltfläche **Bewegen** häufiger auf immer dieselbe Art und Weise verwenden, merkt sich Mail, wohin Sie die Mail eines bestimmten Absenders in der Regel bewegen.

Abbildung 11.24 Über die Schaltfläche »Bewegen« verschiebe ich die E-Mail in das Postfach »Verlag«.

Wenn Sie wieder eine E-Mail vom Absender bekommen, dessen E-Mail Sie über **Bewegen** in ein anderes Postfach verschoben haben, finden Sie anstelle des Textes **Bewegen** jetzt ein vorgeschlagenes Postfach (hier: »Verlag«) vor, in das Sie die E-Mail durch Anklicken der Schaltfläche in das dort angegebene Postfach bewegen können, ohne die Dropdown-Liste aufklappen zu müssen, um das Postfach manuell auszuwählen.

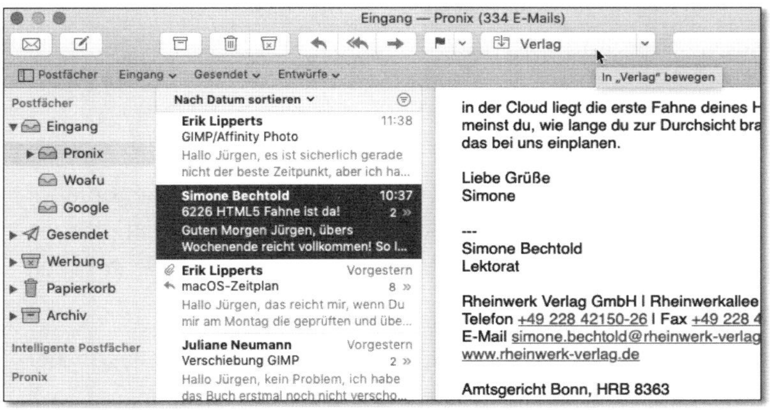

Abbildung 11.25 Bei immer wiederkehrenden Bewegungen von E-Mails in die Postfächer denkt Mail mit und macht Ihnen gleich einen Vorschlag, wohin Sie die E-Mail verschieben können.

11.4.5 E-Mails archivieren

Statt die E-Mails in einzelne Postfächer zu bewegen, können Sie diese auch als Archiv in ein gleichnamiges Postfach archivieren, um später wieder darauf zuzugreifen, wenn Sie eine Aktion darauf ausführen wollen. Zum Archivieren wählen Sie eine oder mehrere E-Mails aus und klicken in der Symbolleiste auf die Schaltfläche **Archivieren** ❶.

Die E-Mail wird jetzt in den **Archiv**-Ordner ❷ des entsprechenden E-Mail-Accounts verschoben. Existiert noch kein **Archiv**-Ordner für das Konto, wird automatisch einer angelegt.

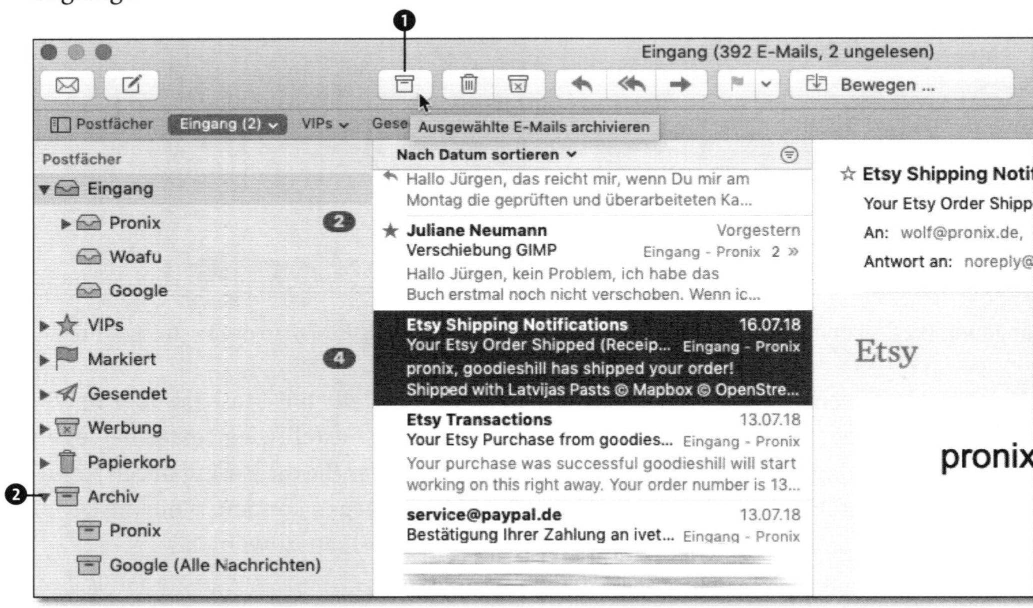

Abbildung 11.26 E-Mails lassen sich auch archivieren.

HINWEIS

Ganzes Postfach archivieren

Sie können auch ein ganzes Postfach archivieren, indem Sie es in der Seitenleiste mit der rechten Maustaste anklicken und im Kontextmenü **Postfach exportieren** auswählen. Wählen Sie dann einen Zielordner für das zu exportierende Postfach aus, und es wird dort als MBOX-Datei archiviert.

Wollen Sie die Datei später wieder importieren, wählen Sie **Ablage ▸ Postfächer importieren.**

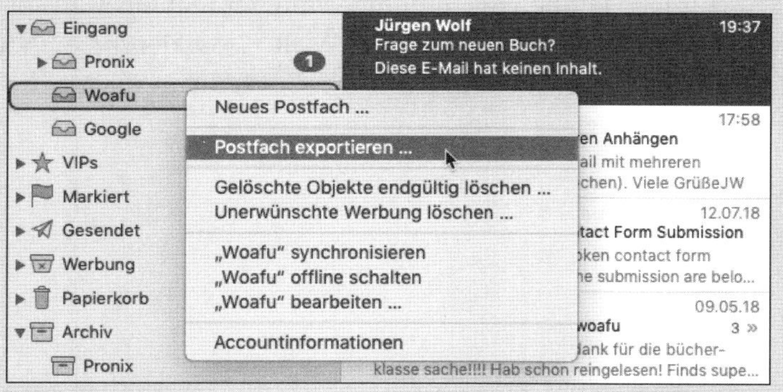

Abbildung 11.27 Sie können auch ganze Postfächer als MBOX-Datei archivieren.

11.4.6 E-Mails mit Etiketten markieren

Eine farbige Markierung, wie Sie diese vom Finder mit den Tags her kennen, können Sie in einer abgewandelten Form auch in Mail verwenden. Hierbei spielt es keine Rolle, in welchem Postfach Sie die E-Mails markieren. Die Funktion dabei ist simpel. Markieren Sie die E-Mail, die Sie mit einem Etikett versehen wollen, klicken Sie in der Symbolleiste auf die Schaltfläche mit dem Fähnchen, und die E-Mail wird mit einem Fähnchen der zuletzt verwendeten Farbe etikettiert. Gleiches erreichen Sie (mit der gesetzten Farbe bzw. Fähnchen) mit ⇧ + cmd + L. Eine andere Farbe für die Markierung können Sie verwenden, wenn Sie neben auf die Dropdown-Liste klicken und eine andere Farbe auswählen. Solche markierten E-Mails werden in der Seitenleiste im Postfach **Markiert** – entsprechend der Markierung sortiert – angezeigt.

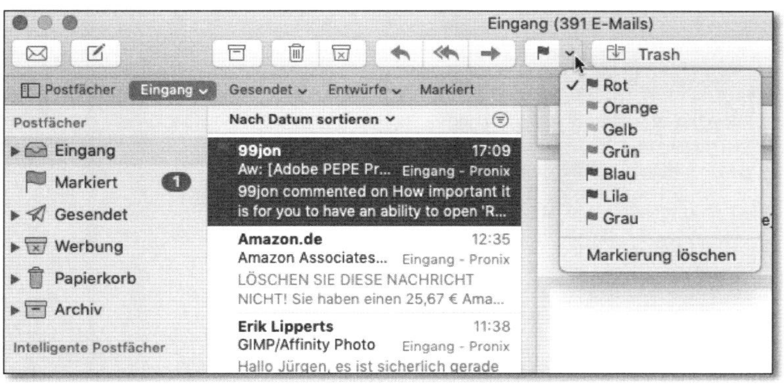

Abbildung 11.28 Markierungen von E-Mails helfen Ihnen, schnell entsprechende E-Mails visuell zu erkennen, je nachdem, wofür Sie welche Farbe verwenden.

Ebenfalls eine Markierung hinzufügen können Sie, indem Sie mit der rechten Maustaste die E-Mail anklicken und im Kontextmenü bzw. im Menü **E-Mail ▸ Markierung** ein entsprechendes Etikett auswählen. Hier finden Sie mit dem **x**-Symbol ❶ auch eine Möglichkeit, die Markierung wieder zu entfernen.

Abbildung 11.29 Auch per rechten Mausklick können Sie schnell Markierungen hinzufügen oder entfernen.

Mit einem rechten Mausklick auf den Namen des Postfaches können Sie die farblichen Bezeichnungen wie Rot, Gelb, Grün usw. Ihren eigenen Bedürfnissen anpassen und umbenennen.

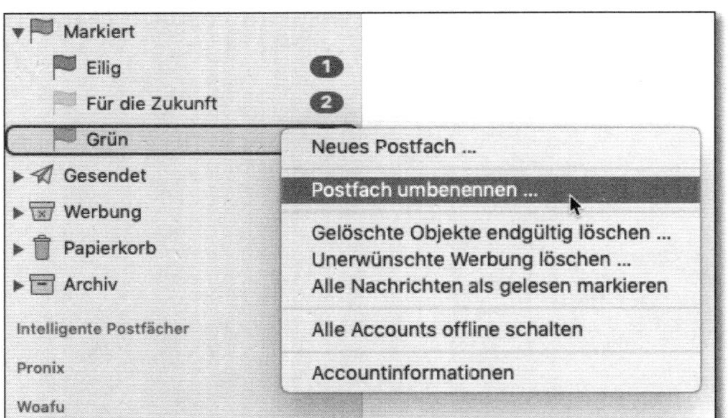

Abbildung 11.30 Wollen Sie den Markierungen einen festen Begriff zuweisen, müssen Sie lediglich das Postfach, das eine Markierung letzten Endes nur ist, umbenennen.

11.4.7 E-Mails von VIPs

E-Mails von bestimmten Personen können Sie mit der VIP-Funktion kennzeichnen. VIP steht für *Very Important Person*, und hier entscheiden Sie selbst, wer für Sie persönlich eine wichtige Person ist. Um eine Person als VIP zu markieren, müssen Sie neben der E-Mail-Adresse auf das kleine Sternchen ❶ klicken, wodurch der Stern gefüllt wird. Alle E-Mails eines VIP-Partners werden künftig mit einem Sternchen in der Posteingang-Liste angezeigt. Außerdem wird für jede VIP-Person ein intelligentes Postfach in der Seitenleiste im Ordner **VIPs** eingerichtet, in dem Sie alle E-Mails einer VIP-Person griffbereit haben. Ich verwende die VIP-Ordner gerne für Personen bei mehreren laufenden Projekten, an denen ich arbeite, um so nicht den Überblick zu verlieren.

Abbildung 11.31 Schnell wichtige Personen im Überblick mit »VIPs«

Wollen Sie eine Person aus der VIP-Liste entfernen, müssen Sie nur erneut auf das kleine Sternchen neben dem Absender klicken, und der Kontakt wird aus der Liste entfernt. Alternativ können Sie eine VIP-Person über einen rechten Mausklick auf das Postfach via Kontextmenü mit dem Befehl **Aus VIPs entfernen** aus der Liste löschen.

11.4.8 Filterregeln erstellen

Jetzt kennen Sie bereits einige interessante Möglichkeiten, Ihre E-Mails auszusortieren. Trotzdem müssen Sie die meiste Arbeit noch von Hand machen. Dies können Sie umgehen, indem Sie Filterregeln erstellen, nach denen empfangene E-Mails geprüft und entsprechend den Regeln behandelt und sortiert werden.

1 Öffnen Sie **Mail ▸ Einstellungen**, und wechseln Sie dort in das Register **Regeln**. Klicken Sie auf die Schaltfläche **Regel hinzufügen**.

2 Geben Sie eine sinnvolle **Beschreibung** bei der Regel an, und wählen Sie im Auswahlmenü **Bei Erfüllen** aus, ob nur eine oder alle der folgenden Bedingungen zutreffen müssen.

3 Wählen Sie anschließend die Bedingung bzw. Bedingungen aus, die zur Abarbeitung der Regel zutreffen müssen. Mit dem Pluszeichen am Ende fügen Sie eine weitere Bedingung hinzu, und mit dem Minuszeichen entfernen Sie eine Bedingung.

4 Wählen Sie dann in den nächsten Auswahlmenüs bei **Folgende Aktionen durchführen**, was bei der zuvor eingestellten Bedingung mit den zutreffenden E-Mails gemacht werden soll. Hier dürften Sie häufig E-Mails automatisch in ein Postfach einsortieren wollen. Über das Plussymbol können Sie mehrere Aktionen definieren und gegebenenfalls mit dem Minussymbol entfernen.

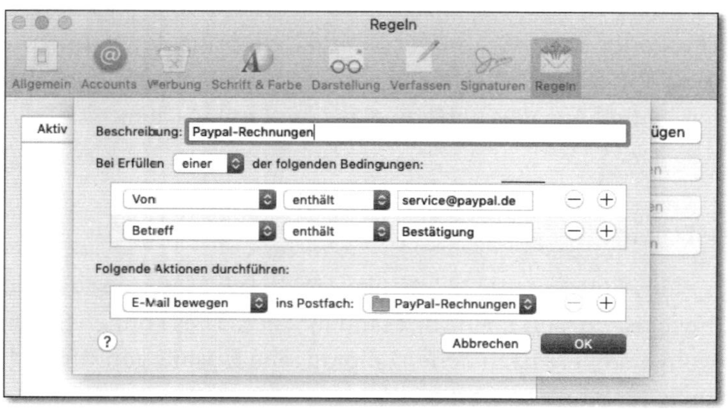

5 In diesem Beispiel habe ich definiert, dass alle E-Mails, die ich von PayPal bekomme und mit dem Betreff »Bestätigung« beginnen, in das Postfach **PayPal-Rechnungen** verschoben werden. Klicken Sie auf **OK**, wird die Regel gleich angewendet, und alle künftig eingehenden E-Mails werden anhand dieser Regel sortiert.

Auf diese Weise können Sie E-Mails im Postfach automatisch sortieren und etikettieren lassen. Hierbei können Sie auch komplexere Arbeitsabläufe erstellen und sich eine Menge Zeit ersparen. Im Register **Regeln** können Sie jederzeit eine Regel nachträglich **Bearbeiten**, **Duplizieren** und eine ähnliche Regel anpassen oder **Entfernen**. Wenn Sie das Häkchen vor einer Regel entfernen, können Sie diese deaktivieren und durch Setzen des Häkchens jederzeit wieder aktivieren.

Abbildung 11.32 Regeln sind praktisch zum Sortieren und Etikettieren von E-Mails.

11.4.9 Intelligente Postfächer anlegen

Im Abschnitt zuvor haben Sie erfahren, wie Sie E-Mails mithilfe von Regeln, also von bestimmten Bedingungen aussortieren oder etikettieren können. Hierbei wurde ein Beispiel gezeigt, in dem die E-Mails in ein anderes Postfach bewegt werden. Dies dürfte nicht jedem gefallen, weil dann die E-Mail auch aus dem Posteingang verschwindet. Sicherlich könnten Sie die E-Mails auch in das Postfach kopieren, aber dann hätten Sie doppelte E-Mails in verschiedenen Postfächern.

Hierfür bieten sich als Alternative die intelligenten Postfächer an, in denen die E-Mails zwar in dem intelligenten Postfach angezeigt werden, aber das Original nicht bewegt wird und in einem beliebigen Postfach liegen kann. Im Gegensatz zu den Regeln werden die E-Mails bei intelligenten Postfächern nicht bewegt. Ein weiterer Vorteil von intelligenten Postfächern ist, dass solche Sortierungen jedes Mal aufs Neue ausgeführt werden, wenn Sie das Postfach anklicken. Wenn Sie ein intelligentes Postfach anlegen, das die E-Mails der letzten Woche anzeigen soll, werden immer nur die E-Mails der letzten sieben Tage angezeigt. Wenn Sie also die Funktion am nächsten Tag aufrufen, werden die E-Mails vor acht Tagen nicht mehr im intelligenten Postfach angezeigt.

1 Klicken Sie auf das Plussymbol bei den Postfächern neben dem Text **Intelligente Postfächer**, oder wählen Sie, wenn dieser Text nicht zu sehen ist, den Menüpunkt **Postfach ▸ Neues intelligentes Postfach**.

2 Die Einstellungen im folgenden Dialog sind denen recht ähnlich, die Sie bereits bei den Filterregeln gesehen und verwendet haben. Geben Sie im Dialog einen sinnvollen Namen für das intelligente Postfach an, und wählen Sie in der Dropdown-Liste unter dem Namensfeld, ob **eine** oder **alle** der folgenden Eigenschaften erfüllt sein müssen, damit E-Mails in diesem intelligenten Postfach aufgelistet werden.

3 Definieren Sie als Nächstes die Eigenschaften für das intelligente Postfach. Weitere Eigenschaften können Sie hier mit dem Plussymbol hinzufügen oder dem Minussymbol entfernen. Im Beispiel landen alle E-Mails im intelligenten Postfach, in deren Absender *rheinwerk-verlag.de* enthalten ist, die noch nicht beantwortet wurden **und** die in dieser Woche empfangen wurden. Hierbei werden auch E-Mails im Papierkorb berücksichtigt. Klicken Sie auf **OK**.

4 Jetzt finden Sie das intelligente Postfach bei den Postfächern unterhalb von **Intelligente Postfächer** wieder. Wenn Sie dieses Postfach anklicken, erscheinen hier alle unbeantworteten E-Mails meines Verlags der letzten Woche.

Mit einem rechten Mausklick auf ein intelligentes Postfach können Sie das Postfach nachträglich bearbeiten oder duplizieren, um mit ähnlichen Parametern ein weiteres intelligentes Postfach anzulegen.

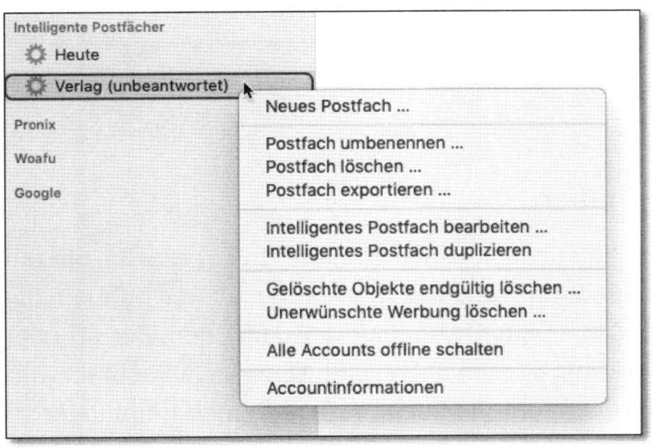

Abbildung 11.33 Intelligente Postfächer können jederzeit nachbearbeitet werden.

11.4.10 Die Filterfunktion

Recht praktisch ist die Filterfunktion ❶ über der Liste der E-Mails im Postfach, mit der Sie bestimmte E-Mails, wie zum Beispiel **Ungelesen**, ausfiltern können. Diesen Filter können Sie noch anpassen, wenn Sie den aktiven Filter mit dem blauen Text anklicken und entsprechende Optionen (de-)aktivieren. Wo die Häkchen gesetzt sind und die Kriterien zutreffen, werden die entsprechenden E-Mails aufgelistet. Klicken Sie erneut auf das Filtersymbol, wird der Filter wieder deaktiviert, und es werden alle E-Mails des ausgewählten Postfaches aufgelistet.

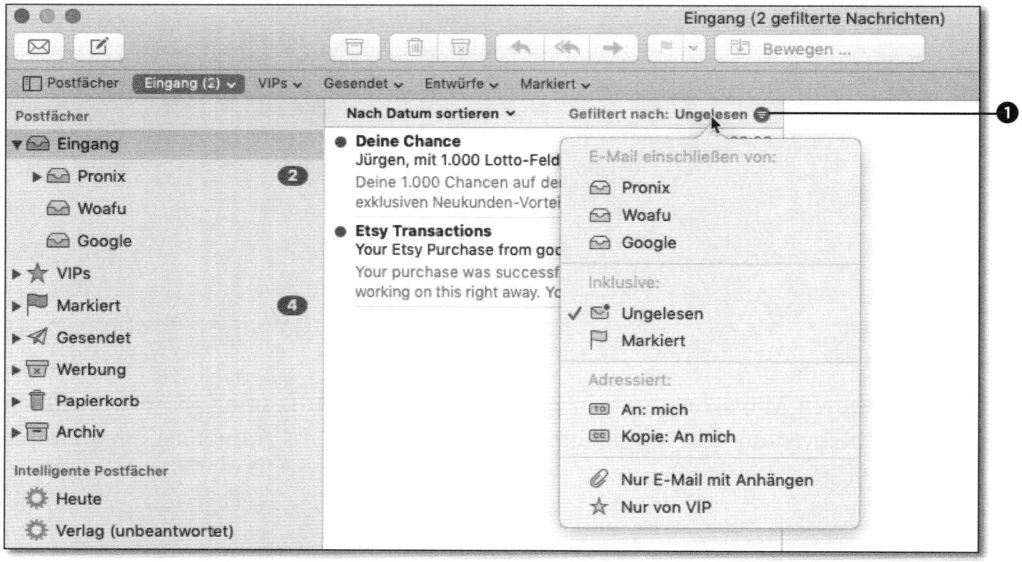

Abbildung 11.34 Mail bietet auch eine interessante Filterfunktion für Ihre E-Mails.

11.4.11 Die Suchfunktion und Toptreffer

Die Spotlight-Suche, speziell für Mail, erreichen Sie hier ebenfalls in der rechten oberen Ecke ❷. Schneller springen Sie zu diesem Suchfeld mit `Alt` + `cmd` + `F`. Geben Sie in das Suchfeld einen Text ein, wird danach im Absender, der E-Mail, dem Betreff oder Inhalt gesucht, und entsprechende E-Mails werden aufgelistet. Unter dem Suchfeld werden Ihnen weitere Möglichkeiten geboten, um die Suche z. B. auf einen Empfänger zu beschränken oder sie weiter zu präzisieren .

In der Liste links sehen Sie nun die passend zum Suchbegriff gefundenen E-Mails. Hier gibt es ganz oben außerdem die Kategorie **Toptreffer**. Sie enthält die E-Mails, die für Sie am relevantesten für die Suche sind. Die Toptreffer-Funktion berücksichtigt die E-Mails, die Sie gelesen haben, die Absender, denen Sie geantwortet haben, Ihre VIPs und noch einiges mehr. Je häufiger Sie die Suche verwenden, desto besser werden die Ergebnisse bei den Toptreffern sein, weil diese Funktion dazulernt.

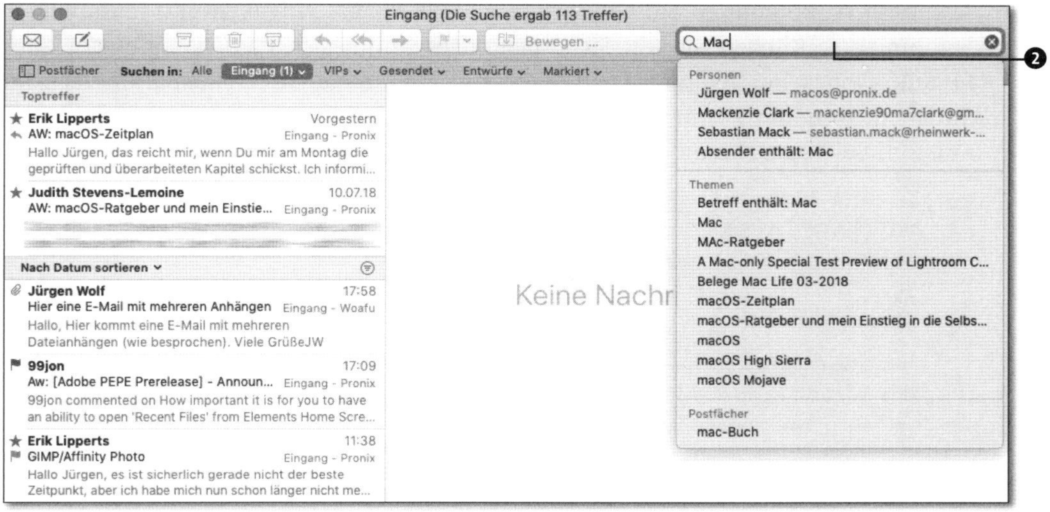

Abbildung 11.35 Die Suchfunktion von Mail inklusive der Toptreffer

Mithilfe des Suchergebnisses der Suchfunktion können Sie auch ein intelligentes Postfach erstellen. Wie dies geht, soll hier gezeigt werden.

1 Geben Sie in das Suchfeld einen Suchbegriff ein, woraufhin in einem Einblendmenü alle im Kontext mit dem Suchbegriff verfügbaren Fundstellen thematisch angezeigt werden.

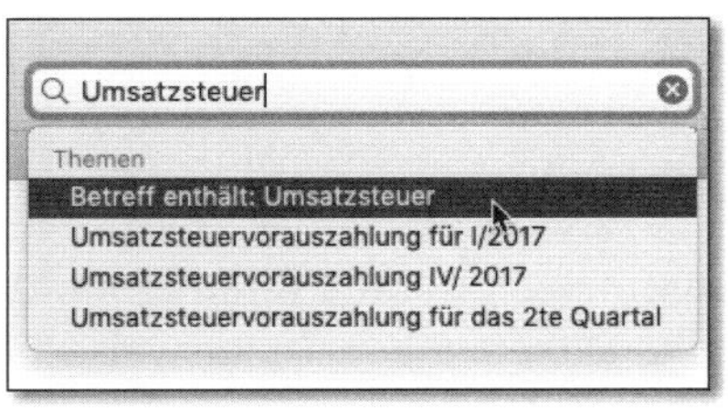

2 Klicken Sie auf eine der angebotenen Fundstellen (hier »Betreff enthält: Umsatzsteuer«). Jetzt werden die passenden E-Mails bereits aufgelistet, und im Suchfeld finden Sie eine weitere Option, über die Sie die Suche ändern können. Im Beispiel können Sie die Suche von **Betreff** auf die **Gesamte E-Mail** ausweiten.

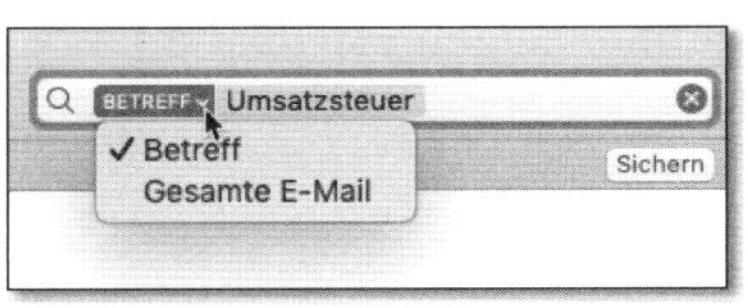

3 Auf diese Weise können Sie noch weitere Suchbegriffe eingeben und miteinander kombinieren. Klicken Sie auf **Sichern**, und es öffnet sich das Dialogfenster zum Erstellen eines intelligenten Postfaches mit allen gemachten Suchparametern im Suchfeld, in dem Sie nur noch den Namen des intelligenten Postfaches festlegen müssen. Bei Bedarf können Sie hier noch weitere Suchparameter hinzufügen.

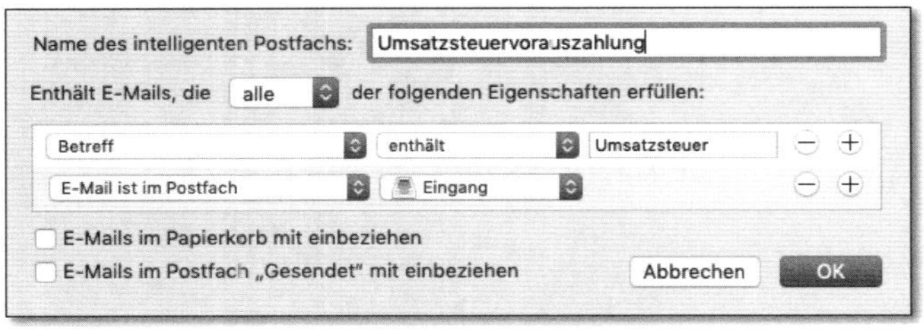

4 Klicken Sie auf die Schaltfläche **OK**, um die Suchparameter als intelligentes Postfach zu speichern.

TIPP

Nur E-Mail-Inhalt durchsuchen

Natürlich können Sie auch nur den Inhalt einer ausgewählten E-Mail durchsuchen. Drücken Sie hierzu `cmd` + `F`, bzw. wählen Sie **Bearbeiten ▸ Suchen ▸ Suchen**, und es erscheint ein Suchfeld über dem Inhalt der E-Mail, in das Sie den Suchbegriff eintippen können und in dem die entsprechenden Fundstellen eingeblendet werden.

11.4.12 Eine bessere Übersicht mit Konversationen

Sehr praktisch für die Übersicht ist, dass Mail zusammengehörende E-Mails standardmäßig fortlaufend mit einer *Konversation* darstellt. Haben Sie beispielsweise einen regen Austausch mit einer Person, wobei der Betreff der E-Mail immer derselbe ist, werden diese E-Mails mit einer blauen Zahl und einem Pfeil ❶ versehen. Diese Zusammenfassung wird als Konversation bezeichnet. Klicken Sie die Konversation in der Liste an, erscheint rechts daneben der Inhalt der Konversation, und Sie können hier die gesammelten E-Mails der Konversation durchscrollen. Diese Funktion können Sie über **Darstellung ▸ Nach Konversation ordnen** jederzeit deaktivieren und wieder aktivieren. Im Inhalt sehen Sie gewöhnlich auch den blauen Text **Mehr anzeigen von [Name]**, mit dem Sie sich den zitierten Text der E-Mail mit anzeigen lassen können.

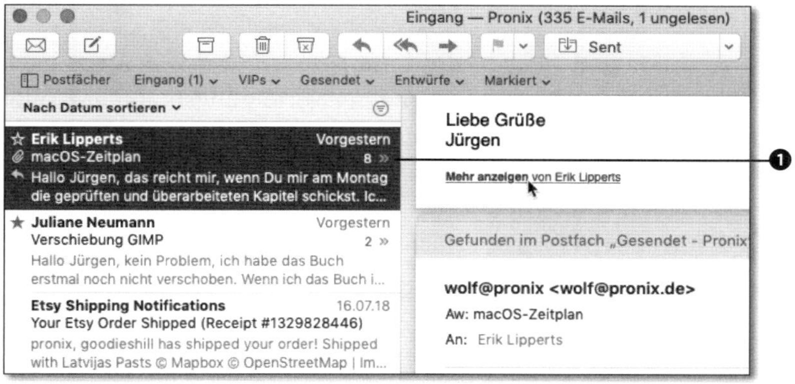

Abbildung 11.36 Die Konversationen im Überblick.

Klicken Sie auf die Zahl mit dem Pfeil, können Sie alle einzelnen Einträge der Konversation im Postfach anzeigen. Mit einem erneuten Klick werden die Einträge wieder reduziert. Auch diese beiden Befehle – **Alle Konversationen erweitern** bzw. **Alle Konversationen reduzieren** – finden Sie im Menü **Darstellung**.

Abbildung 11.37 Konversationen ausklappen

Eine solche Konversation können Sie jederzeit per Drag & Drop als Ganzes in ein anderes Postfach verschieben. Wollen Sie einzelne E-Mails aus der Konversation verschieben, müssen Sie diese E-Mail im Inhalt auswählen, sodass diese blau umrandet ist. Jetzt können Sie auch einzelne E-Mails aus einer Konversation verschieben, ohne gleich die Darstellung der Konversation zu deaktivieren.

11.4.13 Data Detectors

Eine wirklich nützliche Funktion von Mail ist der *Data Detector*, der in E-Mails nach Daten wie Adressen, Internetlinks, Terminen, Sendungsverfolgungsnummern oder Telefonnummern sucht. Diese Technologie steht nicht nur in Mail zur Verfügung, sondern wird auch vom Betriebssystem programmübergreifend angeboten. Aber in Mail sind diese Daten besonders nützlich, weil hier Dinge wie Termine oder Adressen häufiger genutzt werden. In der folgenden Beispiel-E-Mail sind zum Beispiel ein Termin, eine Adresse und ein Link enthalten.

Abbildung 11.38 Diese E-Mail enthält einen Termin, eine Adresse und einen Internetlink.

Gehen Sie mit der Maus über den Text des Termins im Inhalt der E-Mail, wird dieser Bereich mit einem grau gestrichelten Quadrat und einem Pfeil am Ende angezeigt. Klicken Sie auf diesen Pfeil, erscheint ein schwebendes Fenster, in dem im Kontext weitere Angaben zu diesem Termin angezeigt werden. Im vorliegenden Beispiel ist der Eintrag schon sehr gut, sodass Sie diesen Termin mit **Hinzufügen** gleich dem Kalender hinzufügen könnten. Klicken Sie hier auf **Details**, können Sie die Daten noch verfeinern oder ändern.

Dasselbe funktioniert auch mit einer Adresse, wobei Sie die Möglichkeit haben, die Adresse als neuen Kontakt hinzuzufügen oder eine Routenplanung mit dem Karten-Programm zu erstellen. Und bei einem Link auf eine Webseite wird auf diesem Weg das Übersicht-Fenster mit dem Inhalt dieser Webseite angezeigt, in dem Sie gleich den Safari-Browser öffnen oder den Link den Lesezeichen hinzufügen können.

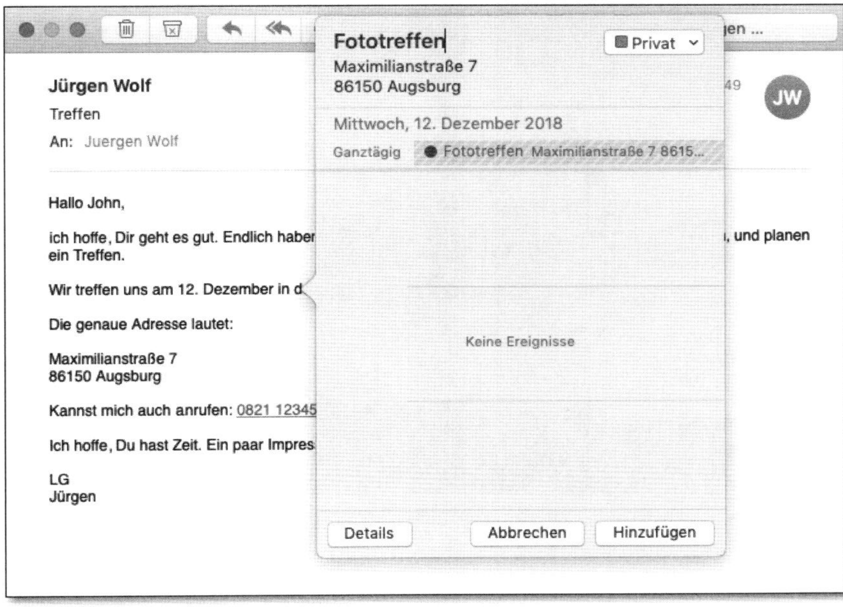

Abbildung 11.39 Dank Data Detector schnell dem Kalender einen Termin hinzufügen

11

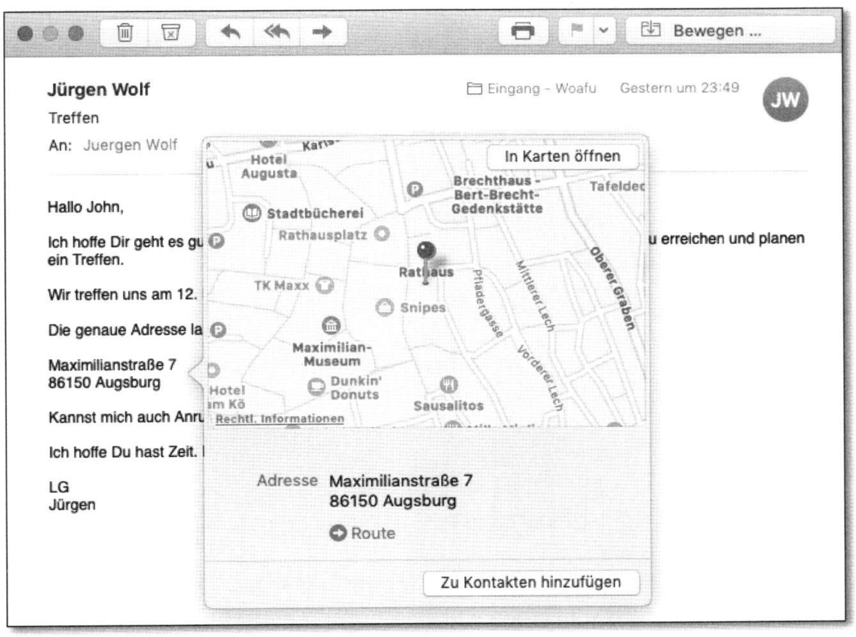

Abbildung 11.40 Adressen können mithilfe des Data Detectors den Kontakten hinzugefügt oder zur Routenplanung mit dem Karten-Programm verwendet werden.

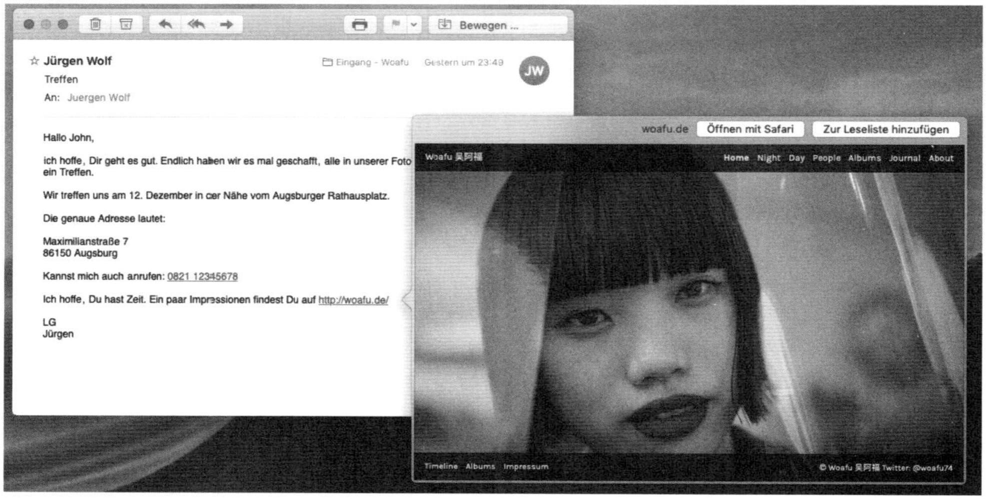

Abbildung 11.41 Internetlinks lassen sich im Übersicht-Fenster öffnen.

TIPP

Telefonnummern vergrößern

Sehr praktisch ist der Data Detector bei Telefonnummern, die häufig relativ klein angezeigt werden, was beim Abtippen der Nummer zum Wählen nicht unbedingt hilfreich ist. Im Kontextmenü des Data Detectors finden Sie den Befehl **Vergrößern**, mit dem die Telefonnummer auf der kompletten Breite des Bildschirms angezeigt wird.

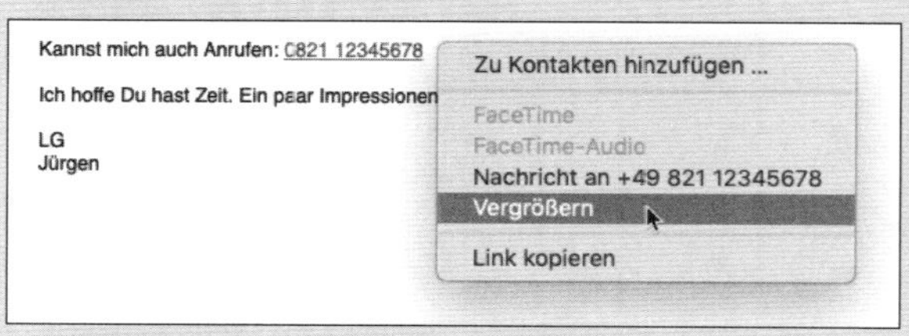

Abbildung 11.42 Telefonnummern lassen sich vergrößern, oder Sie können sie gleich anrufen.

11.5 E-Mails schreiben und versenden

Nachdem Sie wissen, wie Sie Ihre E-Mails empfangen und verwalten können, soll hier beschrieben werden, wie Sie E-Mails schreiben. Dazu gehören Themen wie Dateianhänge hinzufügen, Signaturen verwenden bis hin zu E-Mail-Vorlagen erstellen und verwenden. Zunächst eine kurze Anleitung, wie Sie E-Mails schreiben und versenden können:

1 Klicken Sie auf die Schaltfläche **Neue E-Mail** ❶ in der Symbolleiste, oder drücken Sie `cmd` + `N`, und es öffnet sich ein neues Fenster, in dem Sie die E-Mail schreiben können.

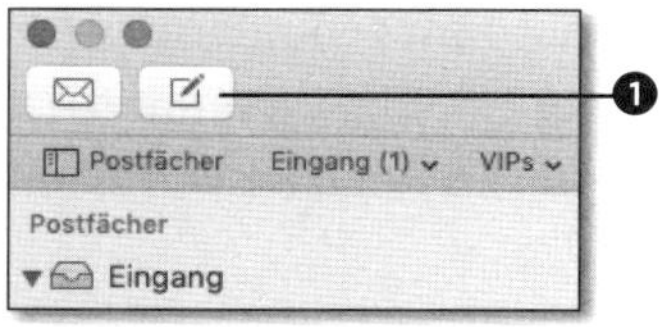

2 Geben Sie in das Feld **An** die E-Mail-Adresse des Empfängers ein. Befindet sich der Empfänger schon in den Kontakten oder haben Sie bereits eine E-Mail von ihm empfangen, erscheint häufig bei der Eingabe des ersten Buchstabens eine Liste von Namen zur Vervollständigung, aus der Sie den Namen gleich auswählen können. Sie können hierbei auch mehrere E-Mail-Adressen verwenden.

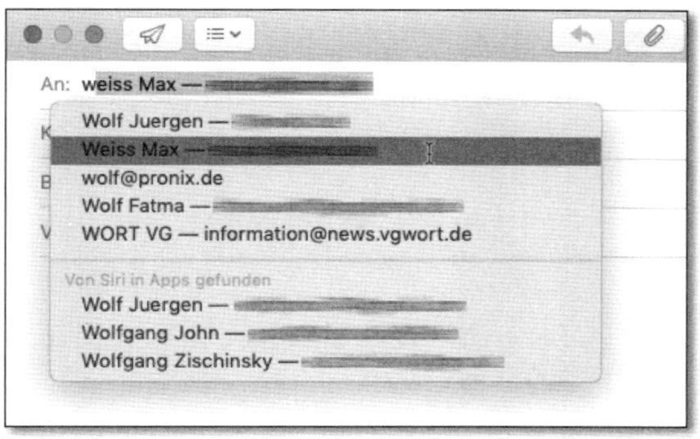

3 Wenn Sie einer oder weiteren Personen eine Kopie (CC) dieser E-Mail zukommen lassen wollen, können Sie die E-Mail-Adresse dazu bei **Kopie** eintragen. Der Empfänger im Feld **An** kann dann auch sehen, an wen Sie die Kopie der E-Mail versendet haben. Wollen Sie eine Blindkopie (BCC) an einen Empfänger versenden, finden Sie eine entsprechende Option dazu in der Dropdown-Schaltfläche in der Symbolleiste.

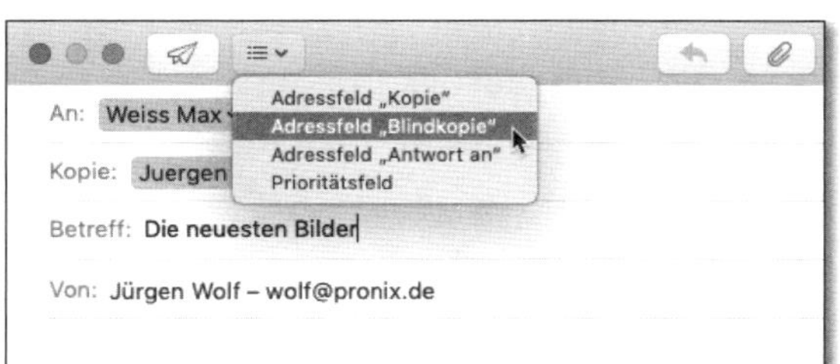

4 Bei **Betreff** geben Sie einen aussagekräftigen Betreff der E-Mail an.

5 Wenn Sie mehrere E-Mail-Accounts besitzen, wählen Sie in der Dropdown-Liste des Feldes **Von** den Account aus, von dem aus Sie diese E-Mail versenden wollen. Dies kann allerdings auf Dauer nervig sein, hier immer den Account zu ändern, wenn Sie ohnehin von einem bestimmten E-Mail-Account häufiger E-Mails versenden. Daher können Sie diese Voreinstellung über **Mail ▸ Einstellungen** im Register **Verfassen** mit **Neue E-Mails senden von** einstellen.

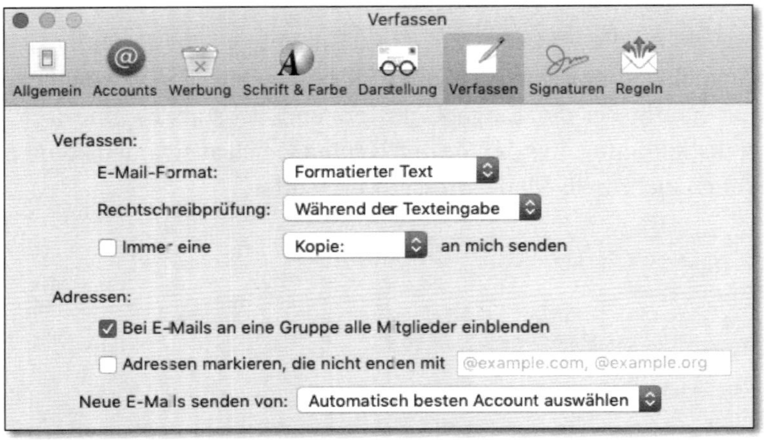

6 Geben Sie nun den Text für die E-Mail in das große Textfeld ein. Um den Text zu formatieren, markieren Sie die entsprechenden Textstellen mit gedrückt gehaltener Maustaste und klicken auf die Schaltfläche **Formatierungsleiste einblenden** ❷. Es erscheinen viele Formatierungsmöglichkeiten für Schriftfamilie, Größe, Farbe, Fett, Kursiv, Unter- bzw. Durchgestrichen usw.

Die Befehle und noch einige mehr finden Sie auch im Menü **Format**. Beachten Sie allerdings, dass nicht jeder Empfänger den formatierten Text sehen kann. Einen formatierten Text können Sie jederzeit mit [⇧] + [cmd] + [T] wieder in einen reinen unformatierten Text umwandeln.

7 Mit der Schaltfläche **Senden** ❸ bzw. dem Tastendruck [⇧] + [cmd] + [D] wird die E-Mail an den oder die Empfänger versendet. Eine gesendete E-Mail finden Sie bei den Postfächern in **Gesendet** ❹ wieder.

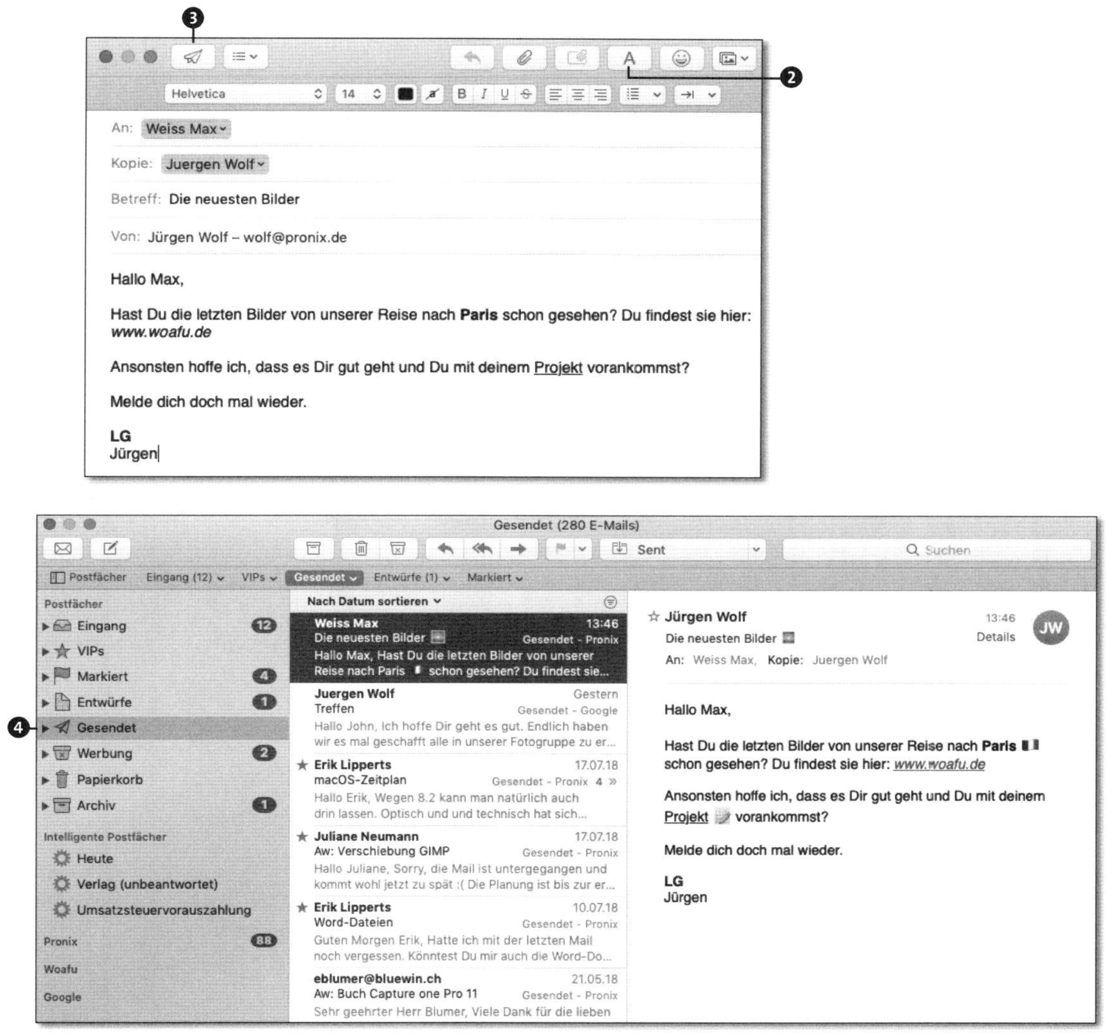

Abbildung 11.43 Versendete E-Mails finden Sie im Postfach »Gesendet«.

11

HINWEIS

Das @ und andere Zeichen eingeben

Die Eingabe des @-Zeichens unterscheidet sich gegenüber Windows ein wenig und wird mit der Tastenkombination `Alt` + `L` gemacht. Es gibt auch andere Tastenkombinationen, die sich von einer Windows-Tastatur unterscheiden. Eine Übersicht über alle Zeichen (inklusive Emojis), die Sie durch Anklicken bei jedem Programm mit Text (also auch Mail) verwenden können, können Sie mit der Tastenkombination `Ctrl` + `cmd` + Leertaste anzeigen lassen.

Es ist sicherlich eine Frage des Geschmacks und nicht jedermanns Sache, aber Sie können in Ihren E-Mails mit Emojis noch zusätzlich Ihre Gefühle mit Smileys ausdrücken oder andere Beschreibungen mit Symbolen verdeutlichen bzw. hervorheben. Sie erreichen die Emojis beim Schreiben einer neuen E-Mail oder beim Antworten, indem Sie auf die Smiley-Schaltfläche ❺ in der Symbolleiste klicken. Abhängig von der Position des Text-Cursors wird das ausgewählte Emoji dann eingefügt.

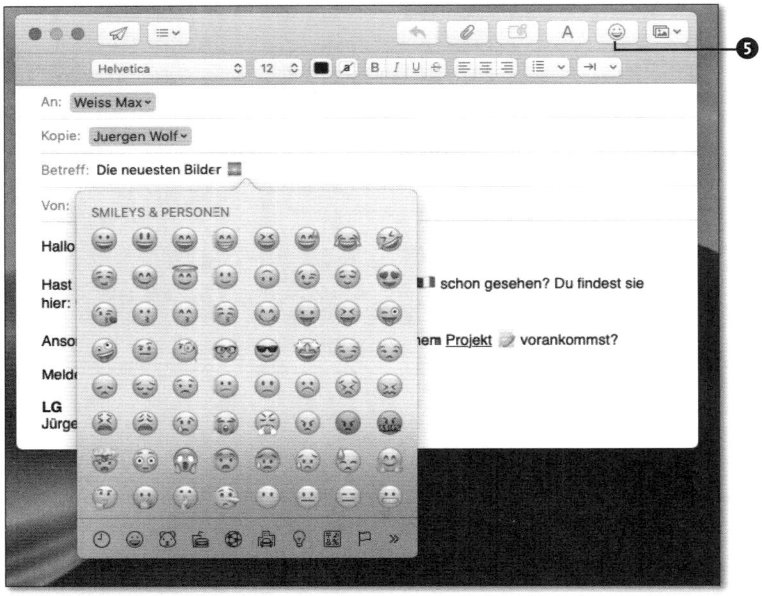

Abbildung 11.44 Der E-Mail Emojis hinzufügen

11.6 E-Mails beantworten oder weiterleiten

Nicht immer werden Sie eine neue E-Mail verfassen müssen, sondern lediglich auf eine eingegangene E-Mail antworten oder sie weiterleiten wollen. Hierbei wird gewöhnlich der Betreff um ein vorangestelltes »Re:« für *Reply* erweitert. Um auf eine eingegangene E-Mail zu antworten, müssen Sie auf die Schaltfläche **Antworten** klicken. Sie finden diese Schaltfläche in der Symbolleiste ❶, wenn Sie den Mauscursor über den Kopf des Inhalts der E-Mail halten ❷, oder Sie drücken die Tastenkombination [cmd] + [R]. Ebenfalls finden Sie daneben eine Schaltfläche **An alle** ❸, womit Sie allen in der empfangenen E-Mail eingetragenen Adressen antworten können. Auch hierzu gibt es mit [⇧] + [cmd] + [R] ein Tastaturkürzel. Eine E-Mail nur weiterleiten können Sie hingegen mit der **Weiterleiten**-Schaltfläche ❹ bzw. mit [⇧] + [cmd] + [F]. Beim Weiterleiten müssen

Sie allerdings den Empfänger eintragen, und der Betreff wird um ein vorangestelltes **Fwd:** für *Forward* erweitert.

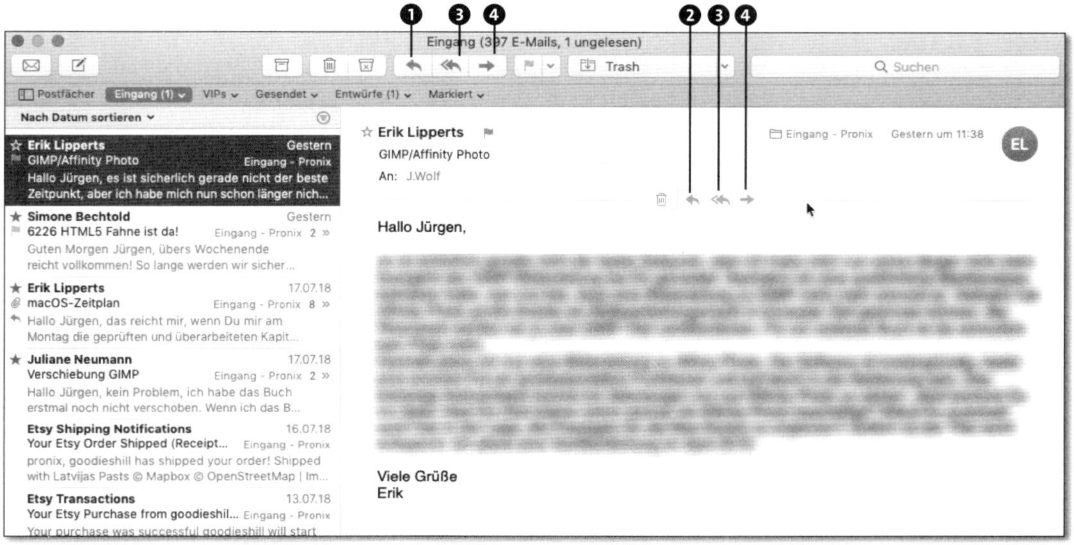

Abbildung 11.45 E-Mails beantworten und weiterleiten ist auf verschiedenen Wegen mit Mail möglich.

Alternativ können Sie die E-Mail aus der Liste mit einem Doppelklick oder mit **Ablage ▸ E-Mail öffnen** bzw. [cmd] + [O] in einem neuen Fenster öffnen, in dem Sie dann dieselben Schaltflächen zum Antworten und Weiterleiten in der Symbolleiste vorfinden.

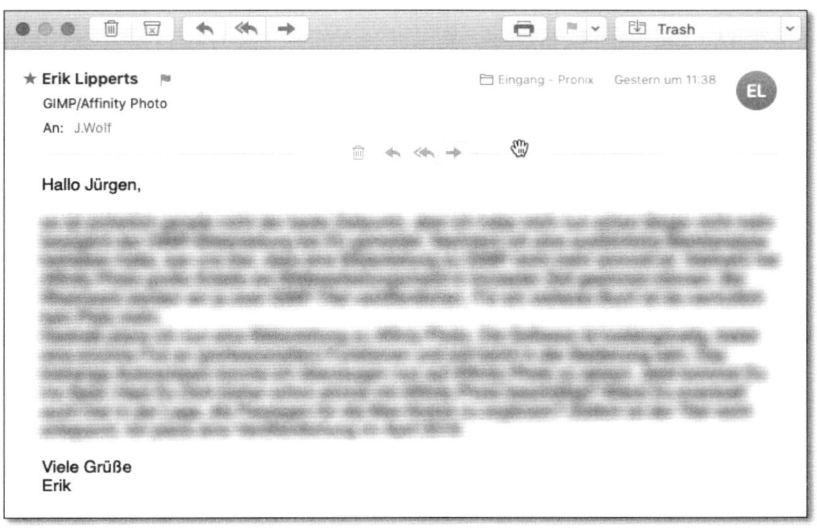

Abbildung 11.46 Sehr übersichtlich ist es, wenn Sie eine E-Mail in einem neuen Fenster öffnen.

Wenn Sie auf eine E-Mail antworten oder sie weiterleiten, wird der ursprüngliche Text als zitiert eingerückt. Bei jedem erneuten Antworten wird die Zitatebene dabei erhöht. Diese Einstellungen können Sie in Mail bei Bedarf in **Einstellungen ▸ Verfassen** in der Kategorie **Antworten** ❺ anpassen.

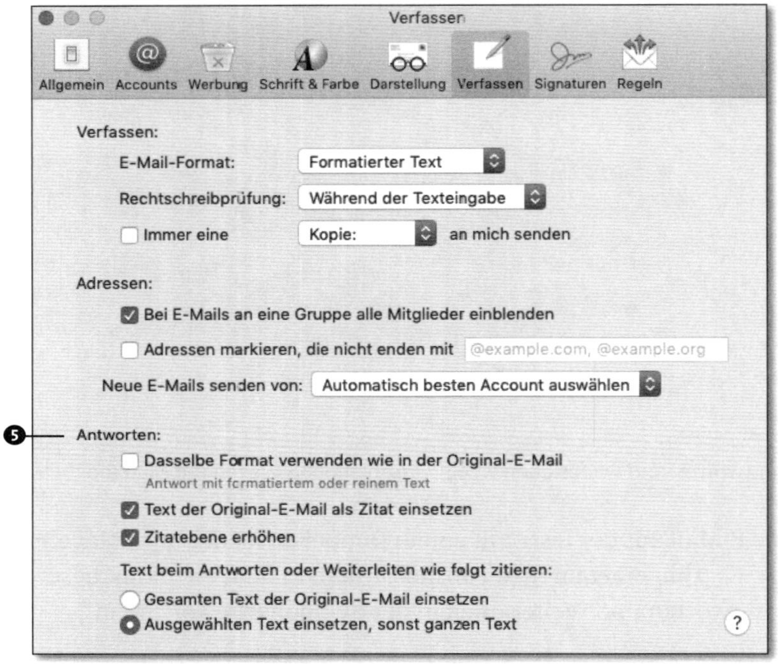

Abbildung 11.47 Hier finden Sie die Einstellungen, wie Sie die Original-E-Mail beim Antworten zitieren wollen.

Ansonsten gilt für das Antworten bzw. Weiterleiten dasselbe wie für das Verfassen einer neuen E-Mail. Mit der Schaltfläche **Senden** wird die Antwort an den Empfänger gesendet, und in der Liste erkennen Sie bereits beantwortete E-Mails am Antworten-Symbol ❻ in Form eines Pfeils. Auch finden Sie eine beantwortete E-Mail bei den Postfächern im Postfach **Gesendet** wieder.

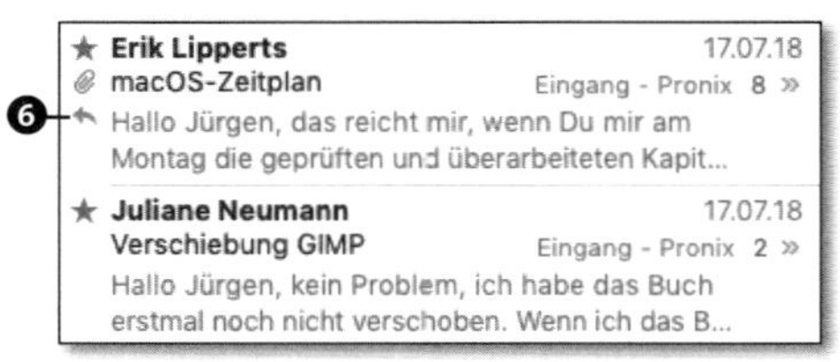

Abbildung 11.48 Beantwortete E-Mails erkennen Sie an einem Pfeil.

11.7 Dateianhänge hinzufügen

E-Mails sind nicht nur zum Versenden von Texten gedacht, sondern es können auch Dateien angehängt werden. Mail bietet zum Anhängen von Dateien aller Art noch eine spezielle Option für das Anhängen von Bildern an. Bilder und PDF-Dokumente können hierbei vorher noch bearbeitet werden.

11.7.1 Beliebige Dokumente einer E-Mail anhängen

1 Wenn Sie eine neue E-Mail erstellen oder auf eine eingegangene E-Mail antworten, finden Sie das Büroklammersymbol in der Symbolleiste. Klicken Sie es an.

2 Es öffnet sich ein Dateiauswahldialog, in dem Sie durch die Ordner navigieren und die zu sendende Datei auswählen können. Hierbei dürfen Sie durchaus mehrere Dateien auswählen und hinzufügen.

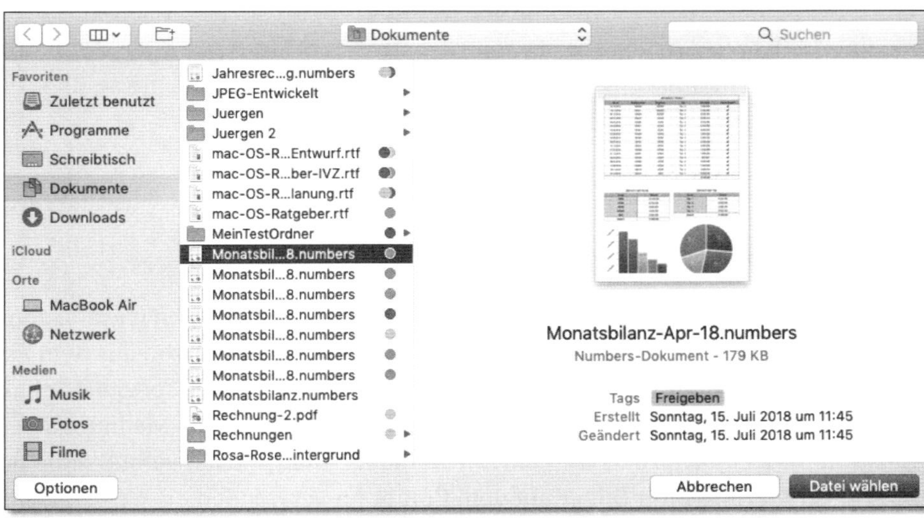

Mit der Schaltfläche **Optionen** finden Sie die Option **Anhänge als Windows-kompatibel senden**, die Sie verwenden sollten, wenn Sie nicht wissen, welches Betriebssystem der Empfänger hat. In dem Fall verzichtet Mail darauf, eine eventuell unsichtbare Zusatzdatei mit weiteren Informationen zum Dokument an die E-Mail zu hängen. Klicken Sie auf die Schaltfläche **Datei wählen**, um die ausgewählte Datei der E-Mail hinzuzufügen.

3 Nachdem Sie eine Datei hinzugefügt haben, wird die Größe der E-Mail angezeigt. Mit einem Klick auf **Senden** ❶ verschicken Sie die E-Mail mitsamt dem Anhang an den Empfänger.

TIPP

Anhänge mit Drag & Drop

Sie können jederzeit Anhänge per Drag & Drop aus dem Finder-Fenster, dem Fotos-Programm oder einer Spotlight-Suche hinzufügen und sich den Umweg über den Dateiauswahldialog sparen.

11.7.2 Bilder einer E-Mail anhängen und bearbeiten

Bilder als Anhang einer E-Mail können Sie in Mail genauso hinzufügen wie alle anderen Dokumente, und zwar über das Büroklammersymbol, per Drag & Drop aus dem Finder oder aus dem Fotos-Programm heraus. Des Weiteren finden Sie eine spezielle Schaltfläche **Fotoübersicht** in der Symbolleiste, die Ihnen auf Basis der Fotos-Mediathek bei der Auswahl von Bildern behilflich ist. Sinnvoll ist diese Schaltfläche, wenn Sie die Fotos-App für die Verwaltung Ihrer Bilder auf dem Computer verwenden.

1 Wenn Sie eine neue Mail erstellen oder auf eine eingegangene Mail antworten und nun Bilder der E-Mail anhängen wollen, klicken Sie auf das Fotoübersicht-Symbol, mit dem Sie auf die Fotos-Mediathek zugreifen können. Hier finden Sie zusätzlich die Funktionen **Foto aufnehmen** und **Dokumente scannen**, mit denen Sie, wenn Sie ein iPhone in der Nähe haben, auch gleich Fotos oder Dokumente direkt als Anhang fotografieren oder scannen können. Diese Kamera-Übergabe finden Sie neben Mail auch noch in anderen Apps. Auf die Kamera-Übergabe wird in Abschnitt 21.6, »Die Kamera-Übergabe mit iOS-Geräten verwenden«, eingegangen.

11

2 Ziehen Sie hier per Drag & Drop die entsprechenden Bilder, die Sie als Anhang versenden wollen, zur E-Mail. Haben Sie Ihre Bilder noch nicht mit Fotos verwaltet, können Sie die Bilder wie gehabt über das Büroklammersymbol oder per Drag & Drop aus dem Finder der E-Mail als Anhang hinzufügen.

3 Über dem eingefügten Bild wird Ihnen die Größe der E-Mail angezeigt. Bei Fotos finden Sie rechts außerdem ein weiteres Auswahlmenü, **Bildgröße** ❶, in dem Sie die Dateigröße des eingefügten Bildes ändern können. Oftmals ist es wenig sinnvoll, ein Bild in voller Auflösung zu versenden. Probieren Sie die verschiedenen Größen wie **Groß**, **Mittel** oder **Klein** aus, und prüfen Sie, wie sich dies auf den Wert bei **E-Mail-Größe** auswirkt.

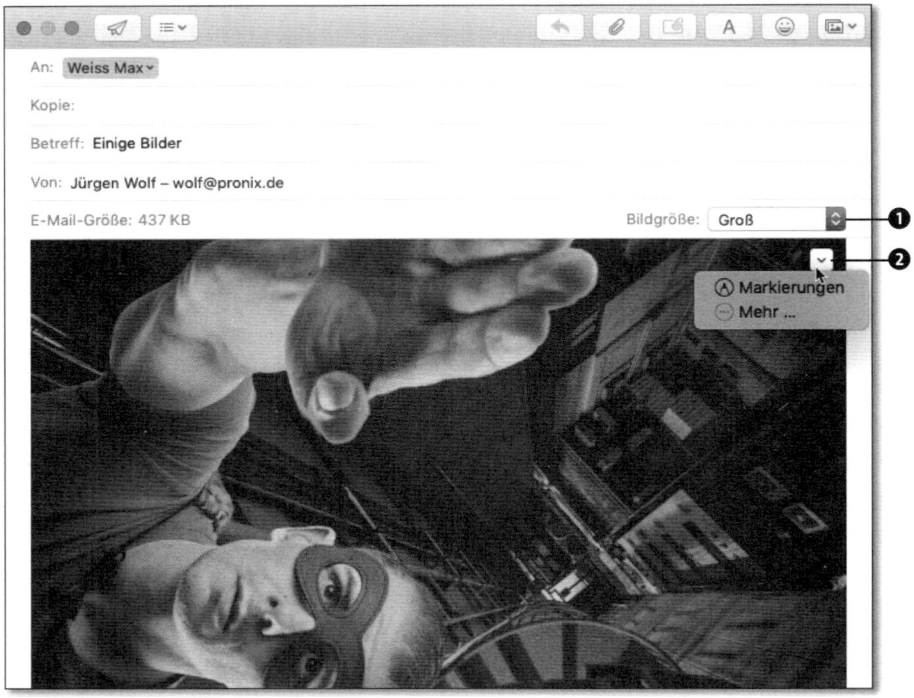

4 Wollen Sie ein bereits einer E-Mail angehängtes Bild nachbearbeiten, brauchen Sie nur den Mauszeiger über das Bild zu bewegen. So wird ein nach unten zeigendes Dreieck ❷ eingeblendet. Klicken Sie darauf, und wählen Sie im Dropdown-Menü den Befehl **Markierungen**, um die Schnellaktion für die Bildbearbeitung zu öffnen.

5 Jetzt können Sie mithilfe der Schnellaktion das Bild bearbeiten und beispielsweise Text sowie Markierungen hinzufügen oder das Bild zuschneiden. Auf die Schnellaktionen wurde bereits in Abschnitt 5.11, »Schnellaktionen verwenden«, ausführlich eingegangen, weshalb hier nicht alles wiederholt werden soll. Im Beispiel habe ich einen Text und einen Pfeil hinzugefügt. Klicken Sie auf die Schaltfläche **Fertig**, wenn Sie die Aktion auf das Bild anwenden wollen.

6 Wenn Sie über die (optionale) Schnellaktion dem Bild eine Anmerkung oder Hinweise hinzugefügt haben, werden diese auch dem Bild im E-Mail-Anhang hinzugefügt und beim Absenden an den Empfänger übermittelt.

Die Möglichkeit, direkt in Mail Bildern Anmerkungen oder Markierungen hinzuzufügen, ist sehr nützlich und erspart so manchen lästigen Arbeitsschritt, ein Bild in einem anderen Programm öffnen und bearbeiten zu müssen.

TIPP

Auch PDF-Anhänge können bearbeitet werden

Das Bearbeiten von E-Mail-Anhängen funktioniert neben Bildern auch mit PDF-Dokumenten.

11.7.3 Anhänge der Original-E-Mail übernehmen

Standardmäßig werden beim Antworten einer E-Mail die Anhänge nicht mit übernommen, wie dies bei einer Weiterleitung der Fall ist. Wenn Sie trotzdem den Anhang an den Empfänger mit zurücksenden wollen, weil Sie vielleicht ein Bild oder ein PDF-Dokument markiert oder mit Anmerkungen versehen haben, müssen Sie nur das entsprechende Symbol ❶ in der Symbolleiste anklicken. Über dasselbe Symbol können Sie auch den Anhang einer Original-E-Mail wieder entfernen.

Abbildung 11.49 Es ist möglich, die Anhänge der Original-E-Mail zu übernehmen.

11.7.4 Mail Drop für große Anhänge

Wenn Sie einer E-Mail einen Anhang in einer Größe hinzugefügt haben, die der Anbieter des Accounts nicht vorsieht, wird der Text für die E-Mail-Größe eventuell in roter Farbe angezeigt. Senden Sie eine solche E-Mail mit einem zu großen E-Mail-Anhang trotzdem, wird gewöhnlich die Zustellung an den Empfänger verweigert, und Sie erhalten eine E-Mail mit einer entsprechenden Fehlermeldung, dass der Datenumfang zu groß war und die E-Mail nicht zugestellt werden konnte. In solch einem Fall müssen Sie entweder die Größe der Anhänge reduzieren, oder Sie verwenden *Mail Drop*. Gewöhnlich bietet Mail schon beim Versuch, eine E-Mail mit zu großem Dateianhang zu versenden, an, Mail Drop zu verwenden.

Voraussetzung für Mail Drop ist, dass Sie im Besitz eines aktiven iCloud-Accounts sind und Mail Drop bei den Einstellungen aktiviert haben. Die Einstellung dazu finden Sie über **Mail ▸ Einstellungen** im Register **Account**. Wählen Sie dort den entsprechenden Account in der linken Seite aus, und aktivieren Sie im Register **Accountinformationen** die Option **Große Anhänge mit Mail Drop senden**.

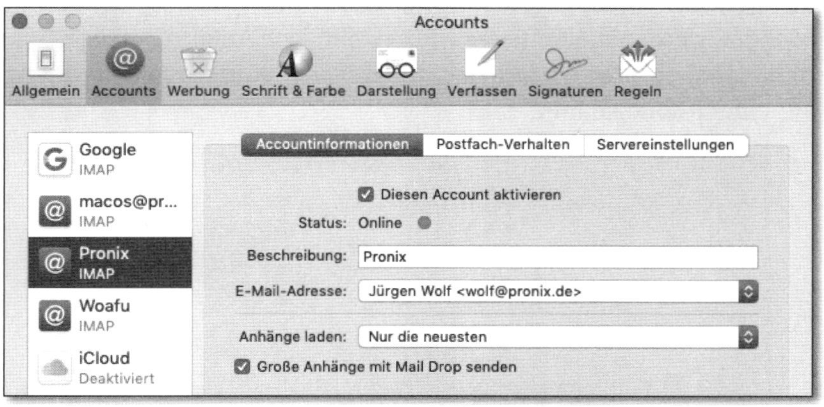

Abbildung 11.50 Große Anhänge mit Mail Drop senden

Haben Sie Mail Drop für Ihren E-Mail-Account aktiviert, schreiben Sie wie gewohnt eine E-Mail und fügen den Anhang über die Büroklammer oder per Drag & Drop aus dem Finder-Fenster der E-Mail hinzu. Der Anhang darf jetzt eine Größe bis zu 5 GB haben. Wenn Sie auf die Schaltfläche **Senden** klicken und die Option **Große Anhänge mit Mail Drop senden** bei den Accountinformationen nicht aktiviert haben, erscheint ein Dialog, der nachfragt, ob Sie den Anhang mit Mail Drop versenden wollen. Klicken Sie hier auf **Mail Drop verwenden**, wird der Anhang statt auf den Mailserver in die iCloud hochgeladen, wo dieser verschlüsselt und bis zu 30 Tage gespeichert wird. Die Mail-Drop-Anhänge werden nicht auf den verfügbaren iCloud-Speicher angerechnet.

Abbildung 11.51 Bei zu großen Dateianhängen bietet Mail eine alternative Option mit Mail Drop an.

Wenn Sie den Anhang an einen Empfänger senden, der ebenfalls Mail mit macOS ab Version 10.10 verwendet, werden die Anhänge wie gewöhnliche Anhänge einer E-Mail angezeigt und automatisch heruntergeladen, und dieser merkt häufig gar nichts davon, dass der Anhang aus einer iCloud kommt.

Abbildung 11.52 Der Anhang kommt hier aus der iCloud.

Verwendet ein Empfänger hingegen eine ältere Version von Mail oder ein anderes E-Mail-Programm, findet er einen Link zum Herunterladen des Anhangs über den Internetbrowser vor.

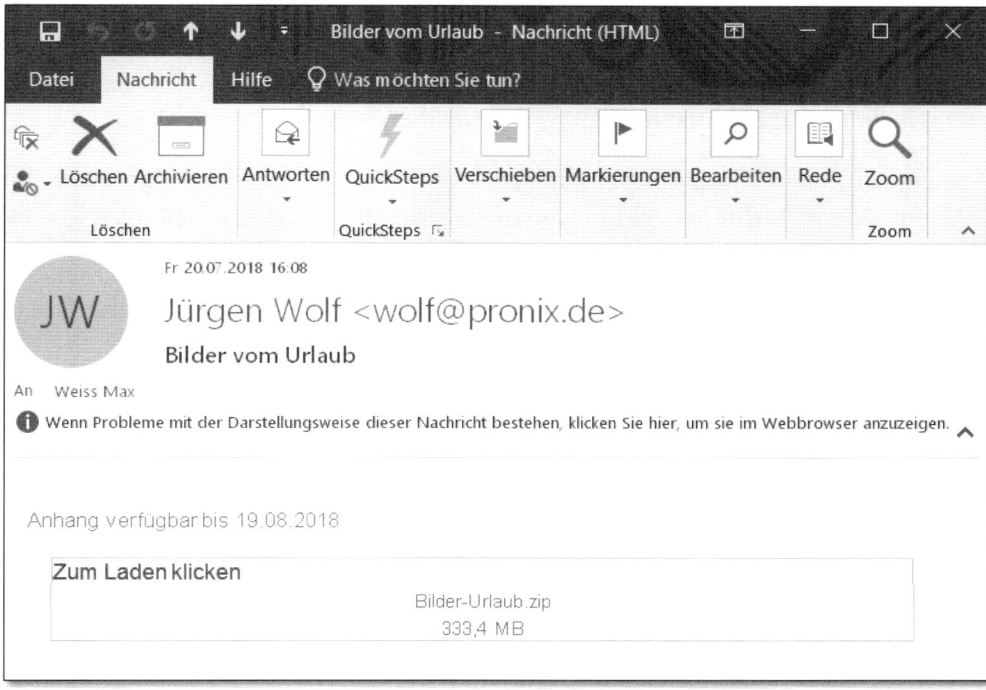

Abbildung 11.53 In älteren Mail-Versionen oder in anderen E-Mail-Programmen wird ein Link eingeblendet, über den Sie den Anhang herunterladen können.

Das Weitergeben von Anhängen mit einer Größe von bis zu 5 GB mithilfe der iCloud ist wirklich praktisch, denn Sie können direkt größere Anhänge aus Mail auf dem Mac, aus der Mail-App auf dem iPhone oder iPad und von *iCloud.com* an einen anderen Mac oder PC senden. Hierbei bleibt Ihnen der oft verwendete Umweg über andere Datenwolken wie Dropbox, OwnCloud oder einen FTP-Server erspart. Der Anhang selbst ist hierbei nicht direkt in der E-Mail integriert, sondern wird gesondert übertragen oder bei Bedarf heruntergeladen.

11.8 Signaturen anlegen und verwenden

Viele E-Mails enden heutzutage nicht nur mit der Grußformel *Mit freundlichen Grüßen*, sondern mit einer sogenannten *Signatur*, in der beispielsweise neben den Adressangaben auch rechtliche Hinweise enthalten sind. Gerade bei einer beruflichen Nutzung ist eine Signatur Pflicht, da geschäftliche E-Mails als Geschäftsbrief angesehen werden und daher denselben Auflagen unterliegen, wie sie für einen Brief in Papierform gelten.

Aber auch als Privatperson profitiert man von einer guten Signatur. Hier können Sie Angaben zu Ihren Präsenzen im Web oder sozialen Medien machen oder ein Zitat hinzufügen. Mit Mail ist es kein Problem, mehrere Signaturen anzulegen und dann beim Schreiben der E-Mail die entsprechende auszuwählen.

1 Wählen Sie **Mail ▸ Einstellungen**, und klicken Sie dort auf den Reiter **Signaturen**. Im linken Feld wählen Sie den Account aus, für den Sie eine Signatur hinzufügen wollen.

2 Klicken Sie unten auf das Plussymbol, und geben Sie einen Namen für die Signatur an. In das rechte Feld tippen Sie Ihre Signatur so ein, wie Sie sie später Ihrer E-Mail hinzufügen wollen.

3 Über das Mail-Menü **Format** können Sie eine Signatur formatieren, indem Sie beispielsweise die Farben und Schriften einblenden. Wollen Sie einen formatierten Text wieder aufheben, markieren Sie den Text und setzen ein Häkchen vor **Standardschrift für E-Mails verwenden**. Auch das Einfügen einer Grafik per Drag & Drop aus dem Finder-Fenster ist möglich.

4 Über das Dropdown-Menü **Signatur auswählen** können Sie die Standardsignatur für den ausgewählten Account auswählen. Mit **Ohne** sorgen Sie dafür, dass keine Standardsignatur verwendet wird und Sie manuell eine auswählen müssen. Mit **Signatur über zitierten Text setzen** wird die Signatur beim Beantworten einer E-Mail vor den Originaltext gesetzt.

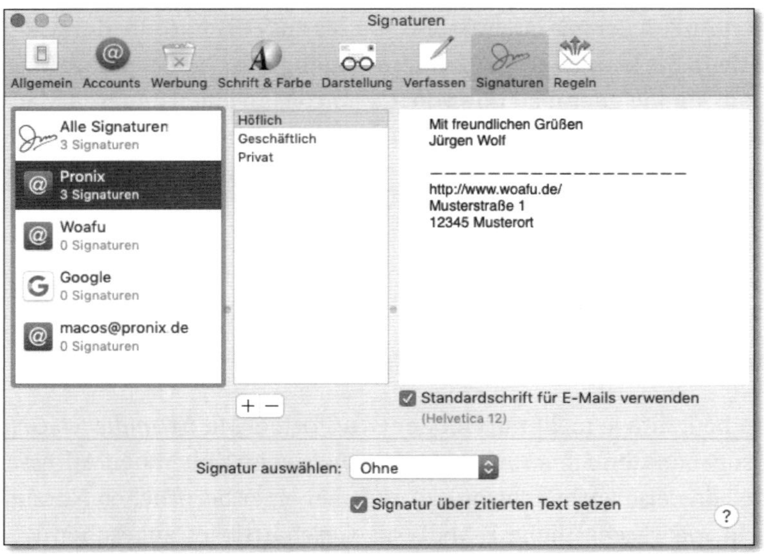

Wenn Sie eine Signatur angelegt haben und eine neue E-Mail schreiben bzw. auf eine E-Mail antworten, finden Sie auf der rechten Seite ein Dropdown-Menü **Signatur** ❶, in dem Sie aus den erstellten Signaturen eine wählen können, die Sie der E-Mail hinzufügen wollen. Wenn Sie zuvor eine Standardsignatur festgelegt haben, wird diese Signatur gleich automatisch beim Schreiben einer neuen E-Mail oder beim Antworten hinzugefügt.

Abbildung 11.54 Die hinzugefügte Signatur können Sie jederzeit nachträglich ändern.

11.9 Mail im Vollbildmodus verwenden

An sich ist es keine Überraschung, Mail auch im Vollbildmodus verwenden zu können. Hierfür müssen Sie nur auf den grünen Punkt links oben klicken oder die Tastenkombination `Ctrl` + `cmd` + `F` drücken. Trotzdem gibt es bei der Verwendung im Vollbildmodus von Mail eine Besonderheit. Wenn Sie eine neue E-Mail schreiben oder beantworten, wird der Bildschirm geteilt und die sogenannte *Split View* verwendet, in der Sie das Mail-Fenster in der linken und die neu zu schreibende bzw. die zu beantwortende E-Mail auf der rechten Seite des Bildschirms aufgeteilt vorfinden.

Wenn Sie im Vollbildmodus eine neue E-Mail schreiben und dann noch eine weitere E-Mail anfangen oder auf eine E-Mail antworten, wird die neu zu schreibende oder die zu beantwortende E-Mail als Tab ❶ auf der rechten Seite der Split View den anderen angefangenen, aber noch nicht abgesendeten E-Mails hinzugefügt. Dies ist sehr praktisch, weil Sie so gleichzeitig an mehreren E-Mails arbeiten können, ohne die Übersicht zu verlieren.

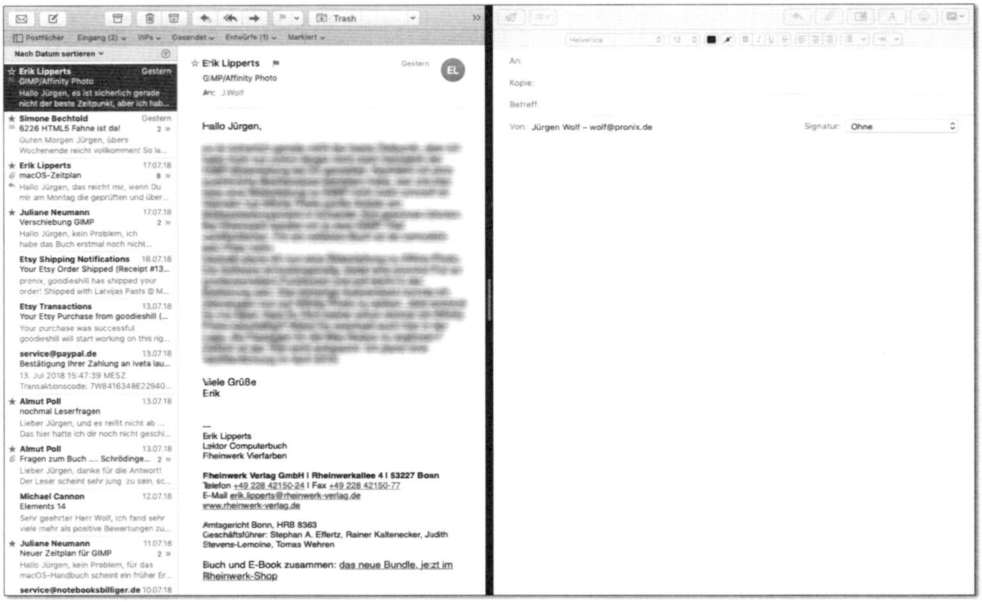

Abbildung 11.55 Im Vollbildmodus werden neue oder zu beantwortende E-Mails auf der rechten Seite in der Split View angezeigt.

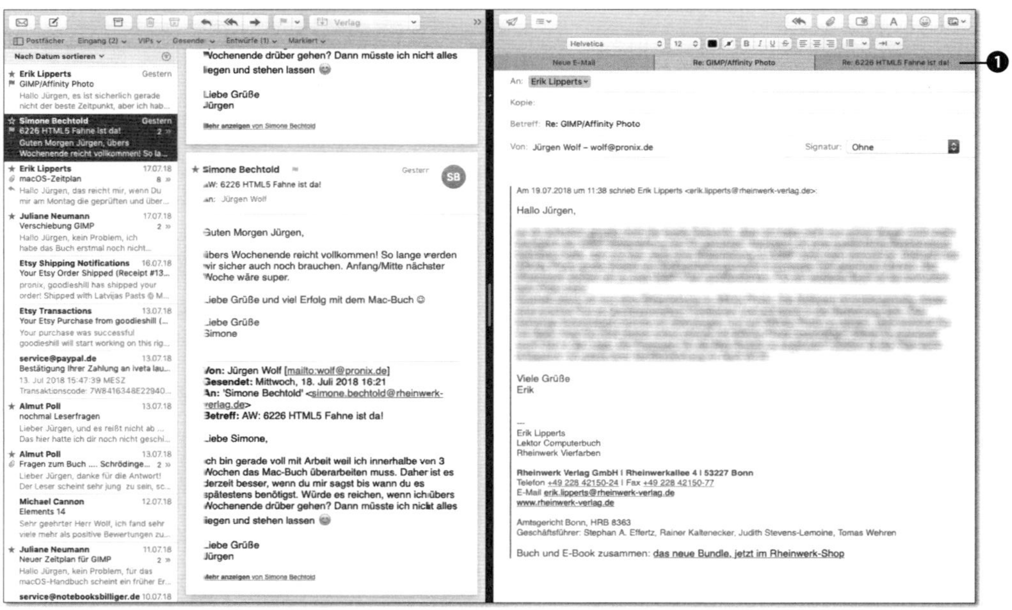

Abbildung 11.56 Arbeiten Sie im Vollbildmodus an mehreren E-Mails gleichzeitig, werden die einzelnen E-Mails in Tabs auf der rechten Seite in der Split View gruppiert.

Die neuen oder zu beantwortenden E-Mails bleiben so lange im aufgeteilten Bildschirm auf der rechten Seite bestehen, bis Sie diese versendet haben. Wurden alle E-Mails versendet, verschwindet der aufgeteilte Bildschirm, und Mail nimmt wieder den kompletten Bildschirm ein.

Die Split View auf der rechten Seite können Sie auch beenden, wenn Sie mit dem Mauscursor an den oberen Rand des Bildschirms fahren und das Fenster im rechten Teil des aufgeteilten Bildschirms über die rote **x**-Schaltfläche schließen.

TIPP

Immer Tabs verwenden

Wollen Sie beim Schreiben neuer E-Mails oder beim Antworten die E-Mails immer in Tabs verwalten, auch wenn Sie nicht den Vollbildmodus verwenden, müssen Sie in den **Systemeinstellungen** unter **Dock** die Option **Beim Öffnen von Dokumenten Tabs bevorzugen** auf **Immer** setzen. Die Standardeinstellung ist hierbei **Nur im Vollbildmodus**.

Wenn Sie hingegen mit `Alt` + `cmd` + `N` bzw. **Ablage ▶ Neues Fenster** ein neues Mail-Fenster öffnen, wird dieses als neuer Tab oben hinzugefügt ❷. Das ist praktisch, wenn Sie mit mehreren Postfächern gleichzeitig arbeiten wollen.

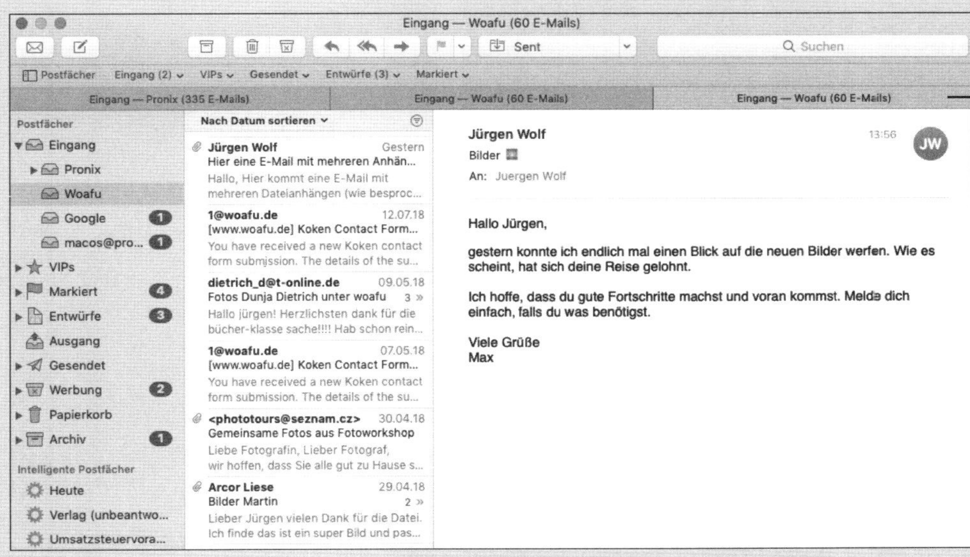

Abbildung 11.57 Auch ganze Postfächer können Sie in unterschiedlichen Tabs verwalten.

11.10 Verschiedene Informationen anzeigen lassen

Gewöhnlich sind die Postfächer eines E-Mail-Accounts in der Größe limitiert. Eine Übersicht über den Speicherverbrauch eines Postfaches können Sie sich anzeigen lassen, wenn Sie in den Postfächern ein Postfach mit der rechten Maustaste anklicken und im Kontextmenü **Accountinformationen** auswählen. Im sich daraufhin öffnenden Dialogfenster erhalten Sie einen umfassenden Überblick über den derzeit genutzten Speicher des Accounts mitsamt einer Auflistung der einzelnen Postfächer, wie viele E-Mails darin enthalten sind und wie viel Speicherplatz diese belegen. Dies ist hilfreich beim Aufräumen von Postfächern, um die Speicherfresser mit großen Anhängen zu finden. Hierbei können Sie auch gleich einzelne Postfächer auswählen und mit der Schaltfläche **E-Mails anzeigen** öffnen.

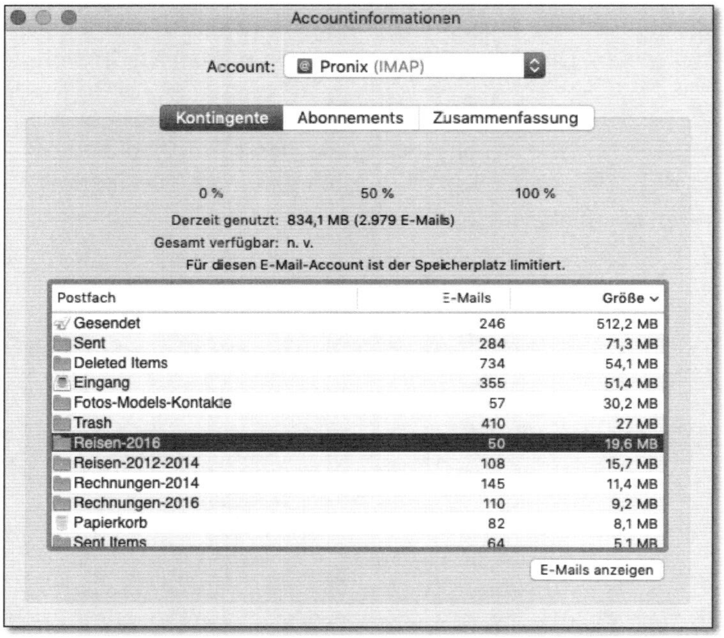

Abbildung 11.58 Mit den »Accountinformationen« erhalten Sie einen Überblick über den Datenumfang der E-Mails. Das ist praktisch beim Aufräumen.

TIPP

Aktivitäten-Fenster einblenden

Eine Übersicht darüber, was Mail gerade macht, finden Sie im Menü **Fenster ▸ Aktivitäten.** Dort können Sie sehen, wenn Sie eine E-Mail versenden oder der Posteingang mit dem Server synchronisiert wird.

12 iCloud – mehr als nur eine Datenwolke

Die iCloud ist ein digitaler Speicherplatz von Apple, über den Sie Daten wie Fotos, Musik, Kontaktdaten, Erinnerungen, Termine oder Dokumente auf verschiedenen Geräten wie dem Mac, iPhone oder iPad synchron verwenden können. Wie Sie vielleicht bereits wissen, sind auch der Browserverlauf oder Passwörter auf den verschiedenen Geräten systemübergreifend verfügbar.

An dieser Stelle muss hinzugefügt werden, dass für die Funktionen der iCloud zwingend eine Internetverbindung notwendig ist. Das bedeutet auch, dass Sie auf Daten, die Sie exklusiv in der iCloud gespeichert haben, ohne Internetverbindung keinen Zugriff haben.

HINWEIS

Speicherumfang

Apple stellt derzeit 5 GB Speicherplatz für die iCloud kostenlos zur Verfügung. Zusätzlichen Speicher müssen Sie erwerben. So kosten beispielsweise derzeit 50 GB 12 € im Jahr und 2 TB 10 € im Monat. Die aktuellen Preise finden Sie auf *www.apple.com/de/icloud*. Der Vorteil bei den größeren Upgrades ab 200 GB ist, dass Sie diesen Speicherplatz mit der Familie teilen können.

12.1 Die Zwei-Faktor-Authentifizierung

Da die Apple-ID für den Mac, die iCloud-Dienste und auch die Stores verwendet werden kann, ist ein gutes Kennwort sehr wichtig. Trotzdem sollten Sie sich nicht mit dem Kennwort allein absichern. Findet jemand dieses Kennwort heraus, hat er Zugang zu allen Daten auf der iCloud und kann gegebenenfalls auch in verschiedenen Stores einkaufen. Daher ist es empfehlenswert, zusätzlich noch eine *Zwei-Faktor-Authentifizierung* einzurichten. Vermutlich haben Sie diese Zwei-Faktor-Authentifizierung bereits beim ersten Start des Macs durchgeführt, als Sie eine neue Apple-ID angelegt haben – wobei Sie zwecks Überprüfung eine Telefonnummer mittels SMS oder Telefonanruf bestätigen mussten. Durch die Eingabe eines Codes, den Sie beispielsweise als SMS erhalten haben, bestätigen Sie, dass der neue Mac vertrauenswürdig ist. Es muss mindestens eine *vertrauenswürdige Telefonnummer* hinterlegt sein, über die Sie den Überprüfungscode per SMS oder Sprachnachricht übermitteln können, um so die Zwei-Faktor-Authentifizierung verwenden zu können.

Wollen Sie diese Telefonnummer ändern, eine weitere Telefonnummer zur Sicherheit hinzufügen oder wurde eventuell, aus welchen Gründen auch immer, die Zwei-Faktor-Authentifizierung gar nicht aktiviert, dann finden Sie die entsprechenden Optionen über die **Systemeinstellungen** von **iCloud**, wenn Sie dort auf die Schaltfläche **Accountdetails** klicken.

Abbildung 12.1 Die Zentrale für die iCloud-Funktionen

Dort finden Sie im Register **Sicherheit** die Zwei-Faktor-Authentifizierung. In Abbildung 12.2 können Sie anhand an dem grünen Punkt und dem Text **Ein** erkennen, dass sie hier bereits aktiviert wurde. Um eine weitere vertrauenswürdige Telefonnummer hinzuzufügen, klicken Sie auf das Plussymbol ❶. Wollen Sie die alte Nummer löschen, wählen Sie diese aus und klicken auf das Minussymbol. Beim Entfernen einer alleinigen Nummer erhalten Sie den Hinweis, dass dies nur geht, nachdem Sie eine andere Telefonnummer hinzugefügt und bestätigt haben, was Sie hier gleich tun können.

Abbildung 12.2 Hier können Sie Telefonnummern ändern, hinzufügen oder eventuell die Zwei-Faktor-Authentifizierung aktivieren, wenn sie bei Ihnen noch nicht aktiv ist.

HINWEIS

Zwei-Faktor-Authentifizierung deaktivieren

Zwar sollten Sie immer die Zwei-Faktor-Authentifizierung vorziehen, aber wenn es doch mal einen Grund geben sollte, sie zu deaktivieren, wäre dies über die Website *https://appleid.apple.com* möglich. Hierbei müssen Sie sich mit Ihrer Apple-ID und dem Passwort einloggen. Bei den Accountdetails finden Sie eine Option, die Zwei-Faktor-Authentifizierung zu deaktivieren.

Ist die Zwei-Faktor-Authentifizierung bei Ihnen deaktiviert, ist dieser Punkt rot, und es steht hier der Text **Aus**. Außerdem finden Sie hier die Schaltfläche **Zwei-Faktor-Authentifizierung aktivieren**.

Egal, ob Sie die Nummer löschen und eine neue Nummer hinzufügen oder die Zwei-Faktor-Authentifizierung aktivieren wollen, der Vorgang an dieser Stelle ist immer gleich, und Sie müssen Ihre Identität mit einem anderen Gerät oder Ihrer Telefonnummer bestätigen.

Abbildung 12.3 Eine deaktivierte Zwei-Faktor-Authentifizierung

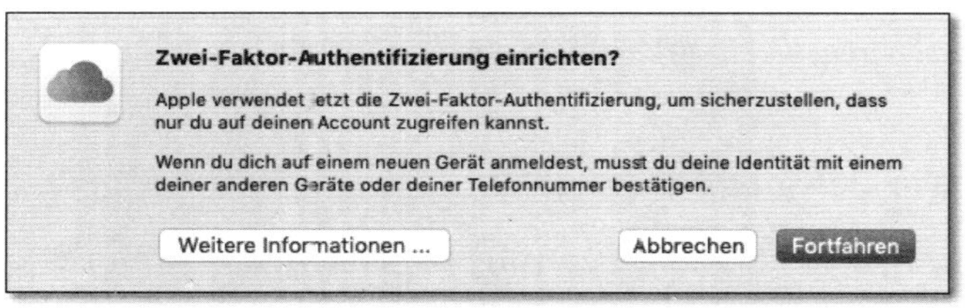

Abbildung 12.4 Dieser Dialog erscheint beim Aktivieren der Zwei-Faktor-Authentifizierung.

Für die Einrichtung der Zwei-Faktor-Authentifizierung geben Sie in einen Dialog die Telefonnummer ein, wählen aus, ob Sie über SMS oder Sprachanruf bestätigen wollen, und warten, nachdem Sie auf **Fortfahren** geklickt haben, auf den Bestätigungscode, den Sie dann im folgenden Dialog eingeben müssen.

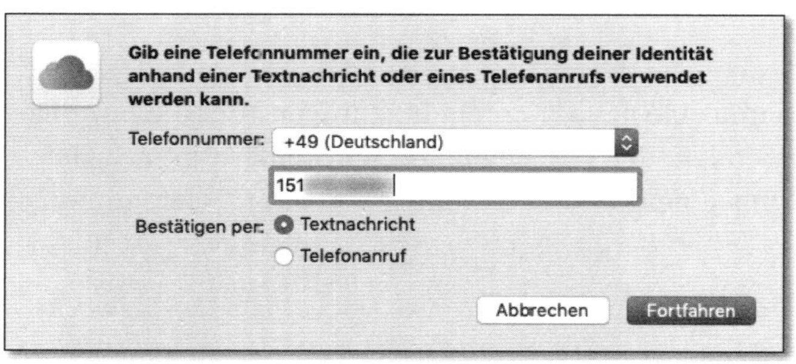

Abbildung 12.5 Hier geben Sie die Telefonnummer für den Bestätigungscode ein …

Abbildung 12.6 … und hier tippen Sie den erhaltenen Bestätigungscode ein.

Gewöhnlich folgt ein weiterer Dialog, in dem Sie nochmals aufgefordert werden, das Passwort für die Apple-ID einzugeben. Geben Sie das Passwort ein und klicken auf **OK**, haben Sie die Zwei-Faktor-Authentifizierung eingerichtet und aktiviert. Ihr Mac gehört jetzt zu den *vertrauenswürdigen Geräten*. Eine Liste Ihrer vertrauenswürdigen Geräte finden Sie im Register **Geräte**. Hier können Sie jederzeit Geräte aus dem Account entfernen, wenn Sie eines davon beispielsweise verkaufen.

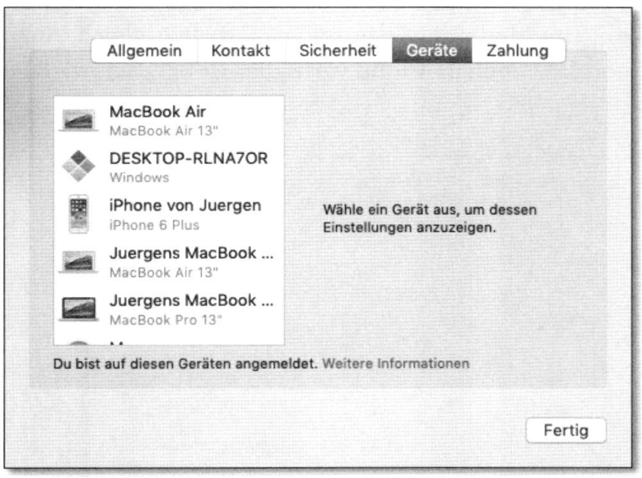

Abbildung 12.7 Eine Übersicht über die vertrauenswürdigen Geräte

Vertrauenswürdige Geräte können ein iPhone, iPad, iPod touch oder ein weiterer Mac sein. Wie Sie hier sehen, kann auch ein Windows-Gerät der Liste hinzugefügt werden, wenn Sie dort iCloud installiert haben und verwenden. Alle diese Geräte sind quasi als Ihr Eigentum registriert und können von Ihnen zur Überprüfung Ihrer Identität verwendet werden. Das bedeutet, dass der Überprüfungscode von Apple, den Sie zur Anmeldung auf einem anderen Gerät oder Browser zur iCloud benötigen, auf diesen aufgelisteten Geräten angezeigt werden kann.

HINWEIS

Überprüfungscode bzw. Bestätigungscode

Der Überprüfungscode ist ein zeitlich beschränkter Code, der an vertrauenswürdige Geräte oder Telefonnummern gesendet wird, wenn Sie sich mit der Apple-ID bei einem neuen Gerät anmelden.

12.2 Die Dienste und Programme im Überblick

Viele Dienste und Programme auf dem Mac können mit der iCloud zusammenarbeiten und somit mit anderen Geräten synchronisiert werden. Einen Überblick über aktive und inaktive Dienste bzw. Programme finden Sie in den **Systemeinstellungen**, wenn Sie dort das Icon von **iCloud** anklicken. Auf den folgenden Seiten sollen einige der Dienste und Programme etwas näher erläutert werden. Andere wiederum werden erst an einer passenden Stelle im Buch beschrieben. Unterhalb der Liste finden Sie auch gleich einen Überblick darüber, wie viel Speicherplatz noch in iCloud verfügbar ist bzw. wie viel Sie bereits verbraucht haben.

Abbildung 12.8 Die Zentrale aller Programme, die mit der iCloud zusammenarbeiten

Mit einem Klick auf die Schaltfläche **Accountdetails** öffnet sich ein Dialog, in dem Sie zu den Detaileinstellungen der iCloud wie den Zahlungs- und Sicherheitsinformationen gelangen. Hier können Sie in den Registern **Allgemein**, **Kontakt**, **Sicherheit**, **Geräte** und **Zahlung** entsprechende Informationen zu Ihrem iCloud-Account ermitteln und auch bei Bedarf Änderungen in den einzelnen Bereichen vornehmen.

Abbildung 12.9 Alle relevanten Daten Ihrer iCloud im Überblick

12.3 iCloud Drive – die Online-Festplatte

iCloud Drive bietet sich an, um Dokumente und Dateien zu speichern und mit mehreren Geräten nutzen zu können. Wenn Sie bereits andere Cloud-Dienste wie Dropbox, Own-Cloud, GoogleDrive oder OneDrive verwenden, kennen Sie das Prinzip einer Datenwolke bereits. Allerdings sind die erwähnten Dienste nicht so nahtlos in den Apple-Geräten integriert, wie es bei iCloud Drive der Fall ist.

Um iCloud Drive zu aktivieren, müssen Sie in den **Systemeinstellungen** von **iCloud** ein Häkchen bei **iCloud Drive** setzen. Bei den **Optionen** können Sie festlegen, welche Programme Daten in der iCloud speichern dürfen. Gewöhnlich wird dann jeweils ein Ordner von den Programmen in der iCloud angelegt.

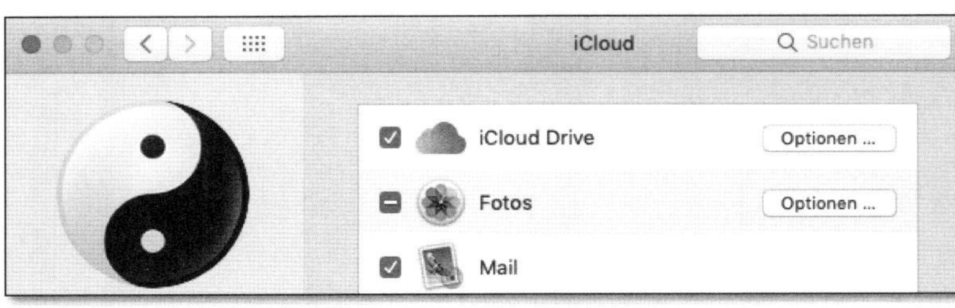

Abbildung 12.10 Hier wird iCloud Drive (de-)aktiviert.

12.3.1 iCloud Drive im Finder verwenden

Angezeigt wird iCloud Drive in einem eigenen Bereich in der Seitenleiste ❶. Sollte dies bei Ihnen nicht der Fall sein, müssen Sie unter **Finder ▸ Einstellungen** im Register **Seitenleiste** ein Häkchen vor **iCloud Drive** setzen. Ebenfalls schnell in das Verzeichnis von iCloud Drive gelangen Sie über das Menü **Gehe zu ▸ iCloud Drive** bzw. mit dem Tastaturkürzel [⇧] + [cmd] + [I].

Abbildung 12.11 Zugriff auf iCloud Drive über die Seitenleiste

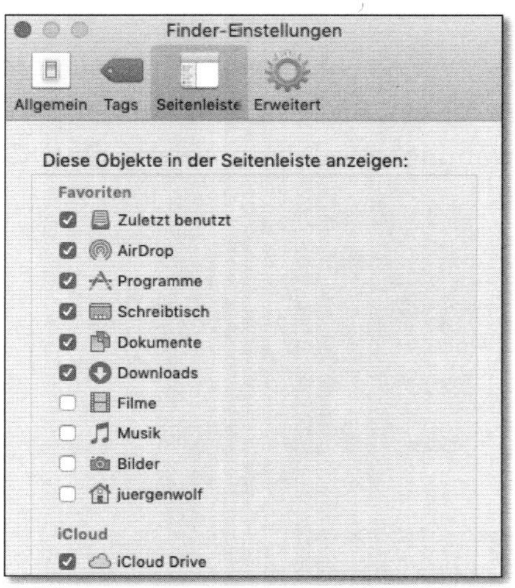

Abbildung 12.12 Hier können Sie iCloud Drive den Favoriten der Seitenleiste hinzufügen.

Wenn Sie iCloud Drive aktiviert haben, können Sie es wie ein gewöhnliches Verzeichnis verwenden und neue Ordner anlegen, Dokumente und Dateien speichern. Gleiches können Sie auch andersherum machen und Daten von iCloud Drive auf die Festplatte oder den Schreibtisch ziehen, um diese herunterzuladen. Alles, was Sie in iCloud Drive hochladen, steht Ihnen dann auf allen anderen Geräten zur Verfügung, auf denen Sie iCloud aktiviert haben und an denen Sie dieselbe Apple-ID verwenden.

12.3.2 Dokumente und Schreibtisch in die iCloud

Eine Funktion, die unter Umständen recht nützlich sein könnte, ist es, den *Dokumente*-Ordner und den Ordner *Schreibtisch* automatisch in iCloud Drive hochzuladen, um mehr lokalen Festplattenplatz zur Verfügung zu haben. Zusätzlich haben Sie hierbei von anderen Geräten aus Zugriff auf diese Daten. Diese Funktion kann über die **Systemeinstellungen** von **iCloud** (de-)aktiviert werden, wenn Sie bei **iCloud Drive** auf die Schaltfläche **Optionen** klicken und dort ein Häkchen vor **Ordner »Schreibtisch« & »Dokumente«** setzen bzw. entfernen.

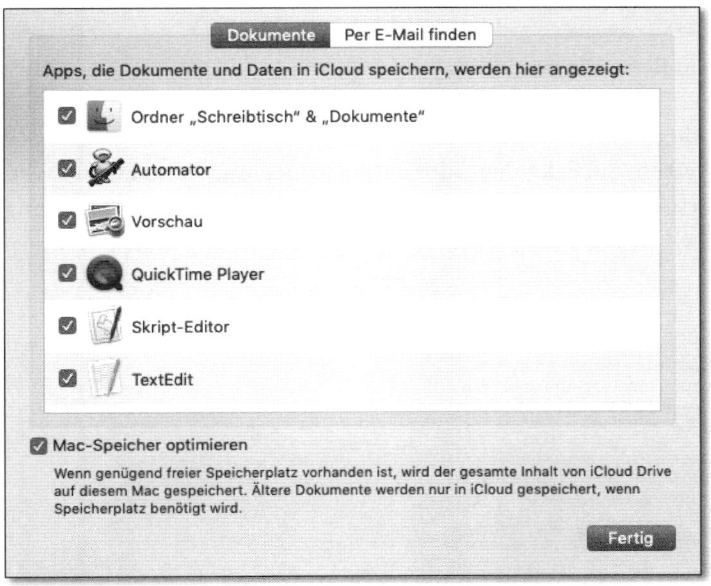

Abbildung 12.13 Den »Schreibtisch«- und den »Dokumente«-Ordner in die iCloud bringen

Wenn Sie die Option aktiviert haben, werden die Dateien aus dem *Dokumente*- und *Schreibtisch*-Ordner hochgeladen, und in der Seitenleiste des Finder-Fensters finden Sie einen neuen iCloud-Bereich mit den beiden Ordnern **Dokumente** und **Schreibtisch**.

Diese beiden Verzeichnisse in der iCloud zu verwenden bedeutet allerdings auch, dass künftig die Dateien, die Sie darin ablegen, immer hochgeladen werden müssen.

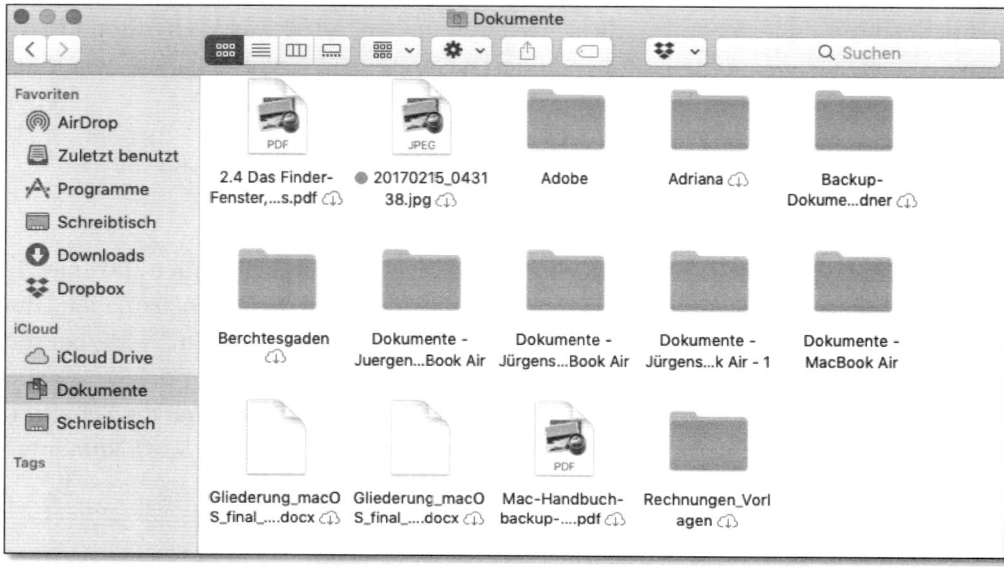

Abbildung 12.14 Ein neuer iCloud-Bereich in der Seitenleiste

Wenn Sie diese Option deaktivieren, werden die Ordner *Dokumente* und *Schreibtisch* zwar wieder zum lokalen System zurückgelegt, doch die Ordner und Daten darin werden nicht automatisch heruntergeladen. Dies müssen Sie bei einer Deaktivierung anschließend selbst machen, wobei Sie allerdings ein Hinweisdialog darüber informiert.

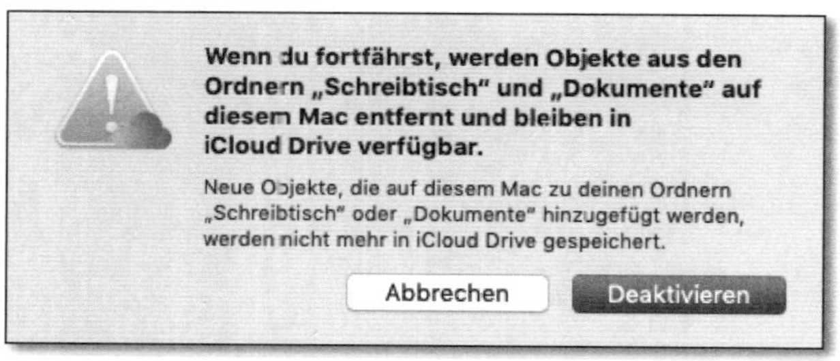

Abbildung 12.15 Machen Sie den »Schreibtisch«- und den »Dokumente«-Ordner wieder zu lokalen Ordnern, müssen Sie sich selbst um die Daten auf der iCloud kümmern.

HINWEIS

Speicherplatz für iCloud Drive

Spätestens wenn Sie iCloud Drive intensiver einsetzen wollen, dürften die 5 GB an kostenlosem Speicherplatz schnell verbraucht sein. Hier müssen Sie selbst entscheiden, ob Sie zusätzlichen Speicher erwerben wollen oder nicht. Die Erweiterung des Speichers könnten Sie über die **Systemeinstellungen** bei **iCloud** mit der Schaltfläche **Verwalten** und dann der Schaltfläche **Mehr Speicher kaufen** durchführen. Dort werden dann gleich die aktuellen Preise pro Monat/Jahr aufgelistet.

12.3.3 Dateien teilen via iCloud Drive

Dateien, die Sie in iCloud Drive gespeichert haben, können Sie mit anderen Personen teilen. Hierbei senden Sie den Personen einen Link zur Datei, und diese können loslegen, gemeinsam mit der Datei zu arbeiten. All dies funktioniert, ohne die Datei zu kopieren oder Anhänge und Versionen zu verwalten. Voraussetzung für die Person, mit der Sie diese Datei teilen, ist, dass sie eine Apple-ID besitzt. Im folgenden Beispiel demonstriere ich Ihnen ein solches Teilen, bei dem ein Dokument, das mit der Apple-eigenen Tabellenkalkulation *Numbers* erstellt wurde, mit einer Person zum Bearbeiten geteilt werden soll:

12

1 Wechseln Sie zu **iCloud Drive**, und wählen Sie dort eine Datei aus, die Sie mit einer anderen Person teilen wollen. Klicken Sie auf die Teilen-Schaltfläche in der Symbolleiste. Dort finden Sie den Befehl **Personen hinzufügen**, der nur bei Dateien in der iCloud zu sehen ist. Klicken Sie diesen Befehl an.

2 Entscheiden Sie zunächst, wie Sie die Einladung an diese Person senden wollen. Hierbei stehen mehrere Möglichkeiten zur Auswahl. Im Beispiel entscheide ich mich für **Mail**.

3 Klappen Sie die **Freigabeoptionen** aus, und entscheiden Sie in **Berechtigte Benutzer**, ob hier nur eingeladene Personen diese Datei verwenden dürfen oder jede Person, die den Link zur Datei kennt. Ich verwende hier **Nur eingeladene Personen**. Danach stellen Sie über **Zugriffsrecht** ein, ob die Person diese Datei bearbeiten oder nur lesen darf. Ich will hier im Team arbeiten und wähle daher **Bearbeitung erlauben**. Sind Sie mit den Einstellungen fertig, klicken Sie auf die Schaltfläche **Teilen**.

4 Im nächsten Fenster geben Sie bei **An** die E-Mail-Adresse der Person an, mit der Sie die Datei zusammen bearbeiten wollen. Klicken Sie auf die Schaltfläche **Senden**, um die Einladung an die Person zu verschicken.

5 Die eingeladene Person erhält nun diese E-Mail, in der sie die geteilte Datei als Link ❶ doppelt anklicken und öffnen kann. Es erscheint ein Hinweisdialog, der darüber informiert, von wem die einzuladende Person diese Einladung erhalten hat und wie die Datei geöffnet werden kann.

Die Person kann die Datei entweder gleich mit der Schaltfläche **Öffnen** im entsprechenden Programm (hier Numbers) öffnen oder sie mit der Schaltfläche **Später** zunächst in ihre iCloud Drive hochladen und von dort später öffnen. Im Beispiel entscheidet sich die Person gleich für das **Öffnen**.

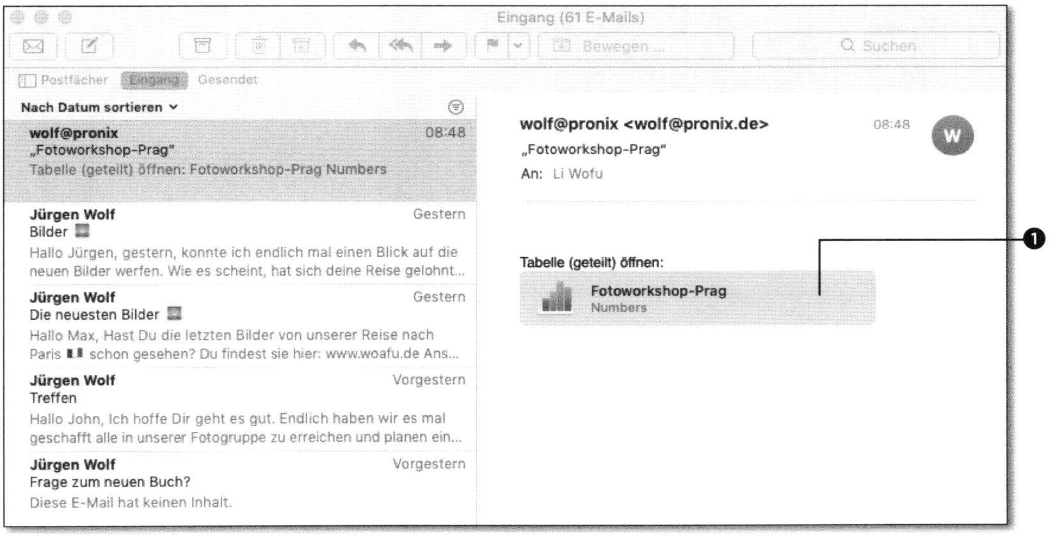

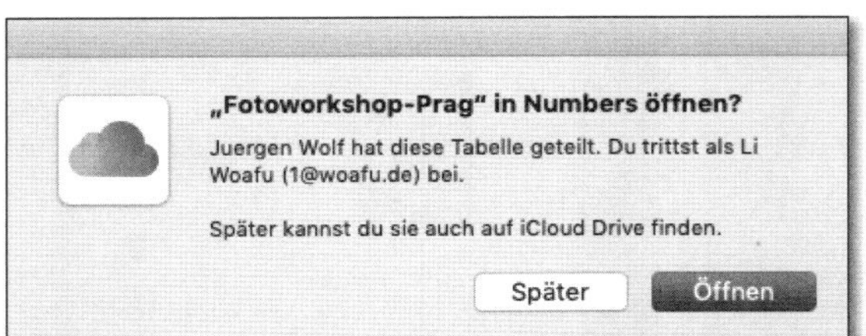

6 Die Datei wird von der eingeladenen Person mit Numbers geöffnet und kann bearbeitet werden. Mit einem Klick auf die Schaltfläche **Zusammenarbeit** können Sie den Eigentümer der Datei sehen und die Personen, die auf diese Datei zugreifen dürfen.

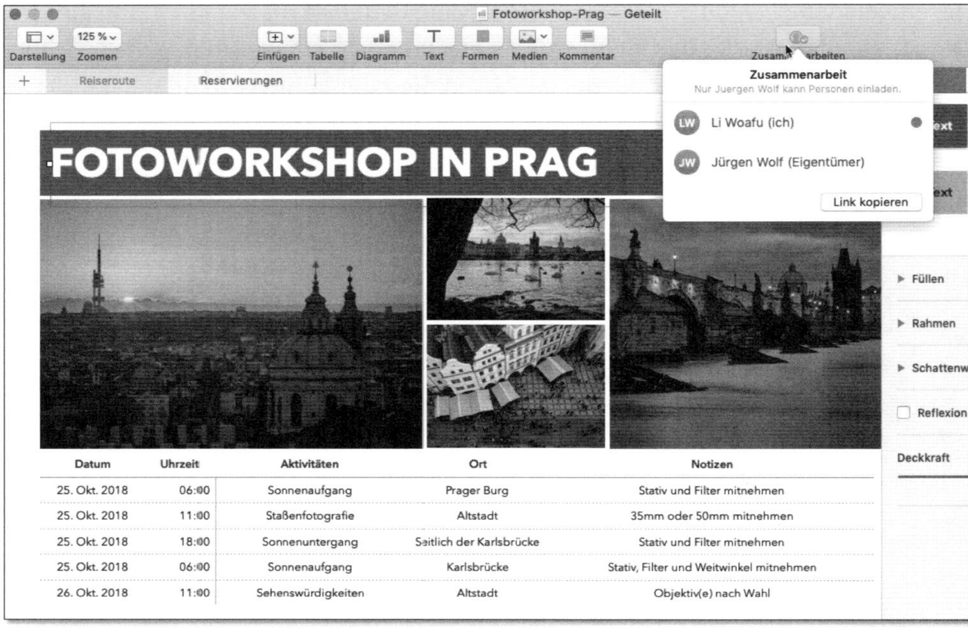

Auf diese Weise können Sie weitere Personen einladen und die Datei für eine gemeinsame Zusammenarbeit teilen. Ebenso können Sie auch andere Zugriffsrechte für einzelne Personen vergeben. So wollen Sie vielleicht mit einer Person an der Datei arbeiten, und eine andere Person soll nur lesend am Fortschritt der Arbeit teilhaben können.

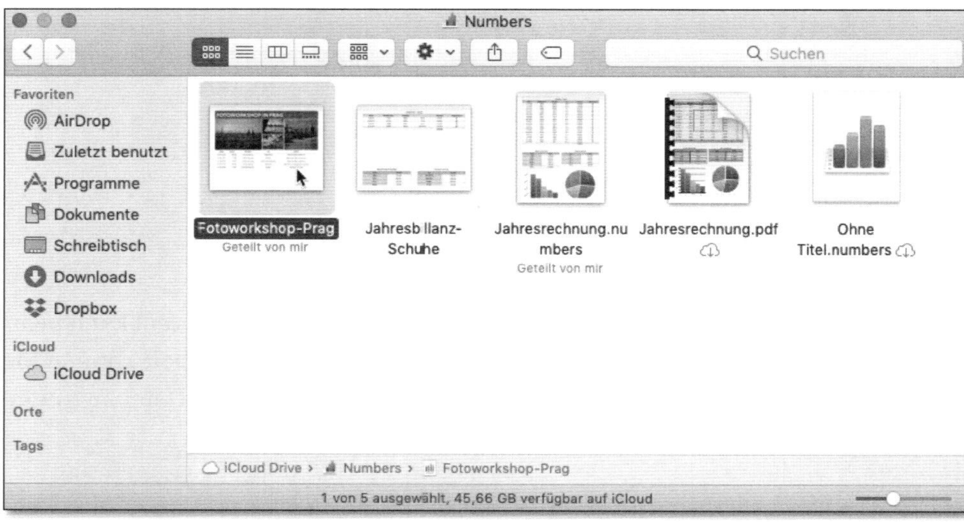

Abbildung 12.16 Geteilte Dateien erhalten eine Extrabeschriftung.

Eine Datei, die Sie teilen, erkennen Sie in der Symbolansicht an dem Zusatz **Geteilt von mir** unterhalb des Icons.

Die Personen, mit denen Sie eine Datei teilen, müssen nicht zwangsläufig auf einem Mac arbeiten. Alternativ würde hier ein moderner Webbrowser unter Windows reichen, wo die Personen sich über *iCloud.com* anmelden und das Dokument ebenfalls verwenden können.

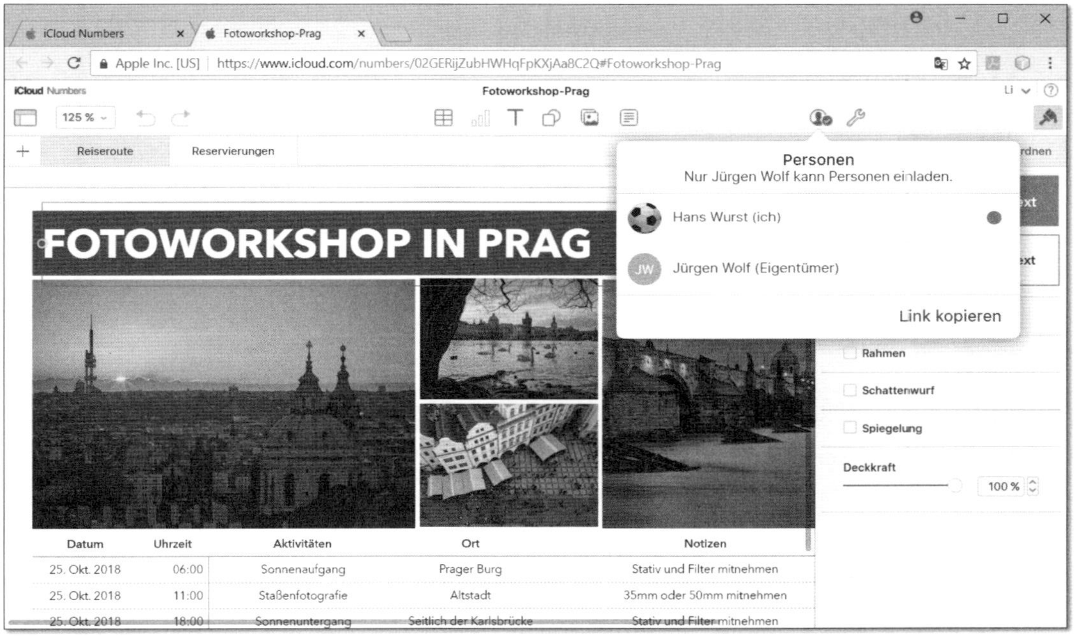

Abbildung 12.17 Ist mal kein Mac in Reichweite, können Sie mit einem modernen Webbrowser dennoch auf die iCloud und geteilte Dateien zugreifen.

Wenn Sie das Teilen einer Datei mit Personen ändern wollen, markieren Sie die entsprechende Datei und wählen in der Teilen-Schaltfläche den Befehl **Personen anzeigen** aus. Denselben Befehl erreichen Sie auch mit einem rechten Mausklick über das Kontextmenü mit **Teilen ▸ Personen anzeigen**. Im sich öffnenden Dialog können Sie über die Schaltfläche mit drei Punkten bei einer einzelnen Person die Zugriffsrechte anpassen oder mit **Zugriff entfernen** komplett das Teilen mit dieser Person beenden.

Personen, bei denen der Text **Eingeladen** steht, haben diese Einladung noch nicht angenommen. Auch die **Freigabeoptionen** können Sie hier nachträglich ändern oder mit der Schaltfläche **Teilen beenden** die Zusammenarbeit mit allen Personen beenden. Ebenso finden Sie auf diesem Weg die Schaltfläche **Personen hinzufügen**, über die Sie weitere Personen zur Zusammenarbeit einladen und hinzufügen können.

Abbildung 12.18 Verwalten geteilter Dateien einfach gemacht

12.4 iCloud in einem Browser benutzen

Den iCloud-Dienst können Sie auch unabhängig vom verwendeten Gerät online mit einem Webbrowser nutzen. Das ist recht praktisch, wenn Sie mal kein Apple-Gerät wie einen Mac, ein iPhone oder iPad in Reichweite haben. Sie benötigen lediglich einen modernen Webbrowser wie Firefox, Google Chrome, Internet Explorer oder Safari. Hierzu eine Schritt-für-Schritt-Anleitung, wie Sie die iCloud via Webbrowser verwenden können:

1 Öffnen Sie einen Webbrowser Ihrer Wahl, und geben Sie die Adresse *www.icloud.com* ein, wo Sie Ihre Login-Daten (Apple-ID und Passwort) für die iCloud eingeben können. Wenn Sie eine Zwei-Faktor-Authentifizierung verwenden, werden Sie aufgefordert, diese hier vorher durchzuführen.

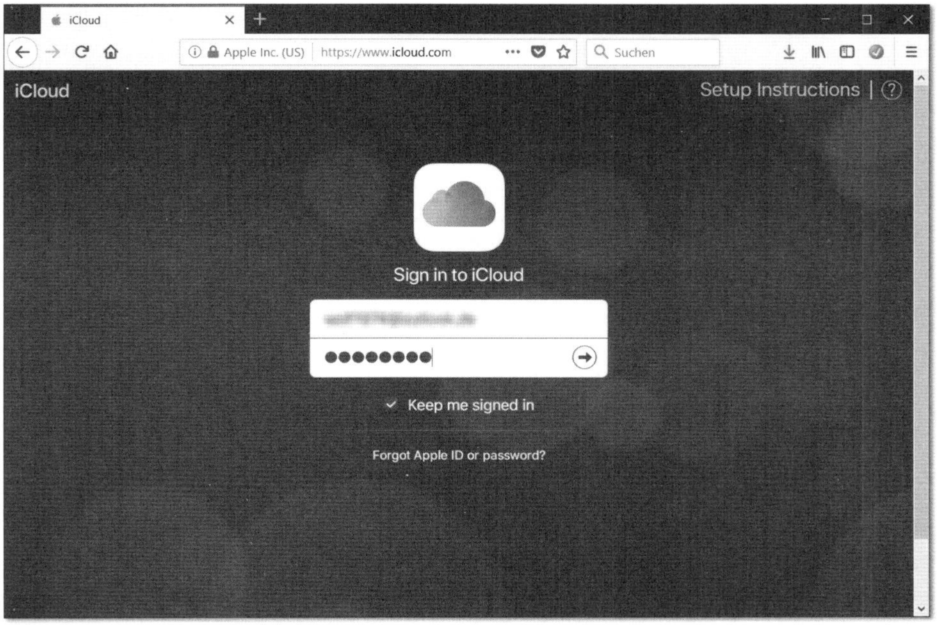

2 Auf der Startseite der iCloud-Site finden Sie eine App-Auswahl mit den bekannten Anwendungen der iCloud, wie beispielsweise Mail, Kontakte, Kalender, Fotos, iCloud Drive oder Notizen. Sehr nützlich ist hier auch der Zugriff auf die Webversionen der Office-Anwendungen Pages, Numbers und Keynote.

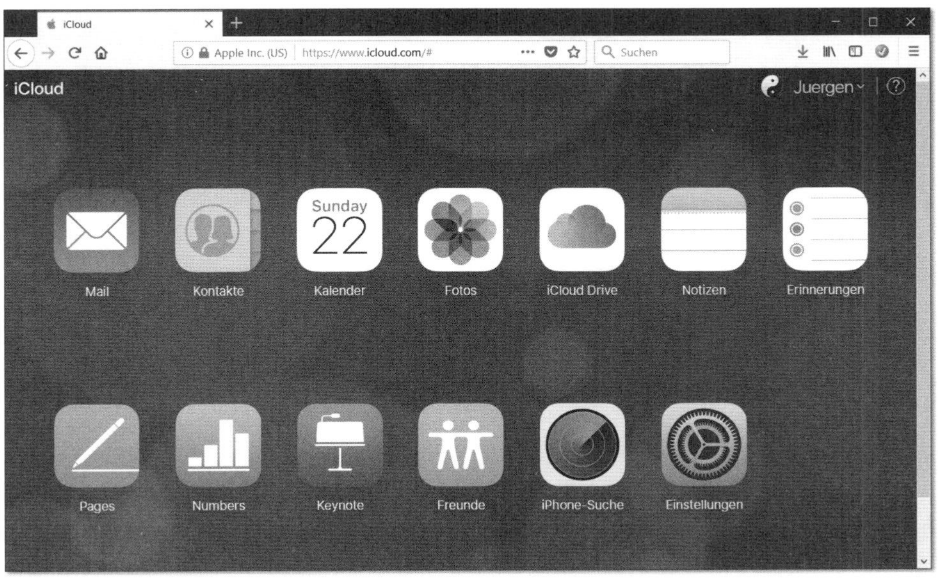

3 Klicken Sie auf das Icon der gewünschten App, lädt der Browser die Seite mit der ausgewählten App, in der Sie in der Regel genauso oder ähnlich arbeiten können, wie Sie dies vom Gegenstück auf dem Mac her kennen. Alle Änderungen, die Sie hier im Webbrowser an einer Datei in der iCloud vornehmen, wirken sich auch direkt auf die Datei der iCloud aus und stehen daher auch zur Verfügung, wenn Sie wieder auf Ihrem Mac, iPhone oder iPad weiterarbeiten.

4 Sind Sie mit der iCloud auf dem Webbrowser fertig, melden Sie sich über den Namen rechts oben mit dem Link **Abmelden** wieder ab und löschen gegebenenfalls Browsercache und Verlauf, falls Sie die iCloud auf einem öffentlichen Computer verwendet haben.

12.5 iCloud für Windows verwenden

iCloud können Sie auch für Windows verwenden, um auch vom Windows-Rechner aus Zugriff auf Fotos, Videos, E-Mails, Kalender, Dateien und andere iCloud-Dienste zu haben. Apple bietet hierfür auf *https://support.apple.com/de-de/HT204283* die komplette Anwendung zum Download an.

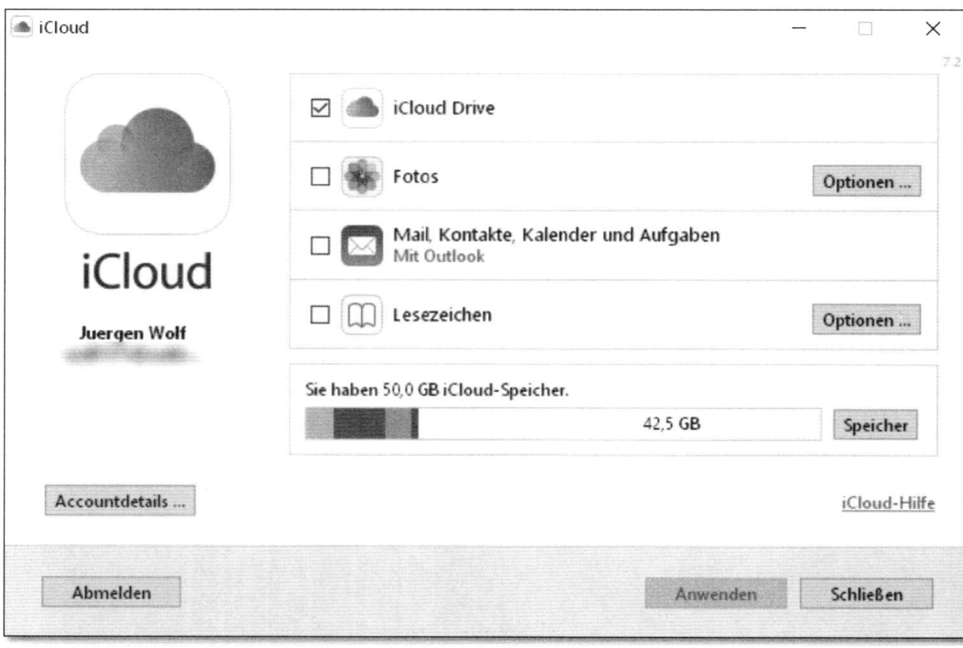

Abbildung 12.19 iCloud steht auch für Windows-Rechner zur Verfügung.

Bei der Windows-Version ist zudem noch eine Unterstützung für Outlook enthalten, falls Sie die Anwendung für E-Mails und Kalender/Termine auf Windows nutzen möchten. Hierbei werden Sie gegebenenfalls wieder eine Zwei-Faktor-Authentifizierung durchführen müssen (wenn aktiviert), um den Windows-Rechner den vertrauenswürdigen Geräten hinzuzufügen.

12.6 Die iCloud-E-Mail-Adresse

Wenn Sie sich bei iCloud angemeldet haben, erhalten Sie zusätzlich eine kostenlose E-Mail-Adresse von *iCloud.com*. Diese E-Mail-Adresse wird automatisch in den Mail-Einstellungen eingerichtet und auf einem IMAP-Mailserver gehostet. Die Mails werden gepusht, also aktiv an Ihr Gerät gesendet, auf dem Sie den Account eingerichtet haben, wodurch stets alle E-Mails auf allen Geräten sofort zur Verfügung stehen.

Auch die Signaturen, Postfächer, intelligenten Postfächer, Etiketten oder die VIP-Funktion werden zwischen den verschiedenen Geräten synchronisiert. Wollen Sie diese iCloud-E-Mail-Adresse auf einem Gerät nicht verwenden, müssen Sie in den **Systemeinstellungen** in **iCloud** das Häkchen vor **Mail** deaktivieren. Dann verschwindet die iCloud-E-Mail-Adresse in Mail.

Abbildung 12.20 Apple bietet für jede Apple-ID eine E-Mail-Adresse, die Sie auch deaktivieren können.

12.7 iCloud und die Schlüsselbundverwaltung

Die Schlüsselbundverwaltung haben Sie bereits in Abschnitt 10.4, »Passwörter in der Schlüsselbundverwaltung«, kennen- und (hoffentlich) schätzen gelernt. Mithilfe der iCloud können Sie so einen Schlüsselbund auch für andere Geräte wie iPad, iPhone oder einen anderen Mac zur Verfügung stellen und verwenden. Auch hierzu müssen Sie in die **Systemeinstellungen** von **iCloud** wechseln und die Funktion **Schlüsselbund** aktivieren.

Abbildung 12.21 Auch den Schlüsselbund können Sie in die iCloud stellen.

Sobald Sie den iCloud-Schlüsselbund aktiviert haben, sind alle Schlüsselbunde innerhalb von **Lokale Objekte** in der iCloud verfügbar, weshalb die Schlüsselbunde **Lokale Objekte** jetzt **iCloud** ❶ heißen, wenn Sie die **Schlüsselbundverwaltung** über **Programme ▸ Dienstprogramme** öffnen.

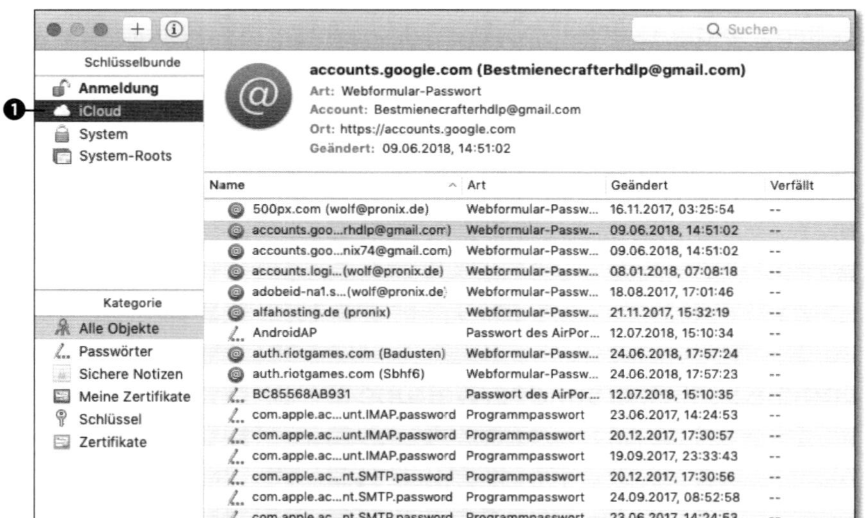

Abbildung 12.22 Aus den Schlüsselbunden »Lokale Objekte« wird jetzt »iCloud«, wenn Sie diese dort verfügbar gemacht haben.

12.8 Geräte über die iCloud orten

Um vorzubeugen, falls Ihnen ein Apple-Gerät wie Ihr Mac, iPhone oder iPad abhandenkommen sollte, ist es gut, die Option **Meinen Mac suchen** in den **Systemeinstellungen** der **iCloud** aktiviert zu lassen. Dieselbe Funktion gibt es auch für das iPhone (**Mein iPhone suchen**) oder iPad (**Mein iPad suchen**). Generell können Sie so den Standort aller Geräte ermitteln, sofern Sie diese Option aktiviert haben.

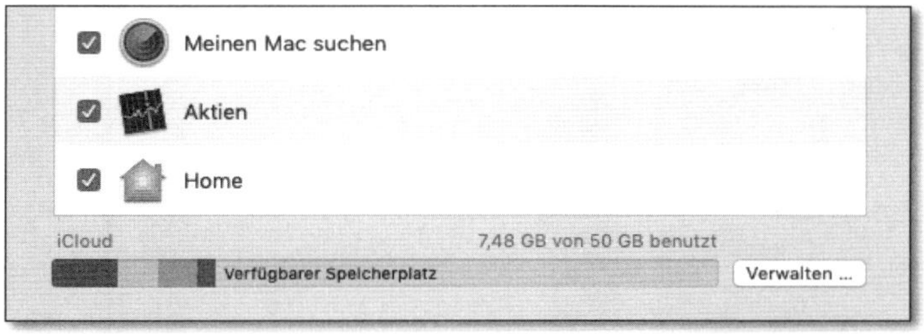

Abbildung 12.23 Den Standort von Geräten ermitteln

Entscheidend, damit ein Gerät gefunden werden kann, ist, dass das Gerät online geht. Für ein iPhone oder iPad ist dies wahrscheinlicher als für den Mac, weil Sie vermutlich einen Account eingerichtet haben, über den nur Sie sich einloggen können. Wenn Sie hingegen einen Gast-Account auf dem Mac eingerichtet haben, dann ist die Chance etwas größer, einen gestohlenen oder verlorenen Mac wiederzufinden. Die folgende Anleitung zeigt Ihnen, wie Sie nach Ihrem Gerät suchen können:

12

1. Starten Sie einen Webbrowser Ihrer Wahl, und gehen Sie auf *iCloud.com*, wo Sie sich mit Ihrer Apple-ID einloggen. Klicken Sie dort auf **iPhone-Suche**.

2. Jetzt startet die iCloud mit der Suche nach all Ihren Geräten, die eingeschaltet und mit dem Internet verbunden sind. Über das Dropdown-Menü in der Mitte können Sie die Suche auf einzelne Geräte beschränken. Im Beispiel ist das Ergebnis recht verblüffend und stimmt fast auf den Meter genau. Ein grüner Punkt bedeutet, dass das Gerät online ist, und ein grauer Punkt, dass es offline ist.

3. Wurde das vermisste Gerät gefunden, wählen Sie es auf der Landkarte aus, und klicken Sie dann auf das kleine **i**. Auf der rechten Seite erscheint ein Dialog, in dem Sie auf dem gefundenen Gerät eine von drei Aktionen ausführen können:

   Mit **Ton wiedergeben** können Sie einen lauten Ton am entsprechenden Gerät abspielen lassen. Dies ist nützlich, wenn Sie ein Gerät im Haus verlegt haben. Der Ton wird so lange abgespielt, bis Sie einen Dialog auf dem Gerät mit **OK** bestätigen.

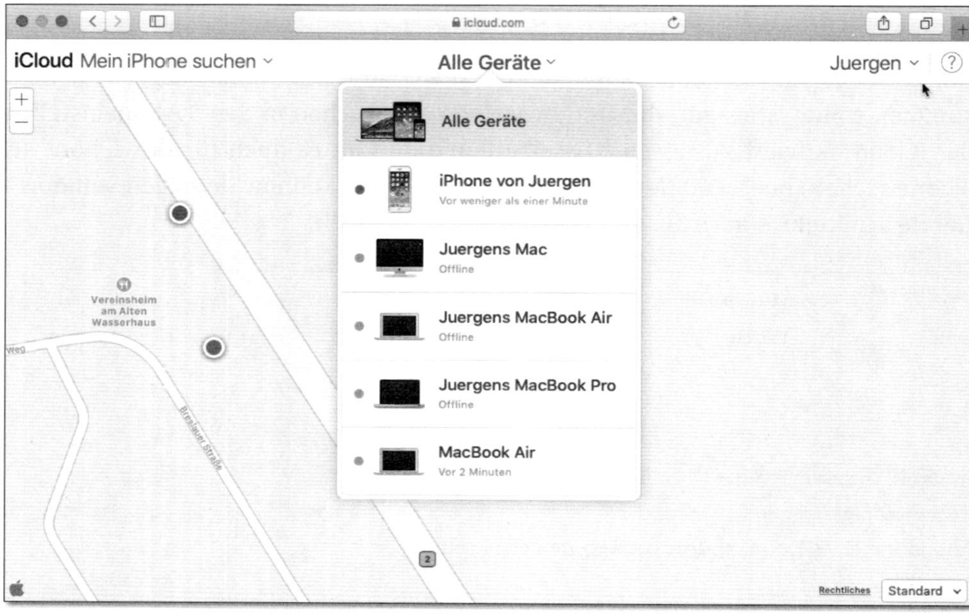

4 Den Modus **Verloren** (iPhone) oder **Sperren** (Mac) sollten Sie nur dann aktivieren, wenn das Gerät wirklich weg ist. Damit werden sämtliche Funktionen auf dem Gerät gesperrt. Außerdem wird eine Information mitsamt der hinterlegten E-Mail-Adresse auf dem Gerät angezeigt.

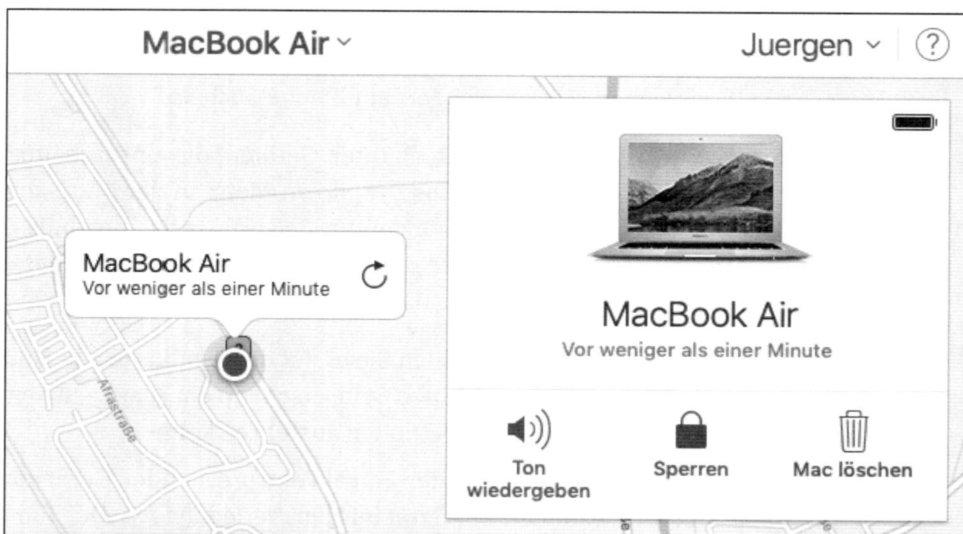

5 Die letzte Option ist, das Gerät zu löschen. Dies kann sinnvoll sein, wenn sich auf dem Gerät wirklich brisante oder wichtige Daten befinden, die auf keinen Fall in die falschen Hände geraten sollten.

12.9 Handoff – vom Mac zu den mobilen Geräten und zurück

Mit der Handoff-Funktion können Sie eine Arbeit auf einem Gerät (Mac, iPhone oder iPad) beginnen und an derselben Stelle mit einem anderen Gerät fortsetzen. Haben Sie beispielsweise mit Safari auf dem iPhone einen interessanten, aber langen Artikel zum Lesen gefunden und wollen ihn auf dem Mac weiterlesen, dann ist dies mit Handoff kein Problem. Gleiches funktioniert mit vielen anderen Apps von Apple wie Mail, Kalender, Kontakte, Pages, Keynote, Erinnerungen oder Nachrichten, wo Sie mit Arbeiten auf einem Gerät angefangen haben und auf einem anderen Gerät fortfahren können. Praktisch auch bei der Karten-App, wo Sie am heimischen Rechner eine Route planen können, die Sie dann unterwegs mit dem iPhone weiterverwenden.

1 Voraussetzung für Handoff ist, dass Sie bei Ihren Geräten Bluetooth und WLAN in den Systemeinstellungen aktiviert haben. Ebenso müssen die Geräte in der iCloud mit derselben Apple-ID angemeldet sein. Zusätzlich benötigen Sie hierfür einen aktuelleren Mac mit einem Baujahr ab Mitte 2012. Mit Macs ab 2013 klappt es auf jeden Fall.

2 Als Nächstes müssen Sie Handoff aktivieren. Dies können Sie über die **Systemeinstellungen** tun, indem Sie im Register **Allgemein** vor der Option **Handoff zwischen diesem Mac und deinen iCloud-Geräten erlauben** ein Häkchen setzen. Wenn diese Option bei Ihnen nicht angezeigt werden sollte, wird Handoff auf diesem Gerät nicht unterstützt. Auf den mobilen Geräten wie dem iPad oder iPhone können Sie die Handoff-Funktion über **Einstellungen ▸ Allgemein ▸ Handoff** aktivieren.

3 **Handoff von einem Mac zu einem iOS-Gerät:** Das Handoff-Symbol der App, die Sie auf dem Mac verwendet haben, wird beim iPhone oder iPad im Multitasking-Bildschirm, den Sie gewöhnlich verwenden, um zwischen Apps zu wechseln, unten ❶ angezeigt. Wenn Sie auf diesen App-Banner tippen, führen Sie die App auf dem mobilen Gerät fort. Der Multitasking-Bildschirm wird gewöhnlich via Doppelklick auf dem Home-Button aufgerufen.

4 **Handoff von einem iOS-Gerät zu einem Mac:** Das Symbol der App, das Sie auf dem iPhone oder dem iPad verwendet haben, wird auf dem Mac links im Dock ❷ eingeblendet. Hier ist es ebenfalls eine Webseite, die in Safari auf einem iPhone gelesen wird. Klicken Sie auf das Symbol, um auf dem Mac mit der Arbeit vom iOS-Gerät fortzufahren, was hier das Weiterlesen der auf dem iPhone geöffneten Webseite in Safari auf dem Mac wäre.

Wenn Sie Handoff aktiviert haben, können Sie auch eine universelle Zwischenablage zwischen den Geräten nutzen. Kopieren Sie beispielsweise Text, Bilder oder Videos von einem Gerät mit `cmd` + `C` oder **Bearbeiten ▸ Kopieren** in die Zwischenablage, steht Ihnen diese Zwischenablage auf allen anderen Geräten zur Verfügung, wo Sie den Inhalt mit `cmd` + `V` oder **Bearbeiten ▸ Einsetzen** einfügen können. Erst beim Einfügen wird die Datei via WLAN zwischen den Geräten übertragen. Beim Kopieren von größeren Dateien, wie beispielsweise Videos, erscheint daher ein kleiner Verlaufsbalken, der Sie über den Fortschritt informiert. Nicht immer läuft das Kopieren von einem Gerät zum anderen reibungslos ab. Dies hängt auch vom Dateiformat ab, das Sie in die Zwischenablage kopiert haben. Wollen Sie hierbei in Erfahrung bringen, was sich da überhaupt in der Zwischenablage befindet, finden Sie im Finder einen entsprechenden Befehl mit **Bearbeiten ▸ Zwischenablage einblenden**.

12.10 Noch mehr mit der iCloud

Wie bereits häufiger erwähnt, (de-)aktivieren Sie die Dienste bzw. Programme, die mit der iCloud zusammenarbeiten, über die **Systemeinstellungen** der **iCloud**. In diesem Kapitel wurden bereits einige dieser Dienste etwas genauer erläutert. Andere Dienste wiederum werden in den kommenden Kapiteln noch behandelt. Trotzdem soll hier noch ein kurzer Überblick über die in diesem Kapitel nicht näher behandelten Dienste der iCloud gegeben werden.

12.10.1 Fotos

Wenn Sie die iCloud zusammen mit dem Programm Fotos verwenden, können Sie sicherstellen, dass alle Bilder auf den verschiedenen Geräten wie dem Mac, iPhone oder iPad abgeglichen werden und überall zur Verfügung stehen. Damit ist keine Sucherei mehr nach Bildern auf einzelnen Geräten nötig.

12.10.2 Kontakte

Sind die Kontakte bei den iCloud-Einstellungen aktiviert, werden die Kontakte im Adressbuch des iPhones, iPads oder Macs untereinander synchronisiert. Alle neu hinzugefügten Kontakte werden sofort über das Internet zur iCloud und von dort zu den anderen Geräten übertragen.

12.10.3 Kalender

Auch mithilfe der iCloud-Funktion von Kalender sorgen Sie dafür, dass alle Termine und Kalendereinträge auf die iCloud übertragen und von dort mit allen Geräten abgeglichen werden, die mit derselben Apple-ID angemeldet sind. Damit haben Sie einen perfekten Datenabgleich von Kalendereinträgen auf den verschiedenen Geräten wie Mac, iPhone und iPad parat.

12.10.4 Erinnerungen

Ebenso lassen sich Erinnerungen in der iCloud auf den verschiedenen Systemen synchronisieren. Wenn Sie die Mülltonnen rausgestellt und die Erinnerung auf dem iPhone als erledigt markiert haben, dann wird diese Aufgabe auch auf allen anderen Geräten als erledigt markiert, auf denen Sie mit derselben Apple-ID angemeldet sind und den Erinnerungen-Dienst der iCloud aktiviert haben.

12.10.5 Safari

Wenn Sie Safari mit der iCloud verwenden, hat dies nur Vorteile, weil dann die Lesezeichen, Leselisten und der Browserverlauf auf allen Geräten synchronisiert werden, an denen Sie mit derselben Apple-ID angemeldet sind. Dies ist praktisch, wenn Sie unterwegs mit dem iPhone oder iPad eine interessante Seite zum Lesen gefunden haben, um diese dann auch auf dem heimischen Mac parat zu haben.

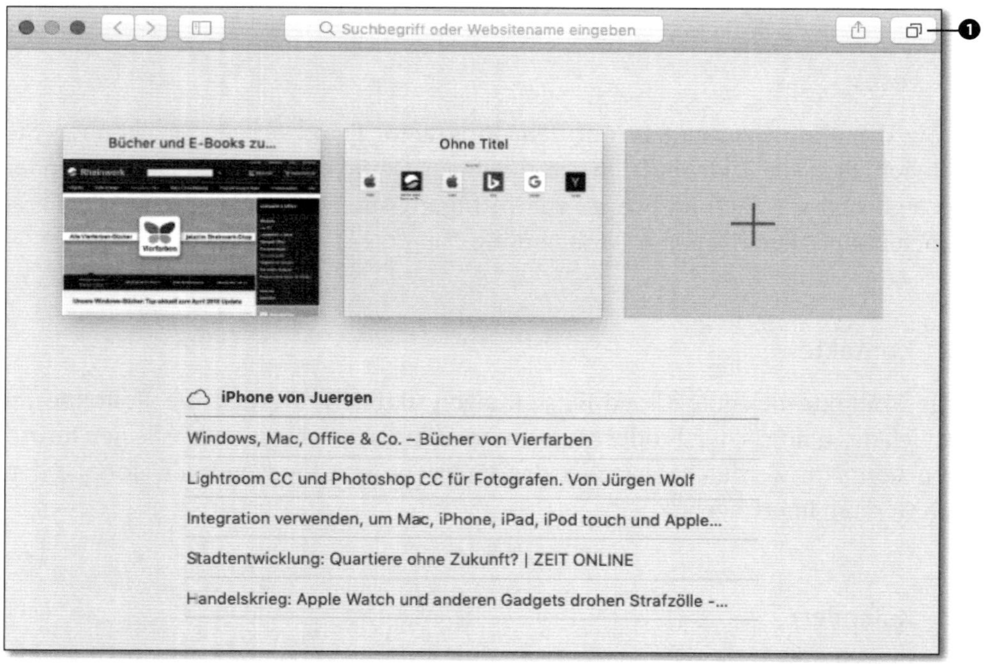

Abbildung 12.24 iCloud-Tabs synchronisiert geöffnete Fenster in Safari zwischen den Geräten.

Eine weitere nützliche Funktion im Zusammenspiel von Safari und der iCloud sind die iCloud-Tabs, womit geöffnete Fenster bzw. Tabs in Safari zwischen den Geräten synchronisiert werden. Wenn Sie beispielsweise eine Webseite auf einem Gerät geöffnet haben und diese Seite auf einem anderen Gerät öffnen wollen, müssen Sie nur auf das Tab-Symbol ❶ in Safari klicken, und schon sehen Sie eine Auflistung der iCloud-Tabs.

12.10.6 Notizen

Wenn Sie Notizen in der iCloud verwenden und eine neue Notiz erstellen, wird diese Notiz auf allen anderen Geräten verfügbar sein, auf denen Sie diese iCloud-Einstellung aktiviert haben und mit derselben Apple-ID angemeldet sind.

12.10.7 Aktien

Wenn Sie die Aktien-App unter iOS (oder einem anderen Mac) verwenden und sichergehen wollen, dass Sie die Einstellungen nicht verlieren bzw. überall dieselbe Übersicht haben wollen, sollten Sie auch diese iCloud-Einstellung aktivieren.

12.10.8 Home

Wenn Sie im Besitz von HomeKit-kompatiblem Zubehör wie Lampen, Steckdosen oder anderen Geräten sind und diese nicht nur vom Mac, sondern auch mit anderen iOS-Geräten steuern wollen (oder auch umgekehrt), empfiehlt es sich auch hier, die iCloud zu aktivieren. Auf diese Weise haben Sie immer die gleichen Geräte oder Szenen auf allen macOS- und iOS-Geräten zur Verfügung und müssen nicht (wieder) alles neu einrichten.

13 Mit Siri im Internet unterwegs

Seit macOS Sierra (10.12) hat auch der smarte Sprachassistent Siri Einzug auf dem Mac gehalten. Wenn Sie Siri bereits auf mobilen Geräten wie iPhone, iPad oder Apple TV verwenden, wissen Sie, dass Siri Anweisungen ausführt, die Sie ihm verbal gegeben haben. Wer den Umgang mit Siri etwas übt, der findet darin einen wirklich klugen Helfer, der Ihnen bei der Arbeit mit dem Mac Zeit sparen kann.

Auch an dieser Stelle gilt, wie schon bei der iCloud: Für die Verwendung von Siri benötigen Sie eine Internetverbindung. Besteht keine Internetverbindung, erhalten Sie nur die Meldung, dass Siri nicht verfügbar ist, da keine Verbindung zum Internet besteht.

Abbildung 13.1 Wenn es mit Siri klappen soll, benötigen Sie eine Internetverbindung.

13.1 Siri einrichten und benutzen

Um Siri verwenden zu können, müssen Sie diese Funktion auf dem Mac einschalten. Normalerweise ist Siri aktiviert und rechts oben in der Menüleiste des Bildschirms als Menulet-Symbol oder über das Dock zu sehen und kann hierüber auch gestartet werden.

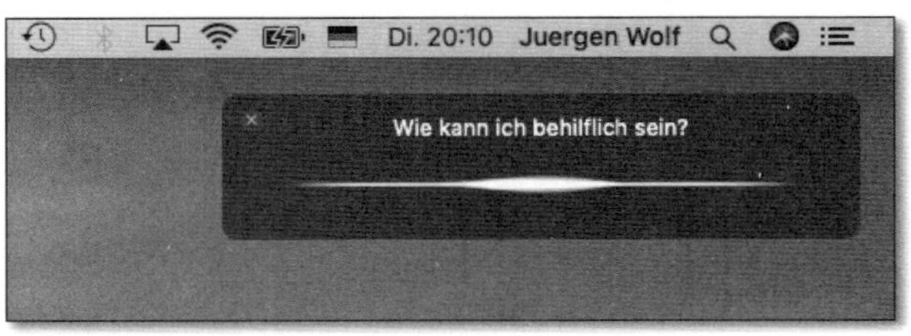

Abbildung 13.2 Siri starten über das Menulet

Abbildung 13.3 Siri starten über das Dock

Wenn Sie Siri deaktiviert haben, können Sie diese Funktion in den **Systemeinstellungen** von **Siri** einschalten und anpassen. Hierbei muss ein Häkchen vor **»Siri fragen« aktivieren** gesetzt sein. Auch weitere Optionen, wie etwa die **Sprache**, die **Siri-Stimme**, ob Sie **Sprachausgabe** haben wollen oder nicht und mit welchem Tastaturkürzel Sie Siri starten wollen, können Sie hier noch anpassen. Bei **Tastaturkurzbefehl** verwende ich die Standardeinstellung, um Siri aufzurufen, bei der ich die [cmd]-Taste und die Leertaste gedrückt halte. Tippen Sie hingegen [cmd] + Leertaste nur kurz an, rufen Sie die Spotlight-Suche auf. Somit liegen beide Tastenkombinationen auf denselben Tasten.

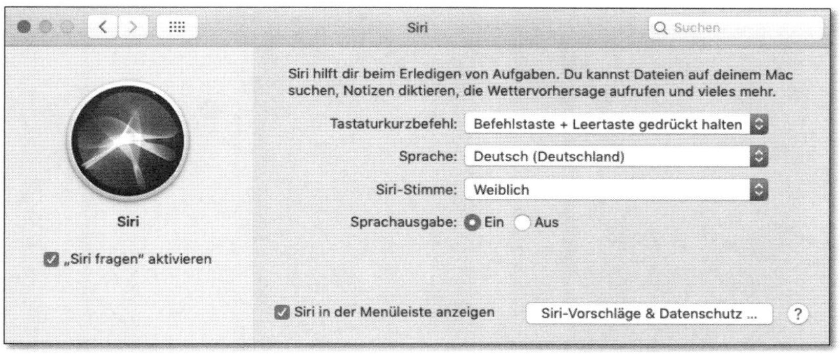

Abbildung 13.4 Siri (de-)aktivieren und Einstellungen dafür vornehmen

TIPP

»Das habe ich leider nicht verstanden«

Ein gutes und richtig positioniertes Mikrofon ist obligatorisch, damit Siri Sie versteht. Beim iMac und den MacBooks ist dies in der Regel gegeben. Besitzer von Mac Pro und Mac mini müssen hier auf ein externes Mikrofon setzen. Neben der Qualität des Mikrofons hängt die Sprachsteuerung auch von den Störgeräuschen der Umgebung ab.

1 Wenn Sie Siri aktiviert haben, können Sie das Menulet-Symbol in der Menüleiste, das Icon im Dock oder das entsprechende Tastaturkürzel, sofern Sie eines eingerichtet haben, zum Starten von Siri verwenden. Nun erscheint die Funktion von Siri mit: »Wie kann ich behilflich sein?«

2 Jetzt können Sie Siri nach verschiedenen Sachen fragen. Fragen Sie beispielsweise: »Wie wird das Wetter in Augsburg heute?«, erhalten Sie eine entsprechende Antwort dazu. Zusätzlich finden Sie am Ende der Antwort häufig einen Link zu den Informationen, über den Sie mehr dazu in Safari anzeigen lassen können.

3 Über das Plussymbol ❶ können Sie viele dieser Informationen gleich der Mitteilungszentrale hinzufügen, die Sie beispielsweise über ihr Menulet-Symbol ❷ rechts oben einblenden können. Bei Sportergebnissen haben Sie hiermit immer den aktuellen Spielstand oder beim Wetter das aktuelle Wetter in der Mitteilungszentrale parat. Die Suche nach Informationen mit Siri und das Hinzufügen zur Mitteilungszentrale sind nicht nur auf das Internet beschränkt und lassen sich auch bei einer Suche nach Dateien oder Ordnern der lokalen Festplatte anwenden.

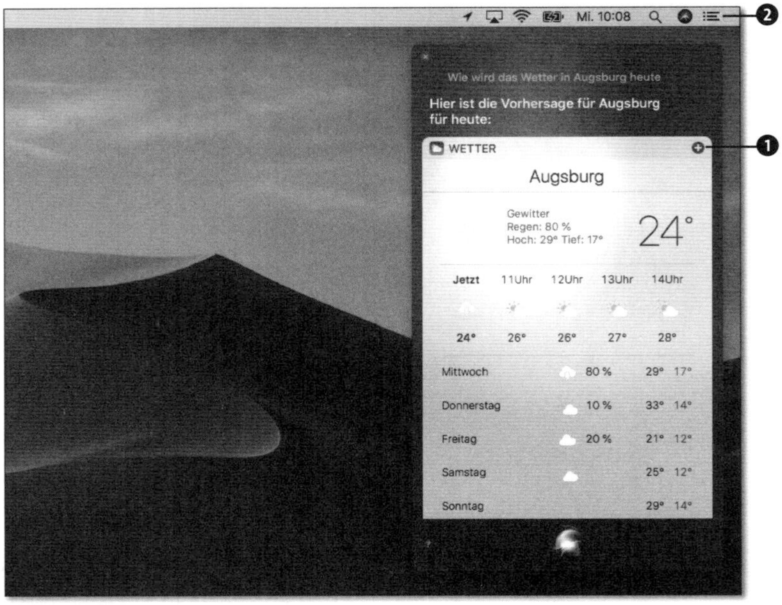

4 Siri bleibt im Vordergrund, bis Sie auf das kleine **x**-Symbol links oben klicken oder [Esc] drücken. Wollen Sie eine weitere Frage stellen, klicken Sie auf das Siri-Symbol ❸ oder drücken die entsprechend eingestellte Tastenkombination. Im Beispiel habe ich Siri die Anweisung »Bluetooth einschalten« gegeben, die es sofort ausführt. Auch hier finden Sie einen weiteren Link dazu, der die entsprechenden Einstellungen (hier **Bluetooth**) in den **Systemeinstellungen** öffnet.

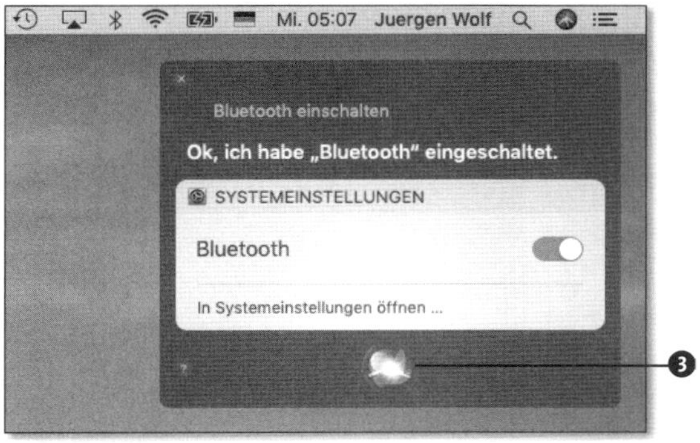

5 Eine direkte Suche im Internet können Sie beispielsweise folgendermaßen formulieren: »Suche im Internet nach Rheinwerk Verlag.« Eine direkte Frage wie »Wie hoch ist die Zugspitze?« funktioniert natürlich auch. Wollen Sie einfach nur Videos ansehen, probieren Sie es mit: »Zeige mir lustige Videos.« Auch Apps können Sie jederzeit starten, indem Sie beispielsweise sagen: »Starte iTunes.« Oder sagen Sie: »Starte Capture One 11.«

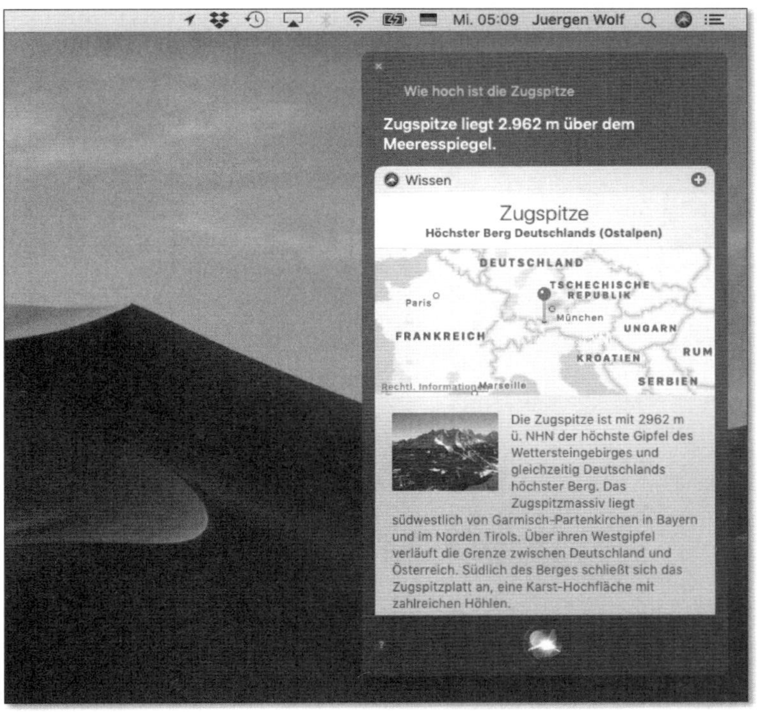

6 Hat Siri Ihre Anweisungen nicht richtig verstanden oder wollen Sie eine Anweisung nachbearbeiten, können Sie das Textfeld mit der Anweisung anklicken, sie nachträglich editieren und mit [↵] erneut ausführen lassen.

7 An dieser Stelle empfehle ich Ihnen, mit Siri zu experimentieren. Siri kann in der Tat eine Menge und Ihnen den Alltag enorm erleichtern. Wollen Sie wissen, wobei und wie Ihnen Siri behilflich sein kann, stellen Sie die Frage: »Was kannst du alles, Siri?« Oder sagen Sie einfach: »Hilfe«, und Sie erhalten zahlreiche Beispiele, was Sie mit Siri machen können.

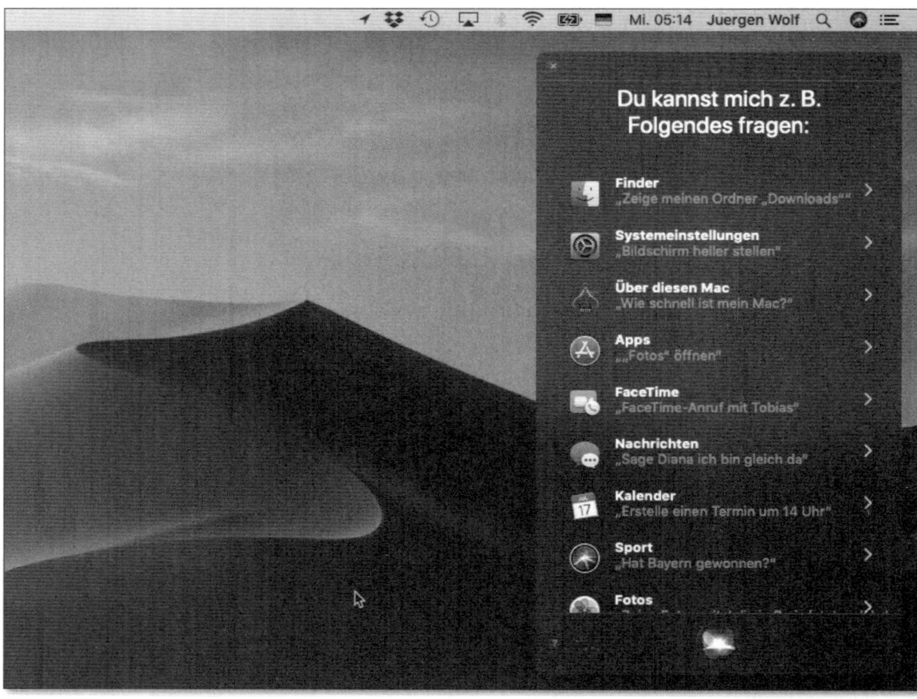

Im Verlauf des Buches werden wir das ein oder andere Mal bei einer passenden Funktion auf Siri zurückgreifen.

13.2 Suchen nach Dateien mit Siri

Mit Siri können Sie auch nach Dateien suchen. Wollen Sie beispielsweise alle Dateien auflisten lassen, die Sie in dieser Woche geöffnet haben, sagen Sie einfach: »Zeige mir alle Dokumente, die ich in dieser Woche geöffnet habe.« Oder sagen Sie: »Zeige mir alle Dateien, die ich heute angelegt habe«, und Siri startet die Finder-Suche dazu und listet die Ergebnisse auf. Scrollen Sie hier ganz nach unten, finden Sie eine weitere Option, über die Sie **Alle xxx Ergebnisse im Finder anzeigen** lassen können. Ebenso können Sie die gefundenen Dateien mit einem Doppelklick öffnen.

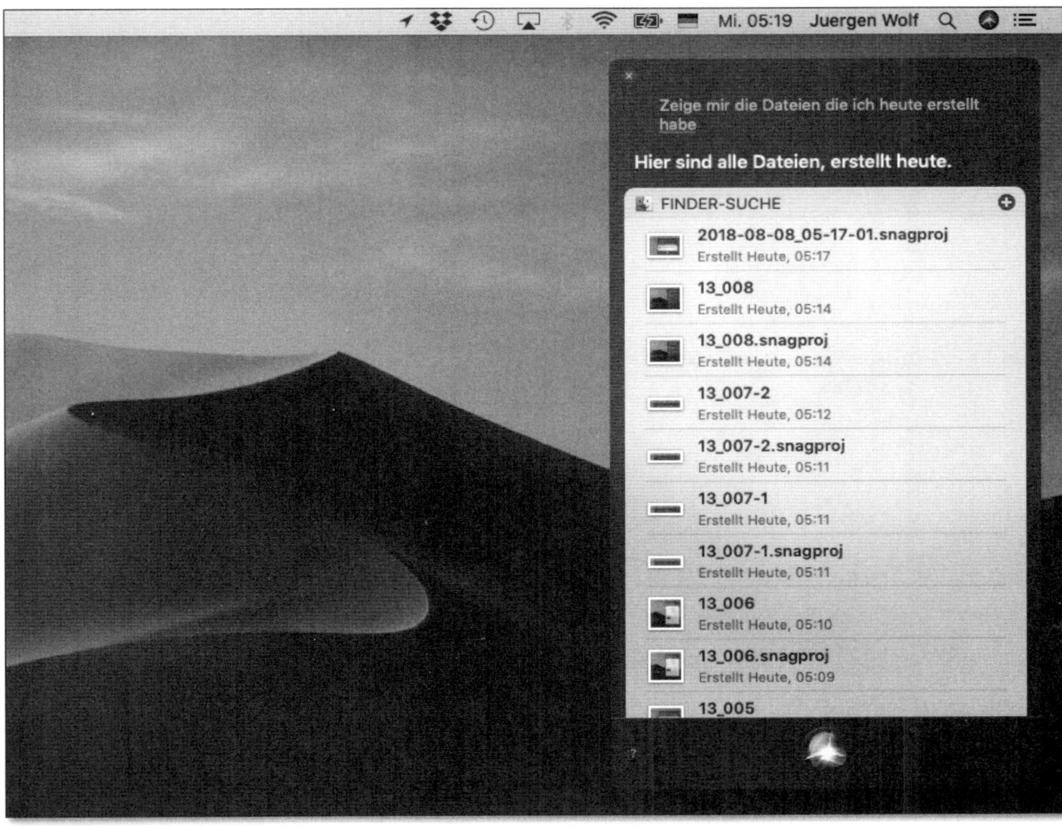

Abbildung 13.5 Auf der Suche nach Dateien mit Siri

13

Sie können hier auch spezifischer werden und eine Anweisung vorgeben wie: »Suche Dateien mit dem Titel Prag.« Als Antwort erhalten Sie eine Auflistung aller Dateien, die den Titel *Prag* im Dateinamen enthalten. Sie können auch nach bestimmten Ordnern suchen, beispielsweise mit: »Suche den Ordner Meine Dateien.« Ebenso können Sie einen eindeutigen Ordner mit »Öffne den Ordner Meine Dateien« in einem neuen Finder-Fenster öffnen lassen.

13.3 Dateien im Internet suchen und speichern

Ebenfalls hilfreich ist die Internetsuche nach Informationen wie Bildern (beispielsweise »Suche Bilder im Internet von Augsburg«), wobei Sie die gefundenen Dateien per Drag & Drop in ein Finder-Fenster, in Mail oder auf den Schreibtisch ziehen können. Gleiches können Sie auch machen, um beispielsweise bei einer Suche nach einem Restaurant oder öffentlichen Ereignis den Standort per Drag & Drop aus der Karte auf eine andere Anwendung, wie beispielsweise Mail oder Pages, zu ziehen.

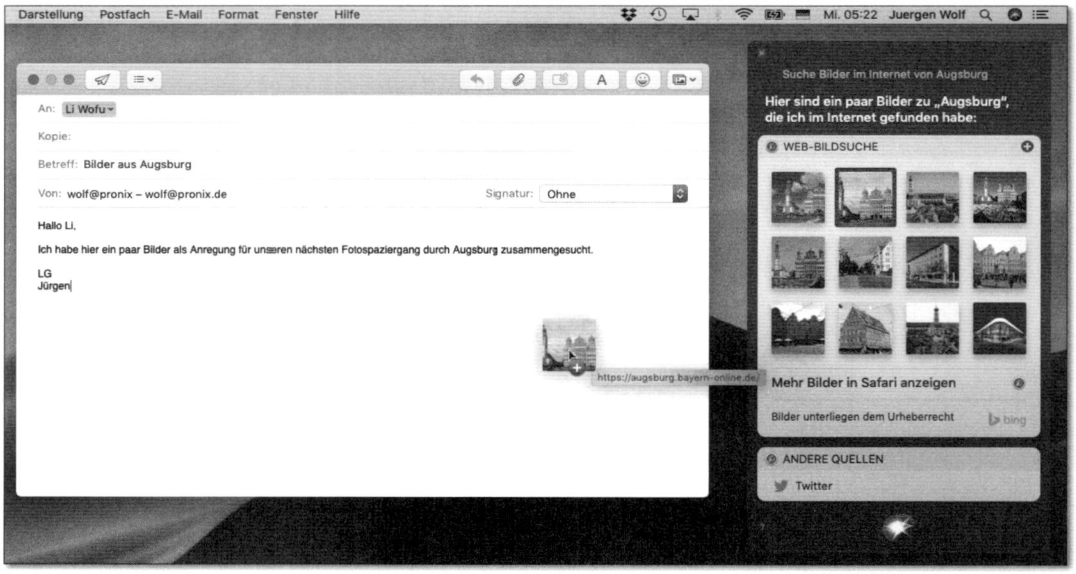

Abbildung 13.6 Nach Dateien oder Daten im Internet suchen und sie weitergeben

13.4 Kommunikation mit der Außenwelt

Auch das Schreiben von E-Mails, das Posten von Twitter- oder Facebook-Nachrichten ist mit Siri problemlos möglich. In der folgenden Anleitung wird eine E-Mail mithilfe von Siri versendet:

1. Starten Sie Siri, und geben Sie folgende Anweisung: »Sende E-Mail an [Person] wegen Fotoworkshop.« Kurz darauf wird automatisch die E-Mail-Adresse der erwähnten Person (sofern vorhanden) in **An** gesetzt, und als **Betreff** wird »Fotoworkshop« verwendet.
2. Siri fragt nach, was im Inhalt der E-Mail stehen soll. Sagen Sie Ihren Text auf, und Siri füllt den Inhalt damit auf.
3. Als Nächstes fragt Siri, ob es die E-Mail senden soll, was Sie mit »Ja« bzw. »Senden« bestätigen können. Wenn Sie zu lange zum Antworten gebraucht haben, können Sie auch auf das Siri-Symbol klicken und »Senden« sagen. Sind Ihnen beim Diktieren Ihrer E-Mail ein paar Versprecher unterlaufen oder wollen Sie diese vor dem Versenden noch anpassen, müssen Sie die E-Mail anklicken und im Mail-Fenster nachbearbeiten.

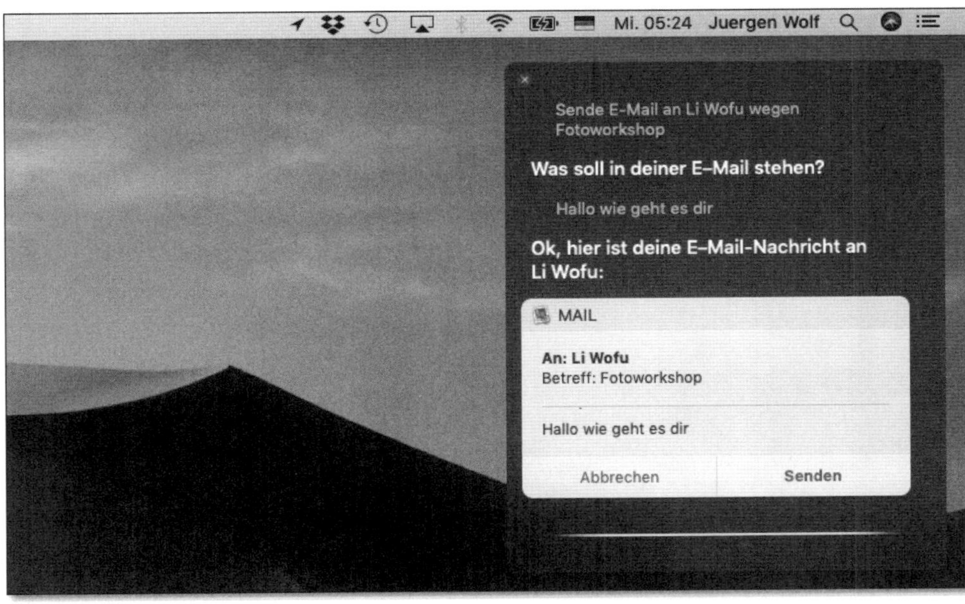

13

13.5 Passwortabfrage mit Siri

Sie können Siri auch nach einem bestimmten Passwort fragen. Wenn Sie beispielsweise fragen: »Wie lautet mein Passwort für Amazon.de?«, wird Siri die Passwörter von den Safari-Einstellungen öffnen. Natürlich bleibt es dabei, dass die Passwörter gesperrt sind und Sie den Bereich wie gehabt vorher entsperren müssen. Dann aber erhalten Sie das gewünschte Passwort.

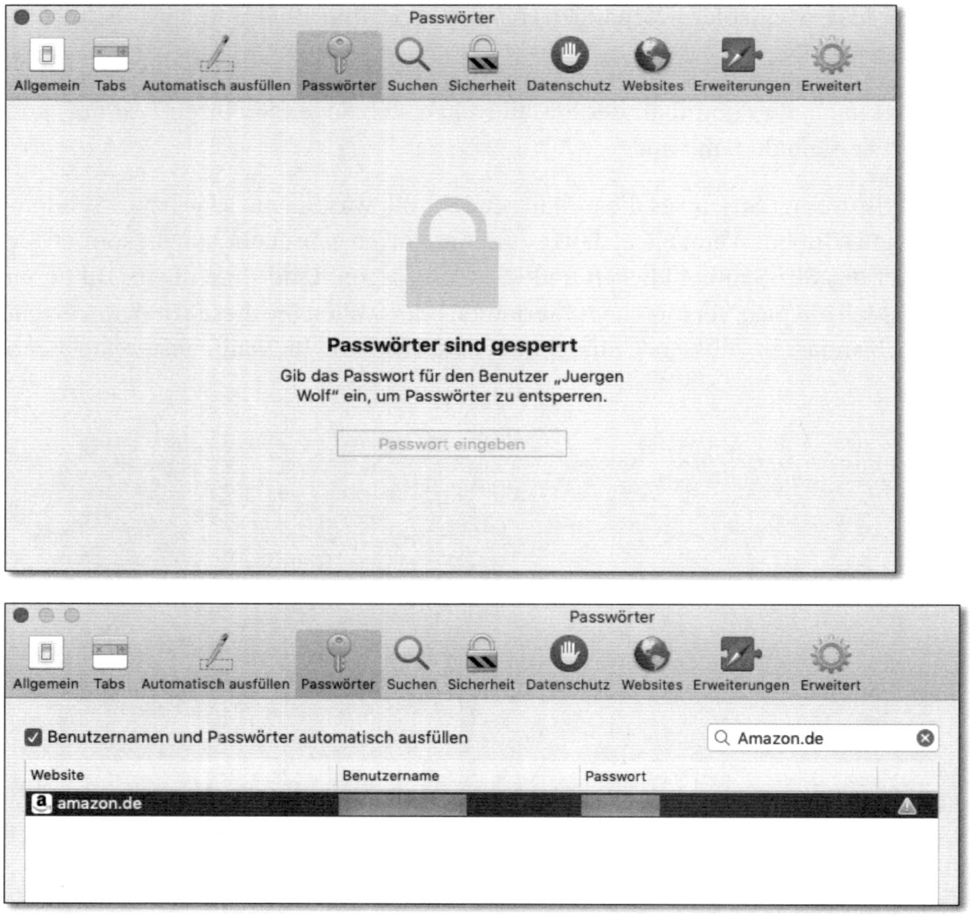

Abbildung 13.7 Auch Passwörter können Sie mit Siri abfragen. Vorher müssen Sie aber den Bereich wie gehabt entsperren.

14 Nachrichten und Videotelefonie

In diesem Kapitel werden die Kommunikationsprogramme Nachrichten und FaceTime von Apple ausführlicher behandelt. Mit diesen Programmen können Sie mit Freunden und Bekannten chatten oder einen Video- oder Audioanruf tätigen. Da beide Programme nur von Apple-Geräten unterstützt werden, finden Sie am Ende noch einen kurzen Ausblick auf die weiter verbreiteten Alternativen WhatsApp und Skype.

Alle hier im Kapitel beschriebenen Anwendungen benötigen eine Internetverbindung. Bei der Videotelefonie ist es sinnvoll, wenn ein etwas schnelleres Internet vorhanden ist, sonst macht die Sache keinen Spaß, weil es Aussetzer im Ton gibt oder nur ein matschiges Videobild zu sehen ist.

14.1 Nachrichten

Das Programm Nachrichten ist ein Chat-Programm zur Kommunikation mit anderen Mac-Anwendern und Besitzern mobiler iOS-Geräte. Bei Anwendern mobiler Geräte wie dem iPhone oder iPad werden die Nachrichten an *iMessage* gesendet. Die Antworten von iMessage auf den mobilen Geräten wiederum werden an Ihren Mac gesendet. Diese Kommunikation von Apple-Geräten via Nachrichten und/oder iMessage ist kostenlos.

Abbildung 14.1 Das Programm-Icon für Nachrichten im Dock

Wenn Sie zusätzlich zum Mac auch ein iPhone oder iPad besitzen und dort mit derselben Apple-ID eingeloggt sind, werden die Nachrichten automatisch angeglichen, und Sie können die Kommunikation auf einem Gerät Ihrer Wahl fortführen. Die Unterhaltungen bleiben auf allen Geräten synchron. Haben Sie *Handoff* auf dem mobilen Gerät und dem Mac aktiviert, können Sie eine Nachricht auf dem einen Gerät anfangen und bei Bedarf auf dem anderen Gerät fortführen. Auf den mobilen Geräten schalten Sie Handoff in **Einstellungen** über **Allgemein ▸ Handoff** ein. Beim Mac finden Sie diese Option in den **Systemeinstellungen** von **Allgemein** mit **Handoff zwischen diesem Mac und deinen iCloud-Geräten erlauben**. Damit es mit Handoff klappt, ist es wichtig, dass beide Geräte im selben WLAN sind und Sie Bluetooth aktiviert haben. Mehr zu Handoff haben Sie bereits in Abschnitt 12.9, »Handoff – vom Mac zu den mobilen Geräten und zurück«, erfahren.

Abbildung 14.2 Bei aktiviertem Handoff können Sie eine Nachricht auf einem Gerät anfangen und auf einem anderen Gerät fortführen.

Zusätzlich können Sie, wenn Sie ein iPhone besitzen, hiermit auch am Mac gleich Anrufe annehmen oder im Mobilnetz telefonieren. Voraussetzung dafür ist allerdings vorhandener Mobilfunktarif.

14.1.1 Eine einfache Nachrichten-Kommunikation starten

Die Verwendung von Nachrichten ist recht einfach und sollte niemanden überfordern. Trotzdem gibt es hierzu eine kurze Schritt-für-Schritt-Anleitung:

1 Starten Sie Nachrichten entweder über das Programmsymbol im Dock oder im *Programme*-Ordner.

2 Beim allerersten Start müssen Sie sich eventuell mit der **Apple-ID** und dem **Passwort** anmelden.

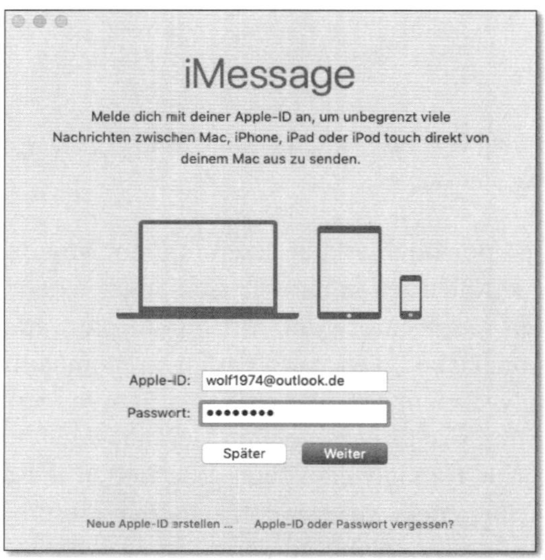

3 Klicken Sie auf das Icon für eine neue Nachricht ❶.

4 Geben Sie in das Feld **An** ❷ den Empfänger ein. Wenn Sie einen Anfangsbuchstaben eintippen, wird häufig schon eine Reihe von Vorschlägen mit Personen aufgelistet, die Sie im Adressbuch gespeichert haben – vorausgesetzt, Sie haben bereits Personen in den Kontakten gespeichert. Idealerweise haben Sie das Adressbuch mit der iCloud verknüpft.

5 Geben Sie Ihre Nachricht ins Nachrichtenfeld ❸ ein. Mit [↵] schicken Sie die Nachricht ab. Wenn Ihr Gegenüber schreibt, können Sie dies an den drei kleinen Punkten ❹ erkennen. Um ein Emoji zu senden, klicken Sie auf das Emoji-Symbol ❺ neben dem Nachrichtenfeld. Wollen Sie hingegen eine Audioaufnahme erstellen und senden, klicken Sie auf das Audiosymbol ❻.

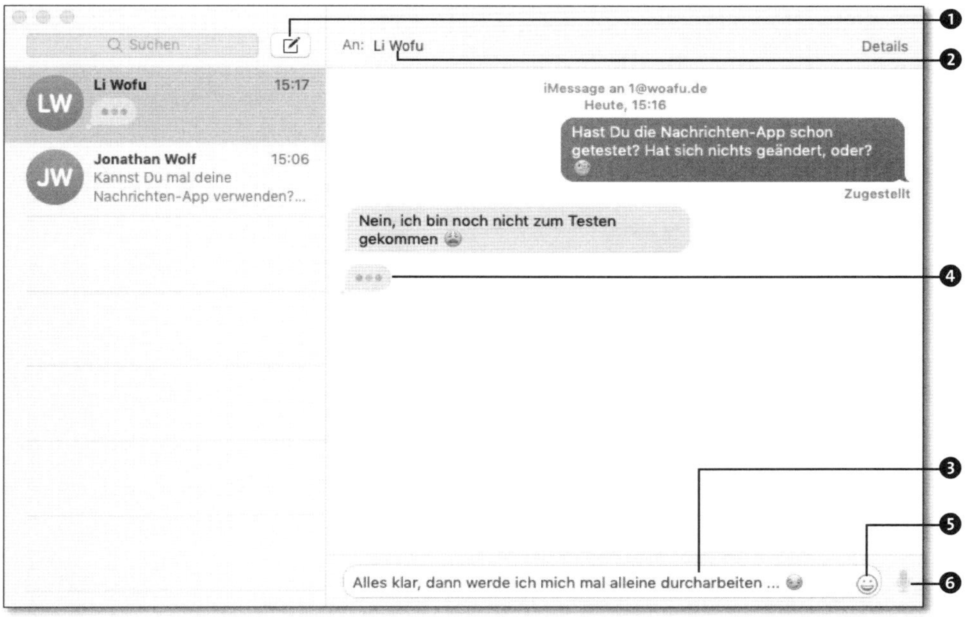

6 Wenn Sie mal keine Zeit haben, eine Antwort zu tippen, können Sie ein *Tapback* als Kurzantwort senden, das die Reaktion auf eine Nachricht ausdrücken soll. Hierzu müssen Sie nur die Antwort der Nachricht etwas länger mit der linken Maustaste gedrückt halten, und es erscheint eine Nachrichtenblase ❼, aus der Sie eine entsprechende Reaktion auswählen, die der ausgewählten Sprechblase hinzugefügt wird. Die Tapbacks werden auch auf den mobilen iOS-Geräten angezeigt und können ebenso von dort versendet werden.

7 Bei mobilen Geräten ist es recht einfach, Bilder und Dateien einer Nachricht hinzuzufügen. Beim Mac können Sie über das Menü **Kontakte ▶ Datei senden** bzw. `Alt` + `cmd` + `F` gehen, um dann im sich öffnenden Dateiauswahldialog ein Bild oder eine beliebige Datei zum Versenden auszuwählen. Allerdings können Sie auch per Drag & Drop Bilder oder Dateien, beispielsweise vom Finder oder aus der Spotlight-Suche, auf das Texteingabefeld von Nachrichten ziehen und dort fallen lassen.

8 Wenn Sie eine Nachricht mit einem YouTube-Link oder einer Internetseite erhalten, reicht es aus, wenn Sie die Nachricht anklicken, um eine Vorschau zu sehen. Ein YouTube-Video kann auch gleich im Nachrichten-Fenster abgespielt werden. Ein Internetlink hingegen öffnet die Webseite in Safari.

HINWEIS

Standort senden

Das Senden des aktuellen Standortes ist nur auf den iOS-Geräten wie iPhone oder iPad möglich. Hierbei können die Empfänger einen kleinen Kartenausschnitt in der Nachricht sehen. Vom Mac aus kann noch kein Standort gesendet werden.

Voraussetzung dafür, dass der Empfänger die Nachricht empfangen kann, ist, dass er entweder Nachrichten oder iMessage auf dem Mac bzw. einem mobilen iOS-Gerät wie dem iPhone oder iPad verwendet. Wenn Sie mit einer Unterhaltung begonnen haben, finden Sie in der rechten oberen Ecke mit **Details** weitere Optionen für diese Unterhaltung. Je nachdem, was der Chat-Partner für ein Gerät verwendet, können Sie hier einen Audioanruf (links) oder einen Videoanruf (Mitte) starten. Diese beiden Optionen bringen das Programm FaceTime ins Spiel. Die dritte Option (rechts) ist die Bildschirmfreigabe, womit Sie Ihren Bildschirm zum Zugriff freigeben können oder die andere Person bitten, ihren Bildschirm für Sie freizugeben. Das ist recht praktisch, um sich etwas zeigen zu lassen oder dem Gegenüber etwas zu demonstrieren. Mit **Nicht stören** deaktivieren Sie Unterhaltungen, um nicht gestört zu werden, indem kein Signalton mehr empfangen wird. Ist **Lesebestätigungen senden** aktiviert, wird gewöhnlich **Gelesen hh:mm** angezeigt, wenn der Empfänger die Nachricht gelesen hat. Wer das nicht will, deaktiviert diese Option einfach. Dahinter werden noch Fotos und Dateien angezeigt, die während dieser Unterhaltung getauscht wurden. Doppelklicken Sie hingegen auf eine Konversation, wird diese in einem Extrafenster geöffnet.

Abbildung 14.3 Klicken Sie auf »Details«, finden Sie verschiedene Optionen für die ausgewählte Unterhaltung.

14.1.2 Gruppennachrichten

Das Erstellen einer Gruppe bzw. Gruppennachricht ist schnell eingerichtet. Hierzu müssen Sie lediglich in das Feld **An** ❶ mehrere Empfängeradressen eintippen, und die Nachrichten werden an alle Personen gleichzeitig versendet. Gleiches gilt auch für die Antworten der Empfänger, die ebenfalls an alle Mitglieder dieser Gruppe versendet werden.

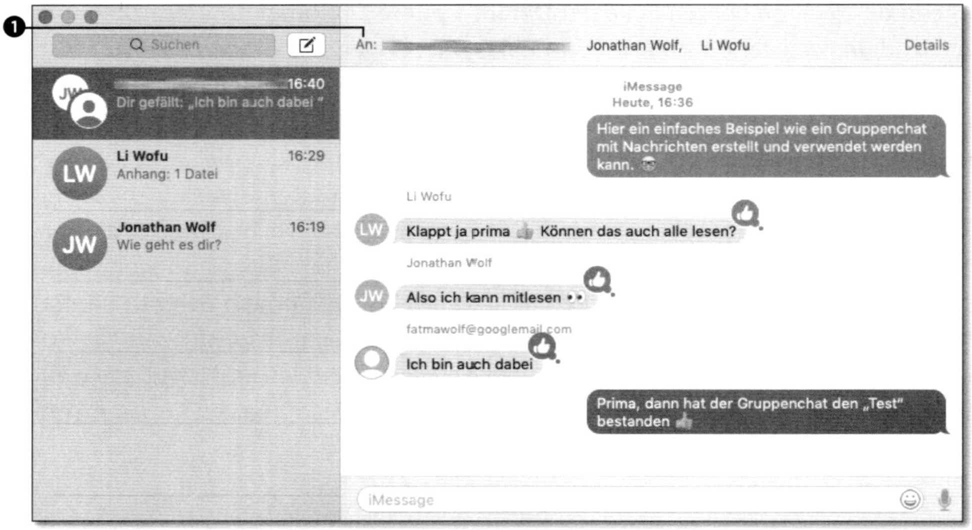

Abbildung 14.4 Mit Gruppennachrichten können sich mehrere Personen auf einmal unterhalten.

Wenn Sie bei Gruppennachrichten rechts oben auf **Details** klicken, finden Sie auch hier weitere Optionen vor, wie es auch bei einer 1:1-Nachricht der Fall ist. Hierbei können Sie beispielsweise einen Gruppennamen vergeben sowie der Gruppe weitere Mitglieder hinzufügen. Wenn Bilder oder Dateien geteilt wurden, finden Sie diese auch hier in einer Übersicht.

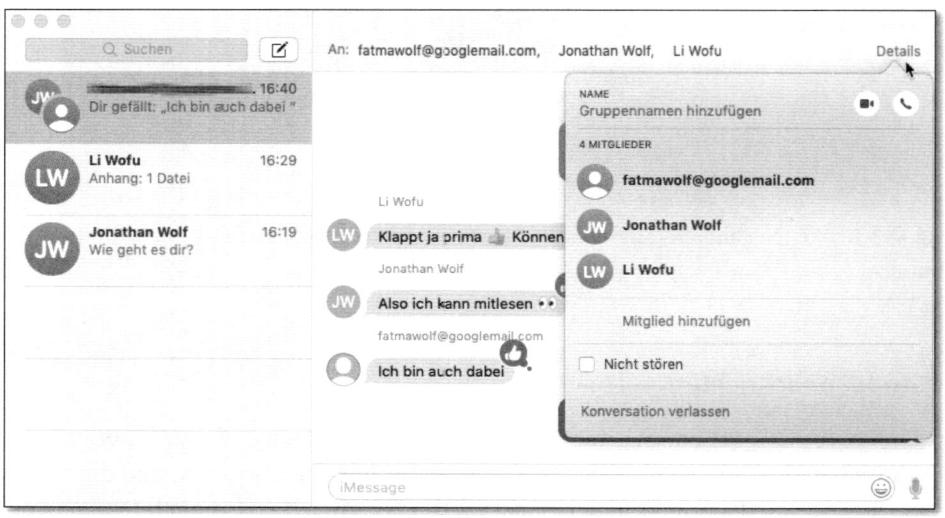

Abbildung 14.5 Über »Details« finden Sie weitere Optionen für Gruppennachrichten.

14.1.3 Nachrichten als SMS versenden

Wenn Sie ein iPhone haben, können Sie Nachrichten so einrichten, dass Sie jederzeit eine SMS oder MMS über Ihren Mac senden und empfangen können. Der Empfänger muss für den Empfang solcher Nachrichten weder über Nachrichten bzw. iMessage noch über ein Apple-Gerät verfügen. Die Einrichtung, um mit dem Mac eine SMS zu versenden, wird im Folgenden beschrieben:

1. Setzen Sie zunächst auf dem iPhone bei **Einstellungen ▸ Nachrichten ▸ Senden & Empfangen** ein Häkchen bei der Telefonnummer und der E-Mail-Adresse. Ist hier keine E-Mail-Adresse vorhanden, können Sie diese hinzufügen. Steht hier der Text **Apple-ID für iMessage** verwenden, dann tun Sie dies, und fügen Sie die Apple-ID dazu. Am Ende sollten Sie im Bereich **Mit iMessage erreichbar unter** neben Ihrer Telefonnummer auch die E-Mail-Adresse stehen haben, mit der Ihre Apple-ID verknüpft ist. Beide Einträge haben jetzt ein Häkchen. Auf dem Mac bestätigen Sie die Nummer, die Sie iMessage hinzugefügt haben.

2. Eine weitere Einstellung, die Sie auf dem iPhone vornehmen müssen, erreichen Sie unter **Einstellungen ▸ Nachrichten ▸ SMS-Weiterleitung**. Aktivieren Sie dort Ihren Mac, damit dieses Gerät SMS-Nachrichten von diesem iPhone senden und empfangen darf.

3. Auf dem Mac erscheint ein Überprüfungscode, den Sie auf dem iPhone bestätigen müssen.

Jetzt können Sie SMS und MMS vom Mac schreiben und empfangen. Die Kopplung von iPhone und Mac können Sie jederzeit aufheben, indem Sie bei **Einstellungen ▸ Nachrichten ▸ SMS-Weiterleitung** auf dem iPhone den Mac wieder deaktivieren.

Ob Sie eine SMS versenden oder nach wie vor eine (kostenlose) iMessage verwenden, erkennen Sie an der Farbe. Grün hinterlegt sind SMS, blau hinterlegt iMessage. Wenn der Empfänger ein Apple-Gerät hat und Nachrichten bzw. iMessage verwendet, wird in der Regel automatisch iMessage verwendet. Hat der Empfänger hingegen kein Apple-Gerät, wird eine SMS versendet. Sie erkennen dies schon bei der Auswahl des Empfängers, der in grüner Farbe angezeigt wird. Ein kleiner Hinweis im Chat-Fenster zeigt ebenfalls an, dass eine Nachricht als SMS versendet wurde. Die Kosten für eine SMS sind so hoch, wie sie in Ihrem Mobilfunkvertrag hinterlegt sind. Der Empfang von SMS selbst hingegen ist wie gehabt kostenlos.

Abbildung 14.6 Bei einer SMS wird die Sprachblase in grüner Farbe angezeigt.

14.2 FaceTime

Bei Nachrichten haben Sie schon die Option gesehen, über die Sie direkt aus Nachrichten einen Video- oder Audioanruf über FaceTime starten können. FaceTime ist das Videotelefonie-Programm unter macOS. Mit diesem Programm können Sie mit der angegebenen Apple-ID via Video oder Audio mit anderen Apple-Anwendern telefonieren. Hierbei ist es egal, ob Sie oder Ihr Gegenüber am Mac sitzen oder ein mobiles Gerät wie ein iPhone oder iPad verwenden. Neben einer Apple-ID ist gerade für die Videotelefonie noch eine Grundvoraussetzung, dass eine Webcam vorhanden ist und beide Teilnehmer mit dem Internet verbunden sind. Neuere iOS-Geräte können FaceTime mittlerweile auch über das mobile Funknetz verwenden. Beachten Sie allerdings, dass die Übertragung von Video über das mobile Funknetz auch Ihr Datenvolumen verbraucht. Hierzu ein einfacher Vorgang, wie Sie einen Video- oder Audioanruf starten können:

1 Starten Sie FaceTime. Gewöhnlich finden Sie das Icon dazu im Dock. Wenn nicht, finden Sie das Programm wie immer im *Programme*-Verzeichnis.

2 Falls noch nicht geschehen, müssen Sie sich beim ersten Start von FaceTime mit Ihrer **Apple-ID** und dem **Passwort** anmelden.

3 Als Nächstes tippen Sie in das Suchfeld den Kontakt ein, mit dem Sie per Video oder Audio telefonieren wollen. Passend zur Eingabe werden Vorschläge eingeblendet. Am Icon erkennen Sie gleich, welcher Kontakt über FaceTime und damit Videotelefonie verfügt oder mit wem nur ein reguläres Telefonat über das iPhone möglich ist. Personen mit einem grünen Videosymbol ❶ haben FaceTime. In der Regel haben diese Personen dann auch ein grünes Telefonsymbol ❷ für einen Audioanruf ohne Video. Bei Personen mit nur einem Telefonsymbol hingegen können Sie nur Audioanrufe tätigen. Seit macOS 10.14 können Sie auch gleich mehrere Teilnehmer auf einmal hinzufügen und gleichzeitig mit allen einen Gruppenchat starten. Ebenso können Sie jederzeit während der Sitzung weitere Teilnehmer hinzufügen.

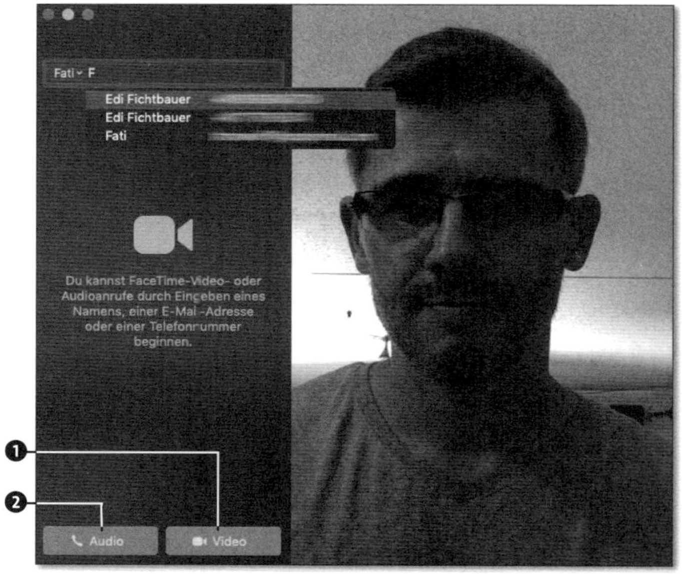

4 Je nachdem, ob Sie einen Video- oder Audioanruf starten wollen, klicken Sie auf das Video- oder Telefonsymbol des Kontakts. Im Beispiel will ich einen Videoanruf über FaceTime starten und klicke daher auf das Videosymbol der zu kontaktierenden Person. Während des Wählens passiert nicht viel, und Sie sehen zunächst nur Ihr eigenes Bild.

5 Auf der anderen Seite erscheint der angeforderte FaceTime-Anruf beim Gesprächspartner, der den Anruf entweder **Annehmen** oder **Ablehnen** kann.

6 Steht die Videoverbindung, sehen Sie sich in einem kleinen Fenster in der Ecke und den Gesprächspartner im größeren Fenster. Wenn Sie mit dem Mauscursor auf das kleine Fenster in der Ecke gehen, erscheint ein Drehen-Symbol, mit dem Sie die Ansicht Ihrer Bildübertragung für den Gesprächspartner vom Porträtmodus in den Landschaftsmodus umschalten können. Auf dem iPhone und iPad finden Sie anstelle des Drehen-Symbols die Möglichkeit, zwischen der Front- und Back-Kamera zu wechseln.

Bei Ihrem Gesprächspartner ist es genauso. Dieser sieht sich selbst nur in einem Minifenster rechts oder links oben und Sie in voller Größe. Auch Ihr Gegenüber kann in seiner Miniaturvorschau die Ansicht vom Porträt- in den Landschaftsmodus ändern bzw. bei einem iPhone zwischen der Front- und Back-Kamera wechseln.

Bewegen Sie den Mauscursor im Livebild, finden Sie Schaltflächen ❸ vor, um (von links nach rechts) das Mikrofon stummzuschalten, den Anruf zu beenden, die Kamera zu (de-)aktivieren und in den Vollbildmodus umzuschalten.

7 Wollen Sie eine weitere Person zum Chat hinzufügen, um einen Gruppenchat zu machen, klicken Sie auf das Symbol mit der Seitenleiste ❹, um diese aufzuklappen. Klicken Sie dann oben auf das Plussymbol vor **Person hinzufügen**, geben Sie in das Suchfeld den Namen der hinzuzufügenden Person ein, und wählen Sie diese dann aus. Auf diese Weise können Sie jederzeit weitere Personen hinzufügen. Genauer gesagt, Sie können bis zu 32 Personen zum Gruppenchat einladen.

Apple hat vor der finalen Veröffentlichung von macOS Mojave den Gruppenchat nochmals entfernt und zugleich versprochen, diesen per Update später nachzuliefern. Sollte Ihnen (noch) kein Gruppenchat zur Verfügung stehen, dann müssen Sie sich noch ein wenig gedulden.

8 Wenn Sie eine neue Person zum Gruppenchat von Facetime hinzugefügt haben, muss diese natürlich auch den Anruf wie in Schritt 5 annehmen. Bis dahin steht nur **Warten ...** bei der angerufenen Person.

9 Wenn die Person den Anruf angenommen hat, können sich alle Gesprächsteilnehmer hören und sehen, sofern eine der Personen ihr Mikrofon nicht stumm- oder die Kamera ausgeschaltet hat. Auf diese Weise können Sie wie ab Schritt 7 weitere Personen hinzufügen oder gleich in Schritt 3 einen Anruf mit mehreren Personen starten.

Abbildung 14.7 Die dritte Testperson war nicht anwesend, weshalb mein »Dummy« herhalten musste. ;-)

Abbildung 14.8 Links sehen Sie die laufende »Unterhaltung« auf dem iPad und rechts auf dem iPhone.

Wenn Sie sich nicht sicher sind, ob ein Audioanruf über das iPhone als normales Telefonat oder über FaceTime ausgeführt wird, was beides an dem Telefonsymbol angezeigt wird, klicken Sie den Kontakt mit der rechten Maustaste an. Hat die Kontaktperson ein

Apple-Gerät, finden Sie hier üblicherweise die Einträge **FaceTime** (für Videoanrufe) und **FaceTime Audio** (für Audioanrufe über FaceTime).

Abbildung 14.9 Video- und Audioanrufe sind über FaceTime möglich. Ebenso ist hier die Möglichkeit gegeben, über das iPhone zu telefonieren.

Haben Sie ein iPhone, sehen Sie häufig noch die Option **Mit iPhone anrufen** und die entsprechende Mobilfunknummer. Ebenso finden Sie hier eine Option, lästige Personen zu blockieren, damit sie Ihnen keine Nachrichten senden oder mit Ihnen über FaceTime in Kontakt treten können. Eine Übersicht über die blockierten Teilnehmer, in der Sie diese auch verwalten können, finden Sie über das Menü **FaceTime ▸ Einstellungen** im Register **Blockiert**.

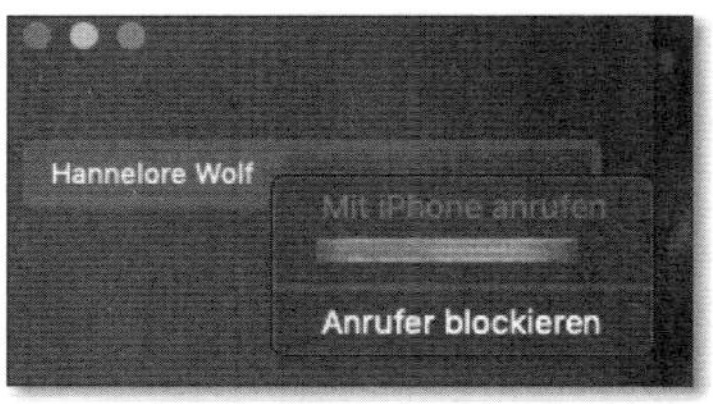

Abbildung 14.10 Diese Person hat kein Apple-Gerät und ist nur über das iPhone per Mobilfunk als Audioanruf verfügbar.

Damit es mit dem Telefonieren über das iPhone am Mac klappt, wo Sie übrigens auch Anrufe entgegennehmen können, müssen Sie auf dem iPhone bei **Einstellungen ▸ Telefon ▸ Auf anderen Geräten** die Option **Anrufe auf anderen Geräten** einschalten. Beim Mac hingegen müssen Sie in FaceTime über das Menü **FaceTime ▸ Einstellungen** im Register **Einstellungen** ein Häkchen vor **Anrufe vom iPhone** gesetzt haben. Dass beide Geräte mit derselben Apple-ID angemeldet sein müssen, erklärt sich von selbst. Des Weiteren müssen beide Geräte im selben WLAN sein und jeweils Bluetooth aktiviert haben. Da hier Bluetooth LE verwendet wird, können Sie keine älteren Macs zum Telefonieren über das iPhone verwenden.

14.3 Die Alternativen WhatsApp und Skype

Die beiden Apple-Programme Nachrichten und FaceTime sind tolle Anwendungen zur Kommunikation mit Freunden, Bekannten oder Kollegen. Der einzige Nachteil der Anwendungen ist, dass sie nur für Apple-Geräte zur Verfügung stehen. Die universelleren Alternativen hierzu lauten daher WhatsApp und Skype.

14.3.1 WhatsApp

Die alternative und wohl am meisten verwendete Anwendung für Nachrichten dürfte WhatsApp sein. Fast jede Person mit einem Smartphone verwendet diese Anwendung mittlerweile. WhatsApp können Sie auch auf dem Mac nutzen. Der Vorteil ist hierbei, dass Sie mit einer echten Tastatur wesentlich schneller schreiben können. Allerdings muss im Gegensatz zur Nachrichten-Anwendung von Apple immer das Mobiltelefon in Reichweite sein, und auf diesem Mobiltelefon, egal, ob Android oder Apple, muss WhatsApp installiert sein.

Sie können die Desktop-Version von WhatsApp im App Store herunterladen und installieren, oder Sie laden die aktuellste Version von *www.whatsapp.com* herunter. Sie können WhatsApp auch verwenden, ohne die Anwendung extra zu installieren. Hierzu reicht es aus, wenn Sie auf die Webseite *https://web.whatsapp.com* gehen und sich dort am Bildschirm verifizieren, indem Sie den dort angezeigten QR-Code mit dem Smartphone über WhatsApp einscannen.

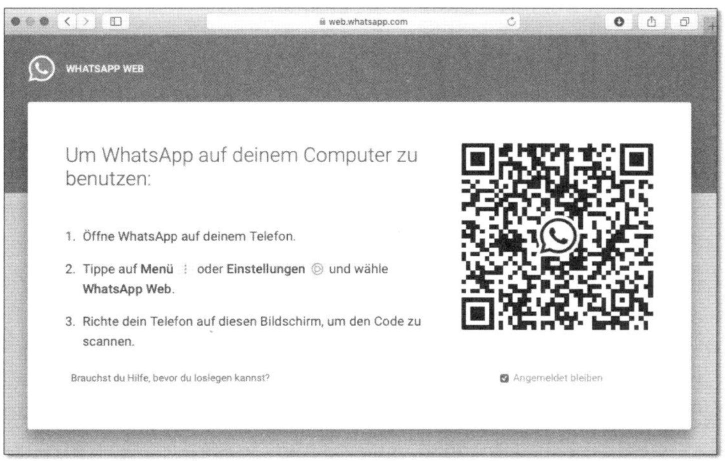

Abbildung 14.11 Mithilfe des Smartphones und WhatsApp müssen Sie diesen QR-Code zur Verifizierung einscannen.

Den QR-Code können Sie in WhatsApp auf dem Smartphone über die Einstellungen einscannen. Hierbei müssen Sie nach einem Eintrag wie **WhatsApp Web** suchen und mit dem QR-Scanner den Code am Bildschirm einscannen – schon ist WhatsApp auf dem Mac einsatzbereit.

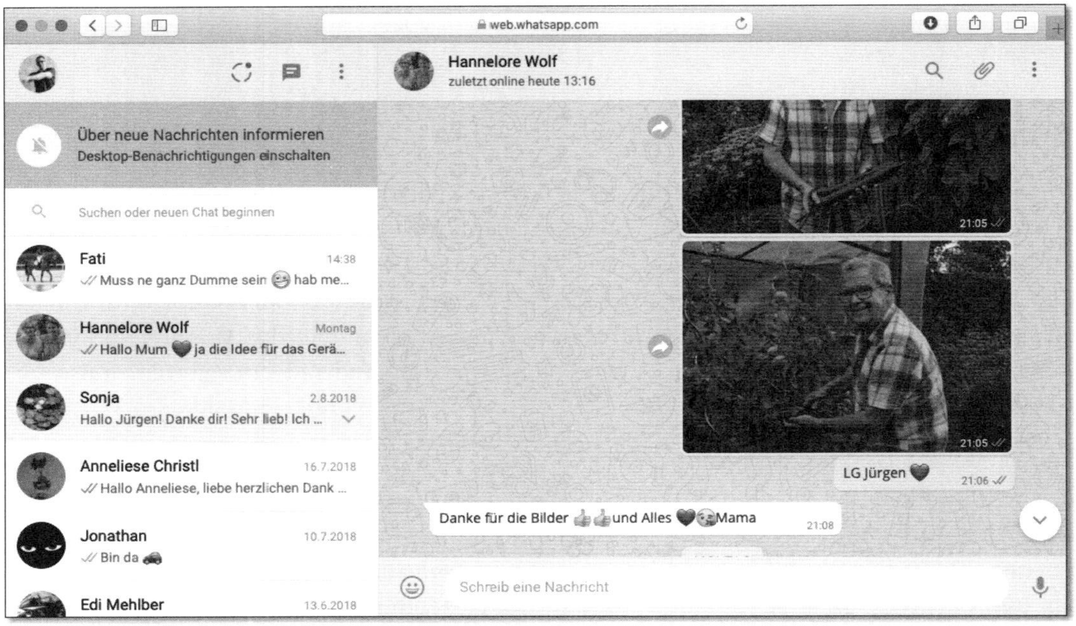

Abbildung 14.12 WhatsApp auf dem Mac – hier im Safari-Webbrowser über »web.whatsapp.com«

14.3.2 Skype

Weltweit wohl die Nummer eins, was die Internettelefonie betrifft, dürfte unumstritten Skype sein. Für fast jede Plattform gibt es das Skype-Programm. Skype enthält alle Funktionen, die Sie auch von Nachrichten und FaceTime her kennen. Auch hier haben Sie mit Nachrichten und FaceTime den Nachteil, dass die Kontaktperson ein Apple-Gerät benötigt, damit Sie mit dieser kommunizieren können.

Skype ist nicht auf dem Mac vorinstalliert und nicht im App Store erhältlich. Sie müssen Skype explizit von der offiziellen Website *www.skype.de* herunterladen und installieren. Auf der Website wird gezeigt, wie Sie Skype installieren können. Auf die Installation von Programmen wird in Abschnitt 18.3, »Programme aus dem Internet laden und installieren«, eingegangen, sollten Sie damit noch nicht vertraut sein. Nach der Installation finden Sie Skype im *Programme*-Verzeichnis vor, wo Sie es per Doppelklick oder über das

Launchpad starten können. Nach dem Start erscheint der Anmelde-Bildschirm. Haben Sie ein Facebook- oder Microsoft-Konto, können Sie diese Zugangsdaten gleich für Skype verwenden. Haben Sie noch kein Skype-Konto, müssen Sie ein neues erstellen.

Abbildung 14.13 Anmeldebildschirm von Skype

Wenn Sie ein Konto angelegt haben, können Sie loslegen. Geben Sie Ihre Kontaktdaten frei, wird hier nach möglichen Personen gesucht, die Skype verwenden. Ansonsten können Sie anfangen, neue Kontaktanfragen an Personen zu versenden, von denen Sie wissen, dass sie Skype verwenden.

Sie können mit Skype auch gegen zusätzliche Kosten Telefonanrufe ins Fest- oder Mobilfunknetz führen und einen beliebigen Telefonanschluss weltweit anrufen. Die hierbei anfallenden Kosten bezahlen Sie über ein aufzuladendes Guthaben. Auf der Skype-Website können Sie sich über die Kosten solcher Anrufe in verschiedene Länder informieren. In der Regel telefonieren Sie mit Skype günstiger als über Festnetz oder Mobilfunk. Ebenso gibt es eine Skype-Nummer, über die Sie sich eine – kostenpflichtige – Festnetznummer besorgen können. Wenn jemand diese Nummer anruft, können Sie den Anruf über Skype entgegennehmen.

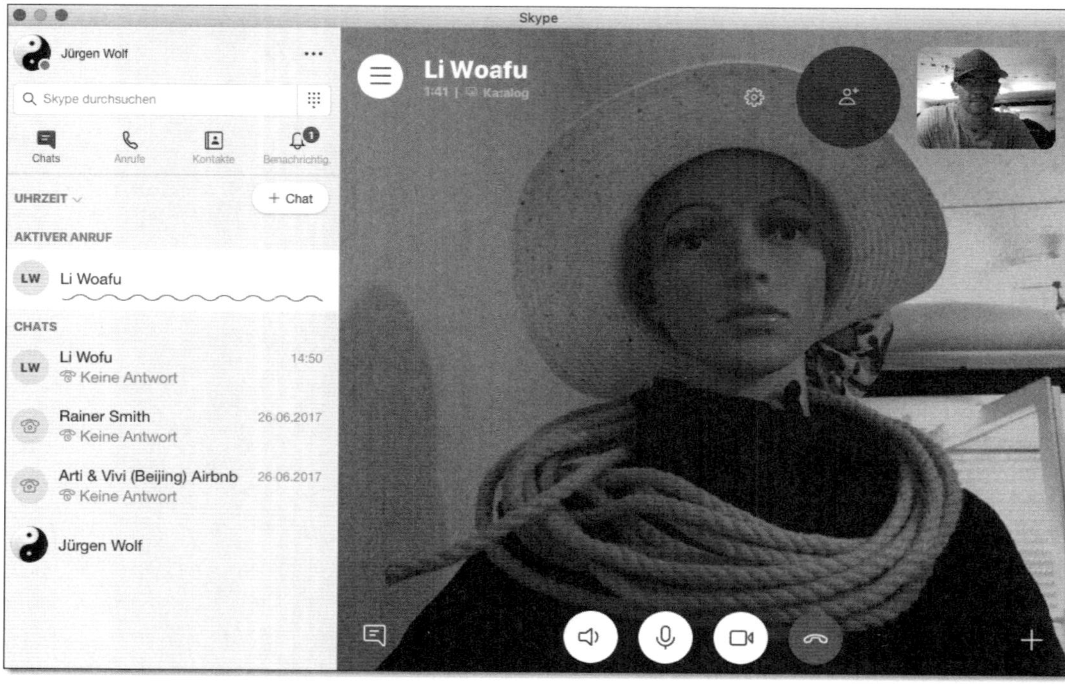

Abbildung 14.14 Skype bei der Ausführung einer Videokonferenz

TEIL IV

Programme auf dem Mac

15 Programme starten und beenden

Mit Ihrem Mac werden bereits viele Programme mitgeliefert, von denen Sie in den vorausgehenden Kapiteln bereits einige kennengelernt und verwendet haben. Auf das Starten oder Beenden von Programmen wurde bisher allerdings noch nicht richtig eingegangen. Dies soll hier nachgeholt werden.

Gerade Einsteiger oder Umsteiger sind oft verwirrt von den verschiedenen Begriffen wie Programm, Anwendung, App oder Software und fragen sich, ob das nicht alles dasselbe ist. Und in der Tat steht alles für dasselbe. Apple selbst nennt Software und Programme auf dem Mac und auf den mobilen Geräten Apps. Der Begriff *App* ist letztendlich nur eine Abkürzung für *Application Software*, also Anwendungssoftware oder Anwendungsprogramm. Mittlerweile sind auch andere Hersteller von Betriebssystemen dazu übergegangen, eine Anwendung als App zu bezeichnen, weil es zum Teil Mode ist und zum mobilen Zeitgeist passt. Zwar könnte man jetzt hergehen und die Definition von App und Programm etwas feiner auslegen, trotzdem ist es schwierig, eine klare Trennung zwischen den beiden Begriffen festzulegen. Bleibt mir nur, hier festzulegen, dass die Begriffe Anwendung, Programm oder App im Buch gleichbedeutend verwendet werden.

15.1 Programme starten

Die einfachste Form, Programme zu starten, ist, das entsprechende Icon im Dock anzuklicken. Allerdings gilt dies nur für Programme, die ein Icon im Dock haben. Zwar können Sie das Dock anpassen und weitere Verknüpfungen hinzufügen, trotzdem werden Sie niemals alle Programme im Dock unterbringen können. Auf den folgenden Seiten finden Sie einen Überblick über die Möglichkeiten, wie Sie komfortabel und schnell das gewünschte Programm ausführen können.

Abbildung 15.1 Häufig verwendete Programme können Sie über das Dock starten.

15.1.1 Programme über das »Programme«-Verzeichnis starten

Eine Möglichkeit, Programme auszuführen, ist, diese direkt aus dem *Programme*-Verzeichnis heraus aufzurufen. Hierzu müssen Sie lediglich ein Finder-Fenster öffnen und in der Seitenleiste bei den Favoriten auf **Programme** ❶ klicken oder die Tastenkombination ⇧ + cmd + A drücken. Im *Programme*-Verzeichnis angelangt, müssen Sie zum Starten nur noch auf die entsprechende Anwendung doppelklicken. Wollen Sie die Anwendungen hier etwas übersichtlicher auflisten lassen, können Sie über die Symbolleiste die Objektausrichtung ❷ anpassen und zum Beispiel die Option **Programmkategorie** auswählen.

Abbildung 15.2 Alle Programme finden Sie im »Programme«-Verzeichnis.

15.1.2 Das »Programme«-Verzeichnis im Dock

Ohne den Umweg über das Finder-Fenster können Sie auch das *Programme*-Verzeichnis rechts unten im Dock verwenden, sodass Sie mit einem Klick alle darin enthaltenden Programme aufgelistet bekommen und mit einem Klick starten können. Um das *Programme*-Verzeichnis dem Dock hinzuzufügen, ziehen Sie es mit gedrückt gehaltener

Maustaste beispielsweise aus der Favoriten-Seitenleiste des Finder-Fensters auf die rechte untere Seite des Docks und lassen es dort fallen.

Abbildung 15.3 Das »Programme«-Verzeichnis im Dock ist eine perfekte Startleiste für alle Programme.

15.1.3 Programme mit Spotlight oder Siri starten

Mein persönlicher Favorit, ein Programm schnell zu starten, ist mithilfe der Spotlight-Suche. Ich drücke hierzu [cmd] + Leertaste oder klicke auf das Menulet-Lupen-Icon in der Menüleiste rechts oben und gebe ein paar Buchstaben meines zu startenden Programms ein. Meistens wird der Rest automatisch vervollständigt, sodass ich das Programm gleich mit [↵] starten kann.

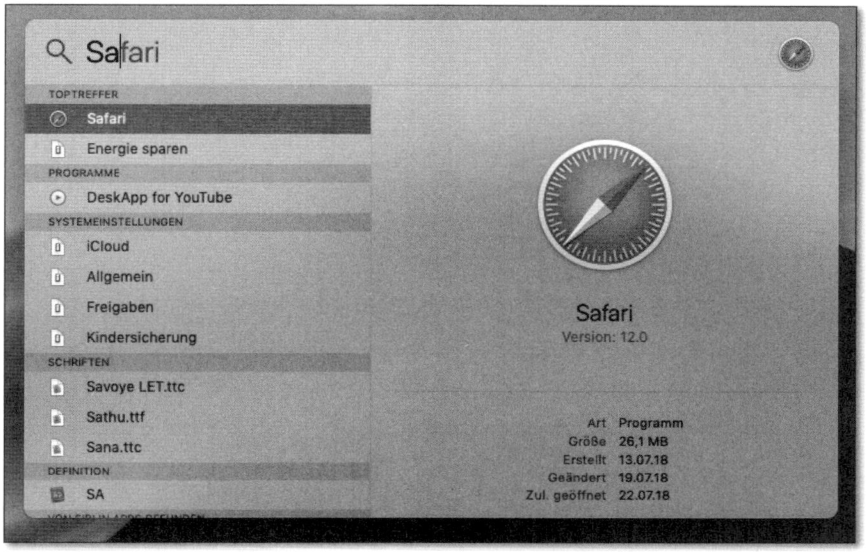

Abbildung 15.4 Programme über das Spotlight-Suchfeld starten

Gleiches können Sie mit Siri tun, indem Sie Siri mit einem entsprechenden Tastaturkürzel starten oder das Menulet-Icon von Siri in der Menüleiste anklicken und dann das Programm mit der Stimme starten. Hierbei können Sie Programme beispielsweise mit den gesprochenen Anweisungen »Starte Lexikon« oder »Öffne Safari« aufrufen und starten.

15.1.4 Programme im Launchpad starten und verwalten

Ebenfalls im Dock finden Sie standardmäßig das Symbol mit der Rakete ❶, das sogenannte *Launchpad*, zum Starten von Programmen. Klicken Sie auf das Launchpad, wird der gesamte Bildschirm mit allen Programmsymbolen gefüllt. Der Schreibtisch und alle offenen Fenster werden ausgeblendet und unscharf gestellt. Die Oberfläche erinnert ein wenig an die Anordnung auf mobilen Geräten wie dem iPhone oder iPad. Programme können Sie beim Launchpad mit einem einfachen Mausklick starten. Wenn Sie ein Trackpad verwenden, können Sie das Launchpad mithilfe von drei Fingern und dem Daumen starten, wenn Sie diese zusammenziehen. Sind mehr Programme installiert, als auf die Oberfläche des Launchpads passen, sehen Sie kleine Punkte ❷, mit denen Sie durch Anklicken auf die nächste Seite mit Programm-Icons blättern können. Ebenfalls durch die Oberfläche des Launchpads nach links oder rechts blättern können Sie, wenn Sie mit zwei Fingern auf dem Trackpad nach links oder rechts wischen. Gleiches gilt für die Magic Mouse. Auf Apple-Tastaturen können Sie das Launchpad auch mit F4 starten.

Abbildung 15.5 Das Launchpad erinnert ein wenig an die Oberfläche mobiler Geräte.

Oben im Launchpad finden Sie ein Eingabefeld ❸ für die Suche nach Programmen. Geben Sie dort beispielsweise den Anfangsbuchstaben »Mi« ein, werden alle Programme ausgefiltert und im Launchpad angezeigt, die mit »Mi« beginnen. Geben Sie einen weiteren Buchstaben des gesuchten Programms ein, werden die Programme im Launchpad weiterhin nach dem Suchmuster ausgefiltert.

Abbildung 15.6 Auch eine Suchfunktion ist im Launchpad integriert.

Wie auch auf dem iPad oder iPhone können Sie die Programme im Launchpad nach Kategorien zusammenfassen. Hierzu müssen Sie das Icon eines Programms auf ein anderes legen, und nach kurzer Zeit erstellt Launchpad eine Kategorie ❹, deren Namen Sie durch Anklicken anpassen können.

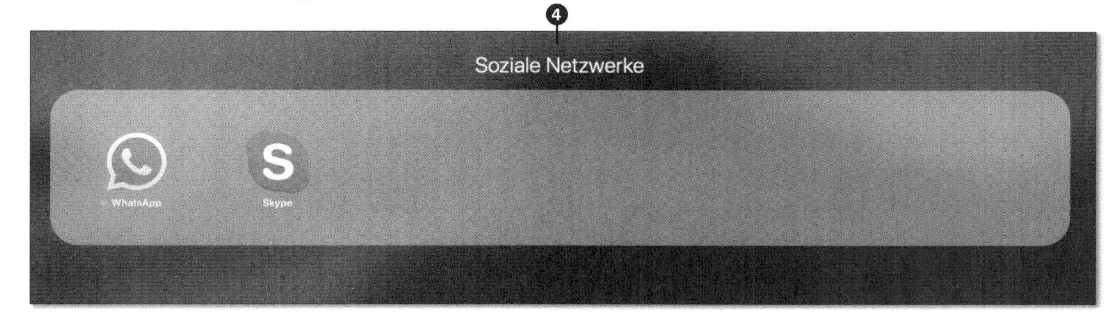

Abbildung 15.7 Programme in Kategorien gruppieren

Klicken Sie außerhalb der geöffneten Kategorie, gelangen Sie wieder zur Programmübersicht mitsamt der neu erstellten Kategorie ❺, der Sie jetzt nach Belieben weitere Programm-Icons hinzufügen können. Auch die Reihenfolge der einzelnen Programme oder erstellten Kategorien können Sie jederzeit per Drag & Drop auf dem Launchpad ändern. Eine Umsortierung der Programme auf dem Launchpad in Kategorien oder in ihrer Reihenfolge hat keine Auswirkung auf die Sortierung im Ordner *Programme*.

Abbildung 15.8 Die Anordnung der Programme und Kategorien im Launchpad ist nur dort gültig.

15.2 Programme wieder beenden

Wenn Sie ein Programm gestartet haben, erscheint das Icon dazu im Dock. Wenn Sie das Programm beenden und es war nicht vorher schon im Dock, verschwindet das Icon von dort wieder. Aktuell laufende Programme erkennen Sie im Dock am Punkt ❶ unterhalb des entsprechenden Icons.

Abbildung 15.9 Programme bei der Ausführung werden mit einem Punkt angezeigt.

Um ein Programm ordentlich zu beenden, können Sie es über das Menü **[Programmname] ▸ [Programmname] beenden** (bei Mail zum Beispiel: **Mail ▸ Mail beenden**) bzw. das Tastaturkürzel `cmd` + `Q` beenden.

Gleiches können Sie über das Dock machen, indem Sie mit der rechten Maustaste das Programm-Icon anklicken oder länger die linke Maustaste darauf gedrückt halten und im Kontextmenü den Befehl **Beenden** auswählen.

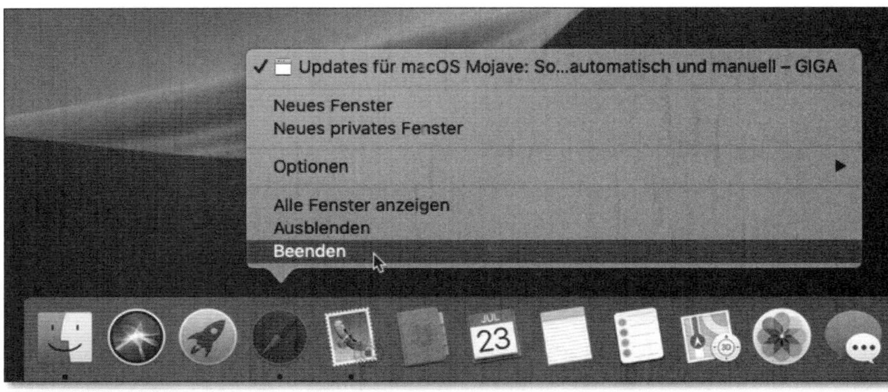

Abbildung 15.10 Programm über das Dock beenden

Gerade Windows-Umsteiger sind oft verwirrt, dass die rote Schließen-Schaltfläche das Programm nicht beendet, sondern nur das Fenster schließt. Probieren Sie es zum Beispiel mit Safari aus. Wenn Sie das Fenster mit der roten Schaltfläche schließen, ist zwar das Fenster mit den geöffneten Webseiten weg, Sie finden aber immer noch den Punkt unterhalb des Docks vor. Das Programm bleibt hierbei ohne Fenster geladen. Dies hat den Vorteil, dass die Anwendung bei einem erneuten Start sofort wieder bereit ist. An sich ist das Verhalten sinnvoll, da viele Anwendungen über mehr als ein Hauptfenster verfügen und Sie mit dem roten Schließen-Button auch nur das eine Fenster schließen wollen und nicht alle anderen Instanzen. Dennoch kann es verwirrend sein, dass es trotzdem Programme gibt, bei denen das Schließen eines Fensters zum Ende des Programms führt.

Abbildung 15.11 Gerade Umsteiger sind zunächst verwirrt, dass das Schließen des Fensters nicht das Beenden des Programms bedeutet.

Manche Programme werden vom System automatisch nach einer gewissen Zeit beendet, wenn keine Datei geöffnet ist und das Programm im Hintergrund ausgeführt wird (und daher inaktiv ist). Diese Funktion wird *Automatic Termination* genannt und soll helfen, die Ressourcen für andere Anwendungen freizugeben. In der Regel dürften die meisten Anwender von dieser Funktion nicht mal Notiz nehmen. Trotzdem soll es hier erwähnt werden für den Fall, dass Sie alle Fenster eines Programms geschlossen haben, das Programm aber nicht komplett beendet wurde und es trotzdem nicht mehr bei den aktiven Programmen vorzufinden ist.

15.3 Wenn nichts mehr geht: Programmende erzwingen

Auch wenn es nicht sein sollte und dürfte, kann es vorkommen, dass ein Programm nicht mehr reagiert und Sie das Beenden erzwingen müssen. Natürlich bedeutet ein gewaltsames Beenden eines Programms auch, dass ein Datenverlust entsteht. Zumindest sind die Änderungen seit der letzten Speicherung gefährdet. Um ein Programmende zu erzwingen, stehen Ihnen mehrere Möglichkeiten zur Verfügung.

15.3.1 Das Kontextmenü im Dock

Klicken Sie das Icon der Anwendung im Dock mit der rechten Maustaste an oder halten die linke Maustaste länger gedrückt und wählen im Kontextmenü den Befehl **Sofort beenden**, versucht das System, das Programm sofort zu beenden.

15.3.2 Programme sofort beenden mit Dialog

Klicken Sie auf das -Logo, und wählen Sie im Menü **Sofort beenden**, bzw. drücken Sie `Alt` + `cmd` + `Esc`. Daraufhin erscheint ein Dialog, in dem alle aktiven Programme aufgelistet werden. »Hängende« Programme werden hier mit dem Zusatz (**reagiert nicht**) ausgezeichnet. Wählen Sie das hängende Programm aus, und klicken Sie auf die Schaltfläche **Sofort beenden**.

Abbildung 15.12 Programme über einen Dialog sofort beenden

HINWEIS

Finder neu starten

Wenn Sie im Fenster **Programme sofort beenden** den Finder auswählen, dürfte Ihnen auffallen, dass die Schaltfläche hier nicht **Sofort beenden**, sondern **Neu starten** lautet. Dies liegt daran, dass der Finder ein Systemprozess ist, der sich nicht beenden lässt.

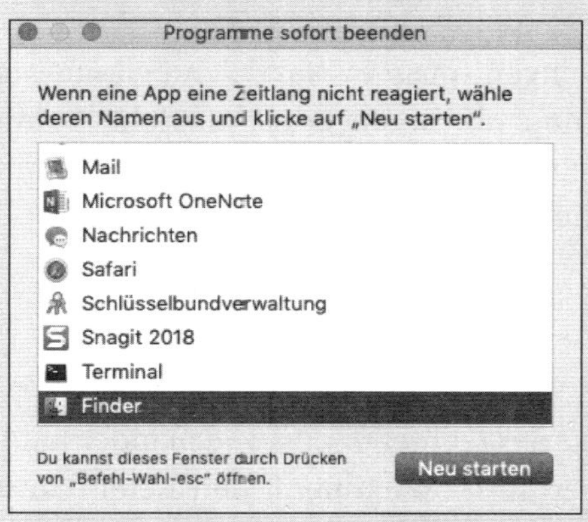

Abbildung 15.13 Den Finder können Sie nur neu starten, nicht beenden.

15.3.3 Aktivitätsanzeige

Hängende Programme können Sie auch mit dem Dienstprogramm *Aktivitätsanzeige* beenden, indem Sie den entsprechenden Prozess bzw. das Programm in der Liste markieren und auf die Schaltfläche mit dem **x**-Symbol links oben ❶ klicken. Allerdings ist die Aktivitätsanzeige für solche Zwecke fast schon zu viel des Guten, weil Sie mit den beiden anderen Methoden dasselbe erreichen. Doch gibt es hängende Programme, die sich tatsächlich nur über die Aktivitätsanzeige »abschießen« lassen. Dies kommt nicht häufig vor, aber wenn, dann ist es gut, die Option mit der Aktivitätsanzeige zu kennen. Sie finden das Programm im Ordner *Dienstprogramme* im *Programme*-Verzeichnis.

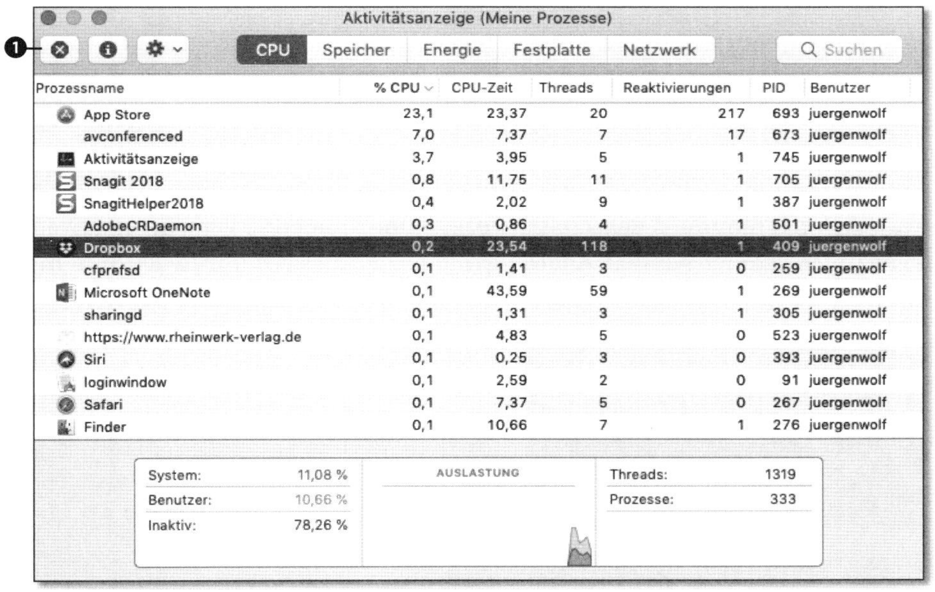

Abbildung 15.14 Programme mit der Aktivitätsanzeige zu beenden entspricht wohl eher dem Prinzip »Mit Kanonen auf Spatzen schießen«.

15

HINWEIS

Wenn ein Programm abstürzt

Wenn ein Programm nicht mehr sauber arbeitet, dann kann es schon mal passieren, dass es abstürzt. Dagegen können Sie nichts machen, und in der Regel reicht es meistens aus, das Programm wieder neu zu starten – und das Problem hat sich erledigt. Wenn allerdings ein Programm regelmäßig und reproduzierbar abstürzt oder sich aufhängt, liegt ein echtes Problem vor, und in dem Fall sollten Sie den Entwickler des Programms oder den Support kontaktieren.

16 Programme im Dock

Sie kennen das Dock bisher, um Programme mit einem Klick zu starten. Gestartete Programme werden hier als Icon abgelegt, und auch das Beenden von Programmen können Sie über die Icons im Dock durchführen. Das Dock ist eine praktische Schnittstelle für einen schnellen Zugriff auf Programme sowie häufig genutzte Ordner. In diesem Kapitel erfahren Sie, wie Sie Programme im Dock verwalten können.

Sobald Sie ein Programm starten, erscheint das Icon im Dock. Der Startvorgang wird dabei in der Regel optisch durch ein kurzes Hüpfen des Icons angezeigt. Diese Einstellung können Sie in den **Systemeinstellungen** von **Dock** mit der Option **Öffnen von Programmen animieren** (de-)aktivieren. Da im Dock neben den aktiven Programmen auch Verknüpfungen inaktiver Programme enthalten sind, werden die aktiven Programme im Dock mit einem schwarzen Punkt unterhalb des Icons angezeigt und können so von den inaktiven Verknüpfungen unterschieden werden. Allerdings kann auch diese Option in den **Systemeinstellungen** von **Dock** mit **Anzeige für geöffnete Programme** (de-)aktiviert werden.

Abbildung 16.1 Es ist einfach, im Dock den Überblick über aktive und inaktive Programme zu behalten.

16.1 Feste Bestandteile des Docks

Das Dock ist in seiner Funktionalität in drei Bereiche aufgeteilt. Getrennt werden diese beiden Bereiche durch Trennstriche. Außer dem Trennstrich sind die Verknüpfungen zum Finder ❶ und zum Papierkorb ❷ feste und unveränderliche Bestandteile des Docks. Ansonsten können Sie das Dock nach Belieben anpassen. Icons aktuell geöffneter Programme sind auf der linken Seite des Docks untergebracht. Zuletzt verwendete Programme, die nicht auf der linken Seite des Docks vorhanden sind, werden im mittleren Bereich des Docks abgelegt, und minimierte Fenster finden Sie auf der rechten Seite.

Abbildung 16.2 Die festen Bestandteile des Docks

16.2 Elemente aus dem Dock entfernen

Bei den Elementen im Dock handelt es sich nur um Verknüpfungen zu den eigentlichen Programmen, Dateien oder Ordnern. Wenn Sie hier etwas entfernen, müssen Sie sich keine Sorgen machen, dass Sie hier etwas vom System löschen. In der folgenden Schritt-für-Schritt-Anleitung erfahren Sie, wie Sie Elemente aus dem Dock entfernen können:

1 Gehen Sie mit dem Mauscursor über das Icon, das Sie aus dem Dock entfernen wollen.

2 Ziehen Sie das Element mit gedrückt gehaltener linker Maustaste aus dem Dock heraus.

3 Wenn Sie den Text **Entfernen** über dem Icon sehen, lassen Sie die Maustaste los, und das Element wird aus dem Dock entfernt.

Bleiben Sie länger mit gedrückter linker Maustaste auf dem Icon stehen, erscheint das Kontextmenü, das auch mit einem rechten Mausklick über dem Icon aufrufbar ist. Auch über das Kontextmenü können Sie mithilfe von **Optionen ▸ Aus dem Dock entfernen** ein Element aus dem Dock entfernen.

16

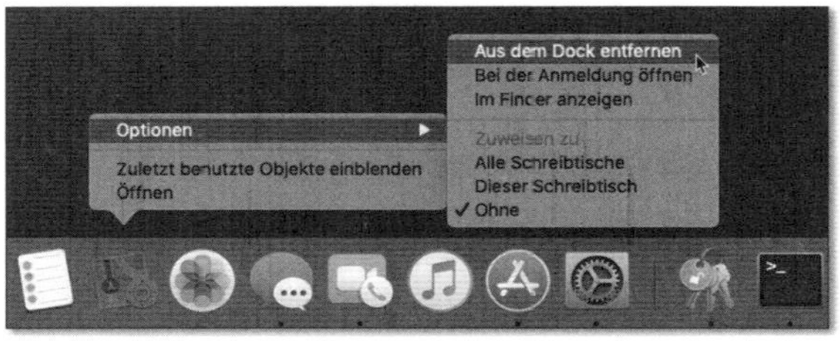

Abbildung 16.3 Objekte aus dem Dock entfernen

16.3 Elemente dem Dock hinzufügen

Ebenso einfach, wie Sie Elemente aus dem Dock entfernen, können Sie auch neue Elemente hinzufügen. Hierbei gilt, dass Sie Programme links vom Trennstrich und alles andere rechts davon unterbringen können. Hier zunächst eine Anleitung, wie Sie dem Dock ein Programm als Verknüpfung hinzufügen können:

1. Öffnen Sie den *Programme*-Ordner über die Seitenleiste im Finder.
2. Wählen Sie das Programm aus, das noch nicht im Dock ist und das Sie hinzufügen wollen. Ziehen Sie es mit gedrückt gehaltener Maustaste in das Dock.
3. Im Dock können Sie sehen, wie die umliegenden Icons für das neu hinzukommende Icon Platz machen. Lassen Sie die Maustaste an der gewünschten Position los, und das Icon wird dem Dock hinzugefügt. Abgesehen vom Finder-Icon können Sie die Position eines jeden Icons nachträglich per Drag & Drop ändern.

Ähnlich wie das Hinzufügen eines Programm-Icons zum Dock funktioniert dies mit Ordnern, nur dass Sie diese auf der rechten Seite des Trennstriches hinzufügen müssen.

1 Öffnen Sie den Finder, und wählen Sie einen Ordner aus, den Sie dem Dock hinzufügen wollen. Im Beispiel wähle ich den *Dokumente*-Ordner.

2 Ziehen Sie den Ordner mit gedrückt gehaltener Maustaste auf die rechte Seite der Trennlinie im Dock.

3 Platzieren Sie den Ordner an der gewünschten Stelle, und lassen Sie dort die Maustaste los.

4 Wenn Sie den so hinzugefügten Ordner im Dock anklicken, haben Sie einen schnellen Zugriff auf den Inhalt des entsprechenden Ordners.

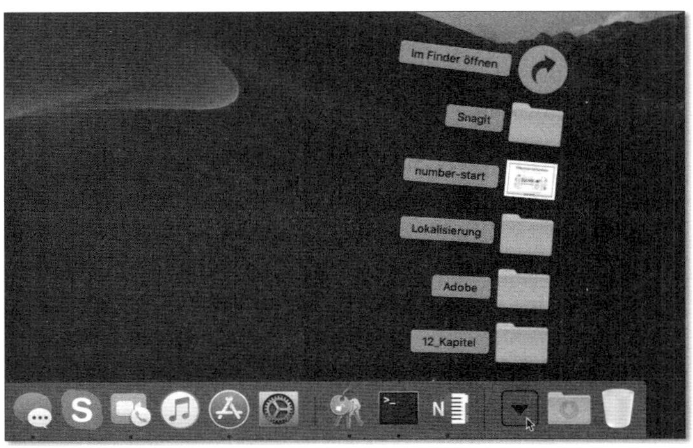

16

TIPP

Laufende Programme dem Dock hinzufügen

Ebenso können Sie ein Programm, das gerade ausgeführt wird, als dauerhafte Verknüpfung dem Dock hinzufügen, indem Sie das Programm-Icon mit der rechten Maustaste anklicken und anschließend im Kontextmenü **Optionen ▸ Im Dock behalten** auswählen.

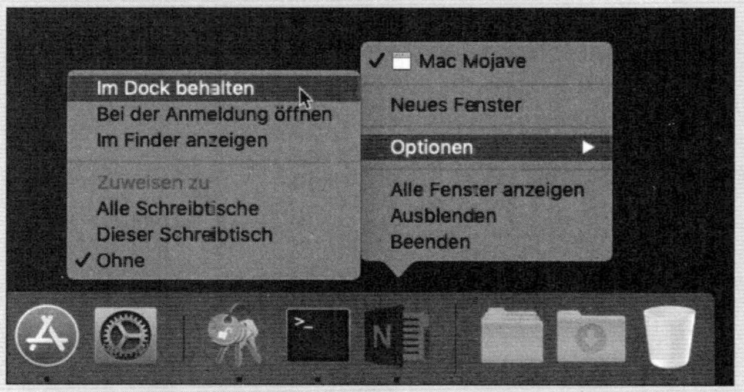

Abbildung 16.4 Laufende Programme künftig als Verknüpfung im Dock behalten

16.4 Das Dock konfigurieren

Die Grundeinstellungen für das Dock finden Sie in den **Systemeinstellungen** von **Dock**, wobei die ersten vier Einstellungen die Darstellung und Animation betreffen. Mit dem Schieberegler **Größe** stellen Sie die Darstellungsgröße des Docks ein. Der Schieberegler **Vergrößerung** ist der Effekt, den Sie sehen können, wenn Sie mit dem Mauscursor über den Icons im Dock stehen. Über ein Häkchen können Sie diesen Effekt komplett (de-)aktivieren. Mit der **Bildschirmposition** können Sie das Dock links, unten (Standard) oder rechts platzieren. **Effekt beim Ablegen** ist die Einstellung, die Sie sehen, wenn Sie ein Fenster auf die linke Seite des Docks minimieren. Hier können Sie zwischen **Trichter** und **Linear** wählen.

Mit der Option **Auf Titelleiste eines Fensters doppelklicken** stellen Sie ein, ob Sie bei dieser Aktion das Fenster im Dock minimiert ablegen wollen oder ob das Fenster den kompletten Platz im Bildschirm einnehmen soll (ohne im Vollbildmodus zu sein).

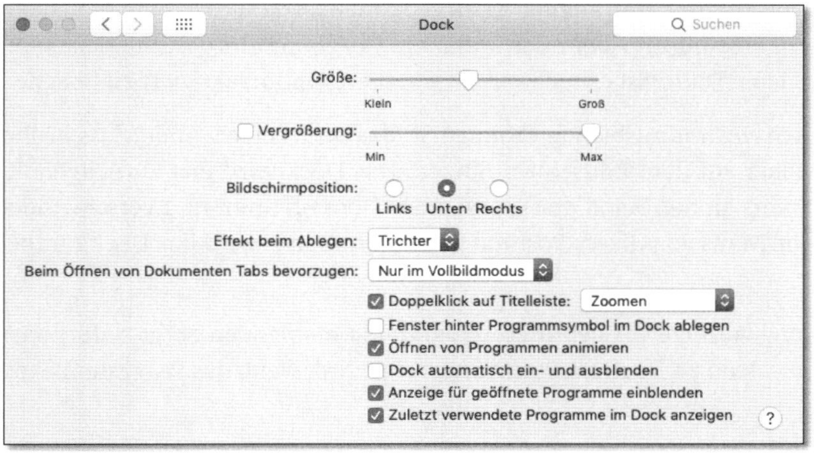

Abbildung 16.5 Die Einstellungen des Docks

Die Einstellung **Fenster hinter Programmsymbol im Dock ablegen** ist standardmäßig deaktiviert und legt daher ein minimiertes Fenster auf der rechten Seite des Trennstriches im Dock ab, von wo Sie es durch Anklicken wieder hervorholen können. Aktivieren Sie hingegen diese Option, werden die Fenster nicht am rechten Rand, sondern hinter dem Programm-Icon der Verknüpfungen im Dock abgelegt. In dem Fall können Sie die minimierten Fenster über das Programm-Icon hervorholen, wenn Sie mit der rechten Maustaste klicken. Eine Raute vor dem Fenster symbolisiert, dass dieses Fenster minimiert im Dock abgelegt ist, und ein Häkchen zeigt an, dass das Fenster aktiv im Vordergrund ist.

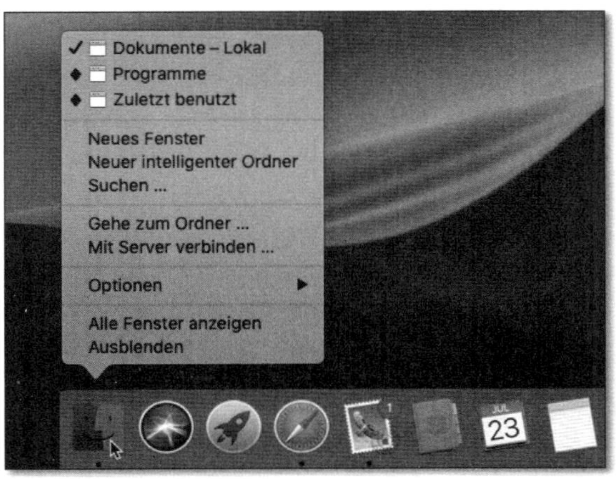

Abbildung 16.6 »Fenster hinter Programmsymbol im Dock ablegen« wurde aktiviert.

Die Option **Öffnen von Programmen animieren** sorgt dafür, dass das Programm-Icon beim Starten eines Programms hüpft. Aber auch wenn ein Programm Ihre Aufmerksamkeit benötigt, hüpft das Icon. Daher ist es recht praktisch, diese Option aktiviert zu lassen.

Mit **Dock automatisch ein- und ausblenden** können Sie das Dock verschwinden lassen und den gewonnenen Platz auf dem Bildschirm nutzen. Das Dock wird erst zurückgeholt, wenn Sie mit der Maus an den Rand der Position des Docks fahren, und verschwindet wieder, wenn Sie die Maus von dieser Position entfernen. Damit wird das Dock nur bei Bedarf sichtbar.

Die letzte Einstellung **Anzeige für geöffnete Programme einblenden** sorgt dafür, dass unter dem Programm-Icon im Dock ein Punkt angezeigt wird, wenn das Programm aktiv ist.

Mit **Zuletzt verwendete Programme im Dock anzeigen** werden die Programme im mittleren Bereich des Docks angezeigt, die Sie (zuletzt) geöffnet haben und nicht als Icon im linken Bereich des Docks vorhanden sind. Wenn Sie diese Option deaktivieren, wird der mittlere Bereich vom Dock entfernt. Dann werden hier zwar weiterhin die aktiven Apps als Icons angezeigt, die Sie im Augenblick ausführen, aber wenn Sie eine App beenden, verschwindet auch das Icon wieder vom Dock. Welche Apps hier aktiv sind und welche nicht, können Sie wieder am Punkt unterhalb des Icons erkennen.

Abbildung 16.7 Der mittlere Bereich des Docks ist optional und kann deaktiviert werden.

Einige der Einstellungen erreichen Sie auch über das Kontextmenü, wenn Sie auf der Trennlinie des Docks mit der rechten Maustaste klicken.

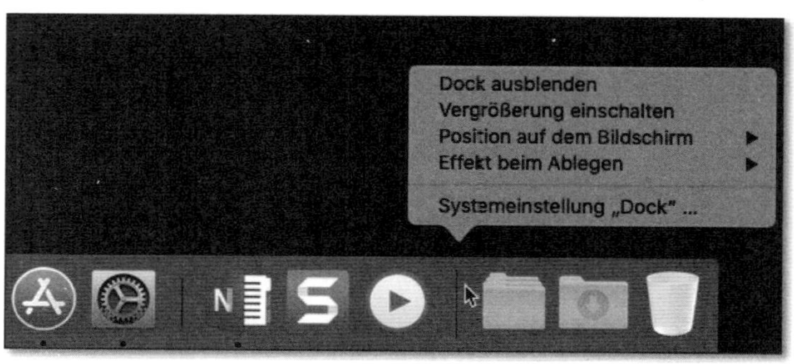

Abbildung 16.8 Auch über die Trennlinie des Docks können Einstellungen vorgenommen werden.

16.5 Das Kontextmenü im Dock

Bei jedem Programm-Icon oder Ordner im Dock können Sie ein Kontextmenü mit Befehlen aufrufen, wenn Sie das Element mit der rechten Maustaste bzw. der linken Maustaste bei gehaltener [Alt]-Taste aufrufen. Auch wenn Sie länger die linke Maustaste gedrückt halten, erscheint das Kontextmenü. Was im Kontextmenü angezeigt wird, hängt vom jeweiligen Programm ab und davon, ob ein Programm aktiv ist oder nicht. Außerdem sieht das Kontextmenü von Ordnern anders aus als das Kontextmenü von Programmen.

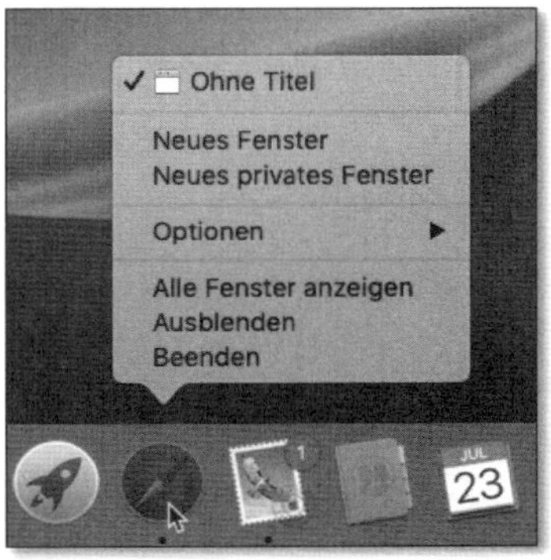

Abbildung 16.9 Kontextmenü eines aktiven Programms

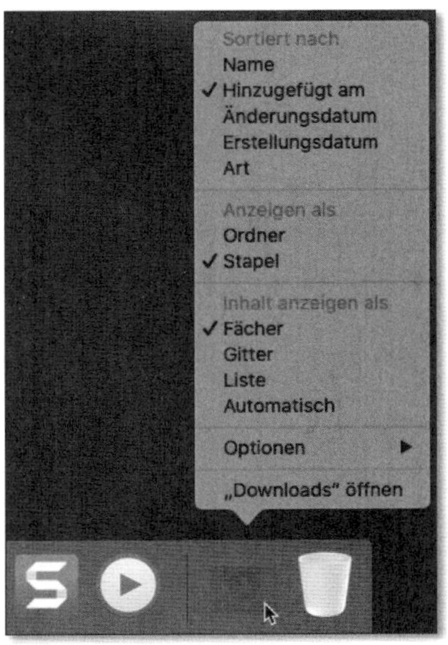

Abbildung 16.10 Kontextmenü eines Ordners

16

16.5.1 Befehle im Kontextmenü für Programme

Bei den meisten Programm-Icons finden Sie im Kontextmenü ein Untermenü **Optionen** mit den Befehlen **Im Dock behalten**, **Bei der Anmeldung öffnen** und **Im Finder anzeigen**. Mit **Im Dock behalten** können Sie ein Programm-Icon dauerhaft dort platzieren, wenn ein Häkchen davorgesetzt ist. Der Befehl **Bei der Anmeldung öffnen** sorgt dafür, dass dieses Programm nach dem Einloggen automatisch gestartet wird. Und mit **Im Finder anzeigen** wird der Ablageort der Verknüpfung im Finder angezeigt. Den Ablageort im Finder können Sie schneller öffnen, indem Sie mit gehaltener cmd-Taste auf das Programm-Icon klicken.

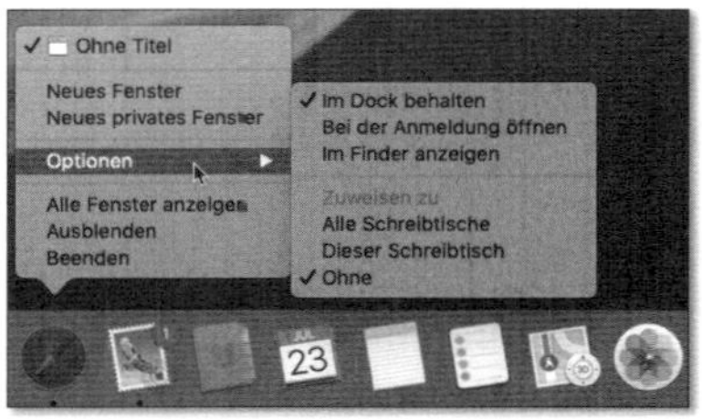

Abbildung 16.11 Verschiedene Befehle im Kontextmenü von Programmen

Auch hilfreich ist der Befehl **Alle Fenster anzeigen**, wenn Sie viele Fenster einer Anwendung gleichzeitig geöffnet haben. Hiermit werden alle Fenster des laufenden Programms in einer Übersicht angezeigt, aus der Sie dann ein Fenster auswählen können.

Abbildung 16.12 »Alle Fenster anzeigen« kann hilfreich sein, um sich einen Überblick über die vielen geöffneten Fenster zu verschaffen.

Mit **Ausblenden** hingegen können Sie alle Fenster eines aktiven Programms ausblenden. Denselben Befehl erreichen Sie auch mit `cmd` + `H`. Wollen Sie hingegen alle anderen Fenster außer dem aktiven Fenster ausblenden, halten Sie die `Alt`-Taste gedrückt, und aus dem Befehl **Ausblenden** wird **Andere ausblenden**. Auch hierzu gibt es mit `Alt` + `cmd` + `H` ein Tastaturkürzel. Hierbei sehen Sie außerdem gleich, dass mit gehaltener `Alt`-Taste aus dem Befehl **Beenden** der Befehl **Sofort beenden** gemacht wurde.

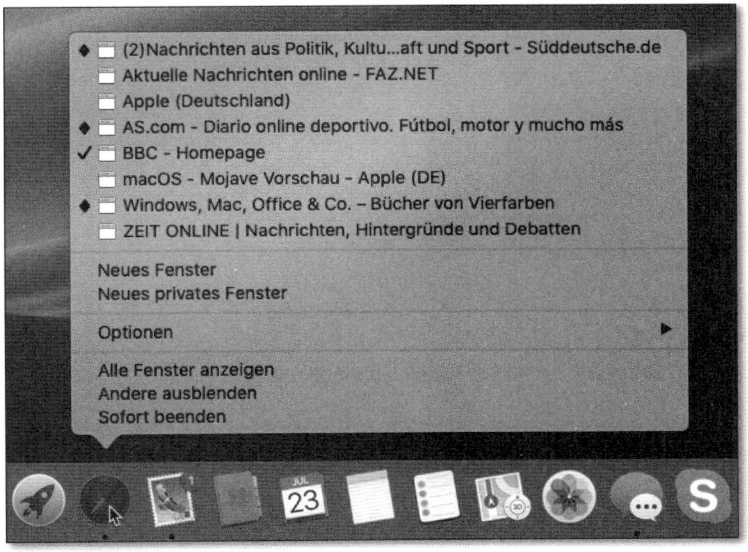

Abbildung 16.13 Halten Sie die `Alt`-Taste gedrückt, ändern sich einige Befehle im Kontextmenü.

TIPP

Kontextmenü der Systemeinstellungen

Wenn Sie das Kontextmenü des Systemeinstellungen-Icons mit der rechten Maustaste anklicken, werden alle Bereiche der Systemeinstellungen aufgelistet, und Sie können direkt einen Bereich auswählen.

16.5.2 Befehle im Kontextmenü für Ordner

Beim Kontextmenü für Ordner sind vorwiegend Einstellungen für das Aussehen und Verhalten der Ordner vorhanden. So können Sie bei **Inhalt anzeigen als** den Inhalt der Ordner als **Fächer**, **Gitter** oder **Liste** anzeigen oder überlassen dem System mit **Automatisch** diese Wahl.

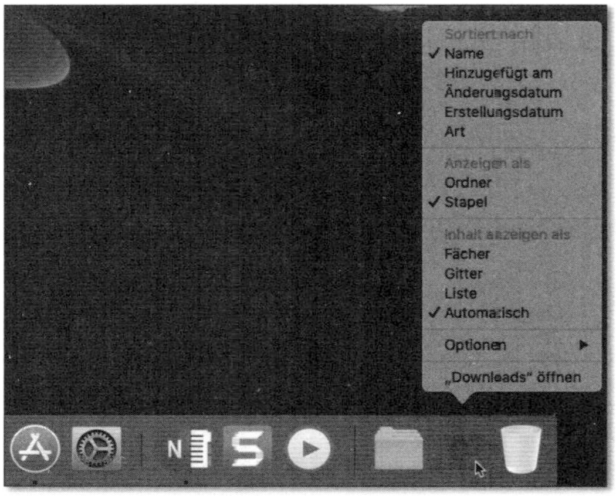

Abbildung 16.14 Ordnerinhalte können Sie als Fächer, Gitter oder Liste anzeigen lassen.

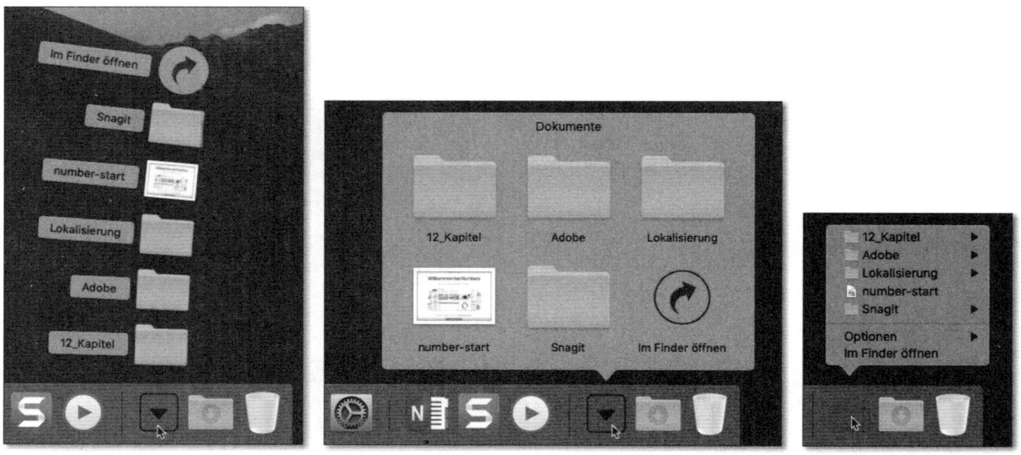

Abbildung 16.15 Inhalt anzeigen als Fächer (links), Gitter (Mitte), oder Liste (rechts)

Mit **Anzeigen als** können Sie zwischen Ordner und Stapel wählen. Hier ist die Ansicht im Dock gemeint.

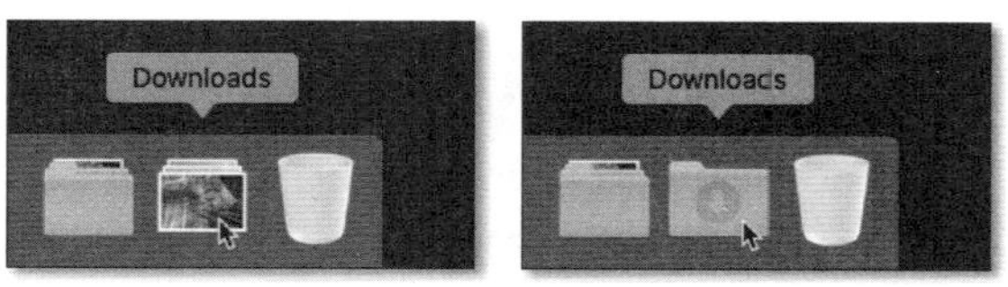

Abbildung 16.16 Anzeigen als Stapel (links) oder als Bild (rechts)

Mit **Sortiert nach** können Sie auch die Sortierung der Inhalte einstellen.

17 Übersicht behalten über Programme und Fenster

Wenn Sie nur wenige Fenster gleichzeitig geöffnet haben, ist alles recht überschaubar, und Sie können weiterarbeiten wie gehabt. Wenn Sie mit sehr vielen Fenstern gleichzeitig arbeiten, dann kann es schon mal unübersichtlich werden, wenn Sie zwischen den Fenstern und Programmen wechseln. Um hier die Übersicht und Kontrolle zu behalten und effizient arbeiten zu können, bietet Apple nützliche Funktionen an.

In diesem Kapitel erfahren Sie, wie Sie zwischen laufenden Programmen und Fenstern mit Tastenkombinationen wechseln können. So behalten Sie leichter die Übersicht. Ebenso lernen Sie die Programmfenster-Darstellung und *Mission Control* kennen. Und ich zeige Ihnen die Möglichkeit, verschiedene Schreibtische (bzw. *Spaces*) einzurichten. Zum Schluss stelle ich Ihnen den nützlichen *Split View* vor.

17.1 Zwischen laufenden Programmen wechseln

Welche Programme aktiv sind, können Sie im Dock am Punkt unterhalb des Icons erkennen, sofern Sie diese Option in den **Systemeinstellungen** von **Dock** nicht deaktiviert haben. Klicken Sie auf das Icon im Dock mit dem aktiven Programm, wird sofort das Fenster in den Vordergrund geholt.

Abbildung 17.1 Aktive Programme im Dock mit einem Punkt werden schnell geöffnet.

Alle aktiven Programme können Sie sich mit der Tastenkombination [cmd] + [⇥] anzeigen lassen. Halten Sie die [cmd]-Taste gedrückt und betätigen erneut die [⇥]-Taste, wird das nächste Icon in der Liste der gestarteten Programme ausgewählt. Lassen Sie die [cmd]-Taste los, wird das mit einem dunkelgrauen Hintergrund markierte, ausgewählte Programm in der Liste in den Vordergrund geholt. Auf diese Weise können Sie sehr schön zwischen den laufenden Programmen wechseln. Halten Sie zusätzlich noch die [⇧]-Taste gedrückt, wird die Reihenfolge, in der die Programme ausgewählt werden, umgekehrt.

Die Richtung mit [cmd] + [⇥] können Sie jederzeit mit den [←]- und [→]-Tasten steuern, wenn Sie nach [cmd] + [⇥] die [cmd]-Taste gedrückt halten.

Abbildung 17.2 Schneller zwischen den aktiven Programmen wechseln

Mit [cmd] + [⇥] können Sie schnell zwischen zwei Programmen hin- und herwechseln. Wählen Sie beispielsweise mit [cmd] + [⇥] das Programm Mail aus und machen dasselbe nochmals, indem Sie Safari auswählen, können Sie durch Drücken von [cmd] + [⇥] zwischen diesen beiden Programmen hin- und herwechseln.

Damit noch nicht genug. Haben Sie beispielsweise in einem Programm mehrere Fenster geöffnet, können Sie mithilfe von [cmd] + [⇥] das entsprechende Fenster auswählen. Im Beispiel habe ich mehrere Finder-Fenster offen. Zunächst wähle ich hierbei mit [cmd] + [⇥] das Programm Finder aus und halte weiterhin die [cmd]-Taste gedrückt. Mit der [↑]-Taste gelangen Sie zur Übersicht der Fenster, die Sie noch vom Finder geöffnet haben. Mit der [←]- bzw. [→]-Taste oder dem Mauscursor (und klicken) können Sie eines der Fenster in den Vordergrund holen, das blau markiert wird.

Abbildung 17.3 Haben Sie von einem Programm mehrere Fenster geöffnet, können Sie auch hier mit [cmd] + [⇥] und dann der [↑]-Taste ein entsprechendes Fenster auswählen.

17.2 Programmfenster-Darstellung

Die Programmfenster-Darstellung im Dock wurde bereits in Kapitel 16, »Programme im Dock«, kurz erwähnt. Sie kann hilfreich sein, wenn Sie ein Programm mit mehreren Fenstern geöffnet haben. Diese Funktion können Sie aufrufen, wenn Sie auf das Programm-Icon mit der rechten Maustaste klicken oder länger die linke Maustaste gedrückt halten und im Kontextmenü **Alle Fenster anzeigen** auswählen. Hierbei werden alle geöffneten Fenster des Programms übersichtlich auf dem Bildschirm dargestellt. Sie können mit dem Mauszeiger über die Miniaturfenster fahren, wodurch das gerade »überfahrene« Fenster einen blauen Rahmen erhält und so durch einen Klick in den Vordergrund geholt werden kann.

Abbildung 17.4 Übersicht über alle geöffneten Fenster eines Programms

Wenn Sie einige Fenster eines Programms minimiert haben, werden die minimierten Fenster in der Programmfenster-Darstellung gesondert angezeigt. Im oberen Bereich des Bildschirms werden die geöffneten Fenster angezeigt und im unteren Bereich dann die im Dock minimierten Fenster. Auch hier können Sie in beiden Bereichen mit dem Mauszeiger ein Fenster auswählen und in den Vordergrund holen.

Abbildung 17.5 Drei minimierte und zwei geöffnete Fenster des Programms Safari stehen hier zur Auswahl.

Andere Programmfenster wiederum blenden zusätzlich eine Liste mit den zuletzt verwendeten Dateien ein, die Sie ebenfalls durch Anklicken gleich mit der entsprechenden Anwendung öffnen können.

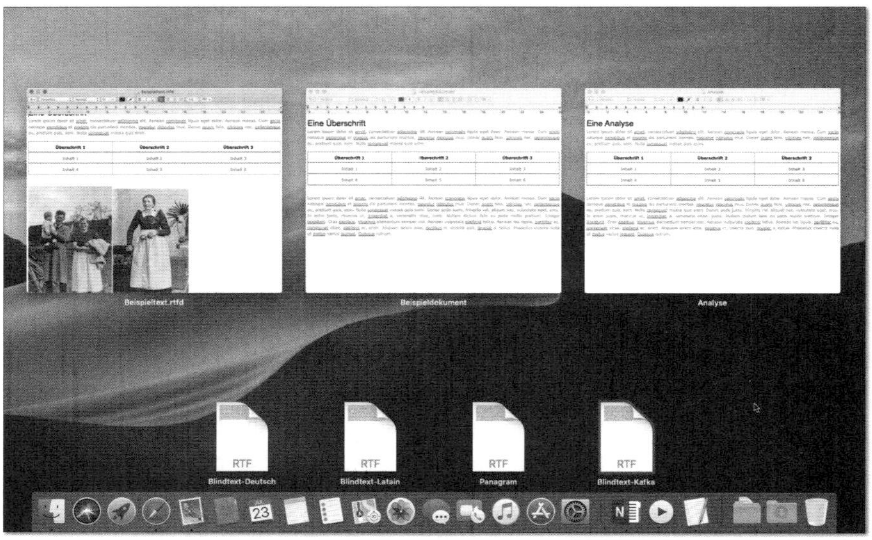

Abbildung 17.6 Auch praktisch: der Überblick über die zuletzt mit dem Programm verwendeten Dokumente, die auch direkt geladen werden können

Um die Programmfenster-Darstellung zu beenden, müssen Sie nur ein entsprechendes Fenster auswählen. Abbrechen können Sie die Programmfenster-Darstellung mit `Esc` oder wenn Sie auf einen leeren Bereich des Schreibtisches klicken. Wenn Sie in der Programmfenster-Darstellung auf ein anderes Programm-Icon im Dock mit aktiven Fenstern klicken, bleibt die Programmfenster-Darstellung bestehen und wird auf das ausgewählte Programm ausgeführt, sodass Sie dann die Übersicht über die Programmfenster für dieses Programm sehen.

TIPP

Tastaturkürzel Programmfenster-Darstellung

Es gibt auch ein Tastaturkürzel für die Programmfenster-Darstellung mit `Ctrl` + `↓`. Dieses Tastaturkürzel können Sie über die **Systemeinstellungen** bei **Mission Control** im Dropdown-Menü von **Programmfenster** ändern.

17.3 Mission Control verwenden

Etwas weiter als die Programmfenster-Darstellung greift Mission Control, womit Sie einen schnellen Überblick über alle Programme und Fenster erhalten. Zusätzlich enthält Mission Control eine Möglichkeit, mehrere virtuelle Schreibtische anzulegen. Daher eignet sich Mission Control bestens, um sich durch viele Programme, Fenster und Schreibtische zu navigieren.

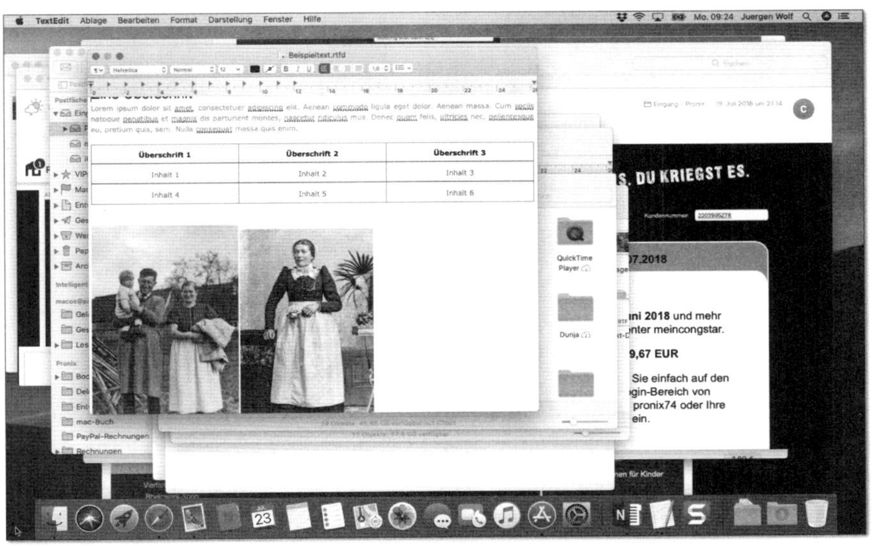

Abbildung 17.7 Extrem viele Programme werden hier gleichzeitig ausgeführt.

Auf Apple-Tastaturen lässt sich Mission Control über einen Tastendruck auf F3 starten. Mit einem Trackpad hingegen können Sie Mission Control aufrufen, indem Sie mit vier Fingern nach oben streichen. Allerdings können Sie diese Einstellungen in den **Systemeinstellungen** von **Trackpad** im Bereich **Weitere Gesten** anpassen. Ein Tastaturkürzel gibt es für Mission Control auch mit Ctrl + ↑. Aber auch diese Einstellung können Sie in den **Systemeinstellungen** von **Mission Control** über das Dropdown-Menü **Mission Control** ändern. Bei der Magic Mouse können Sie Mission Control durch ein Doppeltippen mit zwei Fingern auf die Oberfläche aufrufen.

Wenn Sie Mission Control ausführen, bekommen Sie eine übersichtliche Darstellung der einzelnen Programme und Fenster, die aktuell geöffnet sind. Wenn Sie mit dem Mauszeiger über ein Fenster gehen, wird das aktuelle Fenster mit einem blauen Rahmen hinterlegt, und es wird der Titel des Fensters angezeigt. Klicken Sie das Fenster bzw. Programm an, können Sie es in den Vordergrund holen, und es wird zu diesem Programm gewechselt.

Abbildung 17.8 Mission Control bei der Ausführung

Die Miniaturvorschau der einzelnen Fenster in Mission Control ist häufig ausreichend, um zu erkennen, was sich dahinter befindet. Reicht Ihnen dies nicht aus, können Sie sich von einem Fenster, über dem der Mauszeiger steht und das blau eingerahmt ist, mit der Leertaste einen vergrößerten Überblick verschaffen. Lassen Sie die Leertaste los, wird das Fenster wieder zur gewöhnlichen Miniatur.

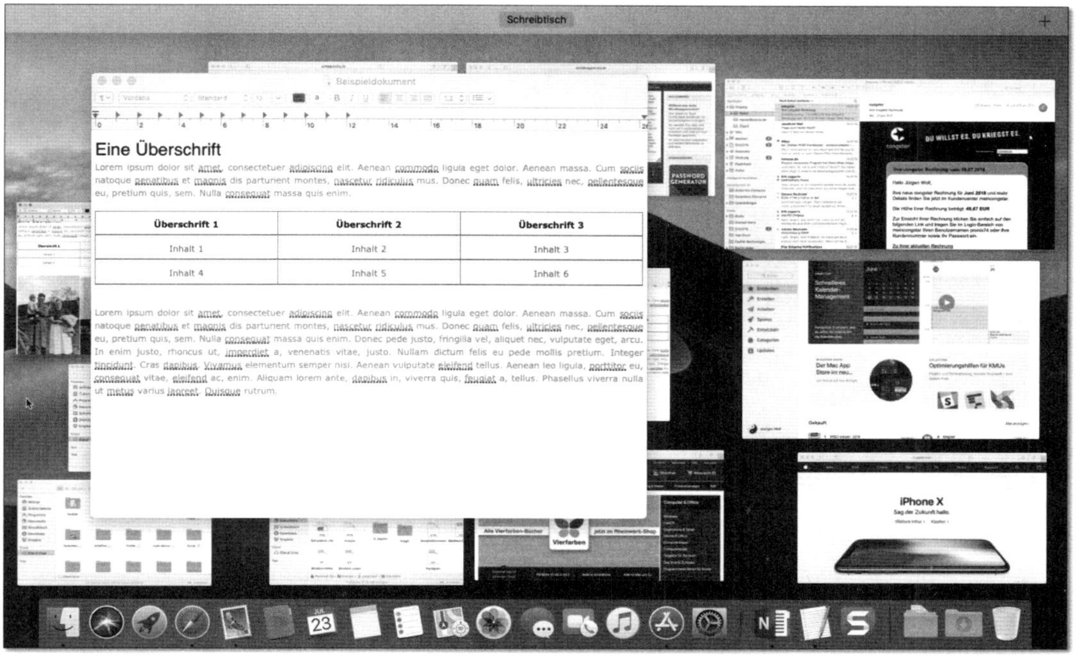

Abbildung 17.9 Mit der Leertaste innerhalb von Mission Control können Sie ein Fenster vergrößern.

Im vorliegenden Beispiel ist es trotz Mission Control nicht ganz übersichtlich, weil ich hier extrem viele Finder- und Safari-Fenster geöffnet habe. Es kann daher sinnvoll sein, in den **Systemeinstellungen** von **Mission Control** ein Häkchen vor die Option **Fenster nach Programm gruppieren** zu setzen, um so die jeweiligen Fenster in Mission Control nach Programmen gruppiert vorzufinden.

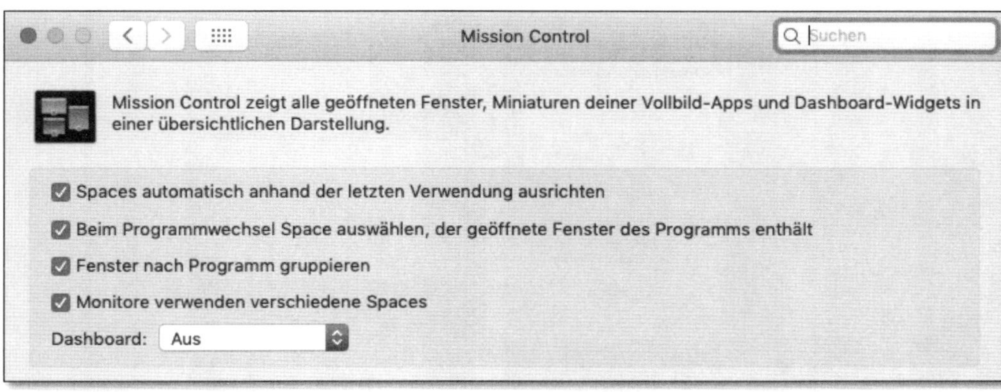

Abbildung 17.10 »Fenster nach Programm gruppieren« ist eine sinnvolle Option.

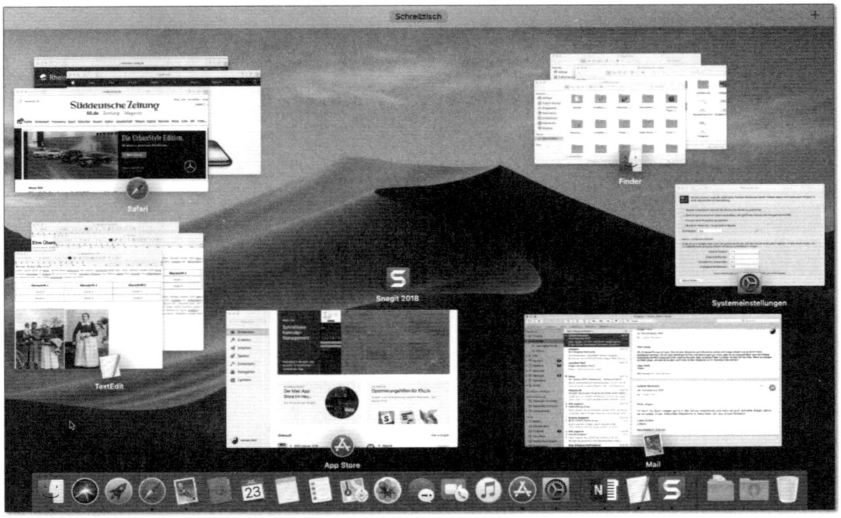

Abbildung 17.11 Nach Programmen sortiert, sieht Mission Control schon etwas aufgeräumter aus.

Wenn Sie Programme im Vollbildmodus ausführen, werden diese bei Mission Control im oberen Bereich ❶ angezeigt, der *Spaces* genannt wird. Im Beispiel in Abbildung 17.12 werden ein Finder- und ein Safari-Fenster im Vollbildmodus ausgeführt. Per Klick können Sie hier zu den Vollbildanwendungen wechseln oder, wenn Sie länger mit dem Mauscursor darauf stehen bleiben, über das entsprechende Symbol ❷ den Vollbildmodus deaktivieren und das Fenster den anderen Fenstern des Schreibtisches hinzufügen.

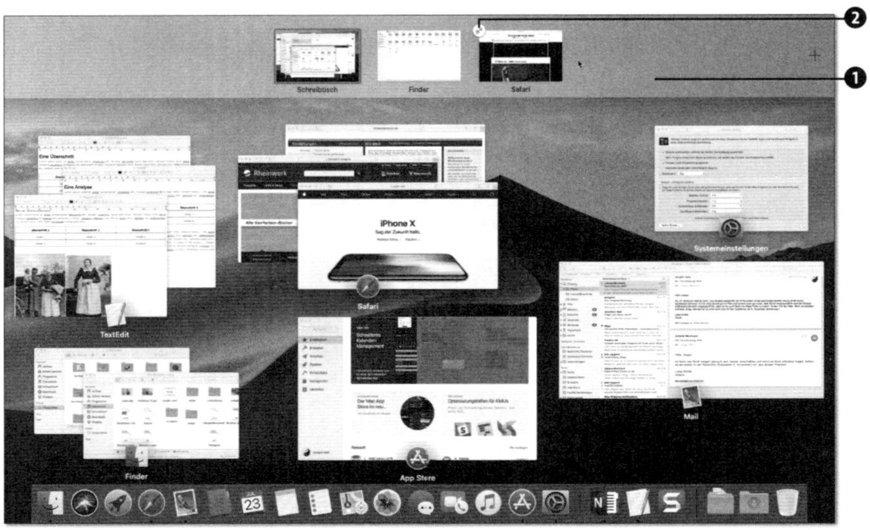

Abbildung 17.12 Programme im Vollbildmodus werden in den sogenannten Spaces ausgeführt.

17.4 Verschiedene Schreibtische mit Spaces verwalten

Wenn Sie Mission Control ausführen, finden Sie im oberen Bereich, den Spaces, neben den Vollbildanwendungen den Schreibtisch vor. Hierbei sind Sie nicht nur auf einen Schreibtisch beschränkt, sondern können bis zu 16 weitere solcher Schreibtische definieren. Der Vorteil mehrerer Schreibtische ist der, dass Sie so die Programme entsprechend verteilen können, die Sie am häufigsten verwenden. Damit richten Sie sich verschiedene Arbeitsbereiche ein.

Der Bildschirm wird hierbei nicht vervielfältigt, sondern es werden nur weitere Flächen für Fenster angelegt, auf denen Sie Programme gezielt anordnen können. So können Sie einen Space nur für Textverarbeitung anlegen und einen anderen Space mit Grafikprogrammen. Oder wenn Sie nicht möchten, dass jemand, der das Zimmer betritt, direkt einen Blick auf den Bildschirm wirft, dann können Sie hierüber schnell zu einem anderen Schreibtisch wechseln.

Es ist nicht einmal nötig, dass Sie wissen, auf welchem Space ein Programm liegt, Sie können wie gehabt mit [cmd] + [⇥] zum entsprechenden Programm wechseln, egal, in welchem Space es liegt. Es wird automatisch in den richtigen Space gewechselt.

17.4.1 Einen neuen Space anlegen und verwalten

Um die Spaces besser zu verstehen, empfehle ich Ihnen, die folgende Schritt-für-Schritt-Anleitung durchzuführen. Wenn Sie sehen, wie einfach und komfortabel es ist, zwischen diesen Arbeitsflächen zu wechseln, werden Sie das Feature nicht mehr missen wollen.

1 Es wird davon ausgegangen, dass Sie viele unterschiedliche Programme geöffnet haben.

2 Aktivieren Sie Mission Control, und klicken Sie auf das Plussymbol ❶ rechts oben, um einen neuen Space anzulegen, der hier den Titel »Schreibtisch 2« erhält.

3 Wählen Sie das Fenster eines Programms in Mission Control aus, das Sie künftig in diesem eigenen Arbeitsplatz (hier »Schreibtisch 2«) verwenden wollen, und ziehen Sie es mit gedrückt gehaltener Maustaste darauf ❷.

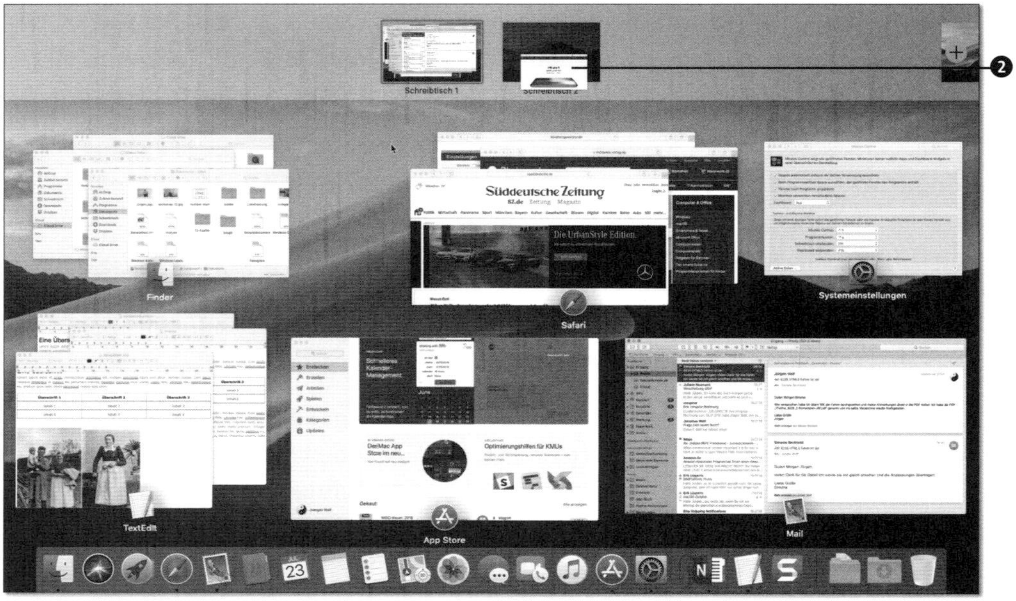

4 Lassen Sie das Fenster los, wird es dem Space zugeordnet.

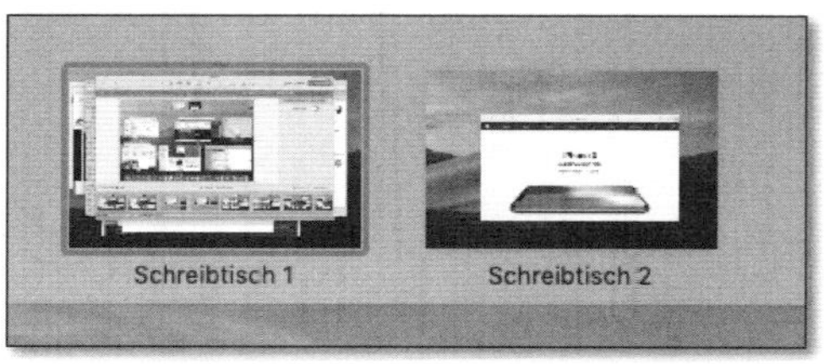

5 Wollen Sie weitere Fenster eines anderen oder desselben Programms dem neuen Space hinzufügen, können Sie dies tun, indem Sie per Drag & Drop in Mission Control ein Fenster in den entsprechenden Space ziehen und dort fallen lassen.

6 Wollen Sie hingegen nicht nur ein einzelnes Fenster, sondern alle geöffneten Fenster eines Programms einem Space hinzufügen, müssen Sie das entsprechende Icon ❸ bei den Gruppierungen in Mission Control auf einen Space ziehen. Dies funktioniert natürlich nur, wenn Sie in den **Systemeinstellungen** von **Mission Control** die Option **Fenster nach Programmen gruppieren** aktiviert haben.

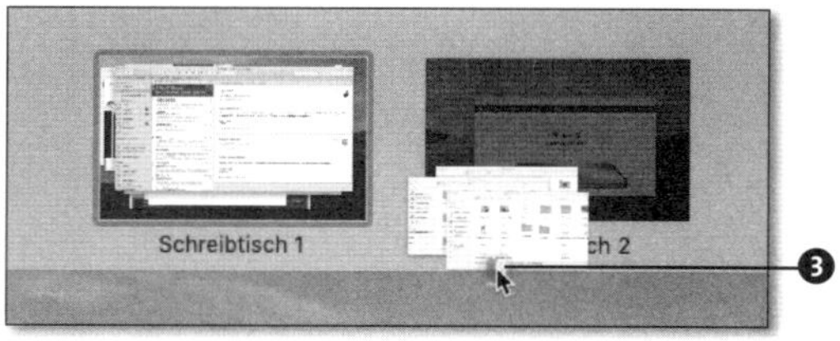

7 Sie können auf diese Weise bis zu 16 Schreibtische anlegen. Fenster im Vollbildmodus werden nicht zu den 16 Spaces dazugerechnet. Wenn Sie einen Space nicht mehr benötigen, können Sie ihn in Mission Control löschen, indem Sie mit dem Mauscursor im oberen Bereich über dem entsprechenden Space stehen bleiben und auf das **x**-Symbol klicken. Halten Sie die `Alt`-Taste gedrückt, können Sie gleich mehrere Schreibtische auf einmal entfernen.

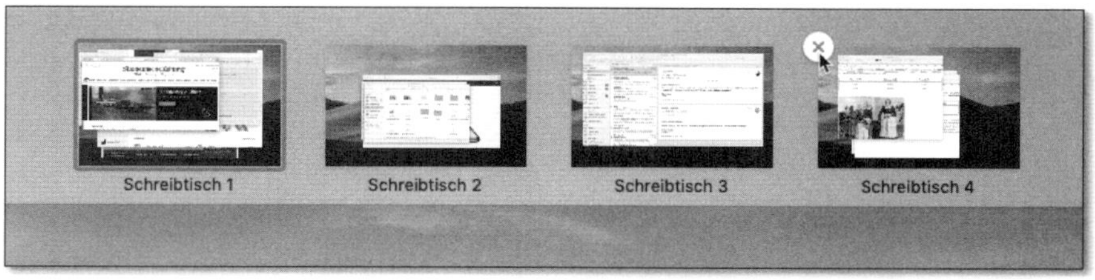

Wenn Sie in den **Systemeinstellungen** von **Mission Control** das Dashboard als Space aktiviert haben, finden Sie es als ersten Space wieder. Auf das Dashboard gehe ich ausführlich in Kapitel 19, »Widgets für das Dashboard«, ein.

17.4.2 In den Spaces navigieren

Haben Sie Fenster in unterschiedlichen Spaces angeordnet, können Sie Mission Control wieder beenden und durch die einzelnen Spaces navigieren. Hierfür stehen Ihnen mehrere Möglichkeiten zur Verfügung, zwischen den Spaces zu wechseln:

- Die einfachste Möglichkeit, schnell in einen anderen Space zu wechseln, ist, das Programm-Icon im Dock anzuklicken. Schon wird zum entsprechenden Space geschwenkt. Auch mit `cmd` + `⇆` können Sie hier zwischen den Programmen wechseln, und es wird zum passenden Space gesprungen.
- Durch die einzelnen Spaces können Sie mit `Ctrl` + `→`- bzw. `Ctrl` + `←`-Taste wechseln. Wenn Sie ein Trackpad haben, können Sie mit allen vier Fingern nach rechts oder links wischen, um zwischen den Spaces zu wechseln.

- Der Weg über Mission Control direkt geht natürlich auch, indem Sie Mission Control beispielsweise mit `Ctrl` + `↑` aufrufen und im Spaces-Bereich den gewünschten Schreibtisch anklicken.

Sollte beim Anklicken des Programm-Icons nicht zum entsprechenden Schreibtisch gewechselt werden, dann haben Sie vermutlich das Häkchen bei **Beim Programmwechsel Space auswählen, der geöffnete Fenster des Programms enthält** in den **Systemeinstellungen** von **Mission Control** nicht aktiviert.

Abbildung 17.13 Hier wird zwischen den Spaces gewechselt.

17.4.3 Schreibtischhintergrund anpassen

Bei vielen unterschiedlichen Schreibtischen kann es hilfreich sein, jeden Schreibtisch mit einem eigenen Hintergrund zu belegen. Hierbei müssen Sie auf dem Schreibtisch lediglich mit der rechten Maustaste klicken und im Kontextmenü **Schreibtischhintergrund ändern** auswählen. Damit werden die **Systemeinstellungen** von **Schreibtisch & Bildschirmschoner** geöffnet. Achten Sie darauf, auf welchem Schreibtisch Sie die Systemeinstellungen öffnen. Es wird nämlich nur der Hintergrund des Schreibtisches geändert, von dem aus Sie den **Systemeinstellungen**-Dialog ausführen.

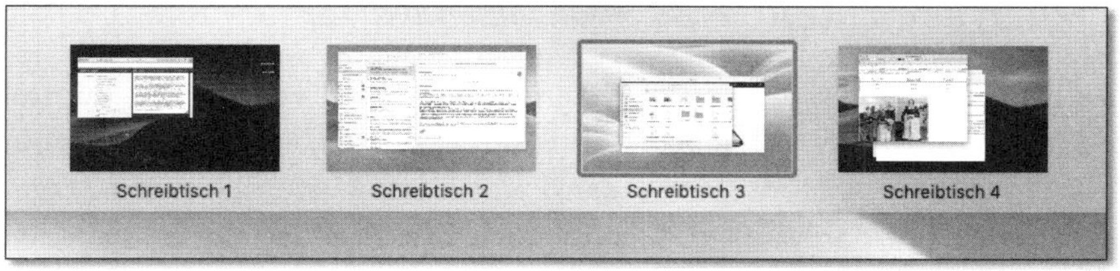

Abbildung 17.14 Hilfreich für die Übersicht ist es auch, wenn Sie einen unterschiedlichen Hintergrund für jeden Schreibtisch verwenden.

17.4.4 Programme einem Space dauerhaft zuordnen

Wenn Sie mehrere Spaces angelegt haben, können Sie über das Kontextmenü des Programm-Icons im Dock im Untermenü **Optionen** festlegen, auf welchem Schreibtisch das Programm angezeigt werden soll. Wechseln Sie zum gewünschten Programm und damit zum entsprechenden Space und wählen hier **Alle Schreibtische**, finden Sie das Programm auf allen Schreibtischen wieder. Wenn Sie hingegen **Dieser Schreibtisch** wählen, wird das Programm künftig immer in dem gerade aktiven Space geöffnet. Mit der (Standard-)Einstellung **Ohne** heben Sie diese Zuweisung auf.

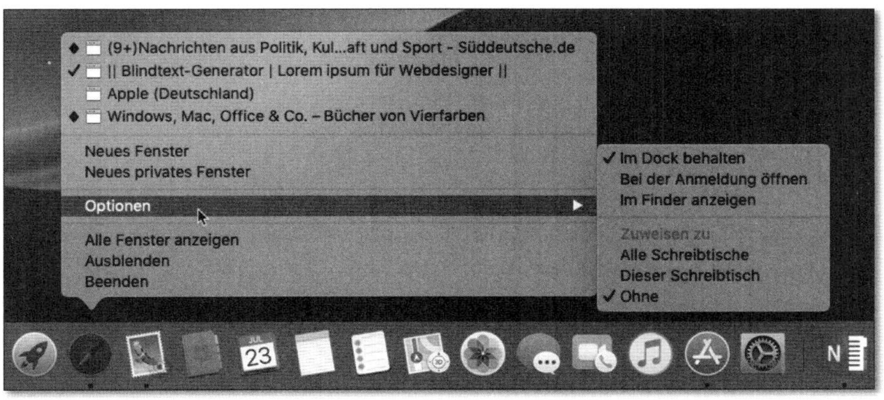

Abbildung 17.15 Legen Sie fest, welchem Space ein Programm zugeordnet werden soll.

HINWEIS

Mehrere Bildschirme

Wenn Sie mehrere Bildschirme am Mac angeschlossen haben, können Sie auch hier mit Spaces arbeiten. Voraussetzung dafür ist, dass die Option **Monitore verwenden verschiedene Spaces** in den **Systemeinstellungen** von **Mission Control** aktiviert ist.

17.5 Aktive Ecken einrichten

Die Funktion **Aktive Ecken** finden Sie in den **Systemeinstellungen** von **Mission Control** ganz links unten. Wenn Sie die Schaltfläche **Aktive Ecken** anklicken, können Sie über ein Dropdown-Menü jeder der vier Bildschirmecken Funktionen hinzufügen, die ausgeführt werden, sobald Sie mit der Maus in die entsprechende Ecke fahren. So habe ich mir für die linke obere Ecke Mission Control, für die Ecke unten links den Schreibtisch und für die Ecke oben rechts Programmfenster eingerichtet.

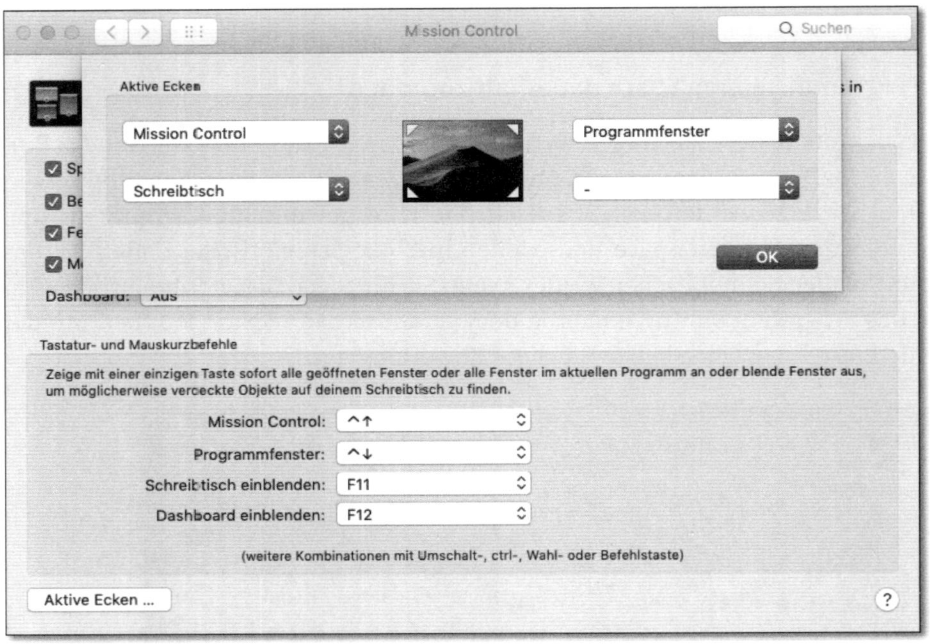

Abbildung 17.16 Aktive Ecken einrichten

17.6 Bildschirm teilen mit Split View

Die Funktion Split View wurde bereits in Abschnitt 11.9, »Mail im Vollbildmodus verwenden«, erläutert und soll an dieser Stelle nochmals erwähnt werden, weil sie recht praktisch ist, wenn Sie zwischen zwei Programmen hin- und herwechseln müssen. Zwar bietet sich hier `cmd` + `⇥` an, aber dies ist nicht hilfreich, wenn Sie mit zwei Fenstern gleichzeitig arbeiten wollen. Wenn Sie beispielsweise ein Textverarbeitungsprogramm zum Schreiben eines Berichts und den Safari-Browser zum Recherchieren verwenden, ist es oft sinnvoll, diese beiden Fenster nebeneinander zu platzieren.

1 Klicken Sie hierzu im Fenster links oben auf die kleine grüne Schaltfläche für den Vollbildmodus, und halten Sie die Maustaste länger gedrückt.

2 Jetzt wird eine blaue Bildschirmhälfte hinter dem aktuellen Programm angezeigt, in der Sie das Fenster fallen lassen können. Darauf nimmt es diese Hälfte im Vollbildmodus ein. Wenn Sie die Maustaste nicht gleich loslassen, können Sie das Fenster auch auf der anderen Bildschirmhälfte platzieren.

3 Wählen Sie auf der noch leeren Seite ein Fenster aus, das die andere Hälfte im Vollbildmodus einnehmen soll. Die Position und somit die Breite der einzelnen Seiten können Sie mit gedrückt gehaltener Maustaste auf der schwarzen Mittelleiste anpassen.

17

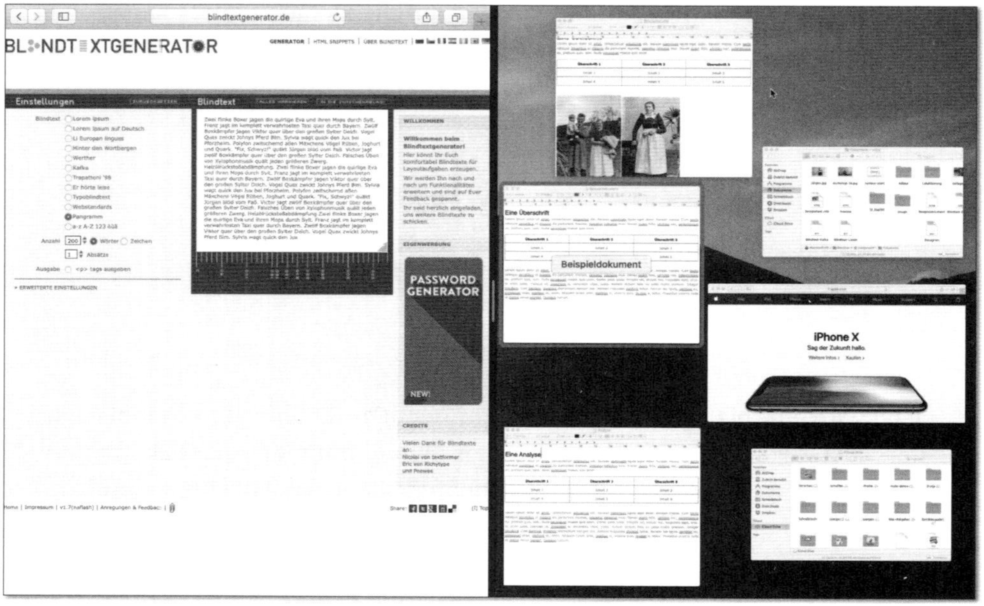

4 Beenden können Sie die Split View, indem Sie bei einem der beiden Fenster wieder auf die grüne Schaltfläche klicken, die erscheint, sobald Sie mit dem Mauscursor an den oberen Rand des Bildschirms fahren. Alternativ können Sie auch Mission Control aktivieren und die Split View mitsamt Vollbild gleich mit der entsprechenden Schaltfläche ❶ beenden, die eingeblendet wird, wenn Sie mit dem Mauscursor über dem Space stehen.

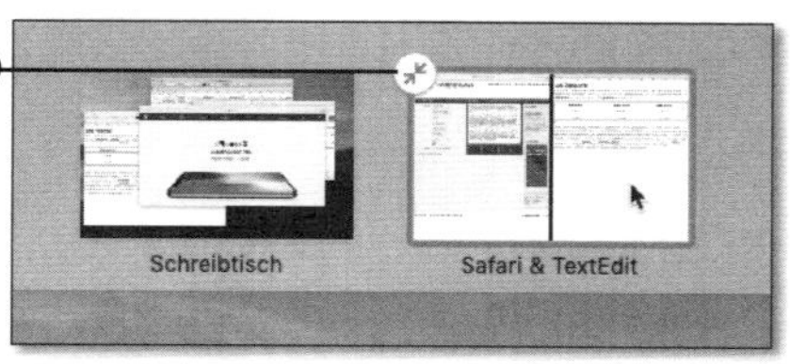

TIPP

Split View mit Mission Control

Split View können Sie auch direkt in Mission Control einrichten, wenn sich ein Fenster bereits im Vollbildmodus befindet. Ziehen Sie hierzu in Mission Control ein weiteres Fenster auf das Fenster im Vollbildbildmodus, wird es in der Split View auf der gewünschten Seite hinzugefügt. Da Split View ein Vollbildmodus ist, werden diese beiden Programme, die nebeneinander angeordnet sind, auch in Mission Control mit entsprechender Beschriftung (Programmname1 & Programmname2) angezeigt.

18 Programme verwalten

Alle Programme auf dem Mac liegen im »Programme«-Verzeichnis. Wenn Sie sich in dem Verzeichnis umsehen, werden Sie feststellen, dass mit Ihrem Mac bereits viele Programme vorinstalliert sind. Früher oder später werden Sie vermutlich auch weitere Programme installieren oder nicht mehr benötigte Anwendungen entfernen wollen. Auf die Verwaltung der Programme wird in diesem Kapitel eingegangen.

Auch die Mitteilungen werden hier behandelt, weil sie quasi eine Kommunikationsschnittstelle zwischen dem Programm und dem Anwender sind und Sie über unterschiedliche Dinge informieren. Welche Informationen von welchen Programmen angezeigt werden, können Sie einstellen.

18.1 Bezahlen im App Store und in iTunes

Um Programme vom App Store herunterladen zu können, benötigen Sie eine Apple-ID. Wenn Sie Software vom App Store kaufen wollen, müssen Sie zudem eine Zahlungsmethode einrichten. Hierfür können Sie entweder eine Kreditkarte einrichten, sich mit Ihrem PayPal-Konto anmelden, oder Sie kaufen sich eine iTunes-Karte, mit der Sie Ihrem Apple-Account ein Guthaben hinzufügen und damit bezahlen. Hier erfahren Sie, wie Sie Ihrer Apple-ID eine Zahlungsmethode hinzufügen können. Diese Zahlungsdaten können Sie auch für den iTunes Store verwenden.

HINWEIS

iTunes-Karte kaufen

Wollen Sie keine Kreditkartendaten und kein PayPal-Konto angeben oder haben Sie keine Kreditkarte oder PayPal, empfehle ich Ihnen, sich eine iTunes-Karte zu kaufen. Mittlerweile bekommt man eine solche Gutscheinkarte in jedem Supermarkt oder Elektronik-Discounter in der Höhe von 10 bis 100 €. Gerade zum Ausprobieren des Stores von Apple kann man mit solchen Karten nichts falsch machen.

18

1 An dieser Stelle gehe ich davon aus, dass Sie bereits über eine eigene Apple-ID verfügen. Starten Sie den App Store über das entsprechende Programmsymbol.

2 Wenn Sie nicht schon beim Store registriert sind, melden Sie sich über das Menü **Store ▸ Anmelden** mit Ihrer Apple-ID an. Haben Sie noch keinen Account oder wollen einen neuen anlegen, können Sie dies über **Store ▸ Account erstellen** tun.

3 Haben Sie sich mit Ihrer Apple-ID angemeldet, wählen Sie **Store ▸ Meinen Account [name@name.abc] anzeigen**.

4 Es folgt ein Überblick über die (eventuell) bisher gekauften bzw. geladenen Apps aus dem App Store. Klicken Sie hier oberhalb auf **Infos anzeigen**, wird Ihnen ein Überblick über die Account-Daten angezeigt. Klicken Sie bei **Zahlungsdaten** auf **Bearbeiten**.

5 Jetzt erhalten Sie einen Überblick über die Zahlungsmethoden, die vom App Store akzeptiert werden. Wählen Sie hier die von Ihnen bevorzugte Zahlungsmethode aus, und geben Sie die entsprechenden Daten dazu ein. Bestätigen Sie die Eingaben am Ende mit der Schaltfläche **Fertig**.

6 Wollen Sie keine Kreditkarte verwenden, können Sie in Schritt 4 neben **Infos anzeigen** auf **Geschenkkarte einlösen** klicken, wo Sie das Konto mit einer iTunes-Karte mit einem Guthaben aufladen können. Alternativ können Sie auch jederzeit direkt im App Store auf das Benutzer-Icon ❶ links unten klicken, wo Sie ebenfalls zum Bildschirm von Schritt 4 gelangen. Die Optionen, um Guthaben hinzuzufügen bzw. aufzuladen oder eine iTunes-Karte einzulösen, finden Sie ohnehin in allen Bereichen im App Store, wenn Sie in den einzelnen Bereichen ganz nach unten scrollen.

7 Wenn Sie alle Daten zum Bezahlen an Apple übermittelt haben, steht der virtuellen Shopping-Tour im App Store oder dem iTunes Store nichts mehr im Wege.

HINWEIS

Bezahlen mit Handyrechnung

Neben Kreditkarten und PayPal besteht die Möglichkeit, im App Store per Handyrechnung zu bezahlen. Wenn Sie diese Option ausgewählt haben und verwenden wollen, müssen Sie die Nummer Ihres Mobiltelefons angeben, das mit Ihrem Mobilfunkvertrag verknüpft ist, und sich einen Code als SMS an diese Nummer senden lassen. Geben Sie den Code der empfangenen SMS zur Bestätigung im Computer ein, und damit haben Sie die Zahlungsmethode per Handyrechnung eingerichtet.

18.2 Programme über den App Store installieren

Der wohl einfachste Weg, neue Programme zu installieren, dürfte der über den App Store sein. Apple bietet im App Store unzählig viele Programme in jeder nur erdenklichen Kategorie an. Im App Store finden Sie auch viele kostenlose Programme. Für andere Programme hingegen müssen Sie über Ihren Apple-Account bezahlen. Wenn Sie eine Anwendung aus dem App Store gekauft oder kostenlos heruntergeladen haben, wird sie automatisch im Hintergrund installiert. Sie müssen hierbei nichts weiter tun.

HINWEIS

Sichere Programme

Ein Vorteil, die Programme aus dem App Store herunterzuladen und zu installieren, liegt ganz klar darin, dass Sie sich sicher sein können, dass diese Software vorher von Apple geprüft wurde (auch die kostenlosen Programme). Die Gefahr, dass Sie Schadsoftware aus dem App Store installieren, dürfte so gut wie ausgeschlossen sein.

1 Starten können Sie den App Store über das entsprechende Icon im Dock oder über das -Menü. Damit der App Store funktioniert, muss außerdem eine Internetverbindung bestehen.

2 Entweder stöbern Sie im App Store ein wenig herum, oder Sie suchen gezielt in einer bestimmten Kategorie nach einer Anwendung. Hierzu müssen Sie in der Seitenleiste auf **Kategorien** klicken. Ich habe hier die Kategorie **Finanzen** ausgewählt. Sie können bei Bedarf nach kostenpflichtigen oder kostenlosen Anwendungen filtern. Oder Sie klicken auf **Alle anzeigen**, woraufhin der App Store alle (kostenlosen und kostenpflichtigen) Programme der Kategorie zeigt. Haben Sie eine bestimmte Anwendung im Auge, können Sie auch links oben im Suchfeld danach suchen.

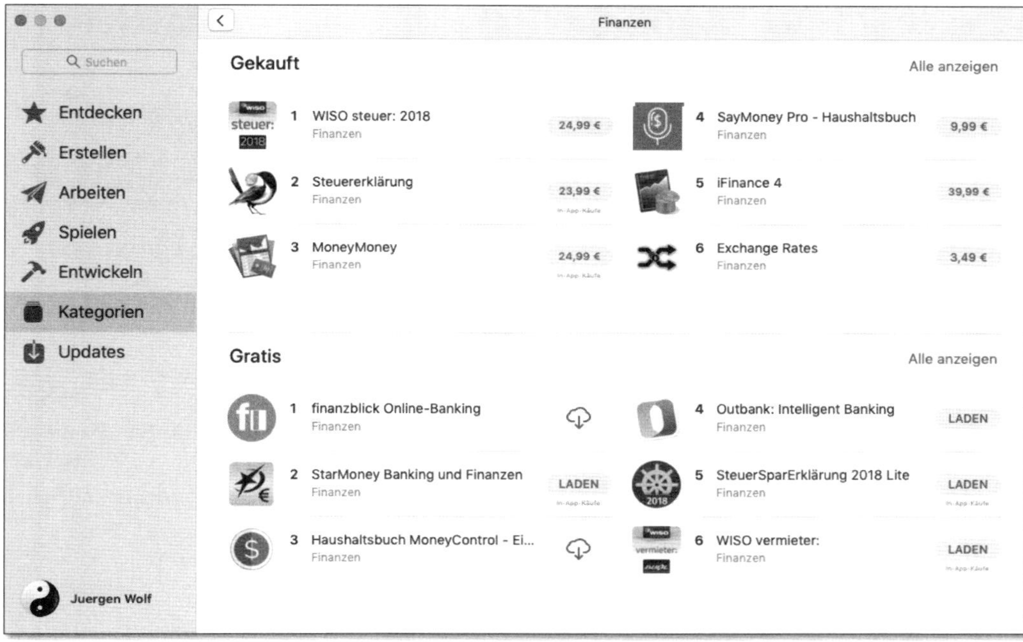

3 Klicken Sie das Programm an, über das Sie mehr erfahren wollen, und es erscheint ein Infofenster mit Bildschirmfotos, Beschreibung und Kundenbewertungen zum Programm.

4 Um das Programm zu laden bzw. zu kaufen (wenn es nicht kostenlos ist), klicken Sie auf die Schaltfläche **Laden** bzw. auf die Preisangabe. Die Schaltfläche wird daraufhin grün mit der Beschriftung **Installieren** bzw. **App kaufen**. Wenn hier **Öffnen** stehen sollte, haben Sie das Programm bereits installiert und heruntergeladen. Ist das Programm nicht kostenlos, wird Ihr Guthabenkonto oder die Kreditkarte bzw. PayPal mit dem Betrag belastet. Vorausgesetzt natürlich, Sie haben die Zahlungsdaten angegeben.

5 Üblicherweise werden Sie im folgenden Dialogfenster nochmals nach dem Passwort für Ihre Apple-ID gefragt. Wenn Sie das Passwort angegeben und auf **Anmelden** geklickt haben, wird der Download gestartet.

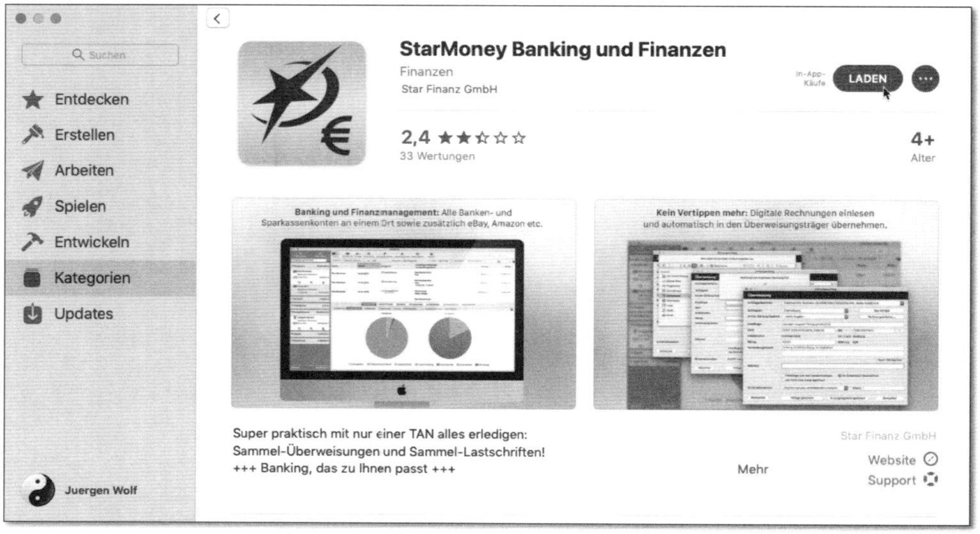

6 Im Launchpad finden Sie einen Fortschrittsbalken zum Download und zur Installation des Programms.

7 Ist die Installation abgeschlossen, wird im Launchpad ein blauer Punkt neben dem Namen des Programms angezeigt, was bedeutet, dass dieses Programm neu installiert oder aktualisiert, aber bisher noch nicht gestartet wurde. Wie für Programme auf dem Mac üblich, werden diese vom App Store in den *Programme*-Ordner installiert. Jetzt können Sie das Programm wie jedes andere auch starten.

18.2.1 Bereits gekaufte Programme erneut installieren

Wenn Sie im App Store eine Anwendung erworben haben, steht Ihnen diese dort jederzeit (für dieselbe Apple-ID) zur Verfügung, um sie erneut herunterzuladen. Sollten Sie mal eine App gelöscht oder sich einen neuen Mac gekauft haben, finden Sie Ihre (erworbenen) Programme wieder, wenn Sie auf das Benutzer-Icon links unten ❶ klicken oder im Menü **Store** den Eintrag **Meinen Account (name@name.abc) anzeigen** auswählen bzw. das Tastenkürzel cmd + 0 betätigen.

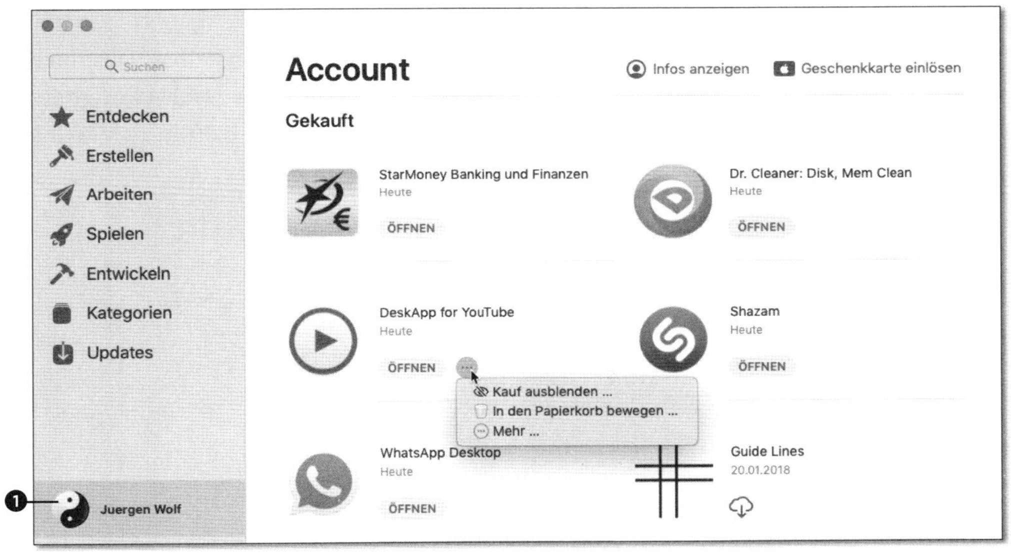

Abbildung 18.1 Bereits gekaufte bzw. geladene Artikel können Sie jederzeit wieder installieren.

Mit einem Klick auf das Wolkensymbol des entsprechenden Programms können Sie es erneut herunterladen und installieren. Ist ein Programm bereits auf dem Mac installiert, steht **Öffnen** auf der Schaltfläche. Wollen Sie hier etwas aufräumen und bei den gekauften Artikeln nicht alle Programme auflisten lassen, müssen Sie nur das runde Symbol mit den drei Punkten beim entsprechenden Programm anklicken und dort **Kauf ausblenden** im Kontextmenü auswählen. Bei Programmen, die auf dem Mac installiert sind, finden Sie außerdem mit dem Befehl **In den Papierkorb bewegen** eine Option, um das Programm vom Mac zu deinstallieren.

Ausgeblendete Artikel können Sie wieder sichtbar machen, indem Sie auf das Benutzer-Icon links unten klicken und dann **Infos anzeigen** wählen. Im Bereich **Ausgeblendete Artikel** klicken Sie auf **Verwalten**.

18.2.2 Gutschein für den App Store einlösen

Um einen Gutschein einzulösen, müssen Sie nicht jedes Mal den Umweg über **Store ▸ Meinen Account (name@name.abc) anzeigen** gehen, sondern können auch hier auf das Benutzer-Icon klicken und dort **Geschenkkarte einlösen** wählen. Ansonsten finden Sie diese Option auch häufiger im App Store mit der Schaltfläche **Einlösen**. Dieser Link führt Sie zu einer Eingabemaske, in die Sie die Nummer der Geschenkkarte eingeben, um das Guthaben hinzuzufügen. Wenn Sie eine Kamera haben, können Sie die Schaltfläche **Kamera verwenden** anklicken.

Halten Sie die Geschenkkarte an die Kamera, geschieht der Rest von selbst. Das noch verfügbare Guthaben wird unter dem Benutzer-Icon angezeigt. Das noch verfügbare Guthaben können Sie außerdem mit einem Klick auf das Benutzer-Icon in Erfahrung bringen, wenn Sie dort oben wieder **Infos anzeigen** auswählen.

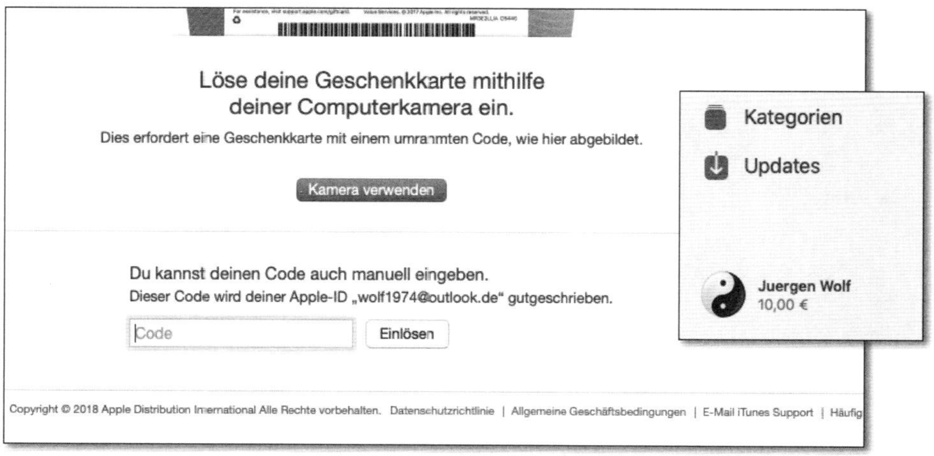

Abbildung 18.2 Gutschein direkt im App Store hinzufügen

HINWEIS

Spiele für den Mac

Wenn Sie sich im App Store umsehen, dürfte Ihnen auffallen, dass es viele Spiele für den Mac gibt. Neben kleineren Spielen, die auf fast jedem Mac laufen, gibt es häufig auch etwas aufwendigere Spiele, bei denen Sie sich vor dem Download vergewissern sollten, ob Ihr System wenigstens die minimalen Anforderungen bezüglich der Hardware erfüllt.

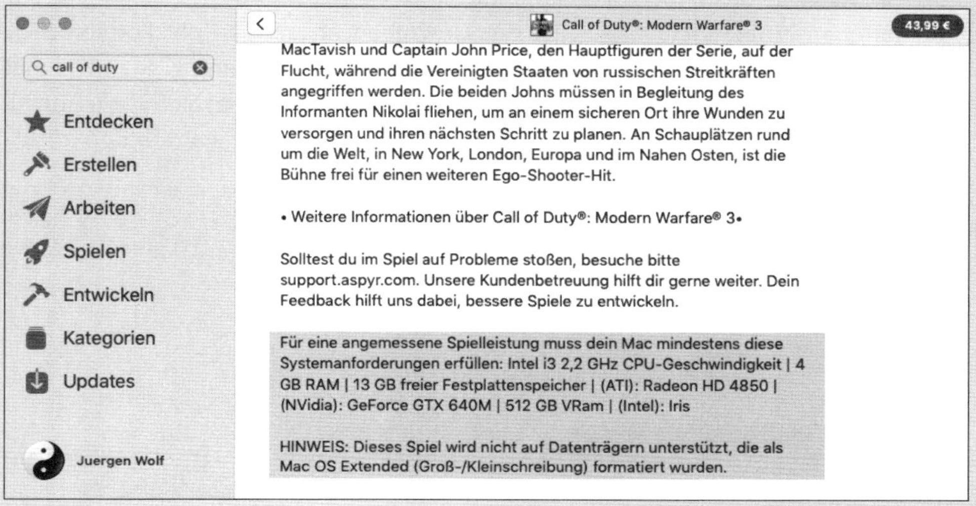

Abbildung 18.3 Diese Anforderung dürfte ein MacBook Air wohl überfordern.

18.3 Programme aus dem Internet laden und installieren

Der App Store allein bietet nicht alles, und viele prominente Programme wie alternative Webbrowser (Firefox, Chrome), Bildbearbeitungsprogramme (Photoshop), RAW-Konverter (Lightroom, Capture One), Skype oder Microsoft Office sind (noch) nicht im App Store vertreten und können häufig nur direkt aus dem Web geladen werden. Auch wenn sich die Gerüchte verdichten, dass Microsoft und Adobe auch ihre Topprodukte künftig im App Store anbieten wollen (bzw. dies nach Drucklegung des Buches vielleicht auch schon der Fall ist), wird es wohl weiterhin notwendig sein, Programme aus dem Internet herunterzuladen.

18

1 Um ein Programm aus dem Web herunterzuladen, müssen Sie mit dem Webbrowser die entsprechende Seite aufrufen und auf die Download-Schaltfläche der Software für Ihren Mac klicken. Im Beispiel lade ich mir von *www.phaseone.com* die Bildbearbeitungssoftware zur Bearbeitung, Konvertierung und Verwaltung von Bildern im Rohformat herunter.

2 Den Fortschritt des Downloads können Sie in der Downloads-Anzeige von Safari rechts oben einblenden lassen. Ist der Download abgeschlossen, können Sie die Installation im Normalfall mit einem Doppelklick gleich starten. Standardmäßig werden Downloads im *Downloads*-Ordner Ihres Benutzerverzeichnisses abgelegt und können auch von dort mit einem Doppelklick ausgeführt werden.

3 Als Nächstes wird ein Disk-Image wie eine kleine Festplatte oder Speicherkarte in das System geladen, wie Sie in der Seitenleiste des Finders erkennen können.

4 Jetzt müssen Sie nur noch per Drag & Drop das Symbol von Capture One 11 nach rechts in den *Programme*-Ordner ziehen. Das Plussymbol zeigt an, dass Capture One 11 kopiert wird. Es wird nochmals nach dem Administrator-Passwort gefragt, und dann haben Sie das Programm erfolgreich auf dem Rechner im *Programme*-Verzeichnis installiert.

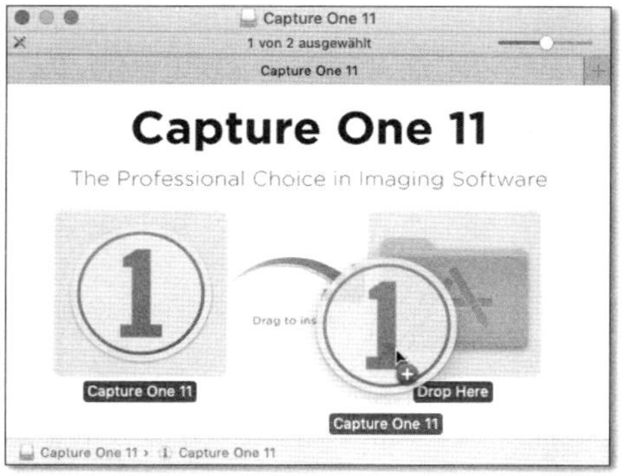

5 Das Programm können Sie wie gewohnt zum Beispiel über das Launchpad oder das *Programme*-Verzeichnis starten.

6 Bei Programmen aus dem Internet erhalten Sie beim ersten Start eine Warnmeldung, ob Sie das Programm wirklich öffnen wollen. Hiermit soll verhindert werden, dass versehentlich ein Programm ausgeführt wird, das Sie gar nicht verwenden wollen und das vielleicht sogar Schadsoftware enthält. Im vorliegenden Beispiel sind Sie sich allerdings sicher und klicken auf **Öffnen**, womit das Programm gestartet wird.

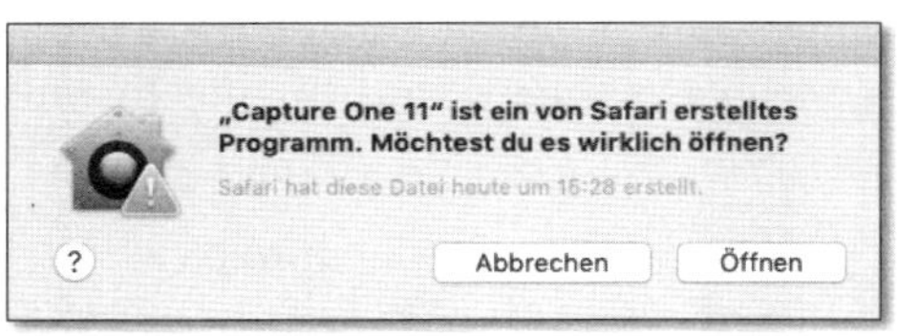

7 Am Ende können Sie das Disk-Image in der Seitenleiste über das entsprechende Symbol auswerfen und die DMG-Datei im *Downloads*-Ordner löschen.

Nicht alle DMG-Dateien bieten eine so komfortable Option an, mit der Sie per Drag & Drop das Programm gleich in das *Programme*-Verzeichnis ziehen und dort fallen lassen können, wie Sie es eben in Schritt 4 mit Capture One 11 getan haben. Es gibt auch DMG-Dateien, bei denen eine PKG-Datei enthalten ist, die per Doppelklick eine Installationsroutine des Programms ausführt. Ebenso gibt es DMG-Dateien, bei denen nur das Programm allein enthalten ist, das ohne ein Alias zum *Programme*-Verzeichnis angezeigt wird. In dem Fall müssen Sie das Programm selbst vom geöffneten Disc-Image in das *Programme*-Verzeichnis kopieren.

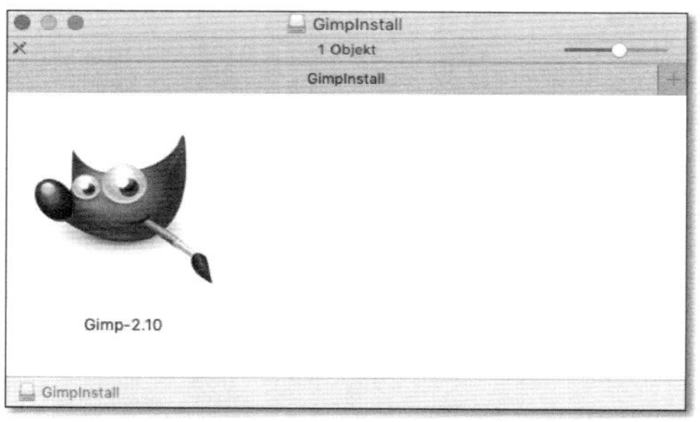

Abbildung 18.4 Das Programm GIMP wird zwar als DMG-Archiv angeboten, aber innerhalb der DMG-Datei finden Sie nur das Programm, das Sie bei Bedarf selbst in das »Programme«-Verzeichnis kopieren müssen.

18.3.1 DMG- und PKG-Dateien

Im eben gezeigten Beispiel wurde ein Programm im DMG-Format (= *Disk Image*) heruntergeladen und installiert. Neben solchen DMG-Dateien werden häufig auch PKG-Dateien (*Installer Package*) zum Download angeboten. Beides sind gängige Formen im Internet, um Programme für den Anwender zum Download und für die Installation anzubieten:

- **DMG-Format:** Das DMG-Format ist ein komprimiertes Archiv, ähnlich wie man es vom ZIP-Archiv her kennt. Im Gegensatz zum ZIP-Archiv müssen Sie ein DMG-

Archiv allerdings nicht entpacken, und es wird kein unnötiger Speicherplatz benötigt. Stattdessen wird es nur temporär als Disk-Image den Geräten/Volumens hinzugefügt, von wo Sie den Inhalt wie von einem gewöhnlichen Laufwerk entnehmen können. Innerhalb eines DMG-Formats kann eine PKG-Datei liegen, die Sie mit einem Doppelklick ausführen müssen. Wenn Sie das Disk-Image nicht mehr benötigen, müssen Sie es wie ein gewöhnliches Laufwerk auswerfen.

- **PKG-Format:** Ein PKG-Formt ist ein komprimiertes Installer-Paket, das Sie durch eine Installationsroutine führt, innerhalb der Sie eventuell benutzerdefinierte Einstellungen vornehmen können. In der Regel müssen Sie häufig nur den Anweisungen der Installationsroutine folgen, um ein Programm damit zu installieren. Häufig finden Sie solche PKG-Dateien auch innerhalb von DMG-Dateien verpackt.

18.3.2 Gatekeeper – der Schutz vor Schadprogrammen

Programme, die Sie auf dem Mac installieren, müssen von Apple zertifiziert werden. Bei Programmen aus dem App Store ist dies immer der Fall. Bei Programmen aus dem Internet hingegen kann das System schon mal die Installation oder Ausführung des Programms verweigern. Hierzu hat Apple mit Gatekeeper einen Wächter eingerichtet, der diesen Vorgang überwacht. Damit soll vermieden werden, dass Schadsoftware auf dem Computer installiert wird.

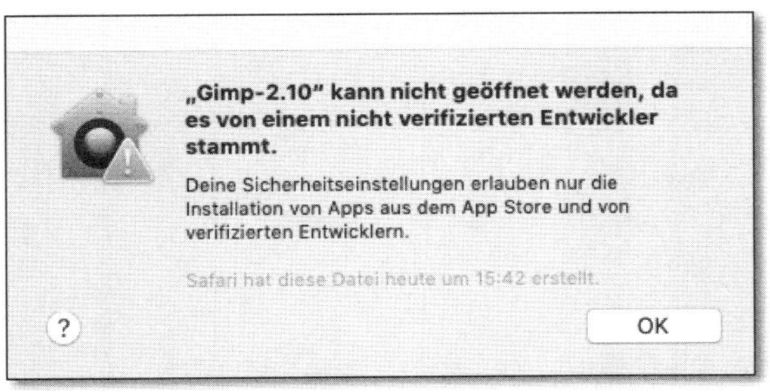

Abbildung 18.5 Gatekeeper soll verhindern, dass Schadsoftware installiert wird.

Die Sicherheitseinstellungen dazu finden Sie in den **Systemeinstellungen** von **Sicherheit**, wenn Sie den Reiter **Allgemein** auswählen. Unten finden Sie bei **Apps-Download erlauben von** die Optionen **App Store** oder **App Store und verifizierten Entwickler**. Klicken Sie zum Bearbeiten dieser Option auf das Schlosssymbol, und geben Sie das Administrator-Passwort ein.

Wollen Sie den Gatekeeper trotzdem zur Mitarbeit überreden, sollten Sie direkt nach einer Fehlermeldung wie der in Abbildung 18.5 über **Systemeinstellungen ▸ Sicherheit** in das Register **Allgemein** wechseln und dort explizit auf **Dennoch öffnen** klicken.

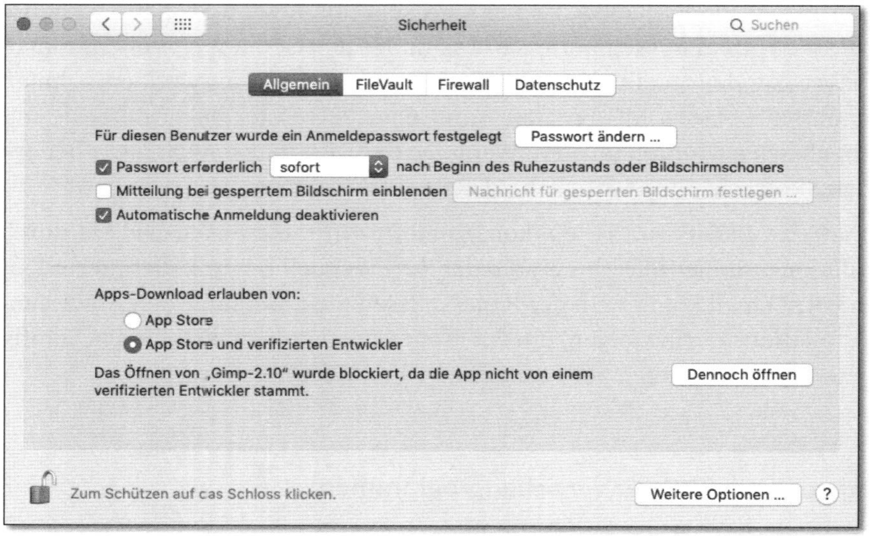

Abbildung 18.6 Hier stellen Sie den Gatekeeper ein und können explizit auf eigene Verantwortung die Erlaubnis erteilen, eine Software zu installieren, die nicht den Apple-Richtlinien entspricht.

Ebenso können Sie den Schutz von Gatekeeper umgehen, indem Sie das Programm-Icon mit der rechten Maustaste anklicken und im Kontextmenü **Öffnen** auswählen.

Abbildung 18.7 Mit einem rechten Mausklick und »Öffnen« im Kontextmenü umgehen Sie den Gatekeeper.

18.4 Programme von CD/DVD installieren

Wenn Sie eine Software von CD oder DVD installieren wollen, müssen Sie diese in das Laufwerk einlegen. Bei modernen Macs gibt es solch ein Laufwerk häufig nicht mehr, und hier müssen Sie sich ein externes Laufwerk zulegen. Wenn Sie die CD oder DVD ins Laufwerk gelegt haben, erscheint es als Symbol ❶ bei den Geräten in der Seitenleiste. Klicken Sie das Symbol an, und schon befinden Sie sich im Verzeichnis der CD oder DVD, wo Sie gewöhnlich auch gleich eine Installationsdatei ❷ vorfinden. Wenn Sie diese Installationsdatei doppelt anklicken, müssen Sie nur noch den Anweisungen auf dem Bildschirm folgen, um das Programm von einer CD oder DVD auf dem Mac zu installieren.

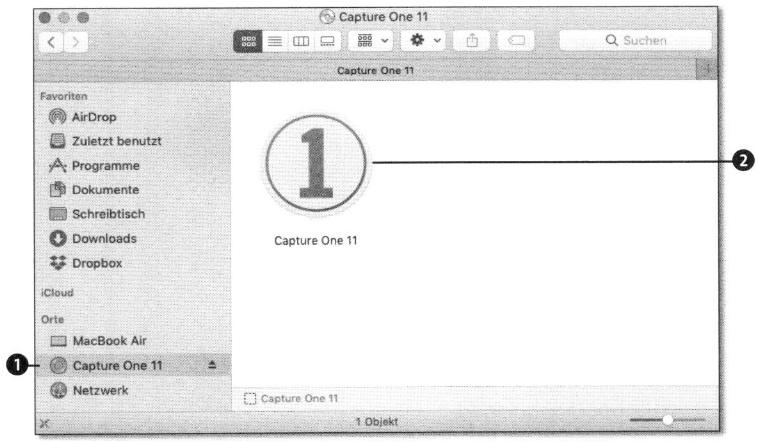

Abbildung 18.8 Die Installation von CD oder DVD ist natürlich nach wie vor möglich.

18.5 Programme aktualisieren

Die Aktualisierung von Programmen aus dem App Store lässt sich genauso einfach durchführen wie die Installation von Programmen. Wenn Sie den App Store gestartet haben, sehen Sie gewöhnlich beim Bereich **Updates** eine Zahl, an der Sie erkennen, dass und wie viele Updates vorliegen.

Abbildung 18.9 An der Zahl neben »Updates« können Sie schon erkennen, wie viele Updates anstehen..

18.5.1 Aktualisierung über den App Store

Wenn Sie den App Store gestartet haben, müssen Sie in der Seitenleiste nur auf **Updates** klicken, und es werden Ihnen alle verfügbaren Updates aufgelistet. Für mehr Informationen zum Update klicken Sie beim jeweiligen Update auf **Mehr**. Sie können entweder die einzelnen Programme erneuern, indem Sie auf die entsprechende **Aktualisieren**-Schaltfläche klicken, oder Sie klicken auf **Alle aktualisieren**, um alle verfügbaren Updates durchzuführen. Eventuell erfolgt hier noch das Login mit Passwort zum App Store, bevor diese heruntergeladen und installiert werden. Sie können den Vorgang über eine **Stopp**-Schaltfläche während einer Aktualisierung pausieren, und zu einem späteren Zeitpunkt mit der derselben Schaltfläche weiter fortführen.

Abbildung 18.10 Das Aktualisieren von Apps im App Store ist sehr einfach und übersichtlich gehalten.

Sollte bei Ihnen das Update-Verhalten von Apps im App Store etwas anders sein, oder wurde es gar automatisch ausgeführt, dann liegt dies an den Einstellungen, die Sie über das Menü **Store** mit dem Befehl **Einstellungen** an Ihren persönlichen Bedürfnissen anpassen können, indem Sie einzelne Optionen (de-)aktivieren.

Die erste Option **Automatische Updates** spricht für sich. Diese lädt und installiert App-Updates automatisch, wenn welche vorhanden sind. Die Apps sind immer auf dem neuesten Stand. Hierbei sollten Sie allerdings bedenken, dass auch automatische Updates gezogen werden, wenn Sie mit einem teuren mobilen Internettarif unterwegs sind. Die zweite Option **Gekaufte Apps automatisch auf andere Macs laden** spricht im Grunde auch für sich und installiert alle Apps auch gleich automatisch auf Macs, auf denen Sie mit derselben Apple-ID angemeldet sind bzw. sich beim nächsten Mal anmelden.

Enthält eine App ein Video bei der App-Vorstellung, sorgen Sie mit **Automatische Videowiedergabe** dafür, dass es abgespielt wird. Wenn Sie einen limitierten mobilen Internettarif haben, sollten Sie diese Option deaktivieren. Mit **Bewertungen in Apps** erlauben Sie den Apps, dass diese Sie direkt nach einem Feedback für den App Store fragen dürfen.

Abbildung 18.11 Hier können Sie das Update-Verhalten von Apps im App Store einstellen.

Mit den letzten beiden Optionen legen Sie fest, ab wann Sie nach einem Passwort beim Einkaufen im App Store gefragt werden sollen. Hierbei wird zwischen **Käufe und In-App-Käufe** und **Kostenlose Downloads** unterschieden. Gerade bei **Käufe und-In-App-Käufe** sollten Sie das Passwort nicht sichern und nach einer gewissen Zeit ein Passwort erforderlich machen.

18.5.2 Aktualisierung von Programmen aus dem Internet

Bei der Aktualisierung von Programmen aus dem Internet müssen Sie etwas anders vorgehen. So ersetzen Sie bei vielen manuellen Aktualisierungen das aktuelle Programm im *Programme*-Verzeichnis durch die neue Version. Hier ein solcher Vorgang in einer Schritt-für-Schritt-Anleitung:

1. Laden Sie die neueste Version eines Programms herunter, von dem Sie eine ältere Version auf dem Mac im *Programme*-Verzeichnis installiert haben.
2. Ziehen Sie die neue Version durch Drag & Drop in den *Programme*-Ordner.

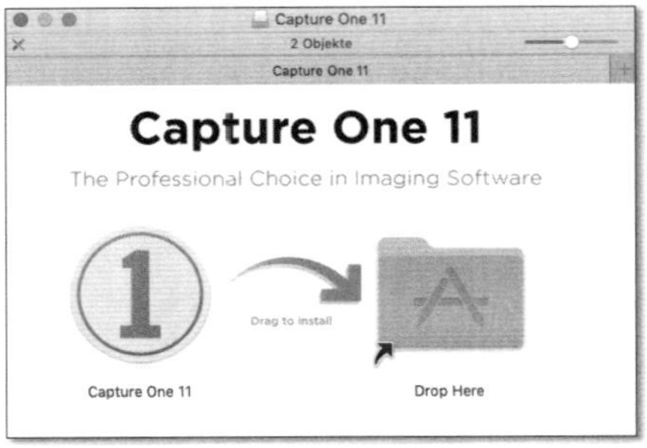

3 Ein Dialog weist Sie darauf hin, dass dieses Programm bereits vorhanden ist, und fragt Sie, wie Sie weiter verfahren wollen. Klicken Sie auf die Schaltfläche **Ersetzen**, und schon haben Sie die ältere Version des Programms durch die neue Version ersetzt.

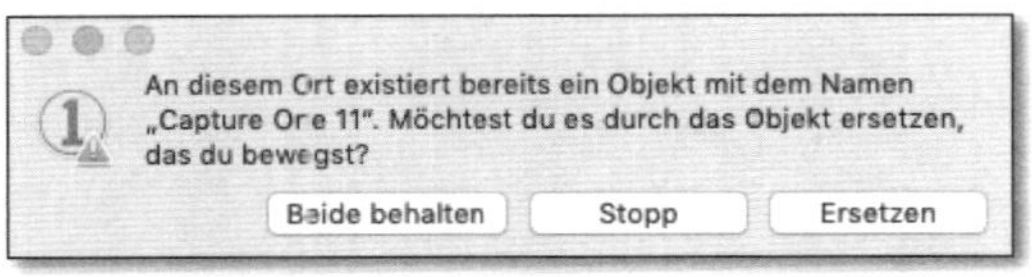

Es gibt auch Programme, die einen automatischen Update-Mechanismus anbieten. Oftmals lässt sich im Programm selbst festlegen, ob das Programm automatisch aktualisiert werden soll oder ob Sie diesen Vorgang selbst anstoßen wollen.

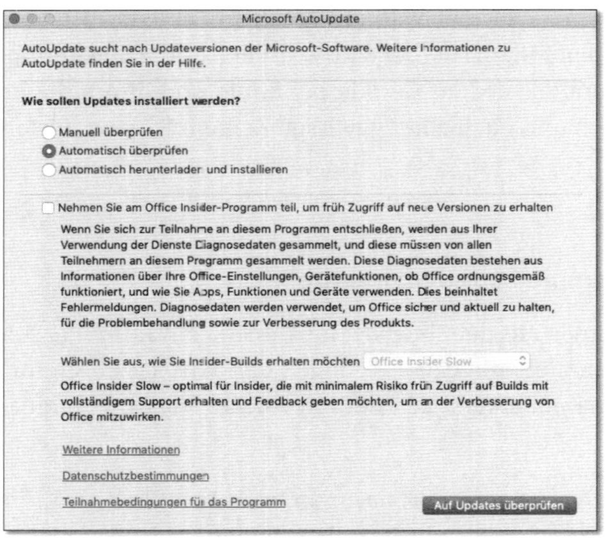

Abbildung 18.12 Automatisches Update von Microsoft Office bei der Ausführung

Das weitere Vorgehen solcher Update-Mechanismen hängt davon ab, wie die Entwickler diesen implementiert haben.

18.6 System aktualisieren (Systemupdate)

Wenn Systemupdates vorliegen, wird dies ebenfalls mit einem roten Punkt beim Systemeinstellungen-Icon angezeigt.

Abbildung 18.13 Bei den Systemeinstellungen liegt etwas an.

Wenn Sie das Zahnrad-Icon anklicken und die **Systemeinstellungen** aufrufen und sich beim Eintrag **Softwareupdate** ein roter Punkt mit der Anzahl der Systemupdates befindet, dann liegen auch welche vor. Klicken Sie auf das Symbol **Softwareupdate** in den **Systemeinstellungen**, und Sie gelangen zum Softwareupdate-Bereich.

Abbildung 18.14 Ein neues Softwareupdate liegt vor.

Hier hängt es nun davon ab, ob Sie ein Häkchen vor **Meinen Mac automatisch aktualisieren** gesetzt haben. Ich persönlich mache solche Systemupdates lieber manuell und lasse die Option daher deaktiviert und starte das Systemupdate mit der Schaltfläche **Jetzt aktualisieren**. Hierbei wird das Passwort des Systemadministrators benötigt.

Wollen Sie den Vorgang automatisieren, aktivieren Sie **Meinen Mac automatisch aktualisieren**. Damit aktivieren Sie allerdings auch die automatischen App-Updates aus dem App Store. Wollen Sie dies genauer einstellen, klicken Sie auf die Schaltfläche **Weitere**

Optionen, wodurch ein Dialog eingeblendet wird, in dem Sie die einzelnen Einstellungen (de-)aktivieren können.

Abbildung 18.15 Aktualisierung des Systems anpassen

Die Option **Aktualisierung suchen** sollten Sie immer aktiviert lassen. Hiermit stellen Sie sicher, dass Sie zumindest über vorhandene Updates informiert werden. Die Option **Neue Updates nach Verfügbarkeit laden** ist ebenfalls hilfreich, wenn Sie die Aktualisierungen auch gleich herunterladen wollen. Sind Sie hingegen viel unterwegs und verwenden eventuell eine (teure) Mobilverbindung via Hotspot, ist es sinnvoll, das Häkchen zu entfernen, damit nicht im Hintergrund die Aktualisierungen mit der limitierten und teuren Verbindung heruntergeladen werden. Gerade Systemupdates können schon mal recht groß werden.

macOS-Updates installieren ist die Option, mit der automatisch Updates des macOS-Betriebssystems installiert werden und Sie sich den Weg über **Systemeinstellungen ▸ Softwareupdate** ersparen. Die Option **App-Updates aus dem App Store installieren** entspricht derselben Einstellung aus dem App Store, womit Sie App-Updates automatisch laden und installieren. Es empfiehlt sich, das Häkchen vor **Systemdatendateien und Sicherheitsupdates installieren** gesetzt zu lassen, weil hiermit die wichtigen Updates, die die Sicherheit und das System betreffen, automatisch installiert werden.

18.7 Programme deinstallieren

Das Deinstallieren von Programmen funktioniert ebenso einfach wie die Installation oder Aktualisierung. Wenn nur das Programmsymbol im *Programme*-Verzeichnis vorhanden ist, können Sie das Programm per Drag & Drop in den Papierkorb ziehen. Nach der Eingabe des Administrator-Passwortes ist die Deinstallation abgeschlossen. Gleiches erreichen Sie auch mit einem rechten Mausklick auf das Programm-Icon und dem Befehl **In den Papierkorb legen** über das Kontextmenü.

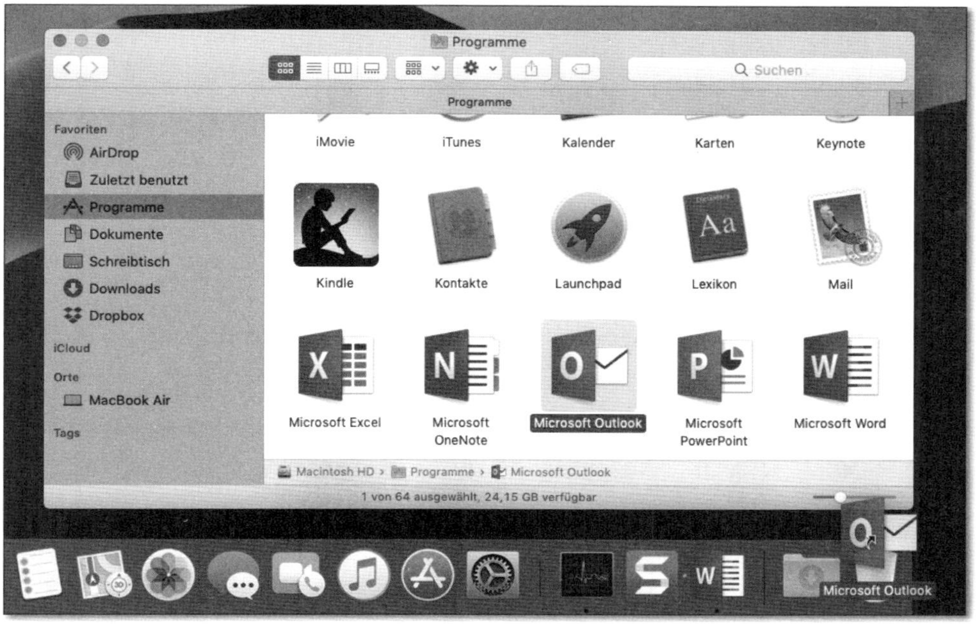

Abbildung 18.16 Deinstallation per Drag & Drop in den Papierkorb

Auch das Launchpad können Sie zur Deinstallation von Programmen verwenden, indem Sie dort die [Alt]-Taste gedrückt halten. Ähnlich wie beim iPad oder iPhone fangen die Icons an zu wackeln, und die über den App Store installierten Programme können Sie über das kleine **x**-Symbol in der Ecke mit einer vorherigen Rückfrage deinstallieren, wenn Sie darauf klicken.

Abbildung 18.17 Deinstallation wie auf den mobilen Geräten über das Launchpad

Apps, die Sie über den App Store geladen haben, können Sie direkt im App Store deinstallieren, indem Sie das Benutzer-Icon links unten anklicken, auf die kleinen runden

Symbole bei den installierten Programmen klicken und dort **In den Papierkorb bewegen** auswählen.

Abbildung 18.18 Deinstallation über den App Store

Es gibt auch Programme, die eine Deinstallationsroutine mitliefern. Meistens befindet sich diese Routine in einem Unterverzeichnis und muss von dort gestartet werden. Doch auch wenn Sie diese Deinstallationsroutine übersehen haben und ein Programm per Drag & Drop in den Papierkorb verschieben, ist das nicht weiter dramatisch. Hierbei bleiben höchstens Datenreste auf dem System zurück, was aber für das laufende System kein Problem darstellt. Bei Programmen, die Sie per Drag & Drop in den Papierkorb oder im Launchpad löschen, werden nur die Programme gelöscht. Einstellungsdateien und andere Hilfsdateien werden gewöhnlich nicht entfernt. Meistens handelt es sich dabei um gewöhnliche Textdateien, die nicht sonderlich stören. Und für den Fall, dass Sie das Programm später wieder installieren, können Sie mit denselben Einstellungen wie vor der Deinstallation weitermachen.

18.8 Einblick in die Paketinhalte von Programmen

Gerade Umsteiger von Windows sind oft etwas verunsichert, weil bei einer Installation, Deinstallation oder Aktualisierung auf dem Mac oft einfach nur das Programm in den *Programme*-Ordner verschoben oder daraus entfernt wird. Unter Windows führen solche Aktionen eher zu Instabilitäten und anderen Fehlern.

Dass dies beim Mac nicht so ist, liegt daran, dass viele Programme hier als Pakete geliefert werden. Ein solches Paket enthält alles, was notwendig ist, um mit dem Programm zu arbeiten. Wenn Sie in das *Programme*-Verzeichnis wechseln und beispielsweise das Programm-Icon von Safari mit der rechten Maustaste anklicken, finden Sie den Menübefehl **Paketinhalt zeigen**. Wählen Sie diesen Befehl aus, können Sie sich den Inhalt des Pakets ansehen, aus dem das Programm besteht. Zunächst sehen Sie hier nur den Ordner *Contents*, der wiederum viele weitere Unterordner enthält. In diesen Unterordnern liegt alles Nötige, damit das Programm Safari auf dem System ausgeführt werden kann.

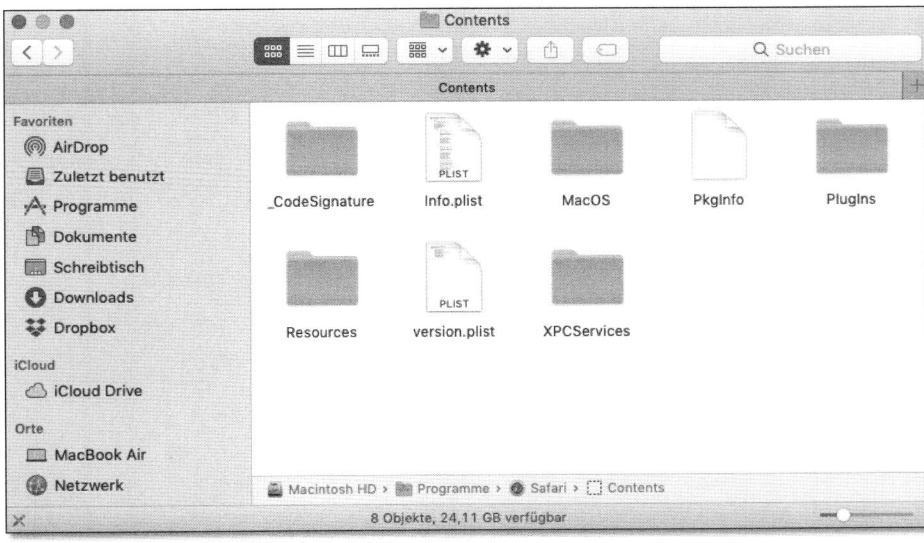

Abbildung 18.19 Den Inhalt von Programmen betrachten (hier von Safari)

18.9 Mitteilungen von Programmen verwalten

Viele Programme unterstützen Mitteilungen und können dafür sorgen, dass Sie stets auf dem Laufenden bleiben, ohne extra in die entsprechenden Programme wechseln zu müssen. Um sich informieren zu lassen, können Sie Banner, Hinweise, Kennzeichen und Töne verwenden. Zur Demonstration folgt hier eine Schritt-für-Schritt-Anleitung, wie Sie die Mitteilungen für ein Programm Ihren Bedürfnissen anpassen können:

1. Wählen Sie in den **Systemeinstellungen** die **Mitteilungen** aus.
2. In der Liste auf der linken Seite wählen Sie das Programm, für das Sie die Mitteilungen einstellen wollen.

3 Als Nächstes wählen Sie den Stil ❶ der Mitteilung aus. Hier können Sie zwischen **Ohne**, **Banner** und **Hinweise** wählen. **Banner** werden in der rechten oberen Ecke angezeigt und verschwinden nach kurzer Zeit wieder. **Hinweise** hingegen bleiben auf dem Bildschirm und müssen vom Anwender bestätigt werden. Einige Hinweise bieten häufig noch weitere Funktionen an. So können Sie bei einer E-Mail gleich auf **Antworten** klicken oder eine Erinnerung als **Erledigt** markieren. Wollen Sie keine Mitteilungen von einem Programm rechts oben sehen, wählen Sie die Option **Ohne**.

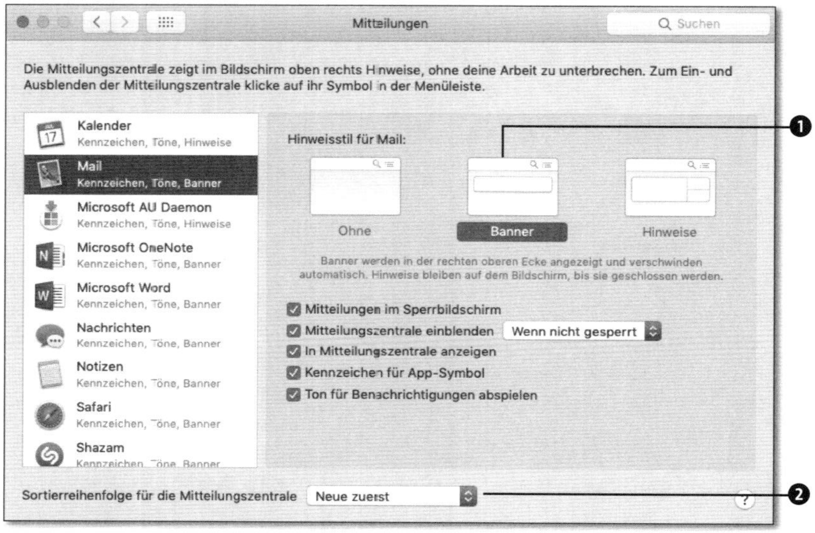

4 Darunter finden Sie weitere Optionen. Mit **Mitteilungen im Sperrbildschirm** können Sie Mitteilungen gleich im Sperrbildschirm anzeigen lassen. Hierfür müssen Sie allerdings noch in den **Systemeinstellungen** bei **Sicherheit** im Register **Allgemein** die Option **Mitteilung bei gesperrtem Bildschirm einblenden** aktivieren. Mit der Option **In Mitteilungszentrale anzeigen** können Sie (de-)aktiveren, ob eine Mitteilung in der Mitteilungszentrale angezeigt werden soll. Entsprechend können Sie die Sortierreihenfolge der Mitteilungen ❷ in der Mitteilungszentrale unten im Dropdown-Menü einstellen. Mit **Kennzeichen für App-Symbol** blenden Sie das rote kleine Kennzeichensymbol beim Programm-Icon mit der Anzahl der neuen Mitteilungen ein. Sie kennen diese Kennzeichnung beispielsweise von Mail, das damit die Anzahl der ungelesenen E-Mails anzeigt. Die letzte Option spricht für sich: Mit ihr können Sie (de-)aktivieren, dass ein akustisches Signal auf eine neue Mitteilung hinweist.

5 Mitteilungen, die Sie lediglich als Banner anzeigen, erscheinen kurz und verschwinden dann wieder. Haben Sie hier nicht aufgepasst, was für eine Mitteilung da eigentlich eingegangen ist, können Sie in der Mitteilungszentrale nachsehen, die Sie über das kleine Menulet-Symbol ❸ rechts oben einblenden können. Im Register **Mitteilungen** finden Sie die verpasste Mitteilung – vorausgesetzt, Sie haben die Option **In Mitteilungszentrale anzeigen** in den **Systemeinstellungen** von **Mitteilungen** aktiviert. Um eine Mitteilung aus der Mitteilungszentrale zu entfernen, müssen Sie nur auf das **x**-Symbol klicken.

18.9.1 Bitte nicht stören

Nicht immer ist es passend oder erwünscht, dass Mitteilungen in Form von Bannern, Hinweisen oder akustischen Signalen eintreffen. Wenn Sie beispielsweise eine Präsentation vorführen oder andere wichtige Arbeiten am Mac machen müssen und nicht dauernd abgelenkt werden wollen, können Sie die Mitteilungen verstummen lassen. Klicken Sie hierzu mit gedrückter `Alt`-Taste auf das Menulet der Mitteilungszentrale in der rechten oberen Ecke, schon ist es ausgegraut, und Sie haben die Nicht-stören-Funktion aktiviert. Auf demselben Weg können Sie diese Aktion wieder rückgängig machen.

18

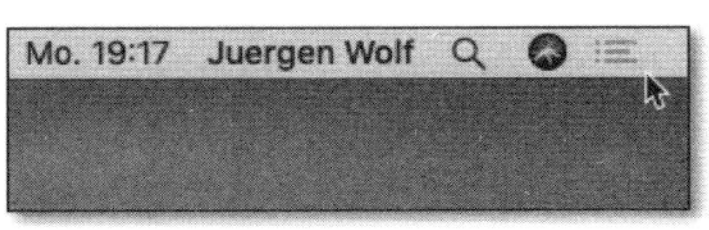

Abbildung 18.20 Nicht immer will man von Mitteilungen gestört werden.

Dieselbe Funktion können Sie auch direkt in der Mitteilungszentrale (de-)aktivieren, indem Sie hier nach oben scrollen und den entsprechenden Schalter zum (De-)Aktivieren der Nicht-stören-Funktion betätigen.

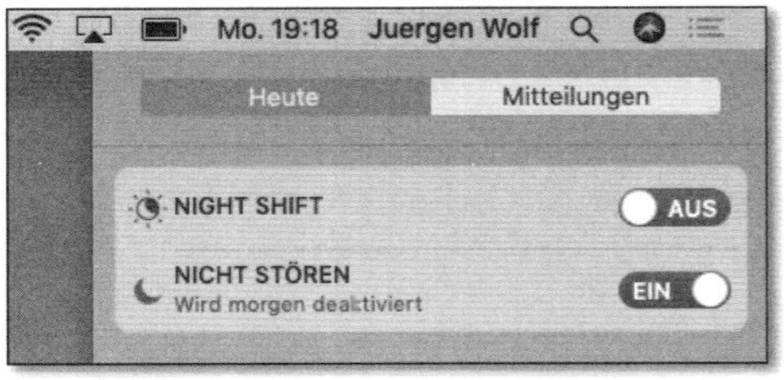

Abbildung 18.21 »Nicht stören« in der Mitteilungszentrale aktivieren

Wollen Sie die Nicht-stören-Funktion eher zu bestimmten Zeiten aktivieren, können Sie dies in den **Systemeinstellungen** von **Mitteilungen** machen, indem Sie auf der linken Seite **Nicht stören** auswählen und rechts die entsprechenden Optionen dafür bearbeiten. Hier können Sie **Nicht stören** beispielsweise zeitlich einstellen. Wenn die Nicht-stören-Funktion aktiv ist, finden Sie unterhalb Optionen dazu, ob Sie Anrufe erlauben wollen.

Abbildung 18.22 Auch eine zeitliche Einstellung ist für »Nicht stören« möglich.

TIPP

Beim Spiegeln auf TVs und Projektoren

Die Option **Nicht stören** ist besonders nützlich und sorgt dafür, dass Sie niemals von Mitteilungen gestört werden, wenn Sie beispielsweise einen Videobeamer angeschlossen haben und eine Präsentation machen.

18.9.2 Mehr Übersicht in der Mitteilungszentrale

Die Mitteilungszentrale ist nicht nur für Mitteilungen da, sondern enthält mit dem Register **Heute** noch einen zweiten Bereich mit verschiedenen aktuellen Informationen zum heutigen Tag, wie dem Wetter, den Aktienkursen, aktuellen Terminen, Erinnerungen und noch einigem mehr, worauf bereits in Abschnitt 3.6, »Die Mitteilungszentrale«, eingegangen wurde.

Abbildung 18.23 Täglich Informationen in der Mitteilungszentrale

Neben der Möglichkeit, die Mitteilungszentrale über das kleine Menulet-Symbol ❶ in der Menüleiste einzublenden, können Trackpad-Anwender diese mit einer Geste einblenden, indem Sie mit zwei Fingern vom rechten Rand des Trackpads in die Mitte wischen. Umgekehrt können Sie mit zwei Fingern von der Mitte die Mitteilungszentrale an den Rand schieben und ausblenden.

Wenn Sie kein Trackpad besitzen und gerne die Mitteilungszentrale verwenden, können Sie diese auch in den **Systemeinstellungen** von **Mission Control** mit der Schaltfläche **Aktive Ecken** hinzufügen.

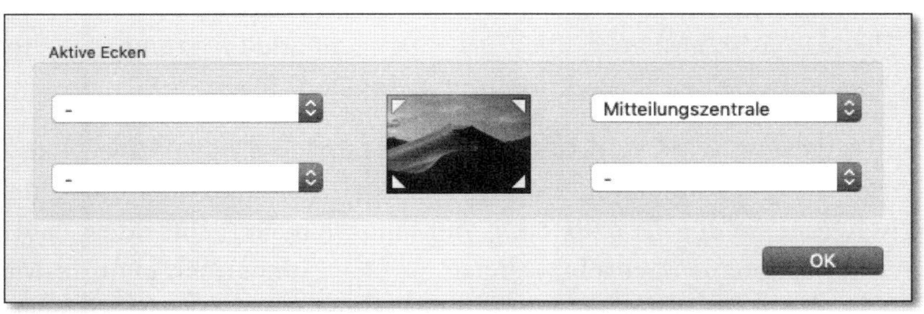

Abbildung 18.24 Die Mitteilungszentrale über die rechte obere Ecke aktivieren

19 Widgets für das Dashboard

Es gibt oft kleinere Informationen, für die es sich nicht lohnt, extra ein Programm zu starten oder den Browser zu öffnen. Für solche Informationen steht Ihnen das Dashboard mit kleinen Miniprogrammen, den sogenannten Widgets, zur Verfügung. Um die meisten Widgets sinnvoll nutzen zu können, wird eine Internetverbindung benötigt.

Das Dashboard hat nun schon einige Jahre auf dem Buckel und wird auch nicht mehr von Apple weitergepflegt. Vieles von dem, was im Dashboard verwendet werden kann, finden Sie bereits in der Mitteilungszentrale. Bei neueren Macs ist diese Funktion ohnehin deaktiviert. Es lässt sich nicht sagen, wie Apple damit in Zukunft verfahren wird. Trotzdem finden Sie hier eine kurze Einführung in die Nutzung des Dashboards und erfahren, was es ist und was Sie damit machen können.

19.1 Das Dashboard aufrufen

Auf älteren Macs konnte man das Dashboard mit einer speziellen Taste aufrufen, die auf `F4` gelegt war. Bei neueren Macs hingegen gibt es dafür keine spezielle Taste mehr, wenn auch `F12` (drücken Sie `fn` + `F12`) mit dieser Funktion belegt ist. Da bei aktuellen Macs das Dashboard deaktiviert ist, müssen Sie es zunächst über die **Systemeinstellungen** von **Mission Control** im Dropdown-Menü **Dashboard** ❶ aktivieren. Hier legen Sie fest, ob Sie das Dashboard als Space oder als Überlagerung verwenden wollen. Ich verwende es **Als Space**, womit Sie gleich mit der Wischgeste mit vier Fingern nach links auf dem Trackpad oder `Ctrl` + `←` zum Dashboard wechseln können. Hierbei würde es sich anbieten, das Dashboard über **Aktive Ecken** ❷ einzurichten, wenn Sie es denn wirklich häufiger verwenden wollen.

Alternativ können Sie das Dashboard auch über das entsprechende Programm-Icon im *Programme*-Verzeichnis starten oder als Verknüpfung in das Dock legen.

Wenn das Dashboard angezeigt wird, sind standardmäßig zunächst vier Widgets aktiv. Dies sind die Wetteranzeige, der Kalender, die Uhr und der Taschenrechner. Mit einer entsprechenden Wischgeste auf dem Trackpad mit vier Fingern nach rechts oder `Ctrl` + `←` können Sie zum Dashboard wechseln, wenn es als Space eingerichtet wurde. Mit `Esc` oder mit dem kleinen Pfeilsymbol rechts unten ❸ können Sie das Dashboard wieder ausblenden.

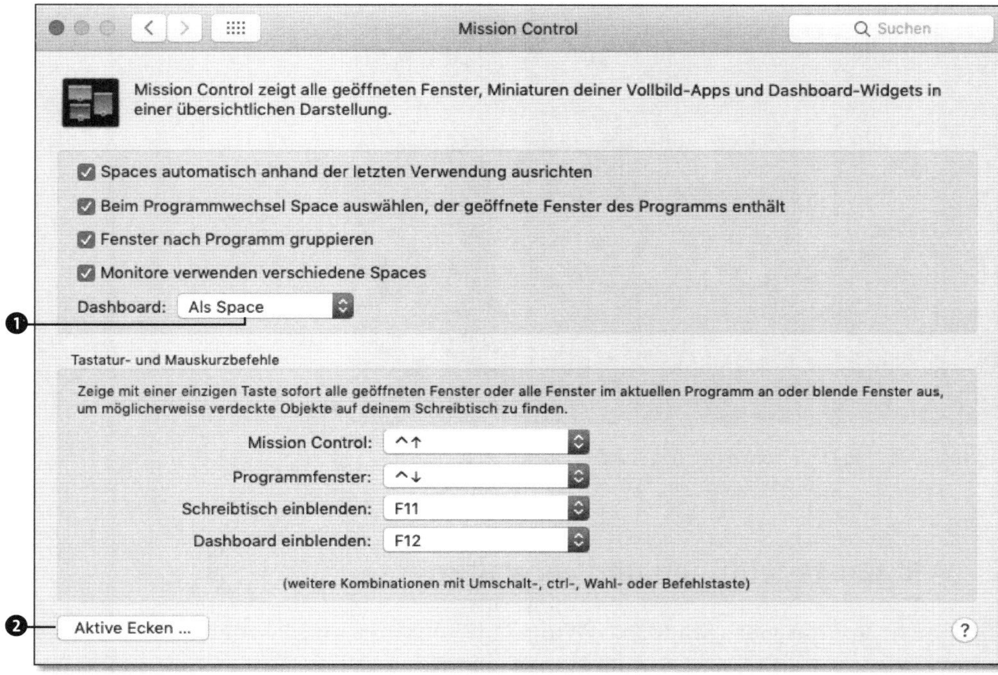

Abbildung 19.1 Bei neueren Macs muss das Dashboard erst aktiviert werden.

Abbildung 19.2 Im »Programme«-Verzeichnis finden Sie auch (noch) ein extra Icon für das Dashboard.

19

Abbildung 19.3 Das Dashboard bei der Ausführung

19.2 Widgets hinzufügen und verwalten

Sie sind nicht auf die vier (Standard-)Widgets beschränkt und können nach Belieben weitere Widgets hinzufügen und entfernen. In der folgenden Anleitung soll dem Dashboard ein Widget hinzugefügt werden:

1. Starten Sie das Dashboard, und klicken Sie auf die Plusschaltfläche im linken unteren Eck.

2. Wählen Sie eines der vorinstallierten Widgets aus, das Sie dem Dashboard hinzufügen wollen. Ich wähle hier das *Aktien*-Widget aus.

3 Jetzt steht das Widget im Dashboard bereit und kann verwendet werden.

4 Einige Widgets enthalten ein i-Symbol ❶, über das Sie weitere Einstellungen vornehmen können. So können Sie beispielsweise beim Aktien-Widget gesonderte Aktienstände hinzufügen, beim Wetter-Widget Ihren Standort und bei der Uhrzeit die Zeit einer anderen Stadt auswählen.

Auch die Verwendung von denselben Widgets mehrmals auf dem Dashboard ist möglich, um beispielsweise die Zeiten oder Wetterdaten von mehreren Städten der Welt im Überblick zu haben. Hierzu gehen Sie genauso vor wie beim Hinzufügen eines Widgets.

Abbildung 19.4 Eine Weltzeituhr wurde hier im Dashboard eingerichtet.

HINWEIS

Widget neu laden

Wenn der Inhalt von Widgets mit Informationen aus dem Internet etwas veraltet scheint, können Sie das Widget anwählen und den Inhalt mit [cmd] + [R] neu laden.

19.3 Widgets entfernen

Um ein Widget vom Dashboard zu entfernen, fahren Sie mit der Maustaste über das Widget und halten die [Alt]-Taste gedrückt. Es erscheint ein **x** in der Ecke des Widgets. Ein Klick auf dieses **x** entfernt das Widget vom Dashboard. Natürlich können Sie die Widgets jederzeit wieder aus der Widgets-Übersicht über das Plussymbol unten links dem Dashboard hinzufügen. Ohne die [Alt]-Taste gedrückt zu halten, können Sie Widgets entfernen, indem Sie auf das Minussymbol und dann auf das **x** des Widgets zum Entfernen klicken. Klicken Sie erneut auf das Minussymbol, verschwinden die **x**-Symbole von den Widgets.

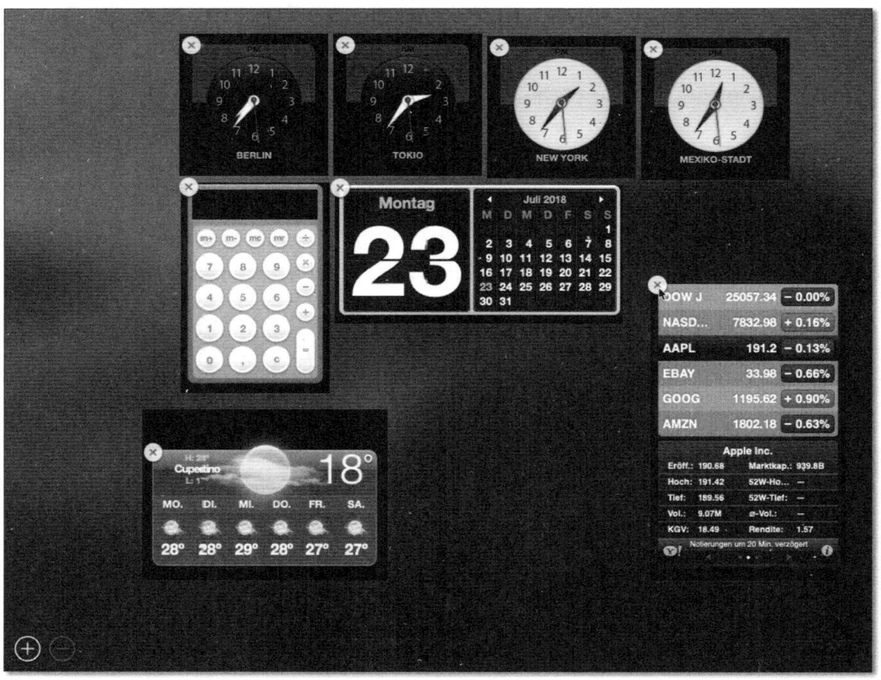

Abbildung 19.5 Widgets lassen sich einfach aus dem Dashboard entfernen.

TEIL V

Organisation und Büroarbeiten am Mac

20 Den (Büro-)Alltag organisieren

Apple liefert von Haus aus alles mit, um den privaten und beruflichen Alltag zu organisieren und zu verwalten. Mit den Programmen Kontakte, Kalender und Erinnerungen haben Sie alles Nötige, um Ihr Zeitmanagement im Griff zu haben. Wenn Sie die iCloud verwenden, können Sie alles mit dem iPhone oder iPad synchron halten. Ergänzend dazu werden in diesem Kapitel auch der Taschenrechner, das Lexikon und Apple Books beschrieben. Und wie es für Apple typisch ist, lassen sich diese Anwendungen einfach und intuitiv verwenden. Auch bei der Namenswahl der Anwendungen sorgt Apple für Klarheit. Wenn der Name der Anwendung Kontakte, Kalender, Erinnerungen, Notizen, Karten, Rechner, Lexikon oder Apple Books lautet, können Sie sich direkt vorstellen, wofür das Programm nützlich ist.

20.1 Kontakte verwalten und bearbeiten

Das Programm Kontakte ist die zentrale Schnittstelle auf dem Mac, wenn es um die Verwaltung von Adressinformationen geht. Verwenden Sie zudem noch die iCloud, können Sie so diese Adressinformationen auch auf anderen Geräten wie einem iPhone oder iPad verwenden und bearbeiten.

20.1.1 Kontakte manuell anlegen

Das Programm Kontakte befindet sich gewöhnlich im Dock. Ansonsten ist es, wie alle anderen Programme auch, im *Programme*-Verzeichnis installiert.

Abbildung 20.1 Das Apple-Programm Kontakte

Wenn Sie das Programm zum ersten Mal starten, sind hier noch keine Informationen enthalten. Da Sie im Buch bereits das Programm Mail kennengelernt haben, dürften Sie hier vielleicht schon über die dort beschriebene Data-Detector-Funktion von Mail einige Adressinformationen vor sich haben. Oder wenn Sie im Besitz von mobilen Geräten von Apple sind und die iCloud mit derselben Apple-ID wie auf dem Mac verwenden, dann werden Sie hier gleich alle Ihre Kontakte vom mobilen Gerät vorfinden. Hierzu ein möglicher Weg, wie Sie Daten dem Programm Kontakte hinzufügen können:

1 Öffnen Sie Kontakte, und klicken Sie auf das Plussymbol. Wählen Sie **Neuer Kontakt** im Dropdown-Menü aus. Auch mit der Tastenkombination [cmd] + [N] können Sie eine neue Visitenkarte erstellen.

2 Klicken Sie auf die entsprechenden Felder in der Eingabemaske, und geben Sie die gewünschten Informationen ein. Über die Doppelpfeile rechts neben den Feldnamen können Sie alternative Versionen einer Information (beispielsweise bei einer Telefonnummer **Arbeit** oder **Privat**) auswählen. Felder, die Sie nicht benötigen, lassen Sie einfach leer.

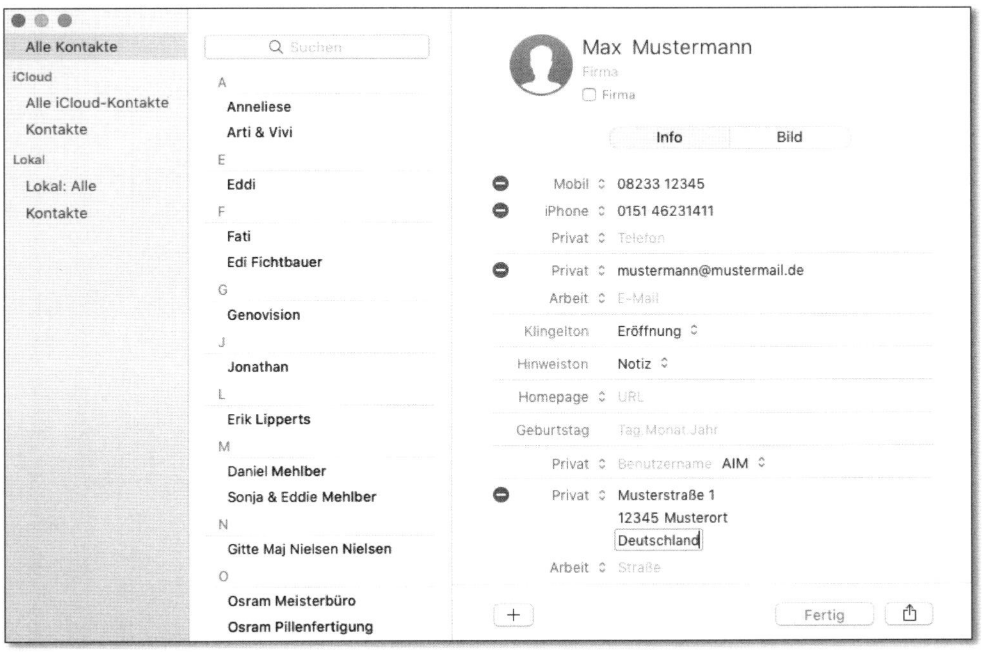

3 Vermissen Sie bestimmte Felder, klicken Sie erneut auf das Plussymbol, und wählen Sie über das Untermenü von **Weitere Felder** aus, was Sie noch benötigen.

20

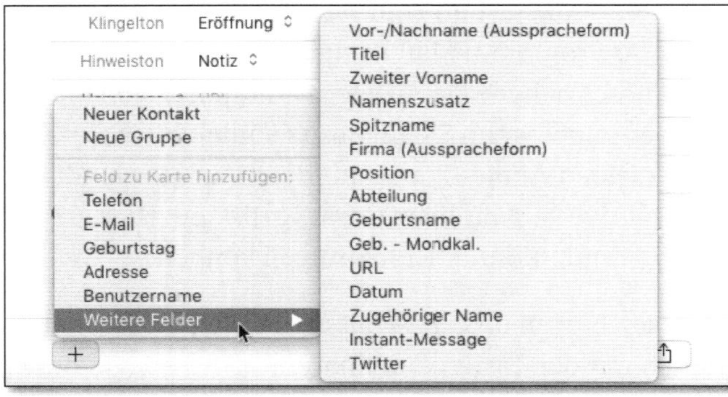

4 Über den Tab **Bild** können Sie ein Profilbild für den neuen Kontakt hinzufügen. Sie können ein Standardbild oder aber auch ein echtes Bild aus Fotos auswählen.

5 Haben Sie alle gewünschten Informationen ausgefüllt, klicken Sie auf die Schaltfläche **Fertig**, und die hinzugefügten Daten stehen Ihnen in vielen Programmen und dank der iCloud auch auf allen anderen Geräten zur Verfügung, auf denen Sie die dieselbe Apple-ID verwenden.

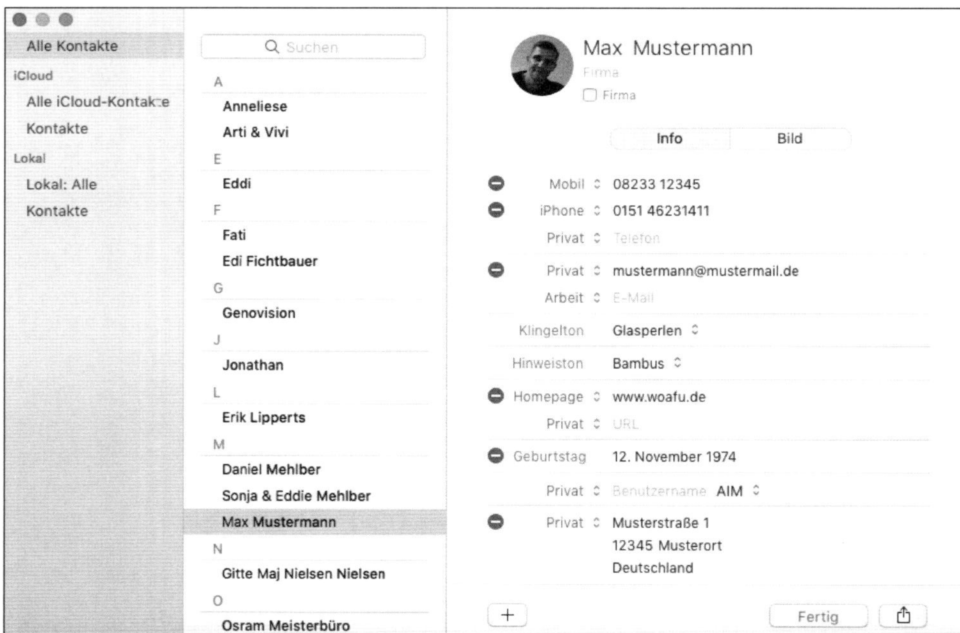

Über unterschiedliche Symbole können Sie direkt eine Kontaktaufnahme via Nachrichten, einen Sprachanruf, einen Videoanruf oder Mail starten. Klicken Sie bei der Adresse auf das Stecknadelsymbol, startet das Programm Karten und zeigt die Adresse auf der Landkarte an.

Abbildung 20.2 Jedes dieser Symbole ruft ein entsprechendes Programm zur Kontaktaufnahme auf.

20.1.2 Kontakte nachträglich bearbeiten

Um einen Kontakt nachträglich zu bearbeiten, wählen Sie den Kontakt aus und klicken auf die Schaltfläche **Bearbeiten**. Im Bearbeitungsmodus können Sie die entsprechenden Änderungen oder Aktualisierungen vornehmen und anschließend wie gehabt mit der Schaltfläche **Fertig** bestätigen und übernehmen.

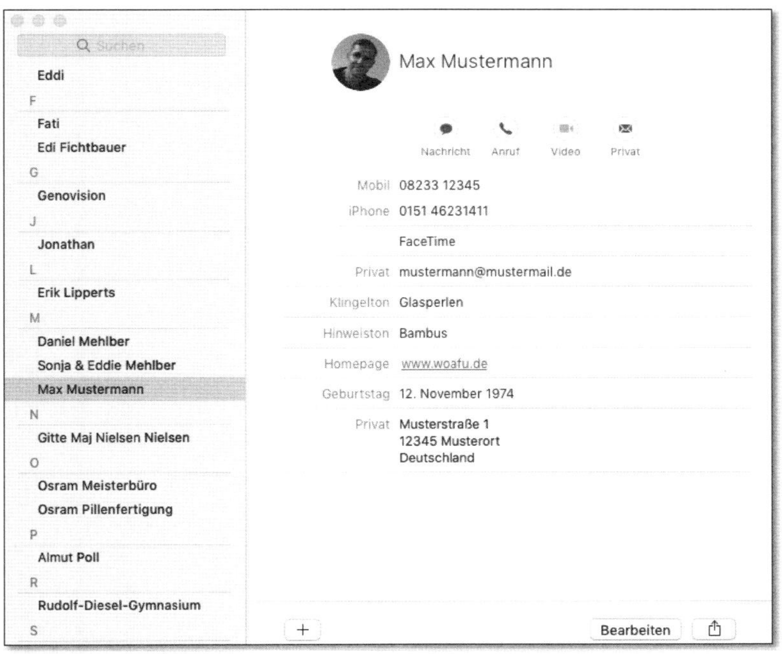

Abbildung 20.3 Nachträgliche Änderungen von Kontaktdaten sind kein Problem.

20.1.3 Vorlage anpassen

Wenn Ihnen beim Anlegen neuer Kontakte zu viele Felder zum Ausfüllen angezeigt werden oder Ihnen bestimmte Felder fehlen, so ist es zwar kein Problem, entsprechende Felder auszulassen oder über das Plussymbol hinzuzufügen. Aber spätestens nach dem Hinzufügen mehrerer Kontaktdaten wissen Sie vermutlich selbst, welche Felder Sie benötigen und welche nicht. Daher kann es recht sinnvoll sein, die Visitenkartenvorlage den persönlichen Bedürfnissen anzupassen.

Dies lässt sich ganz einfach realisieren. Wählen Sie im Programm Kontakte das Menü **Kontakte ▸ Einstellungen**, und wechseln Sie dort ins Register **Vorlage**. Hier können Sie die Vorlage zur Erstellung eines neuen Kontakts anpassen. Klicken Sie auf das rote Minussymbol, wird dieses Feld aus der Vorlage entfernt. Klicken Sie auf das Plussymbol, wird vom selben Feld ein weiteres Feld hinzugefügt. Wenn Sie beispielsweise bei der Adresse auf das grüne Plussymbol klicken, erhalten Sie ein weiteres Adressfeld und können so neben der privaten Anschrift auch die Anschrift der Arbeit hinzufügen. Fehlt Ihnen hier ein Feld, können Sie es über **Feld hinzufügen** ergänzen. Gemäß den Vorgaben, die Sie in **Vorlage** eingestellt haben, werden künftig die Felder beim Anlegen eines neuen Kontakts angezeigt.

Abbildung 20.4 Eine eigene Vorlage zum Erstellen neuer Kontakte erstellen

20.1.4 Kontakte über die Funktion Data Detector von Mail

Das Hinzufügen von Daten mithilfe des Data Detectors wurde bereits in Abschnitt 11.4.13, »Data Detectors«, kurz behandelt. Dieses Feature ist wirklich erstaunlich einfach. Wenn Mail hier entsprechende Informationen gefunden hat, müssen Sie nur mit der Maus darüber stehen bleiben, und diese Informationen werden mit einem grauen Rahmen angezeigt. Klicken Sie hier auf den kleinen Pfeil nach unten im grauen Rahmen, zeigt Ihnen Mail, wie Sie diese Daten verwenden können. Im vorliegenden Fall würde sich die Schaltfläche **Zu Kontakten hinzufügen** anbieten, wodurch sich eine Eingabemaske öffnet, in der Sie die einzelnen Felder gleich noch anpassen können, weil in der Regel nicht immer alles passt.

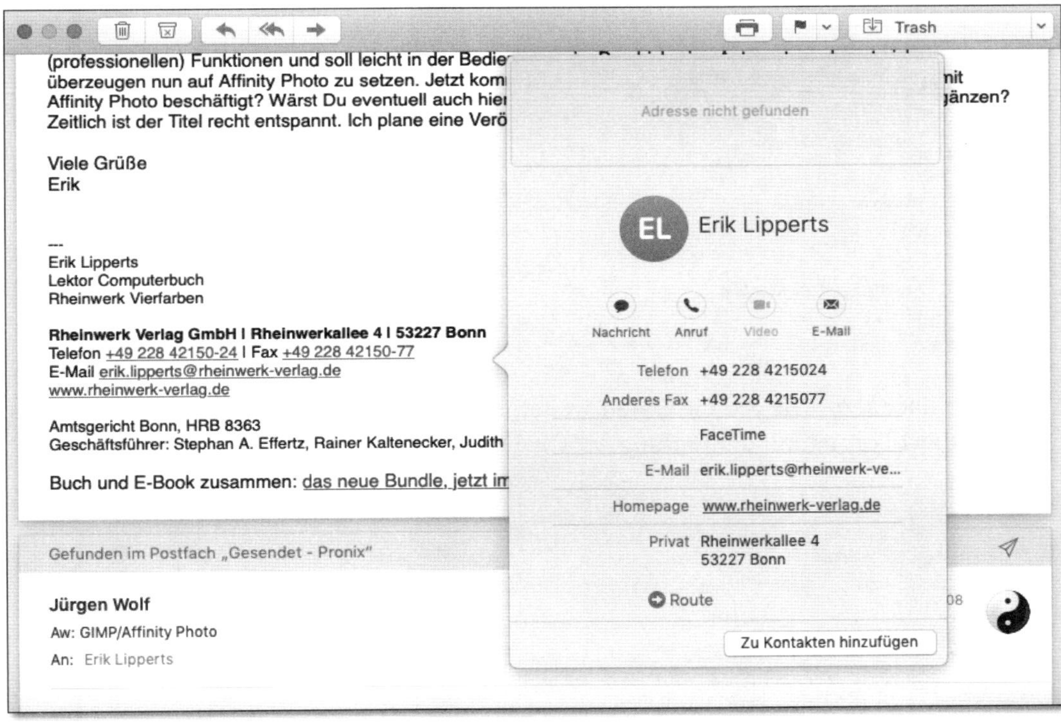

Abbildung 20.5 Kontaktdaten via Data Detector von Mail hinzufügen

20.1.5 Kontakte importieren und exportieren (VCF-Datei)

Einzelne Kontakte können Sie auch jederzeit weitergeben oder importieren. Im folgenden Beispiel wird auf den Export und Import eingegangen:

1 Wählen Sie bei den Kontakten in der Liste die Adresse aus, die Sie weitergeben wollen.

2 Klicken Sie auf die Teilen-Schaltfläche unten rechts, und wählen Sie, wie Sie den Kontakt weitergeben wollen. Im Beispiel habe ich **E-Mail** für die Weitergabe ausgewählt.

3 Je nachdem, wie Sie die Daten weitergeben, finden Sie als Anhang eine Datei im vCard-Format mit der Endung *.vcf* vor.

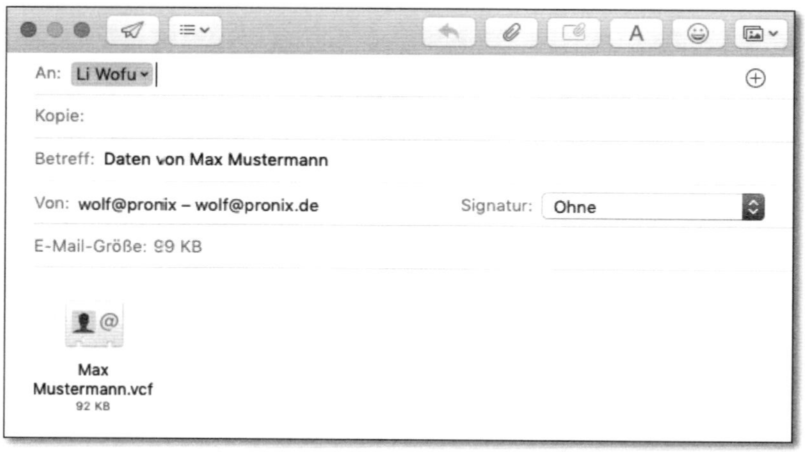

4 Der Empfänger kann diese Visitenkartendatei mit einem Doppelklick auf das Icon in seine Kontakte importieren. Das funktioniert in der Regel auch, wenn der Empfänger Outlook oder ein anderes Programm oder mobiles Gerät für die Verwaltung von Kontaktdaten verwendet, weil das vCard-Format ein ziemlich gängiges und weitverbreitetes Format ist.

5 Wenn Sie Visitenkarten per Doppelklick in das Programm Kontakte importieren, können Sie die Kontakte auf mögliche Duplikate hin prüfen und entscheiden, wie Sie bei einer Übereinstimmung von gleichen Daten weiter verfahren wollen.

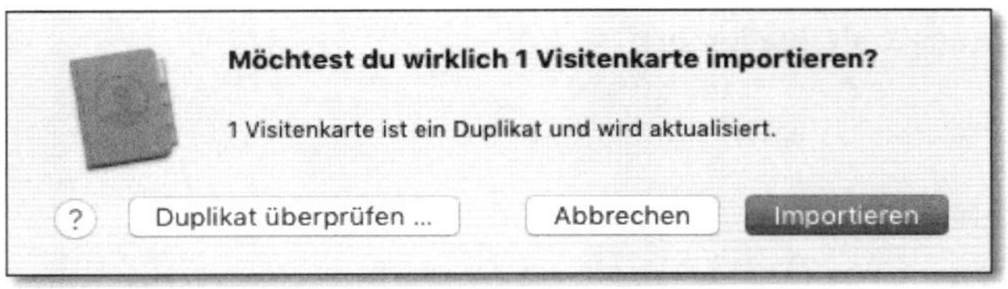

TIPP

Alle Kontakte exportieren/importieren

Ebenso einfach wie das Weitergeben und Importieren einzelner Kontakte als vCard können Sie auch alle Visitenkarten in einem Rutsch über **Ablage ▸ Exportieren ▸ vCard exportieren** sichern oder mit **Ablage ▸ Importieren** in Kontakte importieren. Beim Exportieren müssen Sie nur darauf achten, dass Sie **Alle Kontakte** ausgewählt haben und nicht eine einzelne Person ausgewählt ist, sonst werden nur die Kontaktdaten dieser einen Person exportiert. Wenn Sie Kontaktdaten aus einem anderen Programm importieren wollen, das die Daten nicht im vCard-Format exportieren kann, würde sich hierfür noch das CSV-Format mit der Dateiendung *.csv* eignen, in dem die Daten, durch ein Komma getrennt, gespeichert werden. Auch mit diesem Format kann das Kontakte-Programm beim Importieren umgehen.

20.1.6 Kontakte entfernen

Das Entfernen von Kontakten aus der Liste können Sie direkt im Kontakte-Programm durchführen, indem Sie die entsprechenden Daten in der Liste auswählen und entweder [←] drücken oder mit der rechten Maustaste im Kontextmenü den Befehl **Visitenkarte löschen** auswählen. Nach einer Rückfrage können Sie so einen Kontakt komplett löschen.

Abbildung 20.6 Eine Visitenkarte aus Kontakte löschen

20.1.7 Eine Gruppe anlegen

Mit der Zeit sammeln sich ziemlich viele Kontakte an, und um eine bessere Übersicht zu bekommen bzw. diese zu behalten, kann es hilfreich sein, die Kontakte in Gruppen aufzuteilen. Mindestens eine Aufteilung in private und berufliche Kontakte kann schon sehr nützlich sein, weil man in der Praxis selten alle Kontakte auf einmal benötigt. Das Erstellen einer eigenen neuen Gruppe ist schnell erledigt:

1. Wählen Sie **Ablage ▸ Neue Gruppe**, bzw. drücken Sie ⇧ + cmd + N. Alternativ können Sie auch das Plussymbol in der Seitenleiste verwenden.
2. Geben Sie den Namen für die Gruppe an.

3. Klicken Sie wieder auf **Alle Kontakte**, und fügen Sie per Drag & Drop aus der Liste die entsprechenden Kontakte der Gruppe hinzu, indem Sie diese auf den Gruppennamen ziehen und dort fallen lassen. Hierbei ist es problemlos möglich, einen Kontakt mehreren Gruppen hinzuzufügen.

Alternativ können Sie auch vorher in der Liste mehrere Kontakte mit gehaltener [cmd]-Taste auswählen, die Sie einer Gruppe hinzufügen wollen, und diese Auswahl mit **Ablage ▸ Neue Gruppe** zu einer Gruppe zusammenfassen.

Eine Gruppe können Sie löschen, wenn Sie diese in der Seitenleiste auswählen und [←] drücken oder den Befehl **Bearbeiten ▸ Gruppe löschen** wählen. Hierbei wird nur die Gruppe gelöscht, aber nicht die darin enthaltenen Kontaktdaten. Die einzelnen Kontaktdaten selbst bleiben in **Alle Kontakte** erhalten.

Abbildung 20.7 Eine Gruppe löschen

20.1.8 Eine intelligente Gruppe anlegen

Der Nachteil einer normalen Gruppe von Kontakten ist, dass man diese regelmäßig pflegen muss, wenn neue Kontakte von einer bestimmten Gruppe hinzukommen. Hier können Sie Abhilfe schaffen, indem Sie eine intelligente Gruppe anlegen. Das Prinzip funktioniert genauso, wie Sie es bereits von intelligenten Postfächern in Mail her kennen.

1 Klicken Sie auf **Ablage ▸ Neue intelligente Gruppe**, oder drücken Sie [Alt] + [cmd] + [N].

2 Geben Sie einen Namen für die Gruppe ein (hier »Rheinwerk-Verlag«).

20

3 Wählen und kombinieren Sie die gewünschten Parameter. Im Beispiel wähle ich alle Kontakte, bei denen die Stadt gleich Bonn ist und die E-Mail-Adresse *rheinwerk-verlag.de* enthält.

4 Klicken Sie auf **OK**, und künftig werden neue Adressen, die diesen Kriterien entsprechen, automatisch der intelligenten Gruppe hinzugefügt, und Sie müssen sich nicht mehr selbst darum kümmern, diese Kontakte zu sortieren.

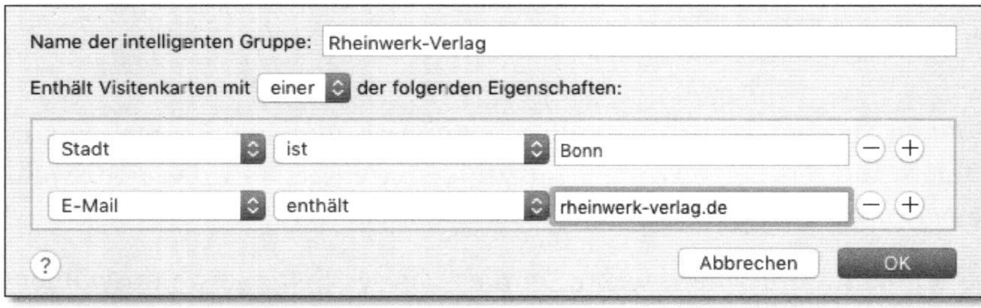

TIPP

Kontakt in welcher Gruppe enthalten?

Wollen Sie wissen, in welchen Gruppen ein Kontakt enthalten ist, müssen Sie ihn nur in der Liste auswählen und die `Alt`-Taste gedrückt halten. Darauf werden die Gruppen, in denen der Kontakt enthalten ist, in blauer Schrift angezeigt.

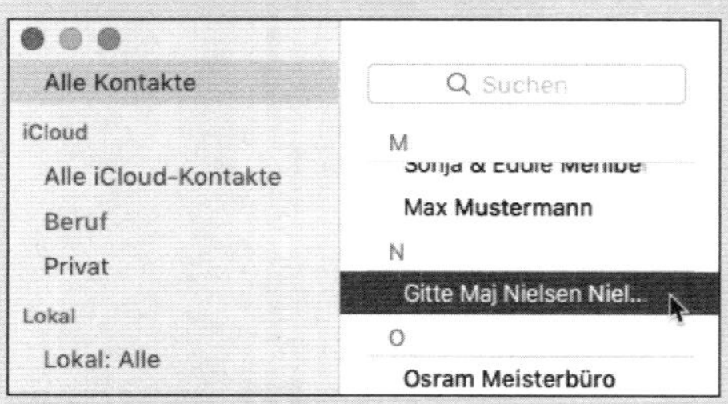

Abbildung 20.8 Mit gehaltener `Alt`-Taste wird angezeigt, in welcher Gruppe sich eine Person befindet.

20.1.9 Kontakte in der iCloud verwenden

Es ist auf jeden Fall empfehlenswert, Kontakte in der iCloud zu verwenden. Geht Ihnen Ihr Mac kaputt oder kaufen Sie ein neues oder weiteres Gerät, dann stehen Ihnen sämtliche Kontakte im Adressbuch des iPhones, iPads und Macs wie unter Umständen auch von Microsoft Outlook unter Windows zur Verfügung und werden untereinander synchronisiert. Selbst wenn Sie dann mal kein Apple-Gerät vor sich haben, können Sie immer noch mit einem Browser auf *www.icloud.com* gehen und über die Weboberfläche von iCloud auf die Adressdaten zugreifen. Um Kontakte für die iCloud zur Verfügung zu stellen, müssen Sie lediglich das entsprechende Häkchen in den **Systemeinstellungen** von **iCloud** aktivieren.

Abbildung 20.9 Es ist praktisch, wenn die Kontakte in der iCloud gehalten werden.

20.1.10 Einen Kontakte-Server nutzen (CardDAV)

Wenn Sie neben den Kontakten auf dem Mac auch Online-Adressbücher (CardDAV) für die Speicherung und Freigabe von Kontaktdaden auf einem Server verwenden, was bei einem beruflichen Umfeld häufiger der Fall sein kann, können Sie über die **Systemeinstellungen** von **Internet-Accounts** über **Anderen Account hinzufügen** einen solchen Kontakt einem CardDAV-Server hinzufügen, wenn Sie hier den Eintrag **CardDav-Account** auswählen.

HINWEIS

CardDAV

CardDAV ist ein offener Standard (RFC 6352) und eine vCard-Erweiterung für WebDAV. Sie wird verwendet, um eine Speicherung und Freigabe von Kontaktdaten auf einem Server durchzuführen. vCard ist ein standardisierter Inhaltstyp für eine elektronische Visitenkarte, und WebDAV ist ebenfalls ein offener Standard für die Bereitstellung von Daten im Internet. Neben CardDAV zur Synchronisation von Adressdaten gibt es noch CalDAV zur Synchronisation von Kalenderdaten. Apple selbst benutzt das CardDAV-Protokoll für die iCloud.

20.1.11 Datenschutz

Wenn Sie Programme installieren und sich wundern, warum einige Programme bei der Installation um Zugriff auf die Kontakte bitten, dann steckt hier häufig keine böse Absicht dahinter. Vielmehr benutzen die Entwickler solcher Programme den Zugriff auf die Kontakte, um Ihre Adressinformationen automatisch auszufüllen, was beispielsweise für Registrierungszwecke verwendet wird. In früheren Versionen von macOS geschah dieser Zugriff noch unbemerkt. Mittlerweile wird jeder Zugriff auf die Kontaktdaten vom Betriebssystem abgefangen und erfordert eine Rückfrage, ob Sie den Zugriff erlauben wollen oder nicht.

Eine Übersicht darüber, welche Programme Zugriff auf die Kontaktdaten haben, finden Sie in den **Systemeinstellungen** von **Sicherheit** im Register **Datenschutz**. Wählen Sie dort **Kontakte** aus, sehen Sie in der Mitte die Programme, die Zugriff auf Ihre Kontakte haben. Den Zugriff können Sie hier bei Bedarf über das Häkchen neben dem Programm jederzeit (de-)aktivieren.

Abbildung 20.10 Hier finden Sie einen Überblick darüber, welche Programme Zugriff auf Ihre Kontakte haben.

20.1.12 Mit Siri nach Kontakten suchen

Auch Siri eignet sich prima, um schnell nach Kontakten oder Adressinformationen zu suchen. So können Sie zum Beispiel schnell eine Telefonnummer einblenden lassen, wenn Sie auf das Siri-Symbol rechts oben in der Menüleiste klicken und fragen: »Wie lautet die Telefonnummer für Hans Wurst?« Aber Sie können auch nach anderen Daten wie einem Geburtstag oder einer Adresse fragen. Wenn Siri den Eintrag einer Person in

Kontakte findet, bekommen Sie neben der Antwort auch weitere Optionen angeboten, diese Person via Nachricht, Sprachanruf, Videotelefonie oder E-Mail zu kontaktieren.

Abbildung 20.11 Auch mit Siri lassen sich Ihre Kontakte sinnvoll verwenden.

20.2 Termine mit dem Kalender organisieren

Das Kalender-Programm von Apple dient der Verwaltung und Anzeige von Terminen und ist zusammen mit Mail, Kontakte und Karten Ihr persönlicher Assistent bei Planungen aller Art. Über die iCloud können Sie die Termine mit weiteren Geräten wie iPhone, iPad oder anderen Macs synchronisieren. Das Kalender-Programm können Sie beispielsweise über das Programm-Icon im Dock starten. Das Icon zeigt immer das aktuelle Datum an. Ansonsten finden Sie das Programm im *Programme*-Verzeichnis.

Abbildung 20.12 Das Programm-Icon von Kalender

20

20.2.1 Die Oberfläche von Kalender

Die Arbeitsoberfläche von Kalender wirkt aufgeräumt und ist übersichtlich gehalten. Über die vier Schaltflächen ❶ **Tag**, **Woche**, **Monat**, **Jahr** können Sie die Darstellung des

Kalenders jeweils in die Tages-, Wochen-, Monats- oder Jahresansicht schalten. Mit **Kalender** ❷ können Sie die Seitenleiste ❸ ein-/ausblenden, mit der Sie die Kalender zur Anzeige auswählen können, die sich farblich voneinander unterscheiden. Über das Plussymbol ❹ können Sie einen neuen Termin hinzufügen. Rechts oben finden Sie die Spotlight-Suche ❺ nach Terminen im Kalender-Programm. Zum aktuellen Tag gelangen Sie mithilfe der Schaltfläche **Heute** ❻ bzw. mit cmd + T. Je nach Darstellung können Sie mit den Schaltflächen rechts und links ❼ von **Heute** zum nächsten Tag, zur nächsten **Woche**, zum nächsten **Monat** oder zum nächsten **Jahr** blättern. Gleiches erreichen Sie auch mit cmd + → bzw. cmd + ←.

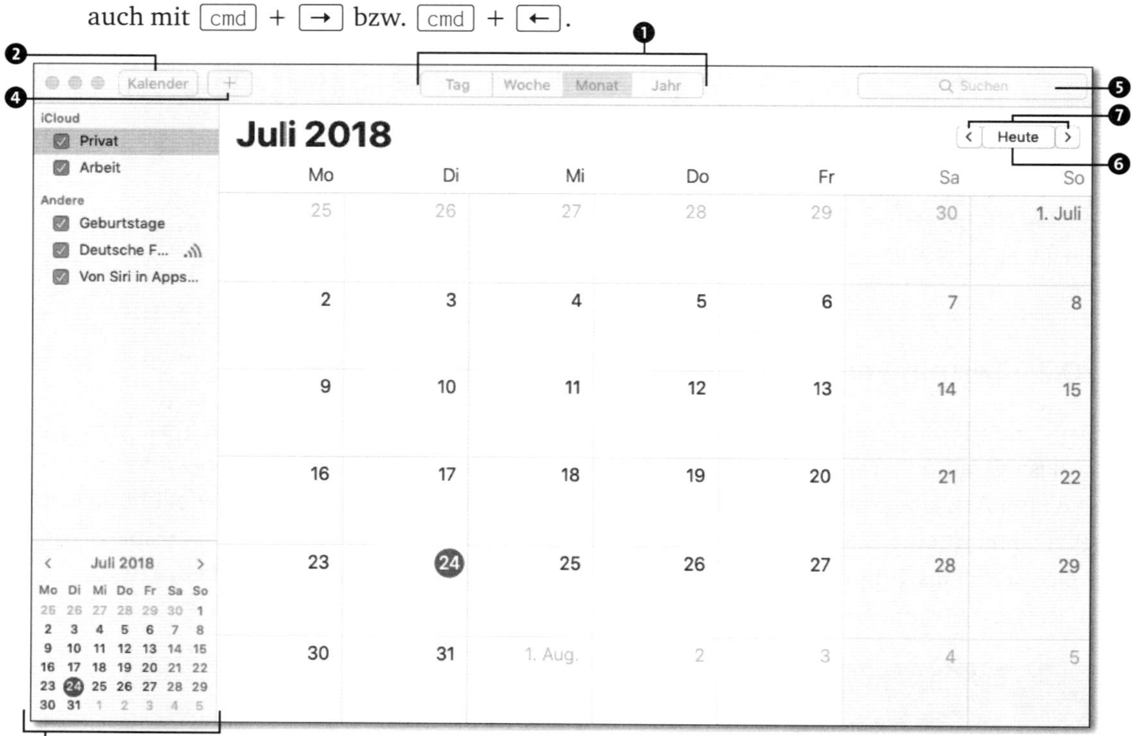

Abbildung 20.13 Die Oberfläche von Kalender

20.2.2 Einen neuen Termin eintragen und bearbeiten

Es gibt mehrere Möglichkeiten, dem Kalender einen neuen Termin hinzuzufügen:

- **Möglichkeit 1:** Klicken Sie auf das Plussymbol oberhalb des Fensters von Kalender, oder wählen Sie den Menüpunkt **Ablage ▸ Neues Ereignis**, bzw. drücken Sie cmd + N. Geben Sie im sich öffnenden Textfeld die Uhrzeit, den Wochentag, das Datum und den Titel für den Termin an. Mit ↵ wird der Termin dem entsprechenden

Wochentag bzw. Datum hinzugefügt, wo Sie die Daten für das Ereignis dann noch genauer angeben und nachbearbeiten können. Genau genommen steckt hinter dieser Form der Termineingabe der Data Detector, wie Sie ihn von Mail her kennen.

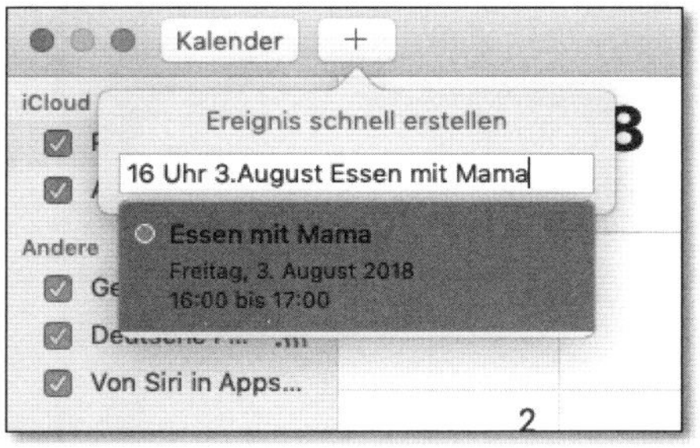

Abbildung 20.14 Einen neuen Termin im Klartext eingeben

- **Möglichkeit 2:** Doppelklicken Sie mit der Maus auf ein Datum in der Monatsansicht, und geben Sie den Titel und die Daten für das Ereignis ein.

Abbildung 20.15 Zum Hinzufügen eines neuen Termins einfach ein Datum doppelt anklicken

- **Möglichkeit 3:** Gehen Sie mit dem Mauscursor in die Tages- bzw. Wochenansicht und ziehen mit gedrückt gehaltener Maustaste einen ausgefüllten Balken von der Anfangs- zur Endzeit nach unten, wird diesem Zeitblock ein neuer Termin mit dem Titel **Neues Ereignis** hinzugefügt.

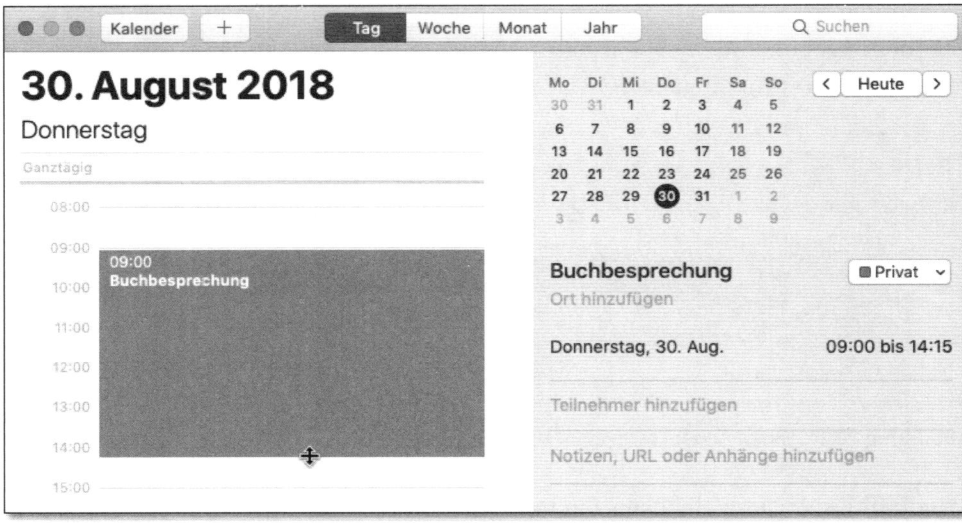

Abbildung 20.16 Einen neuen Termin in der Tagesansicht aufziehen

Wenn Sie einen neuen Termin hinzugefügt haben, finden Sie ein schwebendes Fenster vor, in dem Sie bei Bedarf noch genauere Angaben zum Termin machen können. Wird das Fenster nicht mehr angezeigt, müssen Sie den Termin auswählen und doppelt klicken bzw. `cmd` + `E` drücken, und das Fenster erscheint wieder. Alternativ können Sie über **Bearbeiten ▸ Informationen einblenden** bzw. `Alt` + `cmd` + `I` einen Dialog öffnen, der immer das aktuell eingeblendete Ereignis anzeigt und sich auch über diesen Dialog bearbeiten lässt.

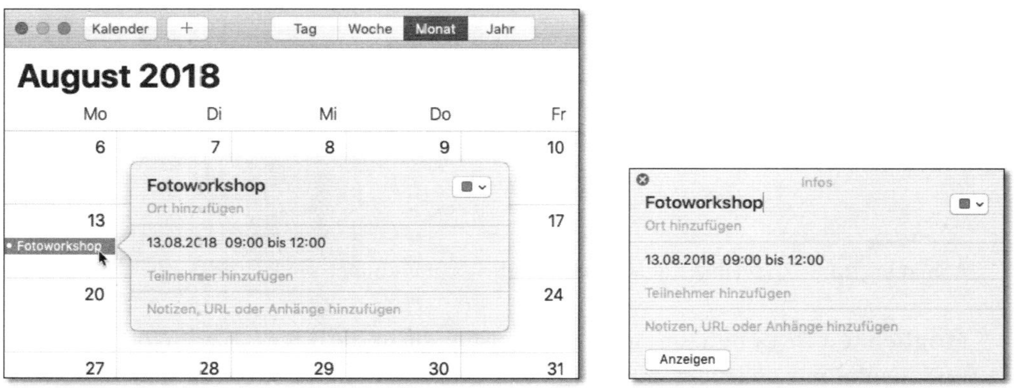

Abbildung 20.17 Hier können Sie den Termin überblicken oder nachbearbeiten.

Noch einfacher, einen Termin zu bearbeiten, ist es, in die Tagesansicht zu wechseln, wo der Termin eingetragen ist. Dort sehen Sie alle editierbaren Informationen auf der rechten Seite.

Abbildung 20.18 In der Tagesansicht finden Sie die entsprechenden Informationen rechts eingeblendet.

Bei der Bearbeitung des Termins können Sie eine Reihe weiterer Informationen eingeben. Gleich neben dem Titel des Termins wählen Sie den passenden Kalender dafür aus. Sinngemäß gibt es mehrere Kalender, die sich farblich voneinander unterscheiden. Darauf wird aber noch gesondert eingegangen.

Abbildung 20.19 Den Kalender für den Termin ändern

Sobald Sie auf **Ort hinzufügen** klicken und anfangen, einen Ort einzutippen, greift Kalender auf Kontakte zu und hilft Ihnen mit Vorschlägen bei der Ortseingabe, die Sie auswählen oder ignorieren können. Im schwebenden Fenster der Wochen- bzw. Monatsansicht greift Kalender auf das Programm Karten zu und blendet den entsprechenden Kartenausschnitt ein.

Abbildung 20.20 Auch eine Ortsangabe mit Karte kann für einen Termin verwendet werden.

Klicken Sie auf das Datum, können Sie mit **Ganztägig** wählen, ob der Termin den ganzen Tag dauert, oder Sie tragen die Zeit in **Von** und **Bis** ein. Bei Terminen, die sich wiederholen, können Sie über die entsprechende Option **Wiederholen** mit **Ohne**, **Täglich**, **Wöchentlich**, **Jeden Monat**, **Jedes Jahr** oder über **Eigene** ein eigenes Intervall setzen. Wenn Sie zum Beispiel **Wöchentlich** setzen, wird dieser Termin in jeder Woche hinzugefügt. Praktisch ist auch die **Wegzeit**, die Sie manuell vorgeben oder aufgrund des Ortes, vom Termin und Ihrem Standort (wenn dieser ermittelt werden konnte) wählen können. Bei einem ganztägigen Termin hingegen können Sie keine Wegzeit festlegen. Haben Sie eine Wegzeit gewählt, können Sie im Auswahlmenü **Hinweis** den Eintrag **Zu Beginn der Wegzeit** wählen, dann richtet sich die Zeit des Alarms nach der Startzeit abzüglich der Wegzeit. Wollen Sie das nicht, können Sie mit **Hinweis** selbst festlegen, wann Sie an den Termin erinnert werden wollen.

Abbildung 20.21 Einen Termin können Sie inklusive Wegzeit ziemlich genau festlegen.

Hilfreich ist auch die Funktion **Teilnehmer hinzufügen**, über die Sie andere Teilnehmer per E-Mail einladen können. Hierbei greift Kalender bei der Eingabe auf Kontakte zurück und hilft Ihnen bei der Auswahl der Teilnehmer. Über das Plussymbol können Sie weitere Teilnehmer hinzufügen. Mit der Schaltfläche **Senden** können Sie den Termin an alle dort eingetragenen Teilnehmer versenden. Wenn die Einladung beim Empfänger ankommt, kann dieser den Anhang mit einem Doppelklick in seinen Kalender übernehmen. Ebenso können die Teilnehmer die Einladung annehmen, ablehnen oder mit **Vielleicht** markieren. Innerhalb von Kalender werden die Teilnehmer, die den Termin abgelehnt haben, mit einem **X** angezeigt. Zusagen werden mit einem Häkchen und der Vielleicht-Status mit einem Fragezeichen markiert. Auf dieselbe Art und Weise können Sie auch eine Einladung von anderen Anwendern erhalten. Am Ende können Sie zum Termin noch weitere Informationen wie Notizen, eine Internetadresse oder Dateianhänge hinzufügen.

Abbildung 20.22 Wenn Sie Termine an andere Teilnehmer senden, lassen sich Notizen, Internetadressen oder Dateianhänge hinzufügen.

20.2.3 Terminanzeige

Wenn Sie einen Termin erstellt haben, wird dieser an verschiedenen Stellen angezeigt, um Sie daran zu erinnern. An erster Stelle stehen hier die Mitteilungen. Wenn Sie die Standardeinstellung von **Kalender** in **Systemeinstellungen ▸ Mitteilungen** nicht geändert haben, erscheint die Erinnerung an den Termin als **Hinweis** rechts oben im Bildschirm. Klicken Sie auf **Schließen**, haben Sie den Termin bestätigt. Klicken Sie auf **Erinnern**, wird dieser in der Mitteilungszentrale bei den Mitteilungen weiterhin angezeigt.

Abbildung 20.23 Standardmäßig erscheint ein Termin als Hinweis rechts oben auf dem Bildschirm.

Wenn Sie außerdem in den **Systemeinstellungen** von **iCloud** auch den **Kalender** für die iCloud eingerichtet haben, wird die Terminerinnerung auch auf allen Geräten wie iPhone, iPad oder anderen Macs angezeigt, an denen Sie mit derselben Apple-ID angemeldet sind und Kalender für die iCloud aktiviert haben.

20.2.4 Termine löschen

Um einen Termin wieder zu löschen, müssen Sie ihn lediglich markieren und die [←]-Taste drücken. Alternativ finden Sie diesen Befehl auch mit einem rechten Mausklick im Kontextmenü oder über **Bearbeiten ▸ Löschen**.

20.2.5 Geburtstagskalender anlegen

Eine praktische Sache ist auch der Geburtstagskalender, der Sie mit einem Hinweis darauf aufmerksam macht, wenn jemand Geburtstag hat. Damit vergessen Sie garantiert keine Geburtstage mehr. Wie es sinngemäß sein sollte, muss ein Geburtstag dem Kalender nicht gesondert als Termin hinzugefügt werden, sondern es wird der Eintrag des Geburtstages im Adressbuch von Kontakte verwendet. Dennoch hindert Sie niemand daran, trotzdem einen Geburtstag hinzuzufügen.

Damit Sie die Geburtstage im Kalender sehen können, muss bei **Kalender ▸ Einstellungen** unter **Allgemein** ein Häkchen vor **Geburtstagskalender einblenden** gesetzt werden. Dann wird der Geburtstagskalender in der Seitenleiste angezeigt, und im Kalender sind alle Tage, an denen Sie für eine Person einen Geburtstag hinterlegt haben, mit einem Geschenksymbol, dem Namen und dem Alter des Geburtstagskindes versehen.

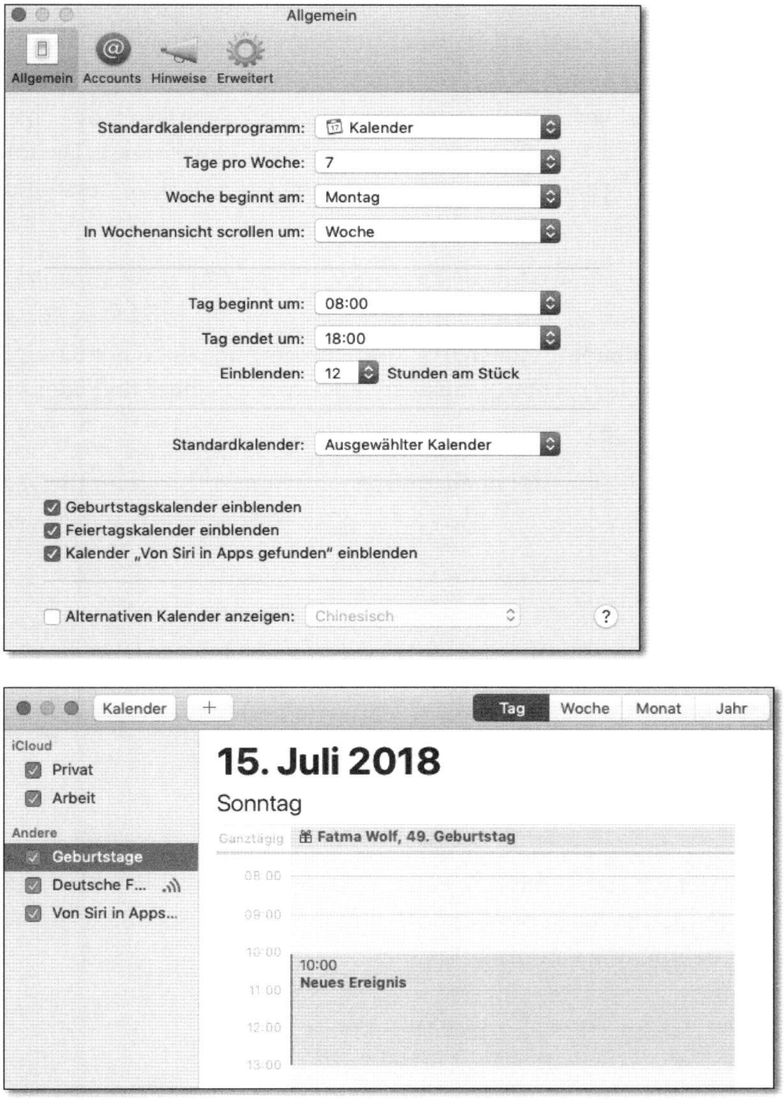

Abbildung 20.24 Die Geburtstage aus Kontakte dem Kalender hinzufügen

Wann wiederum Geburtstage eingeblendet werden sollen, können Sie auch speziell unter **Kalender ▸ Einstellungen** bei **Hinweis** im Dropdown-Menü **Geburtstage** einstellen. Die Standardeinstellung lautet hier **1 Tag vorher (9 Uhr)**.

20.2.6 Kalender in Kategorien aufteilen

Häufig ist es sinnvoll, die Termine im Kalender zu kategorisieren, um zum Beispiel die beruflichen von den privaten Einträgen zu trennen. Auch wenn Sie bestimmte Kalender nicht allein benutzen oder mit anderen teilen, macht es Sinn, einen neuen Kalender dafür anzulegen. Im Kalender können Sie die Kategorien über die entsprechende Schaltfläche **Kalender** öffnen und verwalten. Jeder dieser Kalender wird in einer eigenen Farbe angezeigt, damit Sie diese visuell voneinander unterscheiden können. Die folgende Schritt-für-Schritt-Anleitung zeigt Ihnen, wie Sie einen neuen Kalender erstellen können:

1 Damit Sie die Kalender in der Seitenleiste sehen können, klicken Sie oben auf **Kalender**. Um einen neuen Kalender anzulegen, drücken Sie [Alt] + [cmd] + [N] bzw. wählen **Ablage ▸ Neuer Kalender**. Alternativ können Sie auch in einem freien Bereich der Seitenleiste mit der rechten Maustaste klicken und **Neuer Kalender** im Kontextmenü auswählen.

2 Geben Sie dem neuen Kalender einen Namen, und schon ist dieser bereit für die Verwendung.

3 Wollen Sie dem Kalender eine **Beschreibung** hinzufügen oder nachträglich die Farbe ändern, wählen Sie den Kalender in der Seitenleiste aus, und drücken Sie [cmd] + [I], bzw. wählen Sie **Bearbeiten ▸ Informationen**.

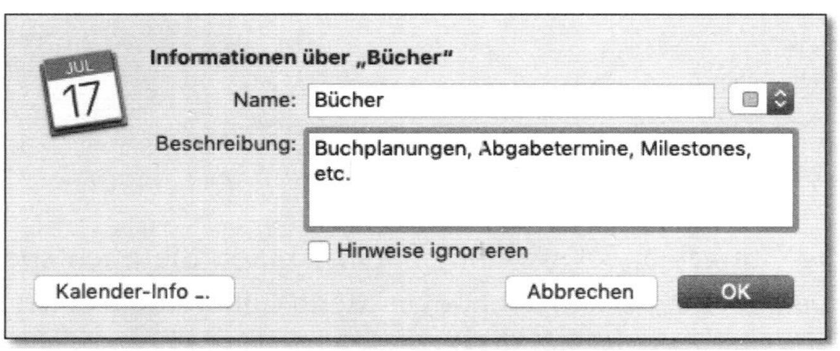

HINWEIS

Kalender löschen

Einen Kalender können Sie jederzeit löschen, indem Sie ihn mit der rechten Maustaste in der Seitenleiste anklicken und **Löschen** im Kontextmenü wählen. Denselben Befehl finden Sie auch im Kontextmenü **Bearbeiten ▶ Löschen**.

20.2.7 Termine eines Kalenders ausblenden

Die Termine eines bestimmten Kalenders werden sehr übersichtlich in der entsprechenden Farbe angezeigt. Wollen Sie allerdings nicht die Termine von allen Kalendern sehen, sondern nur die in einem bestimmten Kalender, müssen Sie das Häkchen vor den anderen Kalendern entfernen bzw. deaktivieren.

Abbildung 20.25 Termine der einzelnen Kalender können ganz einfach ein- und ausgeblendet werden.

Klicken Sie mit gehaltener `cmd`-Taste auf eines der Häkchen, können Sie alle Häkchen gleichzeitig entfernen bzw. wieder setzen. So können Sie alle Kalender auf einmal deaktivieren und nur ein einzelnes Häkchen setzen, statt alle einzeln anzuklicken. Andersherum funktioniert dies genauso, um wieder alle Häkchen auf einmal zu setzen, statt jedes einzeln auszuwählen.

20.2.8 Kalender mit anderen Personen teilen

Wenn Sie mit mehreren Personen an einem Projekt arbeiten oder öfter Termine mit einer Gruppe von Leuten im Verein oder in der Familie vereinbaren wollen, dann kann es recht nützlich sein, einen Kalender mit anderen Leuten zu teilen. Die Funktion zur gemeinsamen Nutzung eines Kalenders lässt sich mit der iCloud oder mit einem beliebigen Kalenderserver nutzen, der das CalDAV-Protokoll unterstützt. Das Teilen eines Kalenders lässt sich im Handumdrehen realisieren:

1 Gehen Sie mit der Maus auf die Seitenleiste über dem Kalender, den Sie teilen wollen, und klicken Sie auf das Funkwellensymbol.

2 Tragen Sie jetzt in das Feld **Teilen mit** die E-Mail-Adressen ein, für die Sie diesen Kalender freigeben wollen. Das Kontakte-Programm hilft hier wieder beim Ausfüllen der E-Mail-Adressen.

3 Alle eingetragenen Personen erhalten per E-Mail eine Einladung, den Kalender zu verwenden. Voraussetzung hierfür ist, dass der Anwender die iCloud verwendet. Dann steht dem Lese- und Schreibzugriff für diesen Kalender nichts mehr im Weg, und der Kalender wird beim Anwender auch in der Kalenderliste eingeblendet.

4 Wenn Sie einen Kalender mit anderen Personen teilen, können Sie dies an dem kleinen Funkwellensymbol neben dem Kalendernamen erkennen, das dort jetzt dauerhaft eingeblendet ist.

5 Personen, die Ihre Einladung zum Kalender angenommen haben, erscheinen bei einem Klick auf das Funkwellensymbol mit einem grünen Häkchen. Ein Fragezeichen bedeutet, dass die Person die E-Mail noch nicht bestätigt hat.

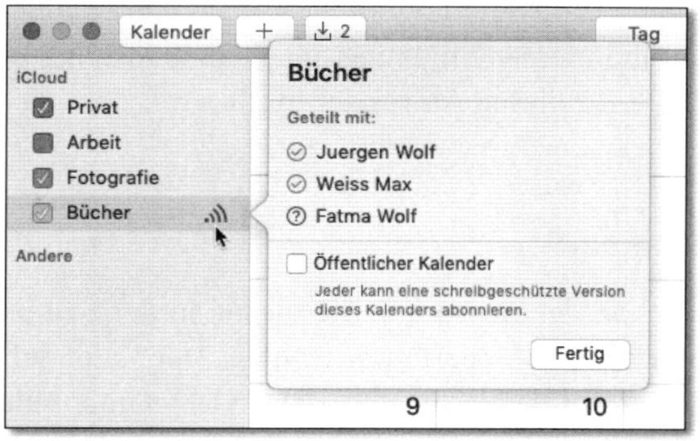

HINWEIS

Freigabe stoppen

Wollen Sie die Freigabe des Kalenders stoppen oder beenden, wählen Sie den Kalender und klicken mit der rechten Maustaste darauf. Im Kontextmenü wählen Sie dann **Freigabe stoppen**. Den Befehl finden Sie auch im Menü **Bearbeiten ▸ Freigabe stoppen**.

Sollte der Empfänger allerdings nicht an der iCloud angebunden sein oder ein anderes Computersystem verwenden, besteht noch die Möglichkeit, den Anwender zumindest lesend am Kalender teilhaben zu lassen. Hierzu können Sie den Kalender beim Teilen über das Funkwellensymbol öffentlich machen, indem Sie das Häkchen vor **Öffentlicher Kalender** setzen. Klicken Sie dann auf die Teilen-Schaltfläche ❶, um die **URL** für den öffentlichen Kalender an die entsprechende(n) Person(en) weiterzugeben.

Abbildung 20.26 Alternativ kann auch nur der Link zu einem öffentlichen Kalender weitergegeben werden.

20

Die Weitergabe als öffentlicher Kalender wird bei anderen Systemen, wie zum Beispiel mit Microsoft Outlook, als Kalenderabonnement hinzugefügt. Wie allerdings bereits erwähnt, bleibt der Zugriff ohne iCloud für diesen Anwender nur lesend.

20.2.9 Kalender exportieren und importieren

Einen Kalender (als Backup) sichern können Sie, indem Sie diesen in der Seitenleiste auswählen und dann **Ablage ▸ Exportieren ▸ Exportieren** wählen. Der Kalender wird mit der Endung *.ics* gesichert und kann mithilfe dieser exportierten Datei über **Ablage ▸ Importieren** als Kalender hinzugefügt werden. Dies funktioniert auch als Weitergabe, indem Sie einen Kalender exportieren und als E-Mail-Anhang für einen Anwender weitergeben. Der Empfänger kann diesen Kalender dann in sein Kalender-Programm importieren. Allerdings steht hierbei keine Aktualisierung mehr zur Verfügung, wie dies mit der iCloud oder bei einem Abo der Fall ist.

20.2.10 Kalender abonnieren

So, wie Sie Kalender für andere Anwender (als Abo) öffentlich freigeben können, lassen sich auch Kalender von anderen abonnieren. Hier gibt es eine Menge interessanter Internetdienste, über die Sie spezielle Kalender mit beispielsweise den Feiertagen eines bestimmten (Bundes-)Landes, den Startterminen von Kinofilmen, Spielplänen einer Fußballmannschaft, Veranstaltungen und noch vielem mehr beziehen können. Alles, was Sie hierzu benötigen, ist eine entsprechende Webseite, die solche Kalender zum Abonnieren anbietet. Eine Suche nach »Kalender Abo Feiertage« zum Beispiel bringt in der Regel recht schnell entsprechende Kalender zum Vorschein. Interessante Kalender finden Sie zum Beispiel auf *www.calovo.de*.

1. Klicken Sie in Kalender auf **Ablage ▸ Neues Kalenderabonnement**.
2. Geben Sie im folgenden Dialog den Link zum Abo ein. Im Beispiel verwende ich einen Kalenderabo-Link zum Spielplan des FC Bayern München und klicke auf **Abonnieren**.

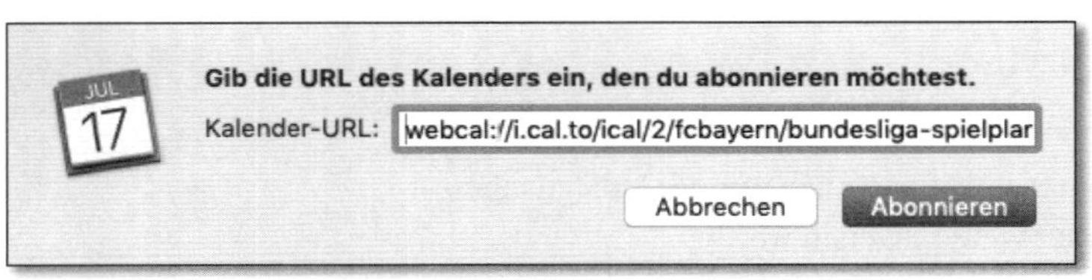

3 Geben Sie jetzt den Namen und die Farbe für den Kalender und den Speicherort (**iCloud** oder **Lokal**) ein. Die Angaben der Einstellungen sprechen für sich selbst.

4 Sind Sie mit den Einstellungen fertig, werden die Kalenderdaten von der angegebenen Adresse geholt und wird der abonnierte Kalender der Seitenleiste hinzugefügt.

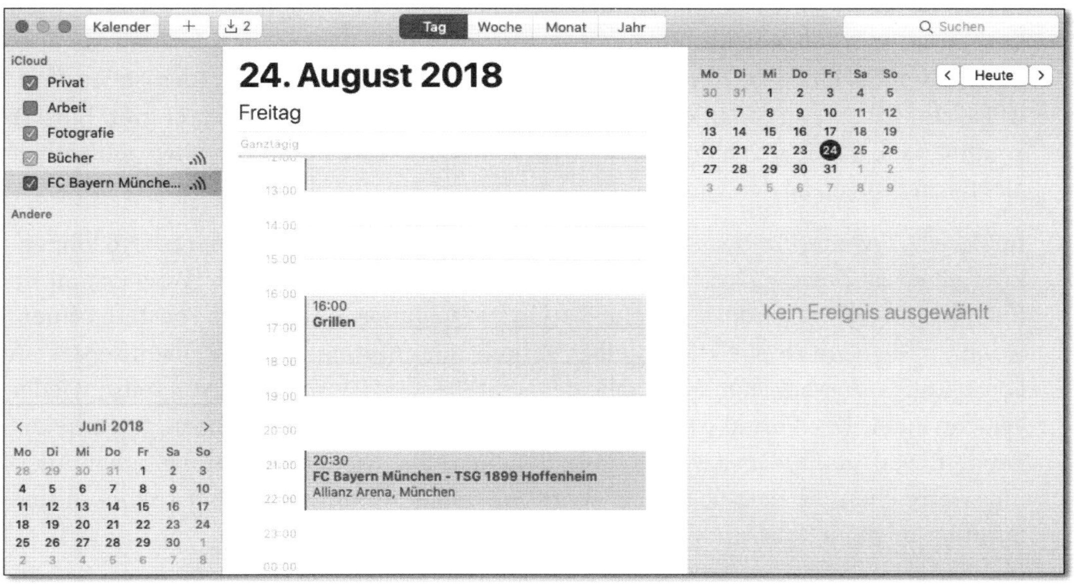

Abbildung 20.27 Der abonnierte Kalender im Einsatz

20.2.11 iCloud und Datenschutz

Beim Kalender-Programm ist die iCloud sehr essenziell, und der Datenabgleich zwischen den verschiedenen (mobilen) Geräten wie iPad, iPhone oder anderen Macs funktioniert hiermit bestens. Ebenso das Zusammenspiel der iCloud für Windows mit Unterstützung von Microsoft Outlook klappt prächtig mit dem Kalender-Programm auf dem Mac. Egal, wo Sie gerade arbeiten, werden dank der iCloud die Kalender und Termine auf dem aktuellen Stand gehalten. Voraussetzung dafür ist wie immer, dass die iCloud aktiviert ist und dass alle Geräte mit derselben Apple-ID angemeldet sind. Beim Mac wird die iCloud für den **Kalender** wie üblich in den **Systemeinstellungen** von **iCloud** mit einem Häkchen (de-)aktiviert.

Wenn andere Anwendungen einen Zugriff auf Kalender wollen, müssen Sie diesen erst erteilen. Einen Überblick darüber, welche Anwendungen auf Ihren Kalender zugreifen dürfen, finden Sie in den **Systemeinstellungen** von **Sicherheit** im Register **Datenschutz** mit den entsprechenden Einträgen, wenn Sie **Kalender** in der linken Seite auswählen.

20.2.12 Andere Einstellungen

Unter **Kalender ▸ Einstellungen** können Sie Kalender etwas personalisieren. Die meisten Einstellungen in **Allgemein** sprechen hier für sich selbst. Bei **Accounts** können Sie über das Plussymbol einen weiteren Account für den Kalender hinzufügen. Dies ist beispielsweise sinnvoll, wenn Sie in einem Team arbeiten und ein CalDAV-Server zum Einsatz kommt, mit dem Sie sich hier verbinden können. Der Bereich **Hinweise** hingegen enthält alle Einstellungen zu den Hinweisen auf ein bestimmtes Ereignis.

Im Bereich **Erweitert** finden Sie außerdem zwei Optionen, die zu aktivieren sich lohnen: Zum einen ist das die Option **Wochenzahlen einblenden**, mit der die Wochenzahl im Kalender angezeigt wird. Die zweite Option ist **Ereignisse in separaten Fenstern öffnen**, wodurch Sie beim Doppelklicken eines Termins die Informationen in einem separaten Fenster angezeigt bekommen anstelle des schwebenden Fensters, das von selbst wieder verschwindet. Der Vorteil ist, dass Sie dabei mehrere Termine gleichzeitig bearbeiten können, weil Sie das Fenster über das **x**-Symbol selbst wieder schließen müssen. Allerdings erreichen Sie dasselbe auch, wenn Sie einen Termin mit rechts anklicken und **Informationen** im Kontextmenü auswählen bzw. `cmd` + `I` drücken.

Ebenfalls sehr hilfreich ist es, die Option **Ereignisse in Jahresansicht anzeigen** zu aktivieren, womit Sie in der Jahresansicht des Kalenders auch die Termine in einer farblichen Heatmap angezeigt bekommen. Dies ist sehr praktisch, wenn Sie auf der Suche nach freien Terminen sind.

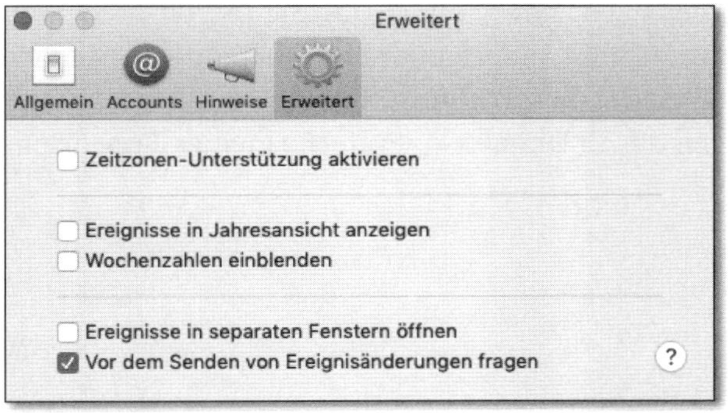

Abbildung 20.28 Die Einstellungen von Kalender enthalten weitere Möglichkeiten, das Programm Ihren Bedürfnissen anzupassen.

20.2.13 Den Kalender mit Siri benutzen

Auch Siri kann Ihnen behilflich sein, dem Kalender neue Termine hinzuzufügen oder Termine abzufragen. Aktivieren Sie Siri über das Menulet-Symbol in der Menüleiste rechts oben, können Sie dem Kalender beispielsweise einen Termin hinzufügen, indem Sie sagen: »Richte morgen um 15 Uhr eine Besprechung mit Franz ein.« Existiert kein Termin zu diesem Zeitpunkt, fragt Siri nach, ob der Eintrag erstellt werden soll.

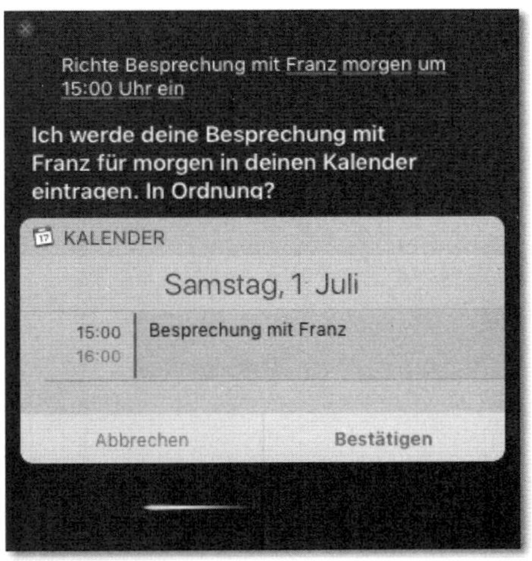

Abbildung 20.29 Mit Siri dem Kalender einen Termin hinzufügen

Natürlich können Sie auch eine Datumsangabe für einen neuen Termin angeben. Sagen Sie zum Beispiel: »Erstelle für den 20. Oktober einen Termin für eine Besprechung.«

Dann fragt Siri gewöhnlich noch vorher nach, um wie viel Uhr Sie die Besprechung ansetzen wollen. Sie können auch einen Termin ändern oder entfernen, indem Sie Siri beispielsweise anweisen: »Verschiebe meine Besprechung morgen von 13 Uhr auf 15 Uhr.« – »Sage meinen Termin morgen um 13 Uhr ab.« – »Entferne meinen Friseurtermin nächsten Donnerstag.«

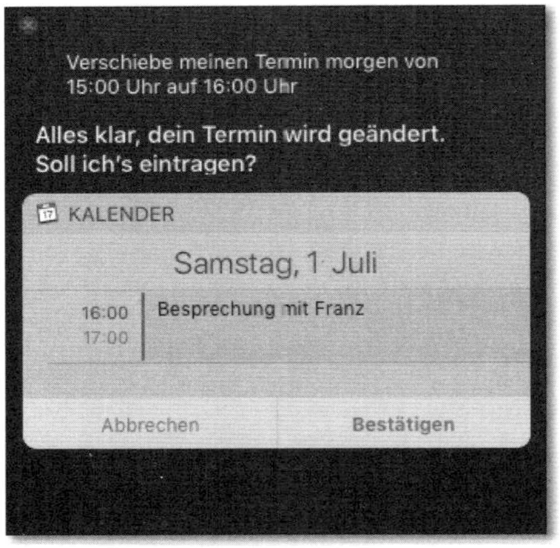

Abbildung 20.30 Vorhandene Termine zu verwalten ist mit Siri kein Problem.

Aber auch eine Übersicht über kommende Termine können Sie sich von Siri anzeigen lassen. So können Sie sich mit »Welche Termine habe ich morgen?« einen Überblick über den nächsten Tag verschaffen. Natürlich können Sie auch hier bei Bedarf noch spezifischer werden. Wollen Sie wissen, wann ein bestimmter Termin ist, können Sie auch fragen: »Wann ist mein Friseurtermin?« – »Wann ist mein nächster Termin mit Max Mustermann?«

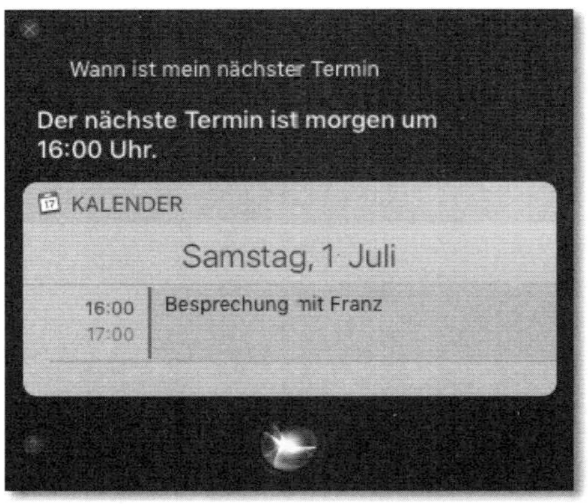

Abbildung 20.31 Auf der Suche nach vorhandenen Terminen

20.3 Eine To-do-Liste mit Erinnerungen verwenden

In Verbindung mit Mail, Kalender, Kontakte und Karten ist das Programm Erinnerungen die perfekte Ergänzung, um Ihren Alltag noch effizienter zu gestalten. Mit Erinnerungen können Sie ebensolche als To-do-Liste anlegen, bearbeiten und organisieren. Das Programm Erinnerungen befindet sich standardmäßig im Dock. Ansonsten ist es, wie alle anderen Programme auch, im *Programme*-Verzeichnis installiert.

Abbildung 20.32 Das Programm-Icon von Erinnerungen

20.3.1 Erinnerung anlegen und bearbeiten

Das Anlegen einer neuen Erinnerung ist, wie für Apple üblich, sehr einfach gehalten und bietet trotzdem viele nützliche Features an. In der folgenden Schritt-für-Schritt-Anleitung erfahren Sie, wie Sie eine Erinnerung anlegen und bearbeiten können:

1 Um eine neue Aufgabe oder ein neues Ereignis hinzuzufügen, wählen Sie entweder einen Eintrag in der Liste der Seitenleiste oder im Kalender einen Tag aus, um die folgende Erinnerung gleich mit diesem Datum zu verknüpfen. Die Seitenleiste können Sie über **Darstellung ▸ Seitenleiste ausblenden/Seitenleiste einblenden** bzw. `Alt` + `cmd` + `S` bedienen. Den Minikalender hingegen können Sie mit **Darstellung ▸ Kalender ausblenden/Kalender einblenden** bzw. `Alt` + `cmd` + `S` anzeigen bzw. ausblenden.

Wenn Sie einen Termin im Minikalender auswählen, wird die neue Erinnerung automatisch der Standardliste zugeordnet, die in **Erinnerungen ▸ Standardliste** definiert ist (was aber geändert werden kann).

20

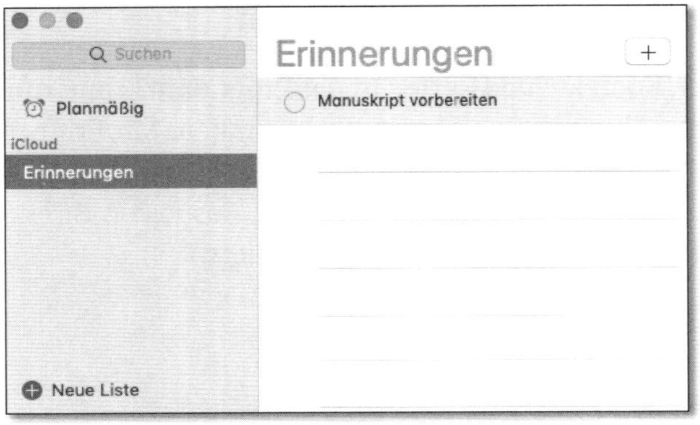

2 Eine neue Erinnerung erstellen Sie, indem Sie entweder auf das Plussymbol klicken, `cmd` + `N` drücken oder einfach den Text für die Erinnerung in eine der freien Zeilen eintippen. Wenn Sie nach der Eingabe des Textes für die Erinnerung `↵` betätigen, wird diese hinzugefügt, und Sie sind bereits fertig.

3 Wollen Sie die Erinnerung noch weiter anpassen, müssen Sie auf das kleine Infosymbol am rechten Rand der Erinnerung klicken, woraufhin ein schwebendes Fenster angezeigt wird, in dem Sie weitere Angaben zur Erinnerung machen können.

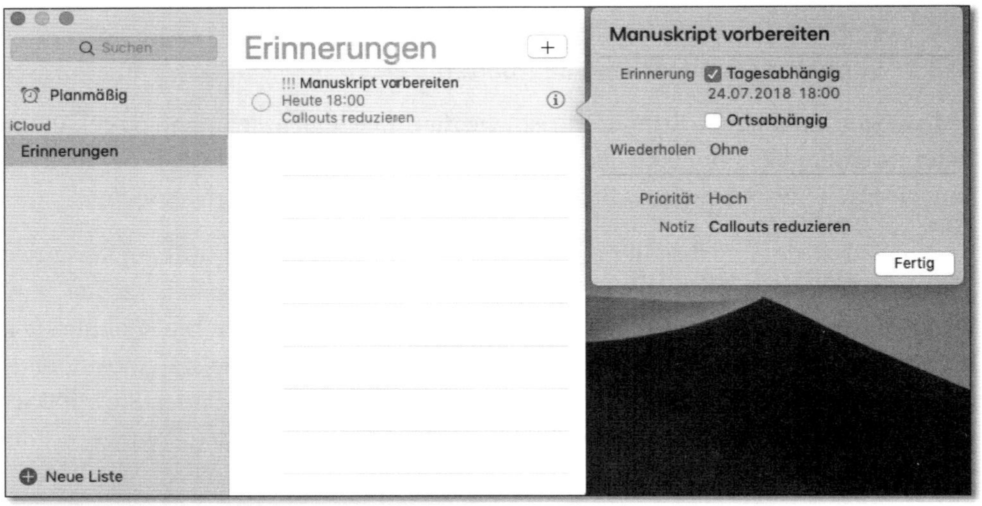

4 Wenn Sie die Erinnerung über das Plussymbol und nicht über den Minikalender hinzugefügt haben, dann ist die Option **Tagesabhängig** deaktiviert. Sie können diese bei Bedarf aktivieren und dann den Tag und die Uhrzeit für diese Aufgabe festlegen. Beim Hinzufügen einer neuen Erinnerung über den Minikalender ist die Option bereits aktiviert und der Tag festgelegt, bis wann die Aufgabe erledigt sein sollte. Die Mitteilungszentrale benachrichtigt Sie, um Sie an diese Aufgabe zu erinnern.

5 Praktisch kann auch die Option **Ortsabhängig** sein, über die Sie angeben können, an welchem Ort Sie erinnert werden wollen und ob die Erinnerung bei Ankunft oder Abfahrt von diesem Ort erscheinen soll. Richtig sinnvoll ist diese Option allerdings erst in Kombination mit einem mobilen iOS-Gerät wie dem iPhone oder iPad und der Synchronisierung der Erinnerungen mit der iCloud. Verwenden Sie die Funktion zum ersten Mal, müssen Sie den Ortungsdienst für Erinnerungen vorher noch erlauben. Sie können diese Funktion auf dem Mac anpassen, wenn Sie den Ortungsdienst für die **Erinnerungen** unter **Systemeinstellungen ▸ Sicherheit ▸ Datenschutz ▸ Ortungsdienste** (de-)aktivieren.

6 Über **Wiederholen** stellen Sie ein, wie oft diese Aufgabe wiederholt werden soll. Es gibt hierbei viele regelmäßige Aufgaben, wie beispielsweise das Herausstellen der richtigen Mülltonne(n) in einem bestimmten Zeitintervall.

7 Wollen Sie die Erinnerung mit einer bestimmten **Priorität** versehen, können Sie diese mit der entsprechenden Option auf **Gering**, **Mittel**, **Hoch** oder **Ohne** setzen. Entsprechend der Priorität werden dann drei (**Hoch**), zwei (**Mittel**) oder ein (**Gering**) Ausrufezeichen vor der Erinnerung angezeigt. Kein Ausrufezeichen wird bei der Option **Ohne** verwendet. Bei **Notiz** können Sie dem Ereignis noch weitere Informationen hinzufügen.

8 Sind Sie mit den Einstellungen zufrieden, klicken Sie auf die Schaltfläche **Fertig**.

20.3.2 Erinnerungen löschen

Um eine Erinnerung zu löschen, wählen Sie diese aus und drücken die [←]-Taste. Alternativ finden Sie auch im Menü **Bearbeiten** oder mit einem rechten Mausklick auf die Erinnerung (im Kontextmenü) den Befehl **Löschen**. Eine versehentliche Löschung rückgängig machen können Sie mit [cmd] + [Z].

20.3.3 (Planmäßige und abgeschlossene) Erinnerungen in der Übersicht

Der oberste Eintrag in der Seitenleiste bei **Planmäßig** enthält eine Übersicht mit allen eingetragenen Erinnerungen von allen vorhandenen Listen, in denen **Tagesabhängig** aktiviert wurde. Das ist hilfreich, um die Übersicht zu bewahren. Wenn Datum und Uhrzeit einer Erinnerung in roter Schrift angezeigt werden, dann bedeutet dies, dass der Zeitpunkt des Termins bereits verstrichen ist.

Abbildung 20.33 Erinnerungen in der Übersicht

Ebenfalls in der Seitenleiste von **Planmäßig** finden Sie die bereits erledigten Einträge, indem Sie nach oben scrollen. Dann erscheint ein Eintrag mit der Anzahl der erledigten Aufgaben und Erinnerungen. Klicken Sie hier auf **Anzeigen**, können Sie diese einblenden. Alle erledigten Erinnerungen und Aufgaben werden mit einem farblich gefüllten Kreis angezeigt.

Abbildung 20.34 Übersicht über erledigte Aufgaben und Erinnerungen einblenden

Ansonsten erhalten Sie einen Überblick über die Einträge, wenn Sie eine Liste in der Seitenleiste auswählen. Hier finden Sie auch die Funktion **Anzeigen**, wenn Sie nach oben scrollen. Dann können Sie sich auch dort abgeschlossene Einträge aus der gewählten Liste anzeigen lassen.

Abbildung 20.35 Auch abgeschlossene Erinnerungen einzelner Listen lassen sich einblenden.

20.3.4 Erinnerungen anzeigen und bestätigen

Zeitliche Erinnerungen oder Aufgaben werden gewöhnlich als Hinweis zur Bestätigung rechts oben eingeblendet, sofern Sie die Standardeinstellung nicht in den **Systemeinstellungen** von **Mitteilungen** für **Erinnerungen** geändert haben. Klicken Sie hier auf **Erledigt**, gilt die Erinnerung als abgearbeitet und wird in die Kategorie **Abgeschlossen** geschoben. Klicken Sie auf **Später**, können Sie den Zeitpunkt der Erinnerung zeitlich verschieben oder ignorieren.

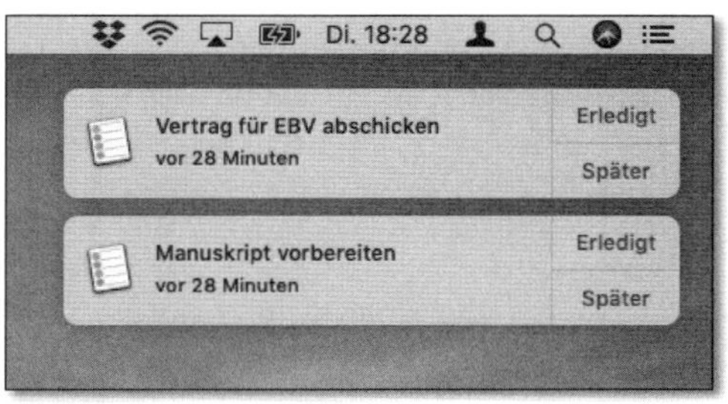

Abbildung 20.36 Erinnerungen bestätigen oder später erledigen

Auf **Später** verschobene Erinnerungen und Aufgaben werden in der Mitteilungszentrale im Register **Mitteilungen** angezeigt. Sie können sie mit einem Doppelklick in Erinnerungen öffnen oder mit dem **x**-Symbol aus den Mitteilungen entfernen. Beim Entfernen gilt die Mitteilung allerdings nicht als abgearbeitet.

Abbildung 20.37 Erinnerungen in der Mitteilungszentrale

Wenn Sie eine Mitteilung in Erinnerungen als abgearbeitet markieren wollen, müssen Sie lediglich den Kreis anklicken, womit die Aufgabe bzw. Erinnerung aus der Liste verschwindet und als erledigt gilt.

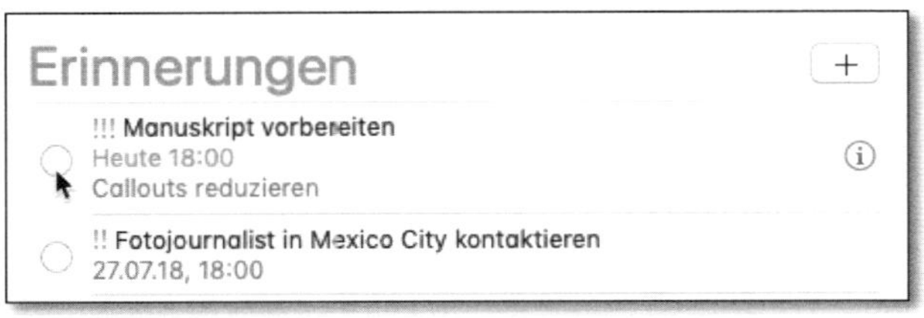

Abbildung 20.38 Eine Erinnerung als »Erledigt« markieren

Wenn Sie einen Blick in die Mitteilungszentrale im Register **Heute** werfen, werden kommende Erinnerungen und Aufgaben aufgelistet.

20.3.5 Listen anlegen, anordnen und löschen

Weitere Listen anlegen können Sie mit [cmd] + [L] oder wenn Sie in der Seitenleiste auf das Plussymbol neben **Neue Liste** links unten klicken. Eine Liste entfernen können Sie hingegen, wenn Sie diese markieren und dann ← drücken oder sie mit rechts anklicken und im Kontextmenü **Löschen** wählen. Auch das Umsortieren der Listen in der Reihenfolge ist via Drag & Drop möglich.

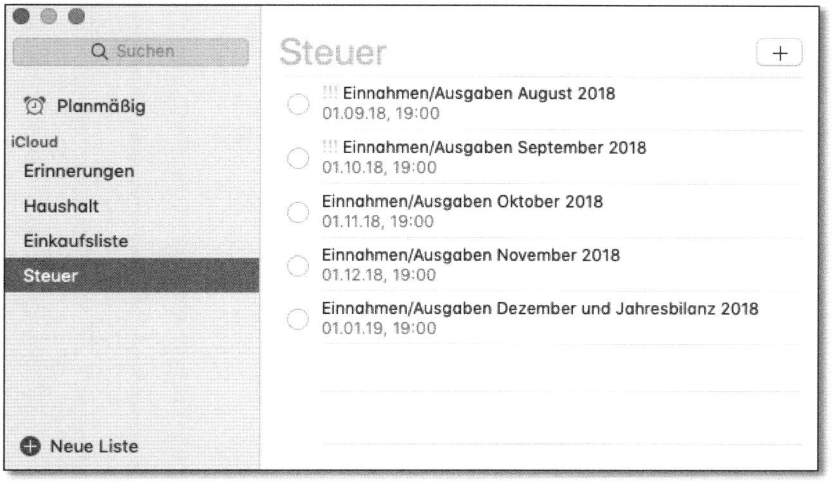

Abbildung 20.39 Listen sind sehr hilfreich, um den Überblick über die Erinnerungen zu behalten.

Ebenso einfach können Sie Erinnerungen oder Aufgaben zwischen den Listen per Drag & Drop umsortieren, indem Sie die entsprechende Erinnerung rechts von der Übersicht nach links auf eine der Listen ziehen, in der Sie diese haben wollen, und dort fallen lassen.

Abbildung 20.40 Erinnerungen in Listen per Drag & Drop umsortieren

Wollen Sie die Einträge mehrerer Listen betrachten, wählen Sie in der Seitenleiste einzelne Listen mit gehaltener cmd-Taste aus, und es werden nur die Einträge der selektierten Listen rechts angezeigt.

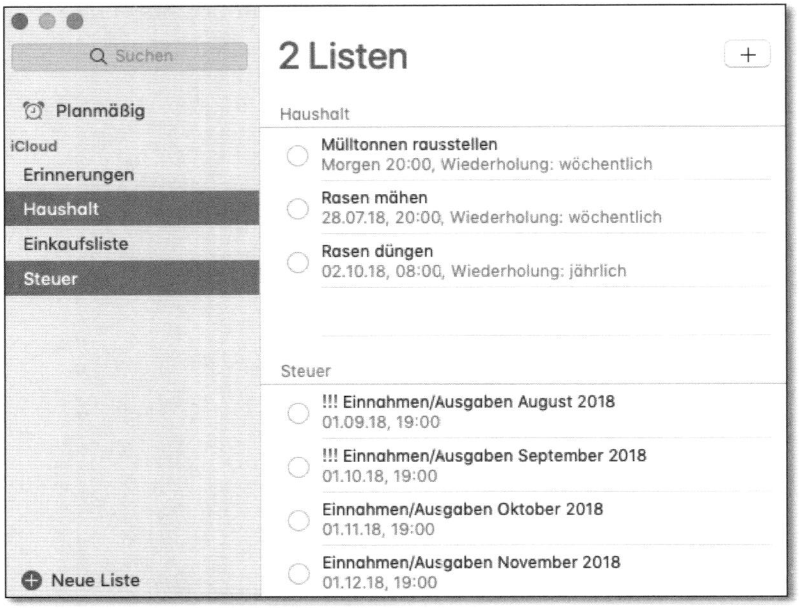

Abbildung 20.41 Gezielt Aufgaben und Erinnerungen ausgewählter Listen anzeigen

TIPP

Ohne Seitenleiste durch die Listen navigieren

Sie können auch ohne Seitenleiste durch die Listen navigieren, indem Sie mit dem Mauscursor über der Übersicht über Erinnerungen und Aufgaben stehen und mit zwei Fingern nach rechts oder links auf einem Trackpad wischen. Entsprechend finden Sie auch unterhalb der Liste einzelne Punkte, über die Sie per Mausklick zu den einzelnen Listen wechseln können. Wollen Sie hingegen eine Liste in einem eigenen Fenster anzeigen, müssen Sie auf die Liste doppelklicken, und schon wird sie in einem eigenen Fenster angezeigt. Auf diese Weise können Sie jederzeit mehrere Listen auf einmal bearbeiten.

20.3.6 Erinnerungslisten mit anderen teilen

Praktisch ist hier auch die Möglichkeit, eine Liste mit anderen zu teilen. Das ist recht nützlich, wenn Aufgaben von verschiedenen Personen in der Firma, einem Verein oder der Familie erledigt werden sollen. Hierzu müssen Sie auf das Funkwellensymbol in der Liste klicken und in **Teilen mit** die Teilnehmer für die Erinnerungsliste eintragen.

Anschließend wird eine Einladung an diese Personen versendet. Ein dauerhaft eingeblendetes Funkwellensymbol zeigt an, dass diese Liste mit anderen Teilnehmern geteilt wird.

Abbildung 20.42 Erinnerungslisten mit anderen teilen

Die betreffenden Personen können die Einträge der Liste abarbeiten oder sehen, welche Einträge bereits erledigt sind. Jeder Teilnehmer kann der Liste aber auch weitere Einträge hinzufügen. Voraussetzung ist, dass die Teilnehmer einen iCloud-Account besitzen.

20.3.7 Erinnerungen und die iCloud

Noch nützlicher sind Erinnerungen, wenn Sie die iCloud verwenden, denn dann werden Erinnerungen mit allen Geräten synchronisiert, und Sie haben alle Erinnerungen und Aufgaben griffbereit, egal, welches Gerät Sie gerade bei sich haben. Hierfür ist es wie immer nötig, dass alle Geräte mit der iCloud verbunden sind und Sie auf allen dieselbe Apple-ID verwenden. **Erinnerungen** für die iCloud können Sie wie gehabt in den **Systemeinstellungen** von **iCloud** (de-)aktivieren.

20.3.8 Aufgaben und Erinnerungen mit Siri

Sie können Aufgaben und Erinnerungen auch mit Siri hinzufügen, indem Sie das Siri-Icon im Menulet der Menüleiste anklicken und zum Beispiel sagen: »Erinnere mich morgen um 6 Uhr die Mülltonnen herauszustellen«, und schon fügt Siri eine neue Erinnerung mit Datum dazu.

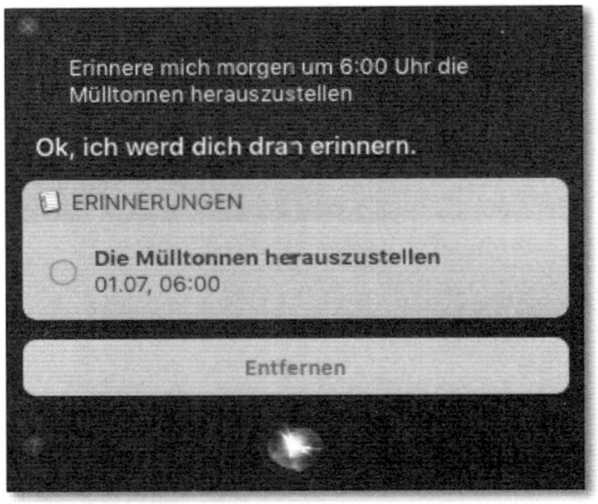

Abbildung 20.43 Siri ist auch bei den Erinnerungen eine große Hilfe.

Sie können aber auch eine neue Liste erstellen und Elemente hinzufügen. Beispielsweise sagen Sie zu Siri: »Erstelle eine neue Liste Aufgaben.« Und als Nächstes: »Füge Koffer packen der Liste Aufgaben hinzu.« Wollen Sie dann noch den Inhalt einer Liste sehen, sagen Sie einfach: »Zeige mir meine Liste Aufgaben.«

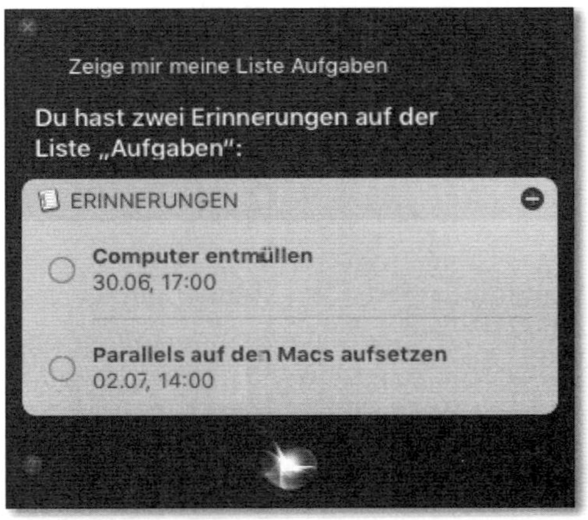

Abbildung 20.44 Auch Listen können Sie mit Siri erstellen.

20.4 Erstellen Sie für Ihre Ideen eine Notiz

Wenn Ihnen eine Idee oder ein Gedanke kommt oder Sie eine Recherche für ein bestimmtes Thema schnell mit weiteren Dateien zusammenfassen wollen, bietet sich das Programm Notizen an. Früher waren diesen Notizen noch in Mail integriert, jetzt ist es ein selbstständiges und extrem nützliches Programm, mit dem Sie Ihre Notizen auch über die iCloud mit anderen Geräten nahtlos verwenden und weiterverarbeiten können. Dies ist besonders hilfreich, wenn Sie ein Projekt planen oder für ein Thema recherchieren, für das Sie unabhängig vom Gerät jederzeit weitere Ideen oder Gedanken hinzufügen möchten. Persönlich verwende ich die Notizen sehr gerne bei der Recherche und Planung zu meinen Büchern oder Fotografie-Touren, wobei mir immer wieder spontan kleine Einfälle kommen und ich in der Regel mindestens mein iPhone bei mir habe. Das Programm Notizen finden Sie wie üblich im *Programme*-Verzeichnis.

Abbildung 20.45 Das Programm-Icon von Notizen

In der folgenden Schritt-für-Schritt-Anleitung wird gezeigt, wie Sie eigene Notizen erstellen können. Viele dieser Schritte sind wie immer optional.

1 Bevor Sie eine neue Notiz anlegen, wollen Sie vielleicht einen neuen Ordner für die Notizen passend zu einem Thema oder Projekt in der Seitenleiste erstellen. Die Seitenleiste ein-/ausblenden können Sie über das erste Symbol links oben ❶ in der Symbolleiste. Klicken Sie links unten auf das Plussymbol neben **Neuer Ordner**, und geben Sie den Namen dafür ein.

2 Wählen Sie in der Seitenleiste den Ordner aus, dem die neue Notiz hinzugefügt werden soll, und klicken Sie auf das Symbol ❷ zum Hinzufügen einer neuen Notiz in der Symbolleiste, oder drücken Sie [cmd] + [N], bzw. wählen Sie **Ablage ▸ Neue Notiz**.

3 Zum Bearbeiten der neuen Notiz klicken Sie in den Textbereich auf der rechten Seite und fangen an, den Text für die Notiz einzutippen. Der erste eingegebene Text, mit dem Sie die Notiz beginnen, wird gleich als Betreff der Notiz angezeigt. Wollen Sie die Notiz in einem eigenen Fenster bearbeiten, doppelklicken Sie in der Liste die entsprechende Notiz an.

4 Zum Formatieren der Notiz finden Sie in der Symbolleiste voreingestellte Textformate wie auch Listenformate mit Aufzählungszeichen und Nummerierung. Reicht Ihnen dies nicht aus, finden Sie viele weitere Optionen zur Formatierung und Gestaltung des Textes im Menü **Format** oder via rechten Mausklick, in dem Sie die Schrift, den Text und die Einrückung noch individueller anpassen können.

20

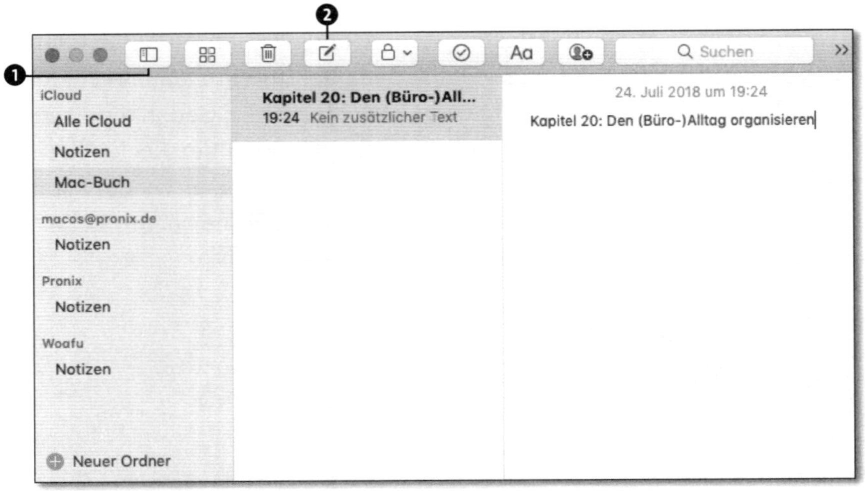

5 Auch Checklisten zum Abhaken können Sie über das entsprechende Symbol ❸ bzw. mit `cmd` + `⇧` + `L` in der Symbolleiste einer Notiz hinzufügen. Auch diese Funktion finden Sie im Menü **Format**.

6 Tabellen können Sie über das entsprechende Symbol ❹ hinzufügen. Hier wird zunächst eine 2 × 2 Zellen große Tabelle eingefügt. Wenn Sie dann die kleinen Drei-Punkte-Schaltflächen neben bzw. über der Zeile oder Spalte anklicken, über der sich der Mauscursor gerade befindet, wird die Zeile oder Spalte farblich markiert hervorgehoben. Klicken Sie dann erneut die jetzt auch farblich markierte Drei-Punkte-Schaltfläche an, können Sie über ein Kontextmenü neue Zeilen bzw. Spalten oberhalb/unterhalb bzw. rechts/links hinzufügen. Ebenso können Sie auf diesem Weg eine Zeile oder Spalte löschen. Markieren Sie einen Text innerhalb der Zeile, können Sie ihn via rechten Mausklick über das Menü **Format** mit entsprechenden Befehlen formatieren.

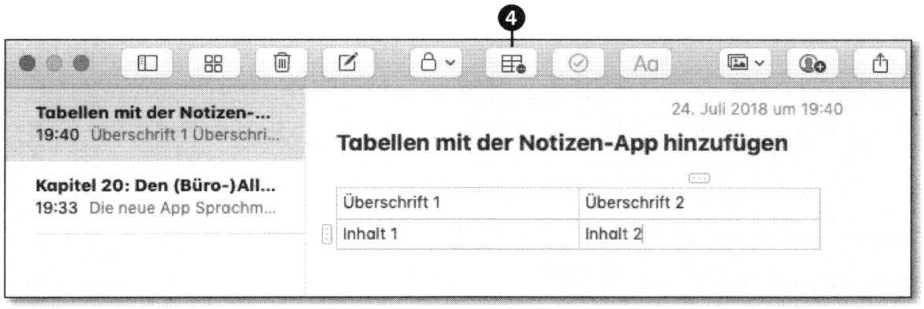

7 Medien hinzufügen können Sie über die entsprechende Schaltfläche in der Symbolleiste. Hierbei können Sie entweder über die mit der Fotos-App verwalteten Bilder auswählen oder direkt mit der Kamera-Übergabe-Funktion mithilfe eines iPhones oder iPads ein Foto aufnehmen oder ein Dokument scannen. Auf die Kamera-Übergabe-Funktion wird in Abschnitt 21.6, »Die Kamera-Übergabe mit iOS-Geräten verwenden«, eingegangen.

8 Neben gewöhnlichem Text können Sie auch aus anderen Programmen wie Safari, Mail, Fotos oder Karten verschiedene Anhänge hinzufügen, indem Sie diese mit gedrückt gehaltener Maustaste auf die Notiz fallen lassen. Fotos oder Videos werden hierbei auch bei der Liste von Notizen in einer Miniaturvorschau angezeigt. Als

Anhänge können Sie zum Beispiel Bilder, Videos, Internetadressen, Audiodateien, Standardorte von Karten, Visitenkarten von Kontakten, PDFs, Dokumente aus Programmen wie TextEdit, Pages, Numbers, Keynote und noch einige mehr hinzufügen.

Das Zeichnen von Skizzen steht Ihnen in der App Notizen auf dem iPhone oder iPad zur Verfügung. Wenn Sie Notizen via iCloud verwalten, können Sie diese Skizzen im PNG-Bildformat natürlich auch auf dem Mac sehen und weiterverwenden.

9 Es gibt auch eine zweite Möglichkeit, Anhänge über das Teilen-Symbol hinzuzufügen, das in vielen Programmen zu finden ist. Um beispielsweise schnell eine Internetadresse aus Safari einer Notiz hinzuzufügen, müssen Sie auf die Teilen-Schaltfläche in Safari klicken und hier **Notizen** auswählen. Im folgenden Fenster können Sie noch einen Text hinzufügen und festlegen, in welcher Notiz diese Informationen hinzugefügt werden soll. Sie können auch eine neue Notiz anlegen.

HINWEIS

Notiz löschen

Eine Notiz können Sie jederzeit löschen, wenn Sie diese in der Liste auswählen und auf das Mülleimersymbol in der Symbolleiste klicken. Gleiches erreichen Sie auch mit der rechten Maustaste und dem Kontextmenü oder über das Menü **Bearbeiten** mit dem Befehl **Löschen** oder mit einem Tastendruck auf [←].

20.4.1 Wichtige Notizen oben halten

Wenn Sie viel mit Notizen arbeiten, dann kann es schon mal passieren, dass die eine oder andere Notiz immer weiter nach unten in der Liste wandert und Sie diese mit der Zeit aus den Augen verlieren. Sortiert wird in der Regel nach Notizen, die zuletzt bearbeitet wurden, von oben nach unten. Wollen Sie eine wichtige Notiz oben halten, wählen Sie diese Notiz in der Liste aus, klicken mit der rechten Maustaste darauf und verwenden aus dem Kontextmenü **Notiz anheften**. Denselben Befehl finden Sie auch im Menü **Ablage**.

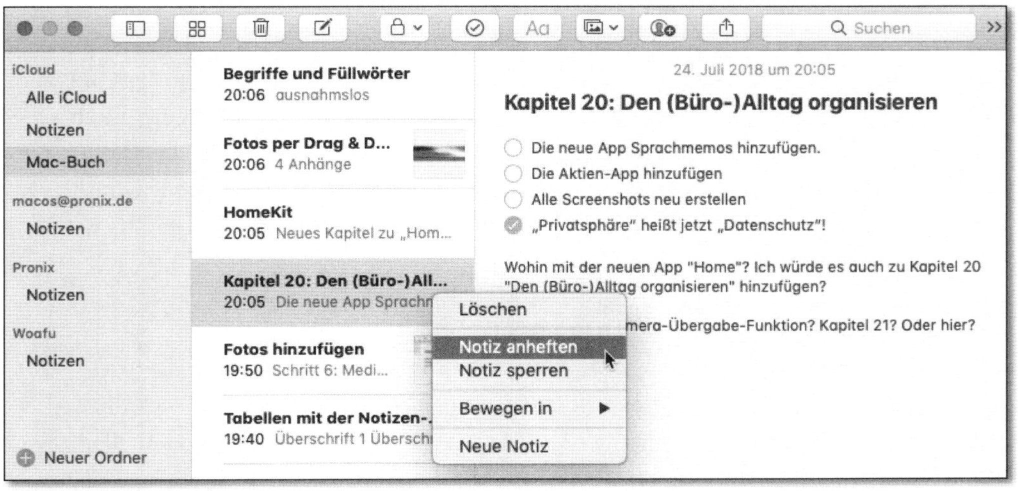

Abbildung 20.46 Der Befehl »Notiz anheften«

Wenn Sie den Befehl **Notiz anheften** gewählt haben, wird die Notiz nun oben festgehalten. Hierbei können Sie jederzeit weitere Notizen oben festhalten. Übertreiben Sie es aber nicht, weil sonst wieder die Übersicht verloren geht.

20

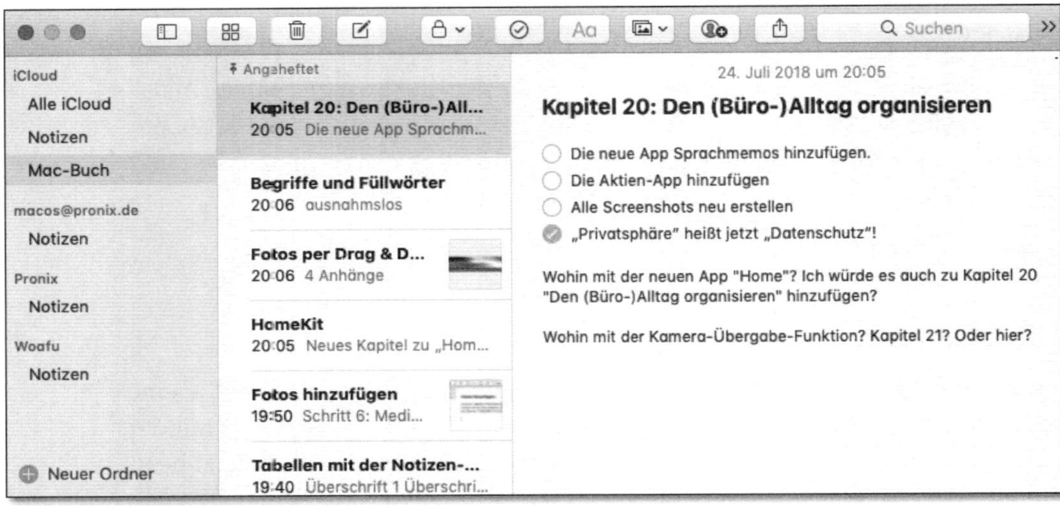

Abbildung 20.47 Wichtige Notizen oben halten

Wollen Sie eine gehaltene Notiz wieder lösen, müssen Sie diese in der Liste auswählen und per rechten Mausklick den Befehl **Notiz lösen** wählen. Denselben Befehl finden Sie auch im Menü **Ablage**.

Wenn Sie ein Trackpad besitzen, können Sie die Notiz auch halten und lösen, indem Sie mit dem Mauscursor auf eine entsprechende Notiz gehen und mit zwei Fingern nach rechts wischen. Je nachdem, ob eine Notiz bereits gehalten wird oder nicht, erscheint jetzt eine Pinnnadel mit **Halten** oder die durchgestrichene Pinnnadel mit **Lösen**, womit Sie durch Anklicken Entsprechendes auf diesem Weg tun können.

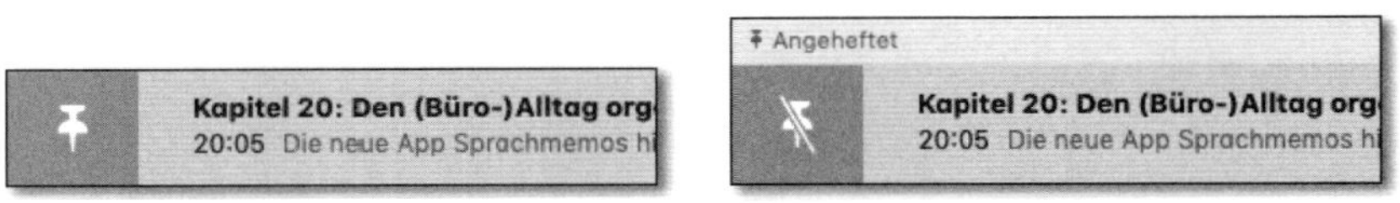

Abbildung 20.48 Mit dem Trackpad können Sie das »Halten« und »Lösen« von Notizen mit einer Geste erledigen.

20.4.2 Ordner und Notizen umsortieren

Die Reihenfolge der selbst erstellten Ordner in der Seitenleiste können Sie per Drag & Drop ändern, indem Sie einen Ordner auf den anderen fallen lassen. Herauslösen aus einer Gruppe können Sie einen Ordner wiederum, indem Sie ihn hoch über den Gruppenordner ziehen, wodurch eine symbolische Linie eingeblendet wird, die anzeigt, wo der Ordner eingefügt wird, sobald Sie die Maustaste loslassen.

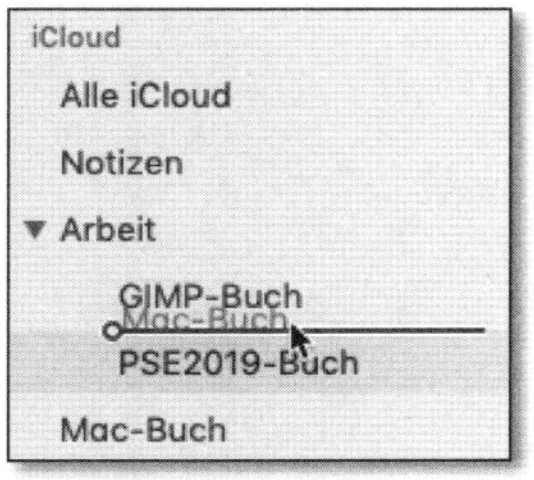

Abbildung 20.49 Ordner mit Notizen umsortieren

Auch die Notizen lassen sich jederzeit von einem Ordner in einen anderen verschieben, indem Sie die Notiz in der Liste mit gedrückt gehaltener Maustaste auf einen entsprechenden Ordner fallen lassen.

Abbildung 20.50 Notizen umsortieren

Wenn Sie extrem viele Notizen haben und nach einer bestimmten Notiz suchen, finden Sie rechts oben die Spotlight-Suche dafür.

20.4.3 Notiz weitergeben und teilen

Auch das Programm Notizen bietet die Möglichkeit, Notizen mit anderen Personen zu teilen.

20

1 Wählen Sie die Notiz aus, die Sie teilen wollen, und klicken Sie oben in der Symbolleiste auf das entsprechende Personensymbol.

2 Wählen Sie jetzt aus, wie die Einladung erfolgen soll. Im Beispiel wähle ich **Mail**.

3 Geben Sie jetzt den oder die Empfänger ein, und klicken Sie auf **Senden**.

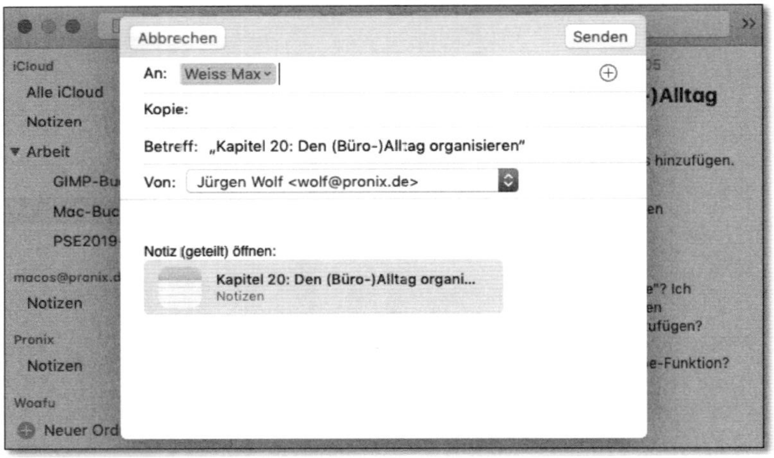

4 Bei geteilten Notizen wird ein kleines Symbol ❶ mit einer Person links neben der Notiz angezeigt, und beim Personensymbol in der Symbolleiste finden Sie ein Häkchen.

5 Klicken Sie das Personensymbol zum Teilen erneut an, finden Sie eine Übersicht, mit wem Sie diese Notiz teilen, und können noch weitere Personen über das Plussymbol hinzufügen. Bis eine eingeladene Person die Einladung akzeptiert, wird unterhalb ihres Namens **Eingeladen** angezeigt. Einzelne Personen können Sie über das runde Symbol mit den drei Punkten ❷ entfernen, das angezeigt wird, wenn Sie mit dem Mauscursor über der Person stehen. Das Teilen der Notiz komplett beenden können Sie über die entsprechende Schaltfläche **Teilen beenden**.

Abbildung 20.51 Verwalten Sie das Teilen von Notizen.

20.4.4 Eine Notiz mit einem Passwort schützen

Wichtige Notizen mit sensiblen Daten lassen Sie mit einem Passwort schützen. So kann nur derjenige die Notiz lesen, der auch im Besitz des Passwortes ist. Hier der Vorgang, wie Sie eine Notiz mit einem Passwort sperren können:

1 Wählen Sie die Notiz aus, die Sie mit einem Passwort sperren wollen. Klicken Sie auf das Schlosssymbol in der Symbolleiste, oder klicken Sie die zu sperrende Notiz mit der rechten Maustaste an, und wählen Sie **Notiz sperren**. Geteilte Notizen können allerdings nicht gesperrt werden.

2 Geben Sie jetzt zweimal das Passwort in den sich öffnenden Dialog ein, fügen Sie bei Bedarf eine Merkhilfe für das Passwort hinzu, und bestätigen Sie den Dialog. Das Passwort wird für alle (!) gesperrten Notizen verwendet. Sie können keine einzelnen Passwörter für einzelne Notizen festlegen.

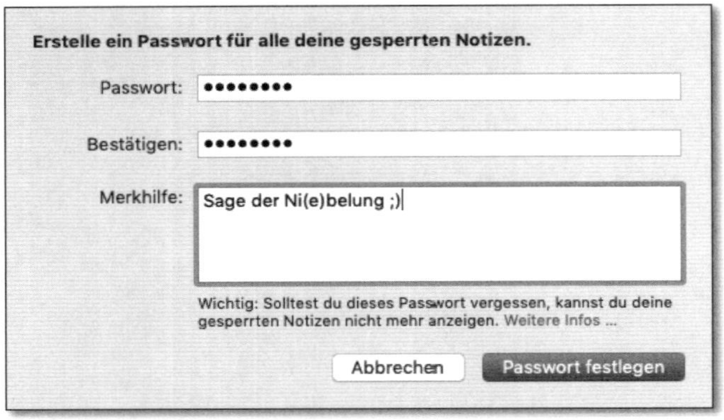

3 Nachdem Sie das Passwort für die Notiz festgelegt haben, können Sie es endgültig sperren, indem Sie das Schlosssymbol anklicken und **Alle gesperrten Notizen schließen** wählen.

4 Die gesperrten Notizen lassen sich jetzt nur noch mit einem Passwort im entsprechenden Eingabefeld anzeigen.

5 Weitere Notizen sperren Sie wiederum über das Schlosssymbol in der Symbolleiste, indem Sie den Befehl **Notiz sperren** auswählen, woraufhin Sie das in Schritt 2 erstellte Passwort verwenden müssen. Hierbei werden zunächst alle Notizen entsperrt, die Sie wiederum über das Schlosssymbol in der Symbolleiste mit **Alle gesperrten Notizen schließen** sperren können. Den Schutz für gesperrte Notizen können Sie über die Option **Schutz aufheben** komplett entfernen.

20.4.5 Notizen in der iCloud

Auch für das Programm Notizen ist die iCloud die Möglichkeit schlechthin, Notizen zwischen verschiedenen Geräten wie dem iPhone, iPad, anderen Macs oder über *iCloud.com* zu synchronisieren und vor allem jederzeit zu bearbeiten oder schnell eine neue Notiz für eine Idee hinzuzufügen. Wie immer gilt auch hier, dass alle anderen Geräte in der iCloud mit derselben Apple-ID angemeldet sein müssen und die iCloud-Funktion für **Notizen** in den **Systemeinstellungen** von **iCloud** aktiviert sein muss.

20.4.6 Notizen mit Siri

Das Hinzufügen von Notizen mit Siri ist auch möglich, wenn Sie das Siri-Symbol anklicken und einen Satz wie »Erstelle Notiz [Thema]« sagen. Um dann etwas der neu erstellten Notiz hinzuzufügen, sagen Sie beispielsweise: »Füge zur Notiz [Neuer Eintrag] hinzu.« Um nach einer Notiz zu suchen, können Sie sagen: »Zeige meine Notiz zu [Eintrag] an.«

20.5 Notizzettel

Neben den mächtigen Notizen gibt es im *Programme*-Verzeichnis auch noch die klassischen farbigen Notizzettel für den Schreibtisch des Macs. Ein solcher Notizzettel ist allerdings nur auf dem Mac gültig, auf dem dieser angelegt wird, weil dieses Programm keine iCloud-Anbindung hat.

Abbildung 20.52 Das Programm-Icon von Notizzettel

Eine neue Notiz legen Sie an, wenn Sie das Programm Notizzettel starten. Ansonsten können Sie weitere Notizen auf dem Schreibtisch über **Ablage ▸ Neue Notiz** bzw. [cmd] + [N] anlegen. Über einen rechten Mausklick in die Notiz und das Menü können Sie diesen Text auch formatieren bzw. den Notizzettel mit einer anderen Farbe versehen.

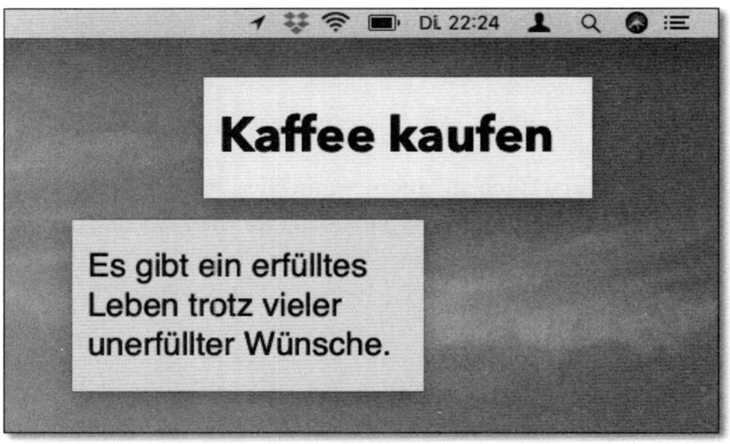

Abbildung 20.53 Anlegen eines neuen Notizzettels

Da das Programm Notizzettel nicht mit der iCloud zusammenarbeitet, es für dauerhafte Notizen mittlerweile das umfangreichere Programm Notizen gibt und ich für kurze Notizeinträge, um nichts zu vergessen, eher auf Erinnerungen zurückgreifen würde, hat es das Programm schwer, sich auf meinem Mac zu behaupten. Trotzdem gibt es hier eine Funktion für Notizzettel, die ich sehr gerne verwende, und zwar, um einen Notizzettel als Zwischenablage für Textauszüge aus Safari, Mail oder anderen Programmen zu nutzen. Im folgenden Beispiel wird das Vorgehen am Safari-Browser demonstriert, aber es lässt sich mit vielen anderen Programmen auch verwenden.

1 Über Safari haben Sie auf einer Webseite einen interessanten Textausschnitt gefunden, den Sie einem Notizzettel hinzufügen wollen. Markieren Sie die entsprechende Textstelle.

2 Drücken Sie jetzt ⇧ + cmd + Y, und schon wird für den markierten Text ein neuer Notizzettel angelegt und hinzugefügt. Den Befehl dazu finden Sie auch über das Menü **Safari ▸ Dienste ▸ Neuen Notizzettel** erstellen.

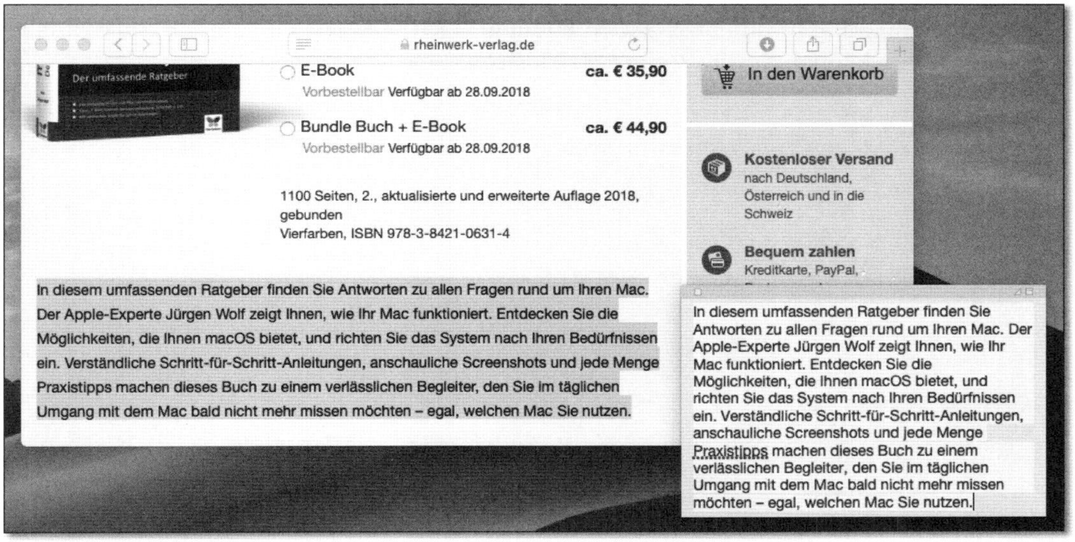

Ich finde diese Möglichkeit, einen vorhandenen Text aus verschiedenen Anwendungen als neuen Notizzettel zu speichern, sehr praktisch, um verschiedene Textstellen zu sammeln und diese später zu verarbeiten. Das funktioniert nicht nur mit Text. Auch Bilder können markiert, auf einem neuen Notizzettel angelegt und hinzugefügt werden.

20.6 Routen und Reisen mit Karten planen

Eine weitere tolle Anwendung, die jedem Mac und den mobilen Apple-Geräten beiliegt, ist das Programm Karten.

Abbildung 20.54 Das Programm-Icon für das Karten-Programm

Die Oberfläche des Programms Karten ist sehr übersichtlich gehalten. In das Suchfeld ganz oben können Sie einen Ort eingeben, der darunter in der Karte mit [↵] angezeigt wird. Die Karte selbst können Sie mit gedrückter Maustaste verschieben oder mit einem Doppelklick tiefer hineinzoomen. Komfortabler geht dies mit einem Trackpad, wo Sie mit den Fingern ein- und auszoomen können. Auch über die Plus- und Minussymbole rechts unten können Sie die Zoomstufe einstellen.

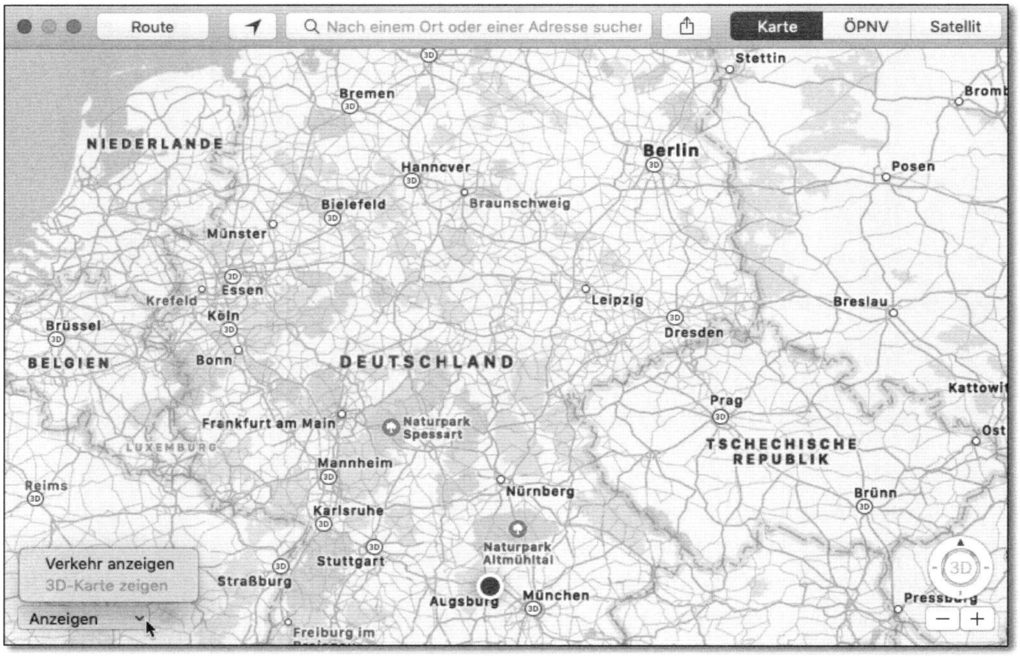

Abbildung 20.55 Die Oberfläche des Karten-Programms

Mit dem Kompass drehen Sie die Darstellung der Karte. Doppelklicken Sie den Kompass an, richten Sie die Karte wieder in Richtung Norden aus. Rechts oben können Sie zwischen der Kartendarstellung, dem Wegenetz der öffentlichen Verkehrsmittel (ÖPNV) oder einer Satellitendarstellung wählen. Links unten in der Dropdown-Liste **Anzeigen** wählen Sie, ob aktuelle Verkehrsinformationen angezeigt werden sollen.

Ein tolles Feature ist die 3D-Darstellung, die Sie über den Text **3D** auf dem Kompass durch Kippen des 3D-Symbols verwenden können. Die gleiche Einstellung (**3D-Karte zeigen**) aktivieren Sie über das Dropdown-Menü **Anzeigen** links unten bzw. mit cmd + 0. Die 3D-Ansicht ist allerdings nur für ausgewählte Städte verfügbar.

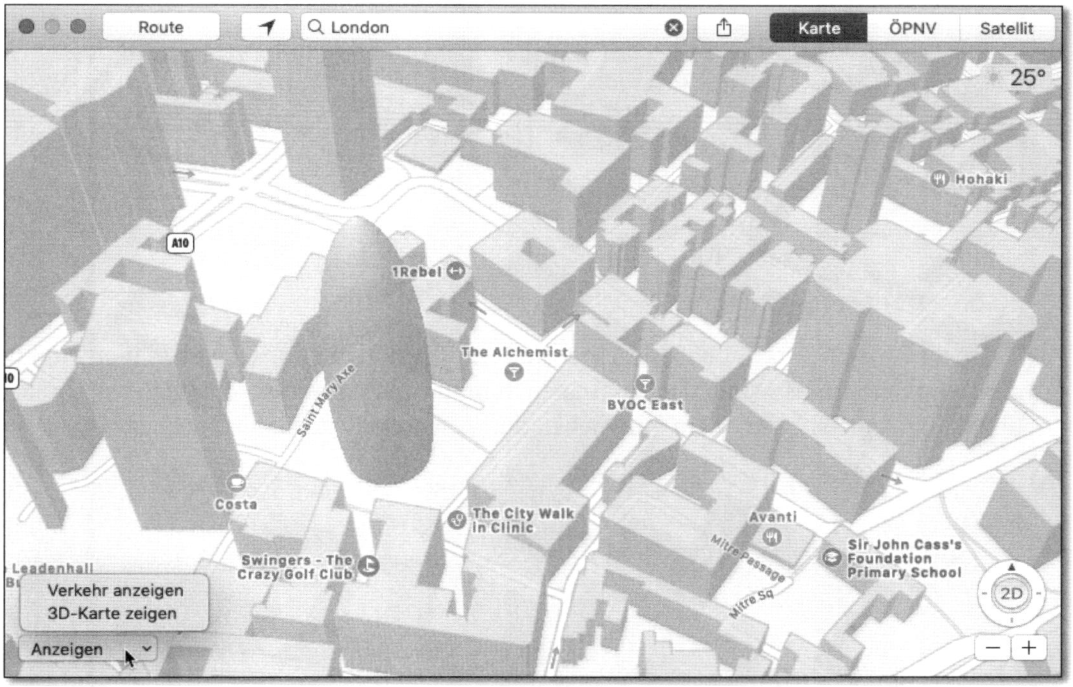

Abbildung 20.56 Für einige Städte gibt es auch eine 3D-Darstellung.

Auch dieses Programm arbeitet über die Data-Detector-Funktion perfekt mit den Programmen Mail, Kontakte, Kalender, Erinnerungen und Notizen bei der Planung von Routen und Reisen zusammen. Diese Funktion haben Sie bereits im Zusammenhang mit Mail, Kalender und Kontakte kennengelernt.

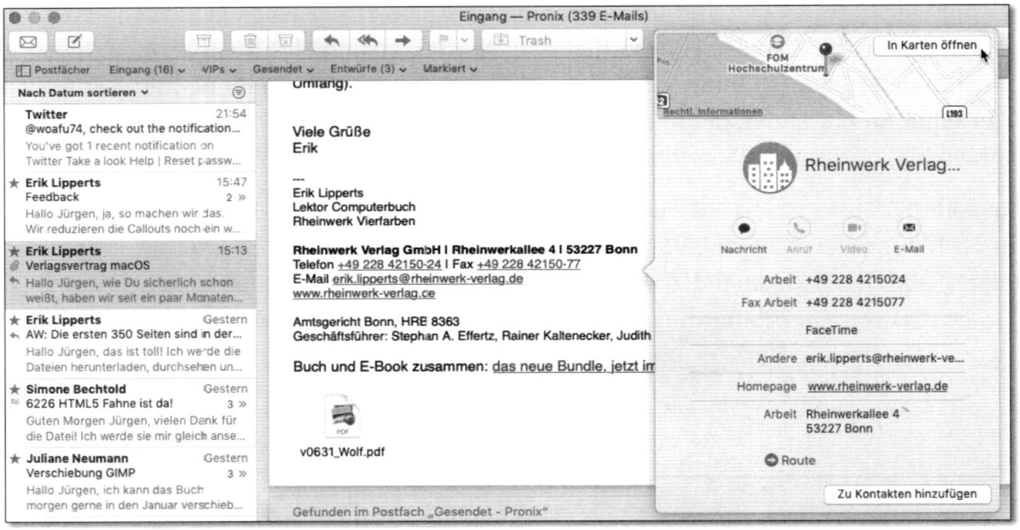

Abbildung 20.57 Der Data Detector versucht bei Orten immer, das Karten-Programm einzubinden.

20.6.1 Der eigene Standort

Wenn Sie Karten gestartet haben, sehen Sie vermutlich in der Karte einen blauen Punkt, der Ihren Standort darstellt. Den aktuellen Standort auf der Karte können Sie sich auch über die Schaltfläche mit dem Pfeil neben dem Suchfeld anzeigen lassen.

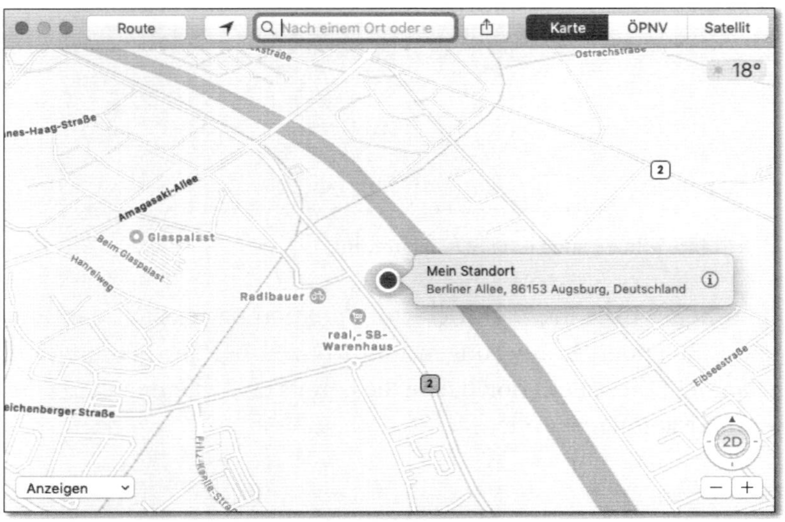

Abbildung 20.58 Den aktuellen Standort einblenden lassen

Ob Ihr Standort hier eingeblendet wird, hängt davon ab, ob Sie die Ortungsdienste für Karten aktiviert haben und ein aktives WLAN verwenden. Den **Ortungsdienst** finden Sie in den **Systemeinstellungen** von **Sicherheit** im Register **Datenschutz** als ersten Eintrag links oben. Hier können Sie auch gleich die Ortungsdienste für andere Programme (de-) aktivieren.

Abbildung 20.59 Den Ortungsdienst in den Systemeinstellungen (de-)aktivieren

20.6.2 Eine Route planen

An dieser Stelle soll gleich erwähnt werden, dass es verschiedene Wege gibt, eine Route zu planen. Der hier gezeigte Weg stellt somit nicht die ultimative Lösung dar und entspricht nur meiner Art, ans Ziel zu gelangen.

1 Wollen Sie die Adresse manuell eingeben, starten Sie das Programm Karten, geben Sie in das Suchfeld die gewünschte Adresse ein, und bestätigen Sie mit [↵]. Wurde der Ort gefunden, wird er jetzt mit einer Stecknadel angezeigt.

Optional zum eben erwähnten Weg können Sie die Adresse des Ortes, den Sie besuchen wollen, auch über andere Programme wie Mail oder das Adressbuch auswählen. Mithilfe des Data Detectors in Mail können Sie beispielsweise mit dem Mauscursor über einer Adresse verweilen und im grauen Rahmen das kleine Pfeil-nach-unten-Symbol anklicken. Im sich öffnenden Schwebefenster können Sie dann oben rechts **In Karten öffnen** anklicken. Ähnlich können Sie auch beim Kontakte-Programm vorgehen, wo Sie das kleine Stecknadelsymbol in der Adresse anklicken müssen, um die Adresse in Karten zu öffnen. Auch hier wird der Ort mit einer Stecknadel angezeigt.

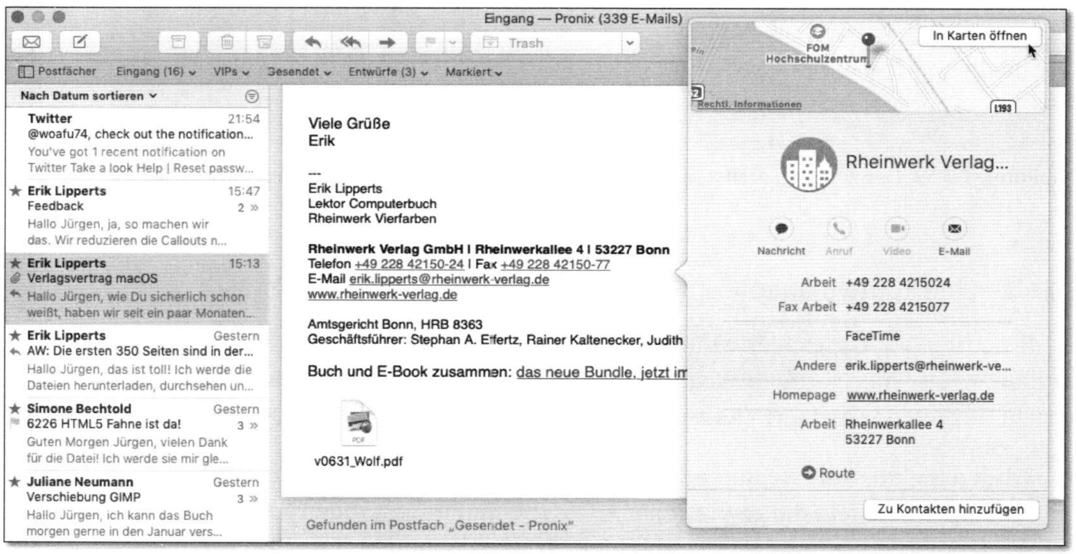

2 Klicken Sie in Karten auf die Stecknadel und dann auf das **i**-Symbol am Ende der Stecknadel. Daraufhin finden Sie eine Schaltfläche **Route (xx Min. mit dem Auto)**. Klicken Sie diese Schaltfläche an.

3 Jetzt wird die Seitenleiste eingeblendet, die auch manuell mit der Schaltfläche **Route** ein-/ausgeblendet werden kann. Ist der Ortungsdienst aktiv, sollte gleich bei **Start** ❶ **Mein Standort** angegeben sein, und in der Karte wird bereits eine entsprechende Route angezeigt. Bei **Ziel** hingegen steht der in Schritt 1 eingegebene oder ausgewählte Ort. Wenn Sie den Ortungsdienst deaktiviert haben oder gar nicht den aktuellen Standort als Startadresse verwenden wollen, klicken Sie auf das **x** am Ende der Texteingabe, und geben Sie die Startadresse manuell ein. Genauso können Sie jederzeit das Ziel ändern. Wollen Sie den Start- und Endpunkt tauschen, müssen Sie auf das Symbol ❷ rechts daneben klicken.

4 Als weitere Einstellungen können Sie hier noch wählen, ob Sie die Route mit dem Auto fahren, zu Fuß gehen oder die öffentlichen Verkehrsmittel verwenden wollen.

5 Werden mehrere Routen gefunden, können Sie eine entsprechende Route in der Seitenleiste wählen, indem Sie auf **Details** klicken. Haben Sie eine Route ausgewählt und wollen eine andere Route probieren, klicken Sie auf der Karte auf eine entsprechende Route, deren Streckenverlauf hellblau ist, oder klicken Sie auf die entsprechende Zeitangabe auf der Karte. Alternativ können Sie erneut auf **Details** klicken, um den Inhalt der angezeigten Route wieder einzuklappen, und die **Details** einer anderen Route aufklappen.

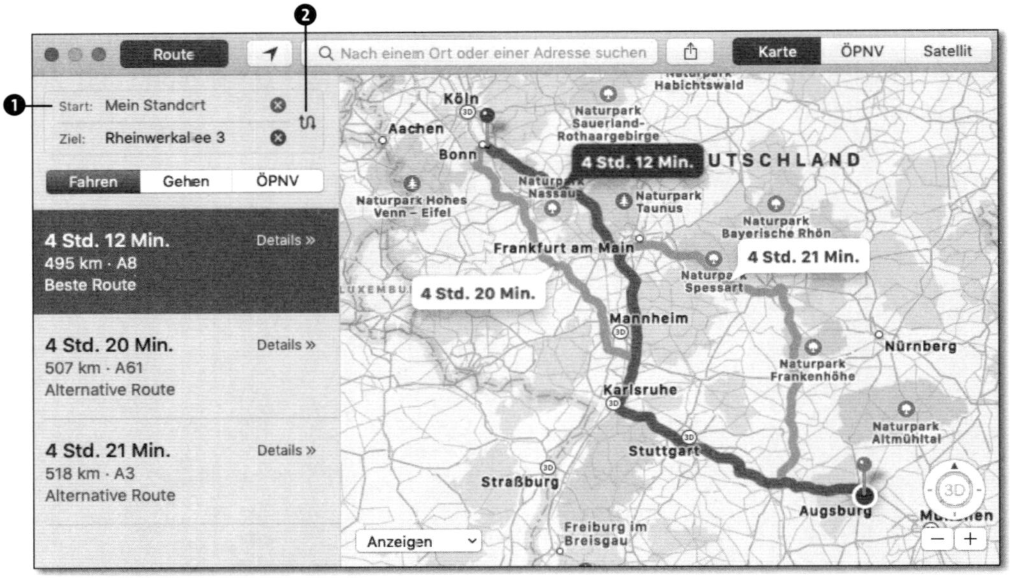

6 Für den Fall, dass Sie mit dem Auto fahren wollen, ist es sehr nützlich, links unten im Auswahlmenü **Anzeigen** die Option **Verkehr anzeigen** auszuwählen. Daraufhin zeigt das Karten-Programm einen dichten Verkehr und Stau mit orangefarbenen bzw. roten markierten Linien an. Auch Straßenabsperrungen und Baustellen werden mit entsprechenden Symbolen angezeigt.

20.6.3 Routenplanung weitergeben

Im letzten Abschnitt haben Sie eine Möglichkeit gesehen, wie Sie eine Route mit Karten auf dem Mac planen können. In der Praxis dürften Sie diese Route dann allerdings auch unterwegs verwenden wollen. Meine bevorzugte Vorgehensweise ist, die Routenplanung an mein iPhone oder iPad weiterzuleiten.

1 Erstellen Sie Ihre komplette Route im Karten-Programm am Mac, und klicken Sie dann auf die Teilen-Schaltfläche. Hier sollten Sie auch gleich Ihre Geräte vorfinden, die mit derselben Apple-ID angemeldet sind. Ich wähle hier **An iPhone von Juergen senden** aus. Über die Schaltfläche **Teilen** finden Sie wie gewöhnlich noch viele weitere Möglichkeiten, die geplante Route weiterzugeben.

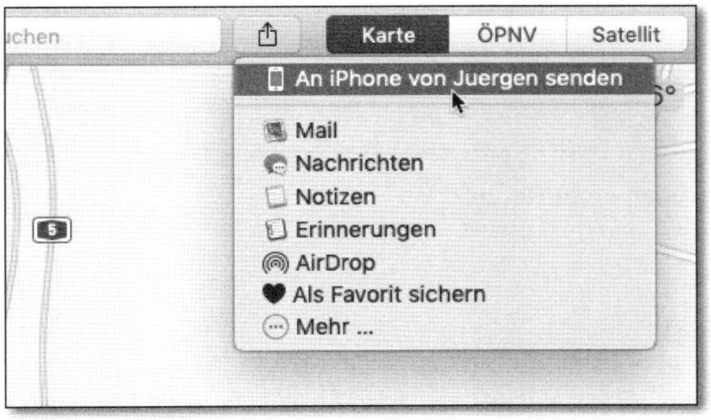

2 Abhängig davon, wie Sie die Mitteilungszentrale auf dem iPhone oder iPad eingestellt haben, erscheint auf dem Gerät ein Hinweis oder Banner. Tippen Sie darauf, wechseln Sie zur Karten-App, und starten Sie Ihre Route.

Eine weitere gängige Möglichkeit, wenn Sie die Route nicht in digitaler Form haben wollen oder können, sondern auf Papier, ist, diese Planung über **Ablage ▸ Drucken** bzw. [cmd] + [P] an den Drucker zu senden und ausdrucken zu lassen. Klicken Sie im Drucken-Dialog auf **Details einblenden**, finden Sie die Option **Karte für jeden Richtungswechsel drucken**. Es lohnt sich, sie mit auszudrucken, weil Sie hierdurch eine bessere visuelle Übersicht über die einzelnen Richtungswechsel erhalten.

Wenn Sie keinen Drucker haben, können Sie den Routenplan auch als PDF-Dokument speichern und weitergeben. Sie finden diese Option über **Ablage ▸ Als PDF exportieren**. Hier finden Sie auch die Schaltfläche **Details einblenden**, um die Richtungswechsel mit in die PDF-Datei zu exportieren.

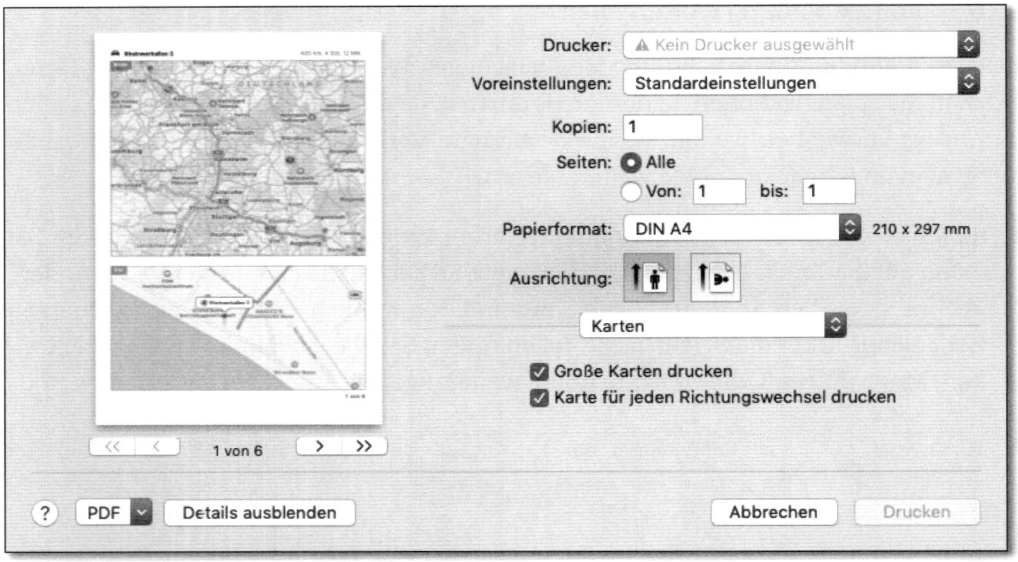

Abbildung 20.60 Der Dialog zum Ausdrucken einer Route

20.6.4 Öffentliche Verkehrsmittel

Die Funktion, das Wegenetz der öffentlichen Verkehrsmittel (in Karten: **ÖPNV**) anzuzeigen, ist eine tolle Idee, aber leider noch nicht massentauglich. In Deutschland ist lediglich Berlin vorhanden, und auch weltweit sieht die Unterstützung nicht viel besser aus (abgesehen von den USA, wo mehrere Städte unterstützt werden).

So werden Sie nach wie vor auf andere Anwendungen, wie beispielsweise Google Maps, angewiesen sein, wenn Sie öffentliche Verkehrsmittel für Ihre Routenplanung verwenden wollen und Ihre Stadt nicht unterstützt wird.

20.6.5 Favoriten anlegen und verwalten

Wenn Sie bestimmte Orte als Favoriten anlegen wollen, klicken Sie auf das Stecknadelsymbol in der Karte und dann auf **i**. Oben finden Sie ein Symbol mit Herz, das beim Anklicken ausgefüllt und den Favoriten hinzugefügt wird.

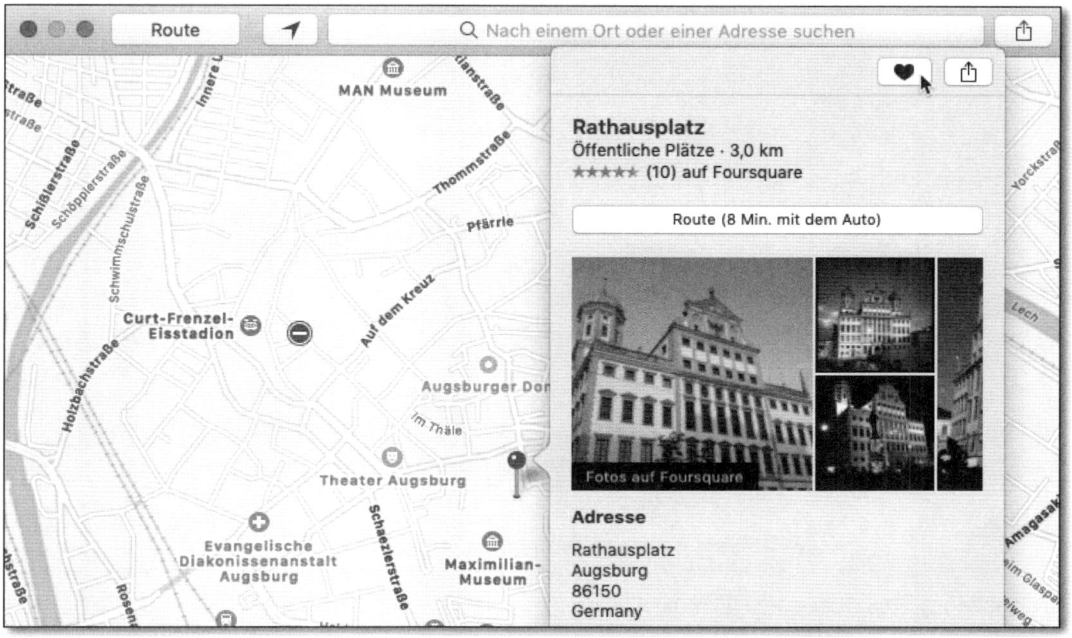

Abbildung 20.61 Orte den Favoriten hinzufügen

Eine geplante Route lässt sich ebenfalls den Favoriten hinzufügen, wenn Sie nach abgeschlossener Planung den Menübefehl **Bearbeiten ▸ Als Favorit sichern** wählen bzw. cmd + D drücken.

Die Übersicht über die Favoriten erhalten Sie, wenn Sie auf das Lupensymbol in der Suchleiste klicken und dann **Favoriten** auswählen. Einzelne Orte werden in der Karte mit einer Stecknadel angezeigt und geplante Routen mit einem Auto oder Fußgänger als Symbol, je nachdem, was Sie bei der Routenplanung verwendet haben. Diese Orte oder Routen können Sie durch Anklicken auswählen und verwenden. Das ist praktisch, wenn Sie eine Reise mit verschiedenen Routen vorausgeplant haben. In der Seitenleiste finden Sie unter **Zuletzt benutzt** die zuletzt gesuchten Orte und Routen oder können über **Alle Kontakte** einzelne Adressen aus dem Adressbuch auswählen.

Klicken Sie auf die Schaltfläche **Bearbeiten**, können Sie einzelne gespeicherte Favoriten über das **x**-Symbol löschen.

Abbildung 20.62 Übersicht über die Favoriten

20.6.6 Routenplanung mit Siri

Die Routenplanung mit Siri führen Sie durch, indem Sie das Siri-Symbol anklicken und zum Beispiel sagen: »Zeige mir den Weg zu [Name].« Siri öffnet das Karten-Programm und zeigt eine Routenplanung zur besagten Person. Voraussetzung dafür ist natürlich, dass sich die Adresse der Person im Adressbuch befindet. Sie können Siri aber auch im Internet nach einer Adresse suchen lassen und sagen: »Zeige mir den Weg zum Rheinwerk Verlag in Bonn«, worauf Siri nach einer entsprechenden Adresse im Internet sucht und diese dann mit dem Programm Karten verwendet, um die Route zu planen. Sind Sie zu Fuß unterwegs, können Sie auch fragen: »Zeig mir den Fußweg zum nächsten Supermarkt.«

Sie können natürlich auch ganz einfache Abfragen machen wie: »Wo liegt die Münchner Frauenkirche?« – »Wo ist der nächste Supermarkt?« – »Wo ist ein Café in Augsburg?«

20.7 Den Taschenrechner verwenden

Auch wenn es nur ein kleines Programm ist, so ist der Taschenrechner doch eine unverzichtbare Funktion, die man im privaten wie auch im geschäftlichen Alltag immer wieder benötigt. Den Taschenrechner finden Sie im *Programme*-Verzeichnis unter dem Namen *Rechner*.

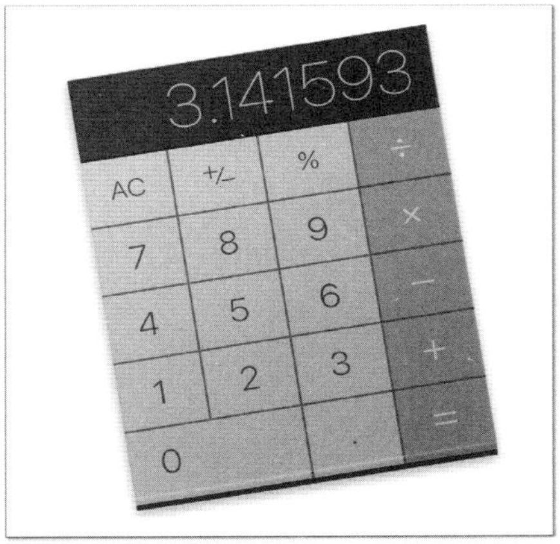

Abbildung 20.63 Das Programm-Icon des Taschenrechners

Der Rechner bietet neben dem Standardmodus noch einen wissenschaftlichen und einen Programmierer-Modus. Sie können den Modus im Menü **Darstellung** oder mit `cmd` + `1` für **Standard**, `cmd` + `2` für **Wissenschaftlich** und `cmd` + `3` für **Programmierer** wechseln.

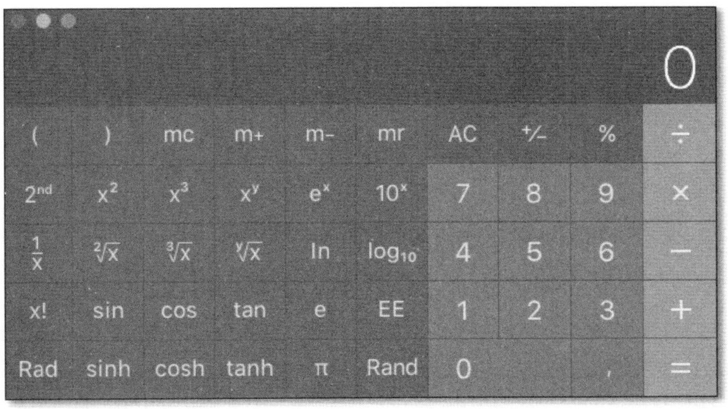

Abbildung 20.64 Der Rechner bietet drei verschiedene Modi an (hier »Wissenschaftlich«).

Dem nicht genug, bietet der Rechner über das Menü **Umrechnen** noch viele weitere Funktionen, um bestimmte Einheiten oder Währungen umzurechnen. Hierbei müssen Sie zunächst den Wert im Taschenrechner eingeben und dann über das Menü **Umrechnen** wählen, in was Sie den Wert umrechnen wollen.

20

20.8 Das Lexikon zum Nachschlagen verwenden

Hilfreich für den Alltag zum Nachschlagen von Wörtern und Begriffen ist das Lexikon im *Programme*-Verzeichnis. Hier haben Sie Zugriff auf viele Wissensquellen, wie beispielsweise das Duden-Wissensnetz deutsche Sprache, Wikipedia, Apple Lexikon oder Oxford German Dictionary. Allerdings können Sie diese Datenbank auch um weitere Wissensquellen aus dem Internet erweitern.

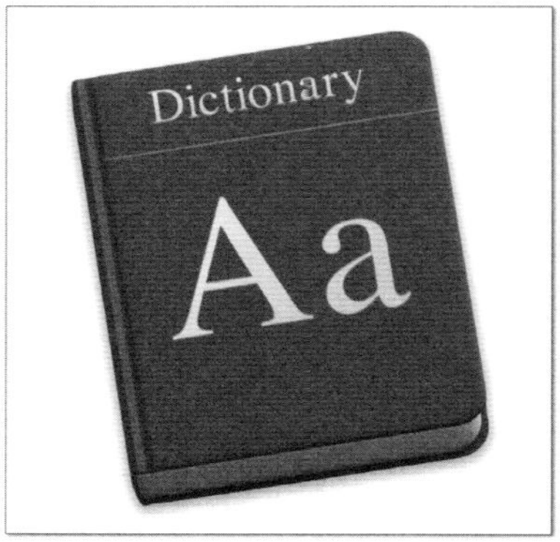

Abbildung 20.65 Das Programm-Icon von Lexikon

TIPP

Lexikon erweitern

Eine gute Anlaufstelle zum Erweitern des Lexikons finden Sie auf der Webseite *www.tekl.de/deutsch/Lexikon-Plugins.html*. Häufig werden die Erweiterungen im PKG- oder DMG-Format angeboten, und in der Regel müssen Sie nur den Anweisungen auf dem Bildschirm bei der Installation folgen. Die Erweiterungen werden gewöhnlich in das persönliche Benutzerheimatverzeichnis nach */Library/Dictionaries* kopiert und müssen dann in der Regel über **Lexikon ▶ Einstellungen** aktiviert werden.

Die Verwendung von Lexikon ist einfach. Wenn Sie das Programm gestartet haben, geben Sie in die Spotlight-Suchleiste Wörter oder Begriffe ein, die Sie nachschlagen wollen. Über die Reiter ❶ wählen Sie aus, in welchen Wissensquellen Sie suchen wollen. Links in der Seitenleiste bekommen Sie daraufhin eine Übersicht über die Funde, aus denen Sie wählen können, und im rechten Bereich befindet sich der Inhalt zum ausgewählten Wort.

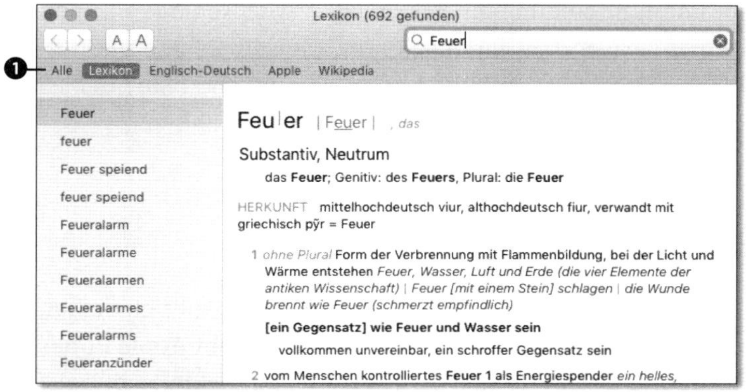

Abbildung 20.66 Die Suche mit Lexikon gestaltet sich sehr einfach und übersichtlich.

Das Nachschlagen im Lexikon steht auch als Dienst in den meisten Programmen zur Verfügung. Markieren Sie beispielsweise ein Wort in Safari, und klicken Sie rechts, finden Sie im Kontextmenü den Befehl **[Wort nachschlagen]** oder nur **Nachschlagen**. Wählen Sie den Befehl, wird das Wort gelb hinterlegt, und es erscheint ein schwebendes Fenster mit dem Lexikon-Eintrag zum markierten Wort. Für weitere Informationen zum Wort müssen Sie den entsprechenden Lexikon-Eintrag anklicken. Klicken Sie außerhalb des schwebenden Fensters, beenden Sie das Nachschlagen wieder.

Abbildung 20.67 Das Nachschlagen im Lexikon steht in vielen Programmen als Dienst zur Verfügung.

Wenn Sie ein Trackpad haben, können Sie auch eine Geste zum Nachschlagen in den **Systemeinstellungen** von **Trackpad** verwenden, indem Sie im Register **Zeigen und Klicken** ein Häkchen vor **Nachschlagen & Datenerkennung** setzen. Jetzt können Sie mit drei Fingern auf ein markiertes Wort tippen, und es wird im Lexikon nachgeschlagen.

20.9 Bücher mit Apple Books lesen

Gerade auf dem iPad ist der E-Book-Reader Apple Books relativ beliebt, weil sich dessen Displaygröße perfekt eignet, um E-Books zu lesen. Auch auf dem Mac steht Apple Books zum Lesen von E-Books zur Verfügung. Standardmäßig finden Sie Apple Books im Dock und ansonsten im *Programme*-Verzeichnis.

Abbildung 20.68 Programm-Icon von Apple Books

Wenn Sie das Programm starten, werden Sie von einem Startbildschirm mit Informationen begrüßt, in dem Sie zunächst auf die Schaltfläche **Beginnen** klicken. Daraufhin erscheint ein Dialogfenster, in dem Sie sich mit Ihrer Apple-ID bei Apple Books anmelden können.

Abbildung 20.69 Das Anmelden mit Ihrer Apple-ID ist nötig für Apple Books.

Falls Sie bereits E-Books auf mobilen Geräten mit derselben Apple-ID gekauft und eine Sammlung dort angelegt haben, stehen Ihnen dank der iCloud auch beim Mac alle Inhalte in der gleichen Weise wie auf den mobilen Geräten zur Verfügung. Hierbei synchronisiert iCloud nicht nur die Einkäufe, sondern auch den jeweiligen Zustand der Bücher. Dazu gehört zum Beispiel auch, wo Sie mit dem Lesen aufgehört haben, Lesezeichen, Notizen oder Markierungen.

20.9.1 Bücher im Book Store kaufen

Zum Kaufen von Büchern gelangen Sie über die Schaltfläche **Book Store** in der Symbolleiste links oben. Wer bereits den App Store oder iTunes Store kennt, für den wird der Book Store keine großen Überraschungen beinhalten. Hier finden Sie redaktionell aufbereitete Übersichten wie Neuerscheinungen oder Bestseller vor. Sie können in verschiedenen Kategorien stöbern oder die Suchfunktion nutzen.

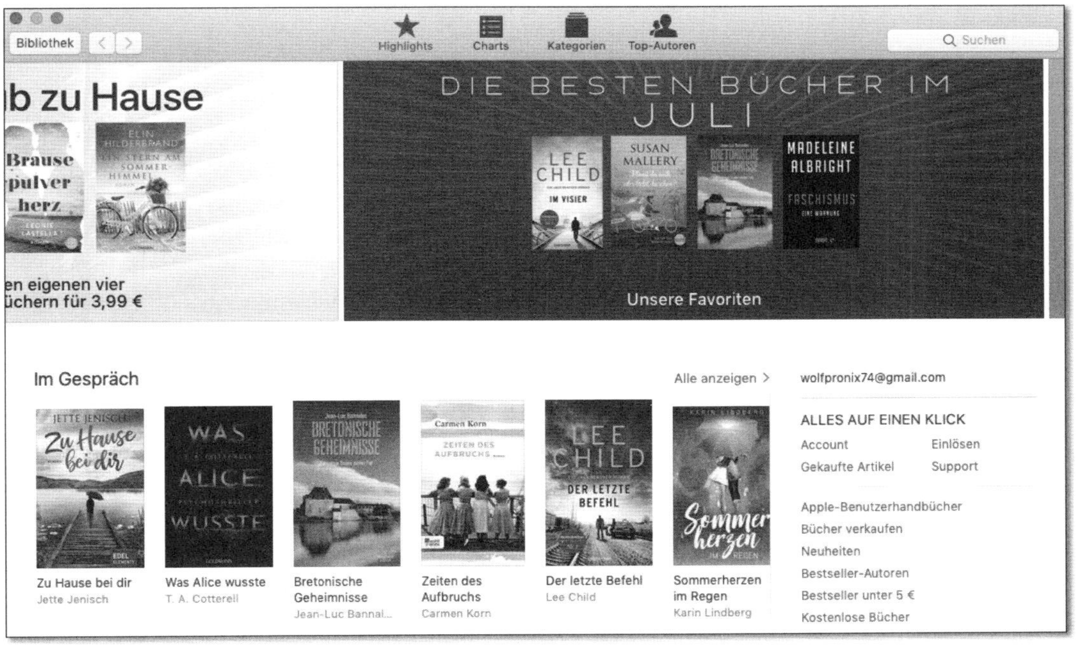

Abbildung 20.70 Der Book Store bei der Ausführung

Wollen Sie mehr zu einem Buch erfahren, klicken Sie es an. Neben der Möglichkeit, das Buch komplett zu laden/kaufen, können Sie sich hier über die Schaltfläche **Auszug laden** eine Leseprobe herunterladen.

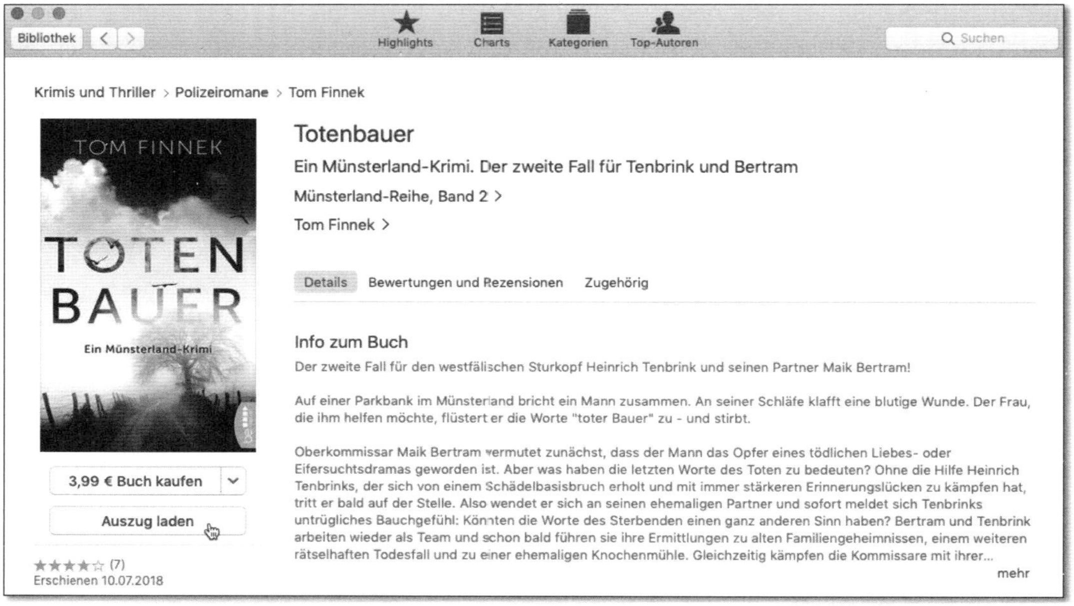

Abbildung 20.71 Fast alle Titel im Book Store bieten Leseproben zum Herunterladen an.

HINWEIS

Bezahlen im Book Store

Auch das Einrichten eines Kontos für die Bezahlung im Book Store funktioniert genauso, wie dies bereits für den App Store in Abschnitt 18.1, »Bezahlen im App Store und in iTunes«, beschrieben wurde. Wenn Sie im besagten Abschnitt bereits Ihre Zahlungsdaten angegeben haben, können Sie im Book Store direkt anfangen, Bücher zu kaufen. Es gibt aber auch eine Menge kostenloser Bücher, die im Book Store angeboten werden.

Vom Book Store zurück zu Ihrer Bibliothek gelangen Sie über die Schaltfläche **Bibliothek**, wo Sie Ihre bereits erworbenen Bücher lesen und verwalten können.

Neu heruntergeladene und noch nicht geöffnete Bücher erkennen Sie am **Neu**-Label rechts oben in der Ecke des entsprechenden Buches. Auszüge eines Buches werden ebenfalls gesondert in der Ecke rechts oben mit **Auszug** benannt. Ein Wolkensymbol in der Ecke rechts oben hingegen bedeutet, dass Sie dieses Buch bereits gekauft haben, es sich aber nicht auf dem Rechner, sondern nur auf der iCloud befindet. Klicken Sie das Wolkensymbol an, wird das Buch auf den Rechner heruntergeladen.

Abbildung 20.72 Verschiedene Symbole und ihre Bedeutung in der Bibliothek

20.9.2 Bücher lesen

Um ein E-Book oder einen Auszug davon in Apple Books zu lesen, müssen Sie in der Bibliothek auf das Cover doppelklicken. Apple Books öffnet das E-Book und zeigt immer die zuletzt aufgeschlagene Seite an. Fangen Sie gerade mit dem Lesen eines E-Books an, wird die erste Seite aufgeschlagen. Zum Blättern in einem E-Book können Sie entweder mit dem Mauszeiger rechts oder links am Seitenrand das entsprechende Pfeilsymbol ❶ zum Umblättern anklicken. Oder Sie navigieren über den Scrollbalken unten auf der Seite durch das Buch.

Wer ein Trackpad verwendet, kann über das Wischen mit zwei Fingern nach rechts oder links im Buch umblättern. Am unteren Fensterrand sind die Seitenzahlen angegeben. Auf der rechten Seite wird die noch verbleibende Seitenzahl im Kapitel angezeigt. Sind Sie beispielsweise über das Inhaltsverzeichnis oder einen Querverweis auf eine bestimmte Seite des Buches gesprungen, wird links unten **Zurück zu xx** angezeigt. Nach einem Klick darauf kehren Sie wieder zu der Seite zurück, von der Sie gekommen sind.

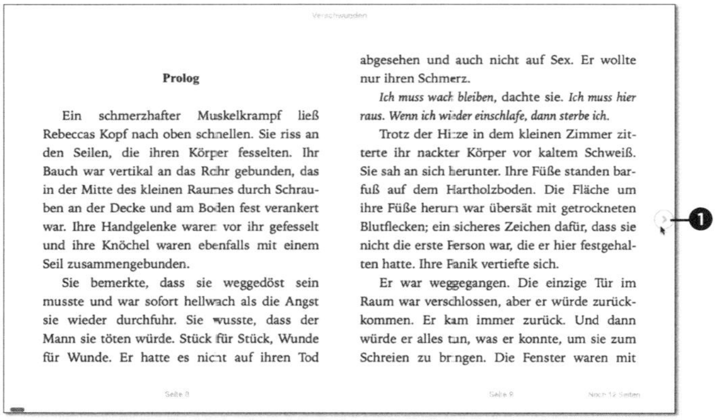

Abbildung 20.73 Lesen von Büchern mit Apple Books

HINWEIS

Ansichtsoptionen

Im Menü **Darstellung** können Sie die Ansicht anpassen. Hierbei können Sie beispielsweise einstellen, ob Sie statt der Doppelseitendarstellung lieber die Einzelseitendarstellung verwenden wollen. Aber auch der Vollbildmodus bietet sich hier gleich für ein ungestörtes Lesen an. Diesen können Sie selbstverständlich auch hier über die grüne Schaltfläche links oben vom Fenster aktivieren.

Über die Schaltfläche **Erscheinungsbild** ❷ wählen Sie die Größe des Textes, die Schriftart und eine Kombination aus Hintergrund- und Textfarbe aus. Zurück zur Bibliothek mit Ihren Büchern gelangen Sie wieder über das Buchsymbol links oben.

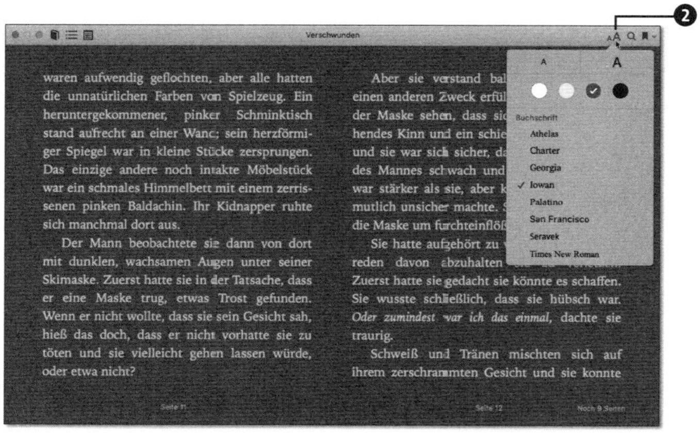

Abbildung 20.74 Das Erscheinungsbild anpassen

20.9.3 Text markieren und Notizen hinzufügen

Ein Vorteil des Digitalformats gegenüber der Papierform ist, dass Sie E-Books beliebig bearbeiten können. So können Sie in E-Books einen Text markieren oder eigene Kommentare anbringen. Gerade für Schüler, Studenten oder zu Recherchezwecken ist dies sehr effizient und zeitsparend, weil Sie in elektronischer Form diese gesondert ausgezeichneten Textstellen und Notizen schneller wiederfinden. Hier der Vorgang, um einen Text zu markieren:

1. Markieren Sie den entsprechenden Text, den Sie farblich hervorheben wollen, mit gedrückt gehaltener Maustaste.
2. Wählen Sie im automatisch erscheinenden Kontextmenü die gewünschte Farbe oder Art der Markierung.
3. Fertig! Schon haben Sie eine Textstelle markiert.

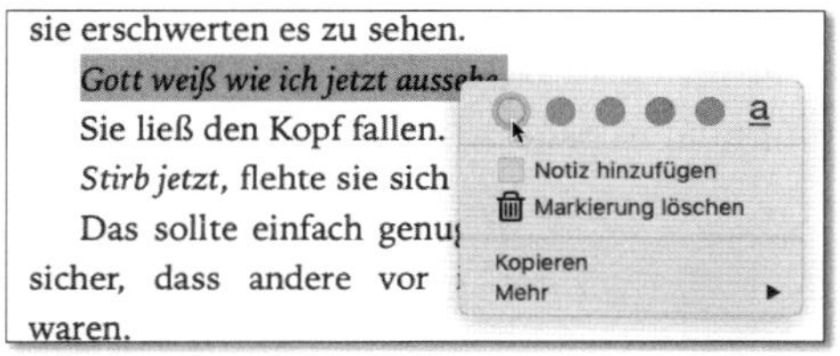

Auf dieselbe Art und Weise, wie Sie einen Text markieren, legen Sie eine Notiz zum Text an. Nur wählen Sie hier im Kontextmenü **Notiz hinzufügen** aus und geben dann Ihre Notiz für die ausgewählte Textstelle ein. Die Textstelle mit einer Notiz wird ebenfalls farblich markiert und zusätzlich noch mit einem kleinen minimierten Quadrat am Ende der Zeile angezeigt. Klicken Sie das minimierte Quadrat an, wird wieder die Notiz angezeigt.

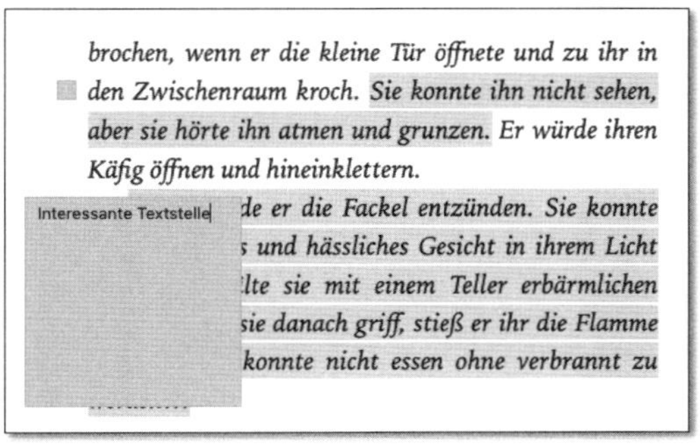

Abbildung 20.75 Eine Notiz zum Buch hinzufügen

Die Farbe einer Markierung oder Notiz ändern Sie mit einem rechten Mausklick und der Wahl einer anderen Farbe. Eine Markierung oder eine Notiz löschen Sie, indem Sie diese mit der rechten Maustaste anklicken und im Kontextmenü **Markierung löschen** bzw. **Notiz entfernen** wählen.

HINWEIS

Mehr Optionen

Via rechten Mausklick auf ein Wort oder einen markierten Text rufen Sie im Kontextmenü über das Untermenü **Mehr** noch weitere Möglichkeiten zur Recherche bzw. Veröffentlichung des markierten Textes auf. Hier finden Sie außerdem eine Sprachausgabe für den markierten Text. Mit einem Doppelklick auf einen markierten Text schlagen Sie im Lexikon nach.

Natürlich bietet Apple Books über die Schaltfläche **Notizen** ❶ in der Symbolleiste eine Möglichkeit an, alle vorhandenen Markierungen und Notizen am linken Fensterrand in der Seitenleiste einzublenden. In den Markierungen und Notizen selbst wiederum können Sie dann über das Eingabefeld mit dem Lupensymbol suchen.

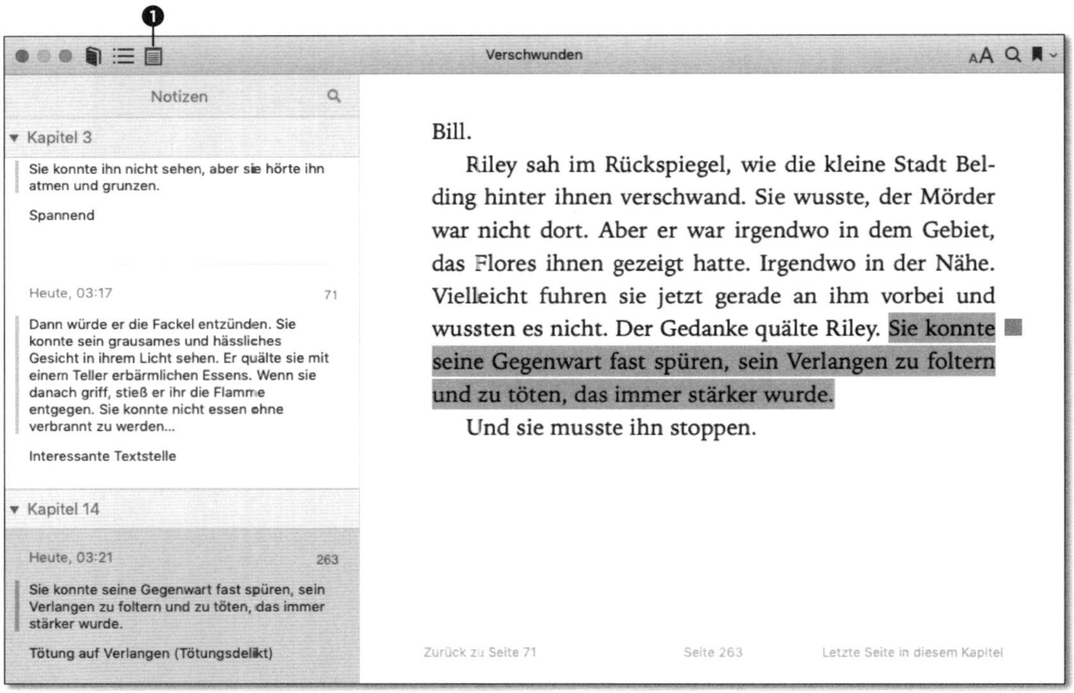

Abbildung 20.76 Markierungen und Notizen einblenden

20.9.4 Lesezeichen hinzufügen

Ein weiteres nützliches Hilfsmittel, um schnell zur gewünschten Seite im Buch zu kommen, sind die Lesezeichen. Ein solches Lesezeichen legen Sie an, wenn Sie in der Symbolleiste auf das Symbol für **Lesezeichen** klicken, woraufhin dieses Symbol eingefärbt wird.

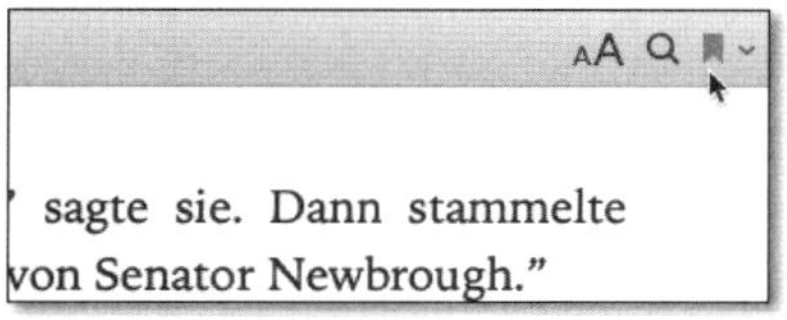

Abbildung 20.77 Eine Seite als Lesezeichen hinzufügen

Um zum entsprechenden Lesezeichen zu gelangen, klicken Sie auf das kleine Dreieck neben dem Lesezeichensymbol und wählen dort das entsprechende Lesezeichen aus. Wollen Sie ein Lesezeichen löschen, müssen Sie mit dem Mauszeiger über der Übersicht von Lesezeichen auf dem zu löschenden Lesezeichen stehen bleiben und auf das kleine **x** am Ende klicken. Ebenfalls entfernen Sie ein Lesezeichen, wenn Sie eine Seite mit dem Lesezeichen auswählen und dann auf das gefärbte Lesezeichen-Symbol in der Symbolleiste klicken, wodurch es nicht mehr farbig erscheint.

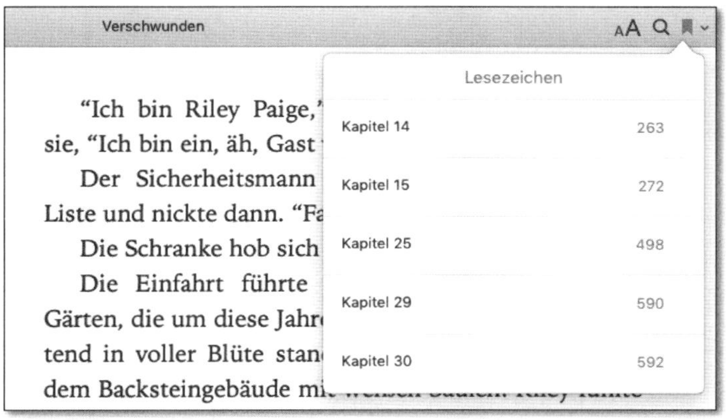

Abbildung 20.78 Die Lesezeichen verwenden

20.9.5 Bücher verwalten

Mit der Zeit sammeln sich doch einige Werke an, sodass es hilfreich ist, die Bücher in Ihrer Bibliothek in Sammlungen zu verwalten. Standardmäßig sind hier bereits die

20

Sammlungen **Bücher** und **PDFs** vorgegeben und können auch nicht entfernt werden. Wollen Sie selbst eine Sammlung erstellen, gehen Sie wie folgt vor:

1. Klicken Sie auf den Reiter **Sammlungen** in der Symbolleiste.
2. Klicken Sie auf das Plussymbol links unten in der Seitenleiste.
3. Geben Sie den Namen für die neue Sammlung ein.
4. Fügen Sie jetzt die gewünschten Bücher per Drag & Drop der jeweiligen Sammlung in der Seitenleiste hinzu.

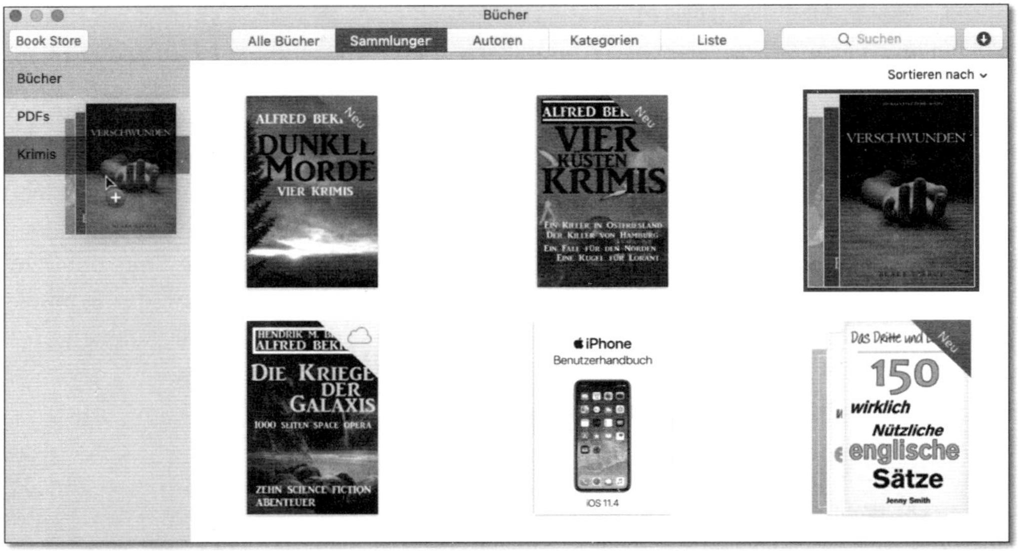

Um eine Sammlung zu löschen, wählen Sie diese aus und drücken [←], oder wählen Sie im Menü **Bearbeiten ▸ Löschen**. Ein Dialog fragt nach, ob Sie hier nur die Sammlung oder auch zusätzlich noch den Inhalt mit löschen wollen.

Neben den Sammlungen können Sie sich hier über die Reiter **Alle Bücher**, **Autoren**, **Kategorien** oder **Liste** die Bücher nach bestimmten Informationen sortieren lassen.

E-Books, die Sie im Book Store gekauft haben, löschen Sie, indem Sie sie auswählen und die [←]-Taste drücken oder im Menü **Bearbeiten ▸ Löschen** wählen. Ein Dialog weist darauf hin, dass hierbei nur die Kopie auf Ihrem Rechner gelöscht wird und das E-Book jederzeit auf der iCloud verfügbar bleibt. E-Books, die in der iCloud verfügbar sind, die aber nicht auf dem Rechner vorliegen, erkennen Sie am Wolkensymbol rechts oben. Ein Klick auf das Wolkensymbol lädt das Buch wieder auf Ihren Rechner.

Abbildung 20.79 E-Books, die vom Rechner entfernt werden, bleiben trotzdem in der iCloud erhalten.

HINWEIS

PDF-Dateien mit Apple Books verwalten

Zwar ist es auch möglich, über **Ablage ▸ Zur Bibliothek hinzufügen** PDF-Dokumente zu Apple Books hinzuzufügen und zu verwalten, aber für das Lesen von PDF-Dateien bleibt nach wie vor das Programm Vorschau zuständig.

20.9.6 iCloud und Apple Books

Apple Books auf dem Mac bietet eine Menge nützlicher Hilfsmittel für das Arbeiten. Besonders hilfreich sind die Verbindung mit der iCloud und die Verwendung von Apple Books auf mobilen Geräten wie dem iPad. Wenn Sie beispielsweise lernen, studieren oder recherchieren, ist es hilfreich, wenn Sie sämtliche Notizen, Markierungen, Lesezeichen und Sammlungen, die Sie in den E-Books gemacht haben, auf allen Geräten vorfinden.

20.10 Die Aktien-App

Wer sich für den Aktienmarkt interessiert, für den dürfte die Aktien-App interessant sein. Sie finden diese App im *Programme*-Verzeichnis.

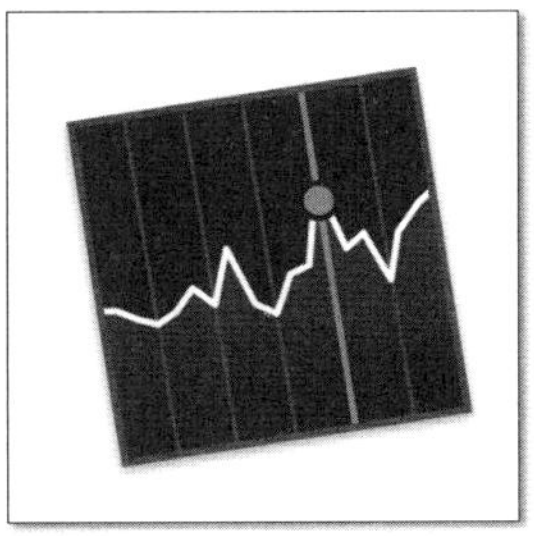

Abbildung 20.80 Programm-Icon der Aktien-App

Wenn Sie die Aktien-App gestartet haben, finden Sie auf der linken Seite die wichtigsten Börsenkurse und Aktien einzelner Unternehmen zur Auswahl und rechts den Börsen-

bzw. Aktienverlauf mitsamt den passenden News dazu. Klicken Sie auf eine Schlagzeile der News, öffnet sich der Webbrowser mit den entsprechenden Informationen, wo Sie mehr darüber nachlesen können. Über dem Graphen des Aktienverlaufes können Sie einstellen, ob Sie den Kursverlauf des Tages, der Woche, des Monats bis hoch zu zehn Jahren oder alle vorhandenen Daten sehen wollen. Der aktuelle Aktienwert wird rechts oben eingeblendet. Daneben steht eine Zahl, welche den Gewinn oder Verlust des aktuellen Tages anzeigt.

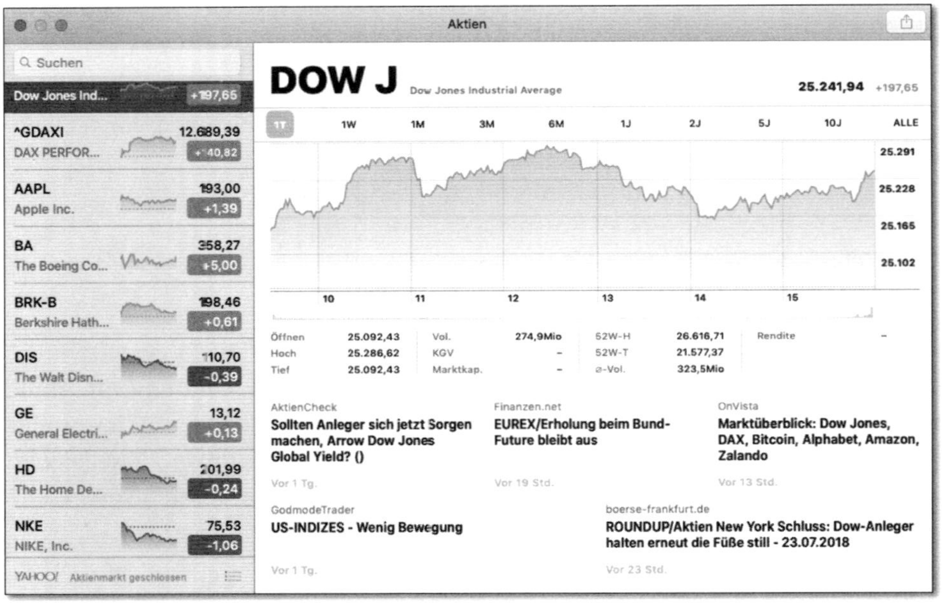

Abbildung 20.81 Die Aktien-App bei der Ausführung

Bei einem Gewinn wird auf der linken Seite die Kursänderung in grüner Farbe hinterlegt. Ein Verlust hingegen wird in Rot angezeigt. Klicken Sie auf eine grüne oder rote Fläche, können Sie sich die Kursänderung auch prozentual oder in Marktkapitalisierung anzeigen lassen. Selbiges erreichen Sie auch über das Menü **Anzeige** mit den ersten drei Einträgen.

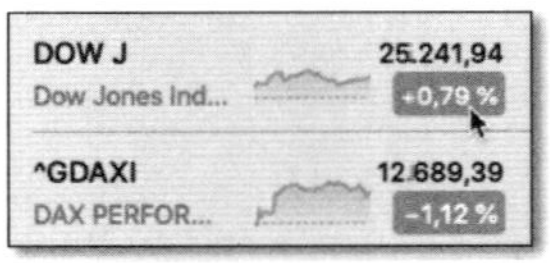

Abbildung 20.82 Neben der klassischen Kursänderung können Sie sich den Gewinn bzw. Verlust auch in Prozent oder Marktkapitalisierung anzeigen lassen, wenn Sie den Bereich anklicken.

Die beim ersten Start vorgegebene Aktienliste müssen Sie nicht so lassen, sondern können diese jederzeit umsortieren, Einträge entfernen oder neue Einträge hinzufügen. Wie dies geht, soll in den folgenden Schritten beschrieben werden.

1 Starten Sie die Aktien-App.

2 Klicken Sie in der linken Seitenleiste unten auf das Symbol mit der Aktienliste. Alternativ wählen Sie den Menübefehl **Bearbeiten ▸ Aktienliste bearbeiten** oder betätigen das Tastenkürzel `cmd` + `L`.

3 Über die roten Kreissymbole auf der linken Seite eines jeden Eintrages können Sie diese von dort entfernen. Mit den drei Balken ❶ hingegen können Sie diese Einträge bei Bedarf mit gedrückt gehaltener Maustaste umsortieren. Wollen Sie einen neuen Eintrag hinzufügen, klicken Sie auf das Plussymbol.

4 Beim Hinzufügen eines neuen Eintrages müssen Sie das gewünschte Wertpapier oder die Börse in die Suche eingeben. Wenn entsprechende Einträge zum Suchmuster gefunden wurden, werden Vorschläge aufgelistet, die Sie über das grüne Plussymbol hinzufügen können. Auf diese Weise können Sie viele weitere Einträge der

20

Aktienliste hinzufügen. Klicken Sie auf **Abbrechen** neben der Suchleiste, beenden Sie den Vorgang und kehren zurück zum Bereich von Schritt 3, wo Sie die Einträge löschen bzw. umsortieren können.

5 Klicken Sie auf **Fertig**, und schon haben Sie eine persönliche Aktienliste erstellt.

Wollen Sie dieselbe Aktienliste auch auf anderen (iOS-)Geräten verwenden, müssen Sie in den **Systemeinstellungen** von **iCloud** ein Häkchen vor **Aktien** setzen.

Abbildung 20.83 Jetzt verwenden Sie auf allen Geräten dieselbe Aktienliste.

20.11 Die News-App

Die News-App ist genau das, wonach es sich anhört, eine Anwendung, um sich die neuesten Nachrichten und Trends nach Themen durchzulesen. Sie finden diese App im *Programme*-Verzeichnis.

Abbildung 20.84 Das Programm-Icon der News-App

Die News-App ist in zwei Bereiche aufgeteilt. In der linken Seitenleiste finden Sie Einträge der News nach Kategorie inklusive Ihrer Lieblingsthemen, die Sie noch anpassen können. Entsprechend der Auswahl auf der linken Seite werden auf der rechten Seite die Inhalte mit den Schlagzeilen, Bildern und Videos aufgelistet.

HINWEIS

(Noch) keine News-App im deutschsprachigen Raum!?

Die News-App ist von der Region abhängig, sodass es zur Drucklegung noch keine News-App im deutschsprachigen Raum gab. Wer Apple kennt, weiß, dass es eine Frage der Zeit ist, bis auch diese App mit deutschsprachigen Inhalten erscheint. Um die News-App trotzdem verwenden zu können, allerdings mit englischen Inhalten, können Sie in den **Systemeinstellungen** von **Sprache & Region** den Wert der Drop-down-Liste **Region** auf **Vereinigte Staaten** setzen, und schon steht Ihnen die News-App zur Verfügung. Vermutlich ist dies allerdings jetzt, wo Sie dies hier lesen, nicht mehr nötig, weil die News-App vielleicht bereits für den deutschsprachigen Raum fertiggestellt wurde.

Abbildung 20.85 Die News-App bei der Ausführung

Die News-App können Sie personalisieren, indem Sie in der linken Seitenleiste auf **Edit** (bzw. **Bearbeiten**) klicken und, ähnlich wie schon bei der Aktien-App, einzelne Einträge über das rote Symbol entfernen oder mit dem Balken verschieben. Wenn Sie die Seitenleiste ganz nach unten scrollen, können Sie über eine Schaltfläche die Einträge der angezeigten Nachrichten personalisieren. Hier finden Sie zudem auch eine Option, um einen Artikel zu speichern oder sich den Verlauf der gelesenen Nachrichten anzusehen.

Abbildung 20.86 Die angezeigten Artikel können personalisiert, gespeichert oder in einem Verlauf erneut betrachtet werden.

Sind Sie auf der Suche nach bestimmten Themen, News oder Storys, geben Sie in die Suchleiste den gewünschten Suchbegriff ein. Klicken Sie dann auf die zurückgelieferten Ergebnisse in der linken Seitenleiste, werden Ihnen auf der rechten Seite entsprechende Inhalte angeboten.

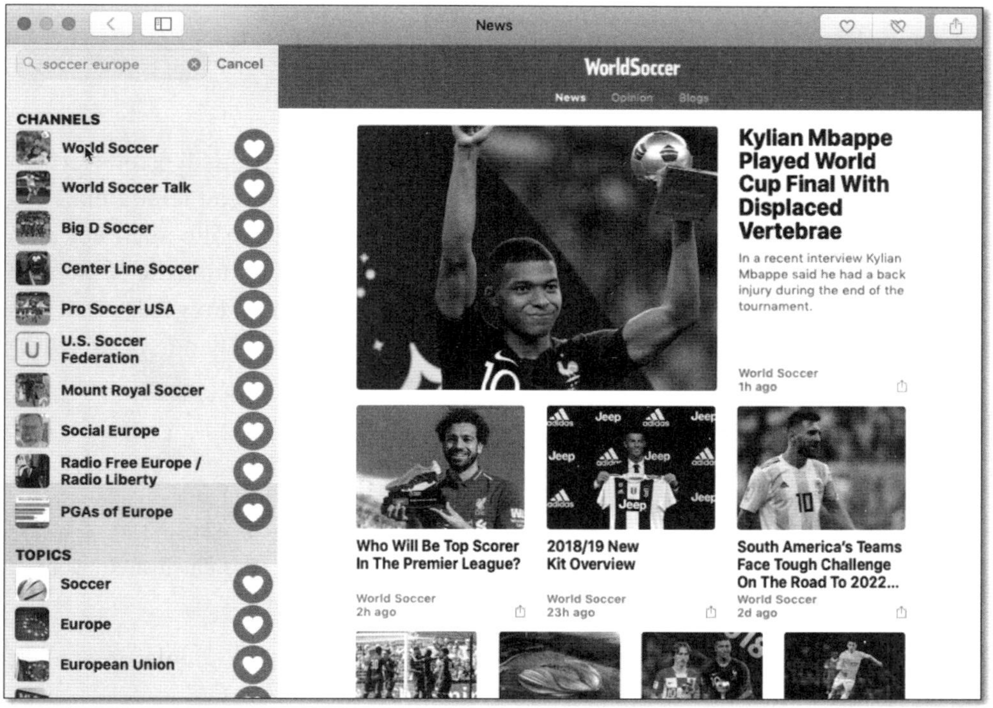

Abbildung 20.87 Suche nach bestimmten Nachrichten

Klicken Sie auf eine der Schlagzeilen, können Sie diese Nachricht in kompletter Länge in der News-App lesen. Blenden Sie hier noch die Seitenleiste über das Icon der Symbolleiste aus, haben Sie den kompletten Platz zum Lesen des Artikels zur Verfügung. Mit einem erneuten Klick auf das Icon blenden Sie die Seitenleiste wieder ein.

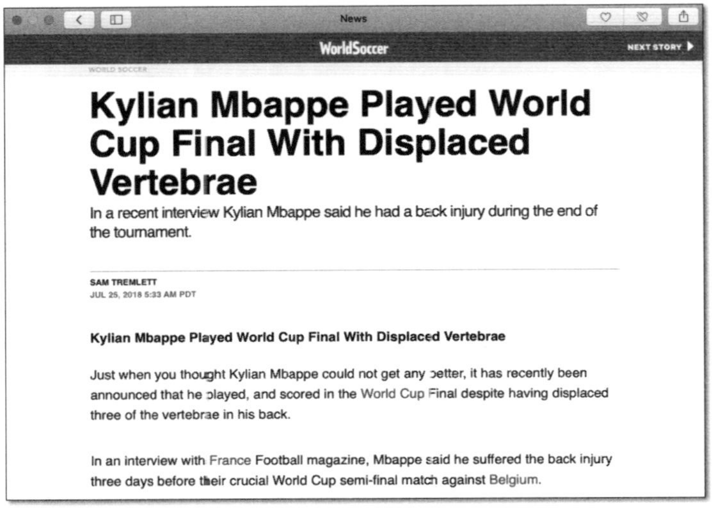

Abbildung 20.88 Lesen von Artikeln

Um gegebenenfalls die personalisierten News-Artikel auf den verschiedensten Geräten zur Verfügung zu haben, müssen Sie in den **Systemeinstellungen** von **iCloud** ein Häkchen vor **News** setzen. Dann haben Sie dieselben Themen und Inhalte auch auf dem iOS-Gerät mit dabei. Natürlich vorausgesetzt, dass in Ihrer Region auch die News-App vorhanden ist. Wie allerdings oben erwähnt, ist es sicherlich eine Frage der Zeit, bis auch auf dem iOS-Geräten die News-App mit deutschen Artikeln vorhanden sein wird.

Abbildung 20.89 Wollen Sie dieselben personalisierten Inhalte auf allen Geräten haben, müssen Sie ein Häkchen vor »News« in den »Systemeinstellungen« von »iCloud« setzen.

20.12 Die Sprachmemos-App

Ebenfalls hilfreich für den Alltag, gerade in Verbindung mit der iCloud und anderen macOS- und iOS-Geräten, ist die Sprachmemos-App im *Programme*-Verzeichnis.

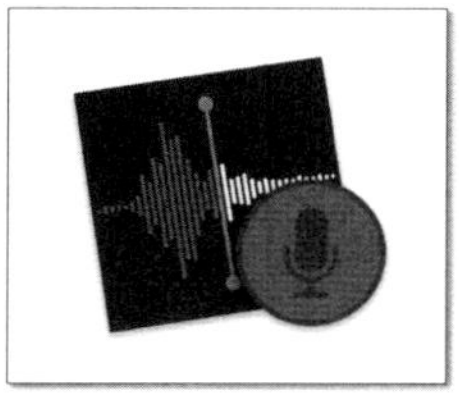

Abbildung 20.90 Das Programm-Icon der Sprachmemos-App

Die Sprachmemos-App ist absolut einfach zu bedienen und eignet sich perfekt, um schnell kurze Memos aufzunehmen. Wenn Sie die App auch auf den iOS-Geräten unterwegs benutzen, empfiehlt es sich, die iCloud-Funktion von Sprachmemos zu aktivieren. Diese Option finden Sie in den **Systemeinstellungen** von **iCloud**. Dort klickt man in der Spalte **iCloud Drive** auf **Optionen**. Dann kann man dort das Häkchen bei **Sprachmemos** setzen.

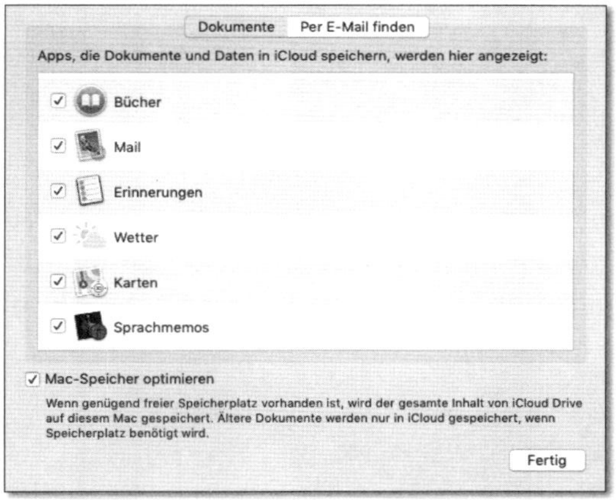

Abbildung 20.91 Hier stellen Sie sicher, dass die Sprachmemos in der iCloud gespeichert werden.

In der folgenden Anleitung soll ein Sprachmemo erstellt werden:

1 Starten Sie die Sprachmemos-App.

2 Klicken Sie auf die rote Aufnahme-Schaltfläche.

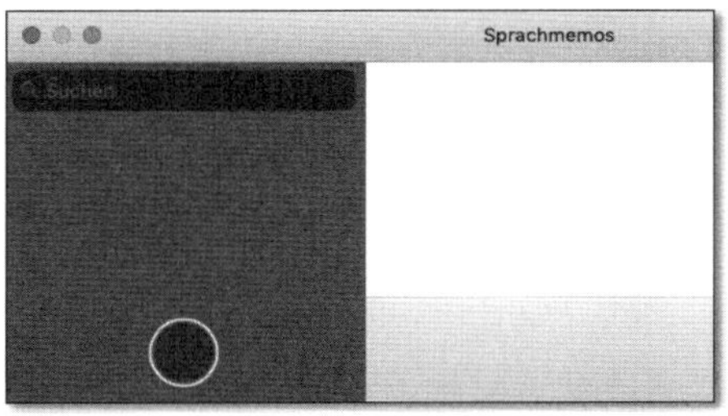

3 Nach einer kurzen Wartezeit startet die Aufnahme. Fangen Sie zu sprechen an. Wenn Sie die Aufnahme pausieren wollen, klicken Sie auf die Pause-Schaltfläche. Klicken Sie erneut auf die Schaltfläche, wird die Aufnahme fortgesetzt.

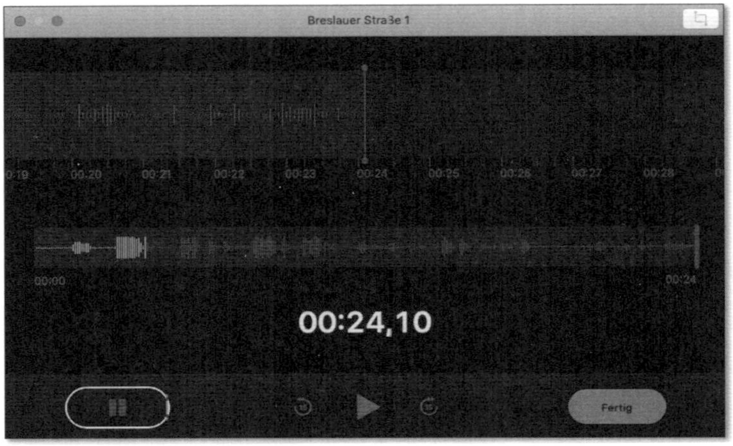

4 Wenn Sie die Aufnahme pausiert haben, können Sie mit der mittleren Audioleiste über den blauen Regler zu einer bestimmten Position springen und sich die Aufnahme mit der Abspielen-Schaltfläche anhören oder mit der **Ersetzen**-Schaltfläche ab der aktuellen Position überschreiben und neu aufnehmen.

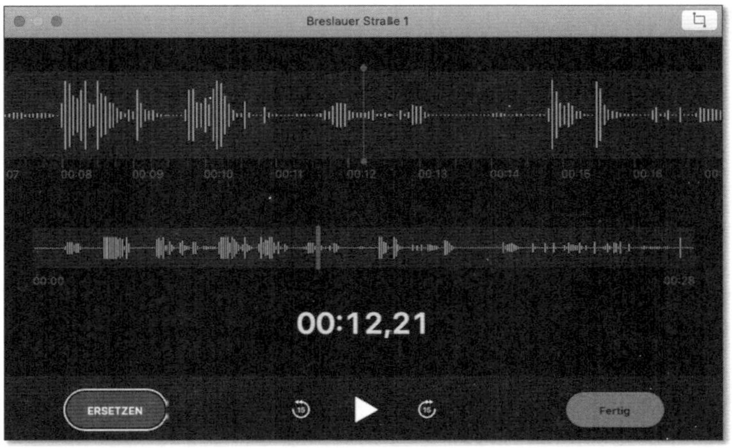

5 Indem Sie auf die **Zuschneiden**-Schaltfläche rechts oben ❶ klicken, können Sie die Aufnahme über einen gelben Rahmen anpassen. Hierbei haben Sie die Möglichkeit, diesen Bereich entweder mit der Schaltfläche **Kürzen** zu trimmen, sodass die Bereiche außerhalb dieses gelben Rahmens abgeschnitten werden, oder Sie können mit der Schaltfläche **Löschen** diesen Bereich entfernen, um beispielsweise Versprecher herauszuschneiden. Feinregeln können Sie den Bereich auch im oberen Audiobereich mit den gelben Linien ❷.

Hilfreich ist auch, dass Sie jederzeit den Bereich, den Sie kürzen oder löschen wollen, über die Play-Taste anhören können. Wenn Sie **Kürzen** oder **Löschen** betätigt haben, müssen Sie anschließend auf die Schaltfläche **Sichern** klicken oder den Vorgang mit **Abbrechen** beenden.

6 Jetzt kehren Sie wieder zum Aufnahmepult zurück und können entweder die Aufnahme fortführen oder erneut nachbearbeiten. Klicken Sie auf die Schaltfläche **Fertig**, beenden Sie das Aufnahmepult.

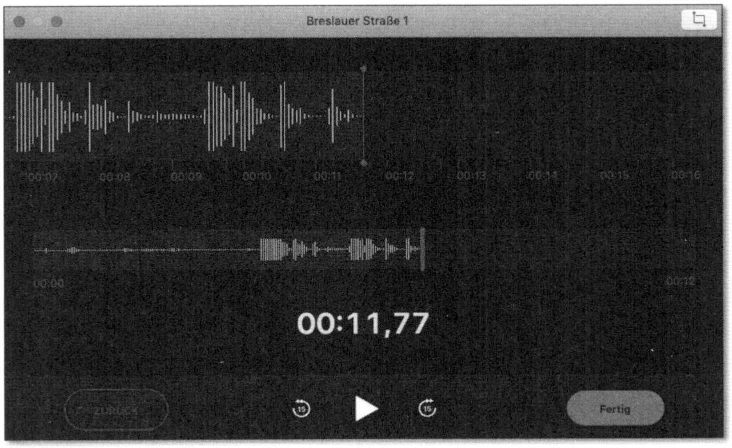

7 Am Ende finden Sie Ihre Aufnahme in der Seitenleiste vor, wo Sie sich diese über die Play-Taste jederzeit wieder anhören können. Haben Sie außerdem die iCloud dafür aktiviert, finden Sie dieses Sprachmemo auch auf den anderen Geräten zum Anhören. Löschen können Sie die Aufnahme, indem Sie mit zwei Fingern auf dem Trackpad nach rechts wischen, oder über das Menü **Bearbeiten ▸ Löschen**.

Sie können diese Sprachaufnahmen jederzeit per Drag & Drop aus dem Sprachmemos-Fenster auf den Schreibtisch oder in eine andere Anwendung kopieren.

Abbildung 20.92 Aufnahmen per Drag & Drop kopieren und weitergeben

Wie lange Sie Sprachmemos gespeichert lassen und mit welcher Audioqualität Sie aufnehmen wollen, können Sie über das Menü **Sprachmemos ▸ Einstellungen** anpassen.

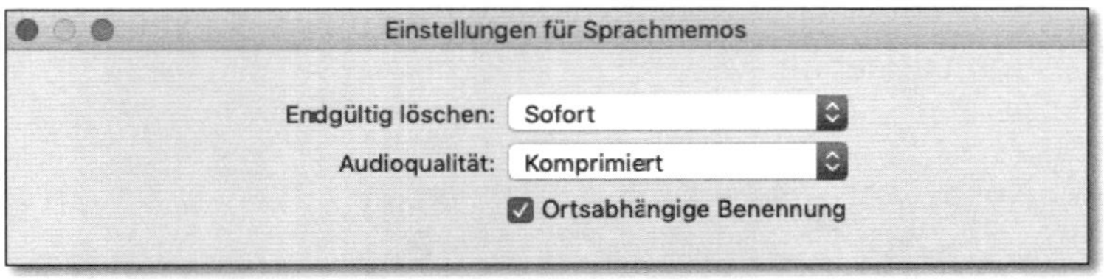

Abbildung 20.93 Einstellungen für Sprachmemos

21 Texte schreiben, drucken und scannen

In diesem Kapitel wird TextEdit vorgestellt. TextEdit ist der mitgelieferte Texteditor von Apple für kleinere Aufgaben. Des Weiteren wird gezeigt, wie Sie einen Drucker auf dem Mac einrichten und verwenden. Und wenn wir schon dabei sind, wird noch kurz auf das Scannen mit dem Mac und die Behandlung von PDF-Dokumenten eingegangen.

Wenn Sie auf der Suche nach einer echten Word-Alternative sind, empfehle ich Ihnen, zum nächsten Kapitel zu springen. *TextEdit* ist eher ein einfacher Texteditor für kleinere Aufgaben. Auch wenn Sie den Editor vielleicht nicht verwenden werden, so beschreibt dieses Kapitel einige sehr essenzielle Themen wie die automatische Speicherung, die Versionsverwaltung und das Einrichten und Verwenden eines Druckers oder Scanners.

21.1 Text schreiben mit TextEdit

Der hauseigene Editor TextEdit mit einigen fortgeschrittenen Funktionen eignet sich prima für verschiedene kleinere Aufgaben der Textverarbeitung. Bei größeren Aufgaben mit mehreren Seiten Text ist es allerdings empfehlenswerter, speziellere Schreibprogramme wie Pages oder Word zu verwenden. Der Vorteil von TextEdit liegt darin, dass alle grundlegenden Funktionen eines Textverarbeitungsprogramms enthalten sind und man es schnell versteht. Der Editor befindet sich wie alle Programme im *Programme*-Verzeichnis.

Abbildung 21.1 Das Programm-Icon von TextEdit

21.1.1 Eine neue Datei anlegen, bearbeiten und sichern

Im Großen und Ganzen ist der Funktionsumfang von TextEdit relativ überschaubar und dürfte wohl kaum jemanden überfordern. Am besten probieren Sie TextEdit selbst aus, indem Sie die folgende Schritt-für-Schritt-Anleitung durcharbeiten.

1 Starten Sie TextEdit über das Icon im Launchpad oder im *Programme*-Verzeichnis. Beim Start öffnet TextEdit zunächst einen Dateidialog, mit dem Sie bereits vorhandene Dateien öffnen oder ein neues Dokument über die entsprechende Schaltfläche **Neues Dokument** erzeugen können. Wenn Sie iCloud Drive aktiviert haben, finden Sie in der Seitenleiste in der Gruppe **iCloud** einen Ordner **TextEdit**, der automatisch von TextEdit für das Laden und Speichern von Dokumenten auf der iCloud angelegt wurde.

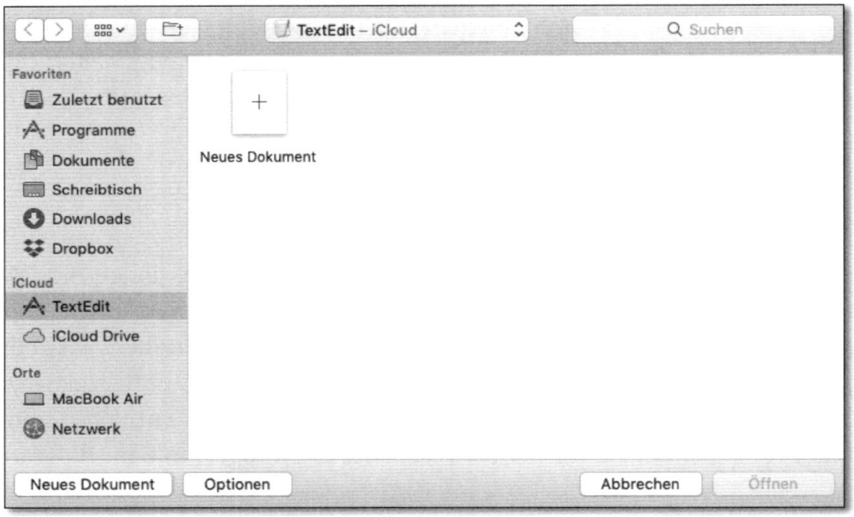

2 TextEdit erstellt Ihnen ein neues Dokument mit dem Namen *Ohne Titel*, in dem Sie mit dem Schreiben anfangen können. Tippen Sie hier Ihren Text ein. Hierbei verhält sich TextEdit wie jeder andere Texteditor. Mit [←] können Sie einzelne Buchstaben löschen, mit [↵] erstellen Sie einen neuen Absatz und mit [⇧] + [↵] einen Zeilenumbruch. Ein ganzes Wort können Sie mit [Alt] + [←] löschen, und mit gehaltener [⇧]-Taste schreiben Sie Großbuchstaben oder verwenden die Sonderzeichen.

3 Wollen Sie den geschriebenen Text gestalten und formatieren, müssen Sie entsprechende Textstellen mit gedrückt gehaltener Maustaste markieren. Der ausgewählte Text wird mit blauer Farbe markiert. Hierbei können Sie einen einzelnen Buchstaben, ein Wort, einen Satz, einen Absatz oder alles markieren und formatieren. Theoretisch könnten Sie mit TextEdit jeden einzelnen Buchstaben unterschiedlich formatieren. Wollen Sie den kompletten Text schnell markieren, drücken Sie einfach [cmd] + [A].

4 Um den markierten Text zu formatieren, können Sie eine Schriftart ❶, die Schriftgröße ❷ und die Farbe ❸ in der Symbolleiste auswählen bzw. ändern. Weiter finden Sie noch unterschiedliche Stile wie Fett, Kursiv oder Unterstrichen ❹ für den Text.

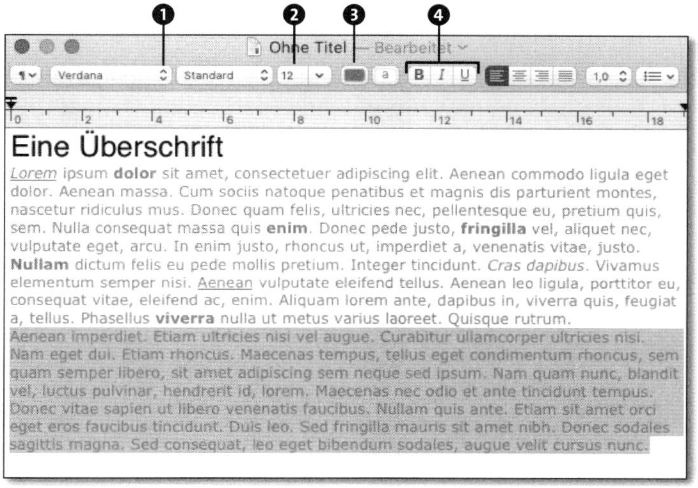

5 Um einen größeren Raum zwischen der Überschrift und den Zeilen zu schaffen, können Sie den Text markieren und den Zeilen- und Absatzabstand ❺ anpassen. Gerade bei mehreren Textzeilen oder Überschriften wirkt ein größerer Zeilenabstand wesentlich luftiger und übersichtlicher. Hier wurden die Werte 1,5 für die Überschrift und 1,2 für den Absatztext verwendet. Links daneben können Sie bei den Absatzformaten ❻ den Text linksbündig, zentriert, rechtsbündig oder als Blocksatz ausrichten. Die Standardeinstellung ist hier linksbündig.

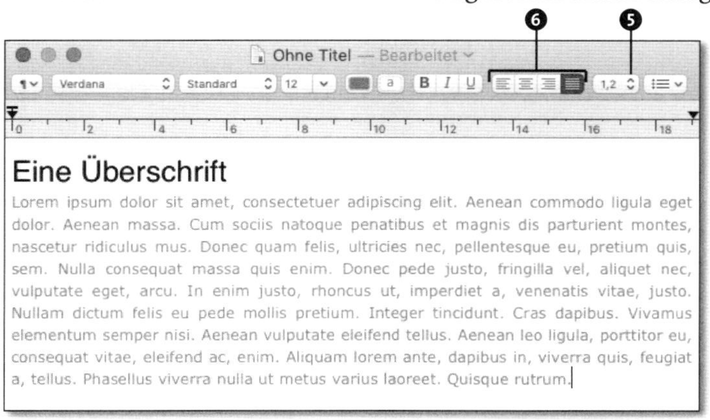

6 Um den Text zu speichern, wählen Sie **Ablage ▸ Sichern** bzw. drücken cmd + S. Im Sicherungsdialog wählen Sie den Namen für die zu sichernde Datei und das **Dateiformat**, das hier ein RTF-Dokument ist. Ein RTF-Dokument ist ein flexibles Format für formatierte Texte und kann auch mit Texteditoren auf anderen Betriebssystemen wie Windows oder Linux verwendet und verarbeitet werden. Als Speicherort ist der Ordner *TextEdit* in der iCloud ausgewählt, aber Sie können auch einen anderen (lokalen) Speicherort auswählen. Wollen Sie den Dialog zum Sichern erweitern, klicken Sie auf das kleine Dreieck ❼, und Sie können Finder-typisch zum gewünschten Ort der Dateisicherung navigieren oder einen neuen Ordner anlegen. Klicken Sie auf **Sichern**, um die Datei zu speichern. Beim nächsten Sichern der Datei wird kein Dialog mehr angezeigt.

HINWEIS

Rechtschreibprüfung

Praktisch ist die Rechtschreibprüfung von TextEdit, die ein falsch geschriebenes Wort rot unterstreicht oder direkt darunter einen Vorschlag der Rechtschreibprüfung einblendet. Ein vorgeschlagenes Wort akzeptieren Sie mit der Leertaste. Ein rot unterstrichenes Wort können Sie mit der rechten Maustaste anklicken und aus einem Vorschlag wählen. Wollen Sie die Rechtschreibprüfung deaktivieren, finden Sie die entsprechenden Optionen unter **Bearbeiten ▸ Rechtschreibung und Grammatik.**

21.1.2 Dateien öffnen und schließen

Sind Sie mit dem Dokument fertig, können Sie es mit **Ablage ▸ Schließen** oder mit cmd + W schließen. Wollen Sie das Programm hingegen komplett beenden, können Sie dies über **TextEdit ▸ TextEdit beenden** bzw. cmd + Q machen. Zum Öffnen von Dokumenten wählen Sie beim Neustart von TextEdit im Dialog das entsprechende Dokument, oder Sie führen, wenn TextEdit bereits ausgeführt wird, den Befehl **Ablage ▸ Öffnen** bzw. cmd + O aus.

Sie können über **Darstellung ▸ Tableiste einblenden** eine Tableiste mit einem Plussymbol verwenden, um so mehrere Dokumente in einem Fenster gleichzeitig zu bearbeiten.

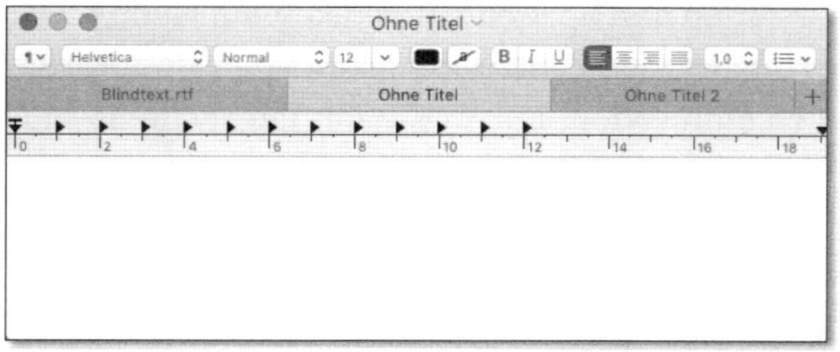

Abbildung 21.2 Mehrere Dokumente können in einer Tableiste verwaltet werden.

HINWEIS

Unterstützte Dateiformate

TextEdit kann mit verschiedenen Formaten umgehen. Neben RTF-Dokumenten werden HTML, ODT, XML und Word-Dokumente im DOC-Format unterstützt. Selbst PDF-Dokumente können als Export über **Ablage ▸ Als PDF exportieren** erstellt werden.

21.1.3 iCloud für TextEdit

Die iCloud für einzelne Programme wie TextEdit können Sie in den **Systemeinstellungen** von **iCloud** anpassen, wenn Sie bei **iCloud Drive** auf die Schaltfläche **Optionen** klicken. Hier finden Sie die Optionen zum (De-)Aktivieren für Programme, die Dokumente und Daten in der iCloud speichern dürfen, worunter auch TextEdit aufgelistet ist.

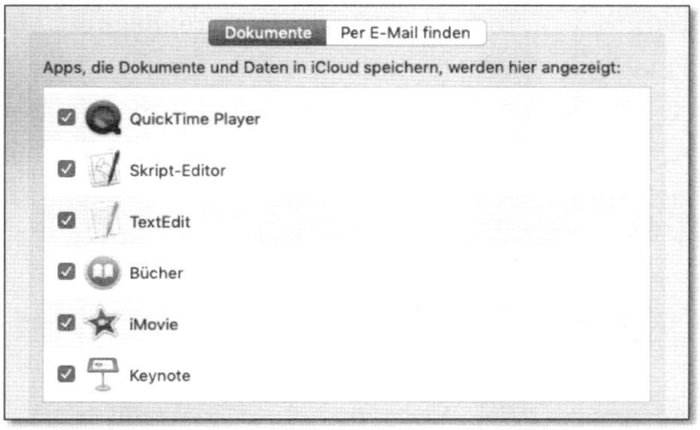

Abbildung 21.3 Verwenden Sie iCloud Drive mit TextEdit, wird automatisch ein entsprechender Ordner in der iCloud dafür angelegt.

21.1.4 Tabellen anlegen

TextEdit bietet mit **Format ▸ Tabelle** eine Funktion zum Hinzufügen von Tabellen an. In einem Dialog geben Sie die Anzahl der Zeilen und Spalten ein und können kleinere Formatierungen wie die Ausrichtung des Inhalts, den Zeilenrahmen und den Hintergrund einstellen. Den Dialog können Sie auch einblenden, indem Sie mit der rechten Maustaste auf die Tabelle klicken und im Kontextmenü **Tabelle** auswählen.

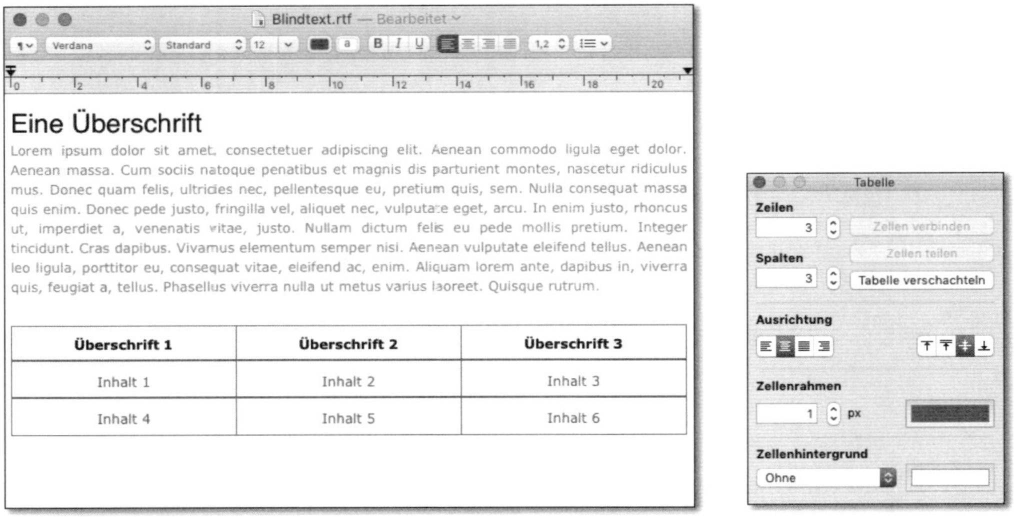

Abbildung 21.4 Auch Tabellen können mit TextEdit erstellt werden.

21.1.5 Fotos hinzufügen

Darüber hinaus können Sie dem Dokument Fotos hinzufügen. Dies realisieren Sie, indem Sie entweder per Drag & Drop ein Foto auf das Dokument fallen lassen oder mit **Bearbeiten ▸ Dateien anfügen** bzw. [⇧] + [cmd] + [A] über einen Dateiauswahldialog das Foto auswählen. Unter Umständen zeigt TextEdit an, dass das Dateiformat geändert werden muss, damit das Foto im Dokument angezeigt werden kann. Hierzu finden Sie beim Bild rechts oben einen kleinen Pfeil, über den sich ein Untermenü öffnet. Mit einem Klick auf den Befehl **Markierungen** können Sie das Bild bearbeiten.

Abbildung 21.5 Einem Dokument in TextEdit lassen sich ebenfalls Bilder hinzufügen.

21.1.6 Die Diktatfunktion verwenden

Eine weitere komfortable Funktion ist die Diktatfunktion, die Sie ohne Internetanbindung verwenden können. Diese Funktion steht allerdings nicht nur TextEdit, sondern vielen anderen Programmen wie Mail, Notizen usw. auch zur Verfügung. Diese Funktion müssen Sie in den **Systemeinstellungen** von **Tastatur** über den Reiter **Diktat** aktivieren. Damit die Diktierfunktion offline ohne Internetverbindung verwendet werden kann, müssen Sie die Option **Erweiterte Diktierfunktion verwenden** aktivieren, damit das entsprechende Paket heruntergeladen wird.

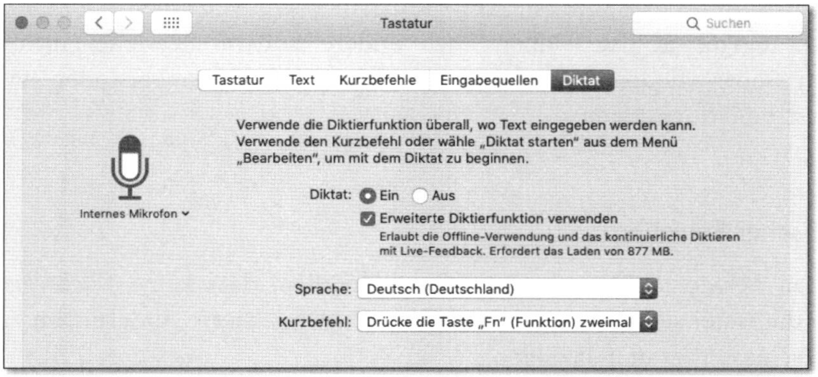

Abbildung 21.6 Die Diktatfunktion muss zunächst aktiviert und heruntergeladen werden.

Wählen Sie in TextEdit den Befehl **Bearbeiten ▸ Diktat** oder drücken zweimal hintereinander die [Fn]-Taste, erscheint das Diktatsymbol, und Sie können den Text sprechen, anstatt ihn zu tippen. Beachten Sie, dass Sie beim Diktat sämtliche Satzzeichen und neue Zeilen mitsprechen müssen. Zum Beispiel:

»Hier ein Beispieltext mit der Diktatfunktion PUNKT NEUE ZEILE Sie können auch KOMMA wenn Sie wollen KOMMA die Diktatfunktion in anderen Programmen verwenden PUNKT NEUE ZEILE«

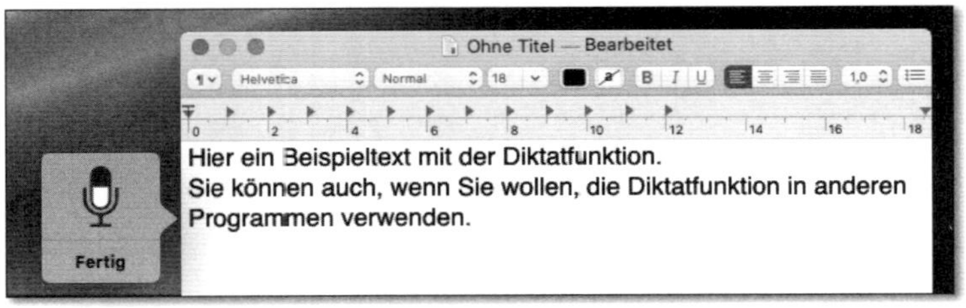

Abbildung 21.7 Hier der gesprochene Text in TextEdit

Wenn die Aussprache deutlich ist, klappt es mit der Diktatfunktion sehr gut, und Sie müssen nur wenig nachbessern.

21.2 Automatisches Speichern und Versionen

Zwar werden das automatische Speichern und die Versionen mit TextEdit hier beschrieben und demonstriert, aber da diese Funktionen vom Betriebssystem und nicht vom Programm zur Verfügung gestellt werden, soll dieser Abschnitt etwas von den vorangegangenen Abschnitten zu TextEdit abgekoppelt werden. Weil die Möglichkeit des automatischen Speicherns (*Auto Save*) sowie die Verwaltung mehrerer Versionen einer Datei im Betriebssystem eingebaut ist, können auch andere Softwarehersteller davon Gebrauch machen. So verwenden beispielsweise Vorschau, Pages, Numbers oder Keynote ebenfalls diese Funktionalitäten.

21.2.1 Automatisches Speichern

Vielleicht ist Ihnen bei der Arbeit mit TextEdit aufgefallen, dass keine Nachfrage erscheint, ob Sie die Datei sichern wollen, um noch nicht gesicherte Änderungen zu speichern, wenn Sie das Programm beenden.

Abbildung 21.8 Beim Texteditor Textwrangler erfolgt eine Rückfrage, ob Sie gesicherte Änderungen vor dem Schließen speichern wollen.

Diese Rückfrage ist mit der neuen Funktionalität des automatischen Speicherns nicht mehr nötig, sofern das Programm diese Funktion unterstützt. Hier können Sie die Anwendung, ohne zu speichern, beenden, und selbst wenn das System abstürzt, sind alle Änderungen beim nächsten Öffnen der Datei wieder da.

Auto Save sichert die gerade bearbeitete Datei während Ihrer Arbeitspausen und, wenn Sie dauerhaft an der Datei arbeiten, alle 5 Minuten. Das ist äußerst praktisch, weil Sie sich deshalb nicht mehr darum kümmern müssen, ob Sie die Datei gespeichert haben oder nicht. Das übernimmt das Betriebssystem für Sie. Nur die erste Sicherung der Datei mit einem Dateinamen und Speicherort müssen Sie noch selbst vornehmen.

21.2.2 Verschiedene Versionen

Eine weitere praktische Funktion im Zusammenhang mit dem automatischen Speichern erhalten Sie mit den Versionen, einer Versionsverwaltung für die Dateien, an denen Sie arbeiten. Jedes Mal, wenn Sie eine Datei sichern, wird eine Version der Datei im aktuellen Zustand angelegt. Auf die unterschiedlichen Versionen einer Datei können Sie dann über die Versionsverwaltung des Betriebssystems zugreifen. In der folgenden Schritt-für-Schritt-Anleitung mit TextEdit soll gezeigt werden, wie Sie verschiedene Versionen einer Datei betrachten und bei Bedarf wiederherstellen können:

1. Wählen Sie **Ablage ▸ Zurücksetzen auf ▸ Alle Versionen durchsuchen** aus.
2. Jetzt ändert sich der komplette Bildschirm. Auf der linken Seite wird die aktuelle Version der Datei angezeigt. In der rechten Liste finden Sie eine Liste aller verfügbaren früheren Versionen der Datei.
3. Klicken Sie auf die Titelleisten der früheren Versionen, um diese zu betrachten. Alternativ können Sie einzelne Versionen mit den Pfeiltasten ❶ durchblättern.

4 Dank des Seite-an-Seite-Vergleichs mit dem aktuellen Dokument auf der linken Seite lassen sich die Unterschiede gut nachverfolgen.

5 Wollen Sie zum Beispiel einen Textausschnitt aus einer früheren Version der rechten Seite verwenden, können Sie ihn markieren, kopieren und in die aktuelle Version auf der linken Seite einfügen.

6 Wenn Sie hingegen mit der Bearbeitung einer älteren ausgewählten Version der rechten Seite fortfahren wollen und die aktuelle Version der linken Seite damit ersetzen, klicken Sie unten auf die Schaltfläche **Wiederherstellen**. Die zuvor aktuelle Version ist nicht verloren und wird als abrufbare Version gesichert. Wollen Sie hingegen eine Kopie der alten ausgewählten Version erstellen, halten Sie die `Alt`-Taste gedrückt, und aus der Schaltfläche **Wiederherstellen** wird **Eine Kopie wiederherstellen**. Mit der Schaltfläche **Fertig** verlassen Sie die Versionsverwaltung ohne Änderungen.

Bei mehreren Versionen über einen längeren Zeitraum finden Sie auf der rechten Seite auch eine Zeitleiste, in der Sie nur mit dem Mauscursor über einem entsprechenden Eintrag stehen bleiben müssen, um so eine Version auszuwählen.

Abbildung 21.9 Eine Version in der Zeitleiste auswählen

Eine versionierte Datei wird dabei platzsparend gespeichert. Es wird nicht etwa für jede Version eine neue Datei angelegt. Vielmehr wird hierzu eine kleine Datenbank verwendet, die mit der Datei verknüpft ist. Diese Datenbank zeichnet pro Eintrag nur das auf, was sich seit der letzten Version geändert hat, weshalb der Platzbedarf ziemlich gering bleibt.

HINWEIS

Auto Save und Versionen für alle Programme?

An dieser Stelle soll nochmals deutlich darauf hingewiesen werden, dass die automatische Speicherung eine Betriebssystemfunktion ist und allen Programmen zur Verfügung steht, die von dieser Funktion Gebrauch machen. Programme, die diese Funktion nicht verwenden, melden sich dann wie üblich mit einem Dialog, in dem Sie gefragt werden, ob Sie die letzten nicht gespeicherten Änderungen sichern wollen, wenn Sie ein Programm schließen und noch nicht gesicherte Änderungen vorhanden sind. Es bleibt zu hoffen, dass Entwickler ihren Programmen in künftigen Versionen diese Funktionalität hinzufügen werden.

21.2.3 Dokumente schützen

Wenn Sie ein Dokument verändern, wird oben in der Fensterleiste **Bearbeitet** neben dem Dateinamen angezeigt. Klicken Sie darauf, können Sie den Dateinamen und den

Speicherort verändern. Des Weiteren finden Sie hier eine Option **Geschützt** ❶ beim Speichern. Wenn Sie diese Option aktivieren, setzen Sie den Schreibschutz für die Datei, und diese kann nicht mehr verändert werden, auch ein Auto Save wird nicht mehr ausgeführt. Jetzt steht der Text **Geschützt** neben dem Dateinamen in der Fensterleiste. Eine solche geschützte Datei erkennen Sie auch am Schlosssymbol im Icon der Datei.

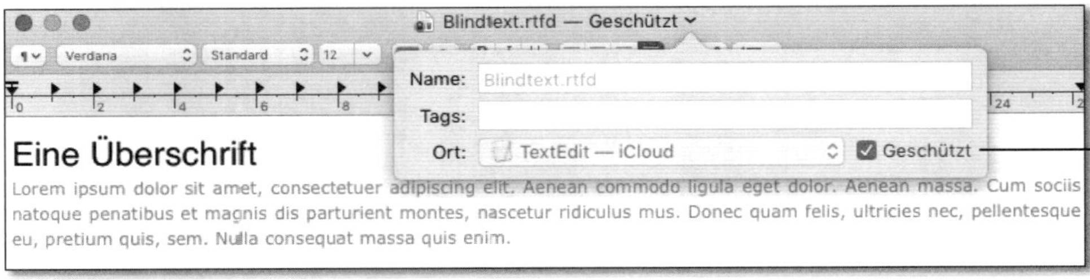

Abbildung 21.10 Ein Dokument mit einem Schreibschutz versehen

Ändern Sie diese Datei trotzdem, erscheint ein Hinweis, der Ihnen anbietet, den Schutz aufzuheben oder die Datei zu duplizieren. Beim Duplizieren bleibt die geschützte Datei unberührt, und Sie arbeiten mit einer Kopie weiter.

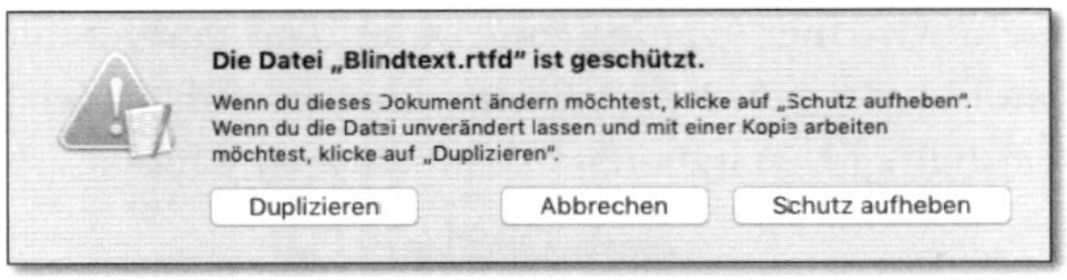

Abbildung 21.11 Beim Versuch, eine geschützte Datei zu ändern, haben Sie die Möglichkeit, den Schutz aufzuheben oder ein Duplikat zu erstellen.

Falls Sie bei TextEdit die Funktion **Sichern unter** vermissen – es gibt sie nicht in dieser Form. Wollen Sie trotzdem ein Dokument unter einem anderen Namen speichern, müssen Sie es über **Ablage ▸ Duplizieren** bzw. [⇧] + [cmd] + [S] kopieren und die Kopie der Datei über **Ablage ▸ Sichern** bzw. [cmd] + [S] speichern. Ein Ändern des Dateinamens in der Titelleiste sorgt übrigens nicht dafür, dass ein Duplikat der Datei unter einem neuen Namen erstellt wird, sondern es wird die Originaldatei direkt umbenannt.

Abbildung 21.12 Das Umbenennen einer Datei kann direkt in der Titelleiste erfolgen.

21.3 Einen Drucker und Scanner einrichten

Nachdem Sie mit TextEdit ein Textdokument erstellt haben, werden Sie es vielleicht ausdrucken wollen. Einen Drucker mit dem Mac einzurichten ist heutzutage zum Glück kein Hexenwerk mehr und in der Regel mit ein paar Handgriffen erledigt. Hier wird zwar hauptsächlich auf das Einrichten eines Druckers eingegangen, aber alles, was hier den Drucker betrifft, trifft in der Regel auch auf den Scanner zu.

HINWEIS

Bedienungsanleitung des Druckers

Wenn Ihr Drucker eine Bedienungsanleitung zum Einrichten auf dem Mac enthält, empfehle ich Ihnen, sich daran zu halten. Erste Anlaufstelle sollte immer die Support-Webseite des Druckerherstellers sein, wo Sie entsprechende Software für Ihren Drucker zum Herunterladen finden. Häufig enthält die Software des Herstellers neben Treibern noch viele weitere nützliche Programme rund um Ihren Drucker. Hier wird nur ein allgemeiner Weg gezeigt, wie Sie einen Drucker auf dem Mac einrichten und verwenden können.

21.3.1 Einen Drucker via USB einrichten

Wenn Sie einen Drucker an den USB-Port anschließen, erkennt macOS in vielen Fällen bereits den Drucker, und Sie können sich die Installationsroutine des Druckers mit der mitgelieferten CD bzw. der heruntergeladenen Software aus dem Internet sparen. Bei einigen Druckern erscheint auf dem Bildschirm die Frage, ob Sie die Software für den Drucker laden und installieren wollen.

In manchen Fällen passiert gar nichts, und der Drucker wurde bereits dem Mac hinzugefügt. Hier hilft ein Blick in die **Systemeinstellungen** von **Drucker & Scanner** weiter, ob auf der linken Seite ❶ das Gerät bereits erkannt und hinzugefügt wurde. Wenn Sie mehrere Drucker verwenden, dann können Sie über die Dropdown-Liste **Standarddrucker** einstellen, ob Sie einen bestimmten Drucker immer verwenden wollen. Ansonsten wird der zuletzt verwendete Drucker zum Drucken ausgewählt. Das **Standard-Papierformat** ❷ dürfte hier landestypisch bei **DIN A4** stehen bleiben.

Neben dem Reiter **Drucken** für den Drucker gibt es einen Reiter **Scannen**, in dem Sie einen angeschlossenen Scanner finden und einrichten können. Bei Multifunktionsgeräten, die Drucker und Scanner enthalten, finden Sie hier Ihren Scanner. Über das Plussymbol können Sie einen neuen Drucker oder Scanner hinzufügen und mit dem Minussymbol einen ausgewählten Drucker oder Scanner aus der Liste entfernen.

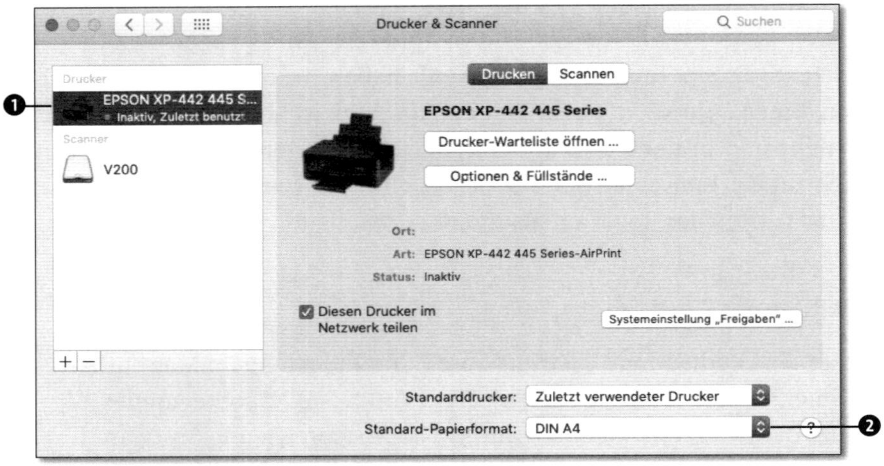

Abbildung 21.13 Einen Drucker können Sie über die Systemeinstellungen anpassen/einrichten.

Steht bei Ihnen der Text **Es sind keine Drucker verfügbar**, wird in der folgenden Schritt-für-Schritt-Anleitung ein gängiger Weg beschrieben, einen neuen Drucker einzurichten. Es wird davon ausgegangen, dass Sie den Drucker bereits mit dem Mac verbunden und eingeschaltet haben.

1 Klicken Sie in den **Systemeinstellungen** von **Drucker & Scanner** auf das Plussymbol links unten, und wählen Sie im Kontextmenü **Drucker oder Scanner hinzufügen** aus. Das Kontextmenü wird allerdings nur angezeigt, wenn bereits Drucker eingerichtet wurden (was in der Abbildung nicht der Fall war). In dem Fall reicht ein Klick auf das Plussymbol.

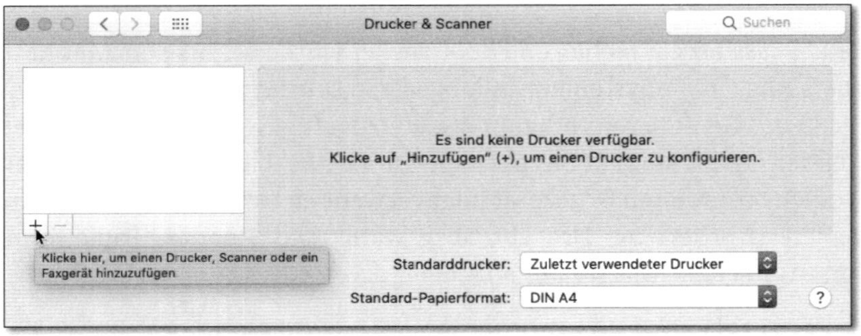

2 Wählen Sie im sich öffnenden Dialog im Register **Standard** den Drucker am USB-Anschluss (Typ **USB**) aus. Wurde bei **Verwenden** kein Treiber für den Drucker ausgewählt, steht gewöhnlich darunter gleich, dass die Druckersoftware nicht von Apple erhältlich ist. In dem Fall müssen Sie die neueste Druckersoftware vom Druckerhersteller herunterladen und installieren. Ansonsten, wenn ein Druckertreiber von Apple vorhanden ist, müssen Sie noch auf **Hinzufügen** klicken, und der Drucker wird für das System eingerichtet und ist dann betriebsbereit.

21.3.2 Netzwerkdrucker über Bonjour installieren

Für echte Netzwerkdrucker mit einem Ethernet-Anschluss können Sie *Bonjour* verwenden. Bonjour ist eine Softwarelösung von Apple, mit der Sie eine Verbindung zu anderen Geräten herstellen können. Der Vorteil von Bonjour ist, dass hierbei keine Konfiguration benötigt wird und Sie Netzwerkdrucker unter macOS (und auch Windows) ganz einfach einrichten können. Ebenfalls von Vorteil ist Bonjour, wenn mal keine Druckersoftware für den Drucker vorhanden ist, da Sie dann zumindest über Bonjour drucken können.

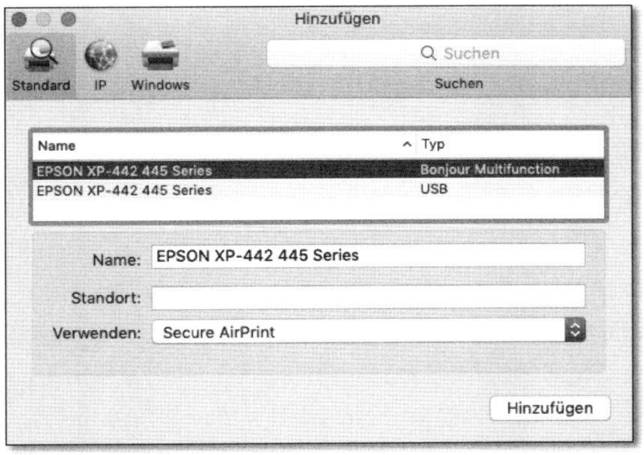

Abbildung 21.14 Einen Netzwerkdrucker über Bonjour installieren

Viele namhafte Hersteller haben mittlerweile Bonjour als Technologie in ihre Produkte integriert. Gewöhnlich reicht es aus, nur den Drucker zu suchen, und schon steht dieser zur Verwendung bereit. Im Grunde müssen Sie nichts weiter tun, als auf das Plussymbol bei **Drucker & Scanner** in den **Systemeinstellungen** zu klicken und in der Liste das Gerät auszuwählen, bei dem als Typ **Bonjour** oder **Bonjour Multifunction** für ein Multifunktionsgerät steht. Wenn Bonjour nicht zur Verfügung steht, könnten Sie im Register **IP** das Gerät über seine IP-Adresse ausfindig machen. Hierzu ist es nötig, die IP des Geräts vorher zu ermitteln.

21.3.3 Drucker im Netzwerk freigeben

Wenn Sie ein Gerät für andere Macs im Netzwerk verwenden wollen, müssen Sie den Drucker in der Liste bei **Drucker & Scanner** in den **Systemeinstellungen** auswählen und bei den Einstellungen ein Häkchen bei **Diesen Drucker im Netzwerk teilen** setzen. Jetzt können andere Macs im selben Netzwerk über diesen Drucker drucken.

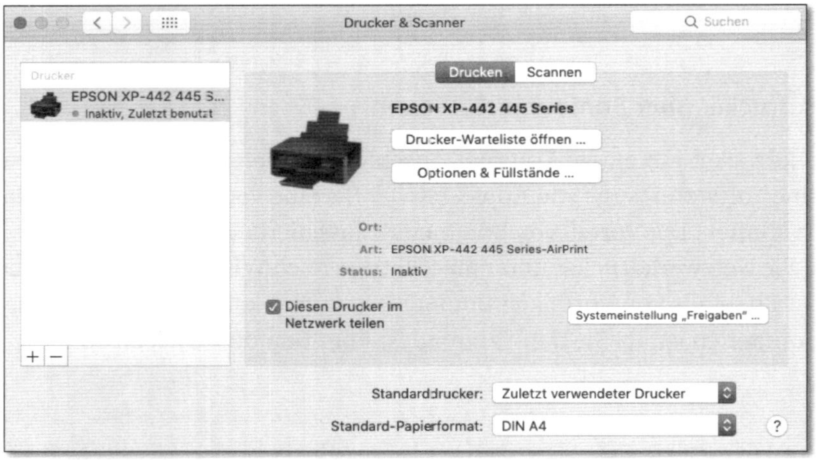

Abbildung 21.15 Drucker im Netzwerk freigeben

HINWEIS

AirPrint

Wenn Ihr Drucker die Technologie *AirPrint* unterstützt, können Sie den Drucker ohne eine Installation und Konfiguration verwenden. Diese Technologie ist ganz besonders interessant, um mit mobilen Geräten wie dem iPhone oder iPad drahtlos Dokumente an den Drucker zu senden. Es kann daher sinnvoll sein, schon beim Kauf darauf zu achten, ob der Drucker auch mit AirPrint umgehen kann.

21.3.4 Drucksystem zurücksetzen

Wenn beim Drucken mal überhaupt nichts mehr gehen sollte, können Sie versuchen, den Drucker aus der Liste über das Minussymbol zu entfernen und wieder neu anzulegen. In vielen Fällen reicht dies aus. Sollte es damit nicht klappen, dann haben Sie noch die letzte Möglichkeit, das komplette Drucksystem zurückzusetzen. Hierzu müssen Sie in der Liste mit den Druckern rechts klicken und im Kontextmenü den Befehl **Drucksystem zurücksetzen** auswählen. Nach einer Rückfrage wird das Drucksystem zurückgesetzt, und Sie können Ihren Drucker neu anlegen.

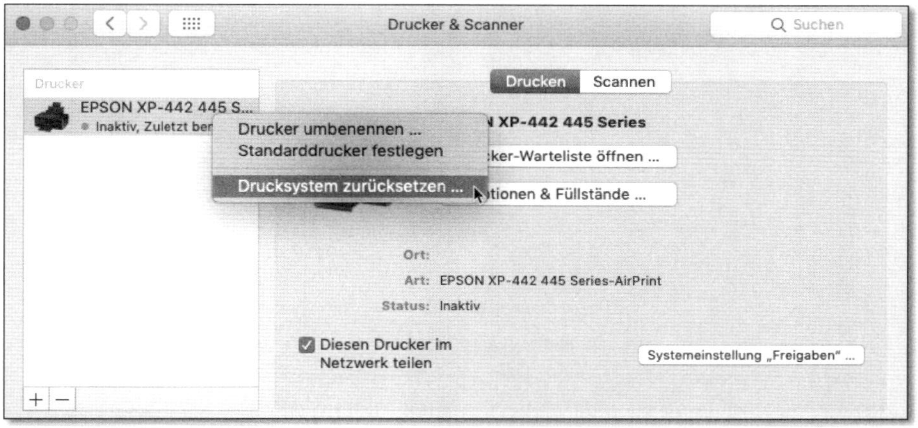

Abbildung 21.16 Drucksystem komplett zurücksetzen

21.3.5 Scanner einrichten

Wie bereits erwähnt, entspricht das Einrichten eines Scanners in etwa dem Einrichten eines Druckers. Sie schließen den Scanner an den USB-Port an, und wenn Sie Glück haben, wird dieser gleich erkannt, und Sie können den Anweisungen auf dem Bildschirm folgen. Ansonsten führt der Weg zu den **Systemeinstellungen** von **Drucker & Scanner**, wo Sie über das Plussymbol den angeschlossenen Scanner hinzufügen können und wo dann die entsprechenden Treiber geladen und installiert werden.

Wenn dies nicht klappen sollte, dann gilt es auch hier, einen Blick auf die Supportseite des Scanner-Herstellers zu werfen, ob hier eine passende Software vorhanden ist. In den meisten Fällen liefern die Scanner-Hersteller diese Software für den Scanner mit. An dieser Stelle muss leider angefügt werden, dass der Scanner-Support für den Mac nicht so umfassend ist, wie dies bei Druckern der Fall ist. Wenn möglich, sollten Sie bereits beim Kauf des Scanners darauf achten, ob dieser mit Ihrer macOS-Version kompatibel ist.

Ist ein Scanner eingerichtet, finden Sie ihn in den **Systemeinstellungen** von **Drucker & Scanner** im Register **Scannen** ❶ wieder. In meinem Beispiel sehen Sie neben dem eingerichteten Scanner auch noch mal dasselbe Gerät wie im Bereich **Drucken** , weil ich ein Multifunktionsgerät verwende, womit Drucken und Scannen möglich ist.

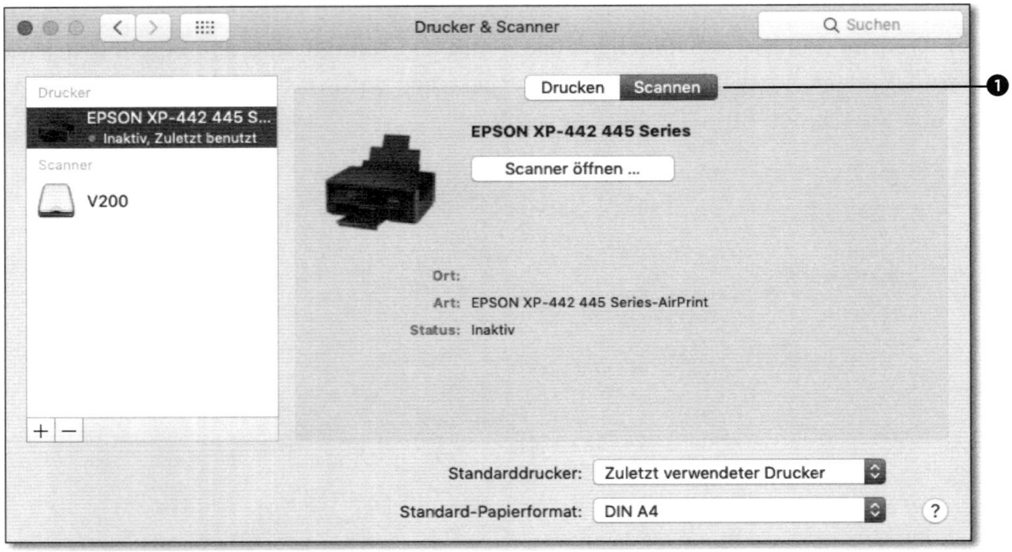

Abbildung 21.17 Ein eingerichteter Scanner in den Systemeinstellungen

21.3.6 Drucken mit TextEdit

Wenn Sie Ihren Drucker eingerichtet haben, können Sie Dokumente aufs Papier bringen. Da Sie in diesem Kapitel vielleicht mit TextEdit bereits ein Dokument angelegt haben, soll anhand dieses Beispiels gezeigt werden, wie Sie Dokumente ausdrucken können. Das Prinzip funktioniert bei allen anderen Programmen recht ähnlich. Hier zunächst ein Schnellausdruck auf das Papier:

1. Klicken Sie auf **Ablage ▸ Drucken** bzw. drücken `cmd` + `P`, wird Ihnen der Dialog zum Drucken angezeigt.
2. Wählen Sie den gewünschten **Drucker** aus, und geben Sie die Anzahl der **Kopien** und die zu druckenden **Seiten** ein.
3. Klicken Sie auf **Drucken**, und TextEdit übergibt den Druckauftrag an den ausgewählten Drucker.

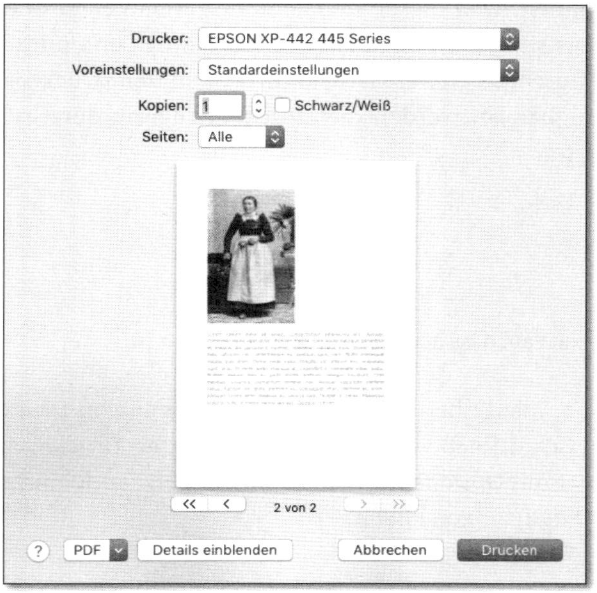

4 Während des Drucks sehen Sie im Dock ein Icon mit dem Namen des Druckers und der Anzahl der Druckaufträge eingeblendet. Klicken Sie das Symbol an, haben Sie Zugriff auf die aktuellen Druckaufträge, die an den Drucker übermittelt wurden. Hier werden die Druckaufträge für den Drucker einzeln aufgelistet. Haben Sie einen Auftrag versehentlich losgeschickt, können Sie ihn über die kleine Löschen-Schaltfläche ❶ am Ende des Fortschrittsbalkens aus der Liste entfernen und abbrechen. Mit der Schaltfläche daneben können Sie einzelne Aufträge pausieren und beim erneuten Anklicken weiterausführen. Alle Aufträge hingegen können Sie über die große Schaltfläche **Pause** oben in der Symbolleiste anhalten. Über dieselben Schaltflächen können Sie anschließend die pausierenden Druckaufträge wiederaufnehmen. Daneben bei **Einstellungen** bekommen Sie zum Beispiel einen Überblick über die Füllstände der Patronen. Sind die Druckaufträge fertig und haben Sie das Icon im Dock nicht angeklickt, verschwindet es automatisch wieder aus dem Dock.

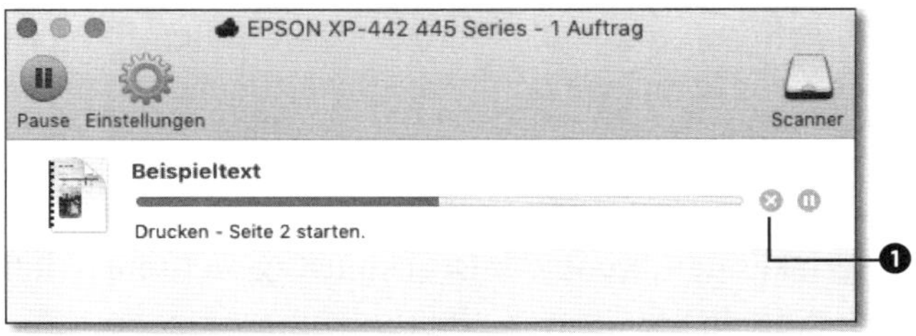

Wenn der Drucker nicht verfügbar ist, weil dieser vielleicht ausgeschaltet ist oder Sie mit dem tragbaren Mac unterwegs sind, wird ein Offline-Symbol links unten im Dock des Icons angezeigt. Sie können durchaus weitere Druckaufträge an den Drucker übergeben. Sobald der Drucker verfügbar ist, werden die Druckaufträge in der Drucker-Warteliste automatisch abgearbeitet.

Abbildung 21.18 Das Offline-Symbol zeigt an, dass der Drucker nicht verfügbar ist.

Die Drucker-Warteliste können Sie auch über die **Systemeinstellungen** von **Drucker & Scanner** mit der entsprechenden Schaltfläche ❷ für den ausgewählten Drucker anzeigen lassen. Ebenso können Sie hier mit **Optionen & Füllstände** die Füllstände und eventuell weitere Optionen zum Drucker anzeigen lassen.

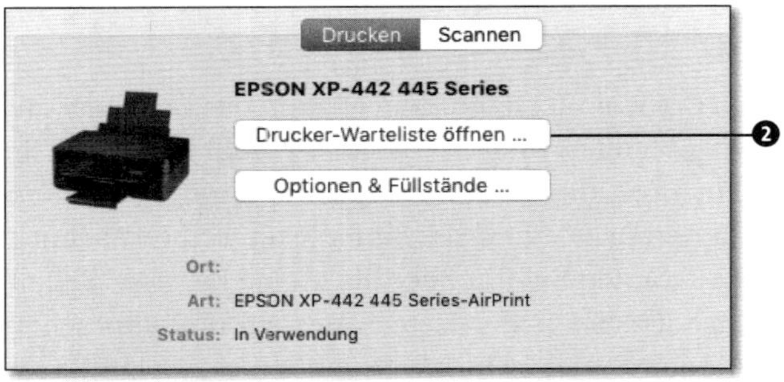

Abbildung 21.19 Drucker-Warteliste und Füllstände anzeigen

21.3.7 Die Einstellungen für den Druck

Nicht immer werden Sie Ihre Dokumente in der Standardeinstellung ausdrucken, sondern spezielle Anpassungen vornehmen wollen, um beispielsweise Tinte zu sparen. Um Zugriff auf alle Einstellungsmöglichkeiten Ihres Druckers zu haben, klicken Sie beim Standarddruckdialog auf die Schaltfläche **Details einblenden**.

Das sich öffnende Fenster bietet mehrere Einstellmöglichkeiten für den Druck an. Auf der linken Seite sehen Sie die Vorschau, in der Sie mit den Schaltflächen darunter blättern können, wenn der Druckauftrag mehrere Seiten umfasst. Aber diese Vorschau kennen Sie bereits vom Standarddruckdialog. Im Feld **Drucker** wählen Sie den zu verwendenden Drucker und dann die Anzahl der **Kopien**. Daneben können Sie wählen, ob Sie **Schwarz/Weiß** und, wenn es der Drucker unterstützt, **Beidseitig** drucken wollen. Die Standardeinstellung von **Seiten** ist **Alle**, womit alle Seiten des zu druckenden Dokuments gedruckt werden. Aber Sie können auch **Von** wählen und angeben, von welcher Seite Sie **bis** zu welcher Seite drucken wollen. Bei **Papierformat** wählen Sie die Größe des eingelegten und zu druckenden Papiers, was im Normalfall **DIN A4** sein dürfte. Darunter stellen Sie mit **Ausrichtung** ein, ob Sie das Dokument im Hoch- oder Querformat drucken wollen. Noch mehr Einstellungen kommen über die Dropdown-Liste **TextEdit** zum Vorschein, auf die gleich noch genauer eingegangen wird. (Für die Liste wird der Name des Programms verwendet, aus dem gedruckt wird. Wenn Sie aus Safari drucken, dann würde hier **Safari** stehen.) Diese erweiterten Optionen können sich von Drucker zu Drucker etwas unterscheiden.

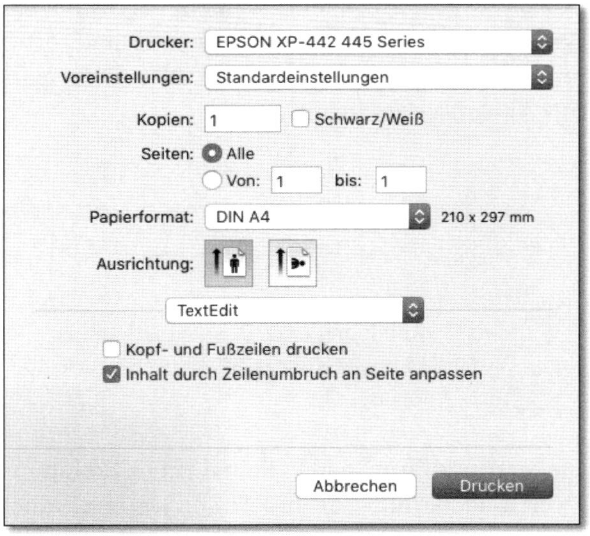

Abbildung 21.20 Erweiterte Druckereinstellungen

Nun will ich etwas genauer auf die erweiterten Einstellungen mit **Layout**, **Papierhandhabung** und **Deckblatt** eingehen:

- **Layout:** Mit dem Punkt **Layout** können Sie über **Seiten pro Blatt** festlegen, wie viele Seiten des Dokuments auf ein Blatt Papier gedruckt werden sollen. Hiermit können Sie bei umfangreichen Dokumenten eine Menge Papier sparen. **Seitenfolge** können Sie je nach Lesegewohnheit definieren. Ein **Rahmen** kann sinnvoll als Trennlinie bei mehreren Seiten auf einem Blatt sein. Wollen Sie Vorder- und Rückseite drucken, bietet sich die Option **Beidseitig** an.

Abbildung 21.21 Das »Layout«-Menü des erweiterten Drucken-Dialogs

- **Papierhandhabung:** Mit **Papierhandhabung** können Sie festlegen, ob bestimmte Seiten gedruckt werden sollen, beispielsweise können Sie nur gerade oder ungerade Seiten über **Zu druckende Seiten** drucken oder festlegen, in welcher **Seitenfolge** gedruckt werden soll. Wenn Sie beispielsweise **Umgekehrt** wählen, wird die letzte Seite zuerst gedruckt, und Sie müssen später die Seiten nicht mehr von Hand sortieren. Mit **An Papierformat anpassen** können Sie beispielsweise ein DIN-A3-formatiges Dokument auf DIN A5- oder DIN A4-Größe verkleinern.

Abbildung 21.22 Das »Papierhandhabung«-Menü des erweiterten Drucken-Dialogs

- **Deckblatt:** Mit **Deckblatt** können Sie den auszudruckenden Seiten ein Deckblatt mit einem Hinweis, wie zum Beispiel vertraulich, hinzufügen. Für den Heimgebrauch dürfte diese Option nicht von Bedeutung sein.

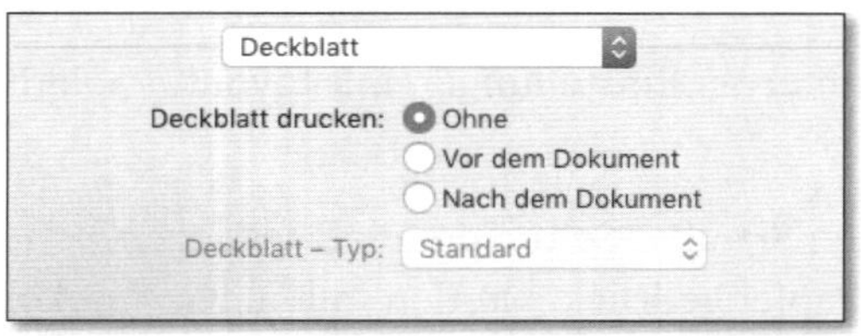

Abbildung 21.23 Das »Deckblatt«-Menü des erweiterten Drucken-Dialogs

Oftmals finden Sie noch weitere Druckeinstellungen vor, die allerdings vom verwendeten Drucker abhängen. So gibt es beispielsweise bei vielen Druckern noch **Medien & Qualität**, wo Sie den Papiertyp oder die Qualität des Drucks einstellen können. Manche

Drucker bieten hier ein Papierauswahlfach. Weitere Optionen wie randloser Druck oder Duplexdruck werden nur angezeigt, wenn der Drucker diese Funktionen unterstützt.

Wenn Sie die gewünschten Anpassungen vorgenommen haben und diese gerne für künftige Druckaufträge verwenden wollen, können Sie über die Dropdown-Liste **Voreinstellungen** die Option **Aktuelle Einstellungen als Voreinstellung sichern** wählen und im folgenden Dialog einen passenden Namen für diese Voreinstellung verwenden. Anschließend finden Sie diese Voreinstellung bei jedem neuen Druckauftrag, egal, von welchem Programm aus Sie drucken wollen, in der Dropdown-Liste **Voreinstellungen** zur Auswahl wieder.

Abbildung 21.24 Benutzerdefinierte Voreinstellungen sichern

21.3.8 Eine PDF-Datei erstellen

Im Alltag ist es heutzutage nicht mehr so häufig nötig, etwas auf Papier auszudrucken. Meistens reicht es aus, wenn Sie ein Dokument als Dateianhang per E-Mail verschicken. In vielen Fällen werden Sie allerdings nicht wollen (zum Beispiel bei Rechnungen oder Einladungen), dass der Empfänger die Datei bearbeiten kann. Für solche Fälle ist es sinnvoll, nicht die Originaldatei, sondern einen virtuellen Ausdruck der Datei im PDF-Format zu verschicken. Das PDF-Format ist ziemlich weit verbreitet, und fast jeder Computer, egal, ob Mac, Windows oder Linux, kann ein PDF-Dokument anzeigen – und zwar so, wie Sie es erzeugt haben. Dessen können Sie sich sicher sein, weil ein PDF-Dokument die Schriftarten, Bilder und Grafiken mit eingebettet hat.

Um ein PDF-Dokument zu erzeugen, bieten viele Programme eine eigene Funktion über das Menü **Ablage** an. So finden Sie beispielsweise in TextEdit mit dem Menübefehl **Ablage ▸ Als PDF exportieren** eine Möglichkeit dazu. Trotzdem gibt es Programme, die kein PDF als Export zur Verfügung stellen. In solch einem Fall können Sie ein PDF-Dokument über den Drucken-Dialog erstellen. Die folgende Anleitung zeigt Ihnen, wie Sie dies machen können:

1 Rufen Sie den Drucken-Dialog über **Ablage ▸ Drucken** bzw. cmd + P auf.

2 Wählen Sie im Auswählmenü von **PDF** unten links den Befehl **Als PDF sichern**. Alternativ können Sie hier **Mit Mail senden** auswählen, und das PDF wird gleich mit Mail als Anhang ohne einen weiteren Dialog geöffnet. Die Schritte 3 und 4 entfallen dann.

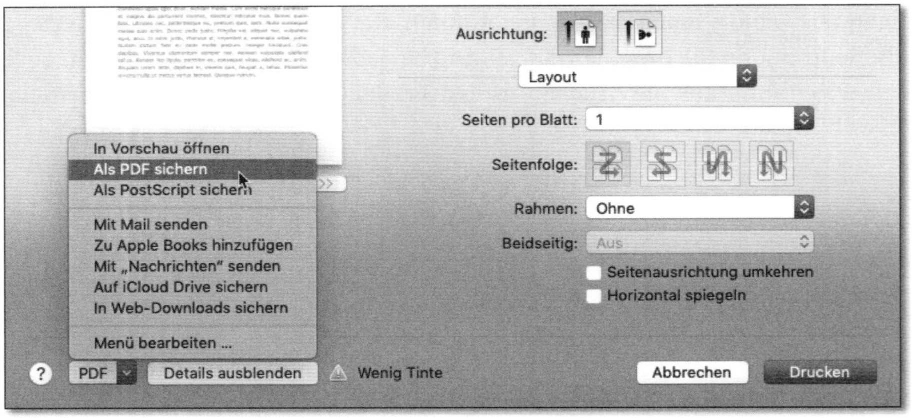

3 Im folgenden Dialog geben Sie den Namen für die Datei ein. Wählen Sie außerdem den Speicherort für das neue PDF-Dokument aus. Bei Bedarf können Sie dem PDF-Dokument noch einen **Betreff** und **Schlagwörter** hinzufügen. Wollen Sie das PDF mit einem Passwort schützen, klicken Sie auf **Sicherheitsoptionen**. Hier können Sie das PDF mit einem Passwort beim Öffnen, Kopieren von Inhalten und/oder Drucken des Dokuments schützen.

4 Klicken Sie auf **Sichern**, und es wird aus dem Dokument eine Kopie im PDF-Format erstellt.

21.4 PDF-Dokument mit Vorschau bearbeiten

Dem Programm Vorschau von Apple sind Sie bereits häufiger begegnet, und es ist in der Tat ein toller Betrachter von Dateien, der mit vielen unterschiedlichen Dateiformaten umgehen kann. Mit Vorschau können Sie nicht nur Dateien betrachten, sondern auch Dateien in andere Formate umwandeln oder PDF-Dokumente betrachten und bearbeiten. Da Sie im Alltag wohl häufiger mit PDF-Dokumenten zu tun haben, soll hier demonstriert werden, wie Sie mit Vorschau ein PDF-Dokument bearbeiten und Notizen hinzufügen können:

1 Öffnen Sie das gewünschte PDF-Dokument in Vorschau.

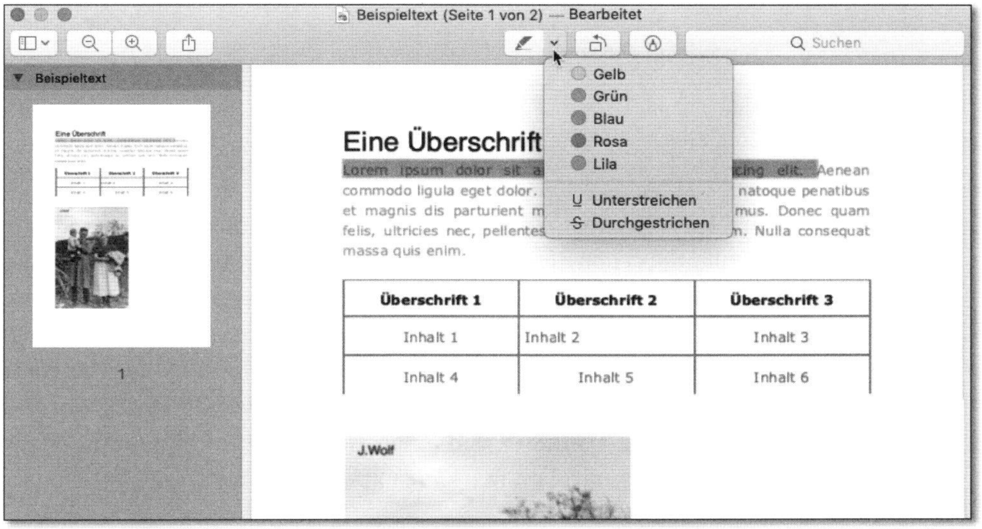

2 Wählen Sie mit gedrückter Maustaste einen Text aus, den Sie mit einer Farbe markieren und dem Sie eine Anmerkung hinzufügen wollen. Haben Sie einen Text markiert, klicken Sie oben in der Symbolleiste auf den Pfeil neben dem Stiftsymbol, und weisen Sie dem markierten Text eine Farbe zu, oder unterstreichen Sie ihn, bzw. streichen Sie ihn durch. Im Beispiel habe ich den Text gelb unterlegt.

3 Klicken Sie mit der rechten Maustaste auf den farbigen Text, und wählen Sie im Kontextmenü den Befehl **Hinweis hinzufügen**. Anmerkungen werden beim markierten Text minimiert angezeigt. Wenn Sie im Menü **Darstellung** den Befehl **Hervorhebung und Notizen** auswählen, können Sie die Anmerkungen in der Seitenleiste sehen.

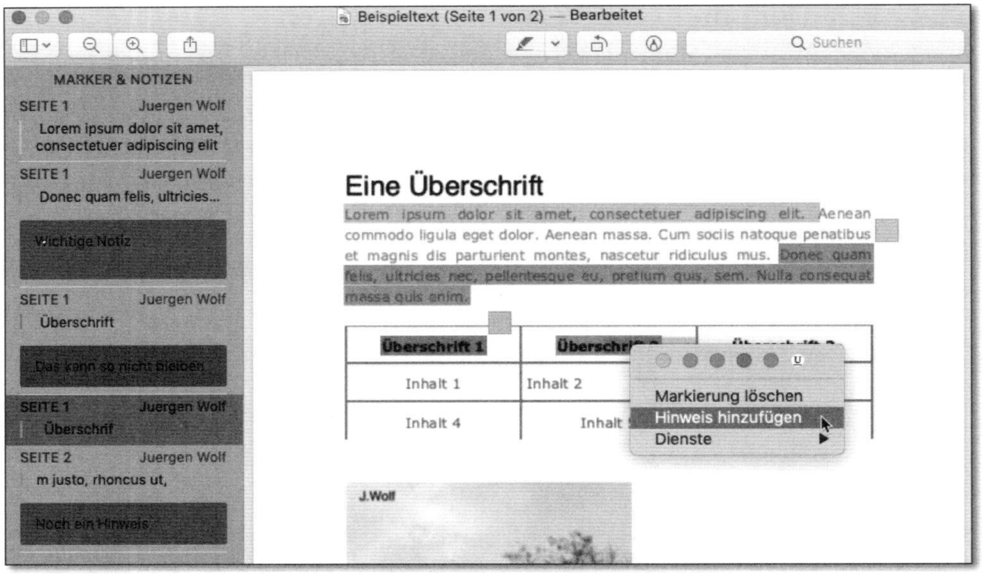

4 Wenn Sie in der Symbolleiste auf das Markierungen-Symbol klicken, wird die Werkzeugleiste eingeblendet. Hier finden Sie alte Bekannte der Schnellaktionen wieder, mit denen Sie bereits in Abschnitt 5.11, »Schnellaktionen verwenden«, Bilder bearbeitet haben, ohne eine weitere App zu öffnen. Anders als im eben besagten Abschnitt finden Sie hier ein Textauswahlwerkzeug ganz links, dessen Anwendung Sie im Prinzip eben in den Schritten 2 und 3 gesehen und verwendet haben. Zusätzlich gibt es hier noch eine Funktion, um einen Hinweiszettel hinzuzufügen, wobei Sie nicht vorher einen Text farblich markiert haben müssen.

5 Genauso können Sie weitere spezielle Markierungen über Formen ❶ hinzufügen. Auch ein Textwerkzeug ❷ ist vorhanden.

6 Eine, wie ich finde, sehr praktische Anmerkungsfunktion ist das Hinzufügen der eigenen Unterschrift. Wenn Sie die Schaltfläche **Signatur** angeklickt haben, öffnet sich ein Fenster, in dem Sie die Unterschrift über die eingebaute Kamera einscannen bzw. abfotografieren können, wenn Sie ein Papier mit Ihrer Unterschrift hinhalten. Das funktioniert erstaunlich gut. Alternativ können Sie auch das Trackpad zum Unterschreiben verwenden.

7 Wurde die Unterschrift abfotografiert oder mit dem Trackpad hinzugefügt, können Sie diese über die Schaltfläche **Signatur** auswählen und per Drag & Drop an die gewünschte Position setzen. Mithilfe der Eckpunkte skalieren Sie die Unterschrift noch auf die gewünschte Größe.

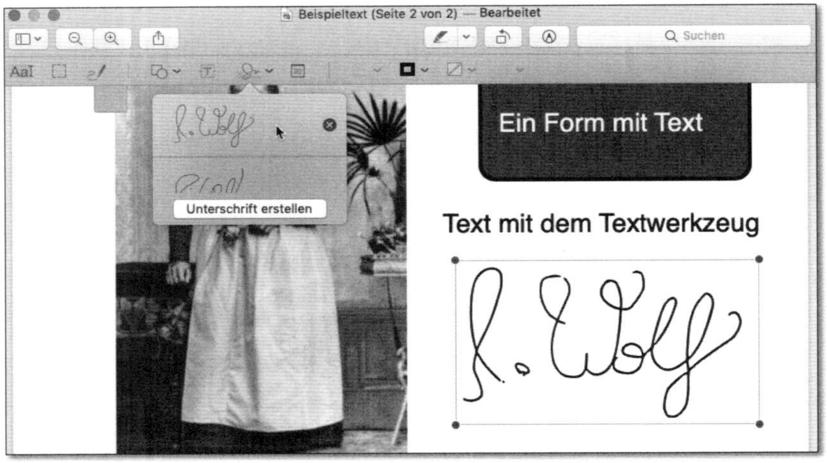

8 Speichern Sie das PDF-Dokument über **Ablage ▶ Sichern** bzw. cmd + S, können Sie das angepasste Dokument weitergeben. Alle gemachten Änderungen werden in anderen PDF-Readern angezeigt und lassen sich häufig auch weiter bearbeiten, wie Sie hier in Abbildung 21.25 mit dem Adobe Reader auf Windows sehen können. Kommentare, Anmerkungen und Rahmen sind nach wie vor änderbar.

Abbildung 21.25 Anpassungen im PDF sind auch kompatibel mit dem Adobe Acrobat Reader (hier unter Windows).

21.5 Dokumente und Bilder einscannen

Wenn Sie im Besitz eines Scanners sind und diesen erfolgreich eingerichtet haben, werden Sie vermutlich Dokumente oder Bilder einscannen und archivieren wollen. Einige Programme bieten hierfür spezielle Importfunktionen vom Scanner an. Darauf soll allerdings nicht weiter eingegangen werden. Stattdessen gebe ich Ihnen eine kurze Anleitung an die Hand, wie Sie Bilder oder Dokumente mit den Hausmitteln Ihres Macs einscannen können:

1 Wählen Sie in den **Systemeinstellungen** von **Drucker & Scanner** den Reiter **Scannen** aus, und klicken Sie hier auf die Schaltfläche **Scanner öffnen**.

2 Legen Sie das Dokument oder Foto auf den Scanner, das Sie einscannen wollen. Hierbei können Sie in der Dropdown-Liste links auswählen, wo das gescannte Dokument oder Bild gespeichert werden soll. Da im Beispiel ein Bild verwendet wird, wähle ich das *Bilder*-Verzeichnis. Daneben wählen Sie die Größe aus, die Sie erst mal auf **A4** belassen können. Klicken Sie auf die Schaltfläche **Details einblenden**, und es wird ein Vorabscan gemacht.

3 Die Software erkennt hierbei gewöhnlich das einzuscannende Dokument bzw. Bild und rahmt es mit blauen Eck- und Seitenpunkten ein. Über diese Punkte können Sie selbst noch bei Bedarf die Größe des einzuscannenden Dokuments anpassen. Am Ende können Sie außerdem noch eine Bildkorrektur durchführen, wenn als Scan-Typ **Farbe** ausgewählt ist.

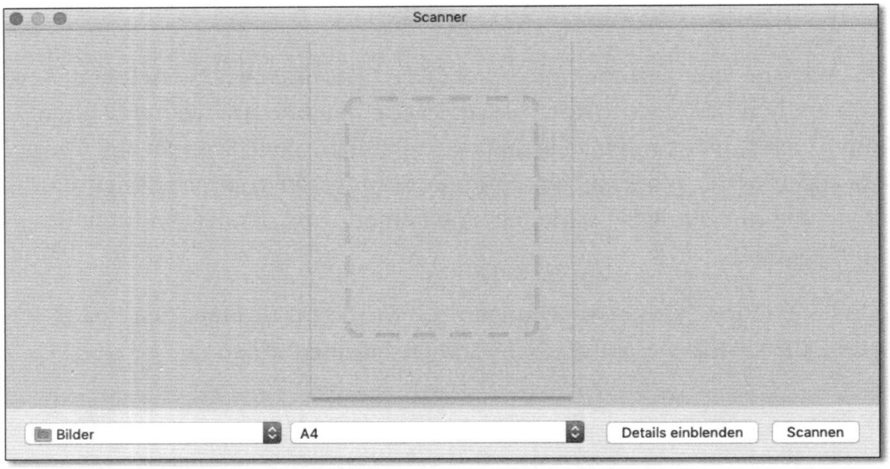

Im Feld **Typ** stellen Sie also ein, ob Sie ein Farb- oder Schwarzweißbild einscannen wollen. Ebenso steht hier **Text** als Typ zur Verfügung, wenn Sie Textdokumente einscannen. Dahinter stellen Sie die **Auflösung** und **Größe** des Scans ein. Die Größe des Scans wird automatisch anhand des Vorabscans eingerichtet. Sie können diese Auswahl bei Bedarf noch anpassen. Lässt sich ein Dokument oder Bild nicht gerade auf den Scanner legen, können Sie die Auswahl mit **Rotationswinkel** korrigieren. Ich verwende für Fotos gewöhnlich 300 dpi und für Text 150 dpi. Dann können Sie noch das Verzeichnis, den Namen und das Format für den Scan festlegen. Bei Bildern werden Sie vermutlich JPEG oder TIF und bei Dokumenten PDF unter **Format** angeben. Haben Sie alle Einstellungen vorgenommen, klicken Sie unten rechts auf die Schaltfläche **Scannen**.

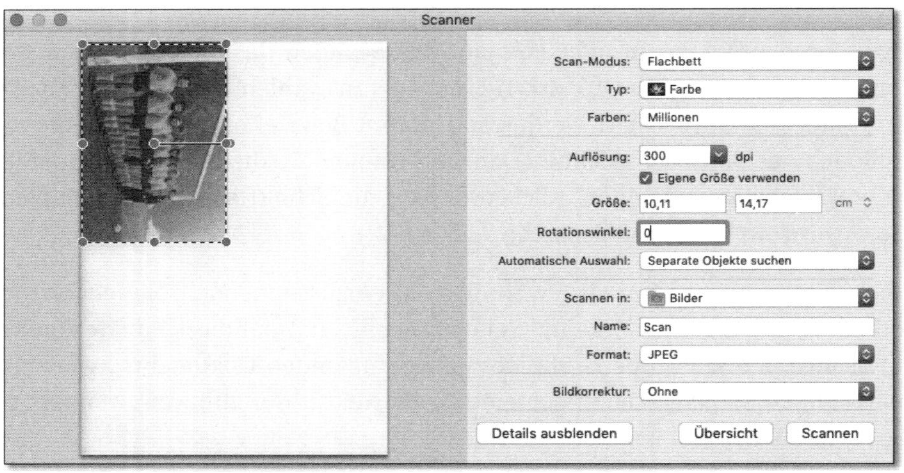

4 Nach dem Scanvorgang wird das Bild oder Dokument automatisch im ausgewählten Verzeichnis gespeichert, wo Sie es öffnen und gegebenenfalls weiterverarbeiten können.

21.6 Die Kamera-Übergabe mit iOS-Geräten verwenden

Bei vielen Apps von Apple wie Mail, Notizen, Pages, Keynote, Numbers, TextEdit und mehr können Sie beim Hinzufügen von Medien gleich direkt Fotos oder Dokumente über ein iOS-Gerät wie das iPhone oder iPad fotografieren bzw. scannen und hinzufügen. Apple nennt diese Funktion *Kamera-Übergabe* (oder auf Englisch: *Continuity Camera*). Es dürfte zudem eine Frage der Zeit sein, bis diese Funktion auch von Nicht-Apple-Apps angeboten wird. Die direkte Kamera-Übergabe funktioniert allerdings nicht nur innerhalb von Apps, sondern Sie können diese Funktion auch via rechten Mausklick auf dem Schreibtisch oder innerhalb eines beliebigen Verzeichnisses aufrufen, indem Sie dort im Kontextmenü im Untermenü **Importieren von iPhone** oder **Importieren von iPad** den Befehl **Foto aufnehmen** oder **Dokumente scannen** auswählen.

Um diese Funktion nutzen zu können, müssen folgende Voraussetzungen erfüllt sein:

- Auf dem macOS-Betriebssystem muss mindestens die Version 10.14 (Mojave) installiert sein, und auf dem iOS-Gerät muss mindestens iOS 12 laufen.

- Sie müssen sowohl auf dem Mac als auch auf dem iOS-Gerät mit derselben Apple-ID angemeldet sein.
- Der Mac und das iOS-Gerät müssen sich im selben WiFi-Netzwerk befinden.

Bei Apps, die diese Funktionalität zur Verfügung stellen, finden Sie gewöhnlich eine Medien-Schaltfläche in der Symbolleiste. Sind abgesehen vom Eintrag **Fotos** hier die Einträge **Foto aufnehmen** und **Dokumente scannen** ausgegraut, sind vermutlich die oben genannten Voraussetzungen nicht erfüllt. Dieselben Befehle finden Sie häufig auch über das Menü **Ablage ▸ Importieren von iPhone** bzw. **Ablage ▸ Importieren von iPad**.

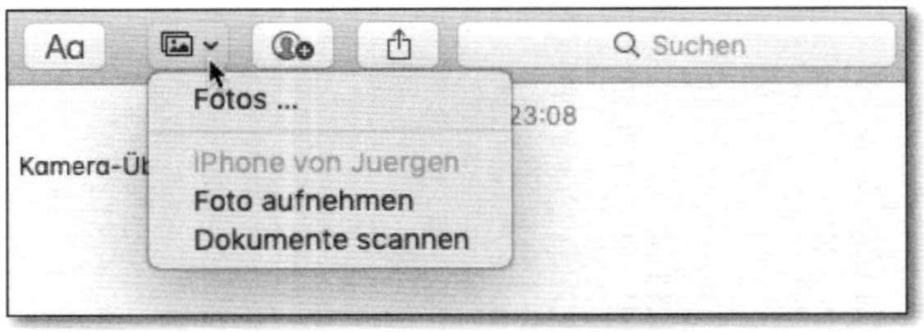

Abbildung 21.26 Viele Apps wie Mail, Notizen und mehr bieten die Kamera-Übergabe-Funktion über die Medien-Schaltfläche in der Symbolleiste an.

Zusätzlich können Sie bei den meisten Apps und auch auf dem Schreibtisch oder in einem Verzeichnis Ihrer Wahl im Finder die Kamera-Übergabe-Funktion via rechten Mausklick aufrufen und im Kontextmenü die entsprechenden Befehle **Foto aufnehmen** oder **Dokumente scannen** anklicken.

Abbildung 21.27 In vielen Apps sowie auf dem Schreibtisch oder innerhalb eines Verzeichnisses im Finder wird ebenfalls die Kamera-Übergabe via Kontextmenü angeboten.

21.6.1 Fotografieren mit der Kamera-Übergabe-Funktion

In dieser Anleitung erfahren Sie, wie Sie mit der Kamera-Übergabe-Funktion einem Dokument ein Foto hinzufügen können. Zwar wird hier die Mail-App verwendet, aber dieselben Schritte können Sie auch in den meisten anderen Apple-Apps wie Pages, Notizen, TextEdit durchführen, wo die Kamera-Übergabe-Funktion angeboten wird.

1 Positionieren Sie den Cursor an der Position, wo Sie das Foto hinzufügen wollen.

2 Klicken Sie mit der rechten Maustaste, und wählen Sie im Kontextmenü **Foto aufnehmen** aus.

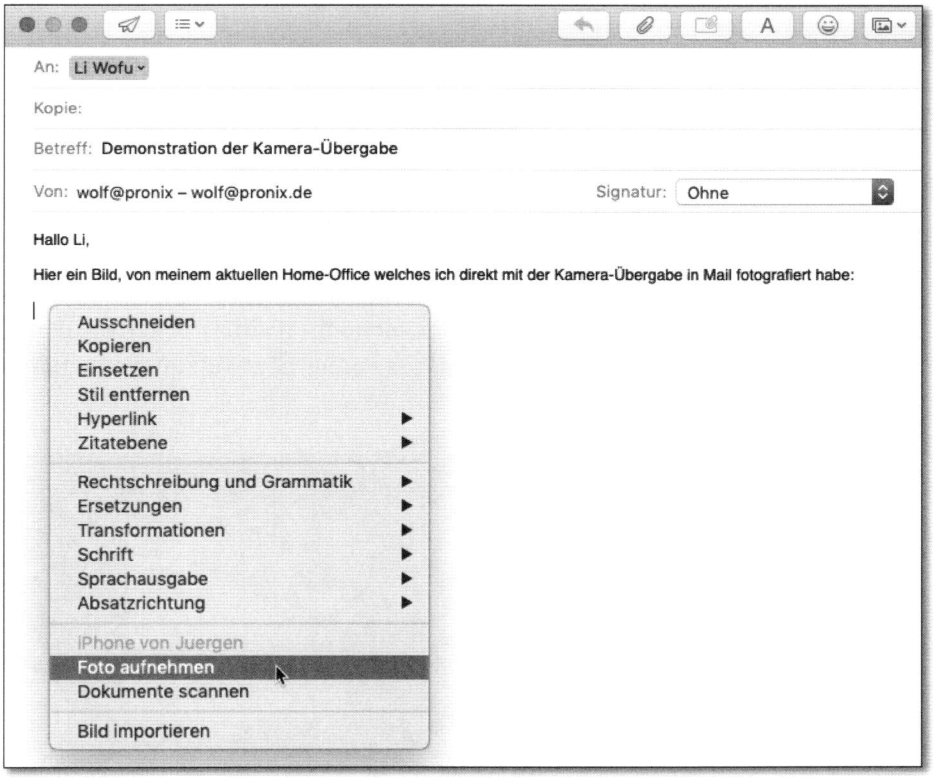

3 Jetzt erscheint eine Information an der Position des Cursors mit dem Hinweis, ein Foto mit dem iPhone oder iPad aufzunehmen.

4 Nehmen Sie jetzt das iPhone oder iPad zur Hand, und öffnen Sie die Kamera-App, falls dies nicht schon automatisch der Fall ist. Zur Auswahl steht derzeit nur die Möglichkeit, einfach nur ein Foto zu machen. Andere Optionen wie Quadrat-Aufnahmen oder Videoaufnahmen gibt es (derzeit noch) nicht. Drücken Sie den Auslöser. Daraufhin haben Sie die Möglichkeit, das Foto erneut aufzunehmen oder es zu verwenden.

5 Wenn Sie jetzt zum Mac zurückgehen, finden Sie das Bild, das Sie eben auf dem iOS-Gerät aufgenommen haben, an der Position vor, wo Sie den Cursor in Schritt 1 platziert haben. Hier können Sie je nach App über die Schnellaktionen das Bild nachträglich mit Anmerkungen versehen, drehen oder beschneiden.

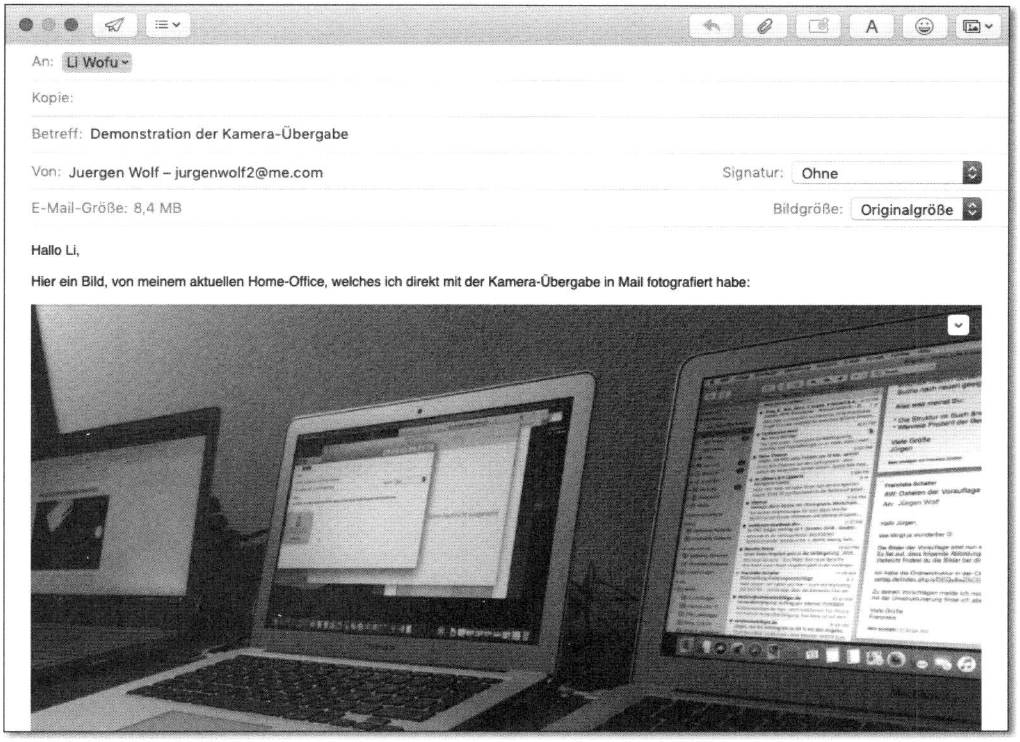

Abbildung 21.28 Das Bild wurde über die Kamera-Übergabe-Funktion mit dem iPhone direkt in die Mail-App fotografiert.

21.6.2 Dokumente direkt mit der Kamera-Übergabe einscannen

Besonders praktisch finde ich die Funktion, um Dokumente mit einem mobilen iOS-Gerät einzuscannen. Das ist beispielsweise ideal, um Rechnungen für die Steuer oder Spesenkosten zu scannen und zu digitalisieren. Der Vorgang, ein Dokument mit der Kamera-Übergabe-Funktion zu scannen, entspricht im Grunde fast demselben Vorgang, der eben beim Fotografieren mit der Kamera-Übergabe demonstriert wurde. Im Beispiel verwende ich die Notizen-App, in der ich meine monatlichen Rechnungen gerne archiviere. Auch hier gilt wieder, dass Sie diese Schritte auch innerhalb vieler anderer Apple-Apps durchführen können, welche die Kamera-Übergabe-Funktion enthalten.

1 Platzieren Sie den Mauscursor wieder an die Stelle, an die Sie das einzuscannende Dokument hinzufügen wollen. Wählen Sie nach einem Rechtsklick im Kontextmenü **Dokumente scannen**, oder, wie hier in der Abbildung zu sehen, klicken Sie auf die Medien-Schaltfläche in der Symbolleiste, und wählen Sie dort den Befehl zum Scannen eines Dokuments.

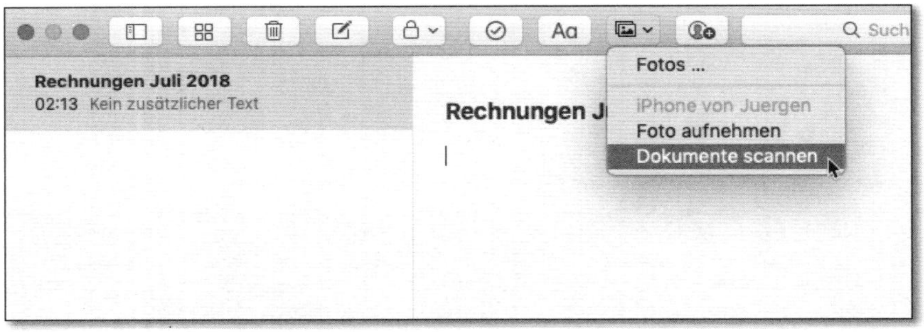

2 Es erscheint der Hinweis in der App, ein Dokument mit dem iPhone oder iPad einzuscannen.

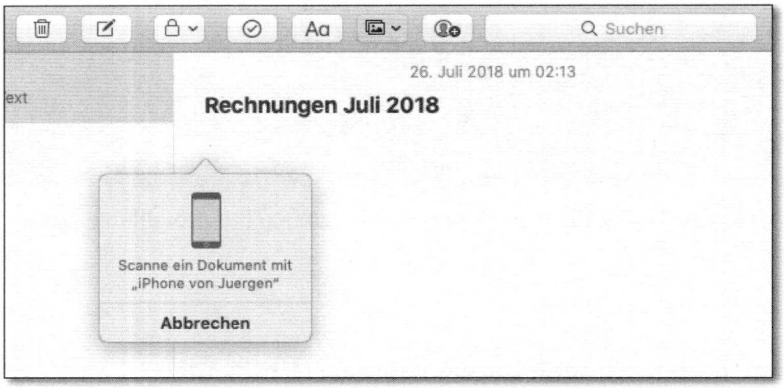

3 Wenn Sie das iPhone oder iPad jetzt in die Hand nehmen, sollte die Kamera-App bereits geöffnet sein, und Sie können das Dokument (hier eine Rechnung) einscannen. Wenn die Kamera-App das Dokument mithilfe eines gelben Hilfsrahmens erkennt, drücken Sie den Auslöser. Eventuell erkennt die Scan-App auf dem iOS-Gerät das Dokument gleich von selbst und scannt das Dokument automatisch ein.

4 Jetzt erscheint gewöhnlich ein Auswahlbildschirm, in dem Sie den Rahmen für das einzuscannende Dokument über die Eckpunkte anpassen können. Sind Sie zufrieden mit dem Ausschnitt des Dokuments, tippen Sie **Scan behalten** an, um eben dies zu tun, oder **Wiederholen**, wenn Sie das Dokument erneut scannen und den eben erstellten Scan verwerfen wollen.

5 Die Kamera-App kehrt jetzt wieder in den Scannermodus zurück, wo Sie bei Bedarf weitere Dokumente einscannen können. Wenn Sie fertig sind, tippen Sie auf **Speichern**.

6 Wieder zurück auf dem Mac, finden Sie in der App das oder die Dokumente, die Sie eben eingescannt haben, an der Stelle vor.

Abbildung 21.29 Die Rechnung wurde mithilfe der Kamera-Übergabe-Funktion und eines iOS-Geräts direkt in die Notizen-App eingescannt und hinzugefügt.

22 Die Schriftsammlung des Macs

An dieser Stelle möchte ich kurz das Programm Schriftsammlung zur Verwaltung von Schriftarten unter dem Mac vorstellen. In TextEdit haben Sie vermutlich bereits gesehen, dass Sie verschiedene Schriftarten als Auswahl zur Verfügung haben. Das Programm Schriftsammlung finden Sie im »Programme«-Verzeichnis.

Wenn Sie das Programm Schriftsammlung aus dem *Programme*-Verzeichnis starten, finden Sie in der linken Spalte die Liste der Orte und Sammlungen der verschiedenen Schriftarten. Unter **Computer** werden die Schriften aufgeführt, die sich in den Verzeichnissen */System/Library/Fonts* und */Library/Fonts* befinden. Die unter **Benutzer** aufgelisteten Schriften befinden Sie im persönlichen Verzeichnis des Benutzers unter */Benutzer/Benutzername/Library/Fonts*. Die Aufteilung in **Computer** und **Benutzer** sehen Sie allerdings nur dann, wenn Sie eigene Schriftarten zum entsprechenden *Fonts*-Verzeichnis des Benutzers installiert haben.

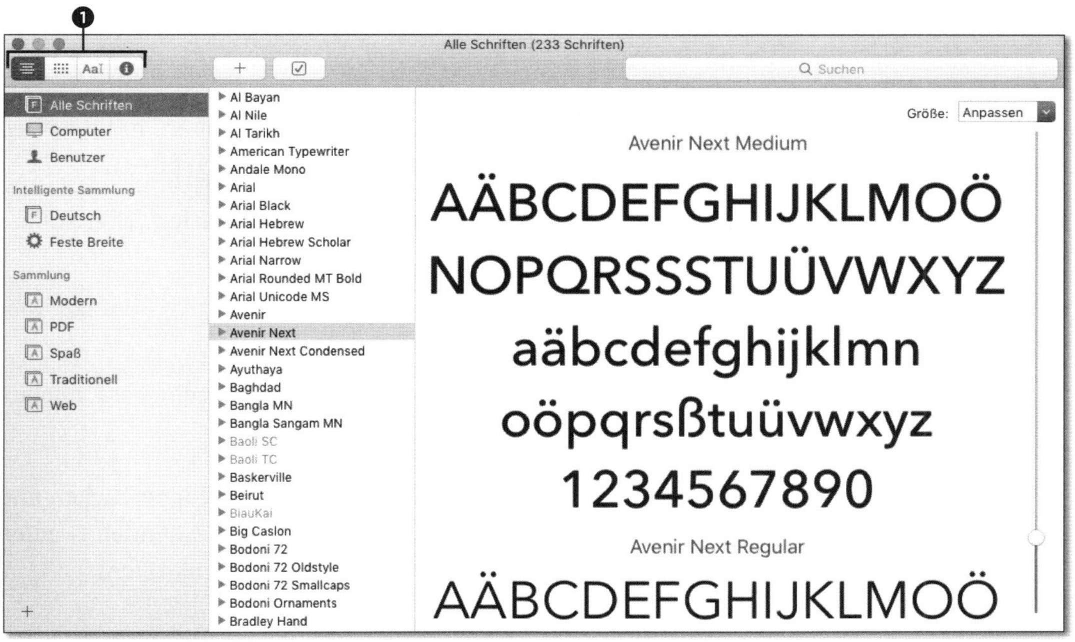

Abbildung 22.1 Die Oberfläche von Schriftsammlung

In der mittleren Spalte werden die Schriftarten und ihre mitgelieferten Schnitte aufgelistet, und in der rechten Spalte sehen Sie jeweils die Vorschau der ausgewählten Schriftart. Die Darstellung der Vorschau rechts können Sie über das Menü **Darstellung** mit den Befehlen **Beispiel**, **Repertoire**, **Eigene** und **Schriftinformationen einblenden** anpassen. Dieselben Befehle finden Sie auch in der Symbolleiste mit den ersten vier Schaltflächen ❶.

22.1 Schrift installieren und entfernen

Es gibt eine Menge Formate, die von Mac für die Schriftsammlung unterstützt werden und hinzugefügt werden können. Hierzu zählen folgende Formate:

- **TrueType:** Hierbei können die TrueType-Typen sowohl der Mac- als auch der Windows-Version verwendet werden. Neben den *.ttf*-Dateien werden auch Sammlungen in *.ttc*-Dateien und *.dfont*-Dateien (Datafont-Schriftarten) unterstützt.
- **OpenType:** Die neueren OpenType-Schriftarten mit der Endung *.otf* können ebenfalls verwendet werden.
- **PostScript Type 1:** Bei diesen Dateien benötigen Sie sowohl die Schriftart für den Bildschirm als auch die Version für den Ausdruck.

Zur Installation können Sie das Programm Schriftsammlung verwenden. In folgenden Verzeichnissen können/sollten auf dem Mac Schriftarten gespeichert werden:

- */System/Library/Fonts*: Hier speichert das System seine Schriftarten. Hier sollten Sie keine Dateien ändern oder entfernen.
- */Library/Fonts*: Hier werden die Schriftarten gespeichert, die für alle Benutzerkonten des Systems zur Verfügung stehen sollen.
- */Benutzer/Benutzername/Library/Fonts*: Die Schriftarten in diesem persönlichen *Library*-Unterordner stehen nur Ihnen selbst zur Verfügung.

Eine neue Schriftart können Sie installieren, indem Sie auf die Datei doppelklicken und dann in der Vorschau rechts unten **Installieren** anklicken. Die entsprechenden Dateien werden in den Ordner */Library/Fonts* oder */Benutzer/Benutzername/Library/Fonts* kopiert.

Abbildung 22.2 Schriftarten installieren

Ob die Schriftarten nach */Library/Fonts* oder ins *Fonts*-Benutzerverzeichnis kopiert werden sollen, entscheiden Sie im Menü **Schriftsammlung ▸ Einstellungen** mit der Option **Standort der Installation**. Hier können Sie auch gleich vorgeben, dass Duplikate in den Papierkorb geschoben werden sollen.

Abbildung 22.3 Ort der Installation für neue Schriftarten festlegen

Damit installierte Schriftarten im Benutzerverzeichnis des *Fonts*-Ordners auch im mittleren Bereich als Dropdown-Liste erscheinen, sollten Sie die Schriftarten in einen Ordner legen. Sie können übrigens auch einfach einen Ordner mit heruntergeladenen

Schriftarten ins *Fonts*-Verzeichnis des Benutzers kopieren, und diese Schriftarten werden automatisch der Schriftsammlung hinzugefügt. Schriften im Benutzerverzeichnis stehen allerdings auch nur dem Benutzer zur Verfügung.

Abbildung 22.4 Schriftarten können auch per Drag & Drop dem Benutzerverzeichnis hinzugefügt werden.

Schriften können Sie entfernen, wenn Sie die entsprechende Schrift in der mittleren Spalte markieren und dann via rechten Mausklick bzw. das Menü **Ablage** den Befehl **"Schriftname" entfernen** anklicken. Systemschriften können allerdings nicht entfernt werden.

22.2 Sammlungen von Schriften

Über das Plussymbol links unten oder einen rechten Mausklick und das Kontextmenü können Sie eine Sammlung verschiedener Schriftarten erstellen, in der Sie beispielsweise häufig verwendete Schriftarten gruppieren. Wenn Sie eine Sammlung erstellt und einen aussagekräftigen Namen vergeben haben, können Sie per Drag & Drop Schriftarten von der mittleren Spalte hier hinzufügen.

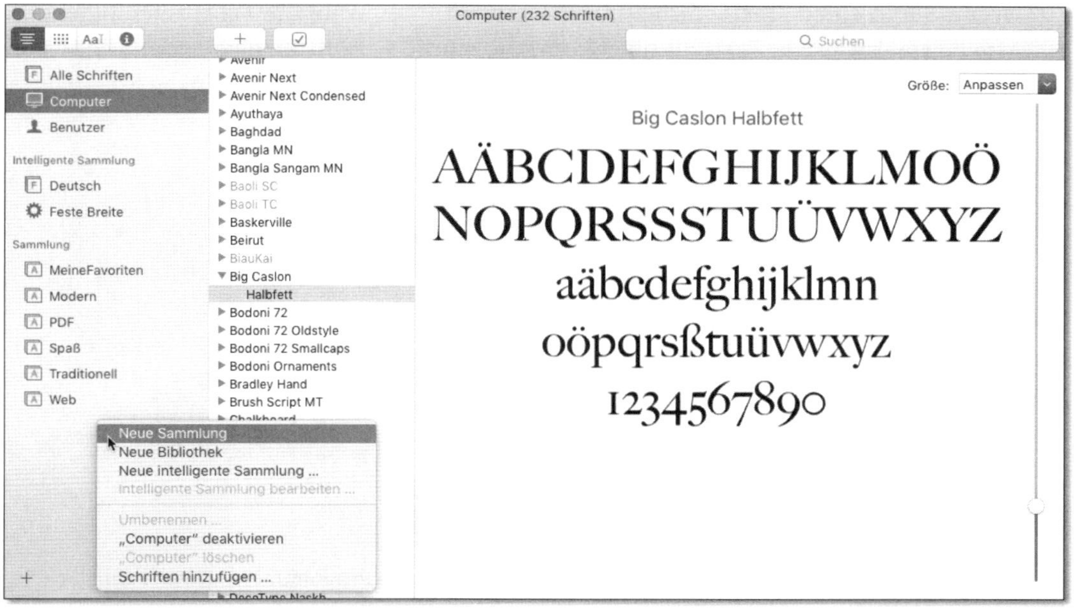

Abbildung 22.5 Eine eigene Sammlung von Schriften erstellen

Versiertere Anwender, die sich etwas umgehender mit Schriften befassen und auskennen, können über **Ablage ▶ Neue intelligente Sammlung** auch intelligente Sammlungen von Schriftarten anlegen, in denen sie Schriftarten mit bestimmten Kriterien wie dem Namen der Schriftfamilie, dem Stilnamen, dem PostScript-Namen, den Sprachen oder dem Designstil ein- bzw. ausschließen können. Das Erstellen von Sammlungen funktioniert genauso, wie Sie es von intelligenten Postfächern in Mail her kennen. Mit dem Plussymbol fügen Sie neue Kriterien hinzu, und mit dem Minussymbol können Sie Kriterien entfernen.

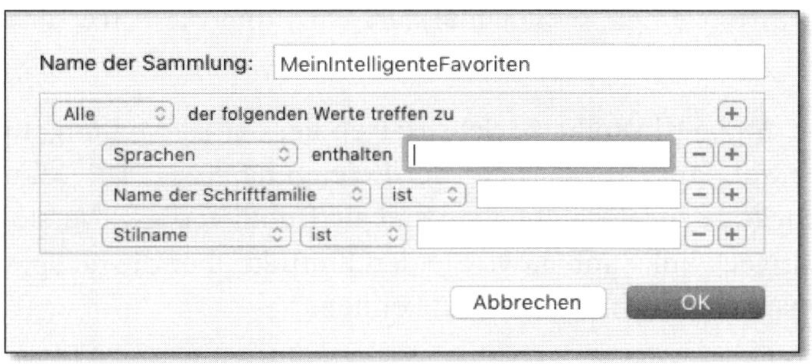

Abbildung 22.6 Auch intelligente Sammlungen lassen sich anlegen.

Wenn Sie in einem Textverarbeitungsprogramm Ihrer Wahl die Schriften einblenden, wie beispielsweise in TextEdit über **Format ▸ Schrift ▸ Schriften einblenden**, finden Sie Ihre selbst erstellte Sammlung mit den Schriften zur Auswahl in der linken Spalte unter **Sammlung** wieder.

Abbildung 22.7 Sammlungen von Schriftarten stehen Ihnen in Programmen zur Verfügung.

22.3 Probleme mit Schriftarten

Eine defekte Schriftart kann durchaus zu Problemen wie Programmabstürzen führen oder sich in anderer subtiler Form auswirken. In einem solchen Fall können Sie Schriften überprüfen und entfernen lassen. Wählen Sie hierzu die Schriftart aus und dann **Ablage ▸ Schrift überprüfen**. Nach einer Überprüfung erhalten Sie ein Fenster mit einem Protokoll der Überprüfung. Wenn bei einer Schriftart Fehler gefunden wurden, können Sie diese markieren und über die Schaltfläche **Markierte entfernen** löschen. Allerdings muss ich anmerken, dass macOS sehr penibel im Umgang mit Schriften ist. Es kommt durchaus vor, dass eine Schrift mit einem Fehler markiert wird und diese trotzdem anstandslos funktioniert.

Ein weiteres Problem können doppelt installierte Schriftarten bei der Darstellung auf dem Bildschirm, der Ausgabe auf dem Drucker oder der Erzeugung eines PDF-Dokuments sein. Wenn Sie eine Schriftart ausgewählt haben und ein Duplikat dieser Version vorliegt, sehen Sie ein Warndreieck links unten, wo Sie den Konflikt über die entsprechenden Schaltflächen automatisch oder manuell lösen können.

Abbildung 22.8 Bei Problemen können Sie hier aufräumen.

Abbildung 22.9 Ein Warndreieck zeigt an, dass hier ein Problem vorliegt.

Über den Menüpunkt **Bearbeiten ▸ Nach aktivierten Duplikaten suchen** bzw. cmd + L können Sie auch eine Prüfung aller Schriftarten durchführen und entscheiden, ob Sie die Duplikate manuell oder automatisch auflösen wollen.

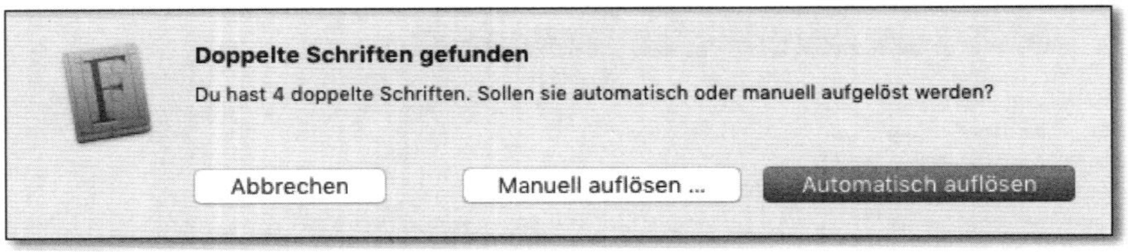

Abbildung 22.10 Aktive Duplikate gefunden

Wenn Sie eine Schriftart nicht mehr benötigen, aber nicht deinstallieren wollen, können Sie diese auch mit dem Häkchen ❶ in der Symbolleiste vorübergehend oder dauerhaft deaktivieren. Die Schriftart wird dann ausgegraut und mit dem Text **Aus** versehen. Die Schriftart bleibt dabei auf dem Platz und wird nicht entfernt. Über dieselbe Schaltfläche können Sie die Schriftart wieder aktivieren.

Abbildung 22.11 Schriftarten lassen sich auch deaktivieren.

22.4 Tastatur- und Zeichenübersicht

Müssen Sie häufiger Sonderzeichen wie Akzentbuchstaben oder Symbole auf Ihrem Mac eingeben, stehen Ihnen mehrere Möglichkeiten zur Verfügung.

22.4.1 Symbole und Sonderzeichen eingeben

Verfassen Sie gerade eine E-Mail oder einen Bericht und benötigen ein spezielles Zeichen (oder auch Emoji), das nicht auf der Tastatur zu finden ist, können Sie solche Zeichen jederzeit in jedem Programm hinzufügen.

1 Positionieren Sie den Textcursor an der Stelle, wo Sie ein spezielles Zeichen hinzufügen wollen, das Sie nicht auf der Tastatur finden. Im Beispiel suche ich beim Schreiben einer E-Mail das Yen-Zeichen.

2 Drücken Sie `Ctrl` + `cmd` + Leertaste, und es wird das Fenster **Zeichenübersicht** eingeblendet. Hier finden Sie Sonderzeichen ordentlich nach Themen aufgelistet. Wählen Sie im vorliegenden Beispiel **Währungen**.

Wenn bei Ihnen hier zunächst nur Emojis angezeigt werden, können Sie sich zwar durch alle vorhandenen Sonderzeichen durchscrollen, aber wenn Sie lieber das Fenster mit der Übersicht über Sonderzeichen vor sich haben wollen, müssen Sie auf das Zeichenübersichtsymbol rechts oben ❶ klicken.

3 Hier finden Sie nun das Yen-Zeichen. Doppelklicken Sie auf das Zeichen, um es in den Text der E-Mail einzufügen. Benötigen Sie das Fenster **Zeichenübersicht** nicht mehr, können Sie es wieder schließen.

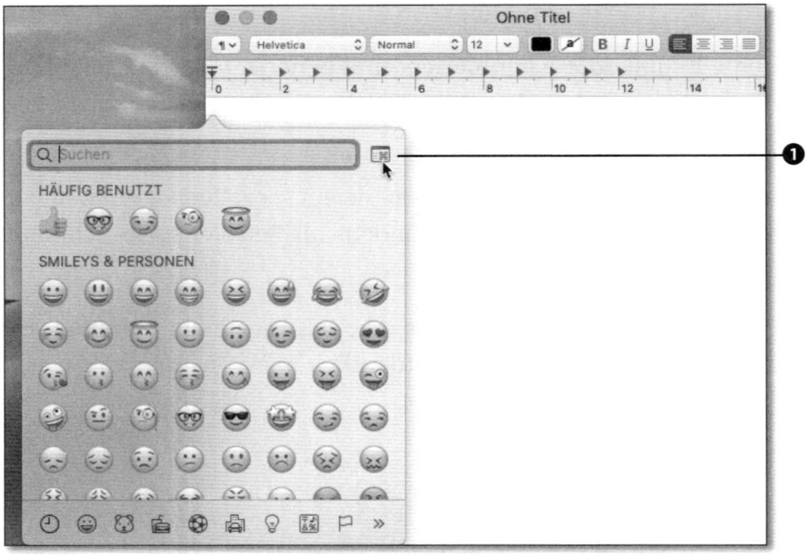

22.4.2 Akzentbuchstaben eingeben

Wenn Sie einen Akzentbuchstaben benötigen, müssen Sie nicht extra das Fenster zur Zeichenübersicht öffnen. Hierzu reicht es aus, wenn Sie einfach die Taste gedrückt halten, bis eine Auswahl der zugehörigen Zeichen erscheint. Geben Sie die Zahl unterhalb des Zeichens ein, oder klicken Sie das Zeichen an, um es zur Eingabe zu verwenden. Wollen Sie keinen Buchstaben mit Akzent eingeben, drücken Sie einfach [Esc].

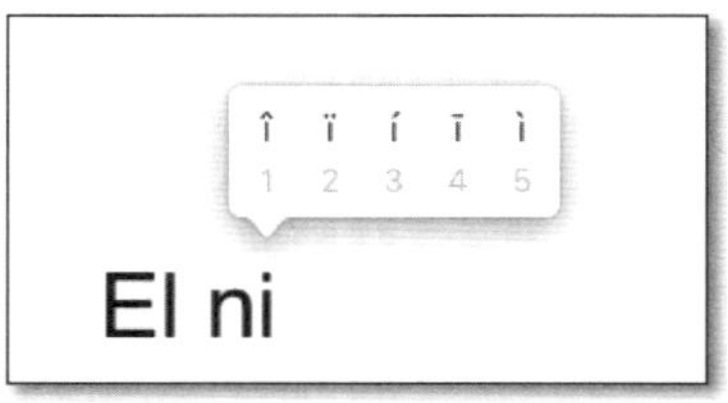

Abbildung 22.12 Akzentzeichen auswählen

22.4.3 Virtuelle Tastatur verwenden

Wenn Sonderzeichen oder Akzentzeichen nicht mehr ausreichen und Sie beispielsweise asiatische Zeichen für die Eingabe benötigen, müssen Sie in die **Systemeinstellungen** von **Tastatur** wechseln. Hier können Sie im Register **Eingabequellen** über das Plussymbol ❶ virtuelle Tastaturen hinzufügen. Damit Sie eine solche virtuelle Tastatur jederzeit aufrufen können, aktivieren Sie die Option **Eingabequellen in der Menüleiste anzeigen**.

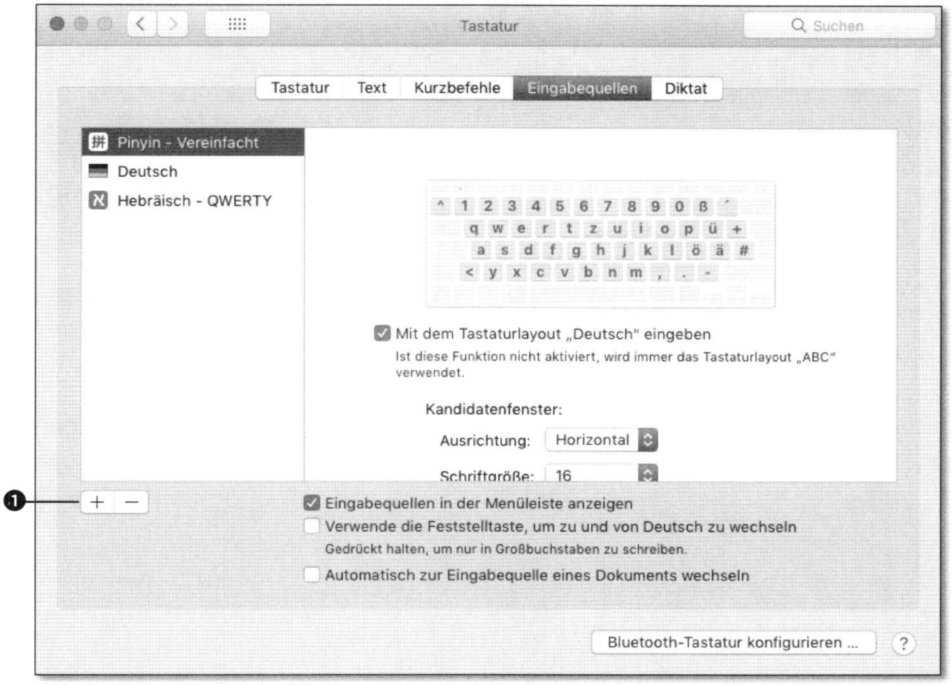

Abbildung 22.13 Virtuelle Tastaturen einrichten

Über die Menüleiste können Sie jetzt jederzeit ein entsprechendes Tastaturlayout auswählen. Da Sie vermutlich nicht die Tastatur für die entsprechenden Zeichen vor sich haben werden, können Sie mit **Tastaturübersicht einblenden** die virtuelle Tastaturübersicht einblenden und durch Anklicken der einzelnen Zeichen auch auf diese Weise verwenden.

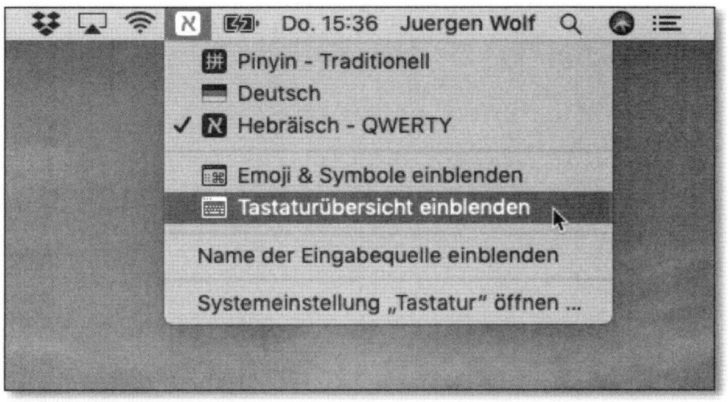

Abbildung 22.14 Tastaturlayout auswählen und Tastaturübersicht einblenden

Abbildung 22.15 Eine virtuelle Tastatur bei der Ausführung (hier: Hebräisch)

Wenn Sie beim Einblenden der virtuellen Tastatur die [Alt]-Taste gedrückt halten, sehen Sie je nach ausgewählter Tastatur weitere (Sonder-)Zeichen zur Auswahl eingeblendet.

23 Das Zuhause mit der Home-App steuern

Apple bietet schon seit 2014 mit dem HomeKit einen Standard in Sachen Smart-Home-Steuerung an. Bisher war diese Steuerung noch den mobilen Geräten vorbehalten. Seit macOS Mojave (Version 10.14) finden Sie die Home-App auch auf dem Mac. In diesem Kapitel soll der grundlegende Umgang damit beschrieben werden.

Das Prinzip von HomeKit-Geräten ist ähnlich wie schon bei anderen auf dem Markt erhältlichen Smart-Home-Lösungen. Als Benutzer können Sie vom Smartphone oder dem Mac und damit verbunden HomeKit-Geräte steuern. Natürlich hat Apple aus Home einen eigenen Standard gemacht. Um Geräte mit dem Mac oder einem iOS-Gerät steuern zu können, müssen diese als *HomeKit-Kompatibel* oder *Works with Apple HomeKit* gekennzeichnet sein. Meistens finden Sie auf der Verpackung solcher Geräte auch gleich das Logo der Home-App aufgedruckt. Sind diese Voraussetzungen erfüllt, können Sie einzelne Geräte oder gar Ihr ganzes Haus steuern. Die Home-App finden Sie im *Programme*-Verzeichnis.

Abbildung 23.1 Programm-Icon der Home-App im »Programme«-Verzeichnis und häufig auch das Logo von HomeKit-kompatiblen Geräten

HINWEIS

Eine Einführung in die HomeKit-Welt von Apple

In diesem Kapitel erhalten Sie lediglich eine grundlegende Einführung in die Home-App. Primär erfahren Sie hier, wie Sie Geräte einrichten und hinzufügen und sie steuern können. Auch zeige ich Ihnen, wie Sie eine Szene erstellen und verwenden können. Mit diesen Informationen sollten Sie in der Lage sein, alle HomeKit-kompatiblen Geräte am Mac zu verwalten und zu steuern.

23.1 HomeKit-kompatible Geräte hinzufügen

Um entsprechende Geräte einzurichten, müssen Sie sicherstellen, dass diese eingeschaltet sind und sich in der Nähe befinden. Eventuell müssen Sie im Handbuch oder Beipackzettel des Geräts nachsehen, wie Sie es anschalten. Eine smarte Steckdose muss zum Beispiel einfach in eine Steckdose gesteckt werden. Eine Lampe sollte schon in der Fassung geschraubt sein, um Strom zu bekommen. Bei Sensoren werden Sie Batterien einsetzen müssen. Zudem benötigen Sie für das Hinzufügen von Geräten ein iPhone, iPad oder iPod Touch. Auch die iCloud müssen Sie für die Home-App aktivieren. Dass dieselbe Apple-ID auf den unterschiedlichen Geräten verwendet wird, sollte auch klar sein. Hier nun ein typischer Weg, ein HomeKit-Gerät der Home-App hinzuzufügen:

1. Starten Sie die Home-App auf dem Mac über das entsprechende Icon im *Programme*-Verzeichnis.

2. Beim ersten Start werden Sie gleich um Erlaubnis gefragt, Ihren Standort verwenden zu dürfen, um beispielsweise beim Verlassen oder Betreten des Hauses die Lichter aus- oder anzuschalten.

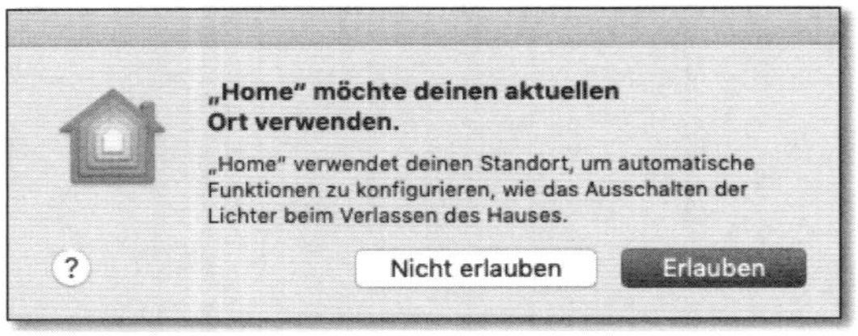

3. Beim ersten Start der Home-App auf dem Mac werden Sie einen leeren Bildschirm vor sich haben mit dem Hinweis, die Home-App auf einem iOS-Gerät zu starten, um Geräte hinzuzufügen.

4 Öffnen Sie die Home-App auf dem iOS-Gerät. Hier werden Sie auch gebeten, die iCloud für die Home-App zu aktivieren (wenn dies nicht bereits der Fall ist) und die Standortermittlung für die App zu erlauben. Tippen Sie auf **Geräte hinzufügen** oder das Plussymbol und dann auf **Gerät hinzufügen**, wenn diese Schaltfläche nicht angezeigt wird, weil Sie bereits ein Gerät hinzugefügt haben.

5 Als Nächstes scannen Sie mit der Kamera des iOS-Geräts den HomeKit-Code oder den QR-Code ein, der am Gerät angebracht oder in der Dokumentation angegeben ist.

6 Wird das Gerät aufgelistet, fügen Sie es durch Antippen hinzu. In diesem Fall handelt es sich um eine Eve-Energy-Steckdose.

7 Es erscheint ein kurzer Überblick über die Details des hinzugefügten Geräts. Hier können Sie bei Bedarf den **Raum** und den **Typ** noch anpassen. Tippen Sie auf **Fertig**, wenn Sie das Gerät hinzufügen wollen.

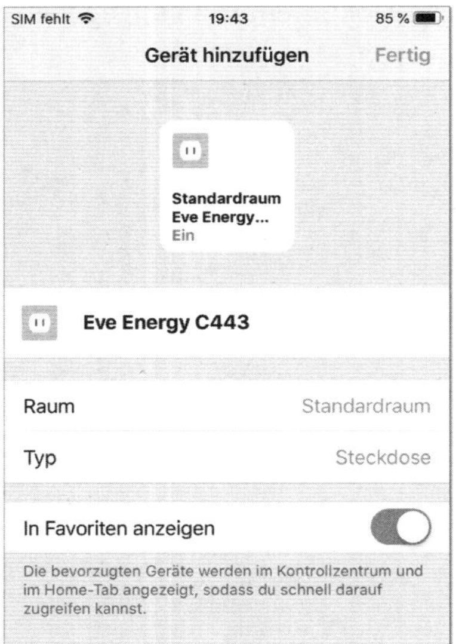

8 Jetzt finden Sie das hinzugefügte Gerät in der Übersicht auf dem iOS-Gerät und dank der iCloud auf dem macOS-System.

Abbildung 23.2 Ein HomeKit-kompatibles Gerät wurde der Home-App hinzugefügt und ist jetzt sowohl auf dem iOS-Gerät als auch dem Mac bereit zur Steuerung.

Fügen Sie auf diese Weise beliebige weitere Geräte hinzu. Im Beispiel habe ich noch einen Türsensor und eine Lampe hinzugefügt.

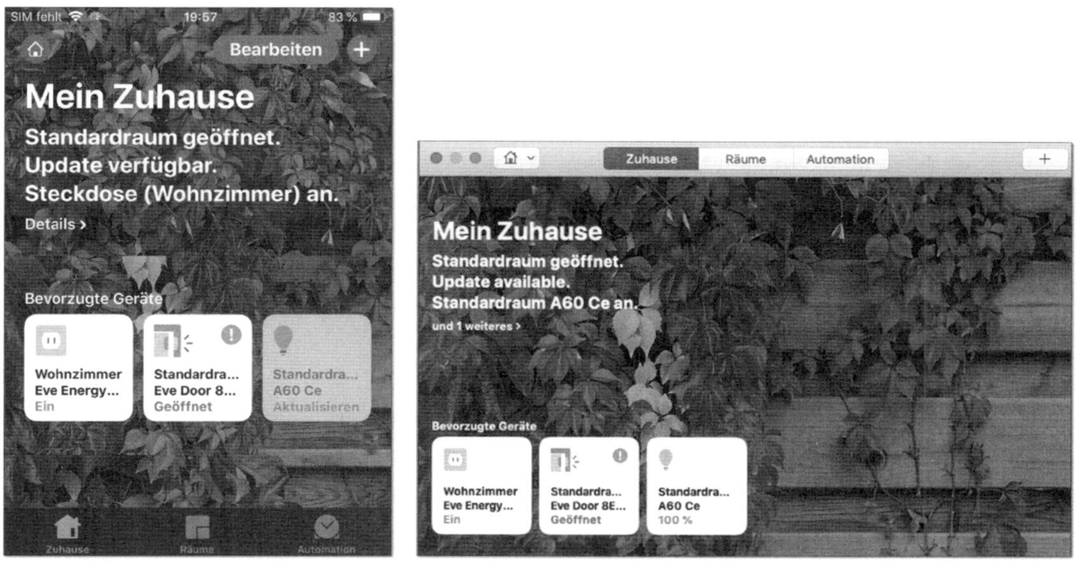

Abbildung 23.3 Zwei weitere Geräte wurden hinzugefügt.

23.2 Details zu den Geräten anpassen

Die Details zu den einzelnen Geräten können Sie jederzeit auf dem iOS-Gerät oder dem Mac über die Home-App anpassen. Da Sie ein Buch über den Mac in den Händen halten, werde ich in erster Linie darauf eingehen. Allerdings funktioniert es bei den iOS-Geräten recht ähnlich.

1 Starten Sie die Home-App, und klicken Sie auf das Haussymbol (**Zuhause**), um zur Übersicht über die eingebundenen Geräte zu gelangen. Klicken Sie mit der rechten Maustaste auf das Gerät, das Sie anpassen wollen, und wählen Sie **Einstellungen**. Beim iOS-Gerät müssen Sie den Finger länger auf dem Gerät liegen lassen.

2 Legen Sie zunächst einen eindeutigen Namen für das Gerät fest, damit Sie es in der Geräteliste schneller finden können. Weisen Sie dem Gerät auch einen **Raum** zu, in dem es sich befindet, damit Sie es besser lokalisieren können, wenn Sie mehrere (ähnliche oder gleiche) Geräte im Haus verwenden. In der Liste **Typ** können Sie außerdem auswählen, um welchen Typ von Gerät es sich handelt. Bei der Auswahl von **Typ** hängt es auch vom Gerät ab, das hier eingeblendet wird. Es gibt auch Geräte, wie zum Beispiel Lampen, die keinen Typ zur Auswahl haben. Mit der Option **In Favoriten anzeigen** wird das Gerät im Bereich **Zuhause** (mit dem Haussymbol) in der Übersicht über die Geräte aufgelistet. Ohne diese Option wird das Gerät nur im entsprechenden Raum angezeigt. Des Weiteren finden Sie noch **Status und Mitteilungen** vor, womit Sie Mitteilungen in der Zuhause-Übersicht der Home-App erhalten, wenn es beispielsweise ein Update für ein Gerät gibt oder wenn Geräte ein- bzw. ausgeschaltet wurden. Es gibt auch Geräte, die Sie mit anderen Geräten gruppieren und wie ein einzelnes Gerät nutzen können.

3 Hier finden Sie auch die Schaltfläche **Gerät entfernen**, wenn Sie ganz nach unten scrollen, mit der Sie eben genau dies tun können. Sind Sie mit den Anpassungen der Details fertig, können Sie die Änderungen mit einem Klick auf **Fertig** bestätigen.

23.3 Geräte in Räume aufteilen

Im vorherigen Abschnitt zu den Einstellungen haben Sie erfahren, dass Sie ein Gerät einem Raum zuteilen können. Diese Funktion ist sehr nützlich, wenn Sie viele Geräte im Haus haben. In der Home-App finden Sie diese Räume mit den darin hinzugefügten Geräten auf dem Register **Räume**. Durch die einzelnen Räume können Sie durch Wischen mit zwei Fingern wechseln. Alternativ können Sie die Räume auch über das Menü **Anzeigen** anspringen.

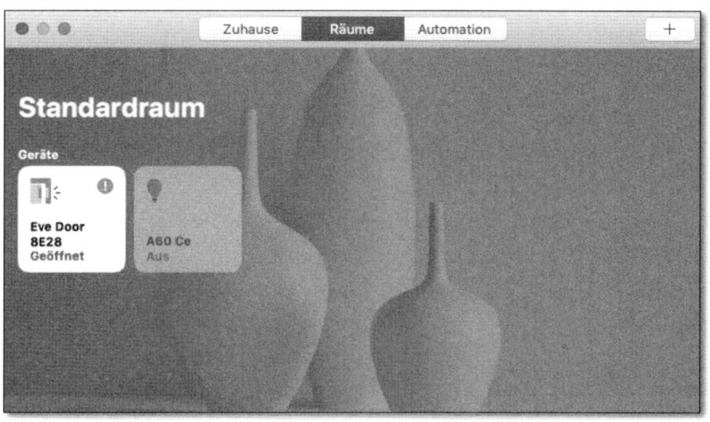

Abbildung 23.4 Geräte sind in Räume aufgeteilt.

Natürlich können Sie auch weitere Räume hinzufügen und sind nicht auf die vorgegebenen Räume beschränkt. In der folgenden Schritt-für-Schritt-Anleitung zeige ich Ihnen, wie Sie einem Gerät einen (neuen) Raum zuweisen bzw. erstellen können.

1 Klicken Sie das Gerät mit der rechten Maustaste an, und wählen Sie **Einstellungen**.

2 Wenn Sie in den Einstellungen einen Raum wählen, können Sie einen der bereits vorhandenen Räume auswählen und dem Gerät zuweisen. Wenn Sie dann auf **Fertig** klicken, hätten Sie dem Gerät schon einen neuen Raum zugewiesen. Im Beispiel soll aber ein neuer Raum erstellt werden. Klicken Sie daher auf **Erstellen**.

3 Oben geben Sie unter **Raumname** einen Namen für den neuen Raum ein (hier: Flur), und unten können Sie bei Bedarf ein Bild dafür auswählen. Klicken Sie auf **Sichern** und dann **Fertig**, und schon haben Sie dem Gerät einen neuen Raum zugewiesen und es im alten Raum entfernt.

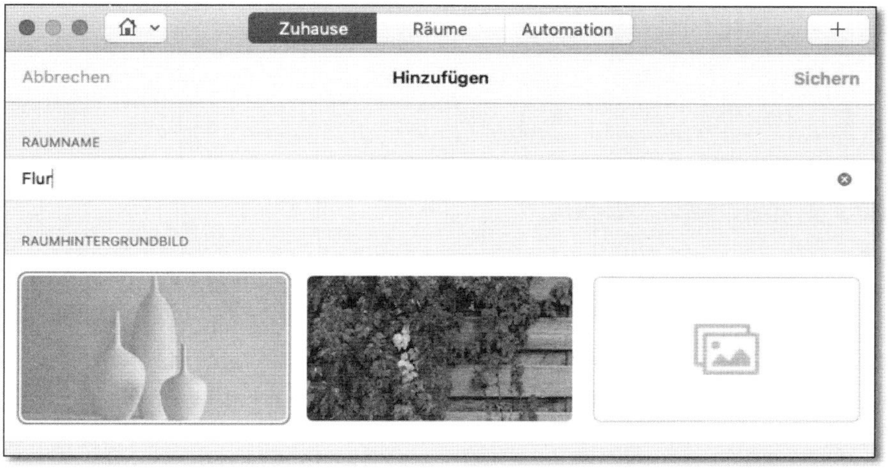

Die Nachbearbeitung oder das Hinzufügen neuer Räume können Sie auch jederzeit geräteunabhängig über das Menü **Bearbeiten ▸ Raum bearbeiten** erledigen.

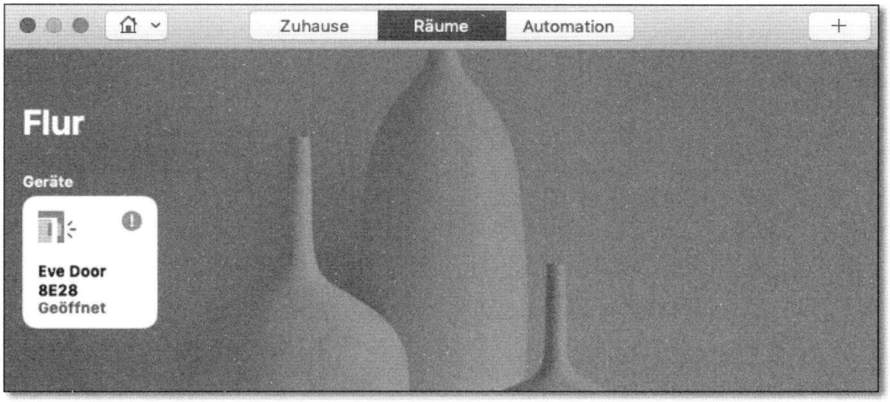

Abbildung 23.5 Der Türsensor hat einen neuen Raum bekommen.

23.4 Die Geräte manuell steuern

Um ein Gerät ein- oder auszuschalten, reicht es aus, wenn Sie es im Register **Zuhause** oder bei **Räume** anklicken bzw. auf einem iOS-Gerät antippen.

Abbildung 23.6 Viele Geräte lassen sich mit Anklicken bzw. Antippen ein- und ausschalten.

Einige Geräte bieten neben dem gewöhnlichen Ein- und Ausschalten noch weitere Funktionen an. Diese erreichen Sie via rechten Mausklick auf das Gerät im Bereich **Zuhause** oder **Räume** und über den Kontextmenübefehl **Steuerung einblenden**. Auf dem iOS-Gerät müssen Sie den Finger auf dem Gerät etwas länger liegen lassen. Abhängig von den Fähigkeiten erscheint jetzt die Steuerzentrale des Geräts, was bei einer Steckdose zum Beispiel lediglich ein einfacher Schalter ist. Bei einem RGB-Licht hingegen finden Sie die Möglichkeiten, es zu dimmen, die Farbtemperatur anzupassen oder eine eigene Farbe für das Licht festzulegen.

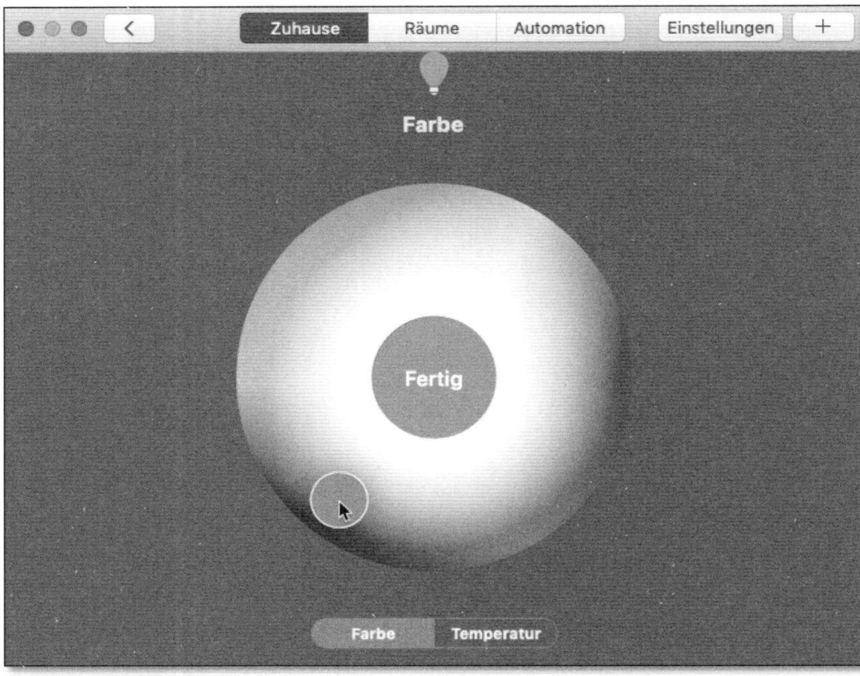

Abbildung 23.7 Die Steuerelemente einer RGB-Lampe, um die Farbe anzupassen

Wenn ein Gerät nicht reagiert, können Sie im Register **Zuhause** auf **Details** klicken, und Sie erhalten einen Überblick darüber, welche Geräte aktiviert oder sich in welchem Zustand befinden. Hier können Sie schnell erkennen, ob die Türen offen stehen, wie viele Lampen brennen oder ob bestimmte Geräte nicht mehr antworten. Voraussetzung, dass diese Information eingeblendet wird, ist, dass Sie die Option **Status und Mitteilungen** in den Detaileinstellungen des Geräts aktiviert haben.

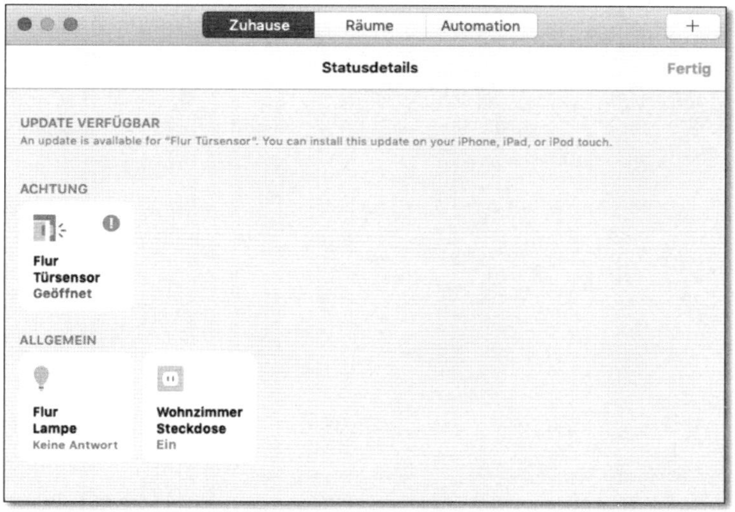

Abbildung 23.8 Einen schnellen Überblick über den Status der Geräte erhalten Sie bei den Details.

23.5 Mitteilungen für ein Gerät erhalten

Für bestimmte HomeKit-Geräte können Sie auch eine Mitteilung an eine bestimmte Person zu einer bestimmten Uhrzeit senden lassen, wenn zum Beispiel bei einem Sensor die Tür geöffnet wurde. Bietet ein Gerät eine entsprechende Funktion, können Sie diese einrichten, indem Sie das Gerät rechts anklicken und die **Einstellungen** aufrufen. Beim iOS-Gerät lassen Sie den Finger auf dem Gerät liegen und wählen dann **Einstellungen**. Wählen Sie hier **Status und Mitteilungen**, finden Sie die Option **Mitteilungen erlauben**. Wenn Sie diese Option aktivieren, bieten sich Ihnen zwei weitere Optionen:

- **Uhrzeit:** Damit können Sie festlegen, zu welchen Tageszeiten Sie eine Nachricht erhalten wollen, wenn das Gerät (de-)aktiviert wurde. Standardmäßig ist hier **Jederzeit** eingestellt, wodurch Sie über jedes Öffnen und Schließen der Tür informiert werden. Die Einstellung können Sie ändern in **Tagsüber**, **Nachts** oder zu **Bestimmte Zeiten**, die Sie dann selbst festlegen.

- **Personen:** Mit dieser Option können Sie einstellen, ob Sie nur dann informiert werden wollen, wenn Sie im Haus sind oder außer Haus. Diese Funktion setzt allerdings voraus, dass Sie den Standort für die Home-App freigegeben und eine Steuerzentrale eingerichtet haben, um den Fernzugriff auf die Geräte zu haben.

Abbildung 23.9 Einige Geräte können auch Mitteilungen senden.

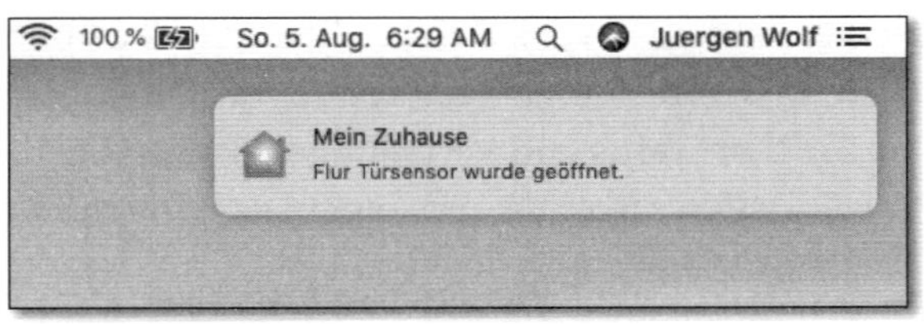

Abbildung 23.10 Jetzt werden Sie, wenn gewünscht, von »Mitteilungen« regelmäßig über eine Statusänderung informiert.

Abbildung 23.11 Gleiches gilt dann auch für das iOS-Gerät.

23.6 Eine Szene zum Steuern mehrerer Geräte erstellen

Wollen Sie nicht nur einzelne Geräte manuell steuern, sondern eine ganze Kettenreaktion auslösen, wenn ein bestimmtes Gerät aktiviert wird, können Sie eine Szene dafür einrichten. Zur Demonstration wird hier eine einfache Szene erstellt.

1 Klicken Sie auf das Plussymbol rechts oben, und wählen Sie **Szene hinzufügen**. Selbiges erreichen Sie auch beim iOS-Gerät über das Plussymbol.

2 Wählen Sie aus einer der vorgeschlagenen Szenen eine aus, oder erstellen Sie über **Eigene** einen neuen Eintrag. Ich wähle hier **Zu Hause erreichen** aus.

3 Wenn Sie wollen, können Sie den Titel **Zu Hause erreichen** anpassen. Um nun Geräte hinzuzufügen bzw. zu entfernen, klicken Sie auf **Geräte hinzufügen und entfernen**.

4 Wählen Sie die Geräte aus, die Sie der Szene hinzufügen wollen, indem Sie ein Häkchen davorsetzen, und klicken Sie auf **Fertig**.

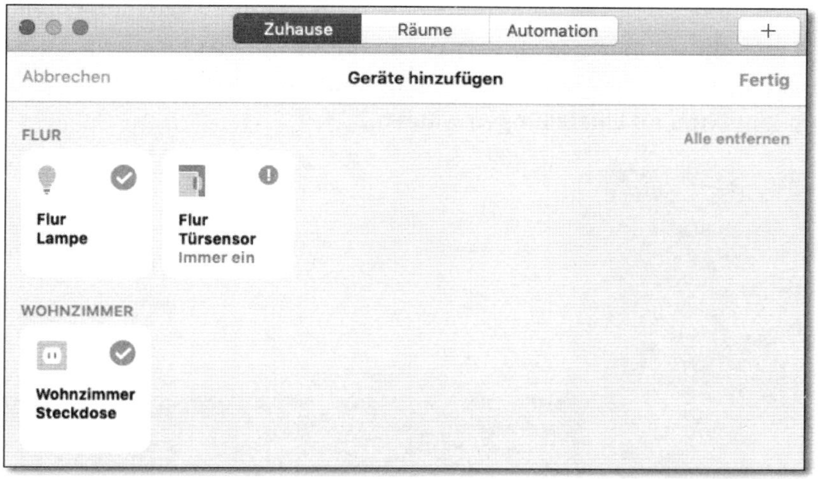

5 Die hinzugefügten Geräte (de-)aktivieren Sie durch Anklicken, und via rechten Mausklick können Sie die Einstellungen ändern. Wohlgemerkt, diese Einstellungen gelten nur für die Szene **Zu Hause erreichen**! Klicken Sie auf **Diese Szene testen**, können Sie sich eine Vorschau der Szene abspielen lassen. Ganz unten können Sie außerdem die Option **In Favoriten anzeigen** setzen, um auf diese Szene direkt im Bereich **Zuhause** zugreifen zu können. Klicken Sie auf **Fertig**, um die Szene hinzuzufügen.

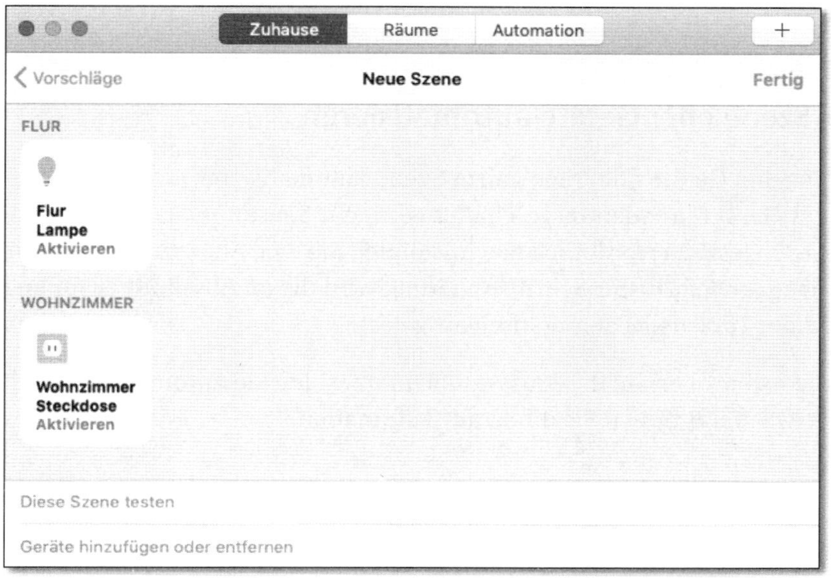

Um die Szene ein- oder auszuschalten, brauchen Sie diese nur anzuklicken oder auf dem iOS-Gerät anzutippen bzw. Siri darum zu bitten. Sie können jederzeit Geräte der Szene hinzufügen oder von ihr entfernen, wenn Sie mit der rechten Maustaste darauf klicken und im Kontextmenü **Einstellungen** wählen.

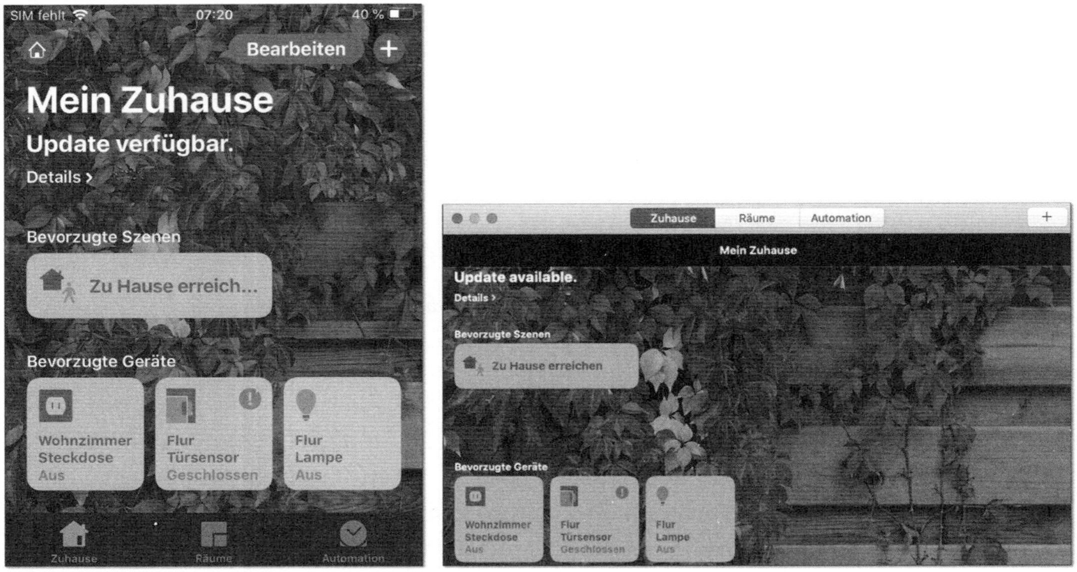

Abbildung 23.12 Die Szene kann jederzeit durch Anklicken/Antippen gestartet bzw. wieder beendet werden.

23.7 Eine Szene oder Geräte automatisieren

Wollen Sie einzelne Geräte oder eine ganze Szene automatisieren, wenn zum Beispiel ein bestimmtes Gerät ein- oder ausgeschaltet wird, ein Sensor etwas entdeckt oder es eine bestimmte Tageszeit erforderlich macht, können Sie eine Automatisierung einrichten. In der folgenden Schritt-für-Schritt-Anleitung wird die im Abschnitt zuvor erstellte Szene anhand des Türsensors automatisch ausgelöst.

1 Klicken Sie rechts oben auf das Plussymbol, und wählen Sie **Automation hinzufügen** aus. Beim iOS-Gerät tippen Sie direkt auf **Automation**.

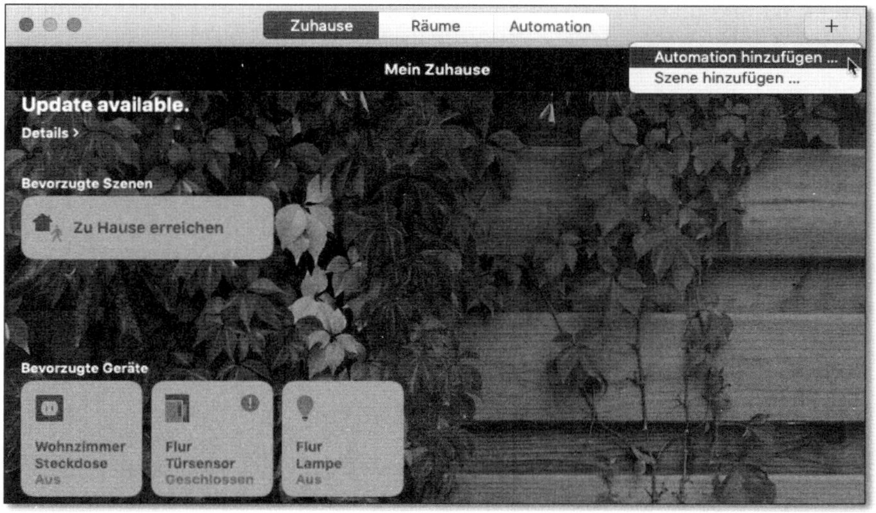

2 Wählen Sie als Nächstes, wann die Automation ausgeführt werden soll. Hier finden Sie mehrere Optionen. Sie können die Automation auslösen lassen, wenn eine Person ankommt oder alle Personen das Haus verlassen haben. Auch eine bestimmte Tageszeit können Sie einrichten. Und natürlich können Sie reagieren, wenn Sie ein bestimmtes Gerät steuern oder ein Sensor etwas entdeckt. Im Beispiel wähle ich **Wenn ein Sensor etwas entdeckt**.

3 Im nächsten Schritt wählen Sie das entsprechende Gerät, die Uhrzeit, den Ort oder die Person aus, wodurch die Automation starten soll. Welche Auswahl zur Verfügung steht, hängt von der Auswahl in Schritt 2 ab. Im Beispiel wähle ich den Sensor aus, der die Automation auslösen soll, und klicke auf **Weiter**.

4 Ebenfalls abhängig von der Auswahl in Schritt 2 ist die nächste Anpassung. Im Beispiel mit dem Türsensor müssen Sie jetzt entscheiden, wann die Automation gestartet werden soll. Hier wähle ich beim **Öffnen** der Tür aus. Auch diesen Vorgang können Sie zeit- und personenabhängig einrichten. Klicken Sie auf **Weiter**.

5 Jetzt wählen Sie die Geräte für die Automatisierung aus. Das können einzelne Geräte sein, die ausgeführt werden sollen. Haben Sie bereits eine Szene eingerichtet, können Sie auch diese nehmen. Ebenso können Sie mehrere Szenen und/oder Geräte auswählen. In meinem Fall wähle ich die Szene **Zu Hause erreichen**, die ich in Abschnitt 23.6, »Eine Szene zum Steuern mehrerer Geräte erstellen«, eingerichtet habe. Klicken Sie auf **Weiter**.

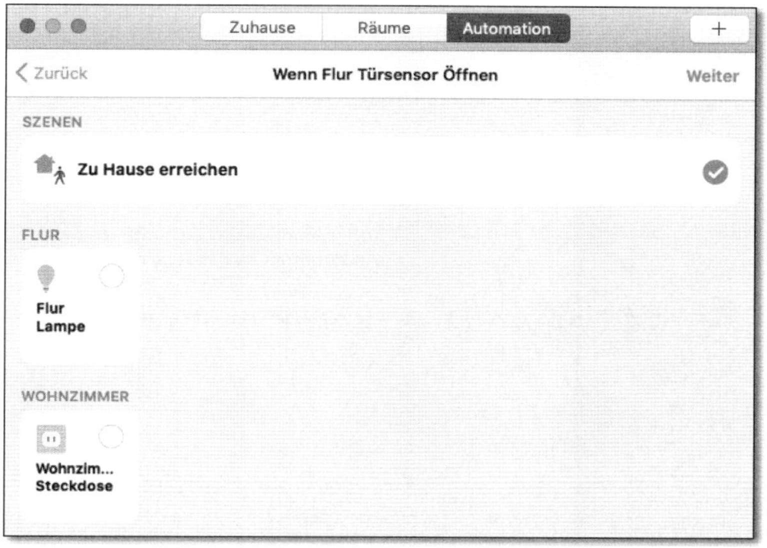

6 Im letzten Schritt erhalten Sie eine Übersicht über die eingerichtete Automatisierung und können sie auch gleich testen. Ebenso können Sie hier noch einrichten, ab wann die Automation (wieder) deaktiviert werden soll. Diese Einstellung ist optional und kann auf **Nie** gesetzt werden. Klicken Sie auf **Fertig**, und die Automation wird fertiggestellt und hinzugefügt.

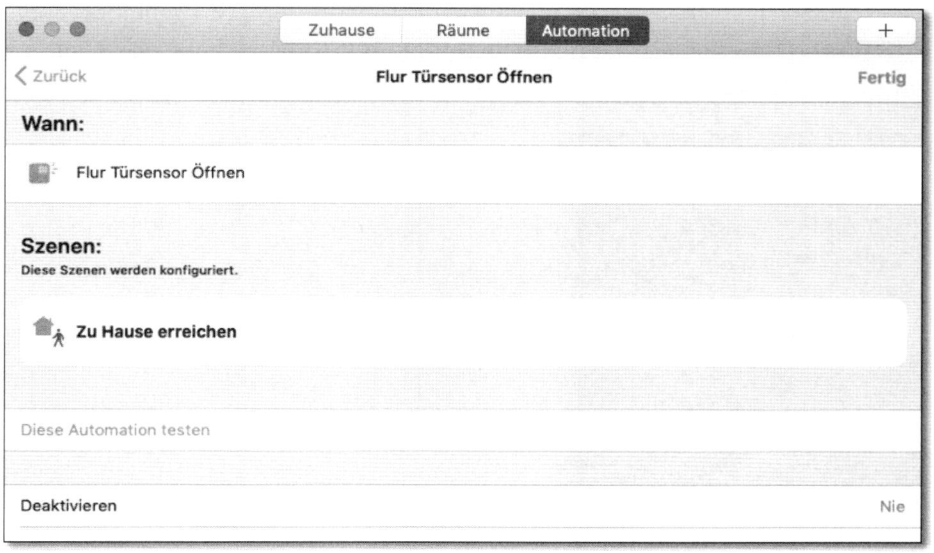

Sie finden die erstellte Automation jetzt im entsprechenden Register und können sie durch Anklicken jederzeit anpassen oder auch (de-)aktivieren.

Abbildung 23.13 Die eingerichtete Automation ist einsatzbereit.

23.8 Siri zur Steuerung der Geräte oder einer Szene verwenden

Auch mit Siri können Sie Ihr Zuhause steuern. Um ein eingerichtetes Gerät ein- oder auszuschalten, müssen Sie nur Siri starten und beispielsweise sagen: »Schalte das Licht ein.« – »Schalte die Steckdose ein.« – »Schalte die Heizung ein.« Siri gehorcht Ihnen aufs Wort. Dasselbe funktioniert natürlich auch umgekehrt mit »Schalte das Licht aus.« – »Schalte die Heizung aus.«

Abbildung 23.14 Das Licht mit Siri einschalten

Geräte mit Einstellungen können Sie auch steuern, wenn Sie beispielsweise sagen: »Stelle die Helligkeit vom Licht auf 50 %.« – »Mache das Licht rot.« – »Stelle die Heizung auf 20° C ein.«

Wollen Sie eine Szene steuern, können Sie einfach sagen: »Hey Siri, ich bin zu Hause.« Und schon wird die Szene **Zu Hause erreichen** ausgeführt. Gleiches funktioniert natürlich auch mit anderen Szenen. Haben Sie beispielsweise eine Szene mit dem Namen »Entspannung« eingerichtet, reicht ein einfaches »Hey Siri, aktiviere die Szene ›Entspannung‹.«

Ebenso können Sie den Status prüfen, indem Sie fragen: »Habe ich das Licht angelassen?« – »Ist die Tür geschlossen?«

23.9 Steuerung für andere Personen freigeben

Natürlich können Sie die Steuerung des Hauses auch für andere Mitbewohner freigeben. Wählen Sie hierzu **Bearbeiten ▸ Zuhause bearbeiten** aus, bzw. beim iOS-Gerät klicken Sie auf das Haussymbol. Dort finden Sie den Bereich **Personen**. Tippen Sie auf **Einladen**, und geben Sie dann die Apple-ID ein, welche die eingeladene Person bei iCloud verwendet, und versenden Sie die Einladung mit **Einladen**.

Abbildung 23.15 Eine Person einladen

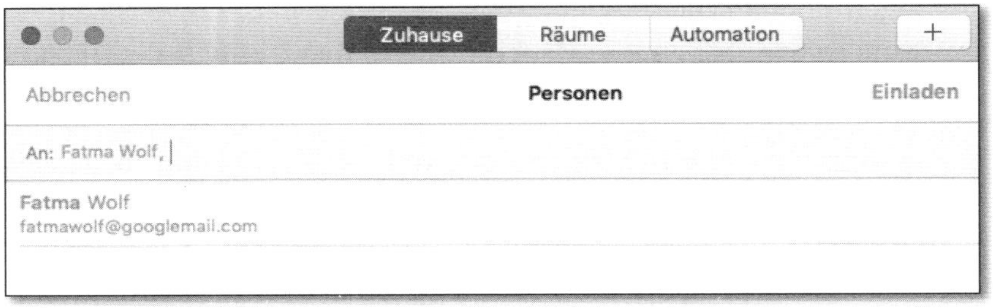

Abbildung 23.16 Apple-ID der Person, die Sie einladen wollen, eingeben

Die Person, welche die Einladung erhält, muss sie nur noch annehmen, und schon kann auch sie die Steuerung des Hauses mit der Home-App durchführen.

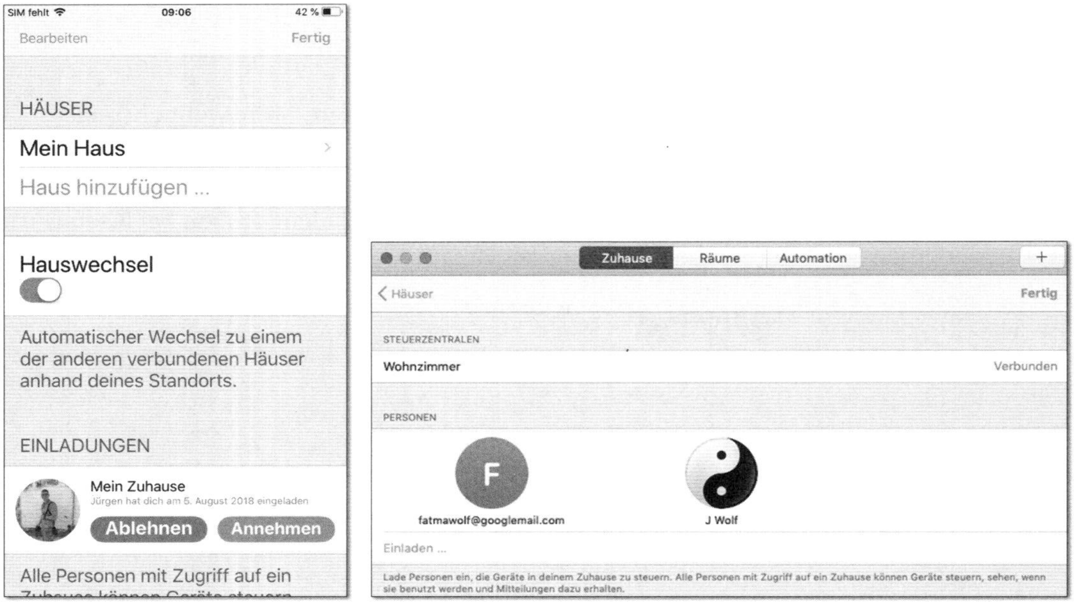

Abbildung 23.17 Wenn die eingeladene Person die Einladung annimmt, wird sie der Liste der Personen hinzugefügt, die das Haus steuern dürfen.

HINWEIS

Alles zurücksetzen

Die Hausdaten und alle Geräte können Sie zurücksetzen über **Bearbeiten ▸ Zuhause bearbeiten** bzw. beim iOS-Gerät über das Haussymbol, indem Sie auf **Zuhause entfernen** klicken bzw. tippen.

23.10 Fernsteuerung von Geräten

Für einige Automatisierungen und die Fernsteuerung von Geräten oder Szenen benötigen Sie eine Steuerzentrale. Hierfür benötigen Sie einen HomePod, ein Apple TV 4K oder ein Apple TV (4. Generation) oder ein iPad. Das als Steuerzentrale verwendete Gerät muss zu Hause eingeschaltet bleiben und mit dem WLAN-Netzwerk im Haus verbunden sein.

Beim HomePod als Steuerzentrale müssen Sie nicht viel tun. Sobald der HomePod mit derselben Apple-ID eingerichtet ist, die Sie für das Einrichten der HomeKit-kompatiblen Geräte mit der Home-App verwendet haben, ist das HomePod als Steuerzentrale eingerichtet.

Dasselbe gilt auch für Apple TV als Steuerzentrale. Neben derselben Apple-ID sollten Sie auch die Zwei-Faktor-Authentifizierung für diese Apple-ID und den iCloud-Schlüsselbund aktiviert haben. Wenn Sie sich bei der iCloud mit Apple TV anmelden, wird gewöhnlich Apple TV automatisch als Steuerzentrale eingerichtet. Beim Apple TV muss außerdem geprüft werden, ob bei **Einstellungen ▶ Accounts ▶ iCloud** das **HomeKit** den Status **Verbunden** hat. Gewöhnlich finden Sie bei einem verbundenen Apple TV dieses Gerät auch in der Geräteliste aufgeführt.

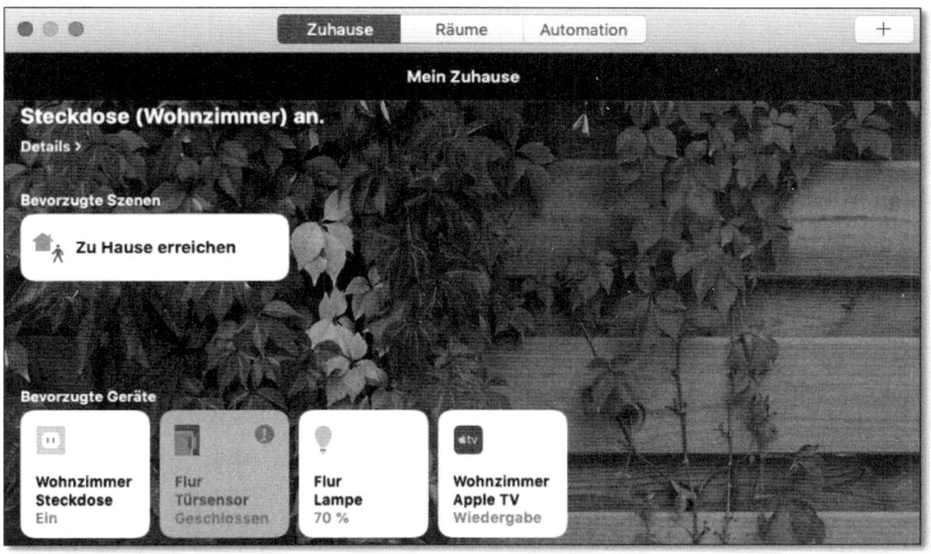

Abbildung 23.18 Apple TV wird mit bei den Geräten aufgelistet.

Sobald Sie die Steuerzentrale eingerichtet haben, können Sie die Home-App auch unterwegs nutzen und die Geräte bzw. Szenen ein- und ausschalten.

TEIL VI

Pages, Numbers und Keynote – die Office-Apps

24 Einführung in Pages

Pages ist ein mächtiges Schreibprogramm, das neben reiner Texterstellung auch viele grafische Möglichkeiten bietet und damit zu einem einfach zu bedienenden Layoutprogramm wird, mit dem Sie professionell aussehende Dokumente erstellen können. Bevor hier auf Pages und in den nächsten beiden Kapiteln auf Numbers und Keynote eingegangen wird, fange ich mit einem kleinen Prolog zu den drei Office-Programmen an.

24.1 Das Office für den Mac: Pages, Numbers und Keynote

Office-Programme waren in der Vergangenheit oft entscheidend für den Kauf eines bestimmten Rechners. Gerade Microsoft Office war meistens der Dreh- und Angelpunkt im Büroalltag und in Privathaushalten. Daher wurde beim Kauf eines Rechners meistens ein Windows-Rechner erworben. Mittlerweile hat sich das Bild ein wenig geändert, und es gibt viele Alternativen zu Microsoft Office. Eine solche bietet sich hier mit den Programmen Pages als Alternative für Word, Numbers als Alternative für Excel und Keynote als Alternative für PowerPoint an. Apple bietet diese drei Programme mittlerweile für jeden neu erworbenen Mac kostenlos an. Praktisch ist dabei auch, dass es für jedes dieser Programme eine Webversion auf *iCloud.com* gibt. Natürlich sind die Webversionen funktional etwas eingeschränkter, aber wenn es eben keine andere Möglichkeit gibt, stehen Ihnen diese Alternativen zum (Weiter-)Arbeiten zur Verfügung.

Pages, Numbers und Keynote werden häufig unter dem Begriff *iWork* (*www.apple.com/de/iwork/*) zusammengefasst. Allerdings sollten diese drei Programme nicht als Office-Paket betrachtet werden, weil es sich hierbei um einzelne Programme handelt. Trotzdem haben alle drei eine einheitliche Oberfläche gemeinsam, und auch ihre Bedienung ist fast identisch. Alle drei lassen sich relativ einfach erlernen, und es werden schnell und mühelos anspruchsvolle Ergebnisse erzielt.

HINWEIS

Pages, Numbers und Keynote im App Store

Wenn Pages, Numbers oder Keynote bei Ihnen nicht bereits installiert sind, müssen Sie diese drei Programme bzw. jedes einzeln aus dem App Store herunterladen und installieren. Beachten Sie, dass Pages, Numbers und Keynote unabhängig von macOS weiterentwickelt werden. Somit kann sich der aktuelle Stand dieser Office-Anwendungen ein wenig vom hier beschriebenen unterscheiden.

24.1.1 iCloud für Pages, Numbers und Keynote

Die iCloud für Programme wie Pages, Numbers und Keynote können Sie in den **Systemeinstellungen** von **iCloud** anpassen, wenn Sie bei **iCloud Drive** auf die Schaltfläche **Optionen** klicken. Hier finden Sie die Optionen zum Aktivieren bzw. Deaktivieren der Programme, die Dokumente und Daten auf der iCloud speichern dürfen, und eben auch der Programme Pages, Numbers und Keynote. Wenn Sie die Programme für iCloud Drive aktivieren, wird automatisch ein Unterordner für das jeweilige Programm in der iCloud eingerichtet.

Abbildung 24.1 Pages, Numbers und Keynote arbeiten perfekt mit der iCloud zusammen.

24.1.2 iWork unterstützt die automatische Speicherung und Versionsverwaltung

Ganz besonders nützlich ist auch, dass die Programme Pages, Numbers und Keynote die automatische Speicherung und Versionsverwaltung des Betriebssystems verwenden und Sie sich nach der ersten Speicherung keine Gedanken darum machen müssen, ob Sie das Dokument bereits gesichert haben oder nicht. Was es mit der automatischen Speicherung und der Versionsverwaltung auf sich hat, wurde bereits in Abschnitt 21.2, »Automatisches Speichern und Versionen«, ausführlich beschrieben. Damit können Sie in Pages, Numbers und Keynote bequem durch ältere Versionen des Dokuments via **Ablage ▸ Zurücksetzen auf ▸ Alle Versionen durchsuchen** blättern und Teile davon oder alles wiederherstellen.

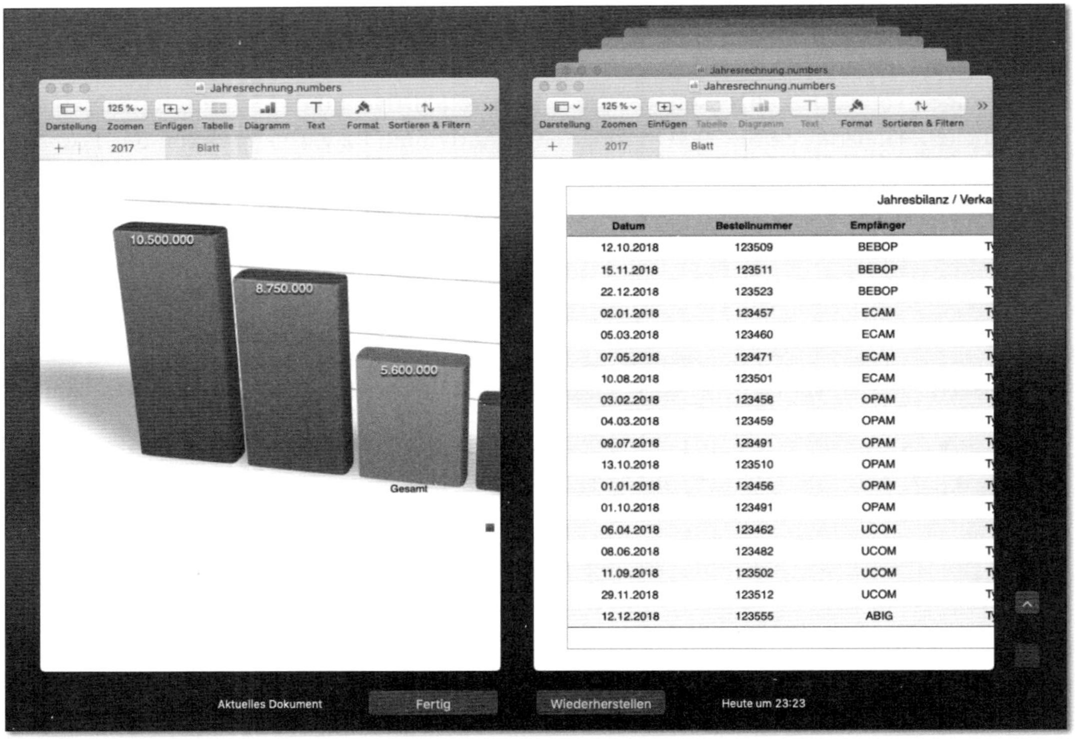

Abbildung 24.2 Pages, Numbers und Keynote arbeiten mit der Versionsverwaltung.

HINWEIS

Nur eine Einführung in die Programme von iWork

Hier weise ich Sie noch darauf hin, dass es sich bei der Beschreibung zu Pages, Numbers und Keynote um eine Einführung in die Programme handelt. Um alle Funktionen der drei Programme ausführlich zu beschreiben, müsste ein eigenes Buch verfasst werden. Trotzdem können Sie auf dieser Basis aufbauen und zusammen mit den vielen vorhandenen Vorlagen und Informationen in diesem Buch professionell aussehende Ergebnisse erzielen.

24.2 Pages starten

Pages können Sie entweder über das Launchpad oder im *Programme*-Verzeichnis starten, indem Sie auf das entsprechende Programm-Icon klicken.

Abbildung 24.3 Das Programm-Icon von Pages

Nur beim ersten Start von Pages erscheint ein Willkommensbildschirm, den Sie mit der Schaltfläche **Fortfahren** quittieren können. Mit einem Klick auf **Fortfahren** akzeptieren Sie auch gleich den Softwarelizenzvertrag von Pages. Daraufhin folgt ein weiterer Infobildschirm, in dem Sie entweder über **Meine Dokumente anzeigen** eine bereits vorhandene Datei öffnen oder mit **Dokument erstellen** aus einer Vorlagenauswahl ein neues Dokument erstellen können. Allerdings werden diese eben erwähnten Bildschirme nur beim ersten Start angezeigt.

Abbildung 24.4 Diesen Bildschirm gibt es nur beim ersten Start zu sehen.

24.3 Neues Dokument erstellen und die Vorlagenauswahl

Wenn Sie Pages starten, erscheint in der Regel ein Dialog, in dem Sie zuletzt bearbeitete Dokumente öffnen oder ein neues Dokument aus einer Vorlage anlegen können.

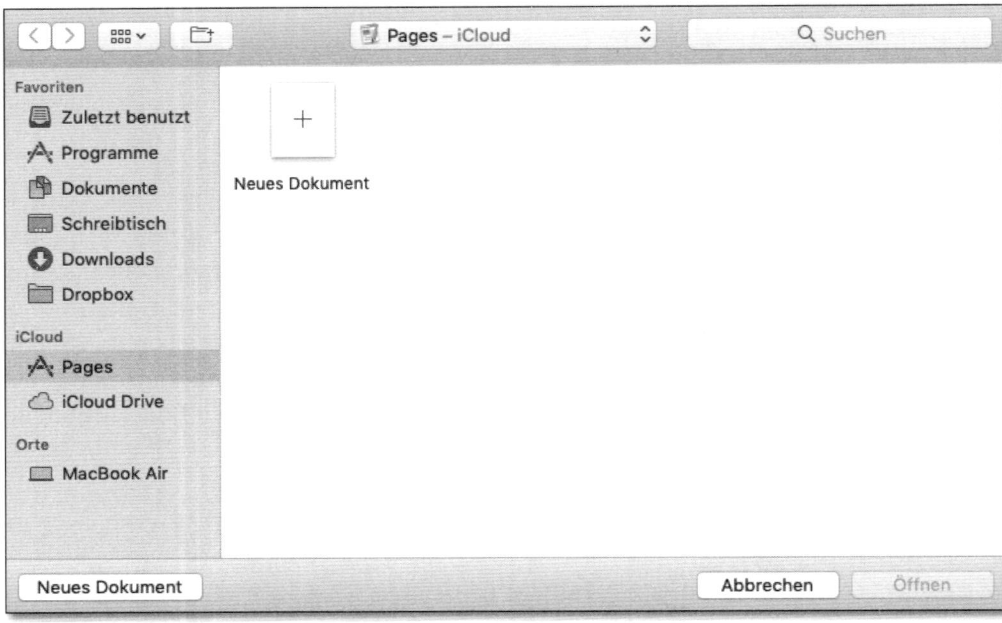

Abbildung 24.5 Bearbeitete Dokumente öffnen oder ein neues Projekt anlegen

Haben Sie diesen Dialog geschlossen, können Sie Dokumente mit **Ablage ▸ Öffnen** bzw. `cmd` + `O` öffnen oder aus der Vorlagenauswahl über **Ablage ▸ Neu** bzw. `cmd` + `N` auswählen.

Egal, ob Sie ein neues leeres Dokument oder eine Vorlage wählen wollen, der Weg über das Erstellen eines neuen Dokuments führt über den Dialog zur Vorlagenauswahl. Die Vorlagenauswahl ist in der linken Seitenleiste nach Themenbereichen aufgeteilt. Klicken Sie hier auf **Alle**, werden alle vorhandenen Vorlagen rechts in einer Vorschau aufgelistet. Wenn Sie hingegen einzelne Themen, wie beispielsweise **Briefpapier**, auswählen, dann werden nur die Vorlagen für Briefe, Umschläge und Visitenkarten angezeigt. Ebenso finden Sie Vorlagen für **Bücher**, die sich perfekt zur Erstellung von E-Books im EPUB-Format eignen.

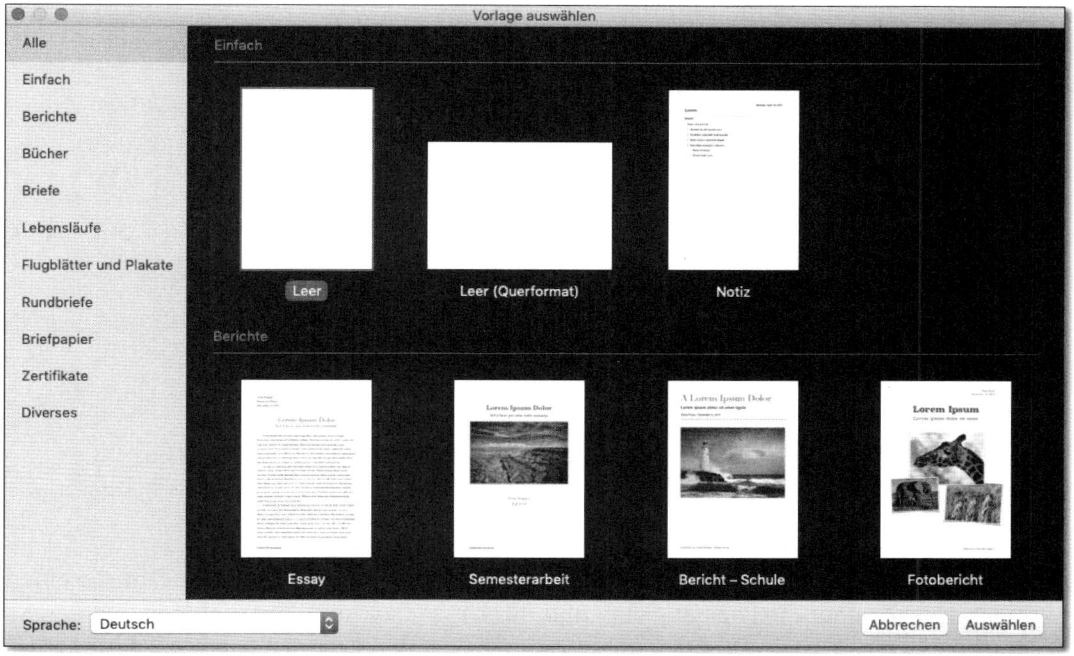

Abbildung 24.6 Die Vorlagenauswahl

TIPP

Weitere Vorlagen hinzufügen

Sie können Pages jederzeit weitere Vorlagen hinzufügen oder eigene erstellen. Im App Store gibt es beispielsweise viele kommerzielle und kostenlose Vorlagen. Aber auch ein Blick auf die Website *www.iworkcommunity.com* lohnt sich, wenn Sie auf der Suche nach Vorlagen sind.

24.3.1 Mit einem leeren Dokument anfangen

Wollen Sie mit einem leeren Dokument anfangen, finden Sie in der Vorlagenauswahl dafür ein leeres Dokument. Wenn Sie dieses auswählen, wird Pages mit einem neuen leeren Dokument gestartet, in dem Sie mit dem Schreiben anfangen können. Die Textformatierung und das Layout übernehmen Sie selbst. Beide Themen werden noch gesondert behandelt.

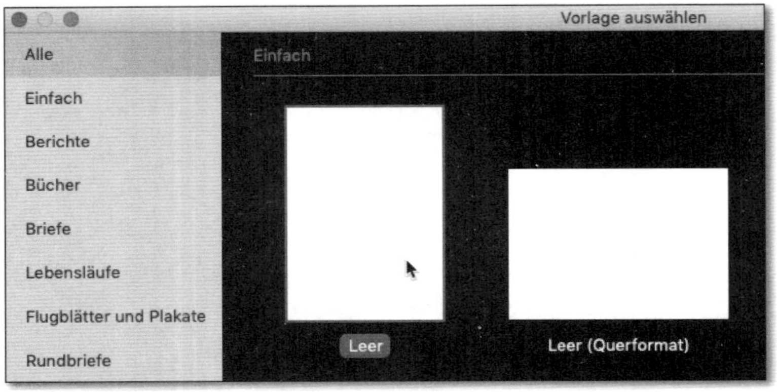

Abbildung 24.7 Mit einem leeren Dokument anfangen

24.3.2 Mit einer Vorlage anfangen

Benötigen Sie hingegen eine spezielle Vorlage und haben keine Lust oder Zeit, bei einem leeren Dokument die Formatierung und das Layout selbst zu übernehmen, wählen Sie bei der Vorlagenauswahl eine Vorlage aus. In dem Fall öffnet sich Pages mit Platzhaltern für Texte und Objekte. In der folgenden Schritt-für-Schritt-Anleitung zeige ich Ihnen, wie Sie eine solche Vorlage verwenden und Ihren Bedürfnissen anpassen können:

1 Öffnen Sie ein neues Dokument bei der Vorlagenauswahl. Im Beispiel habe ich bei **Briefe** einen **Fotobrief** gewählt.

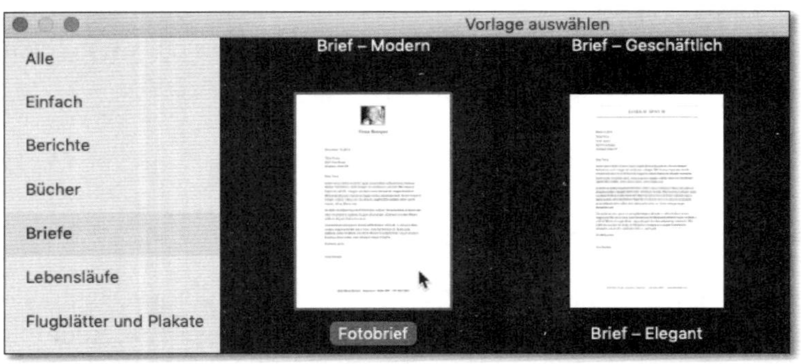

2 Um die einzelnen Abschnitte besser erkennen zu können, empfiehlt es sich, die Ansicht über das Auswahlmenü **Zoomen** in der Symbolleiste einzustellen. Mit `Alt` + `cmd` + `+` bzw. `Alt` + `cmd` + `-` können Sie das Zoomen auch stufenweise per Tastatur durchführen. Die 100%-Ansicht stellen Sie mit `cmd` + `0` wieder her.

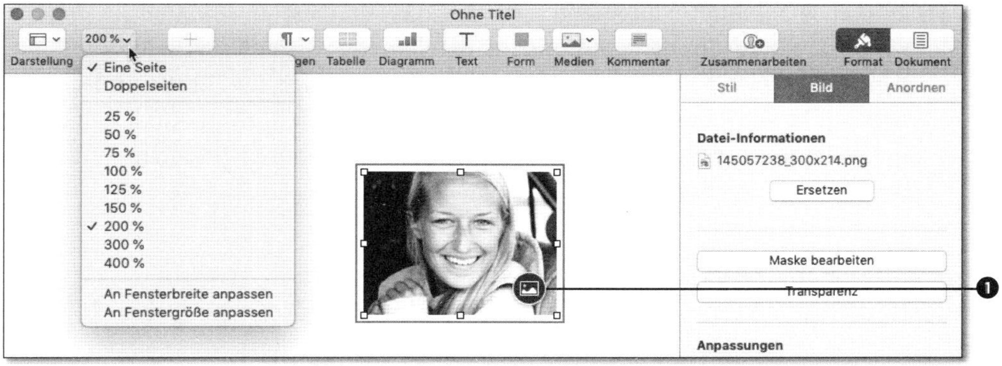

3 Ist in der Vorlage ein Bild enthalten, werden Sie es in der Regel austauschen wollen. Hier können Sie entweder auf das kleine Bildsymbol ❶ beim Platzhalterfoto klicken und im sich öffnenden schwebenden Fenster ein Bild aus den im Fotos-Programm verwalteten Bildern auswählen. Alternativ können Sie über den Reiter **Bild** auf der rechten Seite mit der Schaltfläche **Ersetzen** ein Bild im Dateiauswahldialog auswählen, wenn Sie Ihre Bilder nicht mit dem Fotos-Programm verwalten. Und natürlich funktioniert auch die klassische Möglichkeit, indem Sie ein Bild per Drag & Drop vom Schreibtisch oder Finder auf das Platzhalterfoto der Vorlage ziehen und dort fallen lassen.

4 Um das Bild zu bearbeiten, gibt es viele weitere Optionen, auf die noch nicht eingegangen werden soll. Nur die Anpassung in der Größe interessiert hier noch kurz. Doppelklicken Sie auf das Bild, finden Sie die Einstellmöglichkeit, über einen Regler die Bildgröße zu ändern. Auch mit gedrückt gehaltener Maustaste können Sie die Position innerhalb der Maske verschieben.

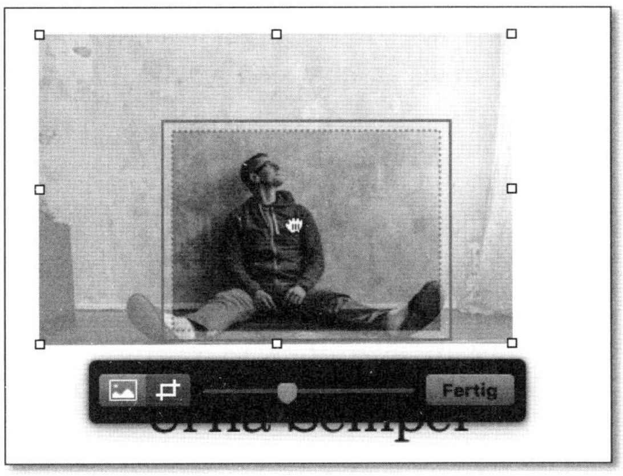

5 Um die einzelnen Textelemente der Vorlage anzupassen, müssen Sie diese anklicken, und die zusammengehörenden Textelemente werden gesondert markiert. Klicken Sie hier beispielsweise den Empfänger an, werden die Straße und der Ort mit Postleitzahl markiert. Fangen Sie zu tippen an, wird der Inhalt durch den von Ihnen eingegebenen Text ersetzt. Fahren Sie so mit allen anderen Textelementen fort. Elemente, die Sie nicht benötigen, entfernen Sie mit [←].

6 Wenn Sie das Datum anklicken, können Sie in einem schwebenden Fenster das Datumsformat und das Datum einstellen, das hier angezeigt werden soll.

7 Sie sind nicht auf den Stil der Vorlage beschränkt und können den Text nach Ihrem Geschmack umformatieren. Hierzu müssen Sie lediglich den entsprechenden Text markieren. In der rechten Seitenleiste können Sie über den Reiter **Stil** Schriftart, Farbe, Ausrichtung oder Abstand anpassen.

8 Im Beispiel habe ich eine Zeile beim Empfänger markiert und in Fettschrift formatiert. Pages bietet Ihnen an, die Änderung für den Stil (hier: Empfänger) zu aktualisieren, sodass Sie diese Änderung für diesen Stil nicht jedes Mal selbst von Hand machen müssen. Klicken Sie hier zum Beispiel auf **Aktualisieren** ❷, werden automatisch die anderen Zeilen im Dokument, die denselben Stil verwenden, auf die Anpassungen des neuen Stils aktualisiert und geändert – im Beispiel in Fettschrift formatiert.

9 Alternativ können Sie einen neuen Stil erstellen, indem Sie auf die Dropdown-Liste und oben rechts auf das Plussymbol ❸ klicken. Jetzt können Sie einen Namen für den neuen Stil eingeben und den Stilen der Vorlage hinzufügen.

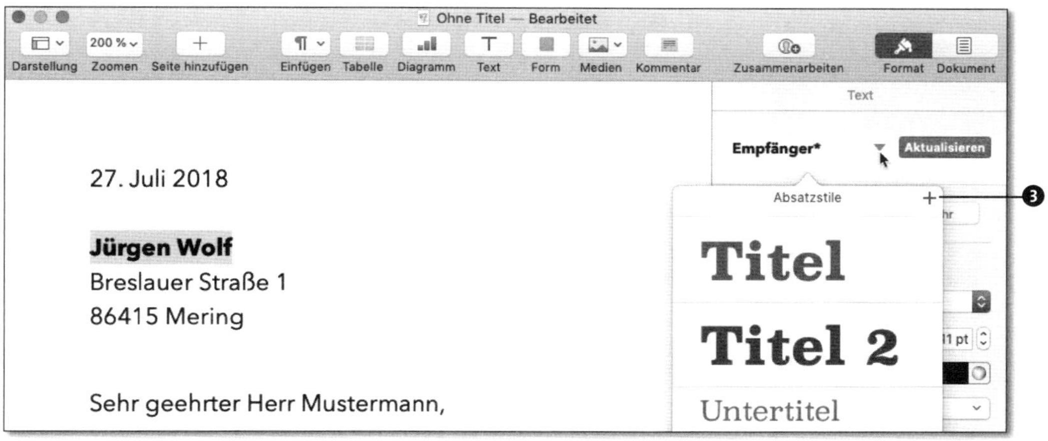

TIPP

Rückgängig machen

Haben Sie versehentlich einen Text gelöscht, ein falsches Bild eingefügt, die Formatierung durcheinandergebracht, können Sie den Vorgang mit `cmd` + `Z` bzw. **Bearbeiten ▸ [Kommando] widerrufen** rückgängig machen.

24.3.3 Dokument speichern

Das Speichern von Dokumenten in Pages birgt keine Überraschungen und lässt sich wie in vielen anderen Programmen über **Ablage ▸ Sichern** oder den Tastaturbefehl [cmd] + [S] durchführen. Im folgenden Sicherungsdialog wählen Sie den Namen, den Speicherort und können gegebenenfalls **Tags** hinzufügen. Wenn Sie iCloud Drive für Pages aktiviert haben, finden Sie einen entsprechenden Eintrag in der Dropdown-Liste ❶ oder der Seitenleiste zum Pages-Verzeichnis auf der iCloud. Mit der Schaltfläche **Sichern** wird das Dokument mit der Dateiendung *.pages* gesichert.

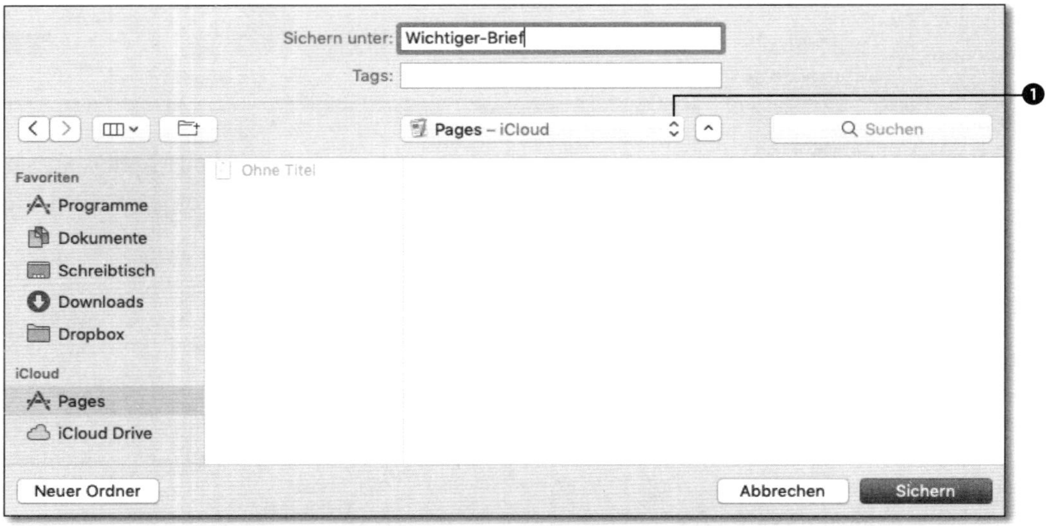

Abbildung 24.8 Ein Dokument in Pages speichern

Wenn Sie auf der Suche nach einem *Speichern unter* bzw. *Sichern unter* sind, müssen Sie in Pages die Datei über **Ablage ▸ Duplizieren** bzw. [⇧] + [cmd] + [S] duplizieren und dann das neue Dokument unter einem anderen Namen sichern.

24.3.4 Pages beenden

Wollen Sie Pages komplett beenden, können Sie dies über **Pages ▸ Pages beenden** bzw. [cmd] + [Q] tun. Wenn Sie ein Dokument überhaupt noch nicht gespeichert haben, erfolgt ein Warnhinweis, über den Sie dies nachholen können.

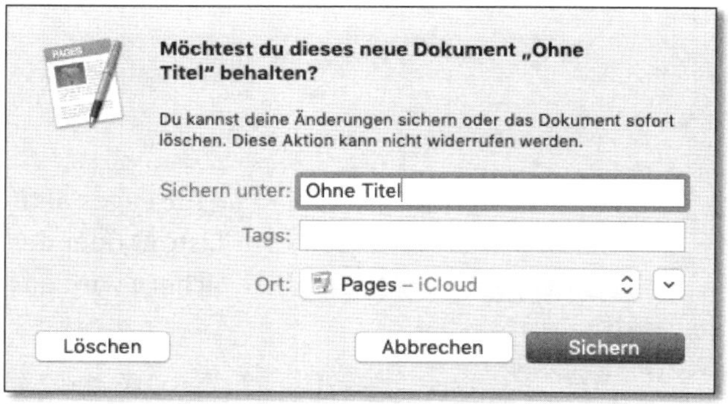

Abbildung 24.9 Ein neues Dokument, das noch nicht gesichert wurde

Haben Sie das Dokument bereits einmal gespeichert und es sind noch ungesicherte Änderungen vorhanden, kümmert sich die automatische Sicherung des Betriebssystems darum, und Sie müssen sich nicht mehr damit befassen.

24.3.5 Als Vorlage sichern und verwenden

In der vorherigen Schritt-für-Schritt-Anleitung haben Sie in den Schritten 8 und 9 gesehen, wie Sie einen vorhandenen Stil den persönlichen Bedürfnissen anpassen und hinzufügen können. Wenn Sie auf diese Weise viele Stile einer Vorlage geändert oder gar erweitert haben und vorhaben, diese Stile häufiger zu verwenden, kann es sinnvoll sein, das Dokument als Vorlage zu sichern, die Sie dann zum Anlegen für ein neues Dokument verwenden. Der Vorgang ist relativ einfach:

1 Wählen Sie **Ablage ▸ Als Vorlage sichern**, und klicken Sie im folgenden Dialog auf die Schaltfläche **Zur Vorlagenauswahl hinzufügen**.

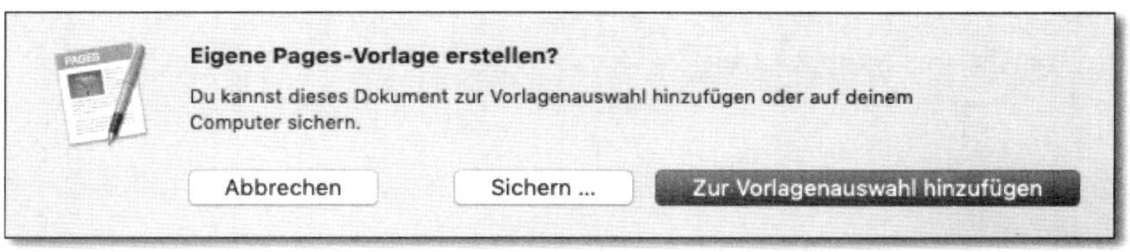

2 Die Vorlage wird in der Vorlagenübersicht im Abschnitt **Meine Vorlagen** hinzufügt. Vergeben Sie einen aussagekräftigen Namen für die Vorlage.

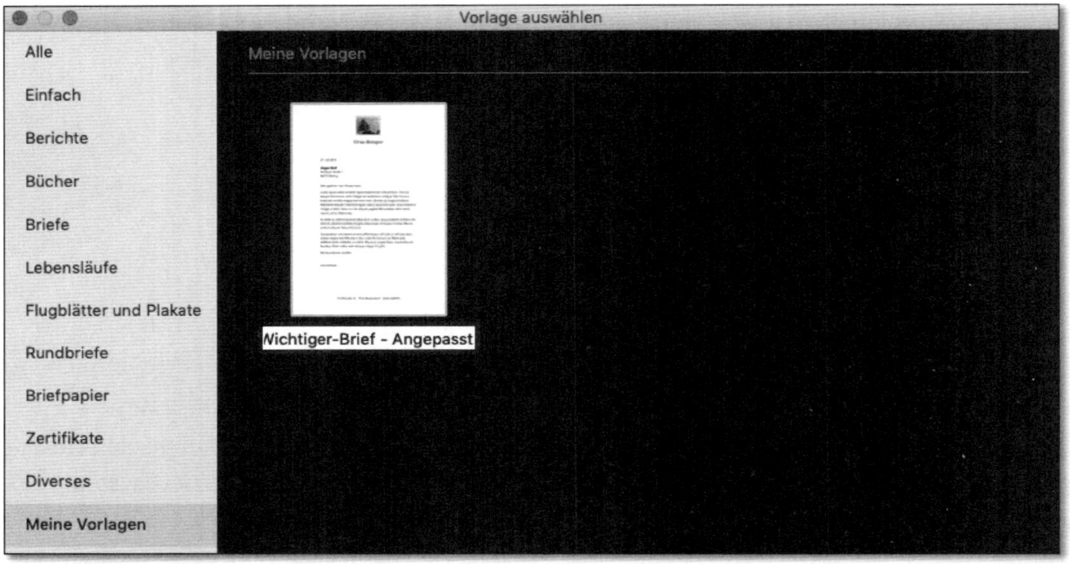

Aus dieser selbst erstellten Vorlage können Sie künftig über **Ablage ▸ Neu** im Vorlagenauswahl-Dialog im Bereich **Meine Vorlagen** durch Doppelklicken auf die Vorlage ein neues Dokument erstellen. Ein weiterer Vorteil einer angepassten Vorlage ist, wie im vorliegenden Beispiel, dass hier die persönlichen Daten nicht mehr angepasst werden müssen, weil diese bereits in der Vorlage mitgespeichert wurden.

TIPP

Text als Platzhalter verwenden

Wollen Sie beim Speichern von Vorlagen einen bestimmten Text als Platzhalter verwenden, der beim Anklicken farblich gesondert markiert und beim Tippen durch Ihren eingetippten Text ersetzt wird, markieren Sie die entsprechenden Textstellen, und wählen Sie **Format ▸ Erweitert ▸ Als Platzhaltertext festlegen** aus, bevor Sie das Dokument als Vorlage speichern.

24.3.6 Miniaturen anzeigen

Eine Darstellungsoption, die gerade zum Navigieren innerhalb mehrerer Seiten perfekt ist, finden Sie über die Schaltfläche **Darstellung** in der Symbolleiste mit dem Befehl **Miniaturen einblenden**. Pages zeigt dann auf der linken Seite die Seiten des aktuellen

Dokuments als Miniaturen an, womit es einfacher wird, zu den einzelnen Seiten zu wechseln.

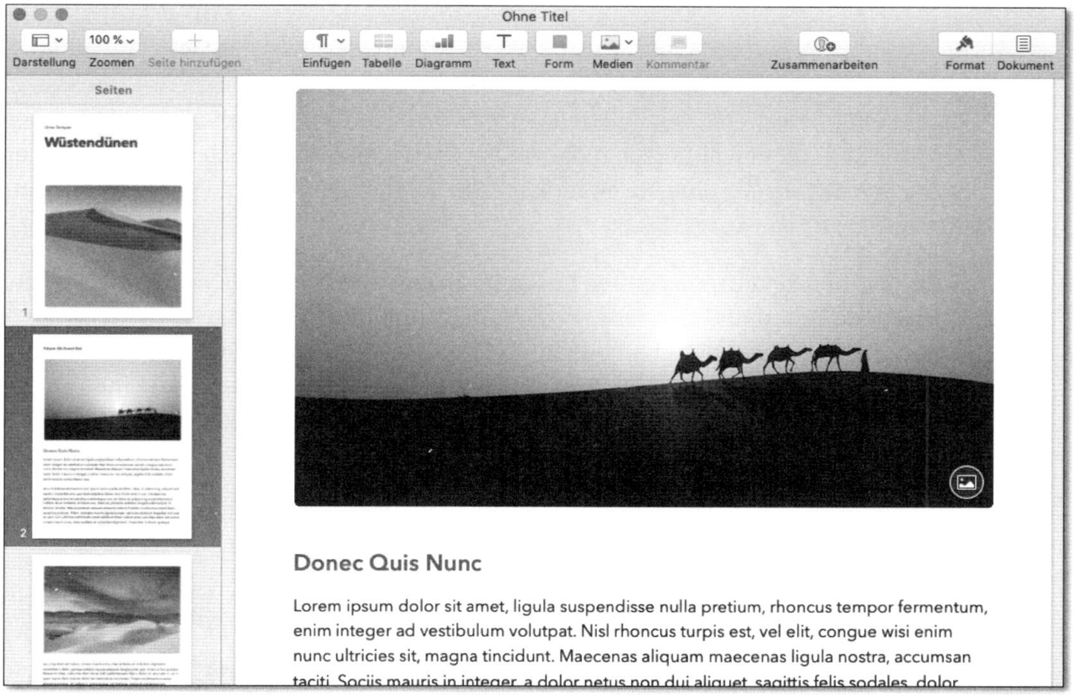

Abbildung 24.10 Das Anzeigen von Miniaturen ist sehr hilfreich bei mehreren Seiten.

24.4 Mit Text arbeiten

In diesem Abschnitt sehen wir uns die Textverarbeitungs- und Gestaltungsfunktionen von Pages etwas genauer an. Genauer sollen hier die Strukturierung und das Hinzufügen von Stilen zu einem Text gezeigt werden.

24.4.1 Einfachste Strukturierung von Text

Zunächst widmen wir uns den einfachen Möglichkeiten der reinen Strukturierung von Text. Die Formatierung des Textes steht hier noch nicht im Mittelpunkt. Um einen Bezug zur Praxis zu bekommen, empfehle ich Ihnen, ein neues leeres Dokument über **Ablage ▸ Neu** anzulegen.

1 Die einfachste Form der Strukturierung dürfte das Auslösen eines Zeilenumbruchs sein. Sie schreiben eine Überschrift und drücken [↵], und in der nächsten Zeile schreiben Sie den Fließtext.

2 Eine weitere Form der Strukturierung von Text, um beispielsweise eine Aufzählung, eine Arbeitsbeschreibung oder eine Checkliste zu erstellen, haben Sie mit Listen. Pages bietet Ihnen viele verschiedene Arten von Listen an. Fangen Sie in einer neuen Zeile dafür an, und wählen Sie rechts in der Seitenleiste im Register **Stil** unter **Listen & Zeichen** ❶, was für eine Form der Liste Sie verwenden wollen. Hier habe ich eine nummerierte Liste ausgewählt.

3 Geben Sie den Text für den ersten Listenpunkt ein, und betätigen Sie [↵]. Jetzt wird der nächste Listenpunkt erstellt, wo Sie wiederum den Text eingeben und mit [↵] einen weiteren Listenpunkt erzeugen. Auf diese Weise können Sie beliebig viele Listenpunkte anlegen. Sind Sie mit den Listenpunkten fertig, geben Sie keinen weiteren Text mehr im nächsten Listenpunkt ein und drücken [↵]. Jetzt befinden Sie sich wieder in einem normalen Fließtext.

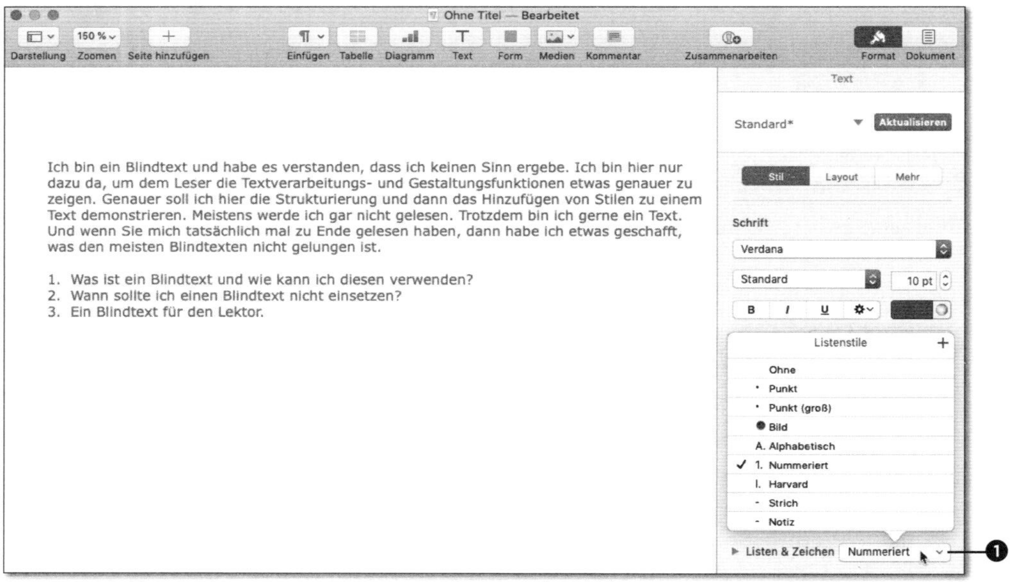

4 Listenpunkte können Sie nachträglich verändern, indem Sie den entsprechenden Text markieren und eben eine andere Art von Listenpunkt wählen. Auch ein Verschachteln von Listen ist möglich, wenn Sie bei der Erstellung eines neuen Listenpunktes diesen mit der Schaltfläche **Einzug** ❷ bei **Ausrichtung** drücken.

5 Wenn Sie auf das Dreieck von **Listen & Zeichen** klicken, finden Sie weitere Möglichkeiten, Listen zu bearbeiten. Hier können Sie den Einzug, den Abstand zwischen dem Listenzeichen und dem Text, die Größe und Farbe der Listenzeichen, die Art des Zeichens oder Bildes und abhängig von der Art der Liste einige andere Angaben machen.

6 Beim Betrachten des bisherigen Dokuments fällt auf, dass der Text wenig luftig ist und es keinen Spaß macht, ihn zu lesen. Gerade der Zeilenabstand zwischen den Absätzen ist kaum zu sehen. Um einen größeren Abstand zwischen Absätzen hinzuzufügen, klicken Sie auf das kleine Dreieck von **Abstand** im Register **Stil**, und schon finden Sie die Optionen **Vor dem Absatz** und **Nach dem Absatz** ❸. Wählen Sie den Absatztext aus, oder stellen Sie den Mauscursor an das Ende eines Absatzes, und ändern Sie den Wert **Nach dem Absatz**. Im Beispiel habe ich 5 pt verwendet. Wollen Sie diese Einstellungen für alle Absätze übernehmen, klicken Sie oben auf **Aktualisieren**. Beachten Sie allerdings, dass hierbei die Listen mit eingeschlossen sind. Wenn Sie zusätzlich **Vor dem Absatz** verwenden, sollten Sie beachten, dass bei zwei Absätzen die Summe beider Abstände verwendet wird. Dieser Wert spielt vor allem bei Überschriften eine wichtige Rolle.

7 Auch der Zeilenabstand ❹ ist enorm wichtig, um Text optisch gut lesbar zu machen. Pages stellt den Wert auf 1,0. In der Praxis können Sie diesen Wert auf 1,2 oder, wie es oft in wissenschaftlichen Arbeiten gefordert wird, auf 1,5 setzen. Auch hier gehen Sie wie beim Absatztext vor und setzen den Cursor an das Ende eines Absatzes oder markieren den Text und wählen entsprechende Werte. Mit den Optionen **Mindes-**

tens, **Genau** oder **Zwischen** legen Sie den Zeilenabstand zwischen der oberen und der unteren Zeile fest, der verwendet werden soll, wenn Sie einen Text mit einer größeren Schrift in einem Absatz verwenden. Auch hier können Sie mit **Aktualisieren** den Zeilenabstand für alle anderen Texte desselben Stiles verwenden.

8 Daneben ist auch ein ausreichender Zeichenabstand für gut lesbaren Text essenziell. Markieren Sie den betreffenden Text, klicken Sie im Register **Stil** auf das Zahnrad-Icon und verändern Sie den Wert im Feld **Zeichenabstand**.

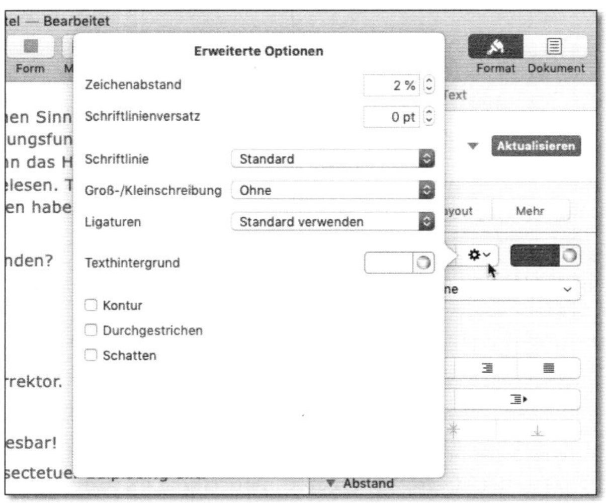

9 Jetzt kennen Sie zur reinen Strukturierung von Text die Möglichkeiten, den Abstand zwischen den Zeichen, Zeilen und Absätzen zu steuern. Fehlt eigentlich noch eine Möglichkeit, einen Seitenumbruch einzufügen. Diesen finden Sie im Umbrüche-Icon der Symbolleiste mit **Seitenumbruch**. Damit wird an der Stelle, an die Sie diesen Umbruch einfügen, eine neue Seite angefangen.

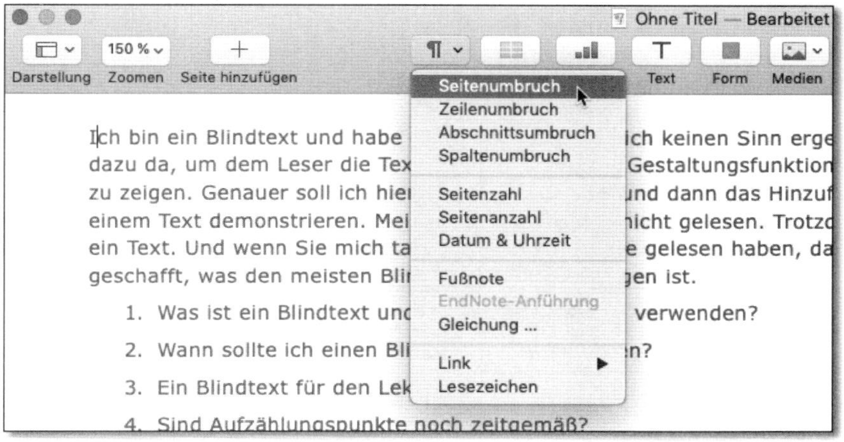

10 Wollen Sie einen Einzug in der ersten Zeile eines Absatzes haben, finden Sie im Register **Layout** dafür den Bereich **Einzüge** ❺.

11 Ebenfalls im Register **Layout** finden Sie ganz unten die Rubrik **Rahmen & Linien**. Wenn Sie auf das Dreieck klicken, können Sie einem Absatztext Rahmen und Linien hinzufügen. Hier müssen Sie die Linienart, die Farbe, die Linienstärke und die Position der Linie auswählen. Einen Versatz der Linie oder Rahmen können Sie auch einstellen. Im Beispiel habe ich so einen weiteren Absatztext mit einem Rahmen erstellt.

12 Und wenn Sie für den Absatztext noch eine eigene Hintergrundfarbe benötigen, finden Sie ganz unten im Register **Layout** mit **Absatzhintergrund** eine Option dafür.

Wenn Sie in Ihren Dokumenten immer die gleichen Abstände für Zeichen, Zeilen und Absätze verwenden, ist es ratsam, dies alles als Vorlage zu speichern, um in einem neuen Dokument nicht alles wieder neu erstellen zu müssen.

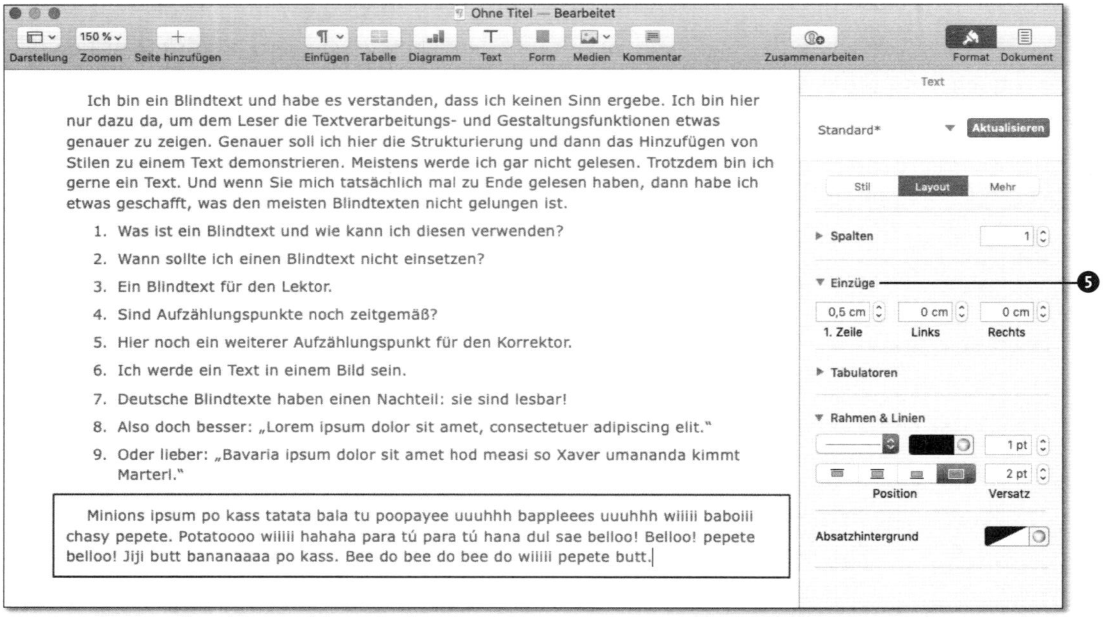

24.4.2 Arbeiten mit Stilen

Wenn Sie einen Text ordentlich strukturiert haben, wird die Formatierung zum Kinderspiel. Auch hierbei wird bei Pages vorwiegend im Register **Stile** gearbeitet. Ausgehend davon, dass Sie Ihren Text im Abschnitt zuvor ordentlich strukturiert haben, wollen wir uns nun mehr um die Gestaltung des Textes kümmern. Auch hierzu ist es am einfachsten, dies Schritt für Schritt anhand eines Beispiels in der Praxis durchzuarbeiten:

1. Fangen wir mit der Überschrift an. Markieren Sie daher den Text für die Überschrift, und wählen Sie in der Seitenleiste den Stil **Überschrift** ❶ über das Dropdown-Menü aus.

2. Passen Sie die markierte Überschrift über das Register **Stil** ❷ Ihren Bedürfnissen an. Im Beispiel habe ich als Schriftart Times New Roman mit einer Schriftgröße von 20 pt und einer dunkelblauen Farbe ausgewählt. Außerdem habe ich die Option **Nach dem Absatz** auf 7 pt gesetzt.

3 Klicken Sie in der Stilübersicht auf das kleine Dreieck, und wählen Sie dann das Pluszeichen ❸ oben rechts. Pages fügt damit der Liste diesen Stil hinzu, wobei Sie noch einen benutzerdefinierten Namen angeben können.

4 Jetzt können Sie den erstellten Stil verwenden. Markieren Sie hierzu erneut eine Überschrift, und wählen Sie in der Stilübersicht Ihren eigenen Stil aus.

5 Dasselbe wie in den Schritten 2 und 3 können Sie natürlich auch mit Aufzählungspunkten machen. Sie markieren und formatieren die Aufzählungspunkte bei **Stil** im Bereich **Listen & Zeichen** und fügen dann über die Dropdown-Liste und das Plussymbol der Liste der dort aufgelisteten Aufzählungspunkte den neu gestalteten Aufzählungspunkt hinzu.

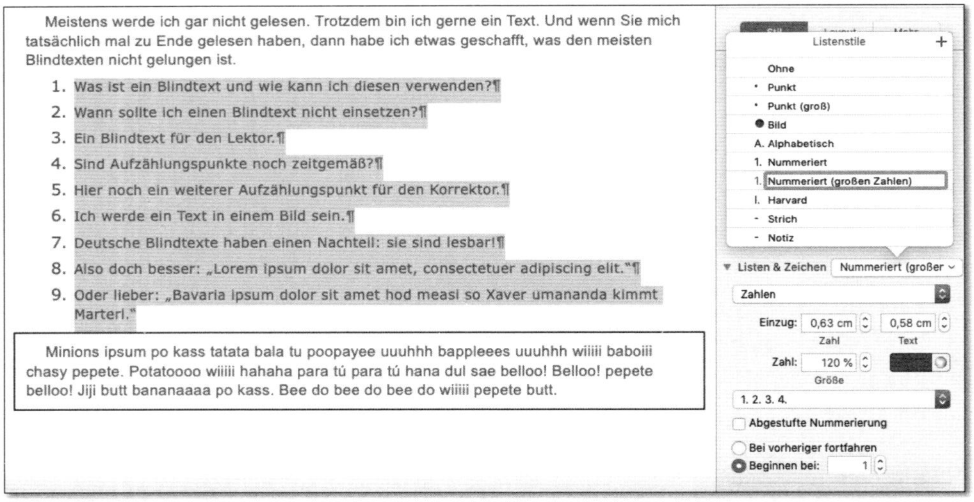

6 Auf diese Weise fahren Sie mit anderen Textbereichen fort. Im Beispiel habe ich noch einen eigenen Stil für Absatztexte und Listen hinzugefügt und im Text die entsprechenden Stellen markiert und den Stil zugewiesen.

7 Wenn Sie einen Stil nachträglich ändern wollen, markieren Sie den Text und führen die gewünschten Änderungen am Stil durch. Wollen Sie diese Stiländerung für alle im Dokument verwendeten Texte mit demselben Stil ändern, klicken Sie auf die Schaltfläche **Aktualisieren**, und Pages übernimmt das dann für Sie. Wenn Sie den Stil nicht mit einem Klick auf die Schaltfläche aktualisiert haben, wirkt sich die Änderung nur auf den markierten Text aus.

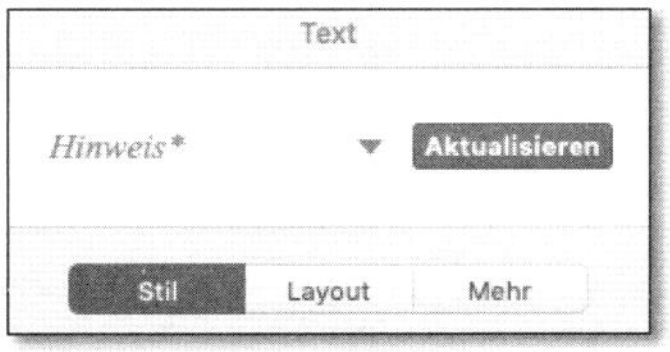

8 Natürlich ist es möglich, einzelne Textstellen, Wörter oder Zeichen gesondert zu formatieren. Hierzu müssen Sie den betreffenden Text markieren und einen Stil aus der Dropdown-Liste **Zeichenstile** verwenden. Ist hier nichts Passendes dabei, können Sie selbst im Bereich **Schrift** des Registers **Stil** Schriftart, Größe, Farbe oder Schriftschnitt für einzeln markierte Bereiche ändern und dann über die Dropdown-Liste **Zeichenstile** hinzufügen, indem Sie hier auf das Plussymbol ❹ klicken und einen passenden Namen für den Zeichenstil angeben. Im Gegensatz zum Absatzstil, wie Sie ihn zuvor eingesetzt und erstellt haben, wirken sich Zeichenstile nur auf den markierten Text und nicht auf den ganzen Absatz aus.

Sie wissen jetzt, wie Sie den Text ordentlich strukturieren und formatieren können. Vermutlich haben Sie hierbei einen beachtlichen Fundus an eigenen Absatz- und Zeichenstilen erstellt und hinzugefügt. Wollen Sie diese Stile künftig in Ihren Dokumenten verwenden, können Sie sie über **Ablage ▸ Als Vorlage sichern** als Vorlage speichern und in einem neuen Dokument wiederverwenden. Wollen Sie den vorhandenen Text des Dokuments nicht mit in die Vorlage übernehmen, duplizieren Sie das Dokument mit den angepassten Stilen vorher über **Ablage ▸ Duplizieren**, entfernen den Text des Dokuments und speichern dann das Dokument als leere Vorlage, allerdings mit den angepassten und selbst hinzugefügten Stilen.

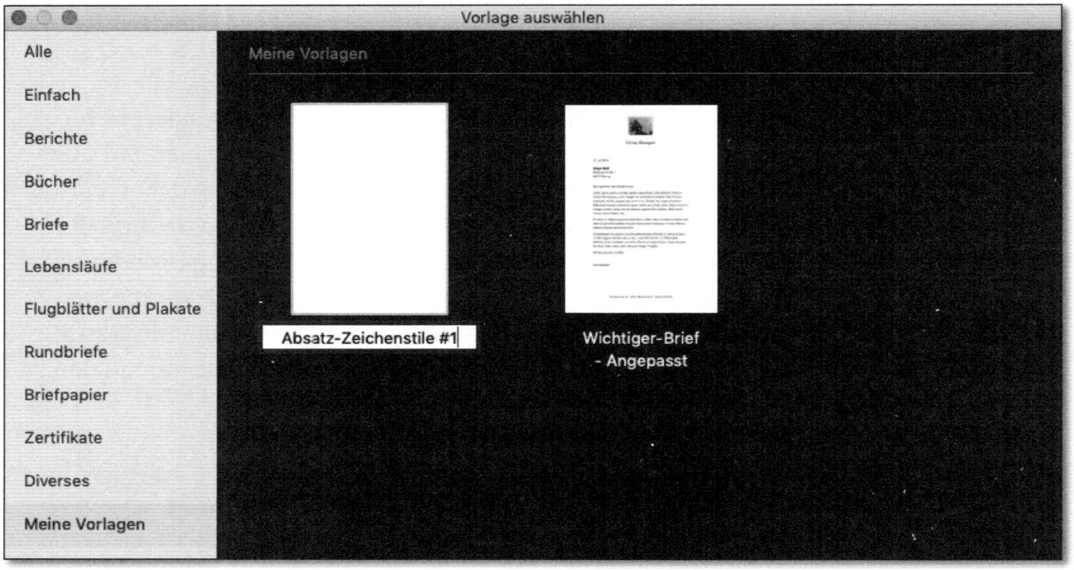

Abbildung 24.11 Eine eigene Vorlage mit eigenen Stilen wurde hier erstellt.

24.4.3 Layout mit mehreren Spalten verwenden

Sie sind mit Pages nicht auf ein Layout mit einer Spalte beschränkt. Wenn Sie auf den Reiter **Layout** ❶ klicken und dort auf das Dreieck von **Spalten**, können Sie über **Spalten** die Anzahl der Spalten vorgeben, die Sie im Dokument haben wollen. Hier wurde der Wert auf zwei Spalten geändert, was sich auch gleich auf den geschriebenen Text im Dokument auswirkt. Sie können über **Gleiche Spaltenbreite** festlegen, dass die einzelnen Spalten gleich breit sind, oder Sie stellen die Spaltenbreite selbst im Feld **Spalte** ❷ ein. Entsprechend wird der andere Wert automatisch angepasst. Auch den Steg zwischen den Spalten können Sie anpassen.

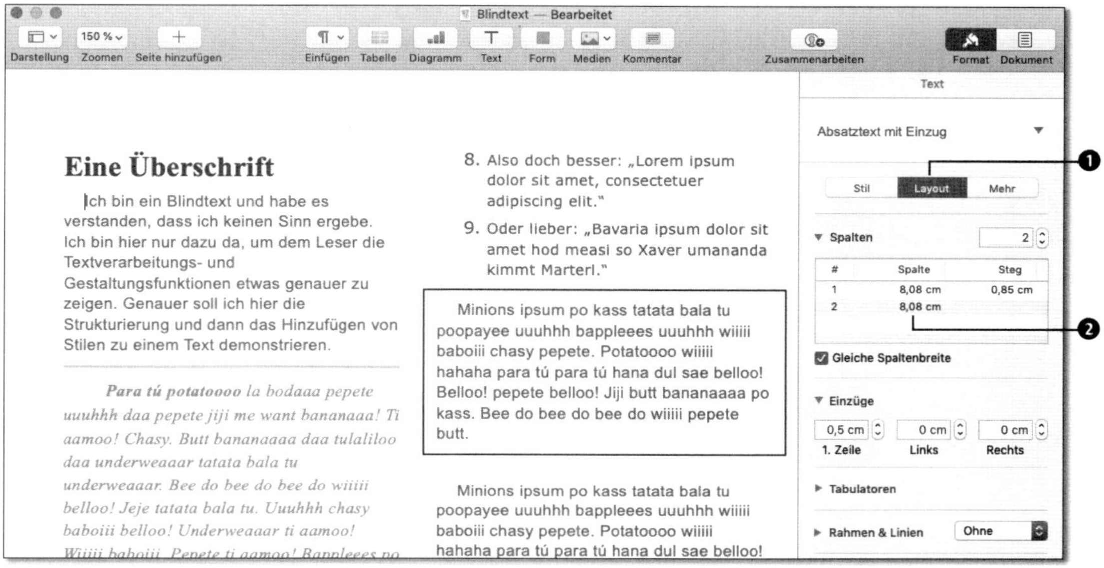

Abbildung 24.12 Layout mit mehreren Spalten erstellen

Ich empfehle Ihnen, hier den Layoutmodus über **Darstellung ▸ Layout einblenden** bzw. [⇧] + [cmd] + [L] zu aktivieren. Es werden dann entsprechende Rahmen um den Inhalt und die Spalte eingeblendet. Oben und unten können Sie dann die Kopf- und Fußzeile des Dokuments erkennen, die einem jeden Dokument zur Verfügung stehen. Diese werden sonst nur eingeblendet, wenn Sie mit dem Mauscursor oben oder unten darüber stehen. Dieser Bereich ist dreigeteilt, sodass Sie Informationen links, mittig und rechts eingeben können. Neben einem benutzerdefinierten Text können Sie über das Menü **Einfügen** ❸ in der Symbolleiste mit den Befehlen **Seitenzahl**, **Seitenanzahl** und **Datum & Uhrzeit** Entsprechendes den Kopf- und Fußleisten hinzufügen. Ebenso können Sie bei Bedarf einen benutzerdefinierten Text, zum Beispiel Quellenangaben oder sonstige Hinweise, in die Kopf- und Fußzeilen eingeben. Den Stil für den Text können Sie jederzeit ändern.

Die Breite des Layouts richtet sich nach dem ausgewählten Papierformat in **Ablagen ▸ Papierformat**, und der Inhalt wird zwischen den Dokumenträndern eingepasst. Die Dokumentränder oben, unten, rechts und links können Sie auch anpassen, indem Sie oben rechts auf **Dokument** ❹ klicken und im Register **Dokument** ❺ die Einstellungen von Dokumenträndern entsprechend Ihren Bedürfnissen anpassen. Hierbei können Sie auch andere Einstellungen wie das Papierformat, die **Seitenausrichtung**, den Platz für die **Kopf-** und **Fußzeile** einstellen bzw. ändern. Zurück zu den Formatierungen gelangen Sie über einen Klick auf **Format** ❻.

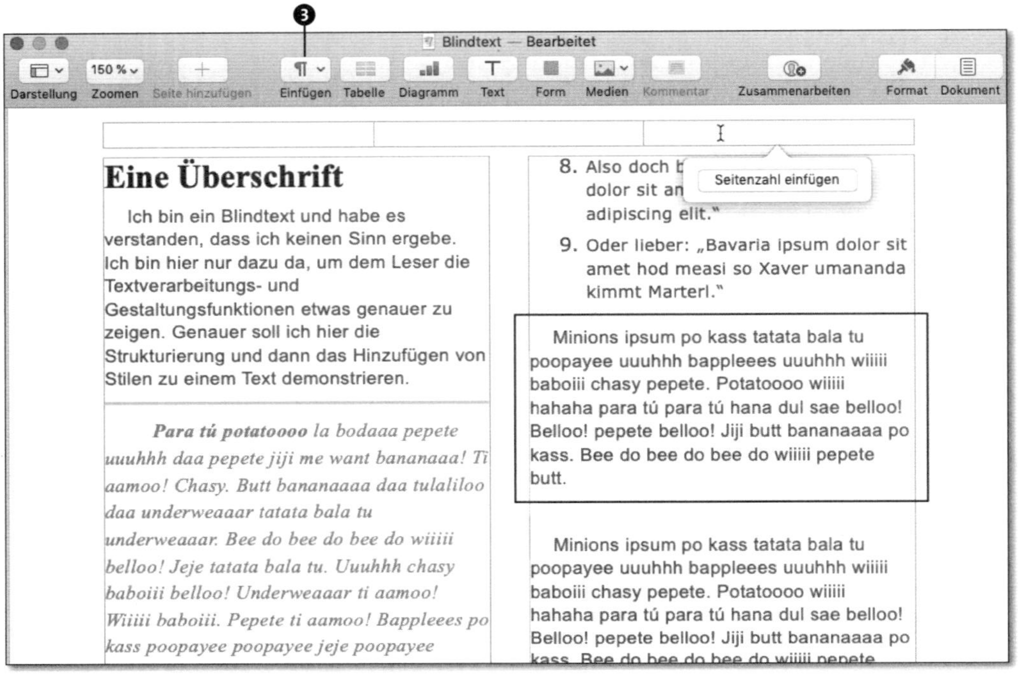

Abbildung 24.13 Der Layoutmodus von Pages

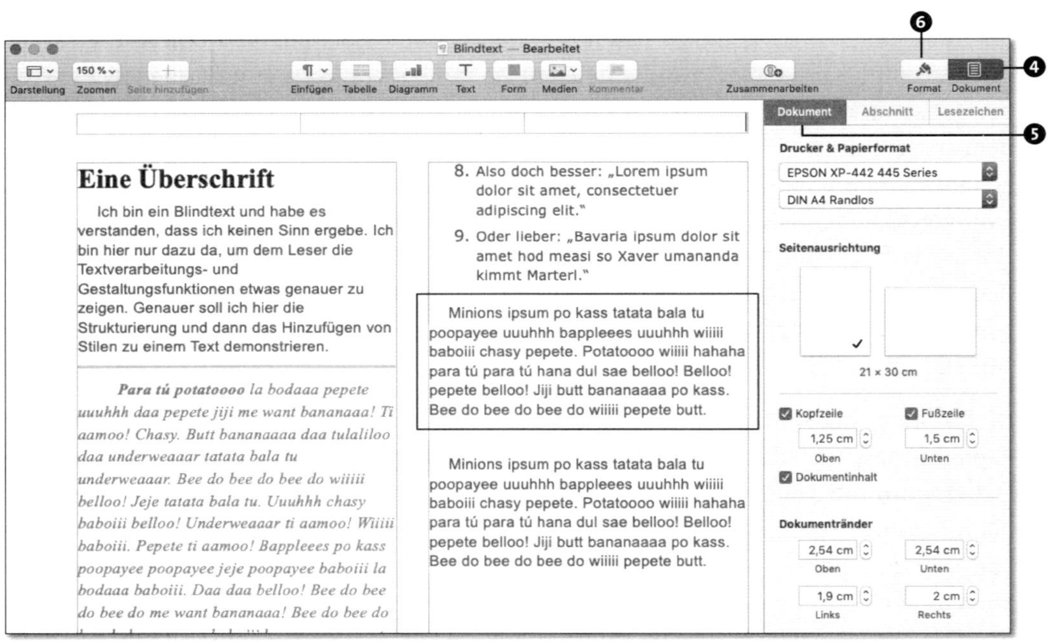

Abbildung 24.14 Das Layout wird am ausgewählten Papierformat ausgerichtet.

24.5 Hilfsmittel für die Textverarbeitung

Pages bietet eine Menge nützlicher Hilfsmittel für die Textverarbeitung an. Besonders wichtig und nützlich sind unter anderem die Rechtschreibprüfung, das Suchen und Ersetzen von Text und das Kommentieren von Text.

24.5.1 Rechtschreibprüfung

Die Rechtschreibprüfung ist standardmäßig aktiviert und prüft bereits während der Eingabe den Text auf mögliche Fehler. Fehlerhafte Wörter werden mit einer rot gestrichelten Linie angezeigt. Um das beanstandete Wort zu korrigieren, klicken Sie es mit gehaltener `Ctrl`-Taste an bzw. klicken rechts auf das Wort, und im Kontextmenü werden Ihnen, wenn vorhanden, alternative Schreibweisen zu dem Wort angeboten. Klicken Sie auf das entsprechende Wort, damit es gegen das falsch geschriebene getauscht wird. Ist das Wort richtig und Sie wollen, dass es nicht mehr mit einer roten gestrichelten Linie angezeigt wird, wählen Sie **Schreibweise ignorieren** im Kontextmenü.

Ebenfalls standardmäßig aktiviert ist die automatische Korrektur während der Eingabe des Textes. Ein fehlerhaftes Wort wird automatisch durch ein für die Rechtschreibprüfung korrektes Wort ersetzt. Das so ersetzte Wort wird dann mit einer blau gestrichelten Linie angezeigt. Wollen Sie nicht das ersetzte Wort verwenden, drücken Sie `cmd` + `Z`, oder klicken Sie das Wort mit gehaltener `Ctrl`-Taste an, und wählen Sie im Kontextmenü den Befehl **Zurückändern in [Wort]** aus.

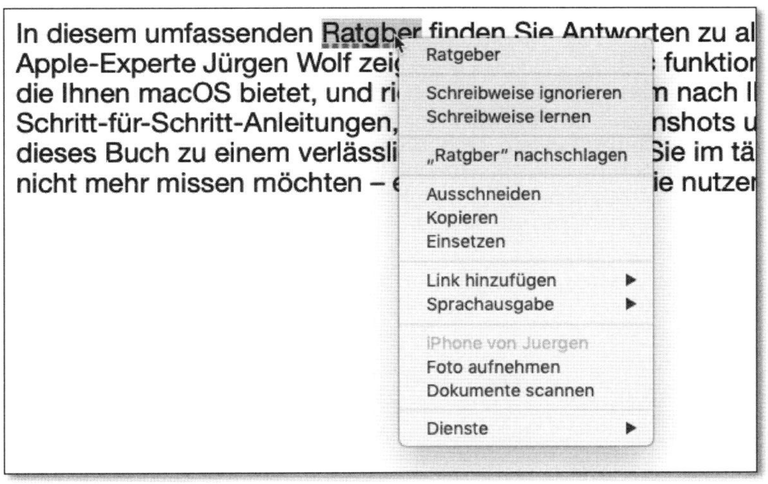

Abbildung 24.15 Fehlerhafte Wörter verbessern

Die automatische Korrektur können Sie über **Bearbeiten ▸ Rechtschreibung und Grammatik ▸ Rechtschreibung automatisch korrigieren** deaktivieren, indem Sie das Häkchen vor dem Befehl entfernen.

HINWEIS

Rechtschreibprüfung aktivieren

Sollte bei Ihnen die Rechtschreibprüfung nicht aktiviert sein, können Sie diese über das Menü **Bearbeiten ▸ Rechtschreibung und Grammatik ▸ Während der Texteingabe prüfen** einschalten.

24.5.2 Nach Text suchen (und ihn ersetzen)

Auch essenziell für die Textverarbeitung ist die Funktion zur Suche nach einem Text. Diese können Sie mit **Bearbeiten ▸ Suchen ▸ Suchen** bzw. `cmd` + `F` aufrufen.

Abbildung 24.16 Die Suchfunktion von Pages aufrufen

Wenn Sie hingegen nach Wörtern suchen wollen, um diese durch andere Wörter zu ersetzen, müssen Sie im schwebenden Suchfenster links oben auf das Zahnradsymbol klicken und im Auswahlmenü **Suchen & Ersetzen** auswählen.

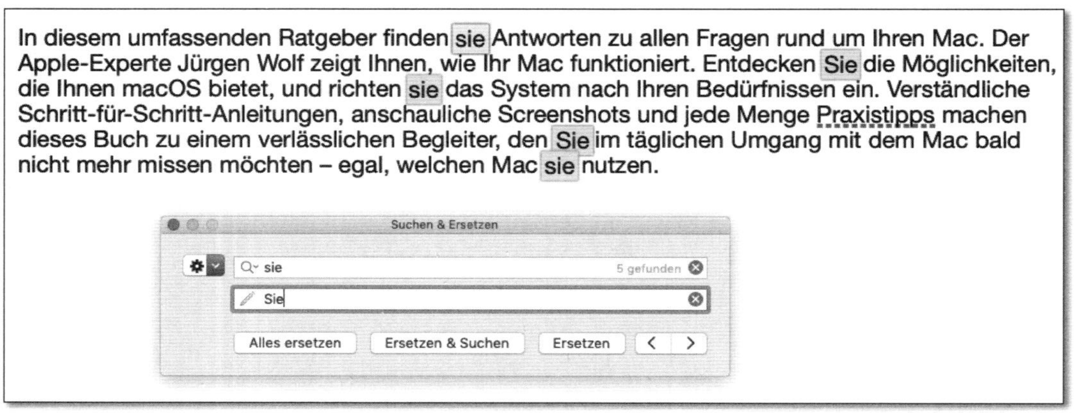

Abbildung 24.17 Auch das Suchen und Ersetzen ist über denselben Dialog möglich.

24.5.3 Einzelne Textstellen kommentieren

Sehr hilfreich beim Schreiben von Texten ist die Funktion zum Kommentieren. Damit können Sie an beliebigen Stellen im Dokument Kommentare anbringen, um sich selbst oder anderen Personen eine Erinnerung zu schreiben oder Anmerkungen hinzuzufügen.

1 Markieren Sie den Text, dem Sie einen Kommentar hinzufügen wollen.

2 Klicken Sie in der Symbolleiste auf die **Kommentar**-Schaltfläche ❶, oder drücken Sie [⇧] + [cmd] + [K]. Zum markierten Text wird ein gelbes schwebendes Fenster mit der aktuellen Uhrzeit und dem aktuellen Datum angezeigt, in das Sie Ihren Kommentar eingeben können.

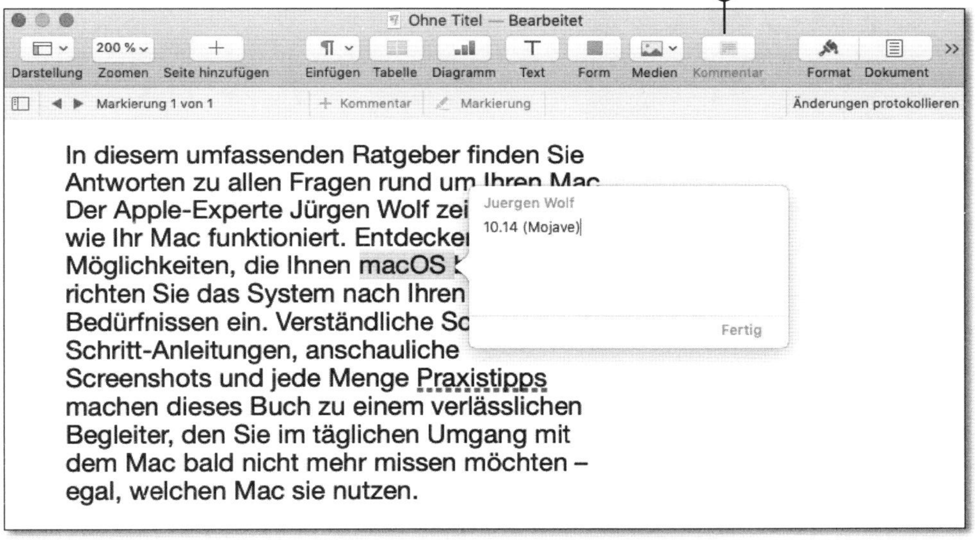

3 Klicken Sie außerhalb des Kommentars, wird das schwebende Fenster geschlossen.

4 Um einen Kommentar zu öffnen oder zu bearbeiten, müssen Sie den gelb markierten Text anklicken. Hierbei können Sie den Kommentar im schwebenden Fenster mit **Antworten** beantworten oder mit **Löschen** entfernen.

5 Kommentare können Sie vorübergehend ausblenden, indem Sie in der Symbolleiste auf **Darstellung** ❷ klicken und im Auswahlmenü **Kommentare ausblenden** wählen. Auf demselben Weg können Sie Kommentare wieder einblenden.

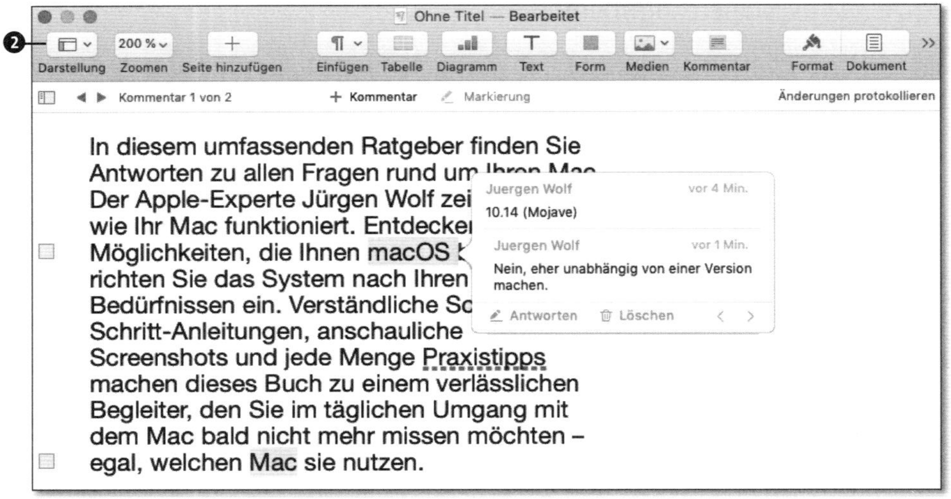

24.6 Bilder, Formen, Textfelder, Diagramme und Tabellen verwenden

Pages kann nicht nur mit Texten umgehen, sondern auch Bilder, Formen, Diagramme und Tabellen lassen sich mit Texten kombinieren und diesen hinzufügen.

24.6.1 Dem Dokument Bilder hinzufügen

Über die Schaltfläche **Medien** in der Symbolleiste können Sie einem Dokument Fotos, Musik und Videos hinzufügen. In der Praxis dürften allerdings wohl eher Fotos von Interesse sein, da für Videos und Musik das Dokument in digitaler Form weitergegeben werden müsste. In der folgenden Schritt-für-Schritt-Anleitung erfahren Sie, wie Sie einem Dokument Bilder hinzufügen, sie bearbeiten und anpassen können:

1 Um ein Bild in ein Dokument einzufügen, klicken Sie auf die Schaltfläche **Medien** in der Symbolleiste und wählen im Bereich **Fotos** ein Bild aus. Hierbei werden allerdings nur die Bilder angezeigt, die Sie mit dem Programm Fotos verwaltet haben. Über **Auswählen** ist es auch möglich, ein Bild über ein Finder-Fenster auszuwählen. Sie können aber auch Bilder direkt vom Finder oder Schreibtisch in das offene Dokument ziehen und dort fallen lassen. Abhängig von der Bildgröße passt sich der vorhandene Text dem Objekt an. Im Beispiel wird das Bild über die komplette Breite des Layouts gespannt, weil es breiter als das Layout ist. Um das Bild in den folgenden

Schritten weiter zu bearbeiten bzw. zu formatieren, müssen Sie es anklicken, dann finden Sie die Reiter **Stil**, **Bild** und **Anordnen** auf der rechten Seite.

2 Haben Sie das Bild hinzugefügt, können Sie einen Stil mit Rahmen und Schatten hinzufügen. Hierfür können Sie entweder vorgefertigte **Bilderstile** im Register **Stil** auf der rechten Seite auswählen, oder Sie werden selbst über **Rahmen**, **Schattenwurf**, **Spiegelung** und **Deckkraft** kreativ. Wollen Sie den erstellten Stil zu **Bilderstile** hinzufügen, klicken Sie auf das Plussymbol bei **Bilderstile**.

3 Über den Reiter **Bild** auf der rechten Seitenleiste können Sie mit der Schaltfläche **Ersetzen** das Bild gegen ein anderes austauschen, indem Sie im folgenden Dateiauswahldialog eine Alternative auswählen. Die vorher gemachten Einstellungen für das alte Bild werden auch für das neue Bild übernommen. Klicken Sie auf **Maske bearbeiten**, sehen Sie im Bild eine Maske, über die Sie mit ❶ das Bild innerhalb der Maske und mit ❷ die Maske über die Eckpunkte anpassen können. Dieselbe Maske bekommen Sie zu sehen, wenn Sie auf das Bild doppelklicken. Mit der Maske können Sie unerwünschte Bildteile ausblenden. Die Standardmaske hat die gleiche Größe wie das Bild. Die Größe des Bildes in der Maske können Sie über den Schieberegler ❸ anpassen. Auch die Position des Bildausschnitts können Sie mit gedrückt gehaltener Maustaste auf dem Bild in der Maske anpassen.

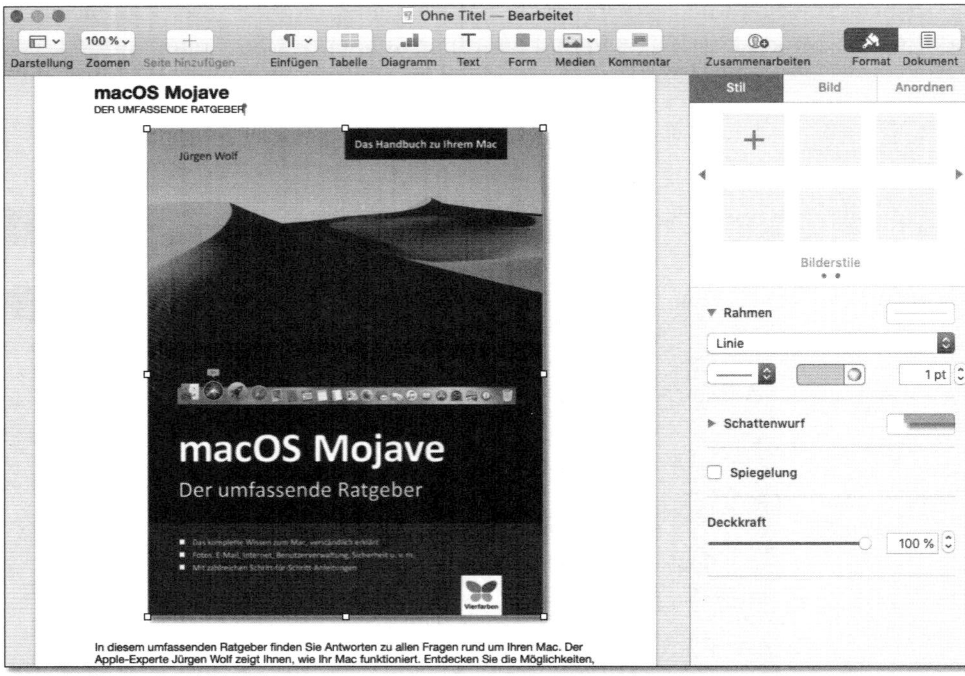
Ohne Titel — Bearbeitet
Darstellung
Zoomen
Seite hinzufügen
Einfügen
Tabelle
Diagramm
Text
Form
Medien
Kommentar
Zusammenarbeiten
Format
Dokument
macOS Mojave
DER UMFASSENDE RATGEBER
Das Handbuch zu Ihrem Mac
Jürgen Wolf
macOS Mojave
Der umfassende Ratgeber
Stil
Bild
Anordnen
Bilderstile
Rahmen
Linie
1 pt
Schattenwurf
Spiegelung
Deckkraft
100 %
In diesem umfassenden Ratgeber finden Sie Antworten zu allen Fragen rund um Ihren Mac. Der
Apple-Experte Jürgen Wolf zeigt Ihnen, wie Ihr Mac funktioniert. Entdecken Sie die Möglichkeiten,

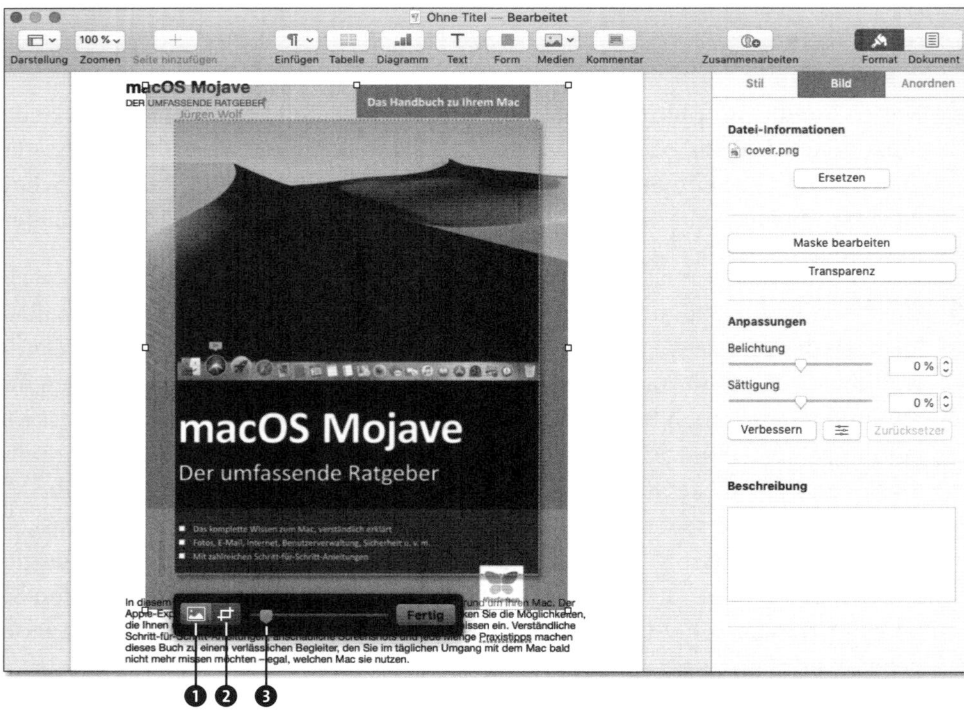
Ohne Titel — Bearbeitet
Darstellung
Zoomen
Seite hinzufügen
Einfügen
Tabelle
Diagramm
Text
Form
Medien
Kommentar
Zusammenarbeiten
Format
Dokument
Stil
Bild
Anordnen
Datei-Informationen
cover.png
Ersetzen
Maske bearbeiten
Transparenz
Anpassungen
Belichtung
0 %
Sättigung
0 %
Verbessern
Zurücksetzen
Beschreibung
macOS Mojave
Der umfassende Ratgeber
Das Handbuch zu Ihrem Mac
Fertig
1
2
3

4 Ebenfalls im Register **Bild** können Sie das komplette Bild bearbeiten. Über **Transparenz** lassen Sie beispielsweise Teile des Bildes durchsichtig erscheinen, indem Sie eine Farbe auswählen und mit gedrückt gehaltener Maustaste den transparenten Bereich ausweiten. Ebenso können Sie die **Belichtung** und die **Sättigung** anpassen. Mit dem Schalter **Verbessern** wird eine automatische Korrektur durchgeführt. Reicht Ihnen das nicht aus, können Sie über die Schaltfläche mit den Reglern ❹ einen Dialog mit viel umfassenderen Einstellungen öffnen. Rückgängig machen können Sie die Änderungen am Bild mit **Zurücksetzen**.

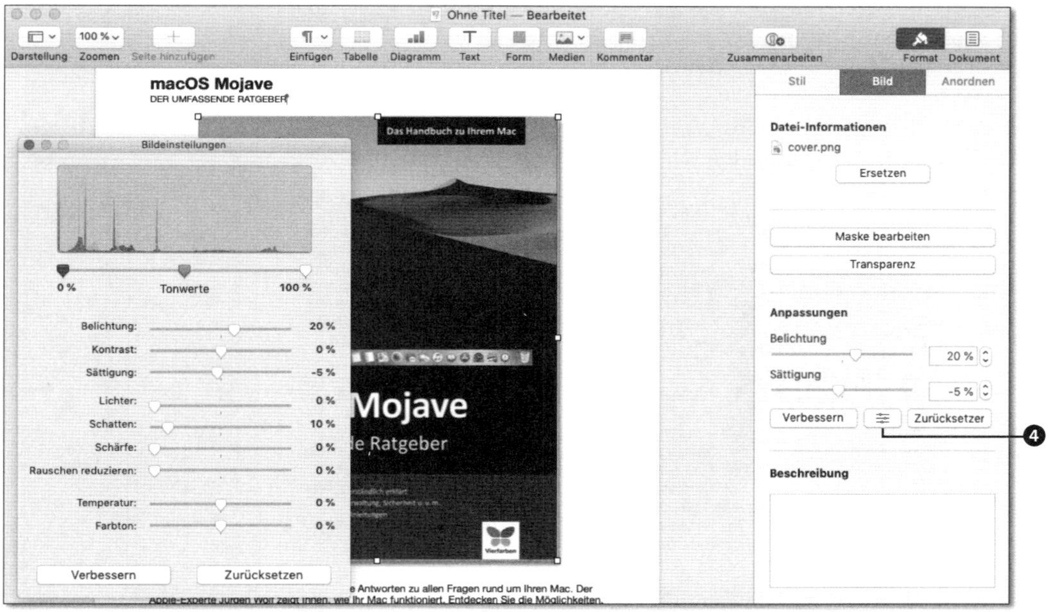

5 Die wohl wichtigsten Einstellungen dürften Sie im letzten Register in der rechten Seitenleiste mit **Anordnen** finden. Mit der ersten Einstellung, **Platzierung des Objekts**, legen Sie fest, ob das Bild fix an der Position der Seite bleibt oder ob sich das Bild mit dem Text bewegen darf, wenn Sie zum Beispiel einen neuen Text oder ein neues Element vor dem Bild einfügen. Den Platz, den das Bild im Dokument einnehmen darf, können Sie über **Größe** anpassen. Dasselbe erreichen Sie allerdings auch, wenn Sie das Bild anklicken, über die acht weißen Eckpunkte. Wollen Sie die Bildgröße ungleichmäßig verändern, müssen Sie die Option **Proportionen beibehalten** deaktivieren.

6 Wie der Text um das Bild fließen soll, geben Sie mit dem Dropdown-Menü **Textumfluss** an. Hierbei können Sie auch den Abstand einstellen. Über **Kontur** legen Sie fest, ob der Textumfluss in einem rechteckigen Bereich liegen oder den Konturen folgen soll. Testen Sie es einfach, indem Sie den Text mit **Drehen** etwas rotieren, und Sie wissen, was hier gemeint ist. Über **Ausrichten** legen Sie die horizontale und vertikale Ausrichtung des Bildes fest.

7 Wenn Sie mehr als ein Bild auf einer Seite haben und sich diese überlappen sollen, können Sie über die Schaltflächen **Hinten**, **Vorne**, **Rückwärts**, **Vorwärts** die Reihenfolge der überlappenden Bilder anpassen.

8 Die Position des Bildes können Sie im Text mit gedrückt gehaltener Maustaste verschieben und somit genauer platzieren.

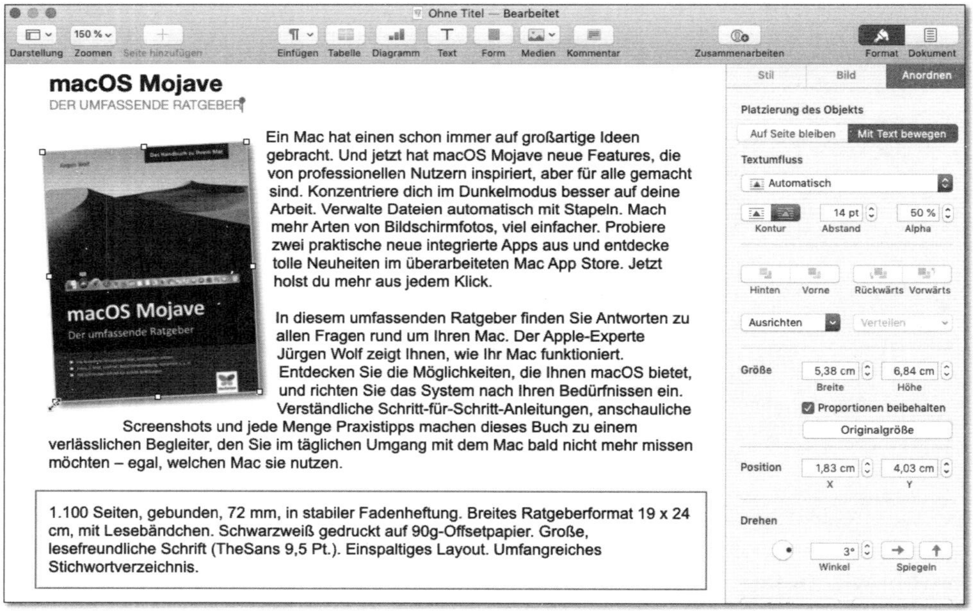

9 Wenn Sie ein oder mehrere Bilder im Dokument platziert haben und dieses Dokument als künftige Vorlage verwenden wollen, können Sie das oder die Bilder als Medienplatzhalter definieren, indem Sie **Format ▸ Erweitert ▸ Als Medienplatzhalter definieren** auswählen. Dadurch wird ein entsprechendes Symbol ❺ hinzugefügt, über das Sie künftig aus dem Fotos-Programm entsprechende Bilder auswählen können.

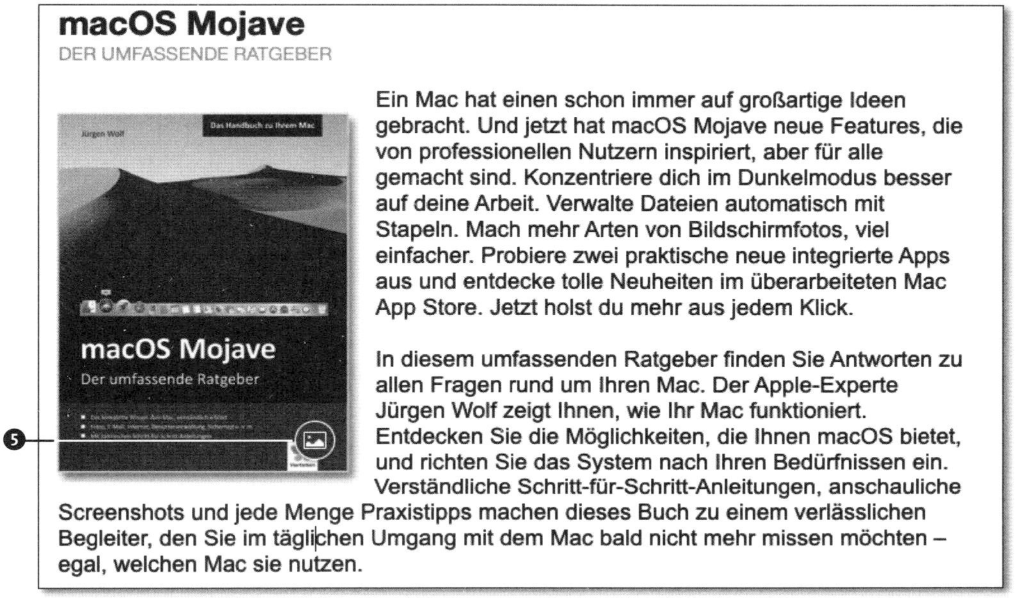

24.6.2 Bilder direkt mit einem iOS-Gerät fotografieren und hinzufügen

Die Kamera-Übergabe wurde bereits in Abschnitt 21.6, »Die Kamera-Übergabe mit iOS-Geräten verwenden«, behandelt. Natürlich finden Sie diese Funktion auch in Pages, nur in dem Fall nicht, wie sonst bei den anderen Apple-Apps, über die Medien-Schaltfläche. Ich finde die Kamera-Übergabe besonders in Pages hilfreich, weil Sie hier während des Schreibens eines Buches, Reiseberichtes oder einer Reportage gleich Bilder in das Pages-Dokument fotografieren können, wenn die Voraussetzungen (dieselbe Apple-ID der Geräte, dasselbe WiFi-Netzwerk und macOS ab 10.14 bzw. iOS ab 12) für den Mac und das iOS-Gerät erfüllt sind. Hier eine kurze Anleitung dazu:

1. Positionieren Sie den Mauscursor an der Stelle, wo Sie das Foto aufnehmen wollen.
2. Klicken Sie mit der rechten Maustaste, und wählen Sie im Kontextmenü **Foto aufnehmen** aus.
3. Als Nächstes erscheint der Hinweis, das iOS-Gerät in die Hand zu nehmen und ein Foto zu machen.

4 Wenn Sie das iOS-Gerät in die Hand nehmen, sollte die Kamera-App bereits aktiv sein. Tippen Sie auf den Auslöser, und machen Sie das Foto. Bestätigen Sie dann den Befehl, um das Foto zu verwenden, oder tippen Sie auf **Wiederholen**, wenn Sie nicht zufrieden sind und erneut das Bild machen wollen.

5 Wenn Sie das Foto erstellt haben, gehen Sie zurück zu Ihrem Mac, und es sollte dem Dokument hinzugefügt worden sein. Als Nächstes können Sie es auswählen und über die Reiter **Stil**, **Bild** und **Anordnen** bearbeiten und formatieren.

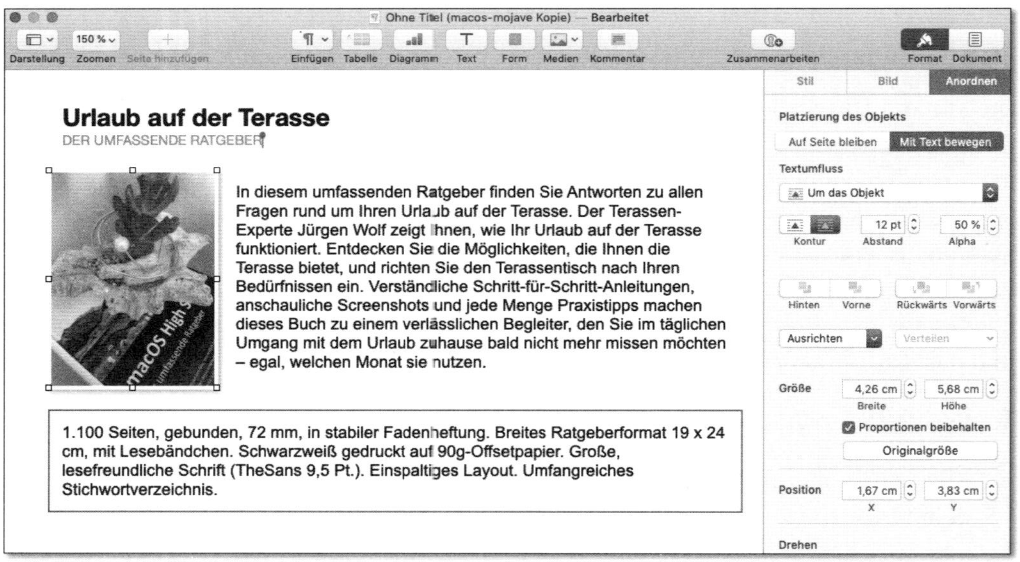

Abbildung 24.18 Das Bild wurde direkt über die Kamera-Übergabe-Funktion mit einem iPhone in das Dokument fotografiert.

TIPP

In einem vordefinierten Bereich fotografieren

Wollen Sie nicht jedes Mal das in Pages fotografierte Foto neu formatieren oder anordnen, dann können Sie, wenn Sie ein bereits vordefiniertes Bild über **Format ▸ Erweitert ▸ Als Medienplatzhalter definieren** festgelegt haben, das Bild mit dem Platzhaltersymbol mit einem rechten Maustaste anklicken und im Kontextmenü mit **Foto aufnehmen** direkt den Medienplatzhalter durch das fotografierte Bild ersetzen. Das ist praktisch, wenn Sie eine eigene Vorlage erstellt haben und regelmäßig verwenden.

24.6.3 Formen in Dokumenten verwenden

Pages bietet Paletten mit verschiedenen geometrischen Formen an. Alle Formen können hinsichtlich der Farbe, Rahmen, Schatten, Beschriftung usw. angepasst werden. Das ist praktisch, wenn Sie ein Ablaufdiagramm erstellen wollen.

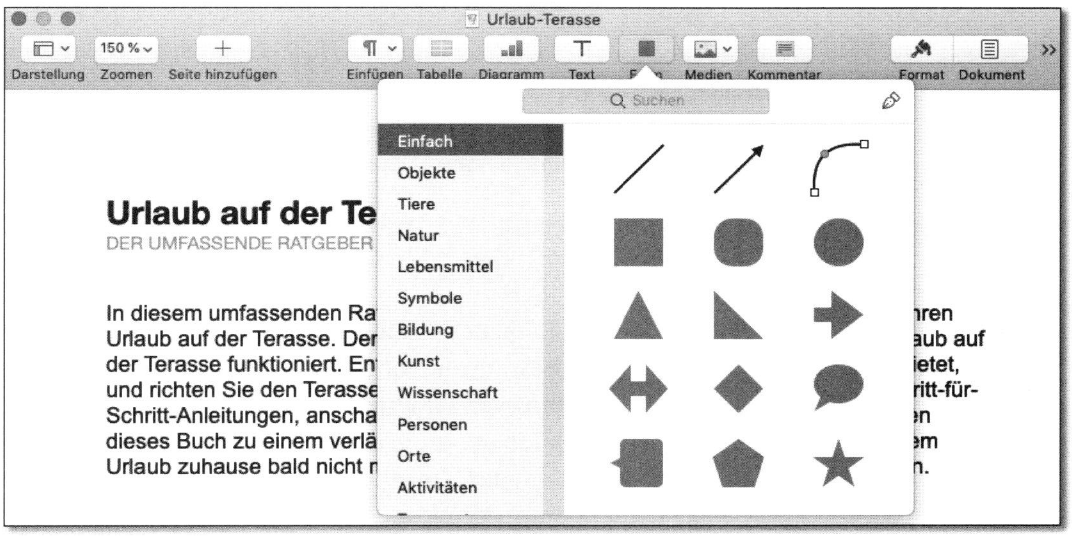

Abbildung 24.19 Dem Dokument geometrische Formen hinzufügen

Vom Prinzip her ähnelt der weitere Verlauf dem des Hinzufügens von Bildern. Im Register **Stil** der rechten Seitenleiste können Sie aus vordefinierten Stilen auswählen, oder Sie erstellen mit den vielen Optionen einen eigenen Stil und fügen diesen bei Bedarf den Formstilen hinzu. Die Optionen im Register **Text** wiederum entsprechen den Formatierungsmöglichkeiten von Text, wie Sie es bereits in Abschnitt 24.4, »Mit Text arbeiten«, kennengelernt haben. Auch **Anordnen** hat hier dieselbe Funktionalität, wie es für eingefügte Bilder in Abschnitt 24.6.1, »Dem Dokument Bilder hinzufügen«, beschrieben wurde.

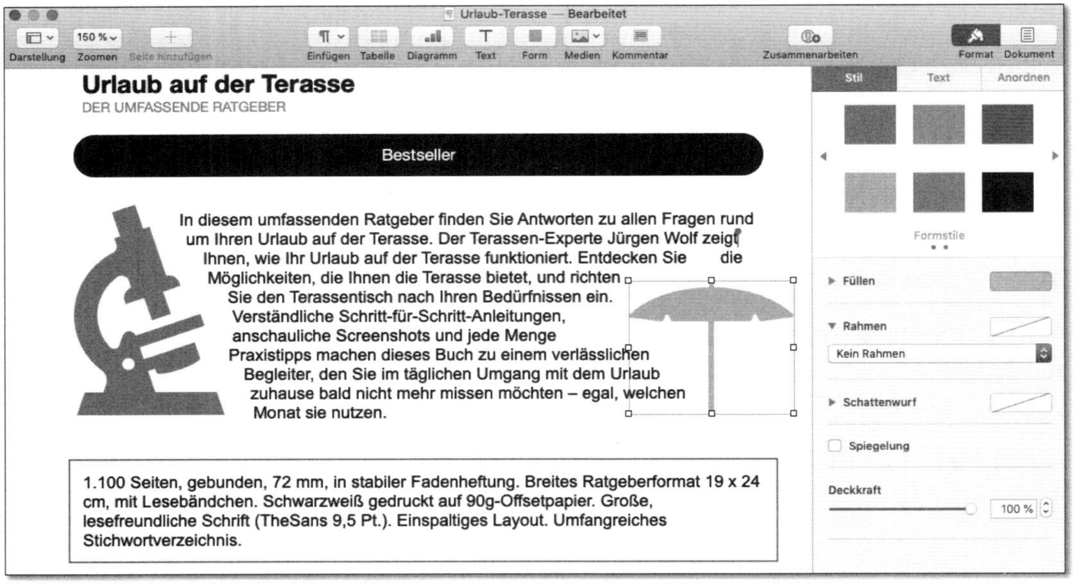

Abbildung 24.20 Mit Formen lassen sich anspruchsvolle Ablaufpläne erstellen.

24.6.4 Textfelder einfügen

Interessant ist die Möglichkeit, dem Dokument einzelne Textfelder hinzuzufügen. Dies ist beispielsweise nützlich bei einer Adressangabe im Briefkopf, bei gesonderten Hinweisen in einem Fließtext, der Beschriftung von Bildern, Tabellen oder Formen. Die Verwendung ist einfach. Klicken Sie auf das **T** in der Mitte der Symbolleiste, und es wird ein Textfeld an die Stelle eingefügt, an der sich das blinkende Eingabefeld befindet.

Anschließend können Sie diese Textfelder nach Belieben in der Größe anpassen und verschieben. Über den Reiter **Stil** in der rechten Seitenleiste wählen Sie aus vordefinierten Stilen, oder Sie erstellen eigene Stile. Den Textinhalt selbst formatieren Sie mit dem Register **Text**, und bei **Anordnen** kümmern Sie sich um den Textumfluss, die Ausrichtung usw. – eben um alles, was Sie bereits vom Hinzufügen von Bildern her kennen.

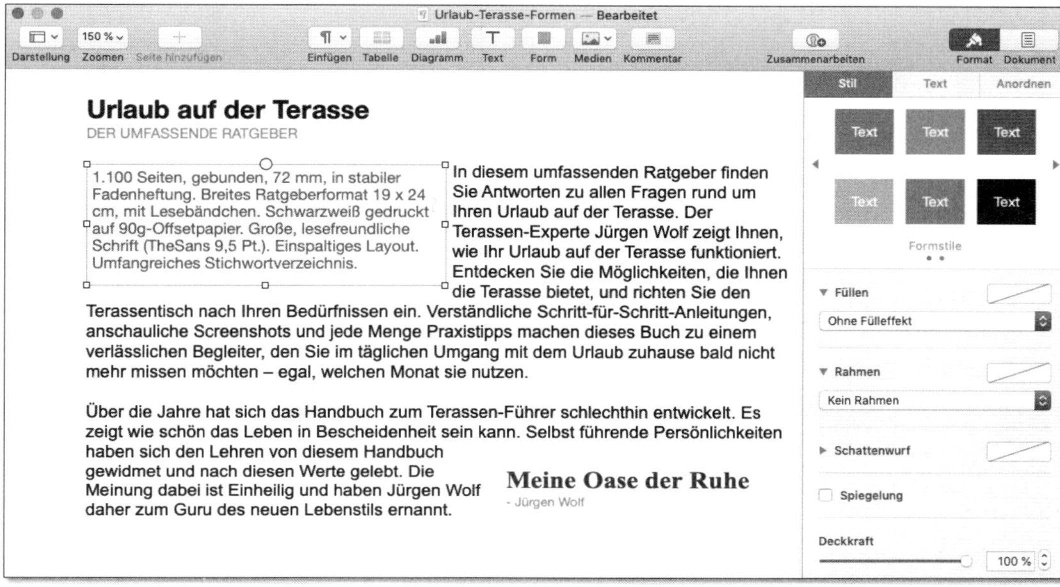

Abbildung 24.21 Beeindruckend, was mit ein paar Handgriffen erreicht werden kann.

Sie können verschiedene Textfelder auch miteinander verketten. Wenn Sie ein Textfeld erzeugen, sehen Sie ein kleines Kreissymbol oberhalb des Rahmens.

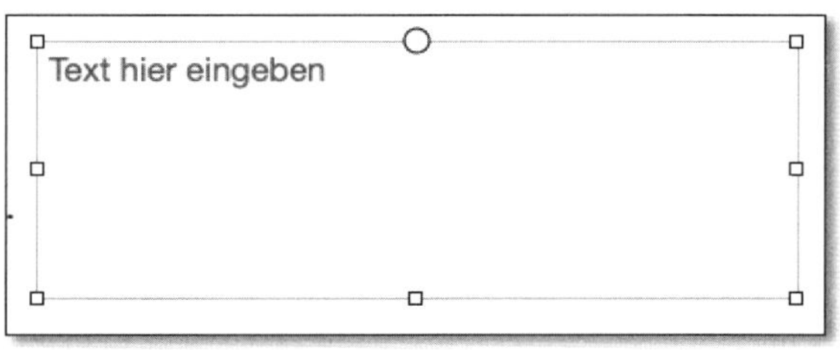

Abbildung 24.22 Mit dem kleinen Kreissymbol oberhalb des Rahmens können Sie mehrere Textfelder miteinander verketten.

In Abbildung 24.23 wurde zum Beispiel mehr Text in ein Textfeld geschrieben als hineinpasst. Daher wird unterhalb des Textfeldes ein Plussymbol angezeigt. In solch einem Fall können Sie auf das Kreissymbol oberhalb des Textfeldes klicken, wodurch Sie ein Textfeld mit einem anderen Textfeld verknüpfen.

Abbildung 24.23 Eine Verknüpfung für ein Textfeld erstellen

Die Indexnummerierung der verknüpften Textfelder symbolisiert die Reihenfolge, in der der Text beginnt und als Nächstes fortgesetzt wird. In Abbildung 24.24 beginnt der Text beim Textfeld mit dem Index 1, und wenn kein Platz mehr vorhanden ist, wird beim Textfeld mit dem Index 2 rechts unten weitergemacht.

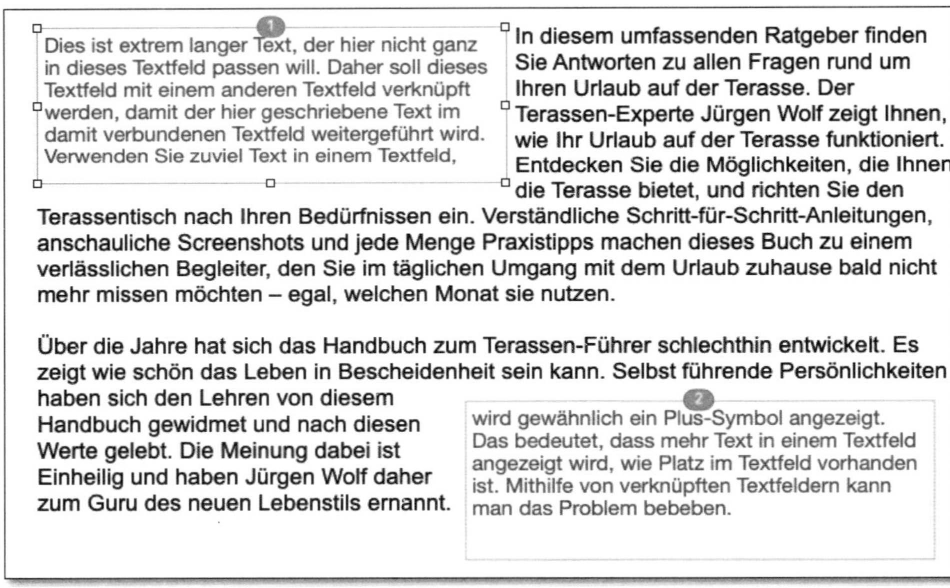

Abbildung 24.24 Zwei Textfelder wurden miteinander verknüpft.

Auf diese Weise können Sie beliebig viele weitere Textfelder miteinander verknüpfen. Klicken Sie auf die verknüpfte Nummer des Textfeldes, können Sie die Reihenfolge auch ändern bzw. eine Verknüpfung löschen.

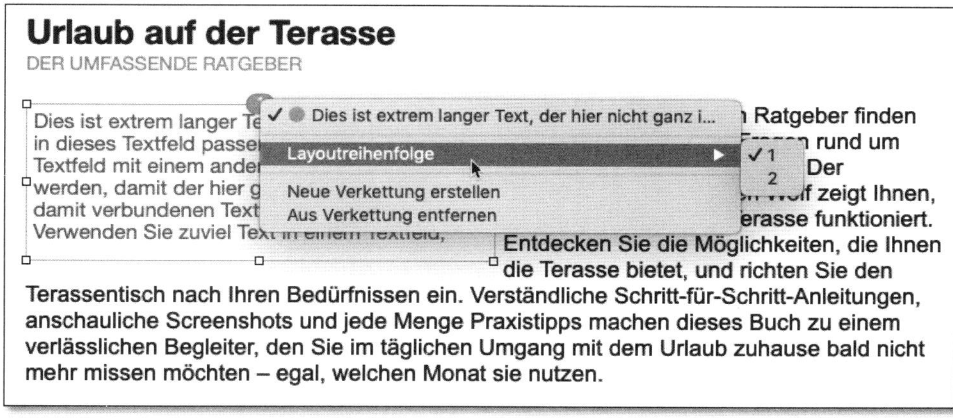

Abbildung 24.25 Weitere Befehle für die verknüpften Textfelder finden Sie, wenn Sie diese anklicken.

24.6.5 Ein Diagramm hinzufügen

Spannend ist auch die Möglichkeit, ein professionelles Diagramm hinzuzufügen. Hierzu müssen Sie den Diagrammtyp auswählen, die Daten für das Diagramm anpassen und dann formatieren. Folgende kleine Anleitung soll Ihnen zeigen, wie das funktioniert:

1 Klicken Sie auf die Schaltfläche **Diagramm** in der Symbolleiste, und wählen Sie einen Diagrammtyp aus.

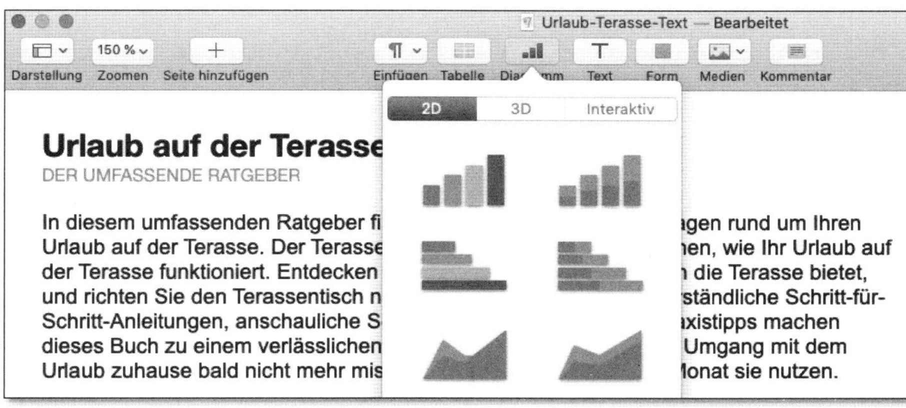

2 Es wird ein Standarddiagramm eingefügt, das Sie noch nicht gebrauchen können und dessen Daten noch angepasst werden müssen. Klicken Sie hierzu auf die Schaltfläche **Diagrammdaten**.

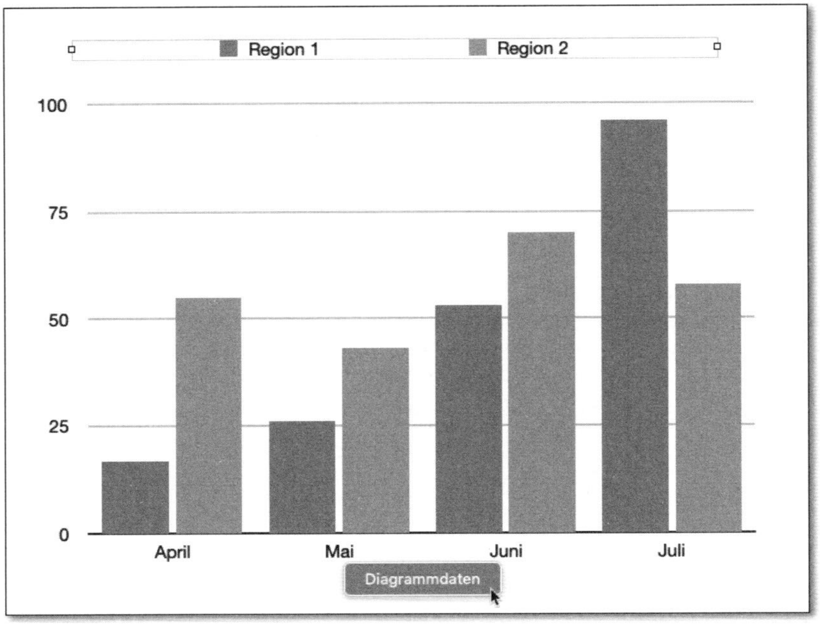

3 In der folgenden Tabelle geben Sie die Daten für die Legende und die Werte für das Diagramm ein. Hierbei können Sie weitere Werte rechts bzw. unten hinzufügen. Die Änderungen werden live im Diagramm angepasst. Voreingestellt ist hier die **Datenreihe aus Zeilen** ❶. Mit der Option **Datenreihe aus Spalten** rechts daneben können Sie die Reihenfolge entsprechend auf das Diagramm übertragen. Sind Sie mit der Eingabe der Werte fertig, schließen Sie das Fenster mit der Tabelle wieder. Die Werte für ein Diagramm können Sie jederzeit ändern.

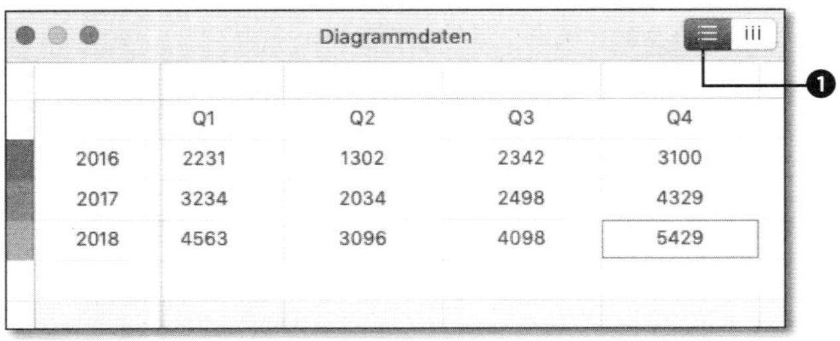

4 Wählen Sie hier das Diagramm aus, können Sie in der rechten Seitenleiste im Register **Diagramm** den Diagrammstil aus verschiedenen Vorlagen wählen oder selbst Hand anlegen, entsprechend formatieren und Ihr Ergebnis gegebenenfalls den Diagrammstilen hinzufügen. Sie können auch den **Diagrammtyp** ändern, wenn Ihnen die 2D-Säulen nicht zusagen.

5 Entsprechend dem ausgewählten Diagrammtyp finden Sie weitere Register in der rechten Seitenleiste, wie hier mit den Bezeichnungen **Achse** und **Datenreihen**, über die Sie Beschriftungen, Linien, Gitter oder Anordnungen der Achse und Datenreihen anpassen können. Bei Diagrammtypen mit einem Kreis (statt eines Balkens) finden Sie hier nur das Register **Sektoren**, in dem Sie die Beschriftung, Linien und Position der Sektoren anpassen können.

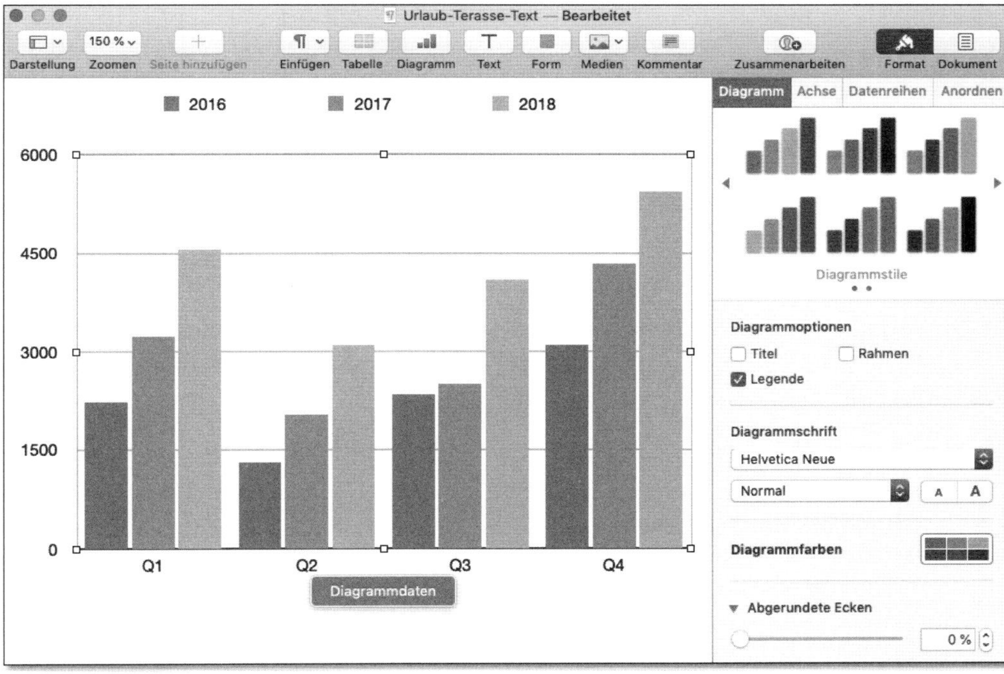

6 Sie können im Diagramm noch gezielter einzelne Datenreihen formatieren. Klicken Sie beispielsweise im Diagramm auf einen einzelnen Balken, werden alle Balken vom selben Typ markiert, während Sie auf der rechten Seite mit **Datenreihen** und **Stil** zwei Register finden, über die Sie die Beschriftung, Linien, Farben und Schatten dieser Elemente separat anpassen können.

7 Am Ende finden Sie auch hier wieder in der rechten Seitenleiste das Register **Anordnen**, in dem Sie, wie es bereits beim Hinzufügen von Bildern umfassend beschrieben wurde, den Textumfluss, die Reihenfolge, Größe und Position des Diagramms anpassen. Die Größe können Sie auch über die Eckpunkte im Diagramm mit gedrückter Maustaste anpassen, und das Verschieben des Diagramms ist ohne Probleme direkt über das Diagramm möglich.

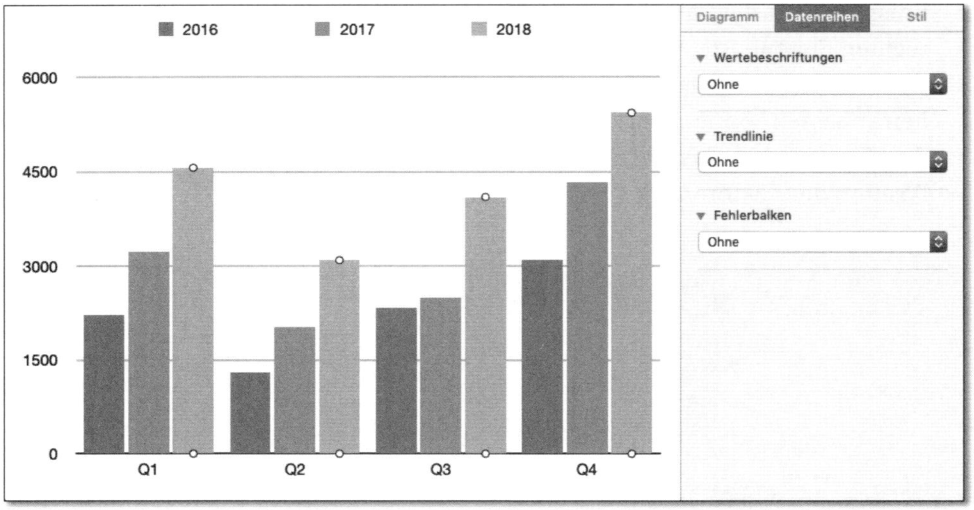

8 Beim manuellen Skalieren werden Sie feststellen, dass Sie die Legenden ❷ durch Auswählen getrennt vom Diagramm skalieren und verschieben können. Auch den Textstil können Sie bei den Legenden ändern.

Sie sehen, dass es mit Pages mühelos möglich ist, eben mal schnell aus ein paar Werten ein professionell aussehendes Diagramm zu erstellen und es dem Dokument hinzuzufügen.

24.6.6 Tabellen hinzufügen

Eine weitere Funktion und perfekt geeignet, um beispielsweise Rechnungen zu erstellen, sind die Tabellen in Pages. Praktisch ist dabei auch, dass Sie eine Berechnung durchführen können. Und wie es sich Apple-typisch gehört, ist die Lernkurve hier flach, und die Implementierung von Tabellen in ein Dokument wird zum Kinderspiel, wie die folgende Anleitung demonstriert:

1 Klicken Sie in der Symbolleiste auf das Tabellen-Icon, wählen Sie eine Version der Tabelle aus, die Sie hinzufügen wollen, und schon haben Sie Ihr Grundgerüst.

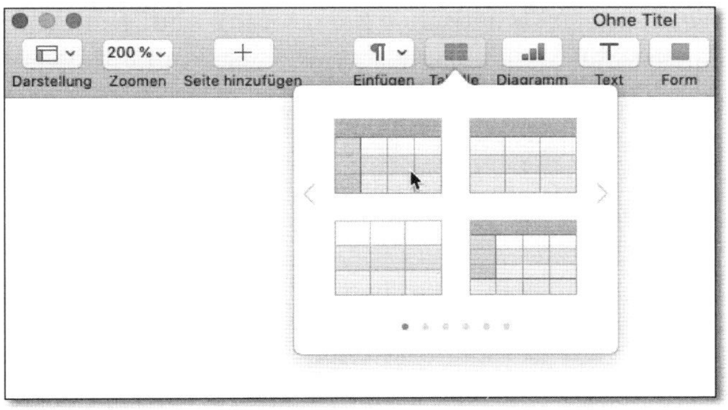

2 Um Zeilen bzw. Spalten hinzuzufügen bzw. zu entfernen, klicken Sie auf das **Zeilenzeichen** ❶ bzw. **Spaltenzeichen** ❷, und wählen Sie die Anzahl der Zeilen bzw. Spalten, die Sie benötigen. Diese Werte können Sie nachträglich erweitern bzw. reduzieren.

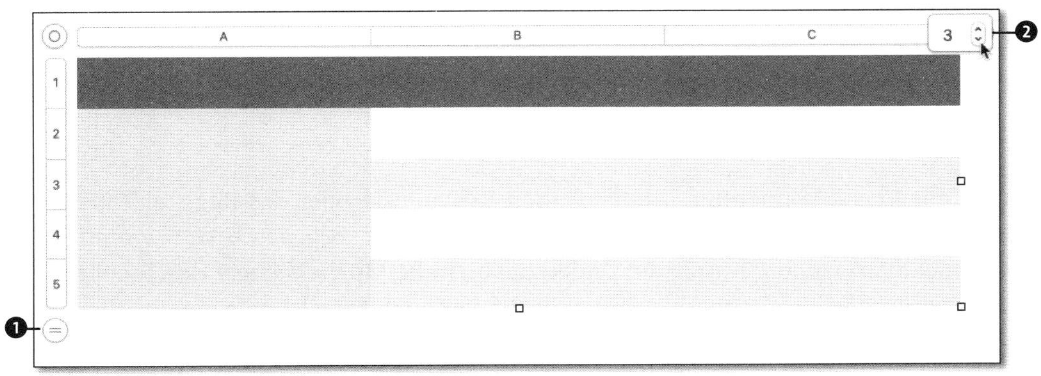

3 Geben Sie die Daten für die Tabelle in die einzelnen Zellen ein. Neben den Kopfdaten der Tabelle mit den Bezeichnungen wurden hier Werte für eine Rechnung eingegeben. Im Prinzip können Sie eintippen, was Sie wollen. Auch Bilder können Sie einer Tabellenzelle hinzufügen. Wenn Sie die Maustaste länger auf einem Zelleninhalt gedrückt halten, können Sie ihn mit gedrückter Maustaste in eine andere Zelle verschieben und dort fallen lassen. Zum Kopieren halten Sie hingegen die [Alt]-Taste gedrückt.

4 Wollen Sie der Tabelle eine Berechnung hinzufügen, ist das kein Problem. Klicken Sie die entsprechende Zelle an, und drücken Sie das [=]-Zeichen. Jetzt wird der Formeleditor geöffnet, in den Sie Ihre Formel eingeben, oder Sie wählen in der rechten Seitenleiste Ihre Funktion. Im Beispiel habe ich vier Zellen darüber ausgewählt, und es wird automatisch eine Summenberechnung ❸ der Werte verwendet. Wollen Sie hier etwas anderes verwenden, klicken Sie auf die Dropdown-Liste von **Summe**. Alternativ können Sie selbst Werte mit arithmetischer Berechnung einfügen. Mit [↵] oder dem grünen Häkchen bestätigen Sie, dass die Formel vollständig ist. Klicken Sie die Zelle erneut an, können Sie die Formel ändern. Wird ein rotes Dreieck angezeigt, enthält das Zellenergebnis einen Fehler. Formeln und Berechnungen können auf viele verschiedene Arten verwendet werden, worauf an dieser Stelle allerdings nicht eingegangen wird. Hierzu empfehle ich Ihnen Kapitel 25, »Einführung in Numbers«.

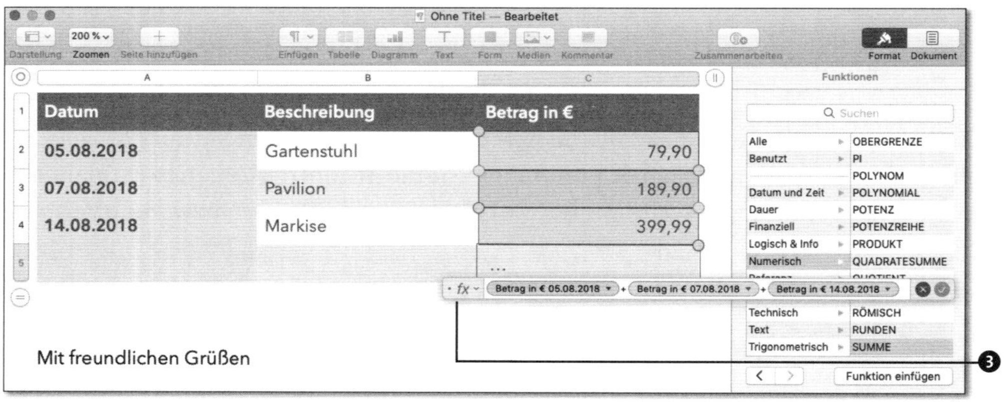

5 Den Tabellenstil können Sie in der rechten Seitenleiste über das Register **Tabelle** ändern. Hier können Sie auch Titel- und Abschlusszelle vorgeben bzw. verwenden oder nicht verwenden. Ansonsten finden Sie hier alle Möglichkeiten, das Tabellengrundgerüst optisch anzupassen und es bei Bedarf auch **Tabellenstile** hinzuzufügen.

6 Einzelne Zellen hingegen passen Sie im Register **Zelle** an. Hier können Sie neben dem Datenformat auch die Füllung und den Rahmen einer einzelnen Zelle vorgeben. Mit **Bedingte Markierung** können Sie eine Zelle gesondert formatieren, wenn der Inhalt beispielsweise gleich, größer oder kleiner als ein bestimmter Wert ist. Aber auch für andere Daten wie Text, Datum etc. können solche bedingten Formatierungen für eine Zelle eingerichtet werden. Im Beispiel habe ich eine Formatierung für die Zellen so eingerichtet, dass eine Zelle mit einer roten Füllung angezeigt wird, wenn als Wert 0 eingegeben wurde.

7 Ansonsten können Sie hier wie gewohnt den Tabellentext in der rechten Seitenleiste über den Reiter **Text** und das **Anordnen** der Tabelle im Dokument über den entsprechenden Reiter anpassen. Sie können auch die Tabelle manuell über die Eckpunkte in der Größe skalieren oder mit gedrückt gehaltener Maustaste verschieben.

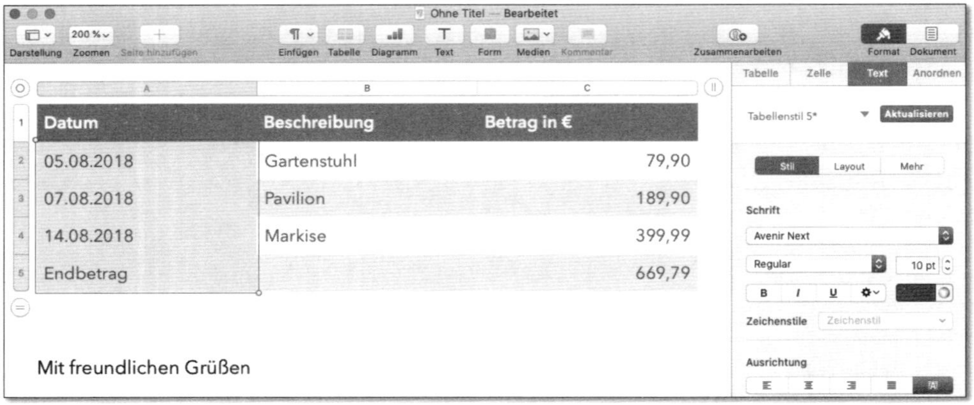

24.7 Mehrere Elemente gruppieren bzw. schützen

Wenn Sie mehrere Objekte gruppieren wollen, um sie als eine Einheit in der Größe zu verändern, zu verschieben oder zu drehen, wählen Sie diese Objekte mit der `cmd`-Taste aus. Klicken Sie dann mit der rechten Maustaste, bzw. klicken Sie die markierten Elemente mit gehaltener `Ctrl`-Taste an, und wählen Sie im Kontextmenü den Befehl **Gruppieren** aus. Diese Gruppierung können Sie auf demselben Weg über den Kontextmenübefehl **Gruppierung aufheben** wieder entfernen.

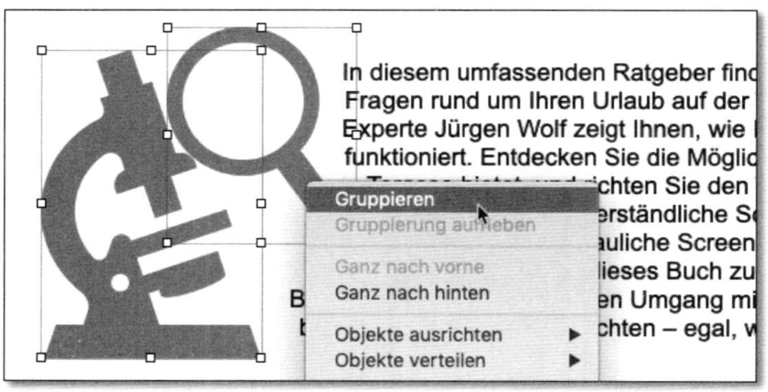

Abbildung 24.26 Mehrere Objekte gruppieren und gleichzeitig bearbeiten

Damit ein Objekt nicht mehr aus Versehen geändert oder verschoben werden kann, können Sie es schützen, indem Sie mit der rechten Maustaste darauf klicken und im Kontextmenü den Befehl **Schützen** auswählen. Ein geschütztes Objekt erkennen Sie an den abgeblendeten Eckpunkten, über die Sie sonst das Element skalieren können. Es lassen sich allerdings nur Objekte schützen, die im Register **Anordnen** bei Platzierung des Objekts mit der Option **Auf Seite bleiben** fest fixiert wurden. Auf demselben Weg können Sie einen Schutz wieder aufheben.

Abbildung 24.27 Objekte vor Veränderungen schützen

24.8 Dokumente weitergeben

Wenn Sie Ihr Dokument mit Pages fertiggestellt haben, dürften Sie es wohl entweder als PDF-Dokument weitergeben oder auf ein Papier ausdrucken wollen. Ausdrucken können Sie das Dokument mit dem üblichen Befehl [cmd] + [P] bzw. **Ablage ▸ Drucken**, woraufhin der Druckdialog des Systems erscheint, der bereits in Abschnitt 21.3, »Einen Drucker und Scanner einrichten«, beschrieben wurde und hier nicht mehr näher erläutert werden soll.

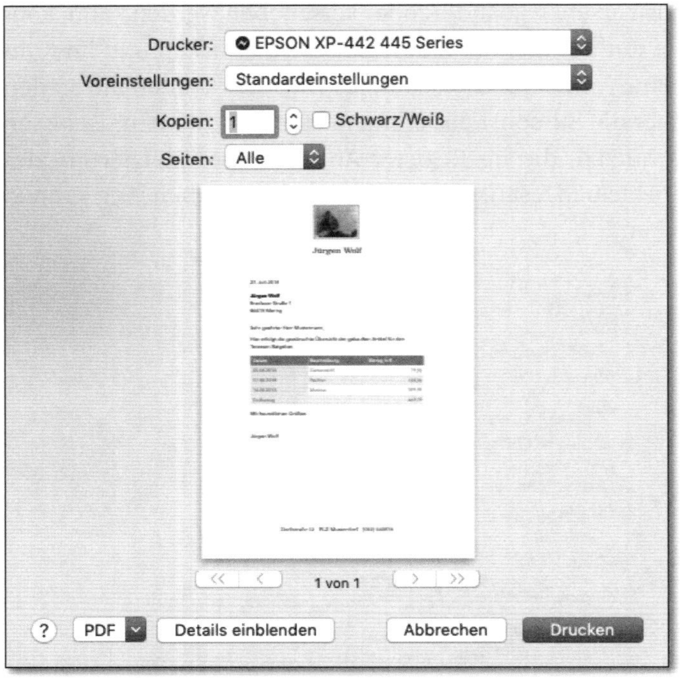

Abbildung 24.28 Der Drucken-Dialog von Pages

Das Erstellen eines PDF-Dokuments aus Ihrem Pages-Dokument können Sie entweder über den Drucken-Dialog erstellen, oder Sie wählen **Ablage ▸ Exportieren ▸ PDF** aus, wo Sie die Qualität einstellen und dann im Dateiauswahldialog den Speicherort festlegen müssen.

Abbildung 24.29 Ein PDF-Dokument erstellen

Im Exportieren-Dialog finden Sie weitere Varianten mit **Word**, **Reiner Text**, **RTF**, **EPUB** und **Pages '09** zur Auswahl vor. Bei **Word** können Sie entweder das alte *.doc*- oder das neuere *.docx*-Format verwenden. Allerdings sollten Sie hier Ihre Erwartungen herunterschrauben in Bezug darauf, dass ein aufwendig gestaltetes Layout in Word genauso schön aussieht. Der Export in ein Word-Dokument richtet sich eher an etwas schlichter gestaltete Dokumente in Pages. Das Gleiche gilt auch für den möglichen Import durch **Ablage ▸ Öffnen von Word-Dokumenten**.

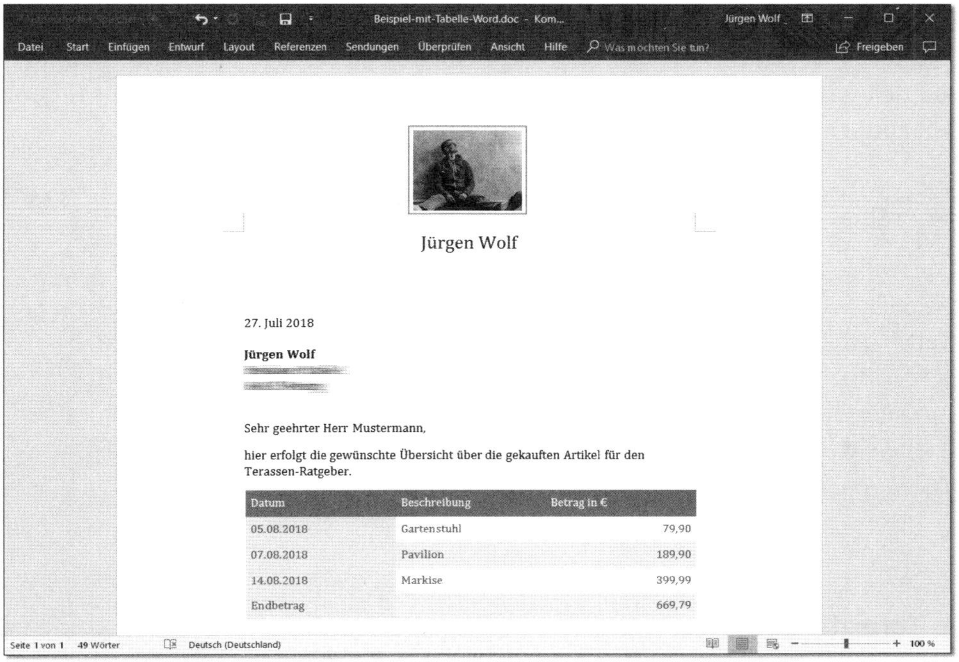

Abbildung 24.30 Das aus Pages als Word-Dokument exportierte Dokument kann sich in Word unter Windows durchaus sehen lassen.

Mit einem Export über **Reiner Text** wird nur der Text von Dokumenten exportiert. Das **RTF**-Format hingegen ist in der Lage, auch formatierten Fließtext zu exportieren. Mit dem Format **Pages '09** exportieren Sie das Dokument in das alte Pages-Format. Dies kann beispielsweise nützlich sein, wenn Sie das Dokument an jemanden weitergeben wollen, der noch die alte Pages-Version verwendet.

Besonders interessant dürfte der Export in das **EPUB**-Format sein, mit dem Sie ein Pages-Dokument in ein E-Book verwandeln und Bücher veröffentlichen können. Mit dem gängigen und standardisierten EPUB-Format kann ein E-Book auf einem E-Book-Reader gelesen werden. Ich werde das Thema im nächsten Abschnitt noch mal aufgreifen.

24.9 E-Books mit Pages erstellen

Im Abschnitt zuvor wurde bereits erwähnt, dass Sie Dokumente auch im EPUB-Format exportieren und weitergeben können. Im Gegensatz zum PDF-Format haben Sie mit dem E-Book im EPUB-Format den Vorteil, dass die Anzeige auf jedem Gerät geeignet ist, weil sich das Format der Bildschirmgröße anpassen kann. Pages selbst liefert ja ein paar **Bücher**-Vorlagen von Haus aus mit. Und da Pages selbst das Rahmenkonzept beherrscht, ist es quasi eine einfache Design-Software, die sich prima dazu eignet, eigene E-Books im EPUB-Format zu erstellen. Das fertige E-Book können Sie dann im Apples Book Store veröffentlichen. Es kann aber auch relativ einfach für Amazons Kindle konvertiert werden. Auf den folgenden Seiten gebe ich Ihnen einige Tipps, wie Sie Ihr eigenes E-Book erstellen können.

HINWEIS

iBook Author

Bisher wurde zum Erstellen von E-Books auf dem Mac eher die App *iBook Author* verwendet. Viele der Funktionen, die in iBook Author enthalten sind, wurden mittlerweile auch in Pages integriert. Betrachtet man das Datum der letzten Aktualisierung von iBook Author, scheint Apple nach und nach diese App in Pages zu integrieren und Pages somit zur eierlegenden Wollmilchsau machen zu wollen. Auch wenn Sie vielleicht eher selten Pages als Office-Anwendung nutzen, für das Erstellen von E-Books werden Sie derzeit nichts Einfacheres finden.

24.9.1 Formatierbares oder festes Layout?

Wenn Sie ein E-Book im EPUB-Format erstellen wollen, müssen Sie sich bei den Vorlagen zunächst entscheiden, ob Sie ein formatierbares (und damit flexibleres) oder festes Layout verwenden wollen. Unter **Ablage ▸ Neu** im Bereich **Bücher** finden Sie im oberen Bereich die formatierbaren und darunter die festen Layouts.

Formatierbare Layouts eignen sich vorwiegend dafür, wenn Sie das E-Book beim EPUB-Export auf verschiedene Geräte und Ausrichtungen verwenden wollen. Es wird empfohlen, dieses Layout vorwiegend bei Büchern mit viel Text und wenigen Bildern zu verwenden, wo die Textgröße passend zum Reader angepasst wird. Somit eignet sich das flexible Layout vorwiegend für Romane, Berichte oder Kurzgeschichten – dieses Layout ist am ehesten dafür geeignet, wenn Sie ein E-Book veröffentlichen wollen bzw. nicht wissen können, auf welchem Endgerät der Leser das E-Book lesen wird. Das dürfte wohl auch für die meisten Leser hier die interessanteste Option sein, weshalb darauf etwas genauer eingegangen wird.

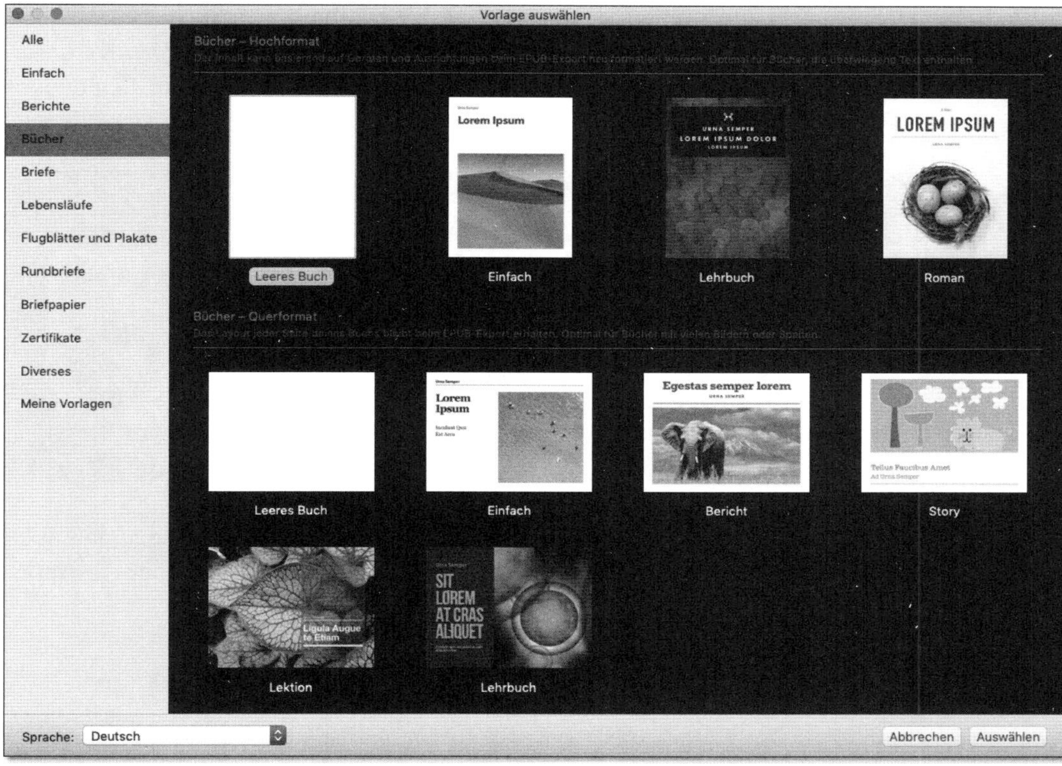

Abbildung 24.31 Es gibt formatierbare oder flexible Bücher-Vorlagen in Pages.

Wollen Sie hingegen viele Bilder, Spalten oder andere »spektakulärere« Features hinzufügen, eignet sich ein festes Layout besser dafür. Dieses Layout ist allerdings weniger auf ein Gerät anpassbar. Zwar können die Benutzer die Ansicht im Dokument vergrößern oder verkleinern, aber die Position von Text und Inhalt ist festgelegt und ändert sich nicht mehr.

24.9.2 Ein E-Book erstellen

Auf den folgenden Seiten werden die grundlegenden Dinge beschrieben, die nötig sind, um ein E-Book mit einem formatierbaren Layout zu erstellen. Wie immer gilt hier, dass die Möglichkeiten oft weitaus vielseitiger und umfassender sind, als es in einem Buch wie diesem hier beschrieben werden kann. Ich empfehle Ihnen daher, möglichst viel mit den verschiedenen Optionen und Einstellungen zu experimentieren.

1 Starten Sie Pages, und wählen Sie über **Ablage ▸ Neu** im Bereich **Bücher** eine formatierbare Vorlage aus. Ich verwende generell immer gerne eine leere Vorlage dafür. Die anderen drei Vorlagen sind allerdings auch sehr gut geeignet, um sich einiges »abzuschauen« und zu lernen.

2 Als Erstes geben Sie den Titel für das Buch ein. Hierbei sollten Sie sinngemäß auch den Stil **Titel** dafür verwenden. Es spricht nichts dagegen, den Titel über die Optionen zu formatieren.

3 Scrollen Sie auf die nächste Seite zur Kapitelüberschrift, und ändern Sie den Text gemäß Ihrer gewünschten Kapitelüberschrift. Pages verwendet hierfür den Stil **Überschrift**, den Sie auch bei künftigen neuen Kapitelüberschriften verwenden sollten. Sie können den Stil gern anders formatieren.

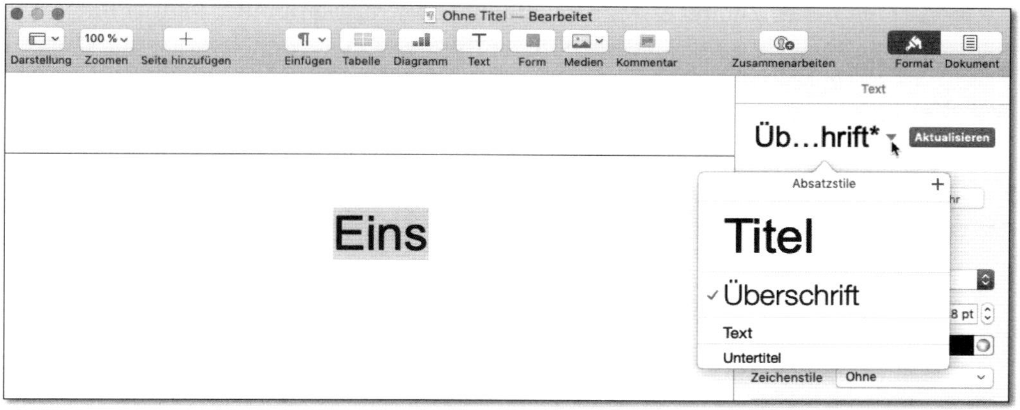

4 Wenn Sie nach der Überschrift [↵] betätigen, wird der **Text**-Stil für den Absatztext im Buch verwendet, und Sie können anfangen, das erste Kapitel des Buches zu schreiben. Auch hier können Sie den Text natürlich anders formatieren. Reichen Ihnen die Stile zum Schreiben des Buches nicht aus, können Sie wie gehabt über das Plussymbol ❶ neue Stile erstellen und hinzufügen. Darauf wurde bereits umfassend eingegangen. Pages fügt außerdem automatisch am Seitenende einen Seitenumbruch ein. Sollten Sie allerdings einmal selbst einen Seitenumbruch hinzufügen wollen, so ist dies auch über die Schaltfläche in der Symbolleiste mit **Einfügen ▸ Seitenumbruch** möglich.

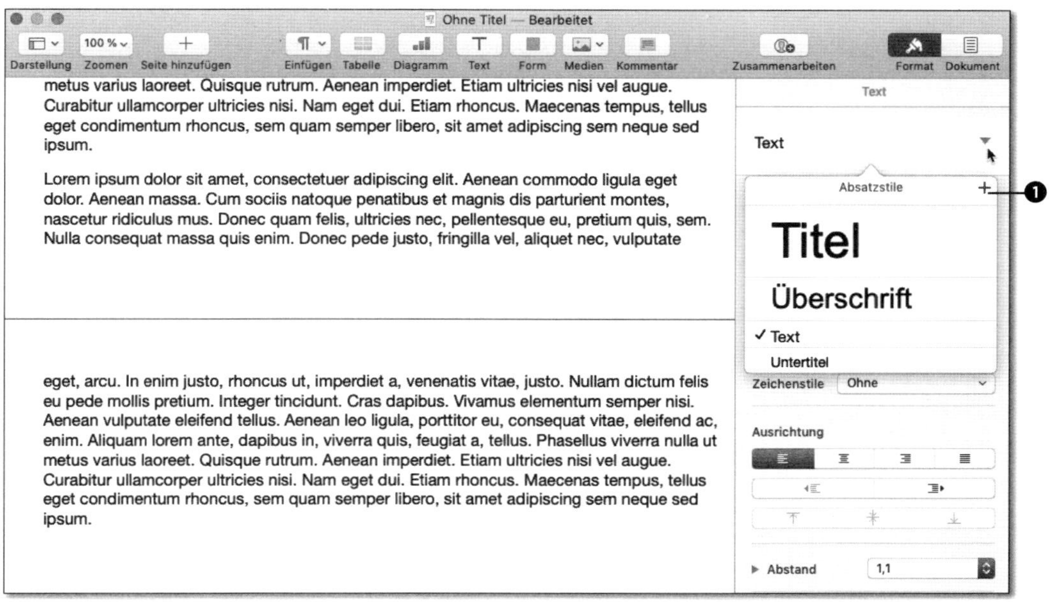

5 Für ein neues Kapitel erstelle ich manuell einen Zeilenumbruch über die Schaltfläche **Einfügen** ▸ **Seitenumbruch** in der Symbolleiste. Dann gebe ich die Überschrift für das Kapitel ein und formatiere sie mit dem **Überschrift**-Stil. Ein weiteres Mal ↵ betätigt, geht es weiter mit dem zweiten Kapitel des Buches.

6 Sie können die verwendeten Schriften jederzeit nachträglich umformatieren. Markieren Sie zum Beispiel einen Absatztext, und wählen Sie für den Text eine andere Schriftart. Allerdings sollten Sie dann auch auf die **Aktualisieren**-Schaltfläche bei **Stil** klicken, damit diese Schrift auch im gesamten Buch auf den Absatztext angewendet wird. Es sei denn, Sie wollen unterschiedliche Schriftarten einsetzen. Gleiches gilt auch für die Überschriften, Titel oder wenn Sie dem Buch weitere Textstile hinzugefügt haben.

Achtung bei den verwendeten Schriftarten

Übliche eBooks verwenden einfach eine Schriftart, die die Reader-App nutzt oder der Benutzer eingestellt hat. Wollen Sie hingegen eine bestimmte Schriftart einsetzen, erlaubt das EPUB-Format auch, eingebettete Schriftarten zu verwenden, die sich nicht auf dem System befinden. Damit stellen Sie praktisch sicher, dass die von Ihnen verwendete Schriftart auch beim Benutzer des E-Books korrekt angezeigt wird. Natürlich kann der Benutzer in der Regel nachträglich eine andere Schriftart einstellen. Wichtig für Sie ist, dass Sie auch die Lizenz dafür haben, die Schriftart für das E-Book zu nutzen. Bei den Schriftarten, die mit dem Mac geliefert wurden, dürften Sie wohl keine Probleme bekommen. Trotzdem sollten Sie sich (immer) vor der Veröffentlichung auch über solche Dinge Gedanken machen.

7 Auch Bilder oder Grafiken können Sie den formatierbaren Layouts eines E-Books ohne Probleme hinzufügen, allerdings nur inline mit dem Text. Das bedeutet: Sie können zum Beispiel keinen Text um die Bilder oder Grafiken herum fließen lassen.

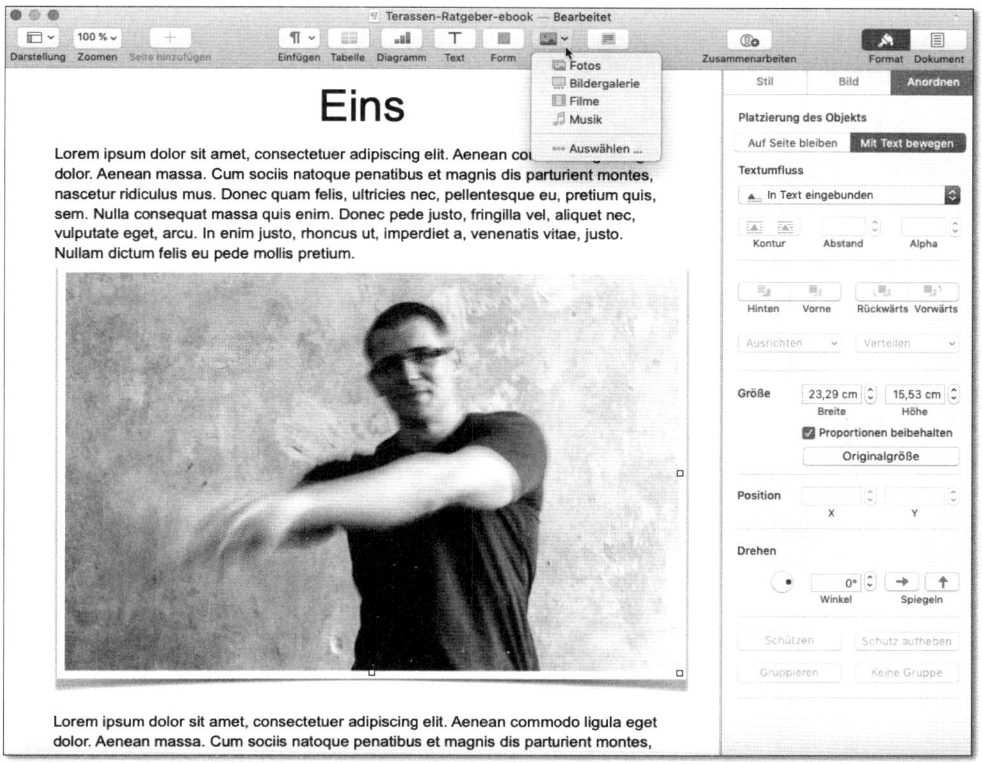

Ansonsten funktioniert das Hinzufügen von Bildern oder Grafiken, wie schon beschrieben, über die Schaltfläche **Medien**, wo Sie entweder über **Fotos** mit der Fotos-App verwaltete Bilder hinzufügen oder mit **Auswählen** eben selbst Bilder aus einem Verzeichnis auswählen. Ebenfalls funktioniert hier natürlich das Drag & Drop vom Schreibtisch oder Finder sowie das direkte Fotografieren mit der Kamera-Übergabe-Funktion. Auch hier können Sie wieder über die rechte Seitenleiste und die Register **Stil** und **Bild** das Bild anpassen. Im Reiter **Anordnen** sollten Sie bei **Mit Text bewegen** in der Dropdown-Liste den Wert **In Text eingebunden** auswählen. Jetzt verhält sich das Bild wie ein Absatztext.

8 Jetzt soll ein Inhaltsverzeichnis hinzugefügt werden. Positionieren Sie den Cursor an der Stelle, an die Sie das Inhaltsverzeichnis einfügen wollen. Hierzu gehe ich zur Titelseite des Buches und füge über das Plussymbol in der Symbolleiste eine neue Seite ein. Dann setze ich den Cursor auf die neu angelegte Seite und wähle im Menü **Einfügen ▶ Inhaltsverzeichnis ▶ Dokument**. Auf der rechten Seite setzen Sie ein Häkchen vor den Absatzstil, mit dem Sie das Inhaltsverzeichnis erstellen wollen. In diesem Fall wähle ich den Absatzstil **Überschrift**, und schon ist ein interaktives Inhaltsverzeichnis erstellt, in dem Sie mit einem Klick direkt das entsprechende Kapitel anspringen können. Über den Reiter **Text** auf der rechten Seitenleiste können Sie den Text vom Inhaltsverzeichnis formatieren.

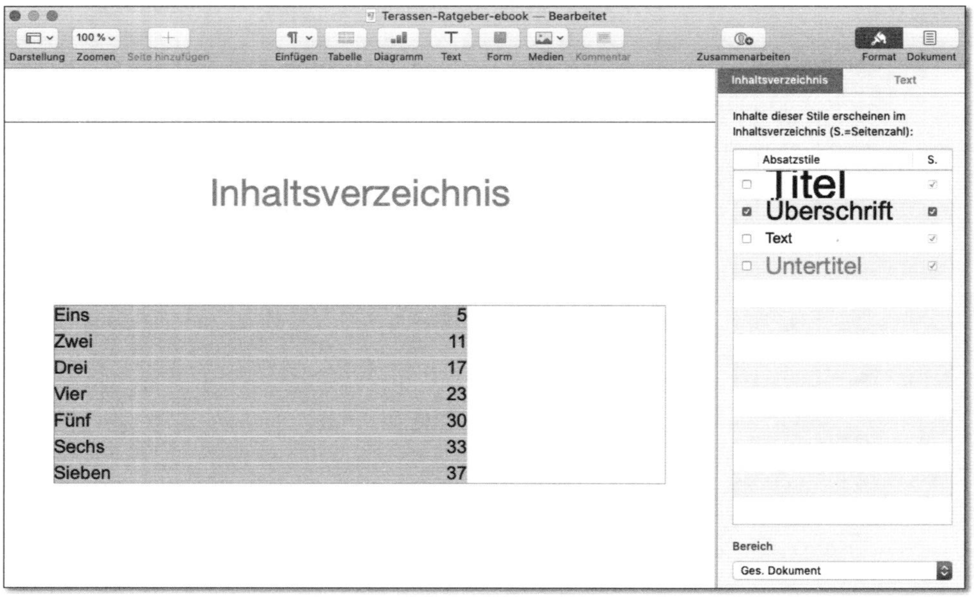

9 Wenn Sie mit dem Buch fertig sind, können Sie es in das EPUP-Format exportieren. Wählen Sie hierzu **Ablage ▶ Export ▶ EPUB** aus. Geben Sie zunächst **Titel** und **Autor** des Buches ein. Dann müssen Sie entscheiden, ob Sie ein Cover für das Buch verwenden wollen. Hier können Sie **Kein Bucheinband**, die **Erste Seite als Bild für den Einband verwenden** oder **Bild auswählen** verwenden. Ich habe ein Cover erstellt und über die Schaltfläche **Auswählen** das Bild dafür ausgewählt. Das **Layout** ist hier **Formatierbar** (also flexibel). Bei **Erweiterte Optionen** können Sie zudem noch die **Kategorie** und die **Sprache** für das E-Book wählen. Wollen Sie, dass auch der Benutzer dieselbe Schriftart zu sehen bekommt, mit der Sie das Buch formatiert haben, müssen Sie ein Häkchen vor **Schriften einbetten** setzen. Klicken Sie auf die Schaltfläche **Weiter**, folgt noch ein Dateiauswahldialog, in dem Sie den Dateinamen und das Verzeichnis auswählen können, woraufhin im nächsten Schritt dann das E-Book im EPUB-Format erstellt wird.

Abbildung 24.32 Bild im EPUB-Format exportieren

HINWEIS

Empfohlene Covergröße

Für Bücher im Apple Book Store wird eine Covergröße von 1.600 × 2.400 Pixel empfohlen. Beim Kindle Store sind es 1.563 × 2.500 Pixel. Als Bildformat für das Cover können PDF, EPS, JPEG, PSD, PNG, TIF oder GIF verwendet werden. Die Bildgröße darf maximal 4 Megapixel betragen.

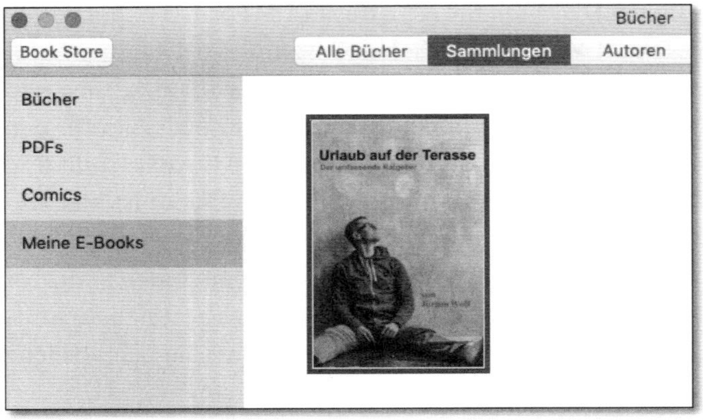

Abbildung 24.33 Per Doppelklick wird das E-Book gewöhnlich gleich mit Apple Books geöffnet.

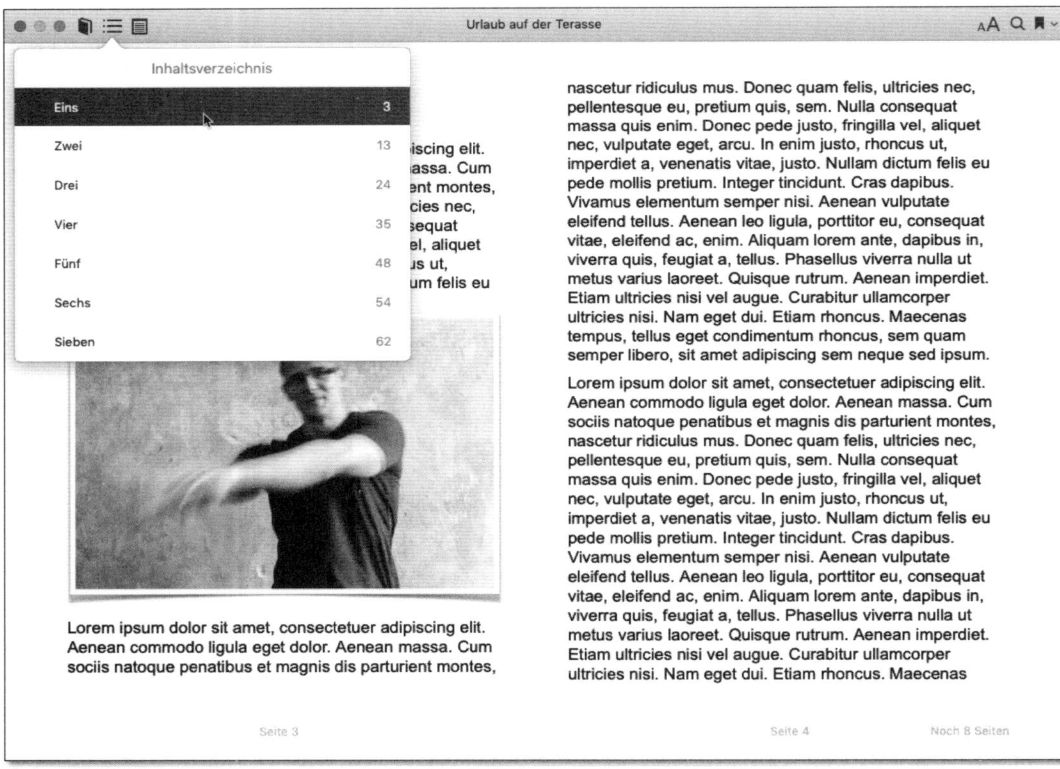

Abbildung 24.34 Das E-Book im Reader von Apple Books

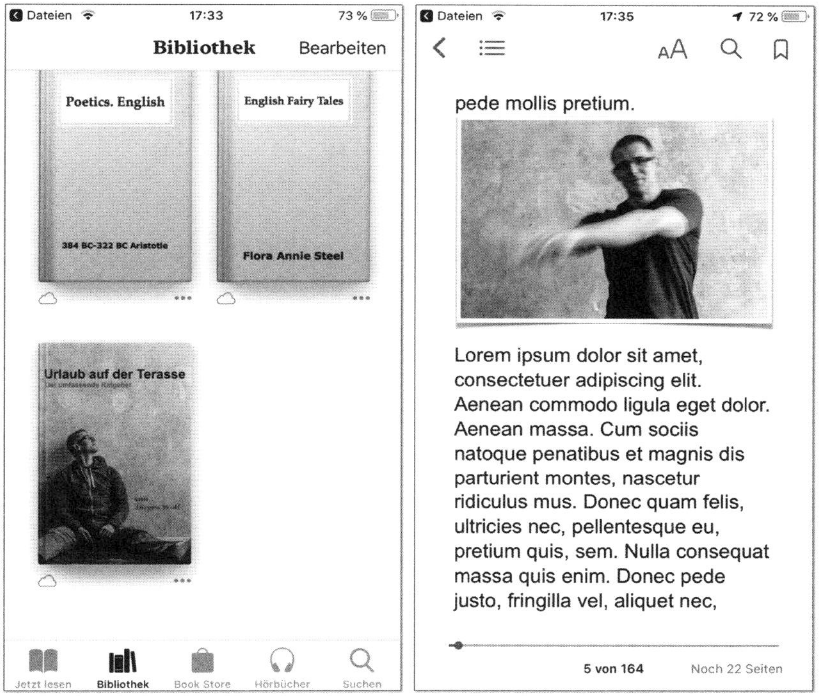

Abbildung 24.35 Auch auf dem iPhone klappt es prima mit dem E-Book.

TIPP

Testen Sie so viel wie möglich

Die obige Schritt-für-Schritt-Anleitung ist nur eine grobe Richtlinie, wie Sie beim Erstellen von E-Books im EPUB-Format vorgehen können. Um hier das Optimum herauszuholen, müssen Sie auf jeden Fall viel testen. Wie sehen beispielsweise Bilder im Reader von Apple Books auf dem Mac, iPad, iPhone oder später beim Konvertieren im Kindle-Reader aus? Wie wirkt sich eine bestimmte Schriftart bzw. -größe auf das E-Book in den verschiedenen Readern aus? Wie wird der Text vor oder nach einer Abbildung angezeigt usw.? Hier werden Sie also auf jeden Fall eigene Erfahrungen sammeln müssen. Je mehr Sie ausprobieren und testen, umso sicherer werden Sie sich bei der Erstellung von E-Books fühlen. Gerade das Testen auf den verschiedenen Geräten ist ein sehr wichtiger Schritt bei der E-Book-Erstellung.

Wenn Sie beim formatierbaren Layout einzelne Funktionen verwenden, die bei einem formatierten EPUB-Dokument nicht unterstützt werden (beispielsweise mehrere Spalten), werden diese beim Export entfernt.

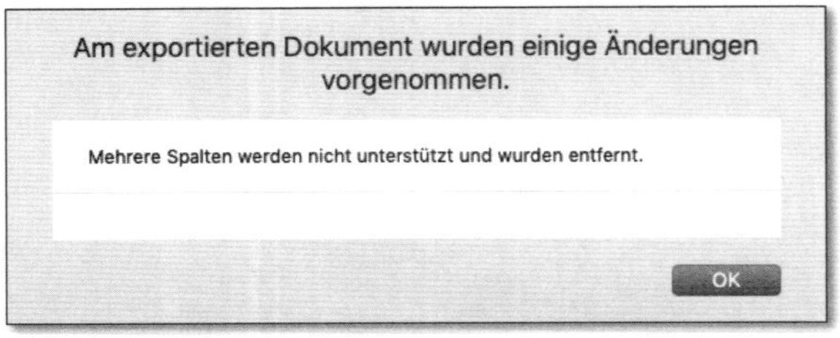

Abbildung 24.36 Funktionen von Pages, die nicht im EPUB-Format angezeigt werden können, werden entfernt.

24.9.3 Ein E-Book mit einem festen Layout erstellen

Beim festen Layout stehen Ihnen zwar mehr Optionen und Möglichkeiten zur Verfügung, aber das Layout bleibt unabhängig vom Gerät unverändert. Verwenden Sie zum Beispiel mehrere Spalten, sind diese zwar fix vorgegeben, aber das bedeutet auch, der Benutzer kann die Schrift in seinem Reader nicht anpassen. In Abbildung 24.37 im Reader von Apple Books finden Sie zum Beispiel keine Möglichkeit, tiefer in den Text zu zoomen.

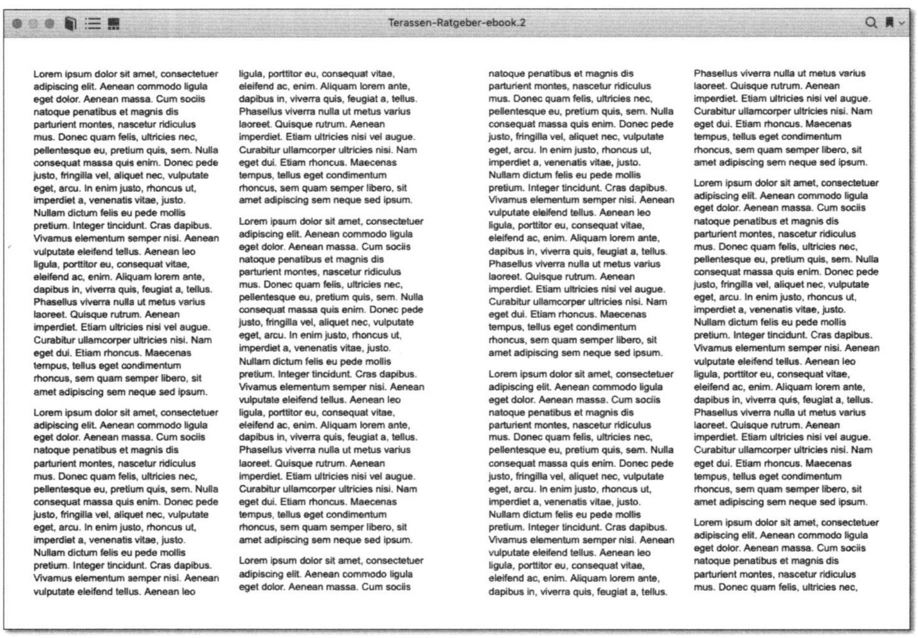

Abbildung 24.37 Bei einem Buch mit mehreren Spalten und einem festen Layout gibt es keine Möglichkeit mehr, den Text anzupassen.

Bei mobilen Geräten wie in Abbildung 24.38 wirken mehrere Spalten schon fast unleserlich klein, aber dort kann zumindest noch tiefer hereingezoomt werden.

Eins

Lorem ipsum dolor sit amet, consectetuer adipiscing elit. Aenean commodo ligula eget dolor. Aenean massa. Cum sociis natoque penatibus et magnis dis parturient montes, nascetur ridiculus mus. Donec quam felis, ultricies nec, pellentesque eu, pretium quis, sem. Nulla consequat massa quis enim. Donec pede justo, fringilla vel, aliquet nec, vulputate eget, arcu. In enim justo, rhoncus ut, imperdiet a, venenatis vitae, justo. Nullam dictum felis eu pede mollis pretium.

Lorem ipsum dolor sit amet, consectetuer adipiscing elit. Aenean commodo ligula eget dolor. Aenean massa. Cum sociis natoque penatibus et magnis dis parturient montes, nascetur ridiculus mus. Donec quam felis, ultricies nec, pellentesque eu, pretium quis, sem. Nulla consequat massa quis enim. Donec pede justo, fringilla vel, aliquet nec, vulputate eget, arcu. In enim justo, rhoncus ut, imperdiet a, venenatis vitae, justo. Nullam dictum felis eu pede mollis pretium. Integer tincidunt. Cras dapibus. Vivamus elementum semper nisi. Aenean vulputate eleifend tellus. Aenean leo ligula, porttitor eu, consequat vitae, eleifend ac, enim. Aliquam lorem ante, dapibus in, viverra quis, feugiat a, tellus. Phasellus viverra nulla ut metus varius laoreet. Quisque rutrum. Aenean imperdiet. Etiam ultricies nisi vel augue. Curabitur ullamcorper ultricies nisi. Nam eget dui. Etiam rhoncus. Maecenas tempus, tellus eget condimentum rhoncus, sem quam semper libero, sit amet adipiscing sem neque sed ipsum.

Lorem ipsum dolor sit amet, consectetuer adipiscing elit. Aenean commodo ligula eget dolor. Aenean massa. Cum sociis natoque penatibus et magnis dis parturient montes, nascetur ridiculus mus. Donec quam felis, ultricies nec, pellentesque eu, pretium quis, sem. Nulla consequat massa quis enim. Donec pede justo, fringilla vel, aliquet nec, vulputate eget, arcu. In enim justo, rhoncus ut, imperdiet a, venenatis vitae, justo. Nullam dictum felis eu pede mollis pretium. Integer tincidunt. Cras dapibus. Vivamus elementum semper nisi. Aenean vulputate eleifend tellus. Aenean leo ligula, porttitor eu, consequat vitae, eleifend ac, enim. Aliquam lorem ante, dapibus in, viverra quis, feugiat a, tellus. Phasellus viverra nulla ut metus varius laoreet. Quisque rutrum. Aenean imperdiet. Etiam ultricies nisi vel augue. Curabitur ullamcorper ultricies nisi. Nam eget dui. Etiam rhoncus. Maecenas tempus, tellus eget condimentum rhoncus, sem quam semper libero, sit amet adipiscing sem neque sed ipsum.

Abbildung 24.38 Dasselbe noch mal auf dem iPhone. Hier steht zumindest eine Zoom-Funktion zur Verfügung.

25 Einführung in Numbers

Numbers ist ein Tabellenkalkulationsprogramm, mit dem Sie tabellarische Daten einfach darstellen können. Wie auch Pages ist Numbers in der Lage, viele grafische Möglichkeiten zu verwenden, damit trockene Wirtschaftsdaten oder Projektplanungen nicht mehr so langweilig aussehen.

Wenn Sie bereits die Einführung in Pages durchgelesen haben, werden Sie feststellen, dass die Bedienung und Verwendung von Numbers recht ähnlich ist.

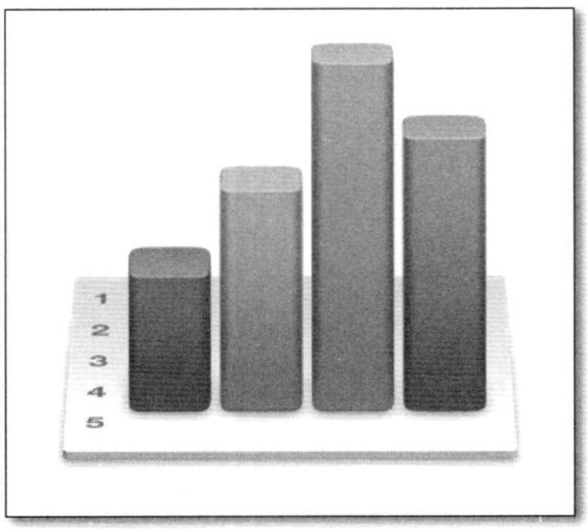

Abbildung 25.1 Das Programm-Icon von Numbers

Beim ersten Start von Numbers erscheint ein Willkommensbildschirm, den Sie mit der Schaltfläche **Fortfahren** schließen, womit Sie automatisch den Softwarelizenzvertrag akzeptieren.

Es folgt ein weiterer Infobildschirm, über den Sie entweder über **Meine Tabelle anzeigen** eine bereits vorhandene Datei öffnen oder mit **Tabelle erstellen** aus einer Vorlagenauswahl ein neues Dokument erstellen können. Allerdings werden diese eben erwähnten Bildschirme lediglich beim ersten Start angezeigt.

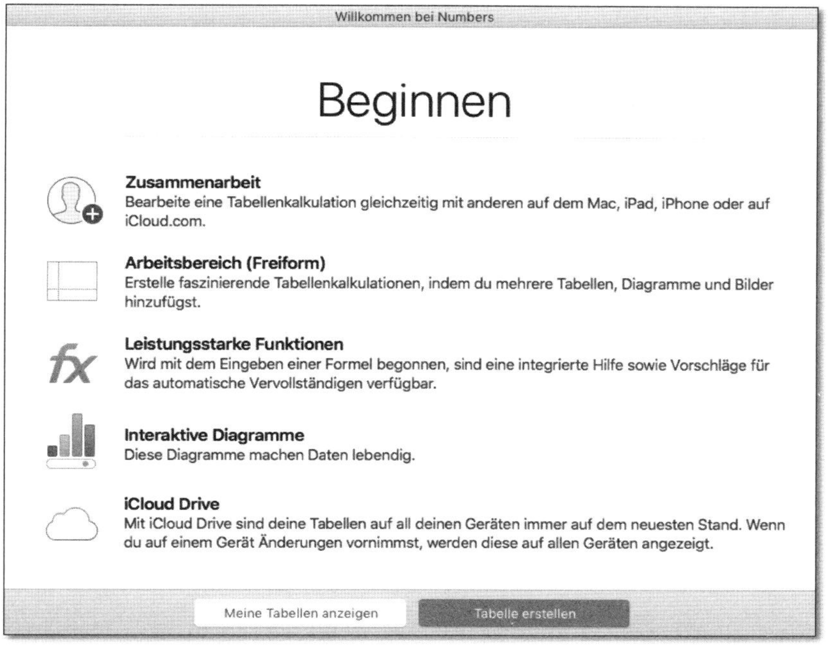

Abbildung 25.2 Diesen Bildschirm bekommen Sie nur beim ersten Start zu sehen.

25.1 Mit Vorlagen arbeiten

Wie bei Pages erscheint beim Start von Numbers ein Dialog, in dem Sie die zuletzt geöffneten Dokumente laden oder ein neues Dokument aus einer Vorlagenauswahl öffnen können. Denselben Dialog finden Sie auch, wenn Sie **Ablage ▸ Öffnen** bzw. [cmd] + [O] aufrufen. Den Vorlagenauswahl-Dialog direkt können Sie mit **Ablage ▸ Neu** bzw. [cmd] + [N] aufrufen.

Die Vorlagenauswahl kennen Sie ebenfalls von Pages, und auch in Numbers finden Sie hier auf der linken Seite den Themenbereich zur Auswahl und rechts eine Miniaturvorschau der zur Verfügung stehenden Vorlagen.

TIPP

Vorlagen hinzufügen

Auch für Numbers können Sie weitere Vorlagen hinzufügen oder eigene erstellen. Im App Store gibt es beispielsweise sehr viele kommerzielle sowie kostenlose Vorlagen. Aber auch ein Blick auf die Website *www.iworkcommunity.com* lohnt sich, wenn Sie auf der Suche nach kostenlosen Vorlagen sind.

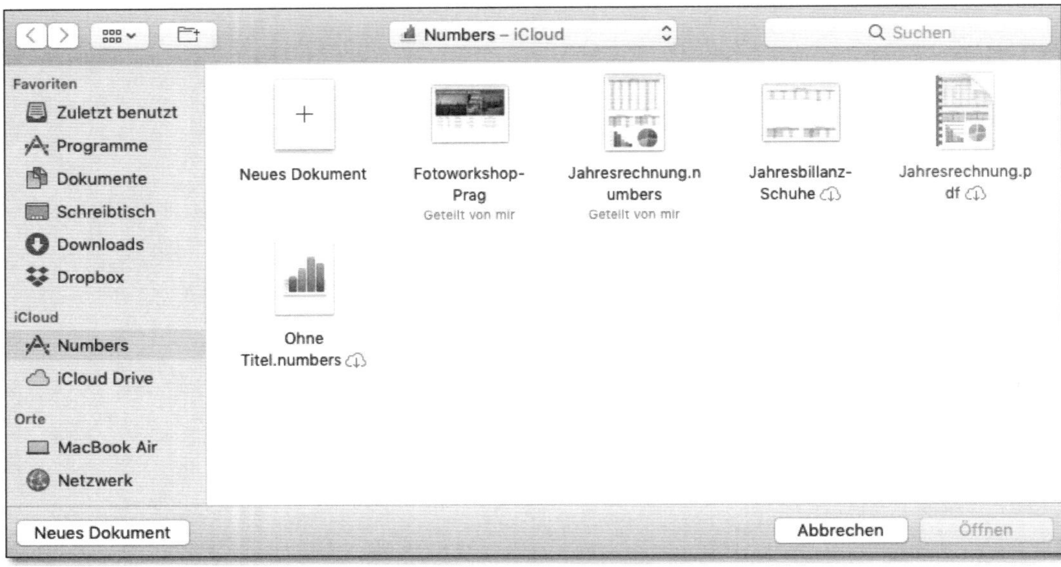

Abbildung 25.3 Ein neues Dokument öffnen oder ein vorhandenes laden

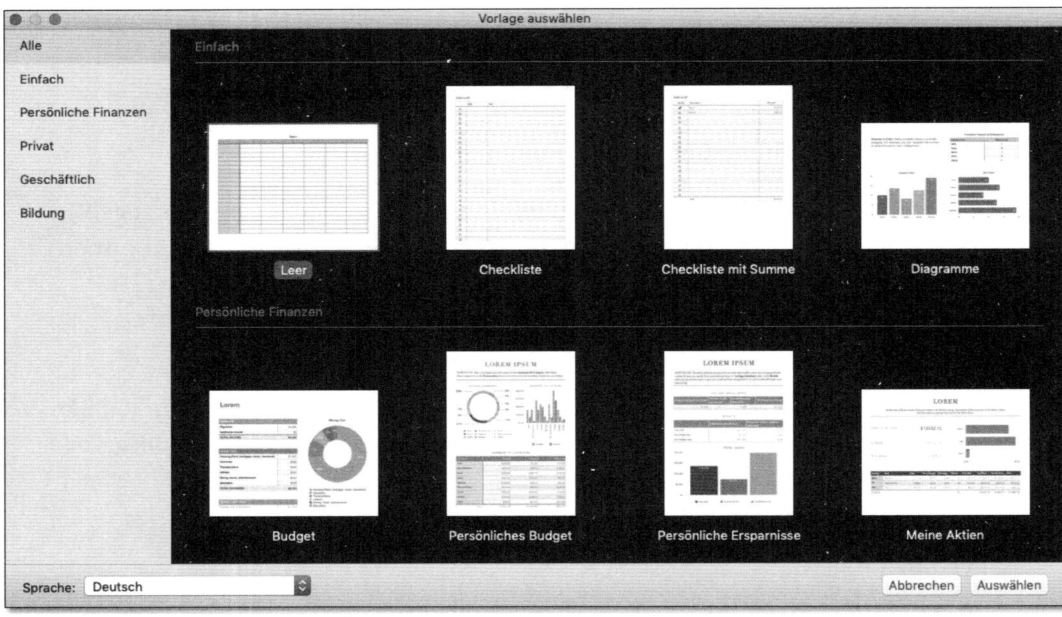

Abbildung 25.4 Die Vorlagenauswahl von Numbers

25.1.1 Mit einem leeren Dokument anfangen

Wollen Sie mit einem leeren Dokument anfangen, finden Sie in der Vorlagenauswahl dafür ein leeres Dokument. Wenn Sie es auswählen, wird Numbers mit einem neuen leeren Dokument gestartet. Allerdings nimmt die Tabelle in Numbers im Unterschied zu anderen Tabellenkalkulationsprogrammen nicht die ganze Seite bzw. das gesamte Dokument ein, sondern ist nur so groß, wie Sie es benötigen. Das erweitert den Anwendungszweck von Numbers enorm, und es kann für mehr als »nur« für rechnerische oder organisatorische Zwecke verwendet werden. So ist es beispielsweise problemlos möglich, andere Elemente wie Fotos in einer Tabelle unterzubringen. Auch was die optische Gestaltung betrifft, bietet Numbers viel mehr Freiheiten als andere Programme dieser Art.

Abbildung 25.5 Dank der flexiblen Möglichkeiten optischer und inhaltlicher Gestaltungen kann mit Numbers weitaus mehr gemacht werden als nur Tabellenkalkulation.

25.1.2 Mit einer Vorlage anfangen

Nicht immer hat man Zeit oder Lust, mit einem neuen leeren Dokument anzufangen. Hierfür bietet es sich an, eine Vorlage auszusuchen und diese den eigenen Bedürfnissen anzupassen. In der folgenden Schritt-für-Schritt-Anleitung sehen Sie einen solchen Vorgang, in dem die Vorlage einer Reiseplanung verwendet wird. Der Vorteil, mit einer Vorlage zu arbeiten, ist, dass Sie ein wenig Erfahrung sammeln können, wie das eine oder andere Element in Numbers verwendet wird. In meinem Fall mache ich aus dieser Vorlage eine Planung für einen Fotografie-Workshop.

1 Laden Sie in der Vorlagenauswahl im Abschnitt **Privat** die Vorlage **Reiseplanung**.

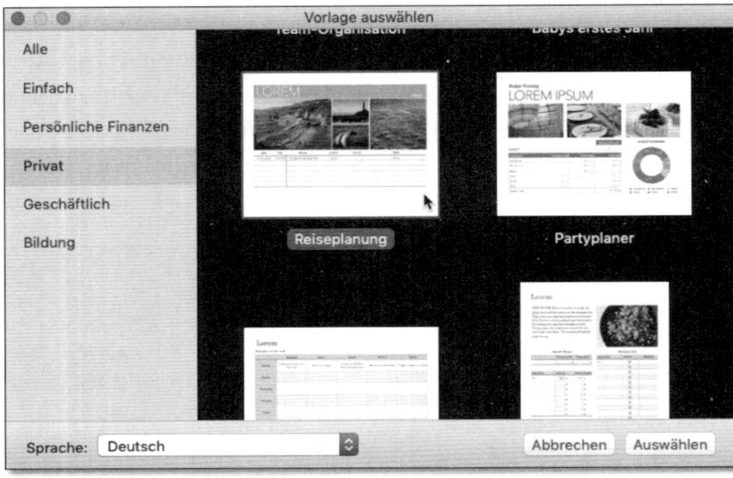

2 Im Beispiel ist die Vorlage in drei Blätter mit **Reiseroute**, **Reservierungen** und **Packliste** aufgeteilt. Klicken Sie auf die Dropdown-Liste eines Blattes, können Sie zudem sehen, welche Tabellen darin enthalten sind.

3 Im Beispiel wechsle ich zunächst zum Blatt mit der **Reiseroute**, auf dem ich den Titel für meinen Zweck ändere. In meinem Fall ist es eine Fototour in Tokio. Darunter können Sie passende Bilder über die kleinen Bildsymbole ❶ hinzufügen oder mit [←] löschen. Die Bilder können genauso angepasst und geändert werden, wie Sie es bereits von Pages kennen (siehe Abschnitt 24.6.1, »Dem Dokument Bilder hinzufügen«).

4 Darunter finden Sie die Tabelle **Aktivitäten**. Im Beispiel ist die Spalte **Kontakt** überflüssig, weshalb ich sie komplett über den Buchstaben der Spalte auswähle und im Dropdown-Menü **Spalte löschen** wähle.

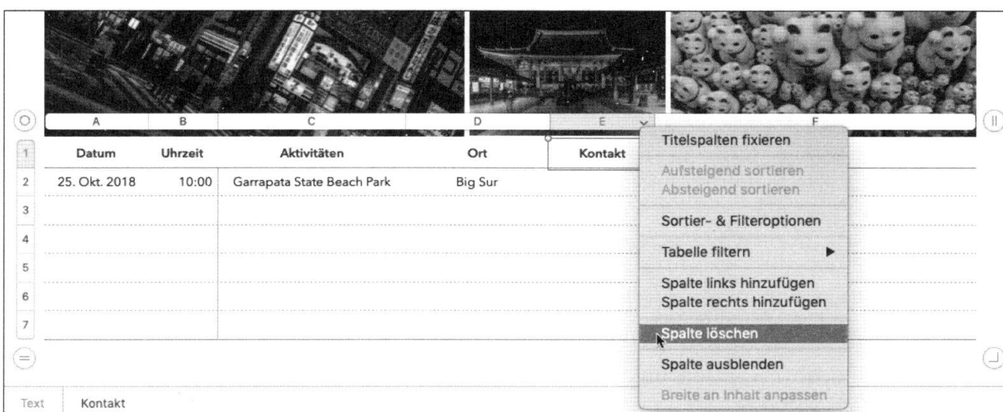

5 Anschließend wähle ich den runden Punkt links oberhalb der Tabelle, mit dem die gesamte Tabelle markiert wird, und ziehe über den rechten Anfasser die Breite der Tabelle nach außen, damit diese mit den Bildern darüber wieder bündig ist. Die Breite einzelner Spalten können Sie über die Kanten der Buchstaben per Drag & Drop anpassen.

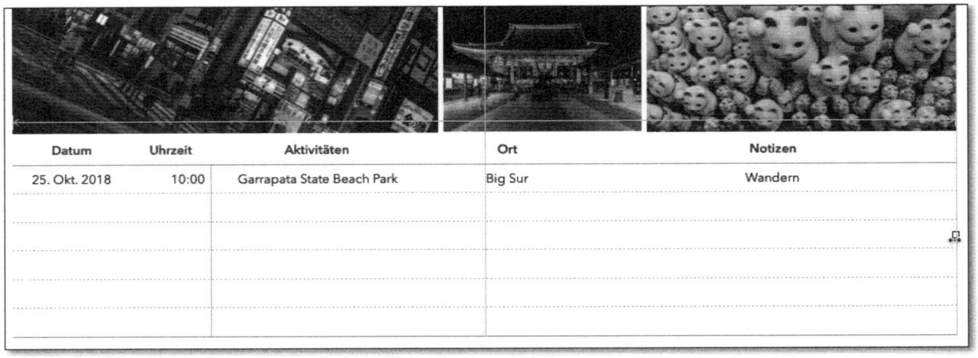

6 Neue Zeilen können Sie über das entsprechende Symbol links unten ❷ hinzufügen und neue Spalten über das Symbol rechts oben ❸ von der Tabelle. Gleiches erreichen Sie auch, wenn Sie das jeweilige Symbol mit gedrückt gehaltener Maustaste in die entsprechende Richtung ziehen. Mit dem Symbol rechts unten ❹ können Sie gleichzeitig neue Spalten und Zeilen hinzufügen. Auf ähnliche Art und Weise können Sie auch Zeilen oder Spalten löschen, wobei Sie dann an das jeweilige Symbol mit gedrückt gehaltener Maustaste eben nach oben oder innen ziehen.

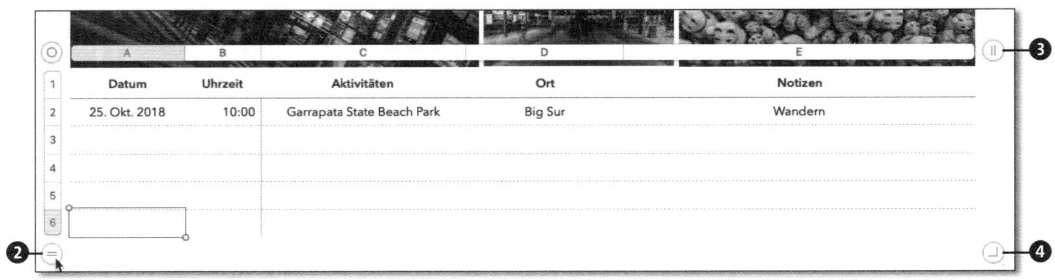

7 Alle Zeilen und Spalten bieten, wenn Sie die Nummer oder den Buchstaben anklicken, ein kleines Dropdown-Menü, über das Sie verschiedene Aktionen auf die Zeilen und Spalten ausführen können, wie Sie es auch in Schritt 4 mit dem Löschen einer Spalte getan haben. Sie können gezielt Spalten und Zeilen an eine bestimmte

Position einfügen. Im Beispiel will ich bei der Planung des Foto-Workshops eine Zeile zwischen dem morgendlichen und dem abendlichen Workshop einfügen und mit entsprechenden Angaben erweitern. Ich wähle hierzu eine Zeile oberhalb der Position, an der ich eine neue Zeile einfügen will, klicke auf die Zahl der Zeile und wähle im Dropdown-Menü **Zeile unterhalb hinzufügen** aus. Dasselbe funktioniert natürlich auch mit Spalten.

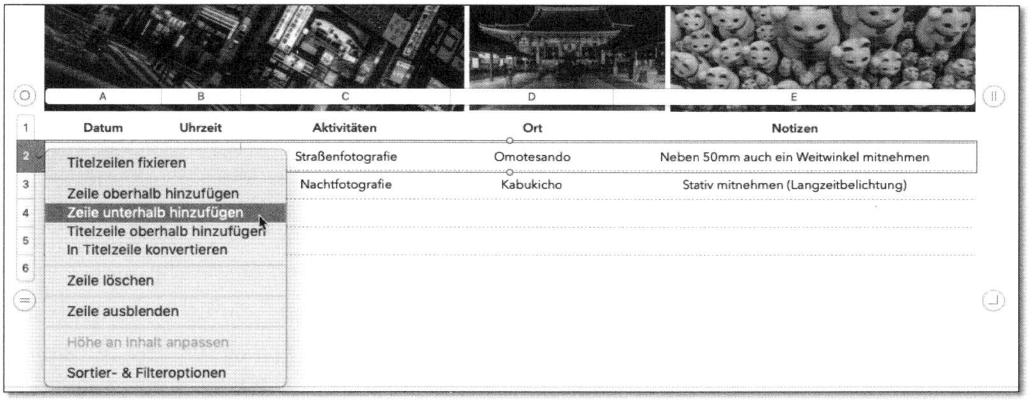

8 Ich wechsle nun zum Blatt **Reservierungen** ❺, wo ich zunächst die Tabelle **Fahrtkosten** am Anfasser mit dem Kreis links oben auswähle und mit ← entferne. Als Nächstes wähle ich die restlichen drei Tabellen mit gehaltener cmd-Taste aus und ziehe sie mit gedrückt gehaltener Taste über das Kreissymbol links oben nach oben zum frei gewordenen Platz, an dem zuvor die Tabelle **Fahrtkosten** stand. Den Tabellennamen **Unterkunft** ändere ich um in **Reisekosten** und passe die Spalten meinen Bedürfnissen an. Im Beispiel brauche ich nur die **Aktivität** (Hotel, Fotomodel, Fotostudio und Minibus mit Fahrer), das **Datum**, **Tel./E-Mail**, die **Adresse**, die Anzahl der **Tage** und den **Preis**. Anschließend werden noch die Daten für die **Notfallnummern** und **Reiseteilnehmer** hinzugefügt.

9 Jetzt wechsle ich noch in das Blatt **Packliste**, wo ich zunächst die Tabellen **Kleidung** und **Toilettenartikel** auswähle und mit [←] entferne. Dann verschiebe ich die Tabelle **Geräte** ganz nach links und passe die Größe der Tabelle und der einzelnen Zellen an. Anschließend wähle ich die Tabelle aus, klicke links oben auf das Kreissymbol und klicke im Kontextmenü auf **Ausschneiden**. Als Nächstes wechsle ich zum Blatt **Reservierung** und füge die Tabelle unten mit einem rechten Mausklick und **Einsetzen** den anderen Tabellen hinzu. Das Blatt **Packliste** lösche ich über das Dropdown-Menü. Die Tabelle **Geräte** fülle ich mit dem benötigten Zubehör für den Foto-Workshop aus.

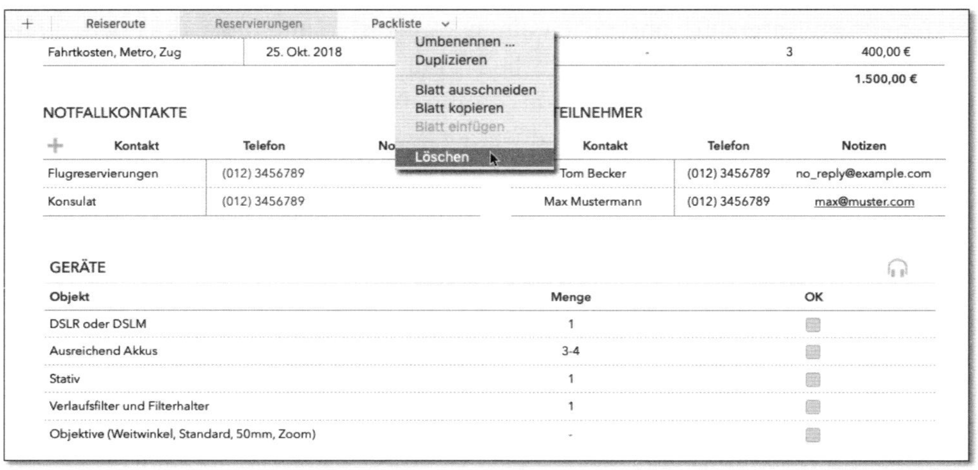

10 Sind Sie mit den Tabellen so weit fertig, können Sie diese zum Schluss bei Bedarf über die Register **Tabelle**, **Zelle** und **Text** noch gesondert formatieren.

11 Speichern Sie das Dokument über **Ablage ▸ Sichern** bzw. das Tastaturkürzel [cmd] + [S], und wählen Sie im Dialog zum Speichern den Namen sowie den Speicherort. Bei Bedarf können Sie auch Tags hinzufügen. Haben Sie iCloud Drive für Numbers aktiviert (über **Systemeinstellungen ▸ iCloud ▸ iCloud Drive ▸ Optionen**), finden Sie einen entsprechenden Eintrag in der Dropdown-Liste ❻ bzw. der Seitenleiste zum Numbers-Verzeichnis auf der iCloud. Mit **Sichern** wird das Dokument mit der Dateiendung *.numbers* gespeichert. Haben Sie das Dokument einmal gespeichert, greift hier die automatische Speicherung und Versionierung des Betriebssystems, und Sie müssen sich keine Sorgen mehr machen, wenn Sie Numbers mal versehentlich beenden, ohne letzte Änderungen gespeichert zu haben.

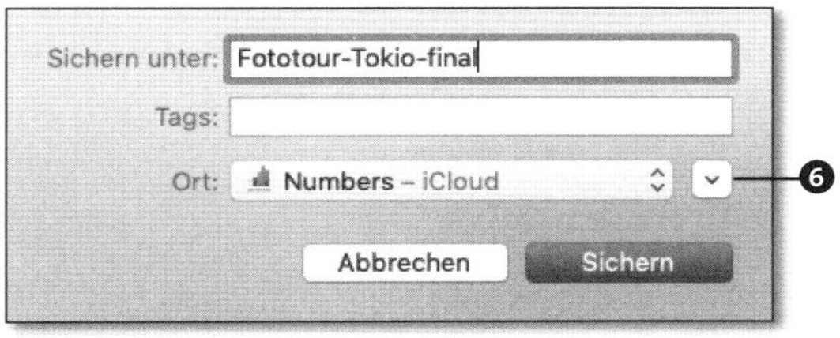

25

HINWEIS

Sichern unter

Wenn Sie auf der Suche nach einem *Speichern unter* bzw. *Sichern unter* sind, müssen Sie auch bei Numbers die Datei über **Ablage ▸ Duplizieren** bzw. [⇧] + [cmd] + [S] erst duplizieren und dann das neue Dokument unter einem anderen Namen sichern.

25.1.3 Als Vorlage speichern

Wollen Sie ein modifiziertes Dokument häufiger verwenden, ist es sinnvoll, es als Vorlage zu sichern. Hierbei müssen Sie **Ablage ▸ Als Vorlage sichern** und im darauf folgenden Dialog **Zur Vorlagenauswahl hinzufügen** wählen und in der Vorlagenübersicht im Abschnitt **Meine Vorlagen** einen passenden Namen dafür angeben. Jetzt steht Ihnen diese Vorlage künftig über **Ablage ▸ Neu** im Vorlagenauswahl-Dialog im Bereich **Meine Vorlagen** zur Verfügung. Vorher sollten Sie die Zelleninhalte entfernen, sonst müssen Sie dies bei jedem neuen Dokument tun, wenn Sie die selbst erstellte Vorlage auswählen und verwenden.

Abbildung 25.6 Ein Numbers-Dokument als Vorlage speichern

TIPP

Bilder nur als Platzhalter verwenden

Wollen Sie beim Speichern einer Vorlage ein Bild nur als Platzhalter verwenden, sodass das Symbol zum Laden von Bildern mit eingeblendet wird, markieren Sie das Bild und wählen **Format ▸ Erweitert ▸ Als Medienplatzhalter definieren**, bevor Sie das Dokument als Vorlage speichern.

25.2 Eine Tabelle anlegen und formatieren

Nicht immer bietet sich eine passende Vorlage an, und nicht selten ist der Aufwand, eine Vorlage zu modifizieren, größer, als ein neues leeres Dokument anzufangen. In diesem Abschnitt soll eine neue leere Tabelle erstellt und erweitert werden:

1 Erstellen Sie ein neues leeres Dokument über **Ablage ▸ Neu** bzw. `cmd` + `N`, und wählen Sie im Bereich **Einfach** die Vorlage **Leer** aus.

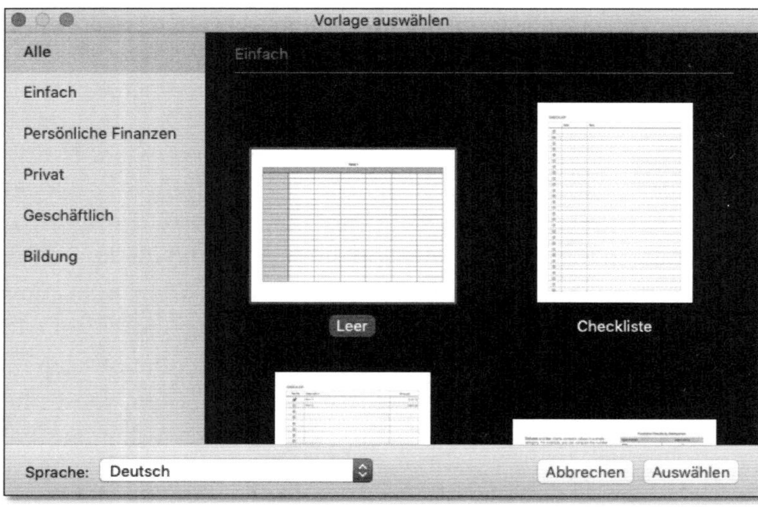

2 Jetzt haben Sie eine leere Tabelle mit einem Blatt erstellt. Den Namen des Blattes können Sie durch Anklicken anpassen, wie auch die Überschrift der Tabelle. Entscheiden Sie zunächst, wie viele Spalten die Tabelle enthalten soll. Ziehen Sie hierzu das Symbol rechts oben ❶ für die Spalten nach rechts, um weitere Spalten hinzuzufügen, oder nach links, um die Anzahl der Spalten zu reduzieren. Im Beispiel werden sechs Spalten benötigt. Die Breite der Tabelle können Sie mit dem Anfasser auf der rechten Seite ❷ anpassen.

3 Dasselbe wie mit den Spalten können Sie auch mit den Zeilen über das Symbol ❸ in der Zeile links unten erledigen und die Anzahl der benötigten Zeilen anpassen. Hierbei gilt, dass Sie jederzeit neue Spalten und Zeilen hinzufügen können.

4 Im nächsten Schritt müssen Sie in der rechten Seitenleiste die **Titel- & Abschlusszeile** im Register **Tabelle** festlegen. Mit der ersten Dropdown-Liste legen Sie die Anzahl der Titel auf der linken Seite fest; ich gebe hier immer »0« ein. Im zweiten Dropdown-Menü legen Sie den Titel für die Kopfzeile fest; hier verwende ich »1«. Und im letzten Dropdown-Menü können Sie die Abschlusszeile festlegen; ich gebe hier »1« ein. Wenn Sie hier jetzt weitere Zeilen hinzufügen, bleibt die Titel- und Abschlusszeile immer in der ersten und der letzten Zeile in der Tabelle fixiert stehen.

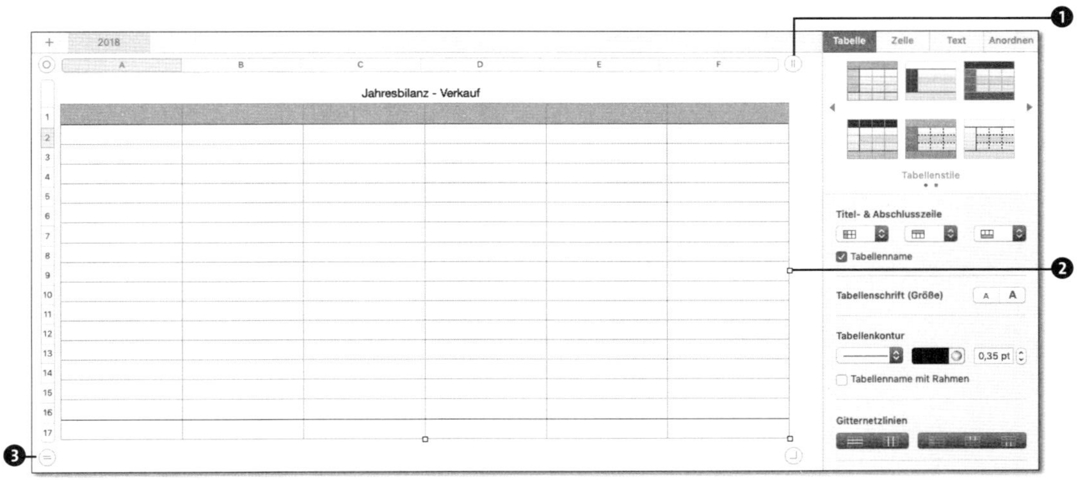

5 Gewöhnlich werden bei einer leeren Tabelle die Titelzeilen fixiert. Das heißt, wenn die Tabelle länger wird und Sie scrollen müssen, bleiben diese Titelzeilen stehen und werden nicht mit gescrollt. Dadurch können Sie die Daten entsprechend der Spalte oder Zeile zuordnen. Wollen Sie die Fixierung aufheben bzw. wieder aktivieren, klicken Sie mit der rechten Maustaste auf das runde Symbol links oben und (de-)aktivieren entsprechend **Titelzeilen fixieren** und/oder **Titelspalten fixieren**. Hier finden Sie auch die Befehle **Einheitliche Zeilenhöhe** und **Einheitliche Spaltenbreite**, worüber Sie bei Bedarf die Höhe der Zeilen und die Breite der Spalten einheitlich aufteilen können.

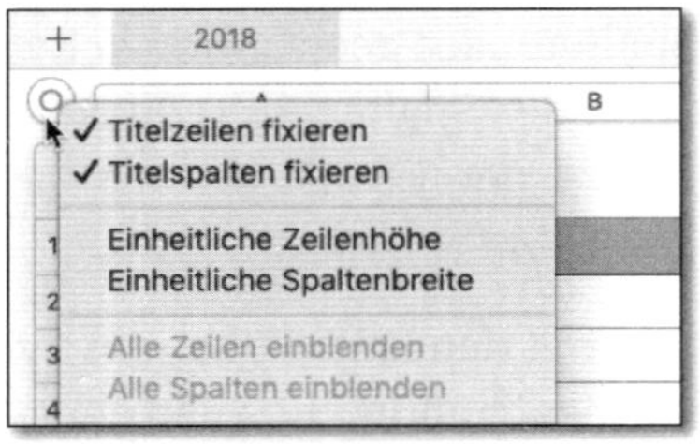

6 Nachdem die Rohfassung der Tabelle erstellt wurde, können Sie anfangen, die Tabelle mit Werten zu füllen. Zunächst werden Sie wohl erst einmal die Titelzeile beschriften wollen.

7 Das Datenformat für die einzelnen Zellen können Sie in der rechten Seitenleiste im Register **Zelle** mit dem Dropdown-Menü **Datenformat** vorgeben. Markieren Sie beispielsweise die erste Zelle in der ersten Spalte, die Sie mit einem Datum versehen wollen. Halten Sie die [⇧]-Taste gedrückt, und markieren Sie die letzte Zelle in derselben Spalte, und Sie haben alle Zellen in der Spalte markiert, in die Sie ein Datum eingeben sollen.

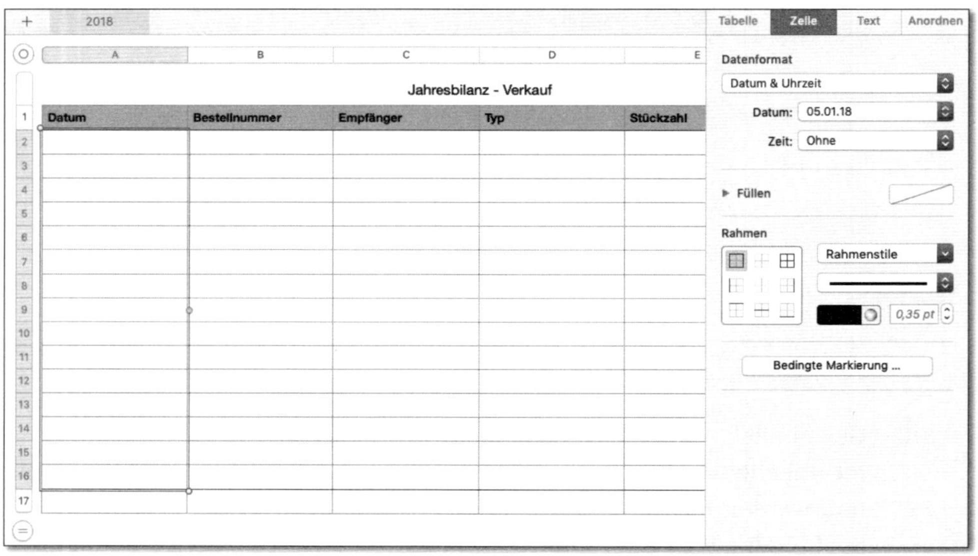

Wählen Sie unter **Datenformat** bei **Datum & Uhrzeit** ein entsprechendes Format für das Datum. Die Uhrzeit habe ich hier auf **Ohne** gestellt. Wenn Sie beispielsweise in eine Zelle »1. Januar 2018« eingeben und das Format, das Sie für das Datum ausgewählt haben, »05.01.2017« lautet, wird das Datum aufgrund der Datenformatvorgabe automatisch in »01.01.2018« umgewandelt. Auf diese Weise können Sie für die einzelnen Zellen ein Datenformat vorgeben, also ob es eine Zahl, ein Text, ein Datum, eine Uhrzeit usw. sein soll.

8 In der letzten Spalte (hier: **Abgeschlossen**) soll ein Markierungsfeld mit einem Wahrheitswert hinzugefügt werden. Markieren Sie hierzu die entsprechenden Zellen, wählen Sie in der rechten Seitenleiste im Register **Zelle** bei **Datenformat** den Eintrag **Markierungsfeld**, und es werden Checkboxen zum Abhaken hinzugefügt. Die Einträge sollen hier verwendet werden, um anzuzeigen, ob der Auftrag komplett abgeschlossen wurde.

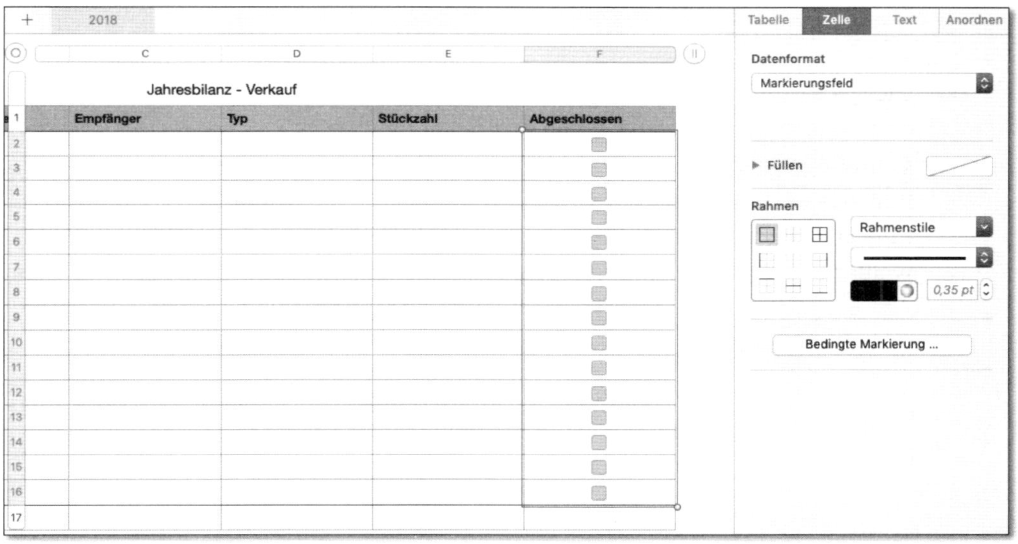

9 Eine weitere sinnvolle Ergänzung beim Datenformat wäre, in der Spalte **Typ** vorgegebene Einträge für die Produkte anzugeben, die hier verwendet werden können. Hierzu wählen Sie die Spalten in **Typ** aus, und im Register **Zelle** in **Datenformat** wählen Sie **Einblendmenü**. Darunter können Sie über das Plus- und Minussymbol mögliche Werte hinzufügen bzw. entfernen. Mit einem Doppelklick auf ein Objekt in der Liste können Sie die Bezeichnung editieren. Außerdem soll hier **Mit leerer Vorlage beginnen** ausgewählt werden. Wenn Sie weitere Zeilen hinzufügen, müssen Sie sich übrigens keine Gedanken mehr über die Datenformate der einzelnen Zellen machen, weil diese bei einer neuen Zeile automatisch von den darüber liegenden Zeilen übernommen werden.

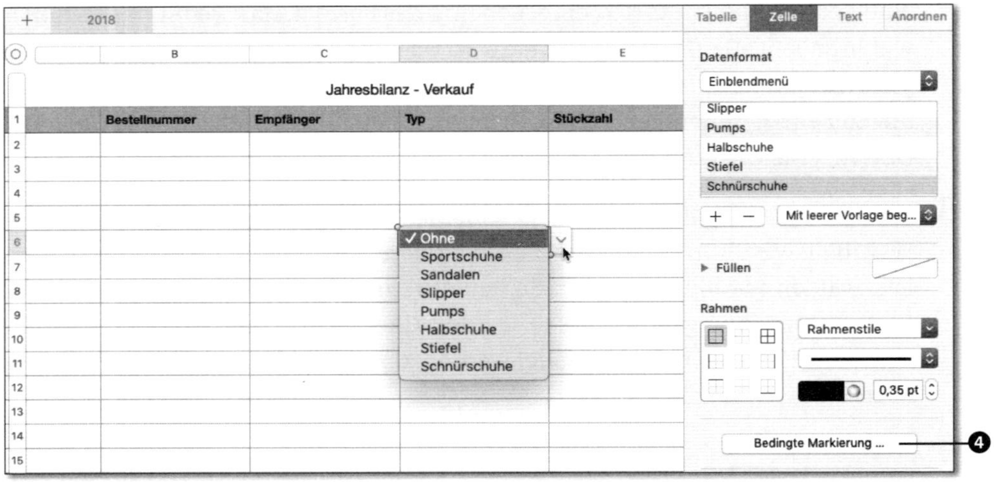

10 Die Verwendung eines Datenformats schützt allerdings nicht vor einer absichtlichen Falscheingabe. Für solche Zwecke können Sie die Option **Bedingte Markierung** ❹ im Register **Zelle** verwenden. Wählen Sie hier beispielsweise die Spalten unterhalb der **Bestellnummer** aus, und klicken Sie auf die Schaltfläche **Bedingte Markierung** im Register **Zelle**. Klicken Sie auf die Schaltfläche **Regel hinzufügen**, und wählen Sie im schwebenden Fenster bei den **Zahlen** den Eintrag **nicht zwischen** aus.

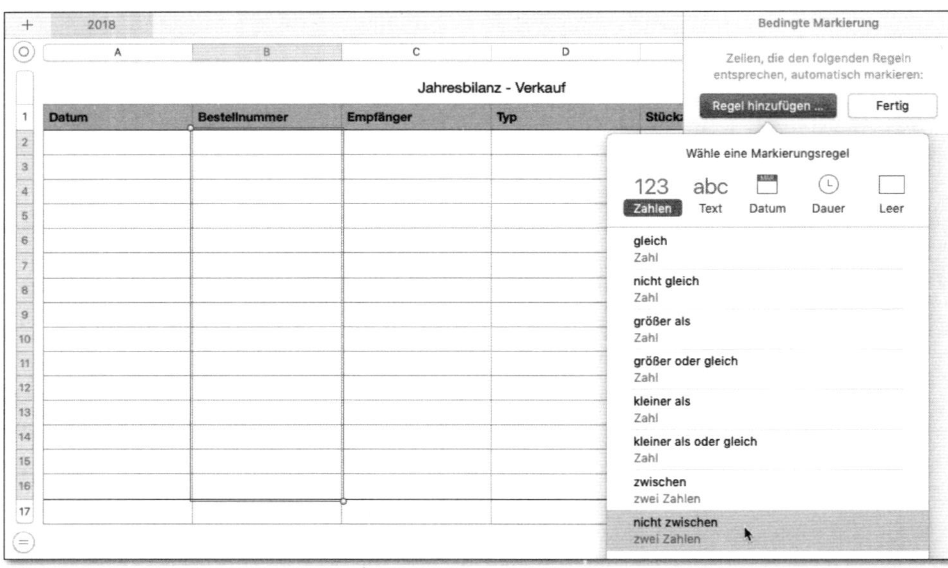

11 Geben Sie hier zwei Nummern ein, die von n bis n vorliegen müssen, damit es sich um eine gültige Bestellnummer handelt. Im Beispiel ist die Bestellnummer sechsstellig und muss zwischen 100.000 bis 999.999 liegen. Entspricht der Wert hier nicht der Bedingung, wird er als eigener Stil in roter Farbe und durchgestrichen ausgegeben. Klicken Sie auf **Fertig**, und testen Sie die bedingte Markierung, indem Sie absichtlich einen falschen Wert eingeben. Auf diese Weise können Sie Bedingungen für Text, Datum, Dauer und eine leere Zelle formulieren und darauf mit einer entsprechenden Text- oder Hintergrundfarbe in einer Zelle reagieren.

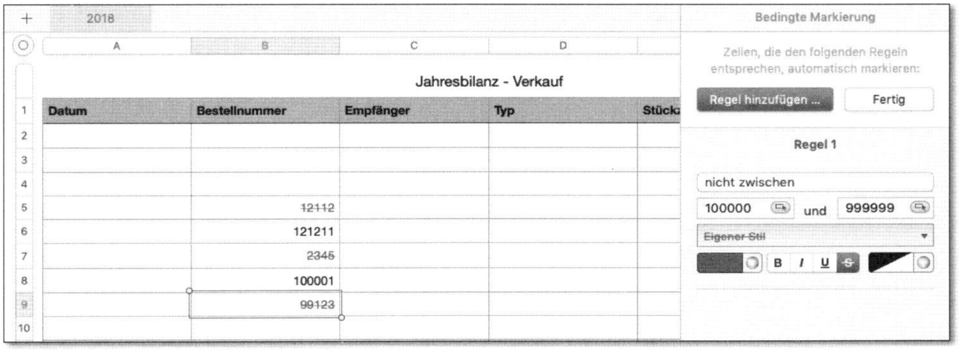

12 Im nächsten Schritt können Sie sich an die Arbeit machen und die einzelnen Zellen mit Daten füllen. Eine solche Tabelle kann logischerweise um weitere Daten erweitert werden, indem Sie eine neue Zeile hinzufügen.

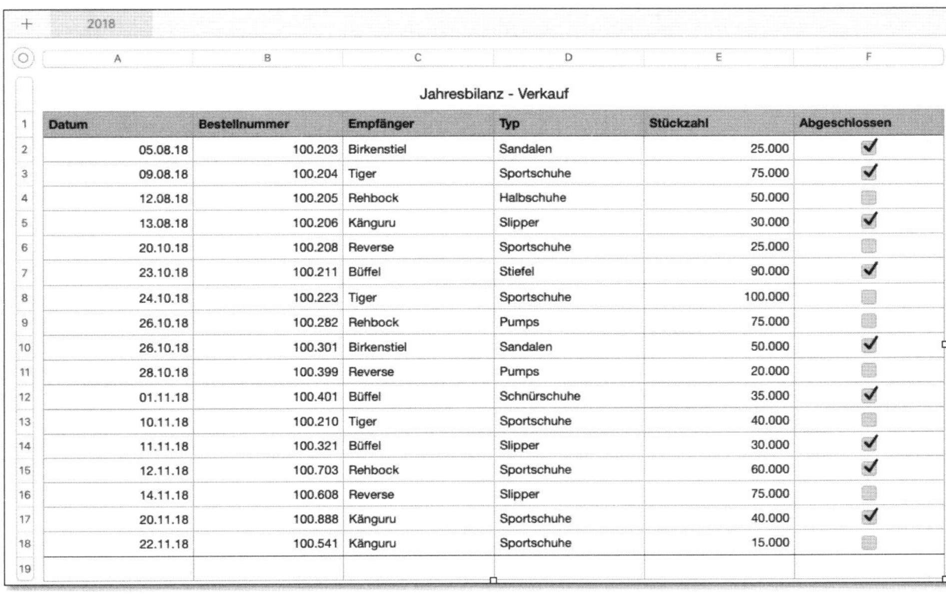

Jahresbilanz - Verkauf

Datum	Bestellnummer	Empfänger	Typ	Stückzahl	Abgeschlossen
05.08.18	100.203	Birkenstiel	Sandalen	25.000	✓
09.08.18	100.204	Tiger	Sportschuhe	75.000	✓
12.08.18	100.205	Rehbock	Halbschuhe	50.000	
13.08.18	100.206	Känguru	Slipper	30.000	✓
20.10.18	100.208	Reverse	Sportschuhe	25.000	
23.10.18	100.211	Büffel	Stiefel	90.000	✓
24.10.18	100.223	Tiger	Sportschuhe	100.000	
26.10.18	100.282	Rehbock	Pumps	75.000	
26.10.18	100.301	Birkenstiel	Sandalen	50.000	✓
28.10.18	100.399	Reverse	Pumps	20.000	
01.11.18	100.401	Büffel	Schnürschuhe	35.000	✓
10.11.18	100.210	Tiger	Sportschuhe	40.000	
11.11.18	100.321	Büffel	Slipper	30.000	✓
12.11.18	100.703	Rehbock	Sportschuhe	60.000	✓
14.11.18	100.608	Reverse	Slipper	75.000	
20.11.18	100.888	Känguru	Sportschuhe	40.000	✓
22.11.18	100.541	Känguru	Sportschuhe	15.000	

25.2.1 Datenformate in Zellen

Mit **Datenformat** im Register **Zelle** bestimmen Sie, wie die Daten in der Zelle dargestellt und von Funktionen erkannt werden sollen, die auf diese Zelle verweisen. Die Festlegung eines Datenformats ändert allerdings nicht den tatsächlich eingegebenen Wert in der Zelle! Wenn Sie beispielsweise die Anzahl der Dezimalstellen hinter dem Komma auf »2« gestellt und einen Wert wie »4,123456« eingegeben haben, wird zwar aufgrund des eingestellten Datenformats »4,12« angezeigt, aber bei der Berechnung wird trotzdem der Wert »4,123456« verwendet. Mit **Datenformat** beschneiden Sie keine Werte, sondern formatieren sie nur. Ebenso können Sie nachträglich das Datenformat einer Zelle ändern, wenn Sie bereits Daten (und ein anderes Datenformat) verwendet haben.

Abbildung 25.7 Datenformate für eine Zelle festlegen

25.2.2 Tabelle formatieren

Sie können die Tabelle auch vor der Dateneingabe formatieren, aber ich kümmere mich erst darum, wenn ich meine Tabelle mit Daten gefüllt habe, ganz nach dem Motto »Erst die Arbeit, dann das Vergnügen«. In der folgenden Schritt-für-Schritt-Anleitung soll die zuvor erstellte Tabelle formatiert werden. Hierbei werden die Themen allerdings nur gestreift, und ich empfehle Ihnen, umfassend mit den Einstellungen zu experimentieren.

HINWEIS

Spielereien?

Abhängig vom Zweck einer Tabelle muss man diese nicht extra mit einer Formatierung noch verschönern. Viele Tabellen erfüllen ihren Zweck. Wenn Sie allerdings eine Tabelle präsentieren wollen/müssen, empfehle ich Ihnen, diese etwas liebevoller zu gestalten. Sonst kann es Ihnen passieren, dass sich keiner für Ihre Tabelle interessiert. Niemand will langweilig gestaltete Zahlenkolonnen lange betrachten. Gerade wenn die Komplexität und der Umfang einer Tabelle zunehmen, sollten Sie sich etwas Zeit nehmen, die Daten visuell schön aufzubereiten. Häufig hilft eine ordentlich formatierte Tabelle, die Präsentation etwas übersichtlicher und einfacher zu halten.

1 Die komplette Tabelle können Sie im Register **Tabelle** in der rechten Seitenleiste formatieren. Entweder wählen Sie hier einen der fertigen **Tabellenstile** aus, oder Sie formatieren selbst und fügen Ihr Ergebnis bei Bedarf den Stilen hinzu. Die meisten Einstellungen sprechen für sich selbst. Mit den ersten beiden niedergedrückten Schaltflächen bei **Gitternetzlinien** können Sie die Konturen von Spalten und Zeilen (de-)aktivieren. Die anderen drei Schaltflächen hingegen sind für die Konturen von Titel- und Abschlusszeile gedacht. Im Beispiel habe ich außerdem die Option **Zeilenfarbe wechseln** verwendet, weil es damit einfacher ist, die Daten einer Zeile zu lesen. Im Gegensatz dazu habe ich die Gitternetzlinien entfernt. Dahinter können Sie noch die **Zeilen- & Spaltengröße** anpassen.

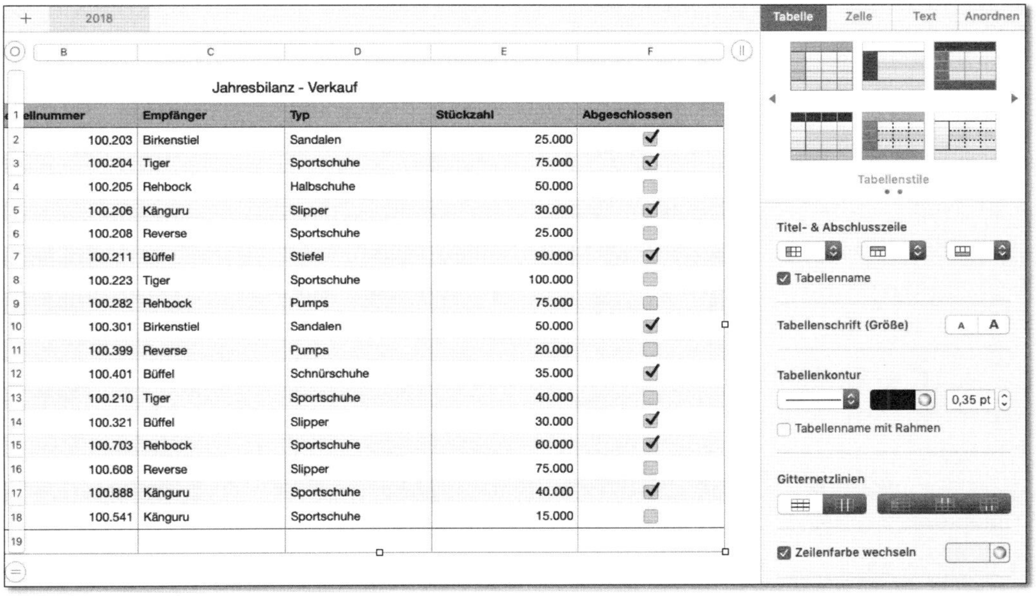

2 Das Register **Zelle** in der Seitenleiste kennen Sie bereits, worüber Sie den Datentyp mit **Dateiformat** in den Zellen formatieren und eine **Bedingte Markierung** hinzufügen können. Mit **Füllen** können Sie die Hintergrundfarbe einer oder mehrerer markierter Zellen einfärben. Im Beispiel wähle ich die Zeile mit den Titeln aus und markiere sie mit einer Farbe. Sie können auch Verläufe bis hin zu einem Bild verwenden. Über **Rahmen** können Sie einzelne oder mehrere markierte Zellen mit einer Kontur an beliebiger Seite versehen.

3 Im nächsten Register **Text** können Sie sich um die Formatierung von Text in den Zellen kümmern. Das Prinzip dabei kennen Sie aus Pages. Formatieren Sie den markierten Text in einer Zelle, können Sie mithilfe von **Aktualisieren** den Stil auf alle anderen Zellen übertragen, die denselben Textstil verwenden. Im Beispiel habe ich lediglich die komplette Tabelle ausgewählt und den Text bei **Ausrichtung** mittig gesetzt.

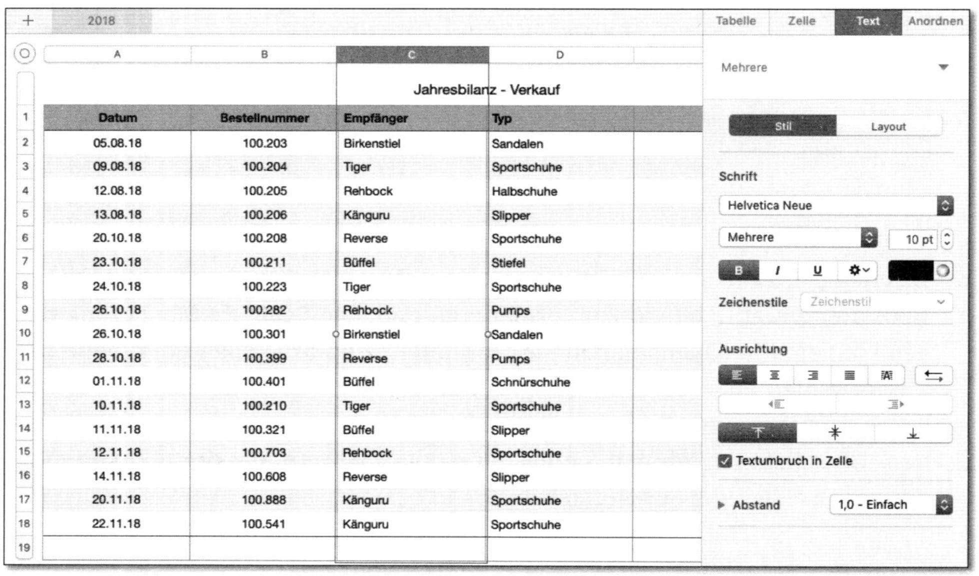

4 Im letzten Register **Anordnen** in der rechten Seitenleiste können Sie die Tabelle in der Größe oder Position anpassen. Andere Einstellungen zum Anordnen der Reihenfolge oder Ausrichtung machen nur Sinn in Verbindung mit mehreren Tabellen in einem Dokument.

25.2.3 Inhalte sortieren und filtern

Um Inhalte nach bestimmten Kriterien zu sortieren oder zu filtern, finden Sie über die Schaltfläche **Sortieren & Filtern** rechts oben in der Symbolleiste entsprechende Funktionen. Nach einem Klick darauf stehen Ihnen dann in der rechten Seitenleiste die Register **Sortieren** und **Filter** zur Verfügung. Um einen Inhalt zu sortieren, klicken Sie auf die Schaltfläche **Hinzufügen** und wählen dann aus, nach welchen Kriterien Sie sortieren wollen. Hierbei werden die Titelzeilen der Tabelle eingeblendet. In unserem Beispiel würde sich eine Sortierung nach **Datum** anbieten.

Abbildung 25.8 Funktionen zum Sortieren und Filtern von Tabelleninhalten

Ich will hier allerdings nach **Stückzahl** sortieren. Es folgt ein Feld **Sortieren nach**, in dem Sie die Spalte zum Sortieren nachträglich ändern können. Dahinter stellen Sie ein, ob Sie den entsprechenden Wert auf- oder absteigend sortieren wollen. Sofern es sinnvoll erscheint, können Sie noch weitere Sortierungen hinzufügen, um zum Beispiel Stückzahlen nach **Datum** zu sortieren. Die Reihenfolge bei mehreren Sortierungen können Sie per Drag & Drop über die drei Balken links in der jeweiligen Sortierfunktion ändern. Mit dem Mülleimersymbol entfernen Sie eine Sortierfunktion wieder.

Abbildung 25.9 Die Sortierfunktion bei der Ausführung

Die zweite Möglichkeit ist, die Inhalte zu filtern. Dies ist besonders hilfreich bei vielen Daten, um die Übersicht zu behalten. Klicken Sie hierzu auf den Reiter **Filter** in der Seitenleiste und dann auf die Schaltfläche **Filter hinzufügen**. Hier müssen Sie auswählen, was Sie ausfiltern wollen. Im Beispiel will ich alle Aufträge ausfiltern, deren **Empfänger** gleich »Tiger« ist. Wählen Sie als Filterregel im schwebenden Fenster dann **Text** aus, und geben Sie ein, dass dieser gleich »Tiger« ist. Schon haben Sie eine Tabelle nur mit diesem Empfänger ausgefiltert.

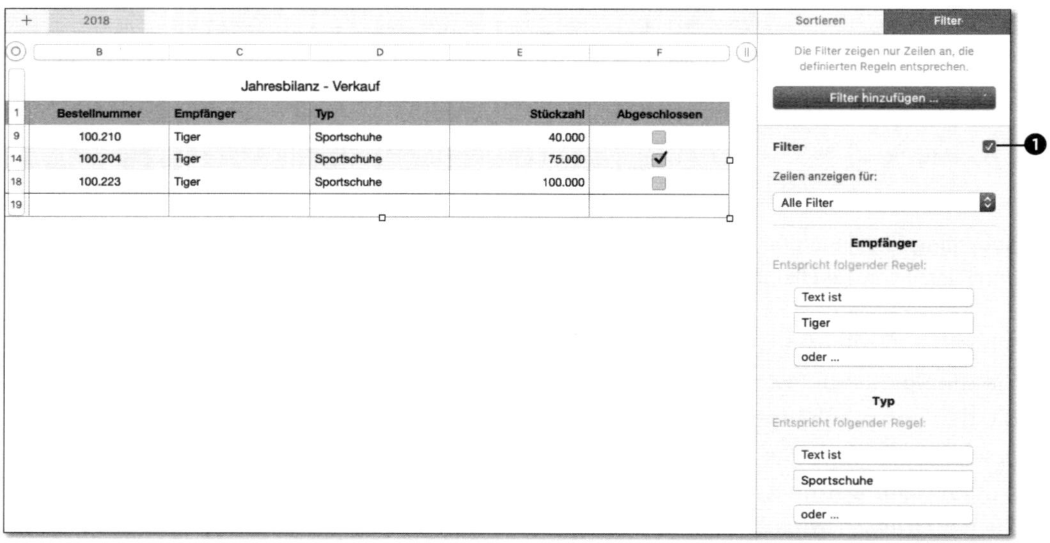

Abbildung 25.10 Die Filterfunktion bei der Ausführung

Sie können auch noch weitere Filter hinzufügen, indem Sie beispielsweise noch den **Typ** der Bestellung ausfiltern. Einzelne Filterregeln lassen sich mit dem Mülleimersymbol wieder entfernen. Kurzfristig deaktivieren können Sie die Filter mit dem entsprechenden Häkchen ❶.

Noch schneller können Sie eine Tabelle filtern, indem Sie den Buchstaben der Spalte, aus der Sie etwas ausfiltern wollen, mit rechts anklicken und im Kontextmenü **Tabelle filtern** und ein entsprechendes Filterkriterium wählen.

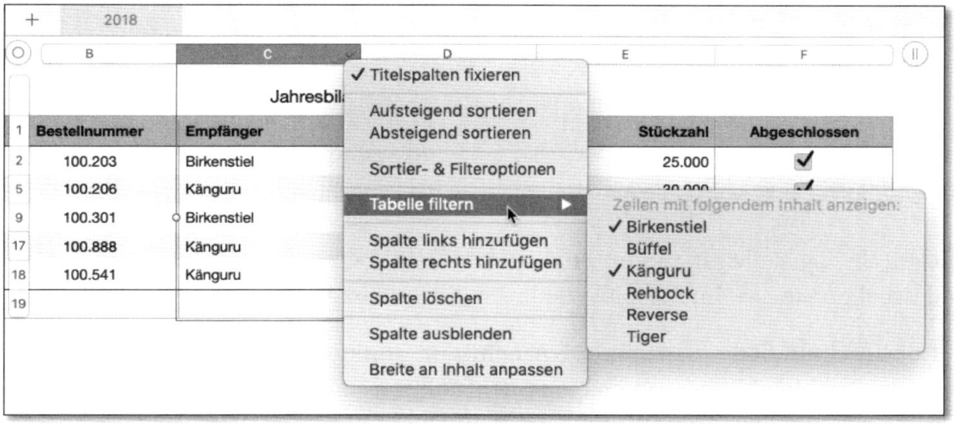

Abbildung 25.11 Weitere Möglichkeiten, die Filterfunktion zu verwenden

Zurück zum Formatierungsmodus gelangen Sie, indem Sie rechts oben auf die Schaltfläche **Format** klicken.

Abbildung 25.12 Zurück zum Formatierungsmodus

25.3 Formeln hinzufügen

Numbers enthält viele Formeln und Funktionen für mathematische Berechnungen, und wenn Sie bereits Erfahrung mit anderen Programmen dieser Art haben, dürften Sie sich schnell zurechtfinden. In vielen Beispielen dürfte die klassische Summenberechnung benötigt werden. Diese haben Sie bereits in Abschnitt 24.6, »Bilder, Formen, Textfelder,

Diagramme und Tabellen verwenden«, gesehen, und in Numbers funktioniert sie genauso. Daher soll hier ein etwas komplexeres Beispiel vorgestellt werden. In unserer Tabelle, die wir vorher erstellt haben, wurden Checkboxen verwendet, die anzeigen, ob ein Auftrag abgeschlossen ist oder nicht. Daher soll die Aufgabe sein, eine Summenberechnung aller Stückzahlen zu erstellen, bei denen der Auftrag abgeschlossen wurde – wo also ein Häkchen gesetzt ist.

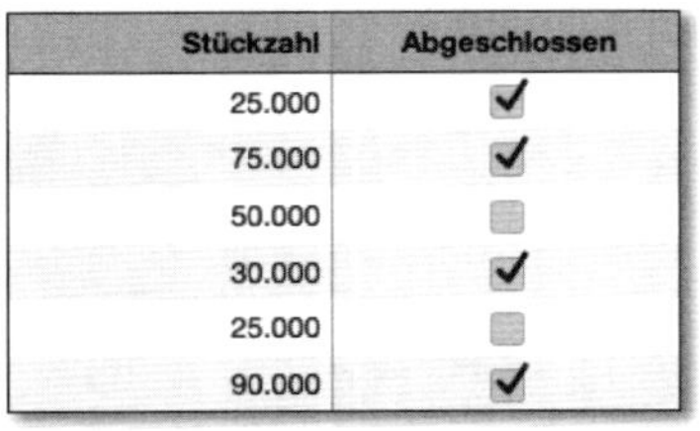

Abbildung 25.13 Nur abgeschlossene Aufträge sollen für die Berechnung verwendet werden.

1 Klicken Sie die Zelle an, in der Sie die Formel der Berechnung hinzufügen wollen, und drücken Sie [=]. Im Beispiel wähle ich die Fußzeile unterhalb von Stückzahlen.

2 Auf der rechten Seite erscheinen Formeln und Funktionen, unter denen Sie nach Kategorie wählen können. Auch eine Suchfunktion ist hierbei hilfreich. Wir suchen hier eine gewöhnliche numerische Formel. Die Funktion **SUMMEWENN** hört sich nach dem an, was wir suchen. Lesen Sie die Beschreibung der Funktion, um zu erfahren, welcher Parameter was benötigt.

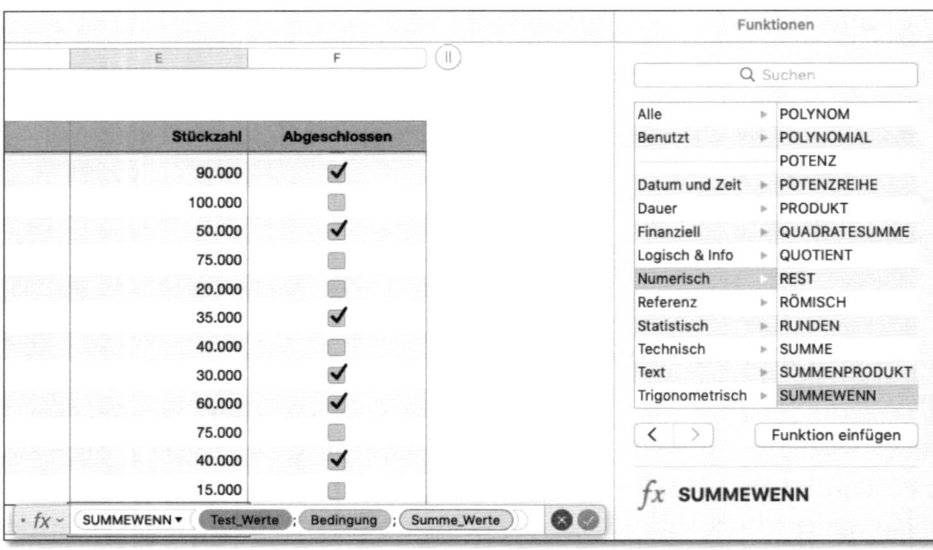

Klicken Sie auf die Schaltfläche **Funktion einfügen**. Die Funktion benötigt die drei Parameter **Test_Werte**, **Bedingung** und **Summe_Werte**. Klicken Sie zunächst auf das grüne Häkchen, um der Spalte die Formel hinzuzufügen.

3 Die Formel wird zunächst nur als Platzhalter mit einem roten Warndreieck angezeigt. Das Symbol bekommen Sie zu sehen, wenn die Funktion nicht ordentlich bearbeitet werden kann, weil Argumente fehlen oder fehlerhafte Argumente verwendet wurden. Doppelklicken Sie auf die Spalte mit dem Warndreieck, und es öffnet sich wieder der Formeleditor, in dem Sie die nötigen Argumente eingeben können.

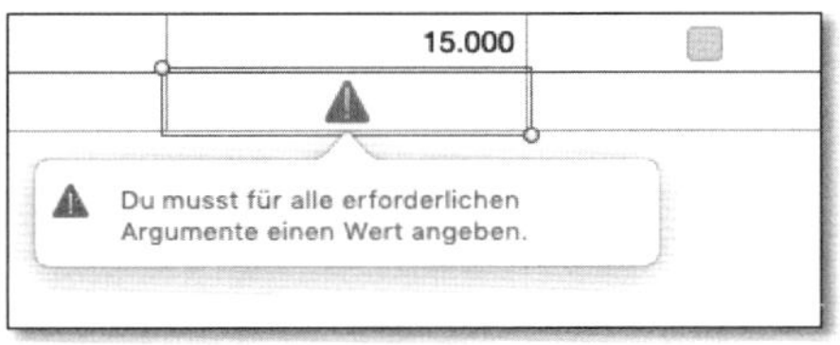

4 Die **Test_Werte**, die hier überprüft werden sollen, sind in unserem Beispiel die Checkboxen in der Spalte **Abgeschlossen**. Klicken Sie den ersten Parameter ❶ an, und geben Sie »Abgeschlossen« ein – schon werden die entsprechenden Spalten markiert.

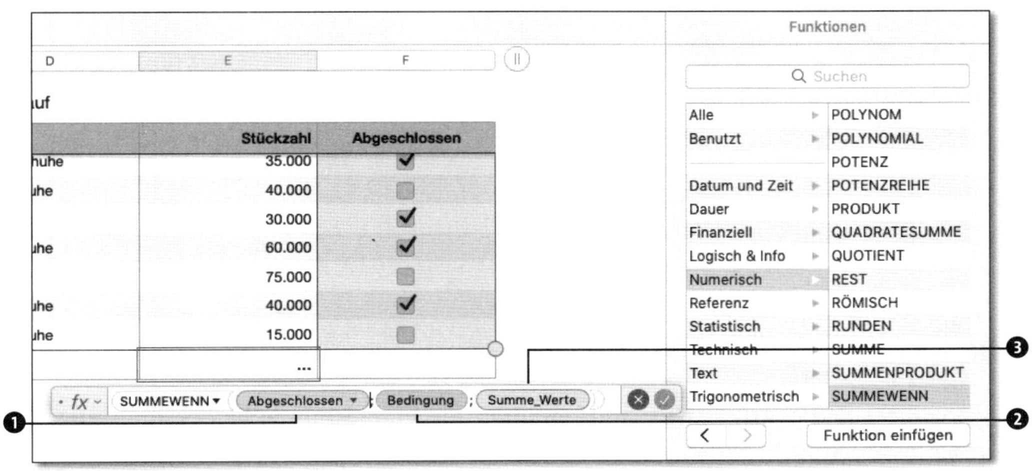

5 Die Bedingung, ob die Checkbox abgehakt ist (wahr) oder nicht (falsch), wird hier wortwörtlich als »wahr« oder »falsch« geschrieben. Sie können es gerne ausprobieren und eine solche Zelle mit einer Checkbox markieren und im Register **Zelle** als

Datenformat im Dropdown-Menü **Text** verwenden. Aus einer abgehakten Checkbox wird wortwörtlich »wahr« und eine nicht abgehakte Checkbox zu »falsch«. Wählen Sie also die **Bedingung** ❷ als Parameter aus, und geben Sie »wahr« ein.

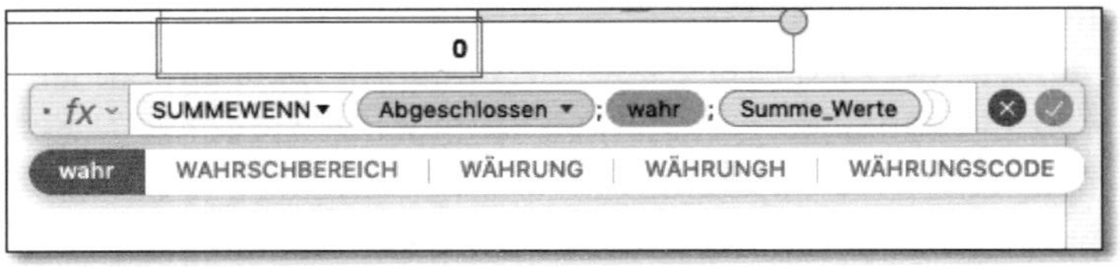

6 Zum Schluss müssen Sie noch mit dem dritten Parameter **Summe_Werte** festlegen, welche Spalten addiert werden sollen, wenn in der Spalte **Abgeschlossen** die Bedingung »wahr« ist. Klicken Sie den letzten Parameter ❸ in der Formel an, und geben Sie mit »Stückzahl« den Titel der Spalte für die Wenn-Summenberechnung an. Hierbei wird die Spalte **Stückzahl** ebenfalls farblich anders dargestellt.

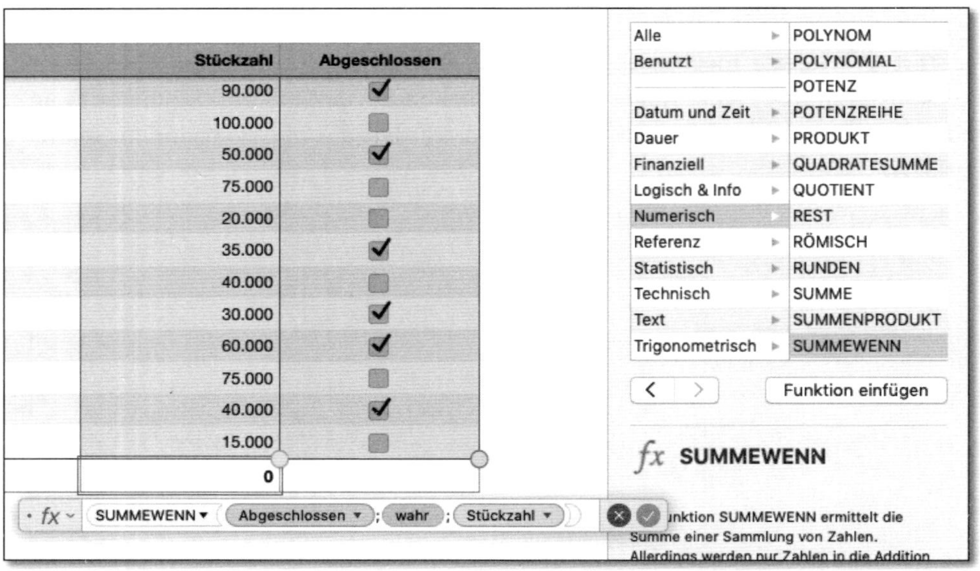

7 Klicken Sie auf das grüne Häkchen, erhalten Sie eine Summenberechnung aller abgeschlossenen Aufträge in der Spalte, in der Sie die Formel hinzugefügt haben. Probieren Sie es aus, indem Sie ein Häkchen in der Spalte **Abgeschlossen** hinzufügen oder entfernen. Die Summe wird immer wieder neu berechnet.

Datum	Bestellnummer	Empfänger	Typ	Stückzahl	Abgeschlossen
05.08.18	100.203	Birkenstiel	Sandalen	25.000	✓
09.08.18	100.204	Tiger	Sportschuhe	75.000	✓
12.08.18	100.205	Rehbock	Halbschuhe	50.000	☐
13.08.18	100.206	Känguru	Slipper	30.000	✓
20.10.18	100.208	Reverse	Sportschuhe	25.000	☐
23.10.18	100.211	Büffel	Stiefel	90.000	✓
24.10.18	100.223	Tiger	Sportschuhe	100.000	☐
26.10.18	100.301	Birkenstiel	Sandalen	50.000	✓
26.10.18	100.282	Rehbock	Pumps	75.000	☐
28.10.18	100.399	Reverse	Pumps	20.000	☐
01.11.18	100.401	Büffel	Schnürschuhe	35.000	✓
10.11.18	100.210	Tiger	Sportschuhe	40.000	☐
11.11.18	100.321	Büffel	Slipper	30.000	✓
12.11.18	100.703	Rehbock	Sportschuhe	60.000	✓
14.11.18	100.608	Reverse	Slipper	75.000	☐
20.11.18	100.888	Känguru	Sportschuhe	40.000	✓
22.11.18	100.541	Känguru	Sportschuhe	15.000	☐
				435.000	

Abbildung 25.14 Es werden nur die Werte addiert, bei denen ein Häkchen vor »Abgeschlossen« gesetzt ist.

25.4 Diagramme erstellen

Eine Tabelle ist bestens geeignet zur Eingabe, Verarbeitung und Verwaltung von Daten. Wollen Sie diese Daten visuell präsentieren, bietet es sich an, zusätzlich noch ein Diagramm anhand dieser Daten zu erstellen. Bei Diagrammen haben Sie den Vorteil, dass Sie noch deutlicher und schneller auf bestimmte positive oder negative Daten bzw. Werte hinweisen können. Damit ersparen Sie dem Betrachter langweiliges Studieren von Tabellen und können diese Daten auf engstem Raum mit einem Diagramm bündeln. Negative oder positive Entwicklungen lassen sich bei einem solchen Diagramm relativ schnell erkennen.

Einen Überblick über die verschiedenen Diagramme, die Sie Ihren persönlichen Bedürfnissen anpassen können, finden Sie über **Ablage ▸ Neu** im Vorlagenauswahl-Dialog in der Kategorie **Einfach** mit **Diagramme**. Über die Reiter der Vorlage können Sie sich ansehen, wie die einzelnen Diagramme funktionieren, und sie bei Bedarf Ihren eigenen Projekten hinzufügen. Ich empfehle Ihnen, mit dieser Vorlage zu experimentieren.

Hier soll nicht mehr näher darauf eingegangen werden, wie Sie die vorliegenden Beispiele der Vorlage modifizieren können, weil dies anhand der Demonstrationen bereits sehr schön beschrieben ist. Wir wollen hier einen etwas komplexeren Sachverhalt auf eine bereits bestehende Tabelle anwenden.

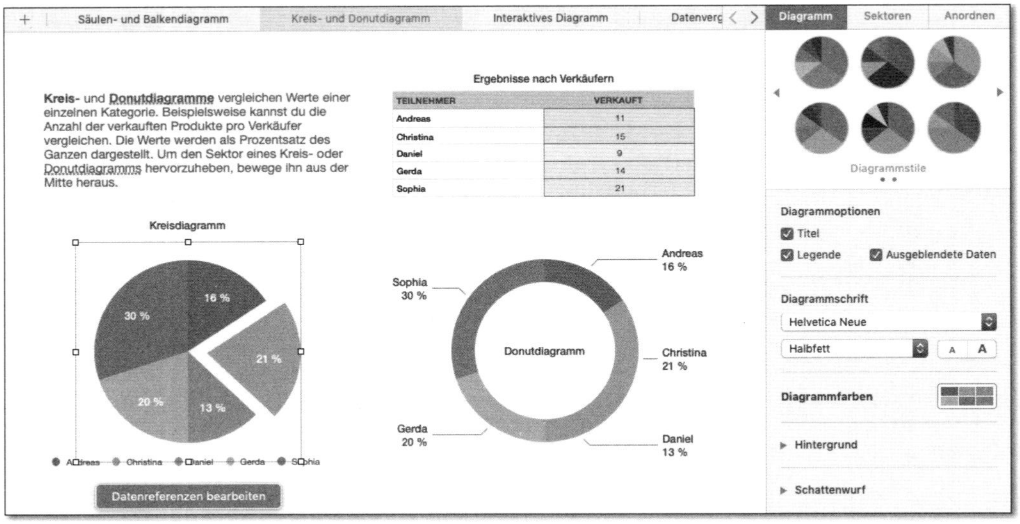

Abbildung 25.15 Die Vorlage »Diagramm« demonstriert Ihnen, was möglich ist.

Bezogen auf das in diesem Kapitel verwendete Beispiel habe ich mir noch zwei weitere Tabellen mit **Übersicht nach Empfänger** und **Übersicht nach Typ** angelegt. Um die Gesamtstückzahl eines Empfängers zu berechnen, habe ich erneut die **SUMMEWENN**-Funktion verwendet. Also wenn in der Spalte **Empfänger** der Text »Büffel« zutrifft, soll der Wert der gleichen Spalte in **Stückzahl** addiert werden. Dasselbe habe ich hier dann noch mal mit **Typ** gemacht.

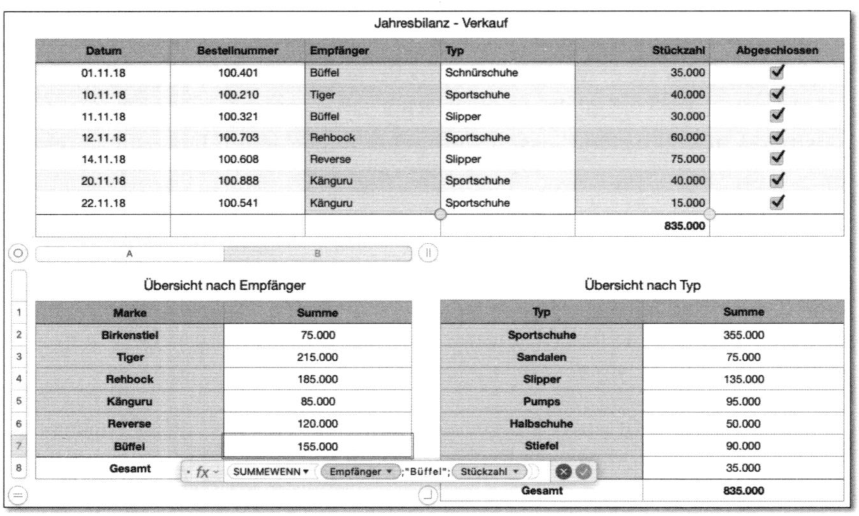

Abbildung 25.16 Zeit für eigene Diagramme

1 Markieren Sie in der Tabelle **Übersicht nach Empfänger** die erste Zelle in der Spalte **Gesamt** mit einem Wert, und klicken Sie oben in der Symbolleiste auf **Diagramm**.

2 Wählen Sie den Diagrammtyp aus. Im Beispiel habe ich mich für ein Tortendiagramm entschieden.

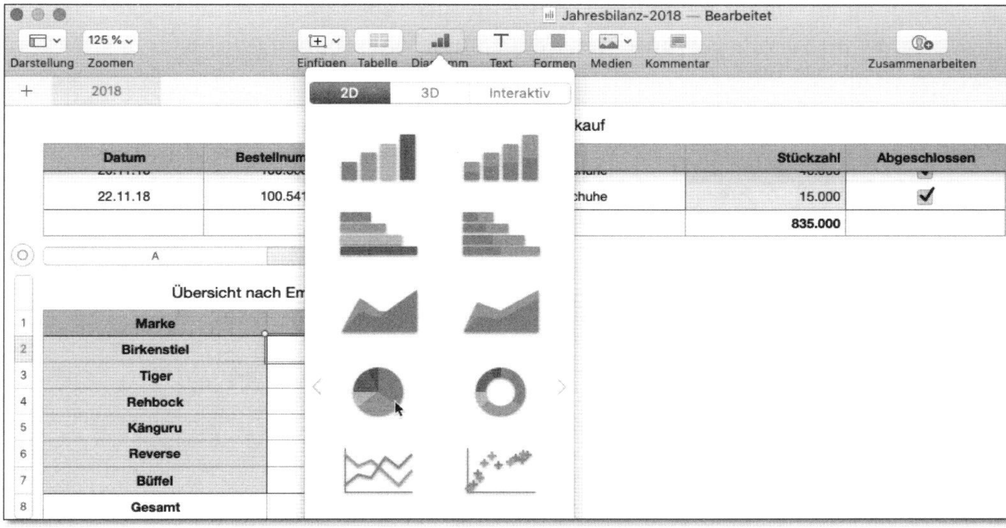

3 Klicken Sie das Diagramm an, und wählen Sie **Datenreferenz bearbeiten** aus.

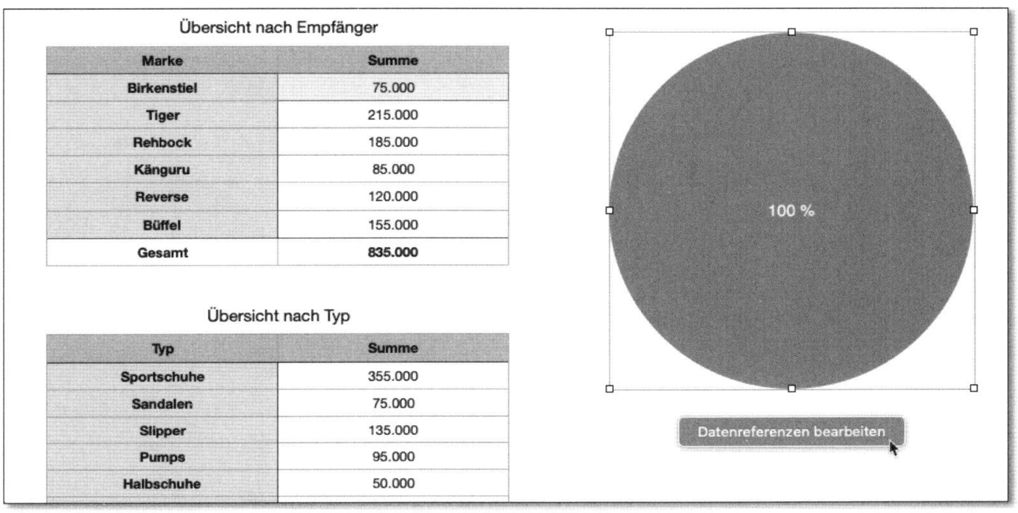

4 Wählen Sie links unten in der Ecke aus, ob Sie **Datenreihe aus Spalten** oder **Datenreihe aus Zeilen** haben wollen. Im Beispiel benötigen wir **Datenreihe aus Zeilen**. Der Mauscursor wird zu einem Diagrammsymbol, mit dem Sie die einzelnen Kunden in der Spalte nacheinander anklicken. Der Kunde wird dabei zum Datennamen, und der Wert in der Zeile daneben passt sich entsprechend dem gefüllten Tortendiagramm an. Daher haben Sie **Datenreihe aus Zeilen** ausgewählt. Klicken Sie auf **Fertig**, wenn Sie alle gewünschten Zeilen ausgewählt haben.

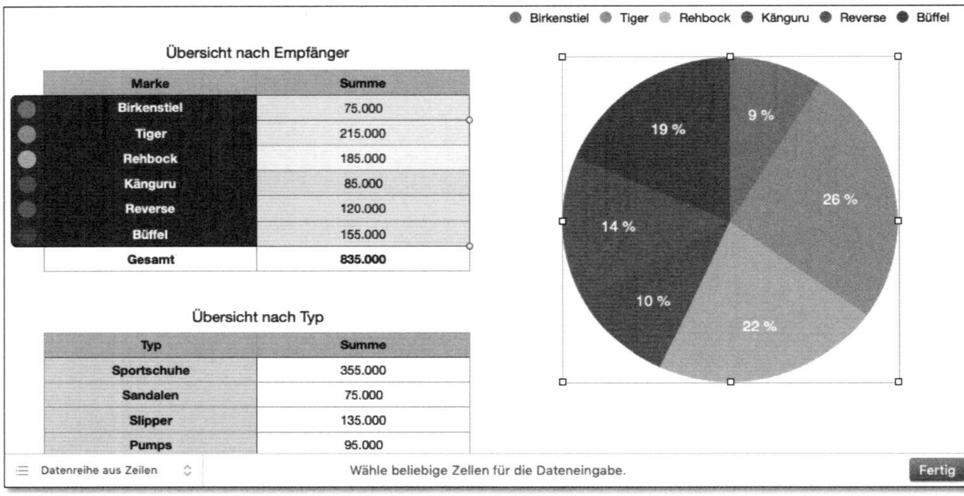

5 Wiederholen Sie den Vorgang für die Tabelle **Übersicht nach Typ**.

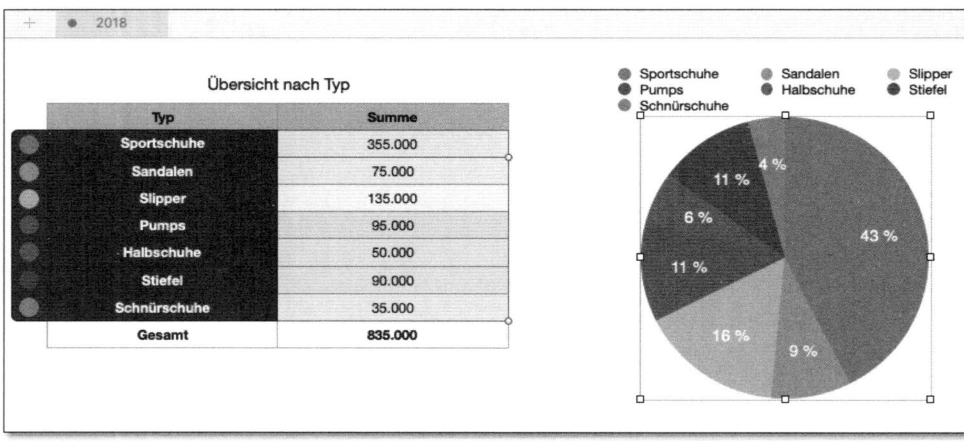

25.4.1 Diagramm formatieren und den Diagrammtyp ändern

Diagramme lassen sich wie alle anderen Objekte formatieren, und der Diagrammtyp kann nachträglich geändert werden. Nicht immer passt beispielsweise der Tortendiagrammtyp. In der folgenden Schritt-für-Schritt-Anleitung zeige ich Ihnen, wie Sie Diagramme nachträglich formatieren können:

1 Die Position eines Diagramms können Sie, wie für Objekte üblich, per Drag & Drop verschieben. Auch die Skalierung in der Größe funktioniert, indem Sie das Diagramm anklicken und mit gedrückt gehaltener Maustaste über die acht viereckigen Punkte an den Ecken und Seiten ziehen. Alle diese Einstellungen können Sie neben dem Anordnen und Ausrichten im Register **Anordnen** in der rechten Seitenleiste ebenfalls durchführen.

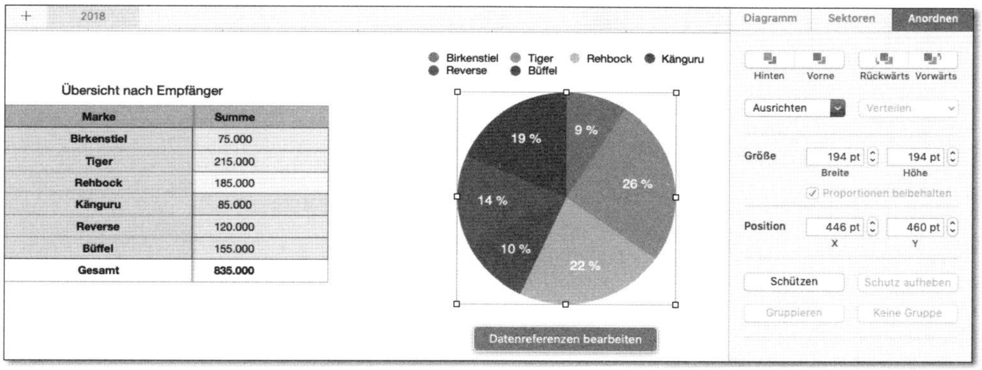

2 Es ist möglich, nur die Legenden, sofern im Diagramm aktiviert, per Drag & Drop zu verschieben oder in der Breite zu skalieren. Wenn Sie nur die Legenden anklicken, erhalten Sie zwei Register, **Stil** und **Anordnen**, nur um diese Legenden zu formatieren und anzuordnen.

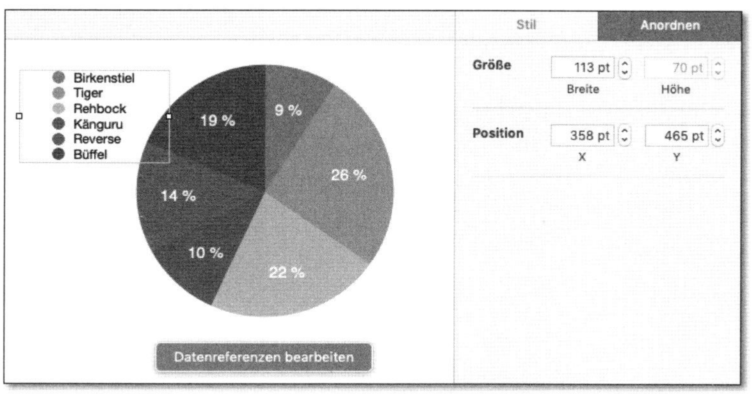

3 Über das Register **Diagramm** können Sie einen vorgefertigten Stil für das Diagramm auswählen und ändern oder den Stil mithilfe der vielen Einstellungen Ihren eigenen Bedürfnissen anpassen und gegebenenfalls den Diagrammstilen hinzufügen. Ganz unten können Sie den **Diagrammtyp** ändern. Im Beispiel habe ich aus einem der beiden Diagramme ein 2D-Säulen-Diagramm erstellt.

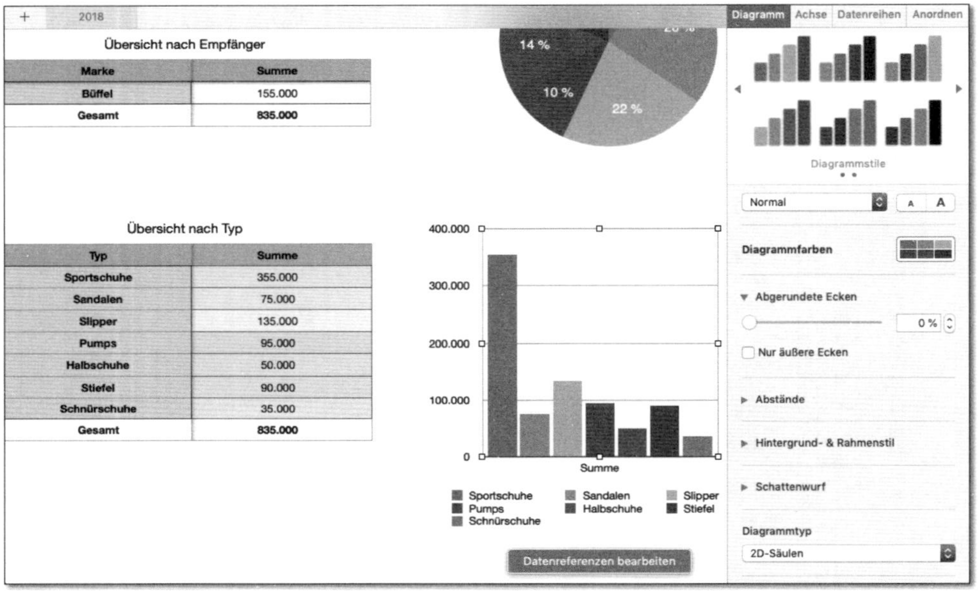

4 Bei einem Balkendiagramm stehen Ihnen mit den Registern **Achse** und **Datenreihen** weitere Optionen zur Gestaltung und Anzeige des Balkendiagramms zur Verfügung.

5 Bei einem Tortendiagramm hingegen steht das Register **Sektoren** zur Verfügung, um weitere Optionen zur Gestaltung und Anzeige der Tortenstücke einzustellen.

6 Klicken Sie auf einen Balken oder ein Tortenstück, erhalten Sie ein weiteres Register **Datenreihen** bzw. **Keil**, in dem Sie gezielt einzelne Balken oder Keile im Tortenstück anpassen können. Bei einzelnen Balken oder Keilen können Sie über das Register **Stil** den Verlauf der Füllung und den Linieneffekt mit und ohne Schatten steuern. Verwenden Sie innerhalb der Balken oder Keile eine Beschriftung, können Sie diese anklicken und über das Register **Wertebeschriftung** bzw. **Keilbeschriftung** entsprechend formatieren und gestalten.

25.4.2 Diagramm einem neuen Blatt hinzufügen

Nicht immer werden Sie ein Diagramm zusammen mit einer Tabelle auf einem Blatt haben wollen. Hierfür können Sie das Diagramm in ein neues Blatt einfügen. Dasselbe können Sie auch mit Tabellen machen. Wie Sie dabei verfahren können, wird hier kurz beschrieben:

1 Markieren Sie das Diagramm, klicken Sie mit der rechten Maustaste, und wählen Sie im Kontextmenü **Ausschneiden**.

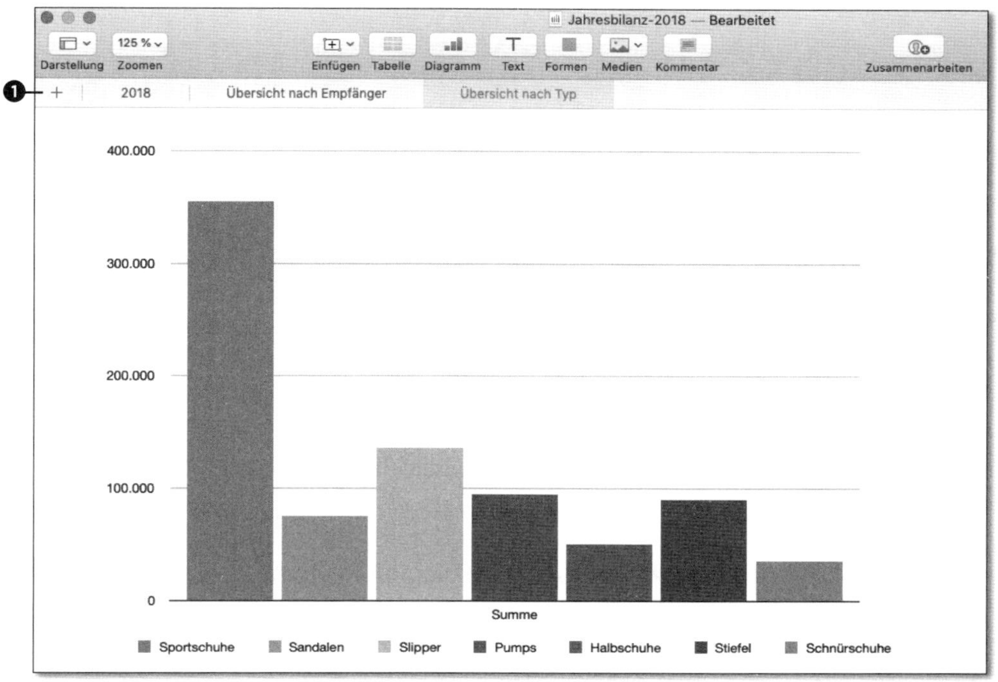

Abbildung 25.17 Das Diagramm einem neuen Blatt hinzufügen

2 Klicken Sie links oben auf das Plussymbol ❶, um ein neues Blatt hinzuzufügen. Schneller geht es mit [⇧] + [cmd] + [N]. Doppelklicken Sie auf den Titel des Blattes, um ihm einen aussagekräftigen Namen zu geben.

3 Löschen Sie die Tabelle im neu angelegten Blatt, indem Sie diese markieren und [←] drücken.

4 Fügen Sie das Diagramm mit [cmd] + [V] bzw. einem rechten Mausklick und dem Kontextmenübefehl **Einsetzen** dem neuen Blatt hinzu.

25.4.3 Automatische Anpassung

Wenn Sie der Tabelle **Jahresbilanz – Verkauf** eine neue Zeile hinzufügen, werden die dort eingegebenen Werte auch auf das Diagramm übertragen und aktualisiert. Voraussetzung ist natürlich, dass die Daten, die Sie hinzufügen, mit dem Diagramm verknüpft sind.

Abbildung 25.18 Neue Daten in der Tabelle werden automatisch auf das Diagramm übertragen.

Würden Sie in unserem Beispiel einen neuen Empfänger mit dem Namen »Random« hinzufügen, würde dieser Empfänger nicht im Diagramm erscheinen. Gleiches wäre der Fall, wenn Sie einen Typ »Flipflop« hinzufügen würden. Darauf sind die folgenden Tabellen nicht ausgerichtet und die darauf aufbauenden Diagramme erst recht nicht. Hierfür müssten Sie die Tabellen für die Diagramme entsprechend um die neuen Zeilen erweitern und diese neuen Zeilen auch mit in die Datenreferenz der Diagramme aufnehmen, damit diese im Diagramm berücksichtigt würden.

25.5 Dokumente weitergeben

Wenn Sie mit der Tabelle und/oder dem Diagramm fertig sind, werden Sie es vermutlich ausdrucken oder als PDF-Dokument weitergeben wollen. Das Ausdrucken lässt sich hier über den üblichen Befehl **Ablage ▸ Drucken** bzw. cmd + P durchführen. Mithilfe einer Vorschau und Optionen zum Einrichten des Druckers können Sie den Ausdruck recht komfortabel einrichten.

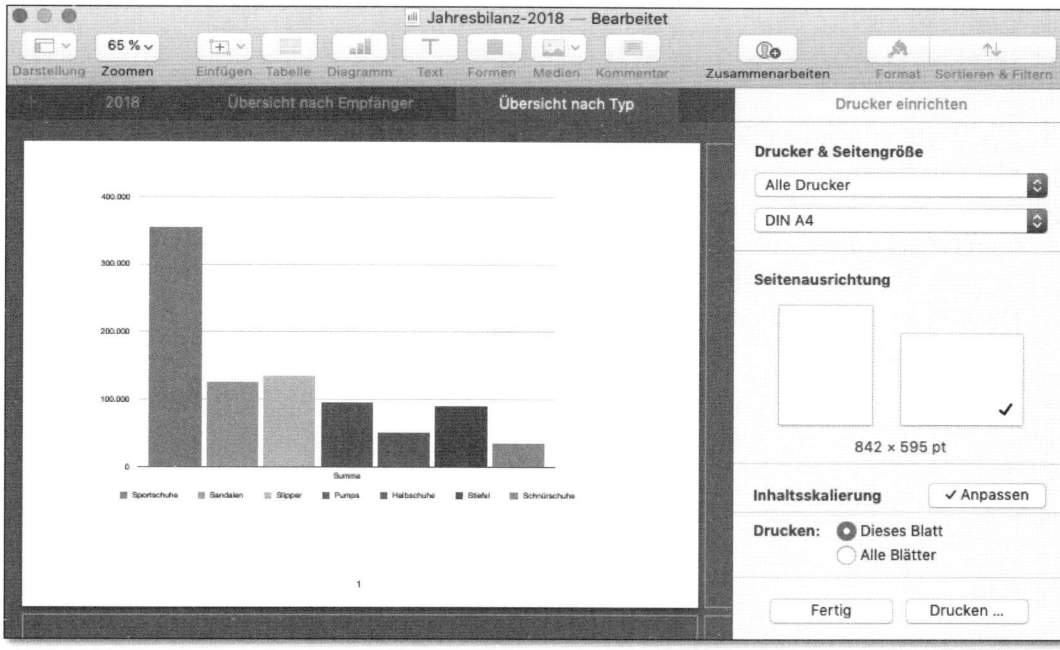

Abbildung 25.19 Der Drucken-Dialog von Numbers

Wollen Sie hingegen daraus ein PDF-Dokument erstellen, finden Sie mit **Ablage ▸ Exportieren ▸ PDF** eine entsprechende Funktion dazu, über die Sie die Qualität, das Seitenlayout und gegebenenfalls ein Passwort einstellen können.

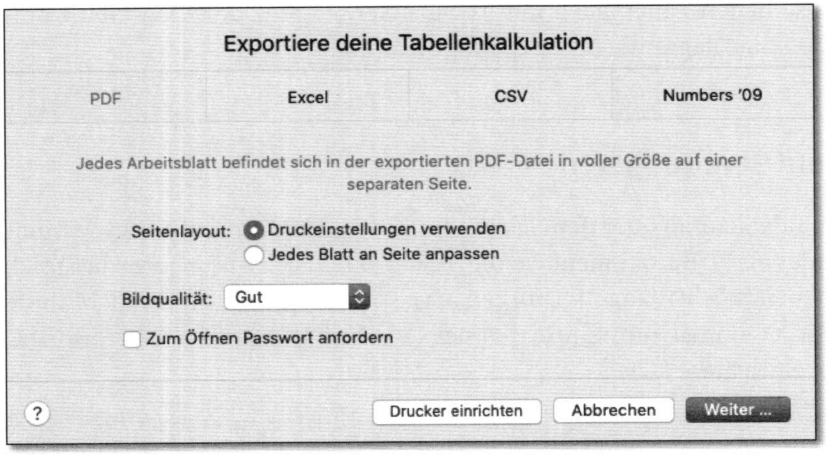

Abbildung 25.20 Ein PDF-Dokument erstellen

Des Weiteren können Sie das Dokument im Excel-Format (*.xlsx* und *.xls*) exportieren. Wenn es Ihnen um die reinen Tabellendaten geht, klappt dies auch ganz gut. Auch als CSV-Datei können Sie eine Tabelle exportieren. Hierbei werden die Werte der Tabelle mit einem Komma getrennt, und für jede Tabellenzeile gibt es eine neue Zeile im CSV-Dokument. Auch ein Export in das alte Numbers-'09-Format ist möglich, wenn Sie das Dokument an jemanden weitergeben wollen, der die alte Version von Numbers noch verwendet.

26 Einführung in Keynote

Keynote ist ein Präsentationsprogramm, mit dem langweilige Präsentationen zu außergewöhnlichen Vorführungen gemacht werden können. Neben tollen Effekten für Objekte und Folienübergänge bietet Keynote viele anspruchsvolle Vorlagen an. Auch ist es in Keynote sehr einfach, grafische Elemente wie Fotos oder Filme der Präsentation hinzuzufügen.

Sie können Keynote über das entsprechende Programm-Icon im Launchpad starten. Ansonsten ist Keynote wie alle Programme im *Programme*-Verzeichnis installiert.

Abbildung 26.1 Das Programm-Icon von Keynote

Beim ersten Start von Keynote erscheint ein Willkommensbildschirm, den Sie mit der Schaltfläche **Fortfahren** schließen, womit Sie automatisch den Softwarelizenzvertrag von Keynote akzeptieren. Im nächsten Infofenster können Sie über **Meine Präsentationen anzeigen** eine bereits vorhandene Datei öffnen oder mit **Präsentation erstellen** aus einer Themenauswahl ein neues Dokument erstellen. Beide Bildschirme sehen Sie nur beim ersten Start von Keynote.

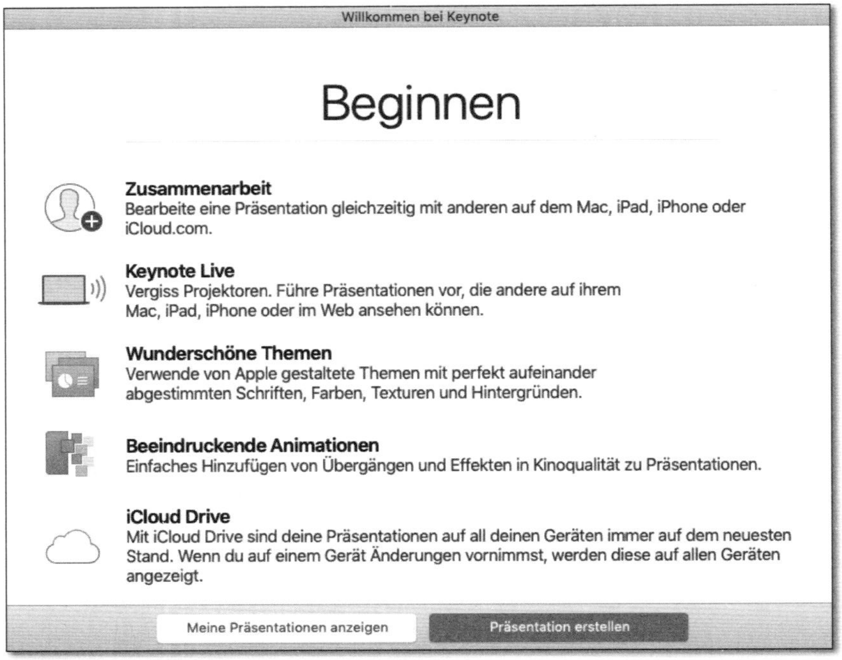

Abbildung 26.2 Diesem Bildschirm begegnen Sie nur beim ersten Start von Keynote.

26.1 Die Themenauswahl und eine Präsentation erstellen

Wer bereits mit Microsoft PowerPoint gearbeitet hat, der dürfte sich in Keynote recht schnell zurechtfinden. Vom Prinzip her sind beide Anwendungen ähnlich aufgebaut und lassen sich auch vergleichbar bedienen. Der Hauptunterschied liegt eher in der Qualität der Präsentationen. Meiner Meinung nach kann PowerPoint da nicht mithalten. Die Präsentationen von Keynote wirken moderner und ansprechender. Dies gilt besonders dann, wenn Sie sich der mitgelieferten Vorlagen bedienen.

Im Gegensatz zu Pages und Numbers bietet Keynote eine Themenauswahl statt einer Vorlagenauswahl an, wenn Sie eine neue Präsentation mit **Ablage ▸ Neu** bzw. cmd + N erstellen. Auch gibt es hier eine Unterteilung der Themen in Kategorien. Sie wählen ein Thema aus, das Ihrem Geschmack entspricht und sich für die Präsentation eignet. Hierbei bleiben Sie flexibel. Wenn Ihnen ein Thema nicht zusagt, können Sie es jederzeit ändern. Bei der Themenauswahl können Sie auch die Foliengröße mit **Standard** (4 : 3) oder **Breitbild** (16 : 9) auswählen. Welche Größe Sie wählen, hängt von der nativen Auflösung des Ausgabegeräts ab, an dem Sie die Präsentation vorführen.

Abbildung 26.3 Die Themenauswahl von Keynote

26.1.1 Eine Präsentation erstellen

In der folgenden Schritt-für-Schritt-Anleitung wird eine einfache Präsentation erstellt, die Sie im Verlauf des Kapitels noch erweitern werden:

1 Drücken Sie [cmd] + [N], oder wählen Sie **Ablage ▸ Neu**, um den Themenauswahl-Dialog zu öffnen. Wählen Sie aus den zahlreichen Themen ein Thema aus. Wenn Sie sich noch nicht sicher sind, fangen Sie mit **Schwarz** oder **Weiß** an. Im Beispiel habe ich mich für das Thema **Weiß** entschieden.

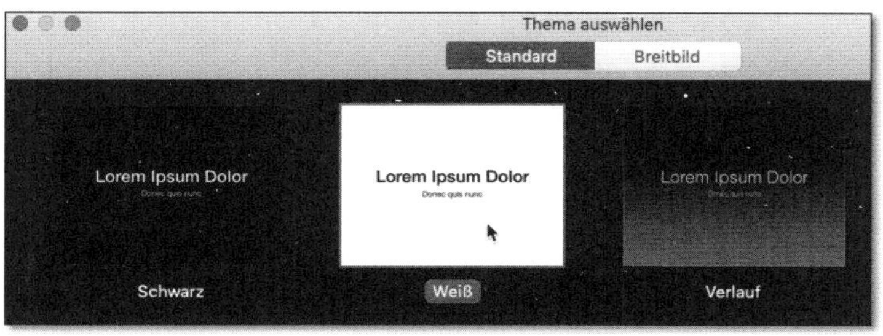

2 Jetzt finden Sie Titel und Untertitel jeweils in einem anderen Textfeld vor. Die erste Folie könnte beispielsweise eine Begrüßung und das Thema der Präsentation enthalten. Doppelklicken Sie daher jeweils auf das Textfeld, und geben Sie Ihren Text dafür ein.

3 Das Prinzip der Formatierung kennen Sie bereits von Pages und Numbers. Wählen Sie ein Textfeld aus, können Sie in den Registern **Stil** und **Text** rechts Formatierungen und Gestaltungen vornehmen. Auch die Anordnung der beiden Textfolien können Sie per Drag & Drop verschieben und die einzelnen Objekte über die Eck- und Seitenpunkte größer und kleiner skalieren. Gleiches können Sie auch im Register **Anordnen** tun.

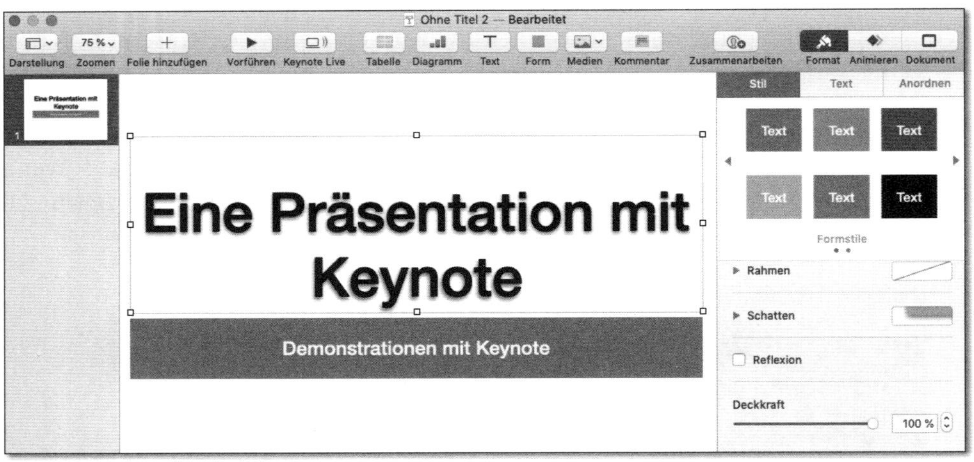

4 Eine neue Folie fügen Sie in der Symbolleiste mit der Plus-Schaltfläche oder der Tastenkombination [⇧] + [cmd] + [N] hinzu. Wählen Sie im schwebenden Fenster die gewünschte Vorlage aus. Ist nichts Passendes für Sie dabei, finden Sie auch eine leere Folie, in die Sie alle Elemente selbst einfügen können. Im Beispiel habe ich die Folie **Foto – Horizontal** ausgewählt.

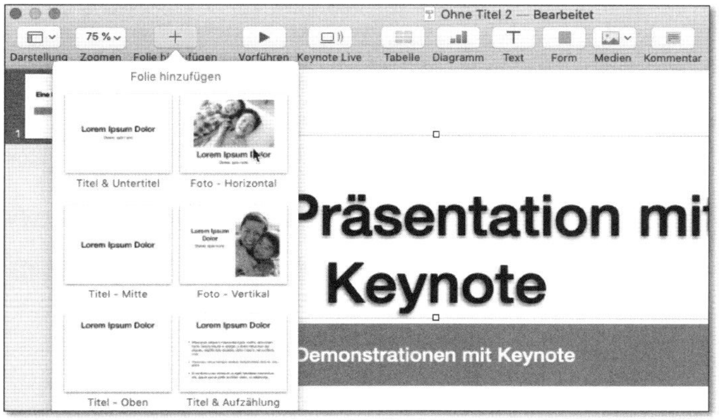

5 Das Platzhalterbild in der Vorlage können Sie über das entsprechende Symbol ❶ oder im Register **Bild** mit der Schaltfläche **Ersetzen** austauschen. Natürlich können Sie auch vorhandene Elemente markieren und die Position per Drag & Drop verschieben, die Größe über die Eckpunkte skalieren, die Formatierung wie schon in Pages über die Register auf der rechten Seite durchführen oder mit [←] das markierte Objekt von der Folie entfernen.

6 Das Hinzufügen von Inhalten wie Tabellen, Diagrammen, Texten, Formen und Bildern funktioniert, wie es schon in Pages in Abschnitt 24.6, »Bilder, Formen, Textfelder, Diagramme und Tabellen verwenden«, beschrieben wurde. Wählen Sie Entsprechendes in der Symbolleiste aus, und schon wird ein neues Element eingefügt, das Sie über die Register auf der rechten Seite formatieren und anpassen können. Im Beispiel wurde eine neue Folie mit einem Titel angelegt und über die Schaltfläche **Diagramm** in der Symbolleiste ein neues Diagramm hinzugefügt, über das Sie, wie in Pages beschrieben, die Daten aus einer Tabelle für das Diagramm übernehmen können.

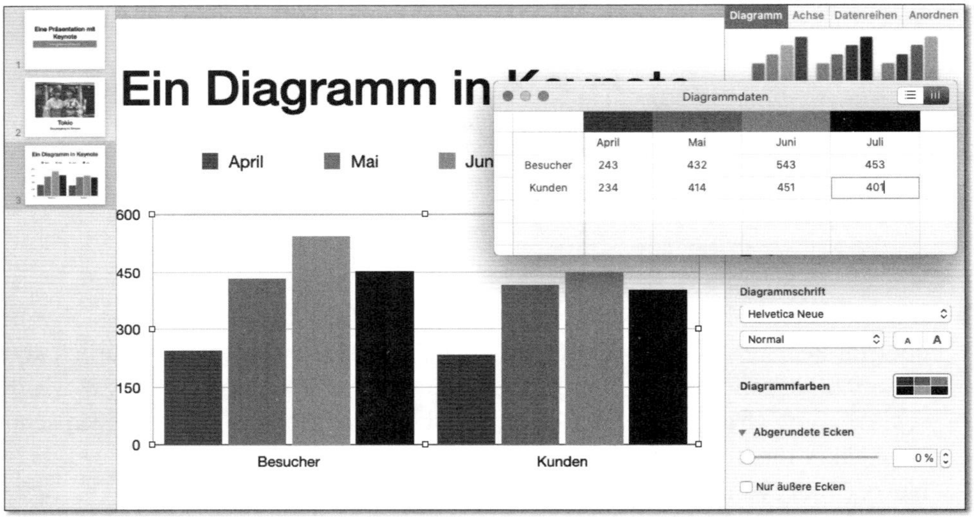

7 Die Übersicht über die Folien behalten Sie, wenn Sie im Dropdown-Menü **Darstellung** in der Symbolleiste den **Navigator** einschalten. Dadurch werden in der Seitenleiste die Miniaturen der einzelnen Folien eingeblendet, die Sie per Drag & Drop umsortieren können.

8 Speichern Sie das Dokument über **Ablage ▶ Sichern** bzw. das Tastaturkürzel [cmd] + [S], und wählen Sie im Dialog zum Speichern den Namen und den Speicherort; bei Bedarf können Sie Tags hinzufügen. Haben Sie iCloud Drive für Keynote aktiviert (wie das geht, lesen Sie in Abschnitt 26.6, »Dokumente mit iCloud«), finden Sie den entsprechenden Eintrag in der Dropdown-Liste ❷. Mit **Sichern** wird das Dokument mit der Dateiendung *.key* gespeichert. Haben Sie das Dokument einmal gespeichert, greift ab nun die automatische Speicherung und Versionierung vom Betriebssystem, und Sie müssen sich keine Sorgen mehr machen, wenn Sie Keynote mal versehentlich beenden, ohne Änderungen gespeichert zu haben.

TIPP

Sichern unter

Wenn Sie auf der Suche nach einem Befehl *Speichern unter* bzw. *Sichern unter* sind, müssen Sie auch bei Keynote die Datei über **Ablage ▶ Duplizieren** bzw. [⇧] + [cmd] + [S] duplizieren und das neue Dokument unter einem anderen Namen sichern.

26.1.2 Präsentation vorführen

Einen Probelauf der Präsentation, ab der aktuell ausgewählten Folie, können Sie über die Schaltfläche **Vorführen** in der Symbolleiste starten. Denselben Befehl finden Sie auch im Menü **Vorführen ▶ Präsentation vorführen** oder können ihn mit [Alt] + [cmd] + [P] ausführen.

Abbildung 26.4 Probelauf der Präsentation starten

26.1.3 Diagramme und Tabellen aus Numbers einfügen

Sie können auch die Diagramme und Tabellen aus Numbers in Keynote einfügen. Hierzu müssen Sie die entsprechende Tabelle oder das Diagramm in Numbers auswählen und es mit `cmd` + `C` bzw. **Ablage ▸ Kopieren** in die Zwischenablage kopieren. In Keynote fügen Sie diese Tabelle oder das Diagramm auf der gewünschten Folie mit `cmd` + `V` bzw. **Bearbeiten ▸ Einsetzen** ein.

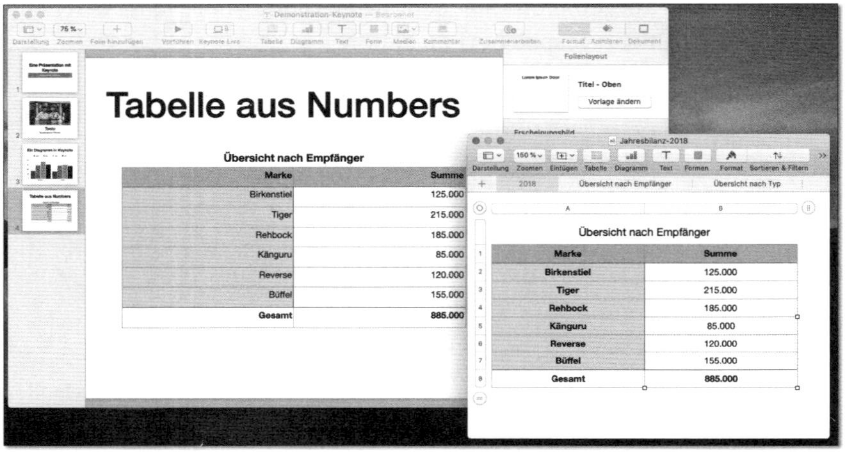

Abbildung 26.5 Kopieren und Einfügen von Numbers nach Keynote ist kein Problem.

26.2 Effekte und Übergänge verwenden

Bezogen auf Effekte und Übergänge ist Keynote sehr gut aufgestellt. Von sauberen Übergängen einzelner Folien bis hin zum Animieren der einzelnen Objekte auf den Folien ist alles möglich. Trotzdem empfiehlt es sich in der Praxis nicht, diese Übergänge und Effekte auf Teufel komm raus einzusetzen und alles nur noch durch die Luft fliegen zu lassen. Ich denke mir, damit lenken Sie zu sehr von der eigentlichen Präsentation ab, und der Fokus liegt dann eher auf den Effekten. Allerdings wirkt zwischendurch etwas Übertreibung auflockernd, etwa wenn nach zehn Folien mit einem langweiligeren Thema in einer Folie etwas Bewegung reinkommt.

26.2.1 Übergang einzelner Folien animieren

Mit Keynote können Sie jede Folie beim Übergang zur nächsten Folie mit einer eigenen Animation versehen. In der folgenden Schritt-für-Schritt-Anleitung erfahren Sie, wie Sie dabei vorgehen:

1 Wählen Sie auf der linken Seitenleiste die gewünschte Folie aus.

2 Klicken Sie rechts oben auf die Schaltfläche **Animieren** ❶.

3 Klicken Sie auf die Schaltfläche **Effekt hinzufügen**.

4 Wählen Sie den gewünschten Effekt im schwebenden Fenster aus. Wollen Sie eine Vorschau des Effekts auf der Folie sehen, klicken Sie neben dem Effekt auf **Zeigen**.

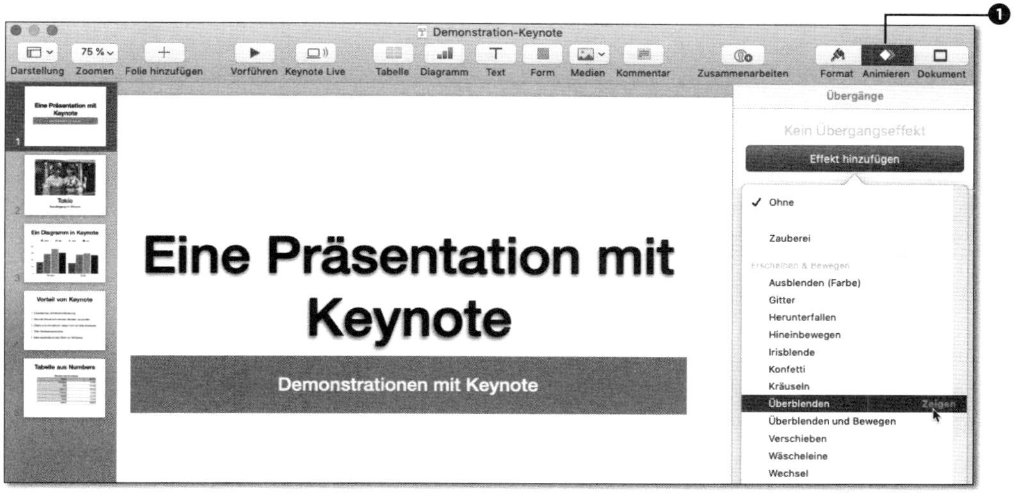

5 Haben Sie einen Effekt ausgewählt, finden Sie, abhängig vom ausgewählten Übergangseffekt, in der rechten Seitenleiste noch ein paar Einstellungen für den Übergang. Über die Schaltfläche **Ändern** können Sie einen anderen Übergang der ausgewählten Folie ändern.

Wollen Sie für mehrere oder alle Folien den Übergang gleichzeitig einstellen, müssen Sie die entsprechenden Folien mit gehaltener cmd-Taste auswählen und über **Animieren** einen entsprechenden Übergang zuweisen.

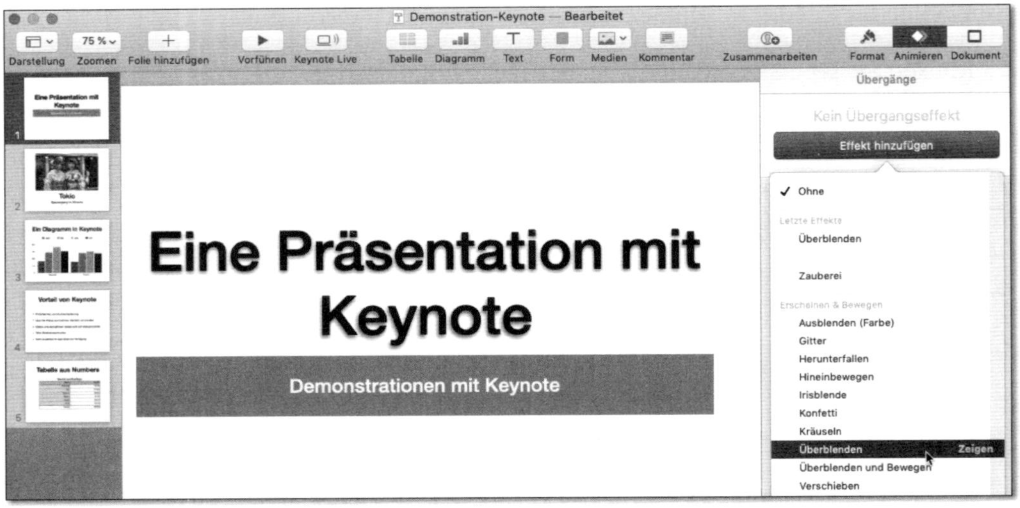

Abbildung 26.6 Übergänge lassen sich auch für mehrere Folien gleichzeitig einstellen.

Der Übergang **Zauberei** macht nur Sinn, wenn Sie ein Objekt von einer Folie auf eine andere Folie an einer anderen Position verschoben haben. Weil der Folienübergang hierbei nicht zu erkennen ist, entsteht der Eindruck, als handle es sich um einen Effekt innerhalb der Folie.

Abbildung 26.7 Der Übergang »Zauberei« macht nur mit denselben Objekten Sinn.

Hierfür erstellen Sie einfach eine Folie, der Sie ein Objekt hinzufügen. Duplizieren Sie diese Folie, wenn Sie diese fertiggestellt haben, und ordnen Sie in der duplizierten Folie das Objekt neu an, indem Sie es beispielsweise vergrößern, verkleinern oder neu positionieren. Das Objekt, das auf beiden Folien zu sehen ist, wird dann Bestandteil des animierten Übergangs.

26.2.2 Einzelne Objekte animieren

Mit Keynote können Sie nicht nur Übergänge hinzufügen, sondern jedes einzelne Objekt einer Folie, ganz egal, ob Tabellen, Diagramme, Textfelder, Formen oder Bilder, lässt sich separat animieren. Wie das geht, erfahren Sie in der folgenden Schritt-für-Schritt-Anleitung:

1. Markieren Sie das Objekt, das Sie animieren wollen. Im Beispiel habe ich ein Diagramm ausgewählt.
2. Klicken Sie in der Symbolleiste auf die Schaltfläche **Animieren**.
3. Wählen Sie den Reiter **Aufbau** in der rechten Seitenleiste.
4. Klicken Sie auf die Schaltfläche **Effekt hinzufügen**, und wählen Sie im schwebenden Fenster einen Effekt für das Objekt aus. Klicken Sie am rechten Rand auf **Zeigen**, können Sie den Effekt bei der Ausführung betrachten, bevor Sie ihn auswählen.

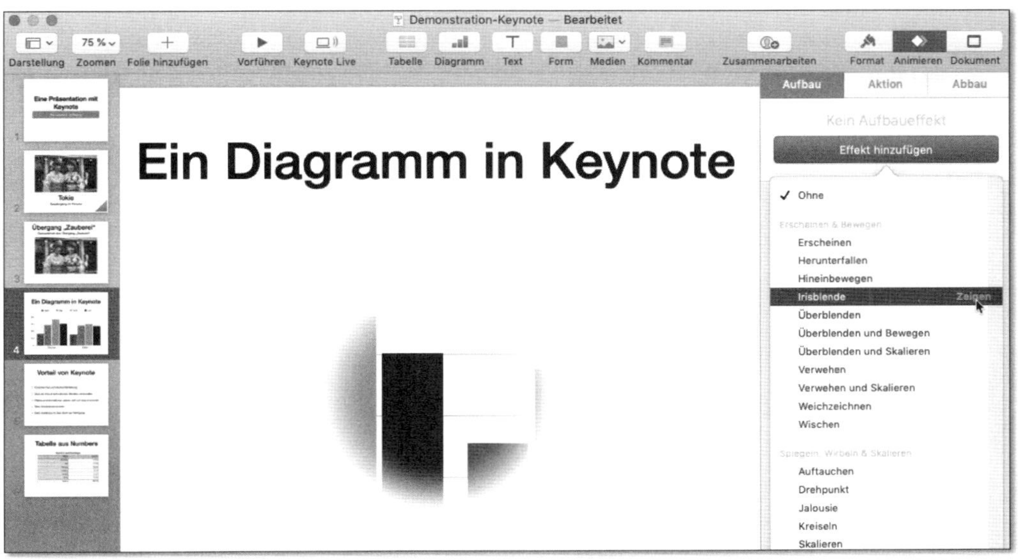

5 Wenn Sie einen Effekt ausgewählt haben, finden Sie, je nach Effekt, in der Seitenleiste weitere Einstellungsmöglichkeiten für ihn.

6 Klicken Sie rechts oben in der Seitenleiste auf **Abbau**, können Sie Gleiches wie eben für den Aufbau nun für den Abbau festlegen, also wie das Objekt verschwinden soll.

7 Klicken Sie rechts unten in der Seitenleiste auf die Schaltfläche **Reihenfolge der Animationen**, zeigt Keynote einen entsprechenden Dialog mit der Liste der Animationen für das ausgewählte Element an. Hier legen Sie über **Start** fest, wie der oben markierte Effekt ausgeführt wird. Zur Auswahl stehen **Durch Klicken** und **Nach Übergang** zur Verfügung. Wenn Sie einen automatischen Übergang (**Nach Übergang**) verwenden, können Sie bei **Verzögerung** einstellen, wie viel Zeit zwischen dem auslösenden Ereignis und dem Beginn des Effekts liegen soll. Klicken Sie auf die Schaltfläche **Zeigen**, können Sie den Effekt bei der Ausführung sehen. Markieren Sie alle Effekte oben in der Liste, können Sie deren Auf- und Abbau ausführen lassen. Die Liste ist chronologisch sortiert und kann per Drag & Drop umsortiert werden.

26.2.3 Eine Animation bei einem Mausklick hinzufügen

Neben einer Animation beim Erscheinen und Verschwinden eines Objekts können Sie zusätzlich oder alternativ ein Objekt mit einer Aktion beim Anklicken versehen. Das kann praktisch sein, wenn Sie bei der Präsentation auf einen Text oder ein Objekt ganz gezielt hinweisen wollen. Hierzu eine kurze Anleitung, wie Sie dies realisieren können:

1. Markieren Sie das Objekt, das Sie animieren wollen. Im Beispiel habe ich ein Textfeld ausgewählt.
2. Klicken Sie in der Symbolleiste auf die Schaltfläche **Animieren**.
3. Wollen Sie einen Effekt beim Erscheinen und Verschwinden des Objekts vergeben, können Sie dies, wie zuvor gezeigt, in der Seitenleiste in den Registern **Aufbau** und **Abbau** tun.
4. Um dem Objekt eine Aktion hinzuzufügen, klicken Sie auf den Reiter **Aktion**.
5. Klicken Sie auf die Schaltfläche **Effekt hinzufügen**, um dem ausgewählten Objekt eine Aktion hinzuzufügen. Anders als beim Auf- und Abbau, der nur einmal stattfinden kann, können Sie ein Objekt bei Bedarf mit mehreren Aktionen über die entsprechende Schaltfläche versehen.

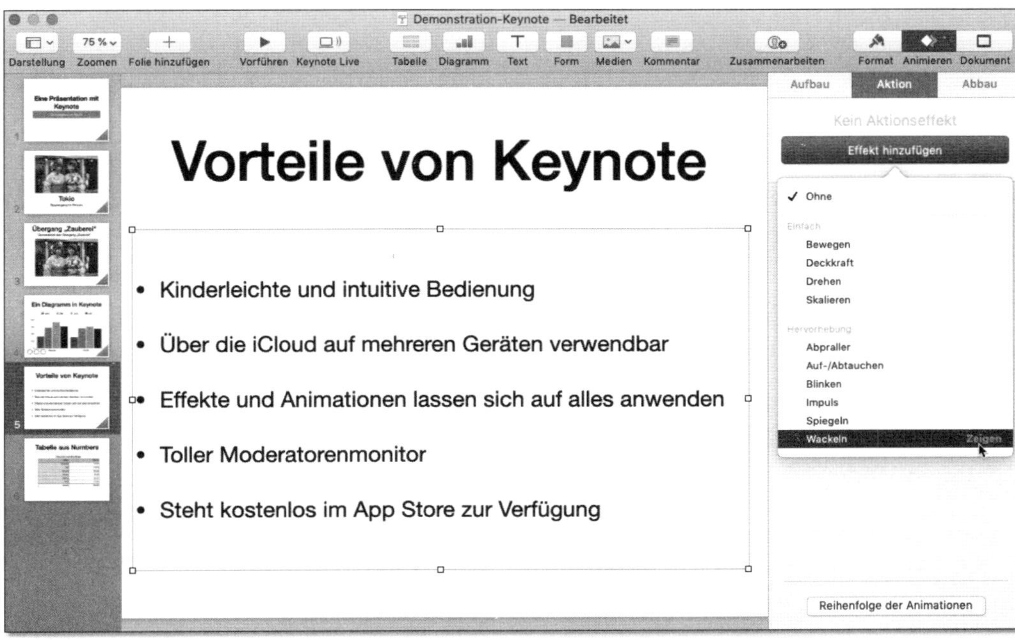

6 Wählen Sie die Schaltfläche **Reihenfolge der Animationen**, um im Dialog unter **Start** festzulegen, wodurch diese Animation ausgelöst wird (hier: **Durch Klicken**).

Gerade wenn Sie mehrere Aktionen festgelegt und eventuell noch den Auf- und Abbau von Objekten animiert haben, ist der Dialog **Reihenfolge der Animationen** recht praktisch, um die Übersicht zu behalten. Hier können Sie auch eine Animation auswählen und mit ⟨←⟩ entfernen.

26.3 Vorbereitung für die Präsentation

Keynote hilft Ihnen nicht nur bei der Erstellung einer tollen Präsentation, sondern auch bei der Vorbereitung für Ihren Vortrag. So können Sie jeder Folie Moderatornotizen hinzufügen, die nur Sie bei der Präsentation sehen können, wenn Sie diese auf einem anderen Monitor vorführen.

26.3.1 Die Präsentation moderieren

Wenn die Präsentation fertig ist und Sie diese vortragen wollen, haben Sie sich vermutlich schon Gedanken darüber gemacht, was Sie sagen wollen. Für solche Zwecke stehen Ihnen Moderatornotizen zur Verfügung, die Sie wie folgt hinzufügen können:

1 Über **Darstellung ▸ Moderatornotizen einblenden** bzw. ⟨⇧⟩ + ⟨cmd⟩ + ⟨P⟩ blenden Sie einen weiteren Arbeitsbereich unterhalb der Folie ein.

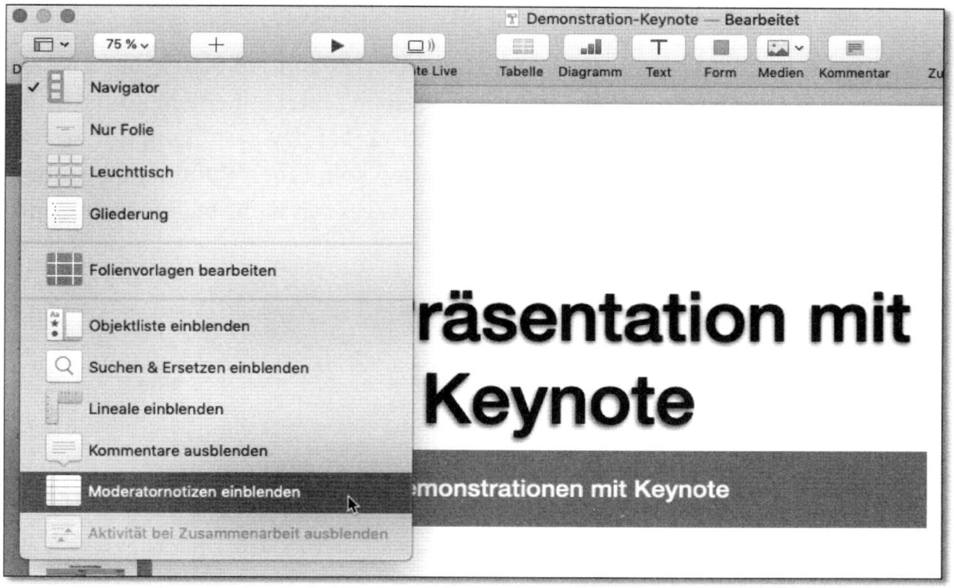

2 Wählen Sie die Folie aus, der Sie eine Moderatornotiz hinzufügen wollen, und geben Sie die Notiz für diese Folie ein. Diese Notiz können Sie später im Moderatormonitor bei der Präsentation nutzen. Im Beispiel notiere ich mir stichpunktartig, was ich dem Auditorium bei dieser Folie alles sagen will.

26.3.2 Kommentare hinzufügen

Mit **Einfügen ▸ Kommentare** bzw. über die Symbolleiste mit der Schaltfläche **Kommentar** ❶ können Sie der ausgewählten Folie einen gelben Zettel mit einem Kommentar hinzufügen. Ein solcher Kommentar ist recht praktisch bei der Erstellung der Folien, um sich Notizen zu machen, was noch erledigt werden soll. Einen Kommentar können Sie über **Löschen** links unten entfernen. Kommentare werden nicht bei einer Präsentation oder im Moderatormonitor angezeigt.

Abbildung 26.8 Einer Folie Kommentare hinzufügen

26.3.3 Der Probelauf auf dem Mac

Sind Sie mit allen Folien fertig und haben den einzelnen Folien die (optionalen) Moderatornotizen hinzugefügt, können Sie mit dem Moderatormonitor einen ersten Probelauf Ihrer Präsentation ausführen. Hier die Schritt-für-Schritt-Anleitung dazu:

1. Wählen Sie **Vorführen ▸ Präsentation testen**, und Keynote wird bildschirmfüllend im Moderatormonitor angezeigt. Mit der Taste X können Sie zwischen dem Präsentations- und Moderatormonitor wechseln.

2. Klicken Sie auf die Schaltfläche zur Anpassung ❶ des Moderatormonitors, und wählen Sie im zugehörigen Menü aus, was Sie hier sehen wollen.

3 Mit **Aktuelle Folie** und **Nächste Folie** können Sie einstellen, dass diese Folien und immer eingeblendet werden. Die Option **Moderatornotizen** zeigt diese Notizen unterhalb im Moderatormonitor an. Die Option **Hinweis, wenn bereit** betrifft den Balken oberhalb des Monitors. Ist dieser rot, werden eventuell eingerichtete Animationen noch ausgeführt, und Sie können die Folie nicht wechseln oder müssen mit einem Mausklick die nächste Animation ausführen. Ist der Balken grün, dann wurden alle eingerichteten Animationen ausgeführt, und Sie können zur nächsten Aktion oder Folie per Mausklick oder [→] bzw. [↓] wechseln. Die Uhr ist praktisch, um die aktuelle Zeit im Auge zu haben. Mit der Option **Timer** können Sie die verstrichene oder noch verbleibende Zeit vom Beginn der Präsentation insgesamt anzeigen bzw. herunterzählen lassen. Dies ist nützlich, wenn Sie eine bestimmte Zeit einhalten müssen. Den Timer können Sie mit [R] zurücksetzen.

4 Wollen Sie bei einer Präsentation gezielt auf eine Folie springen, blenden Sie mit der Schaltfläche **Navigator einblenden** links oben in der Seitenleiste die Folien ein. Klicken Sie hier auf die gewünschte Folie.

5 Während des Probelaufs der Folien im Moderatormonitor können Sie nach wie vor an den Moderatornotizen arbeiten, indem Sie mit dem Mauscursor darüber stehen und auf die Schaltfläche **Bearbeiten** klicken, um weitere Notizen zu dieser Folie zu machen.

6 Mit [Esc] können Sie den Moderatormonitor beenden.

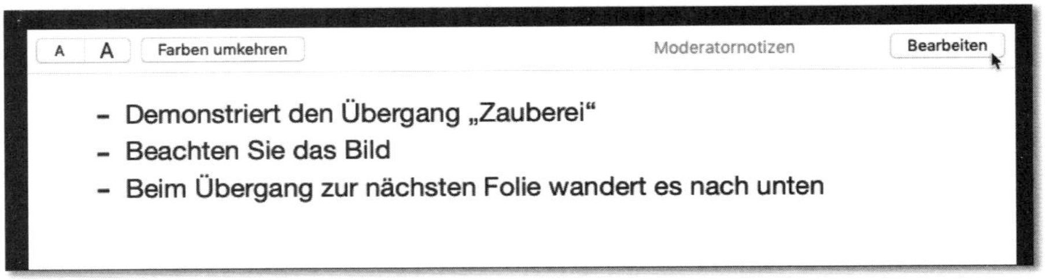

TIPP

Tastaturkürzel-Übersicht

Eine Übersicht über die Befehle und Tastaturkürzel im Moderatormonitor erhalten Sie, wenn Sie auf das Fragezeichensymbol klicken oder [⇧] + [?] drücken.

26.3.4 Moderatormonitor anpassen

Die einzelnen Elemente auf dem Moderatormonitor lassen sich über **Vorführen ▸ Moderatormonitor anpassen** etwas personalisieren. So können Sie die Position der einzelnen Elemente beliebig verschieben und in der Größe skalieren. Zurücksetzen können Sie die Änderungen bei Bedarf in die Standardeinstellung mit der Schaltfläche **Automatisches Layout verwenden**.

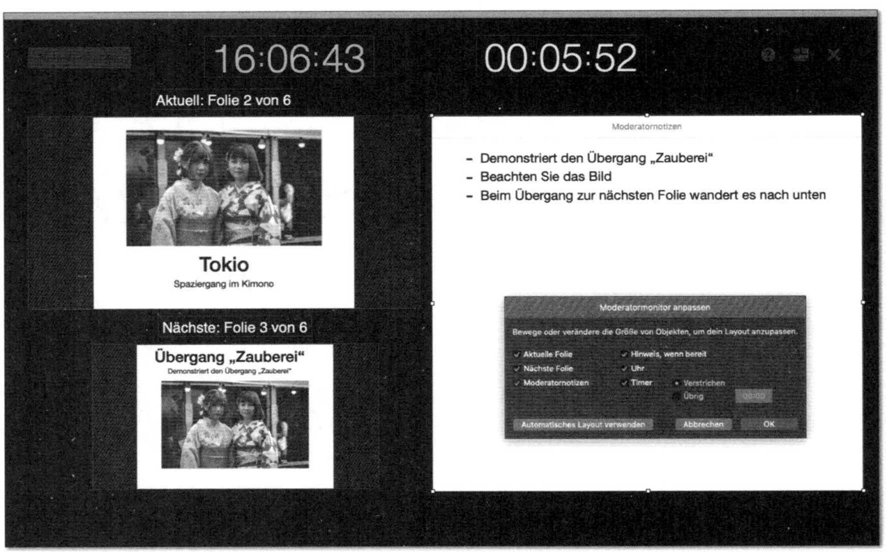

Abbildung 26.9 Den Moderatormonitor den eigenen Bedürfnissen anpassen

26.3.5 Thema nachträglich ändern

Eingangs wurde bereits erwähnt, dass Sie nachträglich das Thema der Präsentation noch ändern können. Wollen Sie die Hintergrundfarbe ändern, einen Farbverlauf oder ein Bild hinzufügen, müssen Sie die Folien in der Seitenleiste markieren und die Schaltfläche **Format** anklicken. Daraufhin finden Sie auf der rechten Seite die Optionen, um das Folienlayout anzupassen. Mit **Vorlage ändern** können Sie für die ausgewählte Folie eine andere Vorlage auswählen. Mit **Folienvorlage bearbeiten** hingegen können Sie allgemein die einzelnen Folienvorlagen ändern.

Abbildung 26.10 Das Layout der Präsentation kann jederzeit nachträglich geändert werden.

Wenn Sie allerdings das komplette Thema ändern wollen, müssen Sie die Schaltfläche **Dokument** rechts oben drücken und oben auf die Schaltfläche **Thema ändern** klicken, wodurch sich der Dialog zur Themenauswahl öffnet, aus dem Sie dann wählen können.

Abbildung 26.11 Auch das ganze Thema lässt sich nachträglich ändern.

26.4 Die Präsentation vorführen

Wenn Sie mit der Präsentation fertig sind, wird es Zeit, die technischen Details vorzubereiten. Gewöhnlich schließen Sie hierzu Ihren Mac an einen Videobeamer oder einen zweiten größeren Monitor oder ein TV-Gerät an. Wenn Sie das Gerät angeschlossen haben, sollten Sie über **Systemeinstellungen ▸ Monitore** im Register **Anordnen** prüfen, welcher der beiden Monitore Ihr Hauptmonitor ist. Auf dem Hauptmonitor wird der Moderatormonitor angezeigt, und die Präsentation wird auf dem externen Bildschirm ausgegeben. Neben der Möglichkeit, den Mac mit einem externen Monitor oder Beamer via Kabel zu verbinden, können Sie auch ein Apple TV über AirPlay verwenden, sofern dies vorhanden ist.

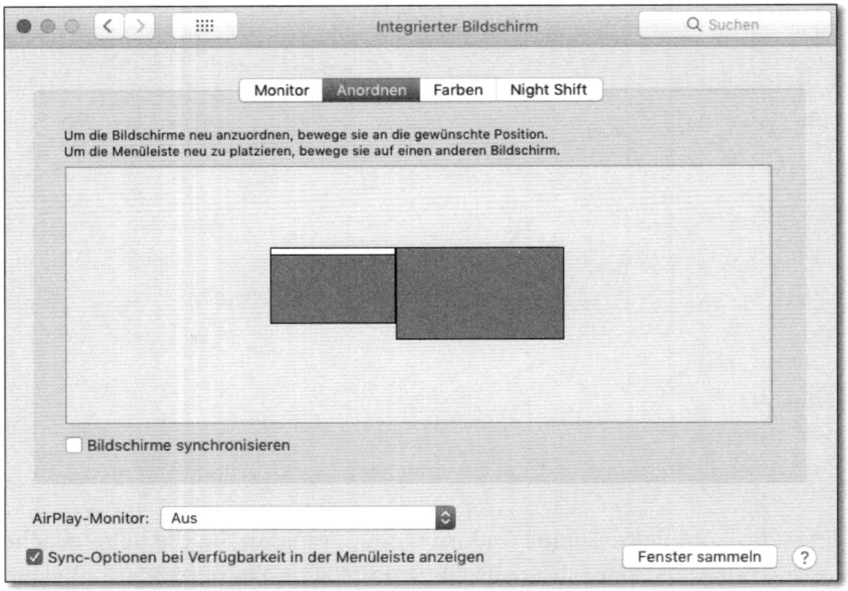

Abbildung 26.12 Hier wählen Sie Ihren Hauptmonitor aus.

Sollten Sie einen Apple TV verwenden, deaktivieren Sie die Synchronisation, indem Sie das Häkchen vor **Bildschirme synchronisieren** entfernen, um den Moderatormonitor auf dem Mac anzuzeigen und die Präsentation auf dem anderen Bildschirm.

Setzen Sie ebenfalls ein Häkchen vor **Bei der Synchronisation auf TVs und Projektoren** in den **Systemeinstellungen** von **Mitteilungen** unter **Nicht stören**, damit Sie während der Präsentation nicht von Einblendungen der Mitteilungszentrale gestört werden.

Die Einstellungen für die Präsentation in Keynote hingegen nehmen Sie über **Keynote ▸ Einstellungen** im Register **Präsentation** vor.

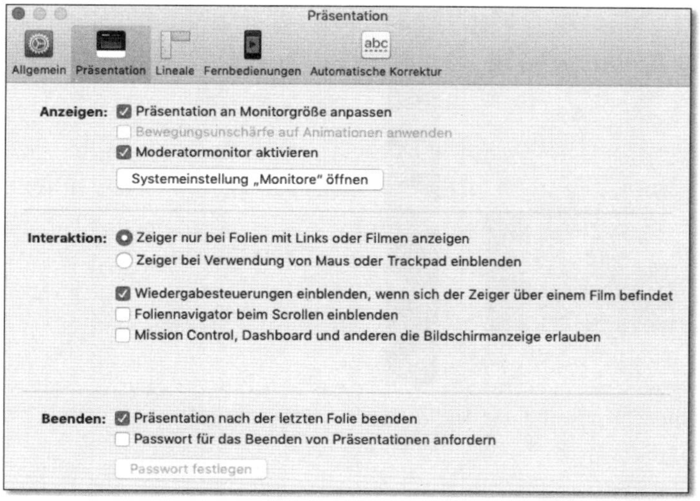

Abbildung 26.13 Einstellungen der Präsentation in Keynote

Klicken Sie auf die Schaltfläche **Vorführen** in der Symbolleiste von Keynote, oder wählen Sie **Vorführen ▸ Präsentation vorführen**, bzw. drücken Sie `Alt` + `cmd` + `P`, um die Präsentation zu starten. Wenn alles richtig eingerichtet wurde, sollten Sie am Mac den Moderatormonitor sehen und Ihre Zuhörer nur die Präsentation. Hierbei können Sie die Folien per Mausklick, `→` oder `↓` wechseln. Auf den Moderatormonitor wurde bereits umfassend eingegangen. Sind die Bildschirme vertauscht, können Sie diese mit der Taste `X` tauschen.

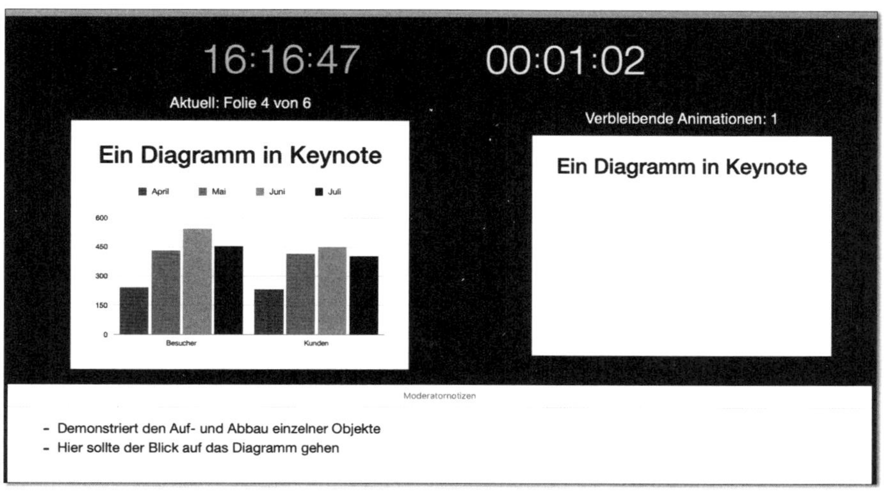

Abbildung 26.14 Diesen Bildschirm sehen Sie am Mac …

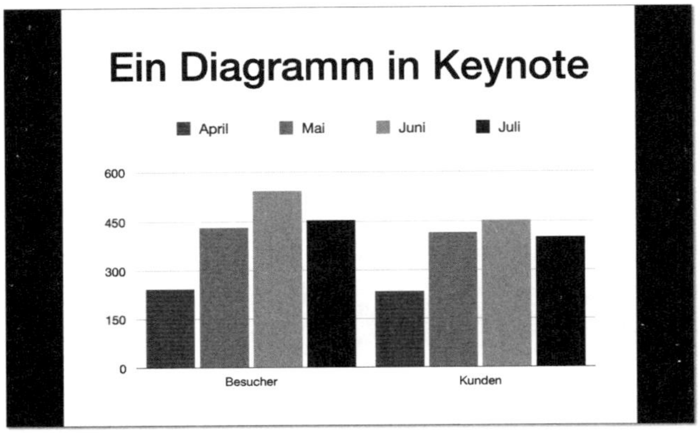

Abbildung 26.15 ... und diesen Bildschirm sollte das Auditorium der Präsentation sehen.

26.4.1 Präsentation aufzeichnen

Wenn Sie die Präsentation nicht live vortragen können oder diese zur Übung aufnehmen wollen, finden Sie in Keynote eine entsprechende Funktion, die Präsentation aufzuzeichnen. Natürlich können Sie auch die aufgezeichnete Präsentation statt der Livepräsentation wiedergeben. Die folgende Anleitung zeigt Ihnen, wie Sie eine Präsentation aufzeichnen können:

1 Wählen Sie im Menü **Vorführen ▶ Präsentation aufzeichnen** aus, oder verwenden Sie die Schaltfläche **Dokument** ganz rechts oben, und klicken Sie dort im Register **Audio** auf die Schaltfläche **Aufzeichnen**.

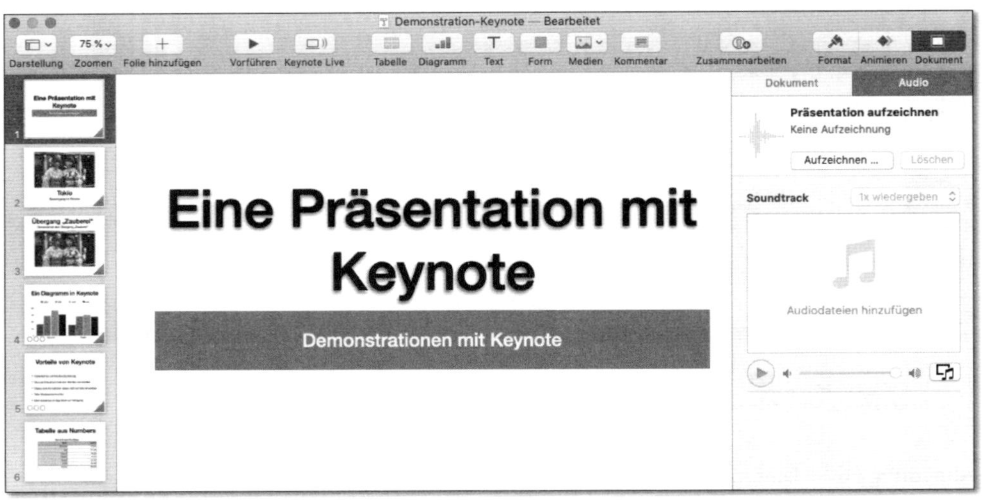

2 Es öffnet sich der bereits bekannte Moderatormonitor mit einer Aufnahme-Schaltfläche ❶ unten im Bildschirm.

3 Klicken Sie auf die Aufnahme-Schaltfläche, und nach einem Countdown gehen Sie die Folien durch wie bei der geplanten Präsentation. Sprechen Sie genauso, wie Sie es bei der Präsentation tun würden.

4 Wollen Sie während der Aufzeichnung pausieren, klicken Sie auf die Pause-Schaltfläche links neben der Aufnahme-Schaltfläche. Sind Sie mit der Aufzeichnung der Präsentation fertig, klicken Sie erneut auf die rote Aufnahme-Schaltfläche.

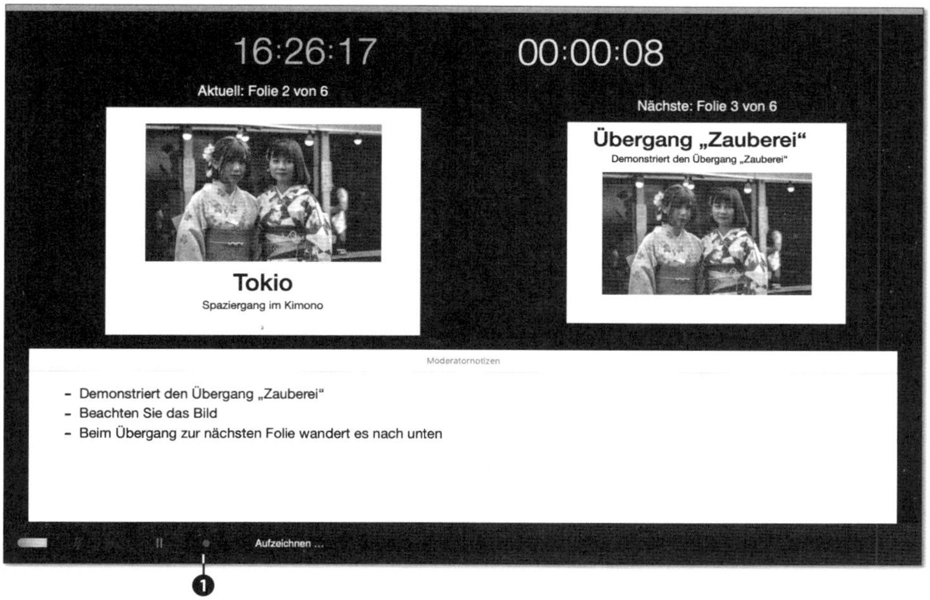

HINWEIS

Aufzeichnung löschen

Eine Aufzeichnung können Sie über **Vorführen ▸ Aufzeichnung löschen** oder über die Schaltfläche **Dokument** im Register **Audio** löschen.

Die aufgezeichnete Präsentation können Sie über die Schaltfläche **Vorführen** in der Symbolleiste wiedergeben, indem Sie dort **Aufgezeichnete Präsentation wiedergeben** auswählen. Denselben Befehl finden Sie im Menü **Vorführen**. Die Präsentation wird so wiedergegeben, wie Sie diese aufgezeichnet haben, sie wird also wie ein Film abgespielt. Das Aufzeichnen ist ideal für Trainingszwecke oder für eine Vorführung geeignet, bei der Sie nicht live sprechen können.

26.4.2 Folien mit iOS-Geräten fernsteuern

Wollen Sie sich bei einer Präsentation nicht hinter einen Mac setzen, bietet sich eine Fernsteuerung als Alternative an. Zwar gibt es viele Drittanbieterlösungen dafür, aber wenn Sie ein iOS-Gerät wie ein iPhone oder iPad besitzen, können Sie damit Ihre Präsentation fernsteuern. Voraussetzung dafür ist allerdings, dass sich beide Geräte, also der Mac und das iPhone bzw. iPad, im selben lokalen Netzwerk befinden. Hier die Anleitung, wie Sie Ihre Präsentation mit einem mobilen iOS-Gerät (hier einem iPhone) steuern können:

1. Laden Sie sich Keynote auf Ihr iPhone oder iPad herunter, und installieren Sie es.
2. Wählen Sie auf dem Mac im Menü **Keynote ▸ Einstellungen** das Register **Fernbedienungen**, und setzen Sie ein Häkchen bei **Aktivieren**. Schließen Sie das Fenster nicht.

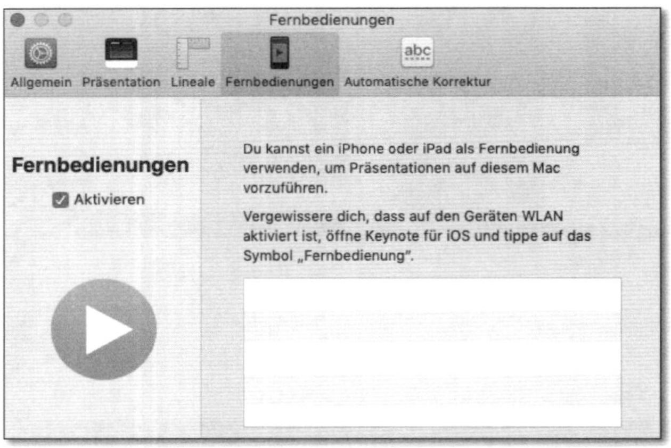

3. Starten Sie Keynote auf dem iOS-Gerät, und tippen Sie im Startbildschirm auf die Schaltfläche mit dem mobilen Gerät und dem Play-Symbol rechts oben. Tippen Sie beim nächsten Bildschirm auf **Fortfahren**.

4 Auf dem Mac erscheint im Tab **Fernbedienungen** das mobile Gerät. Klicken Sie auf **Verbinden**.

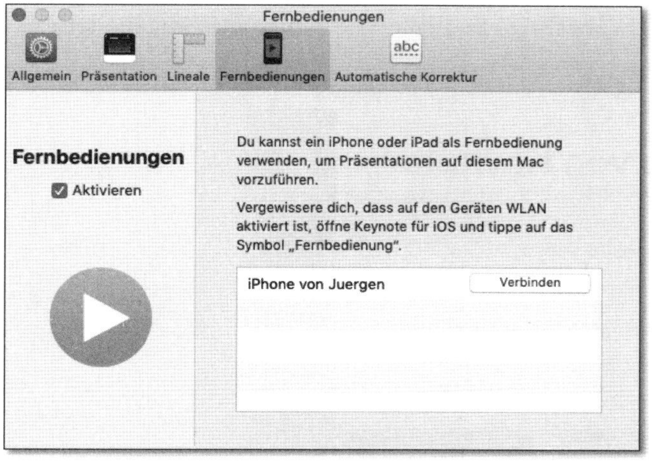

5 Jetzt wird auf dem Mac ein Code angezeigt, der mit dem Code auf dem mobilen iOS-Gerät übereinstimmen muss. Klicken Sie auf die Schaltfläche **Bestätigen**, um sicherzugehen, dass Sie es sind, der sich vom iOS-Gerät mit dem Mac verbinden will.

6 Nun können Sie über das iOS-Gerät die Präsentation starten, indem Sie die grüne Schaltfläche antippen. Die Steuerung ist sehr einfach gehalten. Durch Tippen oder Wischen gelangen Sie zur nächsten Folie. Tippen Sie die mittlere Schaltfläche rechts oben an, können Sie neben der Präsentation die Moderatornotizen einblenden.

7 Tippen Sie das Stiftsymbol an, erhalten Sie einen Laserpointer und Marker, mit denen Sie während der Präsentation auf bestimmte Stellen der Folie verweisen oder sie markieren können. So können Sie beispielsweise Objekte oder Texte durchstreichen oder fragwürdige bzw. wichtige Stellen direkt mit einem Frage- oder Ausrufezeichen versehen.

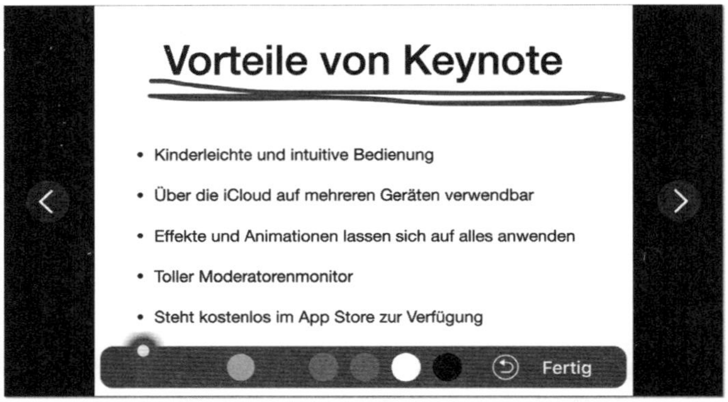

Wenn Sie ein iPad verwenden sollten und die Übertragung auf einen anderen Bildschirm via AirPlay vornehmen, können Sie die Präsentation gleich komplett von Keynote auf dem iPad präsentieren, anstatt das iPad als Fernbedienung für den Mac zu verwenden.

26.5 Präsentation weitergeben

Eine Präsentation können Sie über **Ablage ▸ Exportieren** in ein anderes Format weitergeben. Dies kann nützlich sein, wenn Sie den Teilnehmern die Präsentation mitgeben oder anbieten wollen. Ebenso können Sie verhinderten Teilnehmern diese Präsentation nachreichen. Folgende Formate stehen zur Verfügung:

- **PDF:** Das PDF-Format ist ein allgemein kompatibles Format und kann auf jedem System ohne großen Aufwand gelesen werden. Hierbei wird jede Folie auf eine Extraseite exportiert.
- **PowerPoint:** Sie können Ihr Dokument in das PowerPoint-Format *.pptx* oder *.ppt* exportieren, um es mit dem Präsentationsprogramm PowerPoint von Microsoft zu öffnen.
- **Film:** Mit dieser Option machen Sie aus der Präsentation einen Film. Hierbei haben Sie die Wahl zwischen **Selbstlaufend** und **Präsentationsaufzeichnung**. Mit **Selbstlau-**

fend werden die Animationen und Folien nach vorgegebenen Intervallen abgespielt. Mit **Präsentationsaufzeichnung** wird Ihre Präsentation so abgespielt, wie Sie sie aufgezeichnet haben.

- **HTML:** Das Format HTML ist wie das PDF-Format eine interessante Möglichkeit für einen kompatiblen Export, weil das Ergebnis des Exports mit jedem beliebigen modernen Webbrowser betrachtet werden kann. Damit können Sie die Präsentation für das Internet verfügbar machen, wenn Sie sie auf einen Webserver laden.
- **Bilder:** Damit erstellen Sie von jeder Folie eine Bilddatei im JPEG-, PNG- oder TIF-Format.
- **Keynote '09:** Hiermit exportieren Sie das Dokument in das alte Keynote-Format. Dies kann hilfreich sein, wenn Sie das Dokument an jemanden weitergeben wollen, der noch die alte Keynote-Version verwendet.

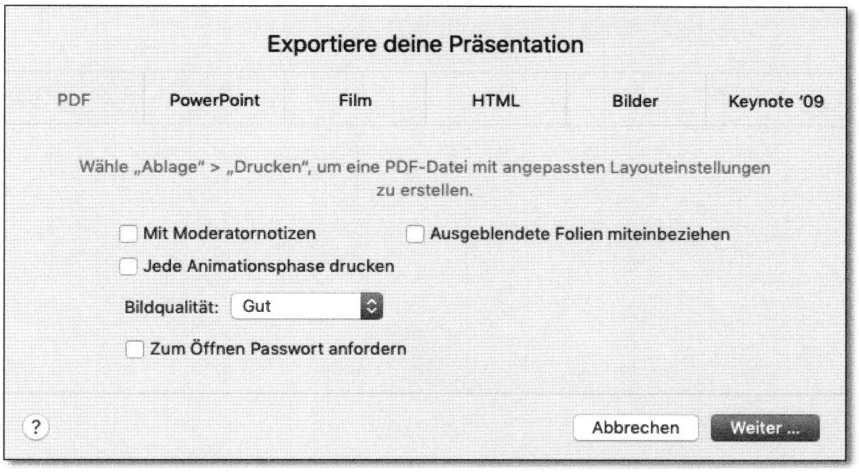

Abbildung 26.16 Die verschiedenen Formate für die Weitergabe von Präsentationen

26.6 Dokumente mit iCloud

Mithilfe der iCloud können Sie das Internet für Arbeiten mit Pages, Numbers und Keynote verwenden. Dank iCloud Drive haben Sie auf allen Geräten die gleichen Dateien zur Verfügung. Im Sichern-Dialog können Sie die Dokumente sowohl lokal als auch in der iCloud sichern.

26.6.1 Dokumente in iCloud Drive

Mit iCloud Drive stehen Ihnen alle Dokumente, die Sie in Pages, Numbers und Keynote angelegt haben, auf allen anderen Geräten zur Verfügung. Haben Sie beispielsweise gerade ein Dokument auf Ihrem Mac bearbeitet und wollen unterwegs darauf zugreifen oder es ändern, steht es auch auf Ihrem iPad oder dem iPhone zum Weiterarbeiten zur Verfügung. Vorausgesetzt, Sie nutzen diese Programme auch auf den mobilen Geräten. Umgekehrt gilt dasselbe, wenn Sie ein Dokument auf Ihrem iPad erstellen, können Sie dank iCloud Drive damit auf dem Mac weiterarbeiten.

Voraussetzung hierfür ist, dass Sie in den **Systemeinstellungen** von **iCloud** ein Häkchen vor **iCloud Drive** gesetzt haben. Über **Optionen** legen Sie dann noch fest, welche Programme genau Dokumente in iCloud Drive ablegen dürfen oder nicht.

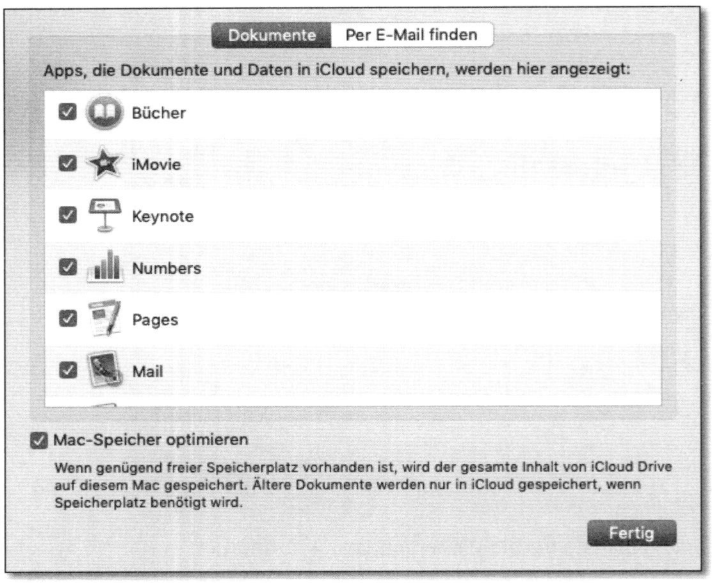

Abbildung 26.17 Hier legen Sie fest, welche Programme Dokumente in der iCloud synchronisieren.

Das hier Beschriebene gilt nicht nur für Pages, Numbers und Keynote. In der Liste der Programme finden Sie noch viele weitere, die Sie für den Zugriff auf iCloud Drive aktivieren können.

26.6.2 Zusammen an einem Dokument arbeiten

Vermutlich haben Sie die Schaltfläche **Zusammenarbeiten** oben in der Symbolleiste bemerkt, die sowohl bei Pages, Numbers als auch Keynote vorhanden ist. Hierbei handelt es sich um eine Funktion, über die Sie mit mehreren Personen gleichzeitig am selben Dokument arbeiten können. Wie Sie vermutlich bereits ahnen, findet diese Zusammenarbeit über die iCloud statt. Als Beispiel soll hier die Zusammenarbeit an einer Präsentation mit Keynote gezeigt werden, wobei das Dokument bereits in iCloud Drive gespeichert wurde:

1 Klicken Sie in der Symbolleiste auf die Schaltfläche **Zusammenarbeiten**.

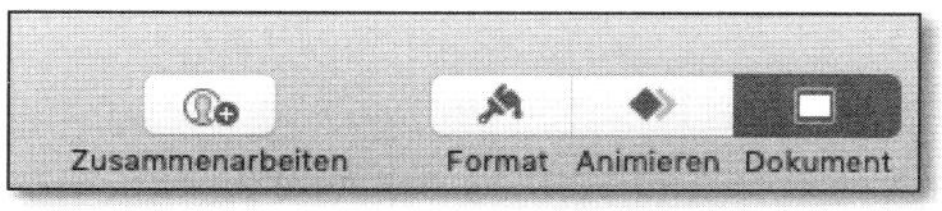

2 Wählen Sie im folgenden Dialog aus, wie Sie das Dokument mit anderen teilen wollen. Im Beispiel habe ich die Option **Mail** ausgewählt. Wählen Sie dann über die **Freigabeoptionen**, wer (**Nur eingeladene Personen** oder **Jeder mit diesem Link**) berechtigt ist, dieses Dokument zu betrachten, und ob das Zugriffsrecht lesend (**Nur lesend**) oder schreibend (**Bearbeitung erlauben**) ist. Klicken Sie auf die Schaltfläche **Teilen**.

3 Geben Sie dann bei **An** die E-Mail-Adressen der Personen ein, mit denen Sie die Präsentation teilen wollen, und klicken Sie auf die Schaltfläche **Senden**.

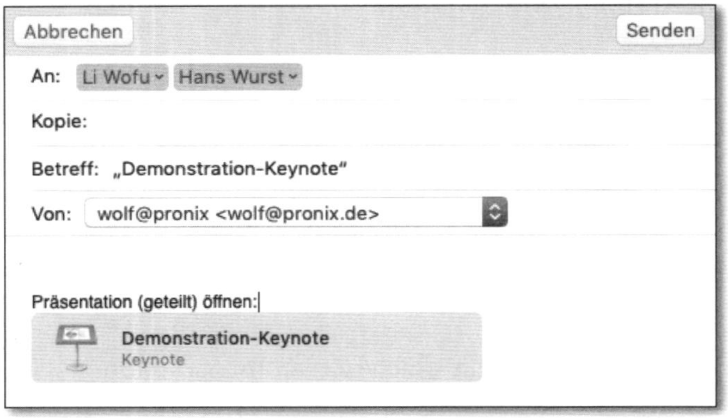

4 Die Schaltfläche **Zusammenarbeiten** ändert ihre Farbe. Wenn Sie diese anklicken, können Sie sehen, mit wem Sie an diesem Dokument zusammenarbeiten, und bei Bedarf noch weitere Personen hinzufügen. Auch die Freigabeoptionen für das Dokument können Sie hier nachträglich ändern.

Der Empfänger muss nicht unbedingt Keynote besitzen. Es reicht auch ein moderner Webbrowser aus, mit dem sich der Empfänger mit seiner Apple-ID bei *iCloud.com* anmeldet und dort die Browserversion von Keynote für die Arbeit am Dokument verwendet.

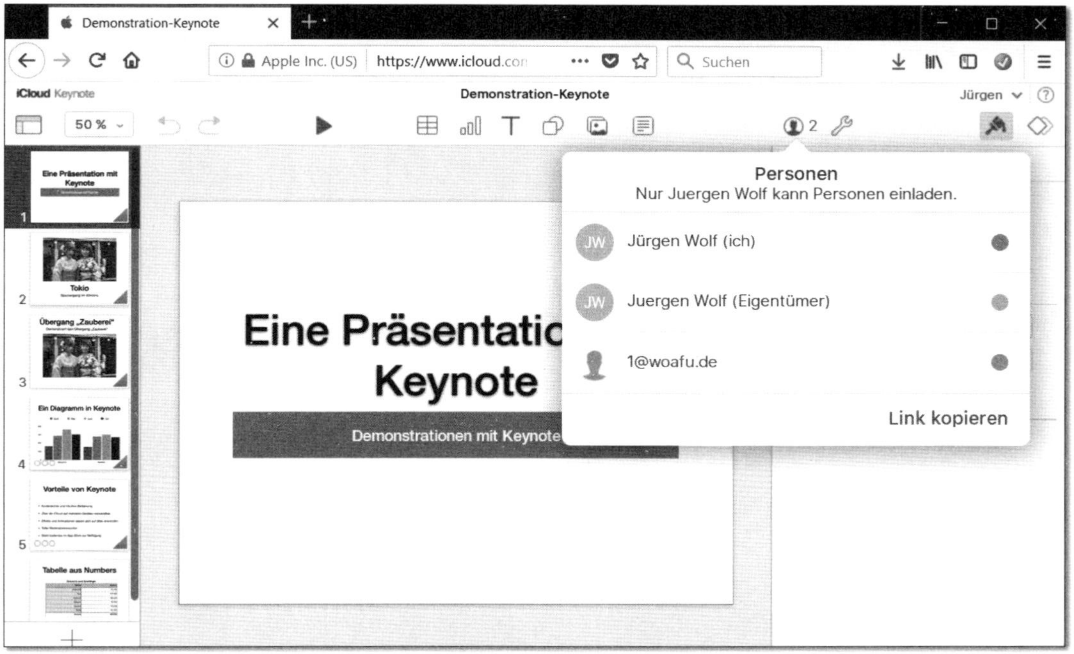

Abbildung 26.18 Keynote kann auch im Browser ausgeführt werden.

TEIL VII

Multimedia am Mac

27 iTunes und Apple Music

Es ist wohl unumstritten, dass iTunes einer der Gründe schlechthin ist, dass Apple so erfolgreich geworden ist. Dieses Programm ist der Mittelpunkt zum Konsumieren und Verwalten von Medien wie Musik, Videos und ähnlichen Inhalten auf dem Mac, iPhone oder iPad geworden. Aber auch unter Windows ist iTunes inzwischen ein wichtiges Programm für das Medienmanagement.

Beim ersten Start von iTunes werden Sie, wie bei vielen anderen Programmen auch, ein paar Bedingungen akzeptieren und bestätigen müssen. Dann bietet Ihnen iTunes die Möglichkeit an, den iTunes Store aufzusuchen. Hierfinden Sie auch gleich die Option, mit **Am iTunes Store anmelden** genau das zu tun. Es ist allerdings auch jederzeit möglich, sich in iTunes über **Account ▸ Anmelden** beim iTunes Store anzumelden.

Abbildung 27.1 Das Programm-Icon von iTunes

HINWEIS

Apple-ID für iTunes nötig?

Für iTunes ist zwar nicht zwingend eine Apple-ID nötig, aber ohne eine ID stehen Ihnen nicht alle Funktionen zur Verfügung. Downloads aus dem iTunes Store, Apple Music und das automatische Laden von CD-Covern beispielsweise funktionieren nur, wenn Sie sich mit Ihrer Apple-ID angemeldet haben.

27.1 Musik importieren

Das Hauptgeschäft von iTunes ist nach wie vor die Verwaltung und Wiedergabe von Musik. Neben der klassischen Wiedergabe von Audiodateien können Sie Musik-CDs rippen sowie vorhandene Audiodateien importieren und verwalten. In diesem Abschnitt befassen wir uns mit dem Import von Musik entweder von einer Musik-CD oder von Audiodateien, die bereits auf der Festplatte oder einem externen Datenträger vorliegen.

27.1.1 Bereits gekaufte Musik laden

Wenn Sie als Besitzer eines iPhones oder iPads bereits bei Apple Musik gekauft haben, steht Ihnen diese bei iTunes auf dem Mac auch zur Verfügung. Haben Sie sich mit Ihrer Apple-ID angemeldet, finden Sie im Bereich **Musik** ❶ in der **Mediathek** ❷ die gekauften Titel. Wird ein Wolkensymbol bei einem Titel angezeigt, bedeutet dies, dass diese Musik in der iCloud und nicht lokal auf dem Computer vorliegt. Mit einem Klick auf das Symbol können Sie die Musik herunterladen. Es ist allerdings auch möglich, die Musik direkt aus der iCloud abzuspielen, ohne diese explizit herunterzuladen. Voraussetzung dafür ist eine vorhandene und stabile Internetverbindung.

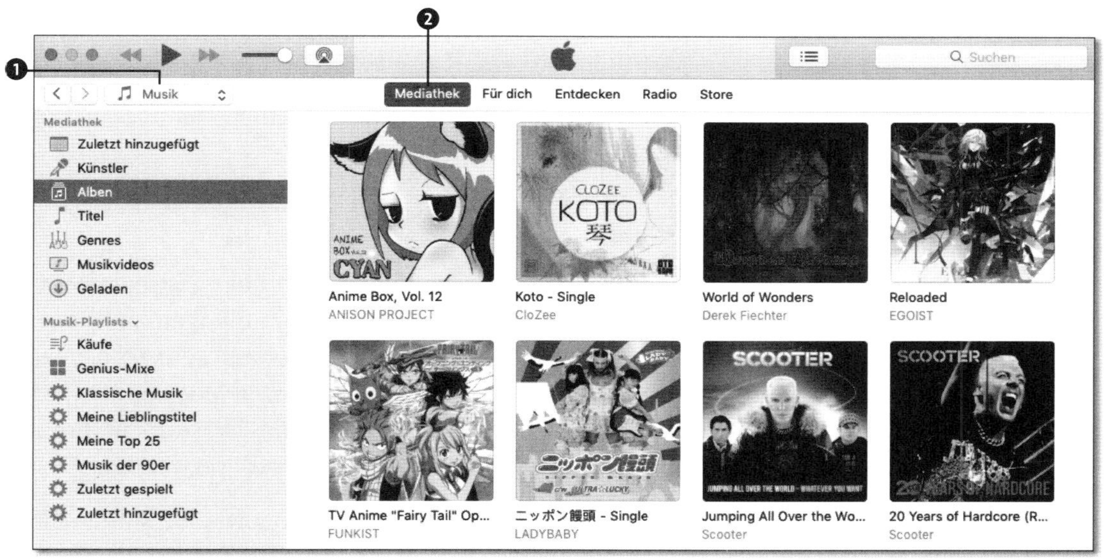

Abbildung 27.2 Bereits gekaufte Musik in der iCloud

Werden nicht alle gekauften Titel oder Alben angezeigt, gehen Sie in den (iTunes) **Store** ❸ und klicken dort auf der rechten Seite auf **Gekaufte Artikel**. In der darauf folgenden Übersicht können Sie ebenfalls mit einem Klick auf das Wolkensymbol, je nach Ansicht, das komplette Album oder einzelne Titel von der iCloud auf Ihren lokalen Mac herunterladen.

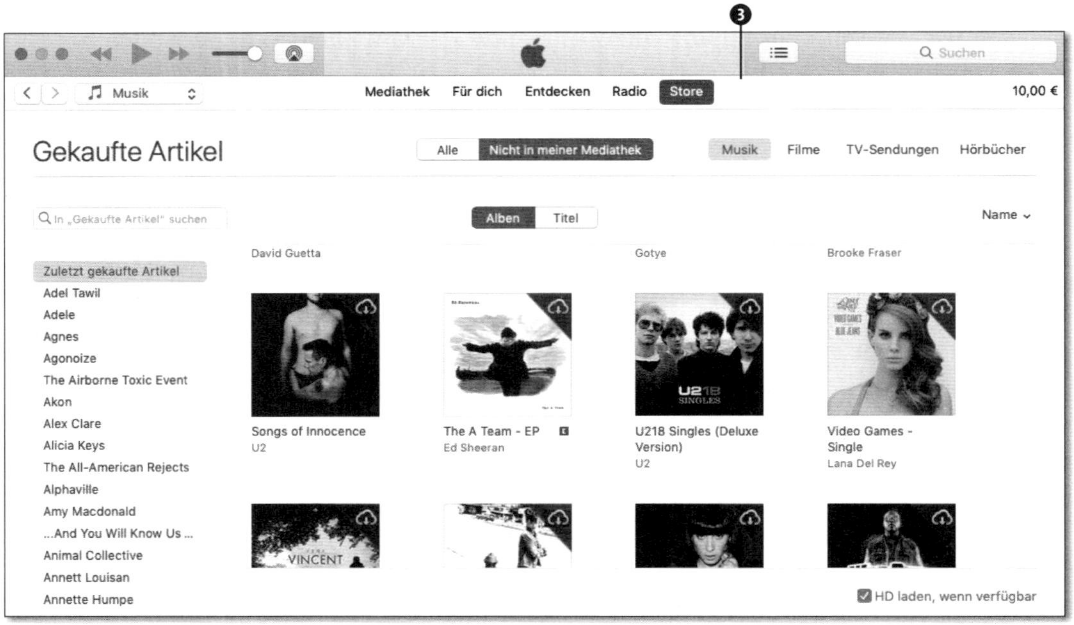

Abbildung 27.3 Gekaufte Artikel herunterladen

27.1.2 CDs in iTunes importieren

Auch wenn heutzutage die meisten Medien als Download gekauft oder gestreamt werden, gibt es immer noch viele Leute (wie mich) mit CD-Musiksammlungen zu Hause, die sie vielleicht gerne auch auf dem Computer oder unterwegs auf dem iPod oder iPhone hören wollen. Hier erfahren Sie, wie Sie Musik-CDs auf Ihren Mac importieren können. Dies funktioniert auch, wenn Sie kein eingebautes optisches Laufwerk in Ihrem Mac besitzen, sondern ein extern angeschlossenes CD/DVD-Laufwerk verwenden.

Bevor Sie allerdings anfangen, eine CD auf den lokalen Mac zu importieren, sollten Sie noch ein paar wichtige Voreinstellungen für den Import festlegen. Gehen Sie hierzu im Menü **iTunes ▸ Einstellungen** in das Register **Allgemein**, und prüfen Sie, ob Sie bei **Beim Einlegen einer CD** die Option **Zum Importieren der CD auffordern** ausgewählt haben. Dadurch müssen Sie nichts anderes mehr tun, als eine CD nach der anderen einzulegen, alles andere übernimmt iTunes für Sie. Sollte die Option (**Beim Einlegen einer CD**) bei Ihnen nicht angezeigt werden, haben Sie vermutlich kein (externes) CD/DVD-Laufwerk am Mac angeschlossen.

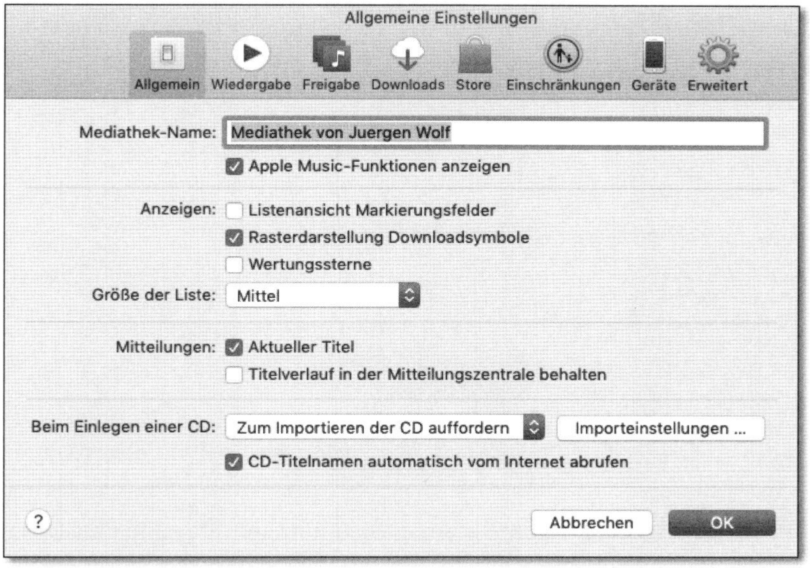

Abbildung 27.4 Einstellungen für den Import einer CD

HINWEIS

Internetdatenbank Gracenote

Dank der Option **CD-Titelnamen automatisch vom Internet abrufen** sucht iTunes beim Einlegen einer CD in einer Internetdatenbank nach Informationen zu den auf der CD gespeicherten Titeln. Wollen Sie dies nicht, müssen Sie die Option deaktivieren.

Die zweite wichtige Einstellung ist das Format, in das die Musik von der CD für den Import verwendet werden soll. Klicken Sie hierfür auf die Schaltfläche **Importeinstellungen** (siehe Abbildung 27.4), und wählen Sie im folgenden Dialog die gewünschte Einstellung aus. Bei **Importieren mit** wählen Sie das Format und bei **Einstellung** die Qualität für das Format. Wenn Sie die Lieder in einer guten Qualität und später auch für einen iPod oder ein iPhone verwenden wollen, sind Sie mit der Standardeinstellung **AAC-Codierer** ganz gut beraten. Wollen Sie hingegen die Musik auch auf anderen Geräten benutzen, ist der **MP3-Codierer** besser geeignet (wobei Sie allerdings Qualitätsverlust in Kauf nehmen müssen). Sind Sie mit der gewünschten Einstellung fertig, klicken Sie auf **OK**.

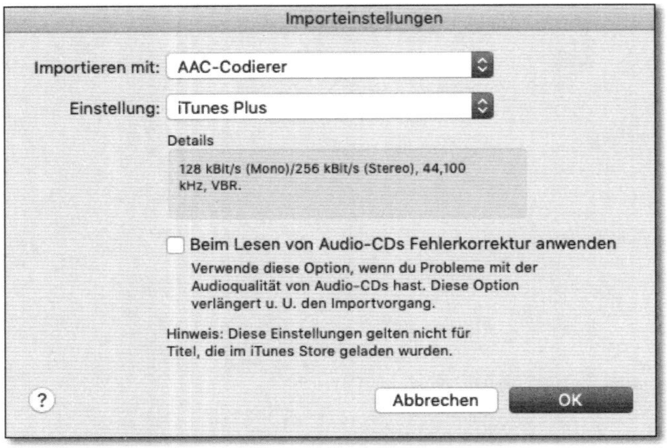

Abbildung 27.5 Das Musikformat für den Import einer CD festlegen

Wenn Sie ein Importformat festgelegt haben, können Sie anfangen, Ihre Musik-CDs zu importieren. Ein solcher Vorgang wird in der folgenden Schritt-für-Schritt-Anleitung beschrieben:

1 Legen Sie eine CD ins Laufwerk, wird iTunes automatisch gestartet und fragt bei einer bestehenden Internetverbindung eine Datenbank im Internet ab, um Titel und weitere Informationen zur CD und den einzelnen Liedern zu erhalten. Ist sich iTunes völlig sicher, wird direkt eine Titelliste mit benannten Titeln angezeigt. Wenn nicht, erhalten Sie eine Vorschlagliste zur Auswahl, um welche CD es sich handeln könnte. Konnte kein vernünftiges Ergebnis gefunden werden, klicken Sie auf **Abbrechen**. In der Regel findet iTunes allerdings meistens die passende CD in der Datenbank.

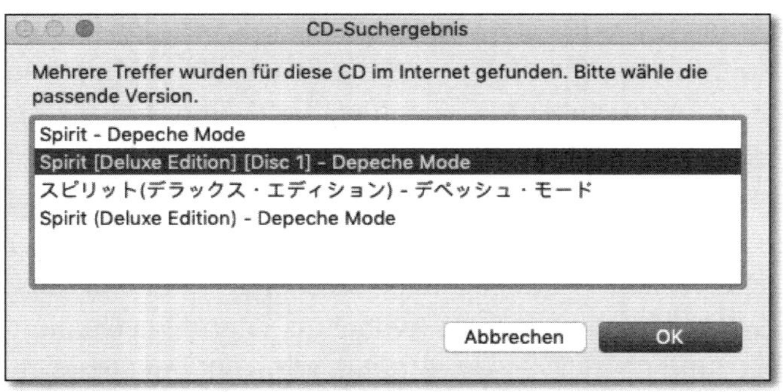

2 Gewöhnlich fragt ein Dialog nach, ob Sie die CD importieren wollen. Wenn Sie den Dialog mit **Ja** bestätigt haben, werden die Lieder einer CD in digitale Musikdateien

konvertiert. Standardmäßig werden stets alle Lieder einer CD importiert, wenn Sie keine andere Wahl getroffen haben.

3 Der Import und die Konvertierung der einzelnen Titel auf der CD in die Mediathek dauern ein paar Minuten. Ein Fortschrittsbalken hält Sie auf dem Laufenden. Die Musikdaten werden in das von Ihnen gewählte Format konvertiert und gespeichert. Wenn der Importvorgang abgeschlossen ist, können Sie die CD mit einem Klick auf das entsprechende Symbol ❶ auswerfen, und das Album erscheint in iTunes mit den korrekten Titelbezeichnungen.

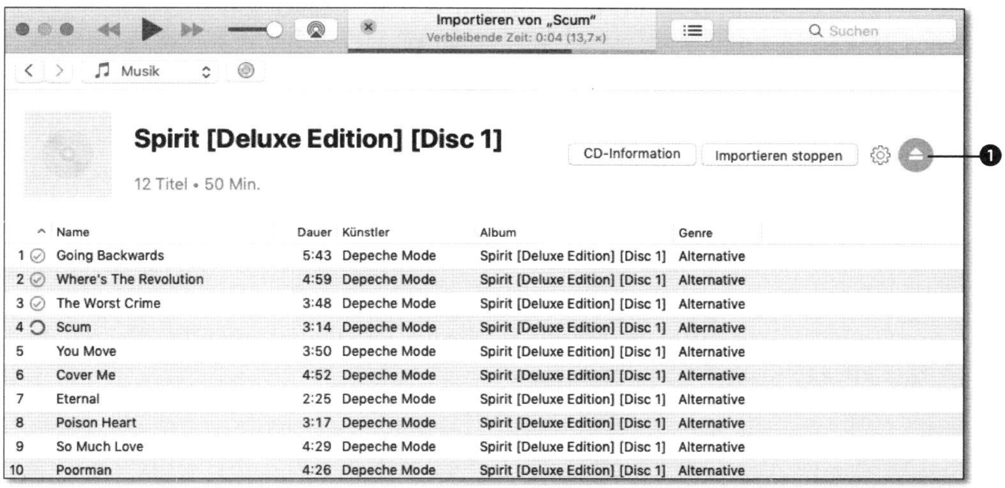

TIPP

Als CD-Player verwenden

Wenn Sie bei der Importanfrage einer CD **Nein** ausgewählt haben, funktioniert iTunes wie ein gewöhnlicher CD-Player, über den Sie einzelne Titel durch Doppelklicken abspielen können. Das ist beispielsweise nützlich, wenn die Titel der CD nicht erkannt wurden und Sie wissen wollen, was für Lieder sich auf der CD befinden.

Abbildung 27.6 Das importierte Album in der Mediathek

27.1.3 Kein Internet oder CD nicht erkannt?

In der Schritt-für-Schritt-Anleitung zuvor wurde davon ausgegangen, dass eine Internetverbindung zur Datenbank besteht und die CD dort erkannt wurde. War dies nicht der Fall, werden die Titel nicht automatisch beschriftet, und die Musik wird als **Unbekannt** abgelegt. Die einzelnen Titel lauten dann lediglich **Titel 01**, **Titel 02** usw. Nach mehreren CDs macht dies so keinen Spaß mehr. In solch einem Fall müssen Sie selbst ran. Hier der Vorgang dazu:

1 Wenn Sie die CD eingelegt haben, müssen Sie die Importanfrage mit **Nein** quittieren, sofern diese erscheint. Markieren Sie das unbekannte oder falsch betitelte Lied, und klicken Sie auf **CD-Information**.

2 Geben Sie die gewünschten Daten für das Album ein. Die wichtigsten Informationen dürften hier der **Künstler** und das **Album** sein. Aber auch das **Genre** würde ich auswählen. Klicken Sie auf **OK**, gelten diese bearbeiteten Daten (Metadaten) für das gesamte Album.

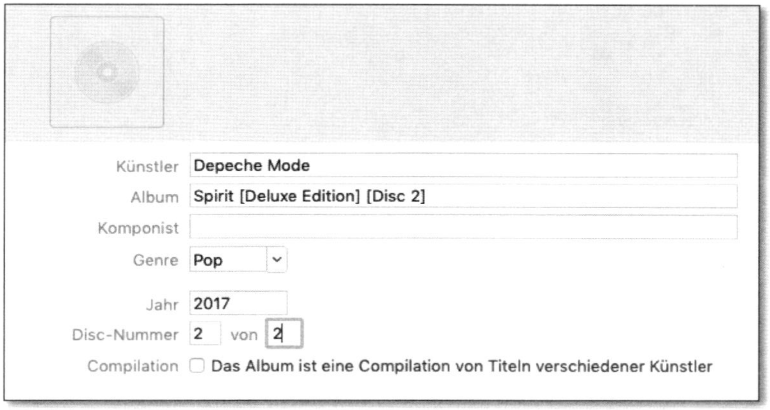

3 Um einzelne Titel zu bearbeiten, wählen Sie diese aus, klicken mit rechts und wählen im Kontextmenü **Titelinformationen**. Oder Sie gehen im Menü auf **Bearbeiten ▸ Titelinformationen** bzw. drücken `cmd` + `I`.

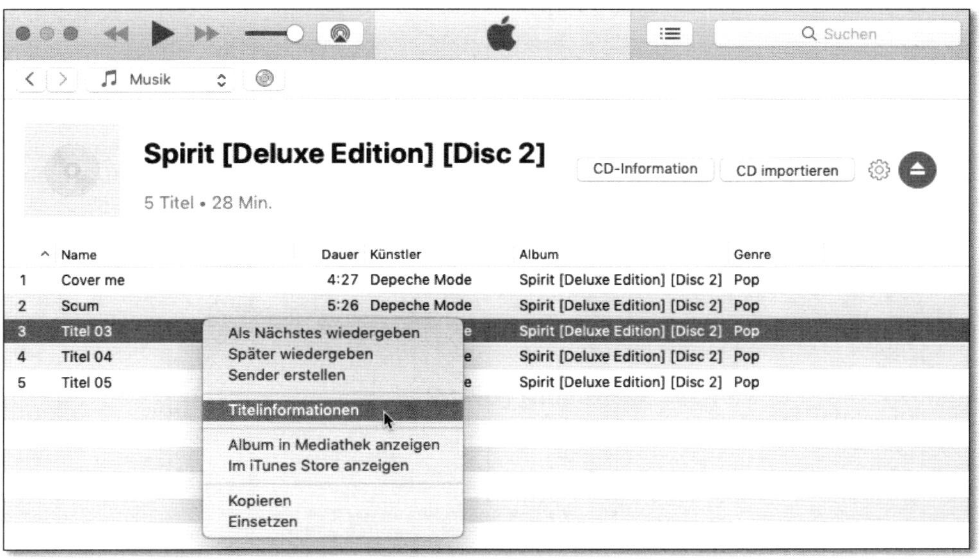

4 Im folgenden Infofenster können Sie im Register **Details** den Titel des Songs und viele weitere Informationen anpassen. Sind Sie mit der Bearbeitung der Informationen fertig, klicken Sie auf **OK**.

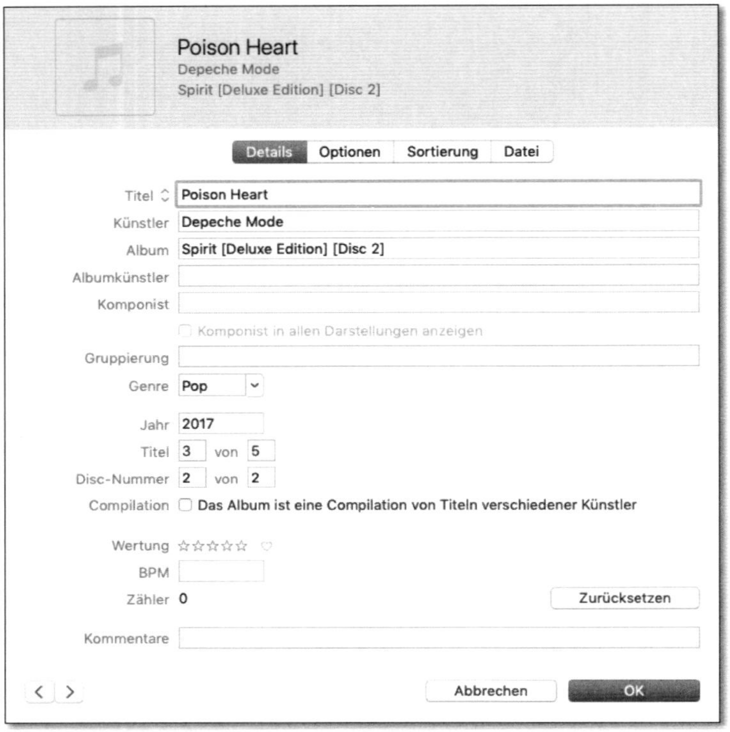

5 Haben Sie alle nötigen Daten der CD vergeben, können Sie den Import über **CD importieren** starten.

Nach dem Import anpassen

Die Metadaten können Sie nachträglich über denselben Weg auch anpassen, wenn Sie die Lieder bereits in die Mediathek importiert haben, indem Sie ein Lied auswählen und mit cmd + I bzw. **Bearbeiten ▸ Informationen** die Informationen bearbeiten.

27.1.4 CD-Cover laden

Wenn Sie beim ersten Start von iTunes der **Freigabe von Details über Ihre Mediathek** zugestimmt und sich bei iTunes mit Ihrer Apple-ID angemeldet haben, liefert Ihnen die Datenbank automatisch ein Albumcover mit zur importierten Musik-CD.

Die Option, damit das Albumcover automatisch geladen wird, können Sie im Menü **iTunes ▸ Einstellung** im Register **Store** anpassen, wenn Sie ein Häkchen vor **Albumcover automatisch laden** setzen. Ebenso müssen Sie hier ein Häkchen vor **Details über deine Mediathek mit Apple teilen** aktiviert haben.

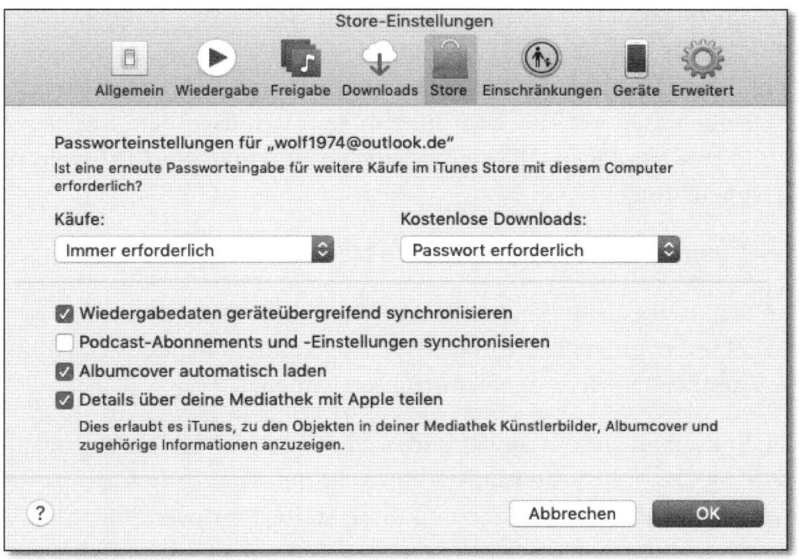

Abbildung 27.7 Essenzielle Einstellungen, um das Albumcover herunterzuladen

Wenn das Cover trotz der eben genannten Einstellungen nicht von der Datenbank geladen wird oder ein falsches Cover hinzugefügt wurde, können Sie selbst eingreifen, indem Sie das Cover mit der rechten Maustaste anklicken und im Kontextmenü den Befehl **CD-Cover laden** auswählen.

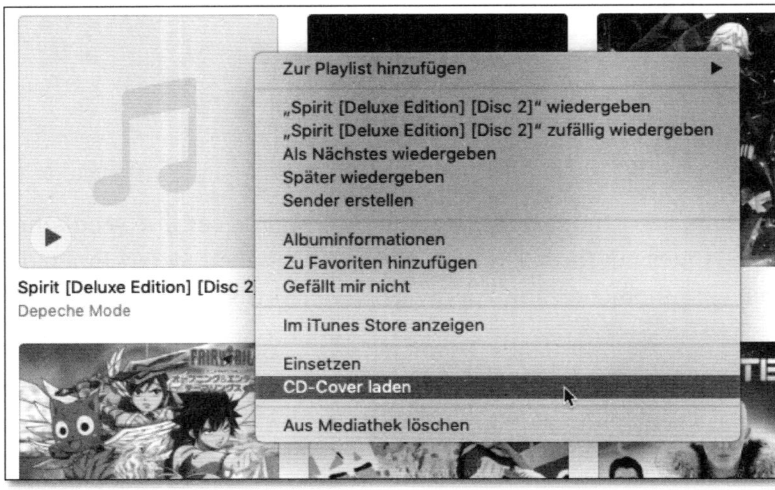

Abbildung 27.8 Der manuelle Befehl, um CD-Cover zu laden

Klappt es partout nicht mit dem automatischen Herunterladen eines CD-Covers von der Datenbank, können Sie auch manuell ein Cover hinzufügen. Vorausgesetzt, Sie haben eine entsprechende Bilddatei vorliegen. Hier ein möglicher Vorgang, ein CD-Cover als vorliegende Bilddatei hinzuzufügen:

1. Markieren Sie das Album oder die entsprechenden Lieder.
2. Öffnen Sie den Informationen-Dialog über **Bearbeiten ▸ Informationen** bzw. `cmd` + `I`. Wenn es sich hierbei um mehrere markierte Titel handelt, meldet sich iTunes mit einem entsprechenden Hinweis, ob Sie fortfahren wollen.
3. Doppelklicken Sie links oben auf das kleine Bild, und wählen Sie im Dateiauswahldialog das gewünschte Cover aus. Alternativ können Sie auch per Drag & Drop vom Finder oder dem Schreibtisch aus das Cover auf diese Stelle des Coverfeldes ziehen und hinzufügen.
4. Klicken Sie auf **OK**, und den ausgewählten Liedern wird das Cover zugeordnet.

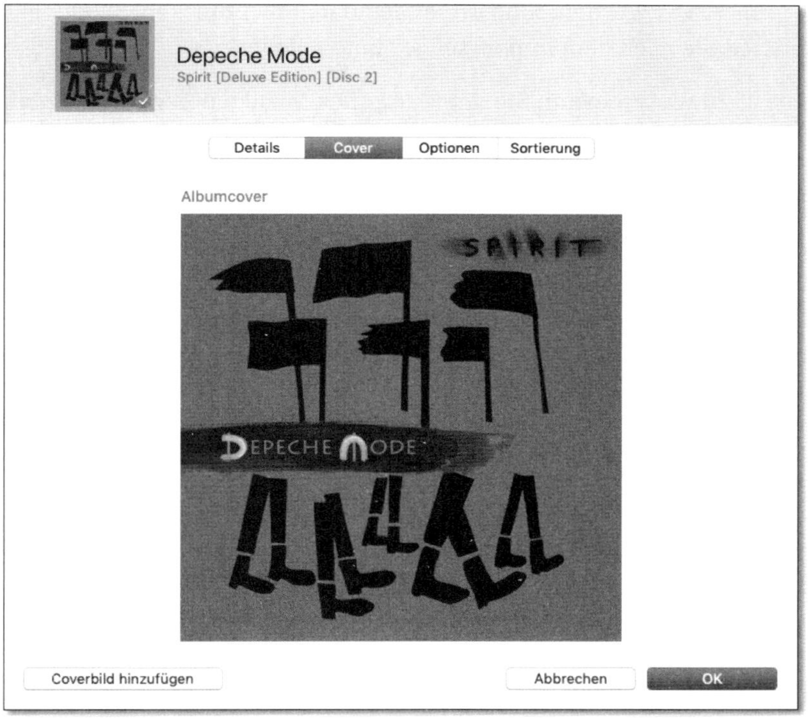

27.1.5 Vorhandene Musikdateien importieren

Sie sind nicht nur auf den Import von Musik-CDs und den Kauf von Musik im iTunes Store angewiesen, sondern können auch bereits vorhandene Musik von der internen Festplatte oder einem externen Speichermedium wie einem USB-Stick, einer externen Festplatte oder MP3-CDs importieren. Beachten Sie hierbei, dass MP3-CDs wie normale Datenträger behandelt werden und iTunes nicht darauf reagiert wie auf eine Musik-CD, bei der gleich der Import angeboten wird. Grundvoraussetzung für den Import ist allerdings, dass iTunes das Musikformat unterstützt. Es sollte sich dabei um Dateien im Format AAC, AIF, Apple Lossless, MP3 oder WAV handeln.

Auch werden beim Import von Musikdateien keine Konvertierungen in ein anderes Format vorgenommen, sondern es bleibt bei dem auf dem Datenträger vorliegenden Format. Ihre MP3-Sammlung auf der Festplatte wird nicht in das AAC-Format konvertiert, nur weil Sie bei den Importeinstellungen das AAC-Format gewählt haben. Diese Einstellungen gelten nur für den Import von einer Musik-CD. Auch fragt iTunes beim Import von Musikdateien nicht in der Datenbank nach, sondern verwendet die Metadaten, die bereits in der Datei gespeichert wurden. Sind diese Metadaten nicht lückenlos oder gar nicht vorhanden, müssen Sie nach dem Import selbst Hand anlegen.

Ganz wichtig für Sie ist, zu wissen, wenn Sie der Mediathek Musikdateien hinzufügen, dass diese per Standardeinstellung in den iTunes-Medienordner kopiert werden. Dies hat zum einen den Vorteil, dass Sie alle Daten ordentlich innerhalb eines Ordners finden und sie nicht auf dem Rechner oder auf verschiedenen externen Speichermedien verstreut sind. Gerade bei einem externen Speichermedium müssen Sie daher nicht immer das Medium zur Verfügung haben, um einen Song abzuspielen. Auch im Falle eines Backups macht sich diese Ordnung bezahlt, alles an einem Ort vorzufinden. Innerhalb dieses iTunes-Ordners verwaltet iTunes die Dateien wiederum in entsprechenden Ordnern, die für Alben und Künstler angelegt werden.

Das Verzeichnis zu diesem iTunes-Ordner finden Sie über das Menü **iTunes ▸ Einstellungen** im Register **Erweitert** bei **Speicherort von »iTunes Media«**. Bei Bedarf können Sie hier über die Schaltfläche **Ändern** diesen Speicherort ändern. Ebenfalls finden Sie hier die Option **iTunes-Medienordner automatisch verwalten**, womit die Dateien nach Alben und Künstler sortiert in entsprechende Ordner abgelegt werden. Und die Option **Beim Hinzufügen zur Mediathek Dateien in den iTunes-Medienordner kopieren** macht genau das und kopiert beim Hinzufügen von Dateien die Medien in den mit **Speicherort von »iTunes Media«** angegebenen Ordner. Beachten Sie dabei, wenn Sie Musikdateien vom lokalen Laufwerk importieren, dass diese Musikdateien zweimal auf dem Rechner vorhanden sind: einmal am ursprünglichen Platz und einmal als Kopie im iTunes-Ordner. Um Speicherplatz zu sparen, können Sie die Dateien im ursprünglichen Ordner löschen oder auf ein externes Backup-Medium verschieben.

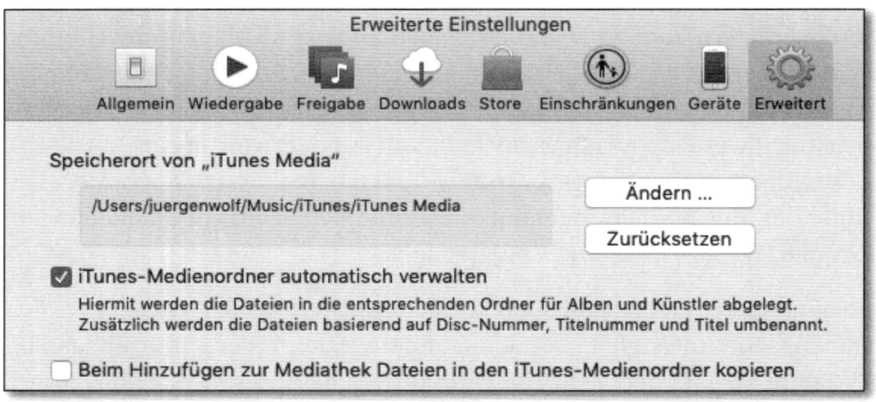

Abbildung 27.9 Einstellungen für den Import vorhandener Musikdateien

Wollen Sie nicht, dass die Medien in den iTunes-Ordner kopiert werden, müssen Sie die Option **Beim Hinzufügen zur Mediathek Dateien in den iTunes-Medienordner kopieren** deaktivieren. Dann verwaltet iTunes diese Datei vom ursprünglichen Speicherort aus, und die Musikdatei wird nicht kopiert. Dies ist sinnvoll, wenn Sie eine umfangreiche Medienbibliothek haben und nicht wollen, dass alles auf die interne Festplatte kopiert wird und somit viel Speicherplatz verschwendet würde. Allerdings hindert Sie niemand daran, den Speicherort für den iTunes-Ordner auf einem externen Speichermedium festzulegen.

Wenn Sie wissen, wie und wo Sie die Musikdateien importieren, können Sie dies über **Ablage ▸ Zur Mediathek hinzufügen** bzw. cmd + O tun. Im sich öffnenden Dialog können Sie einzelne Musikdateien oder einen ganzen Ordner auswählen. Bei Ordnern werden automatisch alle Musikdateien importiert, die sich innerhalb des Ordners befinden.

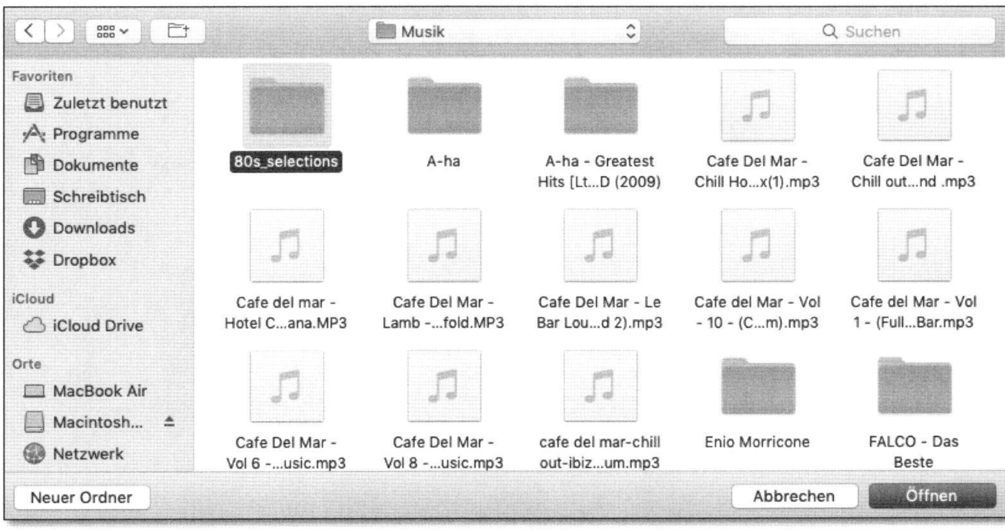

Abbildung 27.10 Der Dialog zum Importieren von Musikdateien

HINWEIS

Ordner »Automatisch zu iTunes hinzufügen«

Eine weitere Möglichkeit, iTunes neue Musikdateien hinzuzufügen, ist es, die Musikdateien in den Ordner *Automatisch zu iTunes hinzufügen* zu kopieren, der sich unterhalb des Ordners *iTunes Media* befindet. Den Rest übernimmt dann iTunes für Sie.

27.2 Die Oberfläche von iTunes

Nachdem Sie vielleicht bereits erste Musikdateien in iTunes importiert haben, ist jetzt der ideale Zeitpunkt, sich mit der Oberfläche der Software zu befassen. Unabhängig von den ausgewählten Inhalten der Mediathek finden Sie im oberen Bereich die Steuerelemente ❶, mit deren Hilfe Sie einen ausgewählten Titel starten, stoppen und vor- oder zurückspulen können. Daneben finden Sie den Lautstärkeregler ❷, gefolgt vom Cover ❸ des Albums, das gerade abgespielt wird. Dann folgt die Beschreibung wie Titel und Album und/oder der Künstler ❹. Über das Listensymbol ❺ können Sie noch die kommenden Titel, den Verlauf und, sofern vorhanden, den Liedtext einblenden lassen.

Abbildung 27.11 Die wichtigsten Steuerelemente von iTunes

Während die eben beschriebenen Elemente auf der iTunes-Oberfläche immer vorhanden sind, hängt die weitere Ansicht davon ab, ob Sie in der Dropdown-Liste des Menüs **Medienart** ❻ die Ansicht auf **Musik**, **Filme**, **TV-Sendungen**, **Podcasts** oder **Hörbücher** eingestellt haben. Wenn Sie nur Filme oder andere Medien in der Mediathek anstelle von Musik vorfinden, dann können Sie hier einstellen, welche Inhalte Ihrer Mediathek Sie sehen wollen. Die anzuzeigenden Medienarten können Sie auch über den Menübefehl **Darstellung ▸ Medienart** bzw. `cmd` + `1` bis hoch zu `cmd` + `5` auswählen.

Abbildung 27.12 Medienarten zur Auswahl einstellen

In der Rubrik **Mediathek** auf der linken Seite finden Sie alle Ihre importierten und gekauften musikalischen Inhalte wieder. Haben Sie die Seitenleiste nicht eingeblendet, finden Sie oben neben **Mediathek** ❼ ein kleines Dropdown-Menü, über das Sie die Darstellung der Medieninhalte anpassen können. Die Seitenleiste können Sie mit `Alt` + `cmd` + `S` ein- und ausblenden.

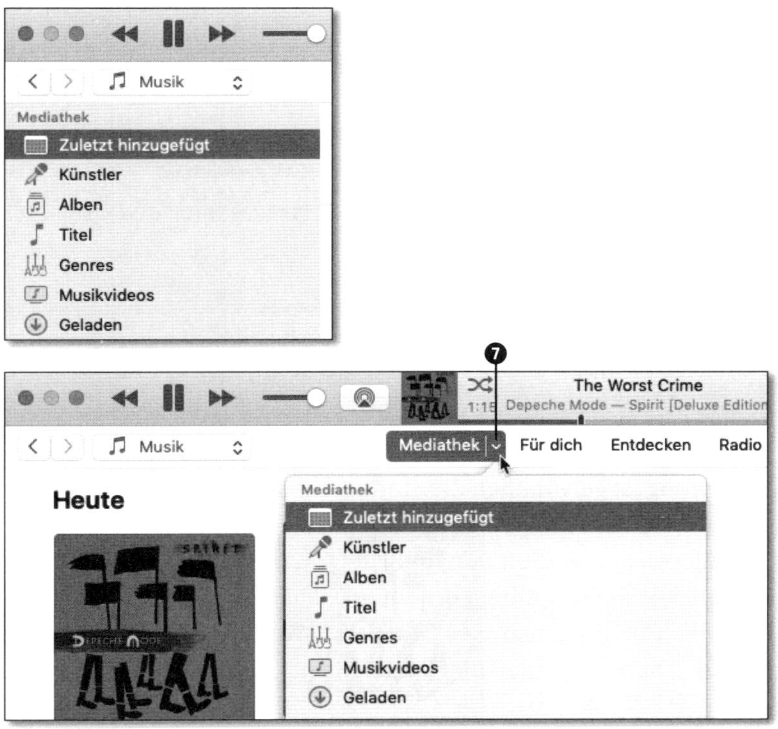

Abbildung 27.13 In der »Mediathek« finden Sie Ihre importierten und gekauften Inhalte.

Für die Darstellung der Inhalte Ihrer **Mediathek** stehen Ihnen standardmäßig folgende Ansichten zur Verfügung:

- **Zuletzt hinzugefügt:** Wie die Bezeichnung erahnen lässt, werden die Alben und Musiktitel chronologisch sortiert aufgelistet. Ansonsten entspricht diese Ansicht der Albendarstellung.
- **Künstler:** Mit der Darstellung nach Künstler können Sie über eine Seitenleiste, in der die Interpreten in alphabetischer Reihenfolge aufgelistet werden, gezielt auf Songs eines bestimmten Interpreten zugreifen. Die Alben des ausgewählten Künstlers werden rechts davon eingeblendet.

Abbildung 27.14 Darstellung der Mediathek nach Künstler

- **Alben:** Die Albendarstellung ist gewöhnlich die Standardansicht von iTunes. Hierbei werden die Alben mit dem Cover und dem Titel und Namen des Interpreten angezeigt. Klicken Sie ein Album an, werden die Titelliste und die Dauer der einzelnen Tracks eingeblendet. Klicken Sie das Album erneut an, schließen Sie diese Titelliste wieder. Sortiert wird nach dem Namen des Künstlers. Wollen Sie stattdessen die Neuzugänge im Überblick haben, wählen Sie **Zuletzt hinzugefügt**.

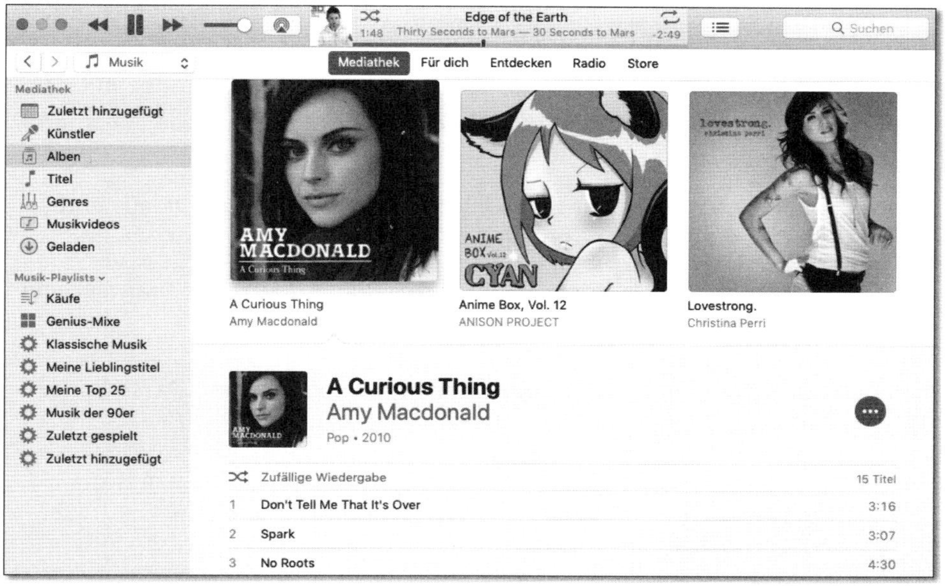

Abbildung 27.15 Die Albendarstellung der Mediathek

- **Titel:** Bei dieser Darstellung werden die Musikdateien quasi wie im Finder präsentiert, wo die einzelnen Dateien in Listenform mit diversen Spalten angezeigt werden. Über die Spaltenüberschriften (beispielsweise **Name** oder **Künstler**) können Sie diese Liste beliebig sortieren.

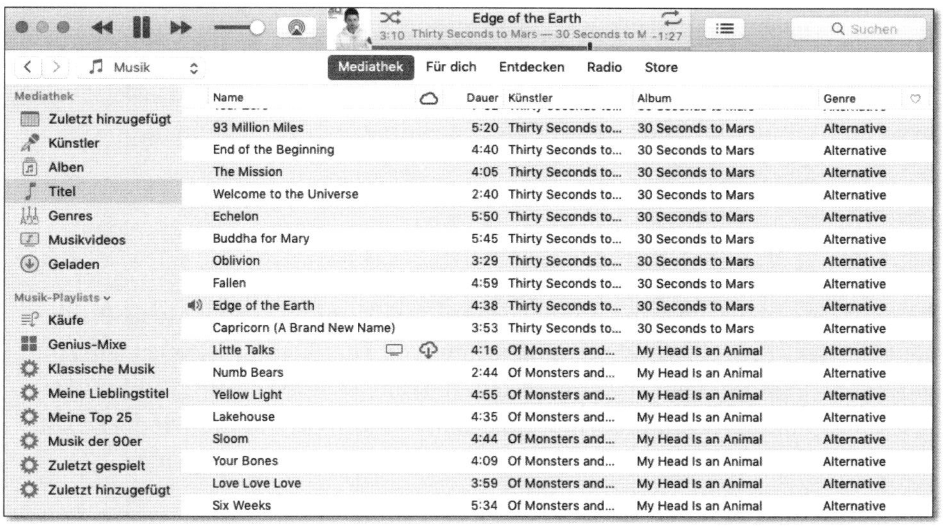

Abbildung 27.16 Die Darstellung der Mediathek nach Titel

- **Genres:** Diese Darstellung ist der nach Künstler recht ähnlich, nur wird hier in der Seitenleiste das Genre in alphabetischer Reihenfolge angezeigt. Klicken Sie ein Genre an (zum Beispiel: Pop) werden rechts die einzelnen Alben mit den entsprechenden Songs aufgelistet. Auch die Anzahl der im Genre enthaltenen Alben und Titel wird oben angezeigt.
- **Musikvideos:** Da manche CDs nicht nur Songs, sondern auch Musikvideos enthalten, werden diese bei iTunes hier aufgelistet.
- **Geladen:** Hier finden Sie die auf dem Rechner geladenen Titel. Das sind die Titel ohne dem Wolkensymbol in der Titeldarstellung.

Sie können über **Bearbeiten** neben dem Label **Mediathek** noch weitere Darstellungen hinzufügen oder vorhandene Darstellungen (de-)aktivieren.

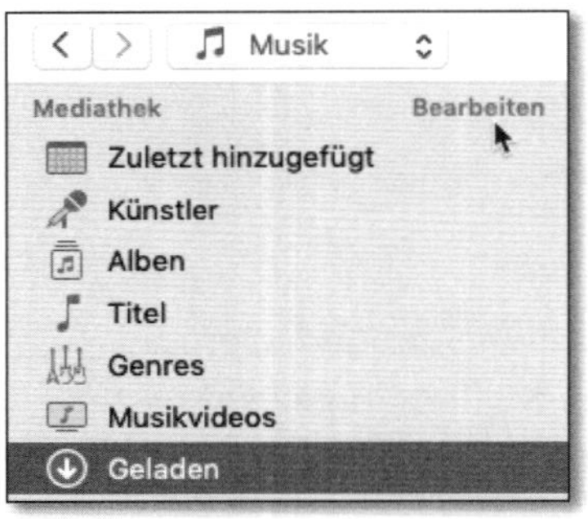

Abbildung 27.17 Hier können Sie bei Bedarf noch weitere Darstellungen hinzufügen oder vorhandene deaktivieren.

Eine hilfreiche Ergänzung ist die Statusleiste, die Sie mit **Darstellung ▸ Statusleiste einblenden** bzw. [cmd] + [ß] am unteren Rand des Fensters hinzufügen können.

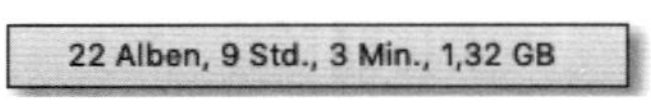

Abbildung 27.18 Die Statusleiste von iTunes

Unterhalb der Optionen für die Darstellung der Mediathek finden Sie mit **Musik-Playlists** verschiedene Playlists (oder auch Wiedergabelisten) vor. Hier können Sie nach Lust und Laune auch eigene Sammlungen zusammenstellen. iTunes hat Ihnen einige intelligente Wiedergabelisten (mit dem Zahnradsymbol) zusammengestellt. Auf die Wiedergabelisten und darauf, wie Sie selbst welche erstellen können, wird noch eingegangen.

Abbildung 27.19 Musik-Playlists von iTunes

Rechts oben finden Sie die Spotlight-Suche, um nach dem gewünschten Titel, Interpreten, Album, Genre oder einer Kombination aus mehreren Suchbegriffen zu suchen. Wenn sich das Gesuchte in Ihrer Mediathek befindet, werden die gefundenen Ergebnisse ordentlich strukturiert in **Deine Mediathek** aufgelistet. Ansonsten finden Sie hier noch das Register **Apple Music**, wo Sie, wenn Sie den Streaming-Dienst abonniert haben, noch mehr Ergebnisse zu Ihrer Suche vorfinden. Haben Sie den Streaming-Dienst nicht abonniert, können Sie auch im iTunes **Store** nach Musik suchen.

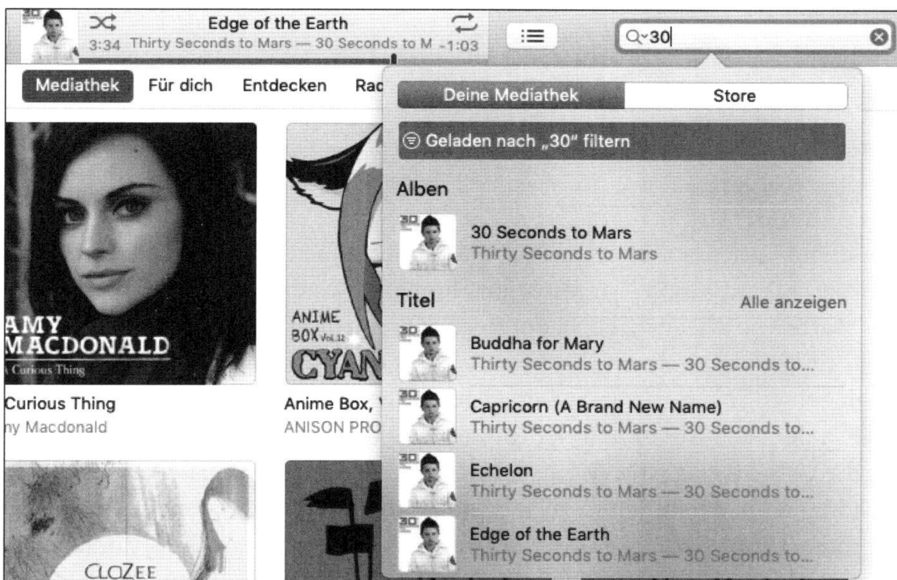

Abbildung 27.20 Die Spotlight-Suche in iTunes

27.3 Musik abspielen

Die Wiedergabe von Musik ist einfach. Je nach Ansicht klicken Sie auf das Album, und es öffnet sich die Titelliste, in der Sie die einzelnen Songs mit einem Doppelklick oder einem Klick auf das Play-Symbol links neben dem Song abspielen können.

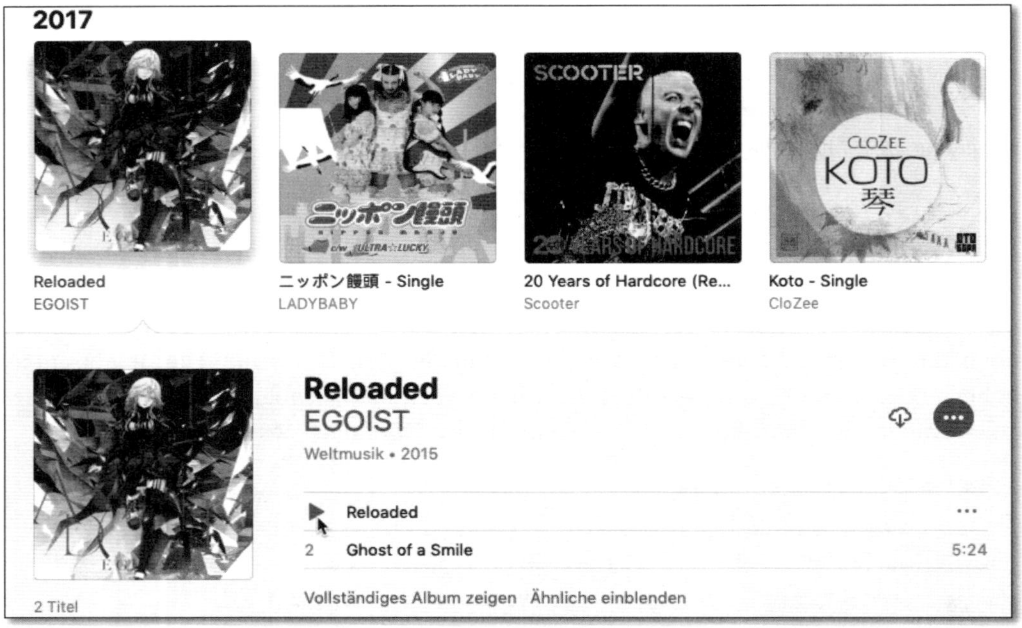

Abbildung 27.21 Die Wiedergabe von Musik ist einfach.

Wenn Sie mit dem Mauscursor über dem Albumsymbol stehen, können Sie mithilfe des Play-Symbols das Album abspielen. Auch ein Doppelklick auf das Album jenseits des Play-Symbols startet die Wiedergabe. In der Regel werden die Titel der Reihe nach abgespielt, aber Sie können mithilfe des Shuffle-Symbols ❶ eine zufällige Reihenfolge der Wiedergabe einzelner Titel ausführen. Den abgespielten Titel können Sie am Lautsprechersymbol ❷ in der Titelliste und in der Infoleiste ❸ oberhalb des Fensters sehen. Sie können auch die Liste **Als Nächstes** ❹ für die Wiedergabe und Auswahl der Songs benutzen. Hierbei können Sie die Reihenfolge sortieren oder Songs, die Sie nicht hören wollen, mit dem roten Minus-Symbol aus der Liste entfernen. So können Sie schon mal die Auswahl für die nächsten Stunden Musik vorausplanen, ohne gleich eine Wiedergabeliste anzulegen. Wollen Sie einen Song wiederholen, können Sie ihn über das Wiederholen-Symbol ❺ in einer Endlosschleife abspielen.

Abbildung 27.22 Viele Möglichkeiten der Wiedergabe von Musik

Zur Wiedergabe von Musik finden Sie die von CD-Playern bekannten Tasten vor, wo Sie mit Play abspielen, den Titel vor- und zurückspringen, das Abspielen pausieren, die Lautstärke regeln und mit dem Fortschrittsbalken im Aktivitätsfenster schnell an eine bestimmte Stelle springen können. Die Zeitangabe links zeigt dabei, wie viel vom Song bereits abgespielt wurde, und rechts die Zeit, wie lang der Titel noch dauert. Klicken Sie auf diese Restdauer, wird die gesamte Dauer des Titels eingeblendet.

Abbildung 27.23 Die typischen Steuersymbole beim Abspielen von Musik

27.3.1 Wolkensymbol im Cover oder in der Titelliste

Das Wolkensymbol im Cover eines Albums bedeutet, dass sich dieses Album in der iCloud und nicht auf dem lokalen Rechner befindet. Klicken Sie auf das Wolken-Symbol im Album, wird das komplette Album heruntergeladen. Wollen Sie einzelne Titel in der Liste herunterladen, klicken Sie das Album an und auf das Wolkensymbol des entsprechenden Titels. Sie können aber auch Musik wie gewohnt abspielen, die sich nicht lokal auf dem Rechner, sondern nur in der iCloud befindet. Der Vorteil dabei ist, dass kein Plattenplatz dafür benötigt wird. Der Nachteil ist, dass eine konstante Internetverbindung vorhanden sein muss.

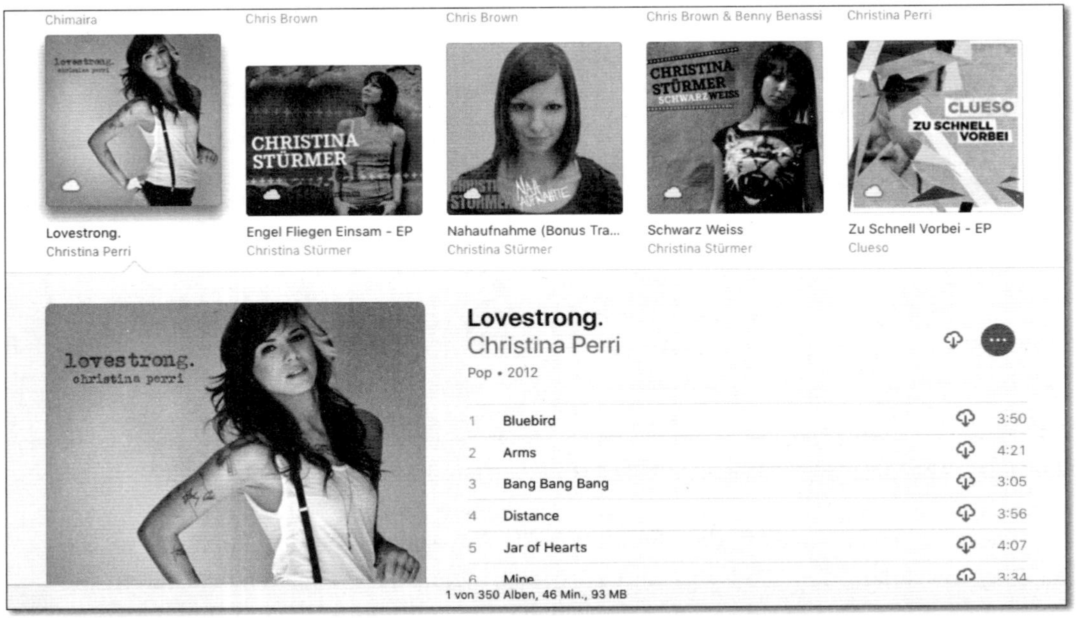

Abbildung 27.24 Entscheiden Sie selbst, welche Musik Sie aus der iCloud herunterladen wollen.

27.3.2 Der MiniPlayer

Wollen Sie nicht immer die Musik im Programmfenster von iTunes in voller Größe abspielen lassen, können Sie durch einen Klick auf das Cover in der Aktivitätsanzeige den MiniPlayer ausführen. Hierbei wird das Fenster auf ein kleines Quadrat reduziert, in dem Sie alle wichtigen Steuerfunktionen zum Abspielen der Musik vorfinden. Auch das Listensystem mit der Als-Nächstes-Liste finden Sie hier.

Das Coverbild können Sie hier ebenso ausblenden, indem Sie den MiniPlayer unten anfassen und mit gedrückter Maustaste kleiner skalieren. Auf dieselbe Weise können Sie das Cover wieder einblenden. Klicken Sie oben links auf das **x**-Symbol, wird der Mini-Player wieder zum großen iTunes-Programmfenster.

Abbildung 27.25 Der MiniPlayer enthält alle nötigen Funktionen zum Abspielen von Musik.

HINWEIS

Musik mit Siri abspielen und steuern

Sie können auch Siri verwenden, um Musik abzuspielen. Starten Sie Siri, und sagen Sie: »Spiele Rosenstolz.« Schon fängt iTunes an, Lieder von Rosenstolz abzuspielen. Oder probieren Sie: »Zufällige Wiedergabe von Rosenstolz.« Mit einem einfachen »Pause« können Sie das Abspielen stoppen. Wenn Sie Siri um »Hilfe« bitten, finden Sie weitere Beispiele, um die Musik mit Siri abspielen zu können. Die Steuerung von Musik mit Siri kann sich als etwas kniffliger herausstellen, da Sie hier die deutsche und englische Sprache häufig mischen müssen. Mit ein wenig Übung klappt es aber auch. Alternativ können Sie auch Siri die Entscheidung überlassen, indem Sie beispielsweise sagen: »Spiele etwas für mich zur Entspannung.«

27.4 Die Wiedergabelisten

In der Regel werden Sie sich wohl nicht nur einen Titel oder ein komplettes Album anhören, sondern sich sicherlich auch einen Mix verschiedener Alben und Titel zusammenstellen wollen. Für solche Zwecke können Sie Wiedergabelisten erstellen. In gewisser

Weise kennen Sie mit der Liste **Nächste Titel** bereits eine solche Wiedergabeliste. Allerdings handelt es sich hierbei nicht um eine dauerhafte Liste. Die Wiedergabelisten finden Sie im Dropdown-Menü der **Mediathek** oder – wenn Sie die Seitenleiste über das Menü **Darstellung** eingeblendet haben – in der Seitenleiste im Bereich **Musik-Playlists**.

Abbildung 27.26 Die Wiedergabelisten (auch Playlists) in iTunes

HINWEIS

Nur Verweise auf die Dateien

An dieser Stelle ist es hilfreich zu erwähnen, dass eine Wiedergabeliste nur eine Liste mit Verweisen auf die Musikdateien ist. Wenn Sie die Liste nachträglich ändern und Titel hinzufügen oder entfernen, hat dies keine Auswirkungen auf die Musikdateien. Es werden dabei keine weiteren Titel auf der Festplatte kopiert oder gar entfernt. Sie können also unbedacht bei den Wiedergabelisten vorgehen und jederzeit neue Listen anlegen, Songs hinzufügen und entfernen, ohne dass Sie sich Sorgen um Ihre Mediathek machen müssen.

27.4.1 Eine Wiedergabeliste erstellen

Es gibt mehrere Möglichkeiten, eine einfache Wiedergabeliste mit Ihren Lieblingssongs oder für eine Party anzulegen. Die folgende Schritt-für-Schritt-Anleitung ist daher nur als Anregung zu sehen und entspricht meinem Workflow:

1. Blenden Sie die Seitenleiste über **Darstellung ▸ Seitenleiste einblenden** bzw. `Alt` + `cmd` + `S` ein.

2. Wählen Sie im Menü **Ablage ▸ Neu ▸ Playlist**, bzw. drücken Sie `cmd` + `N`, und es wird den Wiedergabelisten ein neuer Eintrag ❶ hinzugefügt. Geben Sie einen Namen für die Wiedergabeliste ein. Sie können den Namen jederzeit via Doppelklick ändern.

3 Wählen Sie die neue Playlist aus, ist der Inhalt noch komplett leer. Wählen Sie die Playlist mit der rechten Maustaste aus, oder klicken Sie auf die drei Punkte rechts oben und dann im Kontextmenü auf den Befehl **In neuem Fenster öffnen**.

4 Jetzt finden Sie die Playlist in einem neuen Fenster mit dem zugewiesenen Namen als Titel. Abhängig von der Darstellung der Mediathek können Sie der neuen Playlist ganze Alben oder einzelne Titel per Drag & Drop hinzufügen.

5 Schließen Sie das Fenster mit der Playlist, wenn Sie damit zufrieden sind.

Die erstellte Playlist finden Sie unter **Musik-Playlists** und können sie jederzeit wieder ändern, wie Sie es in der Schritt-für-Schritt-Anleitung kennengelernt haben. Ebenso können Sie die Reihenfolge per Drag & Drop umsortieren. Die Darstellung der Playlist lässt sich über **Darstellung ▸ Anzeigen als** mit einem der Menübefehle (**Playlist**, **Titel**, **Alben**, **Künstler**, **Komponist** oder **Genres**) ändern. Interessant dürfte die Titeldarstellung sein, in der Sie über **Darstellung ▸ Spaltenbrowser einblenden** bzw. cmd + B den Spaltenbrowser aktivieren und verwenden können. Der Spaltenbrowser hilft dabei, eine umfangreiche Playlist übersichtlich zu halten.

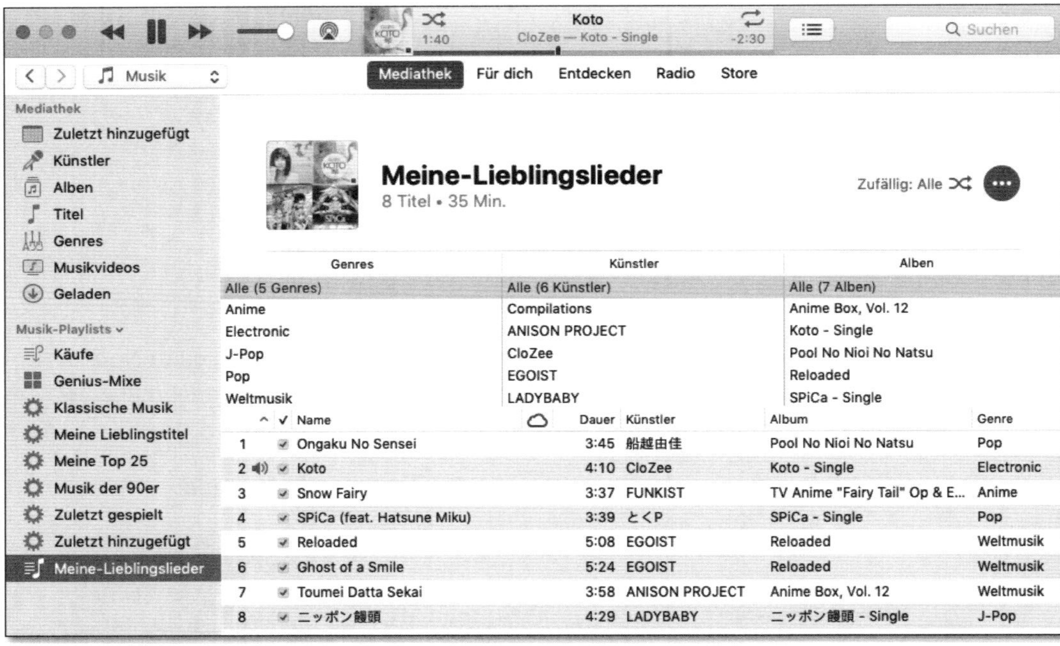

Abbildung 27.27 Darstellung der Wiedergabeliste anpassen

27.4.2 Titel hinzufügen und entfernen

Sie können der Playlist per Drag & Drop jederzeit einzelne Titel oder ein komplettes Album hinzufügen, indem Sie den Titel oder das Album auf der Playlist fallen lassen.

27

Abbildung 27.28 Wiedergabeliste per Drag & Drop erweitern

Um einen Titel aus der Playlist zu entfernen, müssen Sie die Playlist auswählen, den oder die Titel markieren und die [←]-Taste drücken. Ein Dialog fragt noch nach, ob Sie die Titel wirklich aus der Liste entfernen wollen.

Abbildung 27.29 Titel aus der Wiedergabeliste entfernen

TIPP

Wiedergabeliste durch Auswahl

Eine weitere Möglichkeit, eine Playlist zu erstellen, ist es, die entsprechenden Titel mit gehaltener [cmd]-Taste zu markieren und dann mit **Ablage ▸ Neu ▸ Neue Playlist aus Auswahl** bzw. [⇧] + [cmd] + [N] aus den markierten Songs eine neue Playlist zu erstellen.

27.4.3 Eine intelligente Wiedergabeliste erstellen

Ähnlich wie die intelligente Suche beim Finder oder die intelligenten Postfächer bei Mail können Sie auch in iTunes intelligente Wiedergabelisten anlegen, mit denen Sie sich viel Zeit und Arbeit sparen können, weil sich solche Listen von selbst auf dem aktuellen Stand halten.

Intelligente Playlists erkennen Sie am Zahnradsymbol. In iTunes finden Sie einige vorbelegte Beispiele: **Klassische Musik**, **Meine Lieblingstitel**, **Meine Top 25**, **Musik der 90er**, **Zuletzt gespielt** und **Zuletzt hinzugefügt**. Darin sind automatisch die Titel enthalten, die mit dem Genre Klassik bezeichnet sind, die Sie gut bewertet oder häufiger angehört haben, die aus den 1990er-Jahren stammen oder die Sie der Mediathek vor Kurzem hinzugefügt oder abgespielt haben.

Abbildung 27.30 Intelligente Wiedergabelisten von iTunes

Um selbst eine intelligente Liste anzulegen, klicken Sie auf **Ablage ▶ Neu ▶ Intelligente Playlist** bzw. drücken `Alt` + `cmd` + `N`. Im folgenden Fenster stellen Sie die Kriterien für die intelligente Playlist zusammen. In der ersten Zeile legen Sie fest, um welches Medium (hier **Musik**) es sich handeln soll und ob nur eines oder alle der folgenden Kriterien übereinstimmen müssen, damit es der intelligenten Playlist hinzugefügt wird. Anschließend können Sie aus über 40 verschiedenen Kriterien eine intelligente Playlist zusammenstellen. Jedes Kriterium wird in einer eigenen Zeile untergebracht. Mit dem Plussymbol fügen Sie weitere Kriterien hinzu, und mit dem Minussymbol können Sie entsprechende Zeilen löschen. Dahinter können Sie angeben, wie viele Objekte maximal im intelligenten Album vorhanden sein dürfen und wie diese sortiert werden sollen. Die letzten beiden Optionen sprechen für sich. Im Beispiel habe ich mir ein »Album« meiner Top Ten aus dem Jahre 2018 zusammengestellt. Meine Kriterien sind, dass ein Song aus dem Jahr 2018 stammen, die Wertung 5 Sterne erhalten haben und mindestens zehnmal wiedergegeben worden sein muss. Außerdem will ich nur zehn Objekte in der Liste haben, die nach der Abspielhäufigkeit sortiert werden.

Abbildung 27.31 Eine intelligente Wiedergabeliste anlegen

Wenn Sie auf **OK** klicken, können Sie den Namen für die Playlist eingeben, und iTunes stellt Ihnen automatisch eine intelligente Playlist zusammen, die immer auf dem aktuellsten Stand gehalten wird. Wenn Sie im Jahr 2018 neue Lieder hinzufügen und diese besonders häufig abspielen, werden diese Ihren Top Ten hinzugefügt. Auf diese Weise können Sie sich Jahr für Jahr Ihre persönlichen Top Ten erstellen. Die Kriterien können Sie nachträglich bearbeiten, indem Sie auf **Playlist bearbeiten** klicken. Das intelligente Album wird alphabetisch sortiert den anderen intelligenten Playlists hinzugefügt.

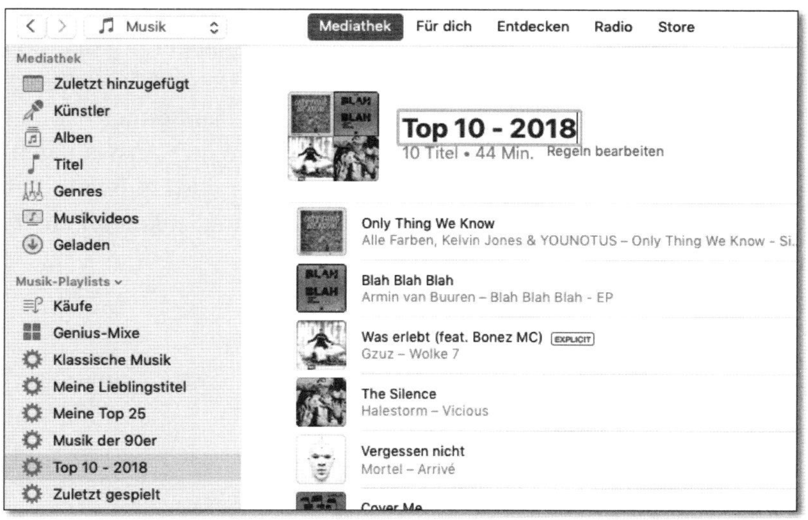

Abbildung 27.32 Die neue intelligente Wiedergabeliste wurde hinzufügt.

Drücken Sie die `Alt`-Taste beim Klicken auf die Plus-Schaltfläche, fügen Sie neue Parameter mit Bedingungen hinzu. Hiermit können Sie komplexere Abfragen mit mehreren Bedingungen erstellen.

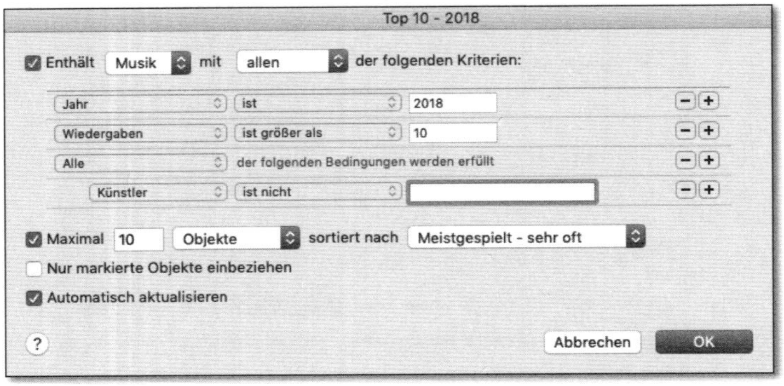

Abbildung 27.33 Für komplexere Abfragen können Sie mit gehaltener `Alt`-Taste einen Parameter mit Bedingungen hinzufügen.

27.4.4 Wiedergabeliste auf CD brennen

Die Weitergabe einer (intelligenten) Playlist auf CD ist ohne großen Aufwand mit iTunes möglich. Hierzu müssen Sie die Playlist in der Seitenleiste auswählen und dann im Menü **Ablage ▸ Playlist auf Disc brennen** auswählen. Im folgenden Dialog entscheiden Sie, ob Sie eine gewöhnliche **Audio-CD**, eine **MP3-CD** oder eine **Daten-CD oder -DVD** erstellen wollen. Zum Abspielen einer MP3-CD muss das Abspielgerät auch die Fähigkeit haben, ein entsprechendes Format abzuspielen. Bei einer Daten-CD werden die Lieder der Playlist wie gewöhnliche Daten auf die CD gebrannt, und daher kann es sein, dass einige Player diese nicht wiedergeben können. Haben Sie Ihre Auswahl getroffen, klicken Sie auf **Brennen** und legen eine beschreibbare CD in das Laufwerk. Passt die komplette Playlist nicht auf die CD, bietet Ihnen iTunes die Möglichkeit an, die Playlist auf mehrere CDs aufzuteilen.

Abbildung 27.34 Eine Wiedergabeliste auf CD brennen

27.4.5 CD-Cover mit Wiedergabeliste ausdrucken

Ein tolles Feature von iTunes ist zudem, sich ein CD-Cover mitsamt den Songs für eine ausgewählte Wiedergabeliste auszudrucken. Auch hierzu müssen Sie die Playlist markieren und auf **Ablage ▸ Drucken** klicken bzw. [cmd] + [P] drücken. Sie können zwischen einem **CD-Booklet**, einer **Titelliste** oder **Albenliste** wählen und sich ein **Thema** dafür aussuchen.

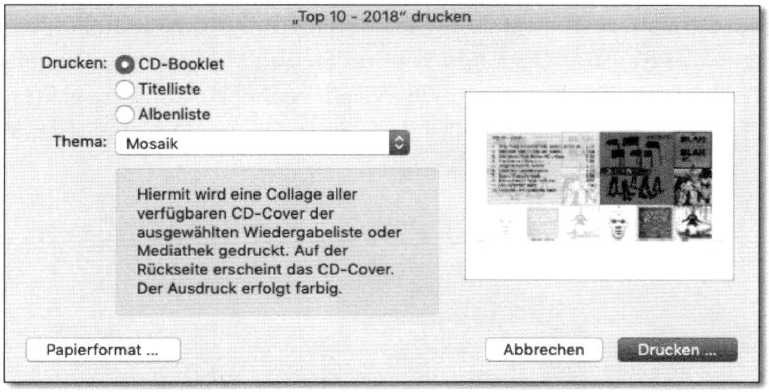

Abbildung 27.35 Ein tolles Feature ist es, die Wiedergabeliste für ein CD-Cover auszudrucken.

HINWEIS

Playlist entfernen

Um eine (intelligente) Playlist zu löschen, wählen Sie diese aus und drücken [←] oder klicken mit rechts und wählen im Kontextmenü **Löschen**. Ein Dialog fragt zur Sicherheit nach, ob Sie die Playlist wirklich entfernen wollen.

27.5 Musik organisieren und verwalten

Entscheidend für eine gute Verwaltung der Musik sind die Metadaten eines Titels. Ohne diese Daten dürfte es schwer werden, bei einer umfangreichen Musiksammlung den gewünschten Titel zu finden. Immer wenn Sie auf der Suche nach Musik sind, greift iTunes auf diese Metadaten zurück. Die Metadaten zu einem Album oder einem Titel können Sie ermitteln, indem Sie Entsprechendes auswählen, rechts klicken und im Kontextmenü **Albuminformationen** bzw. **Titelinformationen** auswählen. Alternativ finden Sie den Befehl im Menü **Bearbeiten**, oder Sie verwenden das Tastenkürzel [cmd] + [I]. Über diesen Dialog können Sie die Metadaten pflegen. Häufig hilft Ihnen iTunes dabei mithilfe der Internetdatenbank Gracenote, wie Sie es bereits beim Import von Audio-CDs erfahren haben. Trotzdem gibt es immer wieder Daten, die nicht gefunden wurden und bei denen Sie selbst Hand anlegen müssen. Die wichtigsten Registerkarten für die Ordnung Ihrer Mediathek sind **Details** mit den wichtigsten Metadaten und **Sortierung**, wo festgelegt wird, wie ein bestimmter Eintrag sortiert wird. Heißt ein Album beispielsweise »The Wanted« und es soll als »Wanted« sortiert werden, notieren Sie es an dieser Stelle.

Im Register **Cover** können Sie das Albumcover verwalten und ein Coverbild hinzufügen oder entfernen. Wird der Titel in der Datenbank erkannt und gefunden, finden Sie im Register **Liedtext** die Lyrics zum ausgewählten Song. Ist kein Liedtext verfügbar, können Sie selbst einen hinzufügen. Im Register **Optionen** können Sie die Medienart festlegen, von wann bis wann ein Titel wiedergegeben und ob die Wiedergabeposition gespeichert werden soll, wodurch iTunes mit der Wiedergabe des Titels an der unterbrochenen Stelle fortfährt.

Abbildung 27.36 Der Informationen-Dialog zeigt Ihnen die Metadaten eines Titels an.

Auch spezielle Lautstärkeanpassungen können hier vorgenommen werden. Auf der letzten Registerkarte **Datei** finden Sie technische Informationen zum Dateityp, zu Größe und Dauer des Songs, Speicherort und – sofern Sie den Titel im iTunes Store gekauft haben – wann dieser gekauft wurde.

Wenn Sie die Metadaten-Informationen eines ganzen Albums ermitteln und bearbeiten wollen, sind die Registerkarten **Liedtext** und **Datei** nicht mit von der Partie.

27.5.1 Musik von der Mediathek entfernen

Wenn Sie ein Musikstück komplett entfernen wollen, müssen Sie diesen Titel markieren und die [←]-Taste drücken. Wichtig ist, dass Sie dies nicht in einer Playlist machen, weil Sie den Titel nur aus der Playlist und nicht aus der Mediathek entfernen würden. Am besten verwenden Sie hierzu die Titeldarstellung. Gleiches können Sie auch über einen rechten Mausklick mit **Aus Mediathek löschen** tun. Nach einer Rückfrage wird der Titel aus der Mediathek gelöscht.

Abbildung 27.37 Musik aus der Mediathek löschen

27.5.2 Musik weitergeben

Wenn Sie Musik auf einen USB-Stick oder eine Festplatte kopieren wollen, müssen Sie die gewünschten Dateien mit gedrückt gehaltener Maustaste auf den Schreibtisch oder in den Ordner ziehen, in dem Sie die Musik speichern wollen. Die Dateien werden dabei zum Zielort kopiert.

Sie können theoretisch auch hergehen und mit dem Finder in das Verzeichnis *iTunes Media* wechseln und dort einzelne Titel oder gar den ganzen Ordner *iTunes Media* auf ein anderes Verzeichnis kopieren. Beim direkten Zugriff auf diesen Ordner sollten Sie allerdings nur kopieren und nichts verändern, weil iTunes diese Titel sonst beim nächsten Start nicht mehr findet.

Abbildung 27.38 Musik auf einen externen Speicherträger kopieren

Abbildung 27.39 Musik kopieren können Sie direkt im Finder.

27.5.3 Musikformat konvertieren

Falls Sie bevorzugt Ihre Musik im AAC-Format verwalten und einzelne Titel als MP3 auf einen USB-Stick kopieren wollen, müssen Sie die Musik in das MP3-Format konvertieren. Gehen Sie hierzu wie folgt vor:

1. Wählen Sie über **iTunes ▸ Einstellungen** das Register **Allgemein**, und klicken Sie hier auf die Schaltfläche **Importeinstellungen**.
2. Bei **Importieren mit** finden Sie die Standardeinstellung, wie Sie Ihre Lieder von CD importieren. In meinem Fall war es der **AAC-Codierer**, und ich wähle nun **MP3-Codierer** aus. Stellen Sie bei **Einstellung** die Qualität für die MP3-Musikdateien ein, klicken Sie auf **OK**, und beenden Sie den Einstellungen-Dialog.

27

3. Wählen Sie die Dateien aus, die Sie vom AAC-Format in MP3 konvertieren wollen, und wählen Sie **Ablage ▸ Konvertieren ▸ MP3-Version erstellen** aus.

4 Nun liest iTunes die markierten Dateien ein und importiert diese erneut (!) in die Mediathek, nur jetzt als MP3-Format. Dies bedeutet allerdings auch, dass diese Dateien doppelt vorhanden sind – einmal als AAC- und einmal als MP3-Datei.

Auf diese Weise können Sie Songs in andere Formate konvertieren. Lediglich um das Aussortieren von doppelt vorhandenen Dateien müssen Sie sich selbst kümmern. Entweder legen Sie eine intelligente Playlist mit verschiedenen Musikformaten dafür an, oder Sie wählen **Ablage ▸ Mediathek ▸ Doppelte Objekte einblenden** aus, und in der Titeldarstellung werden Lieder mit dem gleichen Titelnamen und Interpreten aufgelistet. Beachten Sie hierbei, dass es sich auch um doppelte Titel eines anderen Albums oder einer Liveversion handeln kann, wenn Sie hier die Duplikate aussortieren. Ich setze daher über **Darstellung ▸ Darstellungsoptionen einblenden** bzw. cmd + B im sich öffnenden Dialogfenster bei **Datei** ein Häkchen vor **Art**, um zu erkennen, ob es sich bei einer Doppelung um unterschiedliche Formate handelt.

Abbildung 27.40 Auf der Suche nach doppelten Musikdateien

27.6 Der iTunes Store

Im iTunes Store können Sie einzelne Titel oder ganze Alben kaufen. Und da iTunes via Datenwolke funktioniert, können Sie gekaufte Inhalte auch auf anderen Geräten wiedergeben, ohne die Titel überhaupt herunterladen zu müssen. Die Musik vom Store wird ohne Kopierschutz als DRM-freie AAC-Datei mit 256 kBit/s in hoher Qualität ausgeliefert und kann unabhängig von iTunes in jeder anderen Musikplayer-Software abgespielt werden. Die gekauften Dateien können Sie zudem beliebig konvertieren (beispielsweise in MP3) oder auf eine CD brennen.

27.6.1 Im iTunes Store einkaufen

Zum Einkaufen im iTunes Store benötigen Sie eine Apple-ID mit hinterlegten Bezahlinformationen, um die gekauften Inhalte abrechnen zu können. Allerdings können Sie auch hier über **Account ▸ Einlösen** eine iTunes-Gutscheinkarte einlösen, um Musik zu kaufen. Haben Sie Ihre Zahlungsinformationen für den App Store bereits zur Apple-ID angelegt oder ein Guthaben über eine iTunes-Gutscheinkarte hinzugefügt, stehen Ihnen diese Daten bzw. das Guthaben automatisch auch im iTunes Store zur Verfügung. Auf die Einrichtung von Bezahlinformationen im Store wurde bereits in Abschnitt 18.1, »Bezahlen im App Store und in iTunes«, umfassend eingegangen. Blättern Sie gegebenenfalls dorthin zurück, wenn Sie diese einrichten möchten. Hier folgt ein einfacher Vorgang, um Musik im iTunes Store zu kaufen:

1 Stöbern Sie im Store in verschiedenen Kategorien wie **Neue Hits**, **Aktuelle Songs**, **Top-Titel** oder **Top-Alben**. Oder geben Sie in das Suchen-Feld rechts oben den Namen des Interpreten oder den Titel des Songs ein, wenn Sie wissen, wonach Sie suchen.

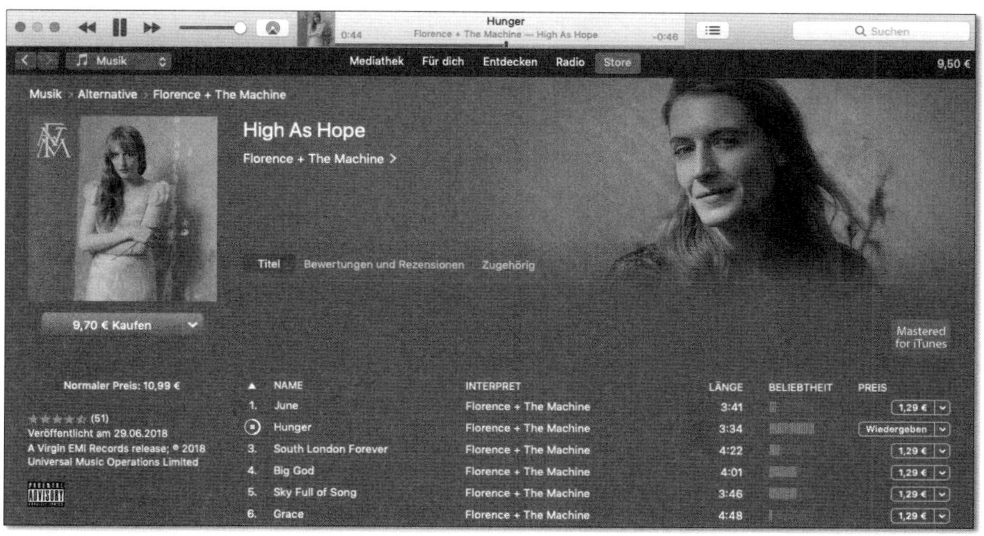

2 Klicken Sie den gefundenen Titel an oder wählen ein Album aus, wird der Inhalt der Suche, des Songs oder Albums aufgelistet, und Sie können über das Play-Symbol oder per Doppelklick den Titel probehören.

3 Wollen Sie einen einzelnen Titel kaufen, klicken Sie auf die Schaltfläche mit dem Kaufpreis. Wollen Sie hingegen ein komplettes Album kaufen, finden Sie unterhalb des Albumcovers gewöhnlich die Schaltfläche **Kaufen** mit dem Kaufpreis dazu.

4 Sind Sie noch nicht angemeldet, werden Sie aufgefordert, Ihre Apple-ID und das Passwort einzugeben, und der Titel bzw. das Album wird gekauft und heruntergeladen.

5 Sie finden den gekauften Titel jetzt in Ihrer Mediathek. Hierbei wird automatisch eine Wiedergabeliste **Käufe** angelegt.

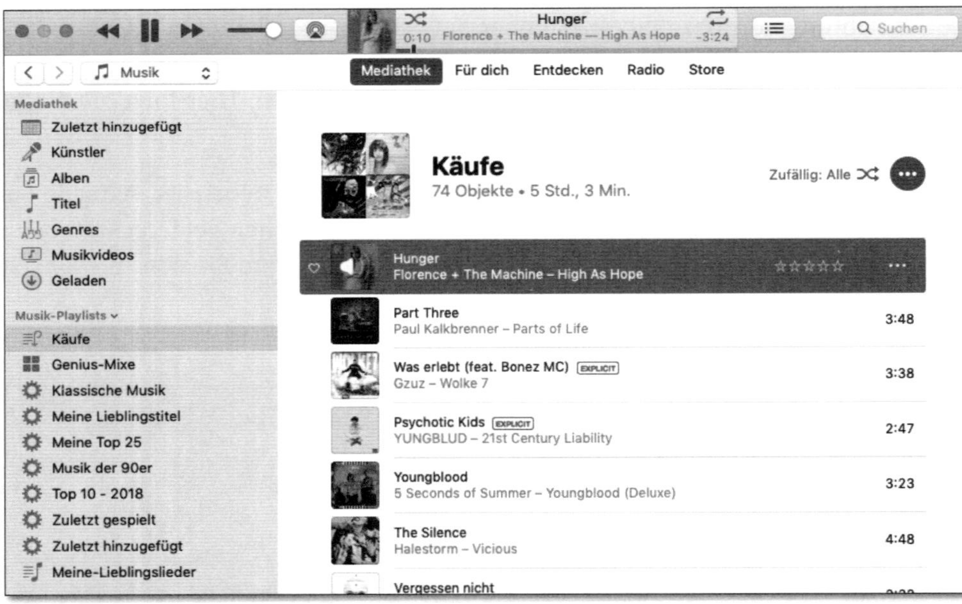

6 Eine Übersicht über alle gemachten Einkäufe können Sie sich über **Account ▸ Einkäufe** verschaffen. Hier können Sie auch ausfiltern, welche Einkäufe in der Mediathek enthalten sind und welche nicht. Bei Alben bzw. Titeln mit dem Wolkensymbol handelt es sich um Titel in der iCloud, die nicht auf dem lokalen Mac vorliegen. Sie können diese Titel aber durch Anklicken des Wolkensymbols herunterladen.

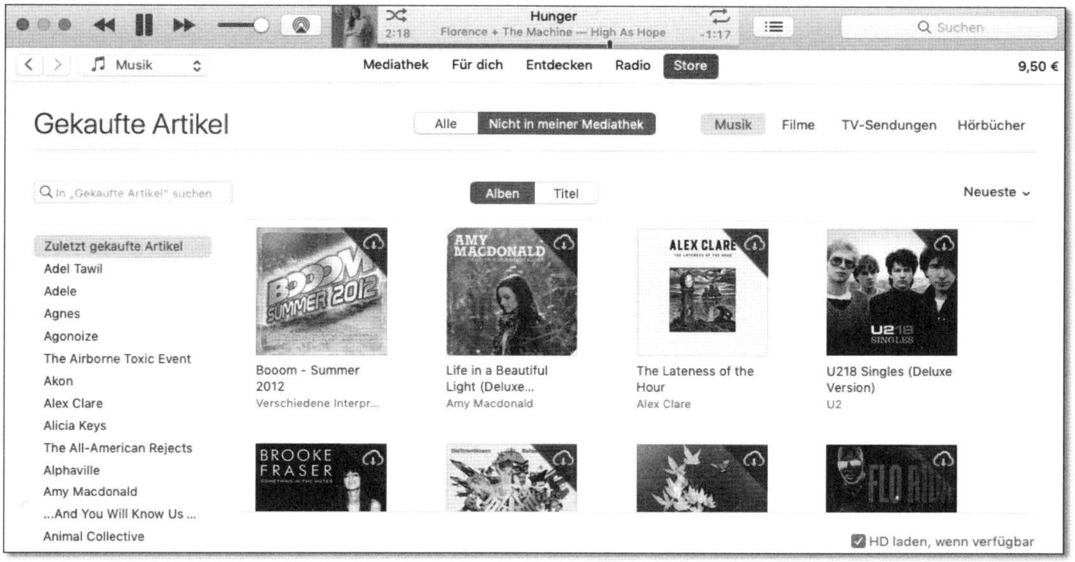

27.6.2 iTunes und die iCloud

Auch hier arbeiten iTunes und die iCloud eng zusammen, und Sie können in iTunes gekaufte Titel auf allen Geräten, an denen Sie mit derselben Apple-ID angemeldet sind und die iCloud aktiviert haben, anhören und die Musik synchronisieren. Kaufen Sie beispielsweise einen Titel auf dem Mac, können Sie sich ihn auch auf dem iPhone herunterladen. Umgekehrt funktioniert es genauso.

Abbildung 27.41 Musik ist dank der iCloud überall verfügbar.

Lieder, die noch nicht auf dem Gerät gespeichert sind, erkennen Sie an einem Wolkensymbol. Allerdings sind Sie nicht gezwungen, die Lieder herunterzuladen, und können sie auch über die iCloud abspielen, sofern eine permanente Internetverbindung vorhanden ist.

Wenn Sie wollen, dass Musik, die Sie beispielsweise mit dem iPhone im iTunes Store gekauft haben, automatisch (oder auch nicht) auf den Mac heruntergeladen wird, finden Sie über **iTunes ▸ Einstellungen** im Register **Downloads** bei **Automatische Downloads** die entsprechende Option dazu. Wenn Sie hier ein Häkchen vor **Musik** gesetzt haben, wird ein auf dem iPhone oder iPad gekaufter Titel automatisch auf den Mac heruntergeladen.

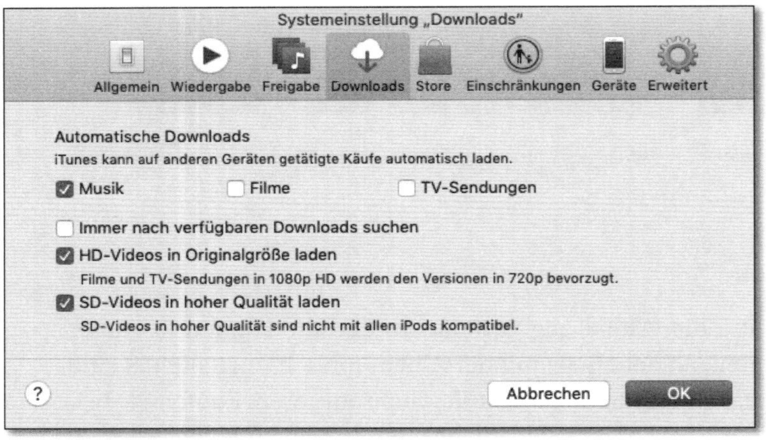

Abbildung 27.42 Auf anderen Geräten gekaufte Musik automatisch auf den Mac laden

Sicherlich fragen Sie sich, wie Sie Ihre eigene Musiksammlung, die Sie von CD auf den Mac importiert haben, oder bereits vorhandene Titel, die Sie von Ihrem Rechner oder einem externen Speichermedium der Mediathek hinzugefügt haben, der iCloud hinzufügen können, um sie auch dem iPhone oder iPod hinzuzufügen? Dies ist auf direktem Wege zunächst nicht möglich, und Sie müssen diese Musik manuell synchronisieren, oder Sie verwenden den kostenpflichtigen Zusatzdienst iTunes Match dafür. Auf beides wird in den folgenden zwei Abschnitten eingegangen.

27.6.3 Musik auf iPhone, iPad oder iPod nutzen

Wie bereits erwähnt, steht Ihnen beim Synchronisieren von Musik nur die gekaufte Musik im iTunes Store zur Verfügung. Um auch von CD oder von einer Festplatte importierte Musik auf Geräten wie dem iPhone, iPad oder iPod zu nutzen, müssen Sie die Synchronisierung manuell durchführen. Ein möglicher Weg wird in der folgenden Schritt-für-Schritt-Anleitung mit einem iPhone gezeigt:

1 Verbinden Sie iPhone, iPad oder iPod mit dem Mac via USB-Kabel.

2 Starten Sie iTunes, falls dies nicht automatisch beim Verbinden der mobilen Geräte mit dem Mac geschehen ist.

3 Klicken Sie in iTunes auf die kleine Schaltfläche ❶, mit der Sie auf das iPhone, iPad oder den iPod zugreifen können.

4 In der angezeigten Oberfläche können Sie Apps, Musik, Filme, Fotos, Podcasts usw. synchronisieren, Updates für das iPhone suchen, das iPhone wiederherstellen oder ein Backup machen und wiederherstellen. Klicken Sie in der Seitenleiste auf **Musik**.

5 Wenn Sie ein Häkchen vor **Musik synchronisieren** setzen, werden alle lokalen Titel auf dem Mac auf das mobile Gerät übertragen, sofern sie dort noch nicht vorhanden sind. Ein Balken unten zeigt an, wie viel Speicher verbraucht wird bzw. übrig bleibt, wenn Sie diese Synchronisation ausführen. Oben sehen Sie die Anzahl der Titel, die übertragen werden.

6 Selten macht es bei einer umfangreichen Mediathek Sinn, alles zu synchronisieren. Klicken Sie daher auf **Ausgewählte Playlists, Künstler, Alben und Genres**, und wählen Sie dann gezielt aus, was Sie auf das mobile Gerät übertragen wollen. Ich habe mir speziell hierzu eine Playlist für mein iPhone erstellt und diese dafür ausgewählt.

7 Klicken Sie auf die Schaltfläche **Anwenden**, um die Synchronisation zu starten. Wenn der Vorgang beendet ist, klicken Sie auf **Fertig**, oder Sie werfen das iPhone links oben über das Auswerfen-Symbol aus und entfernen es vom Mac.

Wenn Sie künftig die Playlist ändern oder Lieder auf dem Mac entfernen, die Sie auch auf dem mobilen Gerät synchronisiert haben, wird automatisch beim nächsten Verbinden vom Mac und dem mobilen Gerät die Musik synchronisiert, sodass die Änderungen auch auf dem mobilen Gerät übernommen werden.

27.6.4 iTunes Match

Wem das manuelle Synchronisieren zu umständlich ist oder wer eine riesige Musiksammlung bei sich haben will, für den bietet Apple iTunes Match an. iTunes Match ist ein kostenpflichtiger Dienst, mit dem Ihnen die gesamte Musiksammlung auf allen Geräten zur Verfügung steht. Der Dienst kostet derzeit 24,99 € im Jahr, und Sie haben hiermit auch Zugriff auf Songs in der iCloud, die Sie nicht im iTunes Store gekauft haben, also auch auf Titel, die Sie von CD oder anderen Quellen importiert haben.

Hierzu prüft iTunes Ihren kompletten Musikbestand und vergleicht ihn mit den Songs und Alben, die im iTunes Store vorhanden sind, und tauscht bei einer Übereinstimmung die Musik durch eine perfekte Aufnahme als AAC-Datei mit 256 kBit/s ohne Kopierschutz aus. Das Austauschen der Musik in besserer Qualität findet auch statt, wenn Sie eine MP3-Aufnahme in einer schlechten Qualität haben. Nach diesem Abgleich stehen alle im iTunes Store vorhandenen Titel Ihrer Mediathek auf allen anderen Apple-Geräten zur Verfügung. Auch wenn Sie nach einem Jahr iTunes Match wieder kündigen sollten, bleiben diese ausgetauschten Titel erhalten, und Sie können sie ohne Einschränkungen weiterverwenden.

Nur Titel, die nicht im iTunes Store vorhanden sind bzw. für die keine Übereinstimmung gefunden wurde, werden dann auf die Server von Apple geladen und stehen Ihnen daher auch für alle Geräte zur Verfügung. Für diese nicht im iTunes Store vorhandenen Titel steht Ihnen ein Platz von 100.000 Titeln zur Verfügung.

Den Dienst können Sie wie folgt einrichten:

1 Im iTunes Store klicken Sie auf der rechten Seite **iTunes Match** an.

2 Klicken Sie auf die Schaltfläche **Für 24,99 € pro Jahr abonnieren**, und stimmen Sie anschließend der Datenschutzerklärung zu. Klicken Sie auf **Abonnieren**, müssen Sie sich mit Ihrer Apple-ID am iTunes Store anmelden.

3 Folgen Sie den Anweisungen auf dem Bildschirm, um das iTunes-Match-Abo abzuschließen und iTunes Match auf dem Computer zu aktivieren. Apple erlaubt iTunes Match auf bis zu zehn Geräten.

4 Wenn Sie iTunes Match aktiviert haben, gleicht iTunes Ihre Mediathek mit den verfügbaren Titeln im iTunes Store ab, und in der Regel stehen Ihnen diese Titel nach kurzer Zeit auch auf anderen Geräten in der Mediathek zur Verfügung.

5 Titel, die nicht mit dem iTunes Store abgeglichen werden konnten, weil keine Überstimmung gefunden wurde, werden auf den iCloud-Account hochgeladen und stehen ebenfalls auf allen Geräten zur Verfügung. Beachten Sie allerdings, dass dieser

Vorgang, abhängig vom Umfang der Musiksammlung, einiges an Zeit in Anspruch nehmen kann. Der hierzu verwendete Speicherplatz belastet nicht den übrigen Speicherplatz der iCloud.

27.7 Der Streaming-Dienst Apple Music

Apple Music ist der Musik-Streaming-Dienst von Apple, mit dem Sie gegen eine monatliche Gebühr von derzeit 9,99 € bzw. 14,99 € für ein Familien-Abo Zugriff auf den Apple-Music-Katalog von derzeit über 30 Millionen Titeln haben. Sie können Apple Music auf bis zu zehn Geräten (davon maximal fünf Computern) nutzen. Die Musik können Sie dabei vom Internet auf das Gerät streamen oder auf Wunsch als lokale Datei der Mediathek hinzufügen. Wenn Sie allerdings das Abonnement kündigen, sind auch diese Titel wieder gesperrt.

Wie für iTunes benötigen Sie hierzu eine Apple-ID, für die die Bezahlmethode hinterlegt oder ein Guthaben von mindestens 10 € vorhanden ist. Apple Music kann mit Windows-PCs und Macs benutzt werden, bei denen iTunes ab Version 12.2 installiert ist. Bei den iOS-Geräten wird mindestens die Version iOS 8.4 benötigt. Auch eine Android-App für Android-Smartphones ist vorhanden.

Standardmäßig ist Apple Music eingeblendet. Falls Sie allerdings bei iTunes das Register **Für dich** nicht sehen können, wurde die Funktion über **iTunes ▸ Einstellung** im Register **Allgemein** mit der Checkbox **Apple Music-Funktionen anzeigen** ausgeblendet.

27.7.1 Apple Music abonnieren

Wer skeptisch ist, ob Apple Music etwas für ihn ist, kann diesen Dienst drei Monate kostenlos testen. Gefällt Ihnen der Dienst nicht, können Sie ihn jederzeit monatlich kündigen. Hier die Anleitung, wie Sie den Dienst drei Monate kostenlos testen und abonnieren können:

1. Wechseln Sie in iTunes in das Register **Für dich**, wo die Willkommensseite zu Apple Music eingeblendet wird. Klicken Sie hier auf **3 Monate kostenlos testen**. Haben Sie den Dienst schon mal getestet und wieder gekündigt, finden Sie hier Apple **Music abonnieren** anstelle von **3 Monate kostenlos testen** vor.

2. Dann wählen Sie Ihr Abo für eine Einzelperson oder für die Familie, wobei bis zu sechs Personen das Abo nutzen können. Alternativ können Sie ein Studenten-Abo abschließen (Berechtigung hierfür wird überprüft).

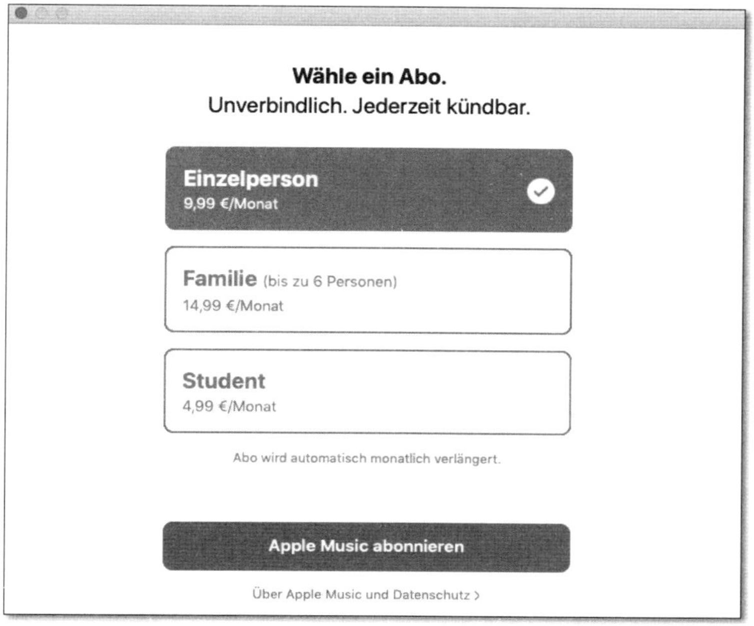

3 Haben Sie das gewünschte Abo gewählt, werden Sie aufgefordert, Ihre Apple-ID und Ihr Passwort einzugeben. Wenn Sie auf die Schaltfläche **Kaufen** klicken, wird vorausgesetzt, dass Sie bereits Zahlungsinformationen hinterlegt haben. Ohne hinterlegte Zahlungsinformationen, wie beispielsweise eine Kreditkarte, geht es nicht weiter. Wie Sie Zahlungsinformationen Ihrer Apple-ID hinzufügen können, wurde bereits in Abschnitt 18.1, »Bezahlen im App Store und in iTunes«, beschrieben.

4 Anschließend können Sie Apple Music mit Ihrem Musikgeschmack füttern, indem Sie entsprechende Vorschläge von Interpreten und Genres auswählen und den Anweisungen auf dem Bildschirm folgen. Auf diese Weise kann Apple Music Ihnen im Bereich **Für dich** künftig Musik nach Ihrem Geschmack vorschlagen.

5 Wenn Sie fertig sind, finden Sie im Bereich **Für dich** unter **Empfehlungen** Vorschläge, die nach Ihrem Geschmack sein dürften. Sie können diese Vorschläge wieder ändern, indem Sie im Menü **Account ▸ Künstler auswählen** anklicken. Hier können Sie mit **Zurücksetzen** alles noch mal von vorne durchführen.

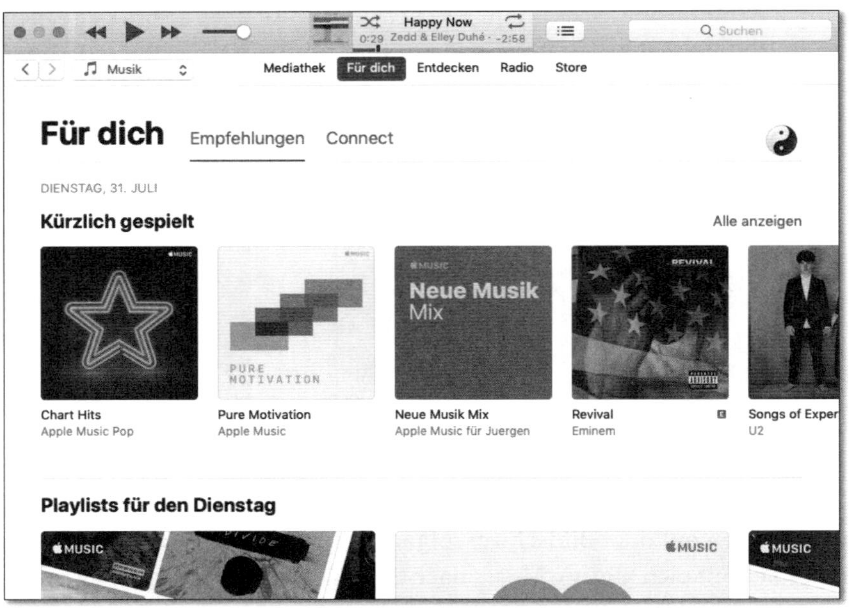

Wenn Sie das Abo angelegt haben, können Sie Apple Music testen. Hierbei ist auch die Suche nach Titeln oder Interpreten eingeschlossen, dort finden Sie neben **Deine Mediathek** jetzt auch **Apple Music** ❶. Die anderen beiden Hauptbereiche von Apple Music finden Sie in der Mitte in den Registern **Für dich** und **Entdecken**.

Abbildung 27.43 Apple Music ist aktiv.

27.7.2 Register »Für dich«

Im Register **Für dich** finden Sie Musikempfehlungen in Form von Wiedergabelisten aufgrund der Angaben, die Sie bei der ersten Aktivierung von Apple Music gemacht haben. Je mehr Musik Sie anhören und laden, desto mehr kann sich Apple Music Ihrem persönlichen Geschmack widmen, und desto besser werden die von einem Algorithmus gemachten Vorschläge. Wollen Sie eine Playlist oder ein Album abspielen, klicken Sie auf das Abspielsymbol, wenn Sie mit der Maustaste darüberstehen, oder klicken Sie die Playlist bzw. das Album an, um zu sehen, welche Songs sich dahinter verbergen.

Sie können dann die Musik wie in der Mediathek wiedergeben, indem Sie auf entsprechende Titel doppelklicken oder auf das Play-Symbol des Titels klicken. Auch steht Ihnen beim Abspielen die Funktion **Als Nächstes wiedergeben** zur Verfügung. Lieder, die Ihnen nicht gefallen, können Sie über die drei Punkte oder mit einem rechten Mausklick mit **Gefällt mir nicht** markieren, dann lernt Apple Music Ihren Geschmack besser kennen. Gefällt Ihnen hingegen eine Musik, können Sie diese mit **Zu Favoriten hinzufügen** markieren.

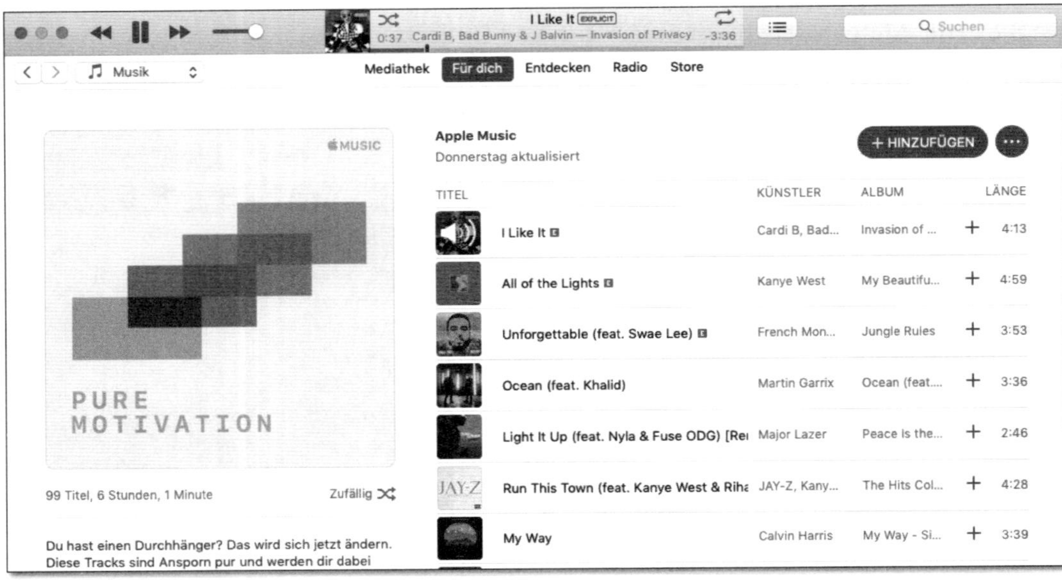

Abbildung 27.44 Wiedergabelisten nach Ihrem Musikgeschmack abspielen

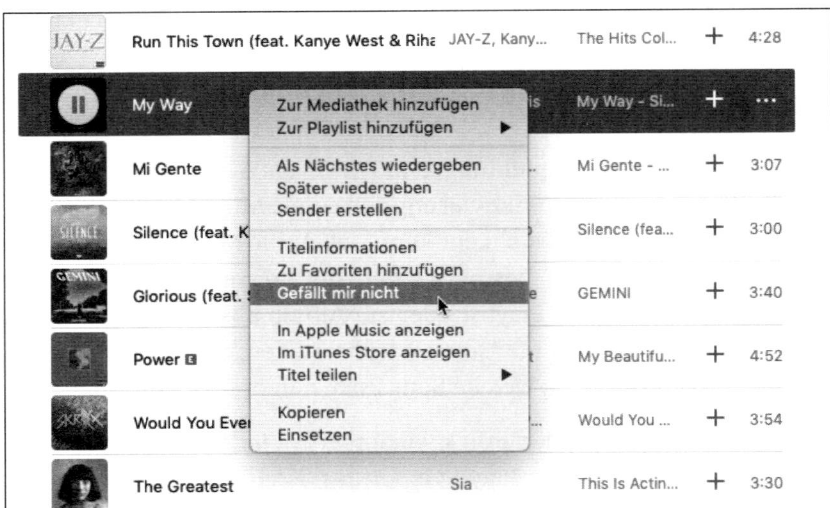

Abbildung 27.45 Abspielen in Apple Music funktioniert so, wie Sie es von der Mediathek bereits kennen.

Ebenfalls im Register **Für dich** finden Sie **Connect**. Connect ist ein soziales Netzwerk für Musik, das den Künstlern eine Plattform bieten soll, auf verschiedene Neuigkeiten hinzuweisen. Sie können dem Künstler folgen und die Beiträge kommentieren. Wenn Sie Titel oder Alben von einem Künstler hier laden, folgen Sie ihm automatisch.

Ebenso können Sie einzelnen Künstlern auf der entsprechenden Seite des Künstlers folgen, indem Sie die drei Punkte anklicken und **Folgen** auswählen.

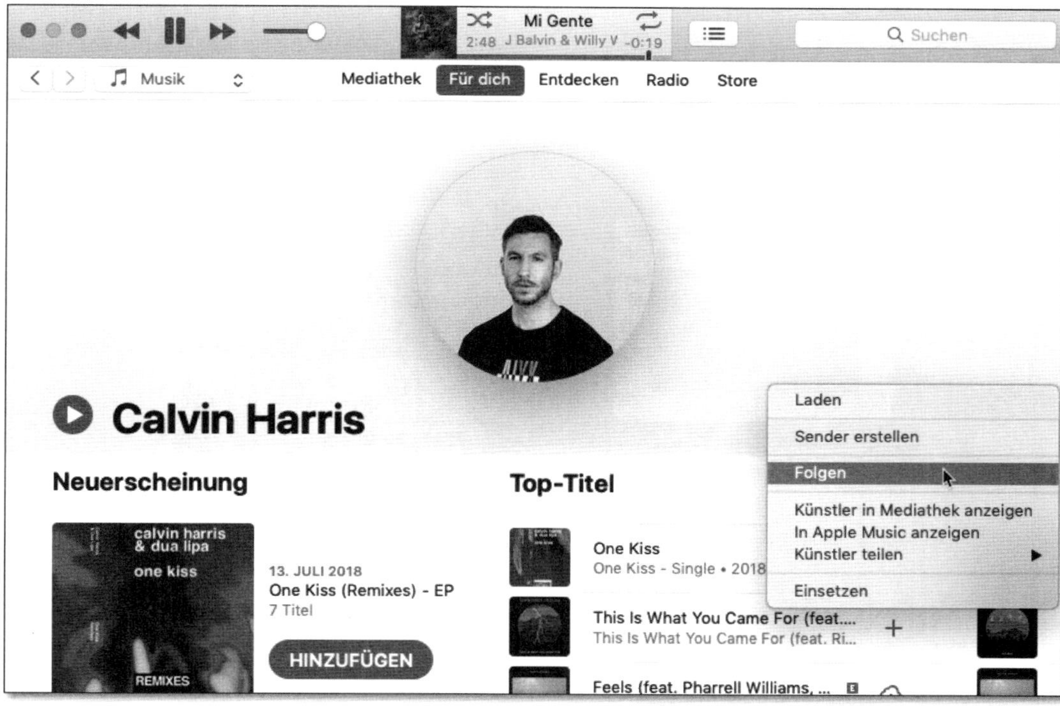

Abbildung 27.46 Folgen Sie Ihrem Künstler, um auf dem Laufenden zu bleiben.

Welchen Künstlern Sie folgen, können Sie über Ihr Benutzermenü bei **Für dich** mit **Connect** und dann der Schaltfläche **Sehen, wem du folgst** überblicken. Sie können einzelnen Künstlern auch »entfolgen«, wenn Sie auf die Schaltfläche **Folge ich** klicken. Über **Mehr Künstler und Kuratoren** können Sie noch weiteren Künstlern folgen.

Wenn Sie bei **Für dich** auf die Schaltfläche ganz rechts klicken, können Sie Musik zusammen mit Freunden und Bekannten entdecken. Sie können sich Ihre Playlist ansehen und anderen Personen folgen. Dadurch können Sie deren Alben und Playlists einsehen. Beim Einrichten dieser Funktion müssen Sie nur den Anweisungen auf dem Bildschirm folgen. Nach der Einrichtung eines Profils können Sie es via E-Mail oder Nachrichten teilen. Außerdem können Sie das Profil jederzeit nachträglich bearbeiten.

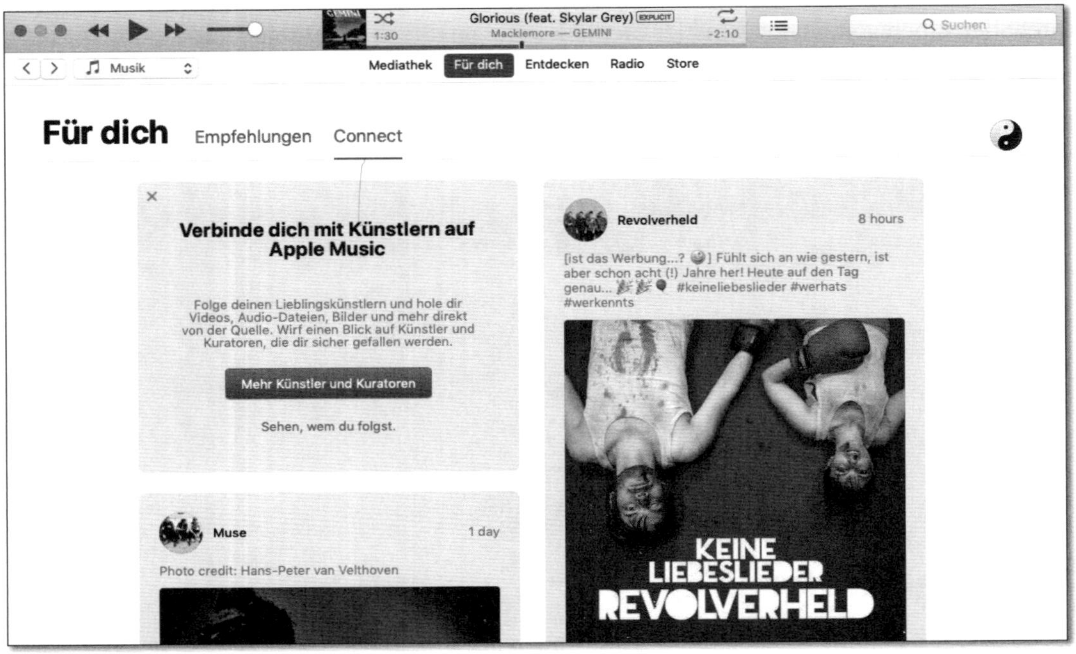

Abbildung 27.47 Übersicht darüber, wem Sie folgen

Abbildung 27.48 Musik mit Freunden entdecken

27.7.3 Connect und/oder Apple Music deaktivieren

Wollen Sie **Connect** nicht einblenden, können Sie dies über **iTunes ▸ Einstellungen** im Register **Einschränkungen** unter **Deaktivieren** mit **Musikprofile & Posts** tun. An dieser Stelle könnten Sie sogar **Apple Music** komplett deaktivieren, womit die Einträge **Für dich**, **Entdecken** und **Radio** verschwinden würden.

Abbildung 27.49 Connect und/oder Apple Music ausblenden

27.7.4 Entdecken

Das Register **Entdecken** bietet die ganze Vielfalt von Apple Music. Hier finden Sie Neuerscheinungen, Playlists von Apple, Musikvideos, Topcharts und Musik nach Genres. Die Überschrift *Entdecken* ist hier auch wirklich Programm. Ansonsten funktionieren die Auswahl und das Abspielen der Musik wie bei **Für dich** oder in der Mediathek.

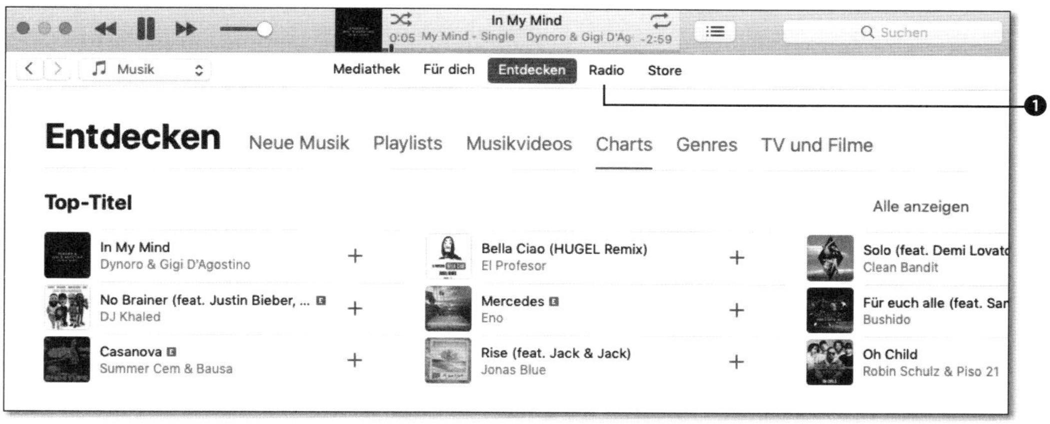

Abbildung 27.50 Die neuesten Hits, Charts und Musik nach Genres finden Sie in »Entdecken«.

27.7.5 Radio

Unter **Radio** ❶ finden Sie rund um die Uhr laufende Radiosender von Apple und anderen Livesendern. **Beats 1** ist hierbei kostenlos und kann auch in iTunes verwendet werden, wenn Sie Apple Music nicht abonniert haben. **Beats 1** ist ein echter Radiosender von Apple mit vielen prominenten Moderatoren. Hier hören Sie exklusive Interviews, Gastmoderatoren und aktuelle Musik.

Des Weiteren finden Sie hier viele weitere Livesender wie BBC, Bloomberg Radio oder NPR News. Auch für diese Sender benötigen Sie keine Mitgliedschaft bei Apple Music. Andere Genre- und Spartensender sind allerdings nur Abonnenten von Apple Music vorbehalten. Bei Sendern wie beispielsweise Dance Radio, Hip Hop Radio, Electronic Radio oder Pure Pop Radio ist der Name Programm. Um einen Sender zu starten, gehen Sie mit dem Mauscursor über das Angebot und klicken auf die Play-Taste. Der laufende Titel oder die Sendung wird im Aktivitätsfeld ❷ angezeigt. Sender, die live streamen, zeigen rechts im Aktivitätsfeld das Label **LIVE** an. Eine Übersicht über die zuletzt gespielten Songs erhalten Sie, wenn Sie auf das Listensymbol ❸ in der Aktivitätsanzeige klicken. Mit einem Klick auf einen Titel können Sie diesen erneut abspielen oder via **Gehe zu** entweder in Apple Music oder im iTunes Store öffnen.

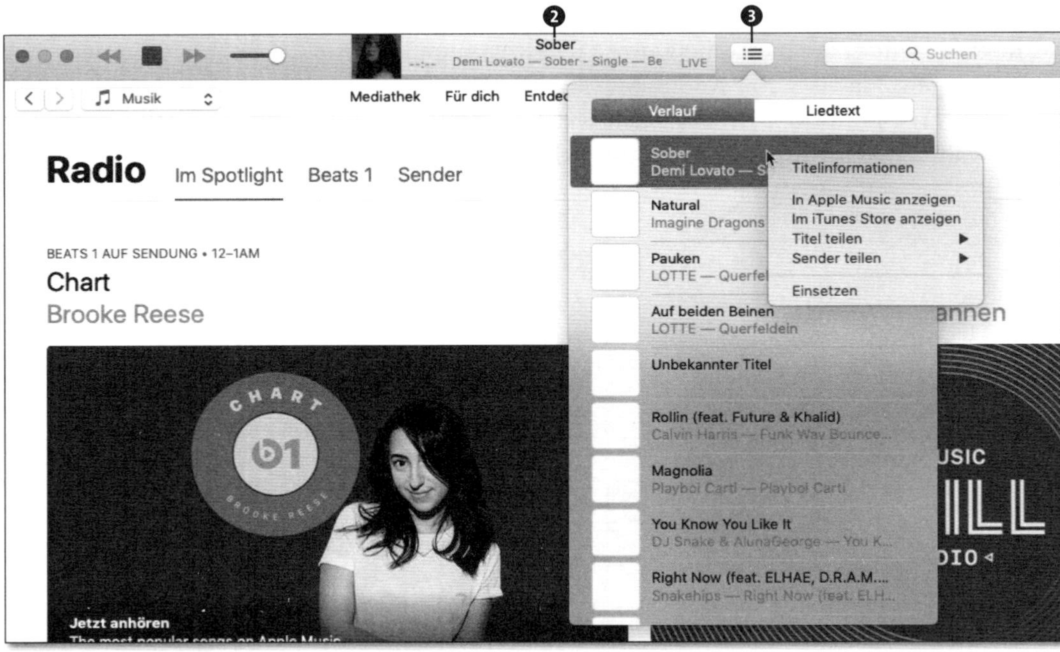

Abbildung 27.51 Das Abspielen von Radiosendern funktioniert wie bei gewöhnlicher Musik.

27.7.6 Die iCloud-Mediathek von Apple Music

Apple Music bietet über das reine Streaming von Musik noch die Möglichkeit an, mithilfe einer iCloud-Mediathek Ihre Musik auf allen Geräten zur Verfügung zu stellen, auf denen Apple Music und die iTunes-Mediathek aktiviert sind.

Das Prinzip, nach dem die iCloud-Mediathek den kompletten Musikbestand in der Cloud abgleicht, kennen Sie bereits von iTunes Match, wo Ihr gesamter Musikbestand in der Cloud zur Verfügung steht. Hierbei werden alle Änderungen in der lokalen Mediathek automatisch von der Cloud übernommen und können auch von anderen Geräten verwendet werden. Auch findet der Abgleich recht ähnlich wie bei iTunes Match statt. Einkäufe vom iTunes Store werden nicht von der Festplatte hochgeladen, weil sich diese ja ohnehin schon auf dem Server befinden. Gerippte oder importierte Musik, die im iTunes Store erkannt wurde, muss auch nicht hochgeladen werden und wird auf dem Apple Server zur Verfügung gestellt. Lediglich die Musik, die nicht vom Store erkannt wurde, wird von Ihrem Computer auf den Apple Server geladen, damit diese auch für andere Geräte vorhanden ist.

Ein zweiter wichtiger Grund für die iCloud-Mediathek ist, dass Sie hiermit Musik und Playlists, die Sie in Apple Music hören und erstellt haben, der lokalen Mediathek hinzufügen können. Dabei wird der Titel entweder als Verweis oder als echte physikalische Datei auf den Computer heruntergeladen. Sie finden die Musik wie gehabt im eingestellten iTunes-Media-Verzeichnis, unterhalb eines neuen Apple-Music-Ordners. Sie können diese Musik in der Mediathek (lokal) nutzen, wie Sie es von Ihren gekauften, importierten oder von CD gerippten Titeln her kennen. Allerdings werden diese Titel, die Sie von Apple Music verwenden, meistens mit einem Kopierschutz ausgeliefert, und wenn Sie das Apple-Music-Abo kündigen, können Sie diese Titel, die Sie von der iCloud-Mediathek geladen haben, nicht mehr nutzen.

Auf dem Mac ist die iCloud-Mediathek, im Gegensatz zu der auf den mobilen Geräten wie iPhone, iPad oder iPod, standardmäßig aktiviert. Sollte dies bei Ihnen nicht der Fall sein, finden Sie die entsprechende Option zum De- bzw. Aktivieren über **iTunes ▸ Einstellungen** im Register **Allgemein** mit **iCloud-Musikmediathek (Benutzername)**.

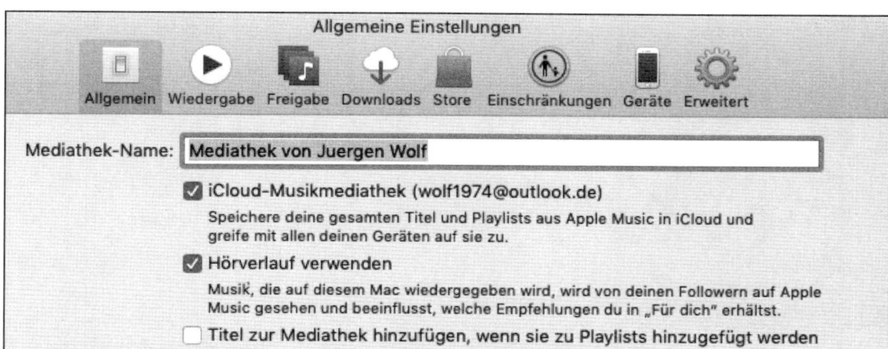

Abbildung 27.52 iCloud-Musikmediathek aktivieren

Vermutlich ist Ihnen beim Aktivieren von Apple Music der drehende Kreis rechts oben aufgefallen, der Sie über den Abgleich der Musikbestände auf dem Laufenden hält. Erfahrungsgemäß kann dieser Abgleich der Medien sehr lange dauern.

ACHTUNG

Kein Backup

Auch wenn Ihnen mithilfe der iCloud-Mediathek alle Titel, Alben und Playlists auf den Geräten zur Verfügung stehen, auf denen Sie Apple Music und die iCloud-Mediathek aktiviert haben, stellt die iCloud-Mediathek keine Backup-Lösung dar!

27.7.7 Musik aus Apple Music der Mediathek hinzufügen

Wenn Sie die iCloud-Mediathek aktiviert haben, können Sie Titel, Alben oder ganze Playlists der Mediathek hinzufügen, offline abspielen und verwalten wie jede andere Musik, die in Ihrer Mediathek vorliegt.

Um einzelne Titel von Apple Music der Mediathek hinzuzufügen, wählen Sie den Titel aus und klicken rechts. Im Kontextmenü können Sie **Zur Mediathek hinzufügen** auswählen, oder Sie wollen den Titel gleich über **Zur Playlist hinzufügen** einer Playlist hinzufügen oder eine neue erstellen. Auch einzelne Titel können Sie der Mediathek hinzufügen, wenn Sie auf das Plussymbol ❶ klicken.

Abbildung 27.53 Einzelne Titel oder ganze Alben der Mediathek hinzufügen

Klicken Sie bei einem Album auf **+ Hinzufügen** ❷, wird das komplette Album mit allen Titeln der Mediathek hinzugefügt. Abhängig von den Einstellungen werden die Titel in die Mediathek geladen oder hinzugefügt. Steht an dieser Stelle statt der Schaltfläche **Hinzufügen** der Text **Geladen** (bzw. kein Symbol mehr bei einzelnen Titeln) oder ein Wolkensymbol, befindet sich das Album bzw. der Titel bereits in der Mediathek.

Alben und Playlists können Sie in der Albenansicht hinzufügen, ohne den Inhalt anzuzeigen, indem Sie rechts auf das Albumcover klicken und **Zur Mediathek hinzufügen** auswählen.

Abbildung 27.54 Ein Album der Mediathek hinzufügen

Auf dieselbe Weise können Sie auch Playlists hinzufügen. Hinzugefügte Playlists werden in der Mediathek links in der Seitenleiste in einer eigenen Kategorie namens **Apple Music-Playlists** einsortiert.

Entscheidend, ob beim Anklicken eines Plussymbols bei einzelnen Titeln oder der Schaltfläche **+ Hinzufügen** bei einem ganzen Album bzw. mit einem rechten Mausklick und dem Befehl **Zur Mediathek hinzufügen** die Objekte heruntergeladen werden oder nur über die iCloud als Stream mit dem Wolkensymbol zur Verfügung stehen, ist das Häkchen **Musik** bei **iTunes ▸ Einstellungen ▸ Downloads**. Ist das Häkchen gesetzt, werden die Objekte von Apple Music geladen. Wenn kein Häkchen gesetzt ist, werden diese Objekte nur als Stream via iCloud mit einem Wolkensymbol hinzugefügt, wofür beim Abspielen eine Internetverbindung benötigt wird. Wollen Sie anschließend einen Titel oder das Album trotzdem von der iCloud herunterladen, können Sie dies jederzeit tun, indem Sie auf das Wolkensymbol klicken. Ich verwende das Häkchen vor **Musik** für gewöhnlich nicht, weil sich sonst meine Festplatte schnell füllen würde. Daher lade ich mir bei Bedarf über die Mediathek nur die Titel über das Wolkensymbol herunter, die ich im Augenblick gerne höre und auch hören will, wenn ich keine Internetverbindung habe.

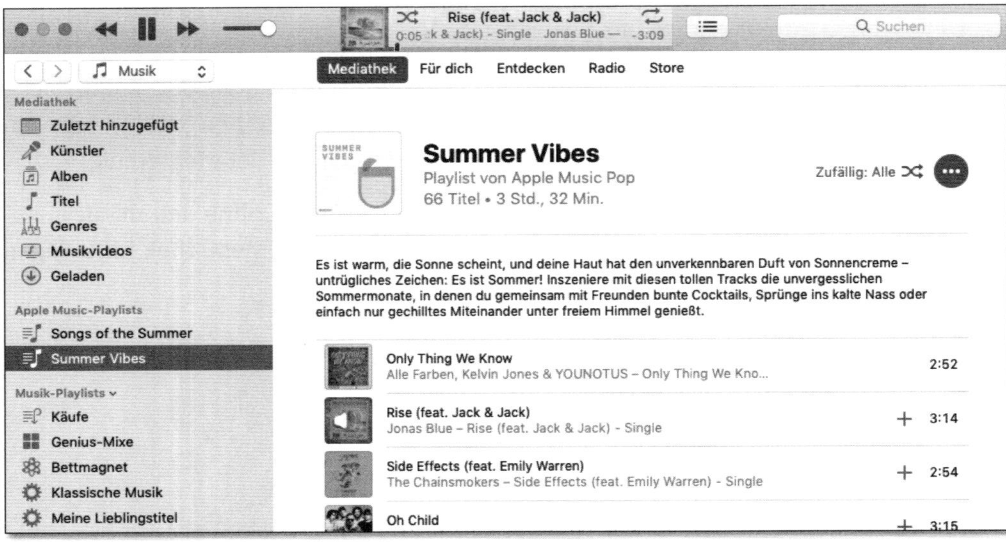

Abbildung 27.55 Für Playlists von Apple Music gibt es eine eigene Kategorie.

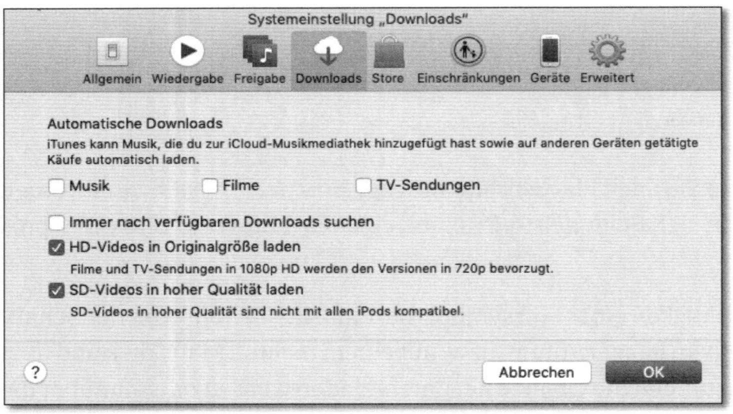

Abbildung 27.56 Hier können Sie den Download von Musik (de-)aktivieren.

27.7.8 Musik von Apple Music von der Mediathek entfernen

Mit einer aktiven iCloud-Mediathek ändert sich das Verhalten ein wenig, wenn Sie eine Musikdatei aus der Mediathek wieder entfernen wollen. Neben der Möglichkeit, die Musik mit einem rechten Mausklick aus der Mediathek zu löschen, womit diese von der Festplatte entfernt wird, steht Ihnen noch die Möglichkeit zur Verfügung, nur den Download zu entfernen.

Um Musik, die Sie über Apple Music hinzugefügt haben, zu entfernen, klicken Sie den Titel oder das Album mit rechts an und wählen **Download entfernen**. Nun werden die heruntergeladenen Titel von der Festplatte entfernt (um Speicherplatz zu sparen) und stehen trotzdem in der iCloud als Stream zum Abspielen zur Verfügung, wie es das Wolkensymbol auch symbolisiert. Voraussetzung zum Abspielen der Dateien in der iCloud ist allerdings wieder, dass eine stabile Internetverbindung besteht.

Abbildung 27.57 Musik von Apple Music von der Festplatte entfernen

Wählen Sie hingegen **Aus Mediathek löschen** aus, wird der Titel aus der iCloud-Mediathek gelöscht, was sich hierbei auf alle Geräte auswirkt, auf denen die iCloud-Mediathek verwendet wird. Steht der Titel offline zur Verfügung, wird dieser hiermit von der Festplatte gelöscht.

27.7.9 iCloud-Status überprüfen

Wenn Sie die iCloud-Mediathek aktiviert haben, können Sie die gekaufte Musik, die Musik aus Apple Music und auch die importierte Musik von CD oder einem anderen Medium in der Mediathek wie aus einem Guss verwenden. Um hierbei den Überblick zu behalten, um was für Musik es sich denn jetzt handelt, können Sie entweder die Informationen mit [cmd] + [I] einblenden und im Register **Datei** den **iCloud-Status** ermitteln, oder Sie verwenden die Titeldarstellung und aktivieren über die Darstellungsoptionen via [cmd] + [J] die Option **iCloud-Status**.

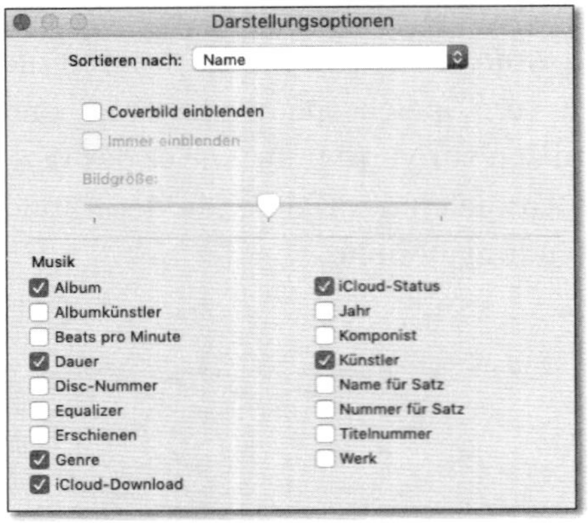

Abbildung 27.58 Den iCloud-Status eines Musiktitels ermitteln

In der Titeldarstellung können Sie den **iCloud-Status** in einer Spalte ❶ ermitteln und danach sortieren. Bei **Apple Music** handelt es sich um Titel, die Sie über Apple Music hinzugefügt haben und die nicht hochgeladen werden mussten. **Käufe** sind die Titel, die Sie im Store gekauft haben und die ebenfalls nicht hochgeladen wurden. **Übertragen** hingegen sind Titel, die im iTunes Store nicht gefunden werden konnten und daher in die iCloud geladen wurden, damit sie auf anderen Geräten zur Verfügung stehen. Steht hier **Warten**, dann wurde der Abgleich mit diesem Titel noch nicht durchgeführt, und **Ungeeignet** sind gewöhnlich Dateien, mit denen die iCloud-Mediathek nicht umzugehen weiß. Finden Sie hier **Abgeglichen**, wurden diese Titel mit Apple Music oder iTunes Match abgestimmt.

Abbildung 27.59 Übersicht über den iCloud-Status der einzelnen Titel

27.7.10 Apple Music kündigen

Das Abo von Apple Music verlängert sich gegen Ende der dreimonatigen Probezeit jeweils um einen Monat. Sie können das Abo monatlich kündigen. Um das Abo zu kündigen oder auszusetzen, wählen Sie **Account ▸ Meinen Account anzeigen** und scrollen etwas herunter, bis Sie Einstellungen zu **Abos** sehen. Klicken Sie hier auf **Verwalten** und dann auf **Probeabo kündigen** bzw. **Abo kündigen**. Sie können das Abo weiterhin bis zum Ende des ablaufenden Monats bzw. der dreimonatigen Probezeit benutzen. Über diese Seite können Sie ein unterbrochenes Abo auch wieder verlängern.

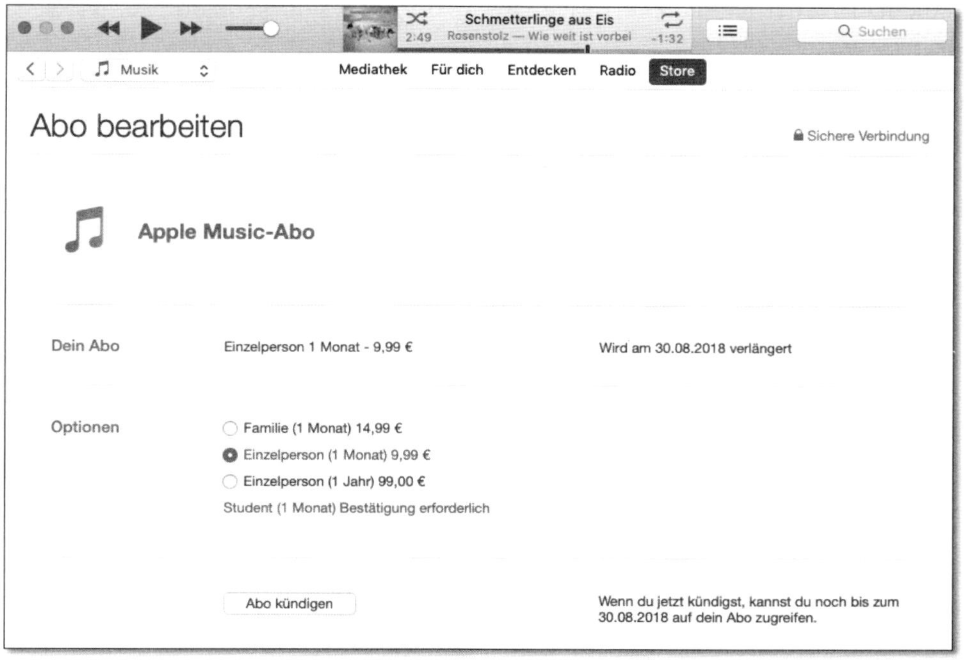

Abbildung 27.60 Apple Music kann jederzeit gekündigt werden.

27.8 Filme und TV-Sendungen

iTunes ist nicht nur auf Musik beschränkt, sondern kann auch Filme und TV-Sendungen wiedergeben und verwalten. Die Inhalte dazu können Sie im iTunes Store kaufen oder leihen. Ebenso können Sie eigene Filme, die bereits als Videodateien im Format MOV, MPV oder MP4 vorliegen, importieren und wiedergeben. Mit Formaten wie DivX oder MKV kann iTunes nichts anfangen. Auch mit DVDs kann iTunes aus urheberrechtlichen Gründen nicht umgehen bzw. sie nicht importieren. Der Import von Videos unterscheidet sich nicht vom Import von Musikdateien, was hier bedeutet, dass auch ein importiertes Video in das iTunes-Media-Verzeichnis kopiert (!) wird.

TIPP

Speicherplatz sparen

Sollten Sie vorhaben, Ihre Videos mit iTunes zu verwalten, und wollen das Kopieren in das iTunes-Media-Verzeichnis vermeiden, können Sie das Video per Drag & Drop mit gehaltener `Alt`-Taste vom Finder in iTunes importieren. Wenn Sie die `Alt`-Taste über diesen Weg gedrückt halten, wird nur ein Verweis auf das Video angelegt und nicht die ganze Filmdatei in das iTunes-Media-Verzeichnis kopiert.

Auch die Verwaltung ähnelt der Verwaltung von Musik, nur dass hier zwischen Filmen und TV-Serien unterschieden wird. Beide Kategorien enthalten eine **Mediathek**, **Ungesehen** für noch nicht gesehene Filme und den **Store** zum Kaufen von Filmen bzw. TV-Sendungen. Videos, die Sie in iTunes importieren, werden automatisch in die Kategorie **Eigene Videos** links in der Seitenleiste einsortiert. Wie bei der Musik finden Sie verschiedene Darstellungsoptionen für Filme und TV-Sendungen.

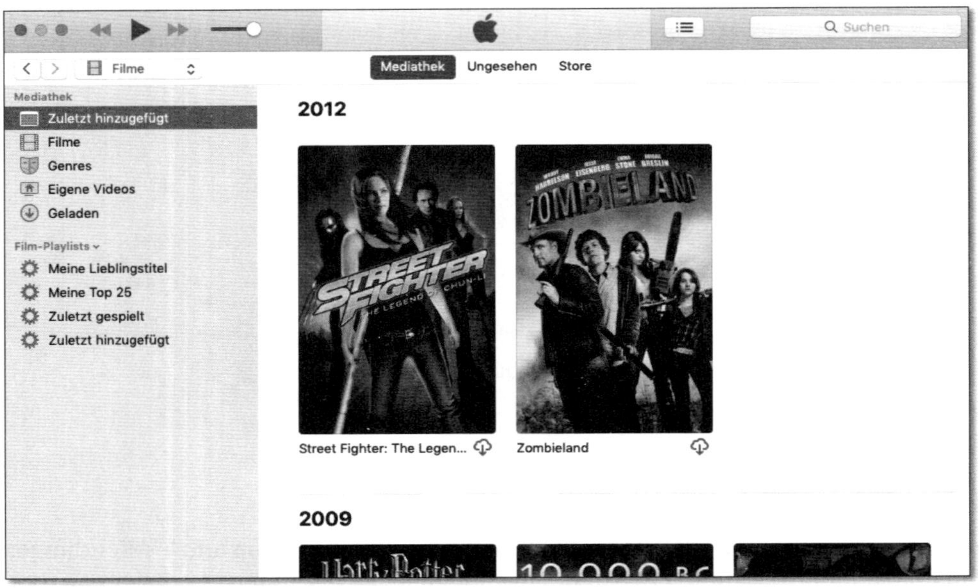

Abbildung 27.61 Die Verwaltung von Filmen und TV-Serien ähnelt der von Musik.

Die Wiedergabe von Filmen und TV-Sendungen sollte keine großen Probleme bereiten. Hierzu klicken Sie entweder doppelt auf den Film bzw. die TV-Sendung oder auf ein

Play-Symbol, das eingeblendet wird, wenn Sie mit der Maus über dem Cover bzw. der Miniaturvorschau stehen. Bei der Wiedergabe können Sie über entsprechende Steuerelemente das Video in einem separaten Fenster oder im Vollbildmodus ❶ wiedergeben. Bei manchen Videos können Sie die Sprache ❷ einstellen. Über das Listensymbol ❸ finden Sie die Kapitelübersicht.

Abbildung 27.62 Die Steuerelemente zur Wiedergabe von Filmen und TV-Sendungen

27.9 Internetradio

Über iTunes können Sie aus Tausenden Internetradiosendern weltweit auswählen und sie per Livestream anhören. Im Gegensatz zum Radio von Apple Music benötigen Sie hier nicht mal eine Apple-ID. Einzige Voraussetzung für Internetradio ist eine dauerhafte Internetverbindung.

1. Wählen Sie in der Navigationsleiste für die Medienart **Musik** ❶, und klicken Sie dort in der Seitenleiste der Mediathek auf **Bearbeiten**. Setzen Sie ein Häkchen vor **Internetradio**, um diesen Eintrag künftig hier auswählen zu können. Klicken Sie auf **Fertig**, finden Sie den Eintrag in der Mediathek.

2. Das Angebot von Radiosendern wird in verschiedenen Kategorien wie **Adult Contemporary**, **Alternative Rock**, **Ambient**, **Blues** usw. aufgeteilt. Doppelklicken Sie auf die Kategorien, oder klicken Sie auf das Dreieck einer Kategorie, um die darin auf-

gelisteten Radiosender aufzuklappen. Beim ersten Mal kann dies etwas dauern, weil die Senderliste noch aktualisiert wird.

3 Einen Stream können Sie starten, indem Sie auf den gewünschten Sender doppelklicken. In der Aktivitätsanzeige wird eingeblendet, welcher Sender gerade läuft.

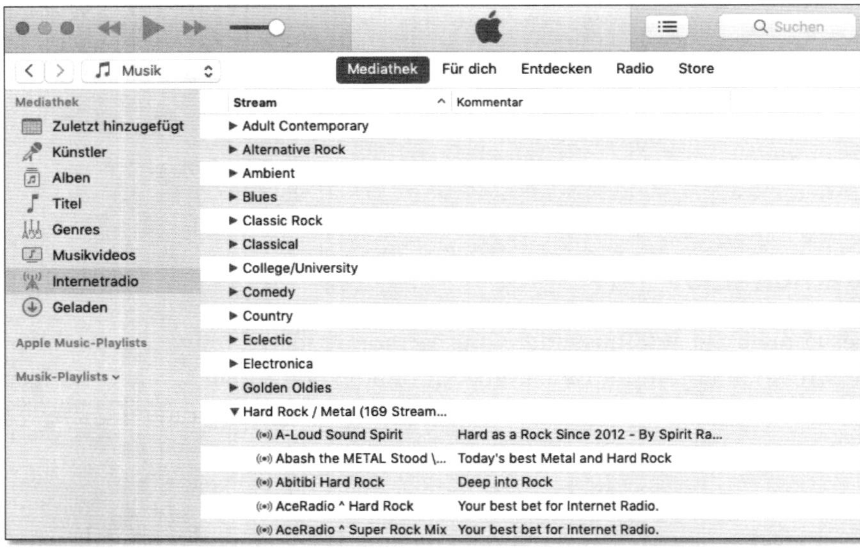

HINWEIS

Datenrate eines Senders

Über **Darstellung ▸ Darstellungsoptionen einblenden** bzw. cmd + J können Sie noch weitere Informationen wie Datenrate oder Art in der Spalte zum Radiosender einblenden und die Sender nach Namen, Datenrate oder Kommentaren sortieren.

27.10 Hörbücher

Die Hörbücher wurden in iTunes ebenfalls in eine eigene Kategorie von Medienart ausgelagert und können über **Darstellung ▸ Medienart ▸ Hörbücher**, cmd + 5 oder das Dropdown-Menü mit **Menü bearbeiten** angezeigt werden. Der Umgang mit Hörbüchern entspricht dem schon beschriebenen Umgang mit Musik. Hörbücher können im **Store** gekauft oder von CD gerippt und importiert werden. Bei einigen Hörbüchern werden E-Books mitgeliefert, die Sie im Programm Apple Books lesen und verwalten können.

Abbildung 27.63 Auch für Hörbücher gibt es eine eigene Kategorie in iTunes.

Beim Import von Hörbüchern von CD oder MP3-Dateien werden diese in der Regel als Medienart **Musik** verwendet und in **Musik** hinzugefügt. Dies können Sie ändern, indem Sie das Hörbuch-Album oder die entsprechenden Dateien markieren und `cmd` + `I` bzw. **Bearbeiten ▸ Album-Informationen** wählen. Im Register **Optionen** können Sie die **Medienart** von **Musik** auf **Hörbuch** ändern. Wenn Sie den Dialog mit **OK** bestätigt haben, finden Sie das Album oder die markierten Titel im Bereich **Hörbücher**.

Abbildung 27.64 Importieren Sie Hörbücher von CD, werden diese zunächst als Musik behandelt.

27.11 Podcasts

Podcasts sind Audio- und Videodateien, und es gibt diese zu allen nur erdenklichen Themen und Interessengebieten. Anbieter von Podcasts erstellen gewöhnlich in zeitlichen Abständen eine neue Folge ihres Podcasts. Ältere Folgen lassen sich häufig auch über einen längeren Zeitraum anhören. Die Podcasts sind kostenlos und können entweder gestreamt oder auf den Computer, das iPhone oder iPad zum Anhören bzw. Anschauen heruntergeladen werden. Mithilfe von iTunes können Sie solche Podcasts kostenfrei abonnieren, verwalten und wiedergeben. Hierzu ist keine Apple-ID nötig. Die folgende Anleitung demonstriert den Umgang mit Podcasts:

1 Klicken Sie in der Navigationsleiste der Medienart auf **Podcast**. Alternativ können Sie die Sektion **Podcast** in iTunes auch mit [cmd] + [4] aktivieren.

2 Beim ersten Start dürften hier noch keine Inhalte zu sehen sein, außer Sie haben auf einem anderen Gerät bereits Podcasts abonniert und sind in iTunes mit derselben Apple-ID angemeldet (was für Podcasts allerdings nicht nötig ist). Klicken Sie daher oben zunächst auf den Bereich **Store**.

3 Hier sehen Sie eine Übersicht über alle verfügbaren Podcasts. Diese können Sie bei Bedarf nach Audio und Video filtern. Im Bereich **Alle Kategorien** ❶ können Sie nach Podcasts für Ihr Interessengebiet suchen.

4 Um weitere Informationen zu einem Podcast zu erhalten, klicken Sie auf das Cover. Dann erhalten Sie gewöhnlich eine Beschreibung des Podcasts und die Übersicht über alle verfügbaren Folgen.

5 Sie können die einzelnen Folgen von Podcasts wie bei Musik durch Doppelklicken abspielen lassen. In der Aktivitätsanzeige werden die Folge, der Titel der Folge und der Name des Podcasts eingeblendet. Wollen Sie eine Folge eines Podcasts herunterladen und später ohne Internetverbindung anhören, klicken Sie auf **Laden** ❷, und der Podcast steht nach dem Download auch unter **Mediathek** und **Ungespielt** ❸ zur Verfügung.

6 Wollen Sie einen Podcast abonnieren, damit automatisch immer die neueste Folge heruntergeladen wird, klicken Sie auf **Abonnieren**. Nach einer Rückfrage wird die neueste Folge in den Bereich **Mediathek** geladen und angezeigt.

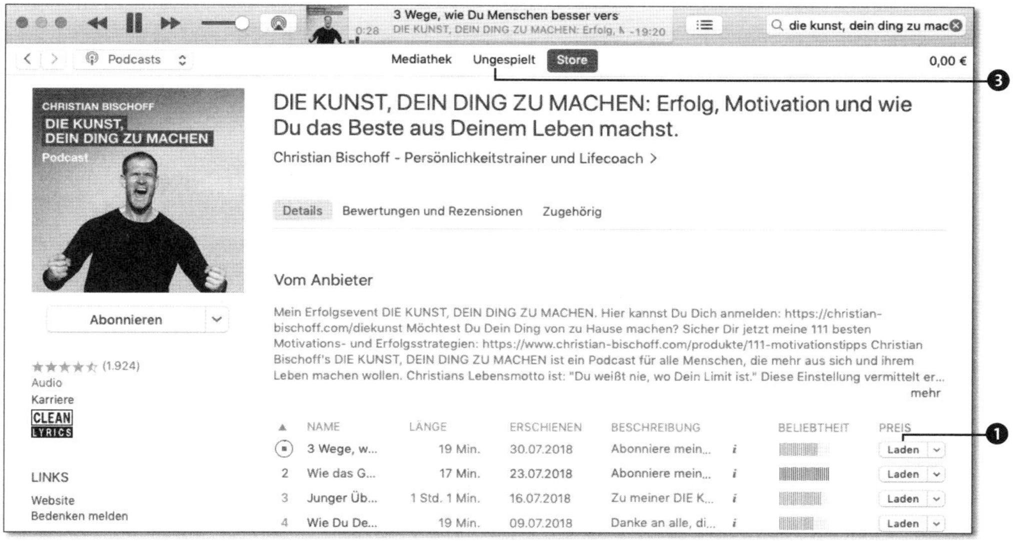

27

Wenn Sie auf diese Weise einige Podcasts abonniert haben, können Sie sich um die Organisation in der Mediathek kümmern. Klicken Sie hierzu auf **Mediathek**, und es werden alle abonnierten Podcasts angezeigt. Klicken Sie einen Podcast an, werden die darin enthaltenen Folgen daneben angezeigt, die Sie mit einem Doppelklick abspielen können. Mit der Schaltfläche **Aktualisieren** prüfen Sie, ob neue Folgen verfügbar sind. Über das Zahnradsymbol können Sie den Podcast organisieren, etwa die Wiedergabereihenfolge und Sortierreihenfolge festlegen oder das Abo beenden. Des Weiteren können Sie begrenzen, wie viele Folgen auf dem Computer maximal gespeichert werden sollen, ob neue Folgen automatisch geladen und gespielte Folgen automatisch gelöscht werden dürfen. Ähnliche Einstellungen finden Sie auch in der Schaltfläche **Standardeinstellungen**.

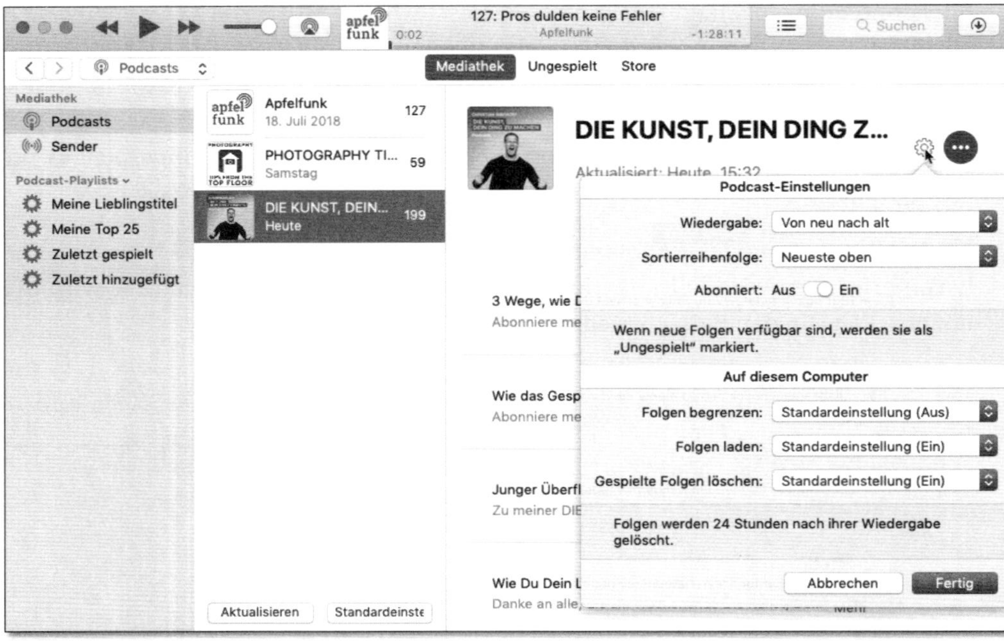

Abbildung 27.65 Die Verwaltung der Podcasts

Wollen Sie einen Podcast nicht mehr abonnieren, klicken Sie ihn mit der rechten Maustaste an und wählen **Podcast-Abo beenden** aus. Löschen können Sie einzelne Folgen eines Podcasts wie Musik, indem Sie die Folge markieren und [←] drücken.

Abbildung 27.66 Podcast-Abo beenden oder einzelne Folgen löschen

Wenn Sie auf der Suche nach dem Angebot von *iTunes U* sind, werden Sie nun bei den Podcasts fündig. Ab iTunes 12.7 befinden sich die iTunes-U-Inhalte im Bereich **Podcasts**.

27.12 Freigeben der Mediathek

Sie sind mit der Mediathek nicht an den lokalen Computer gebunden und können iTunes auch als Medienserver einrichten, sodass andere Geräte Zugriff darauf haben.

27.12.1 Freigabe der Mediathek im lokalen Netzwerk

Voraussetzung für iTunes als Medienserver ist, dass sich alle Computer im selben Netzwerk befinden, weshalb sich das heimische WLAN bestens dafür eignet. In der Regel ist ein solcher Medienserver mit wenigen Mausklicks eingerichtet:

1 Öffnen Sie die Einstellungen **über iTunes ▸ Einstellungen**, und klicken Sie auf das Register **Freigabe**. Setzen Sie hier ein Häkchen vor **Meine Mediathek im lokalen Netzwerk teilen**. Entscheiden Sie, ob Sie die **Gesamte Mediathek teilen** wollen oder **Ausgewählte Playlists teilen**, und setzen Sie ein Häkchen vor den Medienarten, die Sie freigeben wollen. Wenn Sie den Zugriff beschränken wollen, vergeben Sie ein Passwort, indem Sie das Häkchen davorsetzen und ein Passwort eingeben. Wenn ein Benutzer über das (lokale) Netzwerk auf die Mediathek zugreift, muss er vorher das Passwort eingeben. Klicken Sie auf **OK**, ist Ihre Mediathek freigegeben und kann von anderen Computern genutzt werden.

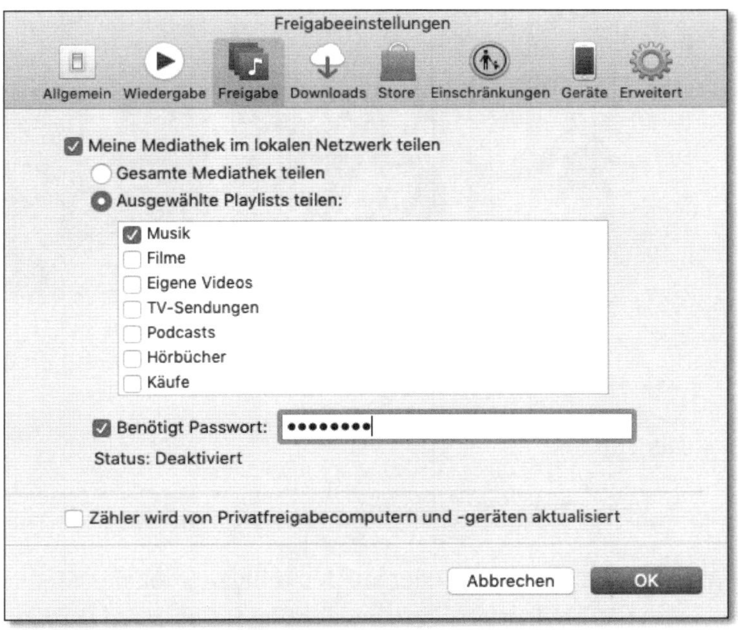

2 Starten Sie iTunes auf einem anderen Computer, der dasselbe (lokale) Netzwerk verwendet wie der Computer, an dem Sie die Mediathek in Schritt 1 freigegeben haben. Klicken Sie hier auf die Navigationsleiste, wo Sie, neben Ihrem Computer, den Namen für die freigegebene Mediathek vorfinden. Wählen Sie die Mediathek aus.

3 Jetzt können Sie über die Medienarten in der Navigationsliste genauso auf den Inhalt der Mediathek zugreifen, als würde sich diese auf demselben Computer befinden. Allerdings ist es nicht möglich, die Metadaten zu ändern oder Inhalte der Mediathek auf die lokale Festplatte des anderen Computers zu kopieren.

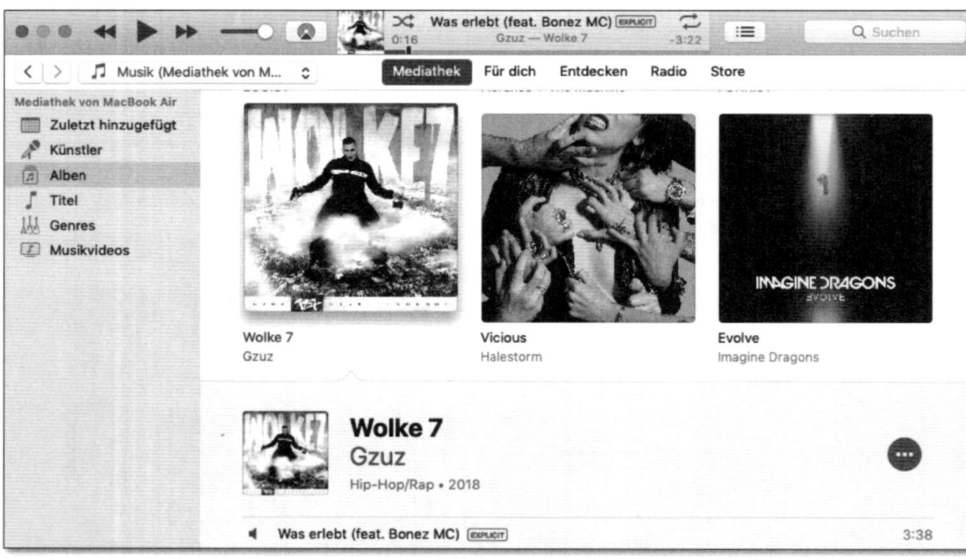

4 Wollen Sie auf dem anderen Computer wieder auf den Inhalt der lokalen Mediathek zugreifen, müssen Sie in der Navigationsleiste wieder **Dieser Computer** verwenden.

TIPP

Verwendet jemand die Mediathek?

Ob jemand die Mediathek verwendet, können Sie in der **Status**-Anzeige bei den Einstellungen von iTunes im Register **Freigabe** sehen. Wenn Sie hier die Freigabe beenden und ein anderer Benutzer gerade die geteilte Mediathek verwendet, erscheint ein Dialog, der Sie darauf hinweist.

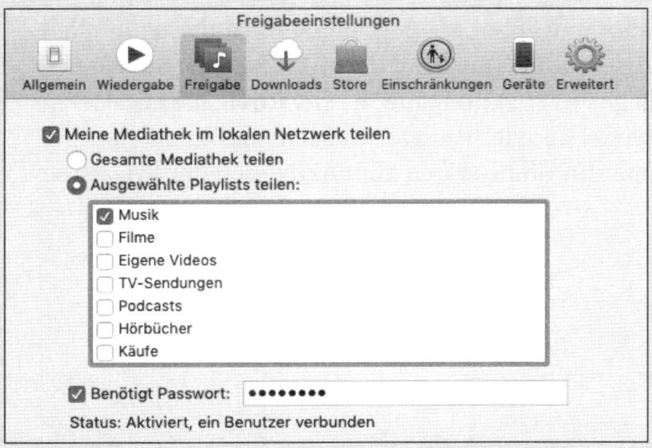

Abbildung 27.67 Die Mediathek wird gerade verwendet.

27.12.2 Privatfreigabe

Neben der Möglichkeit, die Mediathek freizugeben, gibt es noch eine Privatfreigabe in iTunes. In Tabelle 27.1 finden Sie eine kurze Gegenüberstellung der Freigabe der Mediathek und einer Privatfreigabe.

Freigabe der Mediathek	Privatfreigabe
Eine Mediathek wird im lokalen Netzwerk freigegeben, und andere Anwender greifen darauf zu.	Alle Teilnehmer aktivieren die Privatfreigabe, und jeder kann auf die Mediathek des anderen zugreifen.
Bei der Freigabe können bestimmte Medienarten berücksichtigt werden.	Hier wird immer alles freigegeben.
Zugriff auf die Mediathek geht nur mit Computern im Netzwerk.	Zugriff auf die Mediathek ist neben Computern auch mit einem iPhone, iPad oder iPod möglich. Es können aber keine Inhalte auf dem iOS freigegeben werden.
Freigabe ist unautorisiert jederzeit möglich.	Bei einer Privatfreigabe wird die Apple-ID benötigt.
Zugriff auf die Inhalte der Mediathek beschränkt sich auf die reine Wiedergabe.	Neben der Wiedergabe der Inhalte können diese bei einer Privatfreigabe auch in die andere Mediathek importiert werden.

Tabelle 27.1 Gegenüberstellung der Freigabe der Mediathek und der Privatfreigabe

Um die Privatfreigabe auf den Geräten nutzen zu können, müssen Sie diese auf allen Geräten mit derselben Apple-ID aktivieren. In iTunes auf dem Mac können Sie die Privatfreigabe beispielsweise mit **Ablage ▸ Privatfreigabe ▸ Privatfreigabe aktivieren** durchführen. Nach Eingabe der Apple-ID und des Passwortes zeigt ein Dialog, dass Sie dieselbe Apple-ID auf anderen Computern und Geräten zum Aktivieren der Privatfreigabe verwenden müssen.

Abbildung 27.68 Die Privatfreigabe auf dem Mac aktivieren

Bei iPhone, iPad oder iPod finden Sie die Privatfreigabe bei **Einstellungen ▸ Musik** bzw. **Einstellungen ▸ Video**, indem Sie, wenn noch nicht geschehen, unten bei **Privatfreigabe** auf **Anmelden** klicken. Sind Sie bereits angemeldet, finden Sie hier die E-Mail-Adresse der Apple-ID.

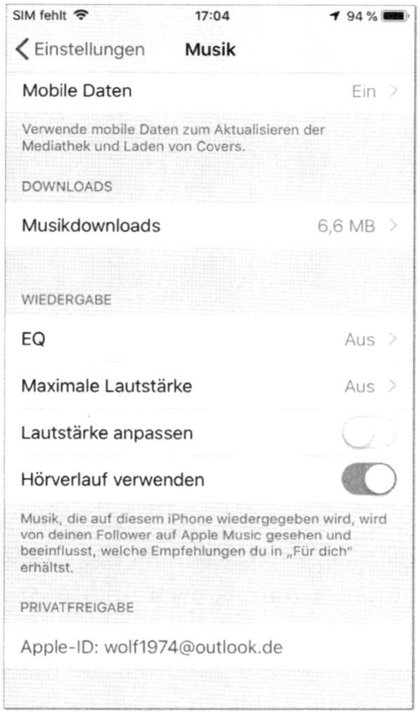

Abbildung 27.69 Die Privatfreigabe auf iOS aktivieren (hier bereits aktiv)

Wenn Sie die Geräte für die Privatfreigabe mit derselben Apple-ID aktiviert haben, können Sie beim Computer wie bei der Freigabe der Mediathek vorgehen und in der Navigationsleiste die freigegebene Mediathek auswählen und auf deren Inhalt zugreifen.

Abbildung 27.70 Zugriff auf die Mediathek über Privatfreigabe

Bei iPhone, iPad oder iPod finden Sie die Privatfreigabe im Register **Mediathek**, wo Sie die entsprechende zur Privatfreigabe zur Verfügung gestellte Mediathek auswählen und verwenden können.

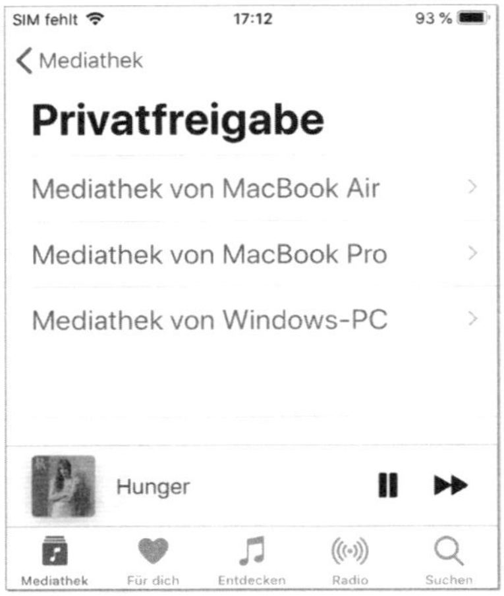

Abbildung 27.71 Die Privatfreigabe auf den mobilen iOS-Geräten

Bei der Privatfreigabe ist es nicht nur möglich, Inhalte der Mediathek zu streamen, sondern Sie können diese auch auf einen anderen Computer importieren und müssen die Inhalte nicht erneut aus dem Internet laden. Das Importieren funktioniert allerdings nur mit Computern und nicht mit iOS-Geräten. Bei iOS-Geräten können Sie nur streamen. Der Import gestaltet sich relativ einfach. Klicken Sie den gewünschten Inhalt mit der rechten Maustaste an, und wählen Sie **Importieren**. Der Import wird ohne Rückfragen ausgeführt.

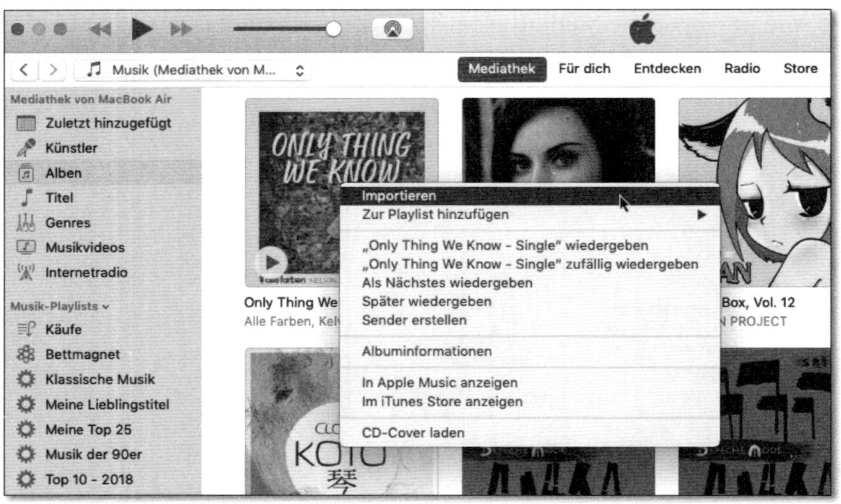

Abbildung 27.72 Bei der Privatfreigabe können Sie auch Medien importieren.

Die Privatfreigabe können Sie mit **Ablage ▸ Privatfreigabe ▸ Privatfreigabe deaktivieren** wieder beenden.

28 Videos und Filme am Mac

Auch für bewegte Bilder ist Ihr Mac bestens ausgerüstet. Der QuickTime Player ist neben dem Abspielen von Videos bestens geeignet, um Audio- oder Videoaufnahmen am Mac zu erstellen. Und wenn Ihr Mac ein DVD-Laufwerk hat oder Sie ein externes Laufwerk anschließen, erhalten Sie einen vollwertigen DVD-Player. Auch für den Videoschnitt hat Ihr Mac mit dem Programm iMovie eine tolle Lösung, sodass Sie mit ein paar Handgriffen ein tolles Video erstellen können.

Wenn Sie an dieser Stelle auf der Suche nach professionellen Werkzeugen für den Videoschnitt sind, werden Sie sich nach anderen Programmen umsehen müssen. So ist beispielsweise die Anwendung *Final Cut Pro X* das Maß aller Dinge, wenn es um den Videoschnitt auf macOS geht. Trotzdem sind die Bordmittel von Apple für den Einstieg ausreichend.

28.1 Der QuickTime Player zur Wiedergabe

Wenn es um die reine Wiedergabe von bewegten Bildern geht, ist QuickTime keine schlechte Option. Per Standard werden hiermit Videos abgespielt, mit denen QuickTime umgehen kann. In der Regel lassen sich damit QuickTime-Filmdateien des MOV-Formats, die meisten MPEG-Dateien (MP4, M4V, M4A, MP3 oder MPG) und einige AVI- und WAV-Dateien ohne Probleme wiedergeben. Sie finden den QuickTime Player im *Programme*-Verzeichnis. Für spezielle Windows-Dateien im WMV- und WMA-Format müssen Sie QuickTime mit Flip4Mac aufrüsten. Allerdings kostet dieser Zusatz 10 US$ (*www.telestream.net/flip4mac/overview.htm*).

Abbildung 28.1 Programm-Icon des QuickTime Players

HINWEIS

VLC-Player

Solange Sie die von Apple bevorzugten Videoformate abspielen, dürften Sie mit QuickTime mehr als zufrieden sein. Aber gerade in der Vergangenheit gab es hier viele exotischere Videoformate, und hierfür wäre der kostenlose VLC-Player von der Website *www.vlc.de* eine Option. Der Player kann mit fast allen bekannten Videoformaten umgehen und ist auch für den Mac erhältlich. Der VLC-Player ist sogar in der Lage, das QuickTime-Format (MOV) abzuspielen, und auch WMV-Dateien werden ohne kostenpflichtiges Plug-in wie beispielsweise *Flip4Mac* wiedergegeben.

Die Bedienung des QuickTime Players zum Abspielen von Videos ist denkbar einfach. QuickTime wird gestartet, wenn Sie eine Videodatei per Doppelklick in einem beliebigen Ordner auswählen. Das zentrale Bedienelement ist die Abspieltaste, die während des Abspielens zur Pausieren-Taste wird. Im Menü **Darstellung** finden Sie alle Optionen, wie das Fenster für das abzuspielende Video angezeigt werden soll.

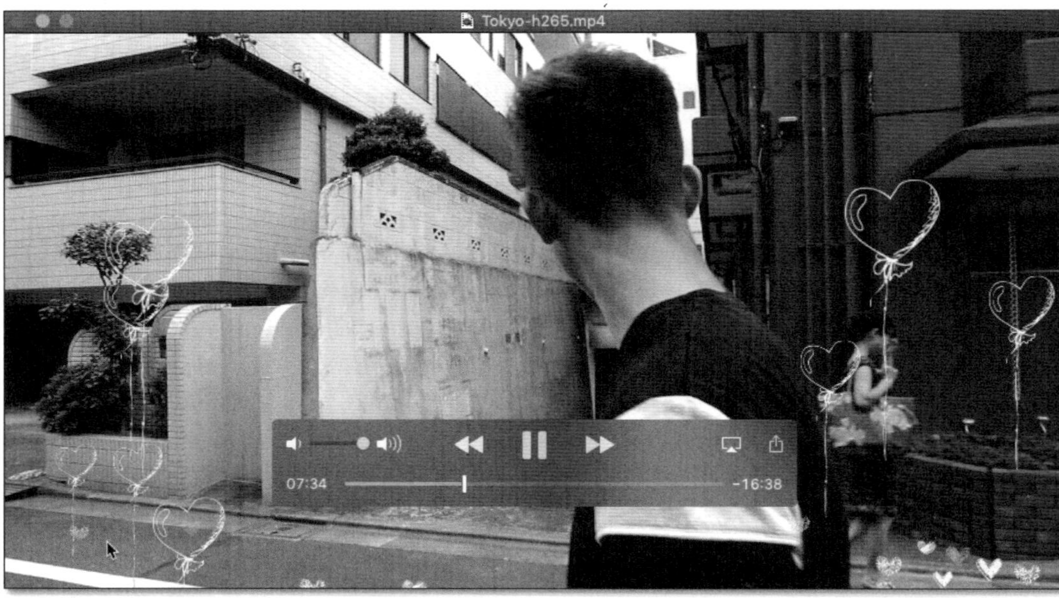

Abbildung 28.2 Wiedergabe von Videos mit QuickTime

28.2 QuickTime zur Aufnahme von Audio und Video

QuickTime kann zwar bewegte Bilder wiedergeben, aber die wahren Stärken der Software liegen meiner Meinung nach in der Audio- und Videoaufnahme. Besonders praktisch ist die Aufnahme des Bildschirms, womit Sie jemandem beispielsweise eine bestimmte Funktion auf Ihrem Mac per Video erklären können. Allerdings werden Sie hier noch selbst Hand anlegen wollen, um beispielsweise den einen oder anderen Versprecher per Videoschnitt zu entfernen. Hierzu steht Ihnen mit iMovie eine professionelle Videoschnittsoftware zur Verfügung, auf die in Abschnitt 28.5 näher eingegangen wird.

28.2.1 Erstellen einer Audioaufnahme

Eine Audioaufnahme mit QuickTime ist praktisch, um kurze Erinnerungen aufzuzeichnen oder jemandem eine schnelle Nachricht zukommen zu lassen. Zwar bietet das macOS-Betriebssystem seit Version 10.14 (Mojave) eine Sprachmemo-App, welche die Audioaufnahme mit QuickTime eigentlich überflüssig macht. Trotzdem werde ich Ihnen nicht vorenthalten, wie Sie auch Audioaufnahmen mit QuickTime erstellen können. In dieser Schritt-für-Schritt-Anleitung erfahren Sie, wie es geht:

1. Starten Sie den QuickTime Player im *Programme*-Verzeichnis, und klicken Sie auf **Ablage ▸ Neue Audioaufnahme**, bzw. drücken Sie `Ctrl` + `Alt` + `cmd` + `N`. Jetzt wird ein Audioaufnahmefenster geöffnet.

2. Klicken Sie auf den kleinen Pfeil neben der Aufnahme-Schaltfläche, und überprüfen Sie, ob das richtige Mikrofon ausgewählt ist. Auch die Qualität der Aufnahme können Sie hier festlegen.

3. Stimmen die Einstellungen, drücken Sie auf die Aufnahme-Schaltfläche, und Sie können anfangen zu sprechen.

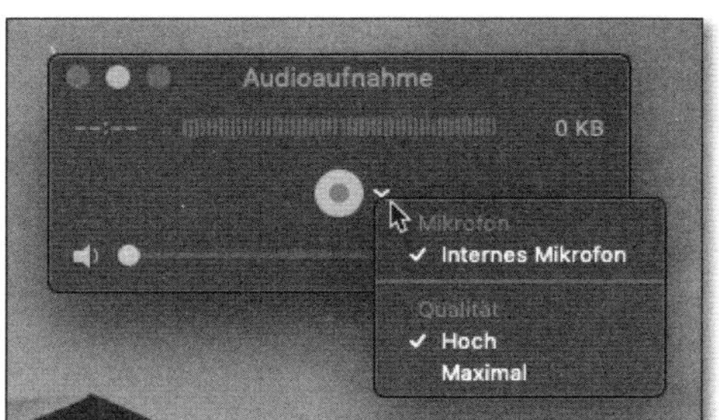

4 Aus der Aufnahme-Schaltfläche ist eine Stopp-Schaltfläche geworden, die Sie anklicken, wenn Sie die Aufnahme beenden wollen.

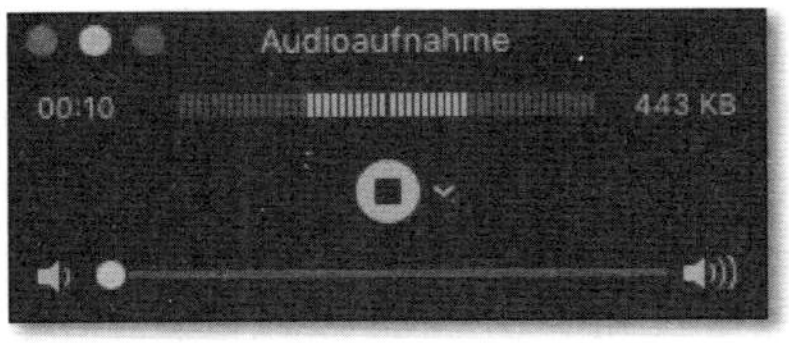

5 Wenn Sie fertig sind, verarbeitet der QuickTime Player die Aufnahme und wechselt in den Abspielmodus, in dem Sie sich Ihre Aufnahme anhören können.

6 Sichern Sie die Aufnahme mit **Ablage ▸ Sichern** bzw. `cmd` + `S` in einem Verzeichnis Ihrer Wahl.

28.2.2 Erstellen einer Videoaufnahme

So, wie Sie bei der Audioaufnahme vorgegangen sind, können Sie auch mit einer Videoaufnahme verfahren, wenn Sie beispielsweise eine persönliche Videobotschaft aufzeichnen und verschicken wollen. Voraussetzung hierfür ist, dass Sie eine Kamera im Mac eingebaut oder angeschlossen haben.

1 Wenn Sie den QuickTime Player gestartet haben, klicken Sie auf **Ablage ▸ Neue Videoaufnahme** bzw. drücken `Alt` + `cmd` + `N`, um ein Aufnahmefenster für Video zu starten. Der Aufbau ist ähnlich wie bei der Aufnahme von Audio, nur wird hier auch die eingebaute Kamera aktiviert.

2 Auch hier können Sie über den kleinen Pfeil Änderungen an der Audioquelle oder Aufnahmequalität vornehmen.

3 Starten Sie die Aufnahme mit einem Klick auf die Aufnahme-Schaltfläche, und die Videoaufzeichnung beginnt.

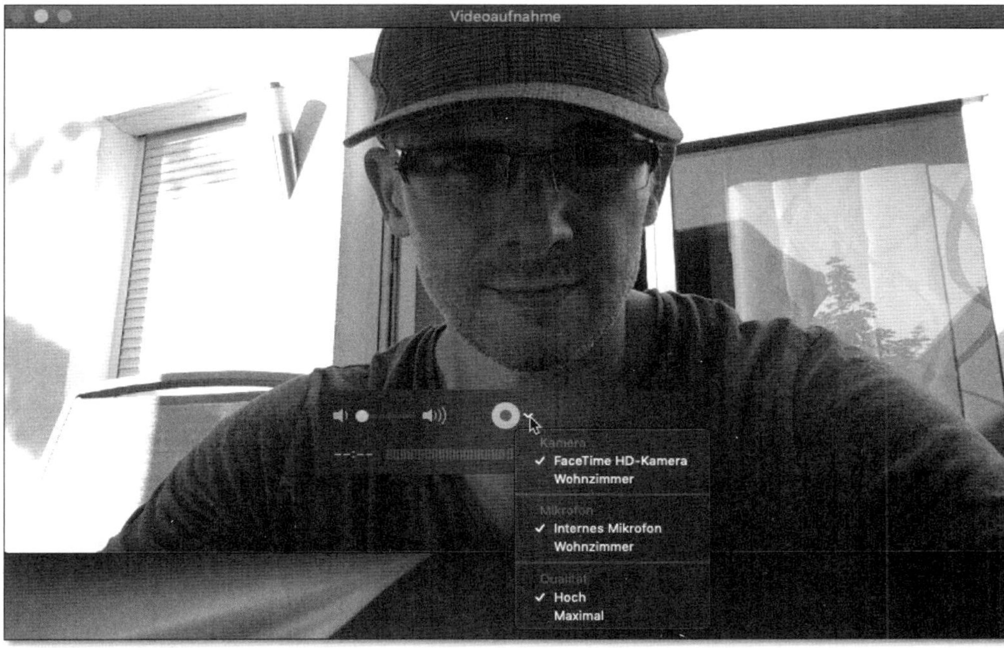

4 Wenn Sie mit der Aufnahme fertig sind, klicken Sie auf die Stopp-Schaltfläche, die während der Aufnahme anstelle der Aufnahme-Schaltfläche zu sehen ist.

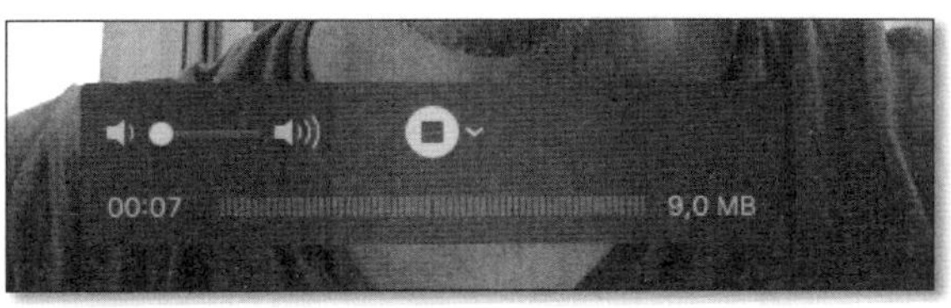

5 Mit **Bearbeiten ▸ Kürzen** bzw. cmd + T können Sie über den gelben Rahmen Teile des Anfangs oder Endes entfernen. Während der Bearbeitung werden einzelne Bilder in der Vorschau gezeigt. Klicken Sie auf **Kürzen**, wenn Sie eine Kürzung durchführen wollen. Dasselbe funktioniert übrigens auch mit Audioaufnahmen.

6 Mit **Ablage ▸ Sichern** bzw. cmd + S können Sie die Datei speichern. Alternativ können Sie die Datei via **Ablage ▸ Exportieren** mit einer entsprechenden Auflösung sichern.

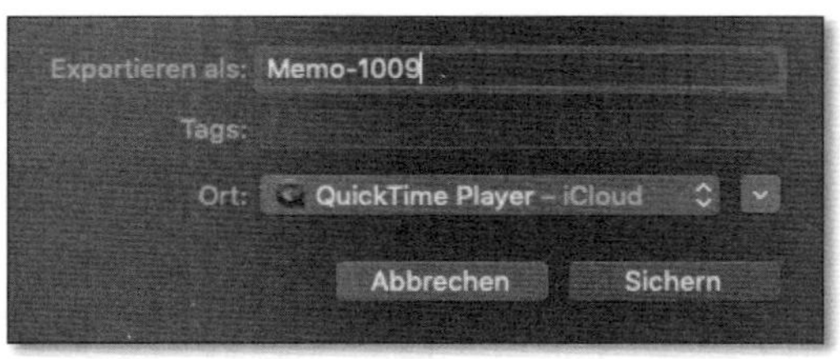

7 Über die Teilen-Schaltfläche des QuickTime Players können Sie das Video an dort angegebene Quellen weitergeben.

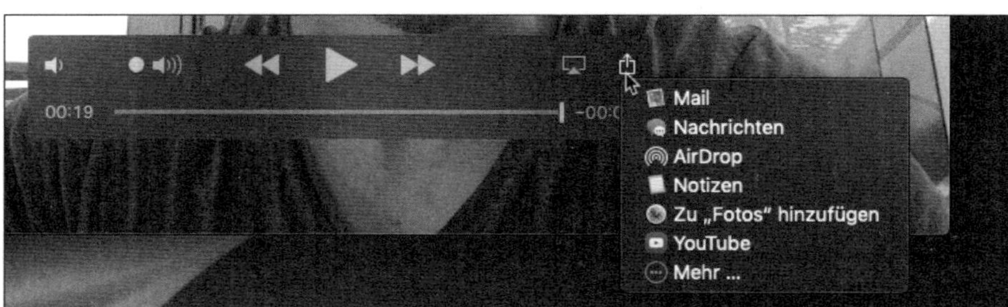

28.2.3 Eine Bildschirmaufnahme mit QuickTime erstellen

Die Funktion, meinen Bildschirm aufzunehmen, um zu demonstrieren, was ich wie tue, verwende ich recht gern. Wie auch schon die Aufnahme von Audio und Video gestaltet sich dies relativ einfach, wie die folgende Anleitung zeigt:

1. Klicken Sie auf **Ablage ▸ Neue Bildschirmaufnahme** bzw. `Ctrl` + `cmd` + `N`, und es wird zunächst ein Fenster wie bei der Audioaufnahme gezeigt.

2. Über das kleine Dreieck können Sie auswählen, welches Mikrofon Sie verwenden wollen und ob die Mausklicks bei der Aufnahme angezeigt werden sollen.

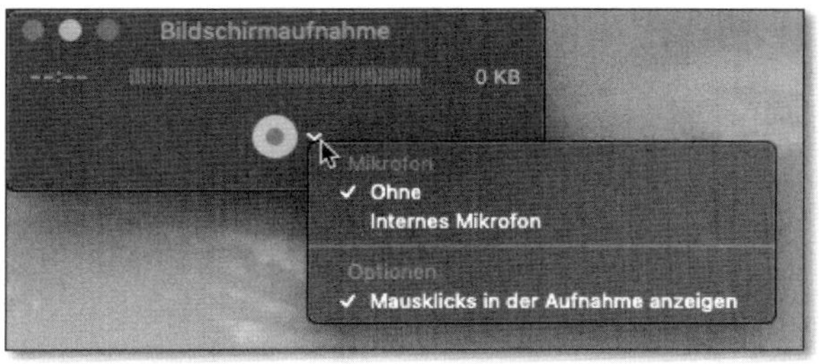

3. Wenn Sie auf die rote Aufnahme-Schaltfläche klicken, zeigt eine Information, wie Sie vorgehen sollen, um den gesamten Bildschirm aufzunehmen.

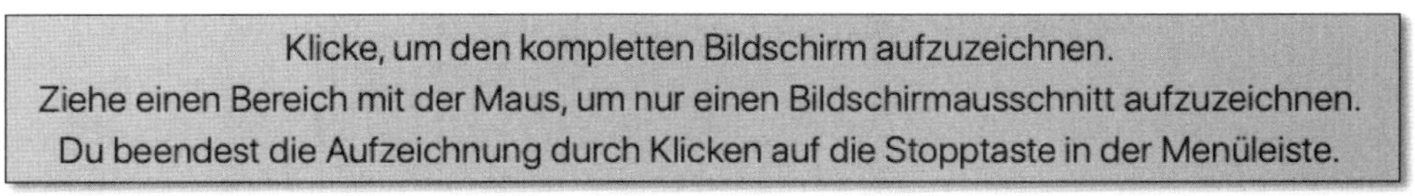

4. Zum Starten einer bildschirmfüllenden Aufnahme reicht es aus, wenn Sie irgendwo auf dem Bildschirm klicken. Wenn Sie nur einen Teil des Fensters aufnehmen wollen, klicken Sie, halten die Maustaste gedrückt und ziehen dabei einen Rahmen um den Bereich auf, den Sie aufnehmen wollen. Wenn Sie einen bestimmten Bereich ausgewählt haben und nicht die bildschirmfüllende Aufnahme verwenden, wird der nicht ausgewählte Bereich während der Aufnahme abgedunkelt.

5. Um die Aufnahme zu beenden, klicken Sie auf die Stopp-Schaltfläche ❶ links oben in der Menüleiste.

Danach können Sie den Film noch mit [cmd] + [T] kürzen und mit [cmd] + [S] speichern, wie es zuvor bei der Videoaufnahme beschrieben wurde.

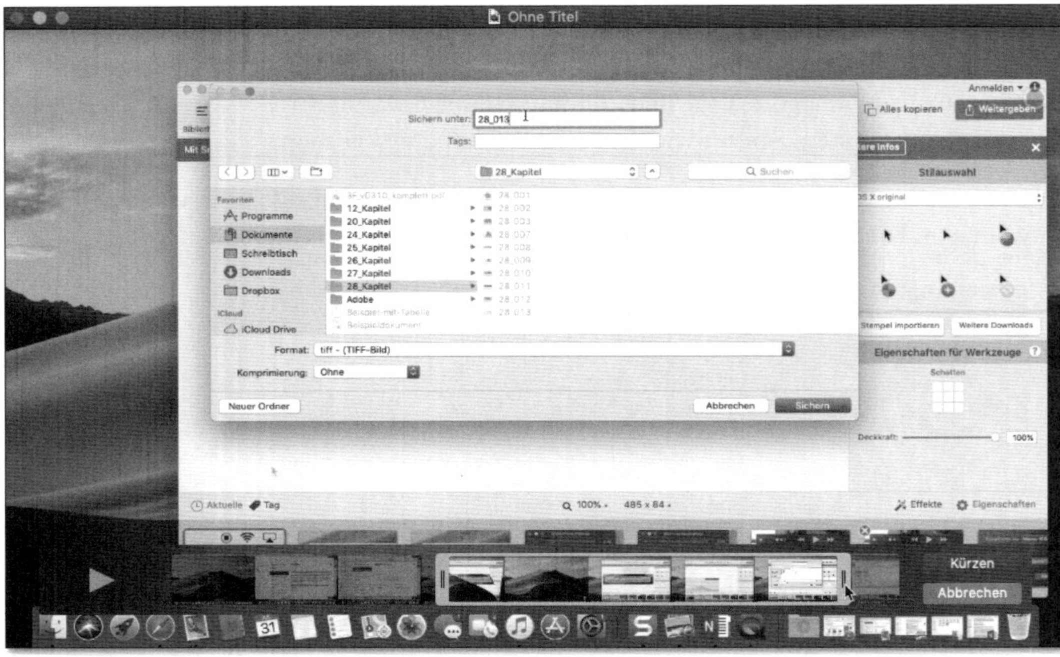

Abbildung 28.3 Die fertige Bildschirmaufnahme wird hier noch beschnitten und dann gespeichert.

28.2.4 Bildschirmaufnahmen von einem iPhone oder iPad

Wenn Sie ein iPad oder iPhone an den Mac via USB-Kabel angeschlossen haben und über **Ablage ▸ Neue Videoaufnahme** eine neue Aufnahme starten, finden Sie über den kleinen Pfeil neben der Aufnahme-Schaltfläche das angeschlossene iOS-Gerät zur Auswahl als Kamera und Mikrofon vor. Auf Nachfrage vom Mac müssen Sie auf dem iOS-Gerät dem Computer noch vertrauen, indem Sie die entsprechende Schaltfläche antippen. Jetzt können Sie eine Bildschirmaufnahme vom iOS-Gerät machen. Auch bei Audio- und Bildschirmaufnahmen können Sie das Mikrofon des iOS-Geräts über das kleine Dreieck auswählen und nutzen.

Abbildung 28.4 Bildschirmaufnahmen von einem iOS-Gerät machen

28.2.5 Bildschirm aufnehmen mit der Bildschirmfotofunktion

Seit der Version 10.14 (Mojave) von macOS können Sie auch mal schnell den gesamten Bildschirm oder einen bestimmten Bildbereich mit den Hausmitteln von macOS, ohne eine weitere App zu starten, aufnehmen. Wie diese funktioniert, zeigt diese Schritt-für-Schritt-Anleitung.

1 Drücken Sie das Tastenkürzel [⇧] + [cmd] + [5], wird unten eine Menüleiste eingeblendet, in der Sie mit den mittleren beiden Schaltflächen ❶ festlegen, ob der gesamte Bildschirm oder ein in der Größe anpassbarer ausgewählter Bereich gefilmt werden soll. Über **Optionen** können Sie den Speicherort ändern, über den Timer einrichten, wie lange mit dem Starten der Aufnahme gewartet werden soll, und festlegen, ob Sie das (integrierte) Mikrofon zur zusätzlichen Audioaufnahme verwenden wollen. Klicken Sie auf **Aufzeichnen**, wird die Aufzeichnung gestartet.

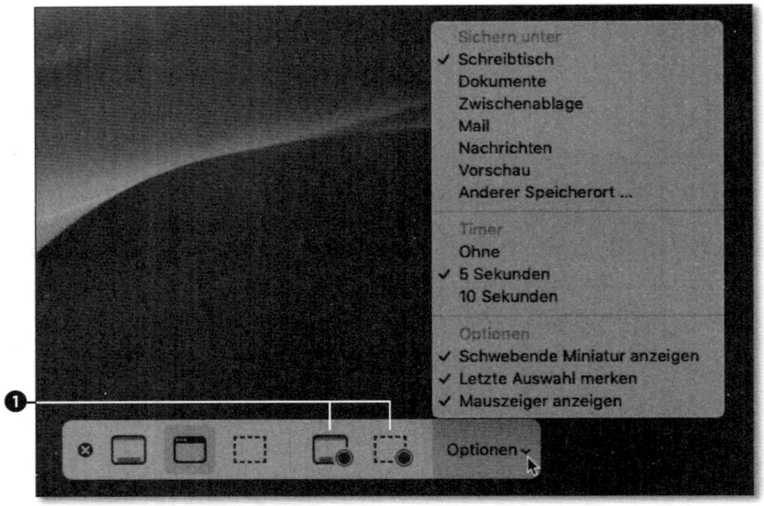

2 Die Aufzeichnung beenden können Sie über das Stopp-Symbol in der Menüleiste rechts oben.

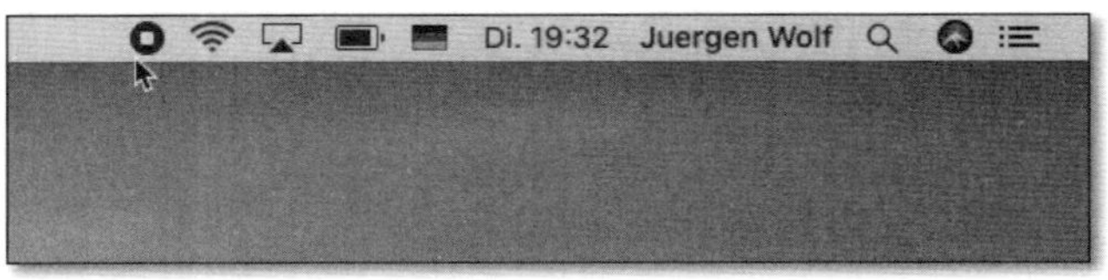

3 Wenn Sie auf das Stopp-Symbol geklickt haben, wird rechts unten eine Miniaturvorschau der Aufnahme für 5 Sekunden eingeblendet. Wenn Sie diese mit der linken Maustaste anklicken, können Sie den Film direkt zum Trimmen öffnen. Klicken Sie diese Miniaturvorschau nicht an, verschwindet sie, und das Bild wird automatisch am ausgewählten Ort gesichert. Wurde kein Ort explizit ausgewählt, finden Sie das Video standardmäßig auf dem Schreibtisch.

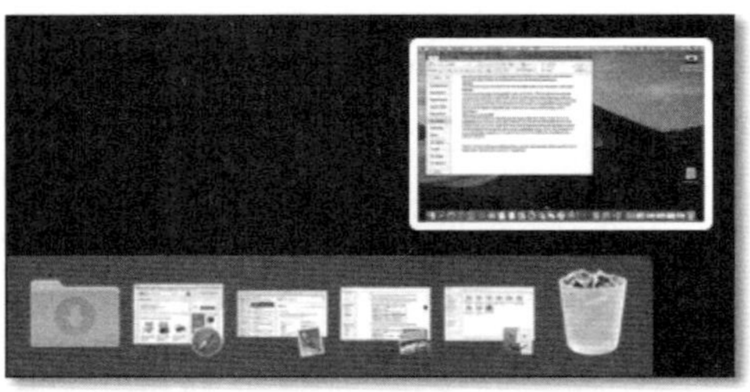

4 Wenn Sie die Funktion (genauer, die Schnellaktion) zur Bearbeitung des Videos aufgerufen haben, müssen Sie nur die Schaltfläche zum Trimmen rechts oben anklicken, dann finden Sie einen gelben Bereich zum Trimmen unten vor, in dem Sie die Länge des Videos über die Anfasser rechts und links kürzen können. Wiederherstellen können Sie das Video mit der Schaltfläche **Letzte Version**. Mit **Fertig** wird es im standardmäßig vorgegebenen Ort gespeichert.

Abbildung 28.5 Das Video über die Schnellaktion zuschneiden

Auf die Erstellung von Bildschirmfotos und das eben gezeigte Werkzeug wird in Abschnitt 29.9, »Bildschirmfotos erstellen«, umfassender eingegangen.

28.3 Videos aufnehmen mit Photo Booth

Eine weitere Möglichkeit, Filme oder Bilder direkt auf dem Mac aufzunehmen, ist mit dem Programm Photo Booth. Das Programm ist zwar mehr auf Spaß ausgelegt, aber trotzdem als Camcorder für kleine Videos zwischendurch geeignet.

Abbildung 28.6 Programm-Icon von Photo Booth

1. Starten Sie Photo Booth über das Launchpad. Das Programm finden Sie auch im *Programme*-Verzeichnis.

2. Gleich nach dem Start des Programms wird die eingebaute Kamera des Macs aktiviert und das Photo-Booth-Fenster gestartet. Hier können Sie links unten wählen, ob Sie ein lustiges Viererbild, ein Foto oder einen Film aufnehmen wollen. Im Beispiel erstelle ich einen Film.

3. Wählen Sie über die Schaltfläche **Effekte** einen Effekt aus einer großen Anzahl von Verfremdungen für Ihr Video (bzw. Foto) aus. Wollen Sie keinen Effekt verwenden, können Sie es auch bei **Normal** belassen.

4 Die Aufnahme starten Sie mit der roten Kamera-Schaltfläche. Bei einem Foto befindet sich hier ein entsprechend anderes Symbol. Die Aufnahme wird nach einem Countdown von 3, 2, 1 so lange ausgeführt, bis Sie diese Schaltfläche erneut anklicken. Die Aufnahmen, egal ob Film oder Foto, werden übrigens immer spiegelverkehrt gemacht.

5 Anschließend wird die Aufnahme direkt in der Video- und Fotoablage ❶ positioniert. Mit einem Klick auf das Video wird es abgespielt.

6 Über die Schaltfläche **Bereitstellen** können Sie das Video bzw. Foto mit anderen teilen. Alternativ können Sie das Video bzw. Foto per Drag & Drop von der Foto- und Videoablage in ein anderes Verzeichnis im Finder-Fenster oder auf einen USB-Stick kopieren. Ebenso gibt es die Möglichkeit, das Video über **Ablage ▸ Exportieren** zu sichern.

28.4 Videos in iMovie importieren

Vielleicht haben Sie beim Erstellen von Bildschirmaufnahmen oder Videos mit QuickTime eine Funktion vermisst, um das Video etwas aufzupeppen oder Teile innerhalb des Videos zu schneiden. Vielleicht haben Sie aber auch eine Menge Urlaubs- oder Familienvideos, die Sie immer schon mal nachbearbeiten und präsentieren wollten. Apple bietet Ihnen für die Bearbeitung von Filmen das kostenlose Programm iMovie an. Das Programm ist Apple-typisch einfach gehalten, und Sie werden damit in kürzester Zeit tolle Ergebnisse erzielen. Im folgenden Abschnitt lernen Sie die grundlegenden Funktionen dieses Programms kennen, sodass Sie anschließend in der Lage sind, einen einfachen Film zu produzieren. Wenn iMovie auf Ihrem Mac nicht im *Programme*-Verzeichnis installiert sein sollte, müssen Sie es vom App Store herunterladen und installieren. Beachten Sie, dass iMovie unabhängig von macOS weiterentwickelt wird. Deshalb kann sich der Stand Ihrer Version von der hier beschriebenen unterscheiden. Im Buch wurde iMovie 10.1.9 verwendet.

Abbildung 28.7 Programm-Icon von iMovie

Wenn Sie iMovie im *Programme*-Verzeichnis über das entsprechende Icon starten, erscheint die dreigeteilte Programmoberfläche, über die Sie die Register **Medien**, **Projekte** und **Theater** auswählen können. Um überhaupt etwas in iMovie zu produzieren, müssen Sie zunächst Material dafür importieren. In der folgenden Anleitung wird auf den Import von Videodateien in iMovie eingegangen.

1 Klicken Sie oben rechts auf das Register **Medien** und dann auf die Schaltfläche **Medien importieren**, bzw. drücken Sie `cmd` + `I`.

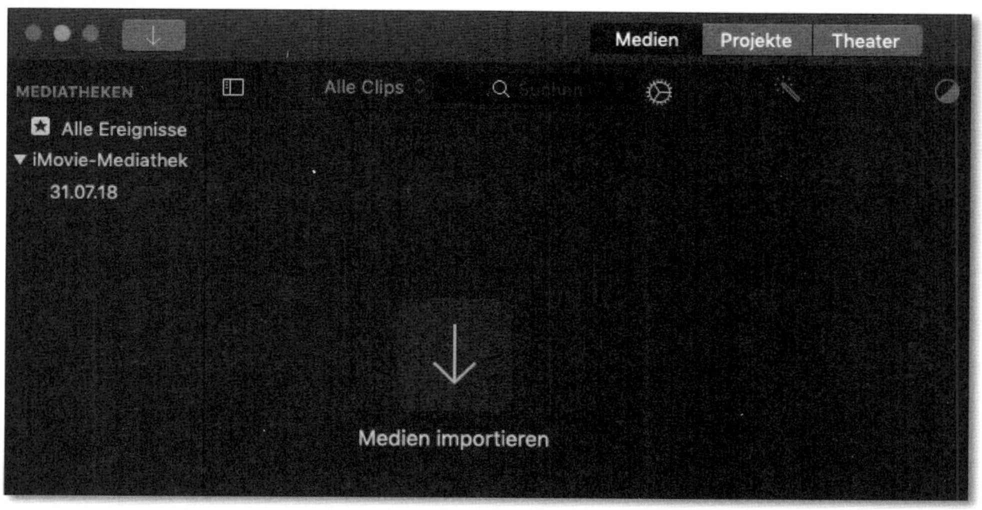

2 Im sich öffnenden Import-Dialog müssen Sie die Filmdateien auswählen, die Sie von einer Festplatte oder direkt von einer angeschlossenen Kamera importieren wollen. Hierzu finden Sie links in der Seitenleiste die Kameras und Geräte zur Auswahl.

Über die Listenansicht unterhalb ❶ können Sie durch die Ordner navigieren. Oberhalb **Importieren nach** können Sie außerdem einen neuen Eintrag für die zu importierenden Videos machen. Ansonsten wird ein Eintrag entsprechend dem Tagesdatum erstellt. Wählen Sie die Filmdateien aus, die Sie importieren wollen, und klicken Sie auf die Schaltfläche **Auswahl importieren** oder, wenn Sie keine Auswahl getroffen haben, können Sie mit **Alle importieren** alle im ausgewählten Ordner vorhandenen Filme in iMovie importieren.

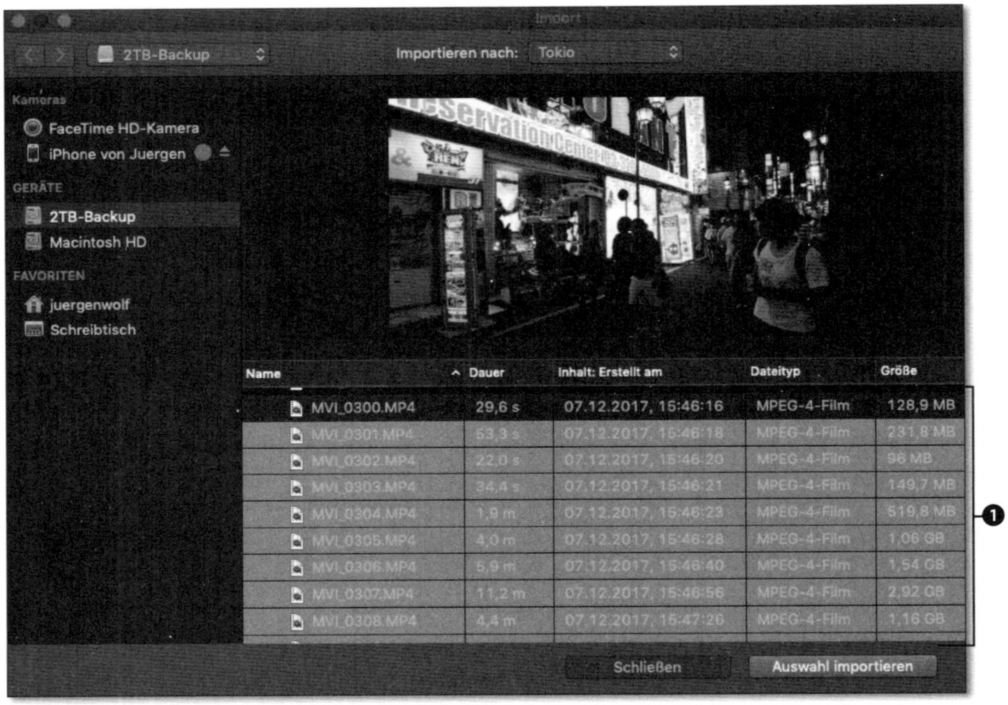

3 Nach dem Import stehen die Filmdateien in Form einzelner Videoclips in der iMovie-Mediathek zur Verfügung.

4 Alternativ können Sie auch Filmdateien vom Finder oder dem Schreibtisch per Drag & Drop der iMovie-Mediathek hinzufügen.

5 Wenn Sie mit dem Mauscursor über einem Videoclip stehen, wird er rechts in der Vorschau abgespielt.

Fahren Sie mit der Maus über den Film in der Vorschau der Clips, wird er in der größeren Vorschau in der Geschwindigkeit abgespielt, in der Sie den Mauszeiger über den Clip bewegen. Ein orangefarbener Mauscursor zeigt die Position an. Klicken Sie auf den Clip, wird ein weißer Cursor angezeigt und markiert eine Position, an der der Film startet, wenn Sie in der großen Vorschau auf die Play-Schaltfläche ❷ klicken oder die Leertaste drücken.

Abbildung 28.8 Kontrolle über die Vorschau der Clips

Über das Zahnradsymbol können Sie die **Clipgröße** und das **Zoomen** in der Zeit einstellen. Bei Bedarf können Sie mit **Wellenform einblenden** auch noch den Audiobereich des Clips einblenden. Je nach Abspieldauer der Clips kann es hier sinnvoll sein, den Wert vom Schieberegler **Zoom** zu erhöhen, wodurch Sie dann eine etwas genauere Kontrolle beim Schnitt haben.

28.5 Videoschnitt mit iMovie

Nachdem Sie genügend Clips importiert haben, werden Sie daraus wohl einen Film erstellen wollen. Zunächst müssen Sie sich entscheiden, ob Sie einen neuen Film oder einen Trailer produzieren wollen. Im folgenden Beispiel wird zunächst ein Film gemacht:

1 Klicken Sie im Bereich **Projekte** auf das große Pluszeichen, und wählen Sie dort **Film** aus. Das Gleiche erreichen Sie auch aus jedem Bereich in iMovie mit **Ablage ▶ Neuer Film** oder wenn Sie `cmd` + `N` drücken.

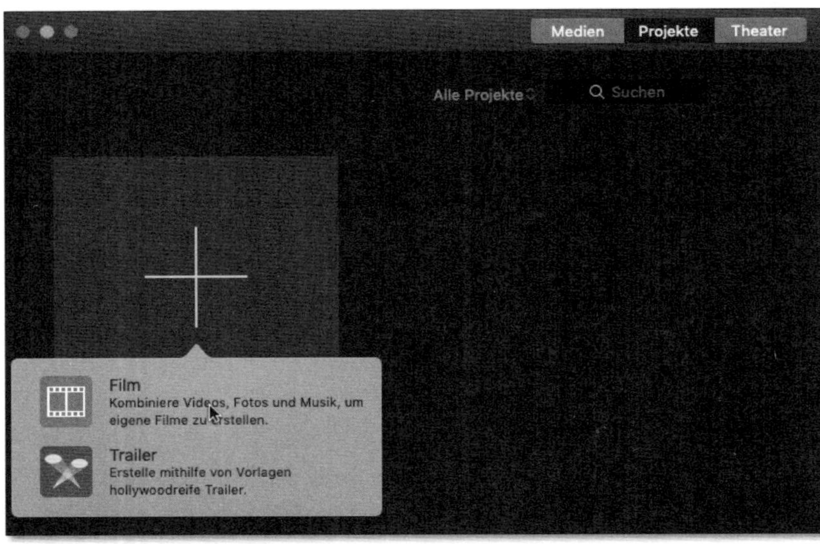

2 Das neue Projekt wird in einer Projektansicht geöffnet, in der Sie links die Mediathek für die importierten Filme und die **iMovie-Mediathek** vorfinden. Daneben finden Sie die Clips. Unten im Projektbereich entsteht der Film, und dort wird alles (Film, Audio, Übergänge, Text usw.) zusammengefügt. Im rechten Bereich des Fensters finden Sie die Vorschau aus den ausgewählten Clips, je nachdem, wo sich der Mauszeiger gerade befindet.

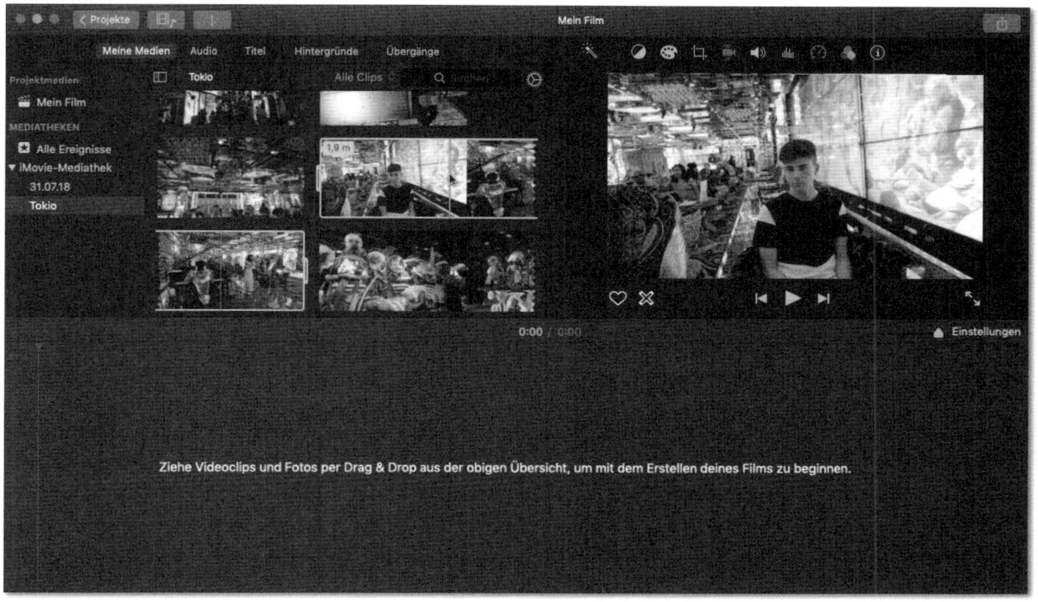

3 Vermutlich werden Sie dem Projektbereich bei den importierten Clips nicht einen kompletten Clip hinzufügen, sondern ihn zunächst etwas zuschneiden wollen. Dazu ziehen Sie den gewünschten Ausschnitt an den gelben Balken links und rechts vom ausgewählten Clip zusammen. Alternativ können Sie einen Clip mit der Leertaste abspielen lassen und mit [I] den Anfang und mit [O] das Ende des angepassten Clips markieren. Hierbei machen Sie übrigens keinen Schnitt am Original, sondern es wird anschließend nur eine Kopie vom Clip in das Projekt übernommen.

4 Fügen Sie den angepassten Clip über das Plussymbol ❶ dem Projektbereich hinzu. Alternativ können Sie dazu auch Drag & Drop verwenden. Den entsprechenden Filmausschnitt finden Sie nun unten im Projektbereich ❷.

5 Sie können den Clip im Projektbereich markieren und den Anfang und das Ende des hinzugefügten Clips schneiden, indem Sie diese Bereiche mit gedrückt gehaltener Maustaste zusammenschieben. Wenn Sie tiefer in die Zeit des Films hinein- oder herauszoomen wollen, verwenden Sie den Schieberegler rechts oberhalb ❸ des Projektbereichs.

6 Fügen Sie dem Projektbereich auf dieselbe Weise weitere Clips hinzu.

7 Nachdem Sie dem Projektbereich weitere Clips hinzugefügt haben, sehen Sie zwischen den Clips einen Balken ❹. Dieser Balken zeigt einen harten Schnitt (Übergang) zwischen den Clips an. Wollen Sie einen Clip hingegen aus dem Projektbereich entfernen, klicken Sie ihn an und drücken die ← -Taste.

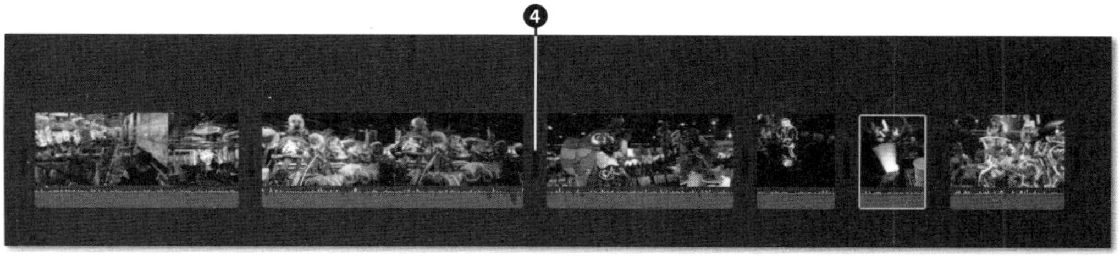

8 Mit der Leertaste können Sie die Vorschau des Films abspielen.

Damit haben Sie schon mal die grobe Arbeit für Ihren Film erledigt. Jetzt können Sie dem Film Feinheiten wie Übergänge, Text oder Titel hinzufügen. An dieser Stelle sei noch angemerkt, dass Sie dem Projektbereich jederzeit weitere Clips hinzufügen können.

TIPP

Verwenden Sie das Kontextmenü

Wenn Sie mit der rechten Maustaste auf einen Clip im Projektbereich klicken, bietet Ihnen iMovie ein umfangreiches Kontextmenü mit vielen hilfreichen Einstellungen an, wie beispielsweise den Clip an der Abspielposition in zwei Teile zu teilen.

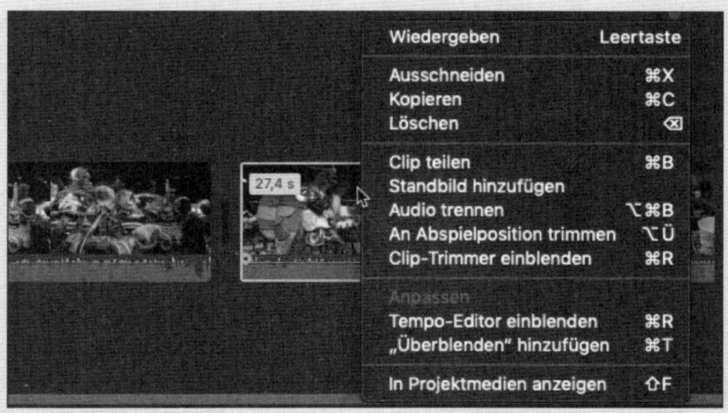

Abbildung 28.9 Viele weitere nützliche Befehle finden Sie via rechten Mausklick auf den Clip.

28.5.1 Übergänge, Text und Titel hinzufügen

Nachdem Sie die Clips für Ihren Film zu einem Projekt zusammengefügt haben und der Schnitt und die Reihenfolge stimmen, können Sie dazu übergehen, Feinheiten wie Übergänge, Text oder Titel hinzuzufügen. Die folgende Anleitung wird diesen Vorgang etwas näher in der Praxis demonstrieren:

1 Zuerst soll ein Titel am Beginn des Films positioniert werden. Klicken Sie hierzu auf **Titel** ❶. Gehen Sie mit dem Mauscursor über einen der Titel, und Sie erhalten eine Vorschau.

2 Das Hinzufügen eines Titels funktioniert genauso wie das Hinzufügen von Clips. Markieren Sie den gewünschten Titel, ziehen Sie ihn mit gedrückter Maustaste an die gewünschte Position im Projektbereich, und lassen Sie die Maustaste dort los.

3 Doppelklicken Sie auf den Titel in der Vorschau ❷, um den entsprechenden Titel und eine Beschreibung hinzuzufügen. Wollen Sie die Schrift formatieren, finden Sie darüber die Einstellungen ❸, über die Sie Schriftart, Schriftgröße, Farbe, Ausrichtung und Fett-, Kursiv- oder Konturschrift anpassen können.

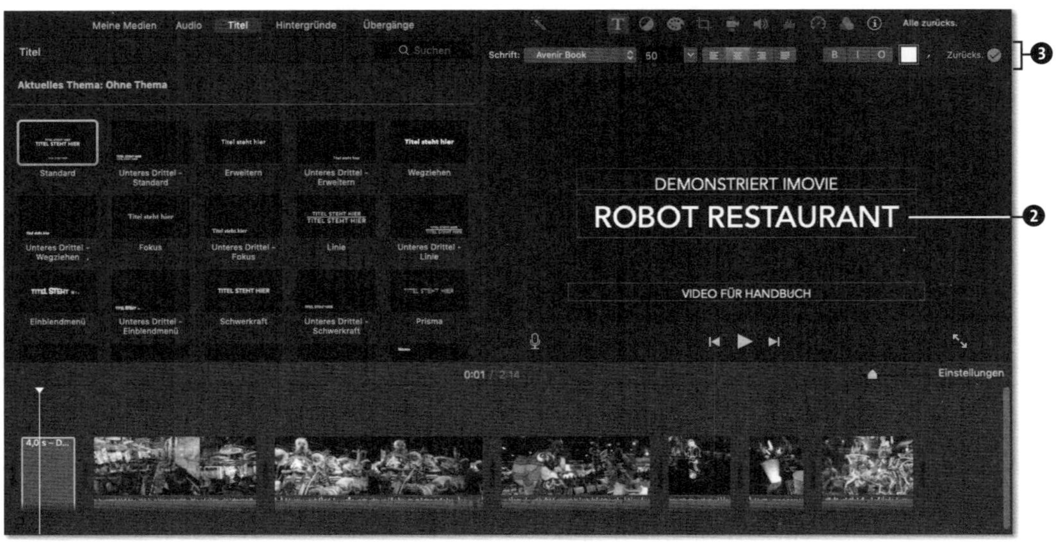

4 Auch den Titel können Sie kürzen, indem Sie den Balken am rechten Rand mit gedrückter Maustaste verkleinern.

5 Auf dieselbe Weise können Sie auch einen Abspann am Ende des Films hinzufügen. Hierfür bietet iMovie einige spezielle Abspänne in **Titel** an. Nichtsdestotrotz können Sie auch einen beliebigen Titel hinzufügen und entsprechend beschriften.

6 Wollen Sie lediglich einen Text hinzufügen, können Sie dazu auch die Titel verwenden. Nur ziehen Sie den Titel statt vor oder hinter (oder auch zwischen) den Clip in dem Fall über den Clip und lassen ihn dort fallen.

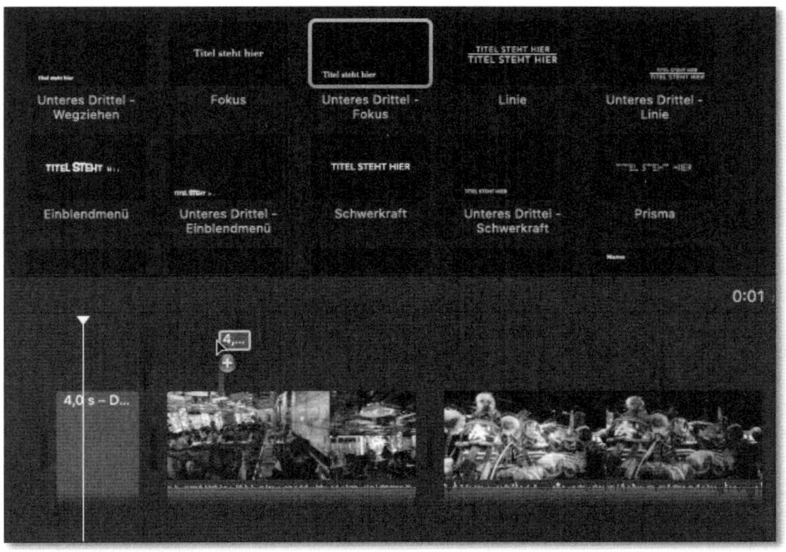

7 Hier können Sie die Position per Drag & Drop anpassen und die Dauer der Einblendung rechts oder links von diesem Textbalken kürzer oder länger ziehen. Einen solchen Text können Sie durchaus über mehrere Clips erstrecken lassen. Den Text passen Sie durch Doppelklicken darauf an.

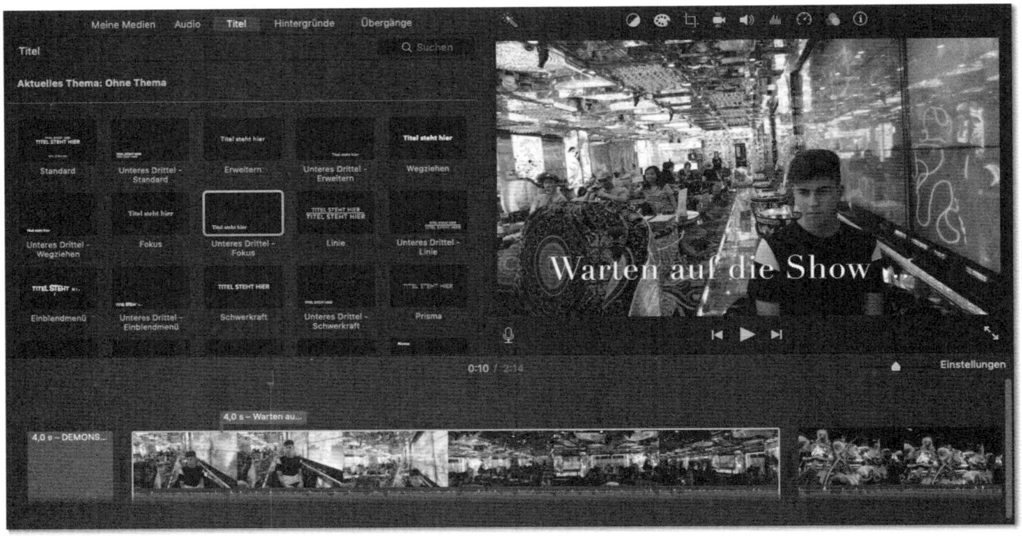

8 Als Nächstes sollen die Übergänge zwischen den Clips hinzugefügt werden. Klicken Sie hierzu auf **Übergänge** ❹. Wenn Sie mit dem Mauszeiger über den Übergang fahren, können Sie sich in der Vorschau den Ablauf ansehen.

9 Das Hinzufügen eines Übergangs funktioniert wie bei den Clips und Titeln. Ziehen Sie ihn an die gewünschte Position auf einem Balken zwischen den Clips, und lassen Sie die Maustaste los.

10 Der Übergang wird symbolisch angezeigt ❺, und Sie können ihn per Doppelklick anpassen, indem Sie seine Dauer verändern. Mit [←] können Sie einen Übergang wieder löschen. Sie können auch einen anderen Übergang an diese Stelle ziehen und hier fallen lassen, um diesen zu ersetzen.

11 Wiederholen Sie den Vorgang bei Bedarf, um Übergänge zwischen die anderen Clips einzufügen.

Im Großen und Ganzen haben Sie an dieser Stelle bereits Ihren kompletten Film zusammengestellt. Wenn Sie wollen, können Sie den Film mit Drücken der [#]-Taste von Anfang an abspielen.

TIPP

Darstellung des Films

Wenn Sie die Darstellung im Projektbereich etwas anpassen wollen, finden Sie dazu rechts oben ❻ einen Schieberegler, mit dem Sie tiefer in die einzelnen Teile wie die Clips, Übergänge oder Titel ein- oder auszoomen können. Noch feiner können Sie Nacharbeiten im Projektbereich vornehmen, wenn Sie über **Fenster ▸ Präzisionseditor einblenden** den Präzisionseditor verwenden.

Abbildung 28.10 Für noch genaueres Arbeiten können Sie den Präzisionseditor verwenden.

28.5.2 Tempo-Editor

Wenn Sie einen Videoclip schneller oder langsamer in Zeitlupe laufen lassen wollen, klicken Sie ihn mit der rechten Maustaste an, und wählen Sie **Tempo-Editor einblenden**. Jetzt können Sie über den kleinen Schieberegler oberhalb des Clips im Projektbereich das Tempo des Clips anpassen. Hierbei können Sie einen 4-Sekunden-Clip zum Beispiel mit 2 Sekunden doppelt so schnell oder mit 8 Sekunden in Zeitlupe laufen lassen. Wenn eine Schildkröte eingeblendet wird, bedeutet dies, dass der Clip langsamer abgespielt wird. Ein Hase hingegen zeigt an, dass der Clip schneller abgespielt wird.

Abbildung 28.11 Mit dem Tempo-Editor regeln Sie die Abspielgeschwindigkeit.

28.5.3 Film vertonen

Wenn Sie dem Film keine andere Tonspur hinzufügen, wird der Ton der einzelnen Filmclips verwendet. Wollen Sie hier auch noch etwas nacharbeiten und einen Audiokommentar, Toneffekte oder Musik hinzufügen, können Sie dies auch recht einfach mit iMovie machen. Die folgende Schritt-für-Schritt-Anleitung geht auf alle diese Möglichkeiten kurz ein:

1. Wollen Sie die Lautstärke eines Videoclips anpassen, müssen Sie die Linie bei der Wellenform ❶ unterhalb des Clips mit gedrückter Maustaste nach unten oder oben ziehen. Hierbei können Sie die Lautstärke des Videoclips von 0 % bis auf 400 % stellen. Die Standardeinstellung ist 100 %. Den Ton eines Clips leiser zu machen ist beispielsweise sinnvoll, wenn Sie eine eigene Audiotonspur oder Musik hinzufügen wollen. Den Ton lauter zu machen hingegen kann hilfreich sein, wenn die Soundqualität des Clips ohnehin sehr leise gewesen ist. Über die zwei Punkte rechts und links können Sie einstellen, dass die Lautstärke langsam von leise auf normal und am Ende von normal auf leise übergeht. Sie schaffen damit quasi einen sanften Tonübergang vom Anfang und Ende des Clips.

2. Wollen Sie einen Audiokommentar an eine bestimmte Position im Film einfügen, platzieren Sie dazu zunächst den Startpunkt im Projektbereich, indem Sie mit der Maus klicken, womit Sie eine Linie hinzugefügt haben. Klicken Sie dann bei der Vor-

schau auf das Mikrofon ❷, oder drücken Sie [V], wodurch eine rote Aufnahme-Schaltfläche ❸ hinzugefügt wird. Neben der Schaltfläche können Sie noch Einstellungen wie die Eingabequelle und die Lautstärke anpassen.

3 Klicken Sie auf die rote Aufnahme-Schaltfläche, und der Film wird abgespielt. Sie beginnen mit Ihrer Aufnahme an dem festgelegten Startpunkt in Schritt 2. Es wird so lange aufgenommen, bis Sie auf die rote Stopp-Schaltfläche drücken.

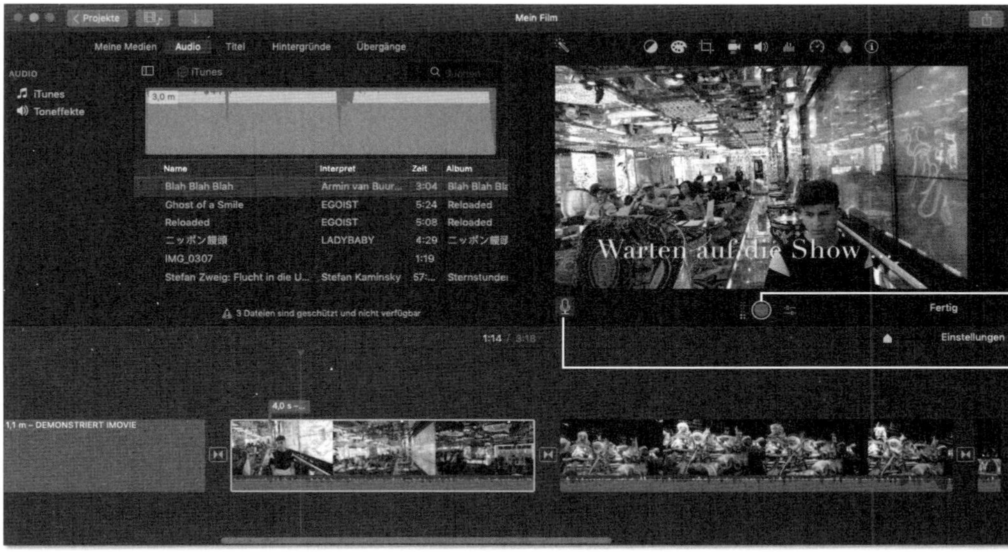

4 Die Aufnahme wird unterhalb des Videoclips hinzugefügt. Auch hier können Sie die Lautstärke über die mittlere Linie von 0 % bis 400 % anpassen. Ebenso können Sie einen sanften Tonübergang am Anfang und Ende des Clips über die beiden Punkte rechts und links einstellen. Die aufgenommene Tonspur können Sie auch links und rechts an Balken zuschneiden. Ziehen Sie beispielsweise den Balken auf der rechten Seite nach links, schneiden Sie den Bereich dahinter ab.

Passt die Position der Aufnahme nicht, dann ist das auch kein Problem, und Sie können sie mit gehaltener Maustaste nach links oder rechts im Projektbereich verschieben. Auf diese Weise können Sie dem Video weitere Kommentare hinzufügen, es sei denn, Sie kommentieren das komplette Video in einem Rutsch. Tonaufnahmen dürfen sich übrigens auch überlagern. Zum Entfernen einer Tonaufnahme markieren Sie diese und drücken [←].

TIPP

Ton vom Videoclip trennen

Sie können auch den Ton von einem Videoclip trennen, indem Sie den Clip im Projektbereich mit der rechten Maustaste anklicken und dann **Audio trennen** auswählen. Hiermit können Sie den Ton des Filmclips unabhängig vom Film selbst nachbearbeiten oder gegebenenfalls entfernen.

28.5.4 Musik und Soundeffekte hinzufügen

Wenn Sie Ihrem Film Musikstücke oder Toneffekte hinzufügen wollen, werden Sie im Register **Audio** fündig. Hier finden Sie beispielsweise nicht geschützte Musikstücke Ihrer iTunes-Mediathek.

Abbildung 28.12 Im Bereich »Audio« finden Sie Musik und Soundeffekte für Ihr Video.

Wollen Sie Ihr Video mit einer Hintergrundmusik begleiten, können Sie beispielsweise wie folgt vorgehen:

1 Ziehen Sie das gewünschte Musikstück in den unteren Teil des Projektbereichs, wo ein leerer Balken mit Musik angezeigt wird, und lassen Sie es dort fallen.

2 Wenn die Dauer des Musikstücks länger ist als der Film, können Sie über den Schieberegler im Projektbereich etwas herauszoomen und dann den rechten Rand des Musikstücks nach links ziehen, bis dieser am Ende des Films mit einer gelben Linie ❶ »einrastet«. Der Rest des Musikstücks wird abgeschnitten. Gleiches können Sie auch am Anfang des Musikstücks tun.

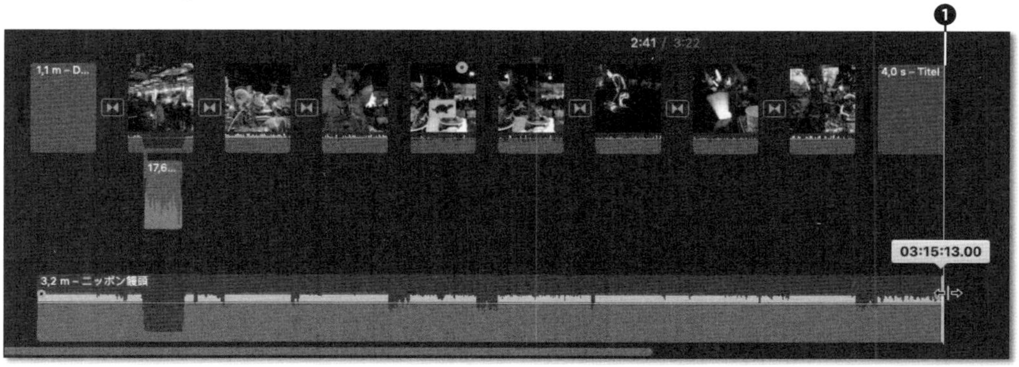

3 Am Anfang und am Ende können Sie auch hier über die beiden Punkte links und rechts einen sanften Übergang vom Anfang und Ende des Musikstücks hinzufügen. Auch die Lautstärke des Musikstücks lässt sich hier über die mittlere Linie der Wellenform von 0 % auf 400 % einstellen.

4 Klicken Sie links auf **Toneffekte**, wenn Sie dem Film spezielle Geräusche hinzufügen wollen. iMovie bietet hier eine imposante Auswahl, die Sie in den Projektbereich wie gehabt per Drag & Drop einfügen können.

TIPP

Thema für den Film auswählen/ändern

Wollen Sie für den Film ein Thema auswählen, bei dem zum Beispiel eine bestimmte Einleitung oder ein bestimmter Abspann verwendet wird, finden Sie mit **Fenster ▸ Thema auswählen** bzw. [cmd] + [6] die Möglichkeit, aus verschiedenen Themen zu wählen. Das Thema können Sie jederzeit wechseln oder mit der Auswahl von **Ohne Thema** wieder entfernen.

28.6 Film mit iMovie exportieren und weitergeben

Wenn Sie mit den Arbeiten am Film fertig sind, können Sie sich an die Veröffentlichung machen. Hier bietet iMovie über die Bereitstellen-Schaltfläche in der Symbolleiste bzw. **Ablage ▸ Bereitstellen** mehrere Möglichkeiten zur Auswahl an.

Abbildung 28.13 Den erstellten Film bereitstellen

Egal, wie Sie den Film weitergeben, das Prinzip für das Bereitstellen ist immer recht ähnlich. Sie geben eine Beschreibung ein, vergeben Schlagwörter und legen die Auflösung fest. Bei einigen Bereitstellungen können Sie noch die Bildqualität einstellen. Für Facebook, YouTube und Vimeo müssen Sie sich anmelden und können dort den Datenschutz bzw. die Sichtbarkeit für den Film in den sozialen Medien einstellen. Außerdem finden Sie überall die Option **Zum Theater hinzufügen** vor. Was es mit dem Theater auf sich hat, erfahren Sie gleich.

Abbildung 28.14 Typische Einstellungen für das Bereitstellen eines Films

HINWEIS

Als Bild weitergeben?

Neben der Möglichkeit, den Film als klassische MP4-Datei über den Menüpunkt **Bereitstellen ▸ Datei** weiterzugeben, finden Sie hier auch **Bild** zur Auswahl. Damit können Sie ein JPEG-Bild von der aktuell ausgewählten Position im Film erstellen, das Sie dann beispielsweise als Titelfoto oder Cover verwenden könnten.

Alle Bereitstellungen bieten die Möglichkeit, dem **Theater** einen Film hinzuzufügen, und eine Option dient auch ausschließlich dazu und kann sogar mit dem Tastaturkürzel cmd + E aufgerufen werden. Sie werden es vielleicht erahnen, bei Theater handelt es sich um die Integration der iCloud in iMovie. Sie können hiermit Ihre Projekte aus iMovie direkt in Ihrer iCloud veröffentlichen. So haben Sie das Projekt auf allen Geräten zur Verfügung. Besonders praktisch ist dies auch mit Apple TV, womit Sie ebenfalls auf iMovie Theater zugreifen können. Hiermit können Sie Ihre Filme auch gleich auf dem Fernseher oder Videobeamer genießen oder vorführen.

Wenn Sie dem **Theater** einen Film hinzufügen, wird er auf die iCloud hochgeladen. Hiermit steht Ihnen das Video für alle mit derselben Apple-ID verbundenen Geräte zur Verfügung. Dafür muss auf den Geräten allerdings auch iMovie installiert sein. Die App gibt es auch kostenlos für iPhone und iPad im App Store zum Herunterladen. In iMovie auf dem Mac finden Sie ein eigenes Register für das Theater.

Abbildung 28.15 Dank des Theaters stehen Ihnen die Projekte sowohl auf dem Mac ...

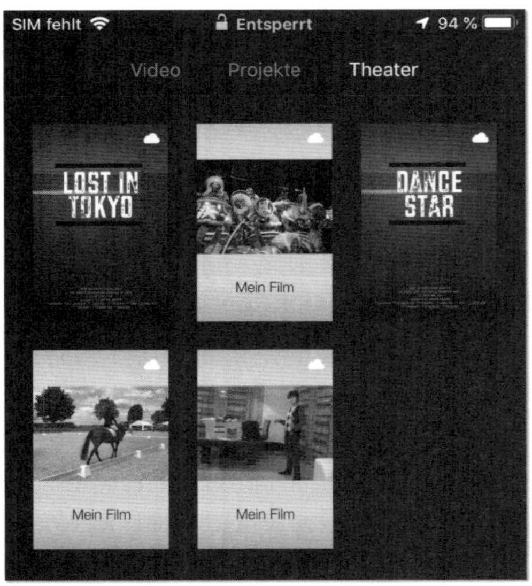

Abbildung 28.16 ... als auch auf anderen (mobilen) Geräten zur Verfügung.

Fertige Projekte finden Sie in iMovie im Register **Projekte**. Sie können jederzeit ein Projekt durch einen Doppelklick aufrufen, um daran weiterzuarbeiten.

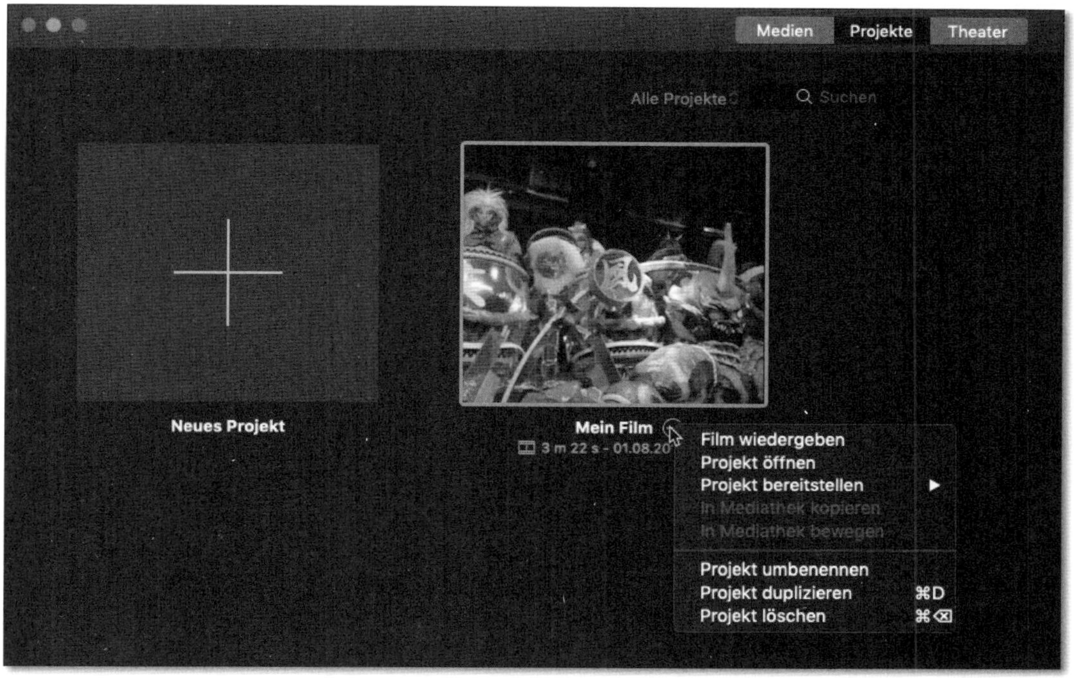

Abbildung 28.17 Übersicht über die erstellten Projekte in iMovie

28.7 Einen Trailer mit iMovie erstellen

Wenn Sie einen längeren Film erstellt haben, können Sie auch einen Trailer zum Film anfertigen, der einen Vorgeschmack auf den Film geben soll. iMovie bietet hierzu Vorlagen an, über die Sie mit ein paar Mausklicks einen Trailer erstellen können. Natürlich können Sie einen solchen Trailer auch aus beliebigen anderen Videoclips zusammenbauen und müssen nicht einen fertigen Film als Vorlage verwenden. Hier ein einfaches Beispiel, wie Sie einen eigenen Trailer erstellen können:

1. Erstellen Sie ein neues Projekt über **Ablage ▸ Neuer Trailer** bzw. [⇧] + [cmd] + [N]. Wählen Sie im sich öffnenden Themen-Fenster ein Thema für den Trailer aus. Klicken Sie auf die Play-Schaltfläche, um sich eine Vorschau zum Thema anzusehen. Mit einem Doppelklick wählen Sie das Thema für den Trailer aus.

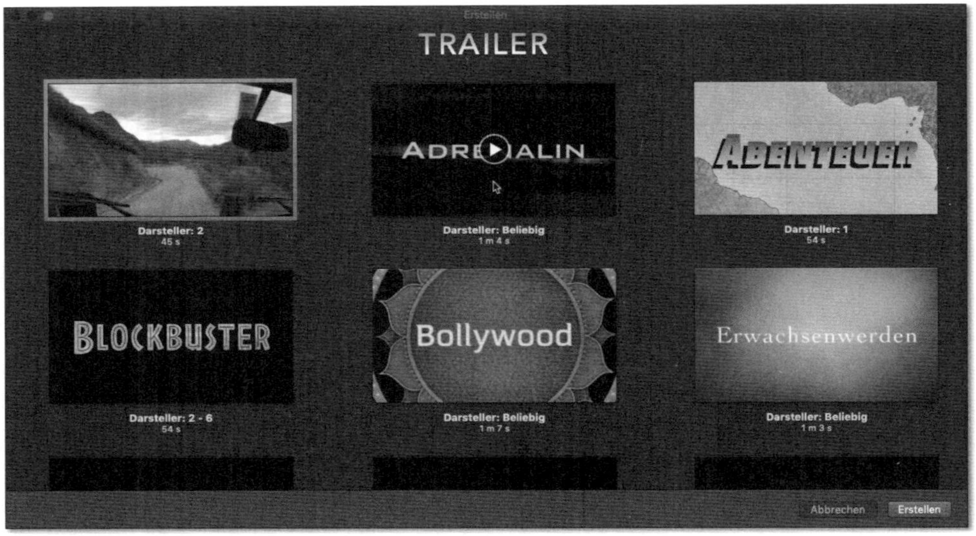

2 Im Projektbildschirm geben Sie zunächst im Register **Übersicht** alle Informationen wie Filmname, Untertitel, Jahreszeit, Darsteller usw. an. Hierzu müssen Sie die vorhandenen Namen und Wörter anklicken und einen neuen Text eingeben.

3 Wechseln Sie zum **Storyboard**, um den Platzhaltern im Storyboard Ihre Videoclips von der **iMovie-Mediathek** hinzuzufügen. In der Regel reicht es aus, wenn Sie auf einen Bereich im Clip klicken, ab dieser Stelle wird der Platzhalter entsprechend der Zeit gefüllt. Die Platzhaltertexte ❶ im Storyboard können Sie natürlich durch eigene Texte ersetzen, indem Sie darauf klicken und den Text eingeben.

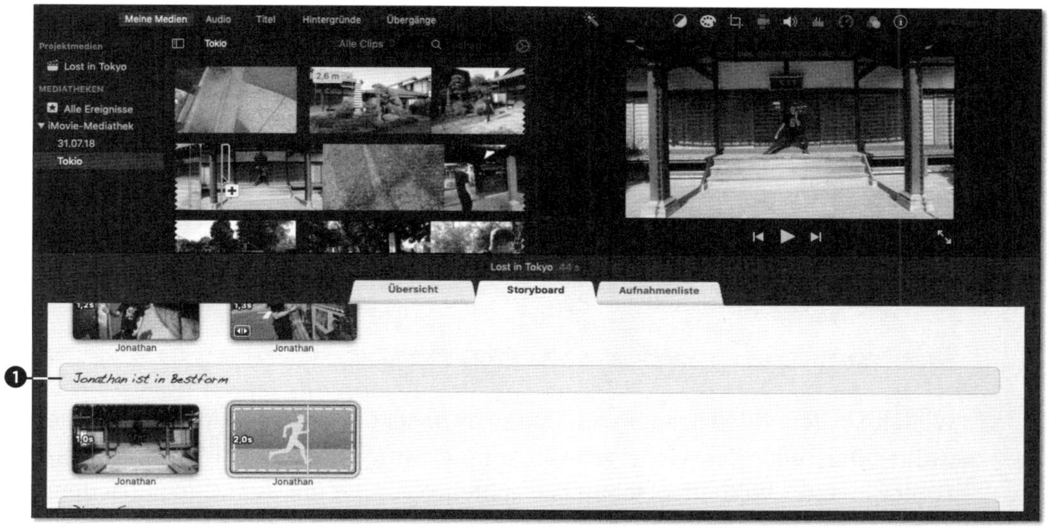

4 Die hinzugefügten Videoclips können Sie im Trailer auch bearbeiten. Wenn Sie einen Clip anklicken, werden drei verschiedene Icons eingeblendet. Mit dem durchgestrichenen Lautsprechersymbol wird angezeigt, dass zugunsten des Soundtracks der Clip stummgeschaltet ist, was Sie durch Anklicken des Symbols ändern können. Der kreisförmige Pfeil entfernt den Clip und ersetzt ihn durch den Platzhalter. Mit den auseinandergezogenen Pfeilen öffnet sich eine Trimming-Funktion ❷, über die Sie den Clip im Storyboard anpassen und die gewünschte Stelle im Clip für das Storyboard neu definieren können.

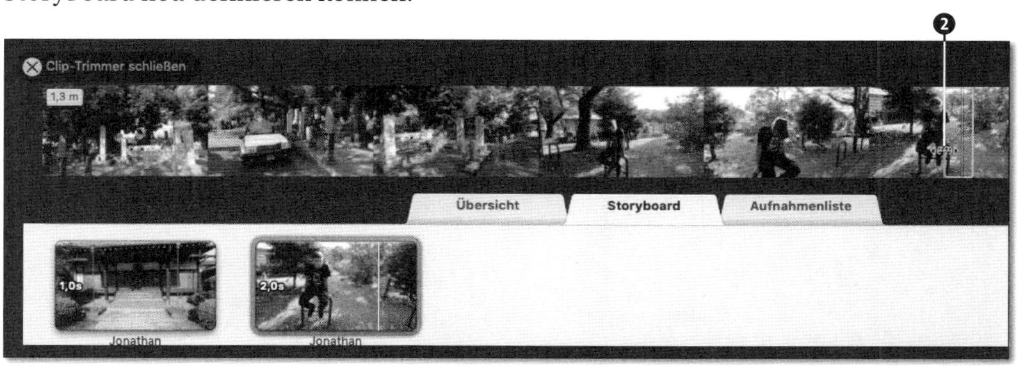

5 In Register **Aufnahmenliste** finden Sie einen Überblick über die hinzugefügten Clips, nach Gruppen sortiert, und können den Platzhaltern über das Storyboard hinaus noch weitere Clips hinzufügen bzw. diese bearbeiten.

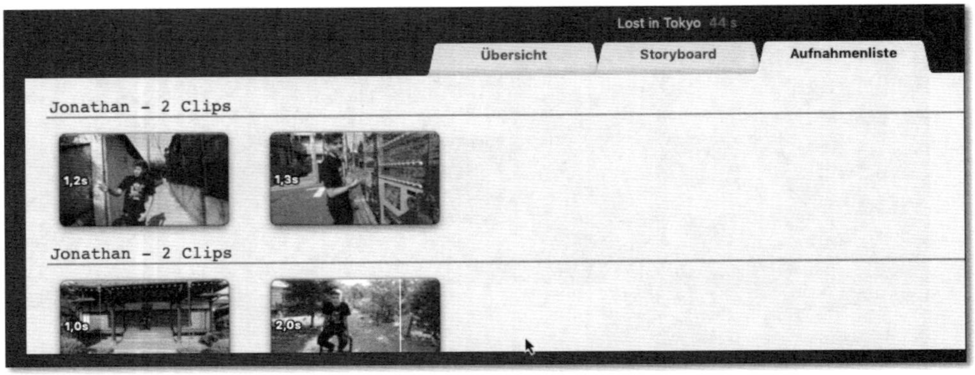

6 Wollen Sie den Video-Trailer von Anfang an ansehen, drücken Sie die [#]-Taste bzw. wählen **Darstellung ▸ Wiedergabe ab Anfang**. Mit [⇧] + [cmd] + [F] können Sie den Trailer in einer Vollbildvorschau betrachten. Sind Sie mit dem Clip zufrieden, können Sie ihn über **Bereitstellen** in der Symbolleiste bzw. **Ablage ▸ Bereitstellen** wie schon bei der Weitergabe von Filmen auf YouTube, Facebook oder Vimeo hochladen, per E-Mail weitergeben oder eine MP4-Datei daraus erstellen.

28.8 DVDs mit dem DVD-Player wiedergeben

Auch wenn die Silberscheiben immer weniger werden, hat es sich Apple nicht nehmen lassen, mit der Version 10.14 (Mojave) die Version des DVD-Players auf 64 Bit upzugraden und eine Touch Bar-Funktion hinzuzufügen. Die App befindet sich allerdings seit 10.14 nicht mehr im *Programme*-Verzeichnis, sondern in */System/Library/CoreServices/Applications*.

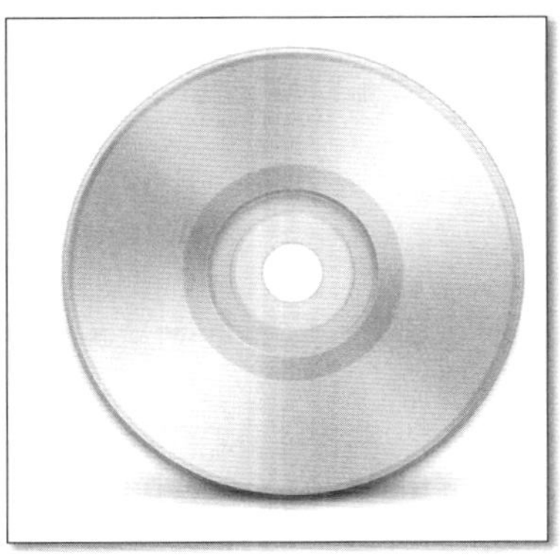

Abbildung 28.18 Programm-Icon des DVD-Players

Da es allerdings keinen Mac mehr mit integriertem DVD-Laufwerk gibt, setzt dies voraus, dass Sie ein externes DVD-Laufwerk über den USB-Anschluss benötigen. In dem Fall steht Ihnen nichts mehr im Wege, Ihre alte DVD-Sammlung anzusehen.

Gewöhnlich startet die DVD-Player-App von selbst, wenn Sie eine DVD in das externe DVD-Laufwerk einlegen. Die Steuerelemente werden angezeigt, wenn Sie die Maus auf dem Bildschirm bewegen, und sind ähnlich wie in iTunes selbsterklärend.

Abbildung 28.19 Die Bedienelemente des DVD-Players

Wenn Sie mit der Maus an den oberen Bildschirmrand fahren, wird das Menü eingeblendet, in dem Sie weitere übliche DVD-Funktionen auswählen können.

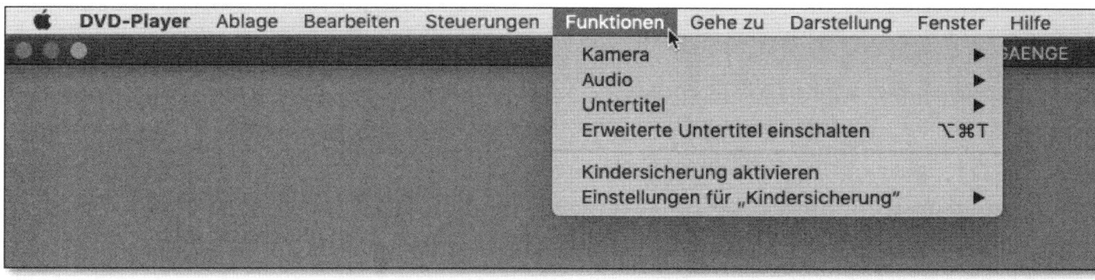

Abbildung 28.20 Schnellzugriff auf die einzelnen Kapitel oder Lesezeichen

29 Bilder mit Fotos verwalten und bearbeiten

Mit Fotos bietet Apple ein wirklich professionelles Programm an, das für die Verwaltung, Bearbeitung und Entwicklung von Bildern verwendet werden kann. Genau genommen löst Fotos die beiden eingestellten Programme iPhoto und Aperture ab.

Das Programm Fotos starten Sie über das Dock oder das Launchpad. Ansonsten ist auch dieses Programm im *Programme*-Verzeichnis installiert.

Abbildung 29.1 Programm-Icon von Fotos

Falls Sie die Vorgängerversion von Fotos kennen und sich immer geärgert haben, dass die Seitenleiste standardmäßig nicht eingeblendet gewesen ist, dürfen Sie sich freuen. In der neuen Version von Fotos ist die Seitenleiste immer aktiv und sichtbar.

Abbildung 29.2 Die Oberfläche von Fotos (hier noch ohne Inhalte)

29.1 Bilder in Fotos importieren

Damit Sie Bilder mit Fotos organisieren, bearbeiten und weitergeben können, müssen Sie diese zunächst in die Mediathek importieren. Hierbei können die Bilder von der Kamera, dem iPhone oder iPad, einer SD-Karte oder einer Festplatte (intern und extern) importiert werden.

29.1.1 Bilder von Kamera, iPhone, SD-Karte importieren

Üblicherweise werden Bilder von der Kamera, dem iPhone oder iPad eingelesen. Auch eine SD-Karte wird von Fotos wie eine Kamera für den Import behandelt. Die folgende Anleitung zeigt Ihnen, wie ein solcher Import aussehen kann:

1 Schließen Sie Ihre Kamera, das iPhone oder iPad mit dem USB-Kabel an, oder stecken Sie die SD-Karte in den entsprechenden Einschub Ihres Macs. Hat Ihr Mac keinen eingebauten Kartenleser, müssen Sie einen externen Kartenleser verwenden, oder Sie lassen die SD-Karte in der Kamera und verbinden die Kamera mit dem Mac. Die Kamera muss hierbei eingeschaltet werden.

2 Haben Sie die Kamera, das iPhone, iPad oder die SD-Karte mit dem Mac verbunden, erscheint in der Seitenleiste der Eintrag **Geräte** mit dem eben angeschlossenen Gerät bzw. Speichermedium. Wenn das Gerät oder Speichermedium nicht bereits automatisch ausgewählt wird, klicken Sie das Gerät an, und es werden die darauf enthaltenen Fotos angezeigt. Die Miniaturvorschau der Fotos können Sie über den Schieberegler links oben ❶ anpassen.

3 In der oberen Programmleiste sehen Sie das Speichermedium mit den Bildern. Mit der Option **Fotos öffnen** legen Sie fest, dass künftig immer, wenn Sie dieses Gerät einlegen bzw. anstecken, automatisch Fotos gestartet und zu **Importieren** gewechselt wird. Diese Option ist allerdings nicht bei jedem Gerät sinnvoll, wenn Sie beispielsweise Ihr iPhone oder iPad nur zum Aufladen anschließen oder mit iTunes synchronisieren wollen. Diese Einstellungen können Sie für jedes Gerät einzeln anpassen.

4 Wollen Sie alle Bilder in die Fotos-Mediathek importieren, klicken Sie auf **Alle neuen Fotos importieren**. Fotos erkennt bereits importierte Bilder, und Sie müssen sich keine Sorgen machen, dass Bilder doppelt importiert werden. Solche Bilder werden in einem gesonderten Bereich **Bereits importiert** angezeigt. Wollen Sie die Bilder nach dem Import von der Kamera bzw. dem iPhone, iPad oder der SD-Karte löschen, setzen Sie ein Häkchen vor **Löschen von Objekten**.

5 Wenn Sie hingegen nur ausgewählte Bilder importieren wollen, markieren Sie die entsprechenden Fotos mit einem Mausklick, wodurch sie mit einem blauen Häkchen versehen werden. Klicken Sie dann anstelle auf **Alle neuen Fotos importieren** auf die Schaltfläche **Auswahl importieren (x)**.

6 Standardmäßig werden Bilder in die **Mediathek** importiert, wo Sie diese anschließend verwalten können. Wollen Sie beim Import auch gleich die Bilder in ein neues Album importieren, können Sie in der Dropdown-Liste **Neues Album** auswählen und den Namen für ein neues Album angeben. In dem Fall würden die Bilder gleich in das neue Album importiert werden.

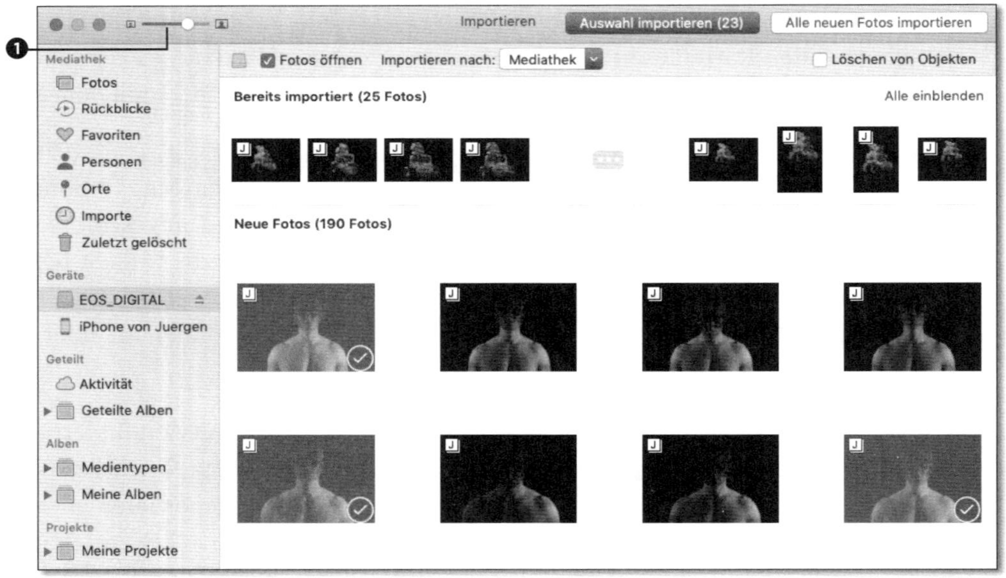

7 Nach dem Import werden die Bilder im Album **Importe**, in chronologischer Reihenfolge zusammengefasst, angezeigt. In diesem Album finden Sie immer die zuletzt importierten Bilder.

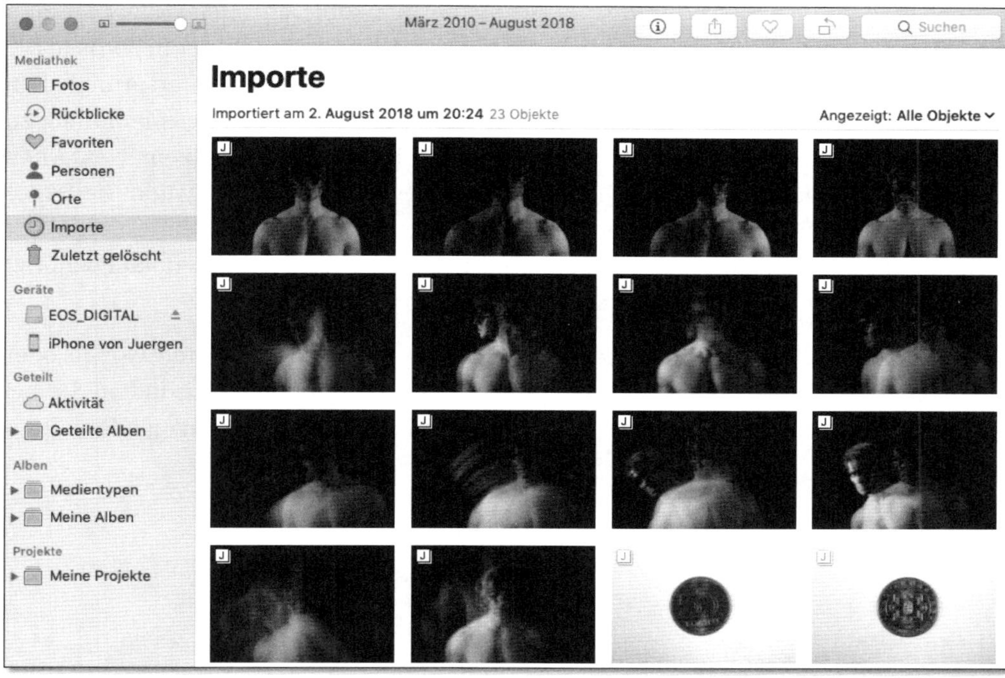

HINWEIS

JPEG-/RAW-Paare werden gestapelt

Wenn Sie Ihre Bilder neben dem JPEG-Format auch im Rohformat RAW fotografieren und abspeichern, stapelt Fotos hier JPEG und RAW zu einer Aufnahme. Sie erkennen solche Bilder am Stapelsymbol (hier mit einem **J**).

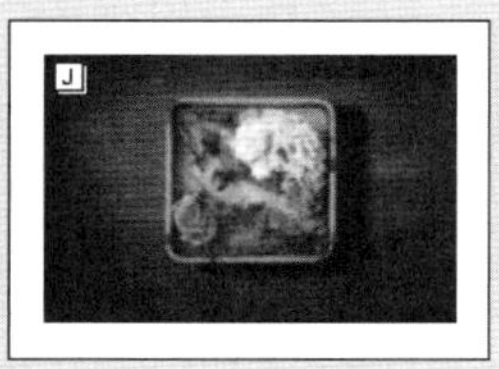

Abbildung 29.3 Bilder, die in RAW und JPEG vorliegen, werden von Fotos gestapelt.

29.1.2 Bilder von der Festplatte importieren

Das Importieren von Bildern, die Sie auf einer Festplatte oder einem USB-Stick haben, lässt sich ebenso einfach durchführen. Sie sollten sich aber unbedingt vorher Gedanken darüber machen, ob Sie die Bilder in die Mediathek kopieren oder lediglich einen Verweis auf die Dateien anlegen wollen. Standardmäßig werden Bilder in Fotos in die Mediathek kopiert, sodass ein Bild zweimal vorhanden ist, einmal am ursprünglichen Ort und einmal in der Fotos-Mediathek. Der Vorteil daran, alles in der Mediathek zu haben, ist der, dass Sie immer alle Bilder zur Hand haben und im Fall einer externen Festplatte diese nicht dabeihaben und angeschlossen haben müssen, wenn Sie Bilder bearbeiten wollen. Ein Umzug einer Mediathek ist damit auch schnell erledigt. Der Nachteil, alles in die Mediathek zu kopieren, ist der, dass viel Festplattenplatz benötigt wird und es bei einer großen Bildersammlung knapp werden kann.

Ob Sie nun die Bilder beim Importieren in die Fotomediathek kopieren wollen oder nicht, legen Sie über **Fotos ▸ Einstellungen** im Register **Allgemein** fest, indem Sie bei **Importieren** das Häkchen vor **Objekte in die Fotomediathek kopieren** setzen oder es entfernen.

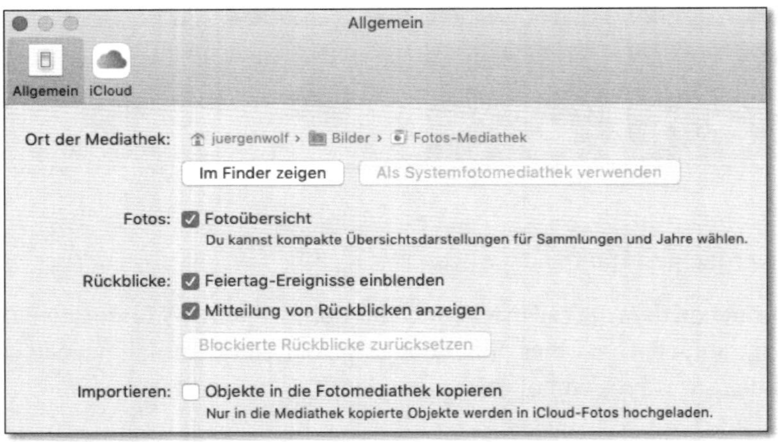

Abbildung 29.4 Legen Sie fest, ob Sie die Bilder in die Mediathek kopieren oder nur einen Verweis auf die Bilder anlegen wollen.

Wenn Sie diese Option deaktivieren und somit mit verknüpften Dateien arbeiten, müssen Sie sicherstellen, dass Sie die Dateien nicht verschieben oder löschen und dass das Laufwerk, wenn es sich um ein externes handelt, am Mac angeschlossen ist. Zwar werden solche Bilder als Vorschau trotzdem angezeigt, aber Sie können sie nicht mehr bearbeiten oder weitergeben. Wollen Sie verknüpfte Dateien sichtbar machen, aktivieren Sie **Darstellung ▸ Metadaten ▸ Verknüpfte Datei**, dann wird ein Verknüpfungssymbol rechts oben angezeigt, wenn es sich um eine verknüpfte Datei handelt. Den Speicherort für eine verknüpfte Datei können Sie mit einem rechten Mausklick auf das Bild ermitteln, indem Sie **Verknüpfte Datei im Finder zeigen** auswählen.

Abbildung 29.5 Das Symbol für eine verknüpfte Datei

Wenn eine verknüpfte Datei nicht verfügbar ist, weil Sie zum Beispiel das Laufwerk dafür nicht angeschlossen haben, können Sie dies an dem Symbol für eine verknüpfte Datei gleich erkennen, weil es dann von einem roten Strich durchzogen ist.

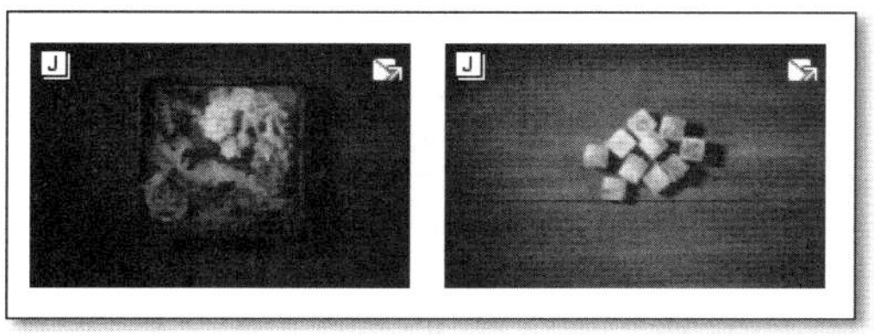

Abbildung 29.6 Die verknüpfte Datei konnte nicht gefunden werden.

Wenn Sie sich entschieden haben, ob Sie beim nächsten Import von der internen bzw. externen Festplatte oder einem USB-Stick die Bilder in die Mediathek kopieren wollen oder nicht, können Sie den Import in Fotos starten. Ein Beispiel dazu finden Sie in der folgenden Schritt-für-Schritt-Anleitung:

1 Wählen Sie **Ablage ▸ Importieren** bzw. ⇧ + cmd + I.

2 Navigieren Sie zu dem Ordner, in dem sich die Bilder befinden, die Sie importieren wollen, und klicken Sie auf **Für Import prüfen**.

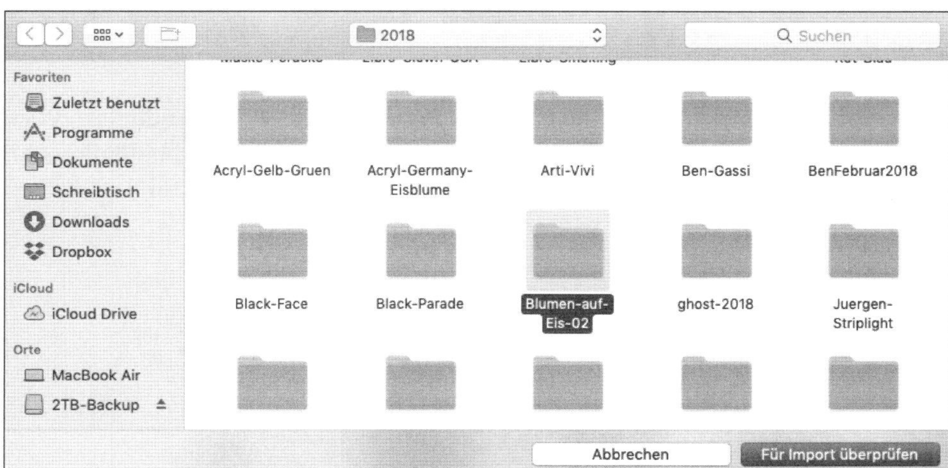

3 Jetzt durchsucht Fotos den gewählten Ordner mitsamt Unterordnern (wenn vorhanden) und zeigt die Bilddateien an. Der ausgewählte Ordner wird dann links unter **Geräte** angezeigt.

4 Nun können Sie genauso vorgehen, wie schon beim Import von Bildern von der Kamera, dem iPhone, iPad oder der SD-Karte. Klicken Sie entweder auf die Schaltfläche **Alle neuen Fotos importieren**, oder wählen Sie einzelne Bilder aus und klicken dann auf **Auswahl importieren (x)**. Mit der Schaltfläche **Abbrechen** können Sie den Vorgang ohne Import beenden. Wenn Sie ein Häkchen vor **Ordnerorganisation beibehalten** setzen, wird ein neues Album gemäß dem Ordnernamen angelegt und den Alben hinzugefügt. Enthält ein Ordner weitere Unterordner, werden auch entsprechende Unteralben mit angelegt, um die Ordnung wie auf der Festplatte beizubehalten.

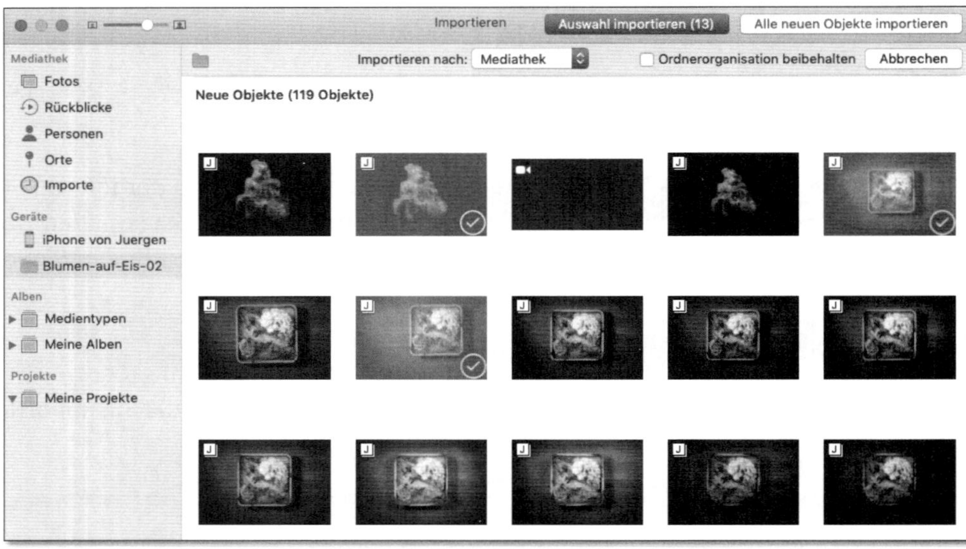

Bei einer größeren Anzahl von Bildern kann der Import etwas länger dauern. Wie viele Bilder bereits importiert wurden und wie weit der Import fortgeschritten ist, darüber informiert Sie ein Tortendiagramm rechts oben, wenn Sie es anklicken.

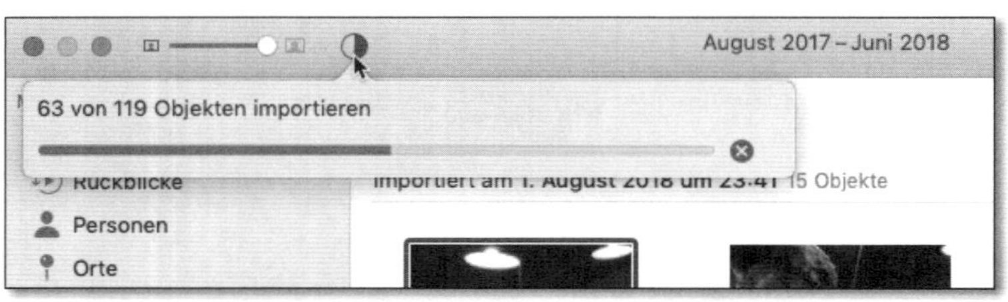

Abbildung 29.7 Informationen über den Fortschritt des Imports

HINWEIS

iPhoto- oder Aperture-Mediathek

Wenn Sie eine iPhoto- oder Aperture-Mediathek haben, können Sie die Bilder darin ebenfalls importieren. Hierzu müssen Sie nur in das Verzeichnis wechseln, in dem sich der Mediathek-Ordner der Bilder befindet, was gewöhnlich der *Bilder*-Ordner ist, und ihn importieren, wie es mit einem gewöhnlichen Ordner eben demonstriert wurde. Allerdings werden nur (!) die Bilder importiert. Alben, Ereignisse oder Ähnliches werden nicht nach Fotos übernommen.

Sie können vom Finder-Fenster per Drag & Drop Fotos einzelne Bilder oder ganze Ordner hinzufügen, um diese zu importieren. Hierzu müssen Sie nicht mal Fotos gestartet haben. In diesem Fall können Sie die Bilder oder den Ordner einfach auf Fotos im Dock fallen lassen.

Abbildung 29.8 Bilder können Sie auch per Drag & Drop in Fotos importieren.

Wenn Sie bereits vorhandene Bilder erneut importieren, erscheint ein Dialog mit einer Nachfrage, ob Sie das Bild trotzdem oder nicht importieren wollen.

Abbildung 29.9 Fotos erkennt, wenn Bilder bereits importiert wurden.

HINWEIS

Verknüpfte Datei doch in die Mediathek kopieren

Wenn Sie sich dafür entschieden haben sollten, Bilder beim Import von der Festplatte oder einem USB-Stick nicht zu kopieren, es sich im Nachhinein aber anders überlegt haben, müssen Sie nur diese Bilder markieren, und mit **Ablage ▸ Zusammenlegen** werden diese Bilder in die Mediathek übertragen.

29.2 Arbeiten mit Fotos

Aufgeteilt wird Fotos in die Kategorien **Mediathek** und **Alben** mit den verschiedenen Einträgen in der Seitenleiste. Die **Geräte** sind hier nur vorhanden, wenn entsprechende Geräte oder Speichermedien zum Importieren angeschlossen sind, darauf wurde aber bereits eingegangen. Auf **Projekte** wird noch gesondert eingegangen. Essenziell für die Organisation Ihrer Bilder sind zunächst die Bereiche **Mediathek** und **Alben**.

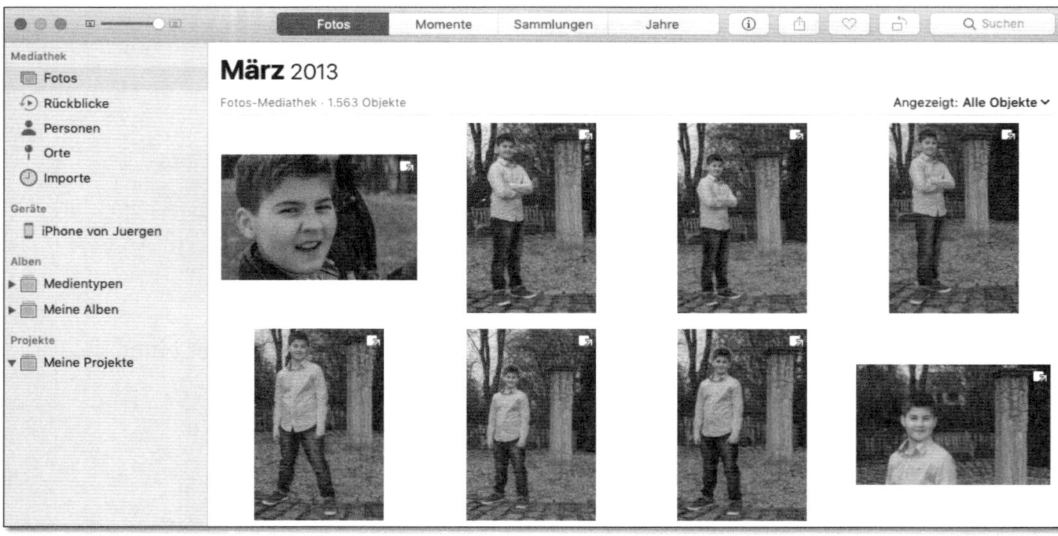

Abbildung 29.10 Mediathek und Alben – essenziell zum Organisieren der Bilder

29.2.1 Jahre, Sammlungen und Momente

Wenn Sie den Bereich **Fotos** anklicken, werden alle Bilder Ihrer Mediathek nach Aufnahmedatum aufsteigend sortiert angezeigt. In der Symbolleiste können Sie die Ansicht aller Bilder über die drei Schaltflächen **Momente**, **Sammlungen** und **Jahre** gesondert ordnen.

Abbildung 29.11 Fotos sortiert Bilder automatisch in »Momente«, »Sammlungen« und »Jahre«.

Bei dieser Art der Sortierung verwendet Fotos das Datum und greift auf eventuell vorhandene Ortsangaben zurück. Mit **Jahren** werden die Bilder nach Jahren und gegebenenfalls auch nach Orten unterteilt. **Sammlungen** hingegen fasst die Bilder aus einem kleineren zusammenhängenden Zeitraum zusammen, und **Momente** verwendet noch ein feineres Zeitraster.

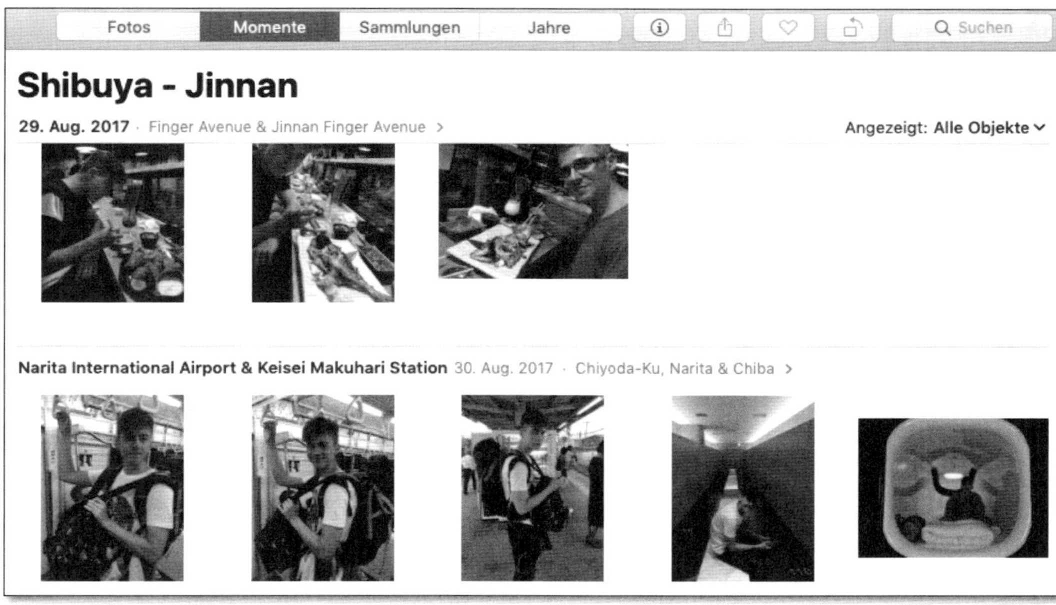

Abbildung 29.12 Die Darstellung in »Momente« …

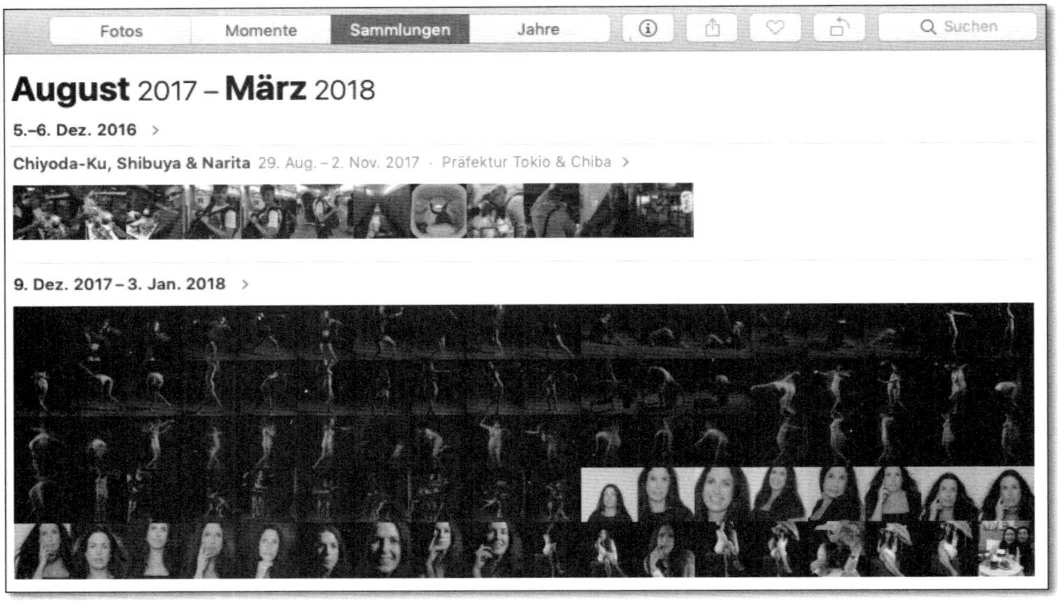

Abbildung 29.13 … »Sammlungen« …

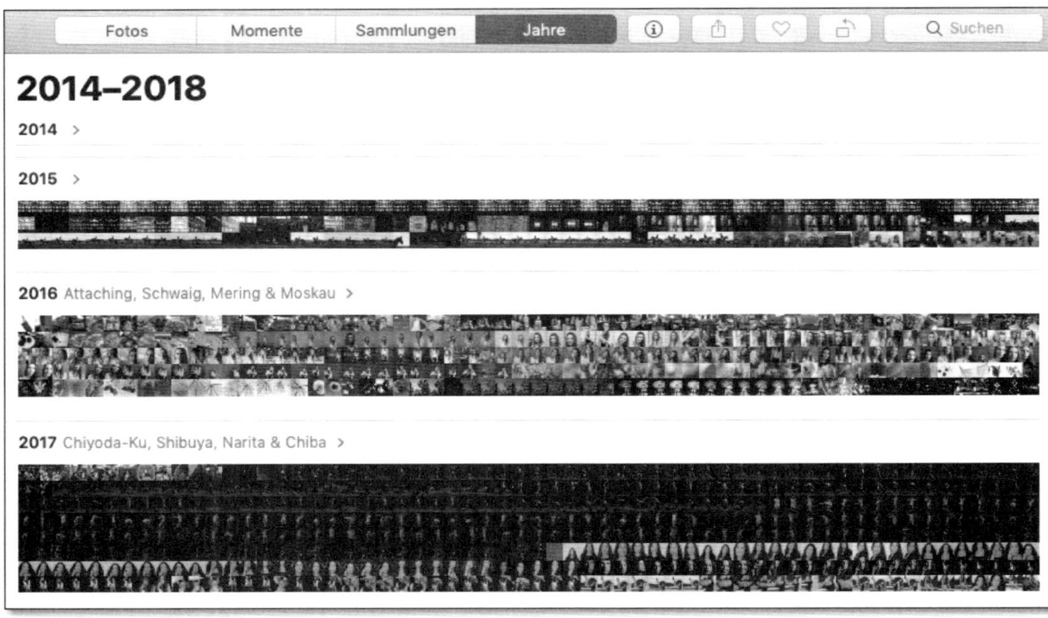

Abbildung 29.14 … und in »Jahre«

Im ersten Augenblick mag sich diese Sortierung etwas umständlich anhören, ist aber in der Praxis sehr hilfreich. Haben Sie zum Beispiel Fotos am selben Tag zu zwei verschiedenen Tageszeiten gemacht, erscheinen diese Bilder in einer Sammlung, werden aber in zwei Momente aufgeteilt. Dasselbe gilt auch für Ortsangaben in Bildern. Wurden hier Bilder am selben Tag an unterschiedlichen Orten gemacht, werden automatisch verschiedene Momente daraus. So können Sie Bilder vom selben Tag in einer Sammlung oder in verschiedenen Momenten betrachten und verwalten.

So können Sie auch ganz komfortabel von der Darstellung in **Jahre** zu **Sammlungen** wechseln, indem Sie in der Jahresdarstellung ein Bild anklicken. Gleiches können Sie ebenfalls tun, wenn Sie sich in der Darstellung **Sammlungen** befinden. Klicken Sie hier auf ein Bild, wechseln Sie zu **Momente**. Probieren Sie es einfach mal aus, und Sie werden feststellen, dass Sie auf diese Weise recht schnell zu den gewünschten Bildern gelangen, wenn Sie nur ungefähr wissen, wann Sie sie aufgenommen haben.

29.2.2 Rückblicke

Mit **Rückblicke** (in der Vorgängerversion: Andenken) sammelt Fotos Ereignisse, Orte, Datum und Personen und fasst diese zu einem Rückblick automatisch zusammen. Sie können auch selbst Rückblicke aus Momenten, Sammlungen oder Jahren erstellen:

1. Klicken Sie auf **Fotos** in der Seitenleiste, und wählen Sie hier entweder die Darstellung **Momente**, **Sammlungen** oder **Jahre**.
2. Wählen Sie den Titel ❶ eines Moments, einer Sammlung oder gar von Jahren aus, woraus Sie einen Rückblick erstellen wollen.

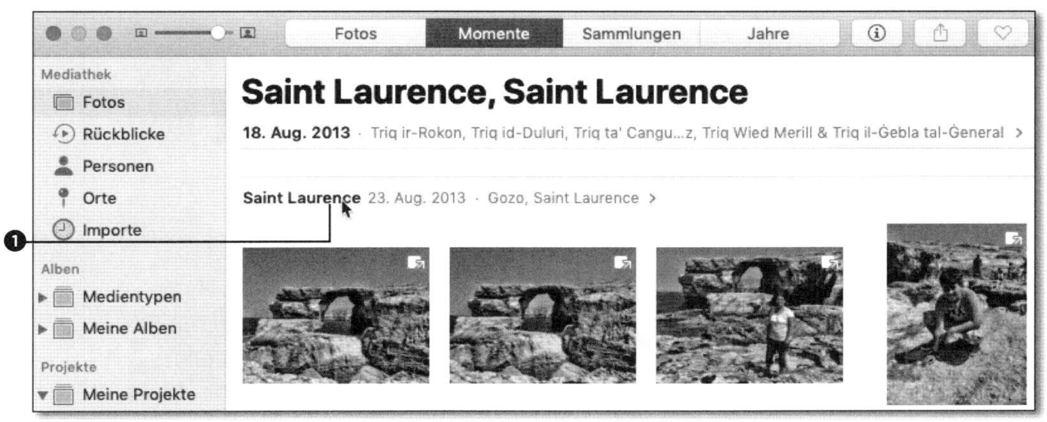

3 Scrollen Sie ans Ende der Fotos, und klicken Sie unten auf **Zu Rückblicken**.

Um einen Rückblick anzusehen, wechseln Sie zu **Rückblicke** in der Mediathek und öffnen einen der dort aufgelisteten Rückblicke mit einem Doppelklick.

Abbildung 29.15 Rückblicke auswählen

Im oberen Bereich wird ein kleiner Rückblickfilm abgespielt, und darunter finden Sie die Sammlung der im Rückblick enthaltenen Bilder. Mit einem Klick auf **Mehr anzeigen** werden alle Bilder des Rückblicks in einer Miniaturansicht angezeigt. Wollen Sie einen Rückblick hier entfernen, scrollen Sie ganz nach unten und wählen **Rückblick löschen**. Oder wollen Sie ein Bild den Rückblickfavoriten hinzufügen, klicken Sie auf **Zu Rückblickfavoriten**. Die Rückblickfavoriten können Sie bei der Auswahl von **Rückblicke** in der Seitenleiste auswählen, wo Sie in der Symbolleiste den entsprechenden Reiter **Rückblickfavoriten** zur Auswahl vorfinden. **Rückblicke** und **Rückblickfavoriten** können Sie über denselben Weg wieder entfernen, indem Sie im Rückblick ganz nach unten scrollen und den entsprechenden Eintrag auswählen.

29.2.3 Alben mit bestimmten Medientypen

Zur Gruppierung von Bildern können Sie Alben verwenden und Bilder nach Belieben hinzufügen, sortieren und verwalten. Alben werden im gleichnamigen Bereich in der Seitenleiste bzw. Symbolleiste aufgelistet. Hierbei werden Sie feststellen, dass Fotos einige Alben in **Medientypen** automatisch angelegt hat, worauf Sie keinen Einfluss haben. Konkret handelt es sich dabei um folgende Alben:

- **Videos:** Der Name des Albums spricht für sich. Hier werden sämtliche Filme gesammelt.
- **Selfies:** In diesem Album landen die Bilder, die mit der Frontkamera von iPhone oder iPad aufgenommen wurden.
- **Panoramen:** Bilder, die Sie mit der Panorama-Funktion des iPhones oder iPads gemacht haben, landen in diesem Album. Fotos ist mittlerweile aber auch »klug« genug, um auch allgemein Panoramen hier hinzuzufügen, die nicht von den besagten Geräten erstellt wurden.
- **Bildschirmfotos:** Bildschirmfotos die Sie mit gleichzeitig gehaltener Home- und Standby-Taste auf dem iPhone oder iPad erstellen, werden hier gesammelt.
- **Animiert:** Hier finden Sie animierte GIF-Bilddateien.

Alle anderen Einträge wie **Live Photos**, **Lange Belichtung**, **Zeitraffer**, **Slo-Mo**, **Tiefeneffekt** und **Serien** sind typische Funktionen, die Sie vielleicht von Ihrem iPhone bzw. iPad her kennen. Entsprechend der verwendeten Funktion auf Ihrem iPhone oder iPad werden importierte Bilder hier gesammelt.

Wie Sie selbst Alben erstellen und verwalten können, erfahren Sie noch gesondert auf den kommenden Seiten des Buches. Der Zugriff auf die Alben erfolgt über die Seitenleiste. Alle Alben im Überblick erhalten Sie, wenn Sie in der Seitenleiste bei **Alben** auf **Medientypen** klicken. Die einzelnen Alben in der Übersicht können Sie per Doppelklick öffnen.

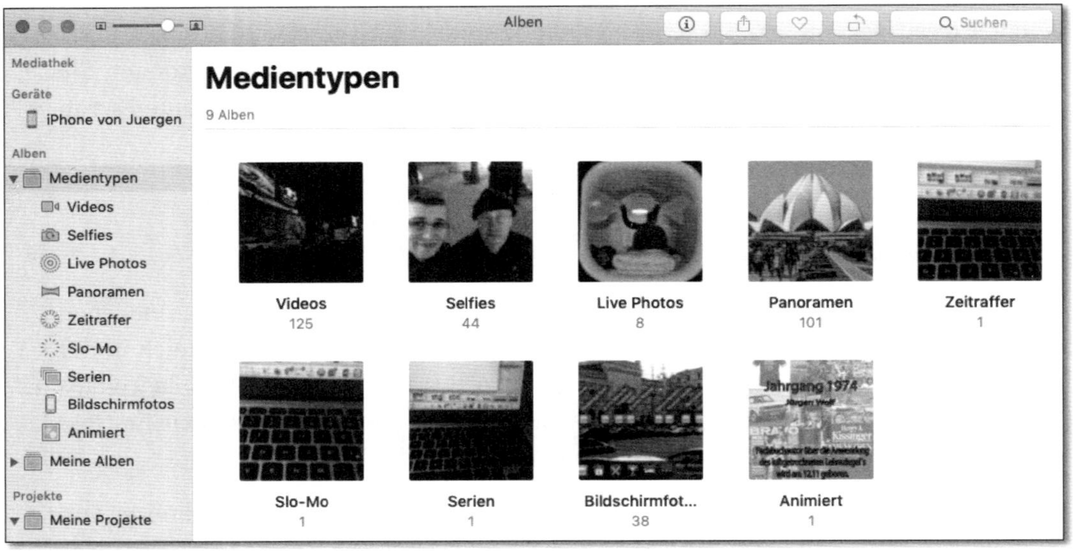

Abbildung 29.16 Übersicht über die Alben von Medientypen

29.2.4 Bilder betrachten

Die Bilder zu betrachten ist einfach und funktioniert in allen Kategorien immer gleich. Das Bild, das Sie gerne in vergrößerter Ansicht sehen wollen, müssen Sie doppelt anklicken. Dies funktioniert sowohl in den Ansichten **Jahre**, **Sammlungen** und **Momente** als auch, wenn Sie alle **Fotos** eingeblendet haben. Bei **Rückblicke** oder **Alben** müssen Sie zuvor in den entsprechenden Rückblick oder das entsprechende Album wechseln, in dem Sie eine Übersicht über alle Bilder vorfinden. Diese können Sie dort ebenfalls per Doppelklick in vergrößerter Ansicht betrachten.

Ebenfalls in die vergrößerte Ansicht gelangen Sie mit einem Trackpad, wenn Sie die Finger mit dem Mauscursor über einem Bild auseinanderziehen. In der Albendarstellung funktioniert diese Geste nicht.

Abbildung 29.17 Bilder betrachten

In der Jahresdarstellung können Sie die Maustaste gedrückt halten, um eine vergrößerte Ansicht der Miniaturen unter dem Mauscursor zu erhalten.

Abbildung 29.18 Vergrößerte Ansicht der Miniaturen in der Jahresdarstellung

Mit der [→]- bzw. [←]-Taste oder durch Anklicken der Pfeiltasten können Sie sich durch die Bilder hangeln. Mit einem Trackpad können Sie auch mit zwei Fingern nach links oder rechts wischen, um von einem zum nächsten Bild zu gelangen. Benötigen Sie Miniaturen in der Fußleiste zum Navigieren der Bilder, können Sie diese mit **Darstellung ▸ Miniaturen einblenden** bzw. [Alt] + [S] aktivieren (und deaktivieren). Klicken Sie erneut doppelt auf das Bild oder wählen die **Zurück**-Schaltfläche ❶ in der Symbolleiste, gelangen Sie wieder zur Übersicht über alle Bilder in den Momenten oder zum aktuellen Album. Das funktioniert auch mit einem Trackpad, wenn Sie sich mit dem Mauscursor über dem Bild befinden und die Finger darauf zusammenziehen.

Abbildung 29.19 Von einem Bild zum nächsten

TIPP

Trackpad-Steuerung

Mit der Trackpad-Geste, bei der Sie die Finger auseinander- und zusammenziehen, können Sie sehr schön durch die **Jahre**, **Sammlungen** und **Momente** steuern. So gelangen Sie durch Auseinanderziehen der Finger von den Jahren über die Sammlungen zu den Momenten, wo Sie das Bild, über dem sich der Mauscursor befindet, in vergrößerter Darstellung betrachten können. Umgekehrt funktioniert dies beim Zusammenziehen der Finger natürlich genauso.

Ein- und Auszoomen in das Bild können Sie über den Schieberegler links oben oder mit der Tastenkombination [cmd] + [+] bzw. [cmd] + [-]. Haben Sie ein Trackpad, dann funktioniert hier auch das Auseinander- und Zusammenziehen der Finger. Über ein Handsymbol können Sie mit gedrückter Maustaste den gezoomten Bildausschnitt verschieben.

Abbildung 29.20 Ein- und Auszoomen in das Bild

29.3 Die Bilder mit Fotos verwalten

Wenn Sie Ihre Bilder importiert haben, empfehle ich Ihnen als nächsten Schritt, diese zu organisieren, damit Sie auch noch nach einiger Zeit einen Überblick über Ihre Bilder haben. Liegen erst einmal Tausende Bilder unorganisiert vor, dann fällt es schwer, die gewünschten Bilder zu finden. Zumindest sortiert Fotos die Bilder von Haus aus schon ein wenig nach Datum, wenn Sie auf den Bereich **Fotos** in der Seitenleiste oder Symbolleiste klicken. Hinzu kommen noch die **Momente**, **Sammlungen** und **Jahre**. Auf diese Sortierungen haben Sie allerdings selbst keinen Einfluss.

29.3.1 Bilder sichten und aussortieren

Als Erstes empfehle ich Ihnen, Ihre zuletzt importierten Bilder zu sichten und die nicht gelungenen Bilder gleich zu entfernen. So vermeiden Sie schon mal, dass Sie schlechte Fotos sammeln, die ohnehin nur den Speicher auffüllen würden. Dieser Schritt ist optional und entspricht eher meinem Workflow. Wenn es Ihnen schwerfällt, Bilder zu löschen, dann entfernen Sie wenigstens die verwackelten und unscharfen, auf denen wirklich gar nichts zu erkennen ist.

1 Wenn nicht schon nach dem Import geschehen, wählen Sie **Importe** in der Seitenleiste aus, scrollen ganz nach unten zum zuletzt gemachten Import und führen einen Doppelklick auf das erste Bild aus.

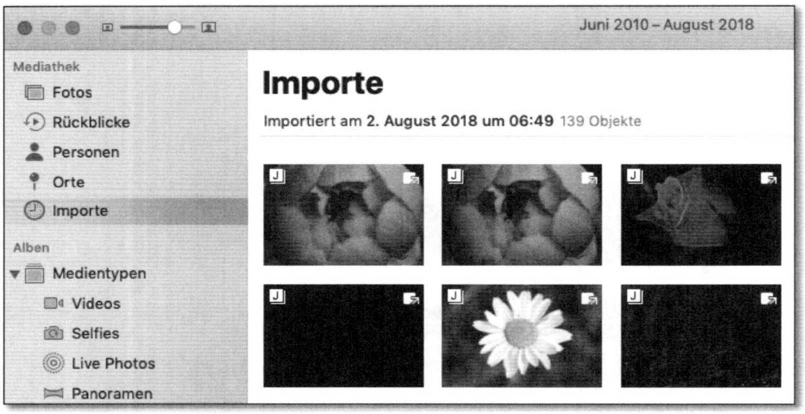

2 Jetzt wird das Bild vergrößert angezeigt, womit Sie auf jeden Fall beurteilen können, ob die Qualität des Bildes würdig ist, weiterhin in der Mediathek bleiben zu dürfen. Mit [Z] können Sie das Bild in der 1 : 1-Ansicht betrachten und mit dem Mauscursor dann den Bildausschnitt mit gedrückter Maustaste verschieben. Drücken Sie erneut [Z], wird die Bildgröße wieder an die Fenstergröße angepasst.

3 Wenn Sie das Bild aus der Mediathek löschen wollen, drücken Sie die [←]-Taste, oder klicken Sie rechts, und wählen Sie **1 Foto löschen**. Das Bild wird innerhalb der Mediathek entfernt und nach **Zuletzt gelöscht** verschoben. Wenn es sich beim gelöschten Bild nur um eine Verknüpfung handelt, wird nur die Verknüpfung aus der Mediathek entfernt und nicht das Original gelöscht. Bevor Sie die Bilder nach **Zuletzt gelöscht** verschieben, erfolgt ein Rückfragedialog. Diese Sicherheitsabfrage können Sie umgehen, wenn Sie zum Löschen [cmd] + [←] drücken. Versehentliches Löschen können Sie mit [cmd] + [Z] wieder rückgängig machen.

4 Zum nächsten Bild können Sie mit der [→]- oder [←]-Taste wechseln. Auch über die Pfeil-Schaltflächen rechts oder links vom Bild können Sie zum vorherigen oder nächsten Bild wechseln. Wenn Sie ein Trackpad besitzen, können Sie auch mit zwei Fingern nach rechts oder links wischen. Zurück zur Miniaturansicht aller Bilder in **Importe** gelangen Sie wieder, wenn Sie das Bild doppelt oder die kleine Pfeil-nach-links-Schaltfläche links oben anklicken.

5 Die gelöschten Bilder werden noch 30 Tage in **Zuletzt gelöscht** gehalten, ehe sie automatisch und endgültig entfernt werden. Haben Sie es sich anders überlegt, können Sie Bilder markieren und mit der Schaltfläche **Wiederherstellen** wieder der Mediathek hinzufügen. Klicken Sie hingegen auf **Alle löschen**, werden die Bilder im Album **Zuletzt gelöscht** endgültig und unwiderruflich entfernt.

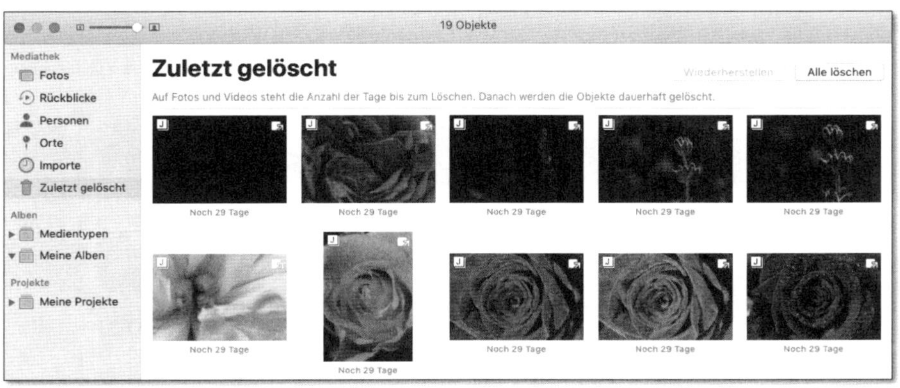

Bilder aus der Mediathek löschen können Sie natürlich auch in anderen Bereichen der Mediathek mit [←] oder einem rechten Mausklick und dem Befehl **Foto löschen** im Kontextmenü. Ebenso können Sie mehrere Miniaturvorschauen auswählen und diese auf dieselbe Art und Weise aus der Mediathek entfernen. Wollen Sie die Bilder ohne Rückfrage löschen, drücken Sie [cmd] + [←].

29.3.2 Alben und Ordner

Neben den von Fotos erstellten Alben mit Medientypen können Sie auch eigene Alben anlegen. Hierbei bleibt es Ihnen überlassen, wie Sie Ihre Alben zusammenstellen und sortieren. So können Sie durchaus dieselben Bilder in mehreren Alben verwenden, ohne dass sie dupliziert werden, oder sie wieder aus einem Album entfernen, ohne dass sie aus der Mediathek gelöscht werden. Bilder in Alben sind somit reine Verknüpfungen. Da Sie auf diese Weise vermutlich eine ziemliche Menge Alben mit der Zeit erstellen werden, kann es hier auch unübersichtlich werden. Für diese Zwecke bietet es sich an, die Alben in Ordnern zu organisieren. Ordner in Fotos können keine Bilder, sondern nur Alben enthalten.

29.3.3 Eigene Alben anlegen

Um ein neues Album anzulegen, gibt es mehrere Möglichkeiten. In der folgenden Schritt-für-Schritt-Anleitung finden Sie eine:

1 Markieren Sie die Bilder in der Miniaturvorschau, die Sie einem Album hinzufügen wollen, mit gehaltener [cmd]-Taste.

2 Klicken Sie auf die Plus-Schaltfläche neben **Meine Alben** in der Symbolleiste, oder drücken Sie [cmd] + [N], und wählen Sie **Album** aus.

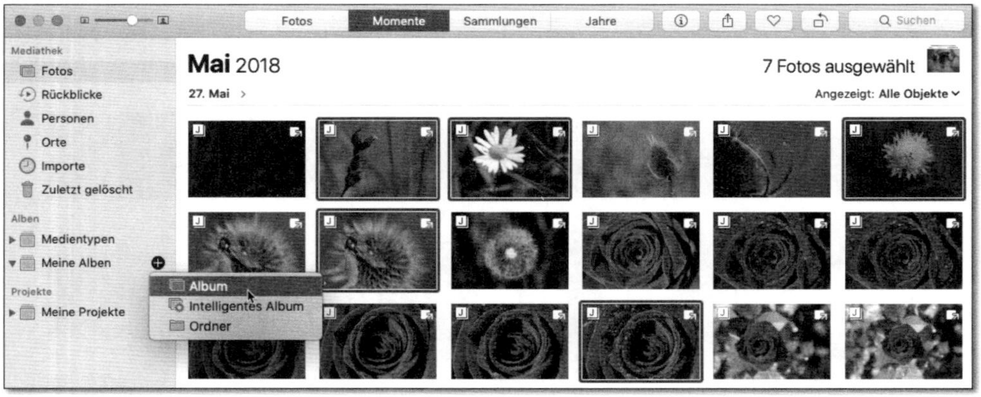

3 Aus den ausgewählten Bildern wird ein Album unterhalb von **Meine Alben** angelegt, wo Sie im editierbaren Textfeld auch gleich den Namen des Albums eintippen können und mit [↵] bestätigen.

Sie können auf dieselbe Weise auch ein leeres Album anlegen, indem Sie keine Bilder markieren und über das Plussymbol bzw. [cmd] + [N] ein neues Album anlegen.

Ein Album können Sie löschen, indem Sie es in der Seitenleiste oder in der Albenansicht mit der rechten Maustaste markieren und im Kontextmenü **Album löschen** auswählen. Es erscheint noch ein Nachfragedialog, der Sie darüber informiert, dass sich das Löschen des Albums nicht auf die Objekte in der Mediathek und anderen Alben auswirkt. Die Übersicht über die Alben in **Meine Alben** erhalten Sie, wenn Sie auf diesen Eintrag in der Seitenleiste klicken.

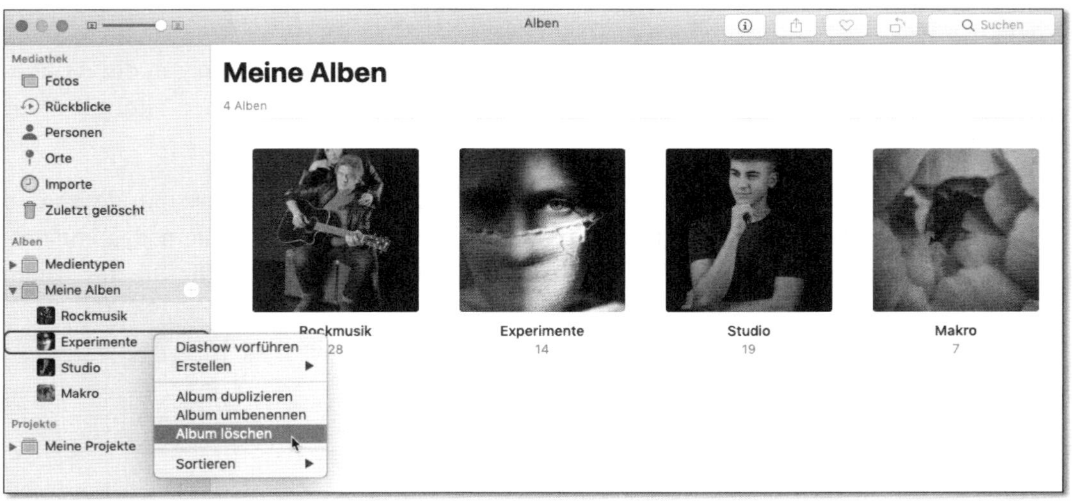

29.3.4 Bilder einem Album hinzufügen oder daraus entfernen

Bilder lassen sich ganz einfach einem Album hinzufügen. Idealerweise haben Sie hierfür das Album in der Seitenleiste eingeblendet und ziehen die gewünschten Bilder per Drag & Drop auf das Album, dem Sie diese hinzufügen wollen.

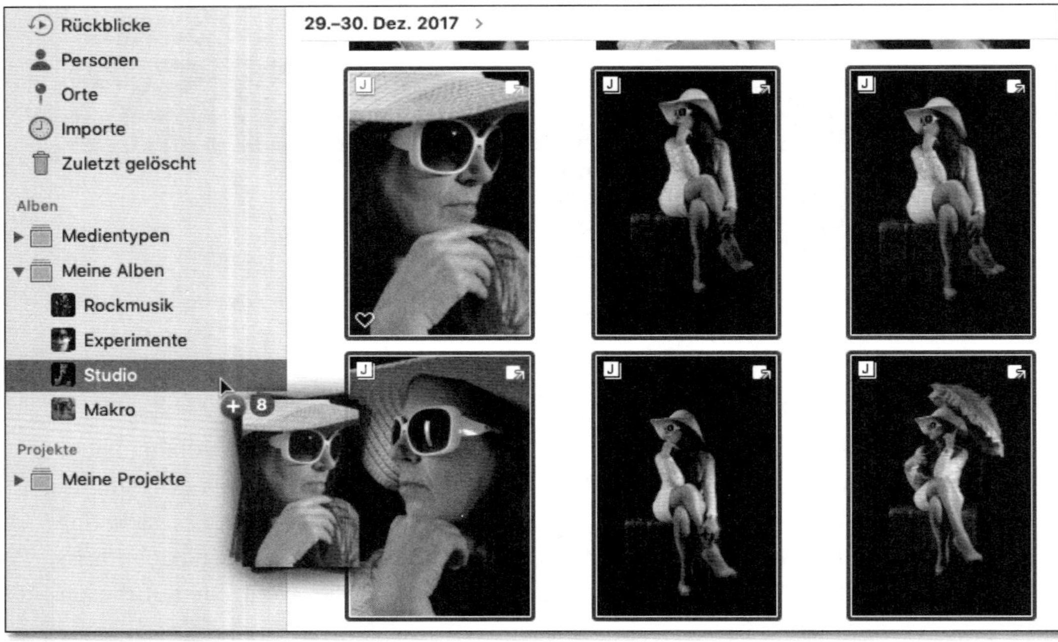

Abbildung 29.21 Bilder per Drag & Drop dem Album hinzufügen

Die Bilder innerhalb eines Albums können Sie per Drag & Drop beliebig in der Reihenfolge sortieren. Ebenso können Sie eine Sortierung nach Datum oder Titel über das Menü **Darstellung ▶ Sortierung** festlegen.

Alternativ können Sie einem Album Bilder hinzufügen, indem Sie diese markieren und dann via rechten Mausklick im Kontextmenü **Hinzufügen zu** und dann das entsprechende Album auswählen, dem Sie die Bilder hinzufügen wollen. Wie Sie außerdem erkennen können, finden Sie hier auch den Befehl **Neues Album**, über den Sie die ausgewählten Bilder gleich einem neuen Album hinzufügen können.

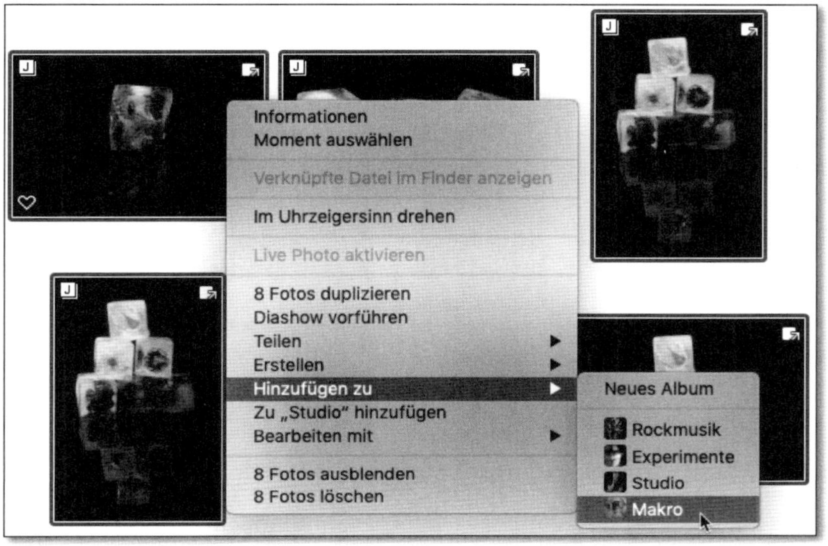

Abbildung 29.22 Alben ausgewählte Bilder hinzufügen oder ein neues Album anlegen

Um Bilder aus einem Album zu entfernen, müssen Sie es über die Seitenleiste auswählen. Wenn Sie ein Bild aus dem geöffneten Album entfernen wollen, wählen Sie es aus, und drücken Sie die [←]-Taste. Hiermit wird das Bild nur aus dem Album, aber nicht aus der Mediathek entfernt. Wenn Sie außerdem das Album geöffnet haben, finden Sie oben die Option **Als Rückblick anzeigen**, womit Sie das Album entsprechend angezeigt bekommen.

29.3.5 Bilder ausblenden

Wenn Sie von einem bestimmten Motiv viele ähnliche oder gleiche Bilder gemacht haben, werden diese auch in den Darstellungen **Jahre**, **Sammlungen** und **Momente** angezeigt. Das ist nicht unbedingt hilfreich für die Übersicht. Hier können Sie hergehen, diese Bilder markieren und mit [cmd] + [L] bzw. einem rechten Mausklick und dem Befehl **Bilder ausblenden** dafür sorgen, dass diese Bilder in dieser Darstellung nicht mehr angezeigt werden. Die ausgeblendeten Bilder werden von Fotos in ein Album gelegt. Dieses Album wird nicht angezeigt und muss gezielt über **Darstellung ▸ Fotoalbum »Ausgeblendet« einblenden** aktiviert werden. Um die Bilder in diesem Album wieder einzublenden, klicken Sie diese mit rechts an und wählen **[x] Fotos einblenden** (x = Anzahl der Fotos).

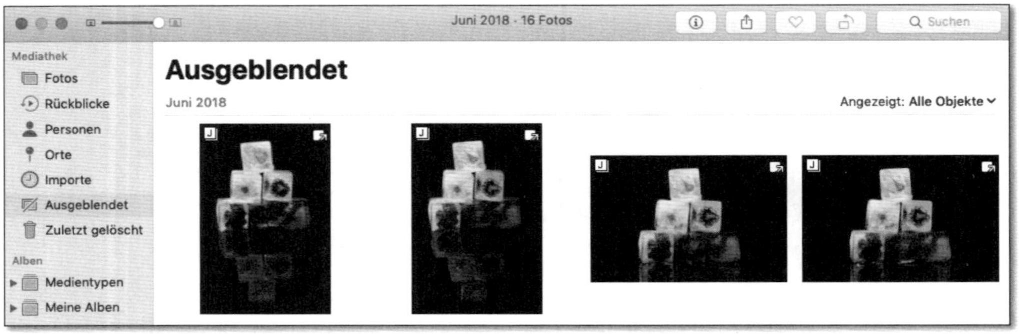

Abbildung 29.23 Bilder lassen sich auch ausblenden.

29.3.6 Mehrere Alben in einem Ordner zusammenfassen

Wenn Sie mit der Zeit viele Alben anlegen, kann es unübersichtlich in der Seitenleiste oder in der Albenansicht innerhalb von **Meine Alben** werden. Um hier ein wenig aufzuräumen, können Sie mehrere Alben in Ordnern nach Thema gruppieren. Ich fotografiere leidenschaftlich gerne und sortiere meine Bilder thematisch am liebsten nach Landschaft, Stadt, Menschen, Straßenfotografie, Stillleben usw., aber auch andere Sortierungen wie Reisen, Feiern, Familie usw. wären eine Möglichkeit, die Alben in Ordnern zu sortieren. Hierbei können Sie wieder so vorgehen, wie es Ihnen gefällt. Hier eine Möglichkeit zur Demonstration:

1 Um einen neuen Ordner anzulegen, klicken Sie in der Seitenleiste neben **Meine Alben** auf das Plussymbol oder klicken innerhalb der Albenansicht mit der rechten Maustaste und wählen den Befehl **Neuer Ordner**.

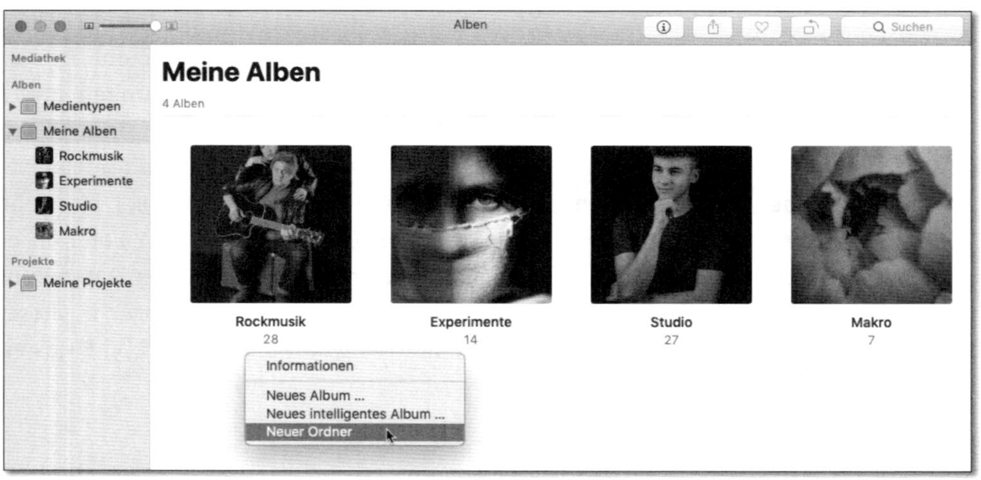

Alternativ können Sie auch den Tastenbefehl [⇧] + [cmd] + [N] betätigen. Geben Sie den Namen für den Ordner ein.

2 Alben können Sie ganz einfach per Drag & Drop einem Ordner hinzufügen. Das ist sowohl in der Albendarstellung als auch in der Seitenleiste möglich. Auch Ordner können Sie auf diese Weise in andere Ordner verschieben und verschachteln, sofern dies sinnvoll erscheint.

3 Wollen Sie ein Album wieder aus einem Ordner entfernen, ziehen Sie dieses Album in der Seitenleiste aus dem Ordner heraus und lassen es an der gewünschten Position fallen. In der Albendarstellung können Sie innerhalb eines Ordners auf das Album mit der rechten Maustaste klicken und im Kontextmenü den Befehl **Album aus "Ordnername" herausbewegen** wählen, und das Album wird in der Ordnerhierarchie eine Ebene nach oben bewegt.

HINWEIS

Ordner löschen

Einen Ordner können Sie löschen, indem Sie ihn mit der rechten Maustaste anklicken und im Kontextmenü **Ordner löschen** wählen. Beachten Sie, dass auch die Alben entfernt werden, die sich eventuell in diesem Ordner befinden, und dass sie dann nicht mehr unter **Meine Alben** einsortiert werden. Wenn Sie einen Ordner löschen wollen, die Alben aber nicht, dann sollten Sie vorher die Alben aus dem Ordner herausbewegen.

29.3.7 Intelligente Alben anlegen

Wie Sie es vom Finder und iTunes her kennen, stehen Ihnen auch in Fotos intelligente Alben zur Verfügung, über die Sie Bilder mit bestimmten Eigenschaften, also Metadaten wie Kameramodell, Stichwörtern, Datum, Brennweite, Datenformat, Größe usw., automatisch zu einem Album zusammenfassen können. Immer wenn Sie neue Bilder mit den für ein intelligentes Album definierten Eigenschaften in Fotos importieren, werden diese automatisch in das intelligente Album mit aufgenommen, und Sie müssen sich nicht mehr selbst darum kümmern. Hierzu ein Beispiel, wie Sie ein intelligentes Album erstellen können:

1 Ein neues intelligentes Album können Sie über das Plussymbol in der Seitenleiste neben dem Eintrag **Meine Alben** mit **Intelligentes Album** erstellen. Alternativ können Sie den Befehl über das Menü **Ablage** oder mit `Alt` + `cmd` + `N` aufrufen.

2 Im sich öffnenden Dialog formulieren Sie die Kriterien, die auf ein Bild zutreffen müssen, damit es dem intelligenten Album hinzugefügt wird. Benennen Sie zunächst das intelligente Album, und legen Sie dann die erste Bedingung ❶ fest. Ich wähle hier das Kameramodell *Canon EOS 5D Mark III*. Wenn Ihnen das reicht, könnten Sie mit **OK**

das Album anlegen, und es werden alle importierten Bilder in Fotos, die mit dem entsprechenden Kameramodell fotografiert wurden, in dem Album abgelegt.

3 Hier will ich dem Kameramodell über das Plussymbol ❷ noch eine weitere Bedingung hinzufügen. Und zwar will ich zusätzlich noch alle Bilder mit dem Kameramodell *Canon EOS 5D Mark III* haben, die mit der Brennweite 18 mm aufgenommen wurden. Mit dem Minussymbol können Sie ein Kriterium wieder entfernen.

4 Wählen Sie hier im Auswahlmenü noch, ob die Bedingung bei einigen oder allen ❸ Bildern zutreffen soll. Bei **einigen** bedeutet, dass alle Bilder dem intelligenten Album hinzugefügt werden, bei denen die eine oder die andere Bedingung zutrifft, während bei **allen** alle Bedingungen zutreffen müssen, damit die Bilder dem Album hinzugefügt werden. Im Beispiel will ich, dass alle von mir formulierten Bedingungen zutreffen. Unten wird angezeigt, wie viele Objekte bereits mit den definierten Bedingungen gefunden wurden. Klicken Sie auf **OK**, wenn Sie das Album erstellen wollen.

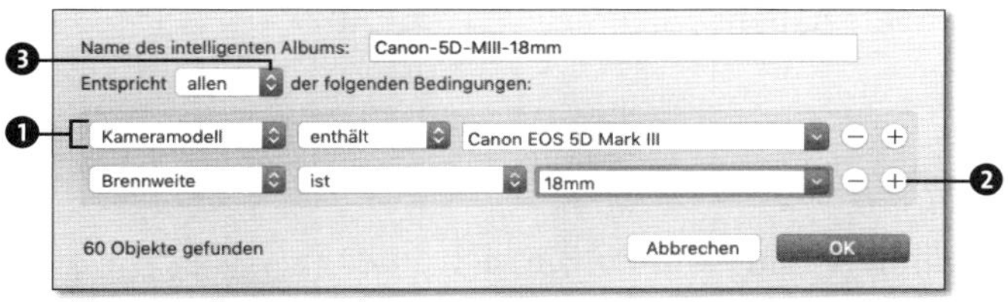

5 Ein intelligentes Album erkennen Sie innerhalb von **Meine Alben** in der Seitenleiste oder in der Albendarstellung am Zahnradsymbol. Wenn Sie künftig neue Bilder mit den definierten Kriterien des intelligenten Albums importieren, werden sie diesem automatisch hinzugefügt.

Intelligente Alben können Sie ansonsten genauso in Ordnern verwalten wie gewöhnliche Alben. Eine manuelle Sortierung der Bilder per Drag & Drop ist innerhalb eines intelligenten Albums allerdings nicht möglich. Sie können die Bilder hier nur über **Dar-**

stellung ▸ Sortieren alphabetisch oder nach Datum chronologisch sortieren. Mit einem rechten Mausklick auf ein intelligentes Album und dem Befehl **Intelligentes Album bearbeiten** können Sie die Kriterien des intelligenten Albums nachbearbeiten oder auch das Album über **Intelligentes Album löschen** komplett von Fotos entfernen. Auch hier gilt beim Löschen eines intelligenten Albums dasselbe wie bei den normalen Alben, dass dabei die Bilder in der Mediathek nicht berührt werden.

29.4 Informationen zu den Bildern

Jedes Bild enthält viele nützliche Informationen, sogenannte Metadaten, wie Informationen zur Kamera, zum Objektiv, das Datum oder die Einstellungen während der Aufnahme und noch einiges mehr. Auch geografische Informationen, sofern von der Kamera unterstützt, gehören zu den Metadaten eines Bildes. Bilder, die Sie mit Ihrem iPhone oder iPad aufgenommen haben, enthalten in der Regel diese Standortinformationen, wenn Sie diese nicht deaktiviert haben.

29.4.1 Informationen anzeigen und bearbeiten

Die Informationen zum ausgewählten Bild können Sie sich über `cmd` + `I`, einen rechten Mausklick und den Befehl **Informationen** im Kontextmenü oder einen Klick auf das **i** in der Symbolleiste anzeigen lassen. Im sich öffnenden Dialog werden alle vorhandenen Informationen zu dem ausgewählten Bild angezeigt.

Abbildung 29.24 Die Metadaten zu einem Bild

Abgesehen von den kamerainternen Daten können Sie über das Informationen-Fenster einige Metadaten nachträglich bearbeiten oder neue Metadaten hinzufügen. Die Metadaten zu pflegen und zu bearbeiten kann Ihnen später bei der Suche nach Bildern enorm hilfreich sein. Hierzu eine Schritt-für-Schritt-Anleitung, wie Sie Metadaten eines Bildes nachträglich bearbeiten können. Alle Schritte sind hierbei optional.

1 Wählen Sie das Bild aus, und drücken Sie [cmd] + [I], oder wählen Sie mit einem rechten Mausklick im Kontextmenü den Befehl **Informationen** aus.

2 Klicken Sie auf das Titelfeld ❶ (**Titel hinzufügen**), wenn Sie dem Bild einen Titel geben oder einen Titel ändern wollen.

3 Wollen Sie das Bild als Favorit markieren, wodurch es im Favoriten-Album in der Seitenleiste erscheint, müssen Sie auf das Herzsymbol klicken, damit es gefüllt ist. Ein erneutes Anklicken des Herzsymbols entfernt das Bild wieder aus den Favoriten, das Herzsymbol ist wieder »leer«.

4 Wenn Sie das Datum doppelt anklicken, erscheint ein Dialog zum Anpassen von Datum und Uhrzeit. Dies ist beispielsweise hilfreich, wenn Sie Bilder in einer anderen Zeitzone aufgenommen, aber die Uhrzeit der Kamera nicht geändert haben.

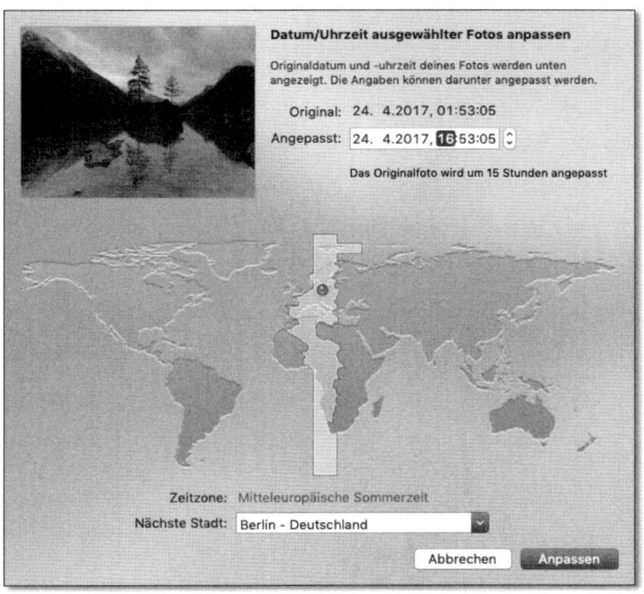

5 Die Informationen zur Kamera und alle nötigen Einstellungen können Sie hingegen nicht ändern. Hier finden Sie alle Angaben zum gemachten Foto wie Weißabgleich, Brennweite, ISO-Wert, Blende und Belichtungszeit.

6 Auch eine Beschreibung können Sie dem Bild hinzufügen, wenn noch keine existiert, oder sie ändern, falls vorhanden.

7 Bei **Schlagwort hinzufügen** können Sie dem Bild beliebig viele Schlagwörter (oder auch Stichwörter) vergeben. Dies ist hilfreich bei der Suche nach speziellen Bildern. Sie können durchaus mehrere Schlagwörter auf einmal, getrennt durch ein Komma, angeben.

8 Bei Bildern in der Großansicht finden Sie hier noch **Gesichter**. Wenn die Gesichtserkennung eine Person entdeckt hat, zeigt sie eine Miniatur der Person an. Ansonsten finden Sie hier eine Schaltfläche **Gesichter hinzufügen**, womit Sie auf dem Bild selbst einen Kreis mit einem Gesicht hinzufügen können. Mehr dazu erfahren Sie ein paar Seiten später im Abschnitt »Personen verwalten«.

9 Bei Bildern mit einer Ortsangabe, die zum Beispiel mit einem iPhone gemacht wurden oder einer Kamera mit GPS, finden Sie eine Landkarte mit dem Aufnahmeort. Ansonsten können Sie hier manuell einen Ort zuweisen. Auch darauf wird noch im Abschnitt »Orte verwalten« eingegangen.

Wenn Sie die Bilder mit sinnvollen Titeln, Beschreibungen oder Schlagwörtern versehen haben, können Sie die Verschlagwortung gerne mal testen, indem Sie in der Suche rechts oben einen entsprechenden Suchbegriff eingeben und [↵] drücken – schon werden die zum Suchtext gefundenen Bilder darunter eingeblendet.

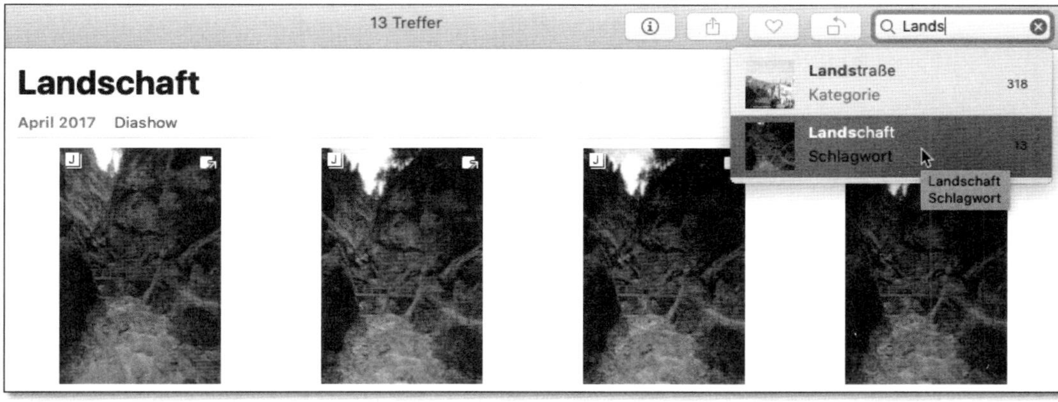

Abbildung 29.25 Bei einer Vergabe von Schlagwörtern ist es einfach, gezielt nach Bildern zu suchen.

29.4.2 Der Schlagwortmanager

Schlagwörter sind bei der Suche nach Bildern von enormer Bedeutung. Daher ist es ratsam, hierbei nicht wortkarg vorzugehen, sondern möglichst viele sinnvolle Schlagwörter zu verwenden. Sie haben bereits gesehen, wie Sie Schlagwörter im **Informationen**-Fenster zuweisen können. Solche Schlagwörter können Sie noch etwas komfortabler mit dem **Schlagwortmanager** über das Menü **Fenster** bzw. [cmd] + [K] aufrufen, verwalten und hinzufügen. Die dort vorgegebenen Schlagwörter Familie, Geburtstag, Kinder etc. können Sie löschen und eigene Schlagwortsets anlegen. Schlagwörter, die blau markiert sind, wurden den markierten Bildern zugewiesen. Durch Anklicken können Sie den markierten Bildern weitere Schlagwörter zuweisen bzw. diese entfernen. Die Schlagwörter selbst können Sie mit der Schaltfläche **Schlagwörter bearbeiten** löschen, umbenennen, hinzufügen oder ihnen einen Tastaturkurzbefehl zuweisen. Schlagwörter mit einem Kurzbefehl landen in der Schnellauswahl-Gruppe.

Abbildung 29.26 Sehr praktisch für die Vergabe von Schlagwörtern ist der Schlagwortmanager.

29.4.3 Favoriten erstellen

Beim Bearbeiten der Metadaten wurde bereits kurz erwähnt, wie Sie im Informationen-Dialog über das Herzsymbol ein Bild den **Favoriten** in der Seitenleiste hinzufügen können. In diesem Album werden alle Bilder gesammelt, die Sie als Favoriten gekennzeichnet haben. Um ein Bild den Favoriten hinzuzufügen, müssen Sie nicht explizit den Informationen-Dialog aufrufen. Es reicht aus, wenn Sie die Bilder markieren und in der Symbolleiste auf das Herzsymbol klicken. Das Symbol wird auch angezeigt, wenn Sie das Bild komplett betrachten.

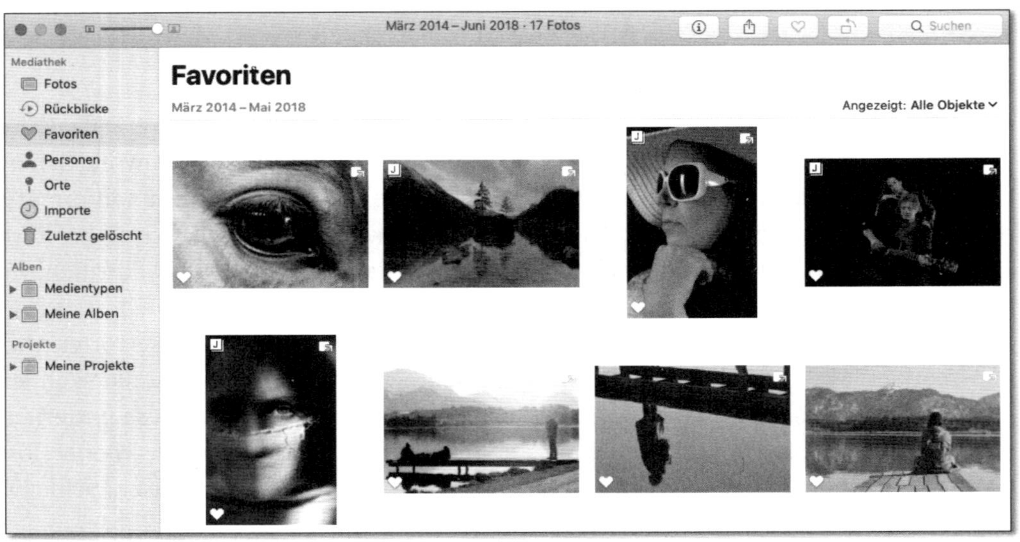

Abbildung 29.27 Hier können Sie Ihre Lieblingsbilder sammeln.

Die Favoriten-Herzchen sind praktisch, um sich ein »Best-of-Album« zusammenzustellen. Natürlich ist dies nur dann sinnvoll, wenn Sie wirklich nur Ihre besten Bilder markieren. Haben Sie keine Bilder mit einem Herzchen versehen, ist der Eintrag in der Seitenleiste nicht vorhanden.

29.4.4 Personen verwalten

Die automatische Gesichtserkennung in Fotos erkennt relativ gut, wenn Personen auf dem Bild zu sehen sind, und fügt diese in der Seitenleiste dem Album **Personen** hinzu. In der folgenden Schritt-für-Schritt-Anleitung erfahren Sie, wie Sie den von Fotos analysierten Personen einen Namen geben:

1. Wechseln Sie in der Seitenleiste links zu **Personen**, in der Regel sollte Fotos hier schon einige Personen gefunden und in entsprechenden Miniaturen aufbereitet haben.

2. Hierbei sortiert Fotos üblicherweise mehrere Bilder einer Person. Welche Bilder das sind und ob die Zuordnung der Gesichter in Ordnung war, erfahren Sie, wenn Sie auf die Person doppelklicken. Ebenso können Sie unter Umständen über das Plussymbol neben **Name** einen Namen für die angezeigte Person vergeben, was ich hier nicht getan habe.

3. Jetzt werden die Fotos in Form eines Rückblicks angezeigt. Über **Fotos** oder **Gesichter** ❶ können Sie die Darstellung der Fotos ändern, und um alle Bilder zu betrachten, klicken Sie unten rechts auf **Mehr anzeigen**.

4 Passt ein Bild nicht zur Person, können Sie das Bild mit der rechten Maustaste anklicken und **Nicht diese Person** wählen, dann wird das Bild entfernt. Mit **Als Schlüsselfoto festlegen** können Sie ein Bild als Titelbild für das Album **Gesichter** dieser Person festlegen.

5 Wenn alles passt und auf allen Bildern dieselbe Person zu sehen ist, klicken Sie oben links auf **Hinzufügen** und geben den Namen der Person ein. Bei der Eingabe des Namens bekommen Sie Vorschläge von Personen, die Sie bereits mit Kontakte verwalten bzw. deren Namen Sie schon einmal für ein Foto vergeben haben.

Wenn Fotos jetzt noch mehr Bilder gefunden hat, auf denen die Software dieselbe Person erkannt hat, erscheint ein weiterer Dialog, in dem Sie durch Auswählen oder Entfernen eines Häkchens bestätigen, ob es sich um dieselbe Person handelt oder nicht.

6 Jetzt haben Sie bereits eine Person benannt und können weitermachen, Personenstapel für Personenstapel auf dieselbe Weise durchzuarbeiten.

7 Wenn eine Person mehrmals vorkommt, weil die Gesichtserkennung sie nicht als dieselbe Person erkannt hat, da sie sich vielleicht über die Jahre stark verändert hat, können Sie dieser Person denselben Namen geben. In diesem Fall erfolgt eine Rückfrage, ob Sie die beiden Personen zusammenführen wollen. Ebenfalls zusammenführen können Sie Stapel mit derselben Person, indem Sie diese mit gehaltener cmd-Taste markieren, dann mit der rechten Maustaste klicken und **x Personen zusammenführen** auswählen. Nach einer Rückfrage werden diese Personen zusammengeführt.

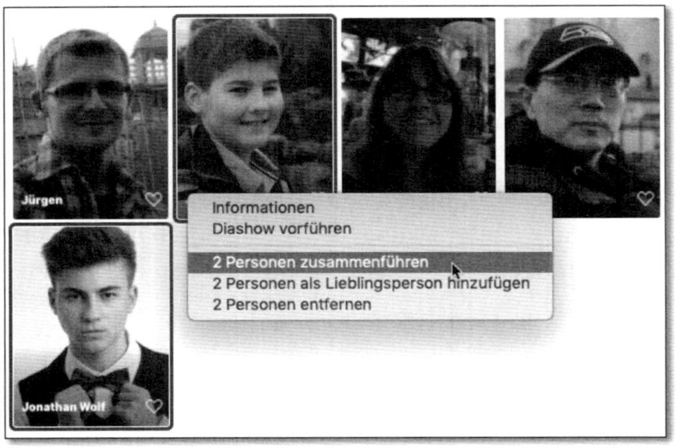

Mitunter wird es vorkommen, dass Fotos auch Gesichter von fremden Personen markiert, die Sie vielleicht gar nicht kennen oder hier haben wollen. In dem Fall müssen Sie den Bildstapel mit rechts anklicken und **Diese Person entfernen** wählen (bzw. **x Personen entfernen**, wenn Sie mehrere ausgewählt haben).

Wenn die Gesichtserkennung auf einem Foto mal kein Gesicht erkannt hat, weil vielleicht der Winkel der Aufnahme es unmöglich macht, ein Gesicht zu erkennen, können Sie über das Informationen-Fenster mit cmd + I über **Gesichter hinzufügen** ❶ einen Kreis über dem Gesicht aufziehen und es gleich benennen. Mit dem **x**-Symbol können Sie den Kreis wieder entfernen. Das Hinzufügen von Gesichtern ist nur möglich, wenn Sie das Bild vergrößert betrachten.

HINWEIS

»Personen« zurücksetzen

Wollen Sie das Album **Personen** zurücksetzen, finden Sie über **Fotos ▸ Einstellungen** im Register **Allgemein** ganz unten eine Schaltfläche hierfür.

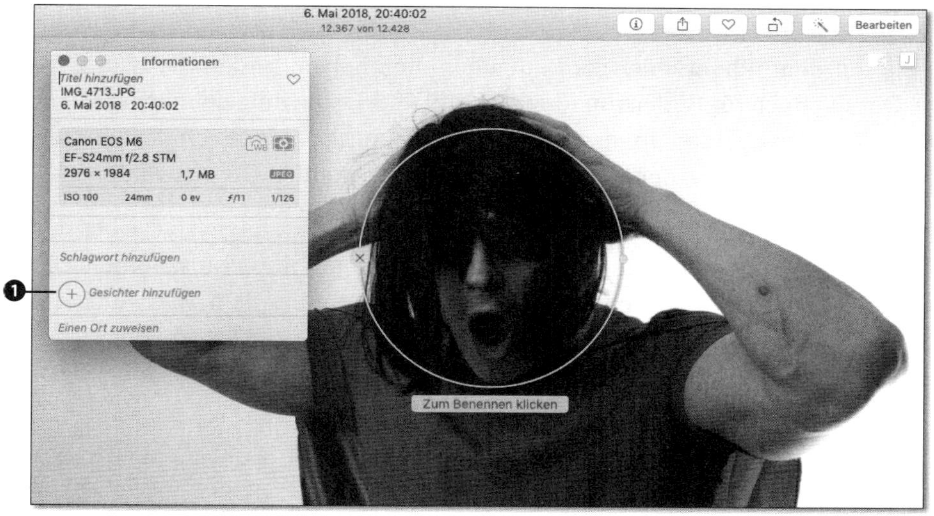

Abbildung 29.28 Eine Person über den Informationen-Dialog manuell hinzufügen

Wollen Sie eine Person Ihren Lieblingspersonen hinzufügen, können Sie das Herzsymbol der Person anklicken. Das Gleiche erzielen Sie auch via rechten Mausklick über den Befehl **Zu Lieblingspersonen hinzufügen** im Kontextmenü (bzw. **x Personen als Lieblingsperson hinzufügen**, wenn Sie mehrere ausgewählt haben). Lieblingspersonen werden gesondert etwas größer als die anderen Personen oberhalb der Personen-Übersicht angezeigt.

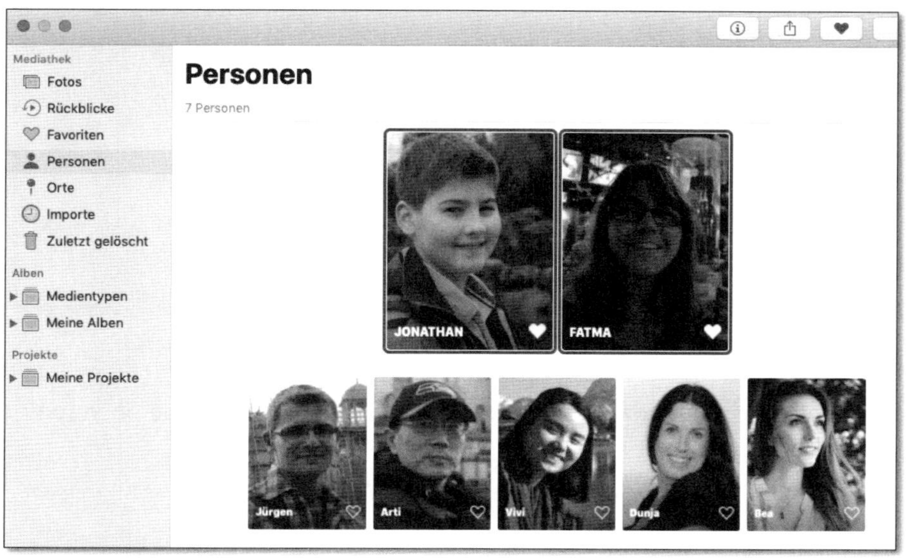

Abbildung 29.29 Hier wurden Personen als Lieblingspersonen hervorgehoben.

29.4.5 Orte verwalten

Bilder, die Sie mit dem iPhone oder iPad aufgenommen haben, finden Sie häufig im Album **Orte**. Das gilt auch für Bilder von Kameras, die GPS-Daten aufzeichnen und dem Bild hinzufügen. Mithilfe dieser Ortsdaten ist es einfach, nach Bildern von bestimmten Orten zu suchen, indem Sie auf der Landkarte den entsprechenden Ort auswählen.

Die Bilder werden in Stapeln beim entsprechenden Aufnahmeort angezeigt. Über das Plus- und Minussymbol können Sie in die Karte hinein- oder aus ihr herauszoomen. Die Navigation und Darstellung entspricht dem Karten-Programm auf dem Mac. Auch die Spreizgesten funktionieren zum Ein- und Auszoomen, wenn Sie ein Trackpad verwenden. Wollen Sie die Bilder eines Stapels sehen, müssen Sie ihn anklicken.

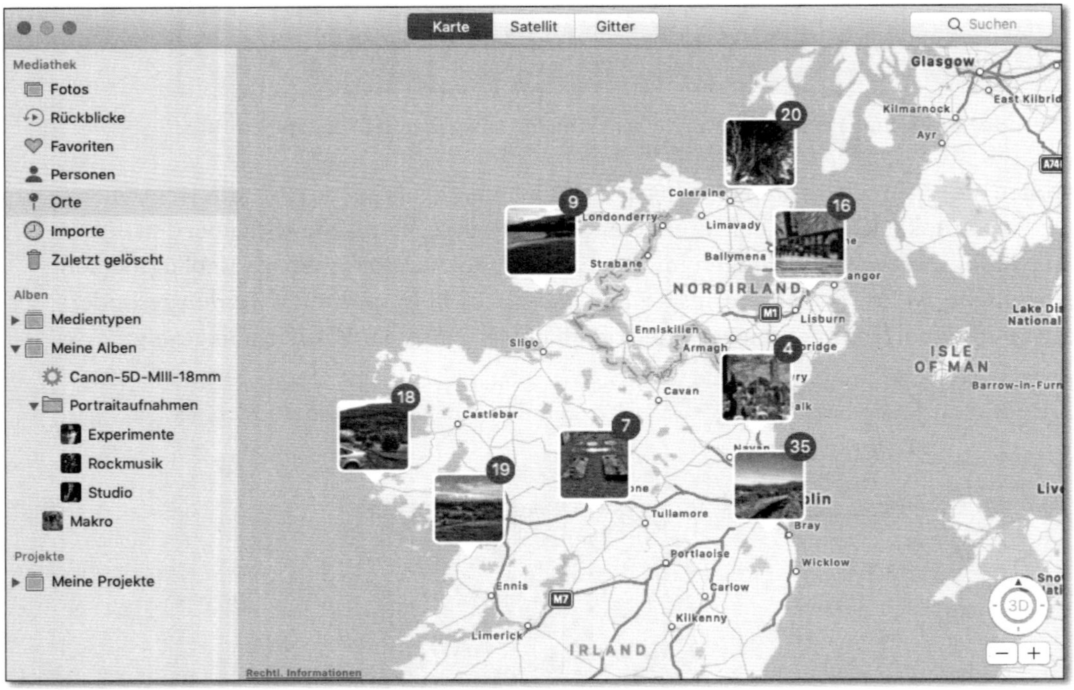

Abbildung 29.30 Bilder mit Ortsangaben finden Sie im Album »Orte« auf der Landkarte.

Wollen Sie alle Fotos nach Ortsdaten sortiert anzeigen lassen, klicken Sie oben in der Symbolleiste auf **Gitter**.

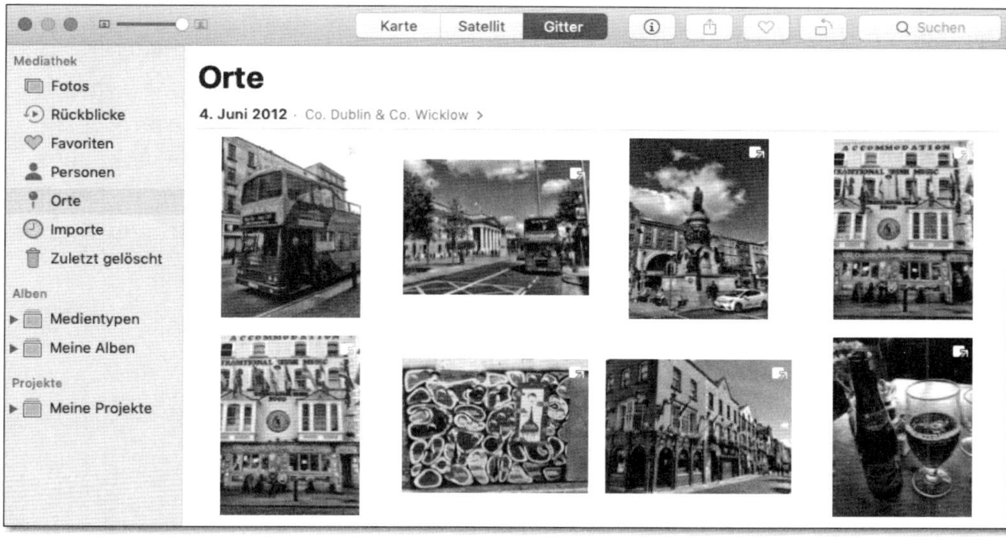

Abbildung 29.31 Ortsbezogene Übersicht über die Bilder

Wenn Sie ein oder mehrere Bilder markieren und mit [cmd] + [I] das Informationen-Fenster aufrufen, können Sie über **Einen Ort zuweisen** auch manuell Bildern einen Ort zuweisen. Bei einer vorhandenen Internetverbindung hilft Ihnen das System mit Vorschlägen für den Ort.

Abbildung 29.32 Orte manuell zuweisen

TIPP

Metadaten einblenden

Über das Menü **Darstellung ▸ Metadaten** können Sie den Bildern kleine Symbole hinzufügen, an denen Sie sofort erkennen, welche Bilder beispielsweise mit Schlagwörtern oder Ortsinformationen versehen sind oder ob es sich um eine verknüpfte Datei handelt oder nicht. Wenn Sie diese Symbole anklicken, bekommen Sie häufig weitere Informationen dazu, wie beispielsweise die enthaltenen Schlagwörter, oder bei einer Verknüpfung können Sie das Bild im Finder öffnen.

Abbildung 29.33 Symbole helfen Ihnen zu erkennen, welche Metadaten das Bild enthält.

29.5 Bilder bearbeiten und entwickeln

Es dürfte wohl nicht überraschend sein, dass Fotos neben der Verwaltung auch zur Bearbeitung und Entwicklung von Bildern verwendet werden kann. Für die grundlegende Korrektur der Bilder finden Sie hier alles an Bord. Nicht geeignet ist Fotos für Manipulationen, Arbeiten mit mehreren Ebenen oder Text im Bild. Aber hierzu gibt es wiederum Erweiterungen, die Sie nachinstallieren können.

TIPP

Fotos als RAW-Konverter verwenden

Fotos kann neben den üblichen Bildformaten wie JPEG auch mit Rohformaten arbeiten. Fotos ist somit ein echter RAW-Konverter wie Adobe Lightroom. Zwar sind die Funktionen (noch) nicht so vielseitig wie in Lightroom, aber die Möglichkeit, Fotos viele Erweiterungen hinzufügen zu können, die dann Hand in Hand zusammenarbeiten, macht diese App zu einer beliebten Arbeitsumgebung für (Hobby-)Fotografen.

29.5.1 Den Bearbeitungsmodus aktivieren

In den Bearbeitungsmodus von Fotos gelangen Sie, wenn Sie das Bild in voller Größe betrachten und dort auf die Schaltfläche **Bearbeiten** ❶ klicken. Gleiches erreichen Sie auch über das Menü **Bild ▸ Werkzeuge einblenden** oder mit der [↵]-Taste.

Abbildung 29.34 Den Bearbeitungsmodus aktivieren

Im Bearbeitungsmodus wird der Bildschirm abgedunkelt wie in einer Dunkelkammer. Auf der rechten Seite finden Sie die verschiedenen Werkzeuge zur Bearbeitung des Bildes. Das Bild selbst wird ebenfalls vollständig angezeigt, aber die Ansicht können Sie auch hier über den Schieberegler links oben ❷ oder [cmd] + [+] bzw. [cmd] + [-] anpassen.

Trackpad-Anwender können wieder mit der Zweifingergeste ein- und auszoomen. Um auch andere Bilder zu bearbeiten, können Sie sich die Miniaturen ❸ über **Darstellung ▸ Miniaturen einblenden** bzw. [Alt] + [S] einblenden lassen und dann ein entsprechendes Bild zur Bearbeitung auswählen.

Abbildung 29.35 Fotos im Bearbeitungsmodus

29.5.2 RAW- oder JPEG-Format verarbeiten

Die Information, dass Fotos auch ein waschechter RAW-Konverter ist, hat sich immer noch nicht weit verbreitet. Sie können mit der Anwendung jedoch alle Vorteile des RAW-Formats nutzen. Fotos muss sich nicht hinter den kommerziellen RAW-Konvertern verstecken. Mit jeder Version kommen sogar neue professionelle Funktionen hinzu. Wenn Sie also mit RAW-Konvertern bereits vertraut sind, empfehle ich Ihnen, Fotos einfach mal zu testen.

Wenn Sie Bilder importieren, die Sie gleichzeitig im JPEG- und RAW-Format aufgenommen haben, werden beide Versionen von Fotos gestapelt. Gewöhnlich verwendet Fotos in solch einem Fall standardmäßig das JPEG-Bild zur Bearbeitung.

HINWEIS

Das RAW-Format

Im Gegensatz zu einem gewöhnlichen Fotoformat wie JPEG wird eine kamerainterne RAW-Datei im wahrsten Sinne des Wortes »roh« und unbehandelt auf die Speicherkarte geschrieben. Die Kamera verzichtet hierbei auf eine Vorentwicklung des Bildes wie den Weißabgleich, eine Farbkorrektur, die Schärfung oder die Kontrastanpassung. Auch eine Kompression der Datei wie bei JPEG mit der JPEG-Kompression findet bei einer RAW-Datei nicht statt.

Somit liegt ein RAW-Bild im rohen Zustand mit der größtmöglichen Anzahl von Bildinformationen vor, womit Ihnen mehr Möglichkeiten zur Verfügung stehen, nachträgliche Anpassungen und Bildkorrekturen am Computer durchzuführen als mit einem herkömmlichen Dateiformat wie JPEG. Ein weiterer nicht zu verachtender Vorteil des RAW-Formats ist es, dass Sie damit viel mehr Bildinformationen speichern können als im JPEG-Format. Viele Kamerasensoren bieten an, 10, 12 oder 14 Bit pro Farbkanal an Helligkeitsinformationen zu speichern. Mit JPEG hingegen sind lediglich 8 Bit pro Farbkanal möglich. In Zahlen bedeutet dies, dass ein JPEG-Bild maximal 256 Helligkeitsstufen pro Farbkanal darstellen kann, während es im RAW-Format 1.024 bis 16.384 Helligkeitsstufen pro Farbkanal sein können. Gerade bei dunklen und schattigen sowie sehr hellen Bereichen können Sie dank der vielen Helligkeitsstufen von RAW-Formaten noch Informationen aus dem Bild herausholen, die in einem JPEG nicht mehr vorhanden sind.

Wenn Sie das Bild bearbeiten, können Sie dies allerdings schnell ändern, indem Sie mit der rechten Maustaste auf das Bild klicken und **RAW als Original verwenden** im Kontextmenü auswählen. Dies können Sie auf demselben Weg ändern, indem Sie eben **JPEG als Original verwenden** auswählen. Steht hier schon **JPEG als Original verwenden**, arbeiten Sie bereits mit dem RAW-Format. Sie finden den Befehl auch im Menü **Bild**.

Abbildung 29.36 Zum RAW-Bild wechseln

29.5.3 Automatische Korrektur

Wenn Sie die Schaltfläche **Verbessern** ❶ rechts oben anklicken, analysiert Fotos das Bild und versucht, die Lichter und Farben automatisch zu verbessern. Diese Funktion ist ganz hilfreich für Einsteiger oder um zu sehen, was die Automatik daraus machen würde. Alternativ können Sie diese Funktion ausführen lassen und dann auf diesen Vorgaben aufbauen. Haben Sie die Funktion ausgeführt, wird die Schaltfläche in der Symbolleiste in gelber Farbe hinterlegt.

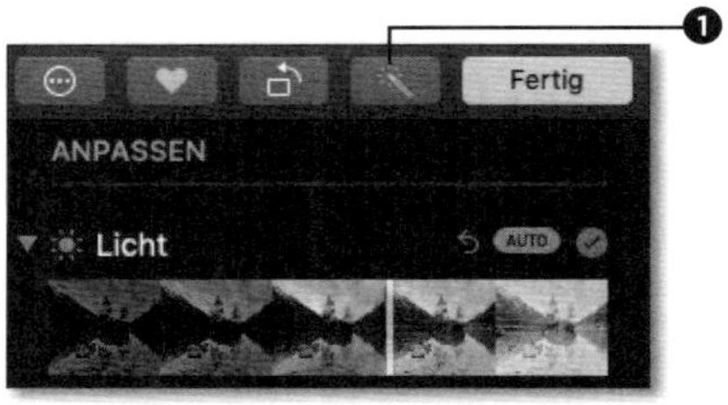

Abbildung 29.37 Die Automatik ist eine interessante Möglichkeit, wenn Sie mit der Bildbearbeitung gar nichts am Hut haben.

29.5.4 Original wiederherstellen, duplizieren und rückgängig machen

An dieser Stelle sollte unbedingt noch erwähnt werden, dass Fotos nicht destruktiv auf Ihren Bildern arbeitet. Das heißt, dass die Änderungen, die Sie am Bild durchführen und in Fotos sehen, nicht am Originalbild durchgeführt werden. Sie müssen sich keine Sorgen um Ihre Bilder machen, wenn Sie die Bearbeitung mit der Schaltfläche **Fertig** ganz rechts oben abgeschlossen haben. Sie können jederzeit in den Bearbeitungsmodus zurückkehren und am Bild mit den zuletzt gemachten Einstellungen weiterarbeiten oder das Bild mit der Schaltfläche **Zurück zum Original** ❷ komplett zurücksetzen. Diese Schaltfläche bekommen Sie zu sehen, sobald Sie die erste Änderung am Bild gemacht haben.

Im Bearbeitungsmodus können Sie die einzelnen Schritte, die Sie zuletzt ausgeführt haben, mit [cmd] + [Z] rückgängig machen oder mit [⇧] + [cmd] + [Z] wiederholen. Sobald Sie allerdings den Bearbeitungsmodus verlassen haben, stehen diese Schritte zum Rückgängigmachen nicht mehr zur Verfügung, wenn Sie wieder in den Bearbeitungsmodus wechseln. Dann bleibt Ihnen nur die Möglichkeit, das Bild mit **Zurück zum Original** zurückzusetzen. Wollen Sie daher verschiedene Bearbeitungsmöglichkeiten ausprobieren, können Sie eine Kopie des aktuellen Bearbeitungszustandes des Bildes erstellen, indem Sie [cmd] + [D] drücken bzw. es mit rechts anklicken und **Foto duplizieren** auswählen und dann mit der Kopie weiterarbeiten. Auch ein Duplikat können Sie jederzeit mit **Zurück zum Original** zurücksetzen.

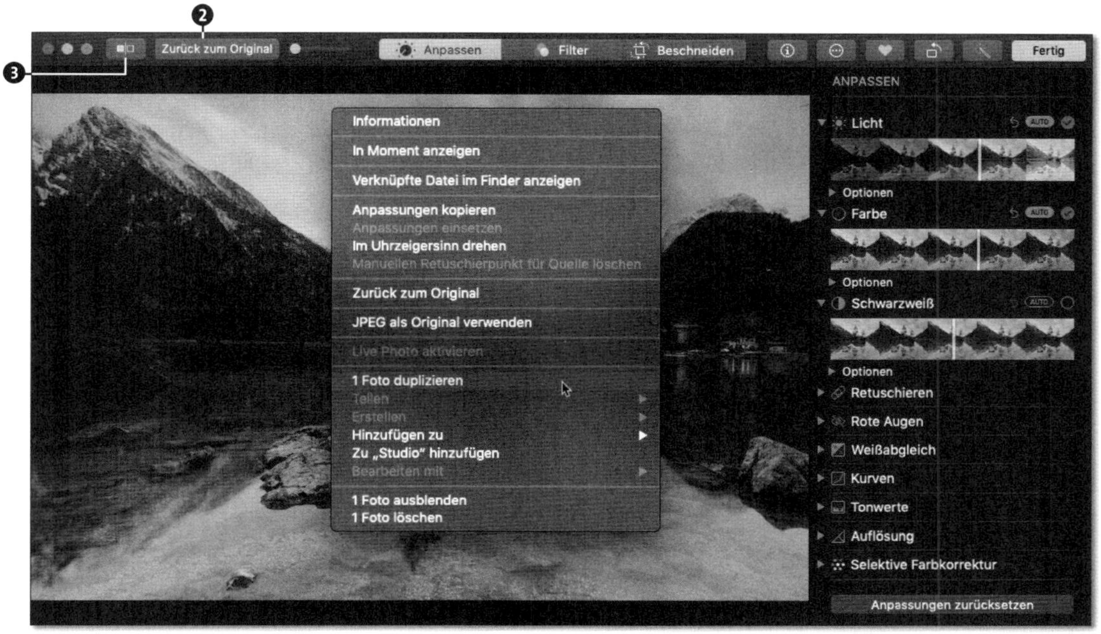

Abbildung 29.38 Bild in den Ursprungszustand zurücksetzen oder ein Duplikat erstellen

HINWEIS

Vorher-Nachher-Ansicht

Wenn Sie die Schaltfläche links oben ❸ anklicken und die Maustaste gedrückt halten, erhalten Sie die Vorher-Ansicht des bearbeiteten Bildes. Lassen Sie die Maustaste wieder los, sehen Sie die bereits bearbeitete Nachher-Ansicht.

Damit Sie in der Miniaturvorschau an einem Symbol erkennen können, ob Sie ein Bild bereits bearbeitet haben, können Sie **Darstellung ▸ Metadaten ▸ Bearbeitet** aktivieren, und es wird oben rechts ein kleines Reglersymbol eingeblendet, wenn ein Bild bereits bearbeitet wurde.

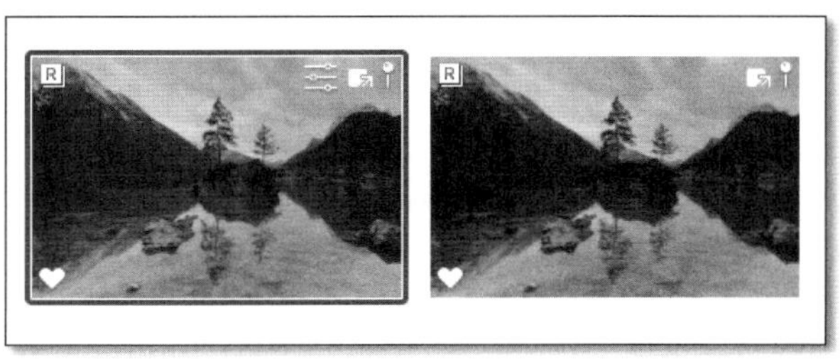

Abbildung 29.39 Das Bild wurde bereits bearbeitet.

29.5.5 Bild drehen, ausrichten, zuschneiden und spiegeln

Wenn ein Bild irrtümlicherweise im Querformat anstatt im Hochformat vorliegt bzw. umgekehrt oder Sie es einfach drehen wollen, können Sie es mit der Funktion **Drehen** ❶ jeweils um 90 Grad nach links drehen. Halten Sie die `Alt`-Taste gedrückt, wird das Bild um 90 Grad nach rechts gedreht. Für diese Funktionen müssen Sie nicht in den Bearbeitungsmodus wechseln, sondern können sie auch innerhalb der Alben mit derselben Schaltfläche oder den Tastenkombinationen `cmd` + `R` bzw. `Alt` + `cmd` + `R` durchführen.

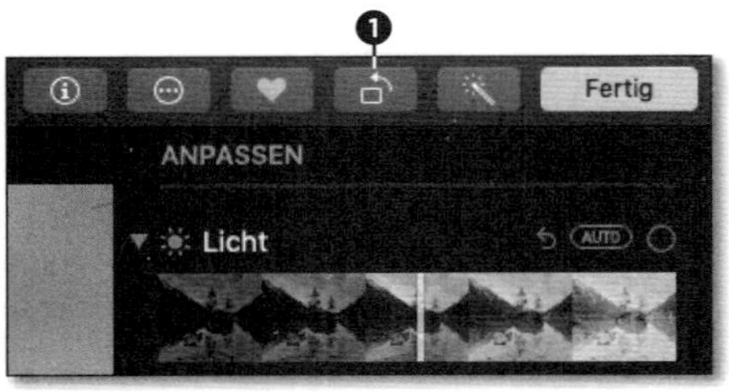

Abbildung 29.40 Bilder um jeweils 90 Grad drehen

Mit dem Beschneiden-Werkzeug in der Symbolleiste können Sie ein Bild passend zuschneiden und gerade ausrichten. Da das Zuschneiden und Gerade-Ausrichten von Bildern ein häufiger Vorgang ist, finden Sie hierzu eine Schritt-für-Schritt-Anleitung, deren einzelne Schritte zum Teil optional sind:

1. Wählen Sie das Beschneiden-Werkzeug ❷ in der Symbolleiste aus, und entscheiden Sie zunächst über **Verhältnis**, ob Sie das Bild beliebig (in **Freiform**) oder nach einem bestimmten Seitenverhältnis beschneiden wollen. Im Beispiel habe ich **Original** verwendet, womit das Seitenverhältnis der Aufnahme beibehalten wird. Wollen Sie zwischen Quer- und Hochformat wechseln, finden Sie ebenfalls eine entsprechende Option ❸ dazu.

2. Über die Ecken im weißen Rahmen können Sie mit gedrückt gehaltener Maustaste das Bild in der gewünschten Form zuschneiden, indem Sie diese nach innen ziehen.

3. Passen Sie dann den Bildausschnitt an, indem Sie mit gedrückt gehaltener Maustaste innerhalb des Bildes die Maus bewegen.

4. Ist das Bild schief, können Sie es am rechten Rand über den Winkelmesser mit gedrückt gehaltener Maustaste begradigen. Mit der Schaltfläche **Autom.** können Sie die Begradigung auch Fotos übernehmen lassen. Hierbei analysiert Fotos das Bild anhand des Bildinhalts und richtet das Bild automatisch aus. Dies funktioniert natürlich nur bei einem Bild mit senkrechten oder waagrechten Linien. Passen Sie

bei Bedarf nochmals nachträglich den Bildausschnitt an, indem Sie mit gedrückt gehaltener Maustaste den Bildbereich innerhalb des Rahmens verschieben, bis Sie zufrieden sind.

5 Mit der Schaltfläche **Zurück**(setzen) werden alle gemachten Arbeitsschritte des Begradigen-Werkzeugs zurückgesetzt.

Wollen Sie ein Bild vertikal spiegeln, müssen Sie nur auf die gleichnamige Schaltfläche **Spiegeln** im Beschneiden-Werkzeug klicken. Halten Sie dabei die `Alt`-Taste gedrückt, wird das Bild in der horizontalen Achse gespiegelt.

29.5.6 Filter

Klicken Sie oben in der Symbolleiste auf **Filter** ❶, finden Sie verschiedene Filter, die Sie mit einem Klick auf die Vorschaubilder auf Ihr Bild anwenden können. Einen Filter können Sie durch die Auswahl von **Original** ❷ wieder entfernen.

Abbildung 29.41 Filter auf Bilder anwenden

29.5.7 Die Werkzeuge im Anpassen-Bereich

Die eigentliche Vielfalt der Bildentwicklung in Fotos finden Sie auf der rechten Seite im Anpassen-Bereich. Einige RAW-Konverter-Fetischisten werden vielleicht ein etwas langes Gesicht machen, wenn sie hier zunächst nur Funktionen wie **Licht**, **Farbe** oder **Schwarzweiß** mit nur einem allgemeinen Schieberegler sehen.

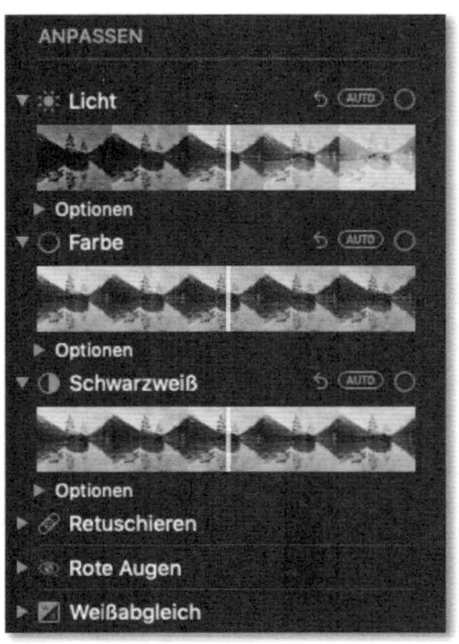

Abbildung 29.42 Einzelne Regler bei Licht und Farbe sind auf den ersten Blick schon etwas wenig.

Für Einsteiger dürften diese allgemein gehaltenen Schieberegler vielleicht noch ausreichen, aber Experten in der (RAW-)Bildbearbeitung erwarten hier schon mehr. Und das bekommen Sie, wenn Sie auf den kleinen Pfeil vor **Optionen** klicken. Jetzt finden Sie hier schon eine beachtliche Anzahl weiterer Regler. An dieser Stelle merken Sie, dass Apple den Anwender zunächst bewusst nicht mit den vielen Detaileinstellungen erschlagen will. Einsteigern genügt es an dieser Stelle vielleicht, die Regler **Licht** oder **Farbe** auf die Schnelle zu ändern. Professionelle Anwender wollen da gerne etwas genauer arbeiten. Da es sich hier um ein reines Mac-Buch handelt, kann ich leider nicht auf die Details der einzelnen Regler und Funktionen (und somit der RAW-Bildbearbeitung) eingehen.

Abbildung 29.43 Noch mehr Möglichkeiten, das Bild zu bearbeiten

Sie finden bei vielen einzelnen Anpassungen eine **Auto**-Schaltfläche ❶, mit der Sie eine automatische Korrektur der entsprechenden Anpassung vornehmen können. Jeder Regler bei den Anpassungen kann mit der Maus verschoben werden. Die Änderungen werden sofort im Bild angezeigt, wo Sie beurteilen können, ob sie Ihnen zusagen oder nicht. Sobald Sie eine Anpassung geändert haben, erscheint ein blaues Häkchen neben der Anpassung. Das Häkchen können Sie (de-)aktivieren, um so das Bild mit und ohne Anpassungen zu betrachten. Komplett zurücksetzen können Sie einzelne Anpassungen, wenn Sie rechts neben dem Titel der Anpassung auf das Zurücksetzen-Symbol ❷ klicken. Klicken Sie also beispielsweise bei den **Licht**-Anpassungen auf **Zurücksetzen**, werden nur Anpassungen zurückgesetzt, die in **Licht** vorgenommen wurden. Alle Anpassungen können Sie über die Schaltfläche **Anpassungen zurücksetzen** ganz unten rückgängig machen.

Abbildung 29.44 Anpassungen ein-/ausblenden oder komplett zurücksetzen

29.5.8 Anpassungen im Überblick

Wie bereits erwähnt, kann in diesem Buch nicht detailliert auf die einzelnen Anpassungen eingegangen werden. Hierzu müsste ich ein gesondertes Buch zur Entwicklung von Bildern mit Fotos schreiben. Aber Sie erhalten hier wenigstens einen kurzen Überblick über die verschiedenen Werkzeuge in **Anpassen**:

- **Histogramm:** Das **Histogramm** zeigt die Tonwertverteilung für das Bild an. Dies ist sehr hilfreich, wenn Sie beispielsweise Lichtanpassungen vornehmen, um die Lichter und Tiefen zu kontrollieren bzw. nicht zu beschneiden. Das Histogramm müssen Sie explizit über **Darstellung ▸ Histogramm einblenden** aktivieren.

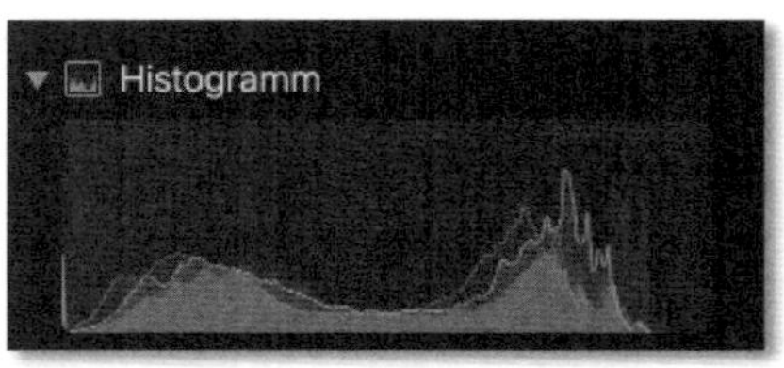

Abbildung 29.45 Das Histogramm hilft, die Tonwerte im Bild zu kontrollieren.

- **Licht:** Unter **Licht** stellen Sie die Belichtung des Bildes ein. Sie können den **Weiß-** und **Schwarzpunkt** setzen, den **Kontrast**, die **Schatten** oder die **Helligkeit** regeln. Für diese Einstellungen sollten Sie stets das **Histogramm** zur Kontrolle verwenden.

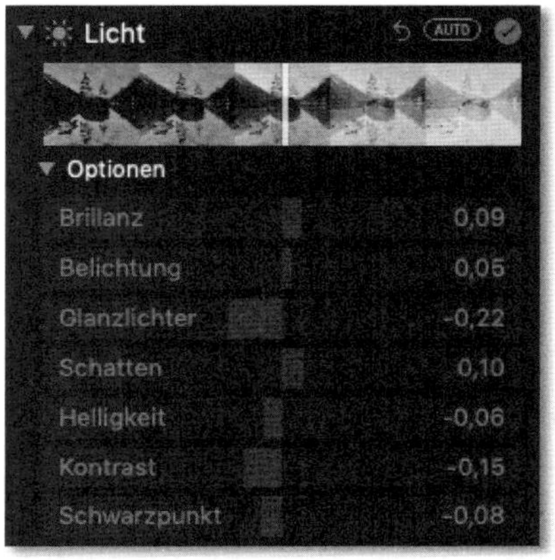

Abbildung 29.46 Hier steuern Sie die Belichtung des Bildes.

- **Farbe:** Mit **Farbe** können Sie die allgemeinen Farben des Bildes steuern. Neben der **Sättigung** können Sie über den Regler **Kontrast** die Dynamik der Farbsättigung anpassen und mit **Farbstich** einen grünen oder Magenta-Farbstich beheben oder als Stilmittel absichtlich hinzufügen.

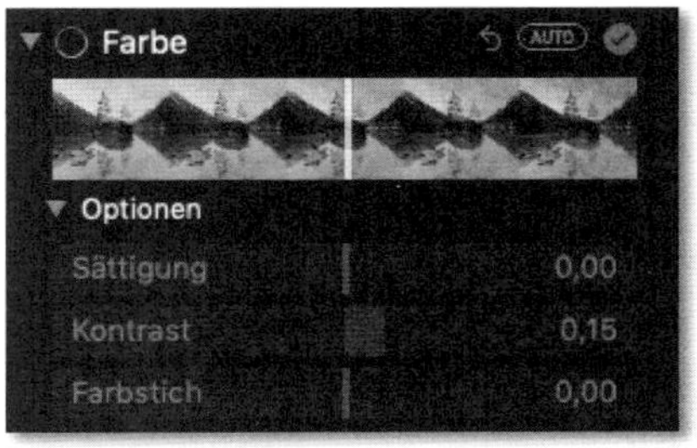

Abbildung 29.47 Die Dynamik und Sättigung der Farben stellen Sie hier ein.

- **Schwarzweiß:** Ein Schwarzweißbild wird nicht einfach dadurch erstellt, dass die Farbe in Grauwerte umgewandelt wird, sondern Sie können auch die **Intensität**, den **Ton** oder den neutralen Grauwert anpassen. Auch ein Filmkorn können Sie nach Wunsch hinzufügen.

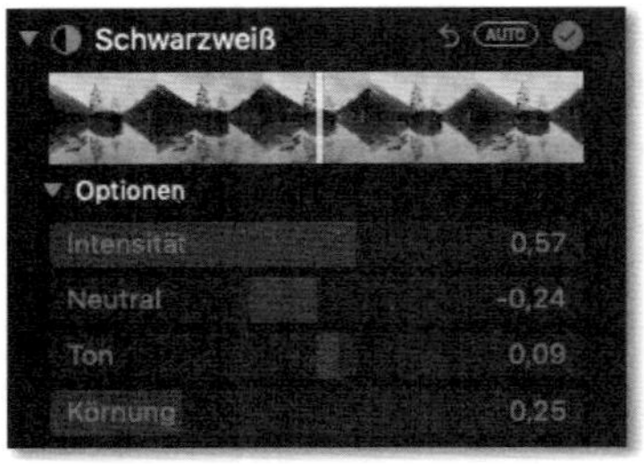

Abbildung 29.48 Auch das Schwarzweiß-Werkzeug bietet nützliche Optionen.

- **Weißabgleich:** Mit dem **Weißabgleich** legen Sie den neutralen Grauton im Bild fest. Hierzu klicken Sie mit der Pipette auf einen neutralen weißen, grauen oder schwarzen Bereich im Bild, und der Weißabgleich wird automatisch angepasst. Bei Bedarf können Sie die Farbtemperatur über den Regler nach Geschmack anpassen. Über die Dropdown-Liste kann der **Hautton** gleich mit den beiden Reglern **Temperatur** und **Farbton** eingeblendet und geregelt werden.

Abbildung 29.49 Essenziell gerade für RAW-Bilder ist das Anpassen des Weißabgleichs.

- **Tonwerte:** Mit diesem Werkzeug passen Sie die Tonwerte im Bild an. Dabei können Sie gezielt die RGB-Tonwerte, die Helligkeits-Tonwerte (Leuchtkraft) und die Tonwerte der einzelnen Rot-, Grün- und Blau-Kanäle anpassen. Das Tonwerte-Werkzeug ist praktisch das Profiwerkzeug für die einzelnen Lichtanpassungen, womit Sie den Schwarzpunkt, die Mitteltöne, den Weißpunkt, die Schatten und Lichter anpassen können. Durch die Möglichkeit, einzelne Farbkanäle zu bearbeiten, können Sie auch einen Farbstich beheben.

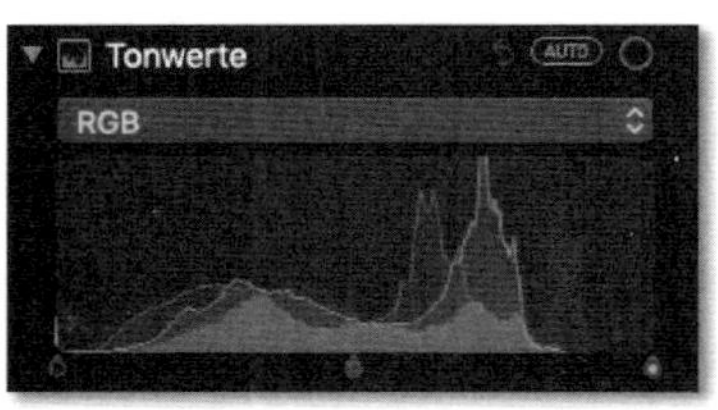

Abbildung 29.50 Die Tonwerte können auch gezielt auf einzelnen RGB-Kanälen angepasst werden.

- **Kurven: Kurven** (auch Gradationskurve) ist ein ähnliches Werkzeug wie **Tonwerte**, nur sind die Anwendungsfälle noch etwas vielfältiger und flexibler. Sie können mit **Kurven** gezielt den Kontrast verbessern, ein Bild aufhellen, abdunkeln, den Tonwertumfang begrenzen oder den Weiß- und Schwarzpunkt verschieben. Auch die einzelnen Farbkanäle können hier gezielt angepasst werden, womit sich, richtig eingesetzt, spezielle Effekte simulieren lassen. Zwar ist das alles auch mit den Tonwerten machbar, aber mit den **Kurven** können Sie noch gezielter in die Tonwerte eingreifen.

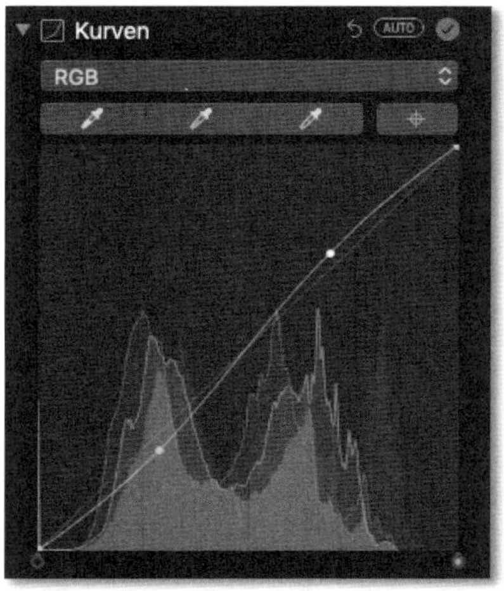

Abbildung 29.51 Die klassische S-Kurve zur Kontrastverstärkung des Bildes

- **Auflösung:** Der Name ist etwas irritierend. Mit diesem Werkzeug ändern Sie die Auflösung der Mitteltöne in den Tonwerten, womit der Kontrast verstärkt wird. So können Sie zum Beispiel Dunst oder Nebel abschwächen.

Abbildung 29.52 Mit diesem Werkzeug können Sie die Mitteltöne verstärken.

- **Auswahlfarbe:** Mit diesem Werkzeug können Sie gezielt einzelne Farben anpassen. Hier wählen Sie entweder die Farbe im Bild per Pipette aus, oder Sie klicken eine der vorgegebenen Farben an und passen dann über die Regler den **Farbton**, die **Sättigung** und die **Leuchtkraft** Ihren Bedürfnissen an. Mit dem Regler **Bereich** steuern Sie die Toleranz des Farbbereichs für die ausgewählte Farbe.

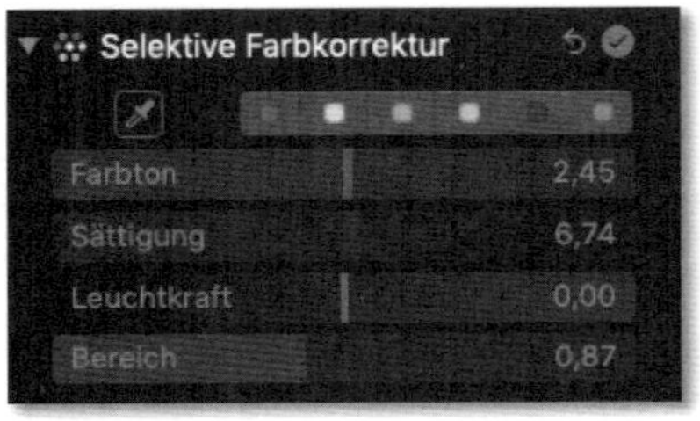

Abbildung 29.53 Einzelne Farben gezielt anpassen

- **Störungen reduzieren:** Verstärktes Bildrauschen durch eine zu hohe ISO-Einstellung, wie beispielsweise bei Nachtaufnahmen, kann hiermit reduziert werden. Fotos bietet sowohl die Reduzierung von Helligkeitsrauschen (Luminanzrauschen) also auch von Farbrauschen an. Eine Beseitigung von Rauschen bedeutet allerdings immer eine Reduzierung der Schärfe. Für die genauere Kontrolle dieser Funktion empfiehlt es sich, den Bildausschnitt mit [Z] auf 100 % zu stellen.

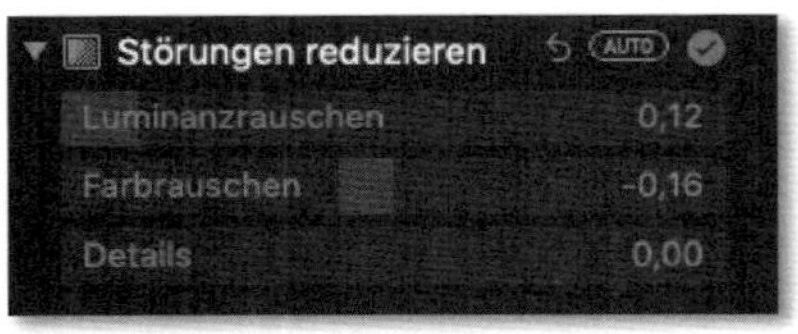

Abbildung 29.54 Hiermit können Sie das Bildrauschen abschwächen.

- **Scharfzeichnen:** Diese Anpassung spricht für sich. Hiermit wird eine Schärfung hinzugefügt, indem die **Intensität** bzw. der Kontrast der **Kanten** eines Motivs im Bild verstärkt wird. Auch für diese Funktion wird empfohlen, den Bildausschnitt mit [Z] auf 100 % zu stellen, um das Bild nicht zu überschärfen.

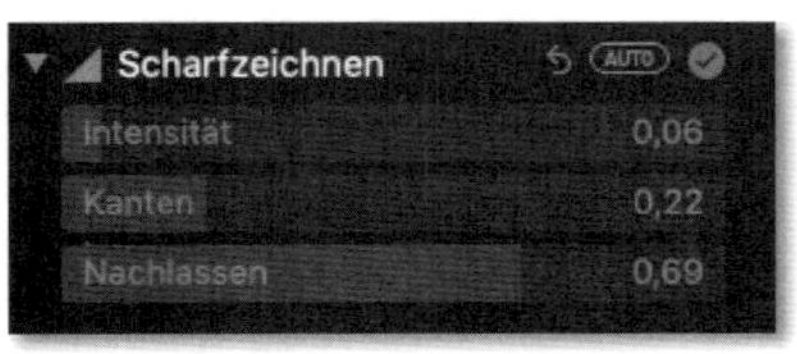

Abbildung 29.55 Nachschärfen ist in der Regel einer der letzten Arbeitsschritte in der Bildbearbeitung.

- **Vignette:** Über **Vignette** fügen Sie dem Bild dunkle oder helle Ecken an den Rändern hinzu, sodass der Fokus mehr auf die Bildmitte gelegt wird. Gegebenenfalls können Sie damit auch eine vorhandene Vignettierung im Bild beseitigen.

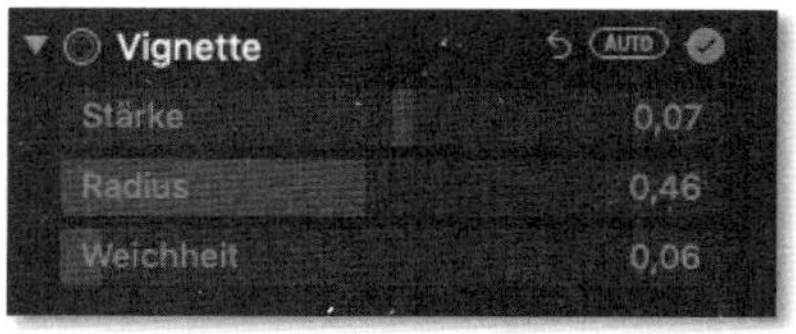

Abbildung 29.56 Helle oder dunkle Bildränder hinzuzufügen bzw. zu entfernen ist Aufgabe von »Vignette«.

29.5.9 Anpassungen kopieren und wiederverwenden

Häufig werden mehrere Bilder mit derselben Kameraeinstellung und demselben Umgebungslicht gemacht. Wenn Sie hierzu Anpassungen auf ein Bild mit Fotos vorgenommen haben, können Sie diese Anpassungen auch auf andere Bilder der Serie übertragen. Sie müssen lediglich das Bild im Bearbeitungsmodus öffnen und die Anpassungen mit ⇧ + cmd + C kopieren bzw. indem Sie rechts klicken oder über das Menü **Bild** gehen und dort **Anpassungen kopieren** wählen. Jetzt können Sie die in die Zwischenablage kopierte Anpassung im Bearbeitungsmodus auf ein anderes Bild mit ⇧ + cmd + V übertragen bzw. indem Sie rechts klicken oder über das Menü **Bild** den Befehl **Anpassungen einsetzen** wählen. Jetzt erscheint das Bild im selben Look mit denselben Anpassungen.

Abbildung 29.57 Zuweisen gleicher Anpassungen mit Kopieren und Einfügen

29.5.10 Rote Augen entfernen

Auch ein Werkzeug zur Beseitigung von roten Augen ist unter **Anpassen** enthalten. Die Funktion dabei ist einfach: Stellen Sie die Werkzeugspitze über den Regler **Größe** in etwa auf die Größe eines Auges im Bild ein. Klicken Sie dann mit der Werkzeugspitze auf die roten Augen, woraufhin die Fehler behoben sein sollten. Stellen Sie die Bildansicht gegebenenfalls mit [Z] auf 1 : 1, um einen besseren Bildausschnitt zur Nacharbeit zu bekommen.

Abbildung 29.58 Rote Augen werden mit einem Klick entfernt.

29.5.11 Retuschieren und Klonen von Bildbereichen

Auch ein Retuschieren-Werkzeug steht Ihnen zur Verfügung, mit dem Sie beispielsweise störende Elemente aus dem Bild entfernen können. Das Werkzeug können Sie auf zwei verschiedene Arten verwenden:

1. Wählen Sie das Retuschieren-Werkzeug, und stellen Sie die Pinselgröße ❶ ein.
2. Malen Sie mit der Werkzeugspitze das störende Element aus, und Fotos versucht, den markierten Bereich mit den umliegenden Bildinformationen zu füllen, sodass das störende Element verschwunden ist. Dies klappt allerdings nur dann gut, wenn der Hintergrund relativ einfach ist. Sie sehen im Ergebnis unten, dass die Person auf dem Foto zwar verschwunden ist, aber die Manipulation deutlich auffällt.

3 Sollten Sie mit dem Ergebnis nicht zufrieden sein, machen Sie diese Aktion mit [cmd] + [Z] rückgängig.

4 Wählen Sie mit gehaltener [Alt]-Taste einen Bildbereich aus, den Sie mit dem störenden Bereich »übermalen« wollen. Hierbei wird der Cursor zu einem Kreuzsymbol.

5 Übermalen Sie mit gedrückt gehaltener Maustaste den störenden Bereich, können Sie gleichzeitig den zu klonenden Bereich sehen, der jetzt verwendet wird.

6 Wenn Sie die Maustaste loslassen, werden Sie feststellen, dass der Quellbereich nicht einfach in den Zielbereich geklont wurde, sondern dass die Informationen mit dem umliegenden Bereich kombiniert werden.

Abbildung 29.59 Nicht perfekt, aber aufgrund des strukturierten Hintergrundes kann sich das Ergebnis sehen lassen.

Wenn das Retuschieren beim ersten Mal nicht wie gewünscht klappt, sollten Sie nicht aufgeben. Mit ein wenig Fingerspitzengefühl lassen sich hiermit recht schön störende Elemente entfernen. Oftmals hilft es auch, gerade beim Klonen öfter mal einen neuen Aufnahmebereich wie in Schritt 4 aufzunehmen.

29.5.12 Bilder exportieren/weitergeben

Wie bereits erwähnt, wirken sich die Anpassungen nicht auf die Originalbilder aus. Wenn Sie ein Bild weitergeben wollen, müssen Sie es exportieren. Für Fotografen, die ohnehin immer im RAW-Format fotografiert haben, ist das nichts Neues, weil kein RAW-Konverter die Dateien direkt ändert. An dieser Stelle ist nun allerdings egal, welches Format Sie bei der Anpassung verwendet haben, das Bild exportieren können Sie mit **Ablage ▸ Exportieren ▸ x Foto exportieren** oder mit ⇧ + cmd + E.

Im Exportdialog legen Sie die Fotoart fest, sie kann entweder JPEG, TIF oder PNG sein. Dahinter entscheiden Sie, ob die Metadaten wie **Titel, Schlagwörter und Beschreibung** oder **Ortsinformationen** mit in der Datei gespeichert werden dürfen. Dann legen Sie noch den Dateinamen und bei Bedarf ein Format für den Unterordner fest, ehe Sie auf **Exportieren** klicken.

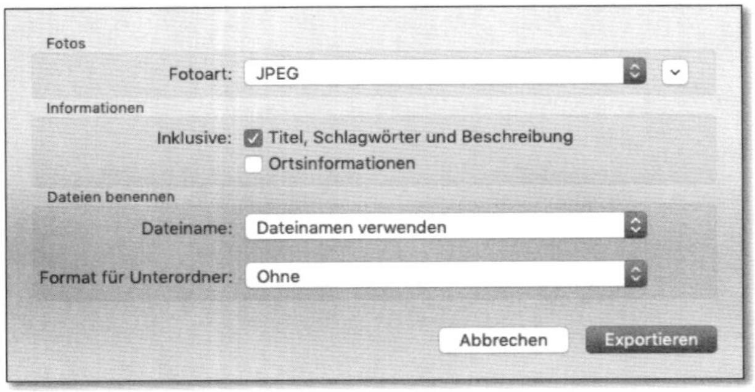

Abbildung 29.60 Der Exportdialog

Anschließend wählen Sie im Dateiauswahldialog ein Verzeichnis, in das die Datei gespeichert werden soll, und klicken erneut auf **Exportieren**. Kurz darauf finden Sie die neue Bilddatei im ausgewählten Verzeichnis mit den gemachten Anpassungen wieder.

Natürlich steht Ihnen wie gehabt in Fotos die Möglichkeit zur Verfügung, die Bilder über die allgemeine Teilen-Schaltfläche weiterzugeben.

Abbildung 29.61 Natürlich können Sie die Bilder über die Teilen-Funktion weitergeben.

29.6 Sinnvolle Erweiterungen für Fotos

An dieser Stelle angekommen, dürften Sie festgestellt haben, dass Fotos mehr als nur ein kleines Bildverwaltungsprogramm mit ein paar Korrekturmöglichkeiten ist. Als Wolf im Schafspelz ist Fotos ein echter RAW-Konverter und braucht sich hinter kommerziellen Produkten nicht zu verstecken. Wer hier noch den Einwand bringt wie: »Ja, aber da fehlt ja noch …«, dem sei gesagt: »Dafür gibt es Erweiterungen!«

So bieten beispielsweise Programme wie Affinity Photo, ein echter Photoshop-Ersatz, mehrere Erweiterungen für Fotos an, etwa Develop für grundlegende Bearbeitungen, Haze Removal für das Entfernen von Dunstschleiern, Miniature für einen Tilt-Shift-Effekt, Monochrome für Schwarzweißbilder, Liquify zum Verflüssigen und Modellieren und Retouch für Retuschierarbeiten. Weitere bekannte oder beliebte Vertreter sind Aurora HDR 2018 oder DxO OpticsPro for Photos. DxO OpticsPro ist praktisch eine spezielle Erweiterung, die für Fotos entwickelt wurde. Andere Anwendungen für Fotos sind Picktorial, Tonality, Intensify, Noiseless, ON1 Photo oder Pixelmator. Alle hier erwähnten Programme bzw. Erweiterungen finden Sie im App Store. Sie sind zum größten Teil auch Standalone-Anwendungen, deren voller Funktionsumfang in Fotos allerdings meistens nicht direkt zur Verfügung steht. Die Erweiterungen, die hier zur Verfügung stehen, werden direkt in Fotos integriert. An dieser Stelle empfehle ich Ihnen, ein wenig im Internet nach solchen Erweiterungen zu recherchieren. Googeln Sie »Erweiterungen für Fotos Mac« oder »extension for photos mac«, und Sie erhalten einen interessanten Überblick, welche Erweiterungen es gibt.

Wenn Sie eines der oben erwähnten Programme auf Ihrem Mac installiert haben, müssen Sie die Erweiterung für Fotos erst aktivieren. Dies können Sie über die **Systemeinstellungen** tun. Wählen Sie dort **Erweiterungen**. Im Bereich **Fotos-Bearbeitung** können Sie die dort aufgelisteten Erweiterungen aktivieren. Standardmäßig bringt Apple von Haus aus die Erweiterung **Markierungen** mit. Hier habe ich beispielsweise die Erweiterung **Colors Filters** geladen und aktiviert.

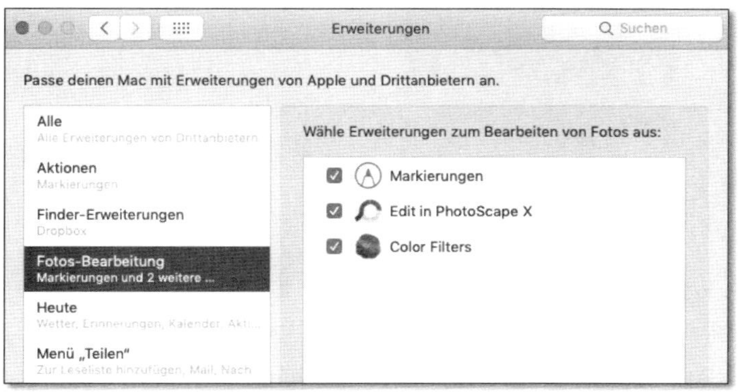

Abbildung 29.62 In den Systemeinstellungen von »Erweiterungen« können Sie Erweiterungen auch für Fotos verwalten.

Um die Erweiterungen in Fotos zu verwenden, müssen Sie in den Bearbeitungsmodus wechseln und finden dann über die Schaltfläche **Erweiterungen** ❶ in der Symbolleiste die zuvor aktivierte Erweiterung zur Auswahl. Klicken Sie diese an, wird die Bearbeitung nahtlos in Fotos mit der Erweiterung ausgeführt. Über **Mehr** können Sie hier auch gleich den App Store öffnen und sich weitere kommerzielle und kostenlose Erweiterungen bzw. Standalone-Anwendungen, die Erweiterungen für Fotos enthalten, herunterladen.

Abbildung 29.63 Erweiterungen in Fotos verwenden

Ebenso können Sie ein Bild direkt aus Fotos in einer anderen Bildbearbeitungsanwendung wie Photoshop oder Pixelmator öffnen. Hier müssen Sie nur mit der rechten Maustaste auf das Bild klicken und im Kontextmenü im Untermenü **Bearbeiten mit** das entsprechende Programm auswählen. Änderungen, die Sie in der externen Bildbearbeitungsanwendung durchführen, werden automatisch auch in der Mediathek von Fotos gespeichert.

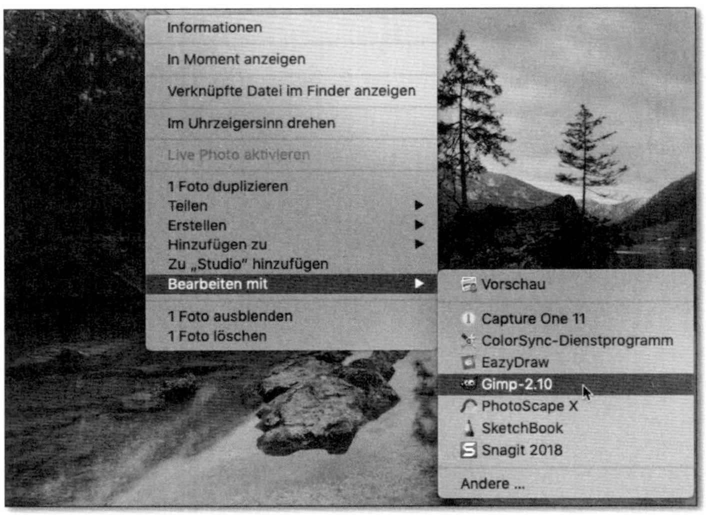

Abbildung 29.64 Bilder lassen sich aus Fotos heraus in einer anderen Anwendung öffnen.

29.7 Projekte mit Fotos erstellen

Die Bilder lassen sich in Fotos mit unterschiedlichen Projekten präsentieren. So finden Sie in Fotos die Möglichkeit, ein Fotobuch zu erstellen, das Sie auch bestellen und sich zuschicken lassen können. Auch ein echter Kalender oder eine Grußkarte sind schnell angelegt. Wenn Sie nur Abzüge von einigen Bildern haben wollen, so ist dies kein Problem. Fotos legt diese Projekte in einem extra dafür vorgesehenen Bereich ❶ ab. Die Funktionen dazu können Sie über das Plussymbol in der Seitenleiste neben **Meine Projekte** oder über das Menü **Ablage ▶ Erstellen** aufrufen. Bei der Erstellung von Büchern, Kalendern, Grußkarten oder Abzügen empfehle ich Ihnen, sich vorher ein Album für das Projekt anzulegen. Damit sparen Sie eine Menge Zeit mit dem Projekt und müssen nicht Ihren ganzen Bilderbestand nach geeigneten Motiven durchsuchen.

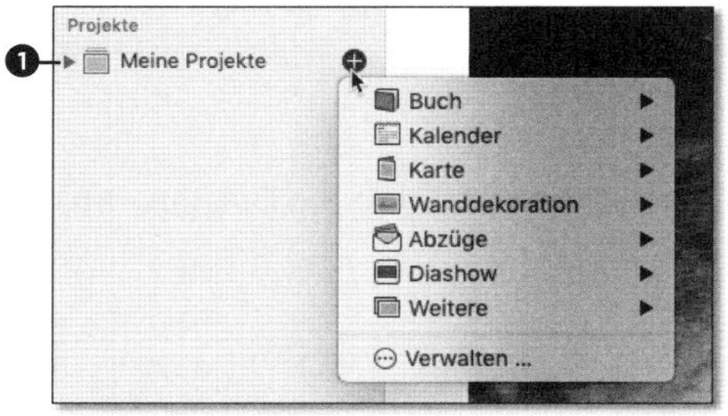

Abbildung 29.65 Für die Weitergabe von Bildern bietet Fotos interessante Projekte an.

Auch eine Diashow können Sie mit Fotos erstellen und den Projekten hinzufügen. Wenn Sie ein Album erstellt und angeklickt haben, haben Sie vermutlich oberhalb auch den Text **Diashow** gesehen.

Abbildung 29.66 Eine Diashow kann jederzeit über ein Album gestartet werden.

29

Wenn Sie darauf klicken, wird ein Menü eingeblendet, in dem Sie über **Themen** das Thema der Diashow und über **Musik** eben die Musik dazu auswählen können. Mit **Diashow vorführen** starten Sie die Wiedergabe.

Neben der Möglichkeit, eine schnelle Diashow aus einem Album wiederzugeben, können Sie in Fotos auch eine eigene Diashow erstellen. Die folgende Anleitung zeigt Ihnen, wie Sie dabei vorgehen können:

1. Wählen Sie zunächst entweder die Bilder aus, die Sie für die Diashow verwenden wollen, oder heben Sie die Auswahl mit ⇧ + cmd + A auf, wenn Sie anschließend die Bilder noch gesondert wählen wollen.

2. Klicken Sie auf das Plussymbol neben **Meine Projekte**, und wählen Sie **Diashow** aus.

3. Geben Sie den Namen der Diashow ein, und klicken Sie auf **OK**. Wenn Sie bereits die Bilder vorher ausgewählt haben, können Sie Schritt 4 überspringen und gleich mit Schritt 5 fortfahren.

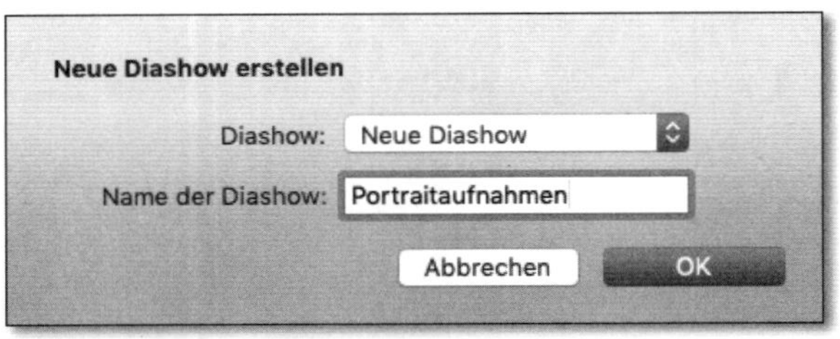

4. Fügen Sie jetzt die Objekte hinzu, die Sie in der Diashow sehen wollen, indem Sie diese auswählen und mit einem blauen Häkchen versehen. Klicken Sie auf **Hinzufügen**, wenn Sie mit der Auswahl fertig sind.

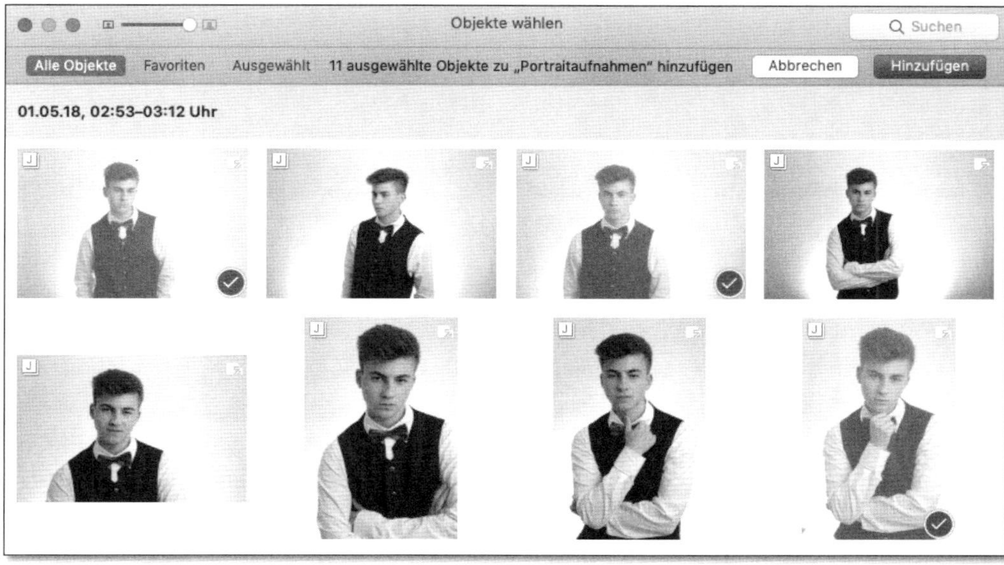

5 Im Großen und Ganzen ist die Diashow so gut wie fertig. Sie können unten noch die Reihenfolge der Bilder per Drag & Drop anpassen, Bilder markieren und mit [←] entfernen oder über das Plussymbol rechts unten noch weitere Bilder hinzufügen. Sie können übrigens auch Videos in einer Diashow verwenden.

6 Ebenfalls über das Plussymbol können Sie der Diashow Text hinzufügen. Markieren Sie hierzu das Bild an der Stelle, an die Sie den Text hinzufügen wollen, und wählen Sie dann **Text hinzufügen** aus. Den Text können Sie in der Vorschau durch Anklicken editieren.

7 Auf der rechten Seite können Sie aus den Themen ❶ ein passendes Thema für die Diashow wählen. Darunter wählen Sie noch eine passende Musik ❷ aus, und mit der Stoppuhr ❸ können Sie einstellen, ob die Musik an die Dauer der Diashow angepasst werden soll oder nicht.

8 Mit **Vorschau** ❹ können Sie die Diashow innerhalb des Fensters abspielen und mit der Play-Taste im Vollbildmodus.

9 Sind Sie mit der Diashow zufrieden, klicken Sie rechts oben auf **Exportieren** ❺, wo Sie den Dateinamen, den Speicherort und das Format der Diashow festlegen können. Mit **Sichern** wird die Diashow exportiert und steht Ihnen dann im ausgewählten Speicherort als Film zur Weitergabe zur Verfügung.

29.8 Fotos in der iCloud

Selbstverständlich arbeitet Fotos perfekt mit der iCloud zusammen – und zwar auf Wunsch in dreifacher Ausführung. Neben der Möglichkeit, Ihren ganzen Bildbestand der Fotomediathek in der iCloud zu verwalten, wenn entsprechend viel Speicherplatz vorhanden ist, finden Sie noch mit Fotostream eine Funktion, um die Bilder der letzten 30 Tage zwischen den Geräten automatisch zu synchronisieren – vorausgesetzt, dass die anderen Geräte ebenfalls Fotostream aktiviert haben. Und die dritte Funktion ist die iCloud-Freigabe, mit der Sie Alben mit anderen Personen im Internet nutzen und teilen können.

Alle drei Funktionen können Sie (de-)aktivieren, wenn Sie bei **Fotos ▸ Einstellungen** im Register **iCloud** ein entsprechendes Häkchen vor **iCloud-Fotomediathek**, **Mein Fotostream** und **iCloud-Fotofreigabe** setzen bzw. entfernen. Auf alle drei Funktionen wird hier kurz eingegangen.

Ebenso können Sie diese Funktionen über die **Systemeinstellungen** von **iCloud** (de-)aktivieren, wenn Sie auf die **Optionen** von **Fotos** klicken.

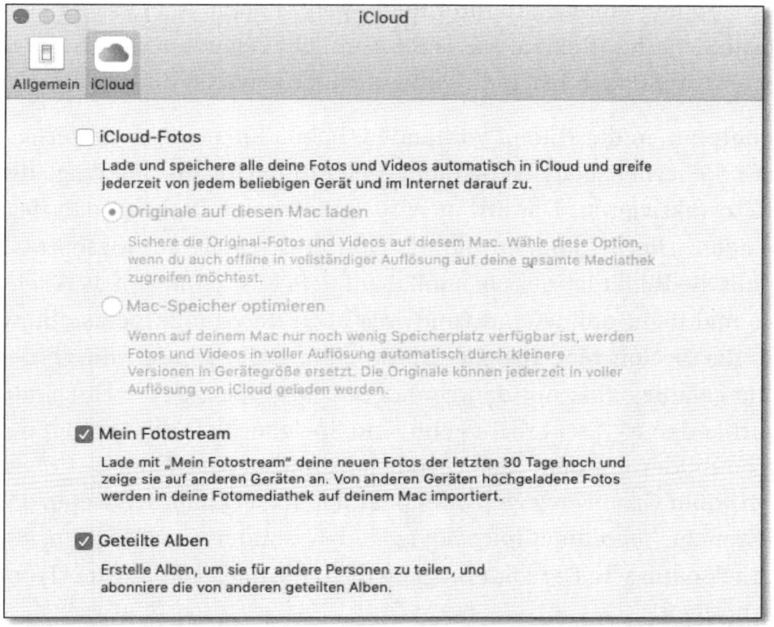

Abbildung 29.67 Entscheiden Sie selbst, welche iCloud-Funktionen Sie verwenden wollen.

29.8.1 iCloud-Fotomediathek

Die iCloud-Fotomediathek ist die typische iCloud-Funktion, mit der Sie Ihren gesamten Bildbestand mitsamt Videos, Alben und sogar den Bearbeitungen auf allen Geräten im gleichen Zustand vorfinden. Nicht synchronisiert werden hingegen Projekte und intelligente Alben. In der Theorie hört sich die iCloud-Fotomediathek toll an. Aber in der Praxis wird das schon etwas schwieriger, da Sie zum einen nicht unbegrenzten Speicherplatz haben und zum anderen nicht immer und überall eine superschnelle Internetverbindung vorhanden ist.

Speicherplatz können Sie über die **Systemeinstellungen** von **iCloud** hinzukaufen, indem Sie auf die Schaltfläche **Verwalten** klicken. Hier stehen Ihnen zwischen 50 GB und 2 TB zum Nachkaufen zur Verfügung. Den Speicherplatz können Sie monatlich kündigen. Die kostenlosen 5 GB sind eher für Personen geeignet, die vielleicht nur ein paar Schnappschüsse mit dem iPhone machen. Aber sobald dann noch Videos dazukommen, wird es schnell knapp mit dem Speicherplatz. Ambitionierte Fotografen, die Fotos noch intensiver im speicherumfassenderen RAW-Format verwenden wollen, werden hier schon zweimal überlegen, ob sie die iCloud-Fotomediathek verwenden wollen. Ein Vorteil ist natürlich, dass Sie immer ein Backup Ihrer Bilder parat haben. Aber es gibt vielleicht auch noch ein paar Sicherheitsbedenken, da Sie sämtliche Bilder und Videos Ihrer Mediathek auf die Server von Apple hochladen – also auch die privaten Bilder.

Ist ausreichend Speicherplatz in der iCloud vorhanden, haben Sie eine gute Internetverbindung und keine Sicherheitsbedenken, dann steht Ihnen nichts im Weg, die iCloud-Fotomediathek zu aktivieren. Daraufhin wird Ihre Fotomediathek analysiert und in die iCloud geladen. Hierbei können Sie die Option **Originale auf diesen Mac laden** verwenden, womit die Bilder immer auch lokal auf dem Mac vorliegen, was sehr hilfreich ist, wenn Sie mal nicht online sind (und was auch die Standardeinstellung ist). Oder Sie wählen die Option **Mac-Speicher optimieren**; dann werden die Bilder zwar auch in die iCloud geladen, aber nur dann auf dem Mac gespeichert, wenn genügend Speicherplatz vorhanden ist. Steht nicht genügend Speicherplatz zur Verfügung, werden nur die Vorschaubilder auf dem Mac gespeichert und das Original nur dann geladen, wenn Sie es in voller Größe anzeigen oder bearbeiten. Verknüpfte Dateien der Fotomediathek werden nicht (!) in die iCloud hochgeladen, sondern nur Dateien, die sich in der Fotomediathek befinden. Der Ladevorgang dürfte je nach Umfang der Fotomediathek viel Zeit benötigen.

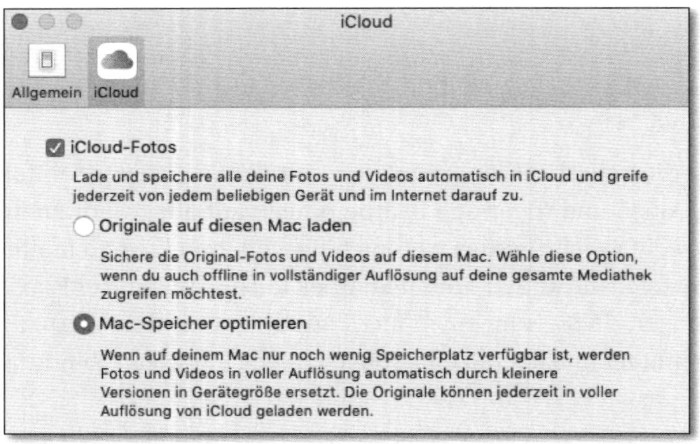

Abbildung 29.68 Einstellungen für die iCloud-Fotomediathek

ACHTUNG

Immer eigenes Backup erstellen

Auch wenn Sie sich für die iCloud-Fotomediathek entschieden haben, empfehle ich Ihnen, trotzdem immer noch ein Backup der Originalbilder auf eine externe Festplatte zu erstellen.

Wollen Sie die Fotomediathek deaktivieren und löschen, können Sie dies in den **Systemeinstellungen** von **iCloud** mit der Schaltfläche **Verwalten** machen. Wählen Sie hier **iCloud Fotos** aus, und klicken Sie auf **Deaktivieren und löschen**. Jetzt haben Sie noch 30 Tage Zeit, um die Originalbilder vom iCloud-Server zu laden. Haben Sie es sich anders überlegt, können Sie diese Deaktivierung hier wieder rückgängig machen.

Abbildung 29.69 Fotomediathek deaktivieren

29.8.2 Mein Fotostream

Mit der Funktion **Mein Fotostream** werden nicht alle Bilder und Videos wie bei der iCloud-Fotomediathek geladen, sondern nur die aktuellsten Aufnahmen der letzten 30 Tage. Maximal erlaubt Apple 1.000 Aufnahmen, und das Beste daran ist, dass dieser Speicherplatz nicht auf den iCloud-Speicher mit angerechnet wird. **Fotostream** arbeitet mit allen Geräten zusammen, an denen Sie mit derselben Apple-ID angemeldet sind und die Funktion ebenfalls aktiviert haben.

Ist die Funktion **Fotostream** aktiviert, werden ab jetzt alle neuen Fotos, die Sie in der Fotos-Mediathek importieren, in den Fotostream geschoben und stehen auf allen anderen Geräten zur Verfügung, die den Fotostream mit derselben Apple-ID verwenden. Dasselbe passiert auch, wenn Sie ein Bild mit dem iPhone aufnehmen. Dann wird es in den Fotostream geschoben und steht nun auch auf dem Mac zur Verfügung. Bilder aus dem Fotostream können Sie mit [←] löschen. Komplett löschen können Sie ein Bild mit [cmd] + [←].

29.8.3 Geteilte Alben

Mit der Funktion **Geteilte Alben** können Sie Bilder, Alben oder Momente freigeben und auch anderen Personen den Zugriff darauf erlauben. Wenn diese Personen eine Apple-ID und ein Apple-Gerät haben, dann können Sie ihnen erlauben, dem Album ebenfalls Bilder und Videos hinzuzufügen. Ohne eine Apple-ID oder ein Apple-Gerät können Sie das Album zumindest als öffentliche Website zum Betrachten zur Verfügung stellen. Hier ein Beispiel, wie Sie die Funktion **Geteilte Alben** verwenden können:

1. Wählen Sie ein Album aus, das Sie einer Person zeigen bzw. mit dieser teilen wollen. Markieren Sie einzelne oder alle Bilder, die Sie in diesem Album zum Teilen verwenden wollen, und wählen Sie über die Teilen-Schaltfläche die Funktion **Geteilte Alben**.

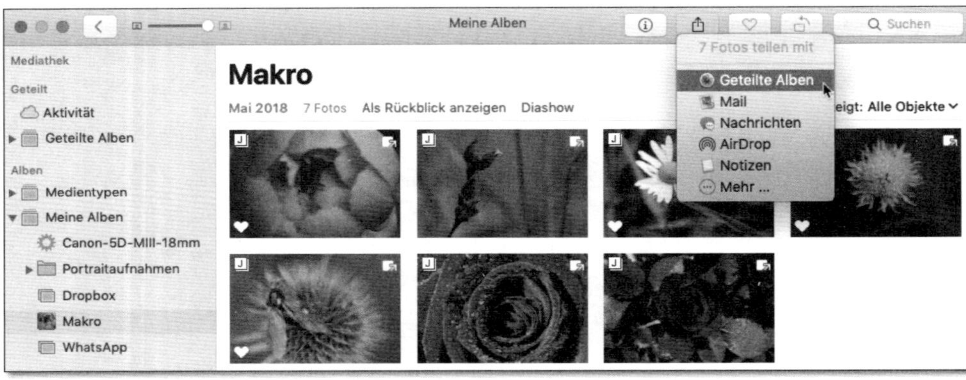

2. Klicken Sie dann auf **Neues geteiltes Album**, woraufhin Sie den Namen des Albums angeben können. Dahinter legen Sie die einzuladende Person(en) fest. Anschließend haben Sie noch Platz für eine Beschreibung, ehe Sie mit **Erstellen** das geteilte Album erzeugen und dem Empfänger eine Einladung senden.

3 Ein geteiltes Album erscheint in der Seitenleiste im Bereich **Geteilte Alben**. Klicken Sie das Album im Bereich **Geteilte Alben** an, finden Sie oben rechts in der Symbolleiste ein Personen-Icon. Klicken Sie das Icon an, finden Sie einen Überblick über die eingeladenen Personen, die Sie durch Anklicken und **Abonnent entfernen** wieder löschen können, während Sie über das Plussymbol weitere Einladungen versenden können. Personen mit einem Häkchen haben das Teilen angenommen, und bei Personen mit einem Fragezeichen steht die Antwort noch aus.

4 Ist **Abonnenten können posten** aktiv, können die eingeladenen Teilnehmer ebenfalls dem Album Bilder und Videos hinzufügen. Wollen Sie die Freigabe für das Album nicht nur für den angegebenen Personenkreis erstellen, sondern für jeden öffentlich machen, aktivieren Sie **Öffentliche Website**, und es wird ein Link eingeblendet, den Sie weitergeben können, womit jeder Zugriff auf das Album über den Browser hat. Wollen Sie informiert werden, wenn jemand im Album ein Bild oder Video mag, kommentiert oder selbst Bilder oder Videos hinzugefügt hat, aktivieren Sie **Benachrichtigungen**. Wollen Sie das geteilte Album wieder entfernen, finden Sie unten mit **Geteiltes Album löschen** die entsprechende Schaltfläche dazu.

5 Wie das Album beim Empfänger erscheint, hängt davon ab, ob der Empfänger eine Apple-ID und ein Apple-Gerät verwendet. In dem Fall geschieht die Freigabe direkt in Fotos. Ist kein solches Gerät vorhanden und wurde die Option **Öffentliche Website** aktiviert, kann der Empfänger trotzdem die Bilder via Webbrowser betrachten. Im

Gegensatz zum geteilten Album in Fotos kann ein Empfänger allerdings bei einem geteilten Album als **Öffentliche Website** keine Kommentare oder weitere Bilder hinzufügen. Der Zugriff via Website beschränkt sich rein auf die Betrachtung des Albums.

Wenn sich in einem geteilten Album etwas ändert, finden Sie im Bereich **Geteilt** ein automatisches Album **Aktivität**, in dem alle Änderungen eines beliebig geteilten Albums in chronologischer Reihenfolge, einer Art Timeline, angezeigt werden.

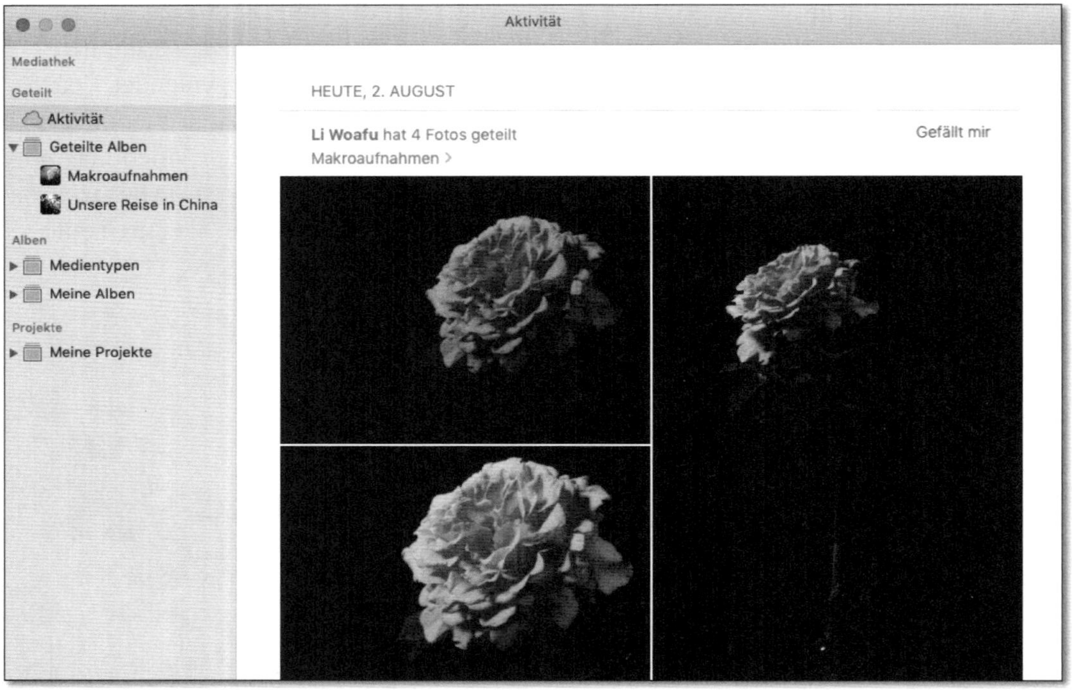

Abbildung 29.70 Änderungen in einem geteilten Album werden sofort angezeigt.

29.9 Bildschirmfotos erstellen

Das Erstellen von Bildschirmfotos hat sich ab macOS Mojave (Version 10.14) etwas geändert und wurde um nützliche Features, wie etwa die sofortige Bearbeitung der Aufnahme mit einer Schnellaktion, erweitert. Um die Funktion zur Aufnahme eines Bildschirmfotos aufzurufen, müssen Sie ein Tastenkürzel betätigen. Die Kommandos dafür sind in Tabelle 29.1 aufgelistet.

Tastaturkürzel	Beschreibung
⇧ + cmd + 3	Erstellt einen Screenshot vom ganzen Bildschirm.
⇧ + cmd + 4	Erstellt zunächst keinen Screenshot, sondern zeigt einen Mauszeiger mit Fadenkreuz mit den aktuellen Bildschirmkoordinaten daneben an. Gehen Sie mit dem Fadenkreuz an die gewünschte Stelle, und ziehen Sie mit gedrückt gehaltener Maustaste einen Rahmen um den Bereich auf, der fotografiert werden soll. Wenn Sie die Maustaste loslassen, wird der Bereich aufgenommen.
⇧ + cmd + 4 und dann Leertaste	Wenn Sie wie gehabt ⇧ + cmd + 4 drücken und der Mauszeiger zum Fadenkreuz wird, drücken Sie anschließend die Leertaste, wodurch der Mauszeiger zu einer Kamera wird. Wählen Sie damit das Fenster aus, von dem Sie ein Bildschirmfoto erstellen wollen.
⇧ + cmd + 5	Damit wird im unteren Bildschirmrand eine Menüleiste mit mehreren Möglichkeiten und Optionen zum Erstellen eines Bildschirmfotos (oder Filmen des Bildschirms) eingeblendet.
⇧ + cmd + 6	Wenn Sie einen Mac mit Touchbar haben, können Sie mit dieser Tastenkombination einen Screenshot von der Touchbar erstellen.

Tabelle 29.1 Tastaturkürzel zum Erstellen von Bildschirmaufnahmen

Unabhängig davon, welches der in Tabelle 29.1 aufgelisteten Tastenkürzel Sie ausgeführt haben, wird der erstellte Screenshot für etwa 5 Sekunden als kleines Vorschaubild rechts unten angezeigt, bevor das Bild automatisch dem eingestellten Speicherort hinzugefügt wird. Standardmäßig ist dies der Schreibtisch, aber dieser Ort kann jederzeit geändert werden. Der Zweck, dass die Vorschau der Aufnahme 5 Sekunden angezeigt wird, ist, dass Sie diese Aufnahme vielleicht durch Anklicken mit der Schnellaktion bearbeiten oder mit einem rechten Mausklick eine andere Aktion darauf ausführen wollen.

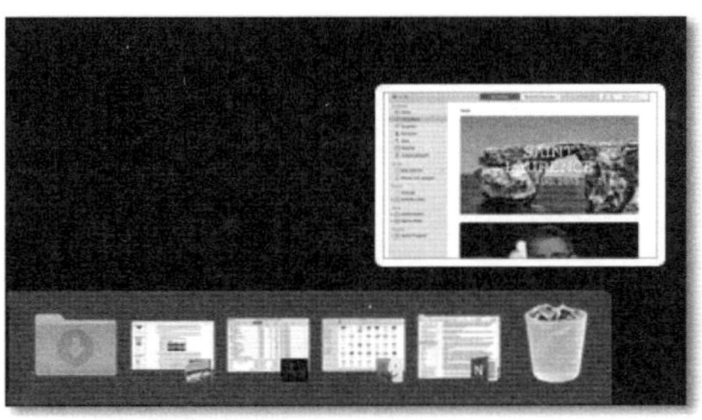

Abbildung 29.71 Nach der Aufnahme eines Bildschirmfotos wird davon für 5 Sekunden ein kleines Vorschaubild rechts unten eingeblendet.

29.9.1 Bildschirmfoto direkt bearbeiten

Das direkte Bearbeiten eines erstellten Screenshots ist mithilfe der Miniaturvorschau in der Ecke des Bildschirms kein Problem, wie das folgende Beispiel zeigt:

1 Erstellen Sie ein Bildschirmfoto mit einem der Tastenkombinationen aus Tabelle 29.1. Ich habe mit ⇧ + cmd + 3 ein Bildschirmfoto vom ganzen Bildschirm erstellt, welches in der Miniaturvorschau rechts unten eingeblendet wird. Klicken Sie diese Miniaturvorschau an.

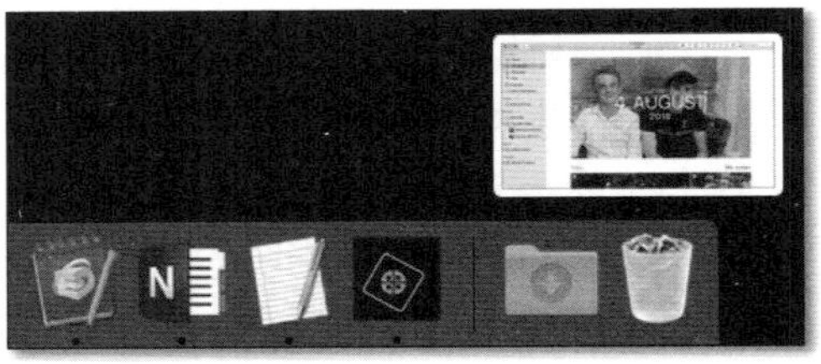

2 Jetzt wird das erstellte Bildschirmfoto mit der Schnellaktion und den verschiedenen Bearbeitungswerkzeugen geöffnet. Sie können nun im Bildschirmfoto zum Beispiel etwas zeichnen, Text hinzufügen, das Bildschirmfoto drehen oder zuschneiden. Die Schnellaktionen wurden bereits in Abschnitt 5.11, »Schnellaktionen verwenden«, beschrieben. Die komplette Bearbeitung rückgängig machen können Sie mit der Schaltfläche **Letzte Version**.

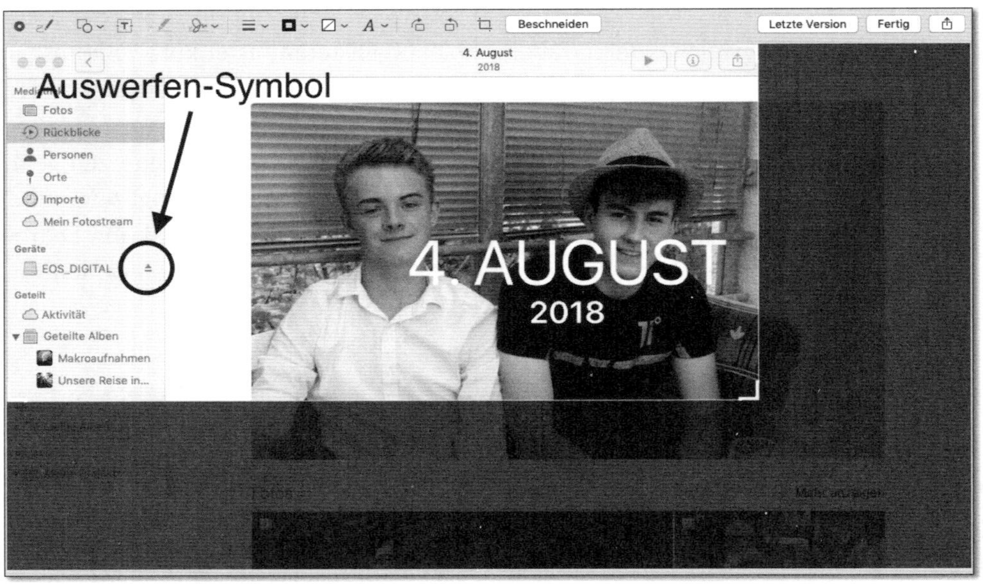

3 Haben Sie die Bearbeitung abgeschlossen, klicken Sie auf die Schaltfläche **Fertig**, wodurch das Bildschirmfoto mitsamt den in Schritt 2 gemachten Bearbeitungen im standardmäßig eingestellten Speicherort (= Schreibtisch) gespeichert wird. Oder Sie klicken auf die Teilen-Schaltfläche rechts oben und geben das Bildschirmfoto zum Beispiel an Mail oder Nachrichten weiter.

Abbildung 29.72 Hier wird der erstellte Screenshot gleich an Mail weitergegeben.

Klicken Sie hingegen die Miniaturvorschau mit der rechten Maustaste an, können Sie den Speicherort oder die Anwendung für das Bildschirmfoto auswählen oder es löschen.

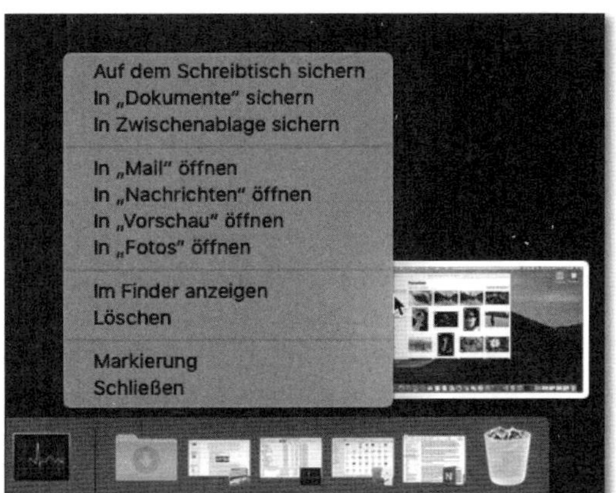

Abbildung 29.73 Klicken Sie die Miniaturvorschau mit der rechten Maustaste an, öffnet sich ein Kontextmenü mit weiteren Möglichkeiten.

29.9.2 Die umfangreichere Bildschirmfotofunktion verwenden

Ein umfassenderes Werkzeug, um Bildschirmfotos zu erstellen, können Sie mit dem Tastenkürzel ⇧ + cmd + 5 aufrufen. Daraufhin wird eine Menüleiste eingeblendet, wo Sie mit den ersten drei Symbolen wählen können, ob Sie den kompletten Bildschirm, ein ausgewähltes Fenster oder einen in der Größe anpassbaren Bildbereich aufnehmen wollen. Mit den nächsten beiden Symbolen können Sie den ganzen Bildschirm oder einen anpassbaren Bereich filmen. Auf das Filmen mit dieser Funktion wurde bereits in Abschnitt 28.2.5, »Bildschirm aufnehmen mit der Bildschirmfotofunktion«, eingegangen. Unter **Optionen** finden Sie hilfreiche Einstellungen, um den Speicherort zu ändern, um mit einem Timer festzulegen, wie lange mit dem Auslösen gewartet werden soll, und weitere Optionen, um beispielsweise den Mauszeiger mit aufzunehmen. Mit einem Klick auf die Schaltfläche **Aufnahme** ganz rechts wird das Bildschirmfoto erstellt. Die Schaltfläche **Aufnahme** ist nicht zu sehen, wenn Sie nur ein ausgewähltes Fenster aufnehmen wollen.

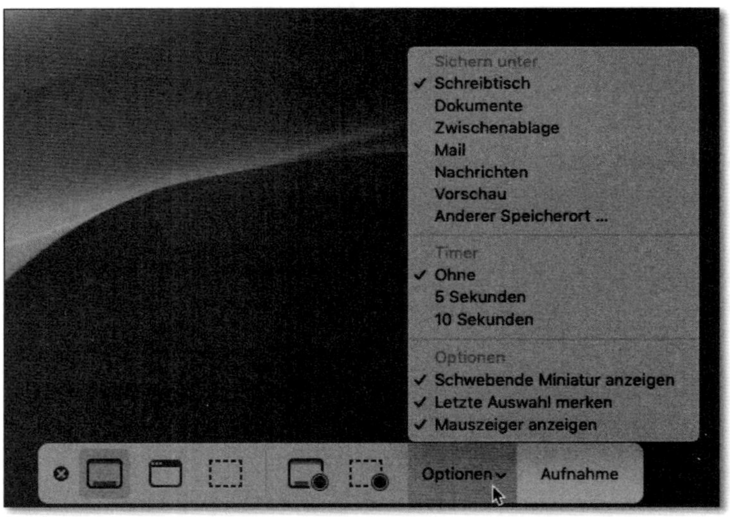

Abbildung 29.74 Im Menü, das mit ⇧ + cmd + 5 eingeblendet wird, finden Sie viele weitere hilfreiche Optionen, um den Bildschirm aufzunehmen. Sie können die Bildschirmfoto-App auch über das Icon starten. Klicken Sie dazu auf »Programme« ▶ »Dienstprogramme«.

HINWEIS

Ändern der Optionen

Beachten Sie, dass Änderungen bei den Bildschirmfoto-Optionen sich auch auf die Aufnahmen auswirken, die Sie zum Beispiel mit dem Tastenkürzel ⇧ + cmd + 3 oder ⇧ + cmd + 4 erstellen.

Standardmäßig werden die Bildschirmfotos im PNG-Format auf dem Schreibtisch gespeichert. Der Dateiname erhält dabei den Datennamen in Form von *Screenshot-YYYY-MM-DD HH.MM.SS.png*. Wenn Sie ein anderes Format statt PNG verwenden wollen, können Sie dies über das Terminal wie folgt ändern:

1 Öffnen Sie das Terminal. Drücken Sie beispielsweise [cmd] + Leertaste, und geben Sie »Terminal« und dann [↵] ein.

2 Geben Sie im Terminal die folgende Zeile ein, wenn Sie beispielsweise künftig alle Bildschirmfotos im TIF-Format haben wollen:

```
defaults write com.apple.screencapture type tif
```

Anstelle von `tif` in diesem Beispiel können Sie auch `gif`, `pdf`, `jpg`, `bmp` und wieder als Standard `png` verwenden, um ein entsprechendes Format zu setzen. Geben Sie noch folgende Zeile ein:

```
killall SystemUIServer
```

Hiermit starten Sie praktisch den SystemUIServer neu, einen Hintergrundprozess, der verschiedene Aspekte der Mac-Benutzeroberfläche kontrolliert.

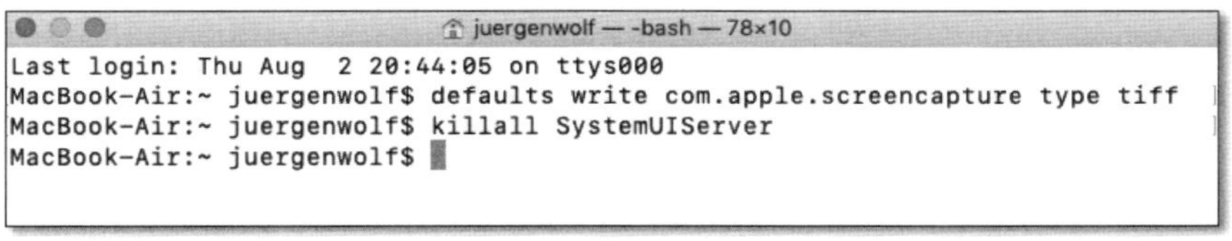

3 Erstellen Sie ein neues Bildschirmfoto mit beispielsweise [⇧] + [cmd] + [3], wird es im TIF-Format anstelle des ursprünglichen PNG-Formats erstellt.

Es gibt noch weitere Befehle, mit denen Sie über das Terminal auf das Erstellen von Bildschirmfotos über die Tastatur Einfluss nehmen können, zum Beispiel:

```
defaults write com.apple.screencapture location /Users/jwolf/Pictures
killall SystemUIServer
```

Hiermit sorgen Sie dafür, dass künftig die Bildschirmfotos, die Sie mit der Tastatur machen, im Verzeichnis */Users/jwolf/Pictures* gespeichert werden. Auch den Schlagschatten können Sie abschalten, wenn Sie Folgendes eingeben:

```
defaults write com.apple.screencapture disable-shadow -bool true
killall SystemUIServer
```

Wenn Sie den Schlagschatten wieder aktivieren wollen, ersetzen Sie `true` durch `false`.

Wenn Ihnen der Weg über das Terminal nicht zusagt, können Sie diese Systemänderungen auch mit einem Systemwerkzeug durchführen, etwa mit Tinker Tool von Marcel Bresink, das Sie sich von der Website *www.bresink.com/osx/TinkerTool-de.html* herunterladen können. Sie finden beispielsweise im Register **Allgemein** die Optionen für das Erstellen von Bildschirmfotos.

Abbildung 29.75 Das Tinker Tool enthält viele versteckte Einstellungen für den Mac.

Wie bereits erwähnt, werden Bildschirmfotos, die auf dem Mac erstellt werden, nicht dem Bildschirmfotos-Album im Fotos-Programm hinzugefügt. Dieses Album ist den Bildschirmfotos vorbehalten, die Sie mit einem iOS-Gerät erstellt haben.

TEIL VIII
Administrative Arbeiten und Netzwerke

30 Benutzerverwaltung

Spätestens wenn mehrere Personen denselben Mac benutzen, sollten Sie sich Gedanken über deren Verwaltung machen. Gerade stationäre Macs wie Mac mini, iMac oder Mac Pro werden schnell zu Mehrbenutzergeräten. Hier ist es nicht sinnvoll, wenn alle denselben Account verwenden. Daher sollten Sie weitere Benutzer anlegen, wodurch jeder seine eigenen Einstellungen verwenden kann.

Die Übersicht über die Benutzer auf dem System finden Sie in den **Systemeinstellungen** von **Benutzer & Gruppen**. Ohne dass es Ihnen vielleicht bewusst war, haben Sie schon beim ersten Start Ihres Macs mithilfe des Setup-Assistenten einen eigenen Benutzer angelegt. Als erster Benutzer des Systems sind Sie automatisch der Administrator und können somit weitere Benutzer und Gruppen anlegen. In der Standardeinstellung finden Sie neben Ihrem Account noch einen Gastbenutzer-Account.

Abbildung 30.1 Die Benutzer- und Gruppenverwaltung in den Systemeinstellungen

HINWEIS

Administrator-Rechte

Es ist nur einem Benutzer mit Administrator-Rechten gestattet, neue Benutzer auf dem Rechner hinzuzufügen. Als Standardbenutzer hingegen ist es nicht möglich, in der Benutzerverwaltung neue Benutzer hinzuzufügen oder Änderungen vorzunehmen.

30.1 Benutzereinstellungen bearbeiten

Bevor Sie erfahren, wie Sie neue Benutzer anlegen können, wird an dieser Stelle gezeigt, wie Sie Benutzereinstellungen anpassen und ändern können. Hierzu wird das eigene Konto verwendet.

1 Wählen Sie Ihren Account in den **Systemeinstellungen** von **Benutzer & Gruppen** aus. Klicken Sie unten links auf das Schloss, um die Bearbeitung des Accounts freizugeben.

2 Geben Sie das Administrator-Passwort ein, und klicken Sie dann auf **Schutz aufheben**.

3 Wollen Sie das Benutzerbild ändern, fahren Sie mit dem Mauszeiger darüber und klicken es an. Es erscheint ein weiterer Dialog, in dem Sie mehrere Möglichkeiten haben, ein Benutzerbild zu ändern. In **Standard** finden Sie eine Auswahl mitgelieferter Bilder. Mit **Kamera** können Sie mit der eingebauten Kamera ein Bild aufnehmen und verwenden. Über **Fotos** können Sie Bilder aus Ihrer Fotos-Mediathek wählen.

4 Im Beispiel habe ich mich entschieden, mit der Kamera ein Bild zu machen. Nach einem kurzen weißen Blitzen des Bildschirms können Sie über einen Zoomregler mit gedrückter Maustaste den Bildausschnitt anpassen, ehe Sie ihn mit **Sichern** als neues aktuelles Foto für Ihren Account verwenden.

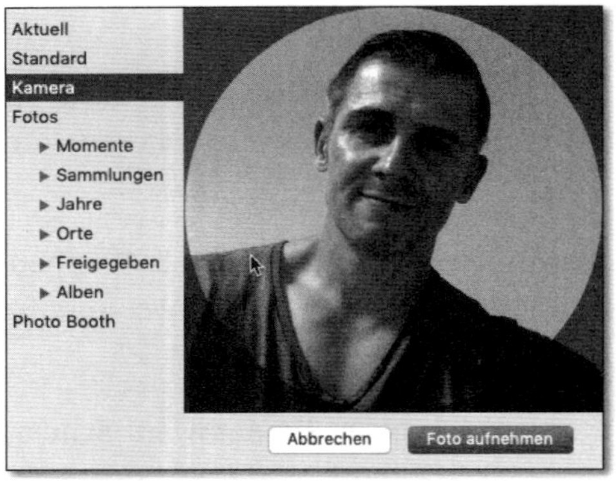

5 Wenn Sie das Passwort ändern wollen, können Sie dies über die Schaltfläche **Passwort ändern** tun. Die anderen Optionen werden noch gesondert behandelt.

6 Klicken Sie erneut auf das Schloss, um den Account wieder zu schützen.

30.1.1 Anmeldeobjekte

Im Register **Anmeldeobjekte** in den **Systemeinstellungen** von **Benutzer & Gruppen** finden Sie eine Liste mit allen Objekten (meistens kleine Hilfsprogramme) des Benutzers, die bei der Anmeldung nach dem Login automatisch gestartet werden. Mithilfe der Plus- und Minus-Schaltflächen unten in der Mitte können Sie hier Objekte hinzufügen bzw. entfernen. Solche Objekte können zum Beispiel Verbindungen zu Servervolumes, FTP-

Laufwerken usw. sein. Ein solches Servervolume können Sie auch per Drag & Drop hinzufügen, um es künftig bei jeder Anmeldung automatisch zu starten.

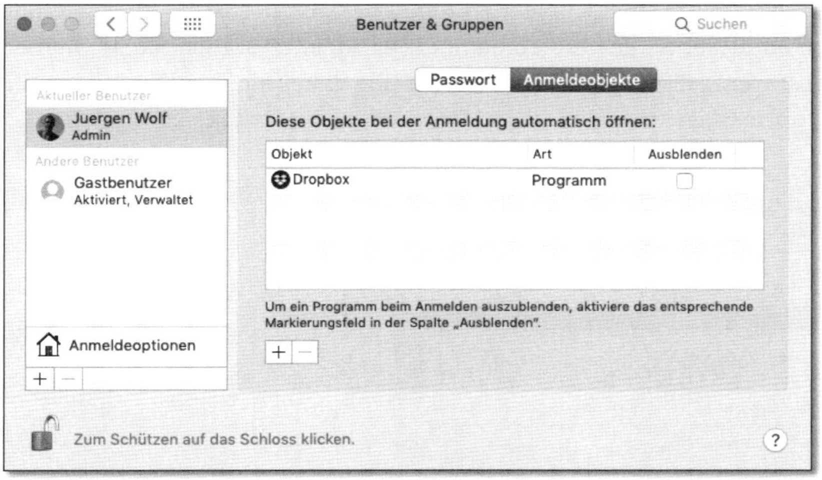

Abbildung 30.2 Hier legen Sie Anwendungen ab, die beim Anmelden ausgeführt werden.

Natürlich können Sie der Liste auch Programme wie Pages oder Word hinzufügen, damit diese beim Login mit gestartet werden. Bei einigen Programmen finden Sie bei den Einstellungen oder bereits bei der Installation eine Option, mit der Sie festlegen können, dass ein Programm bei der Anmeldung automatisch gestartet werden soll.

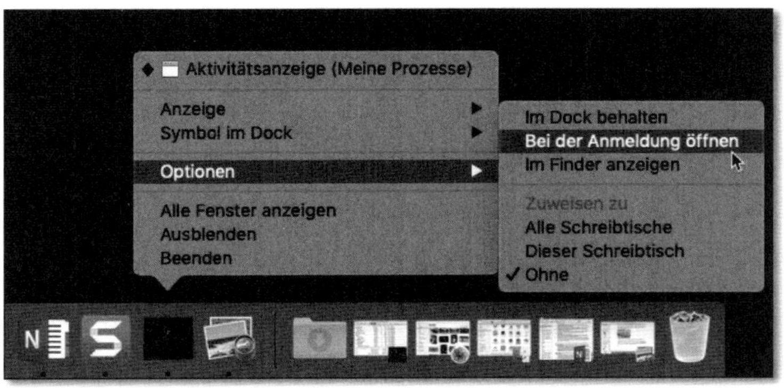

Abbildung 30.3 Anmeldeobjekte können schon über das Dock hinzugefügt werden.

Sie müssen nicht erst in die **Systemeinstellungen** von **Benutzer & Gruppen** wechseln, um den Anmeldeobjekten ein Programm hinzuzufügen. Wenn Sie ein Programm ausführen, können Sie es im Dock mit der rechten Maustaste anklicken und im Kontextmenü über **Optionen ▸ Bei der Anmeldung öffnen** auswählen. Schon haben Sie das Programm den Anmeldeobjekten hinzugefügt.

Es kann aber sein, dass ein Anmeldeobjekt störend oder veraltet ist. Manche Anmeldeobjekte machen an dieser Stelle gar keinen Sinn. Im Idealfall sollten Sie bei **Anmeldeobjekte** möglichst wenig Einträge verwenden. Was Sie daher nicht unbedingt benötigen, können Sie dort markieren und mit dem Minussymbol entfernen.

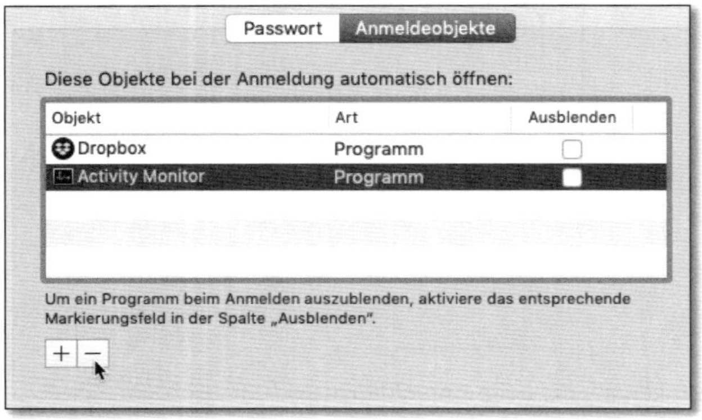

Abbildung 30.4 Halten Sie die Einträge von Anmeldeobjekten gering.

30.1.2 Der Gastbenutzer

Neben Ihrem eigenen Benutzer-Account finden Sie nach der Installation noch einen Account für einen **Gastbenutzer**. Dieser Account ist dafür gedacht, dass Sie jemandem erlauben können, Ihren Mac als Gast ohne die Eingabe eines Passwortes zu verwenden, ohne dafür extra einen neuen Benutzer anlegen zu müssen. Der Gastbenutzer hat nur sehr eingeschränkte Rechte. Nach dem Abmelden des Gastbenutzers werden alle Daten, die im Benutzerordner gespeichert wurden, unwiderruflich gelöscht. Es ist daher ratsam, die vom Gastbenutzer erstellten Dokumente und Dateien bei Bedarf vor der Abmeldung auf ein externes Volume zu sichern.

Wenn Sie die Einstellungen ändern wollen, müssen Sie zunächst wieder das Schlosssymbol anklicken und das Administrator-Passwort eingeben. Um Gästen überhaupt den Zugang zum Gastbenutzer-Account zu gewähren, müssen Sie die Option **Gästen erlauben, sich an diesem Computer anzumelden** aktiviert haben. Sie können auch die Option **Kindersicherung aktivieren** verwenden, um den Gast noch etwas konkreter zu steuern. Auf die Kindersicherung wird in Abschnitt 30.5 eingegangen. Wollen Sie dem Gastbenutzer erlauben, auf geteilte Ordner zuzugreifen, die auf einem anderen Computer im Netzwerk liegen, müssen Sie die Option **Gästen den Zugriff auf geteilte Ordner erlauben** setzen.

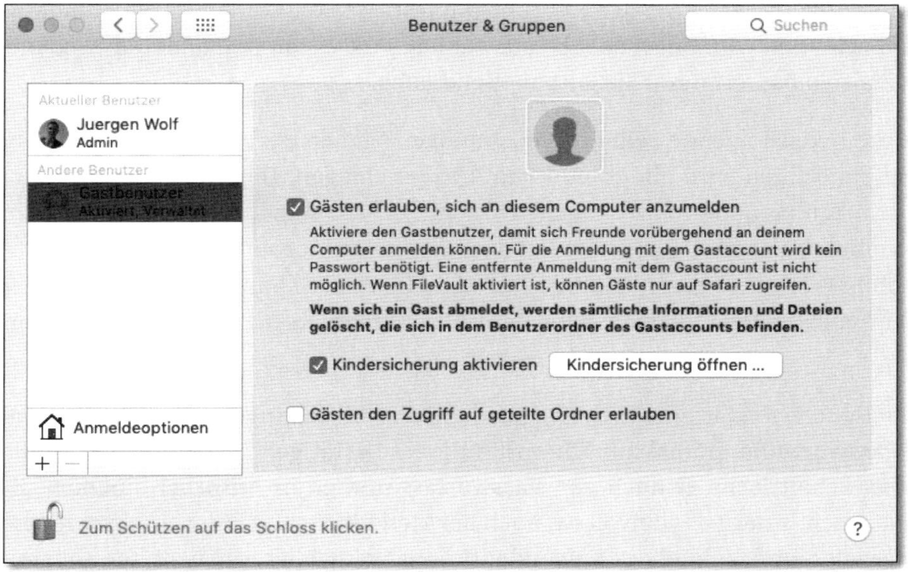

Abbildung 30.5 Der Gastbenutzer-Account

HINWEIS

FileVault und Gastbenutzer

Wenn Sie FileVault aktiviert haben, kann der Gast lediglich Safari verwenden. Der Gast hat dann keinen Zugriff auf verschlüsselte Volumes, und Dateien kann er auch nicht erstellen.

30.2 Einen neuen Benutzer anlegen: Standard oder Administrator?

Nachdem Sie die Benutzerübersicht in den Systemeinstellungen kennen, sollen neue Benutzer hinzugefügt und verwaltet werden. Auch hierbei führt der Weg über die **Systemeinstellungen** von **Benutzer & Gruppen**. Außerdem benötigen Sie die Administrator-Rechte, um einen neuen Benutzer hinzuzufügen. Den Account des Administrators haben Sie bereits beim Einrichten des Systems festgelegt.

1. Entriegeln Sie zunächst das Schloss unten links, und geben Sie das Passwort im folgenden Dialog ein.

2. Klicken Sie auf die Plus-Schaltfläche links unten in der Liste der Benutzer, und es erscheint ein Dialog, in dem Sie die Details zum neuen Benutzer eingeben können.

3 Bei **Neuer Account** legen Sie den Account-Typ fest. Meistens dürfte es ein **Standard**-Account sein, den wir zunächst auch auswählen. Was es mit den anderen Account-Typen auf sich hat, erfahren Sie anschließend noch.

4 Geben Sie in das folgende Feld den vollständigen Namen des Account-Inhabers an. Aus diesem Namen wird ein **Accountname** vorgeschlagen. Diesen können Sie jetzt noch problemlos ändern. Der Name wird für das Benutzerverzeichnis mit dem Haussymbol verwendet. Beachten Sie, dass Sie diesen Accountnamen später nicht mehr ohne Weiteres ändern können. Der neue Benutzer kann sich dann entweder mit dem vollständigen Namen oder dem Accountnamen und dem Passwort einloggen.

5 Anschließend legen Sie ein Passwort fest, das Sie zweimal eingeben müssen, einmal unter **Passwort** und einmal zur Überprüfung bei **Bestätigen**. Sie können über die Schlüssel-Schaltfläche ❶ auch den Passwortassistenten in Anspruch nehmen. Es empfiehlt sich, sofern es sinnvoll ist, auch bei **Merkhilfe** einen Hinweis einzugeben, der angezeigt wird, sobald der Anwender dreimal vergeblich versucht hat, sich mit dem Passwort einzuloggen.

6 Haben Sie die Einstellungen vorgenommen, klicken Sie auf **Benutzer erstellen**.

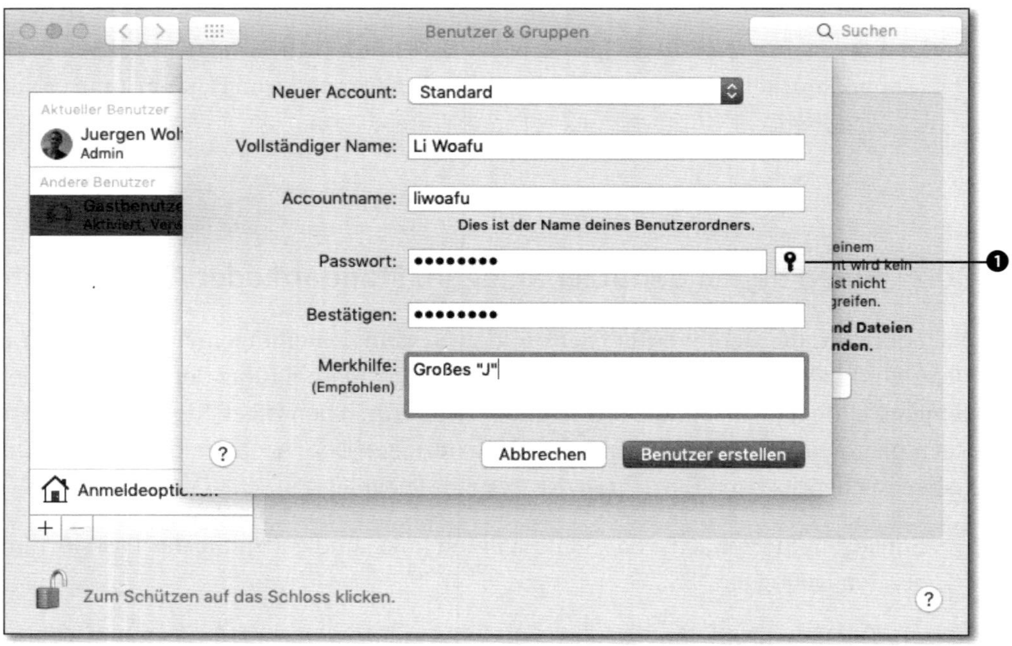

Wenn Sie für jemanden einen Benutzer-Account angelegt haben, müssen Sie ihm den **Accountnamen** und das **Passwort** mitteilen, damit er sich auf dem Rechner anmelden kann. Hierbei können Sie noch die Empfehlung mitgeben, dass der Benutzer sein Passwort ändern sollte.

Bei der ersten Einrichtung des Systems wird der erste Benutzer automatisch zum Chef, also zum Administrator. Beim Anlegen eines neuen Benutzers haben Sie im Feld **Neuer Account** vielleicht auch festgestellt, dass Sie einen weiteren Administrator-Account anlegen können. Wie weit dies in der Praxis sinnvoll ist, hängt vom Anwendungsfall ab. Es ist allerdings eher empfehlenswert, es bei einem Administrator auf dem System zu belassen. Selbst als Administrator arbeiten Sie zum Teil in einem Standardmodus, und wenn Sie etwas Kritisches tun, wird stets das Administrator-Passwort abgefragt.

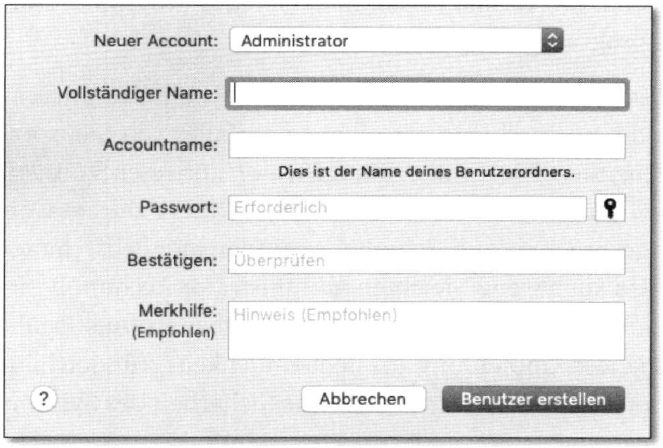

Abbildung 30.6 Auch wenn es eher unüblich ist, es können mehrere Administratoren erstellt werden.

Die sicherheitsrelevanten Einstellungen in den **Systemeinstellungen** wie **Sicherheit**, **Netzwerk**, **Teilen**, **Datum & Uhrzeit**, **Startvolume**, **Drucker & Scanner**, **Energie sparen**, **Benutzer & Gruppen**, **Kindersicherung**, **App Store** und **Time Machine**, die für den Administrator gedacht sind, können Sie stets am Schlosssymbol in der unteren Ecke erkennen.

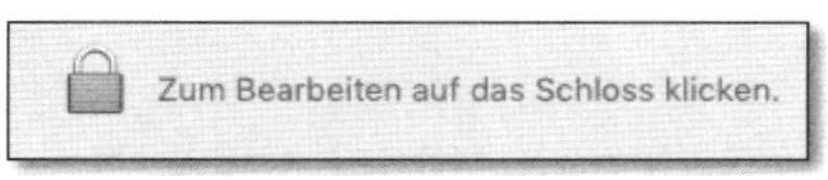

Abbildung 30.7 Systemeinstellungen mit dem Schlosssymbol sind für den Administrator bestimmt.

Die Reichweite des Administrators auf dem System ist natürlich wesentlich weiter als die eines Standardnutzers. Als Administrator hat man zum Beispiel Schreibzugriff auf den *Programme*-Ordner, was ihm erlaubt, Programme zu installieren, zu deinstallieren und upzudaten. Auch Betriebssystem-Updates über den App Store bleiben dem Admin überlassen. Ebenso der Zugriff auf das Verzeichnis */Library*, wo Sie beispielsweise den Druckertreiber installieren, benötigt Administrator-Rechte. Und das Anlegen, Löschen und die Verwaltung von Benutzern ist ebenfalls dem Administrator vorbehalten.

Als Standardbenutzer sind Sie in vielen Dingen etwas eingeschränkter, und die Reichweite auf dem System ist nicht so groß. Sie dürfen in vielen Systemeinstellungen keine Änderungen vornehmen. Tun Sie es trotzdem, werden Sie nach dem Benutzernamen und Passwort des Administrators gefragt. Uneingeschränkt nutzen kann der Standardbenutzer das persönliche Benutzerverzeichnis (mit dem Haussymbol). Für alle anderen Verzeichnisse hingegen besteht nur ein Leserecht. Sie dürfen auch Programme installieren und eigene Einstellungen ändern. Im Normalfall können Sie jedes Programm starten (mit Ausnahme einiger Dienstprogramme).

Wenn Sie einen Standard-Account verwenden und gleichzeitig Inhaber des Administrator-Accounts sind, dürften Ihnen die Unterschiede gar nicht so auffallen, da Sie trotzdem jederzeit über den entsprechenden Dialog als Administrator auftreten können, sobald Sie nach dem Login-Namen und dem Passwort des Administrators gefragt werden. Oft wird die Empfehlung ausgesprochen, aus Sicherheitsgründen möglichst immer als Standardnutzer zu arbeiten. Also auch wenn Sie einen Administrator-Account besitzen, sollten Sie sich einen Standard-Account anlegen und damit arbeiten. Aus Erfahrung weiß ich allerdings, dass man diese Empfehlung aus Bequemlichkeitsgründen häufig ignoriert. Allerdings sei daran erinnert, dass Sie selbst für die Sicherheit des Systems zuständig sind.

HINWEIS

Mit der Apple-ID anmelden

Bei einem neuen Benutzer-Account kann jeder Benutzer seine bereits existierende Apple-ID beim ersten Login eintragen oder eine neue Apple-ID für den Account anlegen.

30.3 Anmeldefenster, Benutzer wechseln und Sperrbildschirm

Wenn Sie einen neuen Benutzer angelegt haben, erscheinen künftig beim Neustart des Macs in einem Anmeldebildschirm alle Benutzer-Accounts, je nachdem, wie Sie die

Anmeldeoptionen in den **Systemeinstellungen** von **Benutzer & Gruppen** eingestellt haben. Auf die Anmeldeoptionen wird jetzt eingegangen.

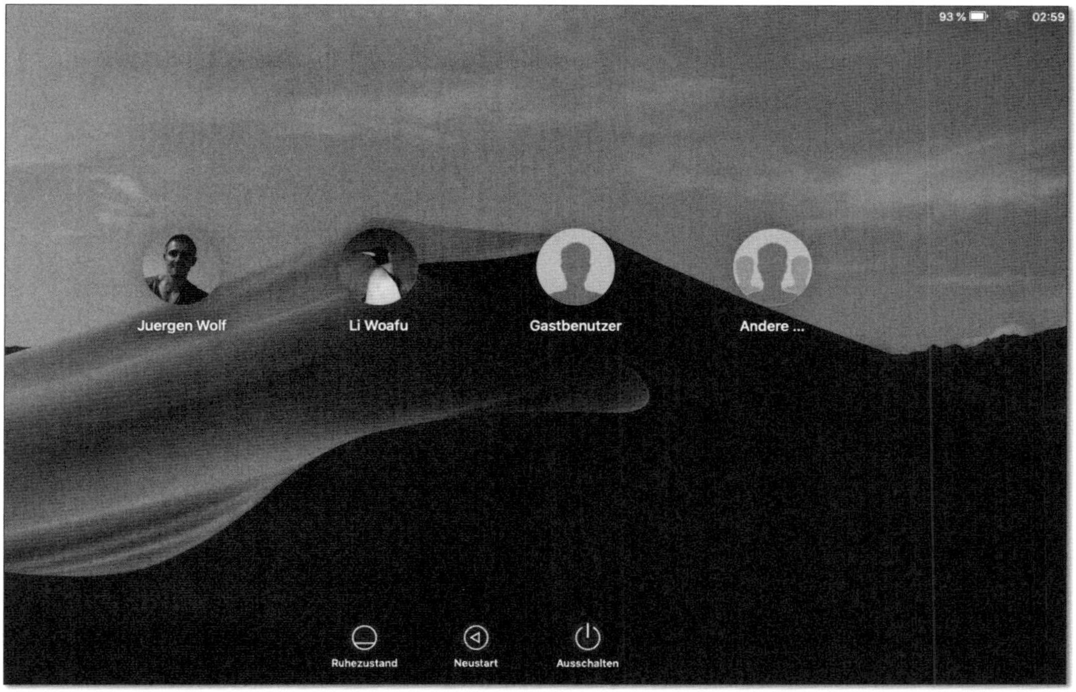

Abbildung 30.8 Anmeldefenster mit mehreren Benutzer-Accounts

30.3.1 Die Anmeldeoptionen einstellen

In den **Systemeinstellungen** von **Benutzer & Gruppen** finden Sie links über **Anmeldeoptionen** verschiedene Optionen, mit denen Sie die allgemeinen Einstellungen für das Anmeldefenster definieren können.

Mit der Einstellung **Automatische Anmeldung** können Sie einen Benutzer festlegen, der nach dem Start des Computers automatisch angemeldet wird. Diese Funktion ist aus Sicherheitsgründen nicht sehr empfehlenswert und eignet sich allenfalls, wenn der Computer allein verwendet wird.

Mit **Anmeldefenster zeigt an** können Sie entweder die **Liste der Benutzer** als kleine Profilbild-Icons des Accounts anzeigen lassen oder mit **Name und Passwort** als reine Eingabefelder. Sollten mehrere Personen beruflich mit diesem Computer arbeiten, sollten Sie Name und Passwort verwenden. Privat ist **Liste der Benutzer** nett anzusehen.

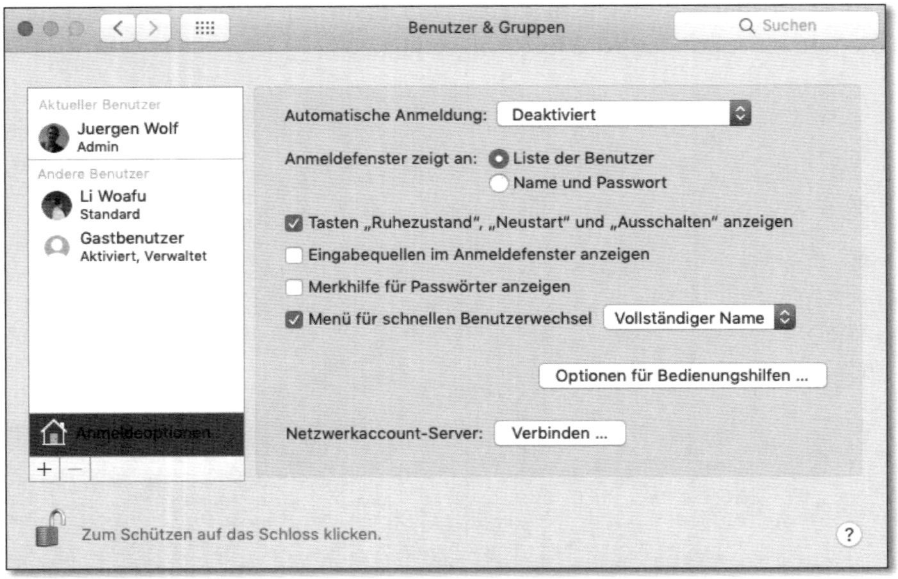

Abbildung 30.9 Hier können Sie Einstellungen zur Anmeldung vornehmen.

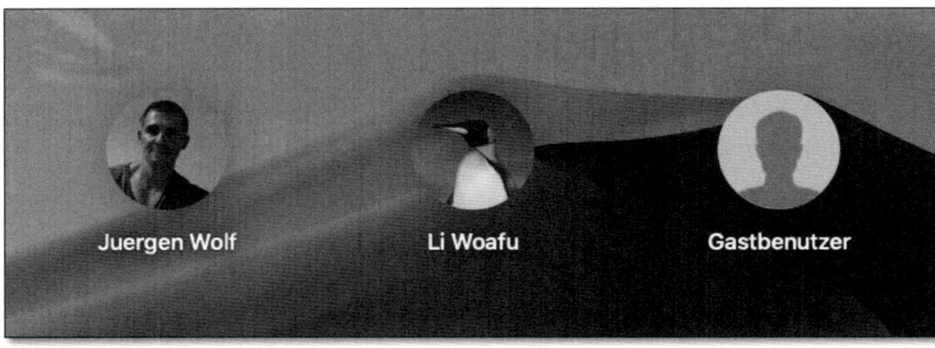

Abbildung 30.10 Das Anmeldefenster als »Liste der Benutzer«

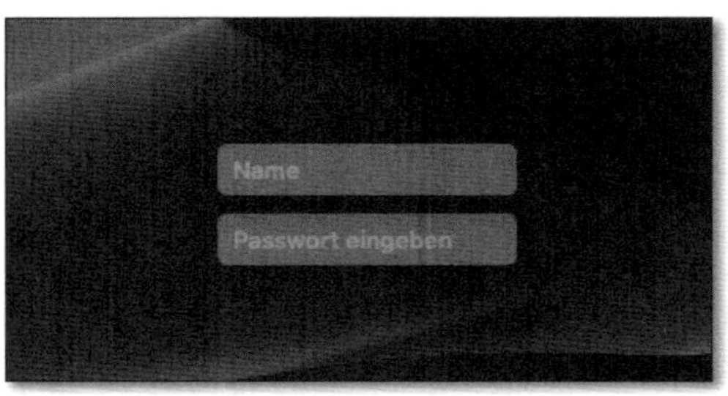

Abbildung 30.11 Und noch mal das Anmeldefenster mit »Name und Passwort«

Mit der Option **Tasten »Ruhezustand«, »Neustart« und »Ausschalten« anzeigen** können Sie diese Schaltflächen beim Anmeldebildschirm gegebenenfalls ausblenden. Die Option **Eingabequellen im Anmeldefenster anzeigen** ist hilfreich, wenn Sie einen Benutzernamen oder ein Passwort eingeben, bei denen anderssprachige Zeichen verwendet werden, die auf der üblichen Tastatur nicht vorhanden sind. Mit **Merkhilfe für Passwörter anzeigen** können Sie genau dies bei Bedarf aktivieren.

Mit der Einstellung **Menü für schnellen Benutzerwechsel** wird bei den Menulets ein Menü für den schnellen Benutzerwechsel angezeigt. Über die Dropdown-Liste dahinter legen Sie fest, ob hier **Vollständiger Name**, **Accountname** oder das **Symbol** des Benutzers angezeigt werden soll.

Abbildung 30.12 Schneller Benutzerwechsel über das Menulet

Über die Schaltfläche **Optionen für Bedienungshilfen** können Sie weitere Einstellungen für sehbehinderte und blinde Benutzer (de-)aktivieren, die bei der Bedienung des Macs hilfreich sind. Mit der letzten Einstellung bei den **Anmeldeoptionen**, mit **Netzwerkaccount-Server**, können Sie sich mithilfe der Schaltfläche **Verbinden** über das folgende Dialogfenster mit einem in einem Netzwerk verfügbaren Account-Server verbinden.

30.3.2 Benutzerwechsel und Benutzer abmelden

Wenn **Menü für schnellen Benutzerwechsel** aktiv ist, können Sie jederzeit über die Menüleiste den Benutzernamen anklicken, woraufhin die anderen Benutzer eingeblendet werden, die auf diesem Rechner angelegt wurden. Klicken Sie einen Benutzer an, können Sie zu ihm nach einer Passwortabfrage wechseln. Der aktuelle Benutzer bleibt nach wie vor eingeloggt, was ein orangefarbenes Häkchen neben dem Benutzernamen anzeigt. Sind Sie mit den Arbeiten fertig, wollen sich aber noch nicht vollständig ausloggen, um später weiterzumachen, oder müssen Sie den Mac verlassen bzw. eine andere Person an den Rechner lassen, können Sie auch einfach auf **Anmeldefenster** klicken. So bleiben Sie angemeldet, aber niemand kann (ohne Passwort) auf Ihren Account zugreifen. Auf diese Weise können mehrere Benutzer gleichzeitig auf dem System angemeldet bleiben.

Abbildung 30.13 Bei mehreren Benutzern auf einem Rechner ist der schnelle Benutzerwechsel recht praktisch.

Wollen Sie sich als Benutzer vom System abmelden, können Sie dies über das -Menü mit **[Benutzername] abmelden** bzw. [⇧] + [cmd] + [Q] tun. Hierbei wird der Benutzer abgemeldet und dann das Anmeldefenster angezeigt.

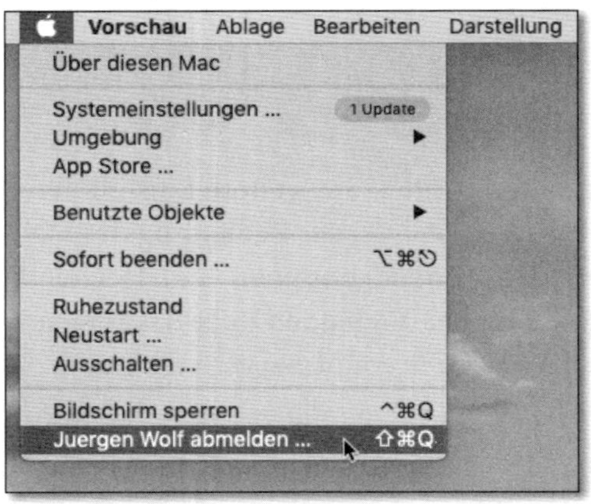

Abbildung 30.14 Einen Benutzer abmelden

Wenn ein Benutzer den Mac ausschalten will und noch andere Anwender angemeldet sind, erscheint ein entsprechender Dialog, in dem Sie über die Schaltfläche **Benutzer wechseln** zum Anmeldefenster gelangen, wo Sie auch gleich sehen, wer noch angemeldet ist. Auf diese Weise können angemeldete Benutzer nicht gespeicherte Änderungen sichern. Als Administrator können Sie trotzdem das System beenden, indem Sie den Benutzernamen und das Passwort eines Administrators eingeben. Nicht gespeicherte Änderungen anderer angemeldeter Benutzer gehen dabei allerdings verloren.

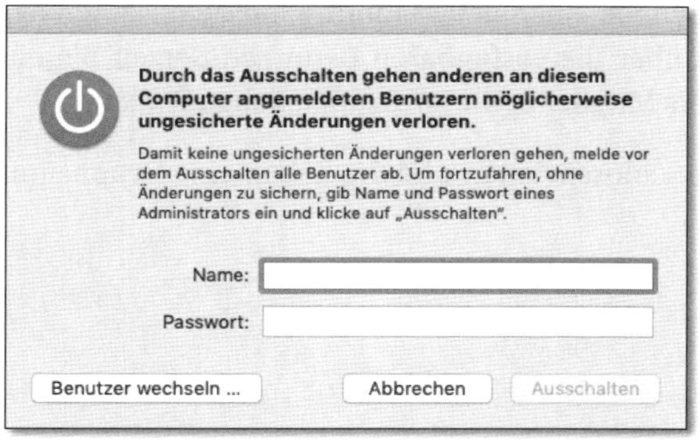

Abbildung 30.15 Hier sind noch weitere Benutzer angemeldet.

30.4 Benutzer in Gruppen verwalten

Wenn Sie mehrere Benutzer eingerichtet haben, kann es durchaus sinnvoll sein, diese in Gruppen zu organisieren. Im vorliegenden Beispiel soll aus mehreren Standardnutzern eine Gruppe erstellt werden:

1 Entriegeln Sie das Symbol mit dem Schloss in den **Systemeinstellungen** von **Benutzer & Gruppen**, und klicken Sie nach der Eingabe des Passwortes auf das Plussymbol.

2 Wählen Sie im Auswahlmenü **Neuer Account** als Account-Typ **Gruppe** aus, und geben Sie einen aussagekräftigen Namen für die Gruppe ein. Klicken Sie auf **Gruppe erstellen**.

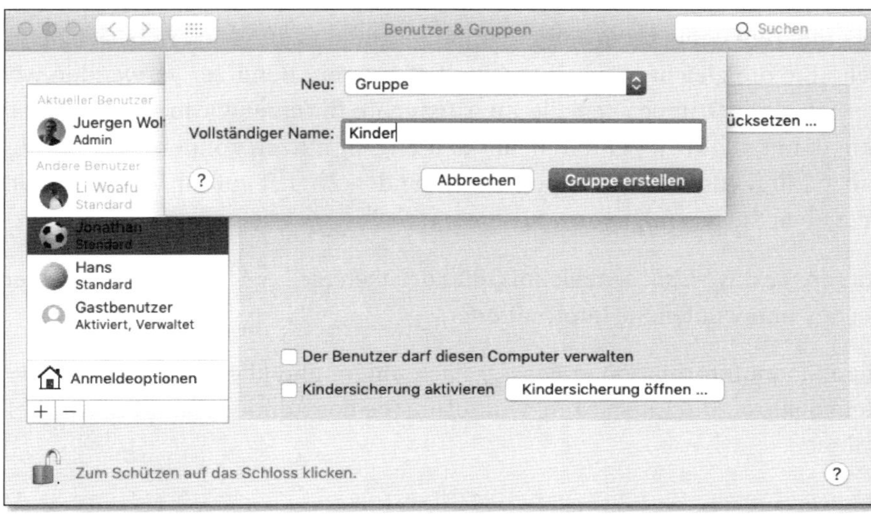

3 Links in der Liste der Benutzer finden Sie einen neuen Eintrag mit dem Namen der Gruppe und rechts eine Übersicht über die verfügbaren Benutzer. Setzen Sie ein Häkchen vor die Benutzer, die Sie als Mitglieder dieser Gruppe haben wollen.

4 Schließen Sie das Symbol mit dem Schloss wieder, und Sie haben eine Gruppe mit Benutzern erstellt.

Der Vorteil, mehrere Benutzer in einer Gruppe zusammenzufassen, ergibt sich beispielsweise, wenn Sie die gleichen Zugriffsrechte für mehrere Benutzer verwenden wollen. So können Sie einer Gruppe spezielle Zugriffsrechte für einen Ordner oder eine Datei einräumen, damit alle Gruppenmitglieder den Zugriff nutzen können. Wollen Sie zum Beispiel allen Mitgliedern der Gruppe einen lesenden Zugriff auf Ihr *Musik*-Verzeichnis gewähren, gehen Sie wie folgt vor:

1 Markieren Sie das *Musik*-Verzeichnis, und drücken Sie [cmd] + [I], bzw. klicken Sie mit rechts, und wählen Sie **Informationen**.

2 Scrollen Sie im Informationen-Fenster nach unten, und klicken Sie auf das Symbol mit dem Schloss zum Entsperren, woraufhin Sie das Administrator-Passwort eingeben müssen.

3 Klicken Sie auf das Plussymbol bei **Teilen & Zugriffsrechte**, wählen Sie im folgenden Dialog die Gruppe mit den Benutzern aus, und klicken Sie auf **Auswählen**.

4 Jetzt finden Sie die Gruppe in der Liste von Benutzern mit angepassten Zugriffsrechten in der Standardeinstellung **Nur Lesen**. Im vorliegenden Fall soll es dabei auch bleiben.

5 Schließen Sie das Symbol mit dem Schloss wieder.

6 Jetzt haben alle Benutzer der Gruppe **Kinder** einen lesenden Zugriff auf das *Musik*-Verzeichnis in Ihrem Benutzerverzeichnis.

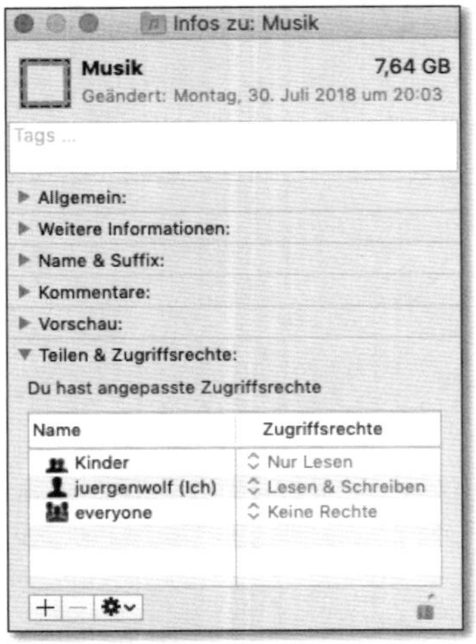

Auf die Zugriffsrechte für Dateien und Ordner wird in Abschnitt 30.8 eingegangen. Hier sollte nur ein Beispiel für Gruppen demonstriert werden.

30.5 Die Rechte mithilfe der Kindersicherung einschränken

Anstelle eines Standard-Accounts finden Sie bei einem **Neuen Account** als Account-Typ noch die Option **Verwaltet durch die Kindersicherung** vor. Mithilfe der Kindersicherung können Sie den Benutzer gezielt einschränken, um beispielsweise den Zugriff nicht volljähriger Benutzer auf Programme und andere Inhalte verwalten zu können.

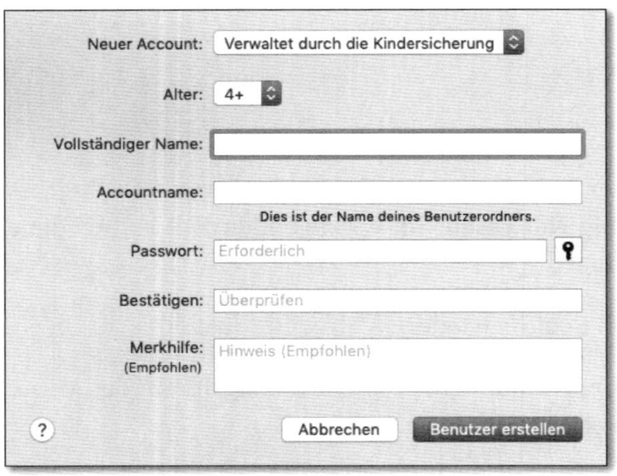

Abbildung 30.16 Einen Account mit Kindersicherung anlegen

Auch auf Kontakte und Zeiten, wann der Mac verwendet werden kann, haben Sie hier Einfluss. Die Erstellung eines Benutzer-Accounts mit Kindersicherung funktioniert genauso wie die Erstellung eines Standard-Accounts, nur dass Sie hier noch eine Altersangabe auswählen können.

Um einen Standard-Account nachträglich mit einer Kindersicherung zu versehen, müssen Sie den Benutzer markieren und ein Häkchen vor **Kindersicherung aktivieren** setzen. Jetzt wird der Benutzer ebenfalls durch eine Kindersicherung verwaltet. Die Einstellung für die Kindersicherung können Sie mit einem Klick auf die Schaltfläche **Kindersicherung öffnen** oder in den **Systemeinstellungen** in **Kindersicherungen** vornehmen. Mit der Entfernung des Häkchens bei **Kindersicherung aktivieren** können Sie die Kindersicherung bei Bedarf auch wieder deaktivieren.

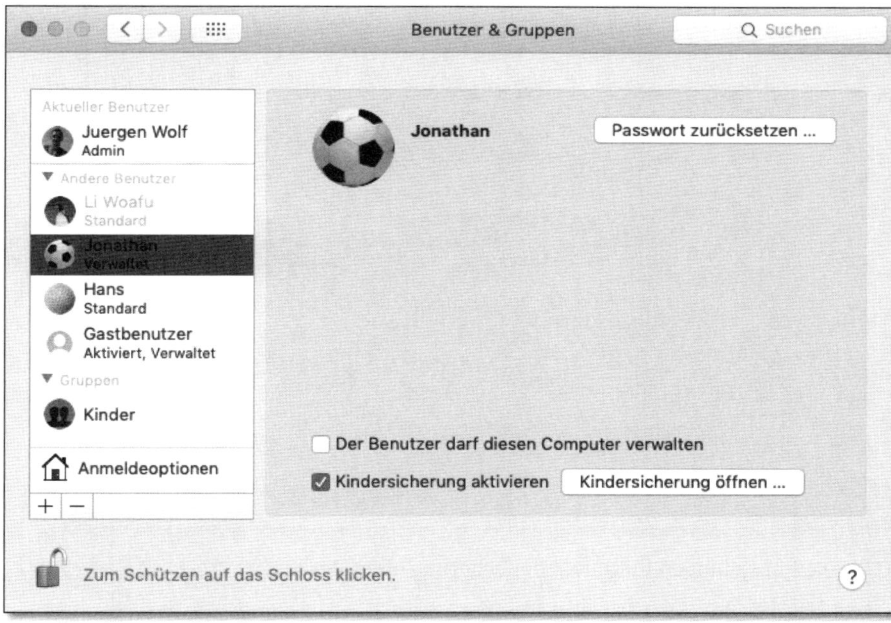

Abbildung 30.17 Einen Benutzer-Account nachträglich mit einer Kindersicherung versehen

HINWEIS

Anwender nachträglich bearbeiten

Wenn Sie nachträglich Anpassungen an einem Anwender in **Benutzer & Gruppen** in den **Systemeinstellungen** vornehmen wollen, muss der Benutzer vom System abgemeldet sein. Ist der Benutzer nicht abgemeldet, ist er in der Liste nicht auswählbar.

Um einen Account mit einer Kindersicherung anzupassen, wechseln Sie in den **Systemeinstellungen** in das Register **Kindersicherung**. Links sehen Sie die Liste mit den verfügbaren Benutzern und rechts die Einstellungen dazu. Um die Einstellungen anzupassen, müssen Sie zunächst das Schloss entsperren. Dann wählen Sie einen Benutzer mit einer Kindersicherung aus, und es werden Einstellungen in sechs Registern – **Apps**, **Web**, **Stores**, **Zeit**, **Datenschutz** und **Andere** – angezeigt. Bei Benutzern, die Sie ohne Kindersicherung eingerichtet haben, wird eine Schaltfläche **Kindersicherung aktivieren** angezeigt, über die Sie die Kindersicherung für diesen Account aktivieren können.

Abbildung 30.18 Die Einstellungen für die Kindersicherung eines Benutzers

Im Register **Apps** schränken Sie die Nutzung von Programmen für den Benutzer ein. Speziell wenn Sie ein Häkchen vor **Programme auf diesem Mac beschränken** setzen, können Sie in der Liste zugelassener Apps gezielt festlegen, welche Programme der Benutzer verwenden darf und welche nicht. Auch den E-Mail-Verkehr können Sie hier mit **Mail auf erlaubte Kontakte beschränken** auf bestimmte Adressen in Kontakte beschränken.

Abbildung 30.19 Einschränkungen auf bestimmte Programme festlegen

Wenn der Benutzer versucht, ein nicht autorisiertes Programm zu starten, erscheint ein Dialog mit dem Hinweis, dass die Zugriffsrechte fehlen. Hier können Sie als Administrator den Zugriff mit **Einmal erlauben** für einen einmaligen Zugriff autorisieren oder die App mit **Immer erlauben** bei **Zugelassene Apps** hinzufügen.

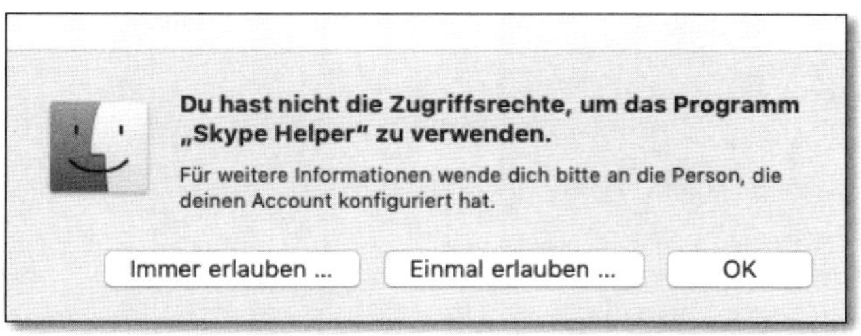

Abbildung 30.20 Ein nicht autorisiertes Programm wurde gestartet.

Im Register **Web** können Sie genau festlegen, welche Websites besucht werden dürfen. Eine exakte Liste können Sie erstellen bzw. überarbeiten, wenn Sie die Option **Zugriff nur auf diese Websites erlauben** aktivieren. Über die Schaltfläche **Protokolle** (siehe Abbildung 30.18) können Sie sich die besuchten Seiten des Benutzers anzeigen lassen.

Abbildung 30.21 Einschränkungen im Web festlegen

In **Stores** können Sie einzelne Stores deaktivieren oder die Altersbeschränkung für Filme, TV-Sendungen, Apps und Bücher einstellen.

Abbildung 30.22 Einschränkungen für die Stores festlegen

Im Register **Zeit** legen Sie die zeitliche Computerbenutzung des ausgewählten Benutzers fest. Hier können Sie exakt die Nutzung am Mac an Werktagen und Wochenenden festlegen. Ebenso lässt sich die Nachtruhe an Schultagen und am Wochenende definieren. Auch können Sie über die Schaltfläche **Protokolle** einen Einblick in die zeitlichen Aktivitäten des Benutzers gewinnen.

Abbildung 30.23 Hier legen Sie zeitliche Einschränkungen des Benutzers fest.

Bei **Datenschutz** beschränken Sie den Zugriff anderer Apps auf die Daten des Benutzers. Damit legen Sie fest, dass andere Apps keine Daten wie Standardort, Kontakte, Kalender oder Erinnerungen anfordern können. Wollen Sie zum Beispiel nicht, dass andere Apps auf die Kontaktdaten Ihres Kindes zugreifen dürfen, müssen Sie nur das Häkchen vor **Kontakte** entfernen.

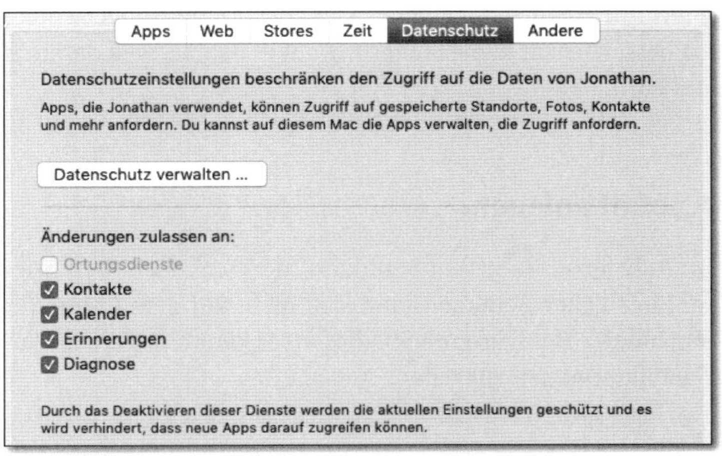

Abbildung 30.24 Einschränkungen beim Zugriff auf Daten

Im letzten Register **Andere** können Sie noch einige Funktionen wie Siri, die Bearbeitung von Druckern und Scannern oder das Brennen von CDs/DVDs deaktivieren.

Abbildung 30.25 Die restlichen Einschränkungen finden Sie im Register »Andere«.

Die Kindersicherung vom Mac bietet einen sehr schönen Grundschutz für Kinder, Jugendliche und bei Bedarf auch Erwachsene. Trotzdem sollten Sie sich nicht blind darauf verlassen, dass Sie einen 100%igen Schutz haben. Dennoch ist eine eingerichtete Kindersicherung immer noch besser als gar keine Sicherung auf dem Mac, weil dadurch auch der Mac selbst geschützt wird.

30.6 Nur-Freigabe-Account anlegen

Ein letzter Account-Typ beim Anlegen eines neuen Benutzers, der noch nicht beschrieben wurde, ist **Nur Freigabe**. Ein solcher Benutzer kann sich nicht auf dem Computer anmelden oder Einstellungen ändern. Der Nur-Freigabe-Benutzer kann nur per Fernzugriff über das Netzwerk auf geteilte Dateien zugreifen.

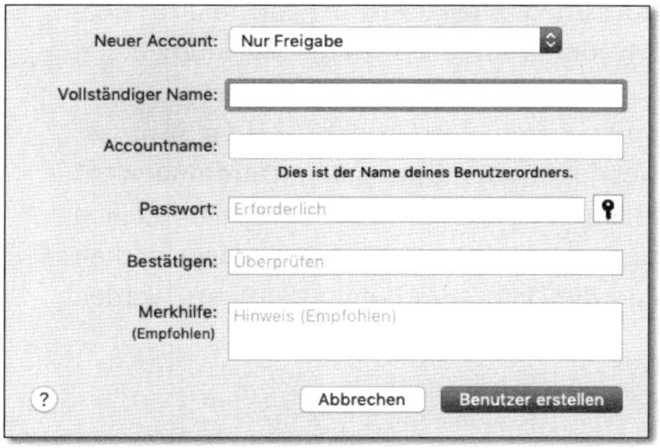

Abbildung 30.26 Der Nur-Freigabe-Benutzer eignet sich nur für einen Account mit Fernzugriff über das Netzwerk.

30.7 Einen Benutzer entfernen

Als Administrator können Sie jederzeit einen Benutzer vom System entfernen, wenn Sie ihn in den **Systemeinstellungen** von **Benutzer & Gruppen** markieren und auf das Minussymbol unten links unter der Liste klicken.

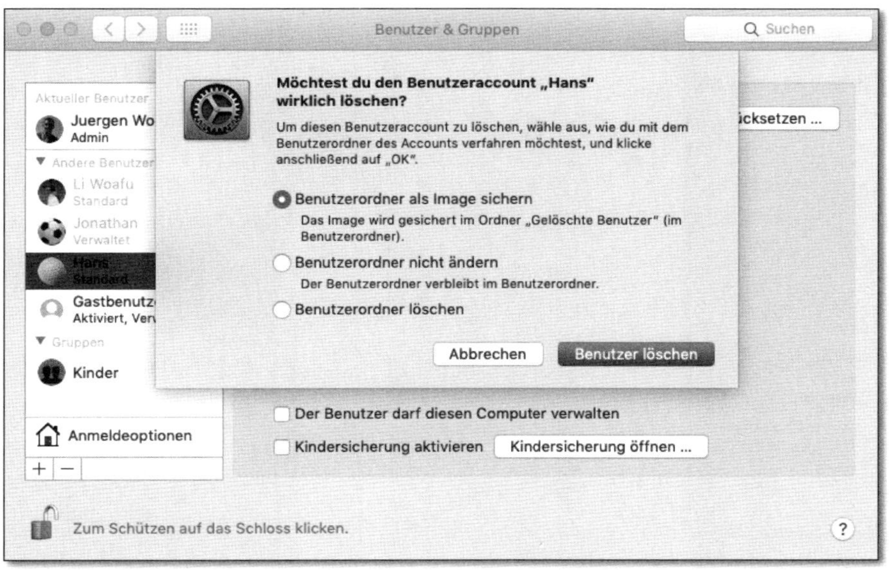

Abbildung 30.27 Entscheiden Sie beim Entfernen eines Benutzers, was mit dem Benutzerverzeichnis geschehen soll.

Bevor der Benutzer vom System entfernt wird, stehen Ihnen drei Möglichkeiten zur Auswahl, wie Sie mit dem Benutzerordner des Accounts vorgehen wollen. Sie können den **Benutzerordner als Image sichern**, womit der Benutzer aus der Verwaltung gelöscht und die Daten als Disk-Image-Datei mit der Endung *.dmg* in den Ordner *Gelöschte Benutzer* im Verzeichnis *Benutzer* gesichert werden. Mit der zweiten Option **Benutzerordner nicht ändern** wird der Benutzer zwar vom System entfernt, aber die Benutzerordner bleiben erhalten, werden also nicht gelöscht. Und mit der letzten Option **Benutzerordner löschen** wird der Benutzer vom System entfernt, und die Daten des Benutzerordners werden unwiderruflich gelöscht.

30.8 Zugriffsrechte für Dateien und Ordner

Jede Datei und jeder Ordner auf dem Mac wird einem Besitzer und einer Benutzergruppe zugeordnet. Diese Eigentumsverhältnisse haben den Sinn, dass auf diese Weise der Zugang zu Ihren Dateien und Dokumenten anderen Anwendern auf dem System untersagt wird. Wenn Sie in Ihrem Benutzerverzeichnis den *Dokumente*-Ordner auswählen und cmd + I drücken bzw. rechts klicken und **Informationen** auswählen, wird das Informationen-Fenster eingeblendet. Betrachten Sie hier ganz unten den Bereich **Teilen & Zugriffsrechte**, sehen Sie, dass Sie als Eigentümer lesen und schreiben können und alle anderen (**everyone**) keine Rechte haben.

Abbildung 30.28 Übersicht über die Zugriffsrechte

Gehen Sie ein paar Verzeichnisse höher, und testen Sie dieselben Zugriffsrechte beim persönlichen Benutzerverzeichnis. Hier werden Sie feststellen, dass nur das System selbst lesen und schreiben darf. Der Administrator und alle anderen dürfen nur lesen.

Abbildung 30.29 Andere Zugriffsrechte

Gehen Sie in ein Benutzerverzeichnis eines anderen Anwenders, werden Sie bereits über kleine Icons in Form eines Einbahnstraßenschildes informiert, dass es hier nicht mehr weitergeht. Ein Versuch führt nur zu einem Hinweisdialog, der Sie darüber informiert, dass Sie keine Zugriffsrechte dafür haben. Lediglich der *Öffentlich*-Ordner kann von anderen Benutzern zumindest gelesen werden.

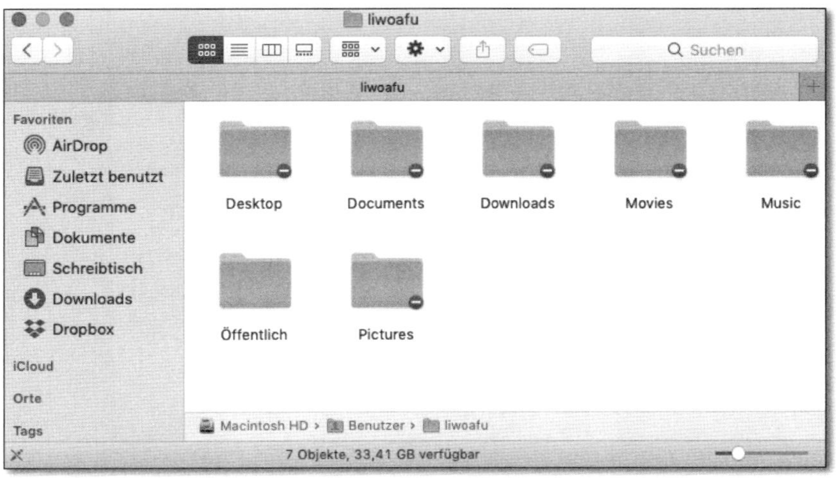

Abbildung 30.30 Hier haben Sie keinen Zugriff mehr.

30.8.1 Der »Geteilt«-Ordner

Wenn Sie über die Festplatte *Macintosh HD* zur Übersicht über die Benutzerordner navigieren, wo Sie neben Ihrem eigenen Benutzerverzeichnis mit dem Haussymbol ❶ auch die Benutzerverzeichnisse von anderen Anwendern finden, dürfte Ihnen der Ordner *Geteilt* aufgefallen sein. Dieser Ordner ist in der Tat das, wonach er sich anhört. Hier können alle Anwender auf dem System lesend und schreibend zugreifen und somit Daten miteinander austauschen.

Abbildung 30.31 Der »Geteilt«-Ordner ist ein Ordner für alle Benutzer.

Wenn Sie in den *Geteilt*-Ordner eine Datei mit Pages gespeichert haben, können alle anderen Benutzer diese Datei ebenfalls öffnen und lesen. Sie bleiben allerdings der Eigentümer der Datei, und alle anderen können nur lesend darauf zugreifen, nicht aber überarbeiten. Versucht der Anwender trotzdem, diese Datei zu überarbeiten, meldet sich ein Hinweisdialog mit der Information, dass hier die Schreibrechte für den Vorgang fehlen. Immerhin kann ein Anwender, der nicht Eigentümer der Datei ist, die Datei aber duplizieren und dann überarbeiten.

30.8.2 Zugriffsrechte von Dateien und Ordnern anpassen

Jede Datei und jeder Ordner auf dem System ist letztendlich nur ein Objekt. In Ihrem eigenen Benutzerverzeichnis können Sie nach Belieben solche Objekte erstellen, bearbeiten und löschen, weil Sie der Eigentümer sind. Die einzelnen Benutzer auf dem System sind gegeneinander abgeschottet. Ein Austausch mit anderen Nutzern ist nur möglich, wenn Sie es explizit veranlassen. Auf diese Weise ist sichergestellt, dass niemand ohne Ihr Einverständnis Ihre Dateien einsieht, verändert oder gar löscht.

Ein Benutzer mit einem Standard-Account kann daher nur die Zugriffsrechte von Objekten im eigenen Benutzerverzeichnis anpassen. Als Administrator hingegen können Sie die Zugriffsrechte von allen Objekten in jedem beliebigen Verzeichnis ändern. Die Zugriffsrechte für ein Objekt können Sie wie folgt ändern:

1. Markieren Sie die Dateien oder Verzeichnisse, deren Zugriffsrechte Sie ändern wollen, und drücken Sie `cmd` + `I`, um das Informationen-Fenster aufzurufen.
2. Wenn Sie nicht der Eigentümer des Objekts sind, benötigen Sie Administrator-Rechte und müssen vorher noch das Symbol mit dem Schloss anklicken und den Administrator-Namen und das Passwort eingeben.
3. Nehmen Sie die gewünschten Änderungen vor. Setzen Sie zum Beispiel die Zugriffsrechte von **everyone** auf **Keine Rechte**, wäre die Datei komplett geschützt, und nur der Eigentümer kann damit noch etwas machen – mit Ausnahme natürlich des Administrators, der die Rechte ändern könnte.

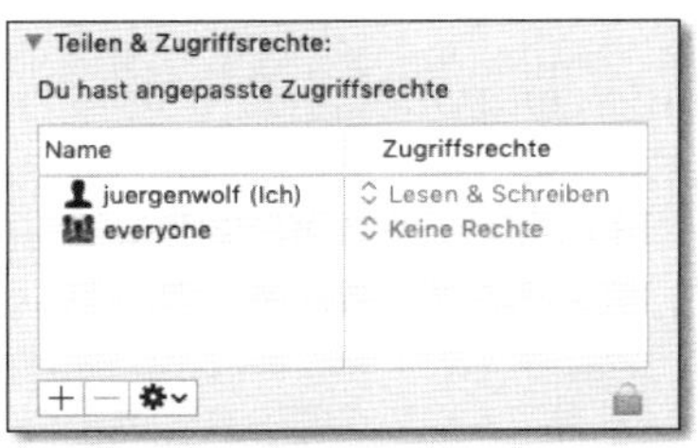

4 Wollen Sie einzelnen Personen ein gesondertes Zugriffsrecht erteilen, klicken Sie auf das Plussymbol, wählen den Benutzer oder die Gruppe aus und vergeben die entsprechenden Zugriffsrechte dazu. Mit dem Minussymbol hingegen können Sie einen Benutzer oder eine Gruppe aus dieser Liste entfernen.

5 Haben Sie die Rechte beispielsweise bei einem Verzeichnis geändert und wollen diese Rechte auf alle in dem Verzeichnis enthaltenen Objekte anwenden, wählen Sie über das Zahnradsymbol die Option **Auf alle Unterobjekte anwenden**.

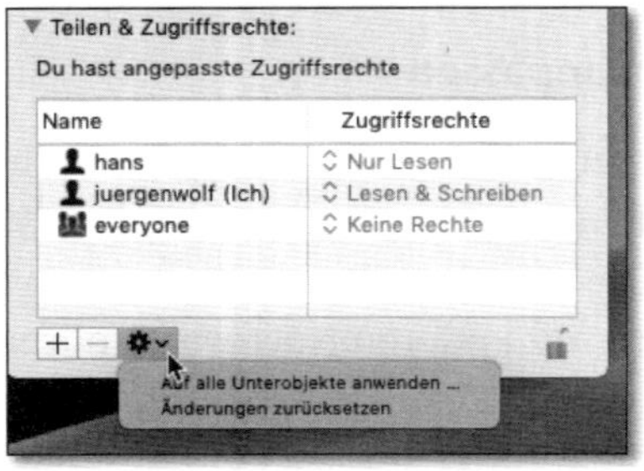

6 Sind Sie mit den Änderungen fertig, klicken Sie wieder auf das Schlosssymbol, um die Einstellungen vor unbefugten Zugriffen zu schützen.

Klassische Unix-Rechte enthalten den Eigentümer, die Gruppe (*staff*) und alle anderen (*everyone*). Als Rechte können Sie die Einträge **Lesen & Schreiben**, **Nur Lesen** und **Nur Schreiben (Briefkasten)** auswählen. Mit **Lesen & Schreiben** vergeben Sie den Vollzugriff auf Ordner und Dateien. **Nur Lesen** ermöglicht es, den Ordner zu öffnen und die Datei zu lesen, aber nicht, sie zu überarbeiten. Der Eintrag **Nur Schreiben (Briefkasten)** macht nur Sinn in Verbindung mit Verzeichnissen, damit dürfen Dateien in das Verzeichnis hineinkopiert werden, während sich das Verzeichnis selbst aber nicht öffnen lässt.

Auf dem Mac arbeiten Sie allerdings nicht nur mit den drei typischen Unix-Rechten Eigentümer, Gruppe und restliche Benutzerkonten, sondern es können auch Zugriffsrechte für weitere Benutzer und Gruppen vergeben werden, wie Sie in der Schritt-für-Schritt-Anleitung und bei der Erstellung von Gruppen in Abschnitt 30.4 bereits erfahren haben.

Inzwischen dürften Sie bemerkt haben, dass die Zugriffsrechte alles andere als ein triviales Thema sind. In der Praxis sollten Sie im idealen Fall nicht in die Verlegenheit kommen, die Zugriffsrechte ändern zu müssen. Wenn es dennoch erforderlich sein sollte und es nicht anders geht, sollten Sie genau überlegen, wer der Eigentümer der Datei ist und wer was mit der Datei machen darf.

30.9 Einen Standardbenutzer zum Administrator machen

Wollen Sie einem Benutzer mit einem Standard-Account die Rechte eines Administrators vergeben bzw. ihn zum Administrator machen, damit er sich durch Eingabe seines Passwortes zeitweise ebenfalls erweiterte Rechte verschaffen kann, können Sie dies in den **Systemeinstellungen** von **Benutzer & Gruppen** tun, indem Sie bei einem Standardbenutzer ein Häkchen vor **Der Benutzer darf diesen Computer verwalten** setzen. Dies entspricht dem Einrichten eines Accounts als **Administrator**.

Abbildung 30.32 Einen Standardbenutzer zum Administrator machen

30.10 Der Super-User »root«

Wer mit Linux- und Unix-Systemen vertraut ist, der dürfte den Benutzer `root` kennen, auch als *Super-User* bekannt. Für diesen Benutzer gibt es fast keine Einschränkungen, er kann zum Beispiel die Zugriffsrechte umgehen und fast jede Datei bearbeiten. Der Benutzer `root` ist in der Hierarchie eine Stufe über dem Administrator angesiedelt, kann allerdings mit diesen weitreichenden Befugnissen über die Systembereiche hinaus großen Schaden anrichten. Apple verfolgt auf dem Mac deshalb schon lange die Strategie, dass der Benutzer `root` nicht aktiv ist.

Es ist möglich, den `root`-Benutzer zu aktivieren, aber er ist, wie bereits erwähnt, nicht für den routinemäßigen Einsatz gedacht und sollte nur für besondere Aufgaben verwendet werden. Wenn Sie nicht wissen, wozu Sie `root`-Rechte benötigen, verwenden Sie sie am besten nicht. Hierzu die Anleitung, wie Sie zum Super-User `root` werden:

1 Wählen Sie in den **Systemeinstellungen** von **Benutzer & Gruppen** Ihren Administrator-Account aus, und klicken Sie unter der Liste auf **Anmeldeoptionen**. Rechts sehen Sie dann die **Netzwerkaccount-Server**, wo Sie auf die Schaltfläche **Verbinden** klicken.

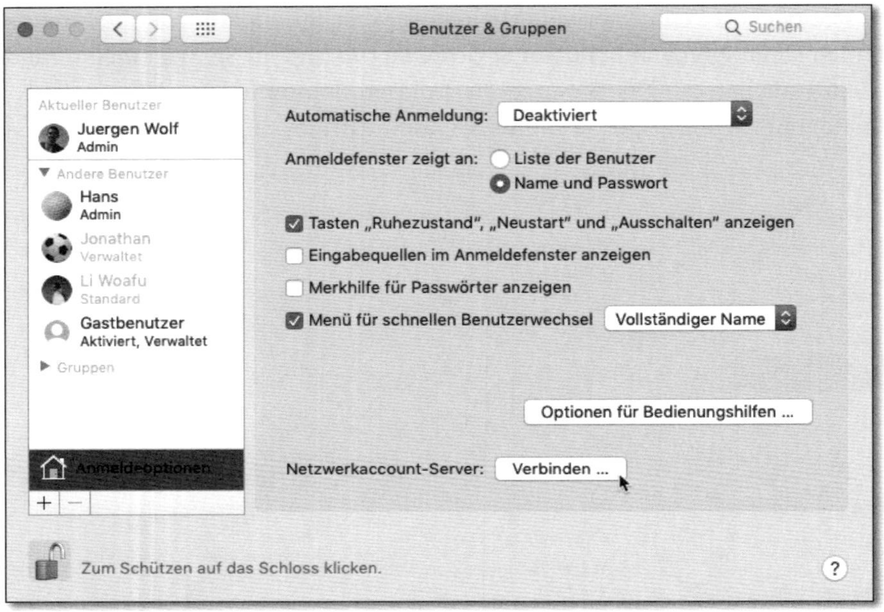

2 Jetzt wird ein Dialog angezeigt, über den Sie eine Verbindung zu einem Open-Directory-Server oder einer Active-Directory-Domain aufbauen können. Klicken Sie auf **Verzeichnisdienste öffnen**.

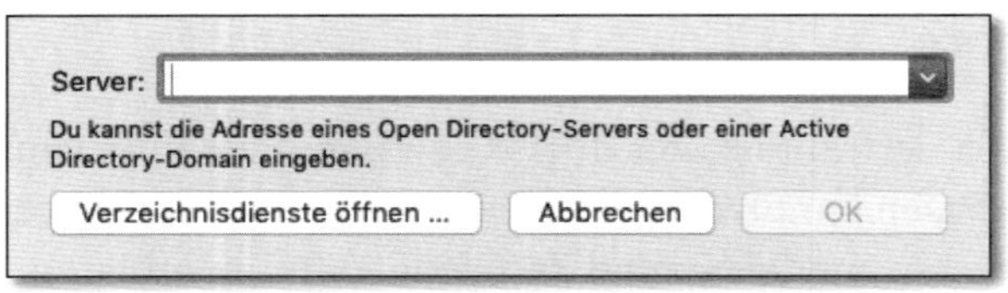

3 Die Verzeichnisdienste sind essenziell in einem Unternehmen, wenn Sie mit dem Mac arbeiten wollen, weil die Anwender (also User-Daten) hier nicht lokal auf den Geräten verwaltet werden, sondern auf einem Verzeichnisdienstserver. **Active Directory** wird beispielsweise dort eingesetzt, wo mit Windows-Systemen gearbeitet wird. Bei Mac-Servern hingegen wird gewöhnlich der Dienst **LDAPv3** verwendet. Aber dies sei nur am Rande erwähnt. Klicken Sie unten auf das Schlosssymbol, und geben Sie das Administrator-Passwort ein.

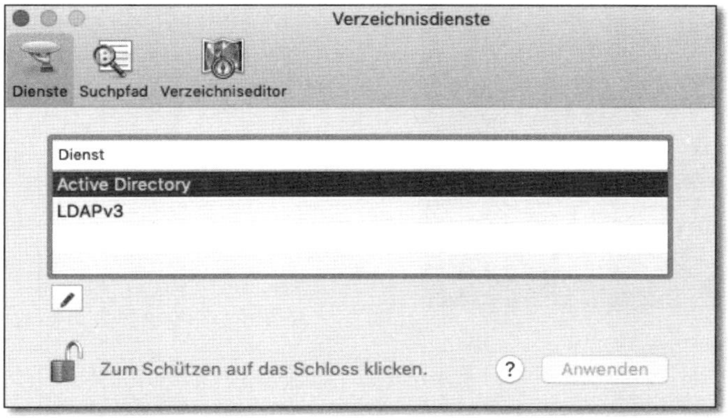

4 Über das Menü **Bearbeiten ▸ root-Benutzer aktivieren** können Sie ihn aktivieren. Nachdem Sie das Passwort eingegeben haben, das Sie als `root`-Benutzer verwenden wollen, haben Sie ihn aktiviert. Hier können Sie den `root`-Benutzer später über **Bearbeiten ▸ root-Benutzer deaktivieren** wieder deaktivieren, was Sie nach Abschluss Ihrer Aufgabe unbedingt tun sollten!

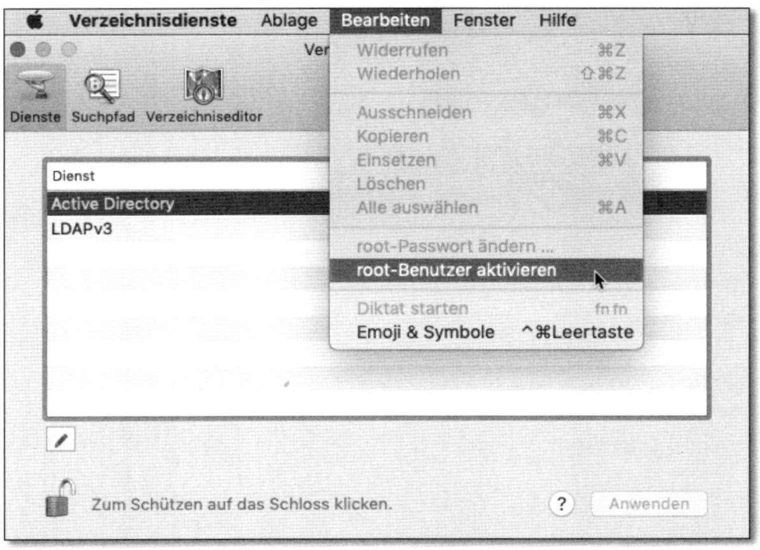

Um sich als `root`-Benutzer auf dem System anzumelden, melden Sie sich entweder mit dem aktuellen Benutzer-Account über das -Menü und **Abmelden** ab oder wählen beim Benutzerwechsel das **Anmeldefenster**. Wählen Sie im Anmeldefenster bei **Andere** den Benutzernamen **root**, und geben Sie das Passwort ein, das Sie in Schritt 4 festgelegt haben.

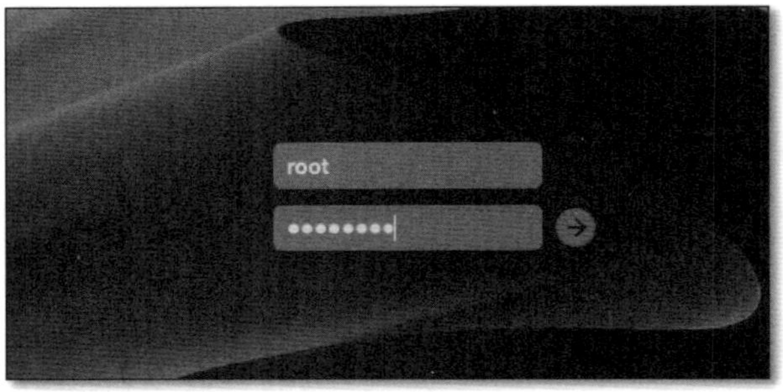

Abbildung 30.33 Als »root« anmelden

Zunächst sieht alles wie ein gewöhnlicher Benutzer-Account bzw. wie der eines Administrators aus. Als Benutzername steht hier **System Administrator**. Wenn Sie allerdings testweise in fremde Benutzerverzeichnisse wechseln, werden Sie schnell feststellen, dass bei den Verzeichnissen keine Einbahnstraßensymbole mehr angezeigt werden und Sie in jedes beliebige Verzeichnis wechseln können.

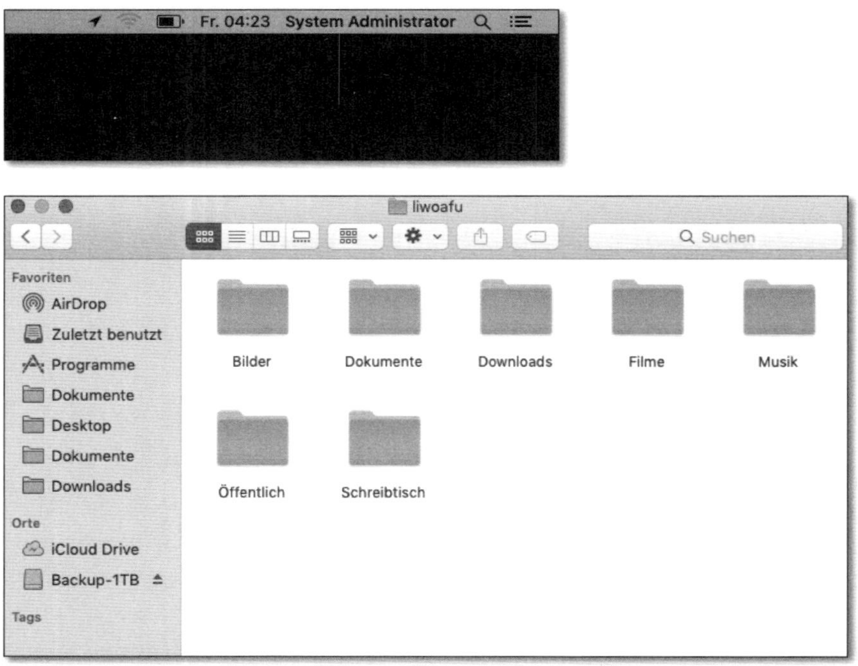

Abbildung 30.34 Als »root« haben Sie uneingeschränkte Rechte auf dem System.

Wenn Sie als `root`-Benutzer Ihre Arbeiten erledigt haben, melden Sie sich ab, und deaktivieren Sie diesen Benutzer dann wieder!

31 Sicherheit

Sicherheit ist ein Thema, mit dem sich jeder heutzutage auseinandersetzen muss. Zwar ist ein absoluter Schutz niemals möglich, aber Sie sollten stets bemüht sein, Ihre Daten und das System vor unerlaubten Zugriffen und Manipulationen zu schützen. In diesem Kapitel erfahren Sie, wie Sie mit den Hausmitteln des Systems Ihren Mac etwas mehr absichern können.

Wie Sie Programme nur vom App Store und/oder verifizierten Entwicklern via Gatekeeper installieren können, haben Sie bereits in Abschnitt 18.3.2 »Gatekeeper – der Schutz vor Schadprogrammen«, erfahren. Auch das Einrichten der Firewall habe ich bereits in Abschnitt 10.1, »Die Firewall einrichten und verwenden«, beschrieben. Daher werden diese beiden Themen, die auch zur Sicherheit gehören, hier nicht nochmals erläutert.

31.1 Benutzerkonten absichern

Sobald mehrere Benutzer einen Mac verwenden, ist es nicht immer erwünscht, dass jeder Anwender, sei es nun ein Kollege oder ein Familienmitglied, auf alle Inhalte des Rechners zugreifen kann. Im Kapitel zuvor haben Sie bereits die Benutzerverwaltung kennengelernt und erfahren, wie Sie dem Mac einen neuen Benutzer hinzufügen und ihn verwalten können. Wenn jeder Benutzer sein eigenes Konto hat und sich mit einem Passwort anmelden muss, ist alles in Ordnung. Trotzdem gibt es noch ein paar Kleinigkeiten, die anzupassen sich empfiehlt, sofern Sie dies nicht schon getan haben.

31.1.1 Passworteingabe nach Bildschirmschoner und Ruhezustand

Wenn Sie schnell Ihren Arbeitsplatz verlassen müssen, um etwas anderes zu erledigen, ist es vermutlich nicht erwünscht, dass in der Zwischenzeit ein Kollege, Freund oder Familienmitglied vollen Zugriff auf den Mac hat. Hierfür bietet Ihnen der Mac die Möglichkeit, den Bildschirm über das -Menü und den Befehl **Bildschirm sperren** bzw. die Tastenkombination `Ctrl` + `cmd` + `Q` zu sperren.

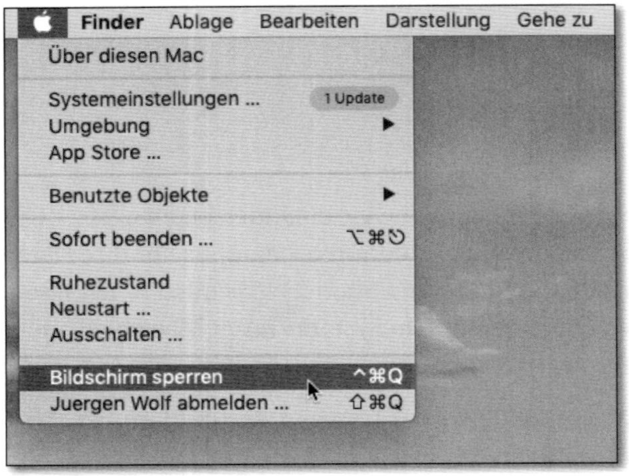

Abbildung 31.1 Seit macOS High Sierra können Sie den Bildschirm über das -Logo sperren.

Nicht immer denkt man allerdings daran, dies zu tun, und es werden der Bildschirmschoner und/oder (dann) der Ruhezustand aktiviert. Häufig wird aus Bequemlichkeitsgründen der Bildschirmschoner oder Ruhezustand so eingerichtet, dass der Mac mit einem Tastendruck sofort wieder zur Verfügung steht. Bei einem Mac mit mehreren Benutzern sollten Sie allerdings den Bildschirmschoner und den Ruhezustand absichern, sodass die Eingabe eines Passwortes verlangt wird, bevor der Bildschirm wieder freigegeben wird. Wie dies geht, erfahren Sie in der folgenden Anleitung:

1. Den **Bildschirmschoner** aktivieren Sie in den **Systemeinstellungen** von **Schreibtisch & Bildschirmschoner** über das Auswahlmenü **Starten nach**. Hier empfiehlt es sich, eine möglichst kurze Zeit einzustellen, damit zwischen dem Verlassen des Macs, in dem dieser unbeaufsichtigt ist, und dem Start des Bildschirmschoners möglichst wenig Zeit vergeht. Wenn Sie wollen, können Sie über **Aktive Ecken** eine Ecke im Bildschirm auswählen, damit der Bildschirmschoner oder/und Ruhezustand schnell aktiviert werden kann.

2. Den Ruhezustand hingegen stellen Sie in den **Systemeinstellungen** von **Energie sparen** ein. Auch hier müssen Sie entscheiden, nach welcher Zeit der Ruhezustand aktiviert werden soll.

3 Wenn Sie den Bildschirmschoner und/oder den Ruhezustand sinnvoll aktiviert und eingerichtet haben, finden Sie in den **Systemeinstellungen** von **Sicherheit** im Register **Allgemein** die notwendigen Optionen. Setzen Sie ein Häkchen vor **Passwort erforderlich ... nach Beginn des Ruhezustands oder Bildschirmschoners**, und wählen Sie einen Zeitraum, ab dem ein Passwort erforderlich wird. Hier können Sie neben **sofort** auch 5 Sekunden, 1 Minute bis hin zu 8 Stunden einstellen. Wenn Sie den Arbeitsplatz oft verlassen, ist ein kurzer Zeitraum wie **sofort** oder 5 Sekunden recht sinnvoll. Wenn Sie wollen, können Sie ein Häkchen vor **Mitteilung bei gesperrtem Bildschirm einblenden** setzen und über die Schaltfläche daneben einen Text im sich öffnenden Dialog eingeben, der auf dem Sperrbildschirm angezeigt wird.

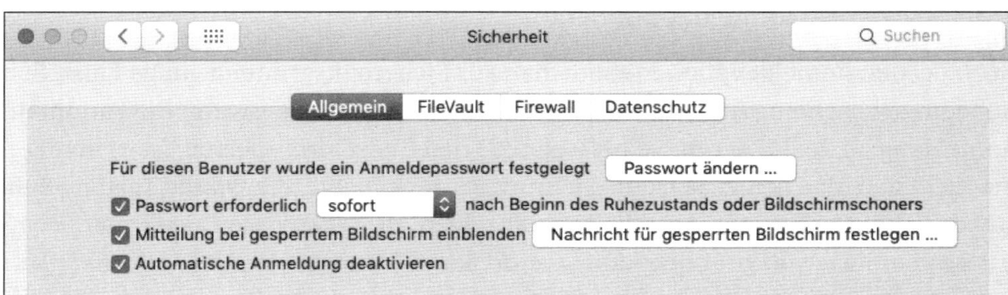

31.1.2 Gastbenutzer deaktivieren

Wenn Sie den Gastbenutzer auf dem System nicht (mehr) benötigen, wird empfohlen, ihn aus Sicherheitsgründen mit der Option **Gästen erlauben, sich an diesem Computer anzumelden** in den **Systemeinstellungen** von **Benutzer & Gruppen** zu deaktivieren. Zwar hat dieser Account ohnehin nur einen beschränkten Zugriff auf den Mac, trotzdem will man hier nicht im Fall einer noch unbekannten Sicherheitslücke dem Angreifer unnötig die Tür öffnen. Wenn Sie den Gastaccount kurzfristig benötigen, können Sie ihn jederzeit wieder aktivieren.

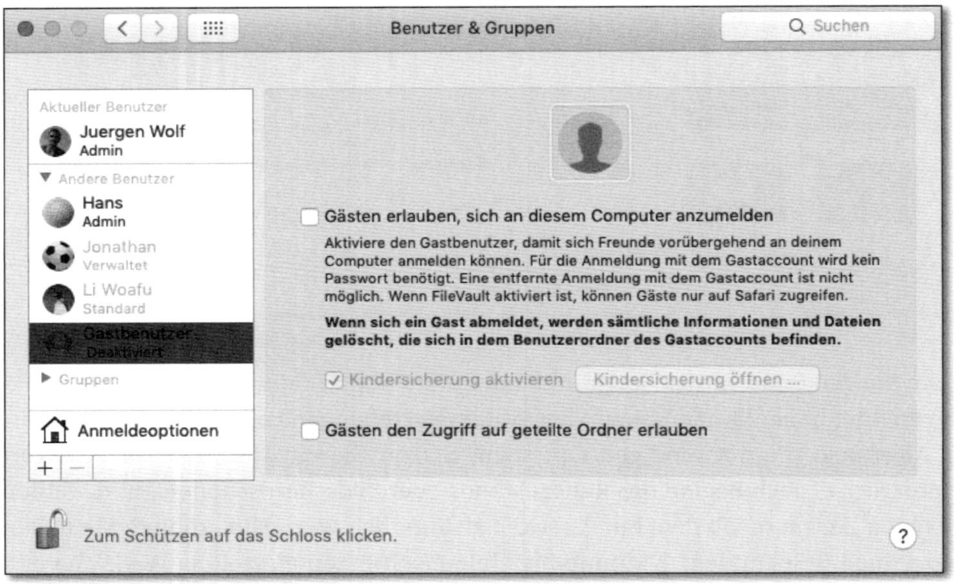

Abbildung 31.2 Benötigen Sie den Gastbenutzer-Account nicht, können Sie ihn auch gleich deaktivieren.

31.1.3 Sicherere Anmeldeoptionen

Auch bei den **Anmeldeoptionen** sollte man aus Sicherheitsgründen einige Einstellungen unbedingt beachten. Auf jeden Fall ist es immer empfehlenswert, die **Automatische Anmeldung** zu deaktivieren. Selbst wenn Sie den Bildschirm sperren, ist es immer noch möglich, den Mac neu zu starten. Da bringt es auch nichts, die Option **Tasten »Ruhezustand«, »Neustart« und »Ausschalten« anzeigen** zu deaktivieren, weil man den Mac trotzdem mit Gewalt beenden kann, wenn man 5 Sekunden den Powerknopf gedrückt hält. Beim nächsten Start hätte der Anwender durch die **Automatische Anmeldung** (sofern nicht deaktiviert) vollen Zugriff auf ein Benutzerkonto. Eine weitere Option, die Sie vielleicht noch überdenken sollten, ist **Merkhilfe für Passwörter anzeigen**, weil sie dem Angreifer unter Umständen auch eine Hilfe sein könnte.

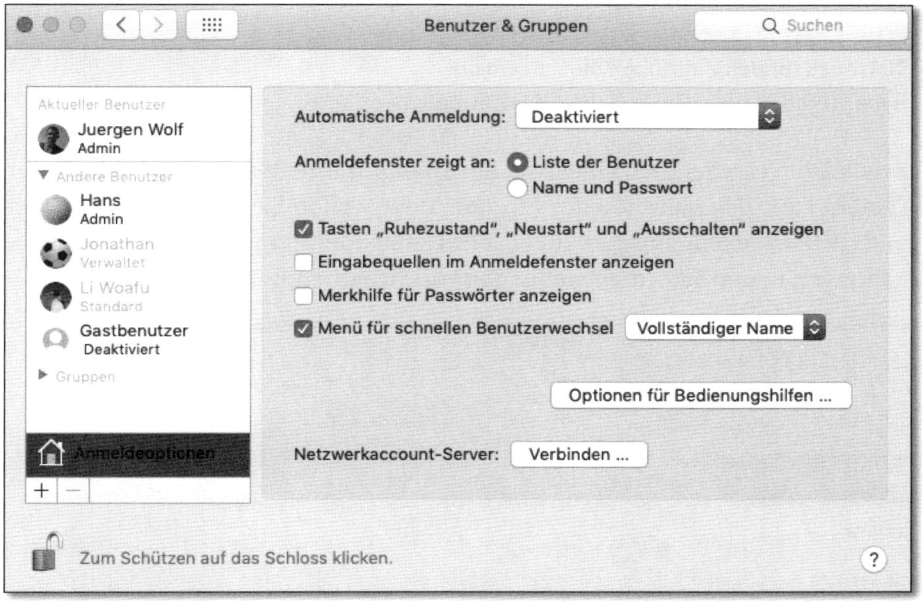

Abbildung 31.3 Weitere aus Sicherheitserwägungen bedenkliche Anmeldeoptionen von »Benutzer & Gruppen«

31.1.4 Die Datenschutz-Funktionen

Mit jeder Version baut Apple die Datenschutz-Funktion des Systems aus. Wenn Apps Zugriff auf persönliche Daten, die beispielsweise in Kontakte gespeichert sind, den Standort oder andere App-Daten haben wollen, benötigen sie grundsätzlich die Zustimmung des Benutzers. Wenn eine App also auf persönliche Daten zugreift, geschieht das nur, wenn Sie es auch wirklich genehmigt haben.

Dasselbe gilt auch für die Kamera und das Mikrofon, da in der Vergangenheit von Kriminellen die eingebaute Webcam oder das Mikrofon angegriffen wurden, um den Anwender auszuspionieren. Auch hier meldet sich sofort ein Dialog, wenn eine App den Zugang auf die Kamera oder Mikrofon haben will.

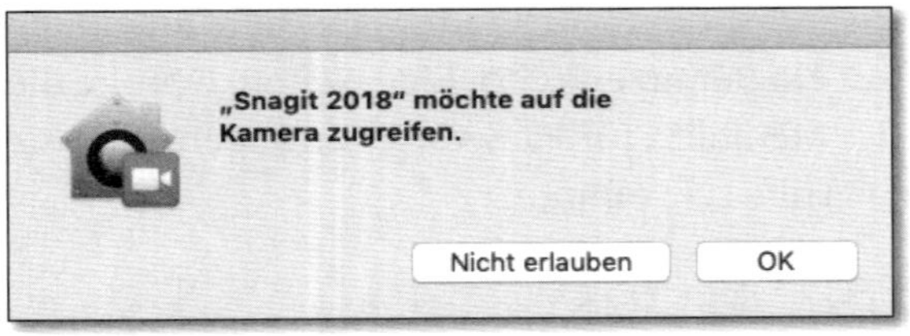

Abbildung 31.4 Auch für den Zugriff auf die Kamera oder Mikrofon benötigt eine App erst die Erlaubnis des Anwenders.

Haben Sie vielleicht versehentlich einer App die Erlaubnis erteilt, auf persönliche Daten oder die Kamera bzw. das Mikrofon zuzugreifen, oder wollen Sie sich einen Überblick darüber verschaffen, welche App hier auf welche Daten oder Geräte zugreift, finden Sie diese Einstellungen in den **Systemeinstellungen** von **Sicherheit** im Reiter **Datenschutz**.

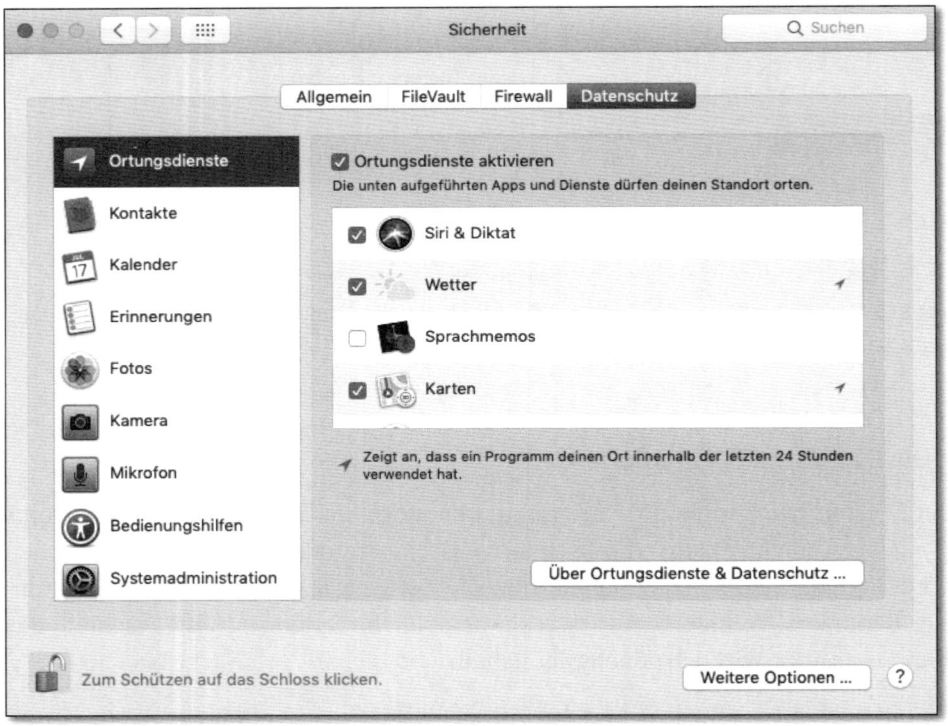

Abbildung 31.5 Bei »Datenschutz« behalten Sie die Übersicht über die Apps, die Zugriff auf persönliche Daten oder Hardware haben.

Falls Sie Bedenken haben, warum eine bestimmte App auf Ihre Kontakte zugreifen darf oder die Kamera verwendet, können Sie hier jederzeit eingreifen, indem Sie das Häkchen vor der entsprechenden App entfernen. In Abbildung 31.6 wurde zum Beispiel der Zugriff der App **QuickTime Player** auf die Kamera auf diese Weise verboten.

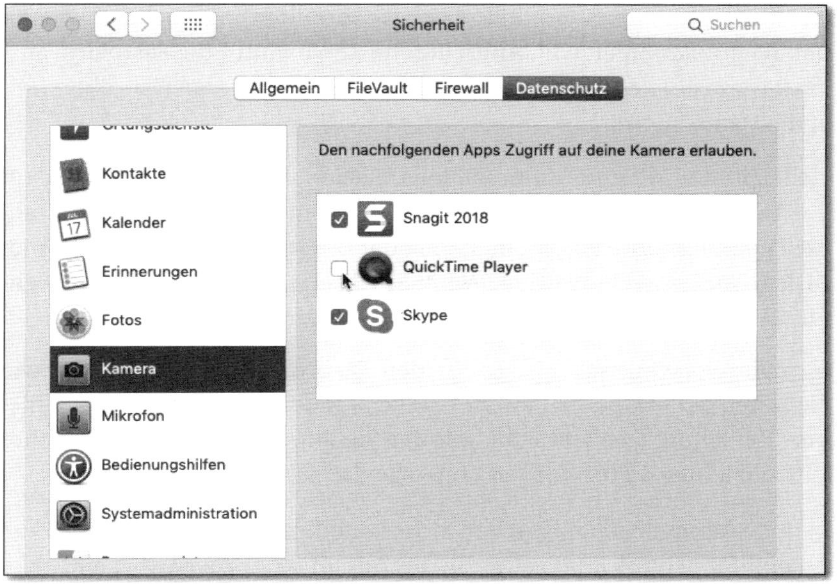

Abbildung 31.6 Den Zugriff einer App auf persönliche Daten bzw. die Kamera oder das Mikrofon können Sie jederzeit nachträglich anpassen.

Greift die App beim nächsten Mal wieder auf das Mikrofon zu, hängt dies in der Regel von der App ab, wie sie darauf reagiert.

Abbildung 31.7 Der Zugriff auf die Kamera wurde dem QuickTime Player verwehrt.

31

31.2 Das Startvolume mit FileVault 2 verschlüsseln

Der Schutz des Macs mit einem Benutzer-Passwort dient nur der Sicherheit vor Ort. Wenn Ihnen Ihr MacBook gestohlen wird, hilft das Passwort allerdings nicht viel, wenn der Dieb an die Daten herankommen will. Angreifer müssen hier nur die Festplatte ausbauen und in ein externes Laufwerksgehäuse einbauen, und schon können sie ohne weitere Probleme auf die Daten zugreifen.

Auch wenn Sie vielleicht der Meinung sind, Sie haben keine wichtigen Daten auf dem Mac, so kann ein Angreifer doch großen Schaden in Form von Identitätsdiebstahl anrichten. Selbst ein paar harmlose Fotos von Ihnen oder Bekannten können im Internet für verschiedene Dinge missbraucht werden. Wenn Sie Ihren Laptop beruflich verwenden und sich dann noch brisante Daten darauf befinden, ist guter Rat teuer.

Wenn Sie die Festplatte verschlüsseln, ist es für den Dieb und Angreifer so gut wie unmöglich, auf die Daten der Festplatte bzw. des Startvolume zuzugreifen. Apple bietet die Festplattenverschlüsselung *FileVault 2* an, mit der Sie mit ein paar Mausklicks Ihre Festplatte verschlüsseln können. Hier der Vorgang, wie das gelingt:

1. Wählen Sie in den **Systemeinstellungen** von **Sicherheit** den Reiter **FileVault**. Klicken Sie links unten auf das Schloss, und geben Sie Ihr Administrator-Passwort ein.

2. Klicken Sie anschließend auf die Schaltfläche **FileVault aktivieren**. Steht hier stattdessen **FileVault deaktivieren**, haben Sie Ihre Festplatte bereits verschlüsselt.

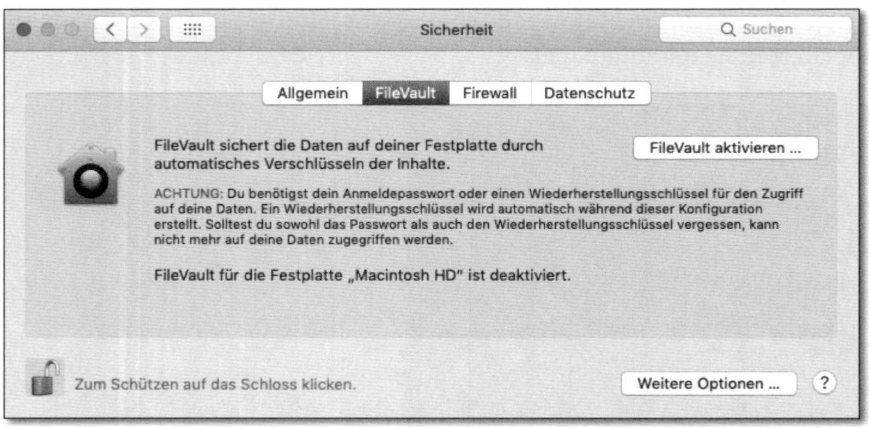

3. Entscheiden Sie im nächsten Dialog, ob Sie Ihren iCloud-Account oder einen Wiederherstellungsschlüssel zum Entsperren der Verschlüsselung nutzen wollen. Ich entscheide mich für die Variante mit dem Wiederherstellungsschlüssel. Klicken Sie auf **Fortfahren**.

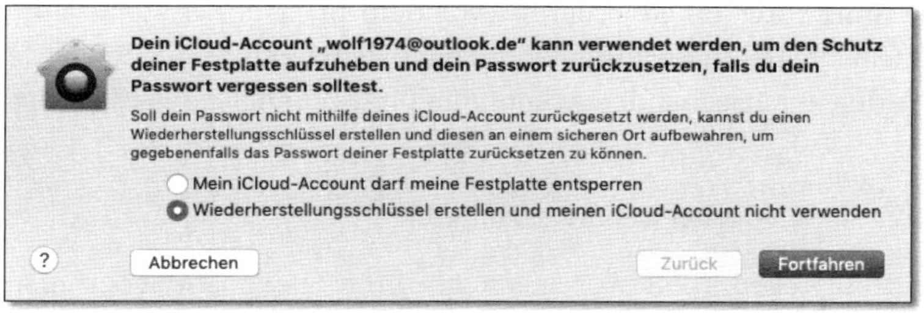

4 Haben Sie sich für den Wiederherstellungsschlüssel entschieden, wird dieser nun angezeigt. Diesen Schlüssel sollten Sie aufschreiben und sicher verwahren. Klicken Sie erneut auf **Fortfahren**.

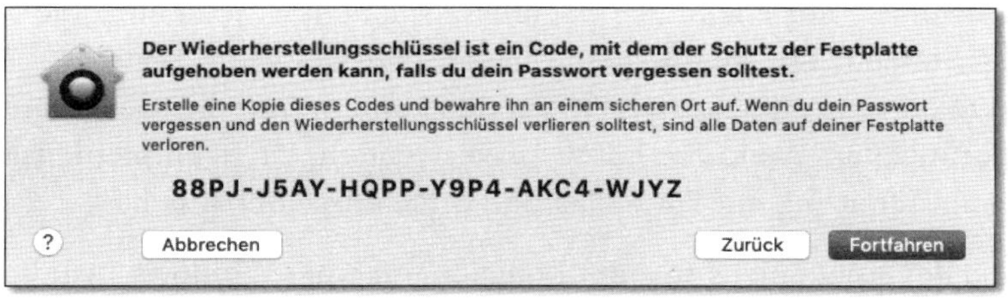

5 Jetzt fängt das System an, die Festplatte zu verschlüsseln. Ein Fortschrittsbalken zeigt Ihnen an, wie weit die Verschlüsselung vorangeschritten ist. Der Vorgang kann relativ viel Zeit in Anspruch nehmen. Allerdings ist es ein einmaliger Vorgang. Sie können trotzdem am Mac weiterarbeiten.

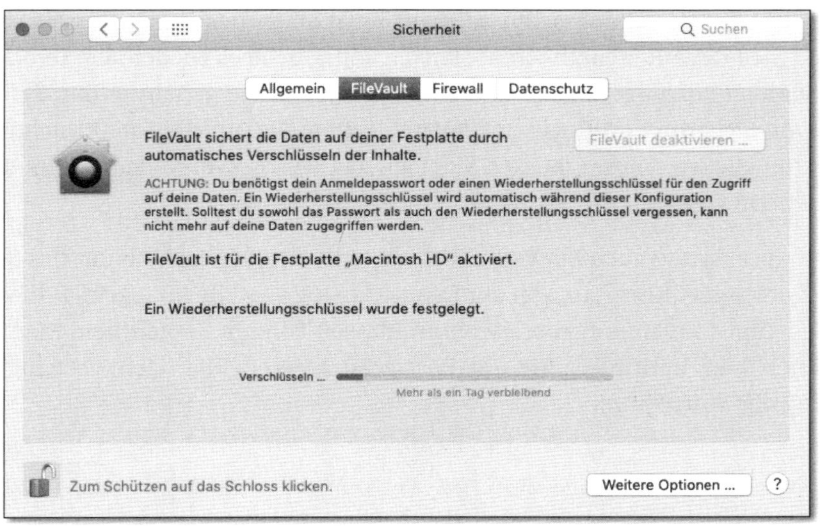

6 Nach einem Neustart fragt Ihr Mac bereits vor dem Start des Systems mit dem Anmeldebildschirm alle Benutzer wie gewohnt nach dem Benutzernamen und Passwort. Klicken Sie den entsprechenden Account an, und geben Sie das Passwort ein.

ACHTUNG

Passwort und FileVault-Wiederherstellungsschlüssel

Sollten Sie sowohl Ihr Account-Passwort als auch Ihren FileVault-Wiederherstellungsschlüssel verlieren oder vergessen, können Sie sich nicht mehr an Ihrem Mac anmelden oder auf die Daten des Startvolume zugreifen! Sie sollten sich das Passwort und den Schlüssel notieren und sicher aufbewahren.

Nachdem Sie Ihre Festplatte mit FileVault verschlüsselt haben, ist jede einzelne Datei auf Ihrem Mac verschlüsselt. Für einen Dieb, der beispielsweise die Festplatte Ihres Macs ausbauen und in ein externes Laufwerk einbauen könnte, sind die Inhalte auf der Festplatte völlig unbrauchbar. Wenn Sie FileVault verwenden, ist es empfehlenswert, dass Sie auch die Datensicherung mit Time Machine verschlüsselt erstellen.

Bei der Nutzung von FileVault kann es zu einer Kollision mit einer Windows-Installation über Boot Camp kommen, sofern Sie eine verwenden, weil es sich beim Startvolume dann nicht mehr um eine normale Partition handelt.

31.2.1 Wiederherstellungsschlüssel ändern bzw. FileVault deaktivieren

Wenn Sie den Wiederherstellungsschlüssel zum Entsperren des Startvolume ändern wollen, müssen Sie FileVault deaktivieren. Danach können Sie es wieder aktivieren und einen neuen Schlüssel erzeugen. FileVault deaktivieren Sie wie gehabt in den **Systemeinstellungen** von **Sicherheit** im Register **FileVault**, indem Sie auf die Schaltfläche **FileVault deaktivieren** klicken. Vorher müssen Sie noch das Schlosssymbol mit Ihrem Administrator-Passwort entsperren.

Sie können auf diese Weise auch FileVault einfach »nur« deaktivieren, damit das Startvolume nicht mehr verschlüsselt ist. Bei der Deaktivierung von FileVault erfolgt die Entschlüsselung ebenfalls im Hintergrund, währenddessen können Sie mit dem Mac weiterarbeiten. Auch hier informiert Sie ein Fortschrittsbalken über den Vorgang der Entschlüsselung des Startvolume.

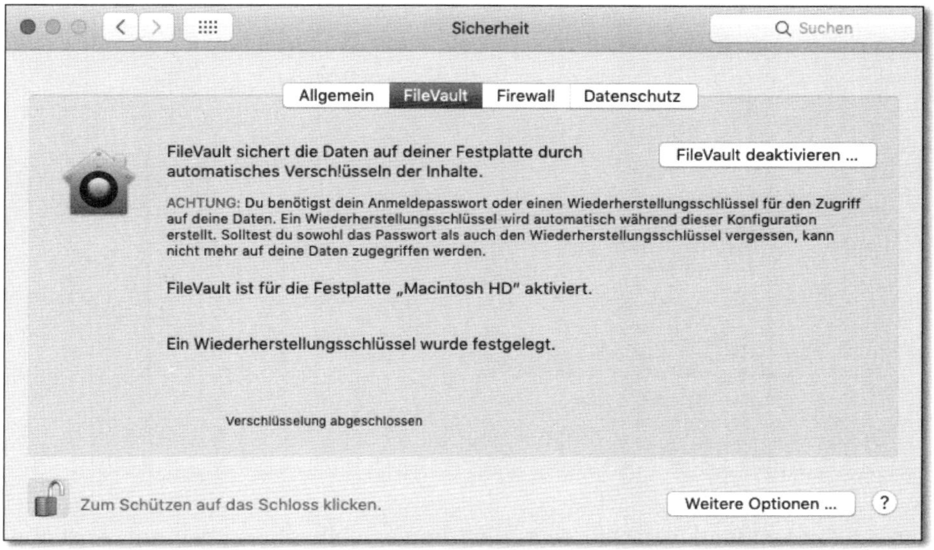

Abbildung 31.8 FileVault wieder deaktivieren

31.2.2 Externes Laufwerk verschlüsseln

Neben der Möglichkeit, das Startvolume zu verschlüsseln, wollen Sie vielleicht auch Ihre externen Datenträger verschlüsseln, damit der Inhalt darauf nicht in falsche Hände gelangt und eine fremde Person Zugriff auf alle privaten Daten hat, die sich auf dem externen Speichermedium befinden. Hier der Vorgang, wie Sie einen externen Datenträger verschlüsseln:

1. Verbinden Sie das externe Speichermedium mit dem Mac.
2. Öffnen Sie den Finder, klicken Sie in der Seitenleiste mit der rechten Maustaste auf den Datenträger, und wählen Sie **»[Festplattenname]« verschlüsseln** im Kontextmenü aus. Wird das Gerät bei Ihnen nicht in der Seitenleiste eingeblendet, finden Sie die Festplatte auch via **Gehe zu ▸ Computer** bzw. ⇧ + cmd + C.
3. Geben Sie in das folgende Dialogfenster ein Passwort für die Verschlüsselung ein. Auch eine Merkhilfe können Sie verwenden, die allerdings Dritten keine Rückschlüsse auf das Passwort ermöglichen sollte. Wenn Sie wollen, können Sie den Passwortassistenten über das Schlüsselsymbol verwenden.

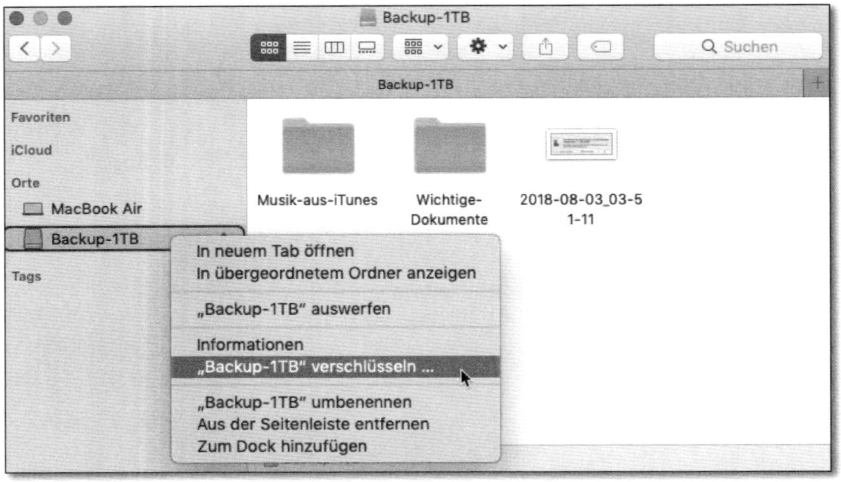

4 Klicken Sie auf **Laufwerk verschlüsseln**, und die Verschlüsselung beginnt. Anschließend wird das Laufwerk ausgeworfen.

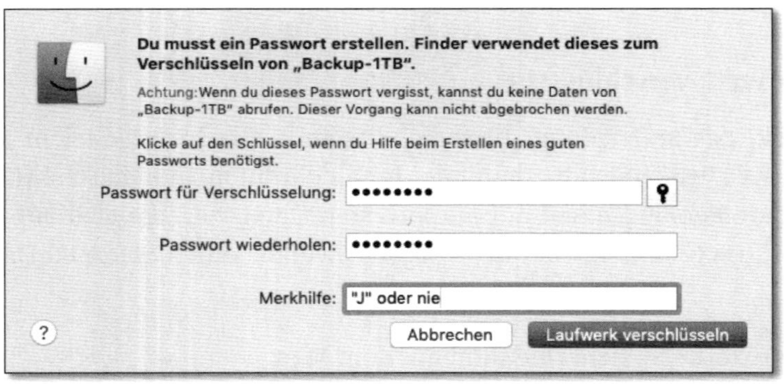

Wenn Sie die Festplatte künftig mit dem Mac verbinden, müssen Sie zur Aktivierung des Laufwerkes das Passwort eingeben, um das Medium freizugeben.

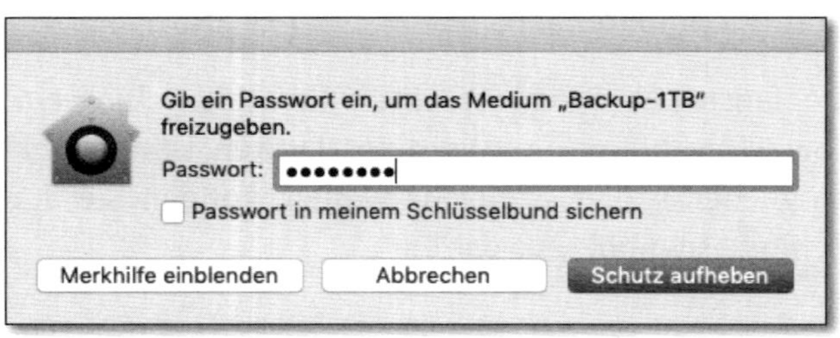

Abbildung 31.9 Ein verschlüsseltes Laufwerk benötigt ein Passwort.

31.3 Firmware-Passwort verwenden

Wenn Sie den Mac starten, können Sie mit der [Alt]-Taste den Startup-Manager oder mit [cmd] + [R] die macOS-Wiederherstellung aufrufen. Wollen Sie unterbinden, dass andere Benutzer diesen Trick ausnutzen, damit der Rechner von einem anderen Volume gestartet wird, können Sie hierfür ein Firmware-Passwort (oder auch EFI-Passwort) setzen.

HINWEIS

Was ist ein EFI?

EFI steht für *Extensible Firmware Interface* und wird nach dem Start geladen. Vom Prinzip her entspricht es in etwa dem BIOS bei PCs.

Auch hier gleich im Voraus: Wenn Sie ein Firmware-Passwort festlegen, sollten Sie es niemals vergessen. Notieren Sie es sich zur Sicherheit, um es bei Bedarf parat zu haben. Wenn Sie das Firmware-Passwort vergessen, ist ein Termin beim Apple Store oder einem autorisierten Apple-Provider unumgänglich.

31

Und so können Sie das Firmware-Passwort festlegen:

1. Fahren Sie den Mac herunter, und starten Sie ihn neu. Halten Sie beim Neustart sofort die Tastenkombination [cmd] + [R] gedrückt.
2. Wählen Sie im Wiederherstellungsfenster im Menü **Dienstprogramme** die Option **Startsicherheitsdienstprogramm**.

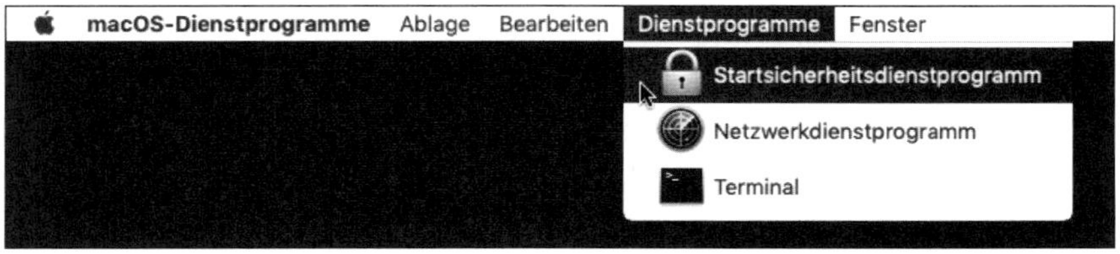

3. Klicken Sie im nächsten Fenster auf **Firmware-Passwort aktivieren**.
4. Geben Sie das Passwort zweimal ein, und klicken Sie auf **Passwort festlegen**.
5. Klicken Sie zum Schluss auf **Firmware-Passwortdienstprogramm beenden**.
6. Klicken Sie im -Menü auf **Neustart** oder **Ausschalten**.

Wenn nach dem Einrichten des Firmware-Passwortes künftig versucht wird, mit der [Alt]-Taste oder mit [cmd] + [R] von einem anderen Laufwerk aus oder die Wiederherstellung zu starten, pausiert der Mac den Startvorgang und zeigt ein Schlosssymbol mit einem Passwortfeld an. Klicken Sie das Passwortfeld an, und geben Sie das Firmware-Passwort ein, um den Mac zu entsperren.

Wollen Sie das Firmware-Passwort wieder entfernen, können Sie dies auf demselben Weg über das Firmware-Passwortdienstprogramm tun.

31.4 Schutz vor Datenverlust mit Time Machine

Zum Thema Datensicherheit gehört auch, sich gegen Datenverlust zu schützen. Auch hier wird es zwar nie eine absolute Sicherheit geben, aber Sie sollten wenigstens die Hausmittel des Macs verwenden, um im Fall eines Datenverlusts gewappnet zu sein. Sicherlich kennen Sie Äußerungen wie: »Ich mache kein Backup, weil mir noch nie was passiert ist!« Viele Anwender scheuen häufig den Aufwand oder nehmen sich nicht die Zeit, sich mit dem Thema Datensicherung auseinanderzusetzen. Es gibt viele Möglichkeiten eines Datenverlusts. Neben der Möglichkeit, dass Sie Daten aus Versehen gelöscht haben, kann auch die Festplatte aus den unterschiedlichsten Gründen kaputtgehen. Schließlich handelt es sich im Grunde nur um ein Verschleißteil, dessen Lebenszeit endlich ist oder das durch äußere Einwirkung und unsachgemäße Behandlung geschädigt werden kann. Und nicht zu vergessen, wenn es sich um einen Laptop wie das MacBook Pro handelt, kann es auch gestohlen werden.

Vielleicht denken Sie, dass die Konfiguration und Erstellung einer Datensicherung und das eventuelle Wiederherstellen der Daten ein komplizierter Vorgang ist. Zugegeben, viele Programme zur Datensicherung sind hier nicht unbedingt für weniger versierte Anwender geeignet, aber dies trifft nicht auf die Apple-Lösung Time Machine zu. Mit Time Machine finden Sie für Ihren Mac ein einfaches und zuverlässiges Backup-System mit einer einfach zu bedienenden Oberfläche. Nach der einmaligen Einrichtung der Datensicherung mit Time Machine erfolgt die Erstellung der weiteren Backups in der Regel automatisch im Hintergrund. Außer Faulheit gibt es beim Mac eigentlich keine Ausreden mehr, keine Datensicherung durchzuführen.

HINWEIS

Manuelle Sicherung

Sicherlich können Sie Ihre Daten manuell sichern. Aber in der Praxis ist dies oftmals die schlechteste Lösung, weil es eine ziemliche Disziplin verlangt, regelmäßig eine Sicherung manuell durchzuführen.

Bei der Sicherung mit Time Machine erstellen Sie beim ersten Mal ein Backup des Systems mitsamt allen Programmen und Benutzerdaten. Haben Sie das erste komplette Backup gemacht, erstellt Ihr Mac automatisch stündlich, täglich und wöchentlich Backups. Dabei wird allerdings nicht mehr das ganze System gesichert, sondern nur die Veränderungen zum vorherigen Backup. Auf diese Weise haben Sie für die Wiederherstellung alle Daten zur Verfügung, ohne dass sie doppelt gesichert werden müssen, was unnötig Festplattenplatz benötigen würde.

31.4.1 Wohin mit der Datensicherung?

Es gibt viele Möglichkeiten, wo und wie Sie das Backup durchführen: über externe Festplatten, einen USB-Stick und/oder ein Netzlaufwerk auf einem Server oder ein RAID-System. Auch Apples AirPort Time Capsule kann verwendet werden. Der Vorteil dieses Kästchens ist, dass Sie nicht nur Daten von einem Rechner im WLAN-Netzwerk, sondern auch Daten von allen Macs wie auch PCs sichern können. Nebenbei stellt das Gerät eine schnelle WLAN-Verbindung bereit. Allerdings hat es auch seinen Preis. Im vorliegenden Beispiel gehen wir vom einfachsten Fall aus, dass Sie Ihren Mac privat nutzen und zur Datensicherung eine externe Festplatte verwenden.

31.4.2 Die Datensicherung vorbereiten

Zunächst sollten Sie bei der Größe der externen Festplatte darauf achten, dass diese in etwa zwei- bis dreimal so groß ist wie die interne Festplatte des Macs. Mit einer solchen Festplatte haben Sie ausreichend Spielraum, bis sie mit den verschiedenen Sicherungen voll ist.

Abbildung 31.10 Den Datenträger als Backup-Volume verwenden?

Wenn Sie den externen Datenträger via USB- oder Thunderbolt-Kabel mit Ihrem Mac verbunden haben und dieser im korrekten Format vorliegt, erscheint ein Fenster mit der Nachfrage, ob Sie den externen Datenträger als Backup-Volume für Time Machine verwenden wollen. Trifft dies zu, können Sie gleich mit der folgenden Schritt-für-Schritt-Anleitung fortfahren.

Erscheint hingegen keine automatische Aufforderung, den externen angeschlossenen Datenträger als neues Backup-Volume zu verwenden, kann es sein, dass dieses Volume nicht erkannt wird, weil es vielleicht im falschen Dateiformat wie NTFS für Windows vorliegt. In dem Fall müssen Sie den Datenträger erst für das Mac-Format initialisieren. Hierzu wählen Sie das Festplattendienstprogramm aus dem *Dienstprogramme*-Verzeichnis aus, das Sie im *Programme*-Ordner finden. Wählen Sie in der linken Spalte unter **Extern** den dort angesteckten Datenträger ❶ aus, und klicken Sie in der Symbolleiste auf **Löschen** ❷. Sie können noch einen Namen ❸ für die Festplatte vergeben, und als Format ❹ wählen Sie **Mac OS Extended (Journaled)** oder das neue **APFS** aus. Beachten Sie allerdings, dass APFS erst von Mac-Systemen ab macOS Sierra (10.12.6) gelesen werden kann. Ältere Rechner oder andere Systeme können die externe Festplatte nicht lesen. Mit **Löschen** ❺ wird der Datenträger vollständig gelöscht und als reine Mac-Festplatte formatiert.

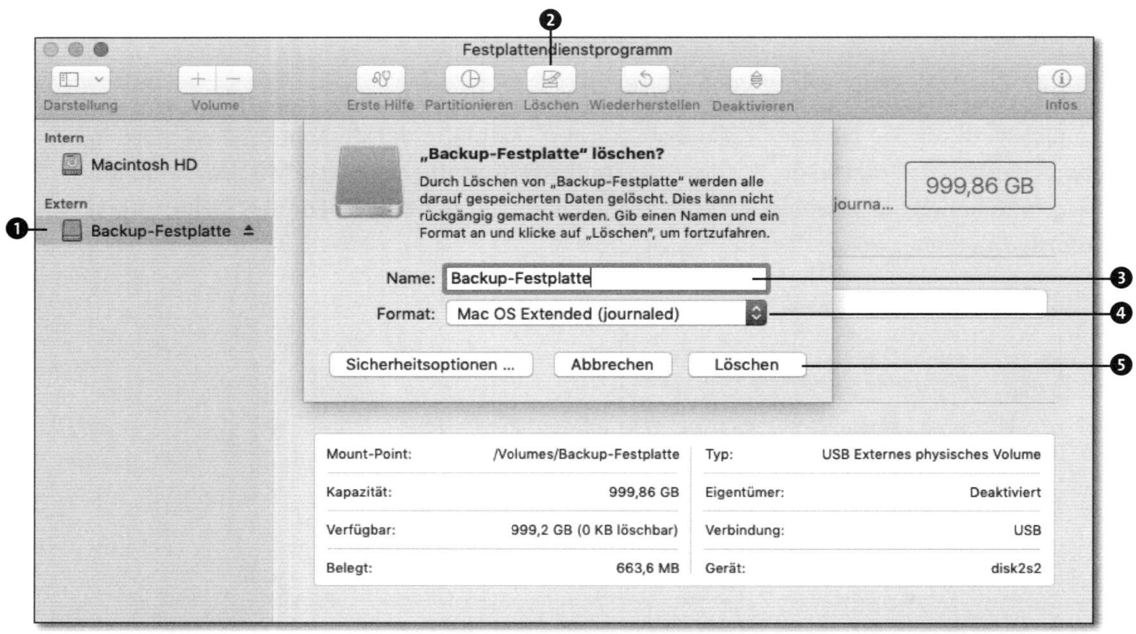

Abbildung 31.11 Festplatte für das Mac-System vorbereiten

31.4.3 Die Datensicherung konfigurieren

Wenn der externe Datenträger vorbereitet und die Festplatte mit dem Mac verbunden ist, können Sie mit der Datensicherung starten. Es sollte noch erwähnt werden, dass Sie während der Datensicherung problemlos mit Ihrem Mac weiterarbeiten können. Hier nun der Vorgang einer solchen Datensicherung:

1 Wenn Sie die Festplatte mit dem Mac verbunden haben, erscheint ein Dialog, in dem Sie über die Schaltfläche **Als Backup-Volume verwenden** den Datenträger für Time Machine auswählen. Hier können Sie sich überlegen, ob Sie mit **Backup-Volume verschlüsseln** eine Verschlüsselung verwenden wollen. Damit stellen Sie sicher, dass die externe Festplatte, sollte sie in die Hände anderer Personen gelangen, nicht gelesen werden kann. Wenn Sie das Startvolume ohnehin mit FileVault verschlüsselt haben, ist es empfehlenswert, auch die Datensicherung zu verschlüsseln.

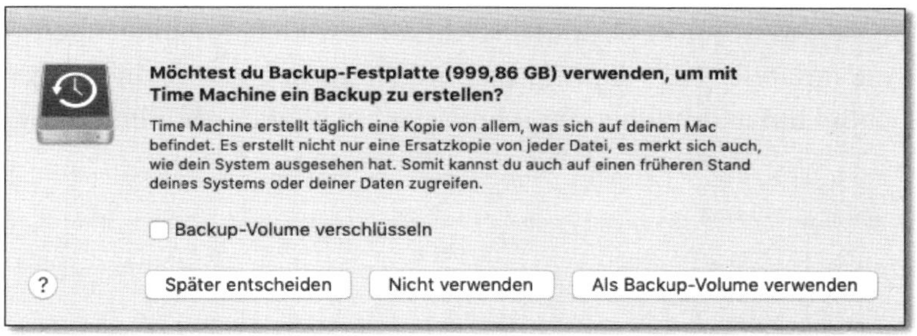

2 Wenn bei Ihnen der Dialog in Schritt 1 nicht erschienen ist oder Sie sich noch nicht entscheiden konnten, können Sie Time Machine auch über die **Systemeinstellungen** mit **Time Machine** starten. Sofern in Schritt 1 übersprungen, wählen Sie zunächst mit der Schaltfläche **Backup-Volume auswählen** den Datenträger für die Datensicherung aus, auf dem die Sicherung von Time Machine erfolgen soll. Es werden alle verfügbaren Datenträger aufgelistet, und auch hier können Sie die optionale Verschlüsselung über die Option **Backups verschlüsseln** aktivieren.

ACHTUNG

Backup verschlüsseln

Wenn Sie das Backup verschlüsseln, müssen Sie ein Passwort dazu erstellen. Geben Sie in den folgenden Dialog zweimal ein Passwort für das Backup ein. Ein Passwortassistent kann Ihnen dabei behilflich sein. Wenn Sie das Passwort vergessen oder verloren haben, können Sie keine Daten mehr vom Backup-Volume wiederherstellen.

3 Wenn Sie die Schaltfläche **Optionen** unten rechts anklicken, können Sie Ordner hinzufügen, von denen Sie nicht wollen, dass diese gesichert werden. Ich schließe beispielsweise den *Downloads*-Ordner aus. Wollen Sie nur die Benutzerdaten mit Time Machine sichern, können Sie eventuell auch den *System*-Ordner ausschließen. Wenn Sie den *System*-Ordner ausschließen wollen, fragt Time Machine noch nach, ob Sie tatsächlich nur den *System*-Ordner ausschließen wollen und nicht auch gleich alle anderen Systemdateien, die damit zusammenhängen. Neue Ordner fügen Sie über das Plussymbol hinzu, und mit dem Minussymbol können Sie Einträge wieder entfernen.

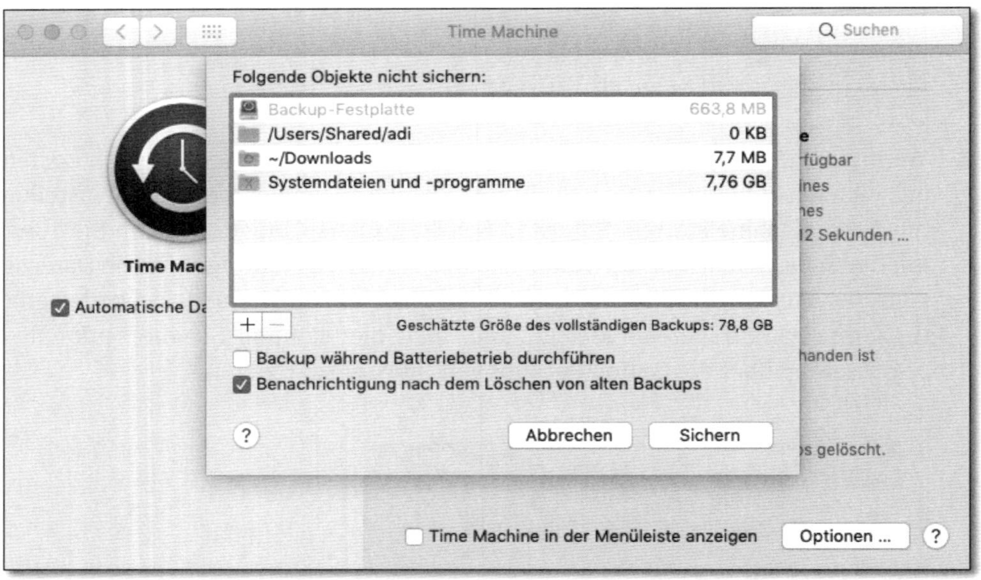

4 Ein Häkchen vor **Benachrichtigung nach dem Löschen von alten Backups** sorgt dafür, dass Time Machine Sie informiert, wenn ein altes Backup gelöscht wird, um Platz für ein aktuelles zu machen. In diesem Fall bedeutet dies, dass die Festplatte voll ist und ein weiteres Backup nicht mehr darauf passt. Entweder verwenden Sie eine weitere externe Festplatte für die Backups, oder Sie nehmen in Kauf, dass ältere Backups durch neuere ersetzt werden. Mit **Sichern** übernehmen Sie die Änderungen in diesem Dialog.

5 Eine weitere sinnvolle Empfehlung ist es, ganz unten das Häkchen **Time Machine in der Menüleiste anzeigen** zu setzen bzw. gesetzt zu lassen. So haben Sie stets den Überblick in der Menüleiste und können auch manuell ein Backup anstoßen.

Sie können an dieser Stelle durchaus ein weiteres Backup-Volume für mehr Sicherheit und Komfort hinzufügen, indem Sie ein weiteres Volume bei Time Machine auswählen. Sie müssen im sich öffnenden Dialog dann **Beide verwenden** auswählen und folglich den Datenträger mehrmals in der Woche umstecken.

Abbildung 31.12 Mehrere Datenträger für ein Backup verwenden

31.4.4 Die Datensicherung mit Time Machine erstellen

Wenn Sie Time Machine konfiguriert haben, werden stündlich Backups für die vergangenen 24 Stunden, täglich Backups für die vergangenen Monate und wöchentlich Backups aller vorherigen Monate erstellt. Die älteren Backups werden gelöscht, wenn der externe Datenträger voll ist. Wenn Sie ein Häkchen vor **Automatische Datensicherung** gesetzt haben, steht unter **Nächstes Backup** ❶ die Zeit, wann das nächste Backup durchgeführt wird. Wie bereits erwähnt, wird die allererste Datensicherung viel Zeit in Anspruch nehmen, je nachdem, wie viel Daten gesichert werden müssen.

Natürlich müssen Sie die Festplatte nicht permanent angeschlossen haben, aber nach ein paar Tagen ohne Datensicherung wäre es schon angebracht, ein Backup durchzuführen.

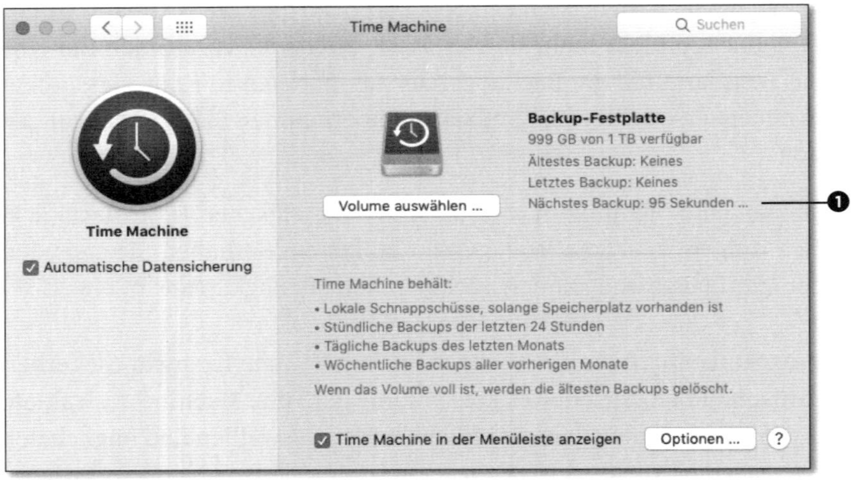

Abbildung 31.13 Übersicht über die nächste Datensicherung

Wollen Sie ein Backup manuell anstoßen, können Sie dies über das Time-Machine-Icon in der Menüleiste oder mit einem rechten Mausklick auf das Volume in den **Systemeinstellungen** von **Time Machine** mit dem Befehl **Backup jetzt erstellen** tun. Dies ist recht hilfreich, wenn Sie die **Automatische Datensicherung** deaktiviert haben sollten und so selbst entscheiden, wann Sie eine Datensicherung durchführen.

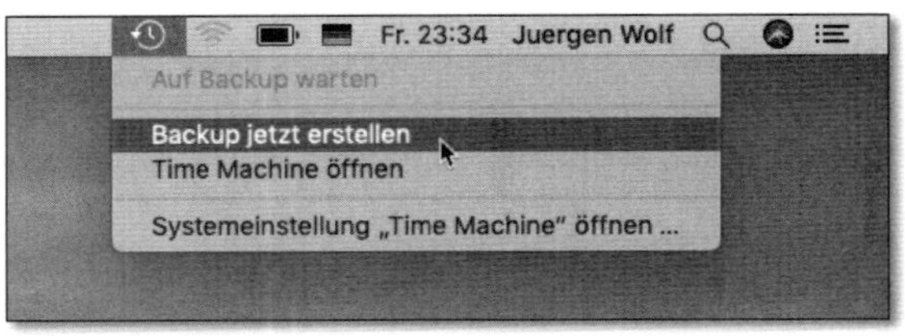

Abbildung 31.14 Ein Backup manuell anstoßen

Ein bereits begonnenes Backup können Sie über das Menü mit **Dieses Backup überspringen** abbrechen.

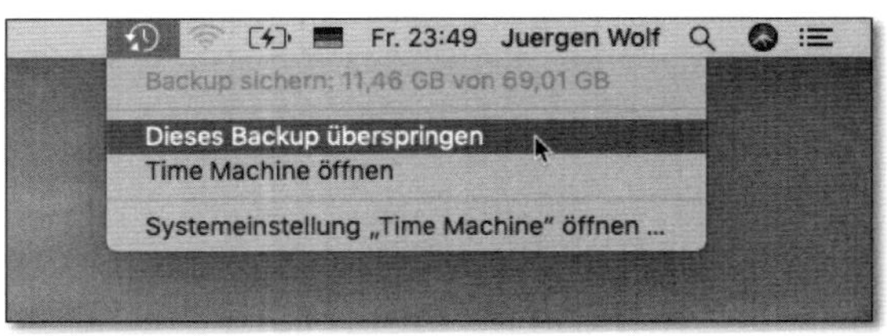

Abbildung 31.15 Ein Backup überspringen

31.4.5 Wiederherstellung einer Time-Machine-Datensicherung

Einer der Vorteile von Time Machine gegenüber anderen Backup-Programmen ist ganz klar die nahtlose Integrierung in das System. Das merkt man ganz besonders beim Wiederherstellen von Daten, was gewöhnlich der komplexere Teil von Backup-Programmen ist. Auch hier ist Time Machine wieder Apple-typisch einfach zu verwenden.

Gehen wir von einem einfachen Szenario aus, in dem Sie auf der Suche nach einem Ordner mit Dateien sind, der gestern noch da war. Wenn Sie regelmäßig Ihre Backups mit Time Machine erstellt haben, besteht kein Grund zur Sorge. Bevor Sie allerdings Time Machine zur Wiederherstellung starten, sollten Sie vielleicht noch einen Blick in den Papierkorb werfen. Befinden sich hier die Daten, können Sie diese von dort gleich wiederherstellen. Sind Sie im Papierkorb nicht fündig geworden, wird es Zeit, sie mit Time Machine wiederherzustellen.

1. Als Erstes müssen Sie den Datenträger mit den Datensicherungen mit Ihrem Mac verbinden. Wenn Sie eine Verschlüsselung bei der Datensicherung verwendet haben, geben Sie das Passwort dafür ein, um das Volume zu entsperren.

2. Starten Sie das Programm (!) Time Machine im *Programme*-Verzeichnis. Hierbei handelt es sich nicht um dasselbe Time Machine wie in den **Systemeinstellungen**. Sie können das Programm auch über das Launchpad oder mit cmd + Leertaste und dem Programmnamen starten. Das Gleiche erreichen Sie über die Menüleiste, indem Sie auf das Time-Machine-Symbol klicken und **Time Machine öffnen** wählen.

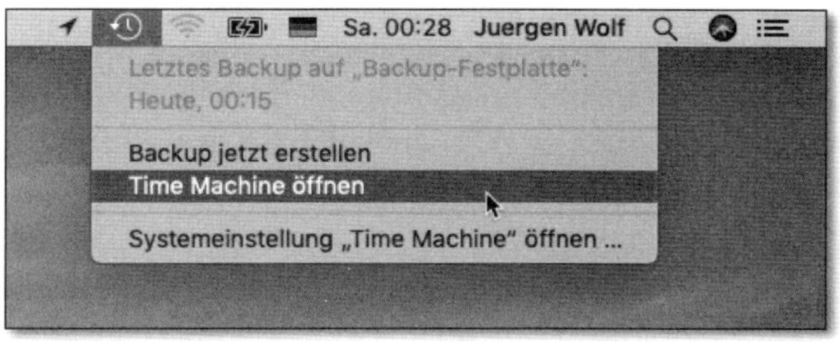

3. Jetzt sehen Sie eine Reihe von Finder-Fenstern hintereinander angeordnet, die die erstellten Datensicherungen repräsentieren. Sie können in diesen Ordnern beliebig navigieren, wie Sie es vom Finder her kennen. Zwischen den beiden Pfeilen ❶ können Sie sehen, welchen Zustand des Backups Sie betrachten. Beim Start von Time Machine ist dies mit **Heute (Jetzt)** der aktuelle Zustand. Gehen Sie in das Verzeichnis, in dem Sie die Daten und Ordner verloren haben.

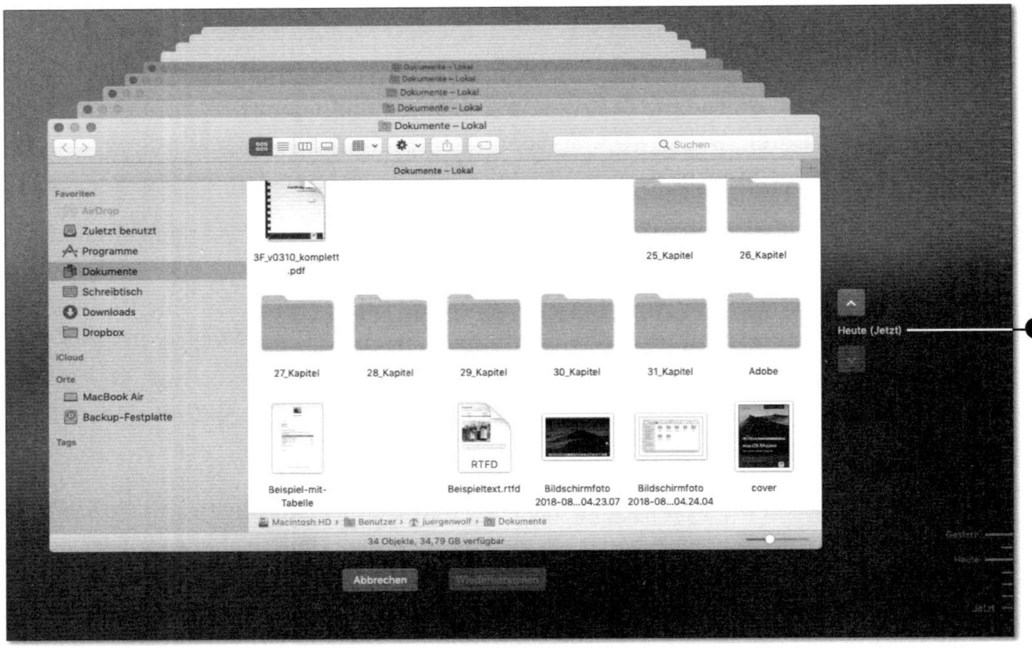

4 Um zu einem bestimmten Zustand des Datenbestandes zu gehen, gibt es verschiedene Möglichkeiten. Entweder klicken Sie auf die beiden Pfeile ❷, um in der Zeit rückwärts bzw. vorwärts zu blättern, bis Sie ein Finder-Fenster sehen, in dem die Ordner und Daten vorhanden sind. Wie immer wird dazwischen ❸ der Zeitpunkt des Zustandes eingeblendet.

5 Der Weg mit den Pfeilen durch die einzelnen Zustände kann recht mühsam werden, wenn Sie nach einer Sicherung von letzter Woche oder gar dem letzten Monat suchen. In dem Fall finden Sie rechts im Bildschirm eine Zeitleiste ❹. Klicken Sie hier einen Zeitpunkt an, von dem Sie vermuten, dass Sie damals die Dateien und Ordner noch hatten. Zur Feineinstellung der Zeit können Sie wieder über die Pfeile in den Zuständen navigieren. Es gibt noch die Möglichkeit, auf eines der dahinter angeordneten Fenster zu klicken, um durch die Zeit der Datenzustände zu navigieren.

6 Wollen Sie sichergehen, dass die Dateien in den Ordnern noch vorhanden sind, können Sie sich nach wie vor durch das Dateisystem hangeln. Sie haben in allen (!) Fenstern einen vollständigen Finder mit Navigation durch das Dateisystem zur Verfügung, was auch für die Zustände in der Vergangenheit gilt. Es steht Ihnen oben rechts sogar Spotlight für die Suche nach Dateien zur Verfügung.

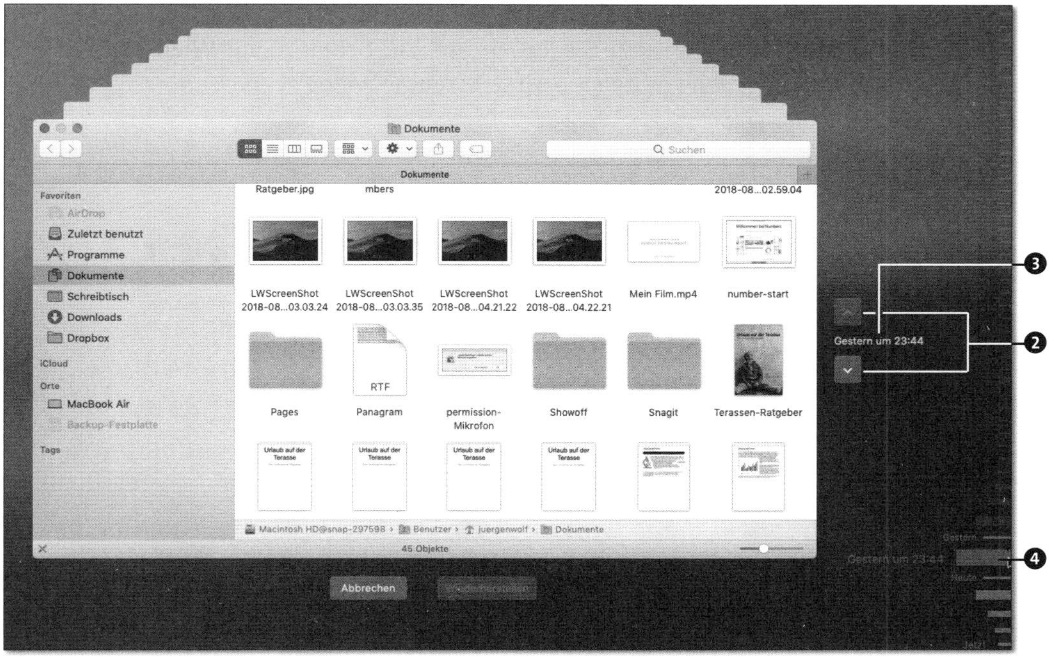
Dokumente
Suchen
Dokumente
Favoriten
AirDrop
Zuletzt benutzt
Programme
Dokumente
Schreibtisch
Downloads
Dropbox
iCloud
Orte
MacBook Air
Backup-Festplatte
Tags
Ratgeber.jpg
mbers
2018-08...02.59.04
LWScreenShot 2018-08...03.03.24
LWScreenShot 2018-08...03.03.35
LWScreenShot 2018-08...04.21.22
LWScreenShot 2018-08...04.22.21
Mein Film.mp4
number-start
RTF
Pages
Panagram
permission-Mikrofon
Showoff
Snagit
Terassen-Ratgeber
Urlaub auf der Terasse
Macintosh HD@snap-297598 › Benutzer › juergenwolf › Dokumente
45 Objekte
Abbrechen
Gestern um 23:44
3
2
4

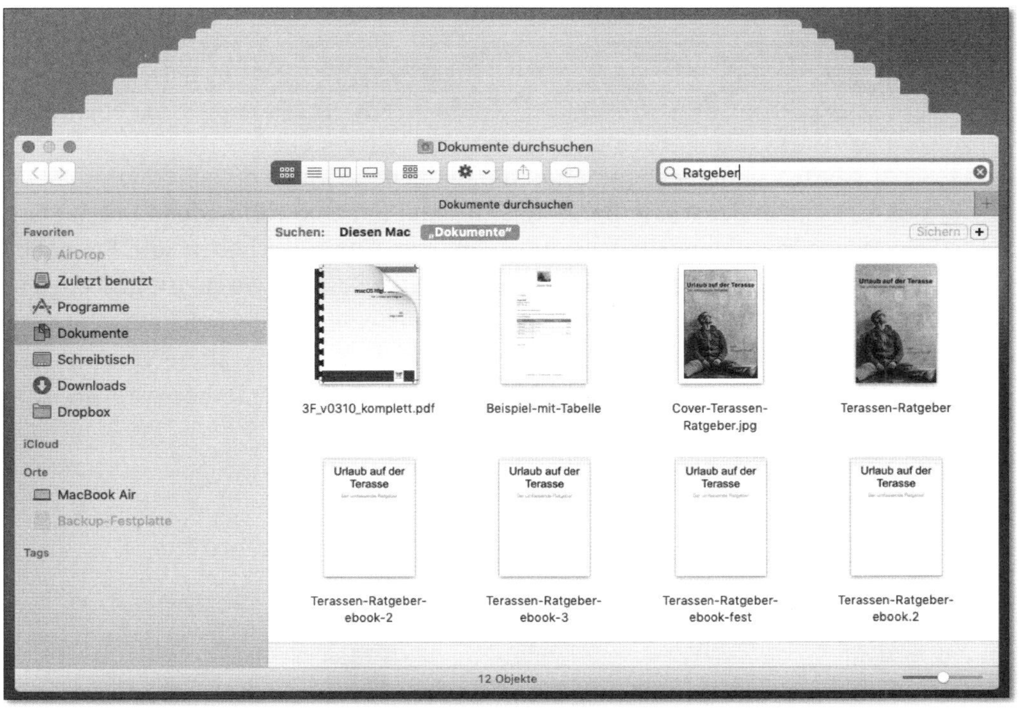
Dokumente durchsuchen
Ratgeber
Dokumente durchsuchen
Favoriten
AirDrop
Zuletzt benutzt
Programme
Dokumente
Schreibtisch
Downloads
Dropbox
iCloud
Orte
MacBook Air
Backup-Festplatte
Tags
Suchen: Diesen Mac „Dokumente"
Sichern
3F_v0310_komplett.pdf
Beispiel-mit-Tabelle
Cover-Terassen-Ratgeber.jpg
Terassen-Ratgeber
Urlaub auf der Terasse
Terassen-Ratgeber-ebook-2
Terassen-Ratgeber-ebook-3
Terassen-Ratgeber-ebook-fest
Terassen-Ratgeber-ebook.2
12 Objekte

7 Haben Sie die Datei(en) und/oder Ordner zum Wiederherstellen gefunden, markieren Sie diese, und klicken Sie unten auf die Schaltfläche **Wiederherstellen**. Mit **Abbrechen** hingegen können Sie Time Machine wieder verlassen.

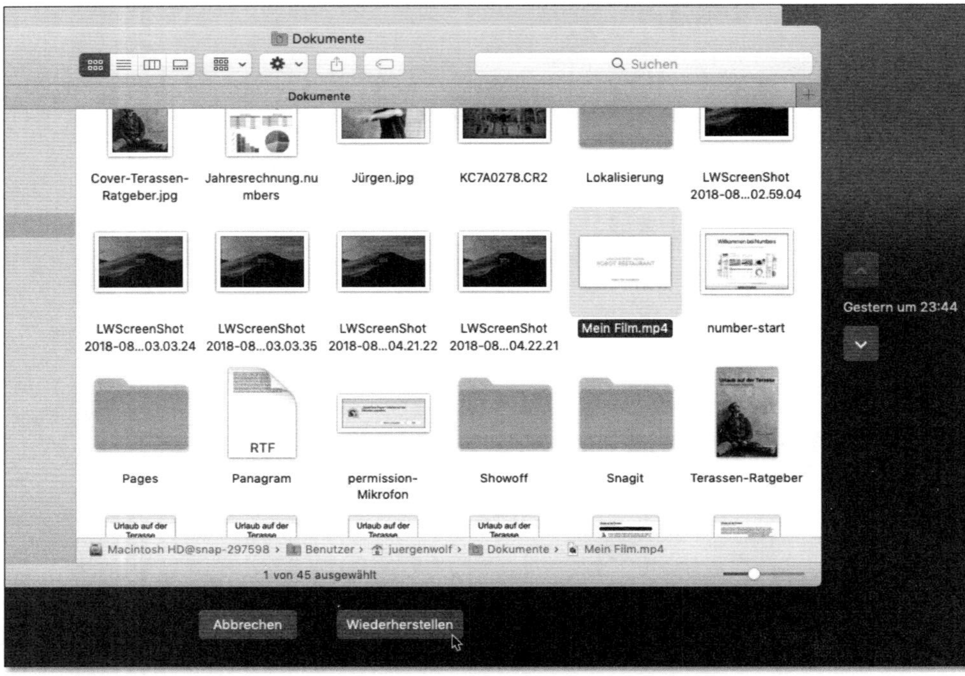

8 Jetzt werden mit einer Animation die markierten Dateien wiederhergestellt. Handelt es sich bei der wiederhergestellten Datei um eine vorhandene Datei, erscheint ein Dialog mit einem Hinweis und fragt, was damit geschehen soll. Sie haben die Möglichkeit, mit **Original behalten** diese so zu belassen, wie sie ist, und eben nichts zu tun. Ebenso können Sie mit **Beide behalten** beide Dateien behalten oder die aktuelle Version aus der Datensicherung mit **Ersetzen** durch die ältere Version ersetzen. Es ist durchaus möglich, nicht nur verlorene Dateien wiederherzustellen, sondern auch den Zustand einer älteren Version der Datei.

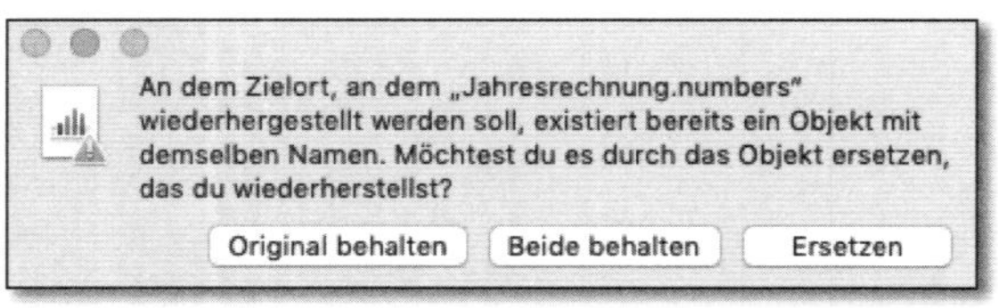

31.4.6 Daten von Mail wiederherstellen

Neben der Möglichkeit, einzelne Dateien und Ordner mit Time Machine wiederherzustellen, funktioniert dies auch mit dem Mail-Programm mit versehentlich gelöschten E-Mails. Hier ein kurzer Vorgang, wie Sie versehentlich gelöschte E-Mails wiederherstellen können:

1 Starten Sie Mail und anschließend Time Machine über die Menüleiste mit **Time Machine öffnen**.

2 Jetzt sehen Sie das Mail-Fenster mit den verschiedenen Zuständen, wie Sie es bereits vom Finder-Fenster her kennen. Auch hier können Sie wie gewohnt in den einzelnen Postfächern navigieren. Wechseln Sie in das Postfach, in dem Sie die E-Mail gelöscht haben.

3 Wählen Sie über die Zeitleiste oder die Pfeile den Zustand aus, bevor Sie die E-Mail gelöscht haben. Wenn Sie die E-Mail gefunden haben, markieren Sie diese oder den ganzen Postfach-Ordner, wenn Sie ihn wiederherstellen wollen, und klicken unten auf die Schaltfläche **Wiederherstellen**.

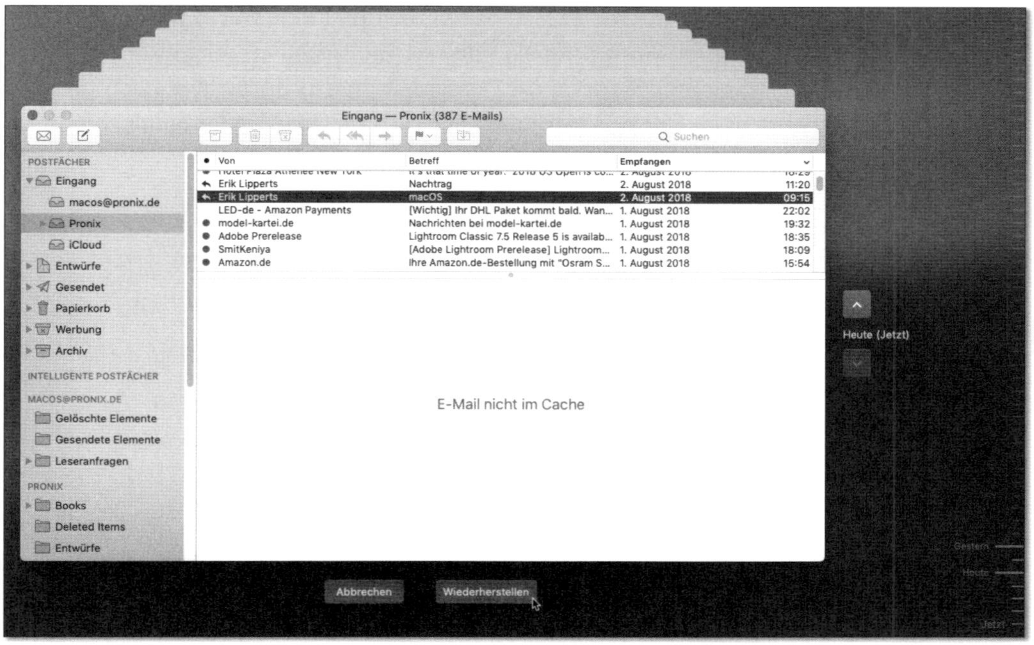

31.4.7 Backup-Volume durchsuchen

Sollten Sie auf einem anderen Mac auf die Daten eines Backup-Volumes zugreifen müssen, weil Sie entweder dringend bestimmte Daten benötigen oder Ihr Rechner, auf dem Sie das Backup erstellt haben, defekt ist, ist dies glücklicherweise auch möglich. Hier müssen Sie beim Anklicken des Time-Machine-Symbols in der Menüleiste die `Alt`-Taste gedrückt halten, und der Befehl **Time Machine öffnen** wird zu **Andere Backup-Volumes durchsuchen**, womit Sie genau dies tun können. Auf diese Weise können Sie auf die Daten zugreifen und mit einem anderen Rechner daran weiterarbeiten.

Abbildung 31.16 Ein Time-Machine-Backup auf einem anderen Mac öffnen

Alternativ können Sie auch mit dem Finder direkt auf die Struktur der Datensicherungen des Datenträgers zugreifen und sich durch die einzelnen Backups hangeln. Hierbei finden Sie in dem Ordner *Backups.backupdb* weitere Unterordner mit den Backups. In der Listenansicht erkennen Sie, wie die verschiedenen Unterordner nach einem Zeitstempel organisiert sind. Unter Umständen ist es auf diesem Weg möglich, verschiedene Daten ohne Time Machine zu finden bzw. wiederherzustellen.

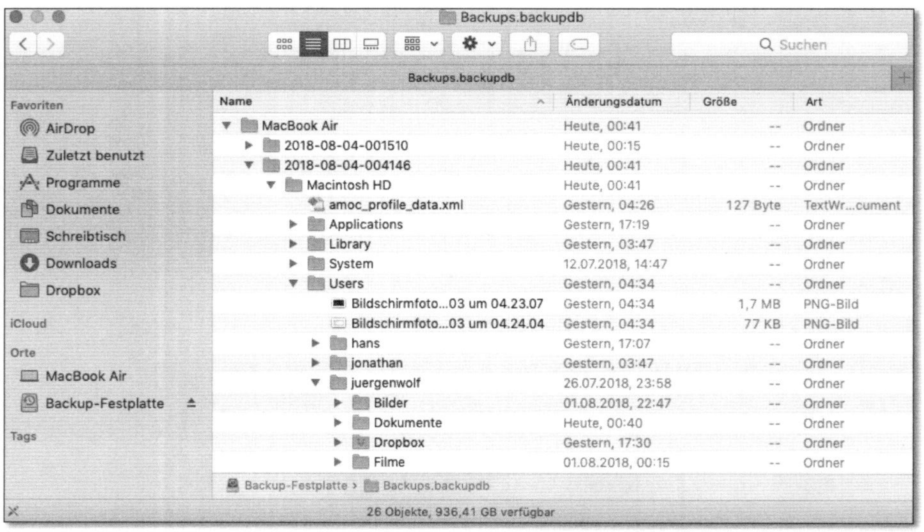

Abbildung 31.17 Die Backup-Struktur von Time Machine im Finder

31.4.8 Ein Backup-Volume entfernen

Wollen Sie ein Volume nicht mehr für Backups verwenden, klicken Sie es entweder in den **Systemeinstellungen** von **Time Machine** mit rechts an und wählen **»Festplattenname« nicht mehr für Backups verwenden**, oder wählen Sie über **Volume auswählen** eine andere Festplatte und im Hinweisdialog **»Festplattenname« ersetzen** aus.

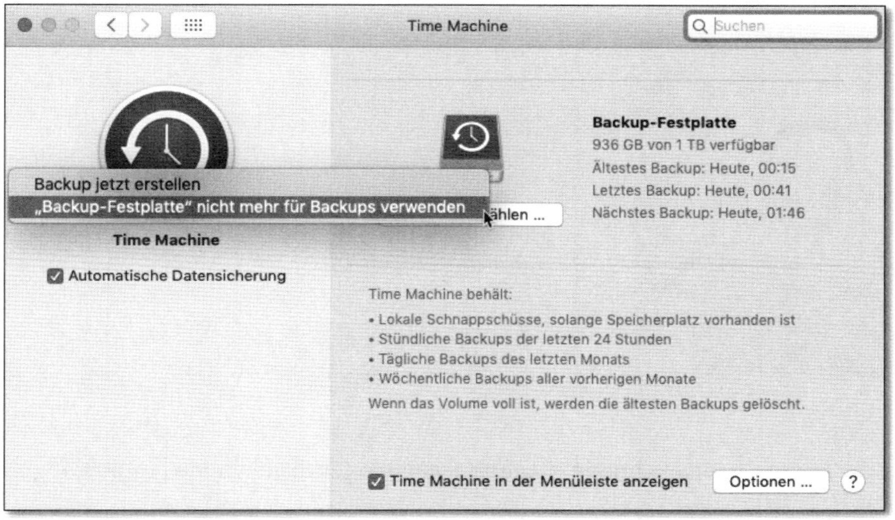

Abbildung 31.18 Ein Backup-Volume nicht mehr für Backups verwenden

31.5 Disk Images erstellen – virtuelle Laufwerke

Dem Disk Image mit der Endung *.dmg* sind Sie vermutlich schon des Öfteren begegnet, wenn Sie Software aus dem Internet geladen haben. Durch ein Doppelklicken wird eine solche Imagedatei geöffnet, und auf den Inhalt kann zugegriffen werden. Ein solches Disk Image verhält sich wie ein externes Laufwerk bzw. aktivierbares Dateisystem, das es logischerweise genau genommen nicht ist. Disk Images sind nicht nur für den Vertrieb von Software praktisch, sondern auch, um exakte Abbilder von Laufwerken oder Ordnern zu erstellen.

31.5.1 Ein leeres verschlüsseltes Disk Image erstellen

Ich erstelle gerne ein verschlüsseltes Disk Image für externe Datenträger wie einen USB-Stick oder mein JetDrive am MacBook Air, weil man solch kleine Datenträger schon mal verlieren kann und ich nicht möchte, dass jemand auf diese Daten zugreifen kann. Der Vorgang, ein solches leeres Image auf einem USB-Laufwerk zu erstellen, wird hier kurz beschrieben. Dies funktioniert auch mit jedem beliebigen Laufwerk oder dem internen Laufwerk. Und natürlich geht dies auch ohne Verschlüsselung.

1 Verbinden Sie das externe Speichermedium mit dem Mac, und rufen Sie das Festplattendienstprogramm im *Dienstprogramme*-Verzeichnis auf.

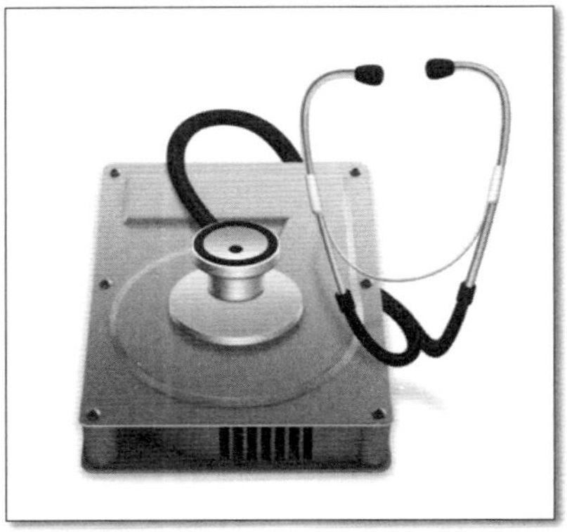

2 Wählen Sie **Ablage ▸ Neues Image ▸ Leeres Image**, oder drücken Sie [cmd] + [N].

3 Geben Sie den Namen für Ihr Image an, unter dem Sie die DMG-Datei speichern wollen, und wählen Sie bei **Ort** das externe Speichermedium aus. Auch die **Größe** ist wichtig, also wie viel Platz Sie für das Image zur Verfügung stellen wollen. Hier ist es ein USB-Stick. Natürlich können Sie auch ein Image in einem beliebigen Verzeichnis der internen Festplatte anlegen.

4 Mit dem Namen geben Sie die Bezeichnung für das Image an, mit der es als virtuelles Laufwerk in das System eingebunden wird. Dahinter geben Sie die **Größe** für das Disk Image an, gefolgt vom **Format**. Hier würde ich das neue Format **APFS** oder **Mac OS Extended (Journaled)** empfehlen. Wenn Sie APFS auswählen, müssen Sie beachten, dass dieses Disk Image nur von Mac-Systemen ab macOS Sierra (ab 10.12.6) gelesen werden kann.

5 Wenn Sie eine **Verschlüsselung** verwenden wollen, können Sie zwischen einer 128-Bit- und 256-Bit-Verschlüsselung wählen und gleich zweimal das entsprechende Passwort dafür eingeben. Wählen Sie beim **Image-Format** noch **Beschreibbares Image** aus.

6 Klicken Sie auf **Sichern**, wird ein leeres Disk Image erstellt.

Wenn Sie das Image erstellt haben und die DMG-Datei künftig anklicken, erscheint zunächst eine Passwort-Abfrage, falls Sie das Image verschlüsselt haben. Dann wird das Image dem System hinzugefügt und befindet sich wie ein Laufwerk bei den Geräten in der Seitenleiste zur Auswahl.

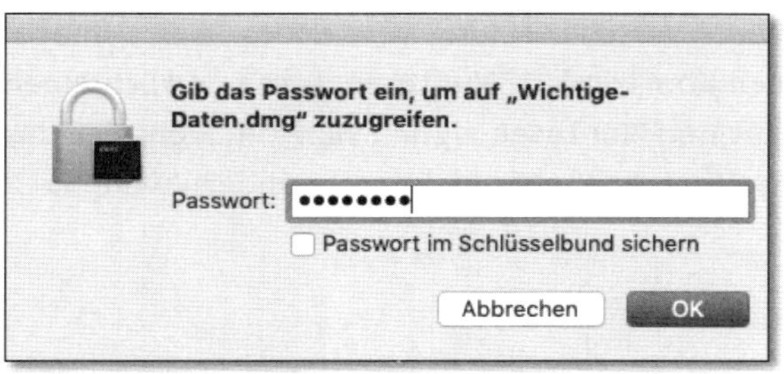

Abbildung 31.19 Zugriff auf das Disk Image gibt es nur mit einem Passwort.

Jetzt können Sie das Image bei **Geräte** in der Seitenleiste auswählen und es wie einen gewöhnlichen externen Datenträger verwenden und beispielsweise Daten per Drag & Drop hinzufügen. Auch aus ausgeführten Anwendungen können Sie Dateien direkt auf das Disk Image speichern. Sie können eben all das damit tun, was Sie mit einem externen Laufwerk auch tun können. Wenn Sie das Disk Image nicht mehr benötigen oder das externe Speichermedium entfernen wollen, müssen Sie das Disk Image über das entsprechende Symbol ❶ auswerfen.

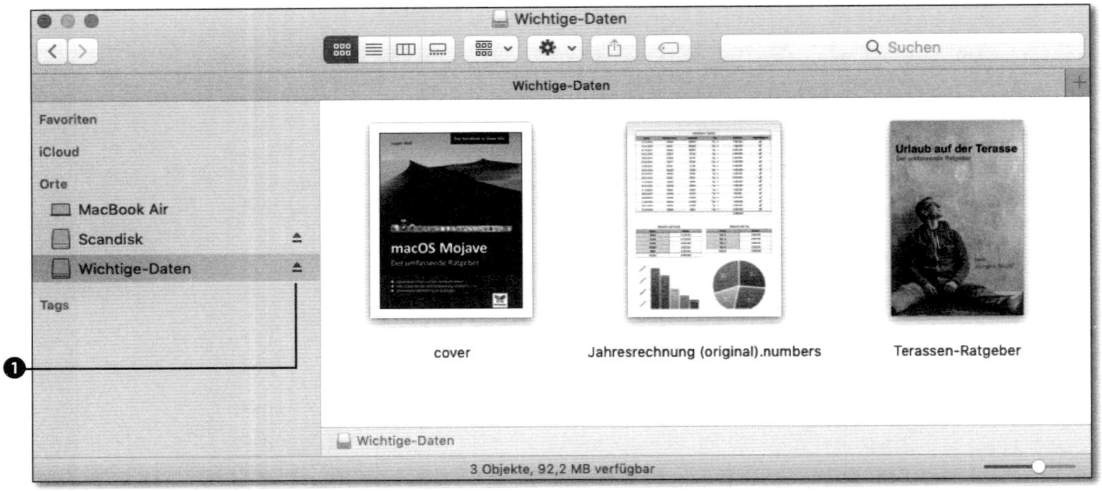

Abbildung 31.20 Das Disk Image im Einsatz

31.5.2 Ein Disk Image aus einem Ordner erstellen

Um ein Disk Image aus einem Ordner mitsamt Dateien zu erstellen, steht Ihnen hingegen der Befehl **Ablage ▸ Neues Image ▸ Image vom Ordner** bzw. ⇧ + cmd + N zur Verfügung. Ein so erstelltes Disk Image können Sie zum Beispiel auf anderen Laufwerken replizieren. Auch hier können Sie eine **Verschlüsselung** verwenden. Beim **Image-Format** müssen Sie zwischen den Optionen **Komprimiert**, **Nur Lesen**, **Lesen und Schreiben** und **DVD/CD-Master** wählen. **Komprimiert** und **Nur Lesen** eignen sich gut, wenn Sie das Disk Image als Archiv verwenden oder weitergeben, aber nicht mehr ändern wollen.

Abbildung 31.21 Ein Disk Image aus einem Ordner erstellen

Mit **Komprimiert** können Sie etwas Speicherplatz sparen, was das Image allerdings langsamer macht. Mit der Option **Lesen und Schreiben** können Sie nachträglich Änderungen am Image vornehmen. Soll das Image später auch auf anderen Betriebssystemen funktionieren, wählen Sie **Hybrid-Image**.

31.5.3 Ein Disk Image aus einem Laufwerk erstellen

Als letzte Möglichkeit bietet sich Ihnen noch **Ablage ▸ Neues Image ▸ Image von [Laufwerkname]**, womit Sie ein Disk Image aus einem vorhandenen Laufwerk erstellen können. Dies ist eine perfekte Möglichkeit, ein exaktes Abbild eines ausgewählten Laufwerkes zu erstellen. Auch hier können Sie das Disk Image eines Laufwerkes verschlüsseln.

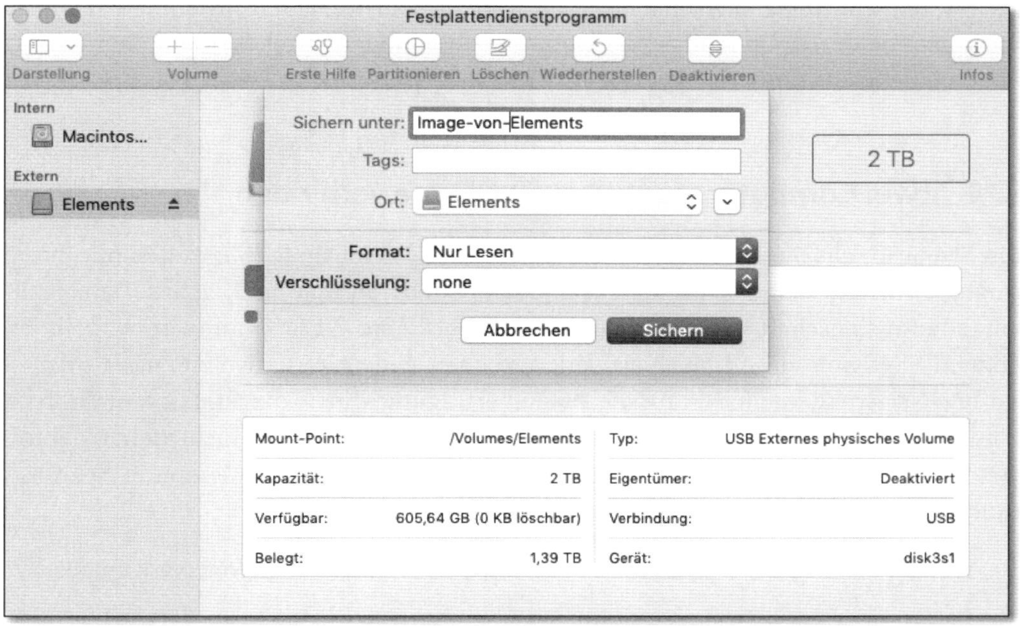

Abbildung 31.22 Ein Disk Image aus einem Laufwerk erstellen

32 Freigaben und AirDrop

In diesem Kapitel behandeln wir die lokalen Computer-zu-Computer-Netzwerke und die dort möglichen Freigaben. Mit solchen Freigaben stellen Sie ein, wie Sie den Mac im Netzwerk für andere Computer zur Verfügung stellen. Neben den Freigaben finden Sie mit AirDrop eine ganz einfache Art, Dateien auszutauschen. Daher zeige ich Ihnen in einem eigenen Abschnitt, wie Sie AirDrop verwenden können.

Das Thema Freigaben in einem Netzwerk lässt vermuten, dass es sich dabei um komplexere Administrator-Arbeiten handelt. Sie werden überrascht sein, wie einfach solche Freigaben unter macOS realisierbar sind. Ganz besonders, wenn der Computer auf der anderen Seite ebenfalls ein Mac ist.

32.1 Zwei Computer via WLAN-Hardware verbinden

Ein Szenario, das Sie häufiger erleben dürften, ist das folgende: Sie treffen mit Ihrem tragbaren Mac jemanden mit einem anderen tragbaren Mac und wollen Daten miteinander austauschen. Wenn auf beiden Rechnern eine WLAN-Hardware verbaut ist, können Sie damit ein Ad-hoc-Netzwerk aufbauen. Eine Alternative zu einem solchen Ad-hoc-Netzwerk, zumindest für die Dateiübertragung, dürfte die Funktion AirDrop im Finder sein. Doch wenn ein Mac etwas älter ist, hilft Ihnen AirDrop nicht viel. In der folgenden Anleitung erfahren Sie, wie Sie ein einfaches Computer-zu-Computer-Netzwerk (auch *Peer-to-Peer-Netzwerk*) erstellen können:

1 Wählen Sie über das WLAN-Icon in der Menüleiste den Befehl **Netzwerk anlegen**.

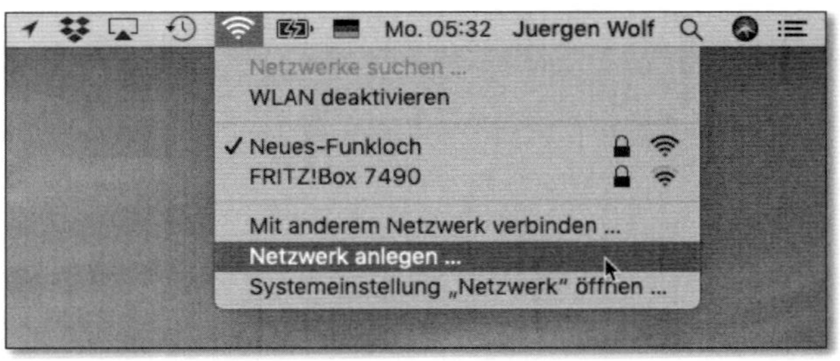

2 Geben Sie in den folgenden Dialog einen Namen für das Netzwerk ein, und klicken Sie auf **Erstellen**.

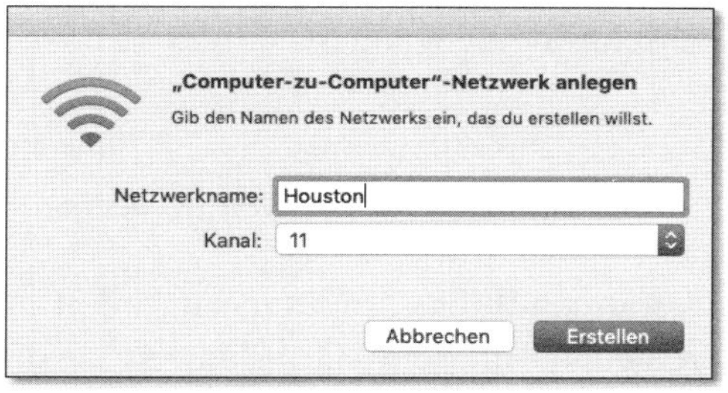

3 Jetzt ändert sich das WLAN-Icon in der Menüleiste und wird zu einem Ad-hoc-Netzwerk-Symbol. Im Menü ist der Abschnitt **Gerät** hinzugekommen, in dem der eigene Mac bzw. das eben erstellte Netzwerk angezeigt wird.

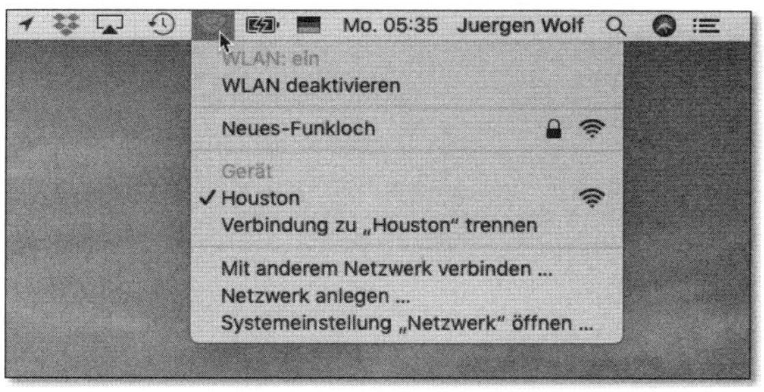

4 Wählen Sie auf dem anderen Mac ebenfalls das WLAN-Symbol, und wählen Sie dort den Eintrag des in Schritt 2 erstellten Netzwerkes des anderen Macs. Konnte erfolgreich eine Verbindung hergestellt werden, erscheint auf dem anderen Mac dasselbe Ad-hoc-Symbol.

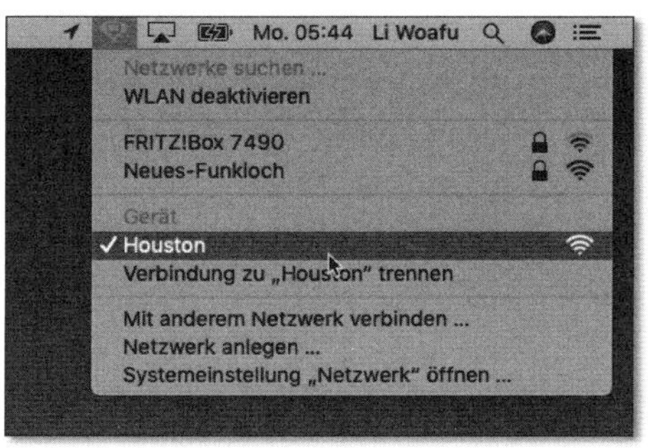

Abbildung 32.1 Hier wurde erfolgreich eine Computer-zu-Computer-Verbindung erstellt.

Wenn Sie die Verbindung zwischen zwei Computern hergestellt haben, hängt es nun davon ab, welche Ressourcen auf den Rechnern freigegeben wurden. Wurden keine Ressourcen freigegeben, haben Sie eine sinnlose Computer-zu-Computer-Verbindung erstellt. Auf die Freigabe wird im nächsten Abschnitt eingegangen.

32.2 Die Freigaben einrichten

Um Computer in lokalen Netzwerken auf Ressourcen Ihres Computers zugreifen zu lassen, müssen Sie diese Ressourcen explizit freigeben. Auf dem Mac erledigen Sie dies in den **Systemeinstellungen** von **Freigaben**. Auf der linken Seite finden Sie hier eine Liste mit den verschiedenen Freigabediensten, die Ihnen zur Verfügung stehen. Entsprechend dem ausgewählten Dienst finden Sie auf der rechten Seite die dazugehörigen Einstellungen.

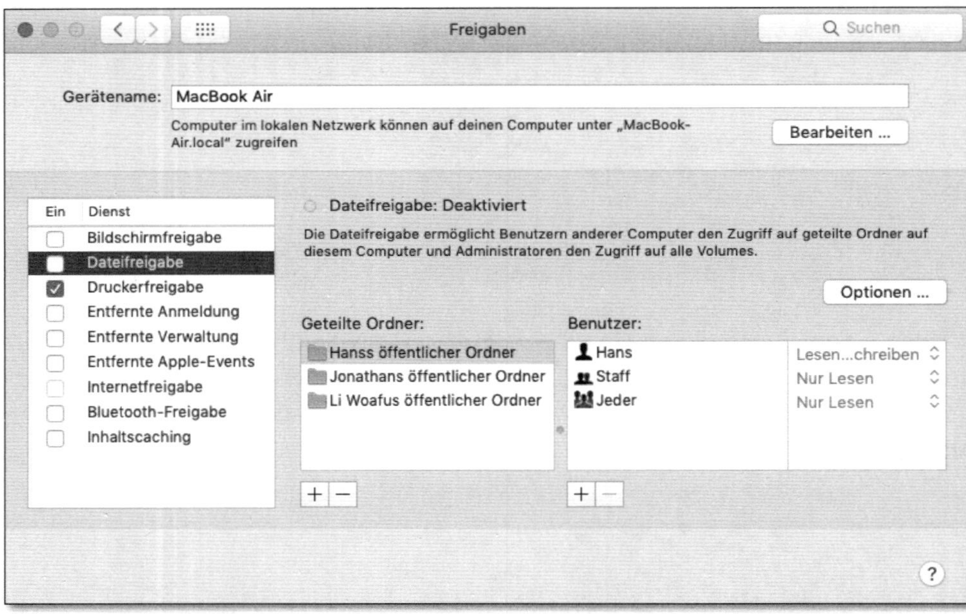

Abbildung 32.2 Hier stellen Sie ein, was Sie für den anderen Computer freigeben wollen.

32.2.1 Bildschirmfreigabe

Setzen Sie ein Häkchen vor **Bildschirmfreigabe** in den **Systemeinstellungen** von **Freigaben**, bieten Sie anderen Nutzern den Bildschirm Ihres Computers an. Über **Zugriffe**

erlauben für legen Sie die Anwender fest, die auf den Rechner zugreifen dürfen. Hierbei können Sie auch auf die Schaltfläche **Computereinstellungen** klicken und im sich öffnenden Dialog die Option **Jeder kann eine Genehmigung zur Bildschirmsteuerung anfordern** aktivieren. Dann müssen Sie nicht jeden einzelnen Benutzer in der Liste definieren. Wenn Sie noch die Option **VNC-Viewer können den Bildschirm mit folgendem Passwort steuern** aktivieren und ein Passwort dahinter eingeben, können Sie die Bildschirmfreigabe auch auf anderen Rechnern wie Windows oder Linux mit einer VNC-Software verwenden.

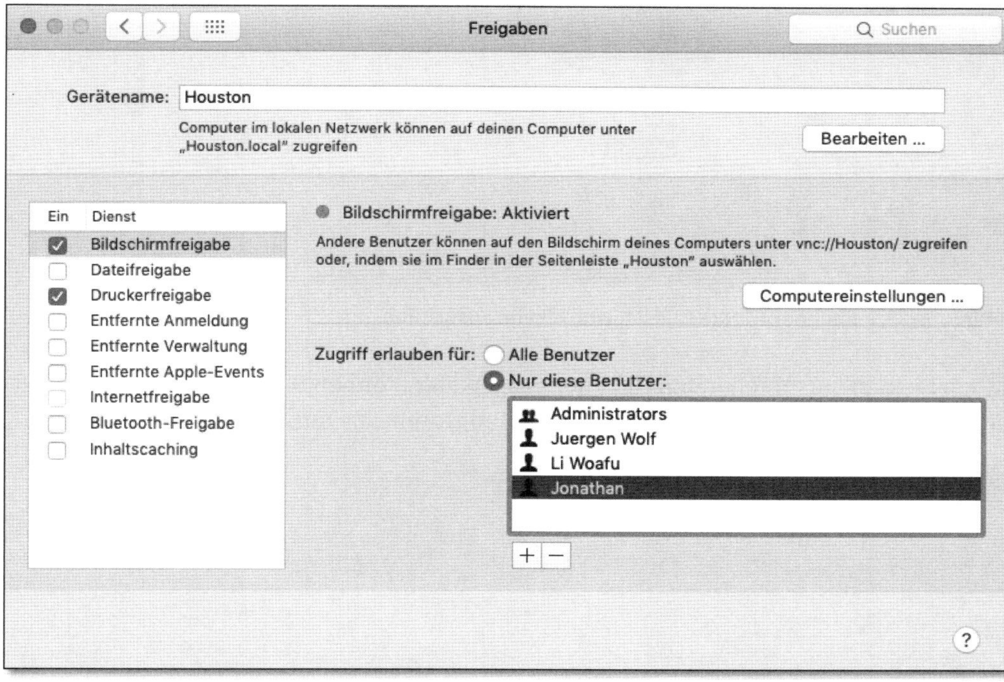

Abbildung 32.3 Bildschirmfreigabe erteilen

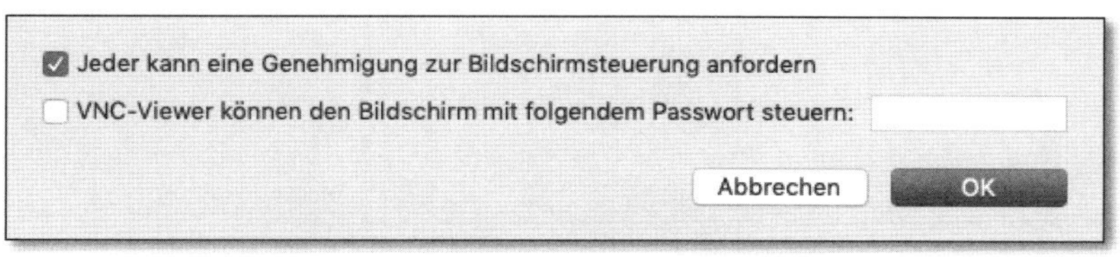

Abbildung 32.4 Computereinstellungen für Bildschirmfreigabe

Um auf den Bildschirm eines anderen Macs zuzugreifen, müssen Sie den entsprechenden Rechner bei **Netzwerk** in der Seitenleiste im Bereich **Orte** auswählen.

Abbildung 32.5 Rechner für die Bildschirmfreigabe auswählen

Haben Sie den entsprechenden Rechner ausgewählt, können Sie rechts über die Schaltfläche **Bildschirmfreigabe** das gleichnamige Programm starten.

Abbildung 32.6 Die Bildschirmfreigabe auf einem anderen Mac auswählen

Es folgt ein Login zur Bildschirmfreigabe des anderen Rechners. Wenn Sie auf dem entfernten Rechner als Benutzer registriert sind, wählen Sie **Registrierter Benutzer** und geben **Name** und **Passwort** in das Textfeld ein. Alternativ können Sie mit **Durch Fragen um Erlaubnis** eine entsprechende Anfrage an den entfernten Rechner senden. Klicken Sie auf **Verbinden**, um die Bildschirmfreigabe zu starten.

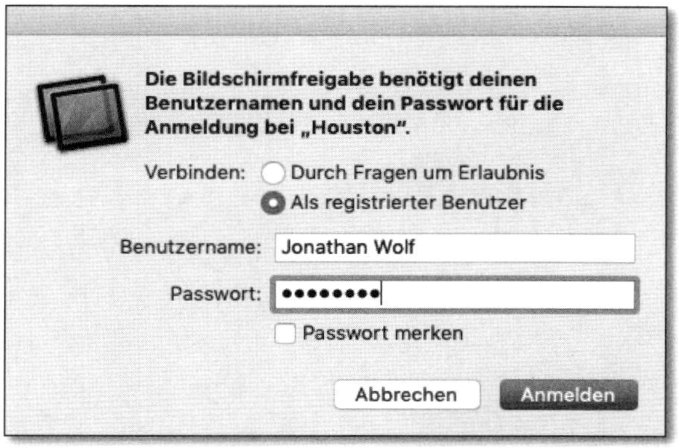

Abbildung 32.7 Login zum entfernten Bildschirm

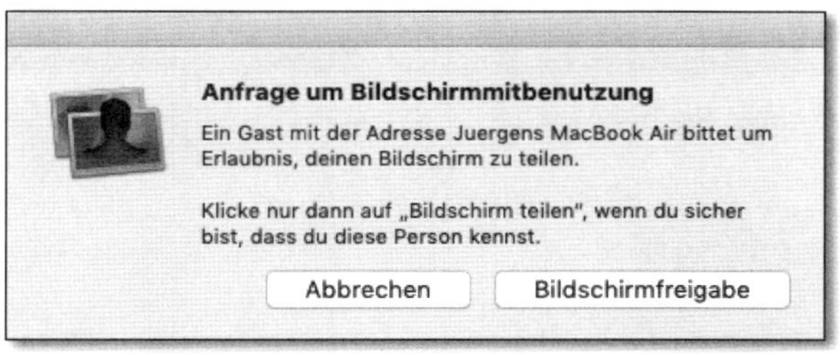

Abbildung 32.8 Diese Abfrage erscheint auf dem entfernten Rechner, wenn »Durch Fragen um Erlaubnis« ausgewählt wurde.

Nun wird der Bildschirm des entfernten Rechners übertragen, den Sie auch steuern können. Sie können in der Symbolleiste zwischen **Steuern** und **Beobachten** ❶ wechseln. Mit **Steuern** greifen Sie direkt mit der Maus auf den entfernten Rechner zu, und mit **Beobachten** können Sie auf dem entfernten Rechner ein Lupensymbol an beliebiger Stelle einblenden, um dem Benutzer dort einen Hinweis zu geben. Ein weiteres tolles Feature ist, dass Sie vom vorliegenden Rechner auf den entfernten Rechner und umgekehrt per Drag & Drop Daten übertragen können. Im Beispiel habe ich zwei Bilder vom Schreibtisch des vorliegenden Rechners auf den Schreibtisch des entfernten Rechners gezogen.

Abbildung 32.9 Volle Kontrolle auf den entfernten Rechner

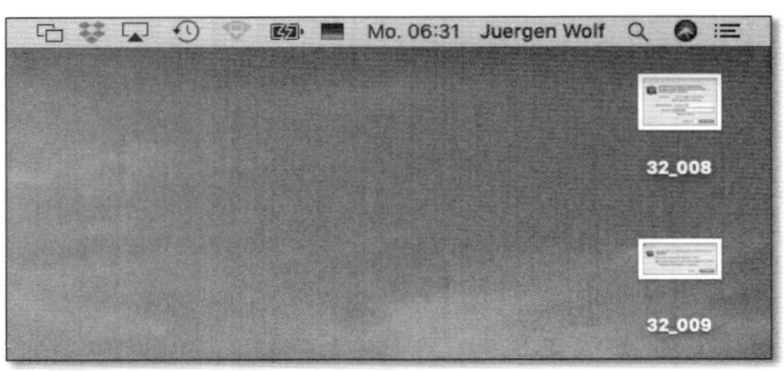

Abbildung 32.10 Die kopierten Dateien auf dem entfernten Rechner

32.2.2 Dateifreigabe

Über die **Dateifreigabe** können Sie Daten im Netzwerk zur Verfügung stellen. Im Bereich **Geteilte Ordner** fügen Sie über das Plussymbol Ordner hinzu, die Sie hier freigeben wollen. Entfernen können Sie Ordner über das Minussymbol. Die Zugriffsrechte für die freigegebenen Ordner geben Sie im Bereich **Benutzer** an. Über die Schaltfläche **Optionen** finden Sie weitere Einstellungen, damit Windows-Systeme auf Ihre Daten über das

SMB-Protokoll zugreifen können. Neben dem SMB-Protokoll finden Sie hier auch das Teilen von Daten mit AFP, dem Apple-Protokoll. Wählen Sie bei Bedarf ein entsprechendes Protokoll aus, und definieren Sie die Accounts, denen Sie Zugang zu Ihren Daten gewähren wollen. Für die einzelnen Accounts müssen Sie noch ein Passwort eingeben.

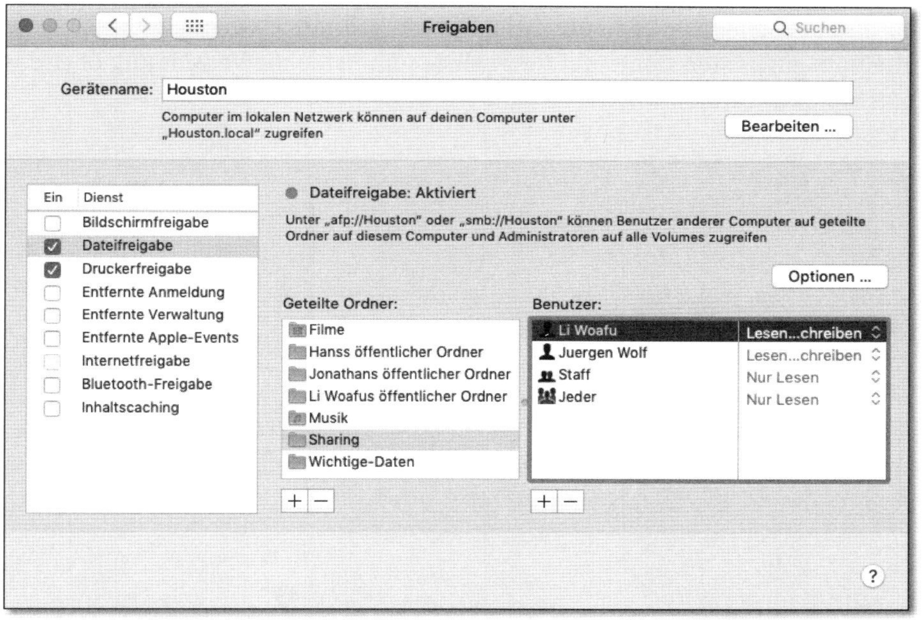

Abbildung 32.11 Die Dateifreigabe aktivieren

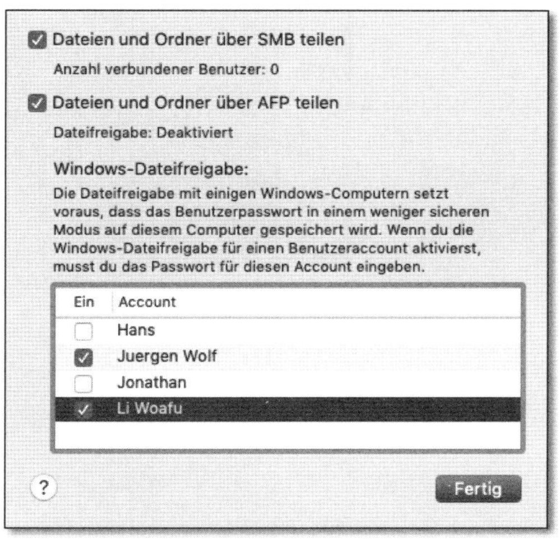

Abbildung 32.12 Dateien und Ordner über SMB und/oder AFP teilen

Damit der Benutzer auf dem anderen Rechner auf die freigegebenen Dateien und Ordner zugreifen kann, muss er den entsprechenden Rechner in der Seitenleiste bei **Netzwerk** auswählen und dann rechts oben auf die Schaltfläche **Verbinden als** ❶ klicken. Es folgt ein Dialog, um sich auf dem Rechner anzumelden. Anschließend können Sie auf die geteilten Ordner des anderen Macs zugreifen und Daten austauschen. Der entfernte Rechner wird unter **Gehe zu ▸ Computer** als **Entfernte Volumes** eingebunden. Wenn Sie mit der Arbeit am entfernten Computer fertig sind, sollten Sie die Verbindung über das Auswerfen-Symbol ❷ trennen.

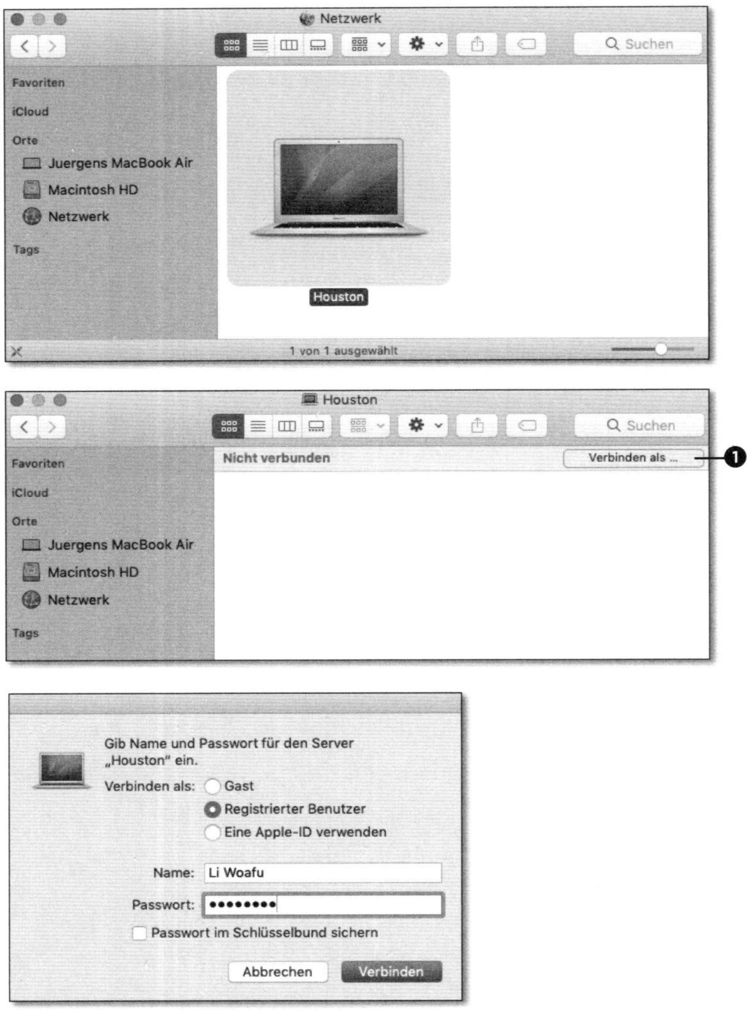

Abbildung 32.13 Zugriff auf Daten des entfernten Rechners

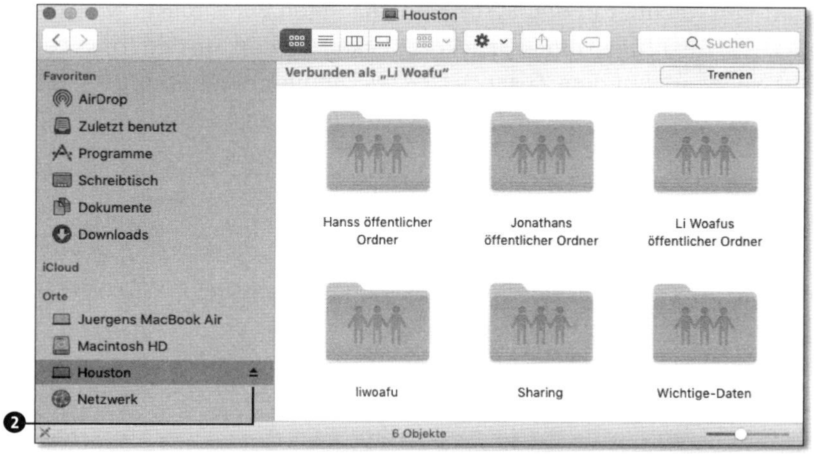

Abbildung 32.14 Erfolgreich mit dem entfernten Rechner via Dateifreigabe verbunden

32.2.3 Druckerfreigabe

Die **Druckerfreigabe** eignet sich für Drucker ohne Netzwerkfunktion, die mit einem USB-Kabel am Mac verbunden sind. Auf diese Weise machen Sie auch den Drucker für andere Macs verfügbar. Hierzu müssen Sie im Bereich **Drucker** das Gerät auswählen, und im Bereich **Benutzer** können Sie die Zugriffsrechte einrichten, wer auf diesen Drucker zugreifen darf.

32

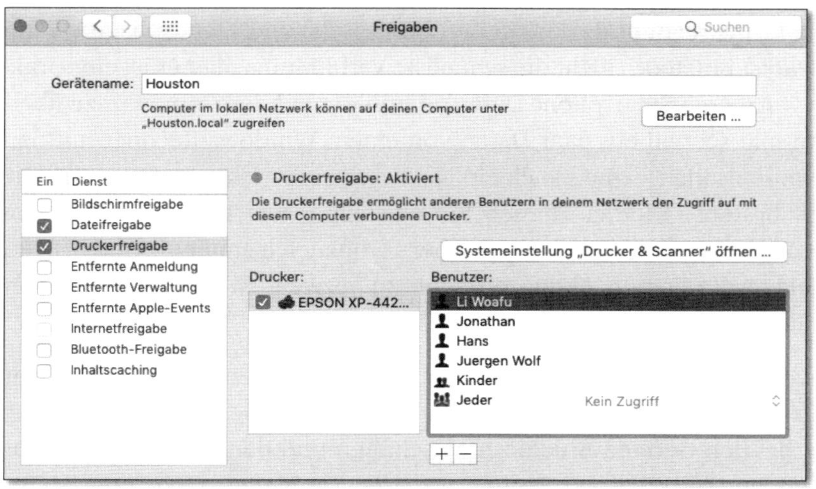

Abbildung 32.15 Drucker im Netzwerk freigeben

Wenn Sie auf einem anderen Rechner in den **Systemeinstellungen** von **Drucker & Scanner** auf das Plussymbol zum Hinzufügen eines Druckers klicken, finden Sie den freigegebenen Drucker über das Netzwerk mit dem Zusatz @ *Rechnername* (in Abbildung 32.16: @ *Houston*).

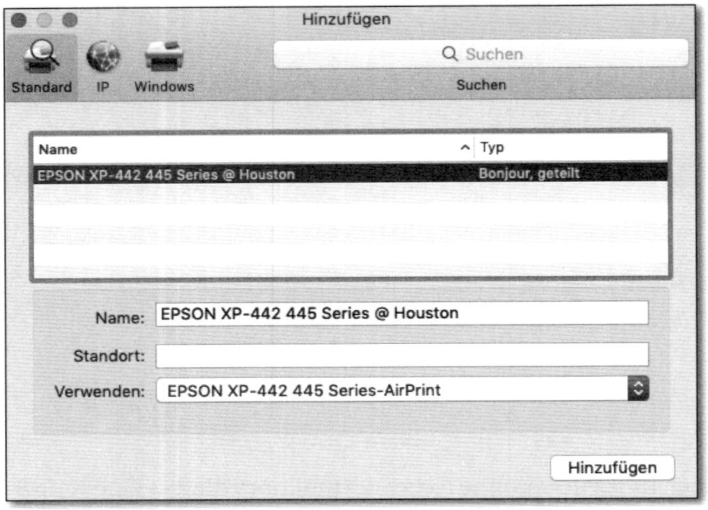

Abbildung 32.16 Ein über das Netzwerk freigegebener Drucker

32.2.4 Bluetooth-Freigabe

Eine weitere Freigabe, die recht praktisch für den Austausch von Daten ist, ist die **Bluetooth-Freigabe**. Zwar ist Bluetooth nicht die schnellste Verbindung, aber es ist eine praktische Lösung, um von einem Smartphone Daten oder Bilder auf den Computer zu übertragen. Auch wenn mal schnell ein paar Daten von einem Windows-Rechner auf den Mac übertragen werden sollen, ohne gleich ein Netzwerk einzurichten, eignet sich die Bluetooth-Freigabe bestens. Hierbei können Sie einstellen, wie beim Empfang von Daten reagiert werden soll und wo Sie diese speichern wollen. Ich empfehle Ihnen, **Beim Empfang von Objekten** die Option **Aktion erfragen** zu verwenden. Ansonsten ist der **Empfangsordner** mit **Downloads** vorgegeben.

Die Übertragung von Daten via Bluetooth an den Mac funktioniert im Prinzip immer recht ähnlich. Ein wenig unterscheidet sich die Vorgehensweise vom verwendeten Gerät. Sie müssen bei den Geräten Bluetooth einschalten und dann die Daten an das Bluetooth-Gerät senden. Bei Windows-Rechnern finden Sie hierzu via rechten Mausklick auf eine Datei den Befehl **Senden an ▸ Bluetooth-Gerät**. Bei Android-Smartphones wählen Sie beispielsweise ein Bild aus, tippen dort auf **Senden** und suchen hier nach dem Bluetooth-Zeichen. Bei einem anderen Mac hingegen klicken Sie auf das Bluetooth-Icon in der Menüleiste und wählen dort **Datei an Gerät senden**.

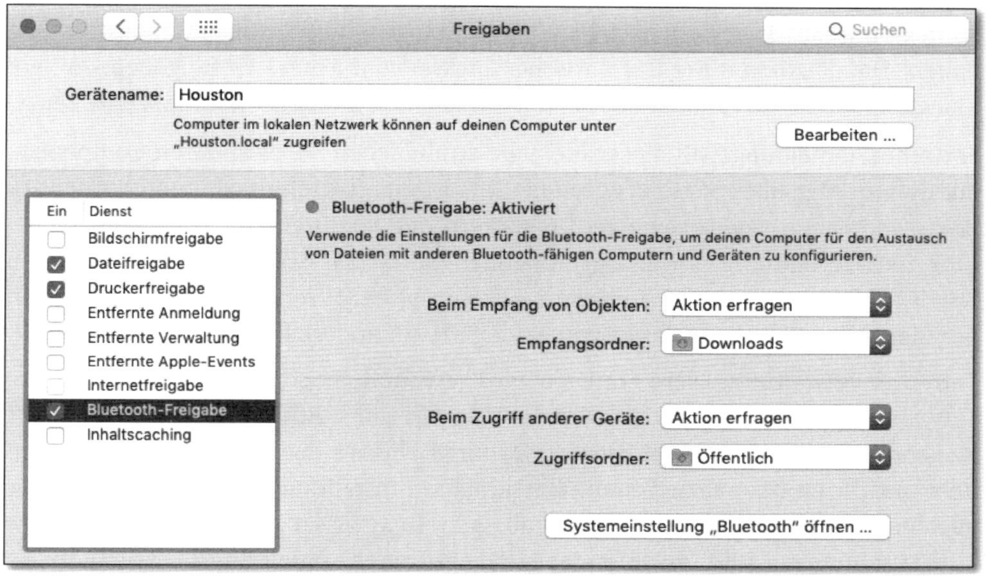

Abbildung 32.17 Die Bluetooth-Freigabe

Im nächsten Schritt müssen Sie eine Verbindung zum freigegebenen Bluetooth-Gerät herstellen. Auch hier hängt der Vorgang vom verwendeten Gerät ab. In der Regel allerdings reicht es aus, das Gerät auszuwählen und sich zu verbinden. Sobald die Verbindung steht, wird die Datei auf den Mac übertragen. Haben Sie **Aktion erfragen** eingestellt, erscheint am Mac zunächst eine Anfrage, die Sie bestätigen müssen. Wurde die Datei übertragen, finden Sie diese im eingestellten **Empfangsordner**.

Abbildung 32.18 »Samsung Galaxy 7« will eine Datei via Bluetooth senden.

32.2.5 Die restlichen Freigabedienste

Die übrigen Freigabedienste werden an dieser Stelle noch kurz beschrieben:

- **DVD- oder CD-Freigabe:** Diese Freigabe wird nur angezeigt, wenn Ihr Mac ein eingebautes optisches Laufwerk enthält oder Sie ein externes Laufwerk angeschlossen haben. Damit können Sie das optische Laufwerk im Netzwerk freigeben. Andere Macs können auf das Laufwerk bzw. auf das darin befindliche Medium zugreifen.
- **Entfernte Anmeldung:** Mit dieser Freigabe ermöglichen Sie es anderen Computern, auf diesem Mac über SSH zuzugreifen. SSH ist eine verschlüsselte und authentifizierte Verbindung zwischen zwei Computern und somit eine recht sichere Sache. Eine SSH-Verbindung ist plattformunabhängig, womit Sie mit einem beliebigen SSH-Client auf den Mac zugreifen und diesen per SSH fernsteuern können. Auch der Mac selbst kann über das Terminal via SSH auf andere Rechner zugreifen.
- **Entfernte Verwaltung:** Diese Freigabe wird gewöhnlich bei größeren Unternehmen verwendet. Mit dieser Funktion wird der Mac von einem Administrator mittels *Apple Remote Desktop* (ARD) administriert. Dadurch wird es dem Administrator ermöglicht, auf Ihren Mac zuzugreifen, was je nach Einstellung dem Zugreifenden die absolute Kontrolle über Ihren Mac ermöglicht. In gewisser Weise ist diese Freigabe eine Mischung aus Bildschirmfreigabe und entfernter Anmeldung.
- **Entfernte Apple-Events:** Damit erlauben Sie, dass Apple-Events von auf anderen Computern aktiven Anwendungen akzeptiert werden. Ein Apple-Event ist eine Aufgabe, die auf einem Mac ausgeführt wird, wie beispielsweise das Öffnen einer Datei oder das Drucken von Dokumenten. Ist diese Freigabe aktiviert, kann ein auf einem anderen Mac aktives AppleScript-Programm mit Ihrem Mac zusammenarbeiten und beispielsweise eine Datei öffnen, die sich auf Ihrem Mac befindet.
- **Internetfreigabe:** Aktivieren Sie diese Freigabe, teilen Sie Ihre Internetverbindung mit anderen Computern im gleichen lokalen Netzwerk. Ihr Mac wird damit quasi zum (WLAN-)Router für andere Computer.
- **Inhaltscaching:** Damit können Sie die Bandbreitennutzung reduzieren und somit die Installation von Software-Updates, Apps und anderen Inhalten auf dem Computer beschleunigen, indem die Inhalte auf dem Computer gespeichert werden.

32.3 Datenaustausch über AirDrop

Neben der Möglichkeit, Daten über die Freigabe auszutauschen, hat Apple mit AirDrop eine viel einfachere Art, Dateien zu tauschen, eingebaut. Hierbei sind keinerlei Freigaben mehr notwendig. Neben der Möglichkeit, Daten über verschiedene Macs zu tauschen, funktioniert AirDrop auch mit dem iPhone, iPad oder iPod touch, wenn diese Geräte in der Nähe sind.

32.3.1 AirDrop aktivieren

Wird AirDrop auf dem Mac-Computer unterstützt, finden Sie in der Seitenleiste des Finders oder im Menü **Gehe zu** den Eintrag **AirDrop**. Wählen Sie den Eintrag aus, öffnet sich ein spezielles AirDrop-Fenster. Wenn Sie WLAN und Bluetooth deaktiviert haben, werden entsprechende Schaltflächen angezeigt, um sie zu aktivieren. Sind WLAN und Bluetooth aktiviert, steht AirDrop sofort bereit. Wichtig ist die Einstellung **Ich bin sichtbar für** ❶, wo Sie **Jeden**, **Nur Kontakte** oder **Keinen** zur Auswahl haben. Wollen Sie nicht, dass Ihnen jeder Daten senden darf, wählen Sie **Nur Kontakte**, und es dürfen nur Personen Daten senden, die in Ihren Kontakten enthalten sind. Sie können diese Einstellung trotzdem jederzeit ändern, wenn Sie mit jemandem Daten tauschen wollen, der nicht in Ihren Kontakten enthalten ist.

Abbildung 32.19 AirDrop ist auf dem Mac aktiviert.

Bei mobilen Geräten hingegen wird AirDrop unterstützt, wenn Sie vom unteren Rand nach oben über den Bildschirm streichen. Halten Sie einen Finger auf einem der vier Toggle Buttons ❷ **Flugmodus**, **Mobile Daten**, **WLAN** oder **Bluetooth**, erscheinen weitere Schaltflächen. Tippen Sie auf **AirDrop**, und stellen Sie ein, ob Sie hier Objekte von jedem oder nur von Personen aus Ihren Kontakten erhalten wollen. Wählen Sie **Empfangen aus**, dann schließen Sie jeden Datenempfang via AirDrop aus.

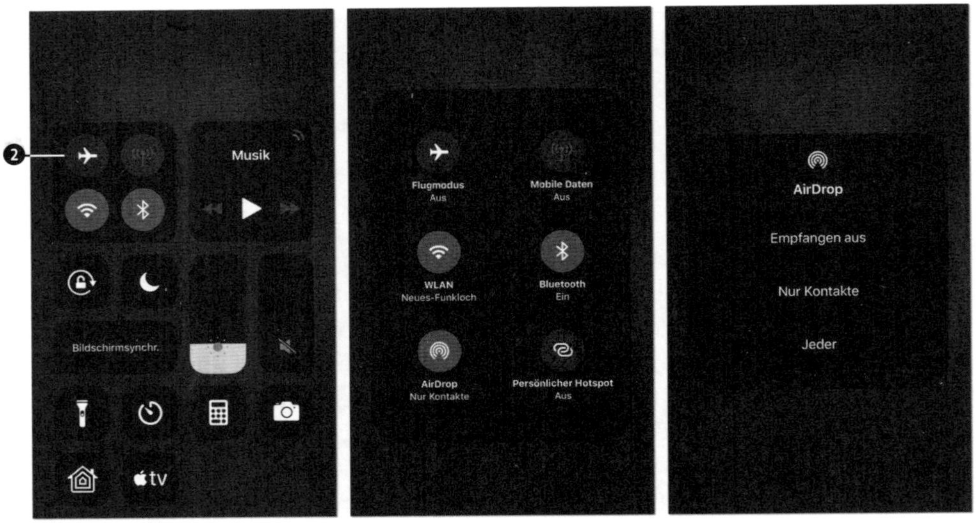

Abbildung 32.20 AirDrop auf einem iOS-Gerät

32.3.2 Datenaustausch via AirDrop mit zwei Macs

Um Daten mit AirDrop zu versenden, aktivieren Sie **AirDrop** in der Seitenleiste des Finders oder über das Menü **Gehe zu ▸ AirDrop**. Im Fenster werden jetzt alle AirDrop-Benutzer in der Nähe angezeigt. Es werden nur Macs angezeigt, die AirDrop im Finder aktiviert und das Fenster ebenfalls geöffnet haben. In diesem Beispiel ist es nur ein Mac. Über Drag & Drop können Sie Dateien an diesen Mac im AirDrop-Fenster senden.

Abbildung 32.21 Datenaustausch zwischen zwei Macs via Drag & Drop

Alternativ steht Ihnen über die Teilen-Schaltfläche im Finder und in vielen anderen Programmen **AirDrop** zur Weitergabe zur Verfügung. Auch via rechten Mausklick auf eine Datei können Sie **Teilen ▸ AirDrop** verwenden. Wählen Sie im sich öffnenden Dialog den gewünschten AirDrop-Benutzer aus, und klicken Sie auf **Fertig**, um die Daten zu senden. Natürlich muss auch hierbei der Benutzer AirDrop vorher im Finder aktiviert und das Fenster eingeblendet haben.

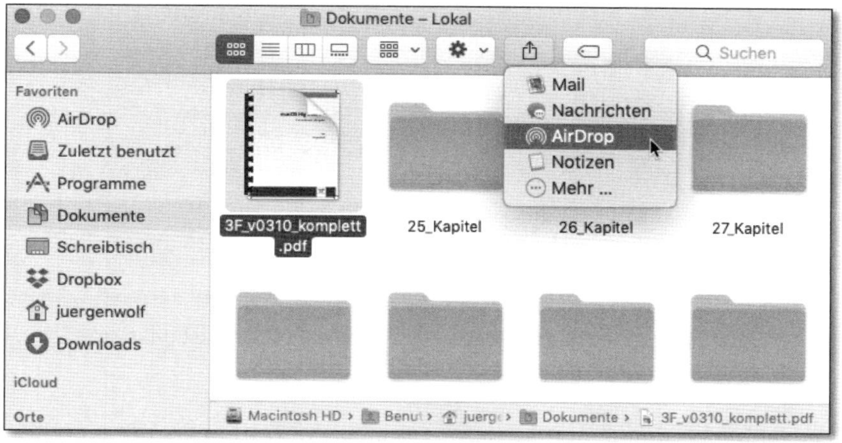

Abbildung 32.22 AirDrop ist auch über die Teilen-Schaltfläche verfügbar.

32

Wenn der Empfänger an Ihrem iCloud-Account angemeldet ist, werden die gesendeten Dateien automatisch akzeptiert und im *Downloads*-Ordner gesichert. Ansonsten werden die Dateien erst auf dem Mac gesichert, wenn sie vom Empfänger akzeptiert wurden.

TIPP

Gerätenamen ändern

Die Namen, die innerhalb von AirDrop für die Geräte angezeigt werden, können Sie in den **Systemeinstellungen** von **Freigaben** unter **Gerätename** ändern.

32.3.3 AirDrop mit älteren Macs

Wenn der Empfänger einen älteren Mac aus dem Jahr 2012 oder älter besitzt, erscheint dieser Mac nicht automatisch im AirDrop-Fenster bei den Geräten. In dem Fall müssen Sie vorher auf **Gewünschte Person nicht gefunden?** klicken und dort die Schaltfläche **Nach älterem Mac suchen** wählen. Dann sollte auch das ältere Mac-Modell im AirDrop-Fenster erscheinen.

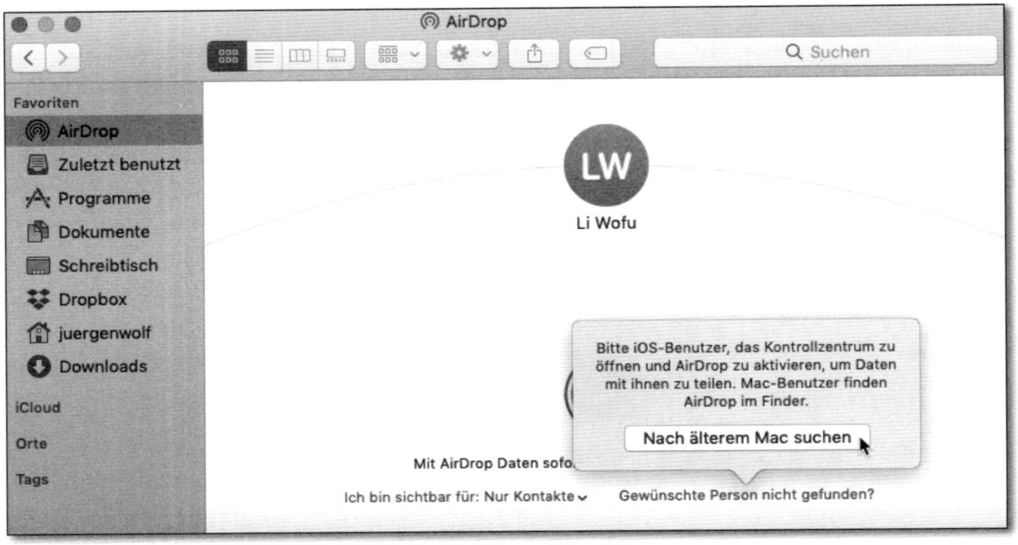

Abbildung 32.23 Hat der Empfänger einen älteren Mac, müssen Sie eine separate Funktion ausführen.

Sind Sie mit der Datenübertragung an den älteren Mac fertig, sollten Sie die Funktion über die Schaltfläche **Abbrechen** im AirDrop-Fenster wieder beenden, weil es leider nicht möglich ist, dass gleichzeitig alte und neue Mac-Modelle im AirDrop-Fenster angezeigt werden.

Abbildung 32.24 Die Suche nach älteren Macs mit AirDrop wieder beenden

32.3.4 AirDrop zwischen Mac und iOS-Geräten

Auch mit den mobilen Geräten wie iPhone oder iPad ist ein Datenaustausch via AirDrop möglich. Damit Ihr mobiles Gerät allerdings auf dem Mac im AirDrop-Fenster erscheint, müssen folgende Bedingungen erfüllt sein:

- Mac und iOS-Gerät müssen dasselbe WLAN-Netzwerk verwenden. Mit einer Mobilfunkverbindung des iOS-Geräts klappt dies nicht.
- Der Bildschirm des mobilen Geräts darf nicht im Schlafmodus sein, sondern AirDrop muss auch auf diesem Gerät sichtbar und verfügbar sein wie auf dem Mac.

Sind die Bedingungen erfüllt, können Sie wie schon von Mac zu Mac Dateien per Drag & Drop oder über die Teilen-Funktion an das iOS-Gerät senden.

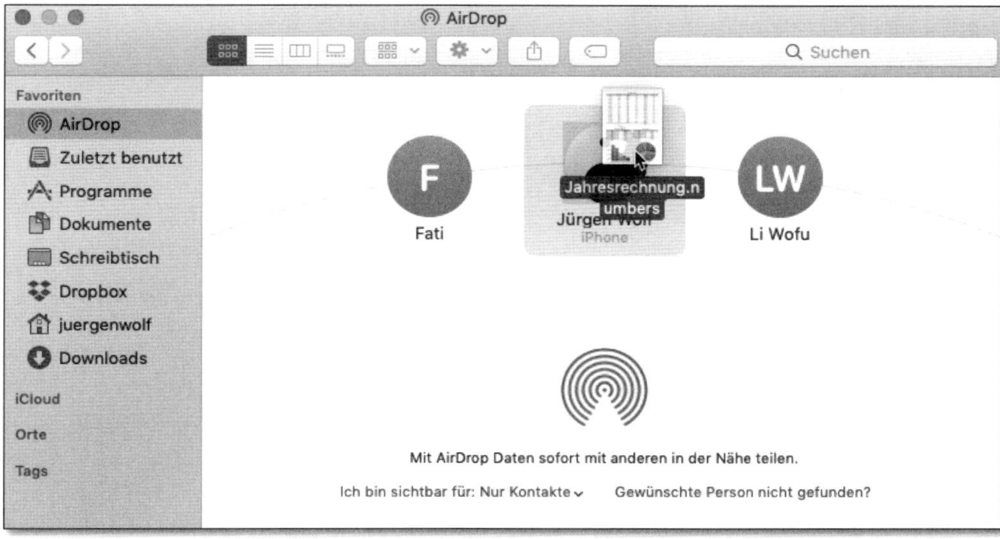

Abbildung 32.25 Bilder via Drag & Drop vom Mac an ein iPhone senden

Umgekehrt funktioniert dies ähnlich. Wählen Sie beispielsweise auf dem iPhone Bilder aus, die Sie über die Teilen-Schaltfläche versenden wollen, erscheint unterhalb der Empfänger ❶ mit AirDrop, an den Sie die Bilder versenden können. Beim Empfänger wird wieder vorausgesetzt, dass AirDrop aktiv ist und das Fenster angezeigt wird.

Bei der Übertragung von Dateien vom Mac an ein iOS-Gerät versucht das iOS-Gerät stets, ein Programm zu finden, mit dem diese Datei geöffnet werden kann. Nicht immer gibt es ein entsprechendes Programm dafür oder zumindest ist nicht immer eines auf dem iOS-Gerät installiert. In dem Fall bietet Ihnen das iOS-Gerät die Option an, eine passende App aus dem App Store zu laden oder die Datei in iCloud Drive zu sichern. Bei Bildern hingegen werden die Bilder ohne Nachfrage der Fotos-App auf dem iOS-Gerät hinzugefügt.

Abbildung 32.26 Bilder vom iPhone an den Mac via AirDrop senden

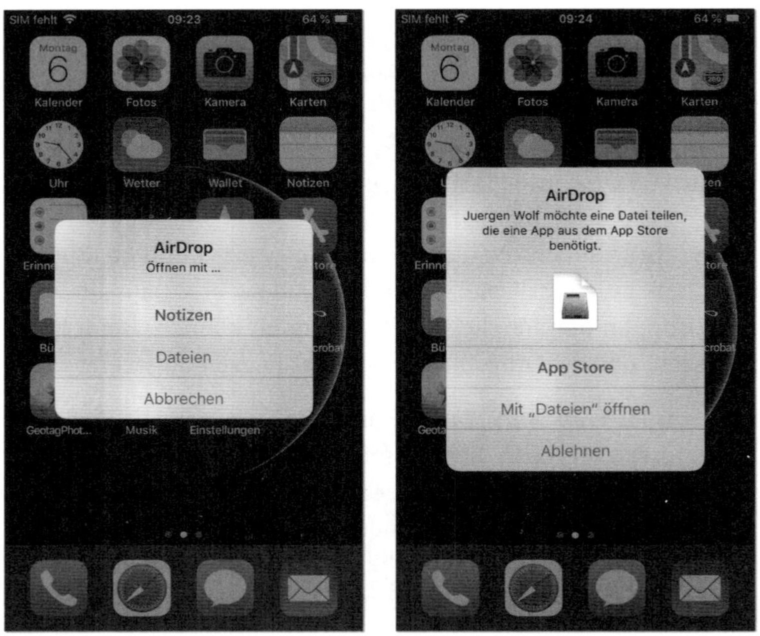

Abbildung 32.27 Gibt es eine passende App, wird Ihnen auf dem iOS-Gerät angeboten, die Datei damit zu öffnen. Ansonsten können Sie eine passende App laden oder die Datei auf iCloud Drive sichern.

33 Das Terminal – die Kommandozeile verwenden

In Zeiten von grafischen Oberflächen erscheint die Eingabe von Befehlen am Terminal zunächst etwas altmodisch und komplex. Vermutlich werden Sie in der alltäglichen Praxis nicht allzu häufig mit der Kommandozeile zu tun haben. Trotzdem gibt es Fälle, in denen es praktisch ist, zumindest ein wenig mit dem Umgang vertraut zu sein.

In diesem Kapitel lernen Sie den grundlegenden Umgang mit dem Terminal inklusive einigen Kommandos kennen. Damit sind Sie in der Lage, im Notfall ein paar Befehle abzusetzen. Das Terminal und die zugrunde liegende Shell sind sehr komplex. Mit ihnen können Sie auch Shellskripts programmieren. Allerdings kann hier nicht ausführlich darauf eingegangen werden.

Abbildung 33.1 Programm-Icon von Terminal

33.1 Das Terminal starten

Das Terminal finden Sie im Ordner *Dienstprogramme*. Nach dem Start sehen Sie ein leeres Fenster mit zwei Zeilen Text und einem blinkenden Cursor, der auf Ihre Eingabe wartet. Die erste Zeile gibt den Zeitpunkt der letzten Anmeldung in ein Terminal aus, und die zweite Zeile enthält die eigentliche Eingabeaufforderung. Im Titel des Fensters sehen Sie ein Symbol und den Namen des aktuellen Arbeitsverzeichnisses ❶, den Namen der verwendeten Shell ❷ und die Anzahl der Zeichen pro Zeile und Anzahl der Zeilen ❸.

33

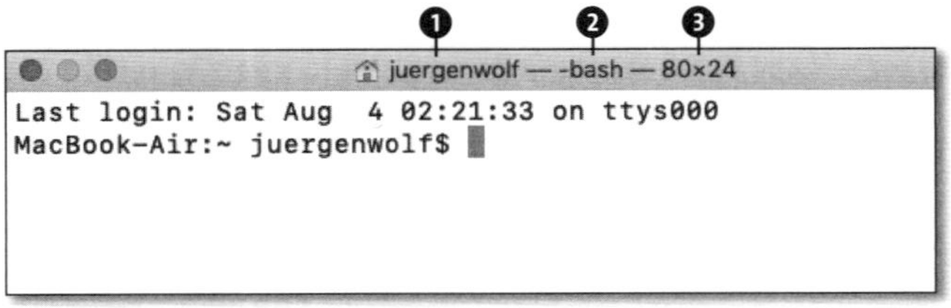

Abbildung 33.2 Das Terminal bei der Ausführung

Das aktuelle Arbeitsverzeichnis zeigt Ihnen an, wo Sie sich gerade im Dateisystem befinden und auf welches Verzeichnis ein Kommando bei der Ausführung hier eine Auswirkung hätte, wenn Sie es ohne weitere Angaben ausführen würden. In der Regel startet ein neues Terminal im Arbeitsverzeichnis des eingeloggten Benutzers. Diese Information können Sie sich in der Kommandozeile mit dem Befehl `pwd` ausgeben lassen. Der Befehl `pwd` ist ein Unix-Kommando und steht als Kurzform für *Print Working Directory*, also »gib das Arbeitsverzeichnis aus«.

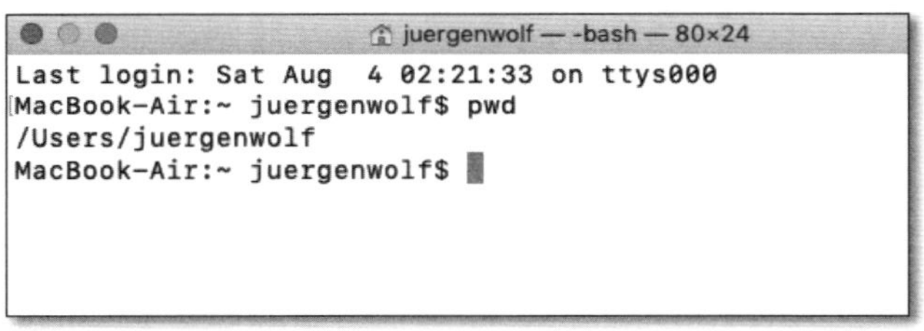

Abbildung 33.3 Die Ausgabe des Arbeitsverzeichnisses

HINWEIS

Englische Namen

Wenn Sie `pwd` im Terminal eingegeben und [↵] betätigt haben, werden Sie feststellen, dass die Rückmeldung und Ausgabe stets in englischer Sprache erfolgen. Als Arbeitsverzeichnis des Benutzers wird hier nicht etwa */Benutzer/Benutzername*, sondern */Users/Benutzername* zurückgegeben. Im Gegensatz zum Finder werden die Ordnernamen nicht lokalisiert, sondern stets in Englisch verwendet.

Um nochmals zur Zeile der Eingabeaufforderung, dem Prompt, zurückzukommen. Diese Zeile sieht bei Ihnen gewöhnlich etwas anders aus. Vor dem Doppelpunkt wird der Name des Rechners ausgegeben, unter dem dieser im Netzwerk erreichbar ist. Nach dem Doppelpunkt wird das aktuelle Arbeitsverzeichnis ausgegeben. Das Tildezeichen (~) verweist auf Ihr persönliches Benutzerverzeichnis, das in diesem Fall */Benutzer/juergenwolf* ist. Hinter dem Zeichen $ folgt noch ein Leerzeichen, und dann befindet sich hier der eigentlichen Prompt, wo Sie Ihre Befehle über die Tastatur eingeben können. Häufig wird dieser Prompt als viereckiger Block angezeigt.

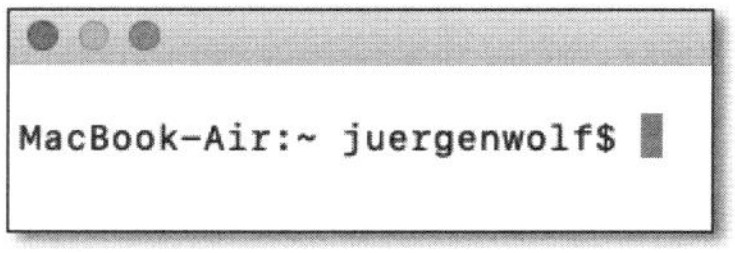

Abbildung 33.4 Der Prompt in einem Terminal

33.2 Terminal, Shell und Kommandos

Im Abschnitt zuvor wurden die Begriffe *Terminal*, *Shell* und *Kommandos* verwendet. Gerade Einsteiger geraten bei diesen Begriffen zunächst ins Straucheln und werfen alles in einen Topf. Daher erläutere ich Ihnen diese drei Begriffe etwas genauer.

33.2.1 Terminal

Der Begriff Terminal kann etwas verwirrend sein und stammt aus der Anfangszeit der Unix-Betriebssysteme, zu denen macOS auch gehört. Damals stand noch nicht auf jedem Arbeitsplatz ein leistungsfähiger Rechner, und es wurde für die Rechenoperationen ein (häufig teurer) Server verwendet, der mit dem kleinen Arbeitsplatzrechner verbunden war. Der Arbeitsplatzrechner war quasi nur ein kleines Gerät, das für die Eingabe und Ausgabe verwendet wurde. Die Rechenoperationen führte dabei immer der Server aus. Die Arbeitsplatzgeräte wurden als Terminal bezeichnet. Heute und bezogen auf den Mac, ist das Terminal lediglich das kleine Dienstprogramm bzw. das Fenster Terminal, das als Ersatz für die Terminalhardware von damals dient.

33.2.2 Shell

Das Terminal ist quasi die virtuelle Hardware, also das Gerät, das als Schnittstelle zwischen dem Server und der Ein- und Ausgabe von Befehlen zur Verfügung steht. Sie können daher durchaus mehrere solcher Terminalfenster öffnen und verwenden. Die Terminals haben intern eine Bezeichnung wie *ttys000*, wie Sie es auch beim Starten eines Terminals sehen können, wenn in der ersten Zeile angezeigt wird, wann sich beispielsweise zuletzt jemand auf ttys000 eingeloggt hat. Öffnen Sie weitere Terminals, wird die Ziffer in der Bezeichnung für jedes neue Terminal erhöht (ttys001, ttys002 usw.).

Das Terminal allein ist nicht in der Lage, einzelne Befehle entgegenzunehmen und zu verarbeiten. Dafür wird ein Kommandointerpreter benötigt, mit dem Sie mit dem System interagieren können. Hierzu wird die Shell verwendet. Die Shell ist für die Interpretation der Eingabe im Terminal zuständig. Es gibt hierfür mittlerweile eine Menge unterschiedlicher Shells, aber unter der Haube des Macs wird die Bash (*Bourne-again shell*) verwendet, was in der Titelzeile auch angezeigt wird. Die Shell ist quasi die essenzielle Methode, das System überhaupt in der Kommandozeile bedienen zu können.

33.2.3 Kommandos

Genau genommen gibt es zwei Sorten von Kommandos, die Sie in einer Shell absetzen können. Da wären sogenannte Shell-eigene Kommandos (auch *Builtin-Kommandos* genannt), die direkt in der Shell implementiert sind und ausgeführt werden, ohne dass ein anderes Programm gestartet werden muss. Einige solcher Befehle (beispielsweise `cd` zum Wechseln eines Verzeichnisses) müssen sogar Teil einer Shell sein, weil diese globale Variablen verwenden. Andere wiederum werden aus Performance-Gründen direkt in der Shell ausgeführt.

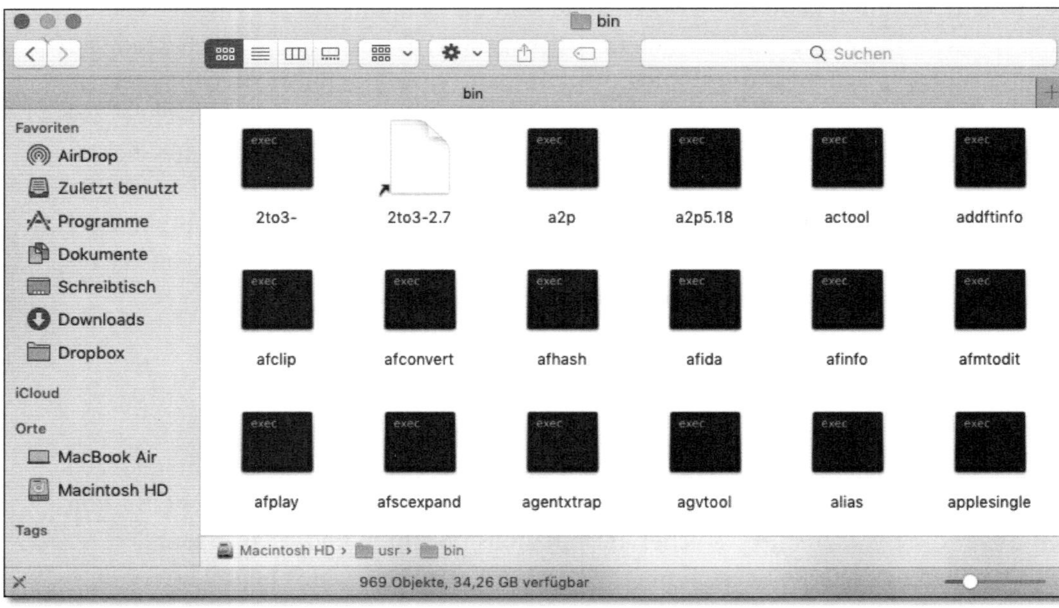

Abbildung 33.5 Programme, die von der Shell als Kommandos gestartet werden können

Darüber hinaus gibt es viele weitere Kommandos, bei denen es sich um ausführbare Programme handelt, das von der Shell gestartet wird. Wählen Sie im Finder **Gehe zu ▸ Gehe zum Ordner** und geben hier */usr/bin* ein, finden Sie Tausende von ausführbaren Dateien, bei denen es sich um Befehle handelt, die Sie in der Kommandozeile eingeben und verwenden können.

HINWEIS

Kryptische Bezeichnungen mit Logik

Wie Sie zuvor mit `pwd` erfahren haben, sind die oft kryptischen Bezeichnungen meistens nur Akronyme oder Abkürzungen, die den Zweck des Befehls beschreiben. Bei `pwd` haben Sie erfahren, dass es für *print working directory* steht. Genauso ist es in der Regel mit allen anderen Befehlen, die Sie auf den nächsten Seiten verwenden werden. Der Befehl `cd` steht beispielsweise für *change directory*, `cp` für *copy* oder `ls` für *list*, `rm` steht für *remove* oder `rmdir` für *remove directory*. Sie sehen, es steckt eine gewisse Logik hinter diesen Akronymen.

33.3 Kommandos eingeben

Das Eingeben von Kommandos in der Shell besteht häufig aus dem Befehl, aus Optionen und zusätzlichen Parametern. Die minimale Eingabe in der Shell ist mindestens der Befehl. Viele Befehle können Sie ohne weitere Angaben mit dem Drücken der [↵]-Taste ausführen. Ein einfaches Beispiel hierzu:

```
Juergens-MBP:~ juergenwolf$ ls [↵]
Applications
Creative Cloud Files
Desktop
Documents
Downloads
...
```

Hier wurde der Befehl `ls` (kurz für *list*) eingegeben, was wohl einer der am häufigsten benutzten Befehle in der Shell sein dürfte. Damit können Sie die Dateien und Verzeichnisse auflisten, die sich in einem Verzeichnis befinden. Bei der Verwendung von `ls` ohne weitere Optionen ist es schwer, einen Unterschied zwischen Dateien und Verzeichnissen auszumachen. Wenn Sie die Option `-F` hinzufügen, wird bei den Verzeichnissen ein abschließendes / hinzugefügt:

```
Juergens-MBP:~ juergenwolf$ ls -F [↵]
Applications/
Creative Cloud Files/
Desktop/
Documents/
Downloads/
...
Testdatei1 Kopie 2.rtf
Testdatei1 Kopie.rtf
Testdatei1.rtf
```

Beachten Sie, dass bei der Eingabe der Optionen zwischen Groß- und Kleinschreibung unterschieden wird. Es macht also einen Unterschied, ob Sie `ls -F` oder `ls -f` verwenden.

33.4 Mehr Informationen zu einem Befehl ermitteln

Viele Befehle haben oft viele weitere Optionen, und es gibt Befehle, die etwas mehr Informationen als nur den Befehl und Optionen benötigen. Wollen Sie zum Beispiel eine Datei kopieren, dann dürfte es logisch sein, dass Sie mit dem dafür gedachten Kommando `cp` (für *copy*) allein nicht weit kommen. Auch hier hilft Ihnen die Shell weiter, wenn Sie ein Kommando falsch oder unvollständig verwenden:

```
Juergens-MBP:~ juergenwolf$ cp [↵]
usage: cp [-R [-H | -L | -P]] [-fi | -n] [-apvX] Quelldatei Zieldatei
cp [-R [-H | -L | -P]] [-fi | -n] [-apvX] Quelldatei ... Zielverzeichnis
```

Hier erhalten Sie weitere Informationen, wie Sie den Befehl `cp` verwenden können. In den eckigen Klammern werden optionale Optionen aufgelistet. Sie können den Befehl beispielsweise mit `cp Quelldatei Zieldatei` verwenden, und es wird eine Kopie von `Quelldatei` mit dem Namen `Zieldatei` erzeugt.

Jetzt wissen Sie zwar bereits, wie Sie den Befehlt `cp` zumindest grundlegend verwenden können, aber die große Anzahl der optionalen Optionen deutet es an, dass dieser Befehl noch viel mächtiger ist. Gleiches gilt für den Befehl `ls`, für den es ebenfalls eine unglaubliche Menge Optionen gibt. Um mehr zu den Befehlen zu erfahren, kommen Sie nicht um die *Manpages* herum. Die Manpages (auch Manual-Seiten) sind die Anleitungen für die Befehle. Um sie zu lesen, müssen Sie nur den Befehl `man`, gefolgt vom Befehl, für den Sie die Anleitung lesen wollen, eingeben. Die Manpages für den Befehl `ls` können Sie so anzeigen, wie in Abbildung 33.6 zu sehen.

```
juergenwolf — less ◂ man ls — 80×24

LS(1)                    BSD General Commands Manual                   LS(1)

NAME
     ls -- list directory contents

SYNOPSIS
     ls [-ABCFGHLOPRSTUW@abcdefghiklmnopqrstuwx1] [file ...]

DESCRIPTION
     For each operand that names a file of a type other than directory, ls dis-
     plays its name as well as any requested, associated information.  For each
     operand that names a file of type directory, ls displays the names of
     files contained within that directory, as well as any requested, associ-
     ated information.

     If no operands are given, the contents of the current directory are dis-
     played.  If more than one operand is given, non-directory operands are
     displayed first; directory and non-directory operands are sorted sepa-
     rately and in lexicographical order.

     The following options are available:

:
```

Abbildung 33.6 Die Manpages für den Befehl »ls«

33

Da die Manpages häufig aus mehr als nur einer Seite bestehen, können Sie mit den Pfeiltasten durch die Seiten scrollen. Mit der Leertaste blättern Sie eine Seite vor und mit [B] eine Seite zurück. Mit [Q] gelangen Sie zurück in die Kommandozeile.

HINWEIS

Speicherort der Befehle

Es gibt Tausende von Befehlen für die Kommandozeile, und gerade für Einsteiger dürfte es wohl zunächst etwas erschlagend sein. In der Praxis kann man aber schon mit ein paar wenigen Befehlen recht viel erreichen. Wenn Sie sich einen Überblick über die Befehle verschaffen wollen, können Sie mal einen Blick in die Verzeichnisse */bin*, */sbin*, */usr/bin*, und */usr/sbin* werfen, wo die meisten Befehle enthalten sind. Viele Befehle lassen sich anhand ihres Namens erahnen. Andere wiederum können Sie mit dem `whatis`-Befehl abfragen. So liefert beispielsweise `whatis cp` als Antwort *copy files*. Wollen Sie hingegen erfahren, wo sich ein Befehl auf dem System befindet, können Sie `which` dafür verwenden. `which cp` liefert häufig */bin/cp* zurück.

33.5 Nützliche Kniffe bei der Eingabe von Kommandos

Befehle, die Sie bereits vorher eingegeben haben und nochmals nutzen wollen, müssen Sie nicht erneut eintippen. Mithilfe der [↑]- und [↓]-Taste können Sie bequem durch den Verlauf Ihrer Befehle blättern und bereits verwendete Befehle erneut verwenden.

Eine weitere sehr nützliche Hilfe bei der Eingabe von Befehlen in der Kommandozeile ist die Befehlsergänzung mithilfe der [⇥]-Taste. Wollen Sie zum Beispiel mit dem Befehl `cd` (für *change directory*) in ein anderes Verzeichnis wechseln, indem Sie beispielsweise bereits `cd Do` eingegeben haben, und drücken jetzt die [⇥]-Taste, versucht die Shell, den Rest automatisch zu ergänzen, und macht daraus `cd Documents/`, wenn es ein entsprechendes Verzeichnis *Documents* im aktuellen Arbeitsverzeichnis gibt. Wenn es im selben Verzeichnis allerdings ein Verzeichnis mit dem Namen *Documents* und ein weiteres mit dem Namen *Downloads* gibt, wird der Befehl beim Drücken der [⇥]-Taste das Verzeichnis nicht ergänzen und stattdessen die beiden Verzeichnisse einblenden, da die Shell nicht wissen kann, welches Verzeichnis bzw. welche Datei Sie nutzen wollen.

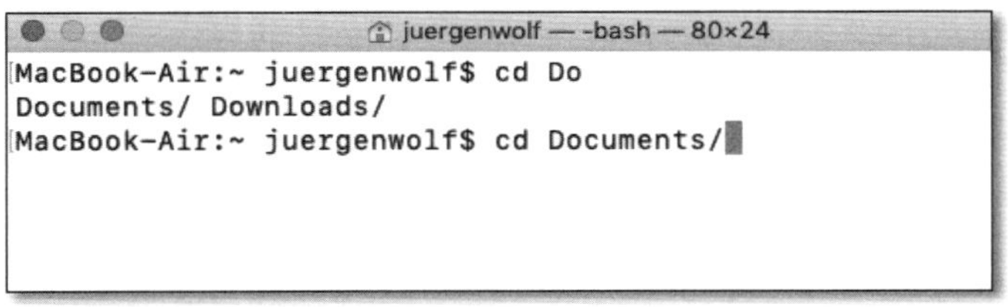

Abbildung 33.7 Eine Navigation durch das Dateisystem wird dank Befehlsergänzung erleichtert.

33.6 Durch das Dateisystem navigieren

Im Gegensatz zum Finder mit Mausklicks müssen Sie sich in einem Terminal mit Kommandos durch das Dateisystem hangeln. Hierzu reichen die drei Befehle `cd`, `pwd` und `ls` aus. Die Befehle haben Sie zum Teil bereits in den Abschnitten zuvor verwendet.

Wenn Sie ein Terminalfenster starten, finden Sie sich automatisch in Ihrem persönlichen Benutzerordner als Arbeitsverzeichnis wieder. Abhängig von Ihrem Benutzernamen lautet dieses Verzeichnis */Users/Benutzername*. Geben Sie den Befehl `ls` ohne weitere Parameter ein, wird der Inhalt des aktuellen (Arbeits-)Verzeichnisses ausgegeben. Dateien und Verzeichnisse unterliegen einer hierarchischen Struktur. Verzeichnisse können weitere Verzeichnisse und Dateien enthalten. Das oberste Verzeichnis erreichen Sie mit `/`. Geben Sie `ls /` ein, wird der Inhalt der obersten Ebene des Dateisystems ausgegeben.

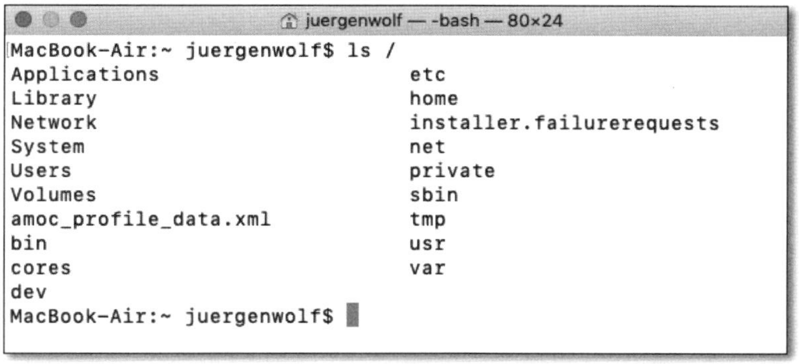

Abbildung 33.8 Ausgabe der höchsten Ebene im Dateisystem

Um in ein anderes Verzeichnis zu wechseln, wird der Befehl `cd` (Abkürzung für *change directory*) verwendet. Als Argument übergeben Sie dem Befehl den Namen des Verzeichnisses, in das Sie wechseln wollen. Geben Sie beispielsweise `cd /` ein, wechseln Sie in die oberste Ebene des Dateisystems. Wollen Sie hingegen in den *Dokumente*-Ordner Ihres persönlichen Benutzerverzeichnisses wechseln, können Sie dies jederzeit und egal, in welchem Verzeichnis Sie sich gerade befinden, mit der Eingabe von `cd /Users/Benutzername/Documents` machen. Mit */Users/Benutzername/Documents* haben Sie die absolute Pfadangabe verwendet. Die absolute Pfadangabe funktioniert immer, unabhängig von Ihrem aktuellen Arbeitsverzeichnis.

Wollen Sie hingegen das aktuelle Arbeitsverzeichnis ermitteln, also herausfinden, wo Sie sich gerade im Dateisystem befinden, können Sie dies mit dem Befehl `pwd` (*print working directory*) tun.

```
Juergens-MBP:~ juergenwolf$ pwd ↵
/Users/juergenwolf
Juergens-MBP:~ juergenwolf$ cd /Users/juergenwolf/Documents ↵
/Users/juergenwolf
Juergens-MBP:~ juergenwolf$ pwd ↵
/Users/juergenwolf/Documents
```

Wenn Sie im Beispiel ins Verzeichnis *Documents* gewechselt sind und wieder zurück in das persönliche Benutzerverzeichnis wollen, können Sie wieder den Befehl `cd` verwenden. Hierbei gibt es durchaus mehrere Möglichkeiten. Im vorliegenden Fall könnten Sie beispielsweise Folgendes verwenden:

```
Juergens-MBP:Documents juergenwolf$ pwd ↵
/Users/juergenwolf/Documents
Juergens-MBP:Documents juergenwolf$ cd .. ↵
Juergens-MBP:~ juergenwolf$ pwd ↵
/Users/juergenwolf
```

Mit `cd ..` gelangen Sie eine Ebene nach oben. Die zwei Punkte bei `cd ..` stehen für das übergeordnete Verzeichnis. Hiermit können Sie so lange `cd ..` wiederholt eingeben, bis Sie bei / angekommen sind.

Ein anderer Weg, schnell ins persönliche Benutzerverzeichnis zu wechseln, ist das Tildezeichen (~). Das Tildezeichen steht als Kürzel für Ihr persönliches Benutzerverzeichnis. Auf dem Mac geben Sie das Zeichen mit [Alt] + [N], gefolgt von der Leertaste ein. Zum Beispiel:

```
Juergens-MBP:Documents juergenwolf$ pwd ↵
/Users/juergenwolf/Documents
Juergens-MBP:Documents juergenwolf$ cd ~ ↵
Juergens-MBP:~ juergenwolf$ pwd ↵
/Users/juergenwolf
```

Natürlich können Sie auch mit der absoluten Pfadangabe `cd /Users/juergenwolf` ins persönliche Benutzerverzeichnis wechseln.

Der Vorteil der absoluten Pfadangabe liegt darin, dass Sie diese immer und überall verwenden können und nicht abhängig vom aktuellen Arbeitsverzeichnis sind. Wenn Sie sich im persönlichen Benutzerverzeichnis wie */Users/juergenwolf* befinden und hier in das dort enthaltene *Documents*-Verzeichnis wechseln müssen, müssen Sie nicht die absolute Pfadangabe */Users/juergenwolf/Documents* verwenden, wenn sich das Verzeichnis *Documents* im aktuellen Verzeichnis befindet. In dem Fall können Sie einfach `cd Documents` eingeben:

```
Juergens-MBP:~ juergenwolf$ cd ~ ↵
Juergens-MBP:~ juergenwolf$ pwd ↵
/Users/juergenwolf
Juergens-MBP:~ juergenwolf$ cd Documents ↵
Juergens-MBP:Documents juergenwolf$ pwd ↵
/Users/juergenwolf/Documents
```

Hierbei handelt es sich um eine relative Pfadangabe. Eine relative Pfadangabe ohne einen voranstehenden / wird immer ausgehend vom aktuellen Arbeitsverzeichnis interpretiert.

Neben der Verwendung von zwei Punkten `..`, die sich auf das übergeordnete Verzeichnis beziehen, gibt es noch die Version mit einem Punkt. Ein Punkt verweist auf das aktuelle Verzeichnis. So sind zum Beispiel die drei folgenden Angaben völlig gleichwertig:

```
Juergens-MBP:~ juergenwolf$ ls . ↵
Juergens-MBP:~ juergenwolf$ ls ↵
Juergens-MBP:~ juergenwolf$ ls ./ ↵
```

Alle drei Angaben liefern den Inhalt des aktuellen Verzeichnisses zurück. Somit führt eine Angabe wie `cd Documents` und `cd ./Documents` zum selben Ziel. Dies ist beim Starten von Shellskripts von Bedeutung. So können Sie keine Shellskripts einfach mit `skript.sh` starten, sondern müssen den Punkt mit `./skript.sh` für die Ausführung voranstellen.

An dieser Stelle soll der Befehl `ls` noch etwas genauer behandelt werden. Um eine möglichst detaillierte Ausgabe des Verzeichnisinhalts zu erhalten, empfiehlt es sich, den Befehl mit der Option `-l` zu verwenden:

```
Juergens-MBP:~ juergenwolf$ ls -l ↵
total 632
drwxr-xr-x   3 juergenwolf  staff    102 10 Sep  2018 Applications
drwx------+  4 juergenwolf  staff    136  2 Mai 14:09 Desktop
drwx------+ 19 juergenwolf  staff    646  9 Mai 20:48 Documents
drwx------+ 76 juergenwolf  staff   2584  9 Mai 17:16 Downloads
...
-rw-r--r--@  1 juergenwolf  staff    380 11 Feb 06:49 Testdatei2.rtf
-rw-r--r--@  1 juergenwolf  staff    380 11 Feb 06:49 Testdatei1.rtf
```

Ganz links, beim ersten Zeichen, wird der Dateityp angegeben. Hier bei der Ausgabe finden Sie nur `d` und `-` vor. Steht hier ein `d` (für *directory*), handelt es sich bei dem Eintrag um ein Verzeichnis. Das Minuszeichen hingegen wird für eine Datei angezeigt. Steht hier ein `l`, handelt es sich um einen symbolischen Link.

Die nächsten neun Zeichen in drei Dreiergruppen (`rwx`) geben die Zugriffsrechte für den Besitzer, die Gruppe und alle anderen Benutzerkonten an. Finden Sie am Ende ein +, hat der Ordner oder die Datei erweiterte Zugriffsrechte. Das @ am Ende hingegen bedeutet, dass für diese Datei oder dieses Verzeichnis erweiterte Attribute zugewiesen wurden.

Dahinter finden Sie die Anzahl der Verweise, also die harten Links, auf diesen Eintrag wieder. Dann folgen der Name des Eigentümers der Datei sowie der Name der Benutzergruppe. Die nächste Spalte gibt die Größe in Bytes an. Am Ende finden Sie noch das Datum und die Uhrzeit der letzten Änderung sowie den eigentlichen Namen der Datei bzw. des Verzeichnisses.

33.7 Mit Dateien und Verzeichnissen arbeiten

Um Dateien und Verzeichnisse anzulegen, zu verschieben oder zu löschen, sind im Terminal viele hilfreiche Befehle vorhanden. In der täglichen Praxis kommen Sie auch hier mit einer Handvoll davon aus.

33.7.1 Verzeichnisse und Dateien anlegen

Der Befehl zum Anlegen eines neuen Verzeichnisses lautet `mkdir` (*make directory*). Als Option erwartet dieser Befehl eine Pfadangabe und den Namen des zu erstellenden Verzeichnisses. Verwenden Sie keine Pfadangabe, wird das Verzeichnis im aktuellen Arbeitsverzeichnis angelegt. Befinden Sie sich in Ihrem persönlichen Benutzerverzeichnis und wollen ein Verzeichnis auf dem Schreibtisch anlegen, können Sie dies wie folgt machen:

```
Juergens-MBP:~ juergenwolf$ mkdir Desktop/meinVerzeichnis ↵
```

Jetzt haben Sie im Verzeichnis *Desktop* ein neues leeres Verzeichnis *meinVerzeichnis* angelegt. Das Beispiel geht davon aus, dass Sie sich wirklich im persönlichen Benutzerverzeichnis befinden. Wollen Sie auf Nummer sicher gehen, können Sie den absoluten statt des relativen Pfades mithilfe des Tildezeichens für das persönliche Benutzerverzeichnis verwenden:

```
Juergens-MBP:~ juergenwolf$ mkdir ~/Desktop/meinVerzeichnis ↵
```

Hätten Sie hingegen eingetippt: `mkdir meinVerzeichnis`, dann hätten Sie im aktuellen Arbeitsverzeichnis ein Verzeichnis mit den Namen *meinVerzeichnis* hinzugefügt.

Eine Datei wird in der Regel mit anderen Programmen angelegt, indem Sie zum Beispiel eine Textdatei erstellen und abspeichern. So gibt es auch im Terminal verschiedene Texteditoren, wie *nano* zum Beispiel. Aber darauf soll hier nicht eingegangen werden. Sie können als Beispiel auch eine neue leere Datei mit dem Befehl `touch` erstellen. Wechseln Sie in das zuvor erstellte Beispiel auf dem Schreibtisch, und erstellen Sie wie folgt eine leere Datei mit dem Befehl `touch`:

```
Juergens-MBP:~ juergenwolf$ cd Desktop/meinVerzeichnis/ ↵
Juergens-MBP:meinVerzeichnis juergenwolf$ touch datei1.txt ↵
Juergens-MBP:meinVerzeichnis juergenwolf$ touch datei2.txt ↵
Juergens-MBP:meinVerzeichnis juergenwolf$ ls -l > datei3.txt ↵
Juergens-MBP:meinVerzeichnis juergenwolf$ ls -l ↵
total 8
-rw-r--r--  1 juergenwolf  staff    0 10 Mai 03:22 datei1.txt
-rw-r--r--  1 juergenwolf  staff    0 10 Mai 03:23 datei2.txt
-rw-r--r--  1 juergenwolf  staff  188 10 Mai 03:23 datei3.txt
```

Hier wurden zwei leere Dateien mit `touch` erstellt. Eine weitere wurde außerdem erstellt, indem die Ausgabe von `ls -l` mit dem Umleitungszeichen > auf die Datei *datei3.txt* geleitet wurde. Jetzt finden Sie im Verzeichnis *meinVerzeichnis* auf dem Schreibtisch drei Dateien vor.

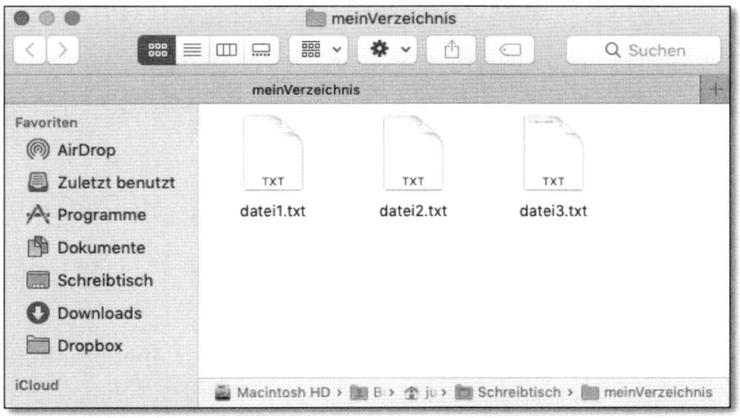

Abbildung 33.9 Die drei Textdateien wurden im Terminal erstellt.

Der Befehl `touch` kann zwar zum Anlegen von leeren Dateien verwendet werden, aber in der Praxis wird er eher dazu verwendet, um das Änderungsdatum von vorhandenen Dateien oder Verzeichnissen auf die Zeit der Befehlsausführung zu setzen.

33.7.2 Verzeichnisse und Dateien kopieren und verschieben

Eine Datei kopieren können Sie mit dem Befehl `cp`. Diesem Befehl übergeben Sie den Namen oder Pfad der Quelldatei und der Zieldatei. Wollen Sie beispielsweise die Datei *datei1.txt* im Verzeichnis *~/Desktop/meinVerzeichnis* kopieren, können Sie dies wie folgt machen:

```
MBP:~ juergenwolf$ cd ~/Desktop/meinVerzeichnis/ ↵
MBP:meinVerzeichnis juergenwolf$ ls ↵
datei1.txt datei2.txt datei3.txt
MBP:meinVerzeichnis juergenwolf$ cp datei1.txt backup-datei1.txt ↵
MBP:meinVerzeichnis juergenwolf$ ls ↵
backup-datei1.txt datei1.txt datei2.txt datei3.txt
```

Eine neue Datei *backup-datei1.txt* wurde erstellt, bei der es sich um eine Kopie von *datei1.txt* handelt. Natürlich können Sie den Befehl `cp` auch mit Pfadangaben verwenden. Wollen Sie beispielsweise die Datei *datei1.txt* vom Verzeichnis *~/Desktop/meinVerzeichnis* nach *~/Documents* kopieren, gehen Sie so vor:

```
Juergens-MBP:meinVerzeichnis juergenwolf$ cd ~ ↵
Juergens-MBP:~ juergenwolf$ pwd ↵
/Users/juergenwolf
Juergens-MBP:~ juergenwolf$ cp ~/Desktop/meinVerzeichnis/datei1.txt ~/
Documents/datei1.txt ↵
Juergens-MBP:~ juergenwolf$ ls -l ~/Documents/ ↵
-rw-r--r--   1 juergenwolf  staff         0 10 Mai 16:04 datei1.txt
...
```

Im Beispiel hätten Sie beim Ziel auch gar nicht mehr den Dateinamen angeben müssen:

```
Juergens-MBP:~ juergenwolf$ cp ~/Desktop/meinVerzeichnis/datei1.txt ~/
Documents/ ↵
```

Damit hätten Sie dasselbe getan. Der ursprüngliche Dateiname bleibt dabei erhalten. Beachten Sie, dass `cp` ohne Rückfragen eine bereits existierende Datei mit demselben Namen überschreibt. Sie können mit der Option `-i` dafür sorgen, dass eine Rückfrage gestellt wird, ob Sie eine gleichnamige Datei überschreiben wollen:

```
Juergens-MBP:~ juergenwolf$ cp -i ~/Desktop/meinVerzeichnis/datei1.txt
~/Documents/ ↵
overwrite /Users/juergenwolf/Documents/datei1.txt? (y/n [n]) y
```

Wollen Sie hingegen den kompletten Ordner *~/Desktop/meinVerzeichnis* nach *~/Documents* kopieren, würden Sie bei der Verwendung von `cp ~/Desktop/meinVerzeichnis ~/Documents` die Fehlermeldung erhalten, dass es sich beim kopierten Objekt um ein Verzeichnis handelt und daher nicht kopiert werden kann. In diesem Fall müssen Sie ein *rekursives Kopieren* einleiten, womit ein Verzeichnis mit dem gesamten Inhalt einschließlich der weiteren Unterverzeichnisse kopiert wird. Für diesen Zweck müssen Sie die Option `-r` (für *recursive*) verwenden:

```
MBP:~ juergenwolf$ cp ~/Desktop/meinVerzeichnis ~/Documents/ ↵
cp: /Users/juergenwolf/Desktop/
meinVerzeichnis is a directory (not copied).
MBP:~ juergenwolf$ cp -r ~/Desktop/meinVerzeichnis ~/Documents/ ↵
```

Wollen Sie die Dateien oder Verzeichnisse nicht kopieren, sondern verschieben oder umbenennen, verwenden Sie anstelle des Befehls `cp` den Befehl `mv` (Abkürzung für *move*). Die Eingabe `mv datei1.txt datei-1.txt` würde die Datei *datei1.txt* in *datei-1.txt* umbenennen. Ist das Zielverzeichnis hingegen eine Pfadangabe, würden Sie die Quelldatei verschieben:

```
Juergens-MBP:~ juergenwolf$ mv ~/Desktop/meinVerzeichnis/datei1.txt ~/
Documents/datei-1.txt ↵
```

Hiermit würden Sie die Datei *datei1.txt* aus dem Verzeichnis *~/Desktop/meinVerzeichnis* nach *~/Documents* verschieben und gleichzeitig in *datei-1.txt* umbenennen.

Im Gegensatz zu `cp` unterscheidet `mv` nicht zwischen Dateien und Verzeichnissen. Verwenden Sie die Option `-i`, um im Fall einer Überschreibung von Dateien und/oder Verzeichnissen eine Rückfrage zu erhalten.

33.7.3 Dateien ansehen und bearbeiten

33

Früher oder später werden Sie vielleicht einen Blick in eine Datei werfen wollen. Hierzu gibt es viele Möglichkeiten. Nützlich sind die Befehle `head` und `tail`, mit denen Sie einen schnellen Blick auf den Anfang oder das Ende einer Datei werfen können. Gerade wenn Sie nach einer Datei suchen, wissen Sie in der Regel dann schon, dass es sich um die richtige handelt. Ohne weitere Optionen zeigen diese Funktionen die ersten bzw. letzten zehn Zeilen der angegebenen Datei an. Ein einfaches Beispiel dafür:

```
Juergens-MBP: juergenwolf$ man ls > manual-for-ls.txt ↵
Juergens-MBP: juergenwolf$ head manual-for-ls.txt ↵

LS(1)                   BSD General Commands Manual                  LS(1)

NAME
     ls -- list directory contents

SYNOPSIS
     ls [-ABCFGHLOPRSTUW@abcdefghiklmnopqrstuwx1] [file ...]
...
```

Hier wurden mit `head` die ersten zehn Zeilen der Textdatei *manual-for-ls.txt* aufgelistet, die wir zuvor mit der Umleitung der Ausgabe von `man ls` mit dem Umleitungszeichen > erstellt haben. Dasselbe können Sie auch mit den letzten zehn Zeilen tun, indem Sie `tail manual-for-ls.txt` eintippen.

Wenn Sie eine Textdatei komplett einsehen wollen, ohne sie zu bearbeiten, ist der Befehl `less` sehr hilfreich. Der Befehl `less` ist ein reiner Textviewer und kann auch mit sehr großen Textdateien umgehen. Um eine Textdatei mit `less` zu lesen, müssen Sie diese mit `less datei.txt` aufrufen. Anschließend übernimmt `less` das ganze Terminal, und der Prompt verschwindet. Mit den [↑]- und [↓]-Tasten können Sie durch die Datei scrollen. Eine ganze Seite nach unten können Sie mit der Leertaste und nach oben mit [B] blättern. Die Suche rufen Sie mit [⇧] + [7] auf. Unten erscheint dann ein Schrägstrich, wo Sie den Text eingeben, nach dem Sie suchen wollen, und [↵] drücken. Mit [N] können Sie die einzelnen Fundstellen anspringen. Mit der Taste [Q] beenden Sie `less` wieder und kehren zum Prompt zurück.

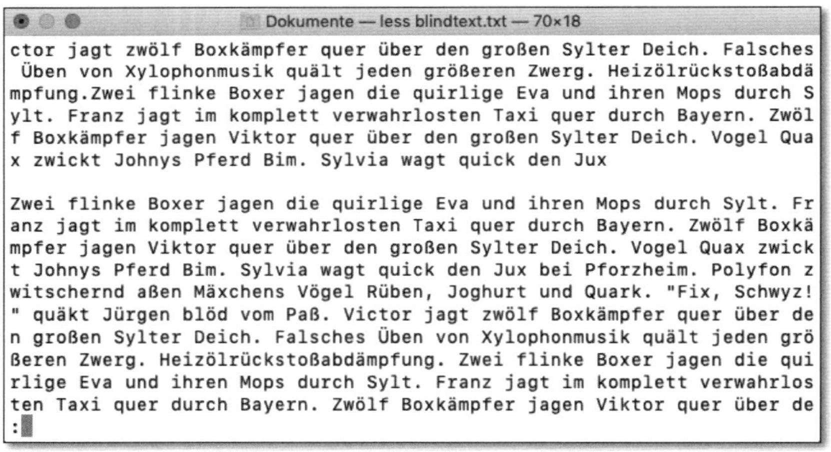

Abbildung 33.10 »less« eignet sich perfekt zum Betrachten umfangreicher Dateien.

Auch Editoren gibt es mehr als genug im Terminal. Die wohl besten Editoren für die Kommandozeile dürften die Editoren vim und GNU Emacs sein. Allerdings haben diese beide Editoren eine relative steile Lernkurve und es ist nötig, sich intensiver damit auseinanderzusetzen. Ein beliebter kleiner und einfacher Texteditor ist *nano*, der sich bezüglich des Funktionsumfangs noch recht überschaubar hält. Rufen Sie nano mit einer Datei als Parameter auf (beispielsweise `nano datei.txt`), wird sie, wenn die Datei im Arbeitsverzeichnis existiert, zum Bearbeiten geöffnet oder, wenn sie noch nicht existiert, bietet Ihnen nano später an, diesen Namen beim Speichern zu verwenden.

Abbildung 33.11 nano ist ein einfacher Texteditor für das Terminal.

Ansonsten können Sie nano bedienen wie jeden beliebigen Texteditor. Gesteuert wird nano mit einer Reihe von Tastaturkürzeln, die mit [Ctrl] kombiniert werden. Die Tastaturkürzel können Sie unterhalb des Editors entnehmen. Drücken Sie [Ctrl] + [X], beenden Sie den Editor. Sind noch ungespeicherte Änderungen vorhanden, wird eine Rückfrage gestellt, ob Sie die Datei mit [Y] speichern oder mit [N] nicht speichern wollen. Um direkt zu speichern, ohne nano zu beenden, müssen Sie [Ctrl] + [O] drücken.

Abbildung 33.12 Der Texteditor nano bei der Ausführung

33.7.4 Verzeichnisse und Dateien löschen

Eine Datei können Sie mit dem Befehl `rm` (*remove*) löschen. Der Befehl löscht eine Datei ohne Rückfrage. Wenn Sie sich nicht sicher sind, können Sie die Option `-i` verwenden und eine Rückfrage vor dem Löschen anfordern.

```
Juergens-MBP:meinVerzeichnis juergenwolf$ rm -i datei1.txt ↵
remove datei1.txt? y
```

Wenn Sie versuchen, ein Verzeichnis mit `rm` zu löschen, wird dies zunächst nicht klappen, und eine Fehlermeldung weist Sie darauf hin, dass es sich um ein Verzeichnis handelt. Zum Löschen von Verzeichnissen steht Ihnen der Befehl `rmdir` (*remove directory*) zur Verfügung. Ist allerdings das Verzeichnis, das Sie als Parameter angeben, nicht leer, schlägt auch dieses Kommando fehl. Um also ein Verzeichnis mit `rmdir` zu löschen, müssen Sie zunächst den kompletten Inhalt leeren. Da ein Verzeichnis weitere Verzeichnisse und nicht nur Dateien enthalten kann, dürfte das manuelle Löschen mit `rm` eine recht aufwendige Sache werden. Wie bei `cp` können Sie daher mit `rm` die Option `-r` verwenden, um den Inhalt eines Verzeichnisses rekursiv zu löschen, bevor das Verzeichnis selbst gelöscht wird. Hierbei bietet es sich an, sich über den Vorgang mit der Option `-v` zeilenweise informieren zu lassen:

```
Juergens-MBP:Desktop juergenwolf$ rm meinVerzeichnis/ ↵
rm: meinVerzeichnis/: is a directory
Juergens-MBP:Desktop juergenwolf$ rmdir meinVerzeichnis/ ↵
rmdir: meinVerzeichnis/: Directory not empty
Juergens-MBP:Desktop juergenwolf$ rm -rv meinVerzeichnis/ ↵
meinVerzeichnis//backup-datei1.txt
meinVerzeichnis//datei2.txt
meinVerzeichnis//datei3.txt
meinVerzeichnis//manual-for-ls.txt
meinVerzeichnis/
```

Wenn Sie eine Datei mit `rm` löschen, wird diese genau genommen nicht von der Festplatte gelöscht, sondern es wird nur der Eintrag aus dem Dateisystem entfernt. Unter Umständen wäre es daher möglich, diese Datei wieder zu rekonstruieren. Um dies zu verhindern, können Sie anstelle von `rm` den Befehl `srm` (*secure remove*) verwenden. Der Befehl funktioniert wie `rm`, nur wird die Datei vor dem Löschen mit zufälligen Daten überschrieben.

33.7.5 Dateiarten erkennen

Der Befehl `file` kann recht hilfreich sein, wenn man nicht genau weiß, um was für eine Datei es sich handelt. Fehlt zum Beispiel eine Dateiendung oder ist Ihnen eine Dateiendung fremd, so können Sie diese Datei nur mit `file` als Parameter aufrufen und erhalten eine Auskunft dazu. Häufig ist die Auskunft recht umfangreich:

```
MBP:Documents juergenwolf$ file bild ↵
bild: JPEG image data, Exif standard: [TIF image data, little-
endian, direntries=11, manufacturer=samsung, model=SM-
G930F, orientation=lower-left, xresolution=164, yresolution=
172, resolutionunit=2, software=G930FXXU1BPLL, datetime=
2018:02:15 04:31:38, GPS-
Data], baseline, precision 8, 2592x1944, frames 3
MBP:Documents juergenwolf$ file keyget.c ↵
keyget.c: c program text, UTF-8 Unicode text
MBP:Documents juergenwolf$ file Gliederung_macOS_final_JW.docx ↵
Gliederung_macOS_final_JW.docx: Microsoft Word 2007+
MBP:Documents juergenwolf$ file Adriana ↵
Adriana/: directory
```


33.8 Systemmanagement im Terminal

Im Abschnitt zuvor konnten Sie sich ein wenig im Umgang mit Befehlen zum Datei- und Verzeichnismanagement üben. Hierbei werden Sie festgestellt haben, dass der Umgang mit dem Terminal kein Hexenwerk ist. In diesem Abschnitt beschreibe ich Ihnen einige nützliche Befehle rund um das Systemmanagement mit dem Terminal.

33.8.1 Wissen, was läuft und wie man es beendet

Einen Überblick über alle laufenden Prozesse können Sie sich mit dem Befehl `ps` (*process status*) anzeigen lassen. Der Befehl allein zeigt zunächst nur die laufenden Prozesse im Terminal an. Wenn Sie diesen Befehl zusammen mit der Option `aux` verwenden, bewirkt dies eine Auflistung aller Prozesse auf dem System einschließlich der jeweiligen Befehlszeile.

```
Dokumente — -bash — 110×24
MacBook-Air:Documents juergenwolf$ ps aux
USER               PID  %CPU %MEM      VSZ    RSS   TT  STAT STARTED      TIME COMMAND
_windowserver      181   3,4  1,4  5583328 121544   ??  Ss   10:23pm  30:52.40 /System/Library/PrivateFramewo
juergenwolf       3721   1,4  0,6  4938248  48840   ??  S     2:21am   0:24.36 /Applications/Utilities/Termin
_hidd              101   0,8  0,1  4336492   8596   ??  Ss   10:23pm   1:59.22 /usr/libexec/hidd
juergenwolf        395   0,2  0,3  4342200  24572   ??  S    10:24pm   0:03.07 /System/Library/CoreServices/S
juergenwolf        259   0,2  2,3  7007792 194544   ??  S    10:23pm   1:28.39 /Applications/Microsoft OneNot
juergenwolf        294   0,1  0,1  4332144  12384   ??  S    10:23pm   0:02.45 /System/Library/PrivateFramewo
root               220   0,1  0,1  4332060  10372   ??  S    10:23pm   0:02.03 /System/Library/PrivateFramewo
juergenwolf        608   0,1  0,3  4854424  29244   ??  Ss   10:25pm   0:02.51 /System/Library/CoreServices/S
juergenwolf       3873   0,0  0,7  4946164  56040   ??  Ss    2:47am   0:05.31 /System/Library/Frameworks/App
juergenwolf       3872   0,0  0,9  4989700  73168   ??  S     2:47am   0:21.22 /Applications/TextEdit.app/Con
juergenwolf       3871   0,0  0,3  4352836  22324   ??  S     2:47am   0:00.21 /System/Library/Frameworks/Cor
juergenwolf       3870   0,0  0,3  4351812  22316   ??  S     2:47am   0:00.30 /System/Library/Frameworks/Cor
juergenwolf       3866   0,0  0,6  4895868  53424   ??  Ss    2:47am   0:00.37 /Users/juergenwolf/Library/App
juergenwolf       3864   0,0  0,2  4336880  13672   ??  Ss    2:47am   0:00.06 /System/Library/PrivateFramewo
juergenwolf       3863   0,0  1,9  5200936 157212   ??  S     2:47am   0:09.19 /Applications/Pages.app/Conten
juergenwolf       3849   0,0  0,2  4345676  18748   ??  S     2:44am   0:00.46 /System/Library/CoreServices/C
juergenwolf       3845   0,0  0,3  4343900  24860   ??  S     2:41am   0:00.16 /System/Library/Frameworks/Cor
juergenwolf       3762   0,0  0,2  4317564  15508   ??  S     2:25am   0:00.19 /System/Library/Frameworks/Cor
juergenwolf       3742   0,0  0,0  4296524   1724 s000  S     2:22am   0:00.42 -bash
root              3741   0,0  0,1  4304660   6984 s000  Ss    2:22am   0:00.03 login -pf juergenwolf
_windowserver     3732   0,0  0,2  4856612  18300   ??  Ss    2:22am   0:00.17 /System/Library/Frameworks/Met
juergenwolf       3714   0,0  0,2  4319800  17728   ??  S     2:20am   0:00.24 /System/Library/Frameworks/Cor
```

Abbildung 33.13 Ausgabe des Befehls »ps aux«

Wollen Sie die laufenden Prozesse hingegen live überwachen, ist der Befehl `top` besser geeignet. So können Sie beispielsweise die Befehle nach Prozessornutzung mit `top -o cpu` sortiert ausgeben. Wollen Sie hingegen nach verwendetem Arbeitsspeicher sortieren, schreiben Sie `top -o rsize`.

```
Dokumente — top — 110×29
Processes: 343 total, 2 running, 341 sleeping, 1081 threads                                            03:26:42
Load Avg: 1.29, 0.84, 0.76  CPU usage: 0.96% user, 1.20% sys, 97.83% idle
SharedLibs: 374M resident, 70M data, 113M linkedit.
MemRegions: 45748 total, 2608M resident, 203M private, 1467M shared.
PhysMem: 7449M used (1449M wired), 741M unused.
VM: 1770G vsize, 1291M framework vsize, 0(0) swapins, 0(0) swapouts.
Networks: packets: 71701/95M in, 30009/3450K out. Disks: 2219215/72G read, 282335/7819M written.

PID   COMMAND      %CPU TIME     #TH  #WQ  #PORT MEM    PURG  CMPRS  PGRP PPID STATE    BOOSTS
3944  top          3.4  00:01.52 1/1  0    25    3140K  0B    0B     3944 3742 running  *0[1]
3942  QuickLookSat 0.0  00:00.08 2    1    48    6196K  0B    0B     3942 1    sleeping  0[3]
3940  quicklookd   0.0  00:00.32 6    3    105   3864K  124K  0B     3940 1    sleeping  0[1]
3936  aslmanager   0.0  00:00.02 2    2    20    656K   0B    0B     3936 1    sleeping *0[1]
3913  ocspd        0.0  00:00.05 2    1    31    1640K  0B    0B     3913 1    sleeping *0[1]
3912  automountd   0.0  00:00.04 7    1    30    1348K  0B    0B     3912 1    sleeping *0[1]
3889  garcon       0.0  00:00.36 3    1    142   23M    32M   0B     3889 1    sleeping *0[23]
3882  com.apple.se 0.0  00:00.27 3    1    147   3988K  0B    0B     3882 1    sleeping  0[64]
3880  MTLCompilerS 0.0  00:00.14 2    2    21    6588K  0B    0B     3880 1    sleeping  0[4]
3877  printtool    0.0  00:00.03 2    2    31    1112K  0B    0B     3877 1    sleeping  0[7]
3873  com.apple.ap 0.0  00:05.32 3    1    266   29M    140K  0B     3873 1    sleeping  0[129]
3872  TextEdit     0.0  00:21.23 3    1    285   30M    296K  0B     3872 1    sleeping *0[239]
3871  mdworker     0.0  00:00.21 3    1    62    7420K  0B    0B     3871 1    sleeping *0[1]
3870  mdworker     0.0  00:00.30 3    1    62    7416K  0B    0B     3870 1    sleeping *0[1]
3866  garcon       0.0  00:00.37 3    1    142   6568K  32M   0B     3866 1    sleeping *0[29]
3864  XprotectServ 0.0  00:00.05 2    2    42    3136K  0B    0B     3864 1    sleeping  0[1]
3863  Pages        0.0  00:09.20 3    1    299   73M    328K  0B     3863 1    sleeping  0[159]
3849  CoreServices 0.0  00:00.48 3    1    173   4436K  0B    0B     3849 1    sleeping *0[1]
3845  mdworker_sha 0.0  00:00.16 4    1    66    8384K  0B    0B     3845 1    sleeping *0[1]
3762  mdworker_sha 0.0  00:00.21 3    1    57    6668K  0B    0B     3762 1    sleeping *0[1]
```

Abbildung 33.14 Liveanzeige laufender Prozesse mit dem Befehl »top«

Bei den Befehlen `ps` und `top` können Sie in der ersten Spalte jeweils die Nummer des Prozesses, kurz PID, sehen. Jeder Prozess hat eine eindeutige PID auf dem System. Wenn mal ein Prozess nicht mehr reagieren sollte, können Sie ihn mit `kill` und der Angabe der PID beenden. Hat ein Prozess beispielsweise die Nummer 1234, können Sie ihn mit `kill -9 1234` in der Kommandozeile stoppen.

33.8.2 Befehle als anderer Nutzer ausführen

Wenn Sie im Abschnitt zuvor den Befehl `kill` getestet haben sollten, kann es sein, dass Sie den Befehl vielleicht nicht ausführen konnten, weil Ihnen die Rechte dazu fehlen. Für solche Zwecke gibt es den Befehl `sudo` (Abkürzung für *substitute user do*). Stellen Sie `sudo` dem gewünschten Befehl voran, weil Sie beispielsweise Dateien von Ihrem Verzeichnis in ein anderes Benutzerkonto mit `cp` kopieren wollen, wozu Sie normalerweise keine Rechte haben, werden Sie nach dem Passwort gefragt, und der Befehl wird dank `sudo` ausgeführt.

```
juergenwolf$ cp Bild.jpg /Users/hanswurst/Documents/ [↵]
cp: /Users/hanswurst/Documents/Bild: Permission denied
juergenwolf$ sudo cp Bild.jpg /Users/hanswurst/Documents/ [↵]
Password:******** [↵]
```


Der Befehl `sudo` setzt allerdings voraus, dass man sich auf dem System mit dem Konto des Administrators angemeldet hat. Versuchen Sie, als normaler Benutzer `sudo` zu verwenden, bekommen Sie die Meldung, dass Sie nicht zu den berechtigten Nutzern gehören. Aber dies ist kein Problem, wenn Sie der Administrator sind. Tippen Sie hierzu den Befehl `login` in das Terminal ein, und geben Sie dann den Administrator-Namen und das Administrator-Passwort ein, und Sie können `sudo` verwenden. Vergessen Sie nicht, sich anschließend mit dem Befehl `logout` wieder abzumelden.

33.8.3 Einstellungen mit »defaults« anpassen

Ein Befehl, den Sie bereits verwendet haben und dem Sie häufiger begegnen werden, ist der Befehl `defaults`. Mit diesem Befehl können Sie ganz bequem Einstellungen eines Programms ändern. Meistens wird dieser Befehl zusammen mit `write` (`defaults write`) verwendet, was bedeutet, dass Sie eine Einstellung eines Programms hinzufügen oder überschreiben wollen. Mit [cmd] + [⇧] + [3] können Sie zum Beispiel ein Bildschirmfoto erstellen. Standardmäßig wird hierzu das PNG-Format verwendet. Diese

Einstellung können Sie mit folgender `defaults`-Anweisung ändern, damit stattdessen ein JPEG-Bild gemacht wird:

```
defaults write com.apple.screencapture type jpg
```

Mit `com.apple.screencapture` geben Sie die Einstellungsdatei an, in die geschrieben werden soll. In diesem Fall heißt so die Einstellungsdatei für die Erstellung eines Bildschirmfotos vom System. Die eigentlichen Informationen stehen dann hier mit `type` und `jpg`. Mit `type` wird das Dateiformat angegeben, und mit `jpg` sollen künftig JPEG-Bilder gemacht werden, wenn Sie [cmd] + [⇧] + [3] drücken.

Damit die Wirkung nicht erst beim nächsten Neustart der Benutzeroberfläche aktiv wird, starten wir diese mit der folgenden Zeile neu:

```
killall SystemUIServer
```

Genau genommen beenden wir hier `SystemUIServer`, aber da dieser Prozess vom System benötigt wird, wird er sofort wieder neu gestartet.

HINWEIS

Weitere »defaults«

Eine interessante Website mit weiteren interessanten `defaults` finden Sie zum Beispiel unter *www.defaults-write.com*.

33.8.4 Dateien und Verzeichnisse öffnen

Ein recht hilfreicher Befehl ist `open`, mit dem Sie im Terminal Dateien und Verzeichnisse öffnen können. Im einfachsten Fall übergeben Sie `open` den Namen oder Pfad zu einer Datei, und diese Datei wird dann mit dem Programm geöffnet, dem dieser Dateityp zugeordnet wurde. Ein Aufruf von `open bild.jpg` würde beispielsweise das Bild mit Vorschau öffnen. Sie können mit der Option `-a` die Datei aber auch mit einem anderen Programm öffnen:

```
juergenwolf$ open -a "Adobe Photoshop CC 2018" bild.jpg [↵]
```

In dem Fall öffnen Sie die Datei *bild.jpg* mit *Adobe Photoshop CC 2018*. Der Befehl `open` lässt sich nicht nur mit Dateien, sondern auch mit Verzeichnissen verwenden. So können Sie beispielsweise mit `open /usr/bin` ganz einfach das entsprechende Verzeichnis im Finder öffnen. Oder wollen Sie das aktuelle Arbeitsverzeichnis im Finder öffnen, in dem Sie sich im Terminal gerade befinden, geben Sie `open .` ein.

33.8.5 Die Zwischenablage mit dem Terminal einsehen

Auch im Terminal steht Ihnen die allgemeine Zwischenablage zur Verfügung. Wenn Sie zum Beispiel in Safari einen Text in die Zwischenablage kopiert haben, können Sie diese Zwischenablage mit dem Befehl `pbpaste` im Terminal ausgeben oder bei Bedarf mit dem Umleitungszeichen mit `pbpaste > clipboard.txt` in eine Datei schreiben. Mit `pbcopy` hingegen können Sie einen Text der Zwischenablage hinzufügen, indem Sie `pbcopy` eingeben und einen Text in die Zwischenablage tippen. Mit `Ctrl` + `D` beenden Sie die Eingabe in die Zwischenablage. Dieser Text steht jetzt auch der grafischen Oberfläche beispielsweise in TextEdit zur Verfügung. Auch hier könnten Sie einen Text aus einer Datei via Umleitungszeichen mit `pbcopy < Datei.txt` in die Zwischenablage kopieren.

33.9 Shellskripts erstellen

Mit der Shell können Sie auch programmieren, und vom Prinzip her ist dies einfacher, als Sie vielleicht denken. Hierzu müssen Sie lediglich die Befehle und Kommandos in eine Textdatei schreiben, die Datei in der Shell aufrufen, und schon werden die darin notierten Befehle der Reihe nach abgearbeitet. Sie können häufig gemachte Arbeitsabläufe mit mehreren Befehlen in einer Datei speichern und bei Bedarf mit einem einzigen Kommando ausführen.

An der Stelle muss allerdings noch hinzugefügt werden, dass die meisten Shellskripts in der Praxis schon aus etwas mehr bestehen als aus einer Reihe von Befehlen und Kommandos, die in eine Textdatei geschrieben werden. Die Shell kennt nämlich auch Konstrukte wie Bedingungen, Verzweigungen, Schleifen und Funktionen wie eine richtige Programmiersprache. Ebenso können Sie einem Shellskript beim Aufrufen weitere Argumente übergeben, um damit im Shellskript arbeiten zu können. Sie werden hier daher keinen Kurs in Shellprogrammierung erhalten, sondern lediglich erfahren, wie Sie ein einfaches Skript erstellen und ausführen können.

Zum Schreiben von Shellskripts benötigen Sie lediglich einen Texteditor. Sie können sich entscheiden, ob Sie einen Texteditor im Terminal, wie zum Beispiel nano, oder Ähnliches verwenden wollen. Natürlich können Sie auch die Klassiker wie *vi* oder *emacs* verwenden, aber wer den Umgang mit diesen Editoren nicht kennt, der dürfte anfangs daran verzweifeln. Im Beispiel verwende ich daher TextEdit.

1 Öffnen Sie TextEdit, und erstellen Sie ein neues Dokument mit `cmd` + `N` bzw. **Ablage ▸ Neu**. Für das Schreiben von Shellskripts benötigen Sie ein reines Textformat, und daher müssen Sie zunächst den Modus mit **Format ▸ In reinen Text umwandeln** bzw. [⇧] + [cmd] + [T] in einen reinen Textmodus umschalten. Hierbei ändert sich das Aussehen von TextEdit, und es stehen Ihnen keine Formatierungsmöglichkeiten mehr zur Verfügung.

2 Tippen Sie jetzt das hier abgedruckte Shellskript mit TextEdit ab:

```
# Scriptname : informationen.sh
# Gibt das aktuelle Datum aus
date
# Name des Rechners
hostname
# Name des Benutzers
whoami
```

3 Klicken Sie auf **Ablage ▸ Sichern**, bzw. drücken Sie [cmd] + [S], und hängen Sie am Ende des Skriptnamens die Endung *.sh* an. Hier im Beispiel hat das Skript den Namen *informationen.sh*. Klicken Sie auf **Sichern**.

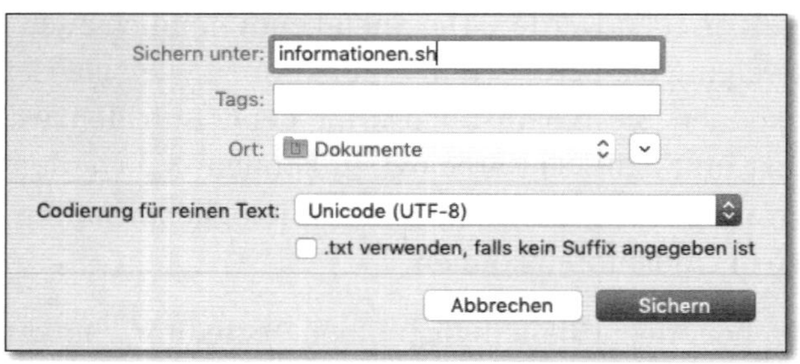

4 Öffnen Sie ein Terminal, und wechseln Sie mit `cd` in das Verzeichnis, in dem Sie das Shellskript *informationen.sh* gespeichert haben. Im Beispiel habe ich es in *~/Documents* gesichert.

5 Bevor Sie das Skript ausführen können, müssen Sie das Ausführrecht setzen. In Ihrem Fall ist es das Ausführrecht (`x`) für den Eigentümer, und dieses vergeben Sie mit dem Kommando `chmod`. Das Kommando `chmod` wird verwendet, um die Zugriffsrechte einer Datei zum Lesen, Schreiben und/oder Ausführen anzupassen.

```
Juergens-MBP:Documents juergenwolf$ ls -l informationen.sh ↵
-rw-r--r--@ 1 juergenwolf  staff  124 12 Mai 00:19 informationen.sh
Juergens-MBP:Documents juergenwolf$ chmod u+x informationen.sh ↵
Juergens-MBP:Documents juergenwolf$ ls -l informationen.sh ↵
-rwxr--r--@ 1 juergenwolf  staff  124 12 Mai 00:19 informationen.sh
```

6 Nachdem Sie das Skript ausführbar gemacht haben, können Sie es beim Namen aufrufen. Allerdings müssen Sie `./` vor den Skriptnamen setzen, damit die Shell das Skript ausführen kann, weil sich Ihr Skript nicht in der Ausführumgebung (der Variablen `PATH`) befindet.

```
Juergens-MBP:Documents juergenwolf$ ./informationen.sh ↵
So 05 Aug 2018 00:31:46 CEST
Juergens-MBP
juergenwolf
```

Das war es schon. So einfach können Sie Shellskripts erstellen und ausführen. Im Beispiel macht das Skript nicht viel. Mit dem Kommando `date` wird das aktuelle Datum ausgegeben, `whoami` gibt den aktuellen Benutzer aus und `hostname` den Rechnernamen. Sie werden es vermutlich geahnt haben, die Zeilen, die mit # beginnen, sind Kommentare und werden bei der Ausführung ignoriert. Trotzdem gibt es hier eine Ausnahme. Gewöhnlich finden Sie in der ersten Zeile eines Shellskripts folgende Zeile:

```
#!/bin/bash
```

Diese Zeile wird *Shebang* genannt und definiert, mit welchem Kommandointerpreter das Skript ausgeführt werden soll. Meistens wird hierbei die Bash-Shell verwendet, aber es gibt auch andere Unix-Systeme, in denen beispielsweise `/bin/sh` oder `/bin/ksh` standardmäßig verwendet wird.

Zugegeben, dass Beispiel hat nicht viel gemacht, außer Informationen auf dem Bildschirm auszugeben. Daher finden Sie hier ein sinnvolleres Beispiel, um ein Shellskript bei der Ausführung zu sehen:

```
#!/bin/bash
# Scriptname : backup-documents.sh

# Variable datum in Form von 2018-08-12-01-05 erstellen
datum=`date +%Y-%m-%d-%H-%M`
```

```
# Ordner aus dem erstellten Datum auf dem Schreibtisch anlegen
mkdir ~/Desktop/$datum

# Kompletten Inhalt vom Dokument-
Ordner in das neue Verzeichnis kopieren
cp -r ~/Documents ~/Desktop/$datum
```

Mit `` datum=`date +%Y-%m-%d-%H-%M` `` wird die Ausgabe des Befehls `date` in Form von YYYY-MM-DD-HH-MM formatiert und der Variablen `datum` zugewiesen. Achten Sie außerdem darauf, dass es sich bei dem Anführungszeichen zwischen `` `date +%Y-%m-%d-%H-%M` `` um Backticks handelt. Alternativ zu den Backticks könnten Sie auch `$()` verwenden (beispielsweise: `$(date +%Y-%m-%d-%H-%M)`).Eine Zeile später wird mithilfe dieser Variablen mit `mkdir` auf dem Schreibtisch ein entsprechendes Verzeichnis erstellt. Um auf den Inhalt der Variablen im Skript zuzugreifen, müssen Sie `$` vor `datum` stellen. Zu guter Letzt soll noch der komplette Inhalt des *Dokumente*-Ordners in das neu angelegte Verzeichnis auf dem Schreibtisch kopiert werden. Auf diese Weise haben Sie ein einfaches Backup-Skript für eine Sicherung des *Dokumente*-Ordners erstellt, die Sie mit dem Namen des Shellskripts jederzeit ausführen können.

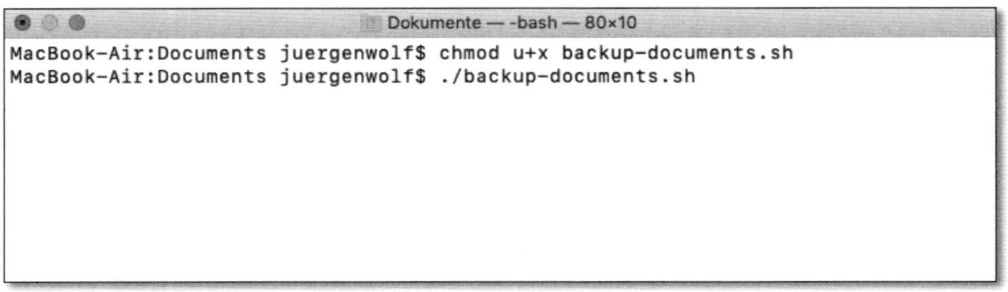

Abbildung 33.15 Das Skript ausführbar machen und dann ausführen

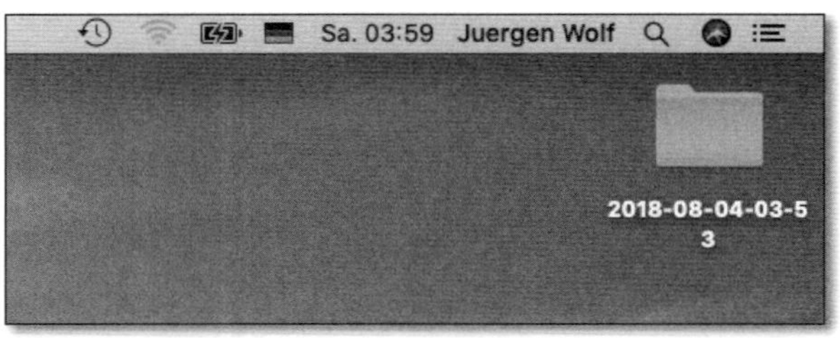

Abbildung 33.16 Der gesamte Inhalt vom »Dokumente«-Ordner wurde in ein neues Verzeichnis auf dem Schreibtisch kopiert.

34 Automatisierung mit dem Automator

Immer wiederkehrende Aufgaben und Arbeiten lassen sich häufig mit dem Automator ohne tiefere Computerkenntnisse und ohne Programmiererfahrung automatisieren.

Sie finden den Automator im *Programme*-Verzeichnis. Nach dem Programmstart des Automators können Sie aus Vorlagen für verschiedene Arten von Automatismen auswählen. Die Wahl des Automatismus hängt von der späteren Verwendung ab. Wählen Sie zunächst **Arbeitsablauf** aus, und klicken Sie auf **Auswählen**. Später sehen wir uns einige andere Vorlagen an.

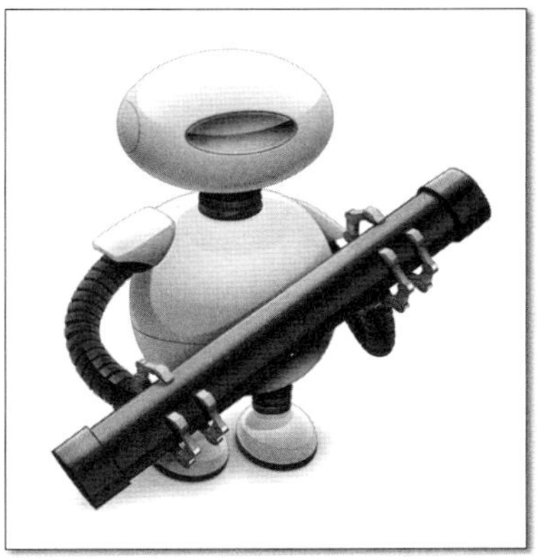

Abbildung 34.1 Das Programm-Icon des Automators

Abbildung 34.2 Hier wählen Sie die Art des Automatismus aus.

Auf der Oberfläche des Automators sehen Sie links zwei Spalten mit einer Funktionsbibliothek. Diese beiden Spalten können Sie mit der Schaltfläche **Mediathek** in der Symbolleiste ein- und ausblenden. In der linken Bibliotheksspalte finden Sie die Kategorie oder den Namen eines Programms und in der rechten Aktionsspalte die verfügbaren Aktionen bzw. Funktionen der ausgewählten Kategorie oder des ausgewählten Programms. Wenn Sie eine solche Aktion anklicken, finden Sie unterhalb eine entsprechende Beschreibung. Neben Aktionen finden Sie hier auch Variablen. Oberhalb der linken Spalte können Sie zwischen **Aktionen** und **Variablen** ❶ der Funktionsbibliothek wechseln. Im rechten Teil des Automators finden Sie gewöhnlich den Automationsablauf und die dazugehörenden Informationen. Im vorliegenden Beispiel ist dieser Arbeitsablauf noch leer.

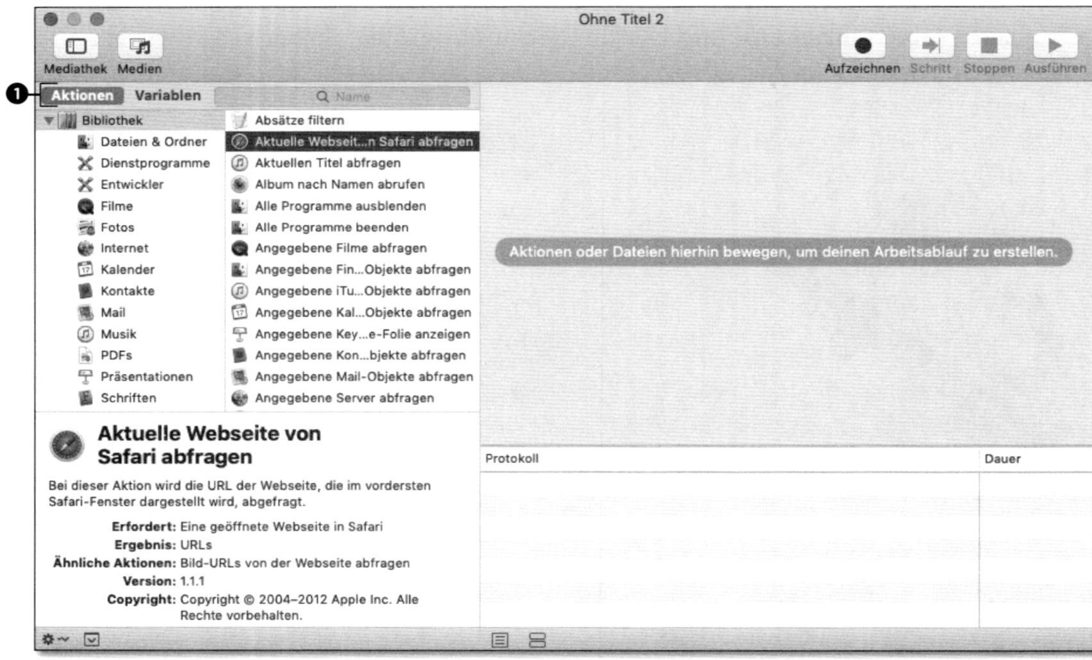

Abbildung 34.3 Die Oberfläche des Automators

34.1 Einen einfachen Arbeitsablauf erstellen

Im folgenden Beispiel erstellen Sie einen einfachen Arbeitsablauf, um ein Gefühl für den Automator zu bekommen. Zwar müssen Sie bei der Erstellung eines Arbeitsablaufs zunächst noch nicht exakt Schritt für Schritt wissen, was Sie zu tun gedenken, aber es ist hilfreich, wenn Sie von vornherein vor Augen haben, was Sie machen wollen. Im ersten Beispiel soll ein Archiv im ZIP-Format vom *Dokumente*-Ordner auf den Schreibtisch gelegt werden. Es ist jederzeit möglich, nachträglich die einzelnen Schritte neu zu sortieren, zu ändern oder zu entfernen.

1 Sofern noch nicht geschehen, starten Sie den Automator, und wählen Sie bei den Vorlagen **Arbeitsablauf** aus.

2 Als Erstes sollten Sie die Daten wählen, die Sie für den Arbeitsablauf verwenden wollen. Ziel ist es, den *Dokumente*-Ordner im Finder zu archivieren, womit Sie in der **Bibliothek** bei **Dateien & Ordner** fündig werden könnten. Hier machen wir es uns einfach und wählen in der Mitte die Aktion **Angegebene Finder-Objekte abfragen** aus und ziehen diese rechts in den Ablauf.

3 Wir wollen hier den *Dokumente*-Ordner haben. Klicken Sie daher bei der ersten Aktion auf die Schaltfläche **Hinzufügen** ❶, und wählen Sie den *Dokumente*-Ordner aus. Schon haben Sie beim ersten Ablauf **Angegebene Finder-Objekte abfragen** den *Dokumente*-Ordner als Quelle hinzugefügt.

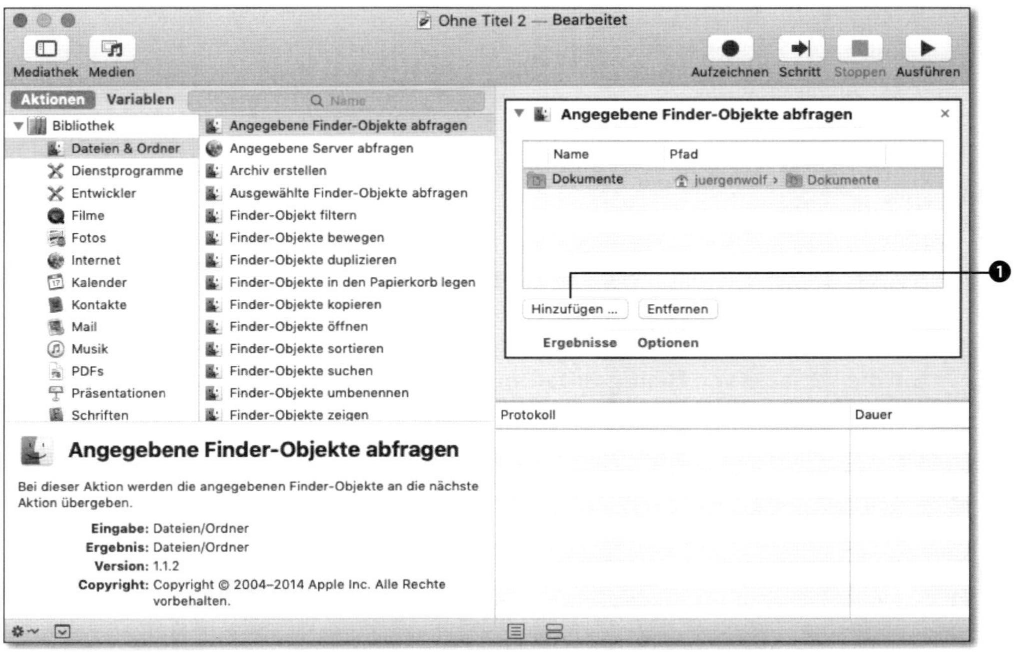

4 Jetzt benötigen Sie eine weitere Aktion, was mit diesem *Dokumente*-Ordner geschehen soll. Im Beispiel wollen wir ein Archiv daraus erstellen, weshalb Sie hier erneut in **Dateien & Ordner** mit der Aktion **Archiv erstellen** fündig werden und diese Aktion nach rechts ziehen und unterhalb der ersten Aktion dem Ablauf hinzufügen.

5 Als Speicherort habe ich willkürlich den Schreibtisch ausgewählt. Sie können das Archiv aber auch woanders erstellen. Für den Dateinamen werden wir eine Kombination aus Datum und Text verwenden. Wechseln Sie hierzu von den **Aktionen** zu den **Variablen** ❷.

6 Wählen Sie in der **Bibliothek** von **Variablen** den Eintrag **Datum & Uhrzeit** aus. Ziehen Sie die Variable von **Heutiges Datum** auf das Textfeld von **Sichern unter** ❸ in **Archiv erstellen**. Über den kleinen Pfeil neben **Heutiges Datum** im Textfeld können Sie das Format des Datums anpassen. Hinter dem Datum fügen Sie noch den Text »-Dokumente« hinzu. Jetzt hat das Archiv einen Dateinamen wie *dd.mm.yy-Dokumente.zip*.

7 Haben Sie Ihre Aktionen konfiguriert, können Sie diese mit cmd + R oder der Schaltfläche **Ausführen** rechts oben starten. Wenn alles korrekt abgelaufen ist, finden Sie auf dem Schreibtisch ein ZIP-Archiv vom *Dokumente*-Ordner in Form von *dd.mm.yy-Dokumente.zip* wieder.

8 Wollen Sie den Arbeitsablauf künftig wiederverwenden, speichern Sie ihn über **Datei ▸ Sichern** bzw. cmd + S in einem Verzeichnis Ihrer Wahl ab. Ich habe hierfür einen eigenen Ordner angelegt, in dem ich meine Arbeitsabläufe sichere.

An dieser Stelle ist es enorm wichtig zu verstehen, dass der Automator zunächst ein Objekt entgegennimmt, bei dem es sich um eine Datei, einen Ordner oder eine E-Mail handelt, und es dann durch den Ablauf von Aktion zu Aktion von oben nach unten durchreicht. Wollen Sie beispielsweise das erstellte ZIP-Archiv auf dem Schreibtisch in die Cloud oder in ein anderes Verzeichnis verschieben, müssen Sie hinter dem Arbeitsablauf, in dem Sie das Archiv erstellt haben, eine entsprechende Aktion hinzufügen. Im Beispiel würde sich die Aktion **Finder-Objekte bewegen** aus der **Bibliothek** von **Dateien & Ordner** anbieten.

34.2 Abläufe protokollieren und schrittweise ausführen

Unterhalb eines Ablaufs finden Sie ein Protokoll, das Ihnen bei der Fehlersuche in Abläufen hilfreich ist. Eine erfolgreiche Aktion wird mit einem grünen Häkchen markiert. Das gelbe Warnzeichen hingegen sagt aus, dass es Probleme bei einer Aktion gab. Wollen Sie wissen, was sich hinter einer Warnung verbirgt, müssen Sie diese über das kleine Dreieck ausklappen. Ein rotes Zeichen hingegen besagt, dass die Aktion überhaupt nicht ausgeführt werden konnte. Das Protokoll können Sie über **Darstellung ▸ Protokoll** bzw. `Alt` + `cmd` + `L` ein- bzw. ausblenden.

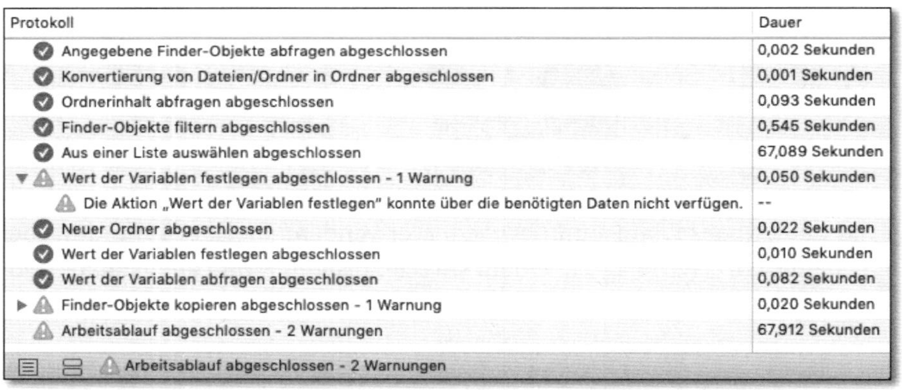

Abbildung 34.4 Das Protokoll des Arbeitsablaufs ist hilfreich bei der Fehlersuche.

Um gerade bei etwas umfangreicheren Arbeitsabläufen ein Problem zu lokalisieren, bietet es sich an, den Ablauf über die Schaltfläche **Schritt** ❶ Schritt für Schritt auszuführen. Mit jedem Klicken auf diese Schaltfläche wird ein weiterer Schritt ausgeführt. Zusätzlich können Sie die Resultate der jeweiligen Aktion in **Ergebnisse** ❷ einblenden lassen, wenn Sie die Schaltfläche anklicken. In dem Feld **Ergebnisse** werden die Objekte aufgelistet, die an die nächste Aktion übergeben werden. So wird in unserem ersten Beispiel sichtbar, wie in der ersten Aktion der *Dokumente*-Ordner an die nächste Aktion »Archiv erstellen« übergeben wird. Dort ist dann das Ergebnis ein ZIP-Archiv, das im Fall einer weiteren Aktion an die nächste Aktion weitergegeben würde.

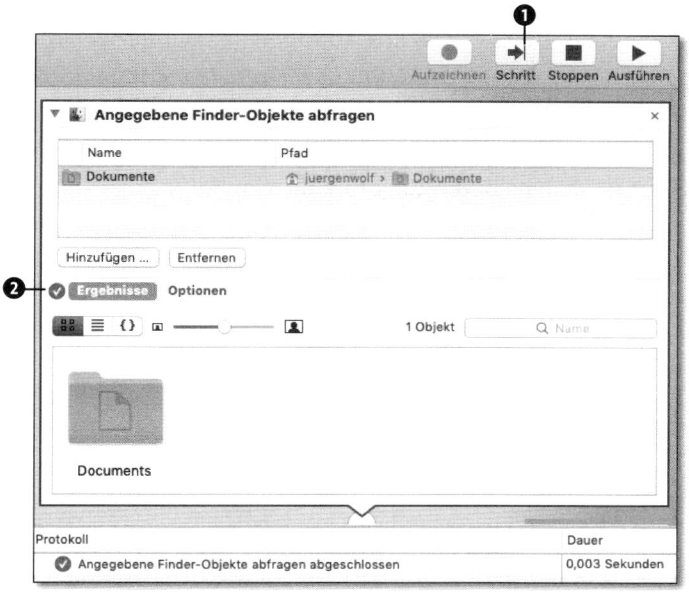

Abbildung 34.5 Unter »Ergebnisse« können Sie sehen, was für Objekte hier erstellt und weitergegeben werden.

34.3 Variablen in Arbeitsabläufen

Im Beispiel zuvor haben Sie bereits gesehen, wie Sie Variablen als Platzhalter für die Erstellung eines neuen Ordnernamens verwenden können. Sie können auch den Wert einer Variablen festlegen, um diesen bei einer späteren Aktion wiederzuverwenden.

Um hier den Sachverhalt besser zu verstehen, habe ich mich erneut auf ein einfaches Beispiel beschränkt. Es soll 1.) im *Dokumente*-Ordner nach allen Bilddateien gesucht und diese in einer Variablen gespeichert werden. Dann wird 2.) ein neuer Ordner auf dem Schreibtisch angelegt und dieser als Zielordner ebenfalls in einer Variablen gespeichert. Am Ende soll 3.) die Variable mit den Bilddateien abgefragt und diese in die Variable, die wir als Zielordner gespeichert haben, kopiert werden. Hierzu ein möglicher Ansatz:

1 Starten Sie einen neuen **Arbeitsablauf** mit cmd + N bzw. **Ablage ▸ Neu.**

2 Als erste Aktion wählen Sie **Angegebene Finder-Objekte abfragen** aus **Dateien & Ordner** aus und fügen dort das *Dokumente*-Verzeichnis hinzu. Ebenfalls aus **Dateien & Ordner** wählen Sie **Ordnerinhalt abfragen**, wo Sie ein Häkchen vor **Für jeden gefundenen Unterordner wiederholen** setzen. Und zu guter Letzt ziehen Sie noch **Finder-Objekte filtern** hinzu, wo Sie **Art** ist **Bild** als Bedingung hinzufügen.

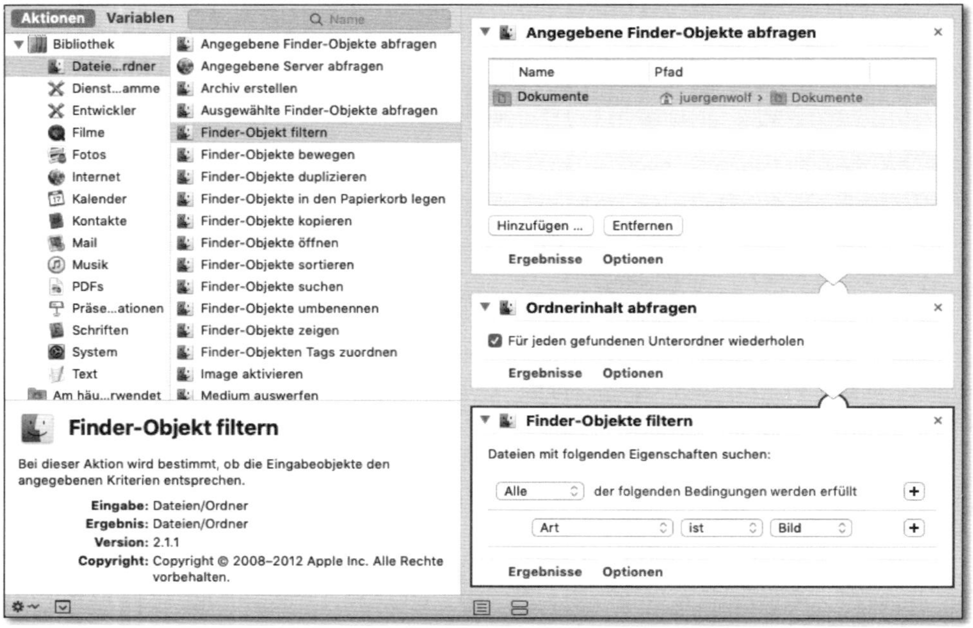

3 Das Ergebnis dieser drei Aktionen ist eine Liste von Bildern im *Dokumente*-Verzeichnis mitsamt allen Unterverzeichnissen. Starten Sie einen Testlauf, und betrachten Sie die **Ergebnisse** in **Finder-Objekte filtern** dazu. Dieses Ergebnis soll in einer neuen Variablen gespeichert werden. Wählen Sie hierzu die **Bibliothek** und die Aktion **Wert der Variablen festlegen**, die Sie hinter **Finder-Objekte filtern** ablegen.

Klicken Sie auf **Neue Variable**, und geben Sie einen Bezeichner für diese Variable ein. Im Beispiel wird diese Variable *Bilddateien* genannt. Klicken Sie im **Protokoll** auf **Variablen** ❶, um einen Überblick über die verwendeten Variablen im Arbeitsablauf zu haben.

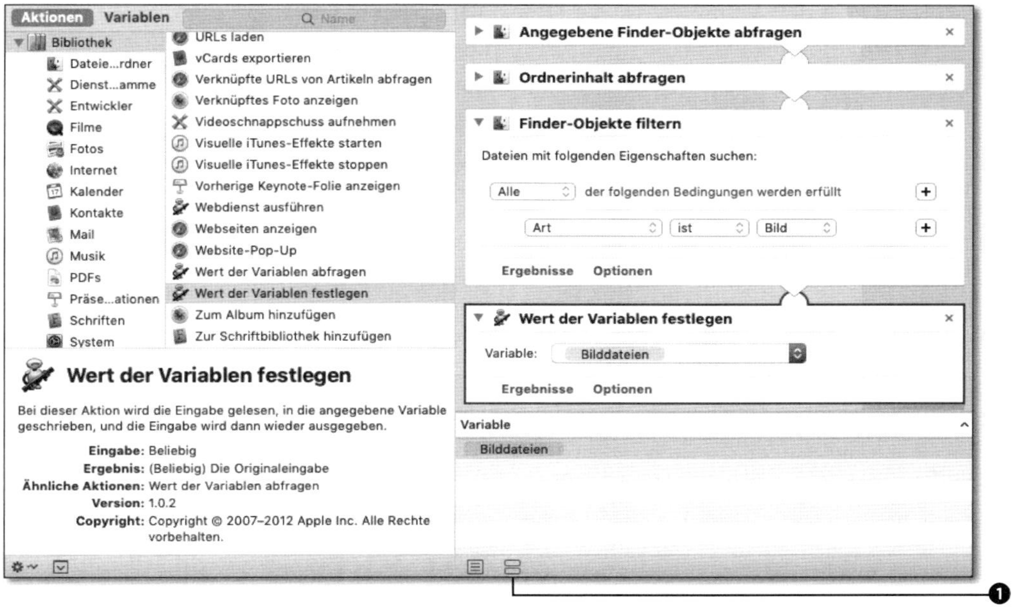

4 Den ersten Teil der Arbeit haben Sie nun erledigt, und im nächsten Schritt wollen wir einen neuen Ordner anlegen, in den wir die Bilder hineinkopieren wollen. Ziehen Sie daher als nächste Aktion zunächst **Neuer Ordner** von **Dateien & Ordner** ans Ende des Ablaufs. Als **Ort** verwenden wir den Schreibtisch, und als benutzerdefinierten Ordner ziehen Sie aus **Variablen** von **Datum & Uhrzeit** den Wert **Heutiges Datum** auf **Name**, worauf Sie klicken und nachträglich das Format Ihren Bedürfnissen anpassen können.

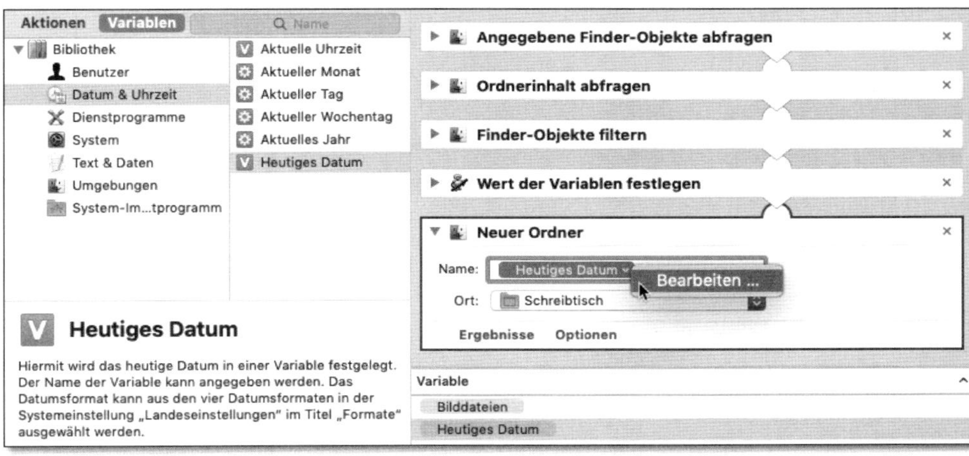

34

5 Da wir in der Aktion zuvor die Objekte in unserer Variablen *Bilddateien* gespeichert haben und diese Eingabe nicht zum Anlegen eines neuen Ordners benötigen, müssen Sie hier die Aktion **Neuer Ordner** mit der rechten Maustaste anklicken und im Kontextmenü **Eingabe ignorieren** wählen. Hier wird die Verbindung des Ablaufs, also die Datenweitergabe vom Wert der Variablen zu **Neuer Ordner**, unterbrochen. Diese ist hier nicht mehr nötig, weil wir den Wert in einer Variablen zwischengespeichert haben.

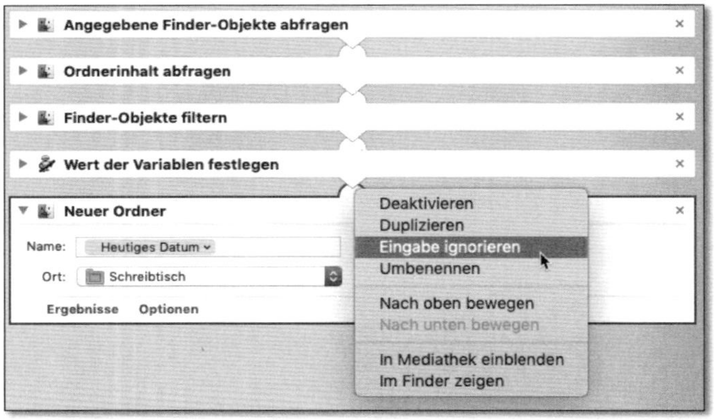

6 Fügen Sie hinter der Aktion **Neuer Ordner** erneut die Aktion **Wert der Variablen festlegen** hinzu, und vergeben Sie einen Bezeichner für eine weitere Variable. In diesem Beispiel wird durch **Neuer Ordner** das Verzeichnis des neu angelegten Ordners weitergegeben, weshalb wir hier einen neuen Bezeichner *Zielverzeichnis* erstellen, wo dieser Wert zwischengespeichert wird. Hiermit hätten wir den zweiten Punkt unserer Aufgabe erledigt, und es fehlt noch der letzte Schritt, die Bilddateien ins neu angelegte Verzeichnis zu kopieren.

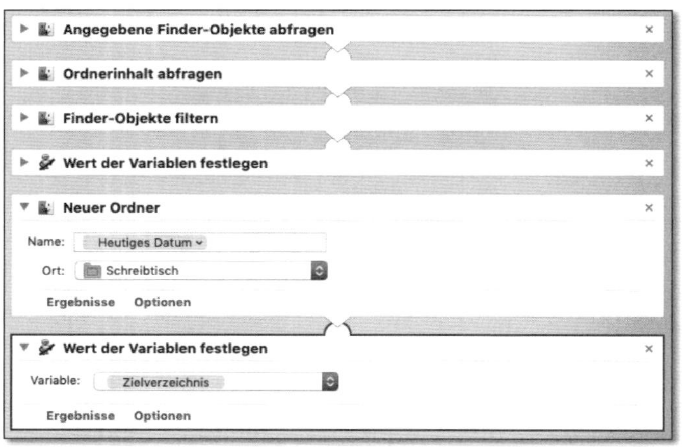

7 Wählen Sie als nächsten Schritt die Aktion **Wert der Variablen abfragen** aus der **Bibliothek** aus. Klicken Sie dann auf das Dropdown-Menü, und wählen Sie die Variable *Bilddateien* aus. Ganz wichtig ist hier noch, dass Sie die Aktion erneut mit der rechten Maustaste anklicken und ebenfalls **Eingabe ignorieren** wählen, um diese Aktion von der letzten Aktion **Wert der Variablen abfragen** zu trennen.

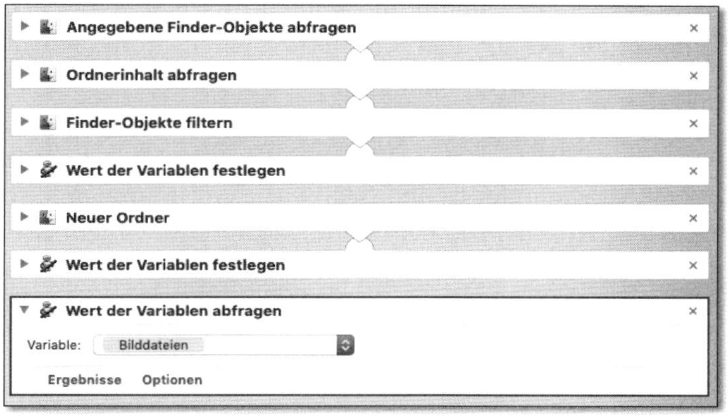

8 Nachdem Sie die Bilddateien abgefragt haben, wählen Sie die Aktion **Finder Objekte kopieren** aus der **Bibliothek** von **Dateien & Ordner** und ziehen sie hinter die Aktion **Wert der Variablen abfragen**.

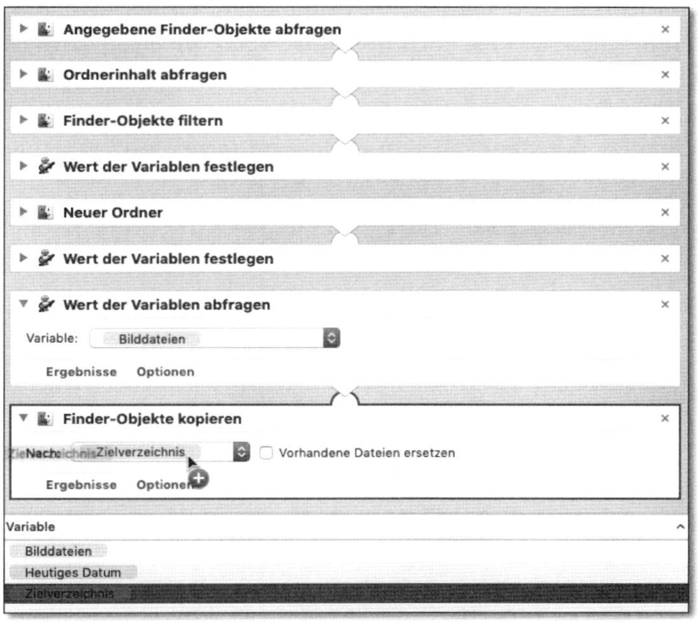

Ziehen Sie hier unten aus den Variablen die Variable *Zielverzeichnis* auf das Textfeld von **Nach**, und lassen Sie es dort fallen. Jetzt werden die zuvor abgefragten *Bilddateien* ins *Zielverzeichnis* kopiert. Im dritten abgekoppelten Ablauf verwenden Sie die im ersten und zweiten voneinander getrennten Ablauf gesicherten Variablen, um die Bilddateien ins Zielverzeichnis zu kopieren.

9 Speichern Sie den Ablauf bei Bedarf, und führen Sie ihn über **Ausführen** bzw. [cmd] + [R] aus. Anschließend sollten Sie auf dem Schreibtisch einen Ordner vorfinden, in dem sich alle Bilddateien aus Ihrem *Dokumente*-Ordner befinden.

Von enormer Bedeutung in diesem Beispiel ist, dass Sie im richtigen Moment einzelne Abläufe mit **Eingabe ignorieren** voneinander trennen. Auf diese Weise können Sie quasi mehrere verschiedene Aktionen in einem Arbeitsablauf ausführen. Ergebnisse von zusammengehörenden Aktionen können Sie in Variablen speichern und später wieder abfragen und verwenden.

34.4 Interaktion mit dem Anwender

Bis zu einem gewissen Maß können Sie eine Interaktion vom Anwender einfordern. Bleiben wir bei unserem Beispiel, in dem Sie alle Bilder vom *Dokumente*-Verzeichnis in einen neu erstellten Ordner des Schreibtisches kopieren wollen. Wollen Sie zum Beispiel selbst entscheiden, von welchem Ordner die Bilddateien gefiltert werden und wohin diese kopiert werden sollen, ist dies auch möglich. Wenn Sie beispielsweise bei **Angegebene Finder-Objekte abfragen** auf **Optionen** klicken und dort unten ein Häkchen vor **Diese Aktion beim Ausführen des Arbeitsablaufs anzeigen** setzen, erhalten Sie einen Dateiauswahldialog, in dem Sie den angegebenen Ordner entfernen und einen neuen Ordner hinzufügen können, in dem Sie nach Bildern suchen wollen.

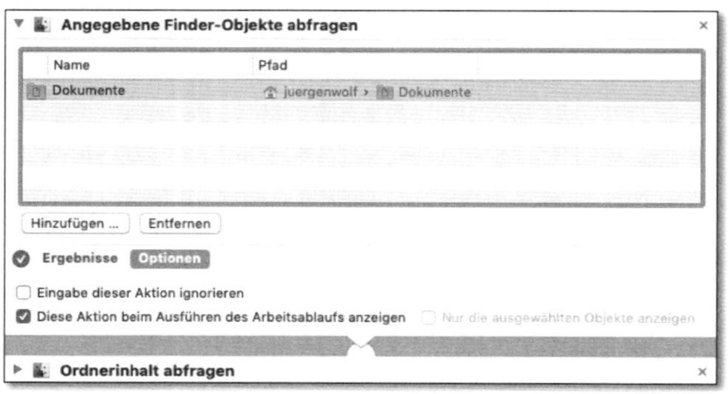

Abbildung 34.6 Wenn Sie die Option »Diese Aktion beim Ausführen ...« anklicken ...

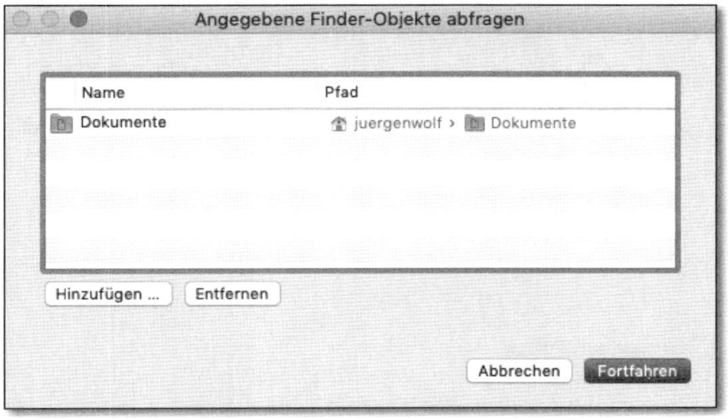

Abbildung 34.7 ... wird ein Dateiauswahldialog bei diesem Beispiel eingeblendet.

Dasselbe können Sie auch bei **Neuer Ordner** tun, wo Sie über das Setzen der entsprechenden Option vorgeben, wohin die Bilddateien kopiert werden sollen. Oder wollen Sie ganz andere Objekte als Bilddateien filtern, dann können Sie bei **Finder-Objekte filtern** die entsprechende Option aktivieren. Auf diese Weise können Sie quasi bei jedem Schritt die Entscheidung vom Anwender einfordern, sofern dies sinnvoll erscheint.

Abbildung 34.8 Auch die anderen Aktionen bieten die Möglichkeit der Interaktion an.

Ebenso bietet der Automator weitere Aktionen für die Interaktion mit dem Anwender an. Wollen Sie zum Beispiel selbst entscheiden, welche Bilder aus der Liste der ausgefilterten Bilder kopiert werden sollen, ziehen Sie die Aktion **Aus einer Liste wählen** zwischen **Finder-Objekte filtern** und **Wert der Variablen festlegen**, und schon erscheint ein Dialog, in dem Sie aus den ausgefilterten Bilddateien wählen können, was kopiert werden soll und was nicht.

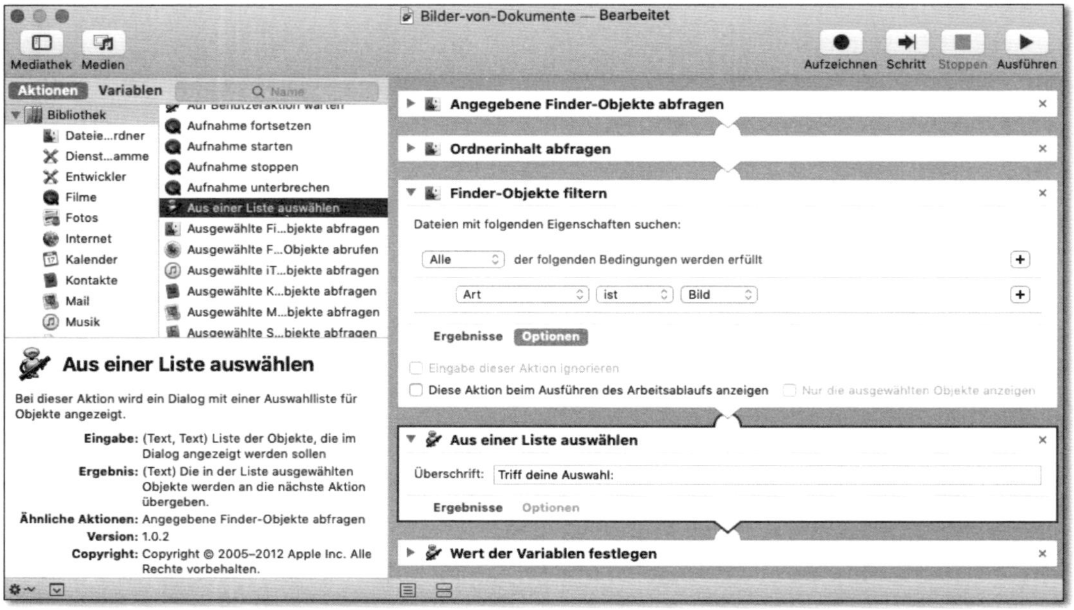

Abbildung 34.9 Hier wurde die Aktion »Aus einer Liste wählen« hinzugefügt …

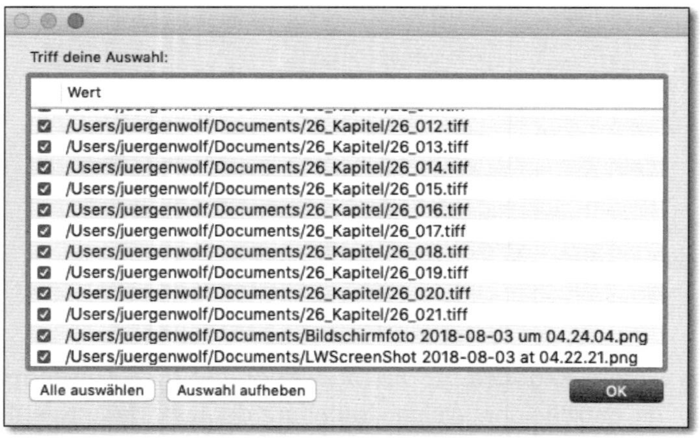

Abbildung 34.10 … wodurch Sie eine eigene Auswahl treffen können.

Wollen Sie den Anwender informieren oder einen Hinweis geben, was beim Ablauf passiert oder worauf er achten sollte, können Sie die Aktion **Auf Benutzeraktion warten** hinzufügen. Hier können Sie ein Timeout festlegen, womit der Ablauf automatisch beendet wird, wenn Sie nach einer gewissen Zeit nicht auf **Fortfahren** klicken.

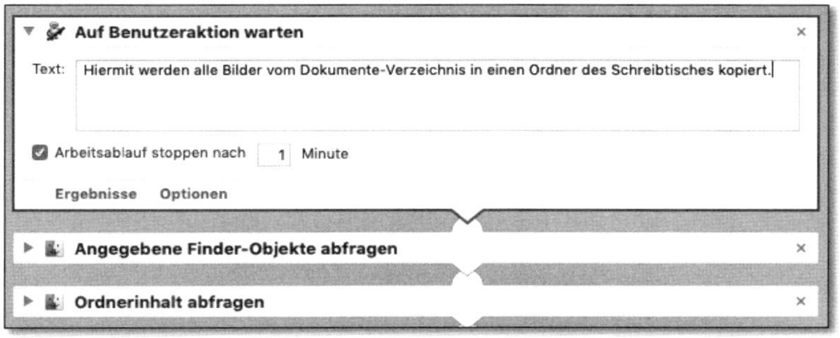

Abbildung 34.11 Hier wurde die Aktion »Auf Benutzeraktion warten« hinzugefügt …

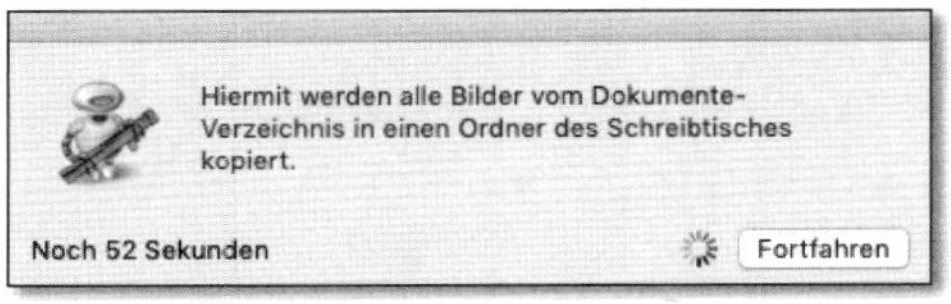

Abbildung 34.12 … womit Sie den Benutzer informieren oder eine Aktion mit einem Timeout belegen können.

Für Warnungen oder Ja- oder Nein-Entscheidungen hingegen bietet sich die Aktion **Bestätigung verlangen** an.

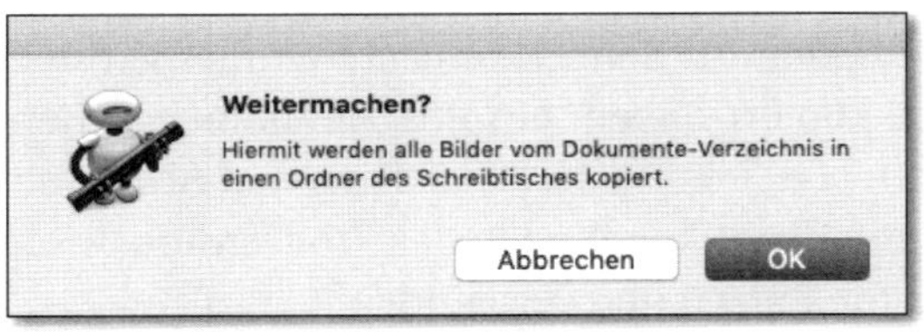

Abbildung 34.13 Auch Warnungen und Rückfragen sind ohne Probleme möglich.

Für die Eingabe von Text finden Sie die Aktion **Nach Text fragen**, womit Sie den Anwender auffordern können, einen Text einzugeben, um diesen Text der nächsten Aktion mitzugeben oder in einer Variablen zu speichern.

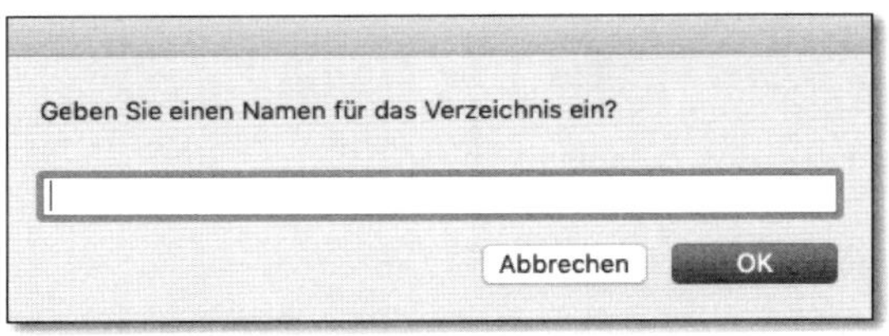

Abbildung 34.14 Eine Textabfrage ist auch dabei.

34.5 Arbeitsabläufe dem System hinzufügen

Der Nachteil, einen **Arbeitsablauf** zu verwenden, ist es, dass Sie den Automator starten müssen. Bei der Auswahl von Vorlagen haben Sie bereits gesehen, dass es möglich ist, die Arbeitsabläufe anders zu erstellen und wiederzuverwenden.

34.5.1 Einen Arbeitsablauf als Programm nutzen

Zwischen der Erstellung eines Arbeitsablaufs oder eines Programms besteht überhaupt kein Unterschied. Sie können beim Speichern eines Arbeitsablaufs oder Programms über das **Dateiformat** angeben, ob Sie den gesamten Vorgang als Arbeitsablauf oder als Programm speichern wollen.

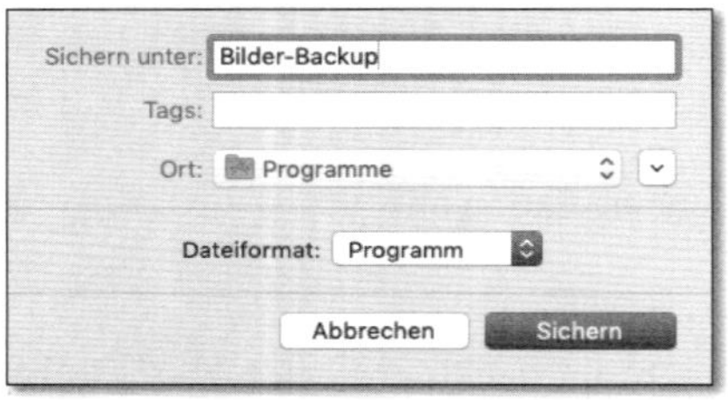

Abbildung 34.15 Sie können jederzeit aus einem Arbeitsablauf ein Programm erstellen.

Um aus unserem Arbeitsablauf, in dem Sie Bilder aus dem *Dokumente*-Ordner gefiltert und in einen Ordner auf dem Schreibtisch kopiert haben, ein Programm zu machen, wählen Sie **Ablage ▸ Duplizieren** bzw. ⇧ + cmd + S und speichern den Arbeitsablauf als Programm im *Programme*-Verzeichnis. Jetzt können Sie das Programm wie ein gewöhnliches Programm ohne den Automator starten und verwenden.

Abbildung 34.16 Ein vollwertiges Programm, das mit dem Automator erstellt wurde

In der Menüleiste wird ein drehendes Zahnradsymbol angezeigt, wenn Sie ein mit dem Automator erstelltes Programm ausführen.

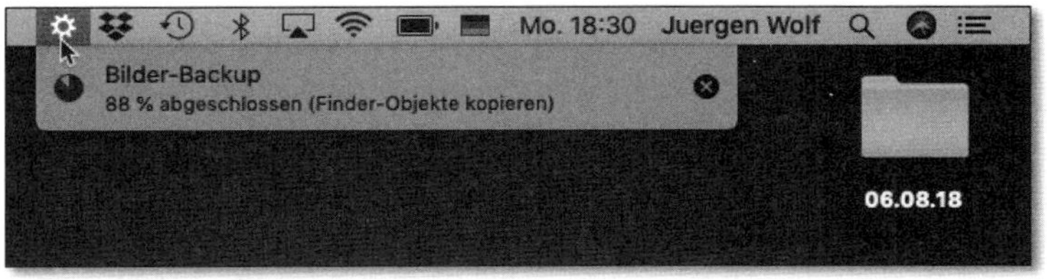

Abbildung 34.17 Ein mit dem Automator erstelltes Programm in der Menüleiste

Neben der Möglichkeit, ein Programm unabhängig vom Automator auszuführen, ist es auch möglich, das Programm direkt bei der Anmeldung auszuführen, indem Sie das Programm den Anmeldeobjekten Ihres Benutzerkontos hinzufügen (siehe Abschnitt 30.1.1, »Anmeldeobjekte«), womit es beim Start des Systems automatisch ausgeführt wird.

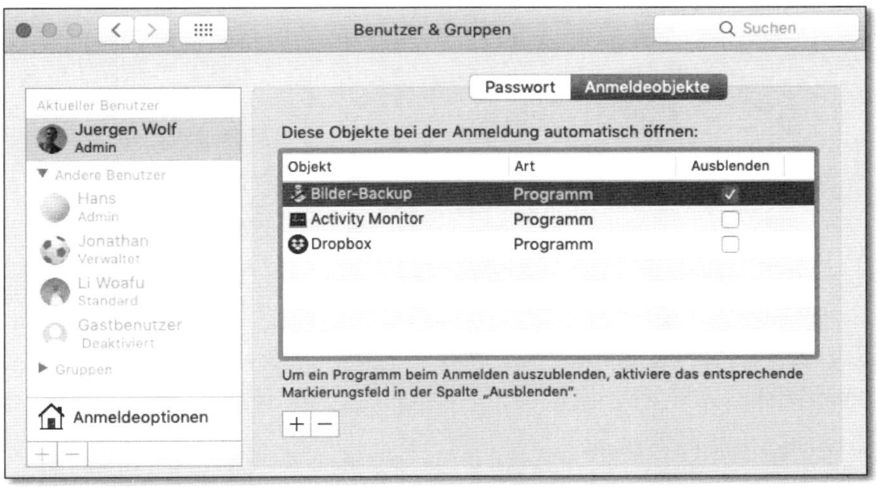

Abbildung 34.18 Das Programm den Anmeldeobjekten hinzufügen

Ebenso ist es möglich, dass Sie Dateien und Verzeichnisse via Drag & Drop auf das Programm-Icon ziehen und die so übergebenen »Argumente« entweder in einer Variablen speichern oder anderweitig verwenden. Entfernen Sie etwa im hier erstellten Beispiel die Aktion **Angegebene Finder-Objekte abfragen**, können Sie es per Drag & Drop verwenden, weil hier gleich **Ordnerinhalt abfragen** an erster Stelle steht und ausgeführt wird. Allerdings funktioniert das Programm dann wiederum nicht mehr bei einem Doppelklick. Es funktioniert schon, aber es passiert nichts mehr, weil keine Bilder gesucht und ausgefiltert werden. Sie sehen, bei der Erstellung eines Programms müssen Sie auf jeden Fall darauf achten, wie und von woher die Eingabe kommen soll.

34.5.2 Eigene Schnellaktionen erstellen

Mit Einführung von macOS 10.14 (Mojave) hat der Finder die Schnellaktionen erhalten, womit Sie beispielsweise jederzeit Anmerkungen an Fotos anbringen können, diese drehen, aus mehreren Fotos eine PDF erstellen oder Videos schneiden können, ohne eine extra App dafür ausführen zu müssen. Mit dem Automator können Sie die Schnellaktionen jederzeit um eigene Aktionen erweitern und hinzufügen. Ganz neu war dies ja nicht, da mit den Diensten vor macOS 10.14 schon etwas ganz Ähnliches vorhanden war, leider wurden sie aber kaum benutzt. Genau genommen sind die selbst erstellten Schnellaktionen eigentlich die **Dienste**, und Sie finden sie auch im Finder-Menü über **Finder ▸ Dienste**, aber dank der eingeführten Schnellaktionen in macOS 10.14 lassen sie sich viel komfortabler als Erweiterungen ins System integrieren.

Abbildung 34.19 Eine Schnellaktion unterscheidet sich ein wenig vom Arbeitsablauf bzw. Programm.

Das Prinzip von benutzerdefinierten Schnellaktionen ist schnell erklärt. Wenn Sie im Finder eine Datei markieren, finden Sie abhängig von der Art der markierten Datei eine

Schnellaktion vor, die Sie auf diese Datei ausführen können. Klicken Sie diese Schnellaktion an, arbeitet sie ihre Funktionen ab. Eine selbst erstellte Schnellaktion können Sie in Finder, Safari, Mail oder (sofern sinnvoll) jedem anderen Programm hinzufügen.

Einen Ablauf können Sie also auch als Schnellaktion für ein Programm wie den Finder oder Safari zur Verfügung stellen. Hierzu müssen Sie beim Erstellen mit **Ablage ▸ Neu** bzw. cmd + N eine **Schnellaktion** aus den Vorlagen auswählen. Im Gegensatz zu einem gewöhnlichen Arbeitsablauf legen Sie allerdings bei den Schnellaktionen am Anfang fest, welche Daten diese Aktion empfängt und in welchem Programm die Schnellaktion verfügbar sein soll.

Das folgende Beispiel ist einfach gehalten. Es wird eine Schnellaktion erstellt, die markierte Bilder im Finder skaliert und den Typ des Bildes ändert. Für beide Arbeiten soll ein Dialog eingeblendet werden, in dem Sie die Größe für das Skalieren sowie den Bildtyp selbst festlegen können.

1 Erstellen Sie mit **Ablage ▸ Neu** bzw. cmd + N eine neue Schnellaktion. Wählen Sie bei **Arbeitsablauf empfängt aktuelle(n)** den Wert **Bilddateien** aus und bei **in** als Programm **Finder** aus. Über **Bild** können Sie ein Icon für die Schnellaktion auswählen und bei Bedarf auch eine eigene **Farbe**.

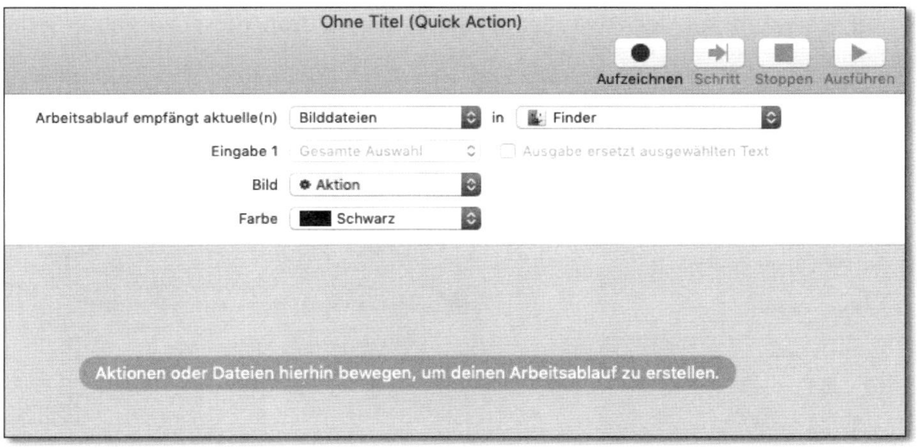

2 Da ich für das Beispiel nicht mit den Originaldateien arbeiten will, ziehe ich aus **Bibliothek** von **Dateien & Ordner** die Aktion **Finder-Objekte kopieren** in den Ablauf und wähle bei **Nach** den Ordner *Schreibtisch* aus, sodass Sie das Endergebnis dieser Schnellaktion auf dem Schreibtisch finden.

34

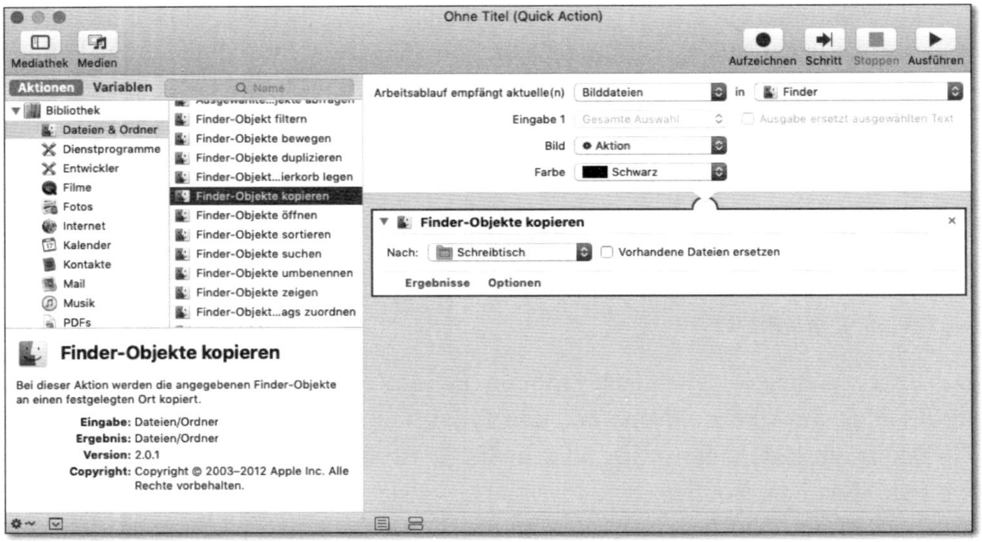

3 Dann wähle ich aus der **Bibliothek** im Bereich **Fotos** die Aktion **Bilder skalieren** aus und füge sie an das Ende des Arbeitsablaufs hinzu. Hierbei belasse ich es bei dem vorgegebenen Standardwert **480** von **Größe (Pixel)**. Ich klicke aber auf **Optionen** und setze ein Häkchen vor **Diese Aktion beim Ausführen des Arbeitsablaufs anzeigen**, womit ich dann bei der Ausführung der Schnellaktion diese Vorgaben jederzeit ändern kann.

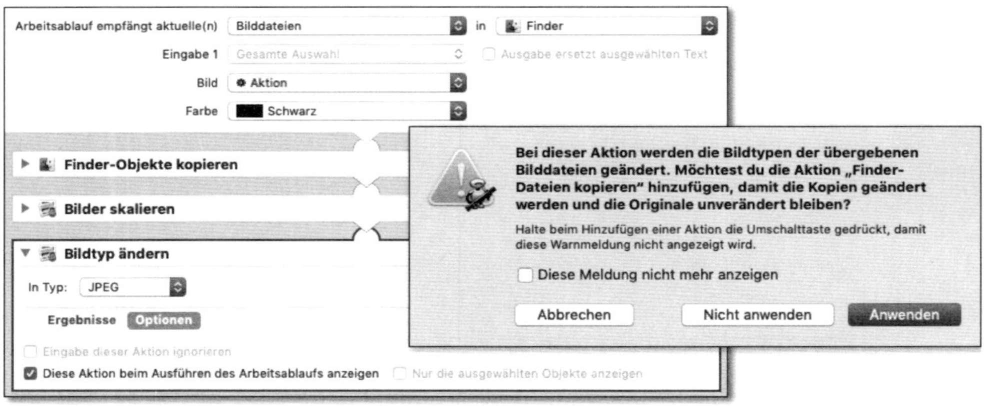

4 Ebenfalls aus dem Bereich **Fotos** ziehe ich die Aktion **Bildtyp ändern** an das Ende des Arbeitsablaufs. Zunächst erscheint beim Hinzufügen dieser Aktion eine Warnung, dass hiermit der Typ der Bilddatei geändert wird und ob Sie nicht eine Kopie von dieser Datei anlegen wollen. In dieser Anleitung haben wir das bereits in Schritt 2 getan, weshalb Sie diesen Dialog mit der Schaltfläche **Nicht anwenden** bestätigen. Klicken Sie auf **Anwenden**, wird eine weitere Kopie angelegt. Bei **In Typ** lege ich **JPEG** fest, setze aber auch hier ein Häkchen vor **Diese Aktion beim Ausführen des Arbeitsablaufs anzeigen** bei den **Optionen**, um beim Ausführen der Schnellaktion bei Bedarf einen anderen Typ auswählen zu können.

5 Am Ende wähle ich aus der **Bibliothek** von **Dateien & Ordner** die Aktion **Finder-Objekte umbenennen** aus und bestätige auch hier den Dialog, ob ich eine Kopie anlegen will, mit **Nicht anwenden**. Ich wähle **Text hinzufügen** und »-klein« bei **Nach dem Namen**, womit eine Datei mit den Namen »Bild.jpg« dann »Bild-klein.jpg« lautet.

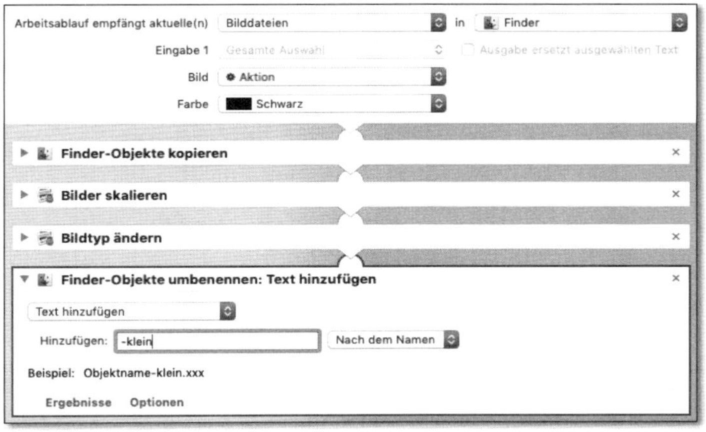

6 Drücken Sie [cmd] + [S] bzw. **Ablage ▸ Sichern**, erscheint ein Dialog, in dem Sie die Schnellaktion unter einem bestimmten Namen speichern können. Die Schnellaktionen werden im *Library*-Verzeichnis Ihres Benutzerkontos im Ordner *Services* gespeichert. Sie können die Schnellaktionen mit der Endung *.workflow* in diesem Verzeichnis mit dem Automator öffnen und überarbeiten.

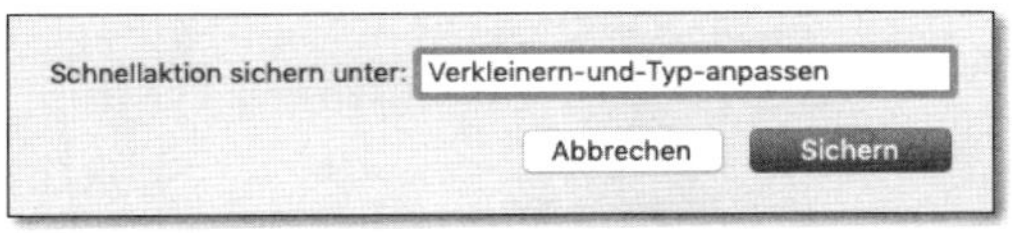

7 Abhängig davon, für welche Daten Sie die Schnellaktion eingerichtet haben und für welches Programm, können Sie diese nun ausführen. Im Beispiel wurde die Schnellaktion für Bilddateien eingerichtet, die Sie im Finder ausgewählt haben. Wenn Sie beispielsweise ein Bild in der Galeriedarstellung ausgewählt haben, finden Sie bei eingeblendeter Vorschau über **Mehr** die selbst erstellte Schnellaktion zur Auswahl und zur Ausführung wieder.

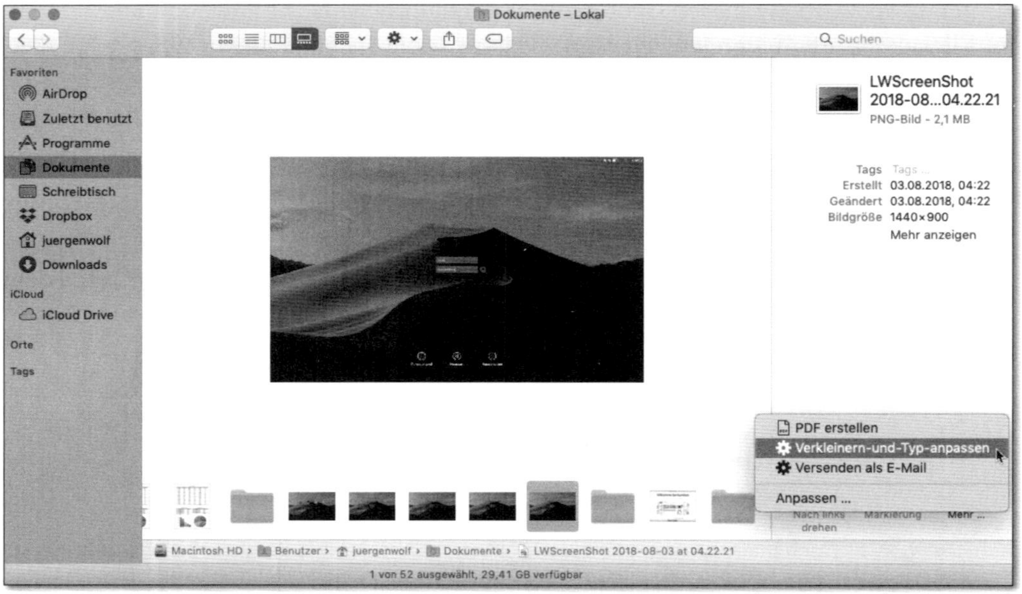

Abbildung 34.20 Die selbst erstellte Schnellaktion kann ausgeführt werden.

Die Schnellaktion können Sie auch ausführen, wenn Sie eines oder mehrere Bilder im Finder markiert haben, rechts klicken und im Kontextmenü die entsprechende Schnellaktion aufrufen.

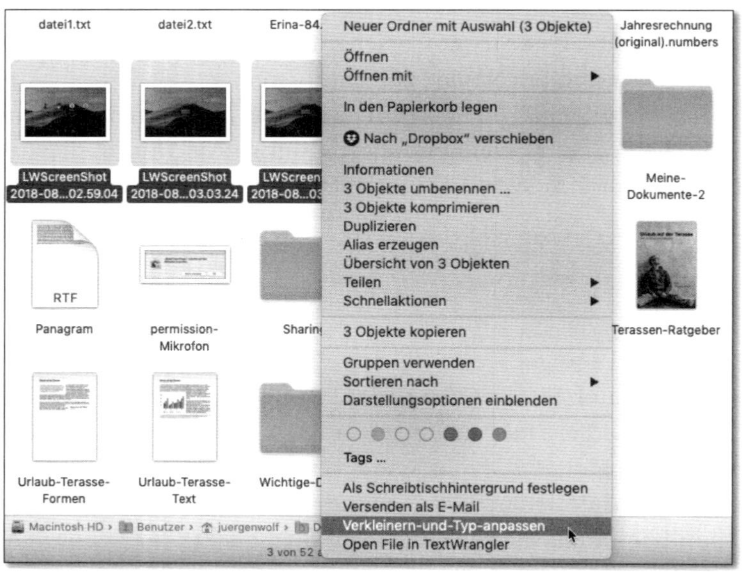

Abbildung 34.21 Schnellaktion via Kontextmenü aufrufen

Ebenfalls finden Sie die Schnellaktion im entsprechenden Menüeintrag des Programmnamens bei **Dienste** wieder. Wenn Sie also (in diesem Beispiel) Bilder markiert haben, können Sie die Schnellaktion auch über **Finder ▶ Dienste** aufrufen. Wohlgemerkt, die Schnellaktionen werden nur zu den Daten eingeblendet, für die Sie diese Aktion erstellt haben!

Abbildung 34.22 Auch im Dienste-Untermenü finden Sie die Schnellaktion.

Die selbst erstellten Schnellaktionen können Sie auch in den **Systemeinstellungen** von **Erweiterungen** anpassen. Auf der linken Seite finden Sie hierzu den Eintrag **Finder**, wo Sie Schnellaktionen über die Häkchen (de-)aktivieren können. Mit einem rechten Mausklick auf eine Schnellaktion können Sie den Speicherort mit dem Finder öffnen oder auch in den Papierkorb legen und somit löschen.

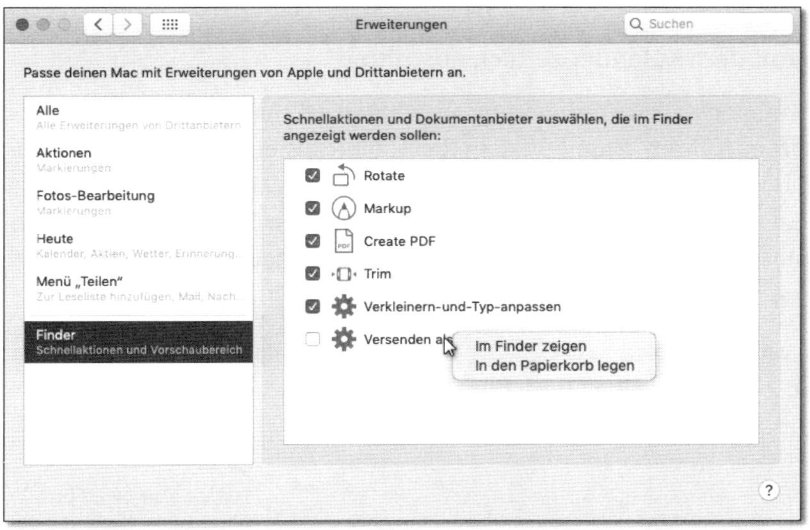

Abbildung 34.23 Schnellaktionen verwalten in den »Systemeinstellungen« von »Erweiterungen«

Wollen Sie einer selbst erstellten Schnellaktion ein Tastaturkürzel zuweisen, können Sie dies über **Systemeinstellungen ▸ Tastatur** im Register **Kurzbefehle** tun. Wählen Sie hier **Dienste** auf der linken Seite aus und die entsprechende Aktion auf der rechten Seite, können Sie mit der Schaltfläche **Kurzbefehl hinzufügen** eine Tastenkombination ausführen, über die Sie diese Schnellaktion künftig starten können.

Abbildung 34.24 Ein Tastaturkürzel für eine Schnellaktion erstellen

34.5.3 Aktionen mit dem Kalender zeitlich ausführen

Wenn Sie bei den Vorlagen **Kalendererinnerung** auswählen, können Sie erstellte Arbeitsabläufe zeitgesteuert ausführen. Damit werden die Abläufe als ein Ereignis dem Kalender hinzugefügt und zum Zeitpunkt des Ereignisses ausgeführt. Um es verständlich zu halten, wird hier ein einfaches Beispiel erstellt, in dem Sie den Inhalt des *Downloads*-Ordners abfragen und eine Liste anbieten, über die Sie die einzelnen Dateien und Ordner zum Verschieben in den Papierkorb auswählen können.

1 Wählen Sie über **Ablage ▸ Neu** bzw. `cmd` + `N` als Vorlage **Kalendererinnerung** aus. Im Ablauf wird oben angezeigt, dass diese Automatik in Verbindung mit einem Kalenderereignis ausgelöst wird.

2 Ziehen Sie als Nächstes aus der **Bibliothek** von **Dateien & Ordner** die Aktion **Angegebene Finder-Objekte abfragen** in den Ablauf. Fügen Sie dort den *Downloads*-Ordner hinzu. Wählen Sie die Aktion **Ordnerinhalt abfragen** und **Aus einer Liste auswählen**, wo Sie einen aussagekräftigen Text (**Überschrift**) dazu verwenden sollten, was Sie hier auswählen können und was dabei geschieht. Zu guter Letzt fügen Sie die Aktion **Finder-Objekte in den Papierkorb legen** hinzu.

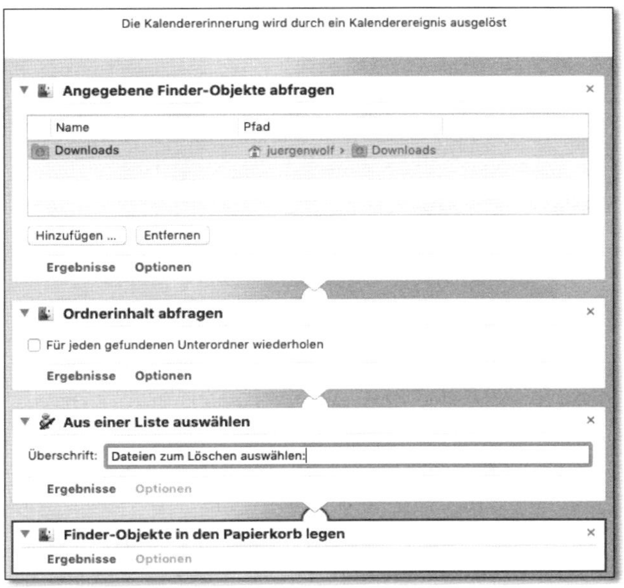

3 Speichern Sie diesen Ablauf mit **Ablage ▸ Sichern** bzw. [cmd] + [S], erscheint ein Dialog, unter welchem Namen Sie den Kalendereintrag hinzufügen wollen (hier »Download-Ordner entmüllen«). Klicken Sie auf **Sichern**.

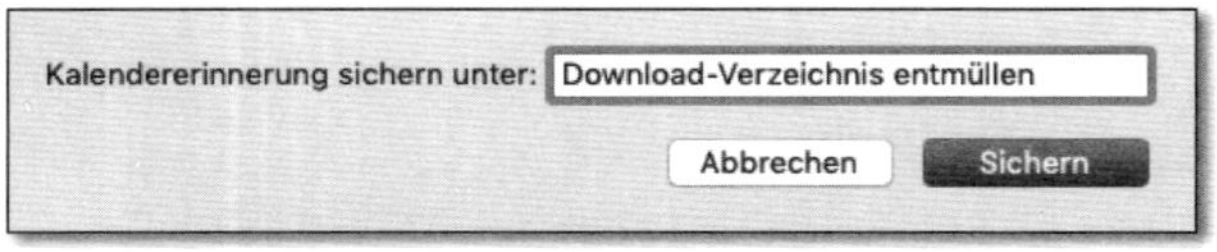

4 Es öffnet sich das Programm Kalender, und der Ablauf wird zunächst sofort dem aktuellen Tag hinzugefügt und in dem Fall auch gleich zum ersten Mal ausgeführt. In der Seitenleiste von Kalender wurde außerdem links oben ein neuer Kalender **Lokal** für den **Automator** angelegt. Wechseln Sie zur Tagesansicht, und klicken Sie den neu erstellten Termin (hier **Download-Verzeichnis entmüllen**) an.

5 Klicken Sie auf das Datum und dann auf **Wiederholen**. Wählen Sie das Intervall aus, wie regelmäßig dieser Ablauf ausgeführt werden soll. Sie können ihn täglich, wöchentlich, monatlich oder jedes Jahr ausführen. Das hängt wohl eher davon ab, ob Sie viel herunterladen oder nicht. Ich wähle hier **Jeden Monat**. Wenn Sie zurück auf die Monatsansicht wechseln, wird der Automator jede Woche den Ablauf ausführen und anbieten, alle oder selektive Dateien und Ordner im *Downloads*-Ordner in den Papierkorb zu verschieben.

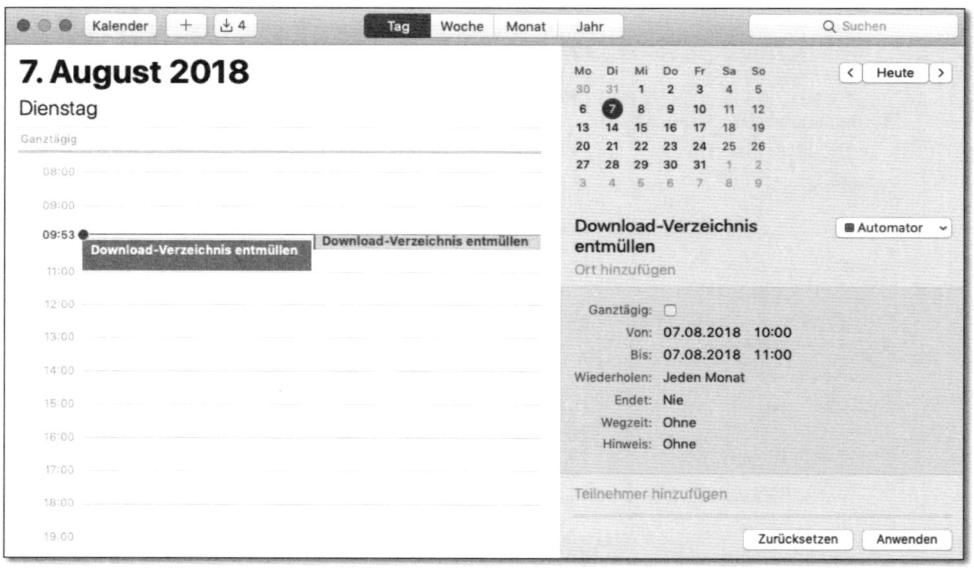

Der Ablauf mit Kalendererinnerungen wird im persönlichen Benutzerverzeichnis im *Library*-Ordner als Programm im Unterverzeichnis *Workflows/Applications/Calender* gespeichert.

34.5.4 Abläufe an Ordner hängen

Auf den Automatismus **Ordneraktion** gehe ich auch noch kurz ein. Anhand des Namens lässt sich schon erahnen, dass Sie hiermit einem Ordner einen Arbeitsablauf hinzufügen können. Damit überwachen Sie den Inhalt von Ordnern und können darauf reagieren, wenn dem Ordner ein neuer Inhalt hinzugefügt wurde.

Für dieses Buch habe ich zum Beispiel viele Bildschirmfotos mit der Tastenkombination cmd + ⇧ + 3 erstellt, die standardmäßig auf dem Schreibtisch gespeichert werden. So kann es schnell recht unübersichtlich werden, und meinem Ordnungssinn zuliebe sortiere ich so etwas gerne noch in einen speziellen Ordner. Hierzu wird eine Ordneraktion erstellt, die neu hinzukommende Bilder auf dem Schreibtisch ausfiltert und in ein Verzeichnis verschiebt.

1 Erstellen Sie eine neue **Ordneraktion** über **Ablage ▸ Neu** bzw. cmd + N.

2 Wählen Sie zunächst aus, welchen Ordner Sie zur Überwachung verwenden wollen. Hier wurde der *Schreibtisch* ausgewählt.

3 Nachdem Sie den Ordner für die Ordneraktion ausgewählt haben, können Sie den Ablauf aus verschiedenen Aktionen zusammenstellen, die auf diesen Ordner ausgeführt werden sollen. Im Beispiel wird die Aktion **Finder-Objekte filtern** hinzugefügt und nach Dateien gesucht, die Bilddateien sind. Dahinter wurde die Aktion **Finder-Objekte bewegen** hinzugefügt, mit der die auf dem *Schreibtisch* gefundenen Bilddateien in den Ordner *Bildschirmfotos* verschoben werden, der im Beispiel ebenfalls auf dem Schreibtisch angelegt wurde.

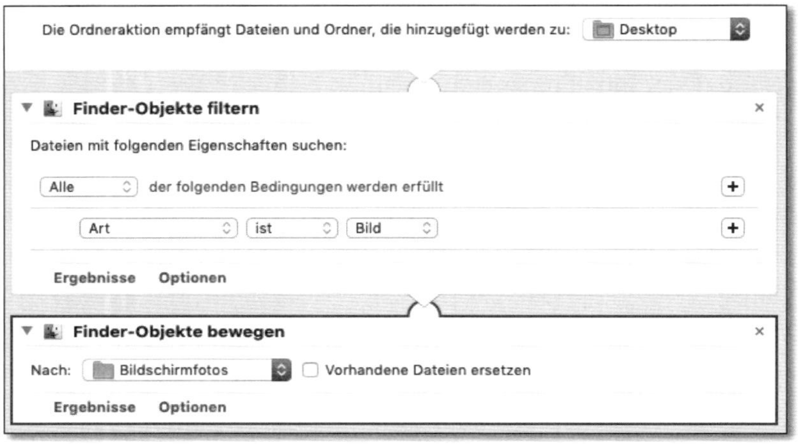

4 Wählen Sie **Ablage ▸ Sichern** bzw. cmd + S, erscheint ein Dialog, über den Sie die Ordneraktion speichern können. Der Arbeitsablauf wird mit der Endung *.workflow* im persönlichen *Library*-Verzeichnis im Unterordner *Workflows/Applications/Folder Actions* gespeichert.

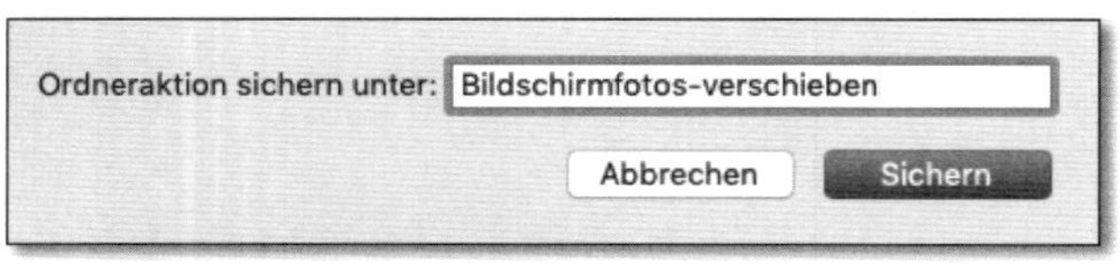

5 Testen Sie die Ordneraktion aus, und erstellen Sie ein Bildschirmfoto mit cmd + ⇧ + 3. Die so erstellten Bilder werden sofort in das *Bildschirmfotos*-Verzeichnis auf dem *Schreibtisch* verschoben.

Die im Beispiel erstellte Ordneraktion gilt allerdings auch für Bilder, die Sie vielleicht per Drag & Drop oder auf andere Weise auf dem Schreibtisch speichern. Es kann daher sein, dass Sie diese Ordneraktion deaktivieren oder komplett löschen wollen. Wählen Sie hierzu im Finder den Ordner *Schreibtisch* im Benutzerverzeichnis aus, und gehen Sie dann auf **Finder ▸ Dienste ▸ Ordneraktionen konfigurieren**. Und schon können Sie Ordner mit Aktionen über das Plus- und Minussymbol hinzufügen und entfernen wie auch Arbeitsabläufe (und fertige Skripts) Ordnern hinzufügen, entfernen oder deaktivieren.

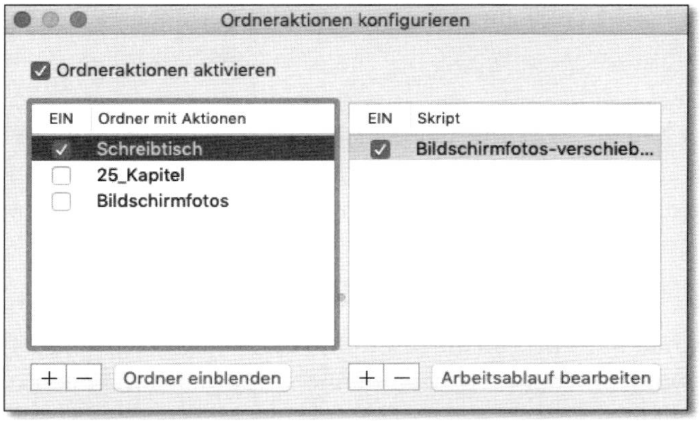

Abbildung 34.25 Ordneraktionen deaktivieren, entfernen oder hinzufügen

35 Kurze Beschreibung von AppleScript und JavaScript

Wie Sie am Automator gesehen haben, ist es mit ein paar Mausklicks möglich, immer wiederkehrende Arbeitsabläufe zu automatisieren. Wenn die Aufgaben allerdings komplizierter werden, wird häufig eine echte Programmierung in Form von AppleScript oder JavaScript nötig.

Beide Skriptsprachen sind tief in das System integriert. In diesem kurzen Kapitel erläutere ich Ihnen beide Skriptsprachen nur kurz, da eine Einführung in eine Programmiersprache in einem solchen Buch wohl am Thema vorbeigeht und – wenn sie dann noch zu kurz ist – ohnehin ungenügend wäre.

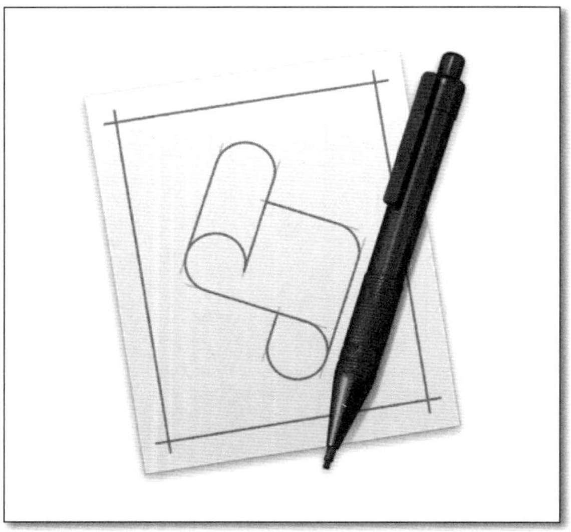

Abbildung 35.1 Das Programm-Icon des Skript-Editors

35.1 AppleScript

Bevor es auf dem Mac JavaScript gab, gab es hier zunächst nur die Skriptsprache AppleScript. Diese Sprache ist ein wenig der menschlichen Sprache (auf Englisch) angepasst.

Zur Demonstration hierzu ein einfaches Beispiel, wie Sie eine Dialogbox mit AppleScript erstellen können:

1 Starten Sie den Skript-Editor im *Dienstprogramme*-Verzeichnis des *Programme*-Ordners, und klicken Sie im folgenden Dialog auf die Schaltfläche **Neues Dokument**.

2 Wählen Sie links oben im Auswahlmenü **AppleScript** als Skriptsprache aus, und geben Sie die folgenden zwei Zeilen in den Editor ein:

```
say "Hallo Welt"
display dialog "Hallo Welt"
```

3 Klicken Sie auf die Schaltfläche **Skript übersetzen** ❶ bzw. cmd + K, wird das Skript übersetzt und auf Syntaxfehler hin überprüft.

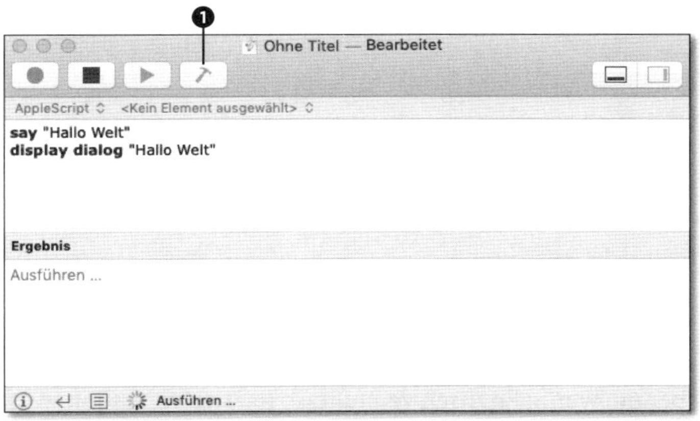

4 Um das Skript auszuführen, klicken Sie auf die entsprechende Schaltfläche in der Symbolleiste oder drücken cmd + R. Das Skript wird gestartet, im Beispiel hören Sie den Mac die Worte »Hallo Welt« sagen, und es wird ein Dialog mit demselben Text eingeblendet. Klicken Sie auf **OK** oder **Abbrechen**, wird das Skript beendet bzw. der Dialog geschlossen.

Wollen Sie zum Beispiel ein neues Finder-Fenster öffnen, können Sie dies in AppleScript mit folgender Zeile tun:

```
tell application "Finder" to make new Finder window
```

Auf ähnliche Weise können Sie ein Finder-Fenster in AppleScript beenden:

```
tell application "Finder" to quit
```

Bei diesen kleinen Beispielen fällt es noch nicht so auf, aber bei umfangreicheren und komplexeren Skripts führt die der menschlichen Sprache angepasste Syntax von AppleScript eher dazu, dass man den Überblick verliert. Hierzu ein weiteres Beispiel, in dem erst eine Rückfrage erscheint, ob Sie den Finder beenden wollen:

```
try
set theAction to button returned of (display dialog "Den Finder
beenden ?" with icon caution buttons {"OK", "Cancel"} default button
{"Cancel"} giving up after 10)
if theAction = "OK" then tell application "Finder" to quit end try
```

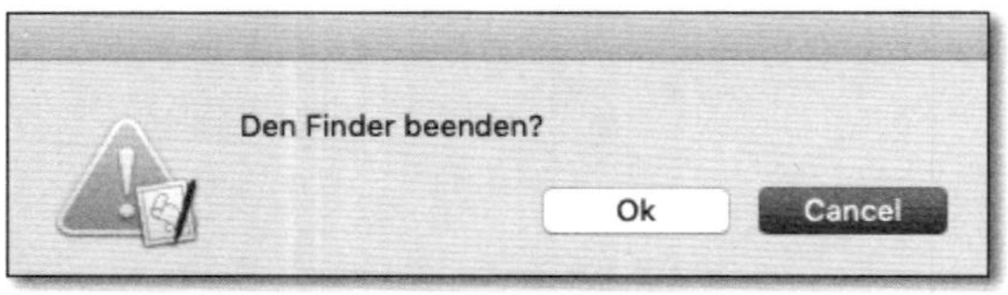

Abbildung 35.2 Das AppleScript bei der Ausführung

Ich will die einzelnen Konstrukte dieses Beispiels gar nicht näher erläutern, weil das ohnehin am Thema des Buches vorbeigehen würde. Dennoch dürfte auch jemand, der AppleScript nicht kennt, aber ein wenig Englisch versteht, so in etwa verstehen, was dieses Skript macht. Man könnte es so »übersetzen«:

Zwischen `try` und `end try` werden gewöhnlich kritische Befehle zu einem Block zusammengefasst, in dem entschieden wird, ob das Skript fortgeführt werden soll. Hier setzen wir die Variable `theAction` auf den Rückgabewert der Schaltfläche des Dialogs mit dem Titel `"Den Finder beenden ?"`, der ein Warnungszeichen als Icon enthält, auf den Wert `"Ok"` oder `"Cancel"`, je nachdem, welche Schaltfläche der Anwender angeklickt hat. Standardmäßig ausgewählt ist die Schaltfläche `"Cancel"`, und wenn innerhalb von 10 Sekunden keine Schaltfläche betätigt wurde, wird dieser Wert an die Variable `theAction` übergeben. Dann überprüfen wir, ob (`if`) der Wert der Variablen `theAction` gleich `"Ok"` ist. Ist dies der Fall (`than tell`), wird die Anwendung `"Finder"` beendet.

Zugegeben, das Beispiel ist recht einfach lesbar, aber wenn Sie solche Skripts selbst schreiben müssen, ist das schon ein ziemliches Monstrum an Anweisungen für eine Programmiersprache. Und wohlgemerkt, das war nur ein kurzes Skript! Auch wenn viele Programmierer diese Sprache ächten, so sollte man doch beachten, dass AppleScript nicht für andere Aufgaben wie beispielsweise die Sprache JavaScript entwickelt wurde, sondern rein zur Ergänzung, um tägliche Routineaufgaben mit dem Mac zu erledigen. Und das kann AppleScript sehr gut.

Über **Ablage ▸ Funktionsverzeichnis öffnen** oder [⇧] + [cmd] + [O] können Sie eine Übersicht über die Funktionen einzelner Programme erhalten, die Sie mit AppleScript verwenden können. Sie werden feststellen, dass viele Anwendungen erweiterte AppleScript-Funktionen mitliefern und Sie hiermit auch gleich eine Funktionsreferenz erhalten.

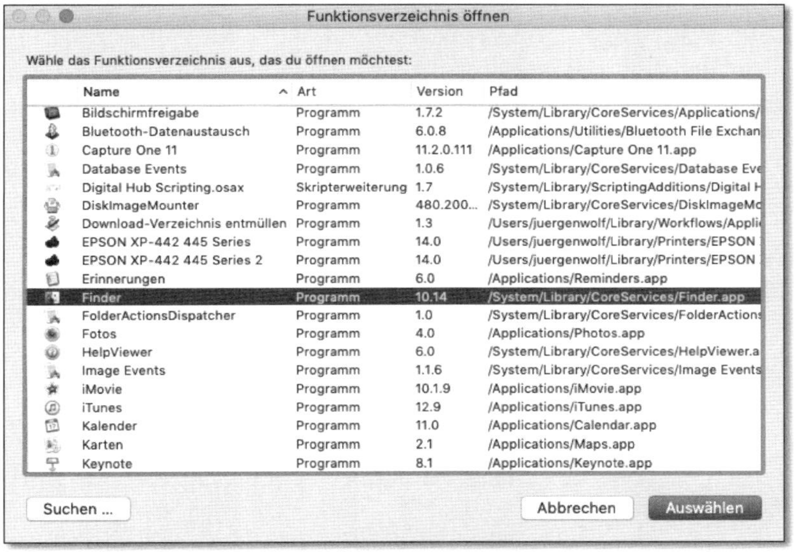

Abbildung 35.3 Funktionsverzeichnis von AppleScript

35.2 JavaScript

Aufgrund der Syntax konnte sich über die Jahre niemand so richtig mit AppleScript anfreunden. Aus diesem Grund bietet Apple seit der Version 10.10 JavaScript als gleichbedeutende Alternative zu AppleScript an. Der Vorteil ist dabei, dass JavaScript eine recht allgegenwärtige Skriptsprache ist, die heute in der Webentwicklung und in Anwendungen auf Servern oder in Microcontrollern zum Einsatz kommt. Auch gibt es im Gegensatz zu AppleScript eine große Zahl guter Literatur, um die Skriptsprache zu erlernen. Mit JavaScript senden Sie Anweisungen an Programme, die Ihnen Objekte wie Fenster oder Dokumente zur Programmierung bereitstellen. Die Erstellung eines einfachen Hallo-Welt-JavaScripts funktioniert im Prinzip ähnlich wie mit AppleScript. Hier eine einfache Schritt-für-Schritt-Anleitung dazu:

1 Starten Sie den Skript-Editor im *Dienstprogramme*-Verzeichnis des *Programme*-Ordners, und klicken Sie im folgenden Dialog auf die Schaltfläche **Neues Dokument** bzw. im Editor auf **Ablage ▶ Neu**.

2 Wählen Sie links oben im Auswahlmenü **JavaScript** als Skriptsprache aus, und geben Sie folgende Zeilen in den Editor ein.

```
derFinder = Application('Finder');
derFinder.includeStandardAdditions = true;
derFinder.activate();
derFinder.displayDialog('Hallo Welt');
```

3 Klicken Sie auf die Schaltfläche **Skript übersetzen** bzw. `cmd` + `K`, womit das Skript zunächst übersetzt und auf Syntaxfehler hin überprüft wird.

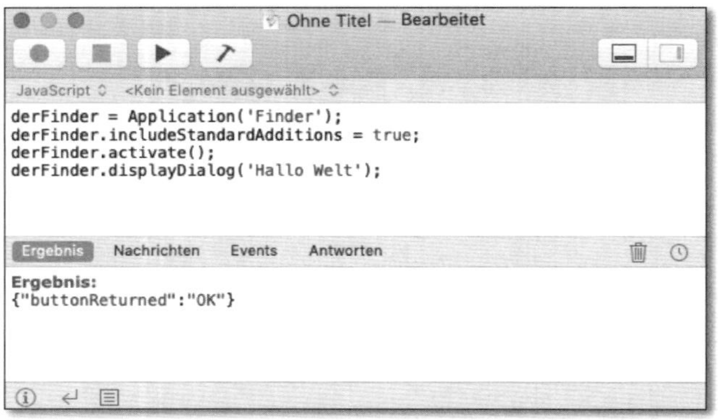

4 Um das Skript auszuführen, klicken Sie auf die entsprechende Schaltfläche in der Symbolleiste oder drücken `cmd` + `R`. Das Skript wird gestartet, und es wird ein Dialog mit dem Text »Hallo Welt« eingeblendet. Klicken Sie auf **OK** oder **Abbrechen**, wird das Skript beendet bzw. der Dialog geschlossen.

Bei der JavaScript-Programmierung unter macOS besteht die Entwicklung eines Programms darin, zunächst das Programm anzusprechen, das gesteuert werden soll. Im Beispiel wird hierzu der Rückgabewert von `Application('Finder')` an die Variable `derFinder` übergeben. Mithilfe dieser Variablen sprechen wir das Programm in den nächsten drei Zeilen direkt in Form von `Bezeichner.Anweisung` an. So geben Sie mit `derFinder.activate()` an, dass das Finder-Fenster in den Vordergrund geholt werden soll. Um anschließend den Dialog verwenden zu können, benötigen Sie die Bibliothek *Standardadditions*, weshalb wir diese mit `derFinder.includeStandardAdditions` auf `true` setzen, damit wir sie nutzen können, was wir mit der Zeile `derFinder.displayDialog()` dann auch tun, indem wir einen Dialog einblenden.

Wie schon bei AppleScript finden Sie über **Ablage ▸ Funktionsverzeichnis öffnen** oder ⇧ + cmd + 0 eine Übersicht über die Objekte und Kommandos einzelner Programme, die Sie mit JavaScript verwenden können. Hierbei werden Sie feststellen, dass die meisten Anwendungen erweiterte JavaScript-Funktionen mitliefern und Sie hiermit gleich eine Funktionsreferenz erhalten.

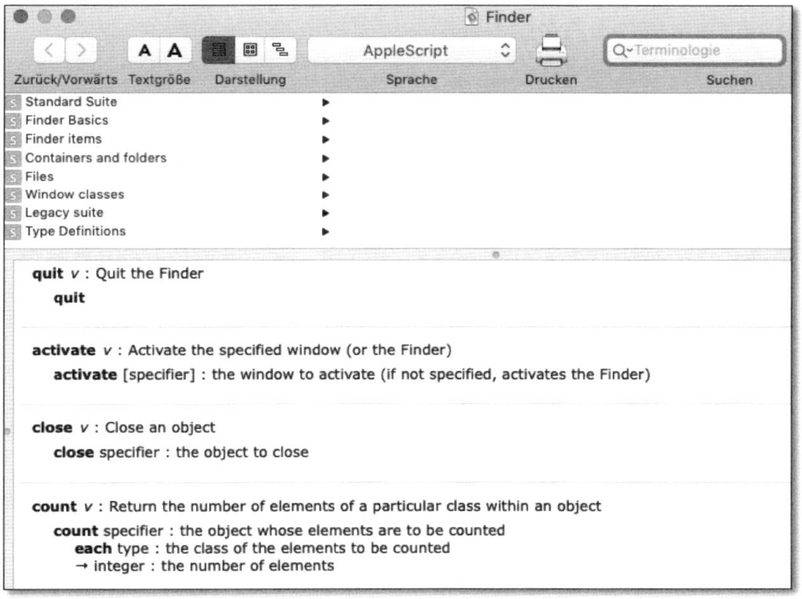

Abbildung 35.4 Funktionsverzeichnis von JavaScript

So können Sie zum Beispiel wie folgt iTunes starten und anfangen, den zuletzt aktiven Song abzuspielen:

```
myItunes = Application('iTunes');
myItunes.activate();
myItunes.play();
```

Hier erkennen Sie erneut das einfache Prinzip von JavaScript: Programm auswählen, aktivieren und Anweisungen ausführen. In der Praxis sind viele JavaScript-Anwendungen natürlich komplexer, und Sie müssen hierbei auch mit Apple-Events arbeiten. Das Konzept der Automation von JavaScript basiert darauf, dass Sie bei der Programmierung solche Apple-Events mit JavaScript auslösen und auswerten.

TEIL IX

Hilfe bei Problemen

36 Prozesse mit Aktivitätsanzeige überwachen

Neben den manuell gestarteten Programmen laufen auf dem Mac eine Menge Prozesse und Programme im Hintergrund, von denen Sie meistens gar nichts mitbekommen und von deren Aktivitäten Sie selten Notiz nehmen. Treten hierbei Probleme auf oder sind Sie an der Auslastung des Systems interessiert, steht Ihnen mit dem Dienstprogramm Aktivitätsanzeige ein mächtiges Hilfsmittel zur Verfügung.

Mit der Aktivitätsanzeige können Sie sich jederzeit einen umfassenden Überblick verschaffen und behalten so die Kontrolle über die vielen Prozesse im Hintergrund. Wenn ein Programm mal nicht mehr reagieren sollte, können Sie es mit der Aktivitätsanzeige gezielt beenden. Wenn ein Programm regelmäßig Probleme macht, finden Sie hier ein paar nützliche Tipps.

HINWEIS

Prozess

Jedes aktive Programm auf dem Mac ist ein Prozess. Zu den Prozessen gehören allerdings nicht nur Programme mit grafischer Oberfläche und einem Icon im Dock, sondern auch Dienste, die im Hintergrund ihre Arbeit verrichten.

36.1 Informationen zu laufenden Prozessen

Das Programm Aktivitätsanzeige finden Sie im Ordner *Dienstprogramme*, es dient dazu, Ihnen Informationen über die laufenden Prozesse zu liefern. Die Aktivitäten können Sie sich mittels der fünf Reiter oben nach **CPU**, **Speicher**, **Energie**, **Festplatte** und **Netzwerk** auflisten lassen.

Wie und welche Prozesse hier aufgelistet werden, können Sie über den Menüpunkt **Darstellung** einstellen. Voreinstellung ist gewöhnlich **Meine Prozesse**, aber hier können Sie mit **Alle Prozesse** bzw. **Alle Prozesse, hierarchisch** einen Überblick über alle laufenden Prozesse des Systems erhalten.

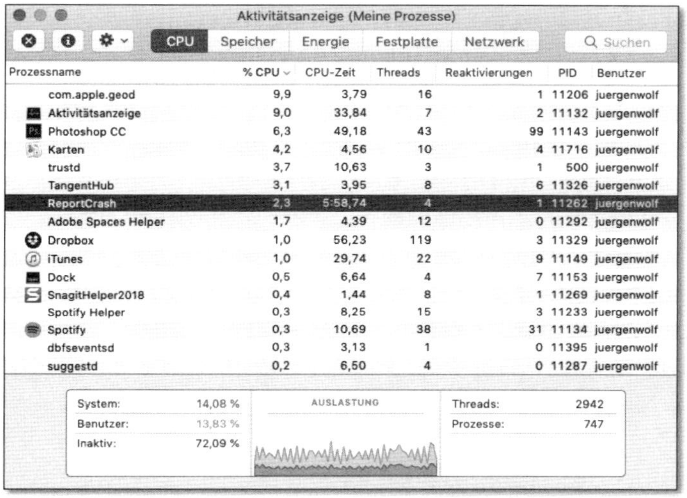

Abbildung 36.1 Die Oberfläche der Aktivitätsanzeige

Bei den **Systemprozessen** werden nur die Prozesse des Benutzer `root` angezeigt. Unter **Prozesse anderer Benutzer** finden Sie nicht nur die Prozesse anderer eingeloggter Benutzer auf dem System, sondern auch spezielle Hintergrunddienste, die nicht dem Benutzer `root` zugeordnet wurden. Wollen Sie hingegen nur die aktiven Prozesse mit einem Fenster auflisten, finden Sie hierzu **Prozesse mit Fenstern**.

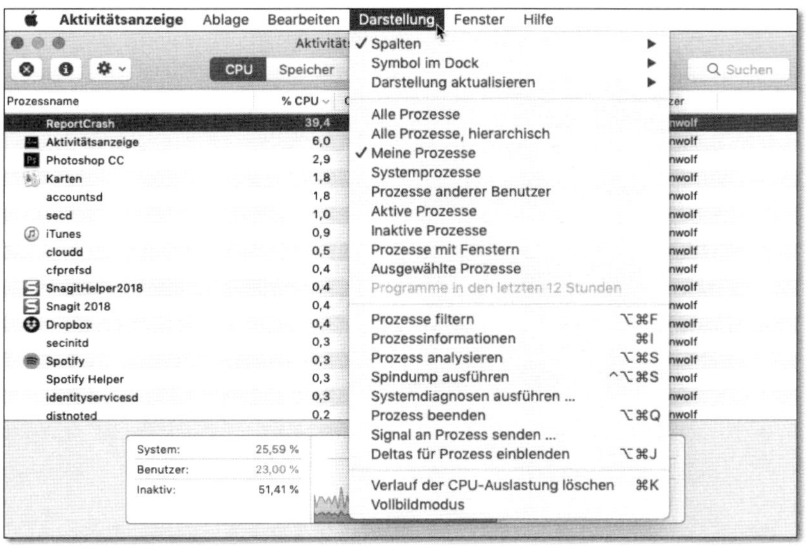

Abbildung 36.2 Über das Menü »Darstellung« können Sie auswählen, welche Art Prozesse Sie auflisten wollen.

36.1.1 CPU-Ansicht

Im Register **CPU** wird unter **% CPU** angezeigt, wie viel Rechenleistung der Prozessor für einen Prozess benötigt. Wie lange der Prozess schon ausgeführt wird, gibt die Spalte **CPU-Zeit** an. Sollte das System beispielsweise nur noch träge reagieren, kann es sein, dass ein Prozess die CPU gerade extrem stark belastet. Welcher Prozess dies ist, das können Sie herausfinden, wenn Sie die Spalte **% CPU** anklicken. Dadurch wird eine Sortierung anhand der Prozessorleistung vorgenommen. Weitere wichtige Spalten sind der **Benutzer** und die **PID** des Prozesses.

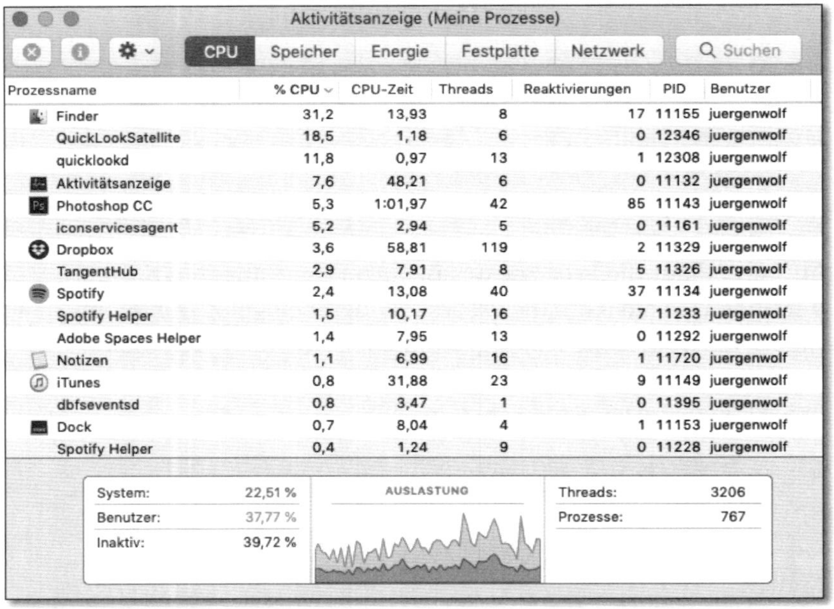

Abbildung 36.3 Die Prozessorauslastung auf dem System in der CPU-Ansicht

HINWEIS

PID

Die PID ist eine eindeutige Nummer, die dem aktiven Prozess vom System zugewiesen wurde.

36.1.2 Speicheransicht

Im Register **Speicher** hingegen können Sie sehen, wie viel Arbeitsspeicher ein Prozess belegt. Diese Angaben sollten allerdings nicht als absolute Werte betrachtet werden. Im unteren Bereich **Speicherdruck** finden Sie Informationen, ob der physikalisch vorhandene Speicher verbraucht ist und das System schon Bereiche des Arbeitsspeichers auf den Datenträger auslagert. Dieser ausgelagerte Speicherbereich wird mit **Verwendeter Swap** angezeigt. Auf diese Weise ist es möglich, dass Sie mehr Speicher verwenden können, als physikalisch auf dem Computer vorhanden ist. Allerdings ist die Verwendung eines Swap-Speichers erheblich langsamer – ein guter Grund also, die Speicherfresser auf dem System zu entlarven und zu beenden, wenn sie nicht mehr benötigt werden.

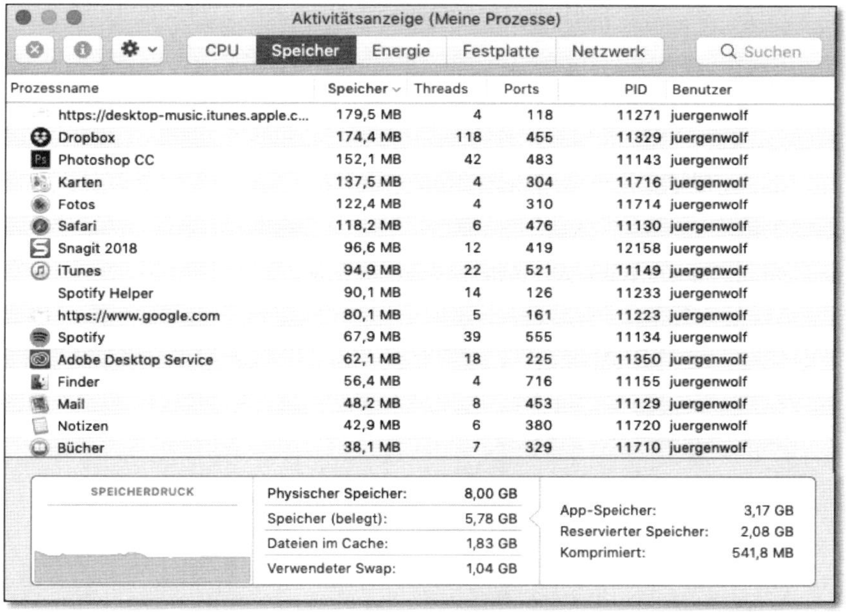

Abbildung 36.4 Die Auslastung des Arbeitsspeichers in der Speicheransicht

36

36.1.3 Energieansicht

Gerade für tragbare Rechner ist das dritte Register **Energie** sehr nützlich. Dort werden Sie über den Energiebedarf einzelner Programme informiert. In der Spalte **App Nap** erfahren Sie, ob die Anwendung im Hintergrund vom System schlafen geschickt wurde oder ob diese Energie benötigt. Anwendungen, die einen **Ruhezustand verhindern** können, finden Sie ebenfalls in einer eigenen Spalte.

Im Register **Festplatte** können Sie die Festplattenaktivitäten gelesener und geschriebener Bytes überwachen und im Register **Netzwerk**, wie viele Daten ein Prozess von Ihrem Rechner gesendet bzw. über das Netzwerk empfangen hat.

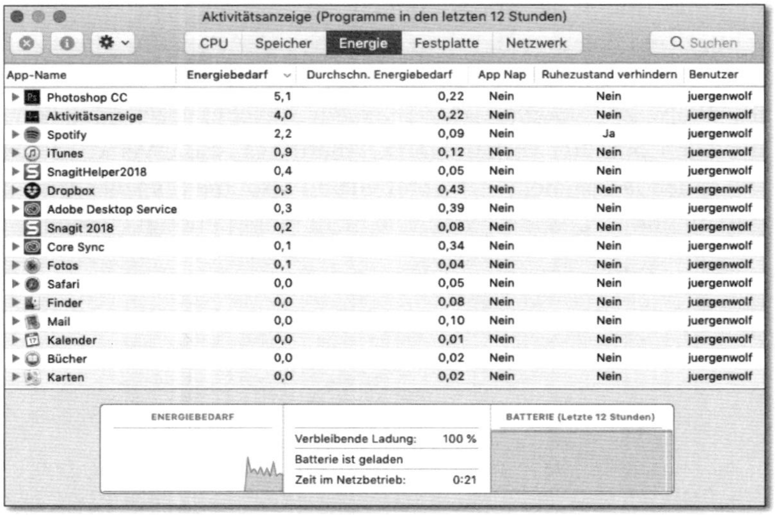

Abbildung 36.5 Übersicht über die Stromfresser in der Energieansicht

Noch mehr Informationen zu einem Prozess können Sie in Erfahrung bringen, wenn Sie den entsprechenden Prozess in der Liste markieren und auf die **i**-Schaltfläche klicken.

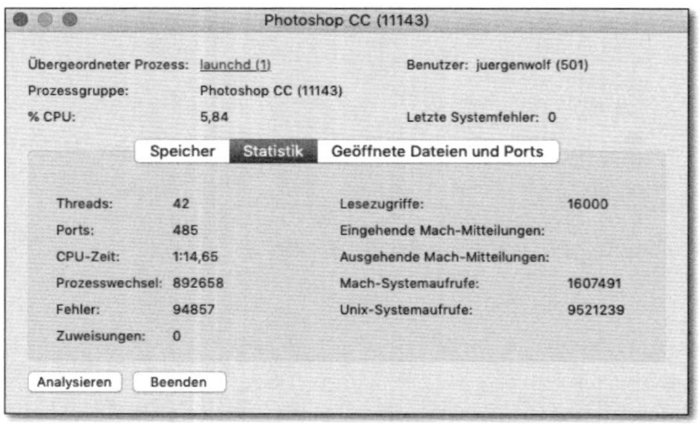

Abbildung 36.6 Detailliertere Informationen zu einzelnen Prozessen

36.2 Prozesse gezielt beenden

Wenn ein Prozess verrücktspielt und die CPU fast komplett für sich beansprucht oder vielleicht abgestürzt ist und trotzdem im Arbeitsspeicher verbleibt, können Sie mit der Aktivitätsanzeige eingreifen und den Prozess beenden. Wer sich ein wenig mit Linux oder Unix auskennt, der mag vielleicht erst einmal ein Signal an den Prozess senden.

Hierfür müssen Sie den Prozess markieren und **Darstellung ▸ Signal an Prozess senden** aufrufen. Es öffnet sich ein Dialog, in dem Sie ein bestimmtes Signal auswählen und an den Prozess senden können. So könnten Sie beispielsweise mit **SIGHUP** ein Programm beenden und gleich darauf mit derselben PID wieder neu starten. **SIGSTOP** hält ein Programm an, beendet es aber nicht, und mit **SIGCONT** können Sie ein angehaltenes Programm bei entsprechender Programmierung wieder fortführen. Mit dem Signal **SIGKILL** können Sie den Prozess beenden, falls dieser überhaupt nicht mehr reagiert und der Hinweis **Reagiert nicht** beim Prozess aufgeführt ist.

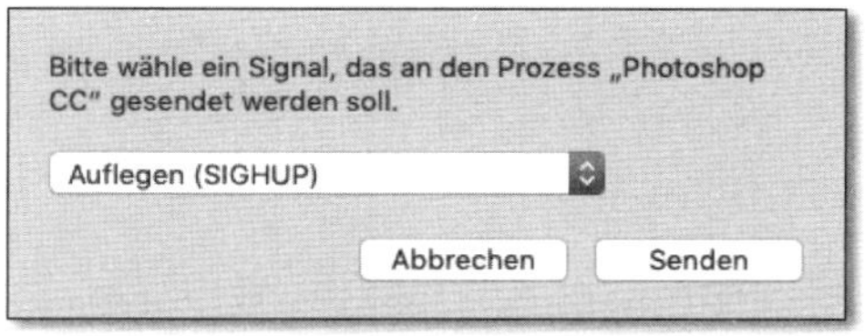

Abbildung 36.7 Signale an die Prozesse senden

Etwas sanfter als mit dem Signal **SIGKILL** können Sie ein Programm beenden, indem Sie es in der Liste markieren und die **x**-Schaltfläche links oben, **Darstellung ▸ Prozess beenden** oder `Alt` + `cmd` + `Q` ausführen. Es erscheint dann gewöhnlich ein Dialog, über den Sie das Programm **Beenden** oder **Sofort beenden** können. Beim einfachen **Beenden** wird noch versucht, einzelne Funktionen abzuarbeiten, und mit **Sofort beenden** wird das Programm quasi abgeschossen. Die erzwungene Beendigung sollte immer das letzte Mittel sein.

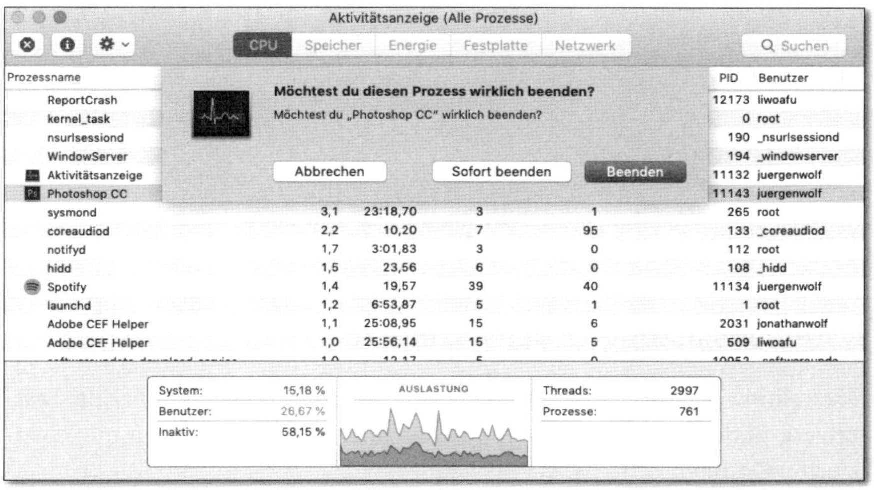

Abbildung 36.8 Sanft oder hart beenden?

Die Option **Sofort beenden** finden Sie auch bei einem rechten Mausklick auf ein Icon eines Programms im Dock, wenn es nicht mehr reagiert.

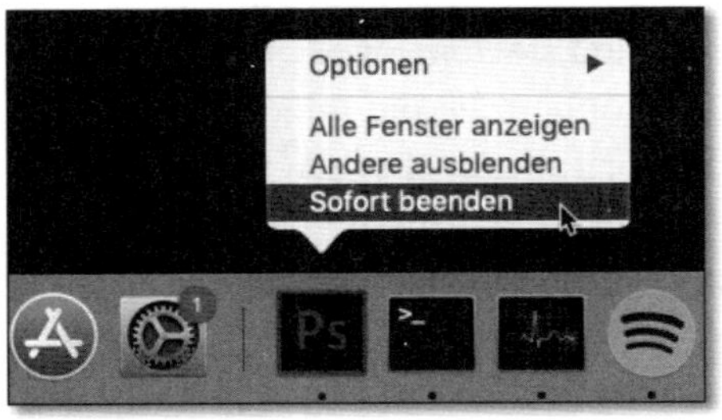

Abbildung 36.9 Reagiert ein Programm nicht mehr, finden Sie den Befehl »Sofort beenden« auch im Dock.

Schneller als über die Aktivitätsanzeige können Sie ein Programm über das -Logo und **Sofort beenden** oder den Tastendruck `cmd` + `Alt` + `Esc` beenden, wenn Sie im sich daraufhin öffnenden Dialogfenster das entsprechende Programm auswählen und die Schaltfläche **Sofort beenden** drücken.

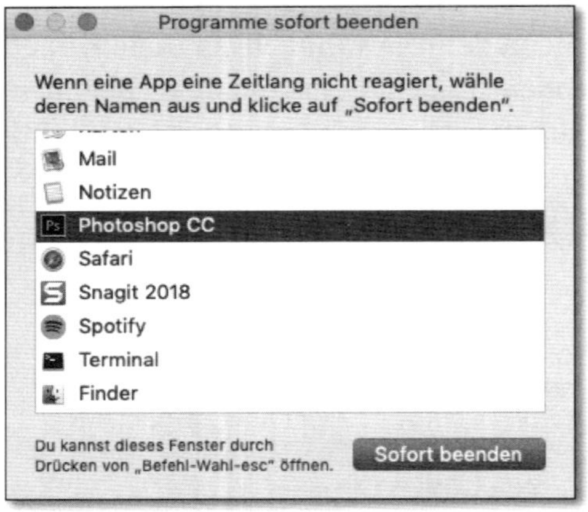

Abbildung 36.10 Noch mehr Möglichkeiten, ein Programm sofort zu beenden

36.3 Die Systemauslastung visuell anzeigen

Eine visuelle Darstellung der Auslastung in den Ansichten **CPU**, **Speicher**, **Energie**, **Festplatte** und **Netzwerk** finden Sie unterhalb der jeweiligen Aktivitätsanzeigen mit regelmäßig aktualisierten Grafiken.

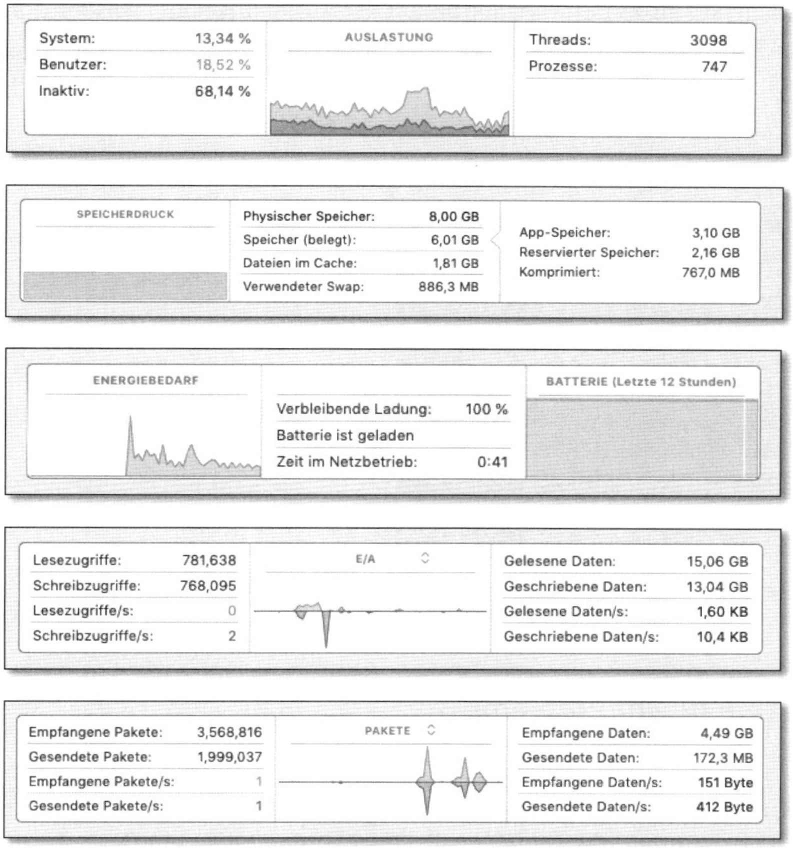

Abbildung 36.11 Visuelle Darstellung der Auslastung von CPU, Speicher, Energie, Festplatte und Netzwerk

Ebenso können Sie anstelle des herkömmlichen Aktivitätsanzeige-Icons im Dock über das Menü **Darstellung ▸ Symbol im Dock** aus vier verschiedenen Darstellungen wie aktuelle Auslastung der CPU, Verlauf der CPU-Auslastung, Netzwerkauslastung oder Festplattenaktivitäten wählen.

Abbildung 36.12 Auslastungen können auch als Icon im Dock angezeigt werden.

Im Menü **Fenster** finden Sie außerdem mit **Aktuelle CPU-Auslastung** und **Verlauf der CPU-Auslastung** zwei Fenster, mit denen Sie sich die entsprechende Auslastung des Prozessors bzw. der einzelnen Prozessorkerne als schwebende Fenster anzeigen lassen können.

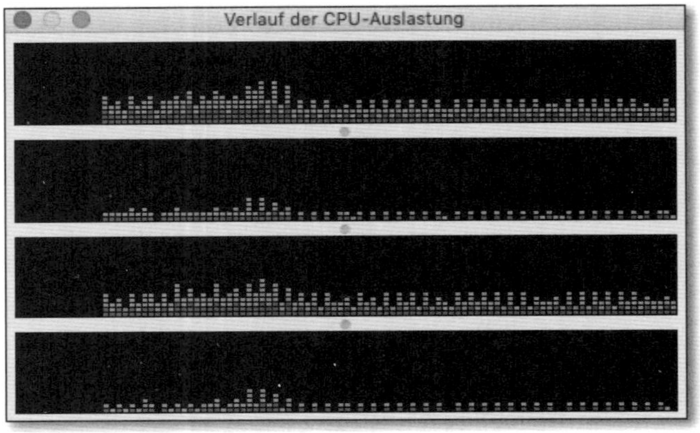

Abbildung 36.13 »Verlauf der CPU-Auslastung« als schwebendes Fenster

36.4 Ein Programm macht Probleme

Wenn ein Programm regelmäßig Probleme macht, kann dies unterschiedliche Gründe haben, wofür es selten eine Standardlösung gibt. Oftmals sind es plausible Dinge, wenn ein Programm mal nicht so funktioniert, wie es soll. Gelegentlich reicht ein Update, ein Neustarten des Systems und im schlimmsten Fall eine Neuinstallation des Programms aus, um das Problem zu beheben. Ob es nun wirklich am Programm liegt oder an Ihren Einstellungen für das Programm, können Sie herausfinden, indem Sie einen neuen oder anderen Benutzer verwenden und testen, ob das Programm auch mit einem anderen Benutzer instabil ist. Trifft dies zu, scheint in der Tat ein direktes Problem mit dem Programm vorzuliegen, und Sie können es mit einem Update oder einer Neuinstallation der neuesten Version (vom App Store, wenn möglich) probieren.

36.4.1 Absturzprotokoll von Programmen

Wenn sich ein Programm nicht regelkonform beendet, wird es vom Betriebssystem abgefangen. Sie erhalten dann einen Dialog wie »Programm wurde unerwartet beendet«, und Sie können es sofort wieder neu starten. Bei solchen Abstürzen werden Protokolle erstellt, die im persönlichen Benutzerverzeichnis in *Library/Logs* im Unterverzeichnis *DiagnosticReports* mit der Endung *.crash* gespeichert werden. In solchen Dateien wird häufig eine Aufnahme zum Zeitpunkt des Absturzes festgehalten. Das Protokoll ist für Entwickler des Programms häufig eine große Hilfe bei der Suche nach Fehlern und Bugs. Stürzt das Programm regelmäßig und reproduzierbar ab, sollten Sie dies dem Entwickler melden und ihm wenn möglich diese *.crash*-Datei mitgeben. Ebenso können Sie sich die Informationen dieser *.crash*-Datei mit dem Programm Konsole im *Dienstprogramme*-Verzeichnis ansehen, wo Sie das Absturzprotokoll über die Schaltfläche **Teilen** beispielsweise per E-Mail weitergeben können.

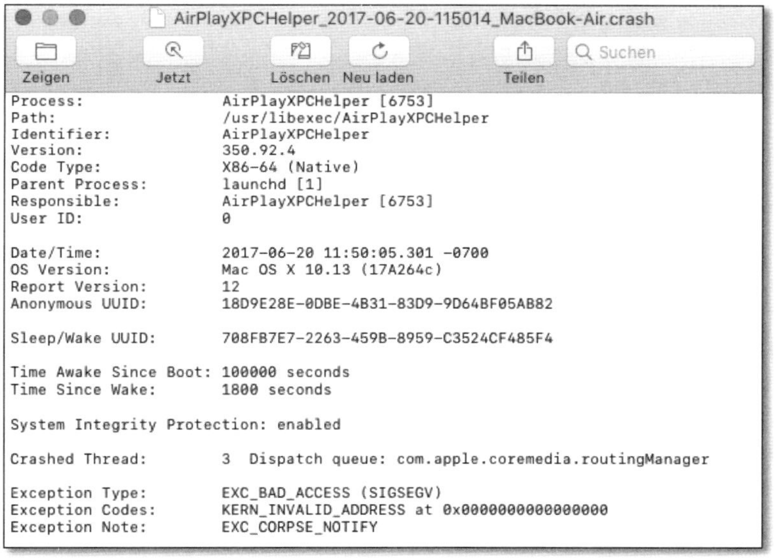

Abbildung 36.14 Ein Absturzprotokoll im Dienstprogramm Konsole

36.4.2 Preferences und Cache löschen

Sollte allerdings das Programm mit einem anderen Benutzerkonto anstandslos laufen, kann es sein, dass die Ursache für den Absturz eine kaputte Einstellungsdatei für das Programm ist. Sie können dann versuchen, diese Datei zu löschen. Sie finden diese Dateien im persönlichen Benutzerverzeichnis in *Library/Preferences*. Die Dateien mit der Endung *.plist* werden in Form eines umgekehrten Domainnamens, wie beispielsweise *.com.apple.finder.plist*, verwendet.

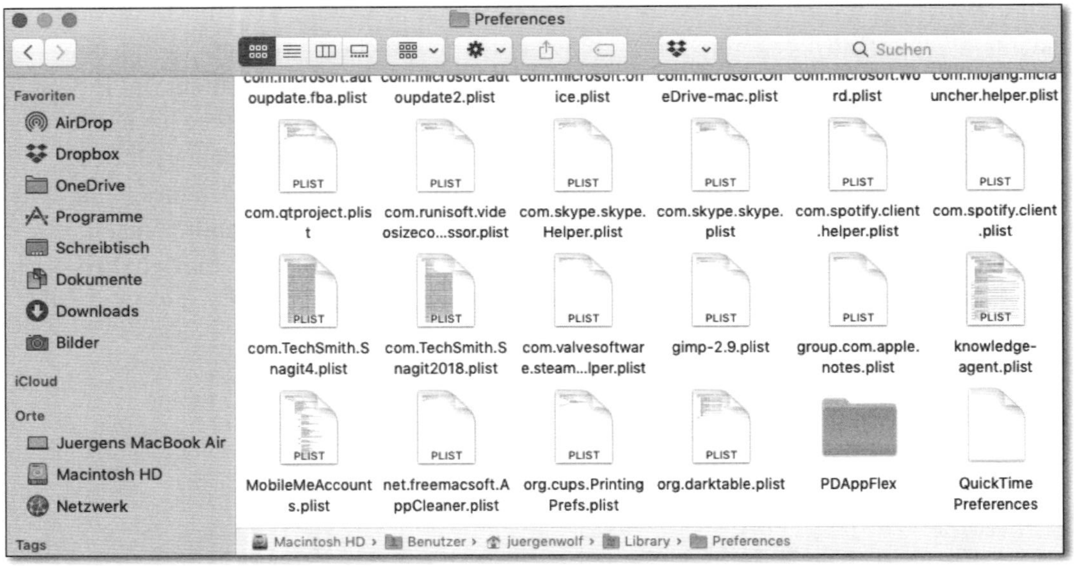

Abbildung 36.15 Einstellungsdateien im Benutzerverzeichnis »Library/Preferences«

Bei der Suche nach der richtigen Einstellungsdatei müssen Sie daher etwas genauer hinschauen, da der Programmname meistens vor *.plist* steht. Bei com.apple handelt es sich gewöhnlich um Apple-Programme. Programme von Microsoft haben beispielsweise am Anfang *com.microsoft* stehen. Haben Sie zum Beispiel Probleme mit Microsoft Word, finden Sie die Einstellungsdatei mit *com.microsoft.Word.plist* vor.

Um eine der Einstellungsdateien des instabilen Programms zu löschen, sollten Sie zunächst das entsprechende Programm beenden. Da die Einstellungen dynamisch beim Start des Macs in den Speicher geladen werden, sollten Sie sich vom System ab- und wieder anmelden, nachdem Sie die Datei gelöscht haben. Durch das Löschen dieser Einstellungsdatei wird das Programm quasi in den Ursprungszustand zurückgesetzt, was auch bedeutet, dass alle gemachten Einstellungen verloren sind.

Ein weiterer Grund für den Absturz eines Programms kann ein defekter Zwischenspeicher des Programms sein. Die Zwischenspeicher der Programme werden ebenfalls im persönlichen Benutzerverzeichnis in *Library/Cache* abgelegt. Den Cache eines Programms können Sie hier ohne Bedenken löschen, weil er beim nächsten Programmstart wieder neu angelegt wird.

Abbildung 36.16 Hier finden Sie Zwischenspeicher (Caches) von Programmen.

Einen letzten Kandidaten, der für Abstürze eines Programms verantwortlich sein könnte, finden Sie im persönlichen Benutzerverzeichnis in *Library/Saved Application State* vor. Dort werden geöffnete Dokumente und Fenster gespeichert, die beim Beenden eines Programms gesichert und beim erneuten Öffnen wieder angezeigt werden. Stürzt das Programm beim Öffnen der zuvor gesicherten Dokumente und Fenster ab, können Sie hier das entsprechende Verzeichnis in den Papierkorb verschieben.

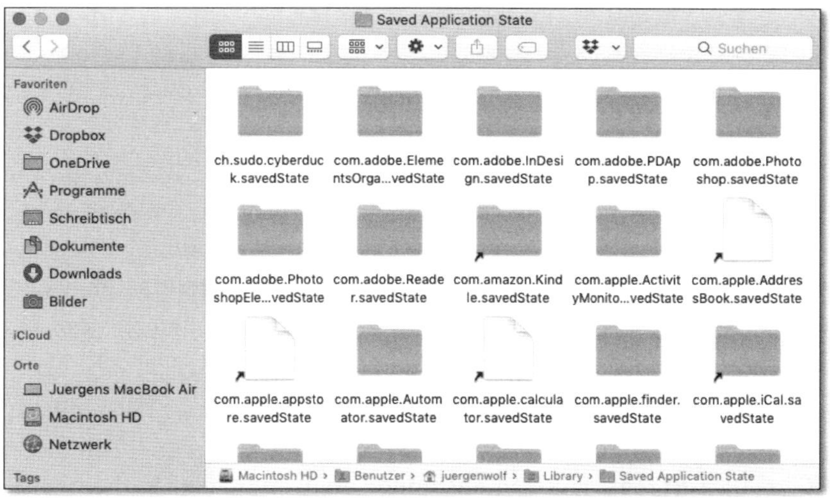

Abbildung 36.17 Hier werden Zustände beim Beenden für das erneute Öffnen von Programmen gespeichert.

37 Probleme während der Ausführung des Macs

Auch wenn das macOS-System mittlerweile ein sehr stabiles und robustes Betriebssystem ist, gibt es immer wieder Situationen, in denen nicht alles läuft, wie es sollte. In diesem Kapitel finden Sie daher ein kleines Sammelsurium unterschiedlicher Themen, was Sie tun können, wenn es mit der Ausführung mal etwas hakt.

Wenn es mit dem Mac mal nicht so klappt, wie es sollte, sind dies in der Regel oftmals kleinere Probleme, die man häufig mit wenigen Handgriffen selbst lösen kann.

37.1 Das System reagiert gar nicht mehr

Auch wenn es nicht sein sollte, so kann es in ganz seltenen Fällen passieren, dass Ihr System überhaupt nicht mehr auf eine Eingabe reagiert oder komplett eingefroren ist. In solch einem Fall bleibt Ihnen nichts anderes übrig, als einen Neustart zu erzwingen. Hierzu müssen Sie einige Sekunden die Taste zum Ein- und Ausschalten gedrückt halten, bis der Bildschirm schwarz wird und der Rechner zwangsweise heruntergefahren wird. Nach einigen Sekunden können Sie den Rechner erneut einschalten und das System wieder hochfahren.

37.2 Kernel Panic

Tritt der schwarze Bildschirm mit dem *Kernel Panic* in Erscheinung, kann es sich um ein etwas größeres Problem handeln. Ein solcher Fehler tritt auf, wenn es für das System unmöglich ist, weiterzuarbeiten. Dann sieht der Bildschirm wie in Abbildung 37.1 aus, und das System startet nach einer kurzen Wartezeit neu. Ein Kernel Panic sollte, wenn überhaupt, nur sehr selten auftreten.

Wenn der Kernel Panic einmal aufgetreten ist, sollten Sie Ruhe bewahren und zunächst einmal testen, ob sich dieser Fehler wiederholt. Tritt der Fehler nicht mehr auf, dann waren es eben nur unglückliche Umstände, die dazu geführt haben. Tritt der Fehler weiterhin in regelmäßigen oder unregelmäßigen Abständen auf, könnte ein Hardwareproblem vorliegen. Dabei kann es sich um eine defekte Hardware oder einen unsauber programmierten Hardwaretreiber handeln, der das System in den Abgrund reißt. In den meisten Fällen sparen Sie sich Zeit und Ärger, wenn Sie das System von Ihrem Dienstleister überprüfen lassen.

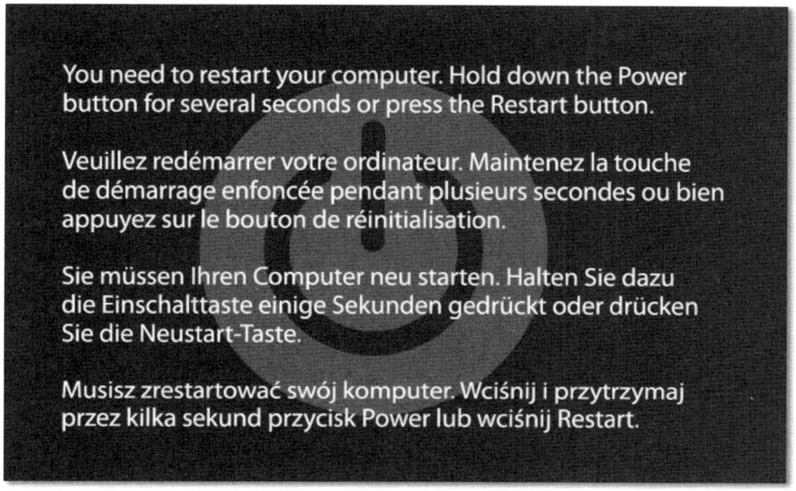

Abbildung 37.1 Ein Kernel Panic

Bei einem Neustart nach einem Kernel Panic erscheint gewöhnlich ein Dialog mit dem Hinweis, dass der Computer aufgrund eines Problems neu gestartet werden musste. Wenn Sie hierbei auf die Schaltfläche **Bericht** klicken, können Sie das Protokoll des Kernel Panics lesen und bei Bedarf an den Dienstleister weitergeben.

37.3 Kein Festplattenplatz mehr vorhanden

Mit der Zeit werden Sie einige Programme installieren, Bilder, Dokumente und Videos speichern. Da kann es auf der Festplatte recht schnell mit dem Speicherplatz knapp werden, gerade wenn Sie vielleicht eine der etwas kleineren SSD-Festplatten mit 128 GB bzw. 256 GB im Rechner verbaut haben. Wenn die Festplatte erst einmal voll ist, stehen Ihnen mehrere Möglichkeiten zur Verfügung.

ACHTUNG

Time-Machine-Backup erstellen

Wenn Sie den Mac ausmisten wollen, ist es ratsam, vorher zur Sicherheit noch ein Time-Machine-Backup zu erstellen. Nur für den Fall der Fälle, man kann ja nie wissen. Schnell löscht man im Eifer des Gefechts ganze Ordner, nur um später festzustellen, dass man sie eigentlich doch noch benötigt.

37.3.1 Dateien auslagern

Die einfachste Lösung dürfte es sein, Dateien und Ordner, die Sie länger nicht mehr benötigt haben, auf ein externes Speichermedium auszulagern. Gerade umfangreiche Bildersammlungen sollte man (ohnehin) auf einem externen Speichermedium verwalten. Auch Videos können eine ziemlich große Menge Platz auf Ihrem Rechner beanspruchen. Wollen Sie sich einen Überblick verschaffen über die Dateien und Programme, die Sie länger nicht mehr geöffnet haben, können Sie hierzu im Finder einen intelligenten Ordner anlegen mit Objekten, deren **Letztes Öffnungsdatum** in einer ferneren Vergangenheit liegt (hier vor einem Jahr).

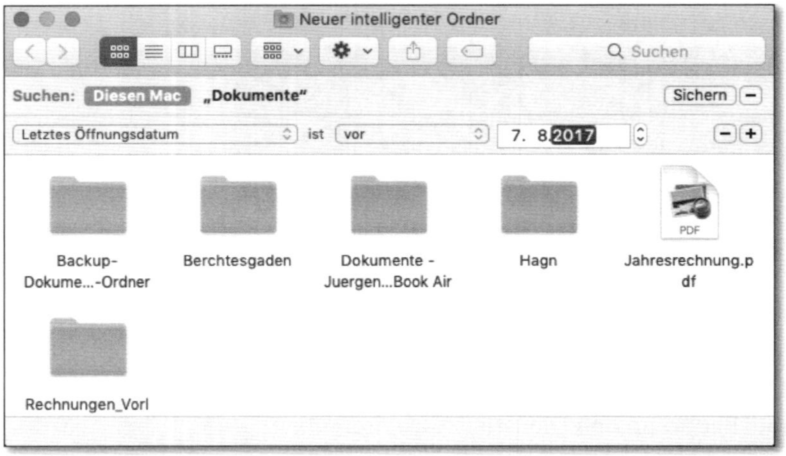

Abbildung 37.2 Mit einem intelligenten Ordner wird das Aufspüren verstaubter Dateien und Programme zum Kinderspiel.

Hiermit bekommen Sie zumindest einen Überblick über Programme und Dateien, die Sie vielleicht schon vergessen haben, und können entscheiden, was Sie damit machen wollen. Die intelligenten Ordner wurden bereits in Abschnitt 7.4, »Die Suche in einem intelligenten Ordner speichern«, beschrieben.

37.3.2 Die Speicherverwaltung des Macs nutzen

Ebenfalls Ordnung können Sie auf der Festplatte mit der Speicherverwaltung schaffen. Diese Funktion können Sie entweder über das Apfel-Menü aufrufen, indem Sie auf **Über diesen Mac** klicken, in den Bereich **Festplatten** wechseln und dort auf die Schaltfläche **Verwalten** klicken.

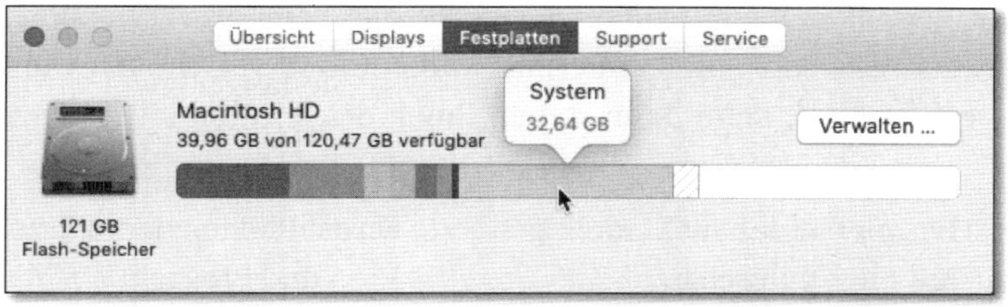

Abbildung 37.3 Festplattenübersicht aufrufen

Oder Sie starten das Programm Systeminformationen aus dem Ordner *Dienstprogramme* und wählen dort im Menü **Fenster ▸ Speicherverwaltung**. Es erscheint eine neue Ansicht mit einem Zwei-Spalten-Layout.

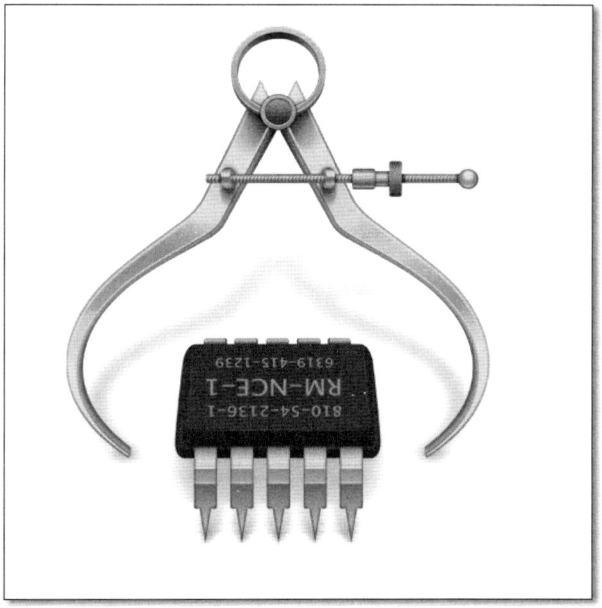

Abbildung 37.4 Programm-Icon der Systeminformationen

Unter **Empfehlungen** finden Sie vier Ein-Klick-Lösungen, um eine schnelle Optimierung vorzunehmen, indem Sie lediglich die entsprechende Schaltfläche daneben anklicken müssen. Hier eine kurze Erläuterung der Ein-Klick-Lösungen:

- **In iCloud speichern:** Hiermit können Sie die Originaldateien des *Schreibtisch*- und *Dokumente*-Ordners sowie die Fotos und Videos in der iCloud speichern. Bei Bildern und Videos wird außerdem vorausgesetzt, dass genügend Speicherplatz in der iCloud vorhanden ist. Bedenken Sie bitte auch, bevor Sie diese Option verwenden, dass Sie ein Problem haben, wenn Daten dauerhaft in die iCloud verschoben werden, sobald Sie mal offline sind, denn dann stehen Ihnen diese Daten lokal nicht mehr zur Verfügung.

- **Speicher optimieren:** Hiermit werden nicht mehr genutzte Fernsehfolgen oder Filme sowie (ältere) E-Mail-Anhänge gelöscht.
- **Papierkorb automatisch leeren:** Damit aktivieren Sie eine Option, die bewirkt, dass der Papierkorb Objekte automatisch löscht, die länger als 30 Tage dort liegen.
- **Chaos reduzieren:** Hier können Sie Dokumente aus dem persönlichen Benutzerverzeichnis nach Größe auflisten lassen und durch Klicken auf das **x**-Symbol löschen. Sie sollten wirklich nur eingreifen, wenn Sie wissen, was Sie da löschen, weil hier leider auch Bibliotheksdateien von Mediatheken eingeblendet werden.

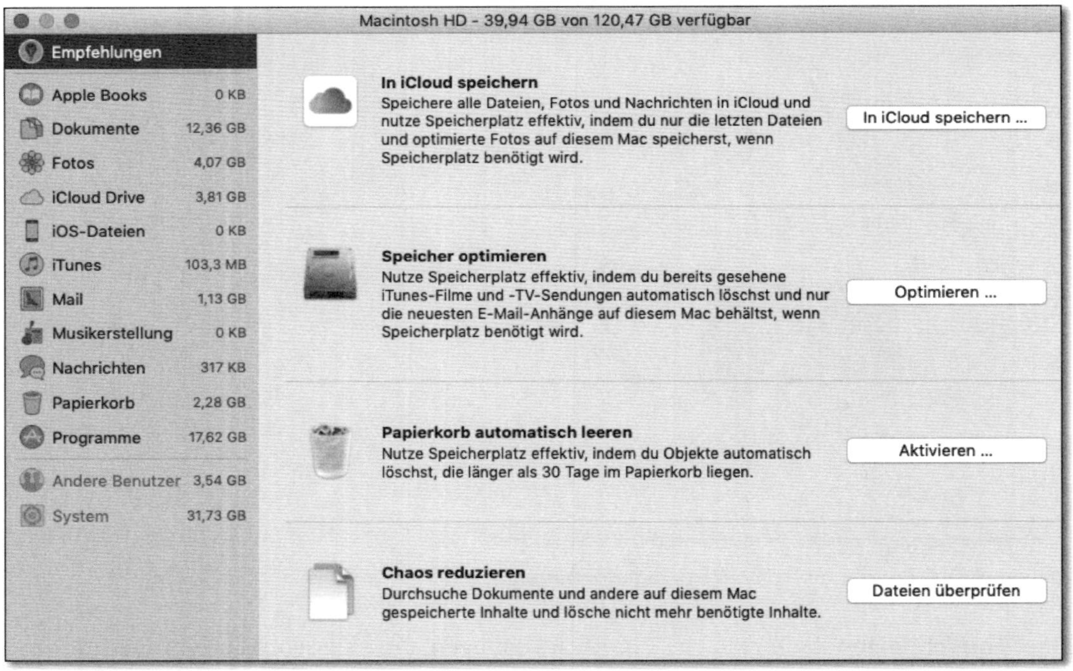

Abbildung 37.5 Verschiedene Ein-Klick-Lösungen, um Platz zu schaffen

Hinter den Empfehlungen finden Sie die einzelnen Bereiche der Speicherverwaltung. So ist der Punkt **Dokumente** identisch mit der Ein-Klick-Option **Chaos reduzieren**. Etwas, das mir hier besonders gut gefällt, ist die **Dateiübersicht** ❶, in der Sie die Größe aller

Dateien und Ordner aufgelistet bekommen, um die größten Speicherfresser zu ermitteln. Auch der *Downloads*-Ordner ist häufig voll mit unnötigen DMG-Images, die Sie vermutlich nicht mehr benötigen.

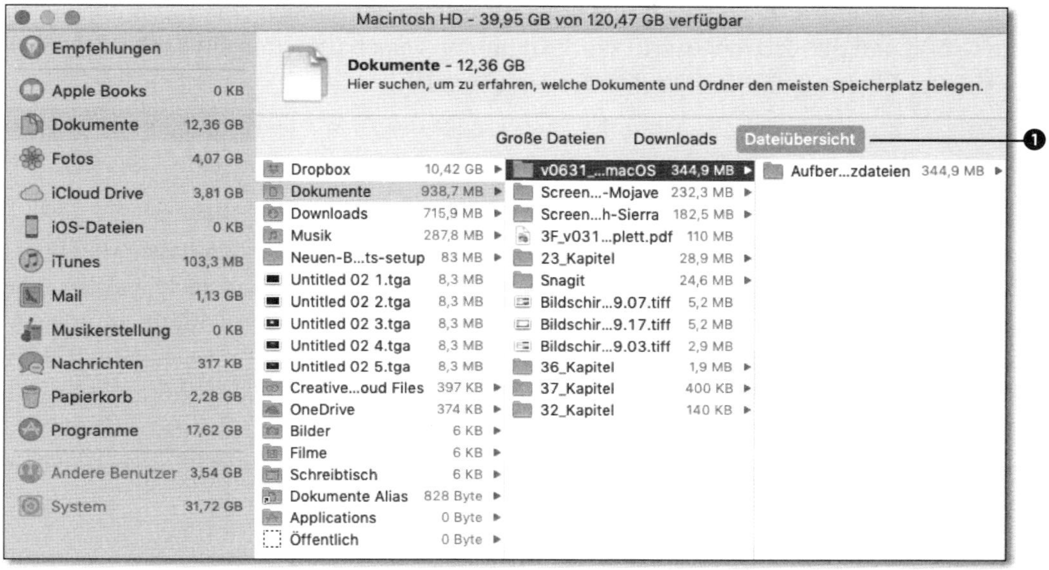

Abbildung 37.6 Sehr hilfreich ist die Dateiübersicht »Dokumente«.

Hinter den einzelnen Einträgen **Fotos** und **iCloud Drive** verbirgt sich wiederum nur die Empfehlung, diese Daten in der iCloud zu speichern, hier nur jeweils als einzelne Option. Bei **Fotos** aktivieren Sie die iCloud-Mediathek, um die Bilder hochzuladen, und dasselbe gilt für **iCloud Drive**, wo Sie den *Schreibtisch*- und *Dokumente*-Ordner in die iCloud hochladen. Bei knappem Speicherplatz werden nur optimierte Fotos und Videos auf dem Mac gespeichert und bei Dateien vom *Schreibtisch*- bzw. *Dokumente*-Ordner die zuletzt geöffneten Dateien. Ist genügend Speicher vorhanden, werden alle Dateien auf dem Mac gespeichert.

In **Apple Books** können Sie unbenutzte Bücher entfernen, **iOS-Dateien** (falls vorhanden) enthält Backups und Softwareupdates, die gelöscht werden können, **iTunes** liefert eine Möglichkeit, unnötige iTunes-Dateien zu entfernen. **Musikerstellung** enthält Instrumente von GarageBand (sofern Sie das Programm verwenden), die Sie hier löschen können.

iTunes und **Mail** entsprechen den Empfehlungen von **Speicher optimieren**, wo Sie Fernsehsendungen, Filme oder Podcasts, die Sie in iTunes gespeichert haben, oder E-Mail-

Anhänge in Mail löschen können. Bei **iTunes** wird allerdings nicht die Musik-Mediathek zum Ausmisten berücksichtigt. Dies müssen Sie direkt in iTunes tun.

Mit **Papierkorb** erhalten Sie eine Übersicht und können diesen mit einem Klick entleeren. Am Ende gibt es noch die Option **Programme**, mit der Sie sich einen Überblick über die Größe und den letzten Zugriff der Programme verschaffen und sie bei Nichtbedarf mit einem Klick auf das **x**-Symbol entfernen können.

37.3.3 iCloud Drive

Um sicherzugehen, dass Dateien, die Sie in iCloud Drive hochgeladen haben, bei Speicherknappheit wirklich nur auf iCloud Drive gesichert werden und nicht gleichzeitig auch auf dem lokalen Mac, finden Sie in den **Systemeinstellungen** von **iCloud** mit der Schaltfläche **Optionen** bei **iCloud Drive** die Option **Mac-Speicher optimieren** dafür. Wenn Sie hier ein Häkchen setzen, können Sie bei Speicherknappheit dafür sorgen, dass das Betriebssystem etwas Platz auf der Platte schafft und ältere Dokumente lokal löscht, sodass diese nur noch auf iCloud Drive verfügbar sind. Auf diese Weise müssen Sie sich um nichts mehr kümmern, wenn der Platz mal wieder knapp wird.

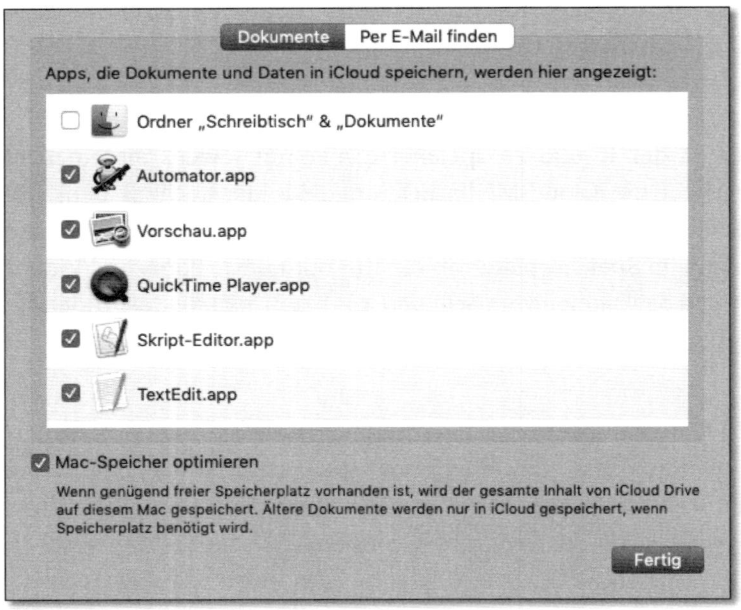

Abbildung 37.7 Den Mac-Speicher optimieren

37.4 Festplatte mit dem Festplattendienstprogramm prüfen

Eine weitere sehr hilfreiche Funktion, um den Mac fit zu halten, ist das Festplattendienstprogramm, das Sie im *Dienstprogramme*-Ordner finden. Wenn Sie das Programm gestartet haben, sehen Sie auf der linken Seite die aktuell verwendeten Laufwerke und alle angeschlossenen Speichermedien, die Sie überprüfen und reparieren können. Auf der rechten Seite sehen Sie zunächst eine grafische Übersicht über die Speicherverteilung Ihrer Hauptfestplatte.

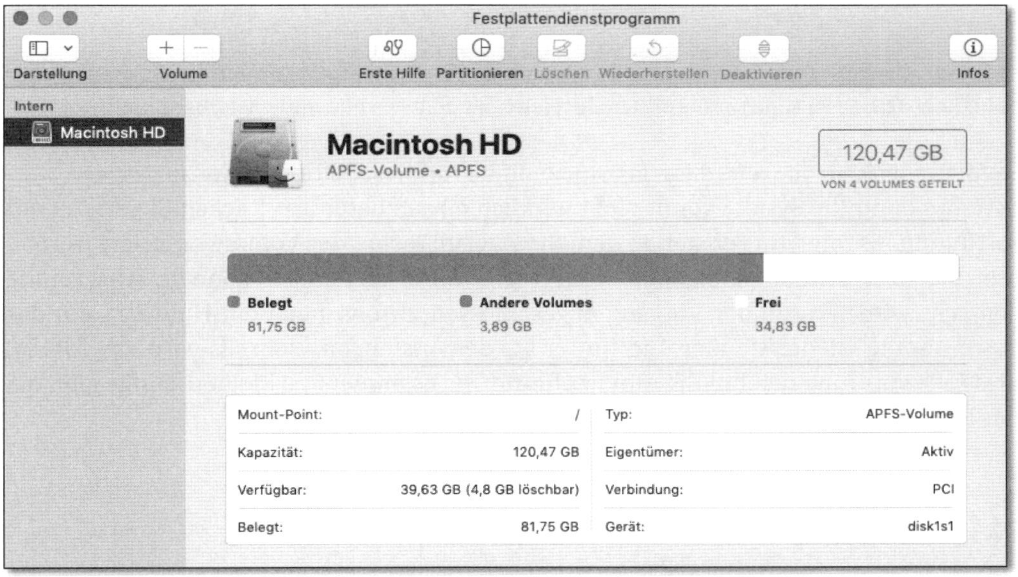

Abbildung 37.8 Das Festplattendienstprogramm im »Dienstprogramme«-Ordner

Wenn beispielsweise der Neustart des Systems mal länger dauert oder Programme zwischendurch abstürzen, kann dies an den Zugriffsrechten von Dateien auf der Systemfestplatte liegen. Es kann sein, dass deren Zuordnung etwas durcheinandergekommen ist und ein Programm auf die benötigten Dateien nicht mehr richtig zugreifen kann. Fehler solcher Art kann das Festplattendienstprogramm erkennen und in Ordnung bringen.

Die Verwendung dieser Funktion ist denkbar einfach. Sie müssen zunächst die Systemfestplatte zur Überprüfung auswählen, die auch unterteilt sein kann. Die Hauptfestplatte steht allerdings gewöhnlich an der ersten Position und heißt **Macintosh HD** ❶, sofern Sie den Namen nicht geändert haben. Klicken Sie als Nächstes auf die Schaltfläche **Erste Hilfe** ❷ und dann im Hinweisdialog auf die Schaltfläche **Ausführen**.

Abbildung 37.9 Erste Hilfe für die Systemfestplatte mit dem Festplattendienstprogramm

Es folgt noch ein Hinweis, dass das Startvolume für diese Aktion teilweise gesperrt werden muss und Ihr System somit nicht wirklich einsatzbereit ist. Klicken Sie erneut auf **Fortfahren**. Es folgt ein Fenster, in dem die Zugriffsrechte des Volume repariert werden und Sie über **Details einblenden** weitere Hinweise einblenden können, was gerade gemacht wird. Wurde der Vorgang abgeschlossen, erfolgt noch ein Hinweis, und das System sollte wieder stabiler und flotter bei der Ausführung sein. Es wird empfohlen, diese Überprüfung regelmäßig durchzuführen, da es immer mal kleinere Dinge gibt, die das System leicht ausbremsen können.

37.5 Probleme mit dem NTFS-Dateisystem beheben

Wenn Sie eine neue externe Festplatte gekauft haben oder eine externe Festplatte verwenden, auf der Sie keine Daten abspeichern können oder auf die ein Kopiervorgang fehlschlägt, liegt es häufig daran, dass diese Festplatte im NTFS-Dateisystem für Windows formatiert vorliegt.

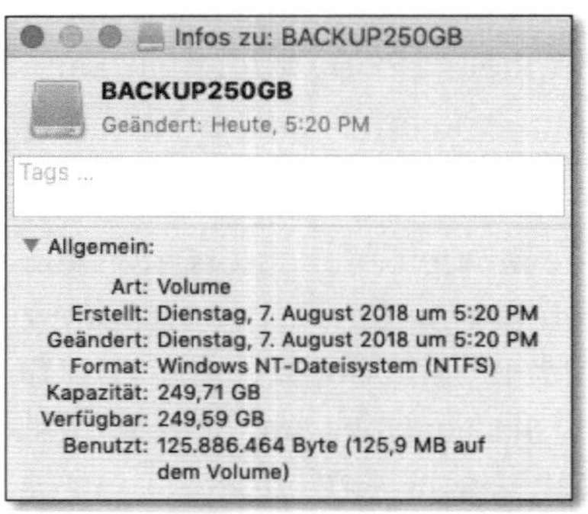

Abbildung 37.10 Auf dieser unter Windows mit NTFS formatierten Festplatte können Sie keine Daten speichern.

Auch hier hilft Ihnen ein Griff zum Festplattendienstprogramm im *Dienstprogramme*-Verzeichnis weiter. Sofern sich noch Daten auf der Festplatte im NTFS-Format befinden, sollten Sie diese zuvor noch sichern. Nach dieser Schritt-für-Schritt-Anleitung ist dies nicht mehr möglich:

1 Verbinden Sie das externe Laufwerk mit dem Mac, und starten Sie das Festplattendienstprogramm.

2 Wählen Sie das entsprechende Laufwerk auf der linken Seite aus, und klicken Sie auf **Löschen** oben in der Symbolleiste.

3 Vergeben Sie einen Namen für das Laufwerk, wählen Sie bei **Format** den Eintrag für das neuere Format **APFS** oder **Mac OS Extended (journaled)** aus, und klicken Sie im Fenster auf **Löschen**. Hierbei werden ohne Rückfrage alle vorhandenen Daten vom externen Speichermedium unwiderruflich gelöscht.

Beachten Sie hierbei, dass Sie nach diesem Vorgang nicht mehr mit einem Windows-Rechner auf dieses Speichermedium zugreifen können. Wenn Sie dies trotzdem möglich machen wollen, wählen Sie **MS-DOS-Dateisystem (FAT)** bei **Format** aus. Im Gegensatz zum NTFS-Dateisystem kann Ihr Mac mit den beiden Windows-Dateisystemen FAT und FAT32 ohne Probleme lesend und schreibend umgehen.

37

Wenn Sie APFS wählen, sollten Sie beachten, dass dieses Format von Mac-Systemen erst ab macOS Sierra (10.12.6) gelesen werden kann. Ältere Rechner oder andere Systeme können nicht auf die externe Festplatte zugreifen. Da ich noch einen älteren Mac verwende, bevorzuge ich weiterhin **Mac OS Extended (journaled)**.

37.6 Informationen sammeln

Manchmal ist es nötig, sich einen Überblick über die aktuelle Konfiguration des Systems und die verschiedenen Vorgänge zu verschaffen. So kann es sein, dass es zum Beispiel mit dem Mac mit einer bestimmten Konfiguration zu Problemen kommen kann. Hier ist es hilfreich zu wissen, ob Sie einen Mac mit einer solchen Konfiguration haben, um dann entsprechend reagieren zu können. Auch kann es sein, dass Sie auf der Suche nach einem Fehler sind und Hilfe bei einem Dienstleister, jemandem in einem Forum oder einem Bekannten angefordert haben und dieser nach der Konfiguration fragt. Es ist also durchaus hilfreich zu wissen, wie Sie an diese Informationen kommen.

Informationen zum System erreichen Sie über das -Menü links oben, indem Sie den Eintrag **Über diesen Mac** im Register **Übersicht** anklicken. Neben den Systeminformationen finden Sie hier allgemein gehaltene Informationen wie die Baureihe, den Prozessor, Speicher oder die Seriennummer. Gerade bei Garantiefällen oder wenn Apple Geräte zurückrufen sollte, sind die Angaben zu Baureihen und die Seriennummer von Wichtigkeit. Auch bei einer neuen Mac-Version können Sie hier schnell ermitteln, ob Ihr Mac noch zu den unterstützten Systemen gehört.

Abbildung 37.11 Übersicht über die Systeminformationen

Über die Schaltfläche **Systembericht** starten Sie das Programm Systeminformationen. Schneller können Sie es starten, indem Sie auf das -Menü klicken und [Alt] gedrückt halten. Statt **Über diesen Mac** finden Sie dann **Systeminformationen** zur Auswahl vor. Dasselbe Programm können Sie direkt im *Dienstprogramme*-Ordner starten. Mit dem Programm Systeminformationen erhalten Sie eine sehr detaillierte Übersicht über die aktuelle Konfiguration Ihres Systems.

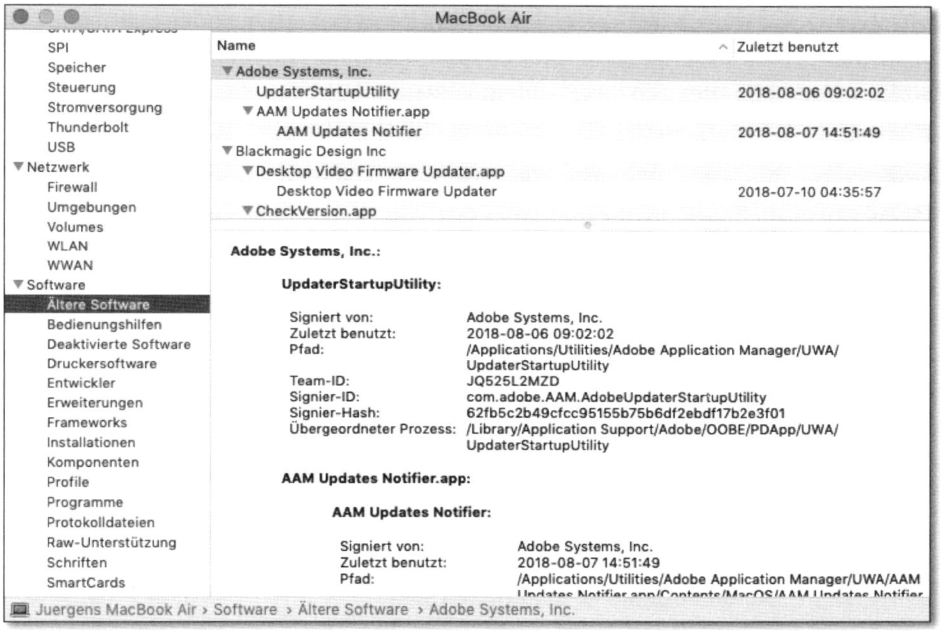

Abbildung 37.12 Das Programm Systeminformationen

In der Rubrik **Hardware** haben Sie einen Überblick über alle angeschlossenen und verbauten Geräte. Bei **Netzwerk** bekommen Sie umfassende Informationen über die Netzwerkschnittstellen und die aktuellen Konfigurationen. In **Software** finden Sie nicht nur einen Überblick über die verfügbaren Programme auf dem Mac, sondern auch die Erweiterungen aller *Kernel-Extensionen*. Kernel-Extensionen enthalten häufig wichtige Treiber für die Hardware. Wenn beispielsweise ein Gerät nicht funktioniert, können Sie hier ermitteln, ob die Erweiterung dazu überhaupt geladen wurde.

Wollen Sie alle diese gesammelten Informationen an jemanden weitergeben, so können Sie dies über **Ablage ▶ Sichern** bzw. [cmd] + [S] tun. Die Informationen werden mit der Dateiendung *.spx* gespeichert und können auf einem anderen Mac per Doppelklick geöffnet und mit dem Programm Systeminformationen betrachtet werden.

38 Verschiedene Hilfsmittel beim Startvorgang verwenden

Sind die Probleme mit dem Mac bei der Ausführung etwas heftiger oder lässt sich das System überhaupt nicht mehr starten, gibt es noch ein paar Hilfsmittel beim Startvorgang des Macs. Damit können Sie das Problem vielleicht beheben, bevor Sie beabsichtigen, eine Wiederherstellung oder gar eine Neuinstallation des Systems durchzuführen.

Auch wenn sich das System gar nicht mehr starten lässt, haben Sie mit dem Mac noch ein paar Möglichkeiten für einen alternativen Start, um eventuell noch dem Problem auf die Spur zu kommen oder wenigstens noch auf wichtige ungesicherte Daten zugreifen zu können.

38.1 Apple Hardware Test bzw. Apple Diagnostics ausführen

Mit Apple Hardware Test bzw. Apple Diagnostics werden eine Reihe von Diagnosefunktionen ausgeführt, womit bei einem Problem mit der Hardware die problematische Hardwarekomponente eingegrenzt werden kann. Apple Hardware Test heißt die Diagnosefunktion, wenn Ihr Mac vor Juni 2013 eingeführt wurde, und Apple Diagnostics lautet das Werkzeug bei einem Mac nach Juni 2013.

Um den Test durchzuführen, müssen Sie den Rechner neu starten und [D] gedrückt halten. Nach einer Sprachauswahl wird die Hardware getestet, und bei Problemen gibt der Test mindestens einen Referenzcode zurück, mit dem Sie Ihren Fachhändler kontaktieren können. Wenn beim Drücken der Taste [D] nichts passiert, probieren Sie [cmd] + [D], um zu versuchen, die Diagnose über das Internet zu starten. Hierfür wird allerdings eine Internetverbindung benötigt. Bei dem Test werden nur Geräte berücksichtigt, die im Mac verbaut sind. Wenn Abstürze zum Beispiel durch ein defektes USB-Gerät auftreten, wird das bei diesem Test nicht bemerkt.

HINWEIS

Firmware-Passwort deaktivieren

Wenn Sie ein Firmware-Passwort nutzen, wie es in Abschnitt 31.3, »Firmware-Passwort verwenden«, beschrieben wurde, kann Apple Hardware Test bzw. Apple Diagnostics während des Startvorgangs nicht verwendet werden. In dem Fall müssen Sie das Firmware-Passwort vorher deaktivieren.

38.2 Startvorgang im Verbose-Modus

Anstelle des Startvorgangs mit dem -Logo können Sie sich auch den Startvorgang vom Kernel mit den einzelnen Prozessen ausgeben lassen. Diese Meldungen lassen Sie sich anzeigen, wenn Sie `cmd` + `V` während des Startvorgangs gedrückt halten. Der Verbose-Modus ist sehr nützlich, um beim Startvorgang Fehler aufzuspüren. Die Ausgaben erfolgen hierbei zeilenweise. Bleibt der Startvorgang an einer Meldung hängen, kann es sein, dass Sie hier gleich die Ursache gefunden haben, warum der Start nicht funktioniert. Oftmals ist es ein Gerät oder ein Defekt des Rechners, der den Start verhindert.

38.3 Einen sicheren Systemstart durchführen

Einen sicheren Systemstart können Sie ausführen, wenn Sie die `⇧`-Taste so lange gedrückt halten, bis das Anmeldefenster erscheint. Sie finden dann im Anmeldebildschirm rechts oben in roter Schrift den Text **Sicherer Systemstart**.

Abbildung 38.1 Sicherer Systemstart

Der sichere Systemstart dauert länger, weil während des Startvorgangs eine Reihe von Optimierungen und Prüfungen durchgeführt werden. So werden nicht benötigte oder korrupte Pufferdateien (Caches), die den Startvorgang verhindern oder weswegen einige Funktionen des Systems nicht korrekt arbeiten, gelöscht oder erneuert. Ebenso findet eine Überprüfung der Festplattenstruktur statt, die bei Bedarf repariert wird.

Neben der Erneuerung des Zwischenspeichers werden bei einem sicheren Systemstart nicht alle Erweiterungen des Kernels geladen. Dies ist hilfreich, wenn der Startvorgang aufgrund einer defekten Hardware oder fehlerhafter Treiber behindert wird. Es werden dann nur Apple-eigene Treiber aus dem *System*-Ordner verwendet und keine Treiber, die Sie eventuell als Administrator in den *Library*-Ordner installiert haben.

Auch Anmeldeobjekte der Benutzerkonten werden hierbei nicht ausgeführt. Dies kann hilfreich sein, wenn ein Anmeldeobjekt in Form eines Programms oder Skripts für Probleme beim Anmelden eines Benutzers sorgt. Damit können Sie fehlerhafte **Anmeldeobjekte** in den **Systemeinstellungen** von **Benutzer & Gruppen** entfernen.

Wenn Sie den Rechner herunterfahren, wird dieser beim nächsten Neustart automatisch wieder im normalen Modus gestartet. In gewisser Weise ist es gar keine schlechte Idee, diesen sicheren Systemstart gelegentlich durchzuführen, um so die Pufferdateien zu löschen oder die Festplattenstruktur zu prüfen.

38.4 Den Target-Disk-Modus verwenden

Mit dem Target-Disk-Modus oder auch FireWire-Festplattenmodus können Sie Ihren Mac als externe Festplatte verwenden. Das kann nützlich sein, wenn das Betriebssystem defekt ist und Sie es nicht mehr starten können, um so wenigstens die Daten von der internen Festplatte Ihres Rechners zu sichern. Um den Modus zu aktivieren, müssen Sie direkt nach dem Neustart die [T]-Taste gedrückt halten. Auf dem Bildschirm wird ein FireWire-Symbol angezeigt, und Sie können den Rechner nun mit einem FireWire- oder Thunderbolt-Kabel an einen anderen Rechner anschließen. Eine Verbindung mit einem USB-Kabel ist hierbei nicht möglich.

Auf dem anderen Rechner erscheint der zur Festplatte degradierte Rechner wie eine gewöhnliche externe Festplatte im Finder, auf deren Dateien und Ordner Sie zugreifen können.

Den FireWire-Modus verlassen Sie, wenn Sie die Taste zum Ein- und Ausschalten etwas länger gedrückt halten.

38.5 Der Single-User-Modus

Wenn Sie im Umgang mit der Kommandozeile eines Unix-Systems vertraut sind, können Sie beim Start des Systems `cmd` + `S` gedrückt halten, und es wird der Single-User-Modus aktiviert. Beachten Sie, dass Sie in diesem Modus als Benutzer `root` uneingeschränkte Rechte auf alles haben. Dieser freie Zugriff kann in manchen Fällen sinnvoll sein, um eine bestimmte Datei zu löschen, die Sie sonst mit einer grafischen Oberfläche nicht löschen könnten. Beachten Sie auch, dass hier die Bourne-Shell (`/bin/sh`) und nicht die Bourne-again-Shell (`/bin/bash`) und das amerikanische Tastaturlayout verwendet werden.

Bevor Sie allerdings Befehle eingeben können, müssen Sie zunächst das Dateisystem des Startvolume überprüfen und reparieren. Hierzu können Sie den Befehl `/sbin/fsck -fy` eingeben (bei einer deutschen Tastatur tippen Sie: »-sbin-fsck ßfu«). Es kann sein, dass Sie den Befehl öfter eintippen müssen, bis am Ende die Meldung erscheint: »The volume Macintosh HD appears to be OK.«

Wollen Sie beispielsweise bestimmte Daten ändern oder löschen, benötigen Sie zunächst noch einen Schreibzugriff. Den Schreibzugriff aktivieren Sie mit dem Befehl `/sbin/mount -uw /` (mit deutscher Tastatur: »-sbin-mount ßuw -«). Jetzt haben Sie vollen Zugriff auf das Dateisystem und können Kommandos eingeben. Sie können auch mit `bash` direkt die Bash-Shell starten und verwenden. Mit dem Befehl `reboot` veranlassen Sie einen Neustart des Systems.

39 Das Wiederherstellungssystem

Wenn das System sich trotz aller Versuche nicht mehr starten lässt, dann ist das kein Drama, da macOS über ein Wiederherstellungssystem verfügt. Damit können Sie das Betriebssystem wiederherstellen, neu installieren oder ein mit Time Machine erstelltes Backup aufspielen. Das Wiederherstellungssystem bietet noch einige weitere Optionen, und die wichtigsten werden ebenfalls kurz beschrieben.

Das Wiederherstellungssystem von macOS ist in der Bedienung recht einfach gehalten und kann Ihnen in verschiedenen Notfällen behilflich sein. Am besten funktioniert es, wenn Sie ein Backup mit Time Machine erstellt haben. Dann können Sie Ihren Mac komplett bis zum Zustand des Backups wiederherstellen. Bei einer Wiederherstellung des Systems durch ein erneutes Installieren bleiben zwar in der Regel die Daten erhalten, aber Sie sind bei diesem Vorgehen auf der sichereren Seite, wenn Sie ein aktuelles Backup Ihrer Daten zur Hand haben. Und selbst wenn das Wiederherstellungssystem auf der Festplatte nicht mehr funktioniert, steht Ihnen immer noch eine Internetwiederherstellung zur Verfügung.

39.1 Wiederherstellungssystem starten

Wenn Sie den Mac starten, können Sie das Wiederherstellungssystem aufrufen, indem Sie die `Alt`-Taste gedrückt halten. Kurz darauf erscheint ein Fenster, in dem Sie das Laufwerk für das Wiederherstellungssystem auswählen können. Neben dem internen Laufwerk würden Sie hier auch das Wiederherstellungssystem von anderen Datenträgern vorfinden, wenn Sie einen Datenträger eingesteckt und dafür eines erstellt hätten.

Ohne eine Auswahl des Laufwerkes gelangen Sie direkt zum Wiederherstellungssystem des internen Laufwerkes, indem Sie beim Starten des Systems die Tastenkombination `cmd` + `R` (R für *Recovery*) gedrückt halten.

Wenn Sie den Datenträger des Wiederherstellungssystems ausgewählt oder es direkt mit `cmd` + `R` beim Starten des Macs aufgerufen haben, erscheint ein Bildschirm mit Menü und einem Fenster mit der Überschrift **macOS-Dienstprogramme**.

Abbildung 39.1 Die macOS-Dienstprogramme beinhalten (auch) das Wiederherstellungssystem.

39.2 Das System aus einem Time-Machine-Backup wiederherstellen

Es kommt vermutlich ganz selten vor, aber es gibt unglückliche Fälle, in denen nach einem Update ein Programm nicht mehr funktioniert. Dank des Time-Machine-Backups (was Sie hoffentlich regelmäßig durchführen) können Sie beispielsweise ein solches Programm, das nach einem Update überhaupt nicht mehr funktioniert, wiederherstellen. Dadurch können Sie ein Programm auf den letzten Stand zurücksetzen, auf dem es noch funktioniert hat, bis der Entwickler einen Patch erstellt hat und Sie ein Update einspielen können.

HINWEIS

Time-Machine-Backups planen

So ein Fall, dass ein Programm nach einem Update nicht mehr ordentlich läuft, kommt durchaus mal vor. Daher ist es in der Regel nicht falsch, wenn Sie vor einem größeren Betriebssystem-Update über **Updates** auch für die Programme ein Time-Machine-Backup erstellen, in dem Sie neben Ihren Daten alle wichtigen Programme sichern.

1 Starten Sie das Wiederherstellungssystem wie eben beschrieben.

2 Wählen Sie bei den macOS-Dienstprogrammen **Aus Time Machine-Backup wiederherstellen** aus, und klicken Sie auf **Fortfahren**.

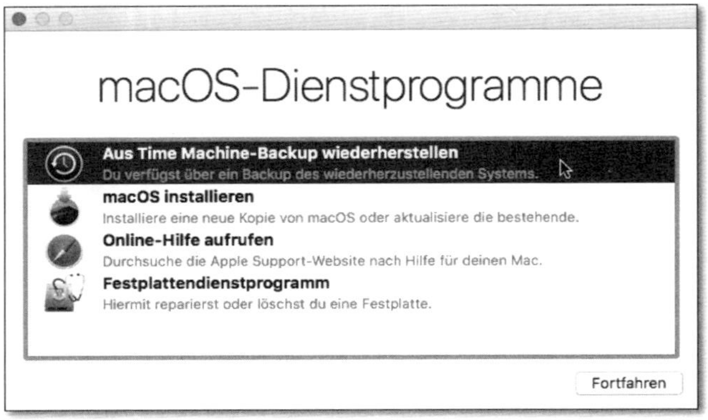

3 Es folgt ein weiterer Dialog mit wichtigen Informationen zur Wiederherstellung. Klicken Sie erneut auf **Fortfahren**.

4 Im nächsten Fenster müssen Sie die **Backup-Quelle** auswählen, wo Sie das Time-Machine-Backup gesichert haben. Befindet sich das Backup auf einem externen Datenträger, können Sie diesen mit dem Mac verbinden. Wählen Sie den Datenträger aus, und klicken Sie auf **Fortfahren** bzw. **Schutz aufheben**, wenn der Datenträger verschlüsselt ist. Bei einem verschlüsselten Datenträger müssen Sie zuvor noch das

Passwort eingeben. Rechts oben im Menü können Sie außerdem sehen, dass Sie auch WLAN zur Verfügung haben, wodurch ein Einspielen von Backups mit einer Time Capsule möglich wird.

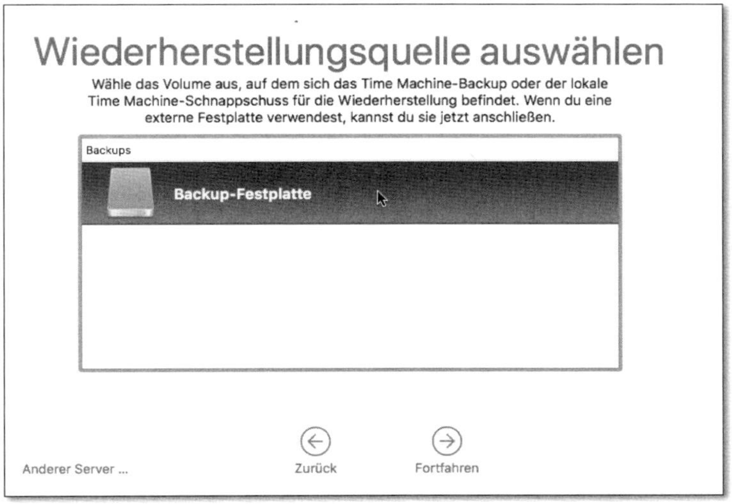

5 Wählen Sie im nächsten Fenster das Backup aus, das Sie zur Wiederherstellung verwenden wollen. Beachten Sie hierbei, dass nur vollständige Backups (!) aufgelistet werden. Es werden keine Backups angezeigt, wo Sie beispielsweise nur das oder die persönlichen Benutzerverzeichnisse gesichert haben. Klicken Sie auf **Fortfahren**.

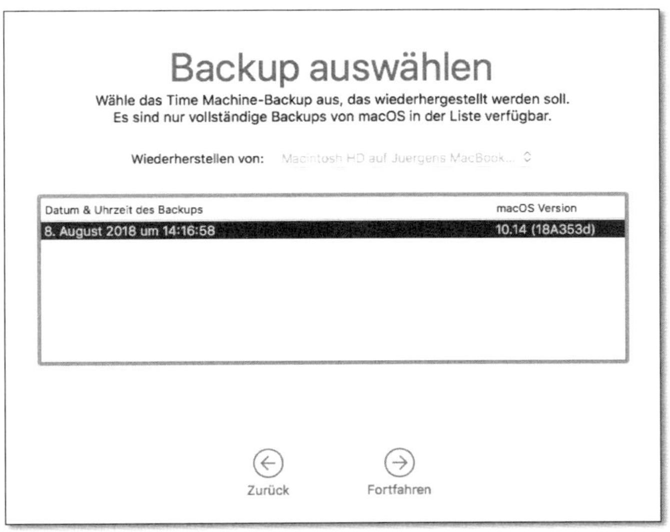

6 Wählen Sie das Zielvolume aus, auf dem Sie das ausgewählte Backup installieren wollen, und klicken Sie auf **Wiederherstellen**. Nach den letzten Warnhinweisen und einem erneuten Klick auf **Fortfahren** starten Sie die Wiederherstellung.

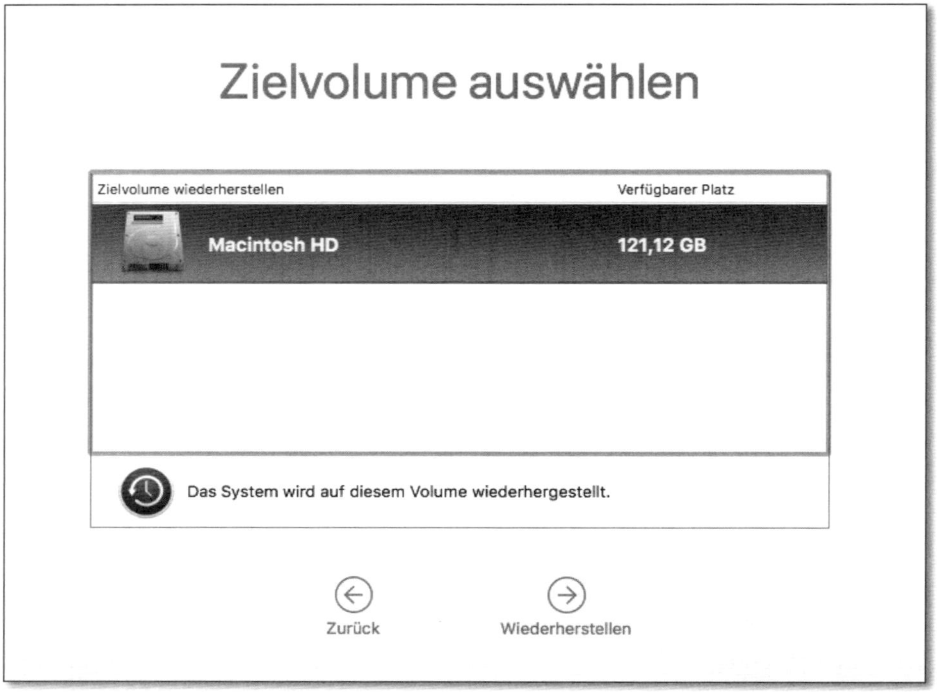

Die Wiederherstellung dauert je nach Backup und nach Größe und Geschwindigkeit der Festplatte zwischen ein paar Minuten bis ein paar Stunden. Nach der Wiederherstellung startet der Mac neu in dem Zustand, den Sie soeben wiederhergestellt haben.

39.3 macOS über das Wiederherstellungssystem installieren

Wenn alle Versuche der Wiederherstellung und Prüfungen bisher fehlgeschlagen sind und kein vollständiges Backup vorhanden ist, können Sie das Betriebssystem über den Menüpunkt **macOS erneut installieren** im macOS-Dienstprogramm des Wiederherstellungssystems neu aufspielen. Um diese Funktion hier nicht falsch zu verstehen: Sie spielen hiermit wirklich nur das Betriebssystem neu auf den Mac auf. Dabei bleiben gewöhnlich alle Programme und Benutzerdaten erhalten! Für den Fall, dass Sie macOS komplett entfernen und neu installieren wollen, weil Sie das Gerät beispielsweise verkaufen oder weitergeben wollen, wird im nächsten Abschnitt auf eine komplette Neuinstallation des Systems eingegangen.

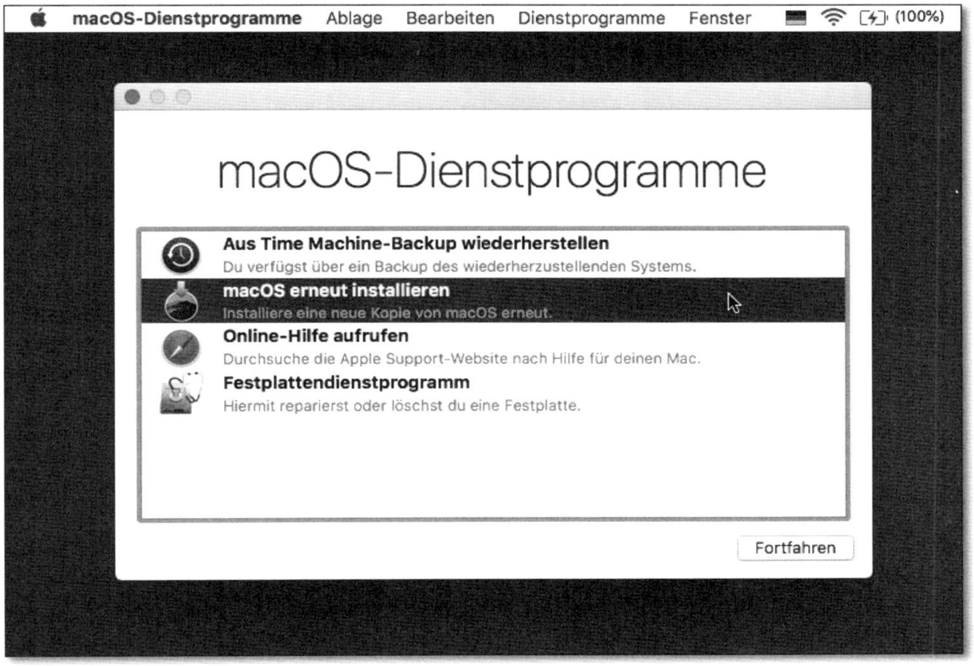

Abbildung 39.2 macOS über das Wiederherstellungssystem installieren

Die Neuinstallation des Systems wird von einem Assistenten begleitet und besteht in der Regel aus reinen **Fortfahren**-, **Akzeptieren**- und **Weiter**-Klicks, die in ein paar Schritten erledigt sind. Einziger wichtiger Punkt bei der Installation ist das Auswählen der Partition bzw. des Laufwerks, worauf das System installiert werden soll. Wenn Sie ohnehin noch nie etwas mit Partitionen zu tun hatten und niemand Ihren Mac speziell konfiguriert hat, dürften Sie in der Regel ohnehin nur eine Festplatte mit Macintosh HD zur Auswahl haben.

Ansonsten, wenn Sie hier etwas ändern wollen, können Sie über das Festplattendienstprogramm des Wiederherstellungssystems vorher die Festplatte entsprechend partitionieren oder bereits vorhandene Partitionen löschen.

Abbildung 39.3 Wählen Sie das Laufwerk für die Wiederherstellung aus.

Da die Installation etwas Zeit in Anspruch nimmt und sich eine längere Zeit nichts auf dem Bildschirm tun wird, können Sie über den Menübefehl **Fenster ▸ Installationsprotokoll** das Protokoll der Installation in einem eigenen Fenster anzeigen lassen.

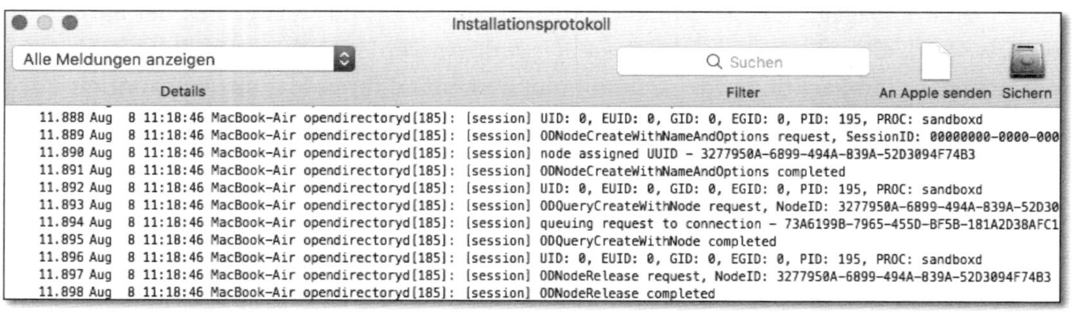

Abbildung 39.4 Ein Installationsprotokoll hält Sie auf dem Laufenden.

39.4 macOS über das Internet wiederherstellen

Wenn das System nicht mehr startet und auch das Wiederherstellungssystem sich nicht mehr ausführen lässt, weil dieser Bereich vielleicht beschädigt wurde, müssen Sie nicht in Panik geraten, weil auch hier die Chancen gut sind, das System über das Internet wiederherzustellen, wenn die Festplatte nicht physikalisch kaputt ist.

Ein Ordner mit einem Fragezeichen direkt beim Start signalisiert zum Beispiel, dass der Mac kein lokales Startvolume finden konnte. Wird hingegen ein Verbotssymbol gleich nach dem Start gezeigt, bedeutet dies, dass Ihr Mac keinen gültigen Systemordner finden konnte.

Abbildung 39.5 Sehen Sie dieses Symbol gleich nach dem Start, konnte der Mac kein lokales Startvolume finden.

Abbildung 39.6 Das Symbol signalisiert, dass Ihr Mac keinen gültigen Systemordner finden konnte.

Wenn es mit dem Start also nicht mehr klappt und auch das macOS-Wiederherstellungssystem sich mit `cmd` + `R` nicht ausführen lässt, bleibt Ihnen noch das macOS-Wiederherstellungssystem über das Internet. Für die macOS-Wiederherstellung über das Internet müssen Sie die Tastenkombination `Alt` + `cmd` + `R` beim Starten des Systems

39

gedrückt halten, und schon sehen Sie eine drehende Weltkugel. Um die Möglichkeit des macOS-Wiederherstellungssystems über das Internet auch nutzen zu können, muss eine Internetverbindung verfügbar sein. Für Mac-Systeme ohne Ethernet-Port müssen Sie daher noch eine WLAN-Verbindung einrichten. Wie lange der Vorgang dauert, hängt von Ihrer Internetgeschwindigkeit ab.

Abbildung 39.7 Das macOS-Wiederherstellungssystem über das Internet wird ausgeführt.

Sobald das macOS-Wiederherstellungssystem über das Internet geladen wurde, ist der weitere Vorgang derselbe, wie es beim macOS-Wiederherstellungssystem in Abschnitt 39.3, »macOS über das Wiederherstellungssystem installieren«, beschrieben wurde, wo Sie lediglich die Option **macOS erneut installieren** auswählen und dann den Anweisungen auf dem Bildschirm folgen müssen.

39.5 macOS komplett neu installieren

Wenn Sie das Betriebssystem komplett neu installieren wollen, weil Sie den Mac vielleicht verkaufen oder einfach ein leeres System haben wollen, können Sie dies auch mit dem macOS-Wiederherstellungssystem tun, indem Sie beim Systemstart cmd + R gedrückt halten.

ACHTUNG

Erstellen Sie ein Backup!

Beachten Sie, dass nach dem Löschen der Festplatte alle Daten gelöscht sind und nicht mehr wiederhergestellt werden können. Erstellen Sie daher vorher zur Sicherheit noch ein Time-Machine-Backup. Generell ist es ohnehin nicht falsch, regelmäßig ein Backup mit Time Machine zu erstellen. Man kann das gar nicht oft genug erwähnen.

Bevor Sie macOS komplett neu installieren können und nicht nur eine normale Wiederherstellung des Systems durchführen, müssen Sie die Festplatte über das Festplattendienstprogramm löschen bzw. formatieren. Wählen Sie hierzu bei den macOS-Dienstprogrammen im Wiederherstellungssystem **Festplattendienstprogramm** aus.

Abbildung 39.8 Das Festplattendienstprogramm des Wiederherstellungssystems

Wählen Sie im nächsten Fenster bei **Intern** die Festplatte aus, auf der das Betriebssystem installiert ist. In der Regel ist dies **Macintosh HD**, und klicken Sie dann auf **Löschen** in der Symbolleiste. Es erfolgt ein Hinweis, dass hiermit alle Daten auf der Festplatte gelöscht werden. Sie können einen Namen für die Festplatte vergeben (am besten belassen Sie es bei **Macintosh HD**) und das Format auswählen. Als **Format** wählen Sie beispielsweise **APFS** (bei SSD-Platten die einzige Wahl als Dateisystem). Wenn Sie auf **Löschen** klicken, wird genau dies mit der Festplatte gemacht, und es gibt kein Zurück mehr. Alle Daten werden nach diesem Vorgang vom Rechner entfernt. Wenn der Vorgang abgeschlossen ist, können Sie macOS anschließend darauf komplett neu installieren. Das Festplattendienstprogramm können Sie über **Festplattendienstprogramm ▸ Festplattendienstprogramm beenden** bzw. cmd + Q beenden und zum Bildschirm der macOS-Dienstprogramme zurückkehren.

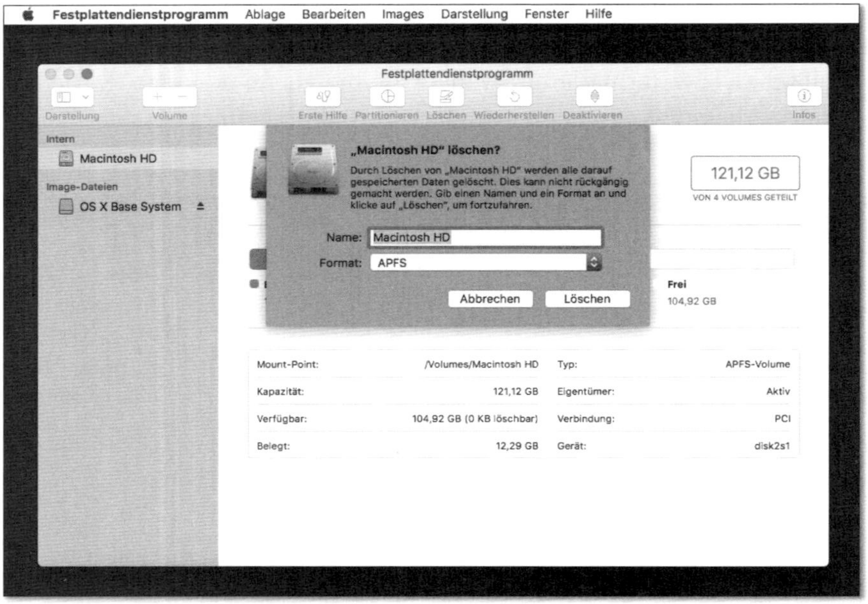

Abbildung 39.9 Die Systemfestplatte mit »Macintosh HD« löschen

Jetzt befinden Sie sich wieder in den macOS-Dienstprogrammen, wo Sie den Eintrag **macOS erneut installieren** auswählen und mit der Schaltfläche **Fortfahren** bestätigen.

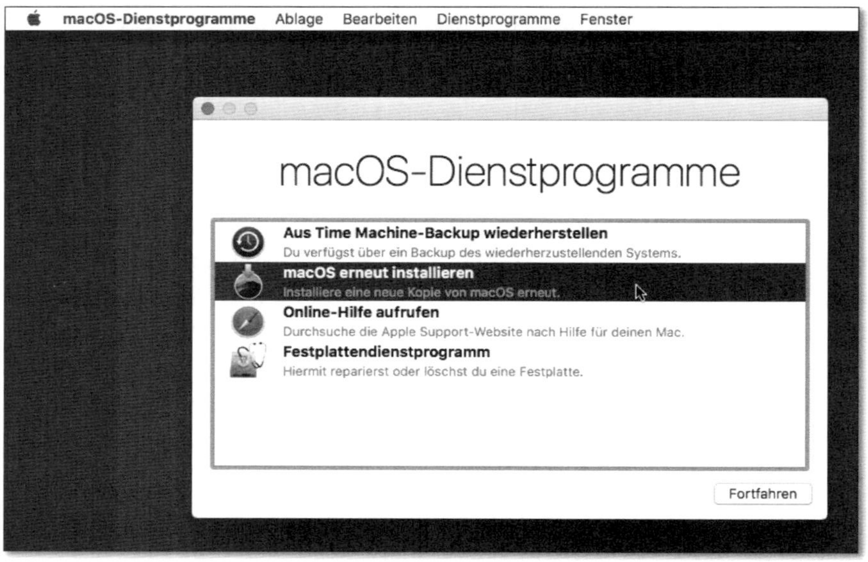

Abbildung 39.10 macOS auf der leeren Festplatte komplett neu installieren

An dieser Stelle werden Sie wieder von einem Assistenten begleitet, und es folgen wieder ein paar Fortfahren-, Akzeptieren- und Weiter-Klicks. Am Ende müssen Sie noch das Laufwerk auswählen, auf dem Sie das System installieren wollen. Hier werden Sie wohl in der Regel auch wieder die Festplatte Macintosh HD auswählen.

Abbildung 39.11 Festplatte für die Installation auswählen

Die Installation dürfte je nach Geschwindigkeit der Festplatte 30 bis 60 Minuten benötigen. Ist die Installation des Systems abgeschlossen, können Sie mit dem Einrichten des Systems, wie im ersten Kapitel des Buches beschrieben, fortfahren.

39

Abbildung 39.12 Nach der Installation des Systems können Sie es neu einrichten und konfigurieren.

39.6 Hilfe von Safari bei den macOS-Dienstprogrammen

Wenn Sie im Wiederherstellungssystem bei den macOS-Dienstprogrammen auf **Online-Hilfe aufrufen** klicken, wird der Safari-Webbrowser gestartet, der Ihnen einen großen Dienst erweisen kann. Hierbei wird zunächst die Website mit den Informationen zur Wiederherstellung geöffnet. Aber darüber hinaus können Sie den Webbrowser wie gewöhnlich verwenden, um nach Informationen im Internet zu suchen. Gerade wenn Sie vielleicht ein Problem mit dem Mac haben oder nicht mehr weiterkommen, ist der im Wiederherstellungssystem integrierte Safari-Webbrowser eine wertvolle Hilfe. Voraussetzung dafür ist, dass Sie über das WLAN-Symbol rechts oben eine Verbindung zu einem drahtlosen Netzwerk hergestellt haben.

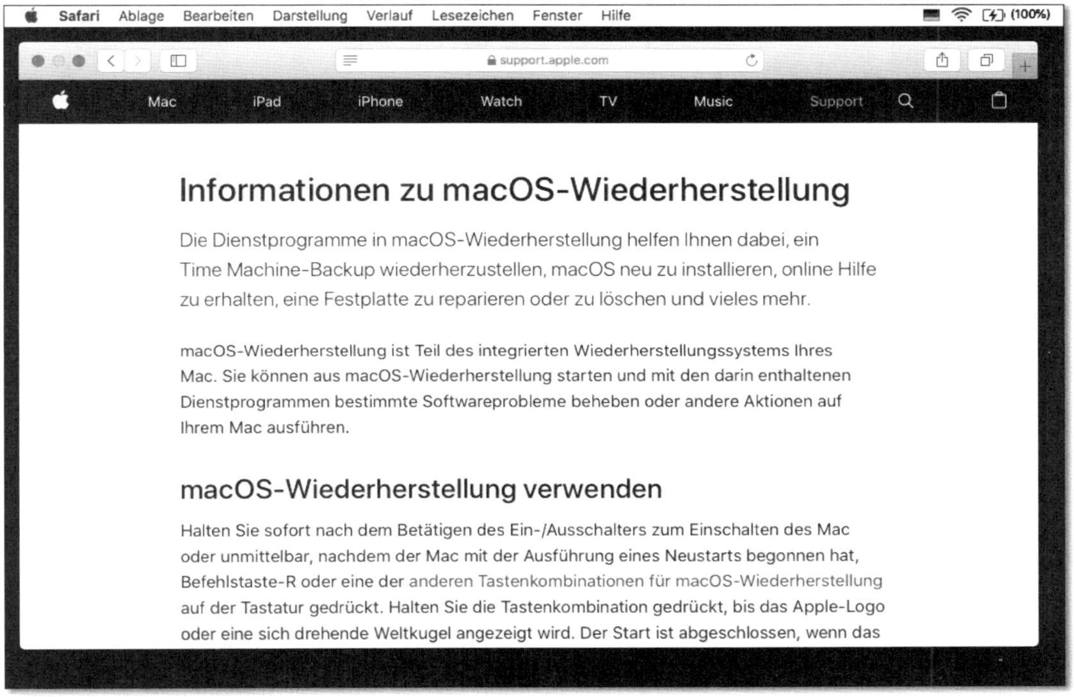

Abbildung 39.13 Der Safari-Webbrowser steht auch im Wiederherstellungssystem zur Verfügung.

39.7 Das Festplattendienstprogramm des Wiederherstellungssystems

Auch das Festplattendienstprogramm steht Ihnen im Wiederherstellungssystem zur Verfügung. Dieses Dienstprogramm entspricht dem normalen Festplattendienstprogramm, das Sie in Abschnitt 37.4, »Festplatte mit dem Festplattendienstprogramm prüfen«, bereits kennengelernt haben. Daher finden Sie hier auch die Funktion **Erste Hilfe** wieder, mit der Sie versuchen können, beschädigte Systempartitionen zu reparieren.

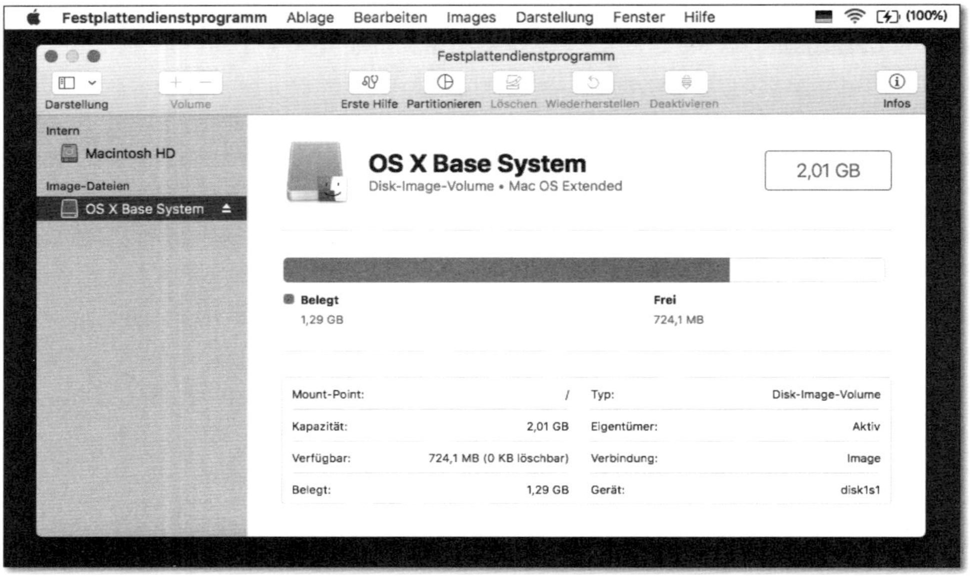

Abbildung 39.14 Das Festplattendienstprogramm ist identisch mit dem gleichnamigen Programm in den Dienstprogrammen von macOS.

39.8 Passwörter von Benutzerkonten zurücksetzen

Wenn Sie das Passwort für das Benutzerkonto vergessen haben und auch nicht mehr in der Lage sind, ein neues über die **Systemeinstellungen** von **Benutzer & Gruppen** zu vergeben, können Sie über das Wiederherstellungssystem die Passwörter neu vergeben. Hier der Vorgang dazu:

1. Rufen Sie das Wiederherstellungssystem beim Booten des Systems mit `cmd` + `R` auf.
2. Wählen Sie **Terminal** im Menü **Dienstprogramme** aus.

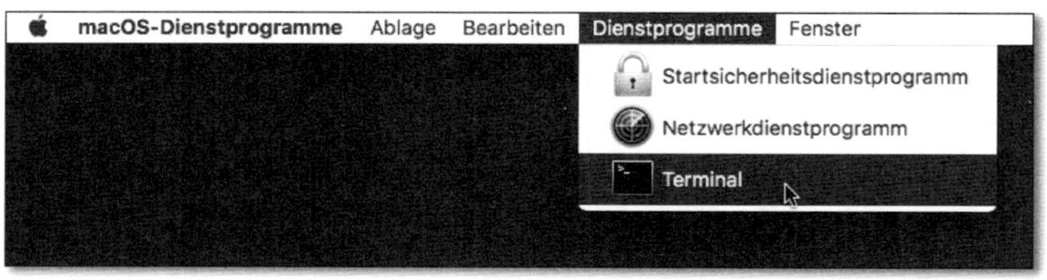

3. Geben Sie im Terminal `resetpassword` ein.

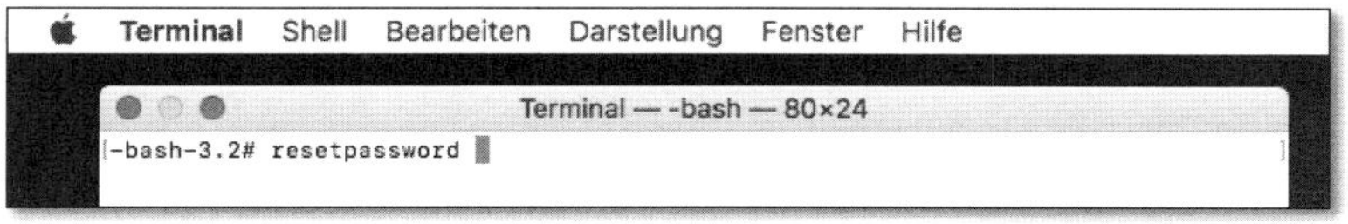

4 Als Nächstes geben Sie das neue Passwort für die Apple-ID des Benutzers ein und klicken auf **Weiter**.

5 Zum Schluss folgt noch ein Hinweis, dass Sie das Passwort zurückgesetzt haben und Sie sich beim nächsten Neustart mit dem neuen Passwort anmelden sollen.

Index

A

B

C

D

E

F

G

H

I

Q

R

S

U

V

W

Y

Z